최창주의 Healing 세상과

탈춤 클리닉

최창주 著

월인

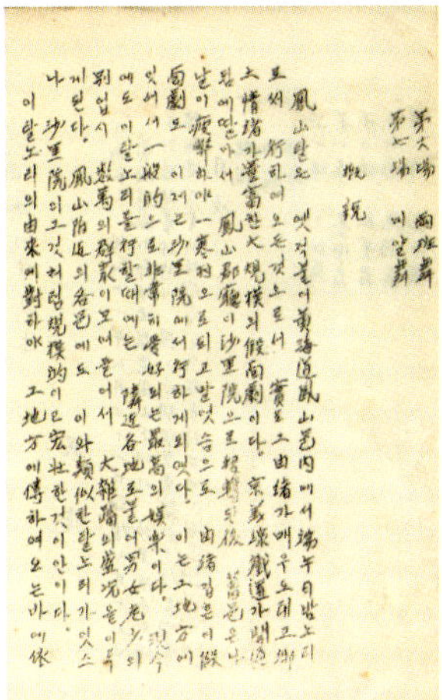

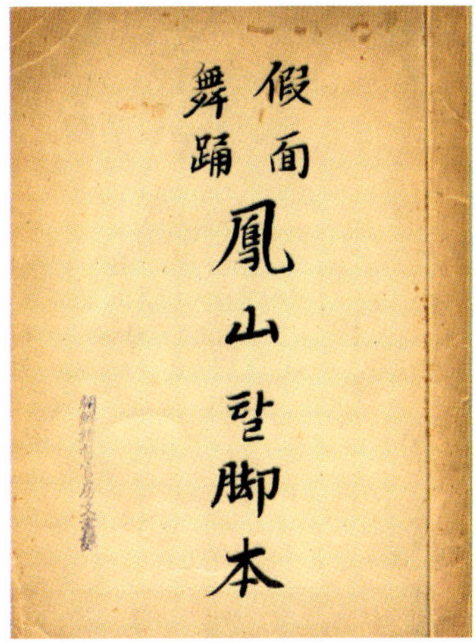

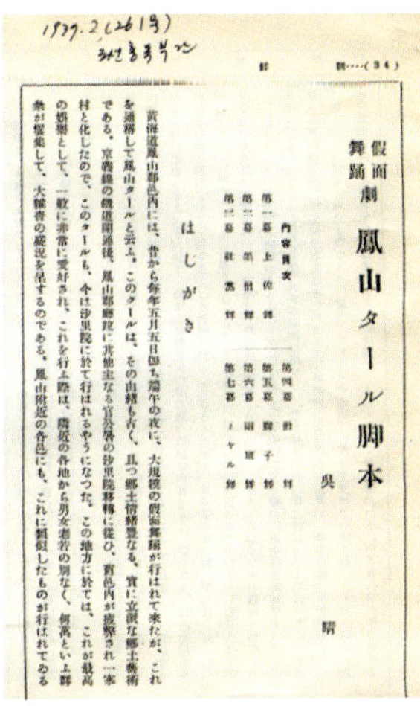

假面舞踊劇 鳳山タール脚本

吳晴

はじがき

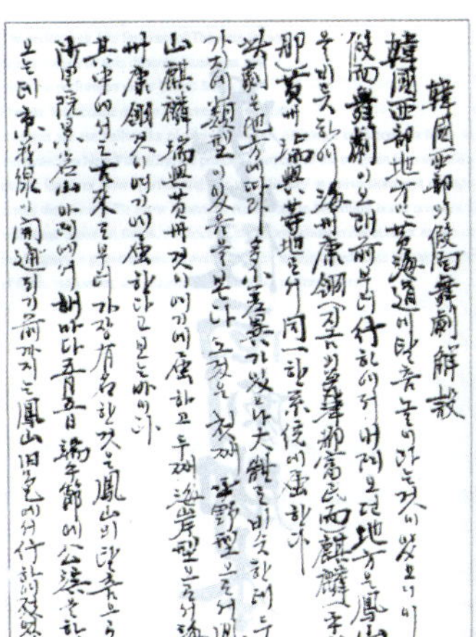

韓國西部의假面舞劇解說

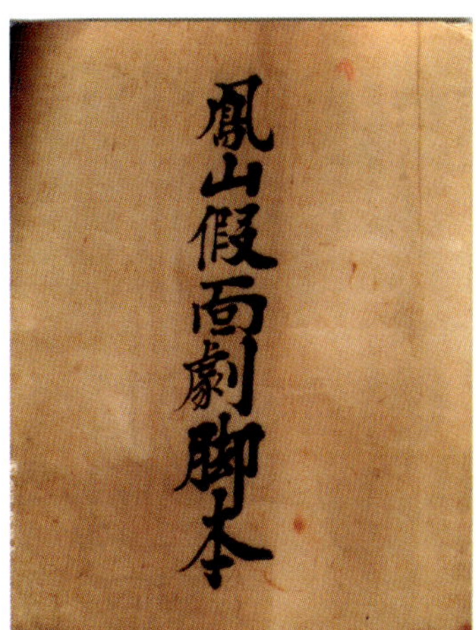

CORI

1936년

오청(吳晴)원본 **봉산탈춤** 재연

< 無形文化財 17號 1936년 오청 채록원본 발굴 공연 >

(창경원 단오경기공연 기념촬영)

일 시/ 2010. 9. 9(목). 오후 3시.
장 소/ 한국예술종합학교 예술극장
주 최/ 한국예술종합학교 전통예술원 연희과.
기 획/ 한국탈문화연구소

PONGSAN MASK-DANCE DRAMA

중요무형문화재"단오절" 발표공연

＊ 봉산탈춤 공연순서 및 출연자 ＊

제 1 과장 사상좌춤
이길선 장춘석 김수연 신명옥

제 2 과장 팔목중춤
첫째목 : 김기수 둘째목 : 이근성 세째목 : 최경명 네째목 : 김선봉
다섯째목 : 김병상 여섯째목 : 최창주 일곱째목 : 김재권 여덟째목 : 곽동현
합동춤 : 장춘석 박숙자 이길선 이명선 신명옥 김수연 김경애 엄인자

제 3 과장 사 당 춤
사 당 : 양 소 운
거사들 : 이근성 김용익 윤 옥 최경명 박동신 지관용 이자학 이용욱 외 팔목중들

제 4 과장 노 장 춤 (신장수·취발이춤 포함)
노 장 : 김 기 수 신장수 : 김 재 권 취발이 : 최 경 명
소 무 : 김 선 봉 원숭이 : 전 은 경

제 7 과장 미얄 영감춤
미얄할미 : 양 소 운 영 감 : 김 만 희 무 당 : 윤 옥
덜머리집 : 김 지 옥 남강노인 : 최 창 주
반 주 : 윤 옥 박동신 지관용 오명옥 외다수

봉산탈춤

No. 3

Pongsan Mask Dance-Drama

Korean Pongsan Mask Dance-Drama Troupe

젊은 예술인 21세기의 지킴이
한민족 탈춤학교
일시 2002. 7. 15~20

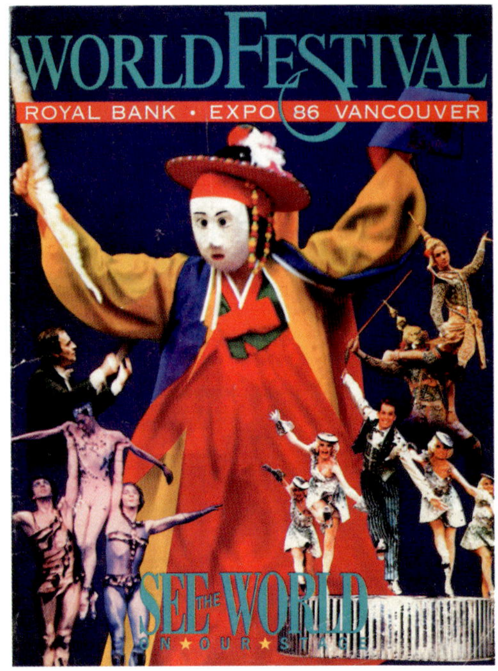
WORLD FESTIVAL
ROYAL BANK • EXPO 86 VANCOUVER
SEE THE WORLD
ON OUR STAGE

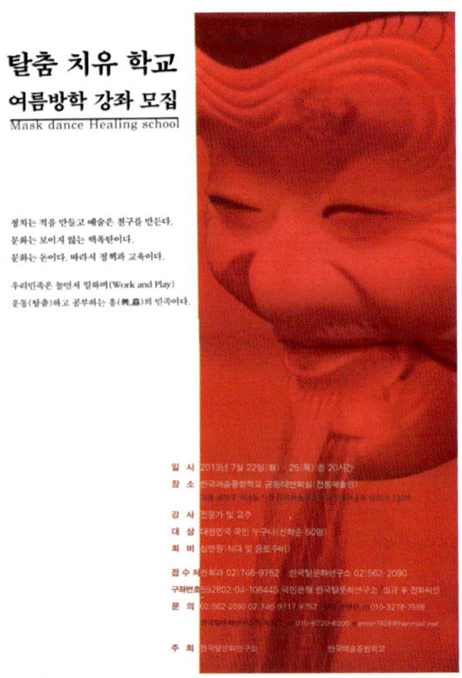
탈춤 치유 학교
여름방학 강좌 모집
Mask dance Healing school
정치는 적을 만들고 예술은 친구를 만든다.
문화는 보이지 않는 핵폭탄이다.
문화는 돈이다. 따라서 정책과 교육이다.
우리민족은 놀면서 일하며(Work and Play)
운동(탈춤)하고 공부하는 흥(興)의 민족이다.
일 시 2013년 7월 22일(월) ~ 25(목) 총 20시간
강 사 전문가 및 교수
대 상 대한민국 국민 누구나(선착순 50명)
회 비 십만원(식대 및 음료수비)
접 수 처 02-746-9752 한국탈문화연구소 02-562-2090
구좌번호 592802-04-108445 국민은행 한국탈문화연구소
문 의 02-562-2090 02-746-9717,9752 010-3278-7598
주 최 한국탈문화연구소 한국예술종합학교

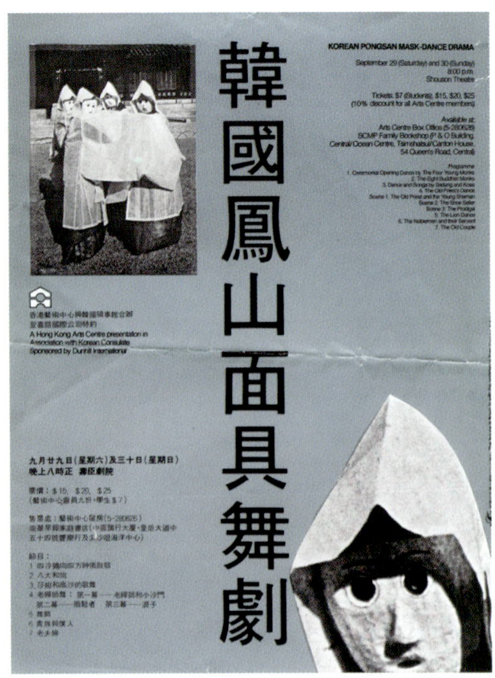
韓國鳳山面具舞劇
KOREAN PONGSAN MASK-DANCE DRAMA
September 29 (Saturday) and 30 (Sunday)
8:00 p.m.
Shouson Theatre
Tickets: $7 (Students), $15, $20, $25
(10% discount for all Arts Centre members)
Available at:
Arts Centre Box Office (5-280626)
SCMP Family Bookshop (P & O Building, Central/Ocean Centre, Tsimshatsui/Carlton House, 54 Queen's Road, Central)
Programme
A Hong Kong Arts Centre presentation in Association with Korean Consulate
Sponsored by Dunhill International
九月廿九日(星期六)及三十日(星期日)
晚上八時正 壽臣劇院
票價：$15, $20, $25
節目：

탈춤을 추자
2014.3.25(화) 오후 3시
예술의전당 내 한국예술종합학교 KNUA홀
주최 : 신영증권(주) | 참가비 : 무료 | 문의 : 1588-8588
신청방법 : 선착순 온라인 수강신청(www.shinyoung.com)

Ribald Humor, Stylized Art Mark Korean Folk Theater

By ANNA KISSELGOFF

Vibrant colors, a bawdy script, human interest and sophisticated artistry at the service of a traditional art. All these elements were present in a fascinating combination when Korea's Pongsan Masked Dance-Drama Company made its highly enjoyable debut Sunday at the American Museum of Natural History's auditorium.

Like all such events sponsored recently by the Asia Society's Performing Arts Program, the 15-member group of musicians and dancer-actors from South Korea presented a shortened version of a so-called "authentic" performance without sacrificing authenticity itself.

Contrary to much of Asian drama, there was nothing slow moving about the eight episodes in this folk theater. Although they employ dialogue as well as dance and music, their comic earthiness always comes through in the broadness of their gestures and the face-masks of the performers.

•

Originally, the playlets were associated with rituals conducted by female shamans who exercised their power of exorcism or healing. Traveling from the country to the court, the mask drama was later rejected by the aristocracy. Reverting to a folk form, the plays took on several regional manifestations. This company, in particular, continues the tradition as it flourished in the northwest Korean city of Pongsan.

The result is a performance in which there are strong allusions to the shaman's function (and foibles) and where the religious connotations are disguised within satirical morality plays. The vestiges of the court period are seen not only in the flowing, long sleeves of court dress that are waved and flicked through the air, but also in the stylized freezes of the head and palms that recall Chinese classical dance.

The dance form itself is not classical. It is stylized but rough in gesture and movement, allowing the performer a certain looseness. The basic step of the dancer is to go forward with the knee raised, arms waving, and also to bounce and bob, often into a squatting position. The style is vigorous but nuanced enough to create mincing little steps for the concubine characters.

•

Some of the characters are in fact quite fetching. The little pet monkey who "apes" his master by mirroring every gesture and tweak of the nose is an example.

Sex is not a subject that is taboo in these ribald satires. While the printed libretto, distributed by the Asia Society, offered rather strong dialogue, the action onstage made its point equally well in a stylized manner. When an old monk attempts to seduce a female shaman, he circles her first and then waits with the anticipation of a cat about to pounce. The tension builds. It is theater.

When the same shaman is seduced by "the prodigal son," she goes into labor pains onstage, "gives birth" to a rag doll and abandons it. The father turns ventriloquist and teaches his "son" quotations from the Chinese classics. It is all charming and very human.

The present company, directed by Kim Ki-su, is an outgrowth of a special academy in Seoul dedicated to preserving a dying folk tradition. Although most of the performers are young, the artistry of those with 30 to 40 years of experience with this tradition was easily evident. These masters included the musicians Oh Myong-ok, Park Dong-sin and three women, Yang So-un, Kim Son-bong and Yun Ok.

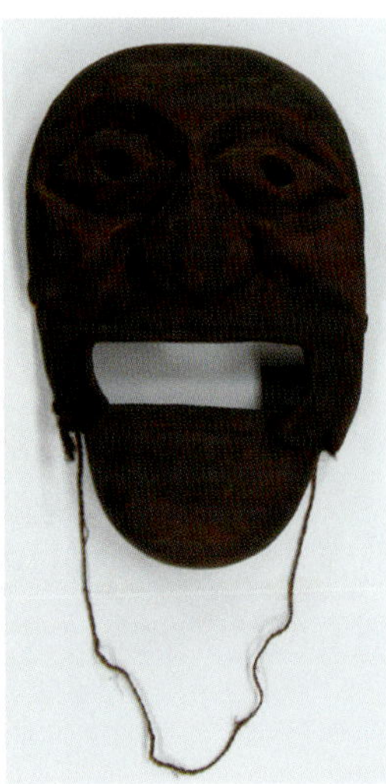

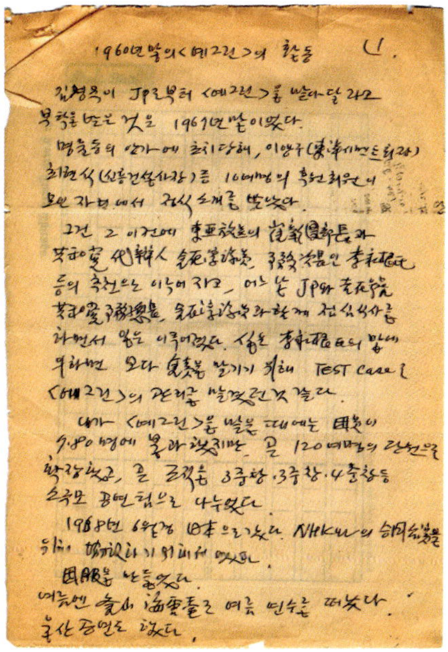

1960년말의 <예그린>의 활동 (1)

김경옥이 JP로부터 <예그린>을 맡아달라고 부탁을 받은 것은 1967년말이었다.
명륜동의 상가에 초치당해, 이영구([illegible]시멘트회장) 최현식(신흥건설사장) 등 10여명의 후원회원이 모인 자리에서 정식 소개를 받았다.
그런 그 이전에 東亞放送의 [illegible]部長과 共和黨 代辯人 金[illegible], [illegible] 次長인 李[illegible]氏 등의 추천으로 이루어지고, 어느 날 JP와 [illegible] 共和黨 [illegible], 金[illegible]와 함께 점심식사를 하면서 일은 이루어졌다. 사실은 李[illegible]氏의 말에 의하면 보다 實情을 알기 위해 TEST case로 <예그린>의 관리를 맡겼던 것 같다.
내가 <예그린>을 맡을 때에는 団員이 5,80명에 불과했지만, 곧 120여명의 단원으로 확장했고, 곧 조직을 3중창·3중창·4중창 등 소규모 공연팀으로 나누었다.
1968년 6월경 日本으로 갔다. NHK 등의 [illegible]을 위해 協議하기 위해서 였다.
団服을 [illegible].
여름엔 [illegible] 海雲臺로 여름 연수를 떠났다.
울산 공연도 했다.

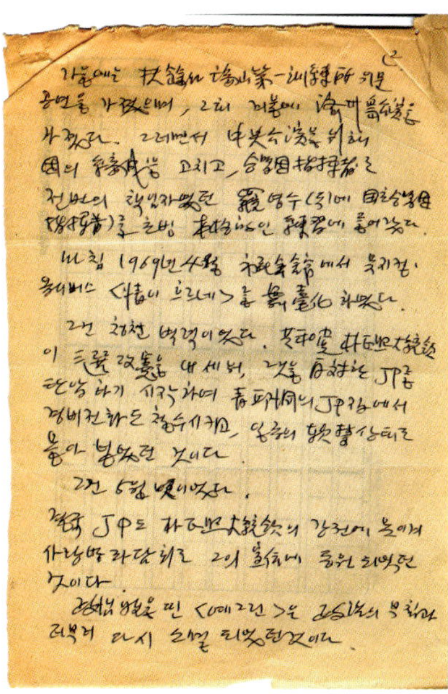

(2)

가을에는 [illegible] 論山第一訓練所 위문 공연을 가졌으며, 그해 겨울에 [illegible]을 [illegible]. 그러면서 나는 公演을 위해 団의 [illegible]을 고치고, 合唱団 指揮者로 전번의 책임자였던 羅영수(뒤에 国立合唱団 [illegible])를 초빙 [illegible]인 練習에 들어갔다.
마침 1969년 4월 市民会館에서 뮤지컬, [illegible] <바람이 흐르네>를 [illegible]化 하였다.
그런 청천 벽력이었다. 共和黨 朴正熙大統領이 三選 改憲을 내세워, 그것을 反對하는 JP를 압박하기 시작하여 [illegible] JP계에서 경비 전화도 철수시키고, 일종의 [illegible] 상태로 몰아 넣었던 것이다.
그런 [illegible].
결국 JP도 朴正熙大統領의 강권에 못이겨 [illegible] 그의 [illegible]에 동원되었던 것이다.
[illegible] 띤 <예그린>은 政治의 부침과 더불어 다시 소멸되었던 것이다.

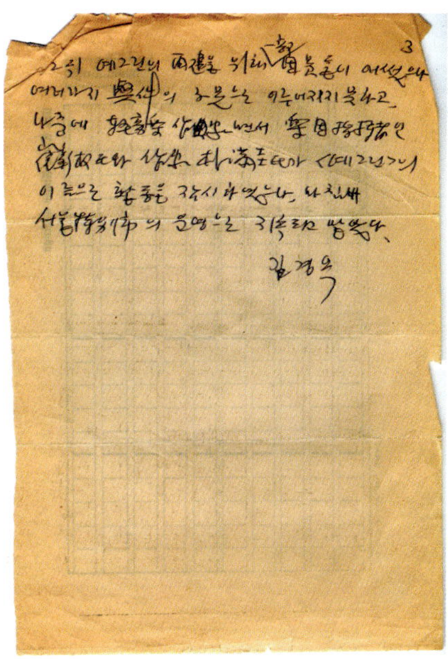

3

그 뒤 예그린의 再建을 위해 [illegible] 여러가지 [illegible]의 공론을 이루어지지 못하고, 나중에 [illegible] 하면서 [illegible] [illegible] 朴[illegible]氏가 <예그린>의 이름으로 활동을 재개시하였으나, 마침내 서울市立歌舞団의 운영으로 귀속되고 말았다.

김경옥

예그린 再起 第1回 大公演
살짜기옵서예
2部 12場
市民會館

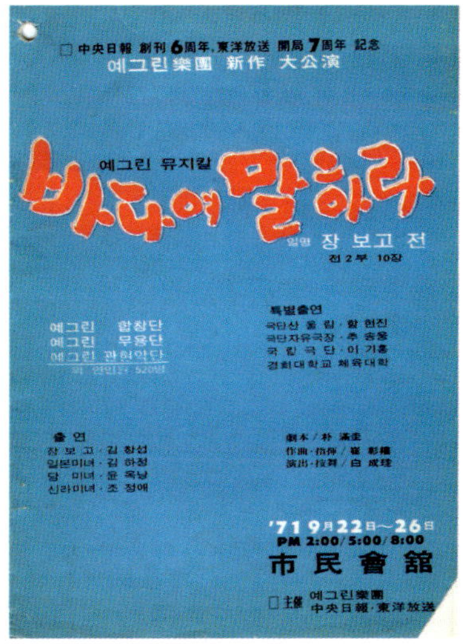
□ 中央日報 創刊 6周年, 東洋放送 開局 7周年 記念
예그린樂團 新作 大公演
예그린 뮤지컬
바다여 말하라
일명 장보고전
전2부 10장
예그린 합창단
예그린 무용단
예그린 관현악단
특별출연
출연
'71 9月 22日~26日
PM 2:00/5:00/8:00
市民會館
□ 主催 예그린樂團
中央日報·東洋放送

남 북
이산가족 고향방문 예술공연
서 울 예 술 단

서울시립가무단 송년특별공연
뮤지컬 지붕위에 바이올린
1989. 12. 13~17

뮤지컬
나는야 호랑나비
MUSICAL I AM A LARGE SPOTTED BUTTERFLY
'89년 10월 14일 (토) ▶ 15일 (일) 오후 3:30, 7:00
주최 釜山日報社·서울시립가무단 / 장소 : 부산문화회관

TBS 교통방송
서울시립가무단 '90년 상반기공연
창작 뮤지컬
땅 짚고 무너지시다
1990년 6월 14일 목 ▶ 19일 화 오후 7시 30분 토요일 오후 4시
서울특별시 세종문화회관
SEOUL SEJONG CULTURAL CENTER

서울시립가무단 '90년 송년대공연
창작뮤지컬
고향의 민들레
1990년 12월 14일 → 17일
서울특별시 세종문화회관 대강당
SEOUL SEJONG CULTURAL CENTER MAIN HALL

뮤지컬
양반전
■일시 : 1991.7.6 ▶9 오후7:30 ■장소 : 세종문화회관대강당
■주최 : 세종문화회관 ■후원 ; 한국방송공사

ソウル市立歌舞団日本公演
ミュージカル
ヤンバン(両班)ストーリー
양반전
1991年8月
■大阪 24 メルパルク・ホール
■東京 27 虎ノ門ホール
■京都 29 京都会館第2ホール

서울시립가무단 '91송년특별공연
뮤지컬
지붕위의 바이올린
MUSICAL
Fiddler on the Roof
•일시 / 1991. 12. 12 (목) ▶ 16 (월)
•장소 / 세종문화회관 대강당 •주최 / 세종문화회관

'94 MBC 가족뮤지컬
인어공주
'94 4.29▶5.7
세종문화회관 대강당

RUSSIA'S
FIRST
ROCK
MUSICAL
유논과 아보스
JUNON AND AVOS

서울600년기념 서울시립가무단축하공연
창작뮤지컬
서울사람들
1994
1894
1794
1694
1594
1494
세종문화회관 대강당
■ 예술감독 / 이의일
■ 극본 / 김정숙
■ 각색·연출 / 김상열
■ 작곡 / 김정택 ■ 안무 / 박명숙
■ 미술 / 조영래 ■ 기획 / 최청주
■ 출연 / 김성원, 이홍구, 곽은태
고설봉, 김덕영, 홍운희
방주란, 정선화, 신영미
서울시립가무단
서울시립무용단
서울시립소년소녀합창단
■ 특별출연 : 남사당보존협회
서울특별시·세종문화회관·스포츠조선·KBS한국방송공사
동화은행

KBS 공사창립 23주년기념 특별공연
귀순 북한 무용배우 「신영희」 출연
뮤지컬 시집가는날
· 서울 : 3월 15일(금) - 16일(토) / 예술의전당 오페라극장
· 인천 : 3월 19일(화) / 인천종합문화예술회관 대공연장
· 전주 : 3월 22일(금) / 전북학생회관
· 대전 : 3월 28일(목) / 대전우송예술회관
· 광주 : 3월 31일(일) / 광주문화예술회관 대극장
· 대구 : 4월 3일(수) / 대구시민회관
· 부산 : 4월 5일(금) / 부산시민회관
· 춘천 : 4월 8일(월) / 춘천문화예술회관
· 주최 : KBS 한국방송공사
· 주관 : KBS 문화사업단 · 후원 : 문화체육부 · 협찬 : 대한생명

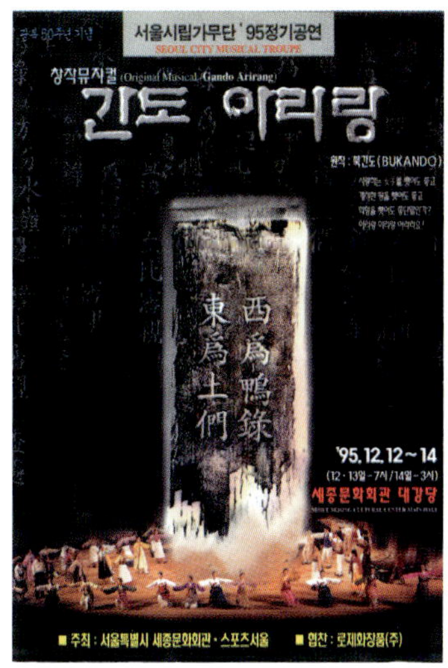

서울시립가무단 '95정기공연
SEOUL CITY MUSICAL TROUPE
창작뮤지컬 (Original Musical / Gando Arirang)
간도 아리랑
원작 : 북간도(BUKANDO)
東爲土們 西爲鴨綠
'95. 12. 12 ~ 14
(12 · 13일 - 7시 / 14일 - 3시)
세종문화회관 대강당
■ 주최 : 서울특별시 세종문화회관 · 스포츠서울
■ 협찬 : 로제화장품(주)

'96 MBC 어린이 뮤지컬
이상한 나라의
앨리스
'96 4.26 ▶ 5.5
세종문화회관 대강당
출 연 : 서울시립가무단
(특별출연 : 노희지)
■ 일시: '96. 4. 26 ~ 5. 5 오후 3시, 오후 6시
■ 장소: 세종문화회관 대강당

Dynamic Korea
영원한 사랑 춘향이
문화 관광부, 서울시 전통 연희극 개발지원작품

기획자의 글

"한국뮤지컬 30년사"
자료준비를 하면서

최 창 주
서울시립가무단 기획위원

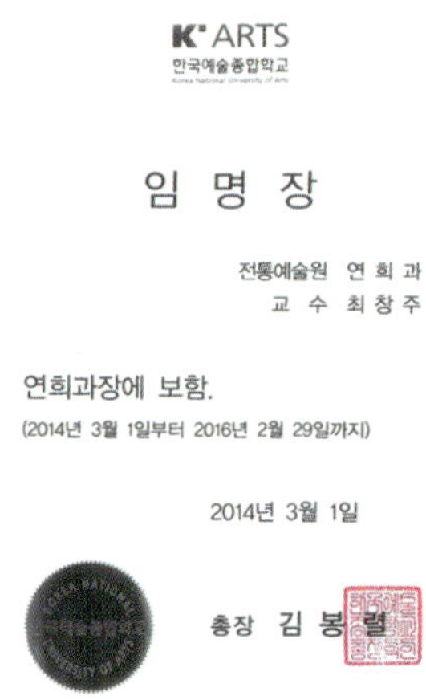
K'ARTS
한국예술종합학교

임 명 장

전통예술원 연희과
교 수 최창주

연희과장에 보함.
(2014년 3월 1일부터 2016년 2월 29일까지)

2014년 3월 1일

총장 김 봉렬

신문, 방송

천하제일 탈

93.8.19 조선
朝鮮日報
방사능 피폭 우크라 청소년들 訪韓

1994년10월
首都圈 Metropolitan
中央日報
현대감각 전통체조 확산
탈춤·민속놀이·태권도등 동작 응용 개발

일간스포츠
우리 넋 담긴 국민체조 전합니다
전래의 탈춤에 율무… 16개 기본 동작 창안
탈춤 체조 崔昌柱씨
외길에 산다
지금껏 해오던 '보건체조'는 엔마크서 들여온 것
'뿌리 찾는 작업은 세계 주역되는 바탕'…10년 외길

일간스포츠
1999년 6월 8일
종합·해외화제
www.dailysports.
쿵 덩더쿵! 질병 물렀거라
정신·신체 장애 치료 '탈춤요법' 중장년층에 인기 폭발
기본 10개동작에 우리 음악 응용
우리 체질·정서에 부합 무리없어
주부 우울증·류머티즘등 효과 만점

무료민족탈춤학교 (98.6.13 - 8.29)
월간 문화재
朝鮮日報
한겨레
東亞日報
98. 6. 8

탈춤 한자락 '얼쑤'
朝鮮日報
1998년 7월 8일
속 꽉찬 알뜰캠프 '눈에 띄네'
실직자 자녀위한 '무료행사'도
꽃탐구·갯벌체험등 주제 다양

東亞日報
월요일
12월 24일
2001년
The Dong-a Ilbo
"얼씨구나 사자춤 흥겹구나"
동지인 22일 한국문화재단 주최로 문화관광부 앞에서 열린 동지행사에서 사자춤 공연이 펼쳐지고 있다.

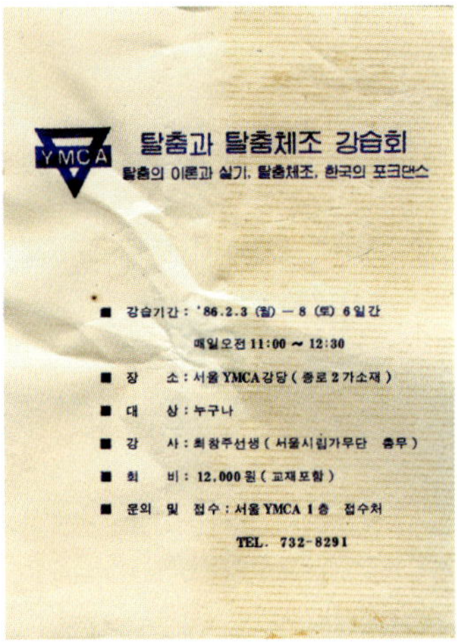

탈춤과 탈춤체조 강습회

탈춤의 이론과 실기, 탈춤체조, 한국의 포크댄스

- 강습기간 : '86.2.3 (월) — 8 (토) 6일간
  매일오전 11:00 ~ 12:30
- 장 소 : 서울 YMCA강당 (종로 2 가소재)
- 대 상 : 누구나
- 강 사 : 최창주선생 (서울시립가무단 총무)
- 회 비 : 12,000원 (교재포함)
- 문의 및 접수 : 서울 YMCA 1층 접수처
  TEL. 732-8291

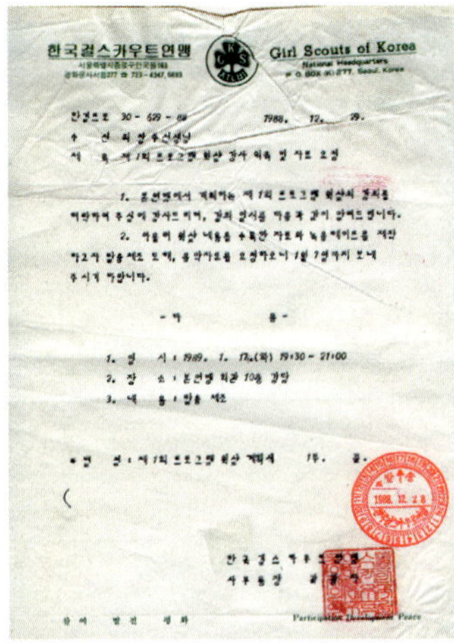

한국걸스카우트연맹 Girl Scouts of Korea

National Headquarters

1988. 12. 29.

- 아 래 -

1. 일 시 : 1989. 1. 17.(화) 19:30 - 21:00
2. 장 소 : 본연맹 회관 10층 강당
3. 내 용 : 탈춤 체조

Participation Development Peace

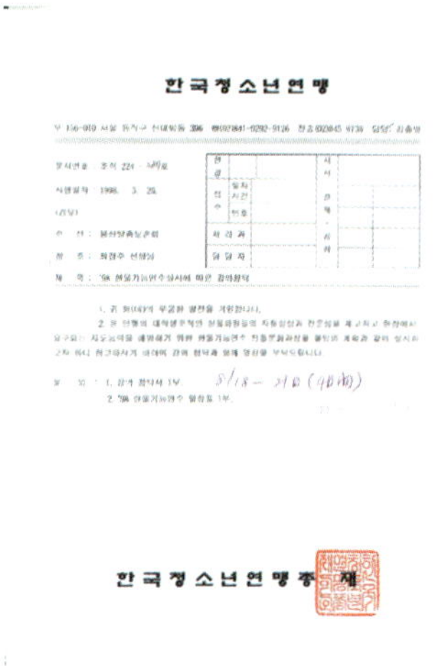

한국청소년연맹

한국청소년연맹총재

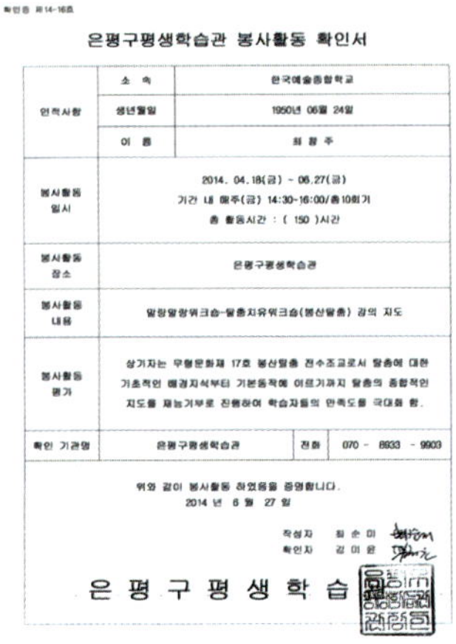

확인증 제14-16호

은평구평생학습관 봉사활동 확인서

인적사항	소 속	한국예술종합학교
	생년월일	1950년 06월 24일
	이 름	최 창 주
봉사활동 일시	2014. 04. 18(금) ~ 06.27(금) 기간 내 매주(금) 14:30~16:00/총10회기 총 활동시간 : (150)시간	
봉사활동 장소	은평구평생학습관	
봉사활동 내용	알랑알랑워크숍-탈춤치유워크숍(봉산탈춤) 강의 지도	
봉사활동 평가	상기자는 무형문화재 17호 봉산탈춤 전수조교로서 탈춤에 대한 기초적인 배경지식부터 기본동작에 이르기까지 탈춤의 종합적인 지도를 재능기부로 진행하여 학습자들의 만족도를 극대화 함.	
확인 기관명	은평구평생학습관	전화 070 - 8633 - 9903

위와 같이 봉사활동 하였음을 증명합니다.

2014 년 6 월 27 일

작성자 최 순 미

확인자 김 미 윤

은 평 구 평 생 학 습 관

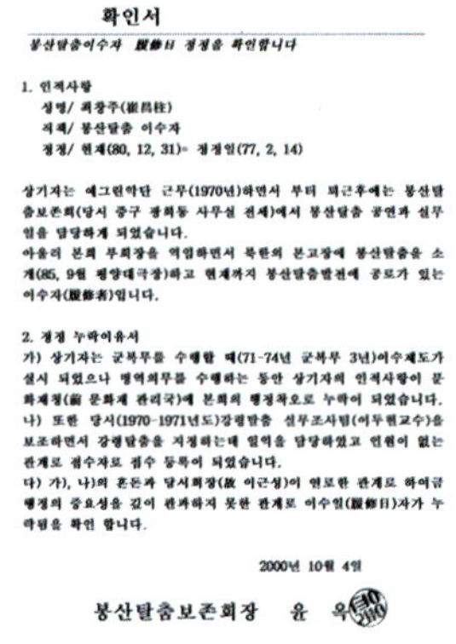

확인서

봉산탈춤이수자 履修日 정정을 확인합니다

1. 인적사항
   성명/ 최창주(崔昌柱)
   지위/ 봉산탈춤 이수자
   정정/ 현재(80, 12, 31)→ 정정일(77, 2, 14)

상기자는 예그린악단 근무(1970년)하면서 부터 퇴근후에는 봉산탈춤보존회(당시 중구 광희동 사무실 전세)에서 봉산탈춤 공연과 실무일을 담당하게 되었습니다.
아울러 본회 부회장을 역임하면서 북한의 본고장에 봉산탈춤을 소개(85, 9월 평양대극장)하고 현재까지 봉산탈춤발전에 공로가 있는 이수자(履修者)입니다.

2. 정정 누락이유서
가) 상기자는 군복무를 수행할 때(71-74년 군복무 3년)이수제도가 실시 되었으나 병역의무를 수행하는 동안 상기자의 인적사항이 문화재청(前 문화재 관리국)에 본회의 행정착오로 누락이 되었습니다.
나) 또한 당시(1970-1971년도)강령탈춤 실무조사팀(이두현교수)을 보조하면서 강령탈춤을 지정하는데 일익을 담당하였고 인원이 없는 관계로 전수자로 접수 등록이 되었습니다.
다) 가), 나)의 혼돈과 당시회장(故 이근성)이 연로한 관계로 하여금 행정의 중요성을 깊이 관과하지 못한 관계로 이수일(履修日)자가 누락됨을 확인 합니다.

2000년 10월 4일

봉산탈춤보존회장 윤 옥

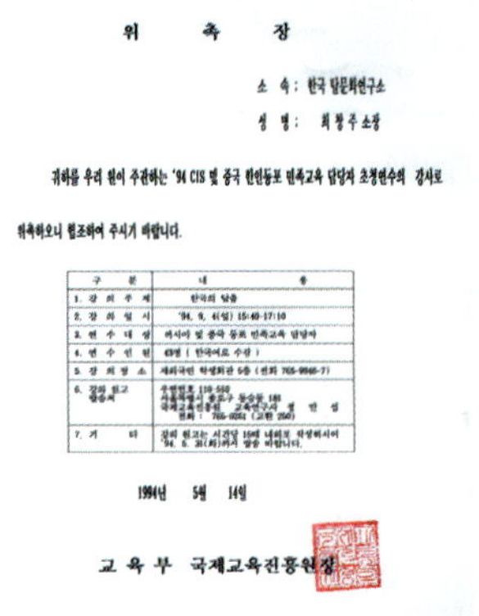

위 촉 장

소 속 : 한국 탈문화연구소

성 명 : 최창주 소장

귀하를 우리 원이 주관하는 '94 CIS 및 중국 한인동포 민족교육 담당자 초청연수의 강사로

위촉하오니 협조하여 주시기 바랍니다.

구 분	내 용
1. 강 의 주 제	한국의 탈춤
2. 강 의 일 시	'94. 9. 4(일) 15:40-17:10
3. 연 수 대 상	러시아 및 중국 동포 민족교육 담당자
4. 연 수 인 원	43명 (한국어로 수강)
5. 강 의 장 소	재외국민 학생회관 5층 (전화 765-9946-7)
6. 강의 원고 제출처	[illegible]
7. 기 타	[illegible]

1994년 5월 14일

교 육 부 국제교육진흥원장

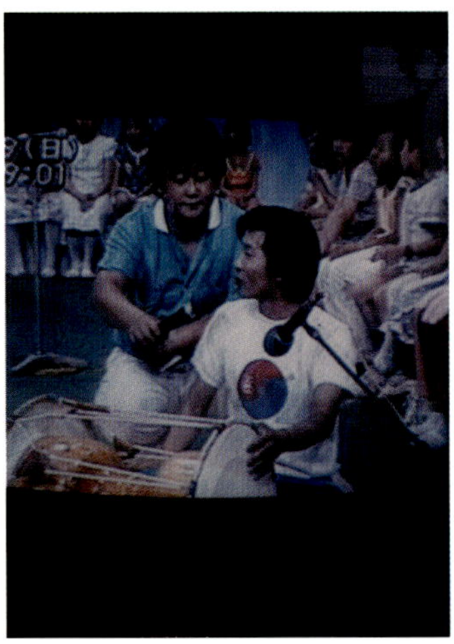

최창주교수의 ['탈춤클리닉' 출판기념회]와 [창작 연희극 '지저스 크라이스트 슈퍼스타'] 공연
1970-2015년 탈춤과 뮤지컬, 연희극을 함께한 45년의 인생
최창주교수의 정년 퇴임식
초대합니다
일 시 : 2015.5.23(토) PM 13:00
장 소 : 한국예술종합학교
예술극장 지하 연극연습실
저서《탈춤클리닉》증정 / 부페 후 공연 관람
탈춤 人生
MUSICAL 人生
일 시 : 2015년 5월 21일(목)-22일(금) 오후 7시 30분,
5월 23일(토) 오후 4시
장 소 : 한국예술종합학교 예술극장
주 최 : 한국예술종합학교
주 관 : 한국예술종합학교 전통예술원 연희과
후 원 : 한국예술종합학교 연희과 총동문회
飛松 崔昌柱 Choi Chang Ju

먼저 하나님께 감사드리고
아내(金惠鈴)에게, 아들(龍雄・노아)에게 친구가 될 것이다.
특히 외길이 아닌 인생(假面劇, 뮤지컬, 演戲劇)을 걷게 해준 것,
감사와 찬양을 드린다. 우리 집은 두개의 가훈이 있다.

먼저 하나님 말씀으로 "진리가 너희를 자유롭게 하리라."(요 8:32)이다.

그러면 진리가 무엇이냐? ① 참(true), ② 사실자체(truth), ③ 원리, 원칙, 공리, 법칙, ④ 예수그리스도(요 14:6), ⑤ 하나님의 말씀(요 17:7), ⑥ 성령(聖靈 요 15:7)으로

진리의 자유는 곧 책임이다. 두 번째, 세상적인 가훈은 "힘을 기르소서!"이다. 능력 있고 힘이 있는 자(者)만이 인내(忍耐)할 수 있기 때문이다. 제일의 부(富)는 건강(健康)이다. 필자는 한 평생을 뮤지컬 분야에 종사하였지만 탈춤 때문에 건강을 얻었다. '나는 폭풍 속에 웃고 있다.'라는 생각아래 집안에 있는 정원을 가꾼다. 나는 꽃과 나무・동물・잉어들과 대화를 한다. 인간에겐 인과관계이나 집이 필요하다. 천국에 가기 전에 임시지상천국(地上天國)에 몸 누일 안식처 이상의 정감을 가진 집. 〈천국의 뜨락〉을 거쳐 〈천국(天國)의 문(門)〉을 통과하면 안식처인 정자(飛松亭)가 있고 그곳에 예수님과 미셀(천사), 그리고 '모세의 지팡이'가 우리를 지켜주고 있다. 나는 이곳을 통과할 때마다 세상의 지상천국을 맛보며 재미있게 생활을 하고 있다. 아름다운 정원 집안에 들어서면 〈天大飛松宅 百年好福合〉 '飛松샹그릴라'(香格里・武陵桃源/Utopia/늙지 않고 영원한 젊음을 누릴 수 있는 낙원)라는 서명이 되어 있다. 집을 보면 집 주인의 성품과 자존감을 짐작할 수 있다고도 한다.

집을 '재산 증식'의 도구쯤으로 치부하는 사람들은 예술가들한테는 답답해 보일 수도 있지만, 눈을 뜨면 앞산 푸른 나무와 산과 하늘, 숲과 여치와 새소리, 바람소리, 산천경계가 자연스럽게 조화(調和)를 이루고 나무 위에 날아드는 새들과 함께 소리의 하모니를 이루어 노래하고 있다. 이러한 배경 아래 정원의 꽃들과 연못 속에 잉어들과 이야기하고 있노라면 어느새 고양이(루키・존・샘・폴)들이 와서 말을 걸면 애완견 '토와'가 질투하며 참견하지요. 비록 말을 하지 못하는 동물이지만, 나의 말을 다 알아듣는 것 같아 우리는 늘, 매일 집사람과 대화하듯 동물들의 눈을 보고 대화를 한다. 천장 위로 보이는 별들과 무선통화를 하고 있노라면 저 만큼에서 반달이 나와 질투하듯 쳐다보기도 한다. 한없이 하늘(Q)을 바라보고 있노라면 참 예술가답게 마음을 맑고 올곧게 만들어 정신과 육체가 대자연의 치유(治癒)를 받게 한다. 당신은 어떤 집에서 살고 있나요? 비록 본인은 작은 집을 가지고 있지만 지상천국이면 된다

는 신념으로 살아가고 있다. 출근할 때 자동차에 탈 때마다 운전대를 붙잡고 쇳덩이와 이렇게 대화한다. "하나님! 운전대를 주관하여 주시옵소서."라고 말하며 미래(未來)를 위해, 기도(祈禱)한다. 그런 항심(恒心)으로 살기에 우리 집은 명품가족입니다.

경주 최씨의 육훈(六訓)과 제가(齊家)의 육연(六然)을 소개한다(필자는 경주 최씨, 최치원의 30대 후손이다). 중국(12세 때(868) 유학, 18세 중국 빈공과에 급제(25세) 토황소격문/당나라 양주에서 망해가는 신라위해 귀국)에서 고급관료로 인정받은 신라학자 최치원(崔致遠: 857-909?/天人合一・物我一體・苦와孤・風流的 昇華/人文學과 藝術만남)의 시조(始祖)로부터 최진립(崔震立: 1568-1636)장군, 마지막 부자(富者)인 최준(1884-1970)까지 조선 중기(1600년 초반)부터 후반(1900년 중반)까지 12대에 걸쳐 300년(500년 고려 初) 동안 부유한 가문이었지만, 그 보다 이웃의 존경을 더 받은 가문이었다. 흉년에는 곳간 문을 열어 이웃을 구제한다는 부자의 철학인 노블레스 오블리주(지도층의 높은 도덕적 의무)를 후대들에게 가훈(家訓)으로 심어주었다(崔昌柱・匡靖公波=汎崔氏通史).

＊육훈(六訓)

1. 과거를 보되, 진사 이상의 벼슬은 하지 말라(과거에 합격 진사・양반의 신분은 유지).
2. 1년에 1만 섬 이상 재산은 모으지 말라(목표 초과 이익분배).
3. 흉년에는 남의 논밭을 사지 말라(약자, 약점 이용해 치부(致富)말라).
4. 집에 온 손님은 융숭하게 대접하라(과객에게 쌀 2천가마니 접대: 500인을 독상).
5. 사방 100리 안에 굶어 죽는 사람이 없도록 하라(차용증서 소화(燒火): 복지 경영).
6. 가문에 시집 온 며느리들은 3년 동안 무명옷을 입도록 하라(근검절약: 혼수품절제).

＊제가(齊家)의 육연(六然)

1. 자처초연(自處超然) 스스로 초연하게 지낸다.
2. 대인애연(對人靄然) 남에게 온화하게 대한다.
3. 무사징연(無事澄然) 일이 없을 때는 마음을 맑게 가진다.
4. 유사감연(有事敢然) 유사시에는 용감하게 대처한다.
5. 득의감연(得意淡然) 뜻을 얻었을 때는 담담하게 행동한다.
6. 실의태연(失意泰然) 실의에 빠졌을 때는 태연하게 행동한다.

내 선조들은 상대의 약점을 이용해 부(富)를 취득하지 말라고 했다. 육훈(六訓)과 육연(六

然)의 말씀은 그것을 잘 말해준다.

오늘날 필자는 "진리가 너희를 자유롭게 하리라" "힘을 기르소서"의 가훈을 가지고 있다. 또한 최재영(崔在亨: 안중근 후원자)처럼 국가를 위해 도움을 주는 자가 되라. 필자가 연극배우 시절 故 유치진 선생께서 말씀하신 "배우가 되기 전에 인간이 되라" 무용가 강선영 선생은 "너그럽고 헤치지 않고 베푸는 삶을 살아가라", 서연호 교수께서는 출판기념회(한국연희극과 마케팅, 한국뮤지컬)에 오셔서 '현장에서 열심히 연구·노력하는 모습이 아름답다', 박조준 목사님께서는 1997년도 출판기념회(한국가면극과 뮤지컬)에 오셔서 "너의 양식을 바다에 던져라 그리하면 많은 물고기들이 받아먹을 것이다." 문형장로교회 박해경 담임목사님께서는 필자의 호(號)를 비솔(飛松)이라 지어주면서 '늘 소나무처럼 푸르고 단백하게 한결같이' 〈브살렐〉처럼 "하나님의 영을 그에게 충만하게 하여 지혜와 총명과 지식과 여러 가지 재주로 정교(精巧·工巧)한 일을 연구하라."(출 31:1-11) 그리고 주위에 도와주는 '오홀리압' 같은 사람들이 많아, 함께 하기를 기도(祈禱)하라고 말씀하신 근거로 필자의 호를 지정(指定)해 주셨기 때문에 정원에 "飛松亭" 정자를 제작, 늘 이곳에서 공부하고 감사하며 열심히 하나님과 동행(임마누엘)하며 생활하고 있다.

세상과 나와 당신의 건강을 위해 (For the sake of our health)

- 이 책을 읽으면 나의 질병을 예방할 수 있다. -

들어가는 말

1977년 3월부터 5월까지(3개월 동안) 미국 30개 주립대학에서 봉산탈춤 순회공연을 하였다. 뉴욕타임즈에서도 극찬한 봉산탈춤은 1978년에는 유럽 CIOFF(국제민속예술축제)의 초청을 받았다. 필자가 3개월 동안 유럽에 있으면서, 덴마크를 방문해보니 우리가 초등(국민)학교 아침 조회 때, 실시하고 있던 국민보건체조가 덴마크체조라는 것을 알게 되었다. 그 후 귀국해서 '탈춤체조(탈춤위주)' '민속체조(민속놀이 위주)' '태권체조(태권도협회)'를 창안하여, 우리의 건강을 위해 '국민이 웃어야 국가가 건강하다.' '인간이 건강해야 사회를 건강하게 생활할 수 있다.'는 슬로건을 내걸고 "국민 건강에 붙잡힌 사람"이 되어 대한민국 국민(國民) 모두를 춤을 추게 하려고 민족의 춤사위인 〈탈춤체조〉를 1978년 10월에 창안・발표하였다. 그로부터 필자가 40년 동안을 "국민 건강에 붙잡힌 사람"이 되어 문화예술과 자연치유 건강을 위해 연구해왔다. 그렇다고 이 책을 읽는다고 모두가 치료가 되는 것이 아니고, 우리 인체에 맞는 탈춤을 연구하고 공부한 지도자를 만나서 행복한 마음으로 운동(탈춤)하면 치유의 가능성이 있다고 볼 수 있다. 더욱 봉산탈춤 때문에 해외를 안방 들락거리듯 하였지만 이제 본고장 북한만 다녀오면 죽어도 여한이 없다고 했다. 그럴 때쯤 남북적십자회담 결과, 1985년 9월 고향방문단과 함께 문화교류의 일환으로 최초공식 평양을 방문하여 본 고장에서 봉산탈춤을 추었다. 서울시립가무단(뮤지컬단) 주축으로 국립무용단, KBS, 대우무용단, 현대무용 전공자와 함께 가무악극(歌舞樂劇)을 자유자제로 구사할 수 있는 단원을 선발하여 〈서울예술단〉을 창단하여 평양을 방문하기 위해 연습에 돌입했다.

우리들이 북한을 방문한다는 것은 꿈에도 생각지 못했고, 당시 방북은 문화전쟁이라고 할 수 있었다. 분단 50주년 만에 이루어진 남북적십자회담 일환으로 고향방문단 및 남북문화교류의 공식적인 방문인 1985년 9월 21일-24일(3박 4일)에 평양대극장에서 공연을 하게 되었다. 고려호텔, 옥류관의 평양냉면, 교예(서커스), 인민문화궁전 방문공연 관람 등으로 힘든 북한공연을 마치고 무사히 귀향, 돌아왔다. 우리의 방북공연 계기로 북한은 리틀엔젤스를 초청하였고 곧 북한의 개방으로 이어졌다. 그리고 금강산 관광길이 열리고 개성의 종합단지가 개방되었다. 지금은 북한 이야기를 평범하게 하고 자유스럽게 이야기 하고 있지만, 당시는 보안문제로 북한상황을 편하게 말할 수 없었다. 이제 남북통일이 되면 사리원 봉산에 가서 '봉산탈춤전수회관'을 건립하고, '탈춤사관학교(탈춤치유학교)'를 설립하여 북한의 무형문화재의 원형보전과 전승활동으로 '대한민국 국민의 건강'을 위해 더 노력하고 싶다. 탈춤치유의 연구목적,

지도자의 언행(言行) 등, 이 책은 돈 들이지 않고 건강(健康)을 유지하는 여유 있는 치유방법을 기록해 놓았다. 그러나 참고만 될 뿐이다.

배가 고픈 헝그리 정신은 어느 정도 먹고 살만 하면 없어진다. 때문에 생존문제를 해결하고 나면 헝그리 정신은 사라지고, 노동을 기피하게 되고, 노동자들은 이것저것 요구하는 바가 많아지고 노동조합이 강성화로 나가게 된다고 지인은 말하고 있다. 필자의 생각은 경쟁사회에서 쟁취하려는 자본주의와 공산주의의 차이에서 무소유와 우리는 가져야 행복하다는 사고방식의 차이인 것 같다. 보장된 여유 속에 누리는 것과 보장되지 않은 사회에서 누리는 것은 자유롭지가 못하다.

지금까지 연극치유, 음악치유 등이 있는데 탈춤치유 텍스트가 없어 5년 동안을 준비하였다. 필자는 '한국 사람의 건강은 한국사람 체질에 맞는 것으로 붙잡아 매어주면 가능할 것이다.' '제일(第一)의 부(富)는 건강(健康)이다.'라고 주장했다. 따라서 우리 것을 기본적으로 인식할 때, 주인의식이 생기며 동방예의지국(東方禮儀之國)으로 나라가 부강하고 건강해질 것이다. 어느 민족이냐? 민족정신이 살아 있느냐!? 민족이 살아야 국민이 살고 또 사회가 살려면 '주체의식'이 회복되어야 하고 무너진 가정이 일어나야 '건강'이 살아난다. 가장 위대한 사람은 가정(家庭)을 지키는 것이다. 지금까지 먹고 살만하고 위대하다고 생각하는 사람들은 가정이 문제가 있었다.

그동안 필자에게 국민건강을 위해 〈탈춤체조〉 〈민속체조〉라는 명품・신제품이 나오도록 협조하고 함께한 후배, 제자, 지인들과 각 사회단체(시민예술학교・여의도광장・선정릉・KBS 체조보급회・YMCA・흥사단・문화센터・청소년연맹 등)에서 토론과 work shop에 협조해 주신 여러분들에게 진심으로 고맙게 생각한다. 아울러 이 책을 출판해주신 도서출판 월인에게 감사드린다.

2015. 5. 15.

나무골 飛松亭에서

'국민 건강에 붙잡힌 사람' 최창주

Abstract

Study on the healing effects of masked dance

This paper discusses the need to revitalize and popularize "masked dance gymnastics" in the daily lives of Korean people by reviewing its healing effects. This paper does not analyze the healing effects of masked dance in a scientific approach. Rather, the study is an empirical investigation that is a part of a process towards a more scientific study of the healing effects of masked dance gymnastics. In modern times, people work out in the belief that it is healthy. Most exercises approach the human body only from the physical perspective. In contrast to modern medicine and health practices, which are artificial and scientific, traditional culture focuses on the natural. Traditional culture transforms the state of the body and mind through the stimulation of the emotional sensation and exhilaration. Such transformation is close to natural healing, one that is realized through a recovery of balance, or a healing through a continuity of the body and mind. The author of this paper presents modern "masked dance gymnastics" combining stretching and aerobic exercises in their basic movements and discuses how masked dance gymnastics can help people pursue fundamental healing. Masked dance should be revitalized and popularized as an alternative medicine that regulates both the body and mind for a holistic natural healing effect.

Key words: Traditional culture, masked dance, masked dance gymnastics, brain, get sick, treat a sickness, masked dance clinic, alternative medicine healing

〈탈춤클리닉〉 요지(要旨)[1)]

탈춤은 조선연극사로서 즉흥이 아닌 정확한 대본을 바탕으로 하는 목적극(目的劇)이자 연희극(演戲劇)이라고 할 수 있다. 1960-70년대 탈춤이 그나마 성행되었으나 해외유학파들에 의해 각 대학가에 교수로 장악하다보니 우리 전통문화를 홀대가 아닌 천시(賤視)되어가는 것을 보이지 않게 느낌을 받았다. 그러나 한때 대학가에서 탈춤하면 축제에 없어서는 안 될 분야였으나 데모, 사물놀이하면 노사분규 때문에 한국의 대표적인 춤(舞踊)과 음악・연극이 대학가를 떠나야 했다. 그러나 필자는 각 사회단체(YMCA, YWCA, LCY, 걸, 보이스카웃, 홍사단, 청소년연맹 등) 및 초, 중, 고등학교 학생과 교사들에 파고들어 가 헌신했다. 뮤지컬(musical)을 하는 사람이 탈춤을 지도한다고 하니 관심이 있듯이 서양문화와 한국전통문화의 이론과 실기의 비교 강의를 통해 탈춤의 재발견이 되어 활성화, 대중화되어 오늘의 한국예술종합학교 전통예술원 연희학과장으로 탈춤의 원형보존을 담당하고 있다. 원형을 보존하기 위해서는 창작 작업을 통해 국민건강과 연결하여 연구하고 싶었다.

건강의 기본조건은 '몸을 피곤하게 하지 않는 것' '영양을 섭취하는 것' '물을 많이 마시는 것'이다.(3) 우리는 '언제' '어디서' '어떻게' 죽을지 모르는 것이 인간으로, '누구나 꼭 죽는다는 것' '혼자' '빈손으로 간다는 것'(3), 그래서 '잠 잘 자고' '그냥 먹고' '운동하기'(3), 필자가 이렇게 "3・3・3 논법"의 논리를 터득하고 나니, 세상살이가 편해 각박하지 않고 힘겹지 않게 살아가리라고 독자(불특정 다수)에게 전하고 싶다. 아무리 과학(科學)과 의학(醫學)이 발전했다 해도 대자연현상인 자연적 재앙(천둥・번개・폭풍・폭우(雨)・폭설(雪)・폭염・안개・파도 등)은 과학의 힘으로 예측할 수 없다. 그러나 막을 수는 없지만 피할 수는 있다. 우주는 수억 만년 존재하고 하늘나라는 영원히 존재한다. 사람은 지구에서 태어나 100년도 못사는데, 너무 악(惡)하게 살지 말고 자연(自然)의 원리대로 순종(順從)하기를 권장하고(잠 15:1-2: 유순한 대답은 분노를 쉬게 하여도 과격한 말은 노를 격동하느니라). (잠 16:3: 너의 행사를 여호와께 맡겨라 그리하면 너의 경영하는 것이 이루리라.) 기도하며 살면 된다.

자연 속에 삶을 치유하는 또 하나의 이유는 긍정적인 삶을 통해 무엇이든 말만하면 '그대로

---

1) <최창주의 Healing <탈춤클리닉> 특강 要旨> - 한국예술종합학교 20주년(전통예술원 14주년) 기념 - "국민 건강에 붙잡힌 사람 최창주 교수와 함께" 하는 <탈춤체조 창안 34주년 기념>" 축제 초청특강(2012.9.8.), 학교본부 야외특설무대(예술극장 앞)

되니라'(창 1:6-7)의 사고방식을 가지고 생활하면 '그대로 된다.'는 것을 정신적으로 실천하고 명심하게 쇠뇌를 시켰다. 긍정적으로 살려면 우선 건강해야 한다. 건강하려면 멀리서 찾지 말고 생활습관에서 찾아야 한다. 20초를 웃으면(破顔大笑) 2시간 운동한 것이나 다름없다. 웃자! 헬스클럽에 가도 좋지만 생활습관이 필요하다. 일소일소(一笑: 한번 웃음: 개가 사람을 보고 반겨 짖는 소리. 一少), '항상 훈훈한 마음으로 빙그레 웃는 얼굴을 갖자'[2]고 했다.

탈춤클리닉은 세 영역이 혼합된 탈춤과 치료(治療)와 치유(治癒)가 있는데, 치료는 검진에서 수술까지 의사가 주사나 약물을 투입하여 병이나 상처를 다스려 낫게 함이고(병원은 병을 치료하는 것이 목적), 치유(治癒)는 생활습관의 산물로서 병을 치유해 낫게 함으로 후자로 해석하였다.

치유(治癒)는 종교적 의미의 기도(祈禱), 기원, 하나님, 말씀(言語), 영혼치유가 있으며, 자연, 마사지, 수영, 사우나, 여유(휴식), 심리, 명상, 칭찬, 좋은 강의 듣는 것, 주는 것, 예술 등, 스트레스를 해소하기 위해 분노(忿怒), 염려(念慮), 심리적으로 불안(不安)하지 않고 자국(自國)나라의 민족의식 개념과 임상을 반영하고 심신을 단련하여 건강을 예방하는 것이다. 교육은 훈련이다. 즉, 우리의 땅을 밟고 신토불이 음식을 먹고 비바람이 쳐도 그 환경 속에 살고 있는 제철 음식인 채소를 먹어야 보약이다. 약보다 자연의 음식으로 몸을 보호해야 한다. 음식이나 보약이나 보약보다 좋은 것은 운동(탈춤)이다. 약을 먹으면 2주 만에 낫고 그냥 있으면 15일 만에 낫는다. 90%가 자연적으로 치유된다는 뜻이다. 항생제가 아니라 면역력으로 치유하는 것이다. 운동하면 휴식하고 영향보충하면 된다. 사람은 누구나 치유의사가 될 수 있다. 아는 만큼 건강해진다고 했다. 幸福이란? 곧 힐링(Healing)이다.

다만 부부는 쌍방과실이듯 치유방법은 말 한마디가 상대방의 인생을 바꾸게 해준다. 운동은 뇌를 끊임없이 자극(刺戟)한다. 타인과 소통하고 올바른 생활습관과 뇌(腦)를 자극하는 운동인 책읽기, 라디오 듣기, TV보면서 뛰기, 규칙적인 식사, 종교, 긍정적 사고방식, 여유(웃음・칭찬・수영 등), 돈 안 들고 쉽게 하는 운동(걷기), 우리 체질에 맞는 운동(탈춤체조 등 4×9=36전법)하기 등, 건강관리는 부모, 친구, 애인, 의사가 아닌 본인이 책임져야 한다. 인간(人間)은 정신(情神)사상과 초자연(自然)사상으로 정리되어 있어 9+9+9+9전법[3]을 활용했다. 이제 정부 정책도 체력이 건강하면 보험료도 할인해준다고 한다.

---

2) 도산 안창호 선생 글 중에서(도산의 4대 정신, 務實: 참되게 살기, 力行: 행하기 힘쓰기, 忠義: 신뢰 쌓기, 勇敢: 적극적이고 과단성 있게), 꿈이라도 거짓증거 하지 말라!고 했다.

3) 봉산기본9+양주기본9+탈춤클리닉단계9+건강기본9=36단계로 달려가면 건강하다.

치료는 의학적으로 병원 전문의에게 치료하는 것이라면, 탈춤치유는 약물요법이 아닌, 자연과 운동요법·생활 습관병[4] 등 문화예술분야라고 한정한다. 말(言語)로 무슨 병이든 치유가 된다. 말의 씨가 있듯이 당뇨병 암 등 병명을 부르면서 물러가라 나는 병이 없다. 쇠뇌작업이 필요하다. 마음의 병이다. 심리재활이다. 병을 치료하는 것보다 병이 있어도 영향을 덜 받게 마음으로 위로해서 삶을 편안하게 생활할 수 있게 하는 것, 명상, 음악치유, 탈춤치유, 미술치유 등을 통해 병이 있어도 넓은 의미의 심리작용이다. 성경에 "그대로 되니라"(창 1:7) 말씀이 있다. 그러나 치료와 치유는 칼로 두부를 자르듯, 자를 수 없다.

따라서 탈춤은 조선연극사로서 가무악극(歌舞樂劇)의 종합적인 문화예술로 접근해야 하기 때문에 춤과 놀이(劇), 음악과 동조행위현상(同調行爲現像)[5]을 기계로 측정할 수가 없었다. 우리는 지금 우리 것을 버렸기 때문에 문제점이 돌출(왕따·폭력·자살 등)되고 있다.[6] 공동체와 어울림의 문화와 공감대를 형성하고 수준 높은 행복지수를 높이는 것은 전통방법으로 가능하다.

그 예로 스트레스는 치수(%)로 나오지 않는다. 얼마만큼 받았는지 자신이 스스로 풀어야 한다. 따라서 우울증·치매도 약이 있다고 할 수 있으나 사실은 없다. '자연'과 '사랑'도 수치로 잴 수 없다. 개나 소 같은 짐승들은 병이 들어 생명에 위협을 받으면 홀로 금식을 한다. 아무런 방해를 받지 않는 곳으로 조용히 찾아들어, 며칠씩 음식을 끊고 지내며 병을 이기고 나온다. 그런데 사람들은 반대이다. 몸도 마음도 영혼도 지쳐 진정한 쉼이 필요한 때에 오히려 과식을 한다. 이런 저런 보약을 먹고 주사를 맞으며 오히려 건강을 그르친다. 의사도 병명(病名)을 모르면 그냥 스트레스라고 한다. 탈춤이 건강에 좋다고 하는데, 어떻게 좋은지 치수로 나오지 않는다(설문지 참고). 과학적 근거는 없다. 단 기계로 형식을 빌려 과학적인 근거라고 해서 숫자(%)가 나올 수는 있다. 밤에 잠을 잘 때도 캄캄하게 불을 끄고 잠을 자야 한다. 농작물(고구마 등)도 불을 켜놓으면 성장이 늦는다. 즉, 우리 춤은 자연(自然) 춤으로 땅을 밟

---

4) 우리가 보편적으로 아프다고 하는 것은 생활습관이 잘못되어 생기는 생활 습관병이다. 고혈압, 당뇨, 오십견, 몸살, 두통, 소화불량 등은 운동으로 예방할 수 있다. 일과 생활습관이 잘못되어 수십 년을 살아왔는데 금방이루어지 않는다. 자기 나름대로 자기 몸에 맞는 운동을 개발해야 한다. 아무리 비싼 약을 먹는다고 해도, 아니면 첨단의료 장비로 수술을 받는다고 해도 굽어 있던 몸이 펴지지는 않는다. "정확한 판단력과 과감한 실천력" 모든 것은 자신의 노력에 달려 있다.

5) 마음의 근육과 육체가 종합적인 가무악극(歌舞樂劇)으로 조화(調和)를 이루는 것(즉, 정신과 육체(몸짓)가 춤·소리·악기·드라마, 하나의 장르가 되어 오르내림을 자유자제로 구사할 수 있는 능력(能力)을 숙지(熟知)함.)

6) 한국 자살률 10년째 1위 OECD, 한국이 위스키 술 소비량 1위, 갈등(葛藤)은 터키에 이어 2위, 흡연율 그리스(43.7%)에 이어 한국(37.65%) 2위, 우리국민 의사방문 횟수 1위 등, 평균입원 일수, 보건의료비용, 국민의료비 증가율 최고수준이다(조선일보 기사, 2014.7). <공동체인 어울림의 한국전통문화를 전공필수과목으로 초, 중, 고에 개설되어 교육하면 이런 것들을 방지하고 예방할 수 있다.> 1871년, 독일의 영웅 몰트케 원수가 프랑스를 점령하고 돌아오면서 말했다. "독일의 승리는 나와 군인들의 공이 아니다. 아이들을 훌륭하게 길러준 초등학교 교사들의 공이다."라고 말했다.

으며 우리의 체질에 맞는 움직임(운동)을 해야 한다는 뜻이다. 대나무는 5년 동안은 땅 밑에서 견고하게 자리 잡은 후에 세상 밖으로 나온다. 자연은 과학적이다. 옥수수를 따서 껍질을 벗겨보라. 알맹이를 감싸고 있는 모습의 보호막이 그 어떤 과학적인 기계로 포장한 것 보다 더 완벽하다. 우리 민족은 놀면서(Work and Play) 운동(탈춤)하며 공부(踏襲)하는 민족이다.

우리의 건물인 경복궁의 강녕전(康寧殿)은 왕의 침전으로서 '편안하고 건강하라.'는 의미를 담고 있고, 근정전(勤政殿)은 '부지런하게 정치하라.' 사정전(思政殿)은 '생각하고 정치하라.'고 우리 선조들은 이미 근본적인 전통문화까지 생활문화로 귀하게 명칭을 붙여 지혜롭게 사용하게 하였고, "정확한 판단력과 과감한 실천력"으로 방향(方向)을 제시해주었다.

위의 조상들의 지혜와 말씀은 생활습관이다. 따라서 환경요인과 우리의 전통문화인 탈춤으로 인간의 치료를 위해서는 우선 사람의 심리(心理)를 알아야 한다고 느꼈다. 사람을 다룰 때 존재(存在)형과 소유(所有)형을 파악하여 질책대상은 '사람'이 아니라 '극적상황(문제)'이다. 그러나 제일(第一)의 부(富)는 건강(健康)이다. 그래서 탈춤클리닉은 이런 심리치료와 탈춤치유의 근본을 숙지할 것을 강조했으며, 이 속에는 세상을 알기 위해 탈춤치유는 물론, 이론적과 실기(實技)로는 스트레칭을 통해 댄스 아트 마사지 비롯하여 산대(山臺) 및 탈춤(假面劇)의 기본동작 등을 터득해야 한다. 탈춤치유가 아직은 임상이나 과학적으로 검증이 안 된 상태로 활성화・대중화되어 있지 않고 있으나, 논문과 설문실험을 통해 나름대로 사례들을 기록해 놓았다. 하지만 교육부 및 보건복지부・외국 협회 등, 직업윤리강령을 준수하는 접근방식과 검증받을 곳도 없다. 연희치유과정을 이수(履修)한 자(者)로서 자격증을 수여하는 곳도 없다. 단지 한국탈문화연구소에서 연구한 탈춤치유, 국악치유(國樂治癒) 속에는 치매, 우울증 등, 드라마 속의 대사(言語・才談)치유・연극(演劇)치유(治癒)와 움직임(舞踊), 민속놀이치유, 뇌(腦), 심리(心理・정신: 마음의 근육) 치유, 소리(음악)치유, 미술치유, 탈춤체조, 민속체조, 민속놀이 올림픽 등, 움직임(S)의 예술을 한국인 신체에 가장 적합한 사례를 통해 합당한 접근 방법훈련으로 통합치유 한다는 사례가 전부이다. 의사들도 특별한 원인을 찾지 못하면 스트레스가 문제라고 병명(病名)을 내린다. 실제로 정신적 육체가 스트레스에 민감하기 때문이라고 한다. 그러므로 탈춤치유의 과정을 이에 맞는 후원재단, 학교, 단체 및 연구소가 설립이 되어 한국적 움직임을 수련하여 함께 연구해서 국민건강을 위해 노력해야 한다.

차 례

들어가는 말 5

〈탈춤클리닉〉 요지(要旨) 8

탈춤치유 연구의 의의와 방향 16

1. 연구 의의(硏究意義) 16
2. 연구 방향(硏究方向) 20

1부 탈춤치유연구

제1장 탈춤치유의 연구목적 31

1. 연구목적 31
2. 탈춤치유의 과제 68
3. 수강생(강습회) 설문지 내용(참고자료) 및 소결론 98

제2장 가무악극(歌舞樂劇)의 분야별 견해 107

제3장 치유는 자연과 생활습관이다 180

1. 탈춤치유를 위해 세상을 읽어야 한다. 180
2. 현재 시대상황 181
3. 탈춤클리닉을 활성화, 대중화 과정 189
4. '탈춤클리닉'은 마케팅 · 기획(企劃)이 필요하다 192
5. 음악치료 194
6. 연극치료란 무엇인가? 195
7. 자연치유(금식치유) 197
8. 샤머니즘과 의식 드라마 198
9. 한국에서의 서양 연극 치료 202
10. 연극장(演劇場) 205
11. 한국뮤지컬 어디로 가야 하나?(예그린 악단) 207

12. 치유의 한국뮤지컬 211
13. 풍물치유(삼도풍물(風物 · 農樂)) 219
14. 집단적 정신충격 치유해야 할 우리민족 222
15. 6 · 25와 맥아더를 통한 하나님의 섭리 〈칼럼〉 224
16. 거리에서 탈춤을 춘 원효 스님 225
17. 쓸데없는 걱정 227
18. 문화예산이 무상보육, 급식의 희생양인가? 228
19. 욕망 뒤엔 허망=파워게임 230

제4장 연희의 접근, 처세방법 치유 231
1. 연희(演戲)의 접근방법 231
2. 처세 방법 255

제5장 지도자의 언행(言行) 277
1. 문화를 아는 훌륭한 지도자가 있어야 한다. 277
2. 박후보, "문화재정 2% 달성" "문화기본법 제정" 공약 285
3. 최고지도자인 나는 보스인가 그냥 상사인가 286
4. 콜린파월의 실전 리더십(13가지 원칙) 288
5. 예술교육 무너뜨리는 획일적 대학평가 289
6. 김치, 아리랑을 무형문화재로 만들려면 290
7. 문화부장관을 또 바꾸겠다. 292
8. 잡스가 남기고 간 '한 입 베인 사과' 293
9. 옳은 사람이 아니라 필요한 사람이 돼라. 294
10. 스스로 무덤을 판 김정일 295
11. 아내와 소통하면 가정재취업 성공 296
12. 〈칼럼〉 대한민국 R-최고 지도자회의 정체성 297
13. 전통문화의 지도자가 필요하다(지도력) 300
14. 서울예술단 307
15. 올림픽과 스포츠 정신 310
16. 국가와 애국가 311
17. 문화(文化)는 교양(教養)과 다르다 312

18. 치료와 치유는 책과 선생(先生)을 잘 만나야 한다. 313

2부 탈춤클리닉

제6장 실제적 사례 논문들 (사례 1-12번) 319
〈주제발표 1〉 탈춤체조 331
〈주제발표 2〉 국악치유 362
〈주제발표 3〉 탈춤클리닉 사례 376
〈주제발표 4〉 사자춤 435
〈주제발표 5〉 탈춤과 건강 459
〈주제발표 6〉 국, 시립 연희단 창단 505
〈주제발표 7〉 한국전통연희극 513
〈주제발표 8〉 대학생 놀이마당 521
〈주제발표 9〉 오청본과 이두현본 극본비교 531
〈주제발표 10〉 중요무형문화재 기・예능협회 총회 주제발표 538
〈주제발표 11〉 탈춤의 치유적 효과에 관한 연구 556
〈주제발표 12〉 통일문화정책포럼(남북 교류협력방안 부분) 572

3부 건강(健康)치료

제7장 일반적인 의학치료 595
Ⅰ. 일반적인 놀이치료 및 성인 치료 595
Ⅱ. 일반 클리닉 603
Ⅲ. 류머티즘성 관절염 증상들 627
Ⅳ. 성인병 치료 643

4부 종교치유(宗教治癒) 및 기독교 치유

제8장 종교적 치료(宗教的 治療) 667
1. 기독교적 치료 667
2. 교회와 후계자 치료 671

3. 예수와 무함마드 치료 672
4. 처용은 '황소의 난' 피해 서라벌 온 무슬림 673
5. 기독교에 대한 오해와 크리소스톰의 생애와 신앙 674
6. 토속적 굿(巫俗)과 재담(演劇) 치료 686
7. 영성(靈性: Spirituality), 치유(治癒: Healing), 공동체(共同體: Community) 688
8. 왜 살아야 하는가? 694
9. 이 책을 권장하고 싶다 695
10. 필자의 기도(祈禱) 697

5부 여행과 공연치료

제9장 여행(旅行)치유 701
1. 해외여행(海外旅行) 703
2. 국내여행(國內旅行) 722

6부 참고자료

■ 참고자료(參考資料) ■ 733
〈참고자료 1〉 봉산탈춤 공연을 보고(이두현본 공연비교) 733
〈참고자료 2〉 봉산탈춤공연 비교 연구 739
〈참고자료 3〉 7일 간의 봉산탈춤특강 공연(특강 후 소감문. 2014) 741
〈참고자료 4〉 『이런 친구, 허생!』을 보고 743
〈참고자료 5〉 음악극 공무도하(公無渡河) 745
〈참고자료 6〉 전통연희의 전승내용 〈표 18〉 746
〈참고자료 7〉 필자 활동 750

■ 참고문헌 ■ 767

탈춤치유 연구의 의의와 방향

1. 연구 의의(研究意義)

탈춤으로 우리 몸을 치유할 수 있다. 우리 민족은 신명나는 흥의 민족이다. 본래 우리 Korean들은 신명이 나면 불가능을 가능케 할 정도로 가능성이 있는 국민들이다. 그럼 왜 하느냐? 탈(頉)나지 말고, 건강하고 행복하게 무탈(無頉)하게 살라고 탈춤을 춘다. 인간의 제일의 부(富)는 건강(健康)이다. 또한 춤이라 함은 태초에 인류(人類)가 시작할 때부터 인간의 움직임이다. 태초(太初)에 하나님이 천지를 창조(創造)하듯이 모든 것을 운행(運行)하였다. 하나님이 지으신 그 모든 것을 보시니 보시기에 심히 좋았더라. 이 시대 언어로 말하면 미학적(美學的) 창조적(創造的) 형태로 발전하고 있는 것이다. 자연이 언어가 되고 인체본능(人體本能) 의식(意識)으로 말하기 전에 몸짓과 의사소통으로 감정 표현하는 것이 생활소통이다. 탈춤이 끝날 때는 탈(假面)을 불태워(燒火) 나쁜 액(厄)의 잡귀(儺禮)를 쫓는다. 그래서 탈춤은 건강치유의 기원을 담고 있다. 탈춤을 추는 철학(哲學)이 뭐냐? 가치관(價値觀: 근본-기본-동기부여-우선순위)이 뭐냐? 왜? 한국인이 한국 것을 천시(賤視), 홀대하는 이유가 뭐냐? 유대인과 독일인, 한국인과 일본, 똑같은 조건 속에 유대인은 “찬양과 감사”, 한국인은 “한(恨)을 품었다.” 그러므로 직업과 생활의 건강치유를 통해 생활을 바로잡기 위한 수단이다.

우리는 이제 한(恨) 대신 흥의 민족으로 치유해서 거듭나야 한다. 또한 이를 통해 이룰 꿈이 뭐냐? 탈춤사관학교(탈춤치유학교)를 설립하여 공동체이고 어울림의 한국문화예술의 집합체인 가무악극(歌舞樂劇)을 통해 국민들을 건강하게 치유(治癒)하여 세계 OECD 국가 중 한국이 10년째 자살 1위(음주, 갈등 등)라는 오명을 지우고 싶다. 그 일환으로 초, 중, 고, 대학에 전통문화를 “전공필수과목”으로 추진해야 한다. 우리 것인데도 한국인, 우리한테 잊혀가고 있는 현실이다. 해외공연이나 축제 때만 반짝 공연만 볼 것이 아니라, 일상생활 속에 우리 것으로 만들어져야 한다. 그러나 정부정책이 없어 계란으로 바위치기가 될지언정 각 사람마다 우리 것 배우기를 극복하기 위해, 대중화, 세계화가 아니더라도 작은 선행(先行)을 하여 한구석만 밝히는 운동을 전개하고자 연구의의를 제안한다.

탈춤의 근본은 원형보존(原形保存)이다. 따라서 탈춤클리닉(탈춤치유)으로 한국 전통문화의 현대적 수용(受容)측면에서 새로운 건강문화 창조를 이룩함으로써 이 시대의 국민(관객)이 요구하는 것이 무엇이냐를 법고창신(法古創新)정신으로 말한다면 곧 Healing이라 할 수 있다. 문화(文化)는 변하는 것이므로 웰빙에서 힐링으로 변한 것이다. 삼국시대의 고구려, 백제, 신라중에서 가장 늦게 시작하고 힘이 약한 신라가 삼국통일을 이루었다. 그 힘은 바로 화랑도(花郎徒)정신으로 청소년들의 어울림인 공동체정신으로 한국 전통문화의 근간(根幹)이 되고 있다. 탈춤체조는 한국전통문화를 이용한 우리의 문화유산으로서 지금까지 '탈춤'이 한국의 대표적인 신명나는 춤사위로서 훌륭하다고 1977년도 미국 30개 주립대학을 순회 중에 뉴욕타임즈에서 극찬을 받아 유럽 및 세계를 순회하였다.

이제 글로벌시대를 들어서며 한 분야에만 능통해서 먹고 살 수 없게 되었다. 1980년대까지는 한우물만 파라고 했다. 이에 필자는 이제 여러 분야를 융합해서 하나의 장르로 개척해 나가야 한다고 강조하고 있다. 즉 서양연극은 닫힌 연극이라면, 우리 것은 종합적인 열린 극적인 연희(演戲)이다. 먹고 살만하면 동창회 나간다는 말이 있듯이, 우리도 이제 경제적 여유가 생기며 건강(健康)에 신경을 쓰고 있는 추세가 되었다. 우리 몸에는 우리 체질에 맞는 운동을 해야 하는데, 처음 탈춤을 보급할 때는 순수 탈춤원형보급이 주목적이었다. 그렇게 원형을 보급하다보니 대한민국 예술대학의 조선연극사(假面劇/탈춤) 교수 1호로서 탈춤원형 복원, 재연하며 연구·노력하였다.

1937년도 봉산탈춤 오청(吳晴/본명: 오종섭) 채록원본은 당시 서민들의 밀정자료로 사용되었다.[1] 1965년 조사본에 의해 1967년 이두현(李杜鉉)본이 무형문화재로 지정되었다. 두 극본을 다음과 같이 비교·주제발표(2010.1.28)를 하였다. 오청채록원본 공연(원본 발굴 재연, 2010.5.5. 오후 3시, 한예종 예술극장)과 이두현본 복원·재연 공연(2011.9.9. 오후 3시, 한예종 야외극장)을 하였다.

그래서 원형과 함께 지금은 어떻게 하면 탈춤을 국민건강과 연결하여 사회를 밝게 하는 탈춤운동(탈춤치유)으로 발전시킬 것인가에 대한 고민으로부터 시작한 "탈춤클리닉"을 교재(敎材)차원에서 출판하려고 연구, 노력하였다. 그리고 주제발표(사례발표)부분에서는 주최 측에서 급하게 발표를 요구하다 보니 우리의 전통문화는 반복의 원리인 반복연습[2]과 자작표절이 된 부분도 없지 않아 있어서,[3] 국민건강치유와 대중화의 한계를 체감하였다.

---

1) 1937년 일본이 다양한 방법으로 처참하게 기관총 등으로 중국난징 대학살(살인, 강간 등)을 치룰 때. 우리는 일본에 의해 서민들을 다스리는 밀정보고서에 의해 일본의 다스림을 받았다(궁중은 의궤의 기록이 있으나 서민들은 기록이 없었다).

2) 성경은 복창하고 원형교육으로 반복연습을 학습시키는 것이다. 체육과 원형인 우리의 전통문화도 반복의 원리로써 공동체문화는 어울리는 연습을 해야 한다. 기독교는 공동체문화이다(모여서 친교한다는 뜻). 문화는 사람이 살아가는 모습이며 그 배후는 종교이다. 종교는 근본문제를 가르치고 있다.

3) 신학(神學)도 한국고유의 신학이 없고(우리는 유교문화, 불교문화이다) 100년 전에 기독교가 들어와서 칼빈, 루터 등의 것을 표절해서 정리해 놓은 것을 지도자들이 가르친다고 한다. 앞으로 현행법에 저촉되어 교회에서 설

따라서 창작(創作)과 함께 융합, 복합, 총체, 합병, 화합, 통합 등은 단어는 다르지만 결국은 비슷한 견해와 뜻을 가지고 있다. 이렇듯 백성, 서민, 이속(吏屬), 국민, 대중들이 탈춤을 하였다. 탈춤은 이 모든 특성을 종합예술로서 가무악극(歌舞樂劇)이 모여 하나의 작품을 형성하고 있으며, 서양뮤지컬도 같은 맥락이다. 필자는 그동안 종합예술의 연속성 차원에서 한국가면극과 한국뮤지컬(서양식이라고 하겠지만)을 함께 기획, 제작, 연구하면서 "교육은 훈련"이라는 것을 터득했다.[4] 1997년도 "한국가면극과 뮤지컬" 출판기념회 때 갈보리교회 박조준 목사님이 오셔서 '너의 양식을 바다에 던져라.'는 설교말씀을 듣고, 필자는 우리 민족의 정체성과 국가를 위해 학교와 사회에 봉사하고 환원할 수 있는 '재능기부' 작업이 뭐냐를 고민하다보니 이제는 '국민건강에 붙잡힌 사람'이 되었다.

우리는 나라 잃은 민족의 설움과 배고픔을 딛고 일어섰다. 그러나 안타깝게도 수많은 외침(外侵)과 전쟁 속에서 그동안 우리의 순수한 자료들은 없어지고 일본사람들이 우리를 지배하려고 연구해 놓았던 당시 자료(資料)들을 가지고 연구가 시작되었다. 이런 암흑의 세월 속에 한민족의 전통(傳統)[5], 전통을 지키려는 의욕과 장인정신은 이제 원형(原形)보존과 그 창작(創作)과정에서 그 모습을 찾아볼 수 있게 되었다. '한국전통문화를 어떻게 현대적으로 수용하느냐?' '이 시대 국민(관객)이 요구하는 것이 무엇이냐?'라는 법고창신(法古創新)의 개념으로부터 원형을 밑바탕 삼아 전통(傳統)없이는 창작(創作)은 성립되지 못한다는 것을 인지하여야 한다. 전통(原形文化)이 없이는 앞으로도 미래를 내다볼 수 없고 성공하지 못하며, 원형과 창작은 영원한 것으로 기찻길처럼 함께 가야 되는 시대에 와 있는 것이다.

또한 탈춤연희자로서 공연을 할 때, 가면을 썼다고 해서 특별하게 변하는 것은 없다. 이론가들 또는 학자들이 주장하고 있는 가면 쓰기 전과 쓴 후에 느끼는 점, '일방적으로 그럴 것이다.'라고 해석을 하지 말 것을 당부한다. 연희자(실기자)들은 이론가와 견해가 다르다. 필자는 이론과 실기를 겸한 전문가로서 견해차이의 예를 들어 본다.

배역가면(상좌, 목중, 노장, 취발이, 마부, 양반, 말뚝이, 영감, 미얄, 무당 등)을 썼다고 해서 가면이 그 역할을 충실히 하는 것도 있지만, 얼마만큼 그 역할을 분석하고 열심히 노력하고 훈련한 것인가에 따라 연희(演戲)도 연극(演劇)처럼 똑같은 감정이 발생된다. 연희자가 가면만 썼을 뿐이다. 탈춤은 조선연극사로서 연극의 뿌리이다.[6] 연극은 의상과 분장을 하며 그

교하기도 힘들것이라고 목회자들은 걱정들 하고 있다.

4) 하루 연습을 하지 않으면 자신이 알고, 삼일 안하면 선생이 알고, 일주일 안하면 관객이 알고. 한 달 안하면 세상이 안다. 재능이 뛰어나든 모자라든 노력이 없이는 성취는 없다(김봉렬 한국예술종합학교 총장).

5) 어떤 집단이나 공동체에서, 역사적으로 형성, 축적되어 계통을 이루며 전하여 내려오는 사상, 관습, 행동 따위의 양식, 또는 그 핵심을 이루는 정신.

6) 꼬메디아 델 아르테.

캐릭터에 다가가려고 노력하듯이 가면극도 똑같다. 분장만 안할 뿐이다. 탈을 착용한다고 해서 다른 인물이 되는 것이 아니다. 다만 그 가면 안의 분위기가 어떻게 훈련을 했느냐에 가면을 쓰면 연희자는 그 캐릭터에 맞게 분석・파악하고 설정하여 내면의 연희를 청할 때, 그 인물로 변하여 관객이 볼 뿐이다. 가면과 사람은 양면성이 있는 것이 아니라 분리(分離)된 인격(人格)이다. 다만 연극배우는 작품을 하면 작품마다 그 배역을 분석하여 막을 올린다. 연극은 연기만 하면 된다. 그러나 탈춤은 가무악극의 기능(技能)과 훈련이 다를 뿐이다. 또한 입담(대담을 부리는 말솜씨)과 너름새(표현과 관객과의 관계)의 차이가 있다. 원형의 탈춤 추는 연희자는 가면이 요구하는 인물대로 가무악극(歌舞樂劇)이 종합[7], 훈련되어 풍요롭게 연습한 만큼 관객 앞에 표출해야 하기 때문에 3～4배 힘든 연희(演戲)를 해야 한다.

봉산탈춤이 1977년도 미국공연 갔을 때는 인원부족으로 1인 3-5역할을 보통했다.[8] 가면 속에 배역의 캐릭터를 이렇게 저렇게 설정, 계산하면서 연희를 한다. 수십 년을 창작(創作)이 아니라 원형(原形)을 그렇게 해왔다. 계산되고 배역에 훈련의 학습된 사람은 그냥 관객 앞에서 연습된 만큼 표출할 뿐이다. 흉내 내는 몸짓보다 겉으로 나타나는 가면이 가지고 있는 캐릭터의 맛과 멋을 내면으로 표현하는 것이 가면극(假面劇)이다. 목중춤 같은 경우에는 연습과 훈련한 만큼 무아지경(無我地境)으로 춤을 춘다. 연습하고 학습, 노력하고 훈련된 만큼 표출이 되는 것을 관객은 알고 있다. 탈꾼은 배역이 요구하는 캐릭터를 맡은 배역의 역할(役割)에 충실할 뿐이고 맡은 배역(配役)에 다가가면 되는 것이다.

그래서 원형은 한정되어 있지만 영원하다. 한국의 대표적인 탈춤(假面劇)을 21세기 들어와서 어떻게 하면 활성화하고 대중화시킬 수 있을까? 전통문화(傳統文化)로서의 탈춤과 국민건강(健康)을 어떻게 연결 할 수 없을까!? 그것은 〈탈춤체조〉이었다. 탈춤은 스트레칭과 유산소, 무산소 운동이 동시에 된다. 서양인의 육체는 뻗어내는 직선의 기운이 있고, 동양인 특히 한국인은 몸 안으로 끌어들이는 곡선의 힘이 있다. 그래서 한국인 체형에 가장 잘 맞는다고 생각하는 것이 탈춤이다. 그러므로 국민건강을 위해 '탈춤'을 활성화하려고 무던히도 생각하고 연구, 노력하면서 필자는 삶의 건강기본철학 3・3・3논법을 주장하게 되었다.[9]

---

7) 가악극(歌樂劇)이 끝나고 춤(舞)만 출 때는 연습과 훈련을 통해 무아지경 속에 캐릭터를 표현(출)해 내야 한다.

8) 필자는 젊은 목중역할을 했다가 탈춤 인물 중에 가장 늙은 남강노인 역할을 한다. 상위계급 배역을 맡을 때는 양반처럼, 천(賤)한 신분역할을 맡을 때는 천하게, 탈을 썼을 때 분리된 인격이만, 어떻게 하면 맡은 배역에 일치할 수 있게 관객에게 가면과 몸짓 표현・표출이 일치할 수 있게 훈련해야 한다.

9) 건강의 기본조건은 '몸을 피곤하게 하지 않는 것' '영양을 섭취하는 것' '물을 많이 마시는 것'이다.(3) 우리는 '언제' '어디서' '어떻게' 죽을지 모르는 것이 인간으로, '누구나 꼭 죽는다는 것' '혼자' '빈손으로 간다는 것'(3), 그래서 '잠 잘 자고' '그냥 먹고' '운동하기'(3), 필자가 이렇게 "3・3・3 논법"의 논리이다. 우리 체질에 맞는 운동하기 등, 건강관리는 부모, 친구, 애인, 의사가 아닌 본인이 책임져야 한다. 인간(人間)은 정신(情神)사상과 초자연(自然)사상으로 정리되어 있어 9+9+9+9 전법(봉산기본9+양주기본9+탈춤클리닉단계9+건강기본9 <4×9=36

'탈춤클리닉'이라는 단어가 애매하여 이 책의 제목을 붙이는데 고민을 많이 했다. 당시 언론에 퇴행성관절염과 류머티스 관절염이 현대의학으로서는 치료가 불가능하며 문제가 있다고 보도가 되었는데, 탈춤을 하면서 여러 가지 병(病)들도 별 것 아니구나, 라는 희망을 얻었다.[10] 그래서 '탈춤치유'로 소망을 가지고 연구, 노력하였다.[11] 이에 30여 년의 실험과 체험의 연구결과에 용기(勇氣)를 얻어 사례, 발표하였다. 그 외 필자의 연구 논문 및 저서로 대신한다.[12]

2. 연구 방향(硏究方向)

이제 필자의 철학(哲學)으로[13] "국민 건강에 붙잡힌 사람"이 되어보니 예그린악단에 입단하면서 평생 뮤지컬만 할 줄 알았는데, 한국예술종합학교 전통예술원 연희과 교수로 발령받아 오면서 이제 더 늙기 전에 전문 분야별로 정리를 해야 하는 시기가 왔다고 생각했다. 그래서 오청(吳晴/1936년)채록 원본을 읽은 후에 비교, 차이점을 Work Shop을 통해 연구, 주제발표(2010.1.28)를 하고 오청(吳晴)채록 원본 공연(2010.9.9)과 중요무형문화재로 지정된 이두현(李杜鉉)본의 완판공연(2011.5.5)의 필요성을 느껴 원형을 발굴, 재연하게 된 것이다.

필자가 탈춤을 보급, 활성화하여 대중화하겠다고 퇴근 후에 밤낮을 뛰어 다녔다. 그래도 안전한 직장(예그린악단 · 국립극장 · 세종문화회관 · 한국예술종합학교)이 있었기에 외도하지 않

전법> 36단계로 달려가면 건강하다.)을 활용했다. 이제 정부 정책도 체력이 건강하면 보험료도 할인해 준다고 한다. <예>로 스트레스는 치수(%)로 나오지 않는다. 얼마만큼 받았는지 자신이 스스로 풀어야 한다. 따라서 우울증, 치매도 약이 있다고 할 수 있으나 없다. '자연'과 '사랑'도 GNP의 수치로 잴 수 없다. 탈춤이 건강에 좋다고 하는데, 어떻게 좋은지 치수로 나오지 않는다(탈춤클리닉 요지 참고/설문지 참고).

10) "자가면역질환"은 면역세포들이 비정상적으로 변해 자기 몸에 있는 세포나 조직을 적(敵)으로 인식하고 공격하는 항체(자가 항체)를 만들고, 이 항체에 의해 염증이 일어나는 질환, 류머티스 관절염, 루푸스, 강직성 척추염, 베체트병이 대표적이다. 30년 전만 해도 "희귀병" "불치병"이라고 했으나 만성질환으로 여기고 꾸준히 관리하면 전문의들은 치료가 된다고 한다. 유전보다 식습관, 흡연, 환경오염, 과도한 스트레스가 병 유발 등 생활습관이 문제라고 지적한다(절망의 병 "자가면역질환" 희망이 보인다. 2014.6.18. 조선일보).

11) 치료(治療)는 전문의사, 치유(治癒)는 사람이면 누구나 치유의사가 될 수 있다. 그 외 지도자의 치유방법(Kenneth E. Brussla 저, 최병철 역, '음악치료' 중에서/ 연극치료 핸드북, 수 제닝스, 앤 캐터 넉, 스티브 미첼 등(이효원 옮김), 도서출판 울력, 2010. 등)을 참고.

12) 최창주, 연구논문 및 저서 참고(한국 전통연희의 이론과 실제(봉산탈춤), 봉산탈춤 극본비교연구, 탈춤치유에 관한 연구 등).

13) 생활의 규정이다. 사람마다 규정이 있는데 제일 중요하다고 믿는 것으로써, 돈이 중요하다면 돈 버는 일에, 건강이 제일 중요하다고 하면 건강이 철학이다. '문화는 정책이고 돈이다' 대학 다닐 때부터 주장하였다. 그러나 취미로 탈춤을 하면서 운동이 된다고 생각했을 뿐이었다. 가장 위대한 자는 가족과 자녀와 함께 하는 자(者)이다. 힘 있을 때, 악(惡)할 때 조심하라. 강한 자가 약한 자에게 보복하지 말고, 기도(祈禱)로 해결해야 한다.

고 탈춤보급에 앞장설 수 있었다. 초, 중, 고, 대학, 지방대학의 탈춤반은 물론, 대학동아리, 기업체(삼성 · 대우 · 현대 · 포스코 · LG 등), 공무원 연수, 교사연수원, 중앙문화센터, 해외공연, 쉼터(여의도광장 · 선정릉 · 효창공원 · 잠실체육관 등)를 초청받아 열심히 국민건강을 위해 강의를 했다.

따라서 "한민족탈춤학교"를 설립해서 탈춤가족캠프를 하며 YMCA, YWCA, RCY · 걸스카웃, 보이스카웃, 흥사단 등, 뮤지컬기획과 제작, 국가행사, 축제담당(심사), 미국, 유럽, 평양방문 등, 본 직업 외에 사회활동을 동시에 도맡아 밤샘작업을 해도, 다음날 해장국 한 그릇을 먹고 나면 말짱하여 자연스럽게 직장에 출근하여 근무했었다.[14)]

그동안 나태하고 게을러 차일피일 직장 일에 쫓기어 생활하다보니 벌써 머리가 반백이 되어 교수로서 후배와 제자들한테 연구차원에서 할 말이 없었다. 그나마 오청본과 이두현본 봉산탈춤 복원, 재연작업을 함으로써 이제 체면이 조금 설 것 같다. 그러나 제도적 모순점을 어떻게 극복해야 할지 모르겠다. 2010년 기준으로 볼 때 유형문화재(有形文化財) 국가예산은 3,400억 원(95%)이나 되지만, 무형문화재(無形文化財) 예산은 180억 원(5%)으로 지금도 차별되어 정책의 문제점이 있다.

이렇게 사회에서는 제도적 모순점을 생각하면서 돈타령을 하지만, 국민건강(國民健康)이 최고라는 것을 국민각자가 인식하고 있지 않는 것이 더 문제였다. 우리는 사람을 볼 때 옷과 직업과 학벌로 판단하지 말고 믿음(敬畏하는)과 인격(人性)으로 판단해야 한다. 그것보다 중요한 것은 제일의 부(富)는 건강이다. 건강하려면 잠이 보약이고 우리의 음식이 보약이자 치료약이듯이 생활의 리듬이자 선율, 곧 생활습관이 치료이고 치유이다. 생활의 패턴은 곧 장단, 가락, 리듬에 맞춰진 정신적, 육체적인 움직임이다. 장단이라는 것은 리듬구조의 박자, 악센트, 패턴의 3가지 요소로 구성되어 있고, 가락은 장단, 음, 노래, 소리의 길이가 조화(調和)가 되어 일정한 유형을 가진 음률의 한 단락을 이룬다면, 청(淸 · 請 · 聽)은 고저(高低의 옥타브)인 중심음의 소리(노래)로서 청하다, 고하다, 여쭈다, 부르다 직접 또는 간접으로 사람을 넣어 특별히 부탁한다(상대방에게 의뢰)의 뜻이다. 리듬은 서양의 메트로놈의 개념으로 박자감과 시간의 흐름, 흐름새의 순환과정이 생활화된 연습 · 훈련이다. 이런 장단, 가락, 리듬의 3박자에 맞춰 탈춤의 육체적인 구조를 잘 이용하면, 자연(自然)과 생활습관과 생활수단의 구조가 인체(人體)를 건전하게 하는 탈춤은 동조행위현상(同調行爲現像)으로 운용(運用)될 수 있어 치유가 된다.[15)]

14) '너 자신을 알라'는 서양의 유명한 글을 인지하지도 못하고 서양의 것만 부러워하고 무비판적으로 외래문화를 받아들여 우리의 전통문화에 대하여 자각(自覺)이 없었음을 인정해야 한다. 조상의 얼과 슬기가 담겨져 있는 우리 것을 너무나 방치하였다. 늦게 알게 되었다.

탈춤클리닉의 치료(治療)와 치유(治癒)의 궁극적인 목적(目的)은 기쁨과 즐거움이다. 성공하는 사람들은 이미 긍정적이고, 건강하고, 정직하며 근면(勤勉) 성실(誠實)하고, 생활의 리듬을 재창조하면서 건강한 삶을 살아가고 있는 것은 자연과 하나님의 섭리이다. 그러나 자연만 보지 말고 자연을 만드신 하나님을 보아야한다. 마찬가지로 우리는 세상의 문화만 보지 말고 그 배후와 영적인 세계를 보는 눈이 열려야 한다. 모든 것을 주관하셔서 나에게 가장 합당하게 인도하시는 하나님의 섭리를 보고 깨닫는 것이 인류의 최대 숙제이다.[16)]

이번 '세월호' 참사는 우연히 일어난 것이 아니다. 그동안 쌓이고 쌓여 누르고 눌렸던 비리와 부패와 허위가 더 이상 버티지 못하고 터졌다. 도산선생은 "여러분 우리가 이 4천 년 역사의 조국을 잃지 않고 지키려면 썩어빠진 옛날의 모든 나쁜 버릇을 버리고 새 힘을 길러야 합니다. 그 힘을 기르려면 오로지 새 교육을 일으켜 새사람을 길러내는 길밖에 없습니다." 현대에 와서 전통문화교육 등 도산선생 말씀대로라면 "세월호" 침몰사건이 없었을 것이다.

한국의 전통문화 교육 부족으로 지금 한국은 총체적으로 위기가 오고 있다.[17)] 이것을 막으려면 아래와 같이 초, 중, 고, 대학에서 전통문화를 학교교육(필수과목)으로 도입되어야 해결할 수 있다.

한국전통문화의 이론(理論)과 실기(實技)방법을 학교교육으로 채택하여 함께 잡극(雜劇: 인형놀이극, 음악극, 탈놀이극, 풍물놀이극, 굿놀이, 남사당놀이, 줄타기, 다시래기, 놀이 등)인 무형문화재의 전통문화예술을 재담(장면연기), 몸짓(판토마임 댄스・비디오), 사례발표 등 교육으로 활용하게 한다. 그동안 필자가 개인적으로 프로그램을 한민족탈춤학교, 탈춤치유학교, 탈춤가족캠프, 한국청소년연맹(교사연수) 등, 초, 중, 고, 대학, 일반인들에게 일방적인 치유교

---

15) 수영은 골밀도를 높이는데 별 도움이 되지 않는다. 한림대성심병원 가정의학과 송홍지 교수는 "수영은 다리를 들지 않고 하는 운동"이라며 "뼈에 체중을 신지 않는 운동은 골밀도를 높이는데 별 효과가 없는 것으로 알려져 있다"고 말했다. 골밀도를 높이고 싶다면 땅에 발을 딛고 뼈에 체중을 실어하는 운동인 뛰뛰기, 걷기, 조깅을 하는 게 좋다. 뼈 주변의 근육이 튼튼하면 뼈가 제 기능을 하는데 도움이 된다. 따라서 단백질을 충분히 섭취해야 한다. "골다공증이 잘 생기는 장, 노년층은 대부분 평형감각도 떨어져 있어서 몸을 제대로 가누지 못한다."며 "균형감각을 길러 몸 중심을 잡을 수 있으면 넘어지지는 횟수가 줄어든다."고 말했다. 그래서 필자는 한민족탈춤학교, 탈춤치유학교를 운영하면서 "탈춤(假面劇)" "탈춤체조" "민속놀이 올림픽" "탈춤클리닉" 등으로 치유하고 있다.

16) 이제 현실적으로는 혼(魂: 꿈과 비전과 개념정리)으로 창(創: 창작・창의성)하게 하고 통(通: 소통)하는 이지훈 작가의 철학이 말하듯이 생활의 규격이 곧 철학(哲學)이고 노력과 근성으로 늘 새롭게 재창조되어야 하며 통 큰 마음으로 서로 소통해야 이해관계가 얽혀있는 복잡한 사회를 슬기롭게 풀어 헤쳐 나갈 수 있는 것이다.

17) 화병을 영어로는 Anger Syndrome이라 하는데 이 병에 걸리는 이유는 화(禍), 즉 분노를 억누르고 참았을 때에 생기는 병이다. 원래는 40~50대 주부들에게 특히 많은 병이었으나, 요즘에는 초등학생들도 걸리는 수가 늘어나고 있다. 이 병은 사람들로부터 인정받지 못하고, 사랑 받지 못하고 있다고 느낄 때에, 혹은 자신이 세상에서 필요한 사람이라는 감정이 채워지지 못할 때에 걸리는 병이다. 해결책은 무엇일까? 생각보다는 어렵지 않다. 아이들을 있는 그대로를 인정하여 주고, 관심 가져 주고 무언가 장점을 칭찬하여 주고, 자신이 느끼는 감정을 솔직히 표현할 수 있게 하여 주면 좋아지기 시작한다(김진홍 목사 칼럼 중에서).

육을 하였다. 가무악극〈歌(소리)·舞(춤)·樂(악기)·劇(연희)〉이 하나의 장르가 뮤지컬이다. 우린 선조들에 의해 이미 종합예술이 있었다. 이런 연수교육을 통해, 정부(교육부)에서 교육과정을 이수(2시간용, 이외 교양[18])시켜 교사를 학교에 투입하는 방법이 있다. 이론 강의는 쉽게 실증을 느끼므로 전통문화 원형(풍물·탈춤·무속·전문예인집단놀이·소리하기 등)과 민속놀이[19], 연희극과 놀이극(잡극의 연희극·민속놀이 올림픽·탈춤크리닉·탈춤체조·민속체조·태권체조 등)을 삽입하여 이제 연희교육극 시대로 돌입하고, 이론과 실제적 현실극(現實劇)으로 전환해야 한다. 국립무형유산원(무형유산지도자아카데미)이 설립되어 이제 시작하려고 하고 있다. 특히 교육부에서는 한국 전통문화 전담 교사를 두어 근본적(根本的)으로 기본적(基本的)인 정체성의 학교교육을 우선순위로 정책을 펴서 갈등(葛藤)과 삼각관계[20] 및 자살(自殺)을 방지하고 예방해야 한다.

지금 한국은 총체적으로 위기가 오고 있다(자살·갈등·술 문화 등). 현대 자본주의를 살아가는 사람들은 이 세상은 돈만 있으면 안 되는 것이 없다고 말한다. 그러나 교육은 돈 가지고 안 된다. 사회가 무너지고 있는 것은 전통문화교육의 부재(不在)로 인한 국민정서의 오염(타락)이 원인이며 이로 인해 24시간 사회적 위험에 24시간 우리들이 노출되어 있는 것이다. 다시 말해 어울림의 부제인 것이다.[21]

한국이 OECD 국가 중 10년째 자살 세계 1위를 예방하고 해소하려면 그 나라 그 민족의 전통문화를 "전공필수과목"으로 유치(幼稚), 초, 중, 고, 대학에 채택해야 한다. 또한 노사, 사회, 정치, 경제, 가족, 지역, 고부간의 갈등(葛藤)이 세계 2위이다.

2009년 이명박 대통령 시절 어느 중학교에 방문하여 "수준별 방과 후 학습" "공교육 신뢰회

---

18) 우리 조상들은 상투(上套)를 틀어 메어 머리를 하늘로 향한 소원을 비는 마음으로 자연사상과 하나님을 향해 우리조상들은 천지신명(天地神明)께 기도했다. 사람이 하늘과 소통하고자 "과거급제 해달라고" "농사가 잘되라고" 본능적으로 하늘을 향해 기도하는 뜻으로 미래를 위해 상투를 틀어 소원을 빌었다.

19) 민속놀이 부분참고(개인놀이 단체놀이(재기차기, 고누놀이+줄다리기·고싸움놀이)
다음과 같이 민속놀이를 나누어서 정리해 볼 수 있다(따라서 민속놀이 올림픽도 있다).
① 작은 놀이/고누놀이, 공기놀이, 그네뛰기, 널뛰기 공기놀이, 땅재먹기, 비석 차기, 자치기, 술래잡기, 제기차기, 줄넘기, 팽이치기, 연날리기 등
② 단체놀이/강강술래, 승경도놀이, 놋다리밟기, 쥐불놀이, 풍물(농악)놀이, 인형놀이, 널뛰기, 윷놀이, 씨름(손, 발, 샅바, 재간), 지신밟기, 달집태우기, 탈놀이 등
③ 개인 및 단체대항놀이/닭싸움, 소싸움, 팔씨름, 발씨름, 수건돌리기, 엿치기, 고싸움, 동채싸움, 쇠머리대기, 줄다리기 등이 있다.

20) 삼각관계는 애매한 상황이다. 오해가 있다면 풀어야 한다. 세익스피어 극은 오해극(誤解劇)이다. 오해로 인해 다 죽는다. 오해로 인해 불화가 발생되고 서로 불이익을 받는다. 진실을 모르면 오해가 있는 것이다.

21) 학교폭력, 자살, 왕따, 전쟁 아닌 전쟁, 정경유착, 결혼문제, 도덕적으로 타락, 술 및 성(性)문화, 군대문제, 종북좌파, 연예비리, 종교타락, 촛불집회 등, 특히 이것은 근본적인 전통문화교육부제(전통연희, 전통예절교육, 민족통일교육, 주체의식, 역사, 6·25침략 외침 등)로 국민정서가 없고, 각 분야별로 원칙이 무너져 하루 24시간이 모두 위험한 순간들이다.

복의 핵심" "학교장의 혁신적인 리더십" "공교육신화"라고 해서 교장을 칭찬했다. 그러나 오늘날 산발적인 교육감들이 "공익과 사익(私益)을 구별 못하는 탐욕"으로 인해 잘 시행되지 못했다. 이렇게 임시방편적인 행정보다 한국전통문화를 학교교육으로 근본적이고 정책적(政策的)으로 채택되어야 한다.[22)]

이제 '문화융성' 어떻게 할 것인가? 김대중 대통령 시절에 박지원 문화부장관이 문화예산 1%로 예산책정이 되었을 때 그야말로 획기적이었다. 그런데 박 대통령께서 2% 예산을 올려놓았는데, 이를 뒷받침할 문화부문의 예산이 확보되지 못한다면 염려된다. 각 부처(部處)만 늘어서, 예전엔 시어머니가 한 명이었는데, 2-3명이 더 시어머니가 생겨 잔소리만하고 있어 현장에 있는 사람들은 피곤하게 생각한다.

한국가면극(탈춤, 산대, 야류 등) 부분은 초, 중, 고, 대학에 전통문화 전공필수과목으로 학교교육으로 도입(삽입), 개설할 경우, 한 장르로 정리하여 다음과 같은 내용으로 교재작성의 필요성을 나열해보았다.

참여정부 예술정책 4대 기본방향과 14개 역점추진과가[23)] 잘 정리되어 있다. 1) 향유자 중심의 예술 활동 강화(예술교육을 통한 문화향유 능력 개발 등), 2) 예술의 창조성 증진(장르별 예술창작활동 지원확대 등), 3) 예술의 자생력 신장(예술전문 인력의 체계적 양성과 재교육), 4) 열린 예술행정체계 구축(예술진흥을 위한 법과 제도 개선 등) 등, 문화정책(1995-2007)의 방침에 의해 연구방향 참고하고, 교재개발을 할 경우 교사들에게 자문을 받아야 한다. 1) 교육목적(취지와 목적), 2) 한국전통문화에 대한 민족성과 주체의식, 3) 전통문화교육의 이론과 실기, 4) 인성교육과 감수성 이해, 5) 각 분야별 특징, 6) 악보 만들기, 7) 지도법 연구(전문성, 서양문화 비교 지도), 8) 원형 답습과 전통문화 현대적 수용, 9) 우리 것과 서양문화의 비교 등 "2004년 창의(創意) 한국 21세기 새로운 문화비전" 등 준비는 웬만큼 명분 있게 잘되어 있기 때문에 실무, 실권자가 초, 중, 고, 대학 현장의 학교에 정책적으로 삽입하여 실시만 하면 된다.

그동안 문광부관광정책연구원, [문화정책백서]의 문화정책(1995-2007)을 보면 제1, 2공화국 ⇒ 문화유산보존, 제3, 4공화국 ⇒ 전통문화계승민족문화창조문예진흥, 제5공화국 ⇒ 전통문화의 계승발전 과거문화유산보존, 제6공화국 ⇒ 민족문화창달 전통문화의 활성화 생활 속의 전

22) 교육부는 "도교육청의 자사고 평가가 너무 늦어졌다"면서 "8월 5일전까지 도교육청이 동산고 입시 요강을 자사고 형태로 '가(假)승인'하고 '단 자사고 지정이 취소될 경우 해당 입시 전형은 무효'라는 조건을 달도록 할 것"이라고 밝혔다. 이에 대해 수원에 사는 중3 학부모는 "대체 학부모와 학생들을 뭐로 보고 그런 요강을 내겠다는 건가? 대충 날짜만 맞춰보겠다는 꼼수가 눈에 보인다."고 했다. "꼼수"를 묘수"라는 교육당국을 비판하고 있다. 따라서 전통문화의 근본교육을 모르고 있기 때문에 대책이 시급하다.

23) 문광부, 문화관광연구원, 문화정책백서, 2007.

통문화, 문민정부 ⇒ 전통생활문화 민족정기의 확립, 국민정부 ⇒ 민족문화창달 창의적 문화복지국가실현, 참여정부 ⇒ 문화유산의 보존과 전통의 현대적 계승, 시대의 흐름이 이론적으로는 잘 정립되어 있다.

이런 문화정책 계획이 있는데 '문화융성'이 물 건너갔는가? "문화와 인연 없는 문화부장관?〈2014.6.20. 조선일보. 기사 (시각)〉 - 무슨 장관 인사가 이런지 원 - 담당부서에서 불평하고 있다." 문제는 이처럼 의외의 비전문가들이 '친박으로 분류된다.'는 이유 때문에 문화 분야 고위직에 임명되는 모습엔 기시감(旣視感)이 있다는 것이다. 지난해 3월 현 정부 첫 문화재청장 임명과 동시에 11월 경질됐다. 지금 상황들을 보자, 참으로 아마추어 행정들을 하고 있다. 예술행정은 예술은 "결과"이고 행정은 "과정"이다. "말로는 '문화융성'을 하겠다는 정부가 정작 문화 분야를 우습게 알고 잇따라 자기사람을 앉히는 것 아니냐"는 말이 나올 수밖에 없는 상황이다. 과거 노무현 정부 때 문화계 요직을 진보, 좌파 인사들이 차지하자 '코드인사'나 '전리품 나눠주기' 란 비판이 일었던 상황의 재판(再版)으로 가는 기미도 보인다. '문화융성'이 물 건너갔다는 비판이 벌써부터 나오는 이유라고 신문, 방송들은 보도하고 있다. 총체적 위기를 모면하려면 근본적, 기본적, 동기부여, 우선순위로 교육문제를 해결해야 한다. 장기적이라고 하겠지만 우선 교육부에서는 초, 중, 고, 대학에서 전통문화를 학교교육(필수과목)으로 도입, 채택해야 한다고 방법론을 제안, 지적했고 이 책을 출판하는 동기가 되었다.

현재 학생 및 젊은이들은 스트레스를 해소하기 위해서 게임을 한다. 컴퓨터게임이란 폭력성을 가지고 있다(치고, 박고, 때리고, 쑤시고 등, 결론은 죽이고 나니 마음이 허전하다). 그 나라, 그 민족의 전통문화교육프로그램도 모르니 허전할 수밖에 없다. 이곳이 지옥(地獄)일 수밖에 없다. 가정불화(가정이 지옥이다), 사회, 학교가 지옥이다. TV뉴스를 보면 온갖 나쁜 것만 보도된다. 단테의 신곡(Divine Comedy) 같은 문학상의 이야기 해석[24], 한국이 OECD 국가 중 10년째 자살 세계 1위를 어떻게 예방해야 하는가? 사람은 공부하고 일하러 태어났는데, 자기가 즐거워하지 않는 공부를 한다는 것, 자체가 고문이다. 그러면 자기가 가장 복된 사람이 누구냐? 자기에 적성에 맞는 공부를 하고 자기의 재능에 맞는 일(직장)을 하고 자기 취향에 맞는 공부를 하는 사람이다.[25] 그러므로 부모는 자기의 자녀가 무슨 재능을 가지고 있는가? 예의 주시해야 한다. 그리고 재능에 맞추어서 공부를 시키고 전문인이 되게 하는 것이 필요하다.[26] 그리고 그 가치관(價値觀)[27]과 전문분야를 죽는 날까지 계속 되는 것이다.[28]

---

24) 天國과 地獄에서: 내가 지금 살고 있는 곳이 지옥(세상지옥: 사회 · 학교 · 가정불화)인데 빨리 천국에 가고 싶다고 자살한다. 지옥과 靈獄으로 가는 길에: "이곳으로 오는 자여! 모든 소망을 버려라!" 해석의 차이점이 있다.

25) 미국이 변하고 있다. 미국은 크리스천의 나라이었다. 그러나 성경공부와 기도가 없어 총기사건 등이 일어나고 있다.

26) 자기의 재능과 달란트에 맞지 않는 직업을 택한 것은 자체가 고통이요 고문이다.

27) 인간의 삶이나 세상에 대하여 옳고 그름 판단(가치관(價値觀): 근본, 기본, 동기부여, 우선순위) 가치관이 바뀌면

그것을 빨리 발견했다고 오판하는 것이 자살(自殺)이다.[29] 따라서 체육, 과학, 전통문화예술 및 사회활동이 교육과 동시에 성립되어야 하며, 올바른 직장인들과 CEO들은 건강한 인성을 통해 봉사와 삶의 리듬을 타려고 노력해야 한다.

더욱이 한국전통문화를 대학에서는 국문학적, 민속학적 전공으로만 다루었지 '연희학적'(공연문화적) 차원으로 연구가 된 적이 없었다. 또한 외국의 연극치료학, 음악치료학과 등이 신문지상에 광고까지 내고 있는 반면, 탈춤치료 · 국악치료 그에 비해 연구 자료가 없었다. 그래서 연희학적 차원에서 이 책을 출판하며 이를 계기로 초, 중, 고, 대학에서 한국전통문화를 "전공필수과목"으로 꼭 채택이 되어야 하겠다고 강조한다. 따라서 앞으로는 국악치료학과, 탈춤치료학과 등의 학과설립과 교재[30]로 정리되어 '탈춤사관학교(탈춤치유학교)'가 설립되었으면 한다.

그리고 이 책을 읽는 사람들에게 과학적 근거는 없지만, 탈춤이 질병의 예방과 치유방법이 될 것이라 믿는다. 인체의 병이 생기는 요인은 환경요인, 생물학요인, 생활습관 등이다. 상부상조(相扶相助)라는 말이 있다. 내가 상대방에게 보탬이 된다는 점도 조직적으로 설득해야 본인도 함께 살아갈 수 있다.[31] 특히 오래 사는 것도 축복이지만 건강하게 오래 사는 것이 행복(幸福)[32]이다. 국민생활안정의 기본조건은 탈춤(탈춤체조)이 사회생활과 국민건강의 생활체육이므로, 치유와 예방의 연구를 통해 '국민건강에 붙잡힌 사람'으로써 세계인의 건강에 앞장설 것을 연구, 노력하고자 한다.[33]

언어가 변한다. 그러나 이런 성격의 소유자는 위험하다(미국 범죄 심리 전문가 조 내버로). 당신 옆의 그를 조심하라! 1. 나르시시스트유형/ 자기중심적이다. 자기를 높이고 남을 낮춘다. 2. 감정 불안형/ 지나치게 예민하다. 많은 것을 요구한다. 남을 조종하려고 한다. 극단적 사고방식 소유자. 3. 편집증형/ 자신의 믿음만 믿는다. 근거 없이 의심한다. 남을 증오하고 폭력으로 해결하려하다. 4. 포식자형/ 공감도, 뉘우침도 없다. 차디차게 냉정하다. 남을 통제하려 한다. 그는 "사람의 행동은 말보다 정확하고 정직하다" "입으로는 얼마든지 거짓말을 할 수 있지만, 몸은 그렇지 않다"고 했다.

28) 박해경 목사 칼럼 중에서. 2014.7.6. 문형장로교회

29) 우물 안의 개구리와 한강(미시시피강)의 개구리 중에 누가 더 교만한가? (좁은 우물 안의 개구리는 자기가 최고인지 착각을 한다. 그래서 쉽게 행동한다.)

30) 일본에서는 독도와 후쿠시마 원전사고까지 책으로 나와 교육하고 있다. 지금 한국은 총체적으로 위기가 오고 있다(세월호 · 자살 · 갈등 · 술 문화 등). 한국의 전통문화 교육부실로 각 분야별로 원칙이 무너져 하루 24시간이 모두 위험한 순간들을 정책입안자들은 인식해야 한다.

31) 일방적으로 자기를 위해 뭔가 해달라고 하는 시대는 이제 끝났다.

32) 행복이란? 사람냄새 맡으며 함께 사는 소박함(욕구가 충족되어 충분한 만족과 기쁨을 느끼는 상태) 성공의 기준은 죄(罪) 짓지 않고 정직하게 사는 것이다. 이것이 축복이다.

33) 다음은 김진홍 목사의 칼럼을 인용하면, 노르-아드레날린 호르몬이 과잉으로 그리고 지속적으로 분비되면, 혈압이 오르고 혈액의 흐름에 장애가 일어난다. 이로 인하여 뇌에 있는 굵은 혈관이 막히게 되면 뇌경색이 일어나고, 가는 혈관이 막히면 기억상실이나 치매에 걸리게 된다. 하루야마 박사의 글에 의하면 성인병의 경우 100%가 스트레스 때문이라 한다. 인간은 숲속생활이 건강과 행복, 그리고 인간다움을 지켜 나감에 터전이 된다는 것이다. 그런데 언젠가부터 인간이 숲을 떠나 도시를 만들고 도시 안에서 기계에 의존하고 자연과 숲을 멀리하게 되면

이제 여유를 찾자! 세상살이에 지치고 복잡할수록 자연의 숲을 찾아 몸도 마음도 휴식을 취하고, 새 출발하는 여유와 지혜가 필요한 때이다. 성경 잠언 17장 22절에 이르기를 "마음의 즐거움은 양약이나 심령의 근심은 뼈를 마르게 하느니라."라고 하였다. 그러기에 마음의 분노, 근심, 슬픔은 신경조직을 나쁘게 만들고 위장세포를 약하게 하여 소화기능이 약해진다. 그러나 기쁨과 웃음과 기도는 베타-엔돌핀 호르몬을 분비하여 면역력이 높아지고 자연치유력을 높여 준다. 그러기에 성경이 일러주는 "항상 기뻐하라, 모든 일에 감사하라"는 말씀은 우리들의 마음과 몸에 보약 중의 보약이 된다. 오늘도 무조건 기뻐하고 감사함으로 하루를 시작하고 마치도록 다짐하자고 권유한다.

예전에는 지능지수, IQ(Intelligence Quotient)가 높은 것이 제일인 줄로만 알았다. 그래서 머리 좋은 사람, 공부 잘하는 사람, 성적 높은 사람이 제일인 것으로 인식하였다. 그러나 학문이 발전하게 되면서 최근에 이르러 지능지수가 높은 것보다 더 중요한 것이 감성지수, EQ(Emotional Quotient)가 높은 것이 훨씬 더 중요하다는 사실이 밝혀졌다. 머리 좋은 사람이 성공하고 행복하게 되는 것이 아니라, 가슴이 따듯하고 후후한 사람이 성공하며 행복한 삶을 누리게 된다는 것이다. 믿을만한 연구 결과에 의하면 지능지수, IQ가 높은 것이 그 사람의 성공이나 행복에 기여하는 정도는 불과 20%에 지나지 않는다는 사실이 밝혀졌다. 나머지 80%는 감성지수, EQ가 결정한다는 것이다. EQ에 대한 인식이 이렇게 새로워지면서 웬만한 부모들은 자녀들의 EQ를 높이는 데에 관심을 기울이게 되었다. EQ는 1990년 예일대학의 피터 새로비(Peter Salovey) 교수가 EQ에 관한 논문을 발표하면서 알려지기 시작하였다. 그 후 10년도 지나기 전에 세계적인 관심사로 대두되면서 교육에 대한 혁명적인 변화를 일으켜 오고 있다. 그런 변화의 대표적인 경우가 예일대학이 속한 시에서 일어난 변화의 경우이다. 그 시에는 중, 고등학생들의 마약, 가출, 교내폭력으로 도시가 만신창이가 되어있었다. 이에 시 교육청에서 교육관계자들이 모여 깊은 토론을 거친 후, 그간에 성적위주로 교육하던 교육 방침을 바꾸었다. 3년간을 기간으로 정하여 학생들의 인성(人性), 곧 EQ를 높이는 교육에 집중키로 합의하였다. 그리고는 3년간 시 전체의 중, 고등학교들이 학생들의 EQ 높이기에 모든 교육내용을 집중하였다. 그 결과 3년 후 3가지 변화가 두드러지게 나타났다. 교내폭력이 삼분

서, 몸도 마음도 일그러지고 온갖 성인병에 시달리게 되었다. 이런 상황을 고쳐 나가려면 다시 숲을 가까이 하는 길 외에는 방법이 없다고 진화심리학에서는 지적한다. 숲은 그 자체로써 치유의 힘을 지닌다. 나무에서 치톤-피트라는 성분이 발산되어 심신이 지친 사람들에게 치유와 회복의 역할을 하는 것은 이미 상식이 되어 있다. 숲길을 걸을 때에 들리는 새소리, 개울물 소리, 바람소리가 우울증을 고쳐 주는 효력이 있음 또한 이미 입증된 바이다. 숲은 치유의 터전이요 안식의 보금자리이다. 한문으로 휴식이라 할 때에 쉴 휴(休)자에 마음 심(心)자를 쓴다. 이 말을 글자 풀이를 해보면 휴(休)자는 사람인(人)변에 나무목(木)자이다. 사람이 나무에 기대어 선 모습이다. 식(息)자는 스스로 자(自)자 아래 마음 심(心)자를 쓴다. 그래서 휴식이란 말은 "사람이 나무에 기대어 자신이 마음을 들여다본다."는 의미를 지닌다. 그것이 휴식이다.

의 일로 줄었고, 마약이 절반 이하로 줄어들었으며, 가출하는 건수가 대폭으로 줄었다. 이런 결과를 발표하게 되자 이 사례를 많은 도시, 많은 나라들이 적용하게 되어 선진국들의 교육계에 큰 변화를 가져오게 되었다.

우리나라에서도 진작부터 EQ교육과 인성강화교육에 대한 논의는 많아왔으나 아직까지 교실에서 교육에 적용하는데까지 이르지는 못하고 있다. 이제는 파격적인 조치로 학생들의 인성교육 강화 즉 EQ 향상교육에 전력을 다할 때가 되었다.

둘째는 예술 활동이다. 음악, 미술, 도자기, 서예 등은 'EQ'를 높여 주는 역할을 한다. 예술에는 치유하는 힘이 있다. 그래서 성경에서 치유를 담당하는 천사가 〈라파-엘〉인데 〈라파-엘〉 천사는 동시에 예술(藝術)을 담당하는 천사이기도 한다. 요즘 들어 음악치료(Music Therapy), 미술치료(Art Therapy), 원예치료(Horti-culture Therapy) 등, 같은 용어들이 널리 쓰이고 있다.

필자가 주장하는 것은 초, 중, 고등학교[34]에 한국전통문화를 "전공필수과목"으로 개설하는 것과 탈춤(탈춤클리닉)은 한국인 인체의 체질에 가장 잘 맞는 최고의 치유활동이라 할 수 있어 국민을 행복[35]하게 만들고 싶다.

34) 1871년, 독일의 영웅 몰트케 원수가 프랑스를 점령하고 돌아오면서 말했다. "독일의 승리는 나와 군인들의 공이 아니다. 아이들을 훌륭하게 길러준 초등학교 교사들의 공이다."

35) 어떤 기준으로 조사해도 한국인 행복순위는 하위권이다. 2015년 세계 행복순위는 1위 파라과이(89 행복점수), 2위 콜롬비아(84), 5위 베네수엘라(82), 6위 코스타리카(81), 9위 필리핀(80), 13위 아르헨티나(79), 13위 미국(79), 34위 프랑스(76), 80위 일본(66), 87위 앙골라(64), 87위 우간다(64), 이라크(60), 115위 한국(59), 115위 팔레스타인(59), 119위 코소보(58), 138위 수단(47) 등, 미국여론조사 기관 갤럽은 지난달 UN지정 "세계행복의 날"(3.20)을 맞아 세계 143개국의 행복순위를 공개했다(조선일보 2015.4.25).
필자의 생각은 경쟁사회에서 쟁취하려는 자본주의와 공산주의의 차이에서 무소유와 우리는 가져야 행복하다는 사고방식의 차이인 것 같다. 보장된 여유 속에 누리는 것과 보장되지 않은 사회에서 누리는 것은 자유롭지가 못하다.

1부
탈춤치유연구

제1장 탈춤치유의 연구목적

1. 연구목적

1) '탈춤치유'가 무엇이며, 왜 훌륭한가?[1)]

인간은 죽음을 향해 쉬지 않고 달려간다. 직장생활에서 과로하면 죽는다. 만성피로로 인해 지병이 악화되어 심장혈관이 막혀 체력이 떨어지고 힘든 것을 참으면 스트레스를 느껴 죽는다. 그것도 혼자서, 내 짝은 나다. 한번 태어나 죽는 것은 사람에게 정해진 것이다. 이렇게 근본적인 것을 알면 간단하다. 그래도 사는 동안 건강하려고 노력해야 한다. 건강(健康)이란 병이 없다는 것만을 의미하지 않는다. 건강은 삶의 질적인 생활문제이다.

건강의 기본조건(基本條件)은 **'몸을 피곤하게 하지 않는 것'**[2)] **'영양을 섭취하는 것'**[3)] **'물을 많이 마시는 것'**[4)]이다. 우리는 **'언제' '어디서' '어떻게'** 죽을지 모르는 것이 인간이며, **'누구나 꼭 죽는다는 것' '혼자' '빈손으로 간다는 것'**[5)] 그래서 **'그냥 먹고**(食식사)' **'잠 잘 자고**(宿잠)' **'운동하기**(健운동)' 등, 필자가 이렇게 터득하며 "탈춤치유" 논문을 쓰면서 치료보다 예방이 복합적으로 중요하다고 "3·3·3 논법"의 논리를 터득하고 나니, 세상살이가 편해 각박하지 않고 힘겹지 않게 살아갈 수 있다고 독자에게 전하고 싶어 반복강조하고 있다. 즉, 3일 음식을

---

1) 최창주 연구논문, <탈춤의 치유적 효과에 관한 연구>, 한국예술연구, 제7호(논문 11번 참고), 2013.

2) 피곤이 누적 되면 몸의 저항력이 떨어진다(뼈가 많은 손과 발을 자극해 주면 뇌가 좋아진다).

3) 잘 먹지는 못해도 끼니를 거르면 안 된다.

4) 물을 충분히 마셔야 세포저항력이 강해진다(성인 남성, 한 시간에 한 잔씩 하루 2리터가 적당). 물의 중요성은 개별 질병 억제보다 더 근본적인 데 있다. 물은 입-목-식도-위-소장-대장을 거쳐 몸에 흡수된다. 그 과정에서 각 장기의 작용을 원활하게 한다. 전신을 돌면서 신진대사의 핵심기능을 수행한다. 입=위에 도착하면 위산에 의해 죽기 때문에 인체에 무해하다. 목, 식도=환자가 속이 쓰릴 때 물을 조금마시면 위산이 씻겨 내려간다. 위=위액을 어느 정도 희석시킨다. 소장, 대장=나머지 대장에 내려가 대변을 묽게 하고 대장 정맥을 거쳐 흡수한다. 혈액, 피부호흡기=호흡기로 간 물은 기관지내 먼지를 '물청소'를 한다. 숨만 쉬어도 기관지가 깨끗해진다. 건강한 사람은 목이 마를 때만 마셔도 신진대사가 충분하게 이뤄진다. 삼성서울병원 내분비내과 김광원 교수 등이 말했다. 물 건강학(H stoy)에 의하면, 물을 충분히 마셔야하는 질병: 폐렴, 기관지염, 염증, 비뇨기질환, 고혈압, 협심증, 당뇨병 등, 물 섭취 제안하는 질병: 심부전(심부전증), 심한 갑상선 기능저하증, 간경화 등, '소변횟수가 줄어들고 색깔이 짙어지면 몸의 수분이 부족한 것'이라고 을지병원 권길영 교수는 말했다(2012.7.11. 조선일보. 이금숙. 한희준, 김현정. 헬스조선기자).

5) 눈을 감고 죽을 때 잘 살았다고 생각해야 한다.

못 먹고 잘못 먹으면 문제가 생기고, 그러나 3일 잘 먹고 관리하면 낳고, 아플 때 3일을 쉬면 피로가 풀린다. 3가지의 술, 담배, 약을 먹지 않으면 만성질환이 없어진다. 이렇게 3주만 피를 해독(독소제거/피를 맑게 하면)하게 되면 노폐물제거, 생활습관이[6] 바뀌고 개선되어 자연치유로 인체의 구조상 정상으로 회복된다. 더욱 하나님께서는 지저분한 자(者)를 인정하지 않고 깨끗한 그릇을 가진 자를 찾고 있다. 하나님께 쓰임 받고 찾는 자가 될 수 있게 기도(祈禱)해야 한다.

서양인은 보편적으로 공(公)과 사(私)가 구분이 정확하며 일과 휴식을 제대로 분리(分離)한다. 그러나 한국인은 근면성실(勤勉誠實)하고 부지런한 민족인데다가 Work and Play,[7] 즉, 일과 놀이를 함께 하는 특수한 신명을 가진 민족이다. 우리도 이제는 놀 때는 놀고 일할 때는 일하고 말할 때는 분명히 씹어 뱉어 말하는 시대가 되었다. 영국인의 생활이 삶과 스포츠라면, 한국인의 생활은 삶과 어울림의 문화가 되었으면 한다. 전통과 운동을 해야 하나 특별한 장소가 없어도 걷는다든가 스트레칭과 일반적인 운동으로 천천히 걷다가 속도를 높여서 뛰다가 정리운동으로 끝맺음하면 된다. 따라서 생활습관이 중요함으로 꾸준히 준비운동을 하면 웬만한 질병(혈압・혈당・관절염 등)은 자연치유로 완화 될 수도 있다. 즉, 몸과 마음이 건강하면 질환이 치료된다.

'탈춤치유'란? 탈춤을 하면 치유가 된다. 그러나 지도자가 어떻게 지도하고 관리해 주느냐가 관건이다. 탈춤은 병균을 죽이는 역할은 못하지만, 육체의 지휘부인 뇌(腦)를 이용하여 '예방과 치유의 목적'으로 신나는 음악이 나오면 춤추고 싶듯이 탈춤도 환자(관절염 등)들에게 걷고 뛸 수 있는 자율신경계(감각신경・말초신경)에 영향력을 행사할 수 있다. 그래서 느린 춤은 느리게, 경쾌한 춤은 빠르게 생체리듬을 증진시켜준다. 즉, 그냥 춤이 아니라 기능적(藝能的)인 목적을 가지고 동조행위현상(同調行爲現像)[8]을 통해 가무악극(歌舞樂劇)의 종합예술로

---

6) 우리 몸에 생기는 대부분의 질병은 생활 습관병이라고 할 수 있다. 고혈압, 당뇨, 오십견, 허리 아픈 것, 각종 관절 통증 등은 생활습관이 잘못되어 생기는 것이다. 생활 자세를 바로 잡아 습관화시켜 생활습관이 잘못되어 생기는 질병을 예방할 수 있다. 생활습관이 좋으면 가벼운 질환을 쉽게 해결할 수 있다. 감기, 몸살, 두통, 소화불량 등 생활하면서 자주 걸리는 가벼운 질환은 무리하거나 위험 부담 없이 근육을 풀어 줌으로써 해결할 수 있다. 자신의 건강은 자신의 노력에 달려 있습니다. 우리는 너무 오랫동안 몸이 틀어져 있었고 구부린 자세로 살아왔기 때문에 원래의 정상적인 상태로 허리를 세우고 가슴을 펴는 것은 생각보다 쉽지 않다. 최소한 수 년, 또는 수십 년 동안 굽어 있던 몸은 금방 펴지지 않는다. 본인이 의지를 가지고 꾸준하게 노력해야 하고 자신의 몸에 맞는 바른 운동법으로 운동해야 바른 자세를 만들 수 있다. 자세를 바르게 하는 것은 다른 사람이 해 줄 수 있는 것이 아니다. 아무리 비싼 약을 먹는다고 해도, 아니면 첨단 의료 장비로 수술을 받는다고 해도 굽어 있던 몸이 펴지지는 않는다. 모든 것은 자신의 노력에 달려 있다. 스스로 몸을 바르게 만들겠다는 의지를 가지고 꾸준히 운동을 해야지만 바른 자세를 만들 수 있고 건강해 질 수 있다. 자신의 몸을 스스로 바르게 하려고 노력하는 사람들에게만 효과가 있다(홍사단 시민강좌 중에서).

7) 일을 하면 휴식을 취해야 한다. 休息은 사람이 나무에 기대어 스스로의 마음을 살핀다는 의미를 담고 있다.

몸을 변화 시킬 수 있게 하는 것이 '탈춤클리닉'[9])이다. 탈춤클리닉은 치료(治療)와 치유(治癒)가 있는데, 치료는 검진에서 수술까지 의사가 주사나 약물을 투입하여 병이나 상처를 다스려 낫게 함(병원에서 병을 치료하는 목적)이고, 치유(治癒)는 병을 예방과 함께 낫게 함이다. 즉, 여기서 치유란 기도, 기원, 하나님, 말씀, 자연, 식생활, 예술 등의 자연의 땅을 밟고 산림욕으로 심신을 단련(운동)하여 건강을 예방할 수 있는 민간요법을 말한다고 다시 한 번 강조한다. 현대의학을 하는 의사들도 환자와 궁합이 맞아야 치료의 효과가 나올 수 있다며. 환자와 소통이 잘되는 의사가 되어야 한다고 강조한다. 따라서 의사도 환자가 믿어주어야 치료효과가 있다고 하면서 심리적작용 등이 중요하게 작용한다고 한다.[10])

즉, 의학적으로 병원전문의에게 받는 치료나 약물요법이 아닌, 탈춤치유는 자연(自然)과 운동요법의 예술치료분야로 한정하고자 한다. 치유의 의사는 누구나 될 수 있다. 따라서 **탈춤은 조선연극사로서 가무악극(歌舞樂劇)의 종합적인 예술로 접근(接近)해야 하기 때문에 춤과 음악과 동조행위현상(同調行爲現像)을 기계로 측정할 수가 없었다.**[11]) 한국전통문화를 이용한 우리의 문화유산으로서 지금까지 '탈춤'이 한국의 대표적인 춤시위로서 훌륭하다고 극찬을 받았다. 그러나 많은 학자나 전문가들이 탈춤이 왜 훌륭한가를 표현을 못했다. 필자가 건강정책제도(健康政策制度)의 필요성을 주장하면서 한국탈춤(가면극)이 훌륭하다고 극찬한 예술성과 생활습관과 건강문화의 이유를 살펴보기로 한다.

---

8) 탈춤클리닉 각주 5)번, 재 강조함. 마음의 근육과 육체가 종합적인 가무악극(歌舞樂劇)으로 조화(調和)를 이루는 것(즉, 정신과 육체(몸짓)가 춤, 소리, 악기, 드라마, 하나의 장르가 되어 오르내림을 자유자제로 구사할 수 있는 능력(能力)을 숙지(熟知)함).

9) 동조행위현상(同調行爲現像)을 통해 "한국의 조선연극사인 가무악극(歌舞樂劇)을 통해 복합적인 <종합예술방법>으로 <인간의 심리적>인 마음을 열어 신명난 교육과 훈련으로 최선(最先)을 다해 뇌(腦)에게 긍정적인 사고방식을 갖게 하는 것"이다. 그런데 교육(敎育: 지식의 기술로 인격을 가르치어 자라게 하다. 길러줌)과 훈련(訓練: 무술이나 기술로 연습시켜 가르치고 익혀, 단련하게 하다)을 구분하지 못하는 시대가 되었다. 그것은 일제잔재에서 벗어나 중심을 잡을 시기에 서양문화예술 수입과 반체제 성향으로 친북반미, 선전도구, 입시체제, 학교폭력 등으로 전략되었지만, 주체의식과 주인의식의 종합적 전통문화교육(융합・복합・통합・협동) 정책으로 제도를 전향해야 한다. 우리는 어울림의 문화이다. 필자는 뮤지컬을 비빔밥이라고 논문을 표현했다. 우리민족은 자연에 순응하며 춘하추동(春夏秋冬)의 계절의 풍토가 자리 잡았다. 한식의 어울림, 기와집의 어울림, 의식주의 어울림 등을 통해 융통성과 여유로움으로 어울림의 문화로 치유해야 한다. 탈춤은 조선연극사이다.

10) 2013.3.31. YTN. 오후 23:30. KBS 방송(의학이 아닌 민간요법 식으로 치료, 방송함).
한국인만큼 "정체성"이란 용어를 좋아하는 민족은 없을 것이다. 그만큼 트라우마와 콤플렉스가 많기 때문이겠지만 이젠 그 틀에서 벗어날 때도 된 것 같다. 알렉스 퍼거슨 축구감독은 누군가 당신을 조롱한다면 두려워 한다는 것이다. "험담을 듣고 비웃어도 되지만 초조해져서는 안 된다." "해결해야 할 문제가 쏟아질 때 실수가 생기기 마련이다. 속도와 균형요인을 고려하지 않는 것은 불공평한 일이다." "뭔가를 얼마나 사랑하는지 알려면 그것을 빼앗겨 봐야 한다."

11) 필자의 사례발표 결론이다. 기계조작은 데이터 및 논문을 작성(쓰기)하기 위한 형식적 수단이다.

2) 탈춤치유, 치료 연구목적은 다음과 같다.

탈춤에서 가면극으로 이어지는 '조선연극사'를 공부했다. 지금까지 서양뮤지컬과 한국전통연희극을 공부하면서 봉산탈춤 원형을 터득하였고 "한국전통문화를 어떻게 현대적으로 수용해야 하는가? 이 시대 국민(관객)이 요구하는 것이 무엇인가?" 연구하며 "문화는 보이지 않는 핵폭탄이다." "문화가 죽었다는 것은 국민이 죽었다. 국민이 죽었다는 것은 나라가 죽었다." "정치는 적을 만들고 예술은 친구를 만든다." 일반행정과 예술행정(사업과 예술은 결과, 행정은 과정), "문화는 정책이고 돈이다." 인간관계는 인과관계로 이어지는데. "목사님 말씀: 사람과 인간의 만남은 역사가 일어나고, 사람과 하나님의 만남은 기적이 일어난다." "교육은 훈련이다."[12] "제일의 부는 건강이다." "제일 귀중한 것은 가족, 그리고 모두 공짜(공기, 산소, 자연 등)다. 별 볼 일 없는 것들이 제일 비싸(명품)다." "수레바퀴가 잘 돌아가려면 기름이 필요하다. 바로 기름이 문화이다." 필자의 철학은 "먹자고 하는 짓이고 45분 인생이다" 등, 이런 문장들은 필자가 강의 때 자주 쓰는 용어를 정리했다. 아울러 '조선연극사'를 연구하며 국민건강을 위해 '탈춤치유'의 논문을 쓰면서 그동안 생활하다보니 내주위에서 역사와 기적이 많이 일어났다. 다음 1-12번까지 사례를 예로 들었다.

첫째, 원형, 계승발전/ 탈춤은 한국 대표적인 한민족의 춤사위로서 우리의 전통문화는 가무악극(歌舞樂劇)의 종합예술이 하나의 장르이며, 가면극·조선연극사이다. 그동안은 탈춤을 천역(賤役)의 천시(賤視)로만 홀대 받아왔다. 그러나 탈춤의 기본동작은 3舞(健舞·跳舞·軟舞)와 3色(활발하고·묵직하고·끈적끈적하게)을 통해 환희용약(歡喜踊躍/기쁨의 춤〈뜀〉)하는 춤이다. 따라서 한국인 체질에 맞는 가장 적합한 운동으로서 탈춤의 원형을 계승, 발전시키고자 함이다.

둘째, 전통문화 현대화/ 사회비판 극인 탈춤은 본고장(北韓)에서 가면극(假面劇)이 아닌 체조형식으로 나열하고 있었다.[13] 때문에 남한에서 무형문화재(無形文化財) 지정(指定), 원형탈춤은 국가적, 정신적, 육체적 치유의 가치가 있는 것이다. 그래서 산대놀이, 봉산탈춤 기본동작과 탈춤체조[14]를 통해, 국민의 건강체조로 현대화 작업을 하여 이 시대 국민이 요구하는

---

12) 교육기본은 동, 서양이 조금씩 다르다. 서양연극은 극본대사 읽기를 먼저하고 난 다음에 동작선으로 들어간다. 뮤지컬은 작곡되어 나온 악보를 먼저 연습하고 가무악극이 순차적으로 진행된다. 탈춤(가면극)은 기본 춤을 먼저 익히고 대사, 노래, 가면연기, 반주음악 등을 한다. 1977년 미국 공연 때는 본인 배역가면, 소품 등을 직접 제작하고 공연(과장별) 준비하는 과정(조명·음향 등)이 성립된다.

13) 1985.9.23. 남북예술교환방문단 평양대극장에서 봉산탈춤공연(필자 출연) 후, 1986년도부터 경연대회 개최, 탈춤이 북한에서 체조형식으로 선보이고 있다.

14) 1978년 덴마크를 방문한 후에 "남의 나라 체조가 어떻게 우리의 국민보건체조가 될 수 있는가?" 귀국 후에 느낀바 있어 잠을 자다가 아이디어가 생각날 때마다 깜깜한 밤에 글을 A4용지에 낙서를 했다가 아침에 일어나 정리한 것이 탈춤체조이다. 생각한 것을 간직하지 않고 메모하면 잠이 잘 오고 건강한 삶을 살아갈 수 있다. 참고자료(기본동작과 탈춤체조 도해장면 참고).

것이 무엇이냐? 를 연구, 노력하고 있다. 그 결과 학생 및 후배들에게 공동체의식 교육과 훈련으로 탈춤을 활성화하여 대중화로 국민들과 교감하여 건강하게 예방, 치료하고자 함이다. 따라서 전통과 현대를 잇는 가교(架橋)역할을 하고 탈춤(假面劇: 조선연극사)을 활성화하여 대중화하는데 노력했다. 필자가 1985년 9월 평양대극장 공연 이후, 이제 탈춤의 본고장 북한에서도 무형문화재가 법제화가 되었다.[15)]

셋째, 최초의 한류(韓流)/ (뉴욕타임지에서도 평가한 것을 이미 밝힌바 있다.) 최초의 한류(韓流)는 ① 조선악극단(朝鮮樂劇團)이 일본, 만주, 중국 등 세계를 순회하며 공연하여 조선(朝鮮)을 알렸다. 1972년 8월 한국문화사절단으로 한국민속무용단이 뮌헨 올림픽 개막식공연으로 세계 24개국 공연을 하였다. 이것은 국가적 차원에서 국가홍보를 위해 김소희, 박귀희, 한영숙, 강선영, 송범, 전황, 김문숙, 이생강(대금산조), 박범훈(피리) 등 옴니버스스타일로 한 단면을 전통문화를 소개하였다.[16)] 그러나 민간단체로 대한민국(Korea)을 보편적으로 세계에 알린 것은 리틀엔젤스이었고, 봉산탈춤보존회는 한 장르(作品)를 구체적이고 집약적으로 알렸다. 봉산탈춤은 미국의 아시아소사이티 초청으로 1977년도 30개 美 주립대학 순회공연을 보고 뉴욕타임지가 극찬했다.[17)] 그 후 1978년 유럽 세계민속예술축제(CIOFF)[18)]에 참석하여 공연했을 때, 탈춤(假面劇)이 오페라와 같은 가무악극(歌舞樂劇)인 종합예술로서 세계인을 깜짝 놀라게 하였다. 이것을 계기로 축제 때 국내대학은 더욱 전통문화가 활성화 되었고, 대외적으로는 일본, 중국, 동남아 등, 이미 세계를 일주하면서 한국을 홍보했다. ② 드라마(대장금의 韓食(막걸리, 김치) 등)와 한국어, 제품중심(자동차・기업・스마트폰 등), 스타・가수 중심, K-pop그룹 아이돌시대(여성그룹 소녀시대・동방신기・슈퍼주니어 등)이었다. 2012년도 후반부에 '싸이'(본명: 박재상)가 한 몫을 했다.[19)] 지금 한국의 비빔밥은 나눔과 어우러짐의 우리

---

15) 통일문화정책포럼(문광부. 남북 교류협력방안 부분. 2013.7.24) 필자 <사례 12> 참고.

16) 김종필 국무총리는 국무회의에서 국위 선양했다고 한국민속무용단 50명 전원을 훈장을 수여했다. 그러나 1985년 필자를 비롯하여 평양공연을 하고 돌아온 서울예술단(필자 총무) 50명 단원에게는 공로가 비밀리에 붙였다. (조선일보 기사내용: JP는 2인자 처세/ 1) 1인자에게 잘 보일 것, 2) 1인자에게 표현하지 말 것, 3) 이간질 세력 생긴다. 無用之用. 선비는 자기를 알아주는 사람에게 목숨을 건다. 당시 JP를 잡아야 대선을 이긴다고 했다.)

17) 기사내용, "이렇게 좁은 땅덩어리 작은 체구에서 어떻게 그렇게 큰 춤사위가 나올 수 있느냐? 실로 예술의 극치이다."(1977. 3-5. 미국 30개 주립대학 순회, 봉산탈춤 공연을 보고), 이런 계기로 1978년도부터는 유럽 및 동남아시아, 일본, 중국 등 전(全)세계를 순회하여 소개한 바 있다.

18) CIOFF(국제민속축전 협의회), Conseil(민원조사관/ 정부민원 협의회), International(국제), Organisatons(조직/기구), Festival(축제), Folklore(민속)의 약자(봉산탈춤은 84년 LA올림픽, 캐나다, 등 세계 순회공연).

19) 어느 날 혜성과 같이 나타난 싸이의 강남스타일이 두 달 만에 유투브 조회 건수 1억 건을 돌파하자 학자들이 성공요인을 분석하였다. 전문안무가 집단을 활용한 고속전파, 수많은 패러디를 유도한 소비자와 소통, 다소 싸구려다운 설정과 반전 등 싸이의 성공요인을 벤치마킹해 기업의 경영에 활용하려는 많은 시도가 일어났다(조선 2014.3.1. 장세진 교수). 한류를 이해하는 자, 관심 있는 자들이 싸이의 춤은 젊은이들의 시각, 노인들의 시각에서 한류를 어떻게 끌고 갈 것인가? 사회적으로 내용상의 선행연구와 축적된 것은 없지만 싸이를 벤치마킹해선 안 되는 이유도 주장하지만, 세계적 K팝 싸이의 가설적인 무용과 음악 속에 DNA가 있다고 했다. 또한 싸이의

민족 정서는 뮤지컬(연희극)적인 요소이다.[20] 따라서 포대기(어린애 업는) 문화가 미국에서 성황을 이루고 있다. 이렇게 "한류는 연예나 대중가요, 드라마에만 국한된 표면적 문화일 뿐" 이라고 페스트라이쉬 교수는 지적하고 있다.[21] ③ 이제 해외위문공연보다 현지인(관광객)을 한국에 관광을 오게 만들어 관광코스(전통문화 공연 등) 및 공연장소[22]를 개발해야 나라가 부강해진다. 이제 나라마다 독특한 국가브랜드상품이 있어야 살아남을 수 있다. 2014년도에 들어와서는 한글, 아리랑, 태권도를 3대 한류 브랜드로 선정했다. 택견이나 탈춤 등은 누락되어 있다.[23]

우리가 해외공연을 할 때는 국제화, 세계화시대(글로벌시대)라는 단어가 없었다. 그때는 자국의 문화만 강조했었다. 한국하면 겨우 '대사관'과 '코트라' '고아(孤兒)' '중국인이냐? 일본인이냐?' 이런 인식뿐이었는데 한국(KOREA)이라는 나라를 모르는 시대에 봉산탈춤! 이런 작은 나라에 어떻게 훌륭한 문화예술이 다 있느냐? 라고 극찬하면서 봉산탈춤이 세계적으로 평가받은 작품이었다. 요즘 대학생들이 해외로 자원봉사를 한다고 떠난다. 별로 해준 것도 없는데 현지 학생, 주민들의 즐거운 모습을 보고 왠지 모르게 눈물이 났다고 한다. 이들이 외국에 가서 봉사한 것은 영화 보여주기, 뽀로로, 무료진료, 건물보수, K-POP 교습(걸그룹의 '에이핑크'의 Mr chu, 강남스타일 등), 구기(축구, 배구 등)운동 등이다. 그러나 관광, 유학파, 기업체 직원, 해외 봉사자들이 우리의 전통문화(소리, 탈춤 등) 교육을 배워가서 봉사한다면 얼마나 좋은가? 해외 봉사자들이 우리 것을 배우겠다고 찾아오면 재능기부(才能寄附) 하겠다.[24]

넷째, 교육문화 정책/ 삼국유사(三國遺事), 조선연극사(朝鮮演劇史) 등에서 한국의 훌륭한 전통문화가 있는데, 우리의 전통문화 교육정책(敎育政策)을 등한시했기 때문에 한국사회가 메말라 병들어 지금 곪아 터지고 있는 것이다.[25] 아무리 현장에서 떠들어 제안해도 규정, 제

춤은 휘모리장단이다. 작곡해놓고 보니까 세계적으로 인정받은 소녀시대의 휘모리장단과 동살풀이의 변형장단이었다. 카우보이와 우리 것과 비슷하다. 뮤지컬도 민스트렐, 보드빌, 레뷰, 벌레스크 등이 처음에는 여기서부터 시작했다. 따라서 소녀시대가 미니스커트, 이쁜 미인이니까 인기가 있다고 생각했는데, 따지고 보면 한국의 음악(동살풀이, 휘모리장단)을 세계에다가 홍보해 준 것이다(제1회 한류! 한국전통예술에서 길을 찾다. 한국전통예술평론가회 학술대회 주제발표 중에).

20) 한국의 전통문화는 이미 글로벌시대에 기본적으로 구성된 가무악극이 하나의 장르인 뮤지컬이다.

21) 전통문화를 잘 몰라서 표현한 말이다. 그러나 『한국인만 모르는 다른 대한민국』 저자. 21세기 북스('한국은 존경할만한 나라라는 인식을 세계인의 머리에 심어줘야 한다.'고 했다).

22) 조선시대 모화관(慕華館)에서 중국 사신을 맞이했던 것처럼(1897.5.23. 독립관으로 환골탈퇴 했다.) 한국적 숙식 사랑방(호텔) 및 마당극장(山戲・野戲)이 있어야 한다(阿克敦(1985-1756)의 奉使圖). 따라서 옛 복식을 한 문무백관들이 도열하여 외국 귀빈을 맞은 행사도 자주 있었다(이제 한강, 남산, 남한산성 등 관광지를 개발・관광객을 받아야 한다).

23) 월드컵에 참석한 한국 초등학생들이 브라질 삼바 춤을 추는데, 정작 우리 초등학생들한테 한국 춤을 춰보라고 하니 못 추었다.

24) 1970년대부터 그동안 각 사회단체, 대학, 은평 평생교육원 등에 재능기부와 자원봉사를 해왔다(필자 경력 참고).

25) 한국의 전통문화 교육 부족으로 지금 한국은 총체적으로 위기가 오고 있다(자살, 갈등, 술 문화 등 세계1위). 이

도적 모순점 때문에 정치적으로 해결할 수밖에 없다. 현재 한국의 전통문화교육이 사라지고 있기 때문에 청소년들에게 민족의 혼과 얼이 빠져나가고 있다. 그러나 우리 전통문화교육을 통해 탈춤이 스트레스를 해소할 수 있기에 범죄를 예방할 수도 있다. 즉, 탈춤치유는 어울림의 문화로 학교폭력(왕따[26]·인터넷 게임[27]·성폭행[28]·자살[29] 등)을 줄일 수 있는 예·체

렇게 임시방편적인 행정보다 한국전통문화를 학교교육으로 근본적이고 정책적(政策的)으로 채택되어야 한다(앞장 "탈춤연구 연구방향" 참고).

26) 프랑스와즈 알사카(Alsaker) 교수 논문 및 저서. 스위스 베른대 유아 심리학자는 '따돌림 당하는 유아의 증상'을 말했다. -유치원에 가기 꺼린다. -잠을 잘못자고 구토를 하거나 투통을 호소한다. -말수가 적어지고 우울해 한다. -친구에게 다가가지 못하고 혼자 논다. -유치원에서 교사 주변을 맴돈다. -주먹이나 발로 폭력을 휘둘러 감정을 표현한다. -물건을 자주 잃어버린다. -부모와 대화할 때 눈을 맞추지 못한다. 따돌림 당하기 쉬운 유아의 특징, -또래 아이보다 말하는 능력이 떨어지는 아이, -또래 아이보다 신체 발육 속도가 빠르거나 느린 아이, -말 수가 적고 부끄러움을 많이 타는 아이, -의사표현이 서툰 아이. 유아 왕따가 학교 왕따로 이어진다고 했다. 이것은 어울림의 문화인 우리의 전통문화교육 부제에서 오는 것이다.

27) 한국을 일컬어 인터넷 강국이요, 자살 및 게임왕국이라 한다. 오늘날 이메일, 페이스북, 카톡(핸드폰) 같은 도구를 통해 소통한다. 인터넷 중독과 게임중독에 빠져 있는 청소년들이 참담한 나날을 보내고 있다. 전쟁(히틀러)이나 게임을 보면 때리고, 찌르고 죽이고, 잠시나마 희열을 느끼니 학교도 출석하지 않는다. 그러나 그 민족의 역사, 정체성의 전통문화교육(戱·兒·謠=어린이들의 유희이다)과 사랑과 자연(自然)으로 나오게 하면 예방이 된다. 더욱 중증중독자(重症中毒者)들을 위한 프로그램이 없다. 방문을 걸어 잠그고 게임에만 몰두했던 고교생, 부모가 게임을 말린다고 때려 실신시키는 학생, 또 다른 한 대학생은 아버지가 도박게임을 말린다고 칼을 들고 덤비기까지 하였다. 인터넷 중독이 이런 증세까지 이르게 되면 대책이 없게 된다. 아예 뇌구조가 바뀌어졌기에 웬만한 치료로는 효과가 없다. 부모가 얼마 전에는 큰 병원의 정신과 의사에게 아들을 데리고 왔었다고 한다. 인터넷 중독이 깊어지게 되면 부모가 어쩔 수 없게 되고, 교사는 더욱이나 감당을 하지 못한다. 정신병원에 입원한다 하여 고쳐지는 것 또한 아니다. 인터넷에 중독된 청소년들의 가장 두드러진 현상은 주위의 모든 사람들로부터 고립되어 있다는 점이다. 곁에 사람이 있어도 전혀 대화가 성립되지를 않고 혼자 고립된 체로 컴퓨터에, 인터넷에만 몰두하게 된다. 그런 처지에서 치유가 일어나는 첫 번째 모습이 곁에 사람들에 대하여 관심을 가지는데서부터이다. 관심을 가지게 되면서 말문이 열려 대화를 하게 된다. 자연 속에서 나무와 곤충들과 대화를 나누게 되고 놀이와 노동에 땀을 흘리며 참여하면서 인터넷이나 게임이 아닌 다른 일에서도 자기성취를 이루어 나갈 수 있음을 체득(體得)하게 된다. 그러는 과정에서 치유가 일어난다. 최근에 등장한 학문 분야 중에 진화심리학(Evolutionary Psychology)이 있다. 진화심리학은 인류가 길고 긴 역사 속에서 자연과 환경에 어떻게 적응하고 극복하며 지내왔는지를 탐구하는 학문이다. 진화심리학에 의하면 인류는 수만 년을 자연 속에서 사냥하고 걷고 달리며 살아왔다. 땀 흘려 노동하며 공동체를 이루어 살아왔다. 그런 삶이 DNA속에 입력되어 있다. 그런데 불과 백 년 전부터 삶의 패턴이 달라지면서 어른도 아이들도 병들게 되었다. 그렇게 병든 상태에서 회복하려면 본래적인 삶의 방식으로 되돌아가야 한다. 두레마을에서의 청소년 치유는 그 점에 초점을 맞추고 진행된다(김진홍 목사 칼럼 중에서). 우리나라 알콜 중독자는 155만 명, 도박중독자 220만 명, 인터넷 중독자 233만 명, 마약중독자 10만 명이다. 4대중독자 8명중 1명으로 총 618만 명으로 추정된다고 한다.

28) 성범죄자 10년 새 2배(50대는 4년 새 2배)로 OECD 국가로 한국의 부끄러움, 얼굴을 들 수 없을 정도다. 혼자 사는 여성 안전 5계명까지 나왔다. Ⓐ 방범창 설치 주기적 점검, Ⓑ 출입구 열쇠, 비밀번호 자주 바꿔야, Ⓒ 창틀엔 창문 열림 경보기 설치, Ⓓ 배달물품 받을 땐 신분확인부터, Ⓔ 여럿이 사는 것처럼 보이는 것도 효과 등(전문가들이 말하는 예방책. 조선일보. 김형원 기자. 2012.7.28.)

29) 자살은 마음이 허전해서 자살한다. 유명인들이 자살하는 이유는 항상 공허함을 느낀다고 한다. 바쁘다가 조금여유가 있으면 살다가 죽으면 끝나는 것인가? 괜한 생각을 하게 된다. 특히 그 민족의 정체성 있는 전통문화교육도 부족하고 우울증과 무기력, 세월호가 침몰했듯이 우리사회는 끼리끼리 봐주는 연줄사회라 공사(公私)의 교육제도적 모순점이 있다. 이제 박대통령도 '관피아' 이몽룡의 암행어사 출두해서 척결하겠다고 하지만, 이길 수 있는 방법은 공동체적 어울림의 전통문화교육과 내게 주신 메시지가 무엇인가? 교회 가서 천국과 지옥을 생각해 보고 영원한 생명이 무엇인가를 긍정적으로 생각할 때, 한국이 10년째 OECD(경제협력개발기구)회원국 중 세계 자살 1위를 예방할 수 있을 것이다. 교통사고로 죽는 사람이 연간 5천명인데 스스로 목숨 끊는 사람이 1만 5천

능・인성교육의 유일한 프로그램이다.30) 그러나 학교폭력의 근본적인 것은 무관심이다. 부모, 학교, 기관들이 협동하여 관심을 가져야 한다. 정부에서는 '폭력예방을 위한 복수담임제' '학교폭력 은폐교사 중징계' 등을 담은 '학교폭력 근절 종합대책'을 발표했다.31) 담당사무총장은 '예방교육은 충분히 들어가지 못한 것 같다'며 '모두 3천억 원이 넘는 예산을 쓴다는데 현장에서 학생들이 체감할 만큼 실효성이 있을지 의문'이라고 말했다. 현재 현실교육을 보면 위에서는 정책을 지시하면 교사들은 실천을 하려고하나 학생들은 말을 듣지 않는다고 한다. 학교 밖 아이들 28만 명 '학업중단' 추적 조사부터란 제목으로 사설을 소개한다. 우리나라 학령기 청소년 713만 명 중 4%인 28만 명이 학교를 떠나 어디서 무얼 하고 있는지 파악되지 않는 것으로 나타났다. 초, 중, 고교 재학생 672만 명 외에 행방을 알 수 있는 아이들은 대안학교, 직업훈련기관에 다니는 8만 명, 해외유학생 3만 명, 소년원, 소년교도소에 수감된 2만 명이다. (중략) 교육부가 추적조사를 통해 학업 중단 실태를 유형별로 분류한 후 각 유형에 맞는 세부 대책을 마련해야 한다. 정책 및 대책은 되어 있다.32) 문화융성 2%로 정부예산을 실무자들이 어떻게 사용할 용도와 실행의 문제만 남아 있다.

지난 2012년 2월 정부는 '학교폭력근절 종합대책'을 발표했다. 정부대책에 따라 학교폭력이

명이 넘는 나라는 전(全)세계 우리밖에 없다고 한다. 그 나라 그 민족의 전통문화 학과목이 없기에 주체의식이 없어 유명인들이 자살을 보편적으로 많이 한다. 히틀러, 마릴린 먼로, 최진실 등 사의찬미를 부른 윤심덕과 김우진(유부남)은 사랑자살을 했다고 하지만 목격자도 없고 이태리로 망명했다는 설도 있다. 그러나 이태리 경찰도 수사를 의뢰 받았으나 그런 사람은 없다고 통보했다. 사회적인 다른 방법은 "자살예방위해 사회가 나서라"는 제목으로 조선진(LIFE운영위원) 씨는 1) 자살을 시도하는 장소에 구조물설치 접근차단과 2) 자살관련보도를 제한 캠페인을 벌이자, 3) 자살인물을 감지해 대화로 확인하며 전문가의 도움을 받아 자살예방활동 체계적으로 예방하자고 했다. 현재 상황이 지속된다면 자살 사망률 감소는 기대하기 어렵다. 전사회적 차원에서 노력으로 해결해야 한다.

30) 필자는 그동안 각 대학 및 초, 중, 고등학교 특활반, 육군사관학교, 한민족탈춤학교, 기업, 연수원, 홍사단, YMCA 사회단체와 한국예술종합학교, 시민예술학교, 공동교과목, 영재학교 등에서 '탈춤클리닉' 프로그램을 운영・진행하고 있다. 스트레칭과 유산소운동인 탈춤특강을 통해 설문지에서 '희로애락' '인생의 맛을 느낀다.' 개인프로그램과 단체 어울림의 활동을 통해 스트레스를 해소하고 전통문화를 습득하여 주체의식이 높아짐을 볼 수 있다. 이것을 계기로 '탈춤치유'를 연구하게 되었다.

이런 경험・체험으로 앞으로 '탈춤사관학교'를 설립하여 청소년들의 건전한 전통문화 치료와 예방프로그램을 통해 게임중독, 왕따, 폭력 등을 예방하고 싶다. 현재 전면 주 5일 '놀토'가 되었는데 학교에서는 아직 방침이 없어 PC방으로 가는 초등학생들이 게임중독(7.7%)이 되었다고 하는데, 게임하는 것을 보면 인간성이 나온다. 2012.3.5. 조선일보기사를 보면 A목사는 '눈을 뻔히 뜬 채 홍수에 떠내려가는 사람을 보고만 있는 심정'이라고 했고, 교과부는 "학기 초라 아직 운영에 미흡한 부분이 있다"면서 "기존 프로그램들 외에 1287억 원을 들여 토요 특기 적성 프로그램을 새로 마련하기로 하고 수요를 조사하고 있다"고 밝혔다.

31) 김황식 국무총리. 관계부처장관 배석. 6일 오전 발표(2012.2.7. 조선일보 기사).

32) 서남수 교육부장관이 추진한 정책이다. 1) 대학 구조조정(대학정원감축), 2) 영어 사교육 대책(입시에 수학・과학의 영향력이 커짐), 3) 대입간소화(더 복잡해진-), 4) 선행학습금지법(정책지적), 5) 자유학기제(실험실시하고 확대방안) 등 정책은 있으나(2014.7.18. 조선일보) 전통문화정책은 없기 때문에 초・중・고・대학에 전공필수로 무조건 삽입해야 한다. 전문가들은 "교육의 큰 방향이나 비전은 잘 보이지 않았고 추진한 정책들도 현장과 괴리가 있었다."고 평가했다. 다음은 참여정부 예술정책 4대 기본방향과 14개 역점추진과제(문광부 문화관광연구원, 문화정책백서, 2007). 잘 정리되어 있다(위의 연구방향 참고).

발생하면 교내에 학교폭력대책자치위원회가 열려야 하고 이를 어기는 교장은 징계를 받는다. 따라서 정부는 현재 梨大 학교폭력예방중점연구소, 국무총리실 산하 한국교육개발원(KEDI)의 한교폭력예방연구지원 특임센터, 학교폭력피해자가족협의회 등을 두었지만, 피해자 가족의 2차 피해 등에 대해서는 실태파악조차 되어 있지 않았다. 교육부는 "피해 학생을 상담·치유하기 위해 올해 전국에 학교폭력 피해자 지원센터 15곳이 문을 연다."고 밝혔다. 그러나 학교는 '애가 적응 못한 탓' '피해 학생이 문제가 있었다.' '피해학생의 부모가 문제' '가해자 부모도 끝까지 발뺌' '맞을 만한 일이 있었겠지' 라고 했고, '아들 떠나보내고 헤어진 부부' '헛소문 내는 가해 학부모 상처' "학교폭력 대부분 가해자는 여럿인데 피해자는 1명이라 피해 학생 부모까지 궁지에 몰리는 경우가 많다" '내가 아이를 잘 지켜주지 못해서' 피해 학생의 부모까지 사회에서 '소외'되는 것이다. 요즘은 신종 학교폭력 '글래디에이터(노예검투사)'가 나왔다. "이제부터 둘 중 하나가 죽을 때까지 때리는 거야." "이렇게 니킥(kneekick)을 해보라고!" 로마의 검투사처럼 격투기 시합에 등장하는 각종 기술을 가르쳐준다며 폭행하기도 한다. 경찰은 "어린 학생들이 아예 격투기장을 차려 놓고 피해 학생들의 싸움을 스포츠처럼 즐겼다."고 말했다. 이런 방식의 학교폭력은 최근 몇 년간 중·고생 사이에 빠르게 퍼지고 있다. 경기도 안산의 중학교 교사 김모(28) 씨는 "학교 일진들이 교실 서열을 정한다면서 주로 학기 초에 다른 아이들끼리 싸움을 붙인다." "싸우라고 강요당한 애들도 물러서면 무시당할까봐 또 일진한테 맞을까봐 어쩔 수 없이 주먹을 휘두른다."고 말했다.[33] 학교 및 사회가 곧 전쟁터이다.[34] 이제는 전쟁을 총·칼로 싸우지 않고 있는데, 그러나 학생들은 '찌르고' '때리고' '죽이는' 컴퓨터게임·핸드폰·PC방 등으로 갈등(葛藤)을 해소하고 있다. 이제 정책적으로 학교 정규학과목(전통 및 조선연극사)[35]의 어울림의 프로그램 편성이 시급하다. 초등학교 교육부터 기본교육과 중학교과정을 주체의식을 제대로 받지 못한 상태에서 성인이 되면 이 나라가 제대로 돌아갈 것 같은가? 지도자(教師)자 없어 알지도 못하는 전통문화교육의 근본을 정책입안자가 어정쩡하게 변화시키려니 무섭기도 하지만 귀찮고 싫어서 피하기만 하는데 실제적인 자문화의 전통문화교육을 실시해야 한다. 사탕을 주지 않으면 아이들은 오지 않는다. 그렇다고 사탕에 질린

33) 조선일보 2013.10.2. 기사내용

34) 각 지역 풍물굿의 진(陣)풀이를 바탕으로 된 농악도 있다. 진풀이는 곧 전쟁이다. 즉, 경북농악의 진(陣)풀이는 곧 전쟁이다. 전쟁 중에 고지를 점령하다가 실패를 했을 때, 대원들의 용기를 세우기 위해 손바닥을 치며 레크리에이션을 한다. 또한 민속놀이 연날리기를 전투에 사용하였다. 우리 세시풍속 책인 동국세시기(東國歲時記)를 보면 고려 최영장군이 탐라(제주)를 정벌할 때, 연(鳶)을 전투에서 이용하였다. 학자들은 연에 불을 달아 올려 적진에 떨어지게 하여 적진을 교란시켰다는 설이 있다. 그래서 필자는 씨족, 부족을 보호하는 전쟁과 수렵의식(狩獵衣食)의 성격과 특징의 예로 수렵전략설(狩獵戰略說)을 주장한바 있다. 탈춤의 목중춤도 춤의 경연대회처럼 진풀이다. 양반 말뚝이, 사자와 마부, 미얄 부부싸움, 노장과 취발이가 두 패가 되어 겨룬다.

35) 가면극, 인형극, 구극과 신극 및 전통문화 등.

아이 또한 더 이상 내게 오지 않는다. 사탕을 주면서 주체적인 건강한 현실문화교육을 시켜야 한다. 한 예로 유대인과 독일인의 가정교육 및 유대인의 승리와 실패를 소개한다.[36]

이런 서양교육과정 속에서 그들은 분노와 죄책감을 느끼고 우울・좌절로 마무리 된다. 결국 학교와 학부모들은 서로 '네탓' 이라는 식으로 떠넘겨 졌기 때문에 부부간에 부부갈등으로 번지기까지 한다. 이처럼 '분노(忿怒)'와 '죄책감'을 가지고 있어 적절한 정신적 치료와 제도적 뒷받침이 필요하다.[37] 눌려있던 부부간 갈등도 아이문제로 더 증폭, 피해학생 형제까지 불안, 우울, 좌절서 벗어나려면 가족단위 치료로 병행해야 하는데 체육활동(태권도 등), 통일교육[38] 등, 우리의 전통문화 정규프로그램부족과 기본적인 교육정책과[39] 함께 건강치유를 생각하면 탈춤치유가 좋다(갈등・대무・대사와 역할극, 인간의 삼각관계, 해학과 풍자 등 가무악극의 종합치유).

따라서 우리나라는 인터넷 강국, 게임왕국, 스마트폰 천국으로 알려져 있다. 이른바 지식정보화시대에 인터넷강국이 된 것이 자랑스럽고 좋은 일이다. 그러나 인터넷강국의 그늘에 가려져 고통과 고난[40]을 겪고 있는 청소년들과 가정들이 있다. 인터넷과 게임[41], 스마트폰에 중독되어 몸도 마음도 찌들어 가고 있는 청소년들이 무려 2백만 명에 이르고 있다고 한다. 그들 자신들은 물론이려니와 그들이 속한 가정과 사회 조직전체가 치러야 하는 고통과 손실은 이루 말할 수가 없다.[42]

더욱, 2015년도부터는 교과서 없이 스마트 교육으로 전환하겠다는 방침에 현장의 교사들은 걱정하고 있다. 우리는 게임중독, 폭력발생 자체를 방지도 못하는 반면, 싱가포르에서는 '초등생 스트레스 줄여라' 성적공개를 폐지했다. 성적별 순위명단을 발표할 경우 다른 학생들이 스트레스를 받을 것을 우려해 이같이 결정했다. 싱가포르 리센룽(李顯龍) 총리는 '학생들이 과

36) 박해경 목사 칼럼. 문형장로교회. <칼럼> 유대인과 독일인의 가정교육(종교치유부분 참고).

37) 조선일보 2013.5.25. 기사내용.

38) 세계가 모두 통일되었는데, 한민족만 통일이 안 되었다. 휴전의 전쟁 중인데도 입시 때문에 학생들이 통일과 무관한 것처럼 관심도 없다. 통일의 문제점, 통일을 어떻게, 북한의 실상(이탈주민 왜?), 탈북주민과 대화, 언론의 관심 등이 있어야 한다.

39) 실학(實學)이란? 새로운 방향을 모색한 학문적 경향이자 사회개혁사상이다. 청나라의 고증학과 서양의 과학적 사고방식을 받아들여 백성들의 생활향상의 방법을 연구하는, 실천을 중시하는 사상적 자세와 방향이 정착하게 된다. 그 사상은 실사구시(實事求是)/ 일로 열매 맺고 옳고 바르게 구하다(사실에 입각한 진리탐구), 이용후생(利用厚生)/ 날카롭게 쓰고 두텁게 태어나다(세상을 다스리는데 실익을 증진하고), 경세치용(經世致用)/ 날 세상에 보내어 쓰다(풍요로운 경제와 행복한 의식주의 생활지향).

40) 고통고난이 없으면 얻는 것도 없다. 자라나는 과정은 고통이다. 고생은 세상적으로 당하는 것이고, 고난은 세상을 이기기 위해 하나님이 복주시기 위해 훈련하는 과정이다.

41) 게임은 갈등 속에 때리고, 찌르고, 속이고, 죽인다. 조종자는 목적을 달성했으니 욕구가 충족했다고 허전하다. 결국 자살하게 된다.

42) 1960년대 초 국민소득, 문맹률, 상하수도, 도로율, 유아사망, 자살 등 지금도 굶어 죽는 사람이 많다.

도한 압력에서 벗어날 수 있게 기존교육 방침을 바꿔 균형을 맞추려한다.'며 개혁의지를 시사했다.[43] 또한 프랑스도 형식이 어떠하건 초등교육과정에서 연극은 하나의 교육방식으로서의 성격이 강조되어 활용되어진다. 아동 청소년 교육에 관해 논하거나, 학문적 호기심 유발의 중요성을 언급할 때, 프랑스 16세기 인문학자들의 전통적으로 교육이 가져오는 유익성과 유희성을 항상 염두에 두었고, 이점은 19세기 쥘 메른(Jules)과 엣셀(Hetzel)의 놀이를 통한 교육, 놀이와도 같은 교육의 이상으로 이어져, 상상력과 창의력의 발휘에 기반을 두고 현재 프랑스 공교육 이념으로 발전하였다.[44] 일본의 대표적인 고전연극은 "가부키"이다. 세습과 인습 등 세상과 동떨어진 가부키 배우의 특별한 사회에서 보호 육성되는 것이다. 일본은 국가적인 교육정책이 어떤 의미에서 가능하게 생각한다. 지금까지 예산이 제대로 없었으나 연극교육을 위해 2억 엔이라고 해도 예산을 산정한 것이 의미가 크다고 했다.[45]

한국사 교과서 국정(國定)전환 놓고 가시 "역사전쟁" 역사교과서 검정과 채택을 놓고 찬반 의견이 팽팽하고 논쟁이 벌어지고 있다. "한국사 교과서가 국정으로 바뀌면 집권세력의 정당성을 일방적으로 강조하고 홍보하는 수단으로 사용될 우려가 있다" 며 "국정 추진우 반역사적, 비문학적, 비교육적인 시대착오적 발상"이라고 말했다. "역사 연구와 교육은 분리돼야 한다." "한국사 교과서는 학자들의 견해를 충분히 반영한 통설을 담아 단일한 교과서로 만들어야 한다." 반대하는 교수는 "정권이 교체되면 국정 교과서의 내용 또한 바뀌게 될 것"이라고 말하고 있다. 필자는 정권이 바뀌어도 근본적인 정책의 한국 전통문화(필수과목) 교과서가 없다는 것이 문제이다. 찬, 반하는 제도적 구조적 모순점이 있다.

---

43) 그런데 우리의 중학교 교육제도를 살펴보자(조선일보 2013.3.21(목). "누가 중학교를 이토록 망쳤나": 윤영신 사회정책부장.) -(생략) 모두 "교사가 문제"라며 손가락질 하지만, 한국교육의 진짜문제는 '중학교 교육제도'에 있다. 세계에서 본받은 것 없는 최악의 교육 실패 사례들을 꼽으라면 '한국의 중학교'가 명단에 포함될 가능성이 크다. (중략)- 교육 관료와 학교의 무책임, 학생의 무(無)목표, 교사의 무관심이 우리 중학교를 지배하고 있다. 이런 중학교들이 학교 폭력의 온상(溫床)작용을 하고 있는 것이다. 초등학교는 또래와 사귀며 공부에 적응하는 법을 가르치고, 고등학교는 대입(大入)과 취업이란 뚜렷한 목표가 있어 학생들의 일탈을 제어한다. 그런데 그 사이에 있는 중학교는 무관심, 무책임, 무목표의 고립된 섬으로 망가진 채 방치돼 있다. -(생략)- 필자가 볼 때 이렇게 흘러 보내는 시간에 고등학교에 가면 대입시 때문에 놀이문화가 없으니까 따돌림 당하는 공간을 민족의식, 주체사상, 사명의식 등, 전통문화교육으로 학습을 갖게 해야 한다. 여기가 한국인데 전국단위별로 오케스트라학교, 뮤지컬사업단을 정책적으로 운영하고 있어, 필자 개인이 '탈춤치유학교'를 개설해서 운영하는 것은 정책이 못되었다.

44) 이선희. 고려대. 프랑스중고교 고전연극 교육의 현황과 전망.

45) 마루모 미에꼬. 일본대. 번역. 정성욱. 구마가이 야스히로. 일본대학. 번역 임유희. 신구대. 일본의 학교에서의 연극교육 현상에 대하여.

한국사 교과서 국정 추진에 대한 찬성, 반대 이유[46]

찬성이유(○)	반대이유(x)
현재 검정을 통과한 한국사 교과서 다수가 편향적 기술로 국민적 갈등을 불렀기 때문에	획일화된 역사를 가르치고 역사를 정권홍보 수단으로 활용할 우려
분단 상황에서 통일된 역사인식을 교육하기 위해	정권 바뀔 때마다 내용이 수시로 바뀔 수 있음
수능 필수 과목이 된 한국사에 대한 수험생 부담을 줄이기 위해	국정 교과서는 학생들의 역사인식을 경직되게 만들 우려
보수・진보 양쪽 역사학계가 공통으로 인정하는 내용을 교과서에 담아야	새로운 시대 상황 변화를 능동적으로 반영하기 어려워

다섯째, 폭력 정책/ 폭력정책을 근절시켜야 한다. 학교서 군(軍)으로 사회로 퍼지는 '폭력전염(傳染)' 끊을 대책 급하다. 경남 김해에서 여고생 윤모양을 살해한 혐의로 재판받고 있는 여중생들이 온갖 잔혹한 방법으로 윤양에게 가혹한 행위를 했다는 신문과 뉴스(TV)가 실렸다. 뉴스를 접한 국민들은 열다섯 살 어린 학생들이 잔인함에 한번 놀라고, 그들이 저지른 폭행이 육군 28사단에서 벌어진 가혹행위와 판박이처럼 닮았다는 사실에 또 한 번 충격을 받을 수밖에 없었을 것이다. 결국 이병장은 10대(代)청소년 시절 몸에 밴 폭력습관을 군대에서 그대로 행동에 옮긴 것이다. 폭력이 대물림되고 전염되는 현상은 10대들의 학교폭력 현장에서도 숱하게 발견된다. 우리 사회 어느 곳 하나 폭력이 없는 분야가 없다. 대학 선배들이 군기(軍紀)를 잡는다며 신입생들을 폭행하는 사건이 매년 반복되고 있다. 직장에선 상사들이 언어폭행이 만연해 있을 뿐 아니라 멱살잡이, 주먹질, 발길질 같은 신체적 폭행을 겪은 직장인이 10%를 넘는 다는 조사결과도 있다. 폭력 범죄로 처벌받는 사람은 연간 35만 명에 달한다. 우리 사회가 학교⇒군대⇒직장⇒사회로 돌고 도는 폭력 바이러스의 악순환(惡循環) 고리를 끊어 내는 근본대책을 고민하지 않으면 안 되는 시점에 도달했다.[47] 근본대책은 우리의 전통문화를 초, 중, 고, 대학 학과목에 필수과목으로 삽입되면 우리문화는 공동체인 어울림의 문화이기 때문에 사회정서의 근본대책이 될 수 있다.[48] 그러나 어울림의 문화이다 보니 이런 약점도 있다. 사용권, 소유권, 분배권 등이 불분명하여 후일 조상이 사망 후에 시기, 질투, 경쟁이 심하다. 외국인들은 책임소재가 분명하여 다툼이 없다. 이제 그 분야의 교육도 함께 해야 하며 전문가가 되어 능력중심 사회가 정착되면 요행이나 연줄자리가 없어지게 된다. 정직

46) 도표 참고, 조선일보 2014.8.27. 기사내용.

47) 사설(社說)요점만 정리. 조선일보 2014.8.6.

48) 대한민국의 50대 이상의 남자들은 군(軍)생활을 하면서 빳다(구타)라는 것을 맞았다. 군대의 기본은 빳다라고 생각했다. 매를 맞지 않으면 잠이 안 올 정도로 심하게 구타를 당했다. 사람은 죄인이기 때문에 교육시키고 맞아야 하는가? 그래서 필자는 군생활의 문제점을 지적하면서 구타되신 봉산탈춤의 기본동작(탈춤체조)을 시켰다. 군(軍)에서 구타되신 탈춤의 기본동작과 추임새(얼쑤 좋다)를 하면서 달밤에 기압으로 변경・도입시켰다.

하게 스스로의 삶을 가꾸고 능력을 향상시킨 만큼 개인은 사회적으로 인정받게 되는 것이다. 직무능력 표준에 따라 인재를 선발해야 한다.[49] 그러나 문화예술 역시도 아무리 훌륭하다고 해서 예술단체의 장(長)이 되려면 정치인의 입김이 있어야 하는 시대에 살고 있는 구조적인 모순점을 해결해야 한다.

여섯째, 건강한 홍의 민족/ 위의 문제들을 해결하려는 기본조건들이 우리에게는 이미 있었다. 우리 민족은 홍(興)의 홍(鬨: 향기)이 있어 홍의 민족이다. 놀면서(홍・신명) 일하면서(뽕도 따고 임도보고/모내기) 건강(탈춤 운동)을 지키면서 공부하는 홍의 어울림 공동체 민족이다.[50] 그러나 과거의 마당문화인 전통문화를 현장에서 제대로 알지 못하고 철학적(哲學的), 미학적(美學的), 시간적(時間的), 공간적(空間的) 단어로 각색(脚色) 사용하여 전통행위를 서구식 프로시니엄 무대극장으로 옮겨 창작(創作)하려는 것이 문제이다.

위의 사항을 참고하고, 6-13째의 항목들을 통해 미약하나마 필자의 건강철학을 소개하고자 한다. 우리의 건물인 경복궁의 강녕전(康寧殿)은 왕의 침전으로서 '편안하고 건강하라.'는 의미를 담고 있고, 근정전(勤政殿)은 '부지런하게 정치하라.' 사정전(思政殿)은 '생각하고 정치하라.'고 우리 선조들은 이미 근본적인 전통문화까지 생활문화로 귀하게 명칭을 붙여 지혜롭게 사용하게 하였고, 방향을 제시해주었다. 역사는 승리한 자(者)의 기록이고 예술행위는 반복할 뿐이다. 모든 근원의 기본적인 삶은 반복되는 생활습관이 중요하며 자기 나라의 땅을 밟고, 자연의 원리를 터득하고 자국(自國)의 전통(鄉土)문화교육을 터득하고, 대자연의 원리대로 건전한 운동을 통해 스트레스[51]를 해소하면 병(病)은 자연적으로 예방과 치유가 되어 퇴치할

49) 이인배. 한국폴리텍대학 강서캠퍼스 학장. 능역중심사회로 바뀌어야 '국가개조'된다. 원고 내용 일부.

50) 홍의 민족이지만 葛藤, 술주정(酒色), 이혼율, 自殺 10년째 세계 1위를 하고 있다. 세계 유일한 분단민족, 우리민족은 흠 많은 혼열 민족인데 단일민족이라고 우기는 민족이다. 한민족이라고 하면서 대자연과 맞짱 뜨는 엄청난 민족, 명품이라고 물건이 비쌀수록 잘 사는 사치민족, 목소리 큰놈이 이기는 이상한 민족, 공권력이 약한 나라, 운동 두뇌(젓가락질)가 좋은 민족, 교육비를 제일 많이 쓰면서 주체의식의 전통문화교육이 없는 나라, 세계 우수대학 1등자리를 휩쓸고 다니는 영리한 민족이다. 그러나 현재 우리나라는 전체가 '세월호'이다.

51) 스트레스(1)의 근원은 "인간이 동물보다 약한 원시시대에 동물소리를 들으면 어디로 도망갈지 공포감을 느낄 때 생겨난 것"이라고 한다. 스트레스는 신체적, 정신적불안감이다. 마음의 근육을 강화하고 동료와 소통하여 도움을 받아 '틀린 것'이 아니라 '다르다'는 것을 강조하여 인간관계를 회복해야 한다. 스트레스를 해결하려면 필자는 한국인 체질에 가장 잘 맞는 "탈춤체조"를 하고, 하루에 45분 동안 뛰며 자연을 벗 삼아 생활을 습관화 하고 있으니 스트레스가 없고 건강하다. "지나치게 의인이 되지도 말며 지혜자도 되지 말라. 지나치게 악인이 되지도 말며 우매한 자도 되지 말라."(전도서 7:16-17). 불의를 못 참는 사람, 옳은 말, 지적하는 것, 맞는 말인데 듣는 사람에게는 스트레스를 준다. 스트레스 해소 방법은 1) 세상적으로는 스트레스 주는 사람 옆을 빨리 떠나면 된다(피할 수 없으면 즐겨라). 2) 미친놈(스트레스)은 몽둥이가 약이다. 3) 성경적으로는 항상 기뻐하라. 쉬지 말고 기도하라. 범사에 감사하라. 삼가 누가 누구에게든지 악으로 악(惡)을 갚지 말게 하고 항상 선(善)을 따르라(데살로니가전서 5:15). Q의 창조질서를 깨면 스트레스가 온다. 인간사회 생활상의 사건을 수행할 때, 여러 가지 작용으로 나타난다. 충격적인 것과 연속적인 것이 있는데 충격적인 것은 갑자기 예상하지 못한 것, 천재지변, 교통사고, 사업실패 등이 있고, 연속적인 것은 질병, 직장이나 학교에서 과업수행, 왕따 등이 있다. 월호스님은 스트레스를 이기는 방법은 풀해(解), 벗어날 탈(脫)을 어떻게 연습하느냐, 번뇌, 스트레스가 오면 얼른 알아채고 '왔어'

수 있다고 터득했다. 탈춤(산대 등)은 우리체질에 가장 잘 맞는 동작이므로 기본동작 하나하나가 다 치유가 된다.[52)]

따라서 늦었다고 할 때가 빠를 때라고, 무관심[53)]이 아닌, 개인주의가 아닌, 한국고유의 어울림의 프로그램을 구성(構成)하여 단체로 토론과 행위(민족혼의 몸짓)하면 치유가 된다. 어울림과 전체를 통해서 하나가 되는 것이 전통문화이다. 무형문화재는 곧 사람이다. 사람은 명품이 아니고 유산이다. 유산은 어울림의 문화이다. 개인주의[54)]는 서양문화로 우울증[55)], 치매, 학교폭력 등, 정신적으로 문제시 되어 현시대를 흔들고 있지만, 우리의 전통문화는 공동체의 어울림(함께 하는 것, 다 같이, 어울려야 산다)[56)]의 예술로 치유가 될 수 있다. 더욱 단체프로그램을 개발되면 한국의 얼, 멋, 맛, 흥, 정, 인물을 통해 사회의 구조인 처첩간의 갈등(葛藤)[57)], 생존경쟁[58)], 착취와 착취당한 자. 상하(上下)관계, 가진 자와 못가진 자. 거북목[59)] 등

하고 인사하세요. 손님이 왔는데 외면하면 심술부리고 너무 극진하면 주인 노릇하려고 드니까 스트레스 "너 이 녀석 또 왔구나!" 혼내라고 요구하고 있다. 스트레스와 아프면 왜 걸어야 하는가. 힘들면 힘든 대로 아프면 아픈 대로 걷다보면 아무리 죽을병에 걸려도 절반은 병에 걸려도 절반은 산다. <누우면 죽고 걸으면 산다. 김영길 지음. 도서출판 사람과 사람> 이 책의 내용을 보면, 불치병, 난치병을 포함한 대부분의 질병은 습관의 산물이다. 암의 발생원인도 95%가 습관이고 5%가 유전이다. 습관을 바꾸려면 마음이 변해야 하고 마음이 변하려면 생각이 바뀌어야 한다. 절망, 불안, 우울, 짜증, 당뇨, 증오심, 질병은 걷지 않아 생기는 자랑스런 현상이다(生老病死現像). 세상에 스스로 존재하거나 우주에 저절로 이루어지는 모든 존재나 상태(태초에 하나님이 천지를 창조하시다. 창 1:1-9)이기에 세상적으로 높은 기대, 경쟁, 역할 수행, 충돌, 갈등 등을 피하고 머리를 식히고 호흡조절하면서 하늘을 보고, 상황판단을 해서 위기를 피해가는 내려놓는 인생을 배워가며 훈련해야 한다(화났을 때 말을 먼저 하지 말고 먼저 생각하라).

52) 봉산탈춤기본동작, 양주산대 기본동작과 탈춤체조 도해장면 설명 참고.

53) 외롭게 만든다. 가족・부모의 무관심 때문에 학교폭력, 왕따 등 모든 문제가 생긴다.

54) 개인주의 '니체' 주장, 결국은 정신병자가 되었다. 유명인사에서 외로우면 자살한다. 개인적인 피아노, 색소폰, 기타, 피리, 대금, 가야금, 악기도 문제가 있지만, 협연으로 앙상블을 이루고 있고, 한국의 서예, 다도, 요가 등으로 전통문화는 어울림의 정서적 교육으로 심신을 달련하면 된다. 미국교육도 공동체운동(문화)하는 서클에서 통과되어야 졸업을 인정한다. 한국은 서양문화생활을 잘못 받아들이고 생각하는 사람들이 많다.

55) 초등생 3%, 중고생 30%가 우울증세가 있다고 파악하고 있다. 아이들 증상모르거나 표현 잘 못해, 자식 우울증 눈치 못 채는 부모태반 방치하면 만성화 - 자해, 자살, 충동위험성 있다. - 부모부터 밝아져야 한다.

56) 우리는 어울림의 문화를 가지고 있는 민족이다. 일제가 조선인이 몰려있는 공동체프로그램인 소싸움・씨름 등, 서민들이 모이는 곳을 밀정보고서를 통해 단합의 공동체 상황이면 무조건 모임을 해체시키는 작업을 했다. 이와 관련 동물보고서를 보면(신희섭. KIST 뇌과학연구소장). 치매치료에 새 길을 열었다고 하며 "생쥐들이 처음엔 혼자서만 보상을 받으려고 경쟁했죠. 좀 지나니 먼저 간 생쥐가 늦게 오는 생쥐를 기다리거나 머리로 툭툭 치며 함께 가려고 하더군요." '생쥐의 협동은 처음 보는 현상'이라고 하면서 미세한 전류(전기신호)를 흘러 자극을 주는 실험을 한 결과이다.

57) 상반(相反)하는 것이 양보하지 않고 대립함. 한민족이라고 하면서 두 민족이 된 6・25세대, 세계평화 공존을 위한 월남전 세대도 이제 다 현역에서 물러나고, 실전 경험 없는 세대들이 국방을 지키고, 오래전 대형사고에서 경험을 쌓은 현장 실무형 인재들도 지금은 모두 퇴직해버렸다고 지인들은 걱정하고 있다. 경험 없는 탁상행정가들의 어이없는 현장수습 모습을 보면서 이런 세대의 앞날을 어떻게 지도해야 하는지가 관건이다.

58) 개구리는 벌레를 잡아먹겠다고 혓바닥을 날름거리면서 기다리고 있고, 뱀은 개구리를 잡아먹겠다고 바로 뒤에서 벼르고 있는데 매는 뱀을 잡겠다고 공중에서 기회를 보고 있다. 땅에서는 포수가 매를 잡으려고 총을 겨누고 있다. 그런데 하나님께서는 더 높은 하늘에서 인간의 잘못됨을 계수하며 천국과 지옥으로 갈 자를 판단하고 계신다.

59) 스마트 폰을 늘 보고 있으니 자라목, 즉 거북목처럼 된다는 뜻이다.

은 흥(興: 탈춤)의 체험을 통해 화해의 구조인 위의 문제점을 해결할 수 있다. 현재의 생활패턴(문화를 바꾸려면 오래 걸린다.)은 주체의식과 전통문화보급의 필요성이 있다. 그동안 탈춤하면 데모(시위, 민주화운동 명분), 사물놀이하면 노사분규로 몰아갔다.

일본에서는 "쾌적한 수면(睡眠)은 최소한의 투자로 병(病)을 최대한 예방할 수 있는 방법이 있다"고 세계적인 수면학자인 일본 시가의대 미야자키 소이치로 교수는 '수면만 잘 취하면 건강이 저절로 따라온다.'고 주장하여 2000년도 수면학을 정립하여 일본문부과학성의 지원으로 최초 '수면학과'를 개설하였다.[60] 우리도 데모, 노사분규라고 단정하지 말고 자국(自國)의 전통문화과목을 권장하고 교사를 양성해야 한다.[61] 그래서 탈춤사관학교(탈춤치유학교)를 설립하고 싶다고 밝힌바 있다.[62] 그러나 교육정책입안을 위해 고양이 목에 누가 방울을 달 것인가가 관건이다.[63]

다음은 조재연 신부가 20년 사목생활(司牧生活)과 경험담아 부모는 '내 자식은 내가 잘 안다'는 착각을 버려야 한다고 하면서 '청소년 사전' 출간내용의 일부이다(조선일보 2012.3.23).

'내 자식은 내가 잘 안다' 〈표 1〉

단어	부모가 쓰는 뜻	자식이 듣는 뜻
학교폭력	신문방송으로 보며 혀를 차게 되는 학교를 중심으로 벌어지는 폭력	교실 안과 밖에서 매일 일어나는 일상
왕따	따돌리는 일 또 따돌림 당하는 사람	언제 내가 당할지 모르므로 늘 조심 또 조심해야 하는 일
무리	사람과 짐승 따위가 뭉친 동아리	끼면 즐겁지만 끼지 못하면 당할 수 있는 위험한 공동체

60) 일본사람들이 우리에게 한(恨)을 남겼고 역사를 왜곡시켰다. 1925년 이등박문이 조선에 와서 '조선사' '편수처'를 통해 조선은 원래 중국의 식민지였으니 일본의 식민지로 귀속시키겠다고 했다. 일본은 3천년의 역사를 가지고 있고, 한국은 2천년의 역사라고 왜곡시키려고, 각 고을 군수에게 문헌을 대여하겠다고 해서 좋은 책은 교토대학에 보내고 35만권은 다 소화(燒火)해 버렸다. 조선의 모든 역사를 신화로 출판하게 했고, 이런 역사를 왜곡했기 때문에 안중근 의사를 저격수로 취급, 사형시킬 수밖에 없었다. 또한 남대문은 중국사신 등, 일본장군이 처음 통과했다고 국보 1호 숭례문(崇禮門/ 높은 사람에게 예를 표함)이라고 했고, 속담에 사촌(四寸)이 땅을 사면 배가 아프다(비료 살 돈이 없어 변을 보고 싶다) 등 바른 역사관을 왜곡시켰다. 지금도 생활언어 등을 바로잡지 못하고 있다.

61) 대만은 자국의 문화를 전담하는 전통교사가 있다.

62) 1988년에 연극치료사협회로부터 연극치료연구원이 설립되었고 연극의 바탕을 둔 연극치료학위를 수여했다. 현재 영국에 모두 다섯 군데의 대학원 교육과정이 있다. 한국에는 대학원(전문사)을 졸업해보았자 취업할 수가 없다.

63) 쥐들이 고양이 때문에 무서워서 못살겠다고 회의를 했다. 이 때 한 쥐가 기가 막힌 아이디어를 냈는데, 고양이 목에 방울을 달아두면 고양이가 움직일 때마다 소리가 날 터이니 그 소리가 나면 도망갈 수 있다고 한 것이다. 이 말을 듣고 모든 쥐들은 박수를 쳤다. - 그런데 누가 고양이 목에 방울을 달 것인가 하는 문제가 생겼다. 그 누구도 감히 고양이 목에 방울을 달 엄두를 내지 못했다. 결국 그 아이디어는 좋았으나 실천할 쥐가 없는 고로 결국 없던 일로 할 수 밖에 없었다. 무형문화재도가 이렇다(필자도 책임고양이 역할을 한다고 현장에서 학습하며, 국회, 교육부, 문광부에 주제발표를 하고 언론에 주장을 해보았으나 아직은 시기상조인가?).

교사	학생을 가르치는 사람	때로는 존재 이유를 모를 사람
성(性)	남녀의 육체적 관계 혹은 관련된 일	부모에게 들키면 쪽팔리는 일
부모	아버지와 어머니	밉고 이해 안 되는 답답한 양반들
비교	둘 이상의 사물을 견주는 것	부모가 내 기를 죽이고 싶을 때 쓰는 방법
독단	상의 없이 혼자 판단하고 결정하는 것	아이들 생각은 꿈일 뿐이고 어른이 다 옳다는 말
자신감	스스로에 대한 신뢰와 확신	어른들은 자꾸 가지라고 하지만 절대로 존재할 리 없는 느낌
대화	이야기를 주고받는 것	하고 싶었고, 하지 못했고, 쓸모없어진 그 무엇 -

* 성경 66권 중에서 65권의 저자가 모두 유대인이다. 오직 '누가' 한 사람만이 비유대인이다. 그는 시리아 사람으로 직업이 의사였다. 자신이 의사였기에 병자를 치료하고 고치시는 예수님의 모습을 특히 강조하였다.

일곱째, 탈춤치유는 곧 자연 치유/ '탈춤치유'는 병균을 죽이는 역할은 못하지만, 춤사위는 감돌아들고 풀 돌아 돌기 때문에 막힘과 풀림의 호흡으로 몸을 윤활하게 할 수 있다. 또한 자연의 흙[64]을 밟고 뛰면서 그 기운에서 뿜어내는 열(地 흙, 아지랑이)기둥으로 상승시켜 육체 관계[65]를 소통시키는 자연(自然)치유가 될 수 있다.[66]

---

64) 사람은 흙에서 태어나 흙으로 돌아간다. 자연적 재앙(천둥, 번개, 폭풍(태풍. 강풍), 폭우(雨), 안개, 폭설(雪) 등)은 과학의 힘으로 자연 현상을 막을 수 없다. 도시 생활은 뇌(腦)가 살 수 없기에 안식과 햇빛이 있는 자연에서 살아야 한다. 생명은 하나님이 관리하지만 질환은 의사가 치료한다.
"네가 흙으로 돌아갈 때까지 얼굴에 땀을 흘려야 먹을 것을 먹으리니 네가 그것에서 취함을 입었음이라. 너는 흙이니 흙으로 돌아갈 것이니라."(창세기 3:19) 하나님께서 사람들이 땀 흘려 일하여야 사람다운 사람으로 살아갈 수 있도록 사람 몸에 입력(入力)을 하여 놓으셨다. 그래서 사람은 일할 때에 사람다워지고 행복하여진다. 그런데 언젠가부터 사람들은 일하기 싫어하고 편하게 살려고만 한다. 그래서 인간사회에 온갖 불평등과 질병이 생겨나게 되었다. 예로부터 땀 흘리지 않고 살아가는 사람을 불한당(不汗黨)이라 불렀다. 그런 사람들을 정상적인 사람들 축에 들지 못하게 하셨다. 요즘 젊은이들 중에는 일하지 않고 빈둥빈둥 살아가는 사람들이 점차 늘어나고 있다. 일이 인생을 즐겁게, 행복하게 하는 요건임을 미처 모르고 있기 때문이다. 이런 젊은이들이 일을 사랑하게 하고, 일하는 것이 즐겁게 하여 주는 일이 중요하다. 각종 질병에 시달리고 있는 젊은이들을 치료하는 방법 중에 노동요법(勞動療法, Work Therapy)이 있다. 육체노동을 통하여 몸과 마음의 병을 치료하는 방법이다. 이 방법에 의하면 일그러진 마음과 몸을 적절한 노동을 통하여 회복시켜 준다(김진홍 목사의 칼럼 중에서).

65) 부부간의 갈등만큼 인간의 육체적, 심리적 건강에 중대한 영향을 미치는 것은 없다. 부부의 다툼은 반드시 원인이 있다. 견해차이, 이상의 차이, 취미의 차이 등은 사랑부족, 거친 성품, 공포, 질투심, 반항심, 자기중심, 부도덕함, 불성실, 알코올 중독 등이다. 건강(健康)이란 병이 없다는 것만을 의미하지 않는다. 건강은 삶의 질적 문제이다. 육체적, 정신적, 영적으로 구김살 없는 것을 말한다. 그리고 인간의 힘을 최대한 발휘하는 것이다. 나의 육체의 건강은 나의 영혼의 건강에 달려 있다(폴트루니에. 인간치유. 2011.11. 생명의말씀사).

66) 몸도 마음도 힐링--병원, 자연을 수혈 받는가(2012.8.1. 김철중 의학전문기자), 요즘 병원 인테리어 건축에 그린(Green)과 에코(Eco)바람이 불고 있다. 병원공간자체를 정신적・신체적 안정을 돕는 치유환경의 '나무 숲 마루'의 아이디어 설계가 혁신적인 투자를 하고 있다. 환자들을 자연 속 치유환경에 놓이도록 하는 것이 미래병원의 주요모델이 될 것이라고 하면서 야산과 공원의 숲 산책로를 걸을 수 있게 건강관리 분야에 힐링(healing)서비스를 제공하는 것이 점점 보편화 되어가고 있다. 선병원 선승훈 의료원장은 "에코환경은 환자들의 심리적 안정감을 유도해 혈압을 떨어뜨리고 맥박을 늦추며, 스트레스를 낮춘다. 앞으로 병원은 의료진과 장비의 우수함, 친절서비스를 넘어 어떤 치유환경을 갖고 있느냐에 따라 경쟁력이 달라질 것이다."라고 했다. shealing - shiel - 방목장. 양치기의 오두막집. healing(치유) healing touch(손을 대어 치료하는 힘: 안수기도 등 crystal healing(수정요

탈춤은 감정을 충분히 표현할 수 있고 트라우마[67]를 치유할 수 있으며 우리인체(체질)에 가장 적합한 운동으로서 건강한 몸짓의 우리 춤[68]은 춤사위 하나하나가 다 치유(治癒)가 될 수 있게 선조(先祖)들이 안무(按舞)되어 있다. 불림(洛陽東村梨花亭), 고개잡이, 발들기, 외사위, 겹사위, 까치 걸음 등은 같은 발, 같은 손이 동시에 올라가는 춤으로서 기본동작이 이미 우리생활 속에 녹아 있어 역동적이며 지구력을 향상시킨다. 그러면서 탈춤은 우리조상들의 정신세계와 우리 몸의 체질과 질서가 정밀하게 정리되어 있기 때문에 터득하게 되면 건강하다. 그러나 자연치유와 심리적인 부분은 과학적으로 증명할 수 없듯이 종합적인 탈춤인 동조행위현상을 기계로 형식적으로 측정하는 것은 어려운 실정(하나의 논문형식)이다.

따라서 자연치유는 산속 나무와 나무사이의 오솔길을 거닐면서 풋풋한 흙을 밟고 흙냄새와 풀 향기가 자욱하게 코 속으로 스며드는 곳, 야생화가 길옆으로 피어있고 계곡물이 졸졸졸 흐르는 시냇가에서 잠시 양발을 벗고 물가에 앉아 콧노래를 부르며 자연을 감상하다보니 공짜로 맛보는 공기가 더욱 몸(肉體와 精神)을 청아하게 만들어준다. 나무와 나무사이에 스쳐지나가는 바람소리, 물소리가 오케스트라 선율의 반주가 되어 새소리, 잡새들의 테너, 베이스, 소프라노, 엘토 음정이 화음으로 들리는 것을 어떻게 돈으로 환산한단 말인가? 이것이 마음의 치유와 자연치유인 것이다.

자연의 야생동물은 약을 먹지 않고 치료하지 않고 자연치유 하며 질병과 싸울 수 있는 힘을 기른다. 그간 우리 인간은 약이 독인 줄 알면서도 복용하며 약에 의존하다보니 위장기능 등이 상한다. 지금의 자연치유는 걸음마 수준이지만 자연과 벗 삼아 산림욕을 하며 산나물을 먹고 채식밥상, 환경, 운동을 하면 치유가 된다. 의사의 치료와 함께 자기 자신을 치유해야 한다. 현실적으로 건강한 명성을 위해 노력하듯 무엇보다도 생활습관과 규칙적인 운동과 자기관리를 철저하게 해야 한다. 육체근육과 마음근육의 몸을 유지하기 위해 탈춤운동을 해야 한다. 기본적으로는 전문의와 상담하고, 사회적 문제는 전혀 예상치 못한 것에 일이 생기고 걱정근심으로 연결되어 병(病)이 되니 평소 범사에 감사하며 생활해야 한다.

우리 땅을 밟고 신토불이 음식과 물[69]을 먹고 비바람이 쳐도 그 환경 속에 살고 있는 제철

법), divine(신유, 신앙요법, 은사), faith(신앙요법. 기도), mantal(정신요법, 정신치료), mind(정신요법. 심리치료), psychic(심령요법), self healing(자연치유) 등

67) 의학적으로 외상, 심리학으로는 정신적 외상, 외상 후 스트레스 장애. 충격으로 인한 상처, 자신의 상처를 기억해 내는 것.

68) 필자의 '탈춤의 미학적 움직임(1978년)' 봉산탈춤이 심폐기능에 미치는 영향, 무용과에 무용은 있고 춤이 없다. 등, 봉산탈춤의 운동 강도에서도 에어로빅, 줄넘기 등보다 에너지 소모가 더 많고, 스트레칭과 유산소운동이 동시에 살 빼는데도 효과와 한국인의 체질에 가장 적합한 춤이다. 라고 주장했다. 외에 서강대, 성균관대, 체육연구센터 등 전문가 및 대학교수들의 연구논문과 석, 박사의 논문들이 탈춤의 건강효과에 대해 좋은 평가들이 나와 있다.

음식을 먹어야 한다. 산골보다 바닷가에 활동하고 사는 것이 더 건강하다는 말이 있다. 그 이유는 해풍(海風)이다. 바다의 태양은 피부가 좋고 호흡하면 미네랄을 흡수할 수 있고 파도소리와 바위를 때리는 물방울 소리가 터질 때 나오는 음이온이 있다. 장수자(長壽者)들이 사는 곳은 대다수가 섬이다. 생선을 먹으면 지방산이 많이 나오는 오메가3(쓰리)가 있어 정신건강에 좋다. 따라서 바닷가에서 소리를 지르고 높은 음악을 하면 좌・우뇌가 발달이 된다고 한다. 만물의 근원이 물이다. 그러나 물만 가지고 안 된다. 흙이 있어야 한다. 또한 불과 햇빛 공기가 있어야 만물의 근원이다. 그렇다고 우리는 자연만 보지 말고 자연을 만드신 하나님을 보아야 한다. 우리는 세상의 문화만 보지 말고 그 배후의 보이지 않는 마귀와 하나님을 볼 수 있어야 한다. 당장 눈앞에 일어나는 일만 보지 말고 그 배후의 영적인 세계를 보는 눈이 열려야 하고 모든 것을 주관하셔서 나에게 가장 합당하게 인도하시는 하나님의 섭리를 보고 깨닫는 것이 인류의 최대 숙제이다.[70] 세상을 살아갈 때 자연 속에서 육체의 지휘부인 뇌(腦)를 이용한 신명(神明: 밝음, 빛)나는 음악이 나오면 걷고 뛰고 춤추듯이 어울림(단체)의 프로그램을 이용한 자율신경계를 움직이는 영향력을 행사할 수 있어 막힘이 뚫는 열기가 있다. 또한 현대의학이 발전되기 전에는 무당이 굿(무속의미)을 하는 것이 힐링이라고 생각해서 귀신, 마귀, 병을 쫓아낸다고 믿었다. 무포세가 고려 말에 무당을 탄압할 때까지 1895년도까지 관청에 공식적으로 1년에 2회 세금을 내며 유지되었다. 그 후에 무(巫)는 공연분야로 발전되었다.

탈춤은 신명과 열기가 있다. 탈춤은 운동(運動)의 강도로 볼 때 뇌(腦)와 유산소운동과 스트레칭, 우울증, 치매, 드라마 등의 종합적(복합・융합・통합적)인 문화예술・운동으로서 연구의 가치가 있는 동조행위현상으로 스트레스[71]가 해소 된다고, 설문지들은 답변했다. 인간

---

69) 물을 충분히 섭취하라고 피부미용전문가, 의학 전문가들은 말하고 있다. 아침공복이나 냉수나 물을 규칙적으로 마시는 행위자체가 좋다는 것이다. 불순물이나 유해성분이 없는 깨끗한 맹물이다. 분자기호 H_2O인 것으로 칼로리 0%의 액체를 말한다. 일상생활에서 만날 수 있는 수돗물, 생수, 정수기물, 탄산수, 건더기가 없는 맑은 숭늉 등이다(가정의학 전문의 유태우 박사). 물 섭취량은 날씨, 활동량, 체중 등에 따라 달라진다. 단 수시로 마시되 식사 땐 피해야 한다. 식사 30분전부터 식사를 다 마칠 때까지 물을 마시면 안 된다. 물이 위액을 묽게 해 소화를 방해할 수 있다. 물의 역할은 인체 내 수분량이 적절히 유지돼야 세포 저항력이 높아져 각종 세균과 바이러스 등의 침입을 막고, 몸속 유해물질의 배출이 원활히 해진다. 수분은 전신을 돌면서 신진대사의 핵심 기능을 수행한다(한희준 헬스조선 기자). 단, 건강을 유지하려면 생활습관이다. 특별하게 시간을 내어 운동・식사・건강을 유지하려고 관리하는 것도 좋지만 생활습관이 중요하다. 우리 선조들은 지혜가 있어 특별히 건강관리를 하지 안 했다. 자연공기를 마시며 산책하고 언덕(계단)을 오르내리고 식사는 선조들이 주신 밥과 나물을 먹었는데 그것이 요즘 말로 곧 웰빙과 힐링(Healing)이다. 배탈이 나면 동물들처럼 금식(禁食)하면 되고 배고프면 먹고, 졸리면 자고 일할 때는 일하고 놀 때는 놀고(Work and play)하면 된다. 추울 때는 옷을 따뜻하게 입고 더울 때는 벗고, 싸우고 싶으면 싸우고, 울고 싶을 때 울고, 웃고 싶을 때는 호탕하게 웃고, 운동하고 싶을 때는 걷고 뛰는 것이 조깅과 워킹(Walking)이다. 먹고 싶으면 밭(식당)에서 나오는 고구마・감자・사과・도라지・야채 등을 먹으면 된다. 다만 시대가 정보화・산업화 등 시대가 디지털로 급변하였다고 하지만 뇌(腦)에게 부담주지 말고 기분 좋게 마음(육체와 정신근육)을 긍정적으로 움직여 주면 된다. 사람이 살아가는 삶속은 조바심과 스케줄은 절제하고 체계적으로 관리를 하면 건강을 회복시킬 수 있는 것이다.

70) 박해경. 문형장로교회 <칼럼> 중에서.

들은 자동차 부속도 모르고 운전하고 있고, 우리의 사지(四肢=육체)를 어떻게 사용하는 원리도 모르면서 육체를 잘 쓰고 있다.[72] 다음 자연치유의 예를 살펴보자.

1900년대 초에 미국에 한 결핵환자가 있었다. 그 시절엔 결핵치료제가 개발되기 전이었다. 결핵에 걸리면 치사율이 높았기에 결핵을 극히 무서워하던 시절이었다. 그 환자는 자신이 불치병인 결핵에 걸린 줄을 알고는 '결핵요양원 침대에서 시들시들 말라 죽느니 차라리 산속 깊숙이 들어가 아무도 없는 곳에서 죽어야겠다.'는 생각을 하고는 말을 타고 산 속으로 산속으로 들어갔다. 그런데 어느 한 곳에 이르러 주위를 살펴보니 경치가 너무나 아름다웠다. 이에 생각하기를 '이곳이 내가 죽을 곳이로구나!' 생각하고는 그 자리에 움막을 치고 골짜기에 물을 마시고 경치를 즐기며 하루하루 한 달 한 달을 보냈다. 그런데 웬일인지 기운이 없어지는 것이 아니라 날로 기운이 좋아지는 것이었다. 그러는 사이 봄이 돌아와 땅에 옥수수 씨앗을 뿌리고 채소를 가꾸며 나날을 보냈다. 그러다 어느 날 병원을 찾아가 검진을 하였더니 결핵에서 완전히 벗어났다는 판정을 받았다. 그곳이 바로 요세미티국립공원이다. 이 소문이 퍼지자 곳곳에서 불치병 환자들이 모여 들어 움막을 짓고 살기 시작하여 마을을 이루게 되었다. 자연(自然)은 병든 몸과 마음을 치유하는 힘이 있다. 현대에 이르러 옛날에 없던 성인병들과 마음의 병들이 날로 늘어만 가는 이유가 무엇일까? 자연을 떠났기 때문이다. 자연을 떠나고, 자연을 파괴하며, 오염시키면서 사람들은 몸도 마음도 병들어가고 있다. 이런 분위기를 조금이나마 해소하려면 자연을 찾고, 뛰어야 한다. 현대인은 직장과 생활이 바쁘기 때문에 운동으로 몸을 풀어야 하는데, 제일 쉬운 방법은 관절에 적당한 자극을 주는 스트레칭과 45분을 뛰는 인생으로 살아가라고 권장하고 싶다. 필자는 저녁을 먹고 45분을 헬스클럽이 아닌 그냥 집에서 매일 뛰고 있다.

---

71) 스트레스(2): 예전에는 담배를 피우면 스트레스가 해소된다고 했다(속이 편해진다). 임진왜란 무렵 우리나라에 들어온 담배는 충치를 예방하고 소화를 촉진하는 약초로 여겨졌다. 조선 최초의 백과사전(百科事典) '지봉유설'(1614)이 "가래도 삭혀주는 효능이 있다"고 적을 정도였다. 만병통치의 묘약이었던 담배는 차나 술 대신 끽연(喫煙)을 손님에게 권하는 '연다(煙茶: 피우는 차)' '연주(煙酒: 피우는 술)'라는 신조어를 낳을 만큼 귀물(貴物)이었다. "네다섯 살이면 담배를 배워 남녀 모두 피우지 않는 이가 없다."는 '하멜(Hamel) 표류기'(1668)의 증언처럼 중독성이 강한 담배는 삽시간에 남녀 불문 노소동락의 기호품이 되었다. -(생략)- 이후 흡연자는 자기건강만 아니라 가족과 이웃까지도 병들게 하는 '비문명인'이라는 사회적 낙인이 찍혀 공공장소는 물론 가로의 흡연까지 단속대상이 된 오늘도 골초들의 흡연 의지만큼이나 이 땅에 전래한 이후 국가권력이 염려한 것은 사람들의 건강이 아닌 재정악화였다(허동현, 경희대 교수).

72) 엄마 손이 약손이다. 복통이 생긴 아이의 배를 엄마가 손으로 쓸어주면 증상이 사라지는 것을 두고 하는 말이다. 여름철에 자극 있는 음식을 먹으면 위장기능이 저하되고 장의 연동운동이 원활하지 않아 복통, 설사가 생긴다. "이때 따뜻한 손으로 배를 자극하면 혈관이 확장돼 혈류량이 늘고, 신체를 긴장시키는 교감신경의 활동이 억제되면서 수축됐던 장이 풀어지는 것으로 본다."며 "안복행법(按腹行法): 배를 꾹 눌러도 장의 연동운동이 촉진된다."고 경희대 한방병원 이진무 교수는 말했다. 만약 배를 눌렀을 때 통증이 심하게 느껴진다면 더 이상 자극을 주지 말고 병원을 찾는 게 좋다. 염증이 생겼을 가능성이 있기 때문에 부위를 강하게 누르면 복막염으로 악화될 위험이 있다(헬스조선 이해나 기자. 2014.6.25).

여덟째, 목욕치유 요법/ 목욕 치유가 좋다. 온천치유의 목욕치유는 몸이 이완되어 치유가 되는 과정이다. 수영치유, 물놀이치유 마사지, 전분목욕요법 등으로 특히 노인들의 소화기질환, 신진대사, 류마티스, 관절염, 아토피, 만성질환, 잘못된 식습관, 피부병 등을 치료처방 할 수 있다. 바닷물도 태양광, 해풍과 함께 아토피증상을 완화시킬 수 있다고 한다. 그러나 잠자기 직전에는 목욕이 좋지 않다고 한다. 잠들기 2시간 전에 목욕을 끝내야 한다. 즉, 오후 9시 이후에 목욕을 하면 체온이 올라가 숙면을 방해한다. 약물의 치유는 위(胃)를 상하게 할 수도 있지만 병원치유보다 온천물의 치유가 좋다. 온천물은 따뜻하고 편안하며 아늑하고 가족과 함께 건강에 대한 높은 관심으로 생활 속에 녹아 있어야 장수의 비결이다. 더욱 심리적인 요법이 함께 진행되므로 물(水)의 시대가 되어 운동의 효과로 연구가 많아지고 목욕의 인구가 점점 늘어가고 있다.

기록에 보면, 최초에 아스크레피온, 히포크라테스의 이론을 '갈레노스'가 이어받았지만, 1601년 루이 13세가 당시는 목욕을 싫어했다. 왜냐하면 전(全)유럽에 흑사병이 중세시대에 퍼졌다. 이 병에 걸린 사람과 목욕을 함께하면 흑사병에 걸린다고 했고, 실제 2,500만 명이 사망했다고 한다. 이때, 고대 그리스 이탈리아의 학자인 톰마스 준터의 "온천의 효능" 책이 16세기 출간되면서 목욕문화를 이용한 치료법, 목욕이 건강에 좋다고 로마인 병사들의 치료를 위해 온천욕인 로마의 목욕치료법을 주장했다. 따라서 런던 온천극장(핫텁시네마)의 온천안의 파티문화는 충격이다. 처음 보는 청춘남녀가 목욕하며 몸을 담그며 영화도 보고 데이트를 했다. 온천도시 로만바스(온천휴양지)는 로마인들이 천연온천수가 나오는 온천목욕탕을 서기 1세기경에 만들었다. 로마인들이 로마로 떠나면서 목욕문화는 영국인의 머릿속에서 떠났으나, 새롭게 재정비되면서 온천치료에 60여 가지 치료항목을 터득하였다고 한다. 피부병, 납중독, 관절염, 통풍 등 시골마을에서 일약 부유한 귀족, 상류층에 의해 도시가 재정비되어 18세기에 바스의 중심지로 성장하였다. 1861년에 질병의 원인은 세균이다. 더러운 곳을 만지면 세균이 퍼져 상처에 들어간다는 연구결과 세균을 떼어놓으려면 목욕을 해야 한다. 그래서 청결하기 위해 목욕을 해야 한다고 했다. 현대로 오면서 온천목욕문화로 척추수술, 무릎통증 및 각종통증, 피부병, 만성신부전증, 스트레스, 우울증, 당뇨병, 정형외과적 물리치료, 재활클리닉, 새로운 물리치료 등을 재활의 도움을 위해 수영 및 수중체조(탈춤체조치유)를 통해 무리하지 않게 온천치유를 권하고 있다.

영조실록에 의하면 사도세자가 습창치료를 위해 물먹는 것, 겉으로 목욕효과(따뜻한 물 · 찬물), 물놀이, 물 폭포로 맞는 것, 온천욕 등, 조선시대부터 현재까지 생활 속에 치료를 통해 알게 모르게 온천목욕으로 치료받은 것이다. 한국에는 1500년 전부터 온천물이 나와 조선시대 조선중기 '한강봉산록' 책에 보면, 침과 뜸 치료 등으로 사람들의 병이 없어졌다. 부산동네

온천이 가장 오래되었고 '족욕(足浴)'은 세계 어느 곳보다 유명하다. 신혼여행(1960-70)장소로도 유명했다. 온천 후 놀이문화가 풍성하고 기방문화발달이 동래학춤, 동래한량춤을 발전시키기도 했다.

아홉째, 우리 몸의 가면굴곡과 탈춤의 기본동작이 곧 치유이다./ 우리 몸은 가면의 굴곡과 같다. 봉산탈의 현재 존재하는 목중가면을 보면 7개의 혹이 있고, 취발이 가면은 12개의 혹이 있다. 사람의 목뼈(경추)가 7개(일주일 7일)이고 흉추(등뼈)가 12개(1년 12달)이다. 5개의 요추는 요즘 5일 근무제로 해석한바 있다. 생활의 굴곡이 있듯이 가면의 굴곡(凹凸)과 춤에도 힘이 있고 대섬 소섬이 있듯이 우리 육체근육도 굴곡이 있다. 그래서 탈춤을 추면 임신과 출산에 도움을 줄 수 있고, 인체의 중심부인 뼈와 근육이 튼튼하게 치료된다. 척추를 예방하려면 바른 자세(학교수업, 직장인은 근무자세)가 중요하다.[73] 5일 동안 열심히 일하고 나머지 2일(토・일)은 가족과 함께 건강을 위해 건전지 충전하듯 휴식을 취하라고 되어 있다. 그러나 공연이 끝나면 가면을 소화(燒火)했기 때문에 혹(凹凸)의 개념을 주장할 수 있는지는 의문스러우나 탈(가면)이 현존하고 있다.

한국의 대표적인 탈춤, 산대놀이는 아홉(9)가지 기본동작으로 구성되어 있다. 그래서 탈춤의 치료과정인 〈탈춤클리닉〉은 탈춤스트레칭 1단계부터 8단계로 기본동작, 9단계를 탈춤작품으로 연결된다. 양주산대의 기본동작은 불림(금강산도 좋다마는 풍편에 넌 짓 듣고)신호로 - ① 고개잡이, ② 활개펴기, ③ 활개꺾기, ④ 깨끼리. ⑤ 멍석말이, ⑥ 곱사위. ⑦ 여닫이(여다지), ⑧ 빗사위, ⑨ 너울질 등이 있다. 또한 봉산탈춤은 불림(洛陽東村 梨花亭)의 신호로 ① 고개잡이, ② 발들기, ③ 황소걸음, ④ 무불림, ⑤ 외사위, ⑥ 겹사위, ⑦ 양사위. ⑧ 앉아 뛰어 외사위, ⑨ 앉아 뛰어 겹사위이다. 9단계를 마치고 탈춤스트레칭 10단계의 댄스아트 마사지로 풀어주며 몸을 정리하여 구성된 것이 '탈춤클리닉'이다.

탈춤의 기본동작인 9개 동작을 3舞[74]와 3色[75]을 통해 환희용약(歡喜踊躍/기쁘고 즐겁게 날뜀)해야 한다. 탈춤내용 및 동작을 볼 때 몸 전체 운동으로서 사위춤은 50견 예방으로서 어깨의 회전근개파열을 방지하는 팔 회전 근육강화운동으로 최고이다. 특히 탈춤은 불림부터 시작해서 대사(臺詞)까지 종합적(관절부터 우울증까지)으로 치유가 될 수 있으며 인간(人間)은 정신(情神)사상과 자연(自然)사상[76]으로 정리되어 있어 9+9+9+9전법[77]을 활용했다. 용

73) 의자에서 앞으로 기울였을 때, 목(경추)・등(흉추)・허리(요추)피로가 쉽게 쌓여 디스크가 생길우려가 있다. 척추를 보호하기 위해서는 책상의 팔걸이를 팔꿈치 높이로 해놓고 근무해야 함, 따라서 척추건강을 헤치는 습관은 다리꼬기는 짝다리를 만들고 뒷주머니 지갑은 신경통, 요통, 만성두통 등 통증을 제공한다.

74) 송석하, 이두현의 건무(健舞/건강하고 튼튼한 춤), 도무(跳舞/도약하는 춤), 연무(軟舞/연하고 부드러운 춤).

75) 최창주의 '활발하고' '묵직하고' '끈적끈적하게' 춤을 색깔 있게 춰야 하다.=근본-기본-우선순위로 육체를 치유해야 한다(놀 줄 모르면 人間이 아니다(하이징거: 놀이 신학)).

(龍)도 9마리의 동물로 구성[78]되었다고 한다. 그래서 우리 몸(肉體)이 작은 우주전체이듯 탈춤은 인간의 몸을 윤활하게 해준다.

열째, 탈춤사관학교 설립해서 치유하고 싶다./ 1978년도 탈춤체조를 창안 발표하면서 '탈춤체조 운동본부'로 시작하여 명칭을 '한국탈문화연구소'로 변경하여 행사를 진행하였다. '한민족탈춤학교' 수강생 25기(년 1회)를 배출하였고, 매년 탈춤가족캠프를 개최하여 탈춤을 소개하였다. 2013년도부터는 '탈춤치유학교'를 통해 탈무드교육과 비교하여 우리의 전통문화의 우수성을 통해 "탈춤사관학교"를 건립하고 싶었다. 연구소 및 학교를 운영하고 경험하면서 탈춤원형보존과 함께 우리 것을 통해 건강(健康)으로 접근하는 과정을 국민들에게 보급하고 싶었다. 왜냐하면 '탈춤체조'는 한국인 체질에 가장 적합한 운동이다. 필자는 우리생활의 필수는 건강(健康)이므로 생활습관(生活習慣)[79]과 정기적인 운동을 하면 무슨 병(病)이든 전통문화(탈춤)를 통해 예방과 치료가능하다는 소신을 가지고 있었다.[80] 꾸준히 운동해라. 달려도 무릎관절과 관계없다는 조사논문이 나와 있다. 세계 자살 1위는 자기민족의 고유 전통문화교육을 외

---

76) 김진홍 목사의 칼럼 중에서 - 인텔사의 연구소 소장으로 있는 즈느비에브 벨 박사가 창조적인 사람에 대하여 논하면서 다음 같이 말했다. "창조적인 아이디어는 뇌가 지루하다고 느낄 때 나온다." 이 말을 다르게 표현하면 "빈둥거리는 시간이 많아야 창조적인 사람이 된다."는 말이 된다. 독일에 발도로프란 이름의 학교가 있다. 발도로프 목사가 시작한 대안학교(代案學校, Alternative School)이다. 자연 속에서 학생들이 마음껏 뛰어놀며 학생들을 느긋한 분위기에서 지내게 한다. 이 학교가 시작된 지 선풍적인 인기를 얻어 무려 720개 학교가 세계 곳곳에 세워졌다. 미국 실리콘벨리에도 발도로프 학교가 있다. 학생들 대부분이 구글이나 애플 종사자의 자녀들이다. 이 학교에는 컴퓨터가 없다. 스마트폰이나 아이패드를 휴대할 수도 없다. 대신 교실마다 백과사전이 있다. 그런데 이 학교 출신들이 명문대학에 대거 입학한다. 진정으로 스마트하여 지기를 원한다면 위에서 소개한 벨 박사의 말에 귀를 기울일 필요가 있다. 벨 박사는 말한다. 늘 생산적이어야 한다는 생각을 버리고 미리 시간을 정하여 그 시간에만 이메일을 이용하고 집 안에도 IT가 없는 공간을 만들고 때로는 인터넷이 전혀 없는 곳으로 휴가라고 권한다. 세종시의 스마트 학교처럼 최첨단 기기들로 교육 받는다 하여 스마트하여 지는 것이 아니다. 디지털 시대를 살면서 IT기기 없이 살 수는 없다. 그러나 문제는 디지털이 아날로그와 균형을 이루어야 한다. 일컬어 "디지로그"이다. 스마트 스쿨도 좋고 스마트폰도 좋지만 주말이나, 틈틈이 스마트폰에서 해방되어 자녀들과 빈둥거리며 노는 시간이 마음의 되고 건강한 가정을 이룸에 보약이 된다.

77) 봉산기본9+양주기본9+탈춤클리닉단계9+건강기본9=36단계로 달려가면 건강하다.

78) 동양은 12지신 속의 용(龍: 낙타의 머리, 돼지 코, 토끼의 눈, 물고기 비닐, 호랑이 발, 매의 발톱 등)은 9마리의 동물로 구성되어 풍요를 나타내기도 한다. 이렇듯 동양은 상상의 상징 동물로서 줄다리기(龍), 샘굿(용왕굿), 농기에 농사의 기원인 용(水), 가뭄에 단비를 내리는 역할인 풍요를 상징하기도 한다. 중국의 용은 신(神)으로 분리되어 의상도 황금색으로 황제만 입을 수 있고 민간신앙으로 옮겨지면서 중국 고유의 용춤이 있다(인도는 코끼리, 한국은 호랑이 등). 그러나 서양은 용을 괴물로 인간을 괴롭힌다고 인식하고 있다.

79) 나쁜 습관은 실패, 게으름, 술과 음식에 탐욕적으로 빠지는 습관, 그러나 좋은 습관은 성공을 만든다. 수첩사용・성경・기도 등, 자기를 다스리는 사람은 습관을 좋게 만들어가는 사람이다. 레저가 여가로 되었다. 서양에서는 일이 아닌 놀이의 개념이고 우리의 귀족(양반)들은 여가, 휴식을 즐겼다, 반면, 서민들은 직접 체험하며 Work and Play 일하면서 놀이를 겸하여 활용하는 신명나는 흥의 민족이다. 긍정적, 편안함, 포괄적인 개념이다.

80) 아프면 왜 걸어야 하는가. 힘들면 힘든 대로 아프면 아픈 대로 걷다보면 아무리 죽을병에 걸려도 절반 병에 걸려도 절반은 산다. <누우면 죽고 걸으면 산다. 김영길 지음. 도서출판 사람과 사람> 그러나 상처가 심하다면 전문의한테 치료를 받아야 한다. 탈춤은 춤이지만 운동으로 스트레칭과 유산소운동이 함께 진행되는 종합헬스인 것이다.

면해서 일어나는 것이다. 전통문화교육은 통일과도 연관이 깊다. 공교육체제로 민족전통문화교육을 성립한다면 남북통일의 초석(礎石)이 될 것이다.

학교를 운영하면서 생활습관이 달라진 필자는 '탈춤의 미학적 움직임' "탈춤클리닉"과 '국악치료와 빙그레(레크리에이션)' '전통문화와 건강' 등을 주제(主題)발표하였고, 검증하면서 유치부, 초, 중, 고, 교사들에게 잠실학생체육관, 세종문화회관 분수대, 홍사단, YMCA, 각 기업체 등에서 탈춤체조 특강을 실시하였다.[81] 더욱 국민건강의 연구의 필요성을 느껴 매년 여름방학 때 마다 남이섬, 다락원과 대성리 유스호스텔, 잠실체육관 등에서 특강과 '탈춤가족캠프'와 사회단체에서 봉사 및 유료강습을 통해 보급했다. 이것을 계기로 원형[82]과 창작(創作) 작업으로 이제 '탈춤사관학교'를 설립하여 국민건강을 책임지고 싶다. 특히 사회생활을 하다보면 급성 심장정지 환자가 발생하여 생사 가르는 심폐소생교육과 교양교육 등을 추가해야 한다. "심정지"[83] 환자는 초기대처를 얼마나 빨리 하느냐에 따라 환자의 건강상태가 달라진다.

열한 번째, 노인건강 문제의 필요성/ 필자는 노인들의 치매방지를 위해 탈춤대사(재담)와 소리, 한국적포크댄스[84] 순서외우기 등을 이용하였다. 양주산대는 생활언어와 탈춤은 운문(韻文)시이었기 때문에 외워서 비교하여 발표하게 했다. 외우고・쓰고・걷고・듣고・배워 노래와 춤을 곁들인 '동조행위현상'을 강조했다. 그리고 목・허리・손・발・다리 등 몸 전체 중 뇌(腦)를 쓰게 하고 움직여 항상 웃고 긍정적인 사고방식을 심어주었다. 어른들은 건강염려증이 있다. 병(病)이 없다고 해도 병원을 3곳 이상 옮겨 다니면서 의사를 신임하지 않고 자기처방으로 약을 먹는다. 음식으로 못 고치는 병은 약으로도 못 고친다고 하면서 운동(생활체

---

81) "탈춤이 치유의 양식이라면 재능기부 하라" "한 계층부류에 머물 되지 말고 다양하게 봉사하라!"

82) 한국전통문화의 원형은 문화재청 지정 일시부터이다. 그 이전자료들이 조선총독부 및 개인소장품들이 서서히 발굴되고 있다. 오래된 원형의 극본이 나타나 자료(資料/오청본)로서 역사의 근거라고 좋아했지만, 그것이 일제 밀정보고서(한민족 서민들이 어떻게 놀이를 한다고 기록/궁중에는 의궤가 있지만)라는 것을 깨달았을 때 심히 희비(喜悲)가 있었다. 탈춤(吳晴本) 뿐 아니라, 또 다른 보고서에 의하면 교회전도사가 복음전도까지 밀정보고서 자료를 올렸다. 1910.3.30. 이동휘 행동에 관한 기밀보고서, 위 자(者)는 이달 10일 원산 방면에서 육로로 함흥에 와서 함흥읍 신창리 야소교 신자 조희림(曺熙林) 집에 숙박하고 야소교회당 및 일신관(日新館)에서 여러 차례 연설을 하고 듣는 자는 매회 200-300명 참석, 야소교 가입권유에 관한 것이지만 왕왕 배일(排日)을 가미한 언사를 함부로 하는 것이 있다. 그 요지는 다음과 같다(생략).

83) 실제로 '심정지' 환자들은 초기 대처를 잘해 심장기능을 회복하면 정상적인 사회생활이 가능하다. 하지만 뇌에 혈액공급이 끊기기 시작하는 4분 내에 심장순환이 돌아오지 않으면 뇌 손상이 시작된다. 심폐소생술 5단계는 다음과 같다. 1) 호흡하기와 구조요청: 반응이 없거나 호흡을 안 해 심정지로 의심되면 즉시 119신고, 2) 가슴압박: 깍지를 낀 후 가슴뼈 중앙 부위 아래쪽에 손바닥 뒤꿈치를 대고 팔을 곧게 펴서 30회 가슴 압박, 압박은 힘을 주어 3-5센티 깊이로 강하게, 1분에 100-120회 속도로 해야 한다. 3) 기도열기: 환자의 머리를 뒤로 젖히고 턱이 들리도록 해 기도를 연다. 4) 인공호흡: 머리를 젖힌 손의 엄지와 검지를 이용해 환자 코를 막고 1-2초간 공기를 불어 넣는 것을 2회 반복, 5) 가슴압박과 인공호흡 반복: 구조대가 도착할 때까지 가슴압박 30회, 인공호흡 2회 반복한다. 또한 수난(水難)구조는 응급상황에선 ABC(Airway Breathing Circulation: 기도, 호흡, 순환) 원칙으로 기억하여 대처요령을 교육해야 한다.

84) 양산도, 꼭두각시, 진도아리랑 등.

육・생활운동)을 요구한다. 그리고 시간만 허락하면 야시장, 음악회, 전시회 등을 통해 동문들이 함께(혼자不) 움직이게 하여 관광 여행과 함께 근처 산과 강변을 산책하게 했다. 기본적인 건강상태를 교양적 내용으로 운동은 오후 7시전에 끝내서, 잠자기 2시간 전에는 목욕을 끝내야하고 컴퓨터도 사용하지 말며, 온돌이나 침대는 잠자기 전에 덥혀놓고 편하게 수면을 취하면 건강하다고 말했다. 그리고 세상을 내려놓게 하고 긍정적인 사고방식〈표 2, p.69〉를 가져 자연을 벗 삼으며 항상 감사한 마음으로 삶의 중요성을 강조하면서 술・담배는 될 수 있는 한 못 피우게 했다. 잠(6시간 이상 숙면/수면제도 적당히) 잘 주무시고 가족과 함께 하되, 자녀들에게 섭섭한 마음을 품지 말고, 며느리를 딸처럼 생각하게 하고, 비타민을 챙겨 드시며 병원에 정기적으로 검사와 교회(종교/성경책 보기) 출석을 권유했다.[85] 그리고 '삶을 즐겨라(Enjoy your life). 마음의 근육을 풀어 내려놓고 스트레스를 줄이고 건전한 여가활동이 중요하다.' "세상에서 '나'라는 존재는 '하나' 밖에 없다." 이렇게 탈춤을 통해 예술행위와 운동을 곁들여 자신감을 넣어 준다면 건강한 삶을 누릴 수 있다고 강조했다. 특히 민족의 춤사위인 탈춤의 기본동작을 응용하여 어른들에게 건강과 연결하여 본인이 "치유의 의사이다." "나는 건강하다"라고 인식하게 하여 지도하고 훈련(歌舞樂劇)하니 재미있고 유쾌하여 질병(疾病)도 없어진 것 같고 스트레스가 해소 되었다고 했다.[86]

즉, 다원적 사고(Multi dimensional thinking), 구조적 사고(Structural thinking), 창의적 사고(Creative thinking)의 3가지를 통해 좌(左)・우(右) 뇌를 균형 있게 개발하여 세상살이가 좌절과 절망이 있다 해도 포기하지 않고 고통과 고난을 통해 훈련과 연습으로 참고 극복하는 과

---

85) Q의 창조질서를 깨면 스트레스가 온다. 전도서 7:16-17. 지나치게 의인이 되지도 말며 지혜자도 되지 말라. 지나치게 악인이 되지도 말며 우매한 자도 되지 말라(불의를 못 참는 사람, 옳은 말, 지적하는 것, 맞는 말인데 듣는 사람에게는 스트레스를 준다). 스트레스를 해소하는 방법은 세상적으로는 스트레스 주는 사람 옆을 빨리 떠나면 된다. 그러나 지혜 있는 자는 싫어하는 말을 경청한다. 성경적으로는 항상 기뻐하라, 쉬지 말고 기도하라. 범사에 감사하라. 삼가 누가 누구에게든지 악으로 악(惡)을 갚지 말게 하고 항상 선(善)을 따르라(데살로니가전서 5:15). 천주교황이 한국에 방문(2014.8)했다. 방문하게 되면 개신교에서 가톨릭으로 개종하는 신도들이 많아진다고 한다. 또한 학생들이 개신교와 가톨릭의 차이가 뭐냐고 질문한다. 유태인들은 질문을 생활화 되어 있다. 교수로서 질문의 답변을 해야 한다. 개신교와 가톨릭 차이는? = 가톨릭은 예수님의 어머니를 성모마리아라고 하여 신의 어머니라고 한다. 즉 거룩한 여자! 죄 없는 예수를 낳았다고 한다. 또한 마리아가 승천했다고 믿는데 성경이나 역사적 근거도 없다. 그래서 A.D.303년에 천주교 관계자가 기독교 원본 서적들을 모두 소각하여 사본뿐이다. 교황들이 "연옥"이라고 종교적 방책을 만들어 거룩해지는 과정(성화)과 천국으로 가는 이론을 교황들이 예수의 가르침으로 지금 세계를 순회하며 발에 뽀뽀하며 선행을 베풀고 있다. 천주교회의 머리는 교황이라고 하고, 기독교회 머리는 예수님, 곧 하나님으로 이렇게 차이가 있다. 요한 칼빈도 천주교인이었으나 종교개혁과 함께 기독교인이다. 종교의 개념은 믿음, 진리, 복음, 말씀, 어떻게 "구원" 받느냐가 문제이다. 좋은 일, 도덕적인 수준이 아니다. 뉴욕의 수돗물 값을 누가 내는가?(록펠러) 누구나 여유로운 사람이라면 좋은 일을 많이 하고, 필자역시 재능기부 강연으로 좋은 일을 조금 하고 있지만, 교황처럼 정책이고 거국적으로 못할 뿐이다. 종교(宗敎)는 자유라고 한다.

86) 무형문화재 전수회관(강남) K-여고 60대 여성, 20명(97-98년 매주 화 목), 은평구 평생학습회관 60대 남여 30명(2014.3-6. 매주 금요일 2-4시. 10회 재능기부) 설문지 참고, "탈춤이 치유의 양식이라면 재능기부 하라" "한 계층부류에 머물 되지 말고 다양하게 봉사하라!" 진정한 권력은 봉사이다.

정을 겪은 세대이기에 내려놓은 연습을 시켜드렸다. 비록 나이가 드셨더라도 스스로 내면의 인내력(忍耐力)으로 최선을 다해 힘차게 다시 일어나 새 희망(希望)과 소망(所望)을 안고 걸어가는 것이 인간의 노력이다. 그러나 보편적인 사람들은 매사가 힘들다고 싫어하지만 "젊었을 때 고통과 고난은 미래의 자산(資産)이다."[87]

빚의 사슬에 매인 인생을 슬기롭게 해쳐나가기 위해 건강해야 한다. 즉 탈춤을 춰야 한다. 예전엔 힘들어 살아갈 때도 부모・친구・고향의 향수를 느끼며 여유가 있었는데 지금은 '갖지 않고 나누는 자판기시대'의 자판기 인생이 되었어도 결혼하면 맞벌이를 해도 감당하기가 어려워졌다. 신문에 '애 끼울라, 집 장만할라' '교육과 부모님 모시랴' 빚에 찌들어 대출인생(貸出人生)이 되어 걱정이 된다. 그래서 '허니문 푸어(결혼하느라 빚지고: honeymoon poor)'-'하우스 푸어(집사느라 빚지고: house)' - '에듀 푸어(가르치느라 빚지고: education)' - '실버 퓨어(자식공부와 늙어 빚지고: silver)'로 연결되어 은퇴 후에도 빚 걱정으로 힘들게 생활하고 있다. 이것이 "건강근심 염려증"으로 하루에도 건강한 사람들이 병원에 60명씩 내방한다고 한다. 그러나 진단해보면 정상이라고 하며 과거나 미래를 위해 괜히 문질과 마음의 근육병을 앓고 있다고 한다. 따라서 모든 것은 마음먹기 달려 있고 언어(言語)의 입조심해야 한다. 하나님께서 말씀하시니 그대로 되니라[88] 하셨다. 복(福)있는 말만하고 상처 주는 말을 조심해야 한다. 이런 와중에 스트레스[89]가 쌓이고, 건강하지 않으면 어떻게 한평생 인생을 버티며 지낼 건가?!

노인문제(고령화), 우울증[90], 치매(癡呆)[91], 자살[92], 취업 등은 이제 개인문제가 아니라 건

---

87) 필자의 철학 중에 하나로서, <나는 폭풍 속에서도 웃고 있다> 우리민족은 암흑기에서 이제 여유로운 자본주의 시대를 맞이하였다. 젊은이들이 고난과 행복을 통해 노인이 되는 과정을 강조하면서, 젊었을 때에는 평탄한 길을 주지 않는다. 고통과 고난은 우리를 힘겹게 하는 것 같지만, 강자로 가는 길이며 우리를 담백하고 깨끗하게 하고 새롭게 만들며 미래를 위한 안전장치로서 숨겨진 하나님의 축복이다. 수학을 어렵게 생각하는 이유는 계단하나가 기초이다. 1단계를 모르면 2단계를 오르지 못하는 것이 당연한 위치인데, 연구하지도 않고 모른다. 그냥 어렵다고 그 분야를 싫어하고 체념하게 된다. 희망(希望)은 바로 계단이다. 낮은 곳에서부터 임하면 교만은 없다. 교만은 패망의 지름길이므로 나이가 들수록 겸손하고 노력해야 한다. 따라서 존경을 해야 존경이 생긴다. 가장(父)이 사회에서 최고라고 해도 가정(婦人과 子)에서 존경받지 못하면 그 가정이 피폐해진다. 미래(未來)를 위해 감사하자. 믿음의 본질은 감사(感謝)이다(자주 화내는 사람은 크리스천이 아니다).

88) 창세기 1:6-7.

89) 스트레스(3)는 치수(%)로 나오지 않는다. 얼마만큼 받았는지 자신이 스스로 풀어야 한다. 따라서 우울증・치매 등은 약이 없다. 치료방법은 올바른 생활습관과 뇌를 자극하는 운동인 책읽기, 라디오 듣기, TV보면서 뛰기, 규칙적인 식사, 여유, 우리체질에 맞는 운동(탈춤체조 등)하기 등이 있다. 밤에 잠을 잘 때 캄캄하게 불을 끄고 잠을 자야 한다. 농작물(고구마, 감자 등)도 불을 켜놓으면 스트레스를 받아 성장이 늦는다. 사람・동물・만물이든 모든 병은 스트레스에서 온다.

90) '우울증 좋아 하네' '우울증! 걸릴 시간이 없어' '팔자 좋은 사람들이나 걸리는 병'이라고 나이가 지긋하신 할머니가 음식점을 운영하면서 야단치듯 말씀을 하셨다. '마음의 감기'라고 해서 누구나 걸릴 수 있지만 심리학적・사회학적인 문제이다. 과거경험과 가족・사회적 상황으로 뇌에 복잡하게 엉켜있어 조기치료(약물・상담・명상・운동치료)로 극복할 수 있다. 정신건강, 정신질환이므로 초기에 전문가에게 전문적인 진단을 받으면 치료가

강과 연결되는 이로 인해 야기되는 사회문제가 되었다. 나이가 들면 장기속의 수분이 줄어들고 우리 몸의 신경세포가 노화가 돼 뼈, 근육, 뇌의 기능이 떨어지고 기본적인 일생(日常)생활을 적극적으로 관리해야 한다. 심각한 우울증과 치매는 '어리석다'의 뜻을 가지고 있어 예방차원에서 '탈춤클리닉'이 치료효과에 좋다.[93] 즉, 운동요법(운동을 통해), 약물요법(자기진단에

능하다고 전문가들은 말하고 있다. 그러나 시대가 변화되면서 우울증 370만 명(1년 사이 130만 명)으로 10년 새 70% 늘었다(月 200만 원 이하 저소득층 3배). 1인당 국민소득 2만 달러 시대에 도달하는 압축 성장 과정에서 발생한 빈부격차 확대와 그로 인한 상대적 빈부격차 상대적 박탈감, 과도한 경쟁과 생존, 스트레스, 가족해체, 노후불안 등 공황장애・불안장애로 복합적인 요인이 작용하여 표출되고 있다는 것이다. 이로 인해 일본은 연간 자살자 수가 3만 명을 넘자 직장 정기검진 항목에 우울증 등 정신질환 검사를 포함하도록 추진하고 있다. 우리도 직장・학교・군대에서 혈압 검사처럼 우울증 검사를 필수로 해야 한다(조선일보 2012.2.16). 2013년도부터는 전 국민이 정기적으로 우울증 등 정신건강 검진을 받게 될 방침이라고 2012.2.19. 발표했다. 신경전달 물질이 다른 색깔로 변하여 우울해진다. 예전에 정신질환이 미국에서는 육체질환으로 분류하고 있다(필자는 일하고 몸을 움직이고 운동을 해야 한다고 권장한다). 성경(열왕기상 19:1-8. 엘리야의 우울증 치료방법)에도 우울증을 치료하는데 천사가 어루만져주고 음식물을 잘 먹고 잘 자야하며, 육체가 연약하면 영(靈)과 혼(魂)이 약해진다고 했다(호르몬의 영향으로 나이가 들면서 남성은 여성으로 여성은 남성으로 과감하고 왕성해진다).

91) 암보다 무서운 것이 치매이다. 치매환자 53만 명이 800억 원을 쓰고 있다고 한다. 치매는 있던 정신이 없어지는 것, 우울증이 치매로 연결이 된다. 혈관성 치매는 뇌 조직 손상으로 걸음걸이가 부자연스럽고 발음이 어수룩하고, 돈 계산, 시간과 장소 혼동, 행동변화, 성격변화, 공공장소, 옷 갈아입는 것, 욕 함부로 함, 건망증 등이 있다. 건망증과 치매의 차이점은 건망증은 일시적인 것, 자동차 키, 냉장고 문, 약속 기억(만날 날짜 기억) 등이 잠깐 동안 없는 것이고, 치매는 건망증이 지속적으로 이어짐, 자체기억 안남, 주변사람들에게 기억력 없음 등이 있다. 60대 이후 건망증은 주의 깊게 살펴야 한다. 인지장애는 기억이 돌아오지 못하고 불가능하다고 하나 콜린을 분해하는 요소 억제제의 예후 개선할 수 있다고 한다. 정신행동 장애는 뇌 쇄포가 점점 상실하며 충동억제불가, 난폭한 행동, 욕설 등이 있으나 약물로 부작용 없이 치료가능하다고 한다. 벽에 똥칠하는 치매환자는 변비를 해결해주면 치료된다. 도둑망상은 시어머니가 며느리한테 나를 미워해서 그렇다고 한다(도움말: 이동영 서울대 교수 치매클리닉 테스트 센터). 필자의 치료방법은 45분 이상 걷기+빠르게 걷기, 뛰기 등 전통문화의 가무악극(歌舞樂劇)을 연희하게 하고 동조행위현상으로 운동을 하면 치료가능하다. 환자를 잘 아는 주의 사람들에 의해 테스트 기준 설문을 해야 한다.

양영순 보훈병원 신경과 치매 전문의는 치매는 완벽하게 고치기는 어렵지만 불치병은 아니다. 지속적인 관리만 하면 일상생활을 이어나갈 수 있다고 했다. 그는 "진인사대천명의 수칙"을 주장하고 있다. 충분히 예방할 수 있는 병이다. 부정적 인식 때문에 치매판정을 받은 환자는 우울감 등으로 상태가 더욱 악화되기도 한다. 그래서 필자는 치매・우울증 환자한테는 탈춤이 공동체・어울림의 문화로 예방할 수 있다고 "탈춤치유의 논문"에 밝힌 바 있다.

92) 자살이 위험한 것은 자살과 동시에 남을 헤치려고 하는 것이다. 성인 363만 명(18세 이상 6명 중 1명)이 한번 이상 심각하게 자살 생각을 했다고 한다. 자살동기 분석해 예방하는 핀란드식 '심리부검' 도입해야 한다고 민성호 연세대 원주의대 교수는 말하고 있다. 자살률 OECD 1위 오명, 예상보다 심각한 상태, 2010년 자살로 사망한 인구는 1만5566명으로 10년 전인 2000년(6444명)과 비교해 2.4배로 급증했다(2012.2.18. 조선일보). 그러나 필자는 '자살'의 반대말은 '살자'라고 강조하면서 긍정적인 사고방식으로 어울려 생활하는 습관과 우리의 전통문화인 어울림의 단체프로그램을 권장했다.

93) 탈춤치료는 '운동요법'과 '예술분야' 장르에 한정한다. "탈춤은 조선연극사로서 가무악극(歌舞樂劇)의 종합적인 예술로 접근해야 하기 때문에 춤과 음악과 동조행위현상(同調行爲現像)을 기계로 인간을 측정할 수가 없었다." 의학적인 치료인 고혈압과 당뇨 등은 성인병으로서 합병증에 조심하고 환자는 병원에서 진료를 받고 전문의사의 처방에 따라 매일 약을 잘 복용해야 한다. "성인병은 대개 환자의 평생 같이 가는 생활습관의 평생 동반자로서 환자 스스로 병을 인정하고 노력을 게을리 하지 않고 평생 좋은 친구로 꾸준히 관리해야 한다. 그러지 않으면 죽지 못해 사는 '웬수'가 된다."(송태호 의학박사, 하남 송내과 원장), 그리고 필자의 3+3+3 건강법과 운동요법을 숙지해야 한다.

의해 무분별한 약 투입 문제), 식이요법(규칙적인 식사습관), 자연요법(햇빛요법 등) 등 웃음은 건강을 회복하게 하고 애정을 느낄 때 혈압과 혈당유지, 생리적 자극으로 스트레스를 받지 않도록 노력해야 하는 것이 필자의 힐링 건강법이다. 인간은 자연과 인간, 생명과 인간 사이에 사다리 같은 역할을 하며 그들과 합쳐진다. 이런 과정 속에서 탈춤은 유산소의 공기를 마시며 혈액순환을 빠르게 진행시켜 체내 알파파를 활성화시키고, 사람을 흥분시키는 교감신경으로 연결되어 지도과목과 지도자프로그램의 교수법에 따라 치료효과를 볼 수 있다. 고도성장의 부작용으로 인해 취업경쟁(경제), 사회안전망 붕괴, 가족관계 등의 치료와 가난은 구할 수 없지만 교육프로그램[94]을 '탈춤클리닉'이 위로할 수 있다고 본다.

우울증은 존재하지 않는 허구 〈가짜〉라고 이 책은 역설한다.[95] 그 예로 모든 불안한 감정에 '우울증' 이름을 붙이고 병으로 만드는 시대, 의미심리학자 주장 "우울증은 허구일 뿐 의학산업의 먹잇감" 효과 없는 치료보다 감정의 실체 인정하는 '냉정한 긍정'이 도움 된다고 했다. 불안하고 불편한 감정 상태를 '우울증'이라고 일컫는 건 이윤이 많이 남는 이름 짓기 게임일 뿐이라는 것이다. 불행은 질병이 아니다. 오늘날에는 모든 종류의 불행이 정신건강 산업의 먹잇감이 돼버렸다. 장애로 둔갑한 것이다. '우울증'이라는 낱말은 사실상 '불행'의 동의어로 받아들여지기고 있다. 일하는 게 못 견디게 싫거나 배우자에게 불만이 쌓여 속이 곪아가는 기분이 어떤 것인지 우리는 안다. 그런데 세상은 그 감정 상태에 '우울증'이라는 딱지를 붙이면서 누군가에게 도움을 청하려고 부추긴다. "의학은 진보했지만 적어도 우울증과 불안의 진단 및 치료에는 지식이 축소되거나 퇴행했다"고 기록하고 있다(에드웨드 쇼퍼). 장삿속 때문이다. 이를테면 '권태'라는 감정이 어떻게 질병으로 둔갑하는지 보자. 정신건강 산업이 먼저 '관심결핍장애'라거나 '동기결핍 장애'라고 이름을 붙인다. 새로운 정신장애로 통하는 문을 열기만 하면 수백만 명이 앞뒤 안 가리고 몰려들 것이다. 저자는 "심리치료 또한 부풀려져 있다"고 말한다. 상담과 대화가 약간의 도움을 줄 수는 있지만 이상화해서는 안 된다는 것이다. 불행을 직시하고 인정해라. 그러나 한국인은 화를 잘 낸다.[96] 순간을 참지 못해 사고를 내어 스스로

---

94) 교육은 훈련이다. 天强大任: 하늘이 강한 자를 만들려고 하면 교육(지식과 기술로 인격)과 훈련(무술과 기술로 연습시켜 익히게 함)을 통해 지식과 체험으로 육체적 · 심리적으로 피곤하게 하고 궁핍하게 만든다. 그래서 훈련을 통해 역경과 시련을 견디면 대임(大任)을 맡겨 탄탄하고 성장하게 한다.

95) 가짜우울. 에릭 메이젤 지음, 강순이 옮김.

96) 욱하는 한국인 - 순간을 못이긴 '홧김에 살인 · 방화' 조선일보 2013.2.13. 김철중 기자.
'분노가 폭발하면 밤에 강도 만난 것과 비슷한 공항 상태'의 기사제목이다. 상대방이 극도의 분노를 폭발하는 상황에서 이성적 타협이 불가능하다. 분노 발작 형태의 급성 스트레스 반응은 밤중에 강도를 만난 사람이 보이는 공황(恐慌) 반응과 유사한 형태를 보인다. 호흡이 빨라지고, 가쁘게 씩씩거린다. 눈빛에서도 극도의 화가 비치며, 주먹을 불끈 쥔다. 근육이 경직되고, 마른 침을 삼킨다. 상대방이 이런 모습을 보이면 그렇게 화를 낼만한 상황이 아니라 생각해도 더 이상 언쟁을 해선 안 된다. 거기에 자극적인 말을 하는 것은 불이 난 곳에 기름을 붓는 격이다. 분노 발작 상황에서 언쟁하면 할수록 상대방의 분노 감정은 극으로 치닫는다. 이미 통제할 수준을 넘었

스트레스를 참지 못한다. 디지털시대에 들어서면서 노력해도 희망(希望)이 없다고 한탄한다. 분노(忿怒)는 몸과 마음의 근육을 망치며 상대방 때문에 화를 내면 뇌세포가 손상된다. 그래서 분위기를 험악하게 만드는 자가 있는 반면, 무능한 자(者)도 있다. 자기 삶에서 실제로 어떤 일이 벌어지는지 알고 싶어 하지 않으며 "그럭저럭 잘 지낸다."는 말로 자기가 처한 현실로부터 스스로 방어하려 한다. 인간은 불행과 동거할 수밖에 없다는 냉정한 긍정이다. "소망은 환상 속에서 아름답지만 현실에서 충족될 수 없다." "죽음이 찾아와 궁지를 벗어나게 될 날을 기다린다." "불행의 실체를 인정해야 그 어둠을 조금씩 걷어낼 수 있다."고 말한다. 노인의 자살률은 10만 명당 100명이 넘을 정도라고 한다. 우울증 때문에 자살하는 게 아니라 불행을 인정하지도 직시하지도 않았기 때문이라는 주장에 수긍하게 된다. '힐링' '클리닉' '치유'도 "엄마 손이 약손"이라며 배를 문질러주지만 약효는 없는 상술일 뿐이라는 확신이 더 단단해진다. 그러나 치매는 문제가 심각하다. 한평생을 함께 살아온 가족에게 "누구세요?" 하니 가슴 아프게 생각하지 말고 전문적인 치료를 받아야 한다.

열두 번째, 제도권 속에 문화는 정책이자 돈이다./ 이제 대학가의 제도권 속에 탈춤이 필수과목으로 설립이 되었다. 대한민국 일반대학도 전통문화를 교양과목으로 개설해야 한다. 그러나 예술대학 한곳만 우리의 전통문화 필수과목이 있다. 그곳은 한국예술종합학교 전통예술원이다. 문화는 정책이자 돈이다. 외국 것으로 포장되어 있는 교육문화 때문에 주체의식이 없다. 그래서 계속 주지하는 바이지만 왕따, 학교폭력, 자살이 세계 1위이다. 자민족문화를 홀대하지 말고 교육부터 권장해야 한다. 여기는 미국이 아니라 한국이다.

한민족의 대표적인 탈춤을 국민 모두가 덩실 덩실 추게 하여 국민을 건강하게 하고 싶다. 자식이 춤추니 부모가 춤추고, 학생이 춤을 추니 선생도 춤을 춘다. 회사직원을 춤추게 하니 사장과 고객도 춤을 추더라. 이렇게 군중심리를 이용하여 국민의 건강을 위해 유치원교사, 초, 중, 고, 대학 및 기업, 사회단체를 탈춤으로 건강과 연결하여 내 몸이 녹 쓸어 없어지는 것보다 닳아 없어지기를 원하는 사회봉사를 해왔다. 필자는 밤잠을 설치며 몸살이 나는 줄도 모르고 사회단체에 뛰어다니며 열심히 했다. 아울러 초등학교 아침조회 때, 어떻게 남의 나라 체조가 우리의 국민보건체조가 될 수 있겠는가?![97] 느낀바 있어 주제발표인 '탈춤의 미학적 움

다고 보고 한 템포 죽여가려고 해야 한다. 설득은 효과가 없다. 가능한 말싸움을 피하고 상대방을 진정시켜야 한다. 만약 분노 폭발이 극에 달한 것으로 보이면 일단 그 자리를 피하는 것이 좋다. 분노 발작은 대개 15초~한 시간 이상 가지 않는다. 강북삼성병원 정신건강의학과 신영철 교수는 "한국 사람들이 분노를 폭발하는 가장 흔한 경우는 자신이 무시당했다고 느낄 때"라며 "상대방의 말을 깔아뭉개는 식으로 말싸움을 하면 충동성 분노 폭발을 유발할 수 있으니 주의해야 한다."고 말했다. 화가 치솟고 못 참겠다는 순간이 되면 심호흡으로 분노를 일시적으로 가라앉혀야 한다. 심호흡을 여러 번 천천히 하면 혈압이 떨어지고, 근육의 긴장이 풀린다. 화도 잠시 누그러진다. 자신에게 분노 조절장애가 있거나 그런 기질이 있다고 평가받으면 명상이나 심신요법을 통해 평소에 화를 다스리는 훈련을 받아야 한다(청문회 · 대화법 · 토론법: 생존기술).

직임〈탈춤체조〉'[98]를 창안(A안 16개, B안 8개)하여 발표하게 된 것이다.

문화는 정책이자 돈이다.[99] 우리는 아직 자민족의 문화를 홀대하고 있기 때문에 지원 대책이 근본적으로 필요하다. 그러나 해외에서는 인정받는 우리의 전통문화예술이다. 우리탈춤도 세계적인 탈춤이기에 유네스코에 가입되어야 한다. 중국의 '쿵푸' '서커스'는 유네스코에 가입이 안 되었으나, 이와 비슷한 우리나라의 '택견' '줄타기'는 유네스코에 가입된 것은 종합예술이기 때문이다. 탈춤은 가면극이지만, 조선연극사로서 가무악극(歌舞樂劇)의 종합예술로서 유네스코 가입 이상의 가치가 있다.

1985년 9월 평양대극장에서 평양방문 공연(풍물・봉산탈춤 외)을 마치고, 세종문화회관에서 귀향공연을 보고, 전두환 대통령이 우리만 보기 아까우니 지방의 지역주민들에게도 공연하라고 정책적으로 지시를 받았을 때, 순회공연을 했다. 이렇게 정책적으로 지시하면 된다. 필자는 지방공연 순회도중 과로(過勞)로 쓰러져, 경희의료원에서 한 달 동안 입원했다가 퇴원한 바 있었다. 그 때 처음으로 '국민건강'만 외치다가 '나의 건강'을 생각해 보았다. 먹고살만하면 동창회에 나간다고 이제 우리전통문화를 국민들이 인식하기 시작했다. 그러나 정도까지 가기 위해서 해외문화예술보다 자국(自國)의 전통문화예술을 정부차원에서 정책적으로 보호, 육성, 지원, 교육해야 한다. 그 첫째는 지원정책이다. 초, 중, 고, 대학에 전통문화 학과목을 "전공필수과목"으로 설립하면 간단하다.

2014년 교육부예산이 54조원이다. 2008년에는 35조원이었다. 6년 만에 교육예산은 20조가 늘었는데 그 돈은 어디로 흘러갔을까? 경제규모가 세계 15위권이고, 한국 학생이 세계에서 가장 뛰어나다고 하는데 '지하철역보다 못한 교육현장'을 보면서 아이들에게 미안하고 부끄럽기만 하다.[100] 아울러 소외계층학생들에게 예술교육을 받을 기회를 제공하는 교육부 "초, 중, 고 예술교육 활성화 사업" '서울대 학생오케스트라 사업단' 등 지원 사업단이 공무원들에게 뇌물을 상납하고 국가예산을 함께 사적으로 유용한 대학교수[101]들의 사업예산을 가로채고 비리로

97) 덴마크체조가 일제시대 정책적으로 들어옴(필자 78년 덴마크 방문).

98) 최창주, "탈춤의 미학적 움직임" 탈춤체조 발표(1안: 1978.10.28. YMCA, 2안: 1981. 중앙문화센터, 101호 강당, 민속체조).

99) 한국은 공무원들이 한자리 1년도 못 채우고 빙빙 도는 1・2급 高位職들(공무원 改造가 먼저다/전문성 없는 시스템), '좋은 자리' 돌아가며 맡으려니 최소 1년 이상 근무규정도 어겨, 전문성 쌓은 시간 크게 부족, 험한 자리・현장근무도 기피, "한자리 오래 있으면 비리・유착" 관행적으로 순환근무 해왔다. 안전행정부 통계에 따르면 공무원들은 평균 1-2년에 한 번씩 보직을 바꾸고 있다. 특정분야에 대한 전문성은 쌓을 틈이 없다는 걸 스스로 인정한다. 각 부처들 '품앗이' 하듯 개방형 직위 서로 나눠가져(5월 15일) 美, 英은 애초부터 특정분야 전문가 공개선발. "자리에 맞는 사람"을 선발한다. "자기 전공을 살려 한자리에서 오래 근무하면서 자연스럽게 전문성을 향상시킬 수 있다는 장점이 있다."(조선일보 2014.5.14.)

100) 안석배의 동서남북. 여기학교 맞아? 조선일보 2014.5.8.

101) 서울대, 이화여대, 홍익대, 성신여대, 한예종 등 예술분야 최고 권위 대학 소속의 교수들이 횡령 밀회하여 챙겼다고 경향신문, 서울신문, 한국경제, 한겨레, 한국일보, 국민일보 등이 일제히(2014.5.8.) 보도했다.

얼룩졌다.

현재 "세월호" 문제로 신문방송은 물론 대한민국의 문제를 묻고 있다. 박근혜 대통령은 "사람이 아닌 조직전체에 대해 엄한 책임을 물은 것은 인상적"이라고 했다. "관료만 악(惡)으로 몰면 안돼 -- 무능(無能)공무원 만든 무능(無能)정치를 바꿔야" 한다고 소리를 내고 있다. "구조적이고 어려운 문제를 해결하는데 지혜를 모아야 한다. 화낸다고 해결될 일이면 예전에 해결됐다. 지도자는 국민의 분노를 추종하는 것이 아니라 국민에게 '시간이 걸려도 문제의 뿌리를 찾아 해결하자'며 인내를 요청할 수 있다."[102]

일본 문화재청이나 Japan Foundation(일본국제교류기금)은 자국의 문화를 해외 소개시키려고 많은 예산을 투자하고 있다.[103] 따라서 유대인들은 성적이 아닌 탈무드교육을 통해 질문과 토론으로 질적 가치관과 사고력을 길러준다. 이번 새 정부가 들어서면서 박근혜정부도 '문화융성'이란 표현을 했다. "문화재정 2% 달성" "문화기본법 제정" 공약(公約)을 기대해 본다. 그러나 허울뿐인 공약(空約)이 아니었으면 좋겠다. 박근혜 대통령은 문화융성회의를 2차 회의 소집(2013.10.25)을 해서 국가적 차원에서 아리랑 축제 개최・문화・예술 8대 과제를 추진하겠다고 인문학과 전통・지역문화융성을 강조했다. 박대통령은 "문화의 기초체력이라 할 인문학과 전통문화・지역문화에 대한 관심이 매우 중요하다"며 "인간의 창조적 능력은 삶에 근본이 대한 고민과 앞서 간 문화에 대한 존경에서 나온다는 점에서 인문적, 전통적 가치를 활성화시키고 일상생활에 인문정신문화가 스며들 수 있도록 노력해야 한다."고 했다. 이날 문화융성위원회는 문화, 예술분야 '8대 과제'를 보고했다.[104] 그러나 전통문화를 강조하면서 위원회가 전통문화의 종합예술 전문가로서 국가적 차원에서 대안을 제시했는가?

현재 박근혜 대통령은 11월 11일 "숭례문 등 문화재 보수 부실(不實) 철저히 조사하고 책임을 물어야 한다."고 하면서 "문화융성의 첫 걸음은 문화유산을 잘 보존하고 계승하는 것에서부터 시작되는 것"이라고 했다. 김기춘 비서실장에게 지시했고, 수석비서관회의에서 모철민 교육문화수석에게 전달했다. 후에 바로(15일) 변영섭 문화재청장은 경질되었다.

열세 번째, 북한무형문화재 법제화/ 북한이 2012년 11월 '문화유산보호법'을 새로 제정하여 무형문화유산 관련 제도를 마련하였다는 점, 이를 계기로 남북한 사이에 무형문화유산 교류와 협력을 활성화할 수 있는 방안에 대해 준비해야 한다.

지금 북한에서 문화유산보호법을 채택하여 무형문화재보호법이 법제화되는 것은 상당히 충격적이지만, 필자가 역사적인 문화교류인 1985년 9월 평양방문 공연을 마치고 귀국한 후에,

---

102) 김병준, 국민대교수, 조선일보 2014.5.20.

103) 2012. 2013.11.19(화) 4시. 노(能)・교겐 등을 자국비용으로 예술단을 파견, 한국예술종합학교에서 공연함.

104) 조선일보 2013.10.25. 기사 중에서.

1986년도부터 북한에서도 마스게임식으로 전국민속경연대회를 열어 탈춤을 소개가 되었다. 당시 우리의 평양방문공연(85년)으로 자극을 받아 영향을 주고 돌아왔기 때문이다. 그동안은 버라이트쇼와 민족가극과 인도, 중국, 러시아 등 신무용만 주장하다가 북한에도 우리의 전통성을 삽입하기 시작했다. 그래서 서로 원형을 교류해야 한다고 주장했다.[105]

탈춤은 사회풍자 비판극의 스토리텔링으로 구성되어 있기 때문에 그동안 공산주의 유일사상과 맞지 않아 북한에서 금지되었었다. 김정일이 5살 때 아버지와 봉산탈춤공연을 관람하다가, 탈이 크고 귀신같고 마귀 같아 무섭다고 해서 못하게 했다는 설(說)이 있다. 또한 봉산의 의상(衣裳)이 화려한 것은 무당의 옷을 징발해서 화려하다는 문헌도 있지만, 봉산은 항구(港口)와 가까워서 지나(支那/중국)와 문화(몽골/탈/한삼/광수무)를 쉽게 받아들일 수 있는 것과 무역(貿易)이 자연스럽게 왕래되었기 때문에 과거급제를 못하고 수령(牧民官)과 서민들의 사이에 끼어 있는 아전(衙前/吏屬)들은 놀이문화를 사람들에게 보여주려고 생각하게 되었다. 그래서 춤(舞踊)을 활성화하고 대중화하기 위해 행정 관료인 아전들이 담당함으로서 예산상 고급모단을 사용했던 역사, 문화적 맥락을 잘 이해하여야 한다.

김일성 이전의 정책으로 시작해서 단군상, 조선왕조 개발, 한국과 정통성 경쟁을 위해 인민계몽차원의 일환으로 김정일, 김정은 체재로 끌고 가기 위한 수단으로 전통문화정책을 펴서, 민속문화를 분류하여 이제 단오놀이와 추석명절을 허용하고 있다. 인민에게 수령의 혜택으로 인민들의 민족적 긍지와 자부심을 높이고 마음을 다른 곳으로 정책전환하기 위한 수단인 것이다. 탈춤은 사회풍자 사회비판 극(劇)이지만 이제는 북한의 유일사상(唯一思想)과 별개문제로 취급하고 있다.[106] 남북통일이 되었을 때 우리 전통문화를 어떻게 격상을 시켜야 할까? 앞으로 후계자들에게 전통문화의 존엄성을 어떻게 물려줘야 할까? 우리 기성인들의 책임성, 바람직한 문화의 모태, 이북 5도의 문화예술성, 예술행정[107]으로 정서적인 책임과 의무를 다해야 한다. 북한의 문화유산은 중앙문화유산보존지도기관에서 심의평가하며 문화유산의 심의평가를 위하여 중앙문화유산보존지도기관에 비상설문화유산심의평가위원회를 둔다는 데 대하여

---

105) 문화체육관광부 관광위원회. 제1회의실. 2013.7.24. 세미나. 필자 주제토론 발표자.

106) 일본인 3세로 프랜시스 후꾸야마(Francis Fukuyama)이다. 그의 출세작이라 할 책은 역사의 종말과 최후의 인간(The End of History and the Last Man)이란 제목의 책이다. 그 책에서 후꾸야마 박사는 공산주의가 미처 100년이 못되어 실패로 끝난 이유를 설명하였다. 공산주의가 실패할 수밖에 없는 이유를 간단명료하게 지적한다. '공산주의는 인간의 인정받고자 하는 기본 욕구를 억눌렀기에 애초부터 실패할 수밖에 없는 체제였다'고 지적한다.

107) 일반행정은 1+1=2이다. 예술행정은 1+2=0아니면 100도 될 수 있다(한국연희극과 마케팅, 최창주, 연극과인간 2012 참고). 일반행정과 예술행정은 물과 기름을 섞는 일이다. 예술은 '결과'가 중요하고, 행정은 '과정'이 우선이다. 물리학에서 섞이지 않는 물과 기름을 '사람'이 섞어야한다고 하면서 이종덕 사장은 "인간관계는 인과관계"라고 말하며 최고의 기관에 수장으로 근무해왔다.

밝히고 있다.[108)]

문화유산을 평가 받으려는 기관, 기업소, 단체와 공민은 문화유산평가신청서를 만들어 중앙문화유산보존지도기관에 내야하며 문화유산평가신청서에는 문화유산의 명칭, 소재지, 역사적 시기 및 유래, 현 상태, 보존 전망, 보존 장소 같은 것을 구체적으로 밝히고 사진자료, 음성자료, 녹화자료와 위치지정도 같은 것을 첨부하여야 한다고 기사화되어 있다. 이제 북한과 싸울 필요가 없다. 진리(眞理)를 알면 자유함을 누릴 수 있기 때문에 한류(韓流)를 활성화시켜 보내면 자연이 무너지게 된다.

위의 13가지 예를 통해 탈춤사례발표를 참고해서 운동하면 치유[109)]가 된다. 그러나 이렇게 훌륭한 우리 것이 그동안 발전되지 못한 이유는 우리에게 암울한 시기가 있었다. 암흑기는 수많은 외침 속에서 건강을 생각할 여유조차 없었고, 유교사상(승유억불)과 불교의 타락상(破戒), 양반 계급과 사회의 모순점, 일부 대 처첩(一夫 對 妻妾)의 삼각관계, 갈등(葛藤), 모욕(侮辱) 등의 주제가 우리 민족문화의 탈춤인데, 국민의 사고방식이 '천민이나 하는 것'으로 착각하고 등한시 해왔다.

특히 1910년도 일제[110)]의 문화말살정책으로 어어 지면서 권리와 의무를 박탈당하고, 역사의 암흑기가 오는 듯하였으나 1945년 해방을 맞이하였다. 그러나 6・25전쟁이 끝나자마자 서양의 문물이 밀려오면서 우리문화는 발붙일 곳이 없게 되었으나 1970년대를 맞이하여 전성기를 맞이하였다. 때마침, 대학가에서 탈춤이 없으면 축제의 명분이 서질 않았고, 우리전통문화의 해외나들이를 통해 세계에 소개가 되었다. 그러나 군사정권시대에 우리의 민족문화는 지하로 숨어버렸다. 대학생들의 탈춤하면 데모, 사물놀이는 노조활동으로 정책입안자들이 단정

---

108) 한편 북한 당국은 북한 내의 문화유산을 관리하기 위해 지난 1994년 3월 최고인민회의 상설회의 결정 제46호로 '문화유물보호법'을 채택한 바 있다. 이후 1999년 1월, 최고인민회의 상임위원회 정령 제372호로 이 법을 수정・보충한 것이 최근까지 적용됐다. 북한이 구전문학을 비롯한 무형의 전통문화를 보호하는 내용을 담은 법률을 제정한 것으로 15일 확인됐다. 북, 무형 전통문화 보호법 제정. 경향신문(2012-11-15) 전병역 기자 junby@kyunghyang.com(문화체육관광부 관광위원회. 제1회의실. 2013.7.24. 세미나. 필자 주제토론 발표자.)

109) '치료'란 말은 "치유"를 의미하는 그리스어에서 유래되었다. 그러므로 심리치료는 마음의 치유이며 "연극치료"는 드라마를 통한 치유이다. 연극치료는 단순한 심리치료에서 드라마 기법을 사용하는 것이 아니며, 고유한 전문 기구와 연구 방식을 갖춘 독자적인 분야이다(연극치료. 핸드북, 이효분 옮김). 그렇다면 탈춤치유는 종합적인 가무악극(歌舞樂劇)을 포함한 동조행위현상이라고 이미 밝힌바 있다.

110) 반성하는 독일, 뻔뻔한 일본, 독일도 일본도 2차 대전 때에 인류사에 큰 죄를 지은 것은 마찬가지이다. 그러나 독일은 나치범죄에 대해 '영원한 책임'이 있다고 밝힌 반면, 일본은 우리의 주권을 강탈하고 위안부 강제동원, 독도영유권 주장을 강화하는 등 역사의 진실을 외면하고 있다. 메르켈 총리는 '우리는 역사를 직시하고 어떤 것도 숨기거나 억누르려고 해서는 안 된다' 미국 동북아 전문가인 제니퍼 린드 타트머스대 교수는 워싱턴포스트(WP) 기고문에서 '일본 보수진영은 역사의 긍정적인 부분만 강조하면서 과거 악행을 부인하고 있으나 이는 역효과를 낳고 있다'고 했다(조선일보 2013.1.28).

지었다. 때마침 서양의 뮤지컬이 우리 사회에 침투하면서 탈춤과 사물놀이는 한계성을 넘지 못했다. 필자는 다행이 뮤지컬전문단체 뮤지컬기획자로 활동하면서 한국전통문화의 중요성을 주장하였다. 아무리 시대가 변하여도 중요무형문화재는 영원한 것이며, 아울러 창작과 함께 가야 전통이 발전이 되는 것이다. 우리도 자국의 춤사위를 이용한 건강치료, 사물악기개량을 통해 구체적인 음계(音階/동양5음+서양7음=12음)로 작곡, 안무, 연출로 창작하여 연희극(뮤지컬)처럼 현대화된 것을 수용하고 조절해야 한다. 같은 타악기인 피아노는 페달을 이용해 화음이 편성되어 있듯이 앉은 반 장구를 치며 페달도 밟고 앉아서 연주하다가 양면고(兩面鼓)에 연결된 기타 줄을 이용해 음을 조절하는 악기를 개량(改良)하는 방안도 생각을 해야 하겠다.

그러나 우리는 이런 복합적인 요소들을 현대적으로 수용할 생각조차 못했고, 국민이 요구하는 것이 무엇이냐를 생각할 여유가 없었다. 이럴 때, 필자는 탈춤의 활성화를 시켜보겠다고 사회단체(YMCA, 흥사단 등)에 대중화를 위해 뛰었다. 탈춤 대중화의 일환으로 '탈춤의 건강과 치유연구'를 묶는 역할의 웰빙에서 힐링이 필요했었다. 유네스코에서도 '쿵후' 대신 '택견'과 '줄타기'를 선택한 이유와 똑같은 경우이다. 쿵푸는 중국 '국가무형문화 유산'이지만 어떤 기준과 절차에 의해 올라있는지 알 수가 없어 추가 정보가 필요하다고 했다. 그러나 우리의 줄타기 역시 서커스가 아닌 기능과 대사(대담), 음악이 함께하는 종합예술(綜合藝術)이기 때문에 등재가 되었다고 볼 수 있다.

〈탈춤치유〉는 "한국의 조선연극사인 가무악극(歌舞樂劇)을 통해 복합적인 '종합예술방법'으로 '인간의 심리적인' 마음을 열게 하고, 탈춤으로 움직임을 통해 교육과 훈련으로 뇌(腦)[111]에게 긍정적인 사고방식을 갖게 함으로서 스트레칭과 유산소운동, 우울증, 대사(臺詞:재담)를 통한 치매방지, 각종 노인성질환[112] 퇴행성질환 등의 치료(治療)가 가능하다." 유네스코 등재를 떠나 세계가 노령화 사회 접어들면서 어른들의 건강상태 등, 치매가 경도인지장애[113]로 환

111) 뇌세포를 방지해야 한다. 10조개의 세포가 하루에 1만개씩 사라진다(?)고 한다(관절도 녹쓸어 없어지는 것보다 사용하여 닳아서 없어지게 하자). '뇌 과학 어디까지 왔나?' 뇌 과학은 신경과학(neuroscience)이라고도 불린다. 뇌 연구를 통해 마음 혹은 정신 작용의 물리적 기초를 밝혀내려는 시도이다. 1940년대부터 괄목할만한 성과를 거둔 이 첨단 학문은 현재 전방위로 영향력을 뻗치고 있다. 인문사회과학도 예외는 아니다. 사회신경과학은 인간의 사회적 인지 및 행동의 기초가 되는 생리학적 메커니즘을 탐구한다. 2006년 미국에서 전문학술지 창간을 계기로 독립된 학문으로 발족했다. 핵심 주제는 정치성향, 도덕적 행동, 모방심리 등이다. '거울뉴런'은 가령 옆 사람이 하품하면 전염이 되어 입을 벌리게 되고, 영화를 보다가 주인공이 눈물을 흘리면 감정이입이 되어 덩달아 울게 되는 까닭을 설명한다. 거울뉴런의 개론서로 마르코 야코보니의 '미러링 피플'(갤리온 2009)이 있다(이인식 지식융합연구소장).

112) 노인성질환을 앓고 있는 환자가 최근 7년 사이에 배 이상 늘어났다고 한다. 김덕한 기자(조선일보 2011.11.28). 한국보건사회연구원(김진수)은 의료비가 급속하게 늘어날 것으로 예상돼 적극적으로 대책이 시급하다고 했다. 그 이유는 고령화 추세 때문에 65세 이상 연령대가 2002년 26만 3000명에서 2009년 67만 2000명으로 155%나 늘었다. 통계청 발표에 우리나라 65세 고령자 전체인구의 11%로서 노인인구가 2018년도 14%, 2026년도 20%라고 하여 우선적 해결할 정책과제이다.

자의 10-15%는 1년 후 치매로 이어지고 있기 때문에 국가적으로 노인문제를 해결해야 한다.

필자는 노령화시대에 노인문제를 연구하고 싶었다. 다만, 헬스와 달리 탈춤을 '혼자서 하기가 어렵다는 것'과 '임상과 과학적으로 실험의 수치'를 데이터로 연구해 내지 못했다. 그 이유는 국가적지원이 문제이겠지만, 한국의 춤은 임의적이고 꾸미고 만들어진 춤이 아닌 자연의 원리처럼 물 흐르듯이(끝이 없이, 밤이 새도록, 그냥 좋아서-) 추는 춤이다. 외국의 음악은 개인적이고 정확한 맥박을 가지고 있다. 우리의 음악은 어울림의 상황과 분위기의 호흡을 가지고 있다. 그러므로 탈춤을 통해 자연과 더불어 자연스럽게 치유하는 것이 좋다. 이와 더불어 올바른 생활습관과 적게 먹고 규칙적인 생활문화로 운동을 하는 뇌(腦: 마음・정신)의 역할을 강조하게 되었다. 이런 동조행위현상을 현대의학수단으로는 조사하기가 어렵다. 따라서 생활관습이 탈춤(풍물)놀이를 하면 "그 해 마을에 병이 없고 풍년이 든다고 믿어 왔고 또 탈을 벽에 걸어 마귀가 침범하지 못하게 하는 습성이 있어 왔으므로, 벽사진경의 종교적 측면도 무시할 수 없는 것이다."[114]라고 기록하고 있고, 현대의학이 발전하지 않았을 때는 무속치료와 종교치료가 있었다는 점이 이를 방증한다.[115]

아울러 필자는 '전통문화(傳統文化)'와 '자연(自然)'과 '인간의 치유(治癒)'를 강조하는 이유는 전통문화 속에는 춤과 음악의 동조행위현상(同調行爲現像)이 있기 때문이다. 우리 몸속에는 자연치유할 수 있는 면역력이 있다. 우리 몸에 세균이 침입 했을 때에 면역조직체계가 있어 면역거부반응을 일으켜 아군은 세균을 적으로 생각하여 공격하고 우리 인체를 보호하고 다스리고 있는 것이다. 그래서 우리 선조들은 과거로부터 민간요법을 터득하여 이용하였고, 의술적(醫術的)이고 기술적인 것도 있지만 자신의 인내력・투지력(鬪志力)이 있어야 자연치유가 되는 것을 상식적으로 알게 되었다.[116]

---

113) 치매의 전 단계로 최근의 일을 기억하지 못하는 단기기억력 저하가 주 증상이다. 아밀로이드 단백질은 뇌에서 분비되는 단백질의 일종으로 뇌신경에 쌓이면 독성 작용을 일으켜 치매를 유발한다고 한다. 치매예방은 항상 창조적인 것, 새로운 일, 창작적인 생활, 예배드리는 것, 감사하는 것, 좋아하는 것 등.

114) 이두현, 한국가면극, 서울대학교 출판부, 1994.

115) "너희 몸은 너희가 하나님으로부터 받은바 너희 가운데 계신 성령의 전인 줄을 알지 못하느냐 너희는 너희의 것이 아니라 값으로 산 것이 되었으니 그런즉 너희 몸으로 하나님께 영광을 돌리라"(고린도전서 6장 19절과 20절)

116) 치료와 치유가 있다. 마음의 근육(정신적; 음악)과 육신의 근육(육체적; 탈춤)을 강화시키면 면역이 생겨 건강하지만 현대인은 마음의 근육이 약해 조금만 야단치면 그대로 쓰러지거나 자살하게 된다.
- 치료는 검진에서 수술까지 의사의 행위이나 '탈춤치유'는 몸짓과 말과 소리와 음악과 그 조합에서 추출할 수 있는 객관적인 결과물 일체를 강렬하게 융합하여 말과 행동, 다양한 방식으로 뇌를 촉진시켜 투사해야 한다는 뜻이다. - ① 소리와 움직임을 통한 새로운 언어의 추구, ② 보다 큰 이미지와 거대한 이미지 사용, ③ 대립물에 대화와 화해, ④ 승리와 절망, 질서와 혼돈, ⑤ 그리고 결국에 가서는 형이상학의 통합을 통해 해결한다. - 몸과 소리의 발달로 체험단계에 기술을 훈련한 뒤에야 새로운 소통양식을 찾고 실험할 수 있다. - '체계'는 형식이 즉흥을 할 수 있는 정도를 조절할 것이다. 형식이 움직임의 형태와 패턴과 창조성의 한계를 지배한다는 뜻이다. 따라서 현실적으로는 교육적 차원에서 탈춤을 할 때 나하나 쯤의 사고방식을 없애는 개인을 통해 어울

사람이 건강해야 사회를 건강(健康)[117]하게 생활할 수 있다. 몸이 건강하면 질환이 자연치유가 된다. 산림치유도 있다. 숲에서 나온 음이온, 자율신경계를 조절하는 정서적, 신체적 안정감을 준다. 인간의 목소리가 최고의 '악기'이듯 인간의 육체가 최고의 '도구'이다. 이 도구가 뇌(腦)를 통하여 잘만 사용하면 쓸모가 있으나, 관리・운영을 잘못하면 희로애락(喜怒哀樂) 중에 한 장르에 치우치게 된다. 이 책을 집필하게 된 동기는 필자가 탈춤체조・민속체조 등을 새벽마다 여의도 광장에서 봉사하다가, 거리가 멀어 그만 두고 집 앞, 강남구청 근처 선정릉에 나가서 지도를 했다. 예전에부터 몇 명이 안 되는 분들이 모여 활동했던 것 같다. 필자가 프로그램의 참여로 점점 많은 분들이 참여했다.[118] 그러나 그 분들이 살면 얼마나 사시겠다고 늙어가는 이분들에게 신체적성운동 및 탈춤체조, 댄스아트마사지, 스트레칭 등을 봉사했다. 이 과정이 끝나면 고암(古菴)선생은 선정릉에서 태극기공과 호흡법을 필자에게 지도와 자료를 제공해주신 분이시다. 감사를 드린다. 그것을 계기로 우리학교 학생들에게 몸 푸는 작업으로도 학습지도를 해보았고 그 효과를 보았다.

문화[119]는 양날의 칼이다.[120] 엄마가 반찬을 만들려고 사용하는 것과 강도가 칼을 들고 침입하여 위협하는 것이 다르듯이 세상이 변해가는 상황에 맞게 행동하고 생활운동[121]을 인체에 맞게 관리해야 한다. 치유와 치료가 칼로 두부 자르듯 정의할 수 없는 것이다. 우리 몸은 귀소본능과도 같은 전통적인 몸짓을 기억한다. 우리의 땅과 자연의 공기를 마시며 행위문화 운동으로 치료와 치유를 해야 하는 것이 옳다. 그러나 현대인은 헬스장에 가서 운동을 하면 건강할 것이라고 판단하여 운동한다.[122] **필자가 생각하는 운동은 시설 외에 자기 자신들이**

림의 단체교육훈련이다. 탈춤은 왕따와 인내력(忍耐力)을 길러내는 최고의 춤, 운동이며 한 명만 틀려도 전체적으로 행동해야하는 벌떼작전인 어울림의 공동체예술이기 때문에 학교뿐만 아니라 사회의 일원으로 생활하는 기본을 지도하게 된다(根本-基本-優先順位).

117) 정신적・육체적으로 탈이 없고 튼튼함. 근력운동 20분해도 뇌 기억력 즉시 향상/ 근육과 뼈 등에 부하가 걸리면 신체적 스트레스가 생김, 뇌는 신체적 스트레스와 정신적인 스트레스를 똑같이 생각, 뇌는 스트레스 호르몬(코르티솔・아드레날린)을 분비하고 각성, 스트레스 호르몬은 기억 중추인 '해마'와 감정을 조절하는 '편도체' 활성화, 각성된 해마는 기억력을 높이고 특히 기억에 감정(즐거움, 고통)이 있으면 더 높임. 이처럼 단 한차례 20분 동안의 근력운동에 바로 기억력이 향상된 이유는 한번만 근력운동을 틈틈이 하면 즉각적으로 뇌 기억력을 높일 수 있다는 연구결과가 나왔다(나해란 의학전문기자).

118) 세월이 흐르면서 어르신네들은 한두 분씩 고인이 되어 보이지 않았다.

119) 문화는 '변한다' '다르다' '편안하다'의 뜻을 가지고 있다(文: 얼룩지어 모양, 化: 색갈이 바꾼다). 한국문화는 종합(총체적, 통합적, 융합적, 복합적, 협동적=언어, 습관, 전통, 풍속, 정치, 경제 등)예술이다. 문화의 힘은 종교에 가깝고 사회생활에서 누구도 바꾸기 힘든 종교성이 있고 저절로 형성되며 시대에 따라 다르게 변한다(제일 장수자는 종교인과 음악가이다).

120) 탈춤은 좋은 반면, 뼈와 근육에 무리를 주기 때문에 목과 허리, 무릎에 올바른 자세를 유지해야 한다.

121) 우리가정(함께 한다)의 조직은 축구(전반, 하프타임, 후반), 야구(1점을 내면 홈으로 들어오듯 직장 <동료가 있어>에 출근했다가 집으로 1점을 얻어 가지고 귀가한다)의 원리이다. 따라서 탈춤을 지도자한테 제대로 교육받지 못하면 오히려 고관절 근육 등, 몸을 다칠 우려가 있다는 것을 명심해야 한다.

122) 공기가 없으면 죽는다. 공기가 나쁘면 해로운데 귀중한 것을 모르고, 지나친 운동은 몸에 안 좋다.

정상적인 생활습관으로 꾸준히 시간을 내어 운동하는 것으로 장소이용(마당·계단·자전거·소품·공간이용)을 어떻게 하느냐가 문제이다. 그동안 필자가 연구한 사례들은 운동을 헬스장이 아닌 자연과 마당, 강당, 강의실 등에서 탈춤으로 강습하여 치유한 결과이다.[123)]

시대가 변하면서 이런 바쁜 시기에 건강해야 한다. 그래서 자연의 현상과 인간의 행동을 작업, 훈련, 지도, 실제경험으로 유산소·무산소 운동을 겸한 복식호흡[124)]을 통해 탈춤은 음악과 움직임의 '동조행위현상(同調行爲現像)'으로 최고의 운동이라고 할 수 있다. 그래서 몸의 움직임이 뇌의 현상을 통해 정신적인 연구를 긍정적으로 융합하여 작용하게 운동하는 '탈춤클리닉'의 치료방법을 소개하게 되었다. 또 하나의 이유는 긍정적인 삶을 통해 무엇이든 말만하면 '그대로 되니라'(창 1:6-7)의 사고방식을 가지고 생활하면 '그대로 된다.'는 것을 정신적으로 실천하고 명심하게 쇠뇌를 시켰다. 긍정적으로 살려면 우선 건강해야 한다. 건강하려면 멀리서 찾지 말고 생활습관에서 찾아야 한다. 20초를 웃으면 2시간 운동한 것이나 다름없다. 헬스클럽에 가도 좋지만 생활습관이 필요하다. 일소일소(一笑: 한번 웃음: 개가 사람을 보고 반겨 짖는 소리. 一少), '항상 훈훈한 마음으로 빙그레 웃는 얼굴을 갖자'[125)] "웃는 얼굴에 침 못 뱉는다."라는 말이 있듯이 웃으면 선(善)하고 착해진다. 암세포가 살아지게 하려면 웃어야 한다고 강조했다.[126)] 어느 직장인이 약물치료·물리치료 등 폐경기에 접어든 뒤 가슴이 답답하고

---

123) 탈춤·헬스를 하면 왜 좋은가? 젊은이들에게 탈춤을 시켰지만, 탈춤과 헬스의 구체적이고 정확한 근육운동을 비교하여 수치의 차이점과 숫자를 과학적으로 증명된 것을 제시할 수 없었다. 여건(전문가, 기계 장비 등)문제로 정확한 수치는 전문의사와 함께 조사하여 다음 기회로 연구한다. 다만 동의보감의 질병치료에 있어 마음과 정신, 태백진인(太白眞人)의 의심과 염려, 잡념, 불평, 욕심, 성품 등 마음을 다스리면 치유될 수 있다는 문헌들을 살펴보았고, 집에서도 계단, 공간이용(차속) 등 산책하게 하면서, 하루 3식을 꼭 하게 하였고(요즘 1日1食 하는 요법도 있으나 사람마다 체질과 활동이 다르기 때문에 활동하는 직업들마다 몸에 맞게 소식과 절식을 가려서 직업 및 생활에 맞게 해야 한다), 체조의 원리와 심박동수, 호흡을 위주로 연구하며 조사하였다. 따라서 기본적인 호흡 숫자 220에서 자기 나이를 뺀 숫자의 맥박이 넘지 않게 하는 연습을 실시하였다. <춤을 추다가 맥박 수 130-140이 나올 때, 고혈압, 저혈압자 휴식을 취함>
그런 65세 이상의 여성노인들은 스트레칭(누워, 앉아, 서서)으로부터 탈춤체조(산대놀이 기본과 봉산의 기본동작은 힘겨워 했다)까지 했을 때에 호흡이 좋아졌다. 그 결과 처음 무릎 통증지수가 탈춤체조 시행 전과 후가 좋아졌다고 했다. 따라서 체조 후 수면의 질도 향상되었다고 했다. 망가진 관절은 탈춤으로 치료할 수는 없으나 현상유지와 보호를 위해서는 무릎관절의 급성 및 변형이 오기 전에 뼈(신장)와 근육(간)을 스트레칭과 탈춤을 통해 보강하고 강화운동을 했다. 음식은 칼슘이 들어있는 멸치 등 웰빙 음식을 섭취하게 했다.
1997-1998년 2년 동안(일주일 2번 화, 목, 65세 이상) 실험해 본 결과, 어른들은 실제로 다니는 병원에서 예전에 병원 수치(진단결과)와 탈춤체험 후에 수치를 비교해본 결과, 심박동수의 호흡과 몸 전체와 관절 및 전체적으로 몸 상태가 거짓말처럼 좋아졌다고 했다. 병원담당의사가 무슨 운동을 하기에 이렇게 좋아졌느냐고 궁금해 했다(그러나 좋다는 수치의 숫자를 과학적인 조사로 표현할 수 없어 '민간요법'이란 단어로 설문지를 통해 조사할 수밖에 없는 상황이 되었다). 대학생들은 전문가와 비전문가의 심박동수를 설문조사했다(1999.5.8. 사례발표 논문 참고), 2014년 4-6월까지 10회(매주 금 2시-4시) 은평구 학습관에서 재능기부로 5-60대 실시한 결과.

124) 들숨은 짧게 날숨은 길게 내뿜는다.

125) 도산 안창호 선생을 글 중에서(도산의 4대 정신, 務實: 참되게 살기, 力行: 행하기 힘쓰기, 忠義: 신뢰 쌓기, 勇敢: 적극적이고 과단성 있게)

126) 방그레, 벙그레, 빙그레, 히히히(喜: 기쁠희), 허허허(虛: 빌허. 욕심이 없다), 헤헤헤(惠/慧 사랑과 은혜로), 하하

병원에 다녔지만 웃음치료를 받은 후로 불면증에서 벗어났다고 한다. 이병욱 원장은 "웃음과 울음은 극과 극인 듯 보이지만 우리 몸과 마음에 유사한 반응을 일으킨다." 또 이홍식 교수는 '웃음과 울음은 자기 스스로를 위로하고 치유하는 과정'이라며 '평소 잘 웃고 슬플 때 잘 우는 사람이 그렇지 못한 사람보다 삶이 유연하고 건강하다'고 말했다. 그러나 한국인 상당수는 웃음과 울음이 인색하다. 특히 보수적, 권위적 문화에서 자란 50대 이상 남성들이 그렇다. 이병욱 원장은 "OECD회원국 중 한국의 암 발병율과 자살률이 모두 1위"라며 "잘 웃거나 울지 못하는 성격도 영향이 있다"고 진단했다. 이홍식 교수는 '잘 웃고 울기 위해서는 연습이 필요하다'고 말했다.[127] 아무튼 웃음과 울음은 자연의 원리로서 우리의 몸과 치유의 효과를 높인다. 즉, 웃음과 울음은 치료와 치유인 것이다.

이제 콘텐츠를 해놓고 어떻게 마케팅을 하느냐가 문제이다. 그러기 위해서는 우리생활 속에 부정적인 면과 긍정적인 면이 있는데 지도자들(직장 상사・부모・선생 등)은 사람들에게 가치관을 심어주고 미래를 위해 '하면 된다.'라는 자신감으로 부정적인 생각보다 긍정적인 생각을 부각시켜줘야 한다. 다음 사례 〈표 2〉를 참고하게 했다.[128]

부정적인 사고와 긍정적인 사고방식 〈표 2〉

구분	제목(꿈)	부정적	긍정적
사물	배추가 담장위에 놓여있다	땅(흙, 밭)에 있어야지 방정맞게 위에 있나	위에 올라와 있으니 명품이로구나.
소품	갓을 쓰고 우산을 받고 있다.	갓을 썼는데 왜 우산을 받고 있어 엎친데 겹친 안 좋은 일이 생길 것 같다.	확실히 장원급제(三日遊街)하여 돌아오다(왕의 행차).
인간	남녀가 알몸으로 등을 대고 앉아 있다.	알몸이면 붙어 있어야지 왜 등을 대고 있어! 끝났다.	알몸으로 있으니 언제든지 붙을 수 있는 희망(所望)이 있다.
현실	머피의 법칙	세차 후 비가 온다. 오랜만에 학교(출석)에 갔는데 휴강이다. 사신(死臣)=나쁜 소식	도끼로 안 되면 톱으로 쓴다. 스님한테 빗을 판매한다.=선물 알라스카에 냉장고를 판다. 사신(使臣)=Good News

하(下: 아래하. 아랫사람이 잘 웃는다), 호호호(好:좋을 호: 좋다. 엄마(여성)가 자식을 앉고 있다), 반대말들은 禍(불행, 근심), 悲(슬픔, 비애), 上, 喪(위 사람은 웃지 않는다. 喪: 죽을 상), 기소불욕 물시어인(己所不欲 勿施於人): 자기가 하기 싫은 것을 남에게 베풀지(시키지) 마라.

127) 김경원 헬스조선기자(2013.2.6) 웃음과 울음의 신체작용 효과, 심혈관계/혈액순환 원할・혈압정상화・심혈관질환 위험저하, 정신, 신경계/ 교감, 부교감 균형, 뇌활동 활발, 통증, 우울증, 초조, 불안감 감소, 면역계/ 면역세포 수 증가, 내분비계/ 운동효과, 칼로리 소모, 신진대사 원할, 혈당저하, 호흡기계/ 폐활량 증가, 소화기계/ 소화기능향상, 식욕촉진, 한국웃음치료협회(www.haha.ac)

128) 최창주, 한국연희극과 마케팅, 월인, 2009.

판단	가(可) 부(否)	절대 안돼, 안될 껄(거야) 부정적 생각	할 수 있다. 가능하다. 하면 된다. 긍정적 생각
언어	사고방식	오늘이 없이는 내일이 없다. 합리적인 노력 없이는 비전이 없다.	오늘이 있으니 내일이 있다. 합리적인 노력이 있어야 비전이 있다.
자료	참고 문헌(冊)	– 예화집, 긍정의 힘(두란노, 조엘 오스틴) – 머피와 이혼하고 셀리와 결혼하다 등	

위의 인용문들은 뇌(腦)의 현상을 통해 가치판단, 부정적, 긍정적, 수단과 방법의 문제점과 상대방의 것을 귀하게 여기고 인정해 주어야 한다. "서로 인정해주지 않으면 에너지가 낭비된다. 본인의 약점이 있으면 큰 소리치고 공격하는 것이 방어라고 생각한다."[129] 그래서 우겨쌈과 거꾸러트림과 핍박을 당해도 넘어지지 않고 낙심하지 말아야 한다. 다음은 우리 몸속에서 일어나는 정신적인 뇌의 역할을 유형별로 예 〈도표 3〉을 들어 보면 다음과 같이 살펴보기로 하자.

2. 탈춤치유의 과제

1) 탈춤치유에 있어서 뇌(腦)의 역할

앞에서 간단하게 긍정과 부정적인 뇌의 역할을 나열해 보았다. 필자는 운동만하면 건강하겠지 하고 뛰어다니다가 뇌(腦)의 역할을 늦게 터득했다. 뇌가 공통적인 측면이 있듯이 뇌가

129) 美 컨설팅 기업 CEO. 토니 슈워츠. 조선일보 2011.12.24. 뉴욕. 금원섭 기자 기사 인용.
누구든지 긍정적인 감성을 가졌을 때 최고의 실력을 발휘할 수 있다. 하지만 사람의 마음속에 본능이 이성을 앞설 때 감성적 에너지는 급격히 고갈된다. 모든 신체적 에너지의 근본은 숙면(熟眠)이다. 수면부족에 빠진 사람들은 자신이 수면부족이라는 사실을 모른다. 술 취한 사람들이 스스로 술 취하지 않았다고 생각하는 것과 똑같다. 직장에서 인간적인 갈등, 잔뜩 쌓인 일감, 고객들이 걸어온 불편·불만 전화는 사람의 이성을 마비시킨다. 본능적으로 공포, 분노, 혼란 속으로 빠져들게 만든다. 이렇게 되면 전략적으로 검토와 거시적 사고는 설자리가 없다. 부정적인 감성은 CEO(교수)가 자신의 분노를 표출하거나 직원(학생)들에게 공포를 불러일으켜 성과를 높이려고 하는 경우가 많다. 이럴 경우 직원들이 겉으로는 열심히 하는 척 할 것이다. 하지만 높은 성과를 내지 못한다. 장기적으로는 부작용도 일으킨다. 분노와 공포를 주는 CEO와 함께 일하는 직원들은 혈압이 높아진다. 관상동맥 질환 발병률이 30%나 높아진다. 따라서 부정적인 감성상태에 빠진 사람들은 책임을 전가한다. 책임전가를 당한 사람들도 부정적인 감성을 가지게 된다. 결국 조직 전체가 성과를 높이기 어려운 상황에 빠진다. 폭력을 휘두른 사람들에게 그 이유를 물어보라 -'상대방이 나를 무시해서- 조직이나 사회에서 인정받지 못하는 사람은 경우에는 부정적인 감성이 부정적인 행동으로 표출된다. 안 되면 다른 사람을 공격하는 성향을 보인다. "감성적 에너지는 긍정적인 인간관계에서 충전된다(부모, 친구, 동료 등)." 그래서 칭찬하고 인정해주는 조직문화가 필요하다.

문학 · 예술 비평까지 넘나드는 뇌과학
(조선일보 제공)

신체동작과 방향감각을 인식하게 해준다. 뇌는 사람이 강하게 생각하면 강하게, 약하게 생각하면 약하게 생각그대로 된다. 우뇌(右腦)는 생각(生覺)하게 하고 좌뇌(左腦)는 행동(行動)으로 인체의 균형감각을 조절한다고 한다.

그러나 권력을 잡으면 뇌(腦)가 바뀐다.[130] 권력은 매우 파워풀한 약물이다. 인간의 뇌는 '보상 네트워크'라는 것이 있다. 권력을 잡게 되면 이 부분이 작동한다. 테스토론이란 남성호르몬을 분출시키고 그것이 도파민이라는 신경전달물질 분출을 촉진해 보상 네트워크를 움직인 다. 그래서 사람을 더 과감하고, 모든 일에 긍정적이며 심한 스트레스를 견디게 한다. 권력은 항우울제다. 또 도파민은 좌뇌 전두엽을 촉진해 권력을 쥔 사람을 좀 더 스마트하고, 집중력 있고, 전략적으로 만든다. 다른 사람에게 공감하지 않고 실패에 대해 걱정하지 않고 터널처럼 아주 좁은 시야를 갖게 하며 오직 목표달성이란 열매를 향해서만 돌진하게 된다. 인간을 자기애에 빠지게 하고 오만하게 만든다. 적절한 통제감은 스트레스로부터 우리를 보호해주지만, 지나치면 착각으로 바뀐다. 삼성병원 나덕열 교수의 뇌 훈련법을 보면 "나이들어 머리를 안 쓰고 지내면 우리가 예상했던 것보다 뇌 위축이 빨리 오는 것을 보고 저도 깜짝 놀랐어요. 이러다 큰일 나겠다 싶어 뇌 훈련 교육 자료를 개발하게 됐죠, 하루 한 시간 머리 쓰기 뇌 훈련은 치매치료 약물을 복용하는 것과 같은 효과를 냅니다." 그래서 "뇌 선생 건강두뇌교실" "두근두근 뇌 운동" "3년 동안 치매환자는 물론 일반인도 머리를 안 쓰고 그냥 두니까 3년 만에 뇌 곳곳이 눈에 띄게 위축된 것으로 나타났다." 이를 막으려면 신체 건강을 위해 일부러 달리기나 등산을 하듯이, 뇌도 시간을 내어 훈련을 시켜야 한다. 뇌도 관리를 안 하면 추해지고 초라해지니 젊어서부터 꾸준히 머리 쓰기를 해야 한다는 것이 나 교수의 지론이다.

필자는 달리기나 등산도 좋지만 탈춤체조, 민속체조, 탈춤의 기본동작이 우리 신체에 가장 알맞은 것이기 때문에 모든 병을 예방할 수 있다는 것이 최 교수의 주장이다.

우리는 왜 그토록 이기고 싶어 할까? 통제감(sense of control)을 갖고 싶어 하기 때문이다. 내가 주위 환경에 무기력한 존재가 아니라, 스스로 내 삶과 환경을 통제할 수 있다는 느낌이

130) 뇌신경 심리학자 이안 로버트슨(Robertson) 아일랜드 트리니티칼리지 교수.

삶에 매우 중요하다는 것이다. 통제감은 스트레스 해독제와 같다. 인간의 뇌는 "내가 지배자야"라고 생각할수록 속일 수 있다. 즉 권력은 시야를 좁게 만든다. 뇌가 그런 것을 기억하지 못하게 만든다. 권력은 다른 사람의 시각에서 나를 바라보기 어렵게 만든다. 인간에게 최악의 스트레스는 개인의 자아에 대한 부정적인 평가인데, 성공은 그런 스트레스에 대해 보호해주는 보험과도 같은 작용을 한다. 스트레스를 받고 안 받고는, 이기고 지는 것보다 내 삶을 통제하고 있느냐 아니냐의 문제이다.

두뇌 유형에 다른 창의성 개발 방법인 〈도표 2〉를 보완하기 위해 〈도표 3〉을 소개한다.

두뇌 유형[131] 〈표 3〉

두뇌유형	특성	창의성 개발
우뇌형	감성이 풍부하고 직관적 (예술성기질이 있다)	집중력을 강화하고 사고력을 키워야 함. 문학이나 사회분야의 구조적이고 분석적인 면을 찾아내는 노력을 해야 함.
좌뇌형	이성적이고 논리적	유연성과 창의성을 보완하고 상상력을 키워야 함.
좌우뇌형	논리적이면서 감성적	좌우뇌의 충돌을 바로잡고 사회성을 키워야 함. 관련 없는 두 주제를 직관적적으로 연결시키면서 동시에 이들 사이에 논리적 연결고리를 찾는 훈련을 해야 함.
에너지형	진취적이고 도전정신 강함	생각과 실행의 끈기를 키워야 함. 리더십 교육을 강화하면서 생각의 차원을 높일 필요가 있음. 왜? 라고 항상 질문하는 습관 필요함.

인간의 뇌는 만 6세가 되면 성인 뇌 크기의 93%까지 자란다. 이 때문에 사람들은 태교부터 시작해 유아가 교육을 매우 중요하게 생각한다. 다시 말해 사춘기에는 뇌가 성장을 거의 멈춘 셈이 된다. 그렇기에 10대가 되면 장래가 거의 결정된다고 믿는 사람들이 많고, 사춘기 아이들의 돌발 행동이나 일탈 역시 뇌(腦)와는 무관한 일로 생각하는 경향이 있다.[132] 이렇게 여러 생각을 하다가 결국 결정을 통해서 원하는 쪽으로 행동을 옮기게 된다는 것이다.

다음의 책에서는 '뇌가 코보다 향수냄새에 더 민감하다.'라고 기록되어 있다.[133] 이 책의 내용에서 행동과 어휘력 실험을 한다며 대학생들을 두 그룹으로 나눴다. A그룹에는 '활력' '스포츠' '근육' 등 젊음과 관련된 단어를 사용하게 하였고, B그룹에는 '늙음' '황혼' '질병' 같은 단어를 각각 사용하여 보여줬다. 그 단어들로 짧은 글을 짓게 한 뒤 토론을 통하여 실험을 실시하였다. A그룹 학생들은 계단을 대사도 씩씩하게 하고 행동도 성큼성큼 추는 반면, B그룹 학생

131) 안진훈, MSC브레인컨설팅대표, 조선일보 2011.8.18. 기사인용.
132) 한현우, 美국립보건원 박사(NIH의 제이 기드 박사: 뇌는 10대 때도 왕성하게 성장하며 25세까지 자란다).
133) 김희상 著, 착각의 과학 책.

들은 느릿느릿, 늙은이를 선택하였다. 간단한 실험을 통해 그들의 무의식적인 단어들을 자신의 것으로 뇌에서 받아들였다는 증거다. 무의식은 의식보다 빨리 작동한다고 한다.

미국의 신경생리학자 '벤저민 리벳'은 어떤 행동을 하고 싶다는 의식은 뇌(腦)가 그런 행동을 해도 좋을지 결정내리기도 전에 시작된다는 것을 알아냈다. 그는 우리 인생의 운전대를 쥔 건 무의식적인 셈이다. 무의식은 정보와 경험을 여과 없이 받아들여 뇌 속에 저장한다. 그리고 의식하지 못하는 사이에 그것을 꺼내어 행동으로 나타낸다. 맛있는 음식냄새는 운전자에게 계속 페달을 밟게 하고, 향수는 성적 환상을 자극해 운전에 집중하지 못하게 만든다.

뇌[134]가 원하는 것과 내가 바라는 것은 다르다. 뇌는 기억과 체험을 통해 알고 있는 것만을 원한다. 뇌가 원하지 않는 일을 밀어붙이려 할 때 우리가 불안감을 느끼는 것은 그 때문이다. 신경과학은 이것을 '무의식'과 '의식'의 차이라고 설명하고, 심리학은 '감성'과 '이성'으로 바꿔 부른다. 약 1.5kg인 뇌는 인체무게의 2%밖에 안 되지만 전체 에너지의 20%를 소비한다. 그런데 의식적인 착각도 일어난다. 자신이 지지하는 정치가의 허물은 대수롭지 않게 보이지만 상대방후보의 사소한 허물은 아주 크게 느껴지는 것이 대표적이다. 경제지표나 주가 예측, 스포츠게임 승자 맞히기도 그렇다. 이 책은 착각을 일으키는 뇌의 메커니즘, 착각의 원인, 착각을 다스리는 법 등을 다룬다. 독일의 과학 칼럼니스트인 저자는 "착각은 뇌의 일상적인 활동이며 자신의 뇌를 스스로 컨트롤할 수 있는 믿음도 착각에 불과하다."고 말한다. 탐욕 버리기, 선입견 지우기, 속내 털어놓기 등 착각을 예방할 수 있는 처방전도 제시한다.[135] 인류역사상 지금이 '창의'가 가장 왕성한 때라고 한다. 산업혁명이후 생산성이 중요하게 여겨졌는데 지금은 '창의성'이 그보다 더 주목받는 시대가 왔다. 인간의 모든 사물을 관장하는 뇌(腦)는 어쩌면 컴퓨터와 우주만물보다 복잡하지만 신비의 뇌로 알려졌을 뿐, 알려진 것은 한정되어 있다. 뇌를 통해 이제는 국가경쟁력의 주요 요소로 창의성을 가장 먼저 꼽을 정도가 되었다. "그렇다고 가만히 있는데 창의력이 저절로 자라지는 않는다." '아인슈타인, 피카소: 현대를 만든 두

---

134) 이상화, 명지대학원 석사논문, 1997. 19쪽을 인용하면, 정신 현상이나 운동, 감각 등을 관정하는 최고위의 중추인 뇌는 그 중에 포함되어 있는 백 수십억 개나 된다고 하는 신경세포(neuron)상호의 결합 형태나 활동에 의해서 실로 여러 가지 움직임을 나타낸다. 이러한 활동을 외부에서 기록하는 것이 뇌파인데 일반적으로 두피 상에 전극을 접착하여 어느 정도 넓은 부분의 활동을 살피고자하는 것이다. 신경세포 개개의 활동을 측정하는 방법은 신경세포군상에 상호하는 방법 등도 있으나 이러한 것은 뇌수술이나 동물실험 시 행해지는 것으로 보통은 두피 상 전극에 의한 뇌파 기록이 행해지고 있다. 두피상의 기록한다는 것은 말하자면 '호수의 표면에 나타나는 파도의 상태를 보고 호수의 심부나 바닥의 상태를 측정하는 방법'이라고 할 수 있다. 뇌의 전기활동은 수막, 수액, 두개골, 근육, 피부 등의 필터를 통과하여 오기 때문에 그 전위가 발생한 부위와 비교하면 매우 감퇴되고 또한 어떤 광범위한 부분에서의 전기활동의 총화로 기록된다.

135) 프리트헬름 슈바르츠 지음, 김희상 옮김, 북스넛, 박돈규 기자, 조선일보 2011.5.
조선일보(A2) 2013.4.11. '뇌(腦)에 투명하게 보는 기술 - 치매, 우울증 근본 치료길 열려' 하이드로겔(hydrogel) 등을 통해 치매, 우울증 등 각종질환을 치료방법을 찾을 수 있다고 기대하고 있으며 '뇌 연구 방법을 근본적으로 변화시킬 신기술'이라고 평가하고 있다. 재미 한국인 과학자 정광훈 박사, 네이처 誌에 실렸다.

천재'를 쓴 아사 밀러라는 분은 창의성이 통합적 사고와 상상력에서 나온다고 말했다. 그만큼 생각이 중요하다는 것이지요. 생각하는 방식이 곧 그 사람을 만든다는 얘기는 다들 들어 보았을 것이다. 사람은 누구나 자기만의 '생각의 틀'을 가지고 있다. 이것을 가리켜 '생각의 렌즈'라고도 한다. 이 틀에 따라 생각하고 판단하고 선택해가므로 뇌(腦)를 어떻게 발달시키는지에 따라 우리의 생각이나 문제 해결방식도 달라진답니다. 다시 말해 생각하는 방식이 공부에도 결정적 역할을 한다는 것이다. 그렇다면 어떻게 해야 양쪽 뇌를 균형 있게 개발할 수 있을까?

첫째 '왜'라고 거듭 질문하는 과정을 통해 생각의 차원을 높여야 한다. 우리는 생활하면서 여러 상황을 경험하게 되는데 책이나 영화처럼 간접경험도 많이 한다. 이럴 때 그냥 넘어가지 말고 '왜'라는 궁금증을 가지는 게 필요하다. 예를 들면 책을 읽을 때에도 글쓴이는 왜 이렇게 생각했을까? 스스로 질문을 하던지 글쓴이의 생각의 렌즈인 다원적 사고방식을 알아야 한다.[136)]

둘째 '생각의 구조'를 만들어 의과대학에선 사람의 몸을 이해하기 위해 해부 실습을 한다. 인체의 각 부분의 형태와 기능, 관계를 제대로 알아야 우리 몸 전체를 이해할 수 있기 때문에 어떤 대상을 부분으로 작은 요소에서 시작해 들여다보는 것을 구조적 사고로 어떤 작품을 읽을 때도 저자가 어떤 생각의 틀로 각 요소에 관계성을 불어넣었는지 과학자가 연구하듯 분석하는 습관이 필요하다.

또한 창의・비판적으로 생각하는 습관을 기르기 위해 구조적 사고는 좌 뇌를 많이 쓰게 되므로 논리적이고 이성적으로 생각하는데 도움이 된다. 하지만 이런 상태에서 우뇌를 쓰지 않으면 사고의 유연성이 떨어지고 창의적 생각을 하지 못하게 된다. 따라서 어떤 대상의 숨은 관계를 찾아내는 창의적 사고 훈련이 필요하다. 밤샘 작업을 했을 때 낮잠은 일이 효율을 높인다고 했다. 쉬는 시간에 낮잠은 뇌 활력소로서 쉬게 하고 피로를 풀어줘서 뇌에 과부하가 걸리는 것은 막아줄 수 있다고 한다. 뇌는 새롭게 호기심을 일으키는 대상에 집중을 하는 경향이 있다고 김영훈 교수가 말하고 있다. 길병원 신경과 박기형 교수는 '피로가 풀리면 집중력이 높아진다고 하며 뇌에 저장하는 것도, 저장된 내용을 필요할 때 회상하는 것도 잘된다.'고 했다.

셋째, 전세일은[137)] 뇌를 잘 훈련시키면 스트레스가 사라지고 뇌 기능이 활성화되면서 정신과 신체 모두가 건강해진다. 피로를 느끼는 진짜 이유는 '뇌'에 있다.[138)] 피로가 쌓이지 않게

---

136) 그 예로 윤달(윤3월: 양력 4월 21일-5월 20일)이 있는 해는 3년 만에 돌아온다는 윤달을 놓치지 말고 묘를 이장(移葬)하거나 수의(壽衣)를 마련해야 한다는 풍습이 있다, 태양의 과학적인 음력이라고 하지만 청소년들은 이게 무슨 말인지 모른다. 필자 역시 이해가 되지 않는다, '하늘과 땅의 신(神)이 사람들에 대한 감사를 쉰다.' '손(사람의 일을 방해한다는 귀신) 없는 달'이라고 해서 궂은 일을 해도 탈이 없는 '썩은 달'로 알려져 왔다.

137) CHA 의과대학원장.

하는 방법은 5감각(시각 · 청각 · 촉각 · 후각 · 미각)에 쾌적한 자극을 지속적으로 주면 된다. 뇌 교육과 체조는 스트레스를 낮추고 치매 예방한다. 감성과 이성이 모두 활성화 되면 뇌 속 긴장 등 집중력이 향상될 것이다. 스트레칭은 몸만 움직이는 것이 아닌 뇌의 운동피질을 활성화 시키는 것이라며 스트레칭을 통해 균형 있게 뇌를 발달시키고 신경전달을 활발하게 만들 수 있다. 고 말했다. 경희대 원장원 교수는 "술을 장기간 마시거나 주기적으로 폭음을 하면 아세트알데히드가 많이 만들어져서 위염, 위궤양, 간염, 간경화 등이 생길 수 있다"며 "뇌 전두엽의 기능을 떨어뜨려 치매 발병 위험을 높이기도 한다."고 말했다. 최고사령부인 뇌(전두엽[139] 등)가 손상이 되면 인간답게 살 수 있는 처세가 통계상실이 된다는 것이라고 결론내릴 수 있다.

사람의 육체를 이해하기 위해 의사들이 동물을 해부하듯이 실습을 통해 인체의 각 부분의 기능과 역할과 관계를 제대로 파악하고 있다. 문화예술 파트는 정확한 임상과 과학적이지는 못하지만, 긍정적인 사고방식을 강조하며 이론(理論)과 실기(實技)로 통해 우리 몸 전체를 치유할 수 있도록 대상별로 실험을 통해 연구 · 훈련해 보아야 한다. 그러나 오늘날 모든 사람들이 선입견의 이기주의가 되어 '내가 하는 예술분야가 최고다' '내가 하면 로맨스고 남이 하면 불륜'이라는 착각에서 벗어나야 한다. 다양한 문화가 존재하는 오늘날에 상대방의 문화예술분야(타 분야도 마찬가지)를 섭렵하려 하지도 않고 인정하지 않으려는 사고방식은 하루빨리 버려야 한다. 지도자는 '네 것이 아니고 우리 것이다'라는 긍정적인 사고방식이라는 큰 틀에서 생각해야 한다. 그래서 전통도 익힐 겸 건강의 한 종류인 치매(癡呆)[140]도 조기발견하면

---

138) 잠들기 힘들고 밤중에 깬다. 밥맛이 없어 겨우 먹는다. 변비가 있다. 몸을 별로 쓰지 않는데 나른하다. 기분이 가라앉아 있다. 일도 외출도 귀찮다. 불안, 초조하다. 생각 정리가 잘 안 된다. 자책 · 후회를 한다. 두통이 있다. 감기 기운이 있다. 아침에 일어나기 힘들다. 머리가 멍하다. 목, 어깨가 결린다. 손발이 차다. 일할 때 작은 실수를 한다. 집중이 잘 안 된다. 깜박할 때가 있다. 최근 감동할 일이 없다. 눈이 피로하다(이시형 원장).

139) MRI 분석결과 대뇌의 앞부분인 전두엽피질은 25세까지 성장하며 사춘기에 가장 왕성하게 자란다. 뇌에서 가장 마지막으로 이성적 판단기능을 맡아, 성숙하기 때문에 부모와 교사는 10대의 뇌(腦) 성장에 관심을 가져야 한다(10대 성장 보고서 참고).

140) 치매가 암보다 더 심각하다(2013.5.2. A5. 조선일보 미디어 리서치 '치매 인식도 설문조사: 치매 걸릴까 걱정, 가장피하고 싶은 병, 남성 54%, 여성 63.7%), 그러나 '치매는 굳이 병원에서 치료받을 필요가 없다고 했다'고 답했다. 치매는 크게 '인지장애 증상'과 '정신행동 증상'으로 구분된다. 인지장애 증상은 지적능력이 저하되는 것이고, 정신행동 증상은 난폭한 행동, 욕설, 수면장애, 우울증, 불안, 배회행동 등이 포함된다.
즉, 치매는 뇌세포가 죽어가는 상황(조기발견은 완치할 수 있으나 때를 놓친 치매는 완치할 수 없다), 혈관성 치매(혈관이 막힘), 뇌가 고장이 나서 기억과 함께 자신이 누구인지 모르게 살아 온 시간이 지워지는 것, 거울 망상증(거울을 보고 대화하는 행위), 안개 속에 서 있는 것 같이 옥상에서 뛰어내리는 것을 별것 아니게 느낀다. 알츠하이머 치매(세포가 반 이상 죽어 어떤 문제에 집착하는 행위: 심하면 몸을 가누지 못함) 보이는 실체와 현실이 구별이 안 되는 증상, 방금 전의 기억은 오락가락하나 오래전 기억은 남아있다. 옷을 벗는 행위, 집에 간다고 옷을 껴입는 반복(증세) 행위, 환각과 환청, 의심, 쓰레기통 뒤지며, 그냥 운다, 화낸다. 불안초조, 잠을 안잔다. 터무니없게 힘들게 한다(나 혼자 두지 말라 등). 기억과 장애는 있어도 행동은 살아있다. 어느 한쪽이 닫혀 있는 상태이므로 자신, 가족 모두를 몰라보니 서서히 생(生)을 잃어가는 환자를 가진 가족은 강 건너

당연히 치유할 수 있으나 탈춤을 하면 치매 방지도 가능하다고 말할 수 있다. 따라서 이런 탈춤의 현대적 수용을 통해 선조들에게 물려받은 전통문화의 원형보존과 계승발전을 위해 함께 노력해야 한다. 위에 제시한 〈표 1〉 〈표 2〉 〈표 3〉의 '동조행위현상(同調行爲現像)'과 같이 종합적인 것과 긍정적 사고방식만 가지고 있어도 건강의 절반은 성공한 것이다. 특히 미국암연구소의 발표한 사례 연구한 것을 볼 때, 우리의 탈춤도 항암효과에 충분한 영향력이 있다는 것을 설명해 보이고 싶었다.

미국 암 연구소에서 암(癌) 예방도 이 정도는 해줘야 암 예방이 된다고 가이드라인을 다음과 같이 제시하였다.[141] 연구소에서는 수천 편의 논문을 분석했다고 한다. 인종이나 계층에 상관없이 항암효과나 반대로 발암 위험이 일관되게 나타나는 요소들을 모아서 장기별로 암 발생 위험을 줄일 수 있는 항목들을 최근 정리하였다. 흡연은 거의 모든 암 발생에 영향을 미치기에 장기별 위험 항목에서 빠졌다. 비만은 상당수 암 발생에 영향을 미치나, 폐경 전 유방암 발생에서만은 암 발생 억제 효과를 갖는 것이다. 따라서 정기적인 운동은 대장암 예방에 결정적인 역할을 한다. 암 발생을 낮추려면 흔히들 고기섭취는 월 1회로 줄이고, 과자류, 닭고기 등은 주 1회, 채소와 과일은 매일 많이 먹으라고 전문가들은 권유하고 있다. 아울러 운동도 규칙적으로 꾸준히, 천천히, 체력을 보강하여 삶의 의욕과 생활습관이 무엇보다도 중요하다. 그렇게 열심히 하는 것이 건강에 좋다. 하지만 우리 몸을 항암(抗癌)상태로 끌어올려 암 발생 자체를 막으려면 무엇을 어느 정도 이상 먹어야 할지, 운동은 얼마나 어느 강도로 해야 할지는 막연하다.[142]

서 있는 상황이라도 가족들은 환자의 마음과 높이에 맞추는 훈련과 모든 상황을 있는 그대로 인정해 줘야 한다. 집안에 어른이 계시면 치매방지를 위해 적당한 운동을 하고 건전한 성격으로 억울해 하지 말고 매사 일을 흘려버리게 해야 한다. 2011년 치매인구가 40만 명이나 된다고 한다. 대한민국 65세 이상 노인 10명 중 1명이 치매를 앓고 있다는 보고서가 나왔다(각 구청에서 운영하는 치매 지원센터 많아졌음).

평생 자식을 위해 살았던 부모가 치매에 걸렸다. 치매가 얼마나 무서운 것인지 가족들(며느리 등)은 말하고 있다. 가족의 삶을 지키기 위해서 시설에 의존한다 해도 지혜롭게 환자를 보호해야 한다. 가정이 망가지지 않게 효도하고 이해하며 슬기롭게 잘 맞춰서 지내야 한다(서울대 핵의학과 강건욱 교수는 뇌 조직이 멀쩡한 초기 치매 PET-CT(양전자컴프터단층 촬영)를 찍으면 뇌 조직에 문제가 생기기 전 기능만 떨어졌을 때에도 알츠하이머성 치매를 진단할 수 있으며 우울증도 진단이 가능하다고 말했다. 2011.11.2. 조선일보). 우리는 세상을 살아갈 때에 자신이 생각하는 것과 차이가 느낄 때가 있다. 삶에 대한 가치가 없다든가 회의에서 오는 현상이 절망으로 몰아갈 수 있다. 이럴 때 좋은 친구를 만나 대화하고 삶을 새롭게 충족시킬 수 있는 긍정적인 사고방식으로 생각해야 한다. 만 원짜리 돈이 구겨지고 짓밟혀 땅에 떨어져 버려져 있어도 그 가치는 그대로라는 것을 우리는 인정해야 한다(건강부분 자료 참고).

141) 김철중 기자, 조선일보 2011.11.15. 기사 중에서.

142) 담배를 피우면 발암물질 43종, 그래도 담배를 피우시겠습니까?(2013.1.9. 조선일보), 뇌/자율신경계를 교란시켜 어지럼증, 두통, 수면장애 일으킴, 신경이 예민해짐, 순환기관/혈압과 심장 박동 수가 상승하고 관상동맥협착증 등이 유발됨, 호흡기관/기관지 경련을 일으킴, 내분비기관/인슐린 저항성을 높여 당뇨병의 원인이 됨, 소화기관/메스꺼움, 소화불량, 설사, 속쓰림 등을 유발하고 구강을 건조하게 만듦, 근육 및 관절에 통증이 생김, 담배를 한 모금 피우면 0.1-0.2mg의 니코틴이 몸에 들어오고, 폐를 거쳐 7초 만에 뇌로 전달된다. 니코틴 60mg(담배

우선 우리 몸의 체중을 체질량지수(BMI) 21-23으로 유지해야 한다. BMI는 몸무게(kg)를 제곱(m2)으로 나눈 값이다. 예를 들어 몸무게가 65kg이고 키가 170센티이면 65를 m값인 1.7×1.7로 나눠서 BMI는 22.5가 된다. 운동으로 암 발생 저항력을 갖게 하려면 매일 시속 6.0km 정도의 빨리 걷기를 30분 이상해야 한다. 살짝 몸에서 땀이 나는 수준이다. 더 나아가 최적 항암 상태가 되려면 하루 속보 60분 이상 또는 달리기 30분 이상이 필요하다. 달리기 대신 수영이나 강도 높은 자전거 타기도 괜찮다. "**숨이 차고 심장박동이 증가하는 운동이면 된다. 운동시간이 길수록, 강도가 셀수록 항암효과는 높아진다.**"라고 전문가들이 말한다. 이 정도라면 탈춤이 최고의 의학수단이다[143]

탈춤은 가면, 한삼, 몸짓, 소리, 춤사위, 드라마(스토리텔링), 인체의 고른 근육, 뼈 운동과 심박박동이 최고의 강도가 있는 운동이며 치매・스트레스[144]를 해소할 수 있다.

사람들은 탈춤이 진부하고 어려우며 흥미롭지 않다고 말한다. 하지만 탈춤은 그 어떤 문화보다도 현대적이고 과학적이다. 탈춤의 내용은 과거의 사회를 묘사하고 있지만, 춤 속의 메시지는 현대에도 적용된다. 탈춤은 선조들에 의해 이미 과학적으로 가무악극(歌舞樂劇)이 하나의 장르로 구성되어 있고 사회의 주목 받지 못하는 사람들의 애환과 한(恨)을 소리와 춤으로 표현(表現)하며 말을 건넨다. 하지만 탈춤은 200여 년 이상의 시간 동안 사람들의 손을 거쳐

30개비에 해당)이 한꺼번에 몸에 들어오면 그 즉시 사망할 정도로 치명적이다.

143) 이런 논리라면 탈춤은 최고의 운동이다. 심장강화, 혈액순환, 우울증, 스트레스 해소 등 어떤 병이든 치료가 된다. 필자는 이미 1978년에 <탈춤의 미학적 움직임: 탈춤체조>, 1999-2014년 논문 등을 발표한 바 있다.

144) 일반 클리닉(II) 2번 부분 참고, 스트레스의 반대말은 사랑이다. 또는 스트렝스(새로운 에너지)이다. 스트레스는 자기가 만든다. 스트레스는 목적이 있다. 당당하게 맞서야 한다. 스트레스를 이기면 성장하고 발전하게 된다. 권준수 박사(조선일보 2011.11.14. 최보식이 만난 사람 중에서)의 글을 보면, 급격한 사회 변화의 스트레스가 사람을 몰래 무너트려 온 것이다. 정신질환은 숨어 있다. 자기만 느끼는 경우가 많다. 남들 보기에는 괜찮았는데 어느 날 우울증으로 자살한다. 공항장애(Panic disorder)환자는 터질 듯이 심장이 뛰고 땀을 흘리며 본인은 죽을 것 같아 응급실로 실려 온다. 하지만 맥박이나 혈압검사를 해보면 정상이다. -대체 어디까지를 정신질환으로 규정하나? "당(糖)수치가 얼마면 당뇨, 혈압이 얼마면 고혈압이라든지, 다른 질환처럼 객관적인 지표가 없다 하지만 나름대로 기준은 있다. 한국보건사회연구원의 "2010년 한국의료패널 기초분석보고서" 자료에 의하면 당뇨병 유병률은 30대는 0.9%, 40대는 3.1%, 50대는 9.6%, 60대는 17.2%, 70대는 19.7%로 크게 상승했다. 우울증의 경우 흥미상실, 입맛감소, 잠이 많이 오거나 적게 옴, 자존감상실, 자살생각 등과 같은 증상 중 몇 가지가 2주(週) 이상 계속 되면 전문가가 주관적으로 판단을 내린다. 우울, 불안감 같은 상태를 뇌가 감정을 느끼는 것이다. 지시가 아니라 인지하는 것이다. "외부 환경에 영향을 받는 일시적인 우울증은 영화나 쇼핑 등으로 기분전환이 된다. 그러나 중증이면 약물이나 다른 운동치료를 통해 뇌 상태를 변화시켜야 한다. 우울증 환자에게는 '세라토닌'을 높이는 약을 투여해 뇌의 변화가 오면 기분이 바뀐다. 지속적인 운동을 하거나 억지로라도 웃는 것도 뇌 상태에 변화를 준다." 마음과 뇌가 다르지 않다. "우리는 마음으로 알고 있지만 실제로는 뇌다" "뇌는 신경세포의 다발과 연결에 불과하다. 그런 물질인 뇌가 근육운동, 감정, 인지기능은 물론이고, 고도의 정신영역인 철학과 신앙까지 모두 관여한다. 뇌의 신경세포는 10의 11승(乘)이나 있다. 이들이 서로 연결돼 있다. 뇌에 대한 우리의 지식은 형편없는 수준이다." - 인간이 왜 살아가고 어떤 의미를 위해 살아가야 하는지 하는 답도 나올까? "과학기술이 발달해 우리의 뇌를 1mm 간격으로, 수백분의 1초의 간격으로 자세히 살펴볼 수 있다고 해도 그 답이 그저 나올 수는 없을 것이다."

지금까지 이미 연출되어 전해져 내려오고 있다. 이것은 탈춤이 전하는 이야기가 세대를 거슬러 공감 받을 수 있다는 증거라고 할 수 있다. 시대를 초월한 관객들은 탈춤을 함께 즐기고 공감함으로써 지금 서있는 이 사회의 모습은 어떠한가, 라는 탈춤의 질문에 스스로 답해볼 기회를 얻는 것이다.

국민들은 단지, 바쁜 삶속에서 잠시만 시간을 내어보기만 하면 된다. 정말 탈춤이 옛날의 것일 뿐인지, 이해하기 어려운지, 흥겹지 않은지. 연구하다보니 우리 조상들의 몸짓 하나하나가 과학적인 근거가 있었다. 그것은 예술의 행위로 이어져 뺨의 원리이기 때문에 맞아봐야 안다. 예술행위는 탈춤체조와 건강을 합한 용어로 양날의 칼이다. 주부가 들면 맛있는 반찬을 만들 수 있는 것이요. 강도가 들면 흉기로 둔갑하게 되는 양날의 칼이듯이 탈춤이 최고의 건강으로 탈바꿈해서 현대인에게 스트레스를 해소하는 방법이었다. 한국이 세계 최고의 자살공화국 명예를 탈출하는 방법으로 예전에는 자살이 개인 및 가족의 책임이었다. 이제는 사회가 책임을 지어야 한다. 그래서 탈춤을 통해 어울림의 문화로 국민의 건강을 어떻게 하면 사회에 이바지 할 수 없을까.[145] 필자는 탈춤이 가면극이고 춤이지만 건강과 연결하면 될 것으로 판단하고, 현대사회의 사람들이 최고로 염원하는 건강과 뇌(腦)와 연결이 되는 것이 탈춤이라고 생각했다. 그래서 접근방법과 탈춤의 심박동수를 통해 인체에 미치는 건강효과를 설문지(說問紙) 등을 통해 정리해 보기로 한다.

---

145) 박해경 목사(문형장로교회), 설교말씀 중에서. 칼럼('인간의 뇌', 참고자료, 네이버 백과사전)
사람의 줄기세포는 1,000억 개이고 뇌세포는 150억 개이다. 사람은 20살까지 뇌세포가 발달하는데 중요한 것은 가정교육을 어떻게 받고 자랐느냐가 인격형성에 직접적인 영향을 준다는 것이다. 아이들이 학교에 입학하면 선생님의 인격을 배우고 닮아가지만 친구들과 놀면서 더 많은 것을 배우게 된다. 또 어렸을 때 일수록 책을 많이 읽으면 이해력이 풍부해지고 간접경험이지만 풍부한 경험을 쌓아 훌륭한 인격체로 성숙할 수 있다. 지구촌 사람 중 인간으로서 가장 뇌세포를 많이 사용한 사람은 아인슈타인이라고 한다. 아인슈타인도 뇌세포를 17억 개 정도 사용하고 죽었다고 한다. 인간 뇌세포의 1/10 정도 조금 더 사용했다는 얘기다.
뇌세포는 20살까지는 발달하지만 그 이후에는 하루에 5~10만 여 개의 신경세포가 죽는 것으로 알려져 있다. 나이가 들면 기억력이 떨어지고 건망증이 심해지는 것도 이 때문이라고 한다. 그러나 하루에 10만개가 죽어도 100년 동안 36억 5천만 개가 죽으니 아직도 많이 남는 셈이다. 따라서 나이가 들었어도 한자나 외국어 공부를 하고, 성경을 연구하거나 역사 공부를 하는 것이 좋다. 또 꾸준히 운동을 하면 뇌에서 실핏줄이 만들어져 뇌기능이 좋아진다고 한다. 나이가 들면 심장, 간 등 장기의 기능이 60% 이하로 떨어지지만 뇌는 70~80%의 기능을 유지하는 만큼 평소 뇌를 꾸준히 자극하는 것이 좋다는 것이다. 뇌에 적절한 자극을 주면 기억력을 높이는데 도움을 주지만 스트레스가 생길 정도의 과도한 자극은 몸에서 스트레스 호르몬을 분비해 신경세포를 파괴하며 오히려 기억력을 감소시킨다고 한다.
어렸을 때 음악이나 미술 감상으로 감정의 뇌를 발달시키면 해마도 덩달아 활동이 왕성해진다. 하루에 꾸준히 20~30분 정도의 책을 읽고 손에 펜을 잡고 글을 쓰며 주위 사람들과 대화를 자주 나누는 것이 좋으며 뇌에 간접적으로 자극을 주는 방법으로는 체중이 실리는 운동이나 걷기운동을 하루 30분 이상 하는 것이 좋다고 의학전문가들은 말하고 있다. 하나님께서 인간의 뇌를 이렇게 잘 만들어 주셨는데, 사용하지 않는 것은 큰 죄를 범하는 일이다. 매튜 블랙이라는 신학교수는 은퇴하고 65세에 러시아어를 배워 구소련에 가서 러시아어로 강의했다.

2) 탈춤 설문조사 방법

본 설문지는 의학적 설문조사가 아니라 토론 및 강의 설문지 조사방법을 사용하였다.[146] 따라서 예전에 '탈춤의 미학적 움직임'(탈춤체조와 탈춤기본동작)의 주제발표 토론(討論)[147] 부분과 기존 설문지를 이용하여 예를 들었다. 설문지는 해답을 나열함과 동시에 춤을 추고 난 다음(1주일 이상) 현장에서 느끼는 바를 객관식과 주관식으로 적어달라고 요구하였다. 따라서 각 기관단체 및 학교의 수강인원에게 탈춤을 처음 시작할 때와 설명을 하고 수료 마지막 날, 설문했다(일주일 단위/또는 2시간). 각 기업체나 연수원 강의 후에 앙케이트 조사는 최고로 나왔다(특강 및 강습은 마친 후에 바로 실시, 학교 전문학과는 한 학기를 마친 후 설문조사).[148]

가) 이론적(理論的) 동조행위현상(同調行爲現像)의 설문작업

다음은 탈춤을 정신과 육체로 음악을 이용한 장단을 통해 동조행위현상(同調行爲現像)이 하나로 종합(화합・융합・통합)시키는 것을 우리 음악의 특징으로 조사해 보았다. 따라서 음악이 무슨 음악이냐가 중요하지만, 한국인의 정서에 맞는 음악으로 결정을 하였고, 인체가 받아들일 수 있는 항목(이완・홍겨움・경쾌・신명)을 제목으로 정하고 실험을 실시하여 설문했다.[149]

그 결과는 정신적 홍겨움이었다.[150] 따라서 결과를 기계 수치로 나타내기가 어려웠을 뿐이지만[151] 설문지로 표시한 결과이다. 그럼으로써 춤과 노래와 습관이 합하면 인간의 건강이 강력한 힘으로 활력소가 연결이 되는 것으로서, 산(山)과 강(江), 자연의 생활환경[152]을 찾는

---

146) 탈춤분야 전문의가 없고 전문기계로 구체적인 수치를 조사할 수 없었다.

147) 발표사례 토론부분 참고. 1999.5.8(토), 탈춤클리닉과 국악치료 레크리에이션(빙그레)

148) 조사단체는 나)항 다음과 같으며, 구체적인 부분은 사례발표(1999.5.8.) 및 토론분야와 심박동수는 측정분야 부분에서 참고하기 바란다.

149) 다음의 장단인 도도리(이완: 100/60%)・굿거리(홍겨움: 100/79%)・타령(경쾌: 100/87%)・휘모리(신명: 100/93%) 등의 과정에 의해 실험해본 결과 각 장단의 장르마다 신체의 리듬 절차마다 기분 상승의 치유 효과가 다르게 나타났다.

150) 몸의 이완, 홍겨움, 경쾌함, 신명 등 소통과 공간의 관계가 여유롭게 '同調行爲現像'으로 나타났다(설문지를 받았다. 각 춤의 장단마다 100/60%, 79%, 87%, 93% 이상 기분 좋은 현상으로 건강만족도가 상승되어가는 같다고 답했다. 1-10을 기준으로 8・9・10은 건강하고, 6・7의 가벼운 스트레스는 처방으로 조언을 해야 하고 (1 하늘을 보고, 2 동물과 이야기하고, 3 가족(식구)끼리 식사하고), 3・4・5는 병원치료와 약물치료 권장 및 격리, 1・2는 자살위험도가 있다고 추정판단, 전문가 상담을 요구하게 함.

151) 전문 의사들도 조사하기가 애매하다고 꺼려했다.

152) 미세먼지가 우리 몸에 미치는 영향/ -뇌: 혈전 만들고 세포 손상시켜 뇌졸중, 치매유발, -눈: 안구에 붙어 염증・가려움증 유발, -코: 흡입하면 폐포를 통과해 혈액 속으로 들어감, -피부: 모공 속으로 들어가 모공확대, 피

대사(臺詞)를 연결하게 하여 여유로움을 가지게 했다. 그 예로 봉산탈춤의 2목중 대사이다.[153] 어른들에게 춤과 노래와 대사(재담[154])를 하게 하여 보청기로 청춘은 못 드려도 소리는 드립니다, 하면서 어른들의 치매방지에도 도움이 되게 하였고, 가면극(탈춤)을 통해서 세상일을 다 잊게 하고 흥겨워하는 모습들을 연출하게 하였다. 특히 65세 이상의 노인들이 꼭 처녀들 같이 좋아했고 결과도 좋았다. 프로그램 속에는 탈춤 외에 외국의 왈츠, 차차차 같은 포크댄스, 양산도 등도 삽입했다(사례 12번 참고). 산업사회 속에서 그동안 외국식이 긍정적이고 정신건강이 중요한 역할을 해왔다. 그러나 이제부터 어른들에게는 하루 3끼 웰빙 식사와 커피가 아닌 물과 간단한 마사지로 실습을 하면서 여성갱년기 우울증 치유로 몸 관리를 하게 하였다. 더욱 이분들에게 마음을 항상 가볍게 가지게 하고 늙어가는 것이 지극히 정상이며, 좋은 생각(일)을 하면 인간은 결국 천국(天國)으로 간다는 긍정적으로 암암리에 받아들이는 마음의 준비를 하게 하였다.

예를 들어 탄로가(歎老歌: 늙음을 한탄함) "마음아 너는 어찌 늘 젊어 있느냐. 내가 늙을 땐 너도 늙어야 하지 않겠느냐? 아마도 널 좇다가는 웃음거리가 되고 말겠구나." 마음은 아직 젊은데, 늙은 몸은 마음이 가자는 대로 통 따라갈 수 없어 한숨이 나온다고 했다. 필자는 기독교 신자로서 용어는 생명장수, 불교용어는 불로장생(不老長生: 늙지 않고 오래 사는 것)은 없으니 즐기면서 그리고 여유를 가지고 생활하시라고 의식적으로 강의를 한다. 약식동원(藥食同源)은 "약과 음식은 그 뿌리가 같으므로 음식으로 치료할 수 없는 것은 약으로 치료할 수 없다(히포크라테스)." 등, 하루 세끼(위에서 산성 나옴) 음식을 잘 드시면 건강하고 모든 것은 문명병(文明病)[155]이며 좋은 음식과 좋은 생활 습관, 밝고 긍정적인 사고방식으로 삶을 살아가면 암(癌)예방[156]에도 도움이 된다. 그동안 우리는 건강을 다르게 해석하여 서양식인 헬스클럽과 클래식 음악으로 뛰어서 건강을 유지하려고만 한다. 그래서 건강을 유지하려면 무조

부염 일으킴, -폐: 폐포 손상시키고 염증 반응 일으킴, 기침, 천식 악화, -심장: 산화스트레스 증가로 칼슘 대사 이상 초래해 부정맥 발생, -태아의 뇌: 태어난 뒤 뇌신경 발달 저하로 지능 저하, -태아: 허벅지, 머리 등 성장 저하, -자궁 속 태반: 혈액 순환 잘 안돼 태아에서 영양공급 방해.

153) 산중(山中)에 무력일(無歷日) 하여 철(歲月)가는 줄 몰랐더니 꽃피어 춘절(春節)이요 잎 돋아 하절(夏節)이라 오동낙엽에 추절(秋節)이요 저 건너 창송녹죽(蒼松綠竹)에 백설이 휘날리니 펄펄 휘날리니 이아니 동절(冬節)이냐 …(중략)… 나도 본시 한량으로 이러한 좋은 풍류정을 만났으니 어디 한 번 놀고 가려던- 낙양동촌이화정(洛陽東村梨花亭)하고 춤추게 하였다.

154) 나만 살았어!?! 라는 재미난 이야기도 제공했다.

155) 과학병, 권력병, 학문병, 문화병, 경제병, 나태병(현대인이 게으르다).

156) 암 걸리는 이유/ 극심한 스트레스에 오래 시달리면 면역이 떨어져 정신근육과 육체근육이 나약해진다. 흡연, 술, 고기 구어 먹는 것(위암), 뜨거운 음식(뜨거운 차, 컵라면: 구강암, 식도암), 운동부족, 이혼과 사별, 짠 음식, 생활불규칙, 운동부족, 전기장판(전자파), 땅콩 오래된 것(발암성), 모유수유(유방암효과) 등을 조절하고, 생활을 긍정적으로 해석하여 2년에 한번 정도 건강검진 할 것.

건 헬스장에만 가려고 한다. 스포츠는 오락이다. 그러므로 조직과 장소를 요구하는 스포츠와 운동경기는 다르게 생각해도 좋다는 것[157]을 인식하게 했다. 옛날 우리 어르신네(양반)들은 서양에서 들어 온 테니스를 치며 땀을 흘리는 경기를 처음으로 관람하고서 "상놈들을 시키지 왜 저렇게 힘들게 땀을 흘리지!" 하는 말이 생각하게 한다. 건강하려면 어디서나 시간만 나면 여유를 가지고 혼자 할 수 있는 것이 운동이다. 꼭 헬스장에 가서 운동을 하지 않으면 괜히 불안하고 형식적이라도 운동을 해야만 하는 사람들도 있다. 시간이 없어 걷고 뛰지 못하는 사람들도 많다. 직장인들이 시간이 없고 장소가 없어도 사무실, 응접실, 차안 등에서 스트레칭을 하면 된다. 이렇게 정신건강이 중요하다고 하면서 여유를 찾으려고 하지만, 직원들은 바쁘다. 그래도 건강해야 승진한다. 직장에서는 세계화에 맞는 상품화(명품)를 요구하고 주문하여 스트레스를 주고 있기 때문에, 여유롭게 허욕을 버리고 시간을 내어 대처해야 성공하고 살아남을 수 있다.[158]

요즘 K-pop 열풍[159], 자판기시대가 온 세계를 장악하고 있듯이 사회에서는 오감(五感)과 오기(五氣)를 통해 스타와 마케팅전문가와 기획(企劃)[160], 제자, 연출자를 요구한다. 잠깐 유행이 아닌 지역과 세대를 뛰어 넘어 글로벌 콘텐츠가 필요한 시기에 아무리 좋은 작품이라고 해도 때와 창작시스템을 운영할 할 수 있는 전문 전략가(能力있는 소통・유통업자)를 요구하며 브랜드 상품을 원하고 있는 시대에 서 있는 것이다.[161]

---

157) Harold J. Vanderzwaag, Toward a Philosophy of sport(Reading: Addison-Wesley Publishing Company, 1972), p.68. 스포츠는 그 자체의 직접적인 목적과 재미・흥미・기쁨을 갖는 일종의 오락(娛樂)이다. 운동경기(athletics)는 그 자체의 최종목표가 승리인 본질적으로 경쟁적인 활동이다. 운동경기의 목표와 목적은 게임 그 자체의 외향적인 것이다. 즉 참여를 목적(目的)으로 하는 것이라기보다는 승리(勝利)하기 위하여 경쟁한다는 것이다.

158) 김진홍 목사. 칼럼 중에서, 건강해야 성공할 수 있다. 성공에는 진짜가 있고 가짜가 있다. 진짜 성공은 행복하게 하고 평화롭게 한다. 그러나 가짜 성공은 불행하게 하고 삭막하게 한다. 사람들은 가짜 성공에 취하여 진짜 성공을 모르고 살다가 결국에는 삶 자체가 실패한 삶에 이르게 된다. 그렇다면 진짜 성공은 어떤 성공일까? 진짜 성공은 세 가지 C를 포함하고 있다. 첫째는 만족, Contentment의 C이다. 자신이 살아온 삶에 대하여, 자신이 이룬 것에 대하여 만족스럽고 감사함을 느끼면 성공한 것이다. 두 번째는 평온함, Calmness의 C이다. 겉보기에 아무리 성공한 것처럼 보여도 자신의 마음에 평온함이 없으면 성공이라 할 수 없다. 평온함을 누리며 사는 사람이 진짜 성공한 사람이다. 세 번째는 관계, Connection의 C이다. 진짜 성공은 자신과 가까운 사람들과 기쁨을 함께 누릴 수 있어야 하고, 자신을 둘러싼 사람들과 성공의 열매를 함께 나눌 수 있어야 한다. 겉보기에 아무리 성공한 것 같이 보여도 자신의 주위에 그 성공을 함께 누릴 사람들이 없다면 그 성공이 무슨 보람이 있겠는가. 그런 성공은 무의미하고 무가치한 성공이다. 이들 세 가지 C를 한마디로 줄여서 표현하자면 "성공이란 많이 웃고 많이 사랑하는 것이다."

159) 젊은이들이 해외(海外)나가 공연은 잘하고 있으나, 인성(人性)교육이 안 되어 언행문제로 평가를 제대로 받지 못하고 있다. 예전에는 소양교육을 받고 외국에 출국했다.

160) 경제와 학문과 파워의 뜻이다.

161) 공부, 결혼, 돈 버는 기회와 때가 있다. 참고(전도서 3장). 특히 학생들에게 기술과 강대국(영어・일・중어・유럽 등)의 언어를 공부하라고 요구한다. 국제화, 세계화시대에 맞이하여 세계와 사회에 나가서 경쟁을 통해 먹고 살라고(굶어죽지 말라고) 준비를 시킨다. 더욱, 책을 읽고 난 다음 어떻게 생각하느냐? 각자 말을 하게 한다.

나) 실기적(實技的) 설문 작업한 단체(각 기관단체 특강 중에 설문작업을 했다./ 또한 앙케이트 조사하여 자체 평가가 안 좋으면 강사 초청불가/ 1978-현재까지 초청 받음)

(1) 시민예술학교(한예종 방학특강: 수강인원이 50명(기수별 차이 있음)이다. 50명 중 6명이 잘 모르겠다. 힘만든다. 8명 정도 그저 그렇다. 36명이 전원 재미있다고 답변했다. 교수법도 좋다, 지도자의 중요성)

(2) 각, 기관단체(YMCA, 홍사단, 적십자사, 예지원, 한국청소년 연맹 등, 우리 것이 좋은 것이라고 했다, 제대로 배우고 싶다), 새마을본부, 여의도광장, 선정릉, 농협 등.

(3) 기업(삼성, 대우, 현대, 포스코, LG, 농협, 은행 등) = 97%, 기준 자체 앙케이트 평가.

(4) 공무원 연수원(서울시, 법무, 감사원 등) = 98%, 자체 앙케이트 평가.

(5) 교사회(재미있다. 그러나 깊이 들어 갈수록 어렵다./지도자가 어떻게 지도하느냐가 중요하다. 학생들에게 지도할 수 있겠다. 어느 학교 나온 것이 문제가 아니라 누구한테 어떻게 배웠느냐가 중요하다 등의 설문)

(6) 초, 중, 고등학생(창문여고, 경복여상 등, 스트레스 해소, 재미있는데, 힘이 들어 못하겠다. 이걸 왜 해야 하나, 피곤하다./ 민속박물관은 매주 화요일 휴관으로 초등학생 특강함)

(7) 각 대학 평생교육원(일반인: 처음에는 잘 몰랐지만 건강에 좋은 것 같다. 문화센터, 한예종 cap과정, 국민대학교 평생교육원: 재미있다. 건강이 좋은 것 같아 더 배우고 싶다)

(8) 65세 이상으로 20명은 가무악극(歌舞樂劇)을 안배해서 배우니까 힘은 들지만 건강에 좋고 우울증, 치매에 걸리지 않을 것 같다(화목회, 선정릉, 은평학습관 등).

(9) 각 일반대학 및 고려대, 이대, 동아방송대, 경희대, 육군사관학교 등은 수업, 특강 등, 2달 정도 습득하여 전(全)과정 발표공연 함(교양공통교과목 협동과정, 포항대학 특강 등: 좋은데 힘이 든다고 설문).

(10) 예술대학 전문학과(연희과 등): 정규필수과목수업으로 실기시간을 45분 동안과 그리고 90분(이론 포함)동안 수업을 각각 실시하였다. 1안)의 45분 수업과 2안)의 90분 수업을 집중적으로 연습하고 15분 동안 에너지를 충전한 후에 수업을 다시 재기하였다. 1)안의 수업은 학생들이 잘 받아드리는 반면, 2)안 수업은 지루했다고 답변했다. 그래서 2안은 노래(歌)와 춤(舞)과 대사(劇)를 장르형태를 종합적으로 수업을 병행하니 성과가 효과적으로 나왔다.

필자는 이런 결과로 세종문화회관 근무시절 기획자로서 창작뮤지컬 공연시간을 90분(지루함을 느끼지 않는 시간) 타임으로 기획, 제작하여 공연을 하게 되었다.[162]

토론할 때 무슨 뜻이냐? 정리할 수 있는 힘을 길러준다. 창의성, 추리력, 논리적 등, 저 사람은 저렇게 말을 하는구나 하고 판단력을 길러준다.

162) 우리의 몸은 90분 단위로 휴식을 원하는 생체리듬을 가지고 있다(프로리다 대학 연구팀), 그래서 필자가 세종

3) 측정 실시방법(實施方法)과 심박동수 결과

한국가면극의 삼태아(三胎兒)라고 하는 산대, 탈춤, 오광대를 위주로 했다. 그 중 산대・탈춤은 이미 규격화되어 있기 때문에 원형과, 원형을 이용한 탈춤체조와 스트레칭으로 1999년도에 이미 심박동수는 측정으로 노년층 위주로 실험을 해보았다. 산대놀이와 봉산탈춤의 기본동작을 이용한 측정을 가면을 쓰지 않고 운동복 착용으로 실시하겠다. ① 스트레칭, ② 탈춤체조, ③ 양주산대, ④ 봉산탈춤 기본동작 ⑤ 목중과장의 개인 춤과 합동춤동작을 연결하여 모두 실시해보았다.

따라서 체조의 원리를 이용한 이유는, 탈춤은 과격하기 때문에 탈춤의 기본동작을 하기 전에 스트레칭과 탈춤체조를 기초적인 인체공학에 맞게 체조를 구성하여 실시하기로 하였다. 보편적인 체조는

첫째, 손쉬운 운동에서 어려운 운동으로,

둘째, 간편한 운동에서 복잡한 운동으로 전개하였다.

특히 탈춤은 뛰고 움직여 산소를 섭취하여 심폐기능을 강화하는데, 체조역시 탈춤과 같은 비슷한 목적으로 가지고 있기 때문이다. 일반맥박이 70-80에서 체조 후에 120 정도 이하이지만 봉산의 기본동작을 실시 후에는 일반적이고 보편적으로 130정도 전・후로 측정되었다. 따라서 220이란 숫자에서 자기 나이를 뺀 숫자를 넘어서지 않도록 하였지만, 봉산탈춤 기본동작을 1번 하면 호흡의 맥박이 보통 130+-번 이하로 뛰었고, 3번 이상해도 전문(전공)학생들이 150+-이 넘지 안았다. 건강할수록 맥박이 적게 뛰는 것이 좋다. 실시측정방법은 초시계로 측정하였고, 여러 가지 여건상 기계로는 다음기회에 측정하기로 하였다.[163] (전문병원 기계로 덩더궁체조 등은 비슷하게 논문이 나와 있다.)

4) 탈춤체조 설명(장고 라이브 및 테이프 사용, 도해장면 창안발표 부분 참고)

0. 준비/ 어깨넓이 상태에서 양손을 흔들어 주기(호흡조절하며)
1. 어깨춤/ 우, 좌측으로 어깨를 올렸다 내렸다 굴신하며 어깨춤을 춘다.
2. 목춤/ 목운동 하듯 우・좌로 돌려 반복하고 좌・우 반대 회전하여 한 바퀴 돌린다.
3. 노 젓기/ 노를 젓는 식으로 돌리되 곤봉의 원리이다.

문화회관에 근무하면서 뮤지컬을 기획, 제작 등, 강의할 때 될 수 있는 대로 타 장르도 90분을 넘기지 말라고 요구하고 있다.

163) 탈춤의 복합적인 동조행위 현상을 기계로 측정할 수가 없었다(전문적인 의사 부족).

4. 발들기/ 발을 들었다가 내릴 때 안쪽으로 눌러준다.
5. 용트림/ 양손을 쥐고 한바퀴 좌, 우로 회전한다.
6. 깨끼리/ 제자리에서 추는 춤으로 바른편 다리를 「ㄱ자형」으로 들고 외다리로 서서 양 손 춤을 추고 여다지 문을 여는 듯 뿌린다. 또 반대 다리를 들고 반복.
7. 도리깨질/ 외사위를 한 다음 앞으로 박수를 치고 뒤로 박수를 치며 고개잡이
8. 외사위/ 오른발・왼발 교차로 뛰면서 손을 휘젓는다.
9. 숨고르기/ 양손을 귀두로 넘겨 반복한 후에 끝날 때 만세 하듯 숨고르기 한다.

5) 양주산대놀이(춤사위 설명과 고등학교 교과서 사진과 도해장면 참고[164])

양주는 봉산, 오광대놀이의 덧베기춤에 비하여 비교적 단아(端雅)한 맛이 있고 사실적이고 형식적인 미(美)를 갖추고 있다. 경기인의 기질이나 궁중무의 영향에서 온 것이 아닌가 생각되며 춤사위는 탈춤보다 섬세하고 한국민속무의 기본을 찾을 수 있다. 반주악기로는 피리2, 젓대1, 해금1, 장구1, 북1, 꽹과리 가능 등 기본춤사위로는 염불곡의 그(거)드름식과 타령(打令)의 깨끼춤, 굿거리곡 등으로 다음과 같이 기본동작으로 구성되어 있다.

가) 깨끼춤에 속하는 춤사위로써 타령장단을 청하는 불림이 있다. 산대춤의 가장 기본적인 4박의 춤사위로 배우기가 쉽고 흥(興)을 멋있게 풀어내는 춤이다. 불림은 '나비야 나비야 청산을 가자 호랑나비야 너도 가자'(나비는 소무, 호랑나비는 노장, 간통해보자는 것) '달아달아 밝은 달아 이태백이 놀던 달아' 소상반죽 열두 마디를 후리쳐 잡구서(남자 성기)

'금강산이 좋단 말은 풍편(風便)에 넌즉 듣고 장안사 썩 들어가니 난데없는 검은 중이'(산대놀이 판이 금강산 경치만큼 좋다는 말) 녹수청산 깊은 골에 靑龍, 黃龍이 꿈틀어 졌다(춤을 멋지게 추워보자는 뜻).

*** 불림/ 금강산이 좋다마는 풍편에 넌 짓 듣고**

1. 고개잡이/ 우, 좌측으로 고개를 숙였다가 든다(중앙에 1장단).
2. 활개펴기/ 날개 짓을 하는 것처럼 날아가는 시늉을 하는 춤으로 활개를 핀다.
3. 활개꺾기/ 펴서 꺾는다.
4. 깨끼리/ 제자리에서 추는 춤으로 바른편 다리를 「ㄱ자형」으로 들고 외다리로 서서 여닫

164) 최창주, 한국연희극과 마케팅, 월인, 2007. pp.125-127. 국립국악예술고등학교 교재, 필자 공저, 희(戲)분야(양주산대, 고성오광대, 봉산탈춤 사진도해장면 참고).

지 문을 여는 듯 만세사위를 한다. 또 반대 다리를 들고 이와 같이 한다.

5. 멍석말이/ 꽃 앞에서 맴도는 춤 바른손과 왼편 손을 번갈아 머리 위 후두부로부터 전면으로 젖히면서 맴을 도는 춤
6. 곱사위/ 나비가 꽃을 보고 왔다가 뒤로 물러가는 듯한 춤. 여다지 춤은 전진하는 춤이고 곱사위 춤은 후퇴하는 춤인데 이손 저손을 머리 너머로 젖히면서 뒷걸음질 하는 춤
7. 여닫이(여다지)/ 나비가 꽃을 보고 날아와서 앉을 듯 추는 춤. 여다지 문을 여는 동작을 비유해서 두 손을 가슴에 모았다가 다시 양팔을 위로 치켜 올리며 전면으로 내펴고 양쪽으로 올리며 다리는 반대편으로 갔다 하면서 전진하는 춤
8. 빗사위/ 상대방을 휘감고 돌아가는 춤
9. 너울질/ 상대방을 가르치며 농락할 때 추는 춤(유혹의 춤)

양주산대놀이 기본 춤사위(基本動作) 〈표 4〉

순번	춤 이 름	가 면	의 미
1	빗 사 위	일 반	상대방을 휘감고 돌아가는 춤(수닭이 암닭을 훼치는 모습)
2	고 개 잡 이	일 반	우, 좌측으로 고개를 숙였다가 든다(중앙에 1장단).
3	활 개 펴 기	일 반 (기본)	두 손을 펴서 들고 날개를 펴고 날아가는 것처럼 고개를 끄덕끄덕 좌우로 돌리면서 3보 전진 3보 후퇴 하는 춤
4	활 개 꺽 기	〃	날개 짓을 하는 것처럼 날아가는 시늉을 하는 춤으로 활개를 펴서 꺾는다.
5	멍 석 말 이	〃	꽃 앞에서 맴도는 춤 바른손과 왼편 손을 번갈아 머리 위 후두부로부터 전면으로 젖히면서 맴을 도는 춤
6	곱 사 위	〃	나비가 꽃을 보고 왔다가 뒤로 물러가는 듯한 춤. 여다지 춤은 전진하는 춤이고 곱사위 춤은 후퇴하는 춤인데 이손 저손을 어깨 너머로 젖히면서 뒷걸음질 하는 춤
7	여 닫 이 (여다지)	〃	나비가 꽃을 보고 날아와서 앉을 듯 추는 춤. 여다지 문을 여는 동작을 비유해서 두 손을 가슴에 모았다가 다시 양팔을 위로 치켜 올리며 전면으로 내펴고 양쪽으로 올리며 다 리는 반대편으로 갔다 하면서 전진하는 춤
8	깨 끼 춤 (제자리)	일 반 (기본)	제자리에서 추는 춤으로 바른편 다리를 「ㄱ자형」으로 들고 외다리로 서서 삼현장단에 의하여 여러 가지 손춤을 추고 또 반대 다리를 들고 이와 같이 한다.
9	깨 끼 춤 (엇새끼)	〃	발을 이편저편 엇놓아 가면서 추는 춤
10	깨 끼 춤 (곧은치기)	〃	일선으로 전진하는 춤
11	깨 끼 춤 (쌍팔치기)	〃	양주산대에서는 쌍팔치기를 많이 하는데 깨끼, 고래잡이, 之자걸음을 잘해야 한다.
12	허 리 잡 이	〃	허리를 잡고 사람 앞에 까불고 노는 춤. 제자리에서 두 손을 양 허리를 잡고 번갈아 발을 올렸다 내렸다 한다.
13	목 잡 이	〃	두 손으로 뒷목을 잡고 두 다리로 장난하듯 추는 춤.

14	앉은 거 리	〃	앉았다 섰다 하다가 걸어가는 춤
15	짐 거 리	〃	뒷짐을 지고서 걸어가는 춤
16	너 울 질	〃	상대방을 가리키며 농락할 때 추는 춤(유혹의 춤)
17	之 (갈지자 춤)	(기본)	기력이 없어 비틀거리면서 걸어가는 춤 (양쪽 소무 앞으로 之字형으로 추는 춤)
18	두 루 치 기 너 울 춤 (옴중)	상 좌	도포 자락을 이팔(이쪽) 저팔(저쪽)에 다 옮겨가면서 걸어가는 춤
19	너 울 질	일 반 (기본)	날아보려고 요동의 시늉하는 춤
20	삼 진 삼 퇴 (三進三退)	〃	장삼 자락을 후리쳐 돌돌 말아 두 손으로 잡고 후리 쳤던 장삼 자락을 다시 말아가지고 뒷걸음질로 왔다 갔다 3회를 한다.
21	까 치 걸 음	취 발 (샌님)	까치처럼 깡충깡충 뛰면서 이편저편 다리로 앙감질하듯 다리 짓을 하며 뛰어가는 춤
22	고 개 잡 이 거 수 잡 이 바 꿔 치 기	일 반	손들고 물동이 이고 가듯 여자가 나들이 하는 식의 춤
23	자 라 춤	소 좌	손짓을 하면서 유혹하여 남자를 유인하는 춤
24	어 깨 춤	일 반	흥에 겨워 양쪽 어깨를 들먹들먹 하면서 「멋」을 풀어내 는 춤
25	맞춤(對舞)	〃	두 사람이 기분 좋게 서로 보면서 추는 춤
26	기 타	〃	기타 얼굴놀이 금무, 승무 등이 있다.

나) 그드름 식(式)춤에 속하는 춤사위 (6박이므로 실험 대상에 누락)

그드름(거드름)은 노승, 옴중, 연잎, 눈끔적이, 상좌가 주로 추는 사위로서 느린 6박의 춤사위가 후반에는 깨끼춤으로 넘어가기 때문에 흥을 추가해주는 춤이다. 반주 음악은 6박으로 염불곡, 긴염불, 영산회상이다. 염불장단(그드름)을 청하는 불림/ 절수절수 지화자 절수 조르르르 ……………

양주산대놀이 거드름식 춤사위

순번	춤 이 름	가 면	의 미(설 명)
1	부 채 놀 이	연 잎	연잎이 하늘을 쳐다보면서 추는 춤. (天殺星) 하나님께 고하는 춤
2	돌 단 춤 (잡귀를 쫓는 춤)	눈끔적이	땅을 내려다보면서 추는 춤. 눈살이 비추면 사람이 죽기 때문에 연잎은 부채로 눈을 가리고 눈 꿈적이는 장삼으로 얼굴을 가리고 추는 춤
3	대 모 (對母)	왜 장 녀 애 사 당	모녀가 작별할 때 추는 춤
4	복 무 (伏舞)	노 장	기력이 없어서 엎드려서 세수도 하고 이도 잡는 동작으로 춤이라기보다 몸짓(mime)
5	합 장 재 배 (合掌再拜)	상 좌	하나님(天神)께 告하는 춤으로 바른손을 차츰차츰 들고 왼손도 같이 들어 合掌하는데 전에는 15분이나 소요 됐다고 함.

6	西 方 치 기	상 좌 (옴중, 노장)	도포 자락을 머리위에 펴서 두 손으로 잡고 주춤주춤 하면서 한 방향씩 돌아가서 재(再)배 하고 또 한방향씩 돌아가서 재배춤인데 이와같이 동에서 시작 남, 서, 북 또는 북, 서, 남 등 반대로 돌면서 재배
7	팔 뚝 잡 이	상 좌	바른편 다리를 길게 내딛고 바른손을 내 뻗어서 구부리고 왼손은 바른편 팔꿈치를 쥐고 고개를 끄덕끄덕 하다가 주춤 뒤로 3, 4보 가다가 반대로 왼편 다리를 내놓고 하는 춤
8	용 트 림	옴 중	용이 세상으로 나와 이편저편에 무엇이 있나하고 꿈틀거리는 춤
9	고 개 춤	옴 중	神이 귀속으로 들어오기 때문에 신이 나서 고개를 끄덕끄덕 하면서 三進三退 하는 춤인데 장삼 자락을 바른손으로 어깨 너머로 넘기고 고개 돌리며 고개 짓 한다. 허리잡이 멍석말이 등이 있다.

다) 기본 춤 및 중요배역춤사위 진행순서(9개 동작이나 반복으로 풀어가고 있다)

＊기본

1빗사위, 2고개잡이, 3활개펴기, 4활개꺽기, 5깨끼리, 6멍석말이, 7곱사위, 8여닫이, 9너울질, 10빗사위, 11고개잡이, 12깨끼, 13멍석말이, 14곱사위, 15쉬 ∽

＊상좌춤

1합장재배, 2두루치기, 3합장재배, 4두루치기, 5팔뚝재배, 6허리재배, 7두루치기, 8멍석말이, 9장잔갈이, 10징걸이 고개잡이, 11징걸이, 12모두밟기, 13너울질, 14기본춤.

＊옴중춤

1고개잡이, 2용트림, 3사방치기, 4활개치기, 5활개꺽기, 6활개펴기, 7멍석말이, 8장단갈이, 9징걸이 고개잡이, 10짐걸이, 11모두밟기, 12너울질, 13기본춤.

＊노장춤

1거드름(그드름) 춤, 2엎드려 양소무 넘보기, 3엎드려 양소무 확인하기, 4양치질세수하기, 5일어나서 쓰러지기, 6다시일어서기, 7소무본심알기, 8부채너머소무보기, 9사방치기, 10지팡이던지기, 11활개치기, 12활개펴기, 13돌단춤, 14장단갈이 기본춤.

＊산대놀이와 짐승 그림

노장 등판에 호랑이/ 당시 불교는 국교로서 세도가 너무나도 강하여 왕실과 결탁하여 서민들을 수탈하고 농민들에게 고리대부와 특권계급인양, 술을 빚어 팔며 권세의 뜻인 것으로 추정된다. 취발이 등판에 학/ 본인이 파계하여 불목한이 되었지만 자기 눈에 들보는 발견치 못하고 남의 눈에 티만을 보이는 행위로서 노장이 파계한 것을 훈계하는 취발이의 '정신이 옳곧다.'의 뜻으로 해석하면 되겠다.

옴중의 용(龍)/ 봉산은 사자, 오광대의 비비, 하회의 주지, 야류의 영노의 뜻이다.

＊"탈춤 치유 학교" 여름방학 강좌(모집)

- 일　시/ 2013. 7월 8일(월) - 11(목)
- 장　소/ 한국예술종합학교 공동 대연회실(02-746-9752. 9717)
　(서울시 성북구 석관동 1-5 한국예술종합학교 전통예술원 연희과 139호)
- 강　사/ 전문가 및 교수
- 대　상/ 초・중・고・대학・일반인 선착순 50명
- 회　비/ 식비 및 음료수비 약간
- 접수처/ 한국탈문화연구소(02-562-2090, 02-746-9717)

- 탈춤치유 특강내용 요지

> 탈춤이 한국인의 체질에 가장 적합한 최고 운동의 효과를 나타낼 수 있는 예술이다.
>
> 예술행위와 운동의 효과를 적절하고 조화롭게 나타낼 때, 탈춤치유가 되며 동조행위현상(同調行爲現像)[165]이 일어난다. 우리의 탈춤은 학교전통문화교육(탈춤치유)을 통해 범죄 등 사회 문제를 줄이는 데 도움을 줄 수 있다. 즉, 탈춤치유는 어울림의 공동체놀이문화로 학교폭력(왕따, 인터넷, 성폭행, 스마트 폰 중독, 자살 등)을 줄일 수 있는 예・체능・인성교육의 유일한 전통문화프로그램이다.[166] 탈춤을 통하여 배우게 되는 어울림의 문화는 젊은이(학생)들의 불안과 소외감을 줄이는 데 기여할 수 있을 것이다. 탈춤은 한국의 역사와 전통의 맥락을 정체성 형성에 연결시키고, 땅을 밟고, 자국(自國)의 전통(鄕土)문화교육을 터득하면, 심리적 안정감을 가져올 수 있다. 그러므로 교육부의 전통문화 학과목 선정(초・중・고・대학)을 요구하는 일환의 대안프로그램이다.

165) 마음의 근육과 육체가 종합적인 가무악극(歌舞樂劇)으로 조화(調和)를 이루는 것(즉, 정신과 육체가 춤・소리・악기・드라마가 하나의 장르가 되는 것).

166) 필자는 그동안 각 대학 및 초・중・고등학교 특활반, 한국청소년연맹, 육군사관학교, 한민족탈춤학교, 기업, 연수원, 홍사단, YMCA 사회단체와 한국예술종합학교, 시민예술학교, 공동교과목, 영재학교 등에서 '탈춤클리닉' 프로그램을 운영・진행하였고, 지금도 하고 있다. 스트레칭과 유산소운동인 탈춤특강을 통해 설문지에서 '희로애락' '인생의 맛을 느낀다.' 개인프로그램과 단체 어울림의 활동을 통해 스트레스를 해소하고 전통문화를 습득하여 '민족' '주체의식'이 높아짐을 볼 수 있다. 이것을 계기로 '탈춤치유'를 연구하게 되었다. 현재 전면 주 5일 '놀토'가 되었는데 학교에서는 아직 방침이 없어 PC방으로 가는 초등학생들이 게임중독(7.7%)이 되었다고 하는데, 게임하는 것을 보면 인간성이 나온다. 2012.3.5. 조선일보 기사를 보면, A목사는 '눈을 뻔히 뜬 채 홍수에 떠내려가는 사람을 보고만 있는 심정'이라고 했고, 교육부는 "학기 초라 아직 운영에 미흡한 부분이 있다"면서 "기존 프로그램들 외에 1,287억 원을 들여 토요 특기 적성 프로그램을 새로 마련하기로 하고 수요를 조사하고 있다"고 밝혔다. (여기가 한국인데 오케스트라학교・뮤지컬사업단을 임시방편으로 운영하는 것 같다.) 또한 교육부당국에서는 '모두 3천억 원이 넘는 예산을 쓴다는데 현장에서 학생들이 체감할 만큼 실효성이 있을지 의문'이라고 말했다.(조선일보. 2012.4.13(금). 기사내용 요지) 탈춤치유학교도 함께 운영했으면 하는 바램이다.

(1) 한삼(汗衫)체조

봉산탈춤의 기본동작은 다른 탈춤보다 조금 과격한 부분이 있기 때문에 스트레칭을 해야 하나 시간이 없으면 기본동작을 하기 전에 한삼(汗衫)체조를 실시한 후에 기본동작을 해야 한다.(스트레칭 → 한삼체조 → 기본동작)

(1) 한삼을 양손에 잡고 만세 부르듯 기지개를 한다(만세). (2) 앞, 뒤로 좌, 우로 틀어서 반복하여 당긴다. (3) 앞, 뒤로 숙인다. (4) 우측·좌측 발등에다가 한삼을 가져다가 댄다. (5) 우측, 좌측 옆으로 당긴다. (6) 목에 대고 앞, 뒤로 당긴다. (7) 이마에 대고 뒤로 당긴다. (8) 우, 좌측으로 허리를 튼다. (9) 우, 좌로 발을 내 딛고 전진 후진한다. (10) 한삼을 양손으로 잡고 우, 좌로 걸으며 돈다. (11) 한삼을 발바닥에 걸고 당기기. 엎드려 있을 때 발목에다가 걸고 당기기, (12) 걷는다.

(2) 기본동작 도해장면[167)]

- 불림/ 설명(洛陽東村 梨花亭)

1. 고개잡이(2장단)/ 우, 좌측으로 고개를 90도로 숙였다가 든다(1장단 씩).
   (1-2) 고개잡이(1장단)/ 우, 좌측으로 고개를 90도로 숙였다가 든다(반 장단 씩).
2. 발들기(2장단)/ 우, 좌측 발을 90도로 올렸다 내렸다 한다(무릎 들어올리기).
3. 황소걸음(1장단)/ 양발 오금에다 붙였다가 왔다 갔다 한다.
4. 무불림(1장단)/ 불림을 하되 소리를 하지 않는다.
5. 외사위(1장단)/ 오른발, 왼발 교차로 뛰면서 손을 휘젓는다.
6. 겹사위(2장단)/ 손을 감았다가 풀러준다.
7. 양사위(2장단)/ 겹사위를 하듯 양손으로 한다.
   (7-2)외사위(1장단)/ 오른발, 왼발 교차로 뛰면서 손을 휘젓는다.
8. 앉아 뛰어 외사(1장단)/ 앉아다가 뛰어 외사위 한다(3-4에 돈다).
9. 앉아 뛰어 겹사위(2장단)/ 앉아다가 뛰어 겹사위 한다.

167) 최창주 글, 김해철 삽화(한예종 미술원 2010) <탈춤 지도방법에 참고>.

봉산탈춤 기본동작 〈도해장면 5〉

순서	명칭 및 장단	도 해	설 명
1	불림 (1장단)		洛陽東村梨花亭 만세를 부르는 형태에서 한삼을 위에서 아래로 태극선(S자)으로 휘저으며 소리 지른다. (낙양동천이화정) 다리는 항상 어깨넓이로 편안하게 벌려 구부린 기마자세(주춤서기)이다.
2	고개잡이 (2장단) (2회)		손(한삼)을 어깨에 메고 무릎을 굽혀 오른쪽, 머리는 45도, 방향 80도, 상하로 두 번 어깨춤을 추며 굴신한다.
3	고개잡이 (1장단) (1회)		2번과 같은 형태, 한번 반복한다.
4	발들기 (2장단)	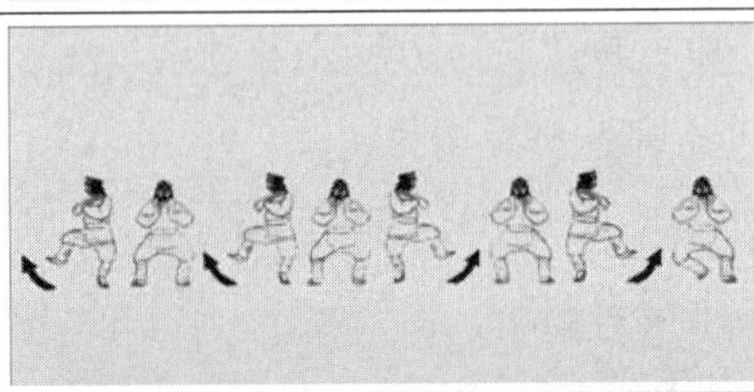	오른쪽 무릎을 끌어올려 다리는 90도 "ㄱ"자, 외각으로 비켜들어 어깨춤을 추며 들었다 놨다 한다.
5	황소걸음 (1장단)		양쪽으로 뛰기라고 할 수 있으며 반대편 다리는 딛는 다리 오금쟁이 가까이로 끌어올려 왔다 갔다 한다.
6	무불림 (1장단)		말없이 불림만 한다. (1번과 같음)

7	외사위 (2장단)		오른쪽 무릎은 정면 45도, 옆비켜 "ㄱ"자로 든다. 오른팔은 어깨와 평행해서, 머리 위 뒤에서 앞으로 한삼을 펼쳐 뛰어 날개를 편 자세로 한다. (2회 반복)
8	겹사위 (2장단)	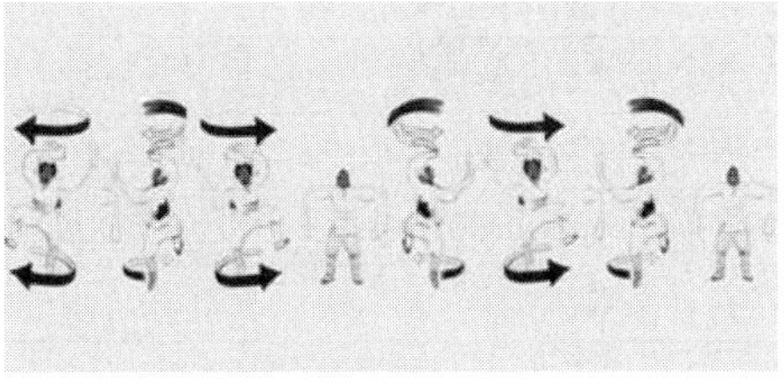	오른쪽을 머리 위 앞으로 한 바퀴 감았다가 반 장단은 풀어서 외사위. 발의 자세는 우측 무릎을 "ㄱ"자로 들고 동서남북 방향으로 우측으로 회전하여 본래 위치로 온다. (좌측 반복)
9	양사위 (2장단)		제자리에서 오른발을 "ㄱ"자로 한 장단 들고 뛰고 있는 상태에서 팔은 겹사위를 양손으로 동시에 한다. (좌측 반복)
10	외사위 (1장단)		7의 설명과 같다. (1회)
11	앉아 뛰어 외사위 (2장단)	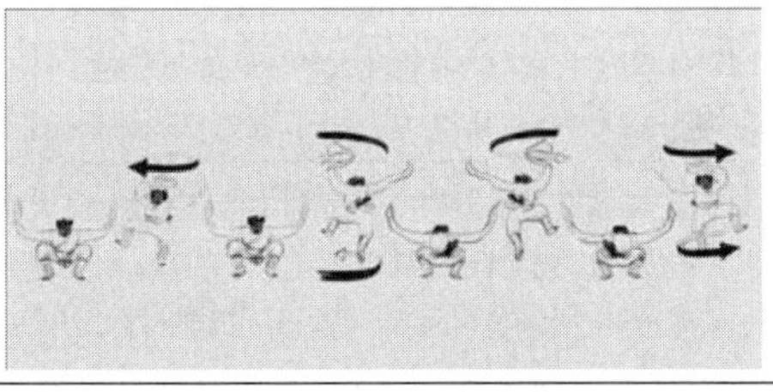	첫 박자에 주저앉았다가 뛰어 오른손 외사위하고(정면), 왼 쪽으로 180도 회전하며 왼손 외사위. (후면 보고 반복하고 본래 위치로 온다.)
12	앉아 뛰어 겹사위 (2장단)	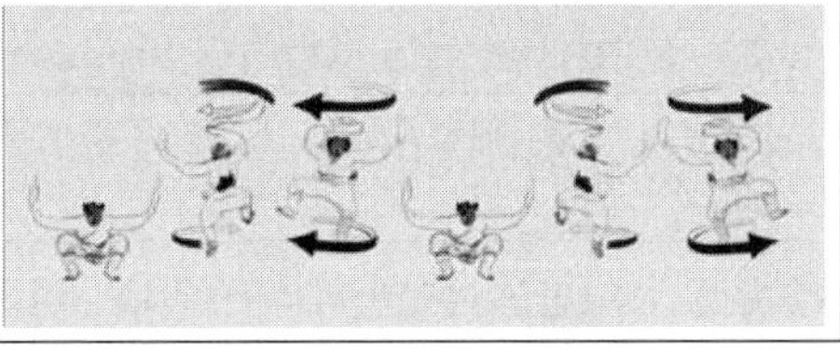	앉아 뛰어 겹사위 하며 오른쪽으로 360도 회전하면서 본래 위치로 온다. (좌측 반복)

6) 봉산탈춤 기본동작과 주요 춤사위 치유운동[168] 〈표 6〉

번호	명칭	치료 운동 내용	비고
1	불림(落陽東村梨花亭)	척추 옆구리운동, 소리를 통한 스트레스 해소(몸 전체 준비 운동)	
2	고개잡이	경추, 요추, 흉추운동, 오금, 허리건강에 좋음	
3	발들기(다리들기)	대, 내퇴부, 허리, 목 운동	
4	황소걸음	요추, 허리운동 어깨 이완운동	
5	무불림(말없이)	허리 및 온몸운동(1번 반복)	
6	외사위	50견 예방, 키보드증후군, 활개근육, 뛰뛰기 운동	
7	겹사위	동서남북의 지구력운동	
8	양사위	키보드증후군, 양팔활개근육운동	
9	외사위	6번 운동과 같음(예비)	
10	앉아 뛰어 외사위	하체운동, 대 내퇴부 운동, 호흡 심폐기능 강화, 복근·척 추 관절 근육, 허리강화 운동	
11	앉아 뛰어 겹사위	하체운동, 지구력과 회전운동, 허리골반운동	
12	연풍대	지구력, 균형 잡기, 회전운동	구성
13	까치걸음	뛰뛰기운동, 호흡, 전체근육강화운동	퇴장
14	대사(臺詞)외우기	우울증, 조울증, 치매방지, 집중력, 성격변화, 집단합창의 조화, 예: 산중에 무력일하여(중략), - 나로 말할 것 같으면 술 잘 먹고 노래 잘하고 춤 잘 추는 한량으로 -(생략)	
15	대리만족(추임새)	대리만족(삼각관계), 대변인 말뚝이(양반), 목중, 추임새: 얼쑤, 얼씨구, 좋다, 잘한다, 그래, 그렇지, 야! 그놈 잘한다. 根本, 基本, 優先順位의 健康治癒法	
16	대화치유(對話治癒)	치매, 우울증, 상담치료, 말(臺詞)의 표출을 통해 소통의 스트레스해소, 덕담, 집단치료, 상대방의 언어를 들어준다. 야! 야! 너 허든 지날 다 했느냐? 어느 제길 할 놈이 다해!?(폭언을 대서로 순화작용)	
17	드라마(배역)치유	목중놀이, 노장과장·양반·미얄과장을 통해 배역을 제공, 대무(對舞)의 삼각관계, 갈등(葛藤)해소, 풍자적 스토리텔링, 대사와 함께 캐릭터를 자기와 비교함으로서 본인을 이해시킴, 마부와 신장사, 취발의 모노드라마, 대무의 싸이코 드라마, 회개와 용서의 사자춤(獅子舞), 호흡과 목마타고 서기(접근방법), 정경유착(政經癒着) 등	
18	소리(노래)치유 및 배역치유(목중·말뚝·취발이 등)	서도, 경기민요 등, 각 배역의 노래 소리를 통해 호흡 조절, 불림, 자식교육메시지	
19	집단 치료	뭇동춤, 군중, 집단연습, 개인과 비교행위: 보통 2시간정도 뛰어 연습을 할 수 있으나 반주음악과 동료 없이 혼자 춤을 출려니 힘이 들어 5분도 못한다고 답변함. 우리는 어울림의 문화이지만 집단적·정신	

168) '탈춤클리닉' 최창주. 기본동작을 통해 이미 초, 중, 고, 대학, YMCA, 기업체 등 일반인 계층별로 실험사례 발표함(1999.5.8). 그 외 내용은 <논문 3. 탈춤클리닉의 실제와 사례발표>을 참고하기 바란다.

		적 충격을 치유해야 할 우리민족(수많은 외침〈역사학자도 모름〉으로 소외당한 민족을 충격해소, 일제강점기, 6·25 냉전, 남북한 극한대립 등, 온갖 어려움 속에 경제적 기적과 민주적 기적을 단시간 내에 이루었지만 돈 집착, 권력집착, 공동체적인 정신적 치유) = 그래서 갈등과 상처를 치료하기 위해서는 집단치료·치유가 필요하다. 실험 대상자: 각 기업체와 학교인 한예종 무용원, 연극원, 전통예술원 연희과, 동아방송대 연극영화과, 창문, 경복, 계원여고 3학년 김유리 외, YMCA, YWCA 및 교사모임, 탈벗회, 탈무리회, 홍사단, 시민예술학교, 예지원, 국민대학, 은평평생교육원 모임(주부 50세), 산봉회: 60세 이상 모임,	
20	탈춤 기공	탈춤의 기본동작을 이용하여 S자의 양손으로 불림부터 9개 동작(9개 동작)을 연속으로 끝난 다음, 뭇동춤, 타령장단이 아닌 6박의 리듬에 맞춰 탈춤기공(슬로템포)으로 정리하였다.(선능 및 노인들을 위한 탈춤치유)=후에 4박으로	
21	운동 효과	탈춤(산대·오광대·야류 등)의 운동효과는 유산소 운동은 물론이거니와 동시에 스트레칭과 스토리텔링 대사를 함께하는 운동의 특징이다. 더욱 몸짓과 춤(舞), 음악(音樂)의 동조행위현상(同調行爲現像)으로 대사(臺詞)를 통해 침해를 방시할 수 있어 자연(自然)과 생활, 전통문화와 치료(治療)와 치유가 함께하는 삼위일체(9개)의 운동효과가 있다.	

7) 분야별 심박동수 설문 효과 및 주의할 점

가) 탈춤기본동작(대학생 등)

탈춤을 전문적으로 실시하는 학과학생과 비전문적인 학생, 그리고 취미학생, 가정주부 50대와 65세 이상의 그룹(탈춤사례 참고)으로 실시하여 설문하였다. 기본적으로 220에서 자기 나이를 뺀 숫자를 넘어서는 안 된다. 평균 심박동수가 1분에 70-80정도(+_)에서 스트레칭을 먼저 한 후에 10분 동안 명상을 했다. 그리고 기본동작의 9개 동작을 한번 한 것과, 3번을 연속으로 각각 실시를 하여 실험해 보았다. 또한 봉산탈춤 제2과장을 개인춤과 합동 춤의 순서로 한 단계 높여 진행했다. 이것을 1주일(1회)과 3달 동안 연습 후에는 다음과 같이 측정되었다. 타 장르인 국민보건체조, 줄넘기, 에어로빅 헬스 등은 타 논문사례를 비교하였다. 따라서 단순히 일방적인 운동 ① 탈춤체조는 cassette Tape 진행하였고 비교하되, 종합적인 탈춤 ②는 흥·멋·맛이 있어 즐겁고, cassette Tape가 아닌 생음악으로 재미있게 종합적인 가무악극(歌舞樂劇)의 스토리텔링으로 실시되어 포만감이 증폭되었다고 설문했다(1. 탈춤체조. 2. 양주산대. 봉산탈춤, 3. 봉산 제2과장 첫목중춤, 목중춤, 합동춤 및 가무악극).

1. **전문학생**(연희과: 전공자 맥박 평균 70-80번 심박동수에서 초시계로 다음 항목을 실시하였다. 15명 중에, 여 7명, 남 8명)

가) 초시계

1. 탈춤체조/ 정상맥박(70-80)에서 휴식 후에 음악에 맞춰 실시한 후 1분에 심박동수가 90-100+_이 나왔다(cassette Tape). 그러나 생음악은 10+-정도 변수가 있었다.
2. 양주산대놀이/ 보통 110-120+_번이 평균이고(생음악)
3. 봉산탈춤 기본동작의 9동작을 1회 했을 경우(15명중, 120번+_ 뛰는 학생이 10명이 나왔고, 130번+_대가 5명이 나왔다.) 3번을 연속으로 했을 때, 162번 1명, 150번 뛰는 학생 2명, 145-148번 각각 7명, 130계통이 3명, 122-127번 뛰는 학생이 2명이었다(그러나 심혈을 기울여서 뛴 학생과 대충한 학생은 차이가 있었다. 전문학생 및 전문가가 아니면 3번 이상은 위험요소가 있다).
4. 봉산탈춤 제2과장을 개인춤과 합동춤의 순서를 연속으로 진행했다. 그러나 합동중춤을 추고 난 다음에는 쓰러질 정도로 힘이 들어 심폐기능의 심박 수를 잴 수가 없었다. 사자춤도 기계 수치로 측정할 수 없었다(한 학기 동안을 주 1회로 연속하여 단련하니 건강하게 되었고, 맥박수가 대체로 고르게 낮게 측정되었으나 연속으로 춤을 훈련하니 심폐기능이 좋아졌다고 했다).

나) 기계측정/ 실험을 전문기관에 할 예정임(설문지 대용)

2. **교양공통교과목학생**(비전공자/ 1분에 정상 70-80 맥박에서)

1) 탈춤체조/ 110번+_, 2. 양주산대놀이/ 120-130번+_, 3. 봉산탈춤 기본동작의 9동작을 1회 했을 경우, 4번은 배우지 못해 실시할 수가 없었다.

가) 초시계/ 50명 중 2명/140,+_ 4명/130.+_ 나머지가 110이하이었다.

기본동작 3번 했을 경우 160+_/10명. 140+_/15명 130+_/이 대다수였고 제대로 뛰지 않아 100정도 이었다. 초보였을 경우는 140-160번+_이 대다수이었으나 2달 동안 연습 후에는 3번을 연속하였을 때 보통 고르게 130번+_ 정도가 되어 좋아졌다. 그러나 뛰는 학생들이 에너지의 강도(최고-대충-적당히)를 어떻게 책정하느냐가 문제였다. 힘들어서 적당히 띄는 것과 열과 성의를 해서 뛰는 학생의 심박동수의 기준이 모호했으나, 전공과 비전공의 학생들이 맥박동수 10-20+-번의 차이가 있어 평균적으로 심폐기능의 운동은 탈춤이 좋다는 증거가 표출된 것이다.

나) 기계측정/ 실험을 전문기관에 한 예정임(설문지 대용)

3. **취미학생**(한국청소년 연맹 및 1999년도 접수 신청한 학생, YMCA, 2010.시민예술학교 등 / 1분에 정상 70-80 맥박), 비교적 여유가 있는 학생들이 참가했다.

1. 탈춤체조/ 110번+_, 2. 양주산대놀이/ 120-130번+_, 3. 봉산탈춤 기본동작의 9동작을 1회 했을 경우. 4번은 배우지 못해 실시할 수가 없었다.

가) 초시계/ 2명/140, 4명/120. 나머지가 100+-이하이었다. 기본동작 3번 했을 경우 160/1명. 140/16, 130/7, 120/4. 110/5, 나머지 100+-정도이었다. 초보였을 경우는 140-160이 대다수이었으나 일주인 연습 후에는 비전공학생이나 공통과목학생(취미)의 심박동수와 비슷하게 좋아졌다.

나) 기계측정/ 실험을 전문기관에 한 예정임(설문지 대용)

4. **주부**(40-50세, 예지원, 국민대학 평생교육원)

주부들은 탈춤수강보다 취미와 건강을 위해 습득하고 있으며 동작과 강도를 강하게 요구하지 않았다.

가) 초시계(1분에 정상 70-80 맥박)

1. 탈춤체조(1회)/ 110번 전 후(+_)
2. 양주산대놀이(1회)/ 120-130번 전 후(+_)
3. 봉산탈춤(1회)/ 120-160번 전후(+_)가 되었으나 힘들어해서 조사가 되지 못했다. 4번은 배우지 못해 실시할 수가 없었다.

나) 기계측정/ 실험을 전문기관에 한 예정임(설문지 대용)

5. **65세 이상 어른들**(사례자료 참고)

어른들에게는 스트레칭과 맨손체조(탈춤체조 또는 도구사용)를 꾸준히, 탈춤보다 춤사위를 건강위주로 진행하였다. 탈춤과 건강과정을 천천히 접목해서 체력을 보강하여 삶의 의욕을 가지는 것이 중요하다고 강조했다. 그러나 예술행위는 반복의 원리를 이용하고, 그 원리를 차근차근 질서정연하게 적용하여 연습할 때마다 무리하지 않게 스트레칭을 통해 점차 그 강도를 상승시켜 체계적으로 복식호흡과 함께 마음을 밝게 하고 단계적으로 반복 진행하였다. 어른들에게는 1) 탈춤체조, 2) 양주산대 기본동작, 3) 봉산탈춤 기본동작, 4) 봉산 제2과장을 실시하였으나 1), 2)번은 그런대로 진행되었고 3번의 봉산기본은 동작 7번까지는 진행되다가 8번부터는 할 수가 없었으나 대다수 하려고 노력하였다. 심장박동 수는 처음에는 무리하다고 생각하여 제대로 잴 수가 없었으나 훈련을 실시한 수에는 호흡이 좋아졌다고 하나 100-160+-까지 진행되어 측정을 할 수가 없었다.

탈춤은 가무악극(歌舞樂劇)을 통한 종합예술 학습이라 교육 분위기가 다르다. 탈춤치유(1단계-8단계)전의 맥박과 후에 호흡이 좋아져 심박동수가 호전되어가는 것을 느꼈다(사례결과 자료 참고). 탈춤을 하기 전에 계단을 오르내리는 것도 힘겨웠지만 탈춤치유 후에, 엘리베이터를 이용하지 않고 계단을 자신 있게 걸어서 집에 올라간다고 했다.

노인들에게는(설문조사에서) 자신을 탈춤치유 후에 소신 있게 건강을 유지하는 비법을 체험하여 알고 있다는 것이 중요했다. 또한 대사(分析: 운문시적=리어리즘 연극 비교)를 반복적으로 암기하게 하여 치매를 방지하고 극중 인물(젊은이)과 자기와의 비교를 통해 소외감(인간의 삼각관계: 노장・양반・말뚝이・미얄과장 등)을 갖지 않도록 무의식적으로 드라마틱한 캐릭터를 통해 옴니버스 식으로 진행하였다. 반복적인 실행은 연희적 치유가 작용하여 치매 방지에도 도움이 되었다. 이것이 뇌(腦)를 이용한 탈춤이 육체와 정신적인 동조행위현상(同調行爲現像)[169]이라고 할 수 있다. 그 동조현상을 이용하여 노인들에게 현상유지[170]를 시켜주었다(산봉회/ 무형문화재 전수회관, 매주 월, 금 오후 3시, 주 2회, 38년생 수강/ 20명(97~98년도)후에 14명만 남음, 국민대 평생교육원(50대 여성) 6개월 강습 후에 종료함).

나) 심박동수 및 사례결과

1. 탈춤체조. 2. 양주산대 기본동작. 3. 봉산탈춤 기본동작, 4. 봉산 제2과장 목중춤 및 뭇동춤의 순서로 실험했다. 처음 탈춤체조 후에 2번(양주), 3번(봉산)의 기본(基本) 9동작을 한 번씩 해보는 순서로 하고, 2・3을 각각 1회에서 3회를 연속으로 실시를 하여 실험해 보았다. 또한 봉산탈춤 제2과장을 개인춤과 합동춤(뭇동춤)의 순서로 연속으로 진행했다. 따라서 1주일 또는 2달, 한 학기 동안 연습 후에는 다음과 같이 좋아졌다고 측정되었다. 평균 160번+- 높이 뛰었던 심박동수가 연속으로 교육을 통해 훈련했을 때, 130번+- 정도로 낮아진 학습결과가 나타났다. 교육은 훈련이다. 탈춤을 하면 그 만큼 심박동수와 심폐기능이 좋아졌다는 설문 및 사례를 확인할 수 있다(전문학생과 비전문학생의 차이점은 있었으나, 비교적 비슷하게 측정이 되었다. 단, 대상자가 춤을 출 때 어떤 방식으로 측정에 임하느냐가 관건이었다).

다) 주의 할 점

탈춤은 과격한 운동이다. 계속 뛰기 때문에 충분한 스트레칭을 하고 춤을 추어야 기초체력이 강화되고 호흡과 근육에 무리가 없게 해야 한다. 단, 220에서 자기나이를 뺀 숫자를 넘기

169) 춤과 동작(몸짓)과 음악, 드라마의 오르내림을 함께 자유자제로 구사할 수 있는 능력(能力)을 숙지(熟知).
170) 치매, 우울증, 관절염 등, 중세가 진전이 안 되게 방지함.

지 않으려고 노력해야 한다. 심박동수와 유산소운동 및 스트레칭이 동시에 진행되므로 체지방은 빠질 수 있으나 '추임새'를 통해 실시 중, 호흡조절과 마음의 여유로움을 찾아야 한다. 함께 하고, 어울리고, 어울림의 단체로 하기 때문에 고독감, 우울증 등은 사라지고 재미, 운동량, 성취감이 있어 치유가 된다.[171] 그러나 어깨와 허리통증, 고혈압, 척추, 관절염, 무릎통증이 심하면 삼가해야 한다. 특히 점프할 때 무릎, 발목, 고관절 등 병을 앓고 있다면 위험할 수 있기 때문에 봉산탈춤 기본동작을 하기 전에 1단계부터- 단계를 거쳐야 한다.[172] 따라서 앉아 뛰기, 겹사위, 연풍대 등을 회전할 때, 점프로 한 쪽 발에 전체 체중을 싣는 동작이 있어 균형감각을 잡지 못하기 때문에 골반이나 근육, 인대, 허리가 틀어지기 쉬우니 몸을 돌리면서 고개를 돌려야 어지럽지가 않고 부상당하지 않게 해야 한다.[173] 관절은 견고하나 인대, 관절이 파열(찢어지면)되면 4-8주 동안 회복(치유)기간이 필요하다. 그래서 연습할 때, 근력강화운동을 하려면 안정적으로 운동화를 신어 충격을 흡수할 수 있는 마룻바닥이 좋다. 초보자가 탈춤을 배워 공연에 임한다면, 절차적으로 동작을 완벽하게 소화하고 가면을 쓰고 소품, 의상착용, 가무악극(歌舞樂劇) 등, 종합예술이기 때문에 연습을 하여 충분히 익힌 후에 절차를 밟아 학습과 공연에 임해야 한다.

그동안 실험결과 스트레칭과 탈춤체조는 맥박이 비교적 약하게 정리되었으나, 최대 운동량은 봉산탈춤의 기본동작과 연풍대 까치걸음이 심박동수가 높았다. 운동 강도가 높아 산소흡수량을 측정하고 에너지 소비량이 많아 칼로리의 계산법이 과학적으로 측정 및 예산이 없어 측정할 수가 없었다. 또한 봉산탈춤 기본동작의 동일한 운동을 연속으로 부가할 때 초보자는 할 수가 없었으며, 기본동작을 연속으로 3번 이상 했을 때와 봉산탈춤 제2과장 목중춤의 산소섭취량과 첫목중춤은 에너지 소비량이 많았다. 특히 운동 강도가 제일 높은 것은 3목(跳舞등)이고 낮은 것은 6목이었다. 합동춤은 심박동수가 증가되어 뭇동춤으로서 춤을 추고나면 숨을 쉴 수가 없어 쓰러질 정도로 힘이 들어 실험이 대상의 되지 않았다(설문 참고). 이만큼 심폐기능운동으로 그 어떤 운동(탈춤)이 따라잡을 수가 없다(배운 지도자가 누구냐에 따라 차이가 있다).

라) 일반적인 논문과 헬스 및 축구 체력소모량

· 런던올림픽의 계기로 축구대표팀의 한 경기 체력소모량과 피로해소법[174]을 보면, -10~

171) 탈춤은 한국의 대표적인 춤이기 때문에 어느 누구나 쉽게 따라 배울 수 있다. 또한 한국인 체질에 가장 맞는 최고의 운동이지만, 자격증 취득하는 곳이 없다(廳의 전수, 이수 외에).

172) 시간이 없으면 1단계라도 몸 푸는 스트레칭작업을 해야 한다.

173) 지도자가 탈춤을 추기 전에 중요한 지도역할을 해야 함(지도자는 교육을 받고 이수해야 함).

174) 나영무 솔병원 원장. 2012.8.7.

13km 뛰어다녀(1분 30초에 한번씩 14m 전력질주), -최대의 5L(리터)땀 배출(평상시의 7-10배), -체중 2~3kg 감소, -1500~2000칼로리 열량 소비(마라톤 풀코스 완주, 설악산 정상 등반 수준), 체력 보강 및 피로해소법은 -하루 한 시간씩 가벼운 운동(근육 속 피로물질 배출), -냉탕, 온탕에 번갈아 몸을 담그며 혈액순환 촉진, -마사지 등으로 뭉친 근육 풀어주기, -밥, 빵, 파스타 등 탄수화물 위주 식사(근육 활동량 증가), -비타민C, E 섭취(몸의 산성화 방지), -이온음료 충분히 마시기 등이 있다.

· 봉산탈춤의 운동 강도(强度)는 HR max 100%로 하였을 때 그 평균은 87.42+-5.96% 나타났으며 이것은 덩더쿵 체조는 166.5+-13.9beats/min. -국민보건체조의 심박 수는 112+-8.7beats/min, 58% -줄넘기 운동*152+-14.7 beats/min, 80.7%. -에어로빅 평균(平均) 심박 수는 97 beat/min -163beats/min, 80%, -헬스클럽에서 실시하고 있는 운동 강도의 심박 수는 120-155beat/min, 으로 측정되어 있다. 봉산탈춤에너지 소비는 심박 수의 평균이 174+_ 15.97beats/min이므로 13kcal/min 소비된 것으로 나타났다. 제언(提言)의 결론은 봉산탈춤은 운동강도(運動强度)가 매우 높으므로 중학생이나 주부에게는 기본동작을 4번 이상 연속적으로 하는 것은 무리라고 사료된다. 따라서 체조원리에 맞지 않기 때문에 준비운동이나 체조의 성격으로 부적당하다고 사료된다.[175]

· 봉산탈춤을 1시간 연습 시에 50분 정도를 계속 뛰게 한다. 마라톤 풀코스를 뛰는 것보다 더 힘이 든다. 탈춤을 공연할 때는 제2과장 목중춤을 출 때 대사 후에 타령장단(1장단: 5초)에 맞춰 보편적으로 1분 30초를 뛴다. 그리고 개인춤이 끝나고 나면 합동춤(뭇동춤)을 3분정도 춘다(의상과 가면을 착용 후에 한삼을 이용한 춤사위는 숨을 제대로 쉴 수 없다. 사자춤은 더 힘들다). 탈춤은 순간의 힘과 예술적 표현을 위해 육체의 힘을 발산할 때 춤과 음악과 동조행위현상(同調行爲現像)이 복합적으로 전개되기 때문에 그 어느 운동보다 체력소모가 많고 호흡을 못할 정도로 힘이 든다. 축구는 90분을 경연(競演)을 하지만, 탈춤은 밤샘공연, 3시간, 2시간, 90분 등의 시간으로 공연한다. 단 과장마다 배역(Cast)의 출연으로 여유가 있을 뿐이다. 따라서 봉산탈춤의 기본동작은 체조원리와 준비운동이나 체조의 성격으로 부적당하다고 하나, 탈춤은 운동치유로서 운동강도(運動强度)가 매우 높으므로 스트레칭과 유산소운동이 동시에 되므로 준비운동 후에 탈춤체조를 실시하면, 탈춤은 한국인 체질에 가장 잘 맞고 탈춤치유가 적당하다고 사료된다.[176]

위의 3가지 항목의 예가 있었다. 첫 번째 논문은 축구의 예를 들어 올림픽 닥터로서 기본적

---

175) 강태봉, 성균관대, 석사논문(1986).

176) 최창주, 탈춤의 미학적 움직임(1978). "탈춤클리닉과 국악치료" 탈춤치료의 실제와 사례논문 발표(1999.5.8.) 탈춤치유에 관한 연구(2014.6.) 참고할 것.

인 열량소비 '수준'을 표현을 했고, 두 번째 논문은 탈춤의 논문으로 심박 동수의 치수를 기록하기 위해 전문가가 아닌 비전문가가 조사를 한 것이다. 따라서 cassette Tape를 가지고 일방적으로 하였기 때문에 문제의 차이점이 있는 것 같다. 세 번째 논문은 탈춤은 춤이지만 운동이 될 수 있다. 따라서 가무악극(歌舞樂劇)이 종합적으로 내재된 동조행위현상(同調行爲現像)의 융합문화예술이다. 탈춤의 한 장르만 가지고 따진다면 탈춤은 과격한 운동이다. 초보자들한테 탈춤을 갑자기 또 함부로 시키면 좋지 않으며 실험의 대상이 될 수도 없다. 그래서 필자가 연구한 탈춤은 스트레칭과 유산소운동이 동시에 전개되기 있기 때문에 체계적인 학습을 받아 탈춤을 추면 치유가 되어 건강할 수 있다.

탈춤은 우리 한국인의 체질에 가장, 그리고 제일 알맞은 운동이자 춤이다. 탈춤의 기본동작까지 가려면 필자가 제시한 논문을 참고하고 1-9 단계[177]를 거쳐 건강(健康)이라는 탈춤(가면극)의 최종 목적과 목표에 도착하는 수순을 밟아야 한다. 세상이 어수선하면 낙심 자(者)가 있고 결심하는 자(者)가 있다. 탈춤이라고 해서 함부로 실험을 하면 잘못된 결과가 나올 수밖에 없는 것이기에 필자는 예산문제도 있었지만, 어울림의 종합예술을 기계로 측정할 수 없이 아래 〈예〉를 통해 특강과 강습을 할 때 설문지로 대신하였다.

현대의학에서 치료하지 못하는 것들을 탈춤을 통해 힐링치유 〈표 7〉

* 학교교육에서 우리는 지금 우리 것을 버렸기 때문에 문제점이 돌출(왕따・폭력・자살 등)되고 있다. 공감대를 형성하고 수준 높은 행복지수를 높이는 것은 전통방법을 고수해야 한다. - 그 〈예〉로 스트레스는 치수(%)로 나오지 않는다. 얼마만큼 받았는지 자신이 스스로 풀어야 한다. 따라서 우울증, 치매도 약이 없다. '자연'과 '사랑'도 GNP의 수치로 잴 수 없다. 탈춤이 건강에 좋다고 하는데, 어떻게 좋은지 치수로 나오지 않는다(설문지 참고). 기계로 형식을 빌려 과학적인근거라고 해서 숫자(%)가 나올 수는 있다. 또는 논문을 작성하기 위한 수단으로 조사할 수 있다. 그러나 자연의 원리가 과학이다. 밤에 잠을 잘 때도 캄캄하게 불을 끄고 잠을 자야 한다. 농작물(고구마 등)도 불을 켜놓으면 성장이 늦는다. 옥수수를 따서 껍질을 벗겨보라. 알맹이를 감싸고 있는 모습의 보호막이 그 어떤 과학적인 기계로 포장한 것 보다 더 완벽하다. 즉, 우리 춤은 자연(自然) 춤으로 땅을 밟으며 우리의 체질에 맞는 운동을 해야 한다는 뜻이다. 자연의 마술 천둥, 번개, 폭풍(태풍・강풍), 폭우(雨), 안개, 폭설(雪) 등은 과학이라는 것은 한계가 있고 과학의 힘으로 자연 현상을 막을 수 없다. - 만물의 근원이 물이다(물水 참고). 그러나 물만 가지고 안 된다. 흙이 있어야 한다. 흙은 우리의 삶이기 때문에 '사람은 흙에서 태어나 흙으로 돌아간다.'는 말이 있다. 최초의 인간이 흙으로 빚어졌고 죽어서는 한 줌의 흙으로 돌아간다. "여호와 하나님이 흙으로 사람을 지으시고 생기를 그 코에 불어넣으시니 사람이 생령(生靈)이 된지라."(창세기 2:7) 종교도 흙(땅)의 종교와 하늘의 종교가 있다. 흙의

177) 최창주, "탈춤클리닉과 국악치료" 탈춤치료의 실제와 사례논문 발표(1999.5.8.) 참고할 것.

종교는 노력과 공을 들이게 한다. 반면 하늘의 종교는 복음을 통해 믿음으로 은혜를 받는 것이다. 아울러 불과 햇빛 공기가 있어야 만물의 근원이다. 자연을 이용한 육체의 지휘부인 뇌(腦)를 이용한 신명(神明: 밝음, 빛)나는 음악이 나오면 걷고 뛰고 춤추듯이 어울림(단체)의 프로그램을 이용한 자율신경계를 움직이는 영향력을 행사할 수 있어 막힘이 뚫는 열기가 있다. 탈춤이라기보다 운동(運動)의 강도를 볼 때 뇌(腦)와 유산소운동과 스트레칭, 우울증, 치매, 드라마 등의 종합적(복합, 융합, 통합적)인 문화예술, 운동으로서 연구의 가치가 있는 동조행위현상으로 스트레스가 해소 되었다고 설문지들은 답변했다. 우리 인간은 사지(四肢=육체)를 어떻게 사용하는 공부는 못했지만 원리도 모르면서 잘 쓰고 있다.[178]

- 병(病)이란 한 번에 고치는 것도 있지만, 오래 걸리는 것도 있다. 재발되는 것도 있는데 중요한 것은 낙심이 무섭다. 심리적인 것을 강조하고 싶다. 재발되면 힘이 드니 관리를 잘하면서 기도해야 한다. 다만 치유방법은 위의 사례와 3・3・3[179]+9・9・9[180] 전법(戰法)과 탈춤체조 취지와 목적을 터득하면, 자연원리와 더불어 올바른 규칙적인 생활습관과 뇌(腦)를 자극하는 운동인 책읽기, 라디오 듣기, TV보면서 뛰기, 숙식(宿食), 여유, 우리체질에 맞는 운동(스트레칭・탈춤체조・민속체조 등)과 음식조절하기 등을 통해 관리와 예방과 간단한 치유를 해야 한다(작은 일을 하면 큰일을 할 수 있다. 유명인사는 자살(自殺)했다: 코닥사장, 히틀러, 나폴레옹, 이소룡, 엘비스프레스리, 마릴린 먼로, 최진실 등).

3. 수강생(강습회) 설문지 내용(참고자료) 및 소결론

한국탈문화연구소에서는 전통문화 계승발전과 국민들의 건강과 문화복지(文化福祉) 향상(向上)에 이바지 할 것을 노력하고 있다. 아울러 더 나은 연구소로 발돋움 하기위해 탈춤수강생 여러분의 소중한 의견을 듣고자 합니다. 본 설문지는 조사연구를 위한 통계처리의 목적으

178) 예전에는 담배를 피우면 스트레스가 해소된다고 했다(속이 편해진다). 임진왜란 무렵 우리나라에 들어온 담배는 충치를 예방하고 소화를 촉진하는 약초로 여겨졌다. 조선 최초의 백과사전 '지봉유설'(1614)이 "가래도 식혀주는 효능이 있다"고 적을 정도였다. 만병통치의 묘약이었던 담배는 차나 술 대신 끽연(喫煙)을 손님에게 권하는 '연다(煙茶: 피우는 차)' '연주(煙酒: 피우는 술)'라는 신조어를 낳을 만큼 귀물(貴物)이었다. "네다섯 살이면 담배를 배워 남녀 모두 피우지 않는 이가 없다."는 '하멜(Hamel) 표류기'(1668)의 증언처럼 중독성이 강한 담배는 삽시간에 남녀 불문 노소동락의 기호품이 되었다. -(생략)- 이후 흡연자는 자기건강만 아니라 가족과 이웃까지도 병들게 하는 '비문명인'이라는 사회적 낙인이 찍혀 공공장소는 물론 가로의 흡연까지 단속대상이 된 오늘도 골초들의 흡연 의지만큼이나 이 땅에 전래한 이후 국가권력이 염려한 것은 사람들의 건강이 아닌 재정악화였다(허동현, 경희대 교수). 월호스님은 스트레스를 이기는 방법은 풀해(解) 벗어날 탈(脫)을 어떻게 연습하느냐, 번뇌, 스트레스가 오면 얼른 알아채고 '왔어' 하고 인사하세요. 손님이 왔는데 외면하면 심술부리고 너무 극진하면 주인 노릇하려고 드니까 스트레스 "너 이 녀석 또 왔구나!" 혼내라고 요구하고 있다.

179) 건강의 기본조건(基本條件)은 '몸을 피곤하게 하지 않는 것' '영양을 섭취하는 것' '물을 많이 마시는 것'이다. 우리는 '언제' '어디서' '어떻게' 죽을지 모르는 것이 인간이며, '누구나 꼭 죽는다는 것' '혼자' '빈손으로 간다는 것' 그래서 '잠 잘 자고' '그냥 먹고' '운동하기'(3+3+3).

180) 양주 및 탈춤의 아홉(9)가지 기본동작, 탈춤의 치유사례과정인 <탈춤클리닉>을 1단계부터 8단계로 구성하고, 9단계로 정리되어 있다. 용(龍)도 9마리의 동물로 구성 등으로 3舞와 3色을 통해 환희용약(歡喜踊躍/기뻐 날뜀)으로 우리 몸(肉體)의 작은 우주전체를 윤활하게 해준다(9+9+9).

로만 사용됨을 알려드린다. 해당 항목에 0으로 표기하여 주시기 바랍니다.

귀하의 성별 및 연령대는 (남, 여: 10대, 20대, 30대, 40대, 50대, 60대 기타)

1. 귀하는 이번 강습(수업)에 대해 어느 정도 만족하십니까?
   ① 매우만족 ② 대체로 만족 ③ 보통 ④ 대체로 불만족
   * 만족(장점) 혹은 불만족(단점)하시다면 이유는 무엇입니까?(추가 글) 뒷면-
2. 귀하는 본 수강료(강습비)가 적당하다고 생각하십니까?
   ① 매우적당 ② 대체로 적당 ③ 보통 ④ 대체로 불만족 * 무료제공
3. 귀하는 본 탈춤강습회(수강)의 내용은 어떻다고 생각하십니까?
   ① 매우 좋다 ② 보통 ③ 대체로 불만족 ④ 매우 불만족
4. 귀하는 지도자의 지도교수방법이 어떻다고 생각하십니까?
   ① 매우 좋다 ② 대체로 좋다 ③ 보통 ④ 불만족(다른 방법은? 조언)
5. 귀하는 본 강습회를 타인에게 추천하고 싶으십니까?
   ① 추천하고 싶다 ② 대체로 그렇다 ③ 보통 ④ 싫다
6. 귀하는 탈춤강습이 몇 번째라고 생각 하십니까?
   ① 첫 번째 ② 두 번째 ③ 일주일 동안 ④ 2주 동안(10회 이상) ⑤ 한 달 동안
   ⑥ 6개월(일주일 1번) ⑦ 6개월(일주일 2번) ⑧ 1년째
   (해보고 싶은 다른 전통문화는 풍물. 무속, 남사당 등 -)
7. 탈춤의 스트레스 해소와 운동 효과는?
   ① 좋았다 ② 보통 ③ 안 좋다(　　)
8. 타 운동과 비교해본 결과 탈춤의 심박동수 및 운동효과를 비교할 때 어떠하다고 생각하십니까?(① 좋다 ② 보통 ③ 좋지 않다 ④ 그저 그렇다)
   1) 탈춤체조(심박동수: 100. 110. 120. 130. 140. 150. 160+_ 이상)
   2) 양주산대 기본동작(100. 110. 120. 130. 140. 150. 160+_ 이상)
   3) 봉산탈춤 기본동작(100. 110. 120. 130. 140. 150. 160+_ 이상)
   4) 봉산탈춤 2과장 목중춤 (100. 110. 120. 130. 140. 150. 160+_ 이상)
   5) 집단치료, 기본동작과 주요 춤사위 운동〈표 3〉(100～130～150 이상)
9. 귀하는 다른 사람보다 건강하다고 생각하십니까?
   ① 매우 그렇다 ② 대체로 그렇다 ③ 보통 ④ 대체로 좋지 않다
10. 위의 사항들을 모두 고려했을 때 탈춤이 한국인 체질에 맞는다고 생각하십니까?

① 매우 만족 ② 대체로 만족 ③ 보통 ④ 대체로 만족치 않다

11. 강습장소는?

① 매우 만족 ② 대체로 만족 ③ 보통 ④ 만족치 않다

설문조사 뒷면에 추가 글들이다. 〈표 8〉

장점(78%)	단점(22%)
탈춤은 최고의 운동이다. 보통이다. 스트레칭과 유산운동이 동시에 된다. 대사(歌舞樂)를 하니 우울증·치매방지도 좋겠다. 대중화 되었으면 한다. 심박동수는 그 어떤 운동보다 좋아 심폐기능의 효과가 있는 것 같다. (탈춤하기 前 스트레칭과 한삼(汗衫)체조 좋았다.)	매일 하고 싶어도 헬스 장소처럼 장소가 없다. 혼자하기가 어렵다(순서를 모르니 어떻게 해야 할지 모르겠다.) 건강보다도 춤 인줄 알았다. 그저 그렇다. 혼자하려면 음악이 있어야지(그러나 스트레칭과 탈춤체조는 좋았다) 라고 답변했다.
스트레스가 해소되었다. 탈춤하기 전과 후가 몸 상태가 가벼워지고 좋아졌다. 탈춤이 이렇게 좋은 줄 몰랐다.	힘들다. 힘만 들어 무엇을 했는지 모르겠다. 잘 모르겠다 등
탈춤을 한두 번 정도 맛을 보았다.(10%)	탈춤을 처음 해본다.(90%)

은평구 학습관 설문조사 자료(필자 재능기부: 2014.2-4. 10회 2시-4시)

교육만족도조사 설문지

2014

2/4분기

안녕하십니까? 은평구평생학습관입니다. 본 설문지는 은평구평생학습관의 자체 평가 자료로서 더 나은 교육환경을 만들기 위해 활용되며 다른 용도로는 사용되지 않습니다. 아래의 질문을 읽고 해당하는 곳에 ✔표시해 주시기 바랍니다.

참여프로그램 : 말랑말랑워크숍–탈춤치유워크숍(봉산탈춤)　　(강사 : 최장주)

1. 지금 수강중인 프로그램에 대해 아래 내용 중 해당하는 내용에 ✔표해 주시기 바랍니다.

내　　용	매우 그렇다	그렇다	보통 이다	그렇지 않다	매우 그렇지 않다
강사는 프로그램에 대한 전문지식이 탁월하였다.					
강사의 강의준비는 철저하였다(계획서에 따른 체계적 진행).					
강사의 교육방법은 적절하였다. (진행속도, 언어구사, 내용전달, 동기유발 등)					
강의 내용은 잘 조직 되어 효과적으로 운영되었다. (학습내용의 양과 수준의 적절성 등)					
강사는 교육시간을 잘 지켰다(시간준수, 휴·보강 실시).					
프로그램을 통해 원하는 목표를 달성하였다(학습 성취도).					
본 프로그램 관련 학습동아리를 구성하거나 참여하고 싶다					
본 프로그램을 재등록할 의사가 있다.					
본 프로그램을 다른 사람에게 추천하고 싶다.					
프로그램에서 가장 좋았던 점을 적어주세요.					
프로그램에서 특별히 개선될 점을 적어주세요.					
학습관에 바라는 점, 제안하고 싶은 프로그램 등 추가 의견을 자유롭게 적어주세요.					

2. 귀하의 성별과 연령은? __① 남 __② 여
__① 10대 __② 20대 __③ 30대 __④ 40대 __⑤ 50대 __⑥ 60대 __⑦ 70대 이상

3. 귀하의 직업은 다음 중 어디에 해당합니까?
__① 사무직 __② 전문직 __③ 공무원 __④ 자영업 __⑤ 주부 __⑥ 학생 __⑦ 기타(__________)

4. 귀하의 거주지는 어디입니까?
__① 갈현동 __② 구산동 __③ 녹번동 __④ 대조동 __⑤ 불광동 __⑥ 수색동
__⑦ 신사동 __⑧ 역촌동 __⑨ 응암동 __⑨ 증산동 __⑩ 진관동 __⑪ 그 외(__________)

5. 프로그램에 참여하게 된 목적은 무엇이었습니까? (중복응답 가능)
__① 직무능력 향상 등 자기발전 __② 취미활동 __③ 동아리 등 모임 활동 __④ 기타(__________)

6. 평생학습관의 다른 프로그램을 수강한 경험이 있으십니까? __① 예 __② 아니오

7. 평생학습관의 프로그램 및 행사 정보를 어디에서 주로 찾으십니까? (중복응답 가능)
__① 학습관 홈페이지 __② 구청 소식지나 구청 홈페이지 __③ 학습관 내 비치 홍보물
__④ 구청 또는 주민자치센터 내 비치 홍보물 __⑤ 도서관, 복지관 등 공공기관 내 비치 홍보물
__⑥ 주변 지인의 소개 __⑦ 기타(__________)

8. 학습동아리 활동에 관심이 있다면 연락처를 적어주세요. (____________________)

^^* 응답해 주셔서 감사합니다 *^^

명지대학교위탁운영 은평구평생학습관 Eunpyeong Lifelong Learning Center

＊소결론

인간의 스트레스는 치수(%)로 나오지 않는다. 얼마만큼 받았는지 자신이 스스로 풀어야 한다. 따라서 우울증 · 치매도 약이 없다. '자연'과 '사랑'도 수치로 잴 수 없다. 탈춤이 건강에 좋다고 하는데, 어떻게 좋은지 치수로 나오지 않는다(설문지 참고), 요즘에는 무엇을 주장하려면 과학적 근거자료라고 하면서, 형식적인 수치가 있어야 한다. 탈춤치료(치유)를 주장하려면 과학적 근거나 수치상의 데이터[181]가 있어야하는데 설문조사로 의존할 수밖에 없었다. 그러나 여러 논문들처럼 기계로 형식을 빌려 과학적인 근거라고 해서 논문형식을 빌려 숫자(%)가 나올 수는 있지만, 필자는 생활습관과 환경요인, 심리적 현상과 자연현상을 주장하고 강조했다.

첫째, 아무리 과학(科學)이 발달했지만, 대자연현상을 막으려고 노력해도 자연적 재앙(천둥 · 번개 · 폭풍 · 폭우(雨) · 폭설(雪) · 안개 · 파도 등)을 과학의 힘으로 예방할 수 없다. 또한 의학(醫學)이 발전했어도 치유방법은 대자연과 나 자신의 생활습관, 심리적 관리(腦)가 중요하다. 내 짝은 나다. 나는 나를 사랑하여 내 가치는 내 스스로가 만들어낸다. 나하고 가장 오래 사는 사람이 나(本人)다. 예상치 못한 고통고난은 인생에 있어서 소중한 가르침이다. 또한 망각의 축복은 지혜와 은혜를 준다. 창피한 일, 강도 · 강간 · 안 좋은 과거를 잃게 해주는 것이나, 율법은 기억을 일으키게 하는 것이다. 믿는 자(者)는 고난이 와도 감사(感謝)하여 영(靈)의 사람으로 베풀고(일반은총, 특별은총), 육(肉)의 사람은 계산하고 이익이나 손해를 따진다. 원대한 꿈도 작은 것부터 시작된다. 한국인은 타인을 의지하고자 하는 마음이 팽배하지만, 예를 들어 이스라엘 민족은 탈무드교육을 통해 스스로 나와 가족과 민족을 지키고 어떻게 하면 세계최고가 될 것인지 알고 생활습관부터 베어져 있는 삶을 살아간다.

이렇듯 인간은 자기만의 빛깔(색깔)이 있기 때문에 필자의 3+3+3의 건강법인 생활습관이 중요하다고 판단했다. 즉, ㉮ 대자연적인 환경의 치유(웬만한 병은 자연적으로 치유된다.…), ㉯ 민간치유요법(경험에 의해서…). ㉰ 의사 및 한 약방의 과학적 근거에 의해 치료. ㉱ 운동(탈춤)통해 치유. ㉲ 과학〈의사〉이 해결 못하는 것을 하나님과 관계가 있어 신유의 믿음인 하나님의 능력으로 죄를 해결해야 치유를 받을 수 있다. 우리는 밤에 잠을 잘 때도 캄캄하게 불을 끄고 잠을 자야 한다. 농작물(고구마, 감자 등)도 불을 켜놓으면 성장이 늦게 된다. 즉, 우리 춤은 무아지경 속에 자기 스스로에게 엄격해야 하며 아울러 생활습관과 자연(自然)춤으로 땅을 밟으며 우리의 체질에 맞는 운동(관절)을 해야 한다는 뜻이다.[182]

---

181) 과학적인 데이터는 수치와 형식적이지만, 사람을 믿게 하려면 숫자가 있어야 한다. 제2권에서 발표하기로 한다. 이 탈춤클리닉의 글은 투병과 고난, 고통당하는 환우들을 보고 치료보다 예방차원의 글이다.

182) 앞으로 인간을 대상으로 연구하거나 혈액, 세포, DNA 등 인체 유래 물질을 연구할 때에는 연구 대상자의 동의

이 땅의 흙은 우리의 삶이기 때문에 '사람은 흙에서 태어나 흙으로 돌아간다.'고 한다. 한문(漢文)으로 풀이한다면 영(塋)은 '火火' 빛을 발하는 두(아담과 이브)사람이 흙(土)무덤(塋)의 영(靈)으로 돌아갔다. "네가 얼굴에 땀이 흘러야 식물을 먹고 필경은 흙으로 돌아가리니 그 속에서 네가 취함을 입었음이라 너는 흙이니 흙으로 돌아갈 것이니라(창3:19).

둘째, 지도자(치유, 치료사)의 자질(資質)이다. 인성(人性)인 성품이다. 기본적으로 모든 교양적 지식과 지혜를 소지(素地)하고 있어야 한다. 작은 일을 하면 큰일을 할 수 있다. 불평하는 자(者)는 잘되는 일이 없다. 고통고난과 억울한 일을 당할 때 원망하지 말고 감사해야 하며 감사하는 자만이 성공할 수 있고, 잘되는 게 없다고 하는 사람은 잘되는 기준이 돈이기 때문이다.

셋째, 만병통치약은 웃음이다. ㉮ 생리적 변화(웃음인사), ㉯ 기분전환(분위기 전환), ㉰ 신체활동 원활(울음과 웃음은 감정의 배설물), ㉱ 신경성질환 해결(로이로제, 스트레스 등), ㉲ 마음의 평화(믿음의 태도, 모든 병은 마음먹기 달렸다), 바) 매력(내 것인데 남에게 보여주고, 봐주길 바라는 것/ 울음과 웃음, 울음은 화장을 고쳐야…), 즉 웃음은 인간관계가 회복이 된다, 개는 반갑고 좋으면 꼬리를 흔드나, 인간은 웃음으로 화답하여 동기부여를 하게 되면 영원히 회복이 된다. 웃음의 종류(-怒一怒, 笑一笑)는 ㉠ 파안대소(破顔大笑/ 기쁨을 참지 못한…), ㉡ 폭소(爆笑/ 폭발적인 함박웃음), ㉢ 미소(微笑/ 항상 미소를 생활화), ㉣ 비소(誹笑/ 비웃음, 웃겨봐라 내가 웃는지, 그까짓 것 가지고, 아니꼬운 듯이), ㉤ 실소(失笑/ 시도 때도 없이 웃어, 실성 등), ㉥ 냉소(冷笑/ 공동묘지 으스스, 재수 없는) 등이 있다. 그러나 발등에 불이 떨어졌는데 어떻게 웃어?!, 세상에는 억울한 일, 분통터지는 일, 통곡할 일이 많다. 스트레스로 피곤을 해결하라. 세상이 무너진다 해도 솟아 날 구멍은 있다고 했다. "웃어라."

넷째, 그래서 탈춤은 치료보다 예방차원 성격이 강하다.[183] 탈춤이 병균을 죽일 수는 없지만, 대체의학으로서 심리적으로 영향을 끼친다. 한국인은 자연의 원리(자연요법・정신요법・식이요법 등)를 좋아하고 있고, 서양인과 현대인은 기계에 의해 과학의 힘을 주장(의사진단, 약물요법 등)하고 있지만, 현대의학에도 할 수 없는 우리의 것(어울림의 예술)은 담당 의사들도 측정할 방법이 없다고 피했다.

다만 치료보다 예방이 필요하다고 하는 것은, **건강할 때부터 지켜야 하는 올바른 생활습**

를 받고 사전에 연구계획서를 심의 받아야 한다. 그동안은 배아, 유전자, 관련연구만 대상자 동의와 심의를 받았다. 이에 따라 앞으로는 사회과학, 자연과학, 의학 연구자들도 사람을 대상으로 연구할 경우 기관 내의기구(IRB)의 심의를 받아야 한다. 국내학술논문 중 인간을 대상으로 한 10%가 이 법을 적용할 것이다(보건복지부 생명윤리, 안전법, 개정안을 2013.2.1.부터 실시).

183) 탈춤은 인간의 밀접한 드라마틱한 조선연극사로서 가무악극(歌舞樂劇)의 종합적인 예술로 접근해야 하기 때문에, 춤과 음악과 동조행위현상(同調行爲現像)을 기계를 통해 인간을 측정할 수가 없었다.

관[184]과 기도치유[185], 뇌(腦)[186]를 자극하는 운동과 책읽기(뇌 건강에 가장 좋은 비법), 라디오 듣기, 걷고, TV보면서 땀 흘려 뛰기(규칙적인 운동)[187], 생활환경의 규칙적인 식사[188], 여유(餘裕), 우리체질에 맞는 운동(탈춤체조 등)을 꾸준하게 노력하면 건강할 수 있다.

위의 본문 13가지와 실기 설문지 등을 살펴볼 때, 치유과제는 인간의 건강문제로 영원한 숙제라는 것이 필자의 철학으로 가지고 있어 연구, 노력하고 있다. 우리 집의 세상적인 가훈은 '힘을 기르소서' 영적인 가훈은 '진리가 너희를 자유롭게 하리라' 두 개의 가훈을 가지고 있다. 이제 공기가 좋은 경기도 광주 나뭇골에 터를 자리 잡고 보니 재능기부하며 "국민건강을 위해 도움 줄 수 있는 것이 무엇이냐"를 생각해 보았다. 그동안 주제 발표한 자료(사례 · 논문)들을 엮어 거칠고 미천한 글이나마 건강을 위해 독자들한테 소개하고 싶은 마음먹고 보니 당시에 급한 원고 청탁에 주제 발표한 중복된 글들이 많아 '탈춤클리닉' 출판을 통해 정리를 한다고 해보았다. 허상이 아닌 필자가 '국민 건강에 붙잡힌 사람'이 되어 실제경험을 가지고 쓴 글들이다.

2012년도 정부에서는 지원금 3천억 원을 급조해서 명분(사회적 기업, 불평 없는 세상, 서양문화 프로그램(뮤지컬사업 · 오페라학교) 등)보다, 실제적이고 현장감 있는 근본적인 우리의 전통문화 교육 통해 학교개선과 방향을 조금만 정리하고 지원을 해주었다면 근본적으로 학생들이 변할 수 있고 자살(自殺) 및 갈등(葛藤)도 예방할 수 있었을 것이다.

2013년도 시작한 박근혜 정부에게 아직도 기대를 해본다. 고도성장으로 인해 정경유착(政經癒着), 취업경쟁(經濟), 사회안전망(社會), 가족관계(文化) 등의 가난은 구할 수 없지만, 전통문화교육프로그램(교양)[189]을 통해 '탈춤클리닉'이 건강치유로 위로할 수는 있다. 특히 젊은

---

184) 나쁜 습관 때문에 실패, 좋은 습관 때문에 성공한다. 환경요인과 정상적인 생활을 하지 않는 자(者)는 경제적인 여유가 있어도 건강할 수 없다. 사회는 지나가는 과정이므로 문제를 작게 보고, 상대방을 돕고 싶으면 물질 · 건강 · 능력 · 여유가 있으면 된다. 털어서 먼지 안 나는 자는 없다. 그렇다고 덮는다고 못 덮을 것도 없다.

185) 디스크, 신장병, 퇴행성관절염 등 의사는 "심한상태이기 때문에 그 무릎으로는 도저히 다니실 수 없으니 절대로 무리하지 마세요."라고 했다. 그래서 강남금식기도원에서 기도하고 안수를 받으니 무릎통증이 사라졌고 치유의 기적이 일어났다고 했다(길은순 권사. 여 H교회. 전단내용).

186) 뼈가 많은 손과 발을 자극(마사지)해 주면 뇌가 좋아진다. 도시생활은 안식할 수 없어 뇌(腦)가 살 수 없다. 자연과 땅과 가깝게 지낼 수 있는 전원에 살아야 한다. 인간은 알면 알수록 더 알 수 없는 것이 인간이다. 그 나라의 산수풍경이 그 민족의 정신생활에 주는 영향은 한없이 큰 것이다. 인물이 산천에서 난다는 말은 거짓이 아니다. - 보배를 두고도 쓸 줄을 모르면 망한다. 우리나라처럼 좋은 경치가 세계에 어디 있는가? 금수강산이 아닌가? 그러나 금수(錦繡)강산을 금수(禽獸)강산으로 만든 것은 웬일인가?

187) 자연을 벗 삼아 물을 마시며, 규칙적인 생활과 운동을 하면 암 · 치매 · 우울증 등 건강을 유지하고 예방할 수 있다(장소 · 여건을 따지지 말고 · 돈이 안 드는 생활운동).

188) 패스트푸드가 아닌 우리음식인 유기농을 먹어야 건강한 음식이고 비만 합병증을 막을 수 있다.

189) 天强大任: 하늘이 강한 자를 만들려고 하면 교육(지식과 기술로 인격)과 훈련(무술과 기술로 연습시켜 익히게 함)을 통해 지식과 체험으로 육체적 · 심리적으로 피곤하게 하고 궁핍하게 만든다. 그래서 역경과 시련을 견디면 대임(大任)을 맡겨 탄탄하고 성장하게 한다. 복구비고(復舊卑高): 오래 엎드려 있으면 멀리날 수 있다. 모두

이들에게 다음 성경 구절을 전하고 싶다. "지혜 있는 자는 듣고 학식이 더할 것이요. 명철한 자는 지략을 얻을 것이라."(잠 1:5) 그래서 젊은이들이나 노인(老人)들은 오감(五感: 달콤함 · 향긋함 · 담백함 · 씁쓸함 · 신선함), 오미(五味: 신맛 · 쓴맛 · 단맛 · 짠맛 · 매운맛), 오기(눈-精氣, 얼굴-和氣, 가슴-覇氣, 마음-活氣, 생활-潤氣)로 모든 것을 판단한다. 그래서 이제 가만히 있는 것보다 움직이게 하여 전통문화 교육을 학교 필수과목으로 전환, 발전시켜 주체의식을 심어주고 민족교육으로 뿌리를 내려야 한다. 따라서 기성인들은 건강을 되찾아야하나 소유욕이 강하면 건강을 해치므로, 내려놓음의 연습으로 건강(健康)을 회복(回復)하게 하는 것이다. 필자의 이런 건강철학을 불특정다수에게 권유하고 싶다.

세종문화회관 분수대광장 정오 강연(필자)

민속 탈춤 가족 캠프(대성리)

UCLA 여름방학 특강

때와 시기가 있다. 잡으면 성공하고 놓치면 실패, 때를 놓치면 아무리 발버둥을 쳐도 안된다. 사람은 일생에 3번의 기회가 온다. 공부하는 기회, 결혼의 기회(좋은 사람을 만나는 기회가 있다), 돈 버는 기회, 그러나 지금은 전통문화교육을 해야 하는 시기가 왔다.

UCLA 봉산탈춤 필자 초청 특강

일본 YMCA 필자 초청 강연(봉산탈춤)

미국 하버드 대학 봉산탈춤 강습(77년 필자)

미국 브로드웨이 거리에서

2011년 7월 30일 개최된 3회 TEDxSinchon
〈18분 강연〉

필자 UCLA 특강과 Bird in DMZ
〈3국 공연 스태프〉

제2장 가무악극(歌舞樂劇)의 분야별 견해

＊ 연희(演戲)

치유를 위해서는 우리 것을 인식해야 한다.

1) 연희극. 2) 연희연기. 3) 연희극 놀이. 4) 연극. 5) 연희자(演戲者). 6) 극본(臺本). 7) 대사법(臺詞法). 8) 가면극의 배역별 캐릭터 상황. 9) 음악(音樂) 및 장단. 10) 춤(舞踊). 11) 음향(音響). 12) 조명(照明). 13) 의상(衣裳). 14) 가면(假面. 탈)의 변이와 배역. 15) 무대(舞臺). 16) 연출방식. 17) 전통문화의 현대화에 대하여. 18) 연희의 접근방법과 처세술. 19) 봉산탈춤(광고). 20) 사리원(沙里院) 민속무용에 취(就)하여〈송석하(1904～1948)〉 순서로 나열한다. 21) 맺는말 순서로 나열한다.

연희(演戲)는 한국전통문화의 공연행위를 범칭(凡稱)한다. 연희극(演戲劇)은 가무악극이 하나의 장르이다. (은어로 표현한다면 '비빔밥'이다.) 즉 언어와 동작과 몸짓으로 관객에게 재능을 부리는 행위이다. 삼국시대에는 중국으로부터 산악 또는 산악잡희[1]이고 한국산악은 일본에 전하는 고구려악, 고분벽화 등을 살펴볼 수 있으며 신라시대에는 팔관회에서 가무백희를 놀았다는 내용이 나온다.[2]

한국가면극은 주제(主題)가 있지만 극본자체가 국가(나라)에서 일어나는 일을 백성들에게 알리고 고발하는 작품이다(밀정자료 등). 따라서 가면극(탈춤)은 즉흥성이 아닌 공연으로 선조들에 의해 이미 작곡, 극본, 연출, 안무가 정확하게 되어 있다.

그러나 원형은 상업적 성격이 약하다. 이러한 탈춤(조선연극사)이 현대연극에 미치는 뿌리의 영향은 핵폭탄이다. 박제된 것이 아니라 가면만 벗으면 현대연극이다. 한국가면극의 주제(主題)는 크게 두 가지로 분류되어 있는데 하나는 파계승에 대한 풍자와 양반에 대한 모욕이다. 스토리텔링으로 연결되어 있으나 후에 주제(主題: 종교문화・사회・정치・경제・가정적 건강치유)가 학자 및 연구자들의 연구에 의해 구분되었다.

---

1) 죽방울, 솟대타기, 칼 던지기, 불토해내기, 곡예묘기 등.

2) 최창주, 한국 전통 연희의 이해와 실제, 청아문화사, 2000.4. p.13 삼국, 통일신라, 고려, 조선시대 참고.

*** 주제(主題)**

1) 벽사 의식무(종교관=종교적인 주제/유교·불교·천주교·기독교 등 종교적인 미래 양심적 종교). 2) 파계승에 대한 풍자(미래관=사회적 주제/불교의 풍자적인 면을 통해 사회적인 주제를 다루고 있다). 3) 양반에 대한 모욕(侮辱:=정치적 주제/정치와 경제의 유착관계를 풍자했다(政經癒着). 즉, 검사(檢事·檢査) 때는 흑백(黑白)논리가 분명했다. 그러나 국회의원이 되니 모두가 한 통속이 된다.). 4) 일부 대 처첩의 삼각관계(윤리관=가정적 주제/생활상의 갈등(葛藤)을 그린 윤리의 문제점 지적) 등 장르별로 더 연구해보기로 한다.

*** 초·중·고·대학교에 전통문화 필수학과목 개설**

지금까지 우리는 '**무형문화재인 전통문화 계승·발전의 교육정책**'을 등한시했기 때문에 한국사회가 문화적으로 메말라 병들어서 지금 곪아 터지고 있는 것이다. 지금처럼 가다가는 얼마못가 우리 선조, 조상들이 누군지? 한민족의 정체성을 완전 잃어버릴 것 같다. 교육부당국에서는 '모두 3천억 원이 넘는 예산을 쓴다는데 현장에서 학생들이 체감할 만큼 실효성이 있을지 의문'이라고 말했다. 아울러 왕따, 자살, 학교폭력, 게임중독, 언어폭력[3], 폭력발생 자체를 막기 위한 조치 등은 부족했다는 지적이 나오고 있다.[4] 그래서 한국의 전통문화교육정책을 근본적으로 계획을 세워야 한다.[5]

교육부에서 "자유학기제를 도입해 진로 교육을 강화하겠다."고 약속한지 반년 만에 월-금요일 오전에는 교과 수업을 하고, 오후엔 진로 탐색과 동아리활동 등을 하는 식이다. 중 1학생 8천명 2013. 9월부터 학교 밖 '직접체험' 길이 열린다고 한다. 자유학기제[6] 특화 프로그램에는 '진로탐색활동' '동아리활동' '예술·체육활동' '선택프로그램'[7] 등이 있다. 문제는 인프라다.

---

3) 자살학생의 유서에는 "경찰아저씨들! 학교폭력은 지금처럼 해서는 100% 못 잡아내요" 경찰에 대한 당부를 했다.(2013.3.13. 조선) 야! 야! 너 하던 지날 다했느냐? = 어느 제길 헐 놈이 다해? '나비야 나비야 청산을 가자 호랑나비야 너도 가자' 소리 지르며 다함께 춤을 춘다. (탈춤 속에는 물리적 폭력, 금품갈취 금전거래 폭력, 언어폭력 등이 있지만, 이런 대사로 함께 어울림으로 스트레스를 해결 할 수 있다.) = 학교 내 CCTV가 없어 경상북도에서만 15개월 만에 24명이 자살했다고 한다. 자살은 자기스스로 분을 참지 못해서 마귀가 나쁘게 생각하게 만들어 과장해서 분노를 일으키게 하여 자살한다(에베소서 4장 26절: 분을 내어도 죄를 짓지 말며 해가 지도록 분을 품지 말고 마귀에게 틈을 주지 말라).

4) 조선일보 2012.4.13(금) 기사내용 요지.

5) 정부가 학교폭력을 줄이는 방안의 하나로 전(全)학년 예체능 수업을 다음 학기(2012년)부터 중·고등학교 음악·미술·체육수업을 모든 학년에 걸쳐 고루 가르치기로 했다면서 정작 전통문화 프로그램은 빠져 있다, 지도자가 없기 때문이다. 그러므로 예체능 수업의 매력을 교육당국이 지도자 양성교육을 우선해야 하며 교육방법을 뜯어고치고 입시수업에 시달리는 학생들에게 숨통을 터주는 교육이 절실히 필요하다.

6) 자유학기제 기간에는 일주일 수업시간 33시간 중, 20시간 정도를 국, 영, 수, 사회, 과학 등 교과에 할애하고 13시간은 자유학기제 특화 프로그램에 참여한다. 교육부는 한국교육개발원 안에 자유학기제 지원센터를 만들었다.

7) '한국의 예술발견하기' '드라마와 문화' '미디어와 통신' '녹색학교 만들기' 등의 강좌가 선택프로그램의 예이다.

올해 40개 중학교 시범실시하고, 2016년부터 전국 3,200개가 자유학제 실시한다. 학교마다 수업시간은 탄력적으로 조정할 수 있다. 대상 학년과 학기는 논의 중이라고 한다. 전문가들은 이정도의 조치로 자유학기제가 잘 굴러갈지 걱정이다. "학생들에게 체험에 참여하려면 기업에서는 최소 1명의 직원을 빼야 하는데 세금공제라도 해줘야지 '무조건 희생하라'고 하면 얼마나 참여하겠느냐" 고 말했다.[8] 제도적 모순점과 전통문화 프로그램은 근본대책이 없이 어느 항목에다가 끼여 넣고자하는 것 같다.

그러나 현재 현실교육은 위에서는 정책을 지시하면 교사들은 실천을 하려고하나 학생들은 말을 듣지 않는다고 한다. 더욱, 2015년도부터는 교과서 없이 스마트 교육으로 전환하겠다는 방침에 현장의 교사들은 걱정하고 있다. 이런 문제는 근본적인 전통문화교육 부재이다. 이것이 곧 부활이다. 부활(復活)은 생명의 부활, 생활의 부활(생활이 바뀌면), 생각의 부활(사고방식), 재산의 부활, 삶속의 부활, 교육육부활 등이 있는데, 한국의 전통문화교육이 새롭게 부활해야 한다.

한국무형문화재의 대표적(공연문화)인 것은 탈춤(假面劇), 풍물(農樂), 굿(巫俗), 남사당(專門藝人集團) 등이 있다. 그러나 탈춤하면 대학생들의 데모, 풍물의 사물놀이하면 노사분규로 몰아갔다. 이제 정책적으로 무형문화재가 제대로 정립이 되어야 한다. 그동안 우리는 우리의 훌륭한 전통문화(傳統文化)를 활성화(活性化)시키지 않고 왜 그대로 놓아두었는가? 연구자에 의하면 우리의 전통문화가 문학적으로 인정을 못 받은 이유는, 광대들이 학문적으로 접근을 하지 않았고, 그냥 즐기는 것이었으며, 지식인들이 적극적으로 참여하지 않았기 때문이라고 할 수 있다. 더욱이 한자(漢字)만을 기록의 매체물로 여겼기 때문에 전통문화는 한자문화로 기록하지 못하고 춤과 음악만 전승되었기에 연희사적으로 큰 아쉬움이 남는다. [9]

이런 구조적 모순점 때문에 어느 시기부터인가 우리의 것이 무시되기 시작했고, 관심의 대상에서도 멀어져 자연스럽게 퇴출되는 상황에까지 이르게 되었다. 지난 반세기 동안 대립(對立)과 갈등(葛藤)의 사회 분위기는 전통문화라는 새로운 대안을 수용하려 들지 않았다. 이제 경제성장과 더불어 우리 것의 정립(定立)이라는 사회적 분위기를 이어서 앞으로 문화재청에서는 정책적으로 교육부 및 각 보존회와 학교에 한국의 무형문화재(無形文化財)인 전통문화(傳統文化)교육을 권장하고 강화해야 한다.[10]

---

8) 조선일보 2013.5.29.

9) 서연호, 고려대 명예교수.

10) 전통문화교육(탈춤)을 하면 정신적, 육체적 건강이 온다. 따라서 우리인체를 치료보다 예방을 할 수 있다. 탈춤이 건강에 좋다. 그러나 어떻게 좋은지 치수로 나오지 않는다(설문지 참고. 과학적 기계로는 형식적으로 나온다). 치유방법은 올바른 생활습관과 환경요인인 뇌를 자극하는 운동인 책읽기, 라디오 듣기, TV보면서 뛰기, 규칙적인 식사, 여유(餘裕), 우리체질에 맞는 운동(탈춤체조 등)하기 등이 있다. 그래서 우리 무형문화재의 근본적인 프로

지금 우리의 무형문화재는 지하실 감방에서 잠자고 있으며 그나마 축제나 해외공연에서 전통문화의 가치를 선보이고 있다. 따라서 우리 것인 무형문화재 전문가들을 발굴하여 인재를 육성해야 하고, 학교 교육(초·중·고·대학)에 '필수과목'으로 삽입, 지정(指定)해야 한다. 이제라도 식민지, 사대사상을 떨치고 우리의 모습을 찾아야 하지 않겠는가. 기득권의 풍자, 서민들이 바랐던 시대의 생활상, 사회적 가치관, 야사로 느껴질 만한 통속적이고 해학적인 이야기, 주제 등, 이 땅, 이곳은 우리 후손들이 대대로 살아가야할 서양의 것이 아닌, 우리의 대한민국이다.

브로드웨이 뮤지컬은 춤(舞踊)과 음악(音樂), 그리고 스토리텔링으로 구성되어 있고, 유럽 뮤지컬은 극적(劇的)표현으로 전달하는 상황에서 부수적으로 가무(歌舞)가 곁들이는 것이 특징이다. 그러나 우리는 가무악극(歌舞樂劇)이 하나의 장르가 스토리텔링으로 연결하기 때문에 이 모든 것을 다 포함하고 있다. 전통(傳統)은 그 나라의 문화(文化)이기 때문에 70%가 자기몸속에 들어있으며, 우리는 오래전부터 선조들에 의해 이미 해결·정리되어 있었다.[11] 그것을 오늘로 이어져 직접 실습과 체험으로 학습해야 한다. '참여'와 '토론' 그리고 '창의력' 세가지이다. 이스라엘의 참여하는 교육에 대하여 이스라엘 창조교육의 핵심인물인 헤츠키 아리엘리는 다음같이 말한다.

"학생들이 농구나 수영, 자전거를 배울 때는 본인이 직접 해야 한다. 모든 다른 교육도 직접 참여하는 교육이 이스라엘 교육의 핵심이다." 자전거 타기를 연습할 때에 본인이 자전거를 잡고 직접 연습에 참여하지 않고는 절대로 자전거 타기를 배울 수 없다. 수영 역시 마찬가지이다. 수영이나 자전거를 못타는 사람은 어떻게 사람이 물위에 떠있지? 궁금해 한다. 2바퀴 자전거가 어떻게 달려갈 수 있느냐?(넘어진다, 안돼!) 사람이 어떻게 물에 떠서 수영을 할 수 있느냐(안돼, 못해=건강, 올림픽 등) '불가사이 한 일' 이지만 배워서 터득하여 알고 보면 모든 사물(事物)이 쉬운 일이다. 문화에 과학을 접목(문화기술: Culture Technology/융합교육 학사과정)시키는 시대가 지나가고 있다. 현재 우리나라는 근본적인 초, 중, 고, 대학교의 교육제도가 문제점이 있고, 한국전통문화가 점차 사장되어가는 위기에 처한 사실을 도외시 하고 있다. 이런 문제를 해결하려면 12가지의 문제점을 대안방법으로 내놓았다.[12] 〈주제논문 10번〉을 참

그램 교육방법으로 해결해야 한다(초, 중, 고, 대학에 전통문화가 '전공필수과목'으로 채택되어야 자살, 학교폭력 등을 예방할 수 있다).

11) 탈춤, 풍물, 무속, 남사당 등이 있다. 또한 만요(漫謠)는 재담 및 만담을 스토리텔링으로 리드미컬하게 소리(노래/오빠는 풍각쟁이야 등)하는 것이다. 김해송 씨가 일제강점기에 일어난 상황을 발굴하여 작곡함. 예그린 창법은 예그린 악단에서 1961년 이후 판소리, 민요, 대중가요, 벨칸토 창법인 아닌 분명한 가사전달과 리드미컬한 멜로디를 라영수 씨가 창안하였다(외국작품을 번역하다보니 아버지 가방에 들어가신다).

12) 무형문화유산 보존에 관한 법률안 대안방법 <주제논문 10번>.

고하기 바란다.

＊서양 것은 직선이며 대결의 개념이지만, 한국 것(생활문화예술)은 어울림의 곡선의 치유법이다. 서양(西洋)의 연극(演劇), 무용(舞踊), 음악(音樂)의 개념은 체계적(體系的)으로 자리잡아가고 있으나, 한국전통연희(韓國傳統演戲)란 단어는 우리 것인데도 아직 학계(學界)나 연극계(演劇界)에서 생소한 개념으로 알려져 있다. 한국전통연희의 개념을 당장 정립한다는 것은 어려운 일이겠지만, 초, 중, 고, 대학의 후학들을 위해서는 반드시 정립해야 할 개념이라고 생각한다.

조선연극사(朝鮮演劇史)에서는 한국연극을 가면극(假面劇), 인형극(人形劇), 구극(舊劇: 판소리와 창극)과 신극(新劇: 신파극)으로 구분하고 있다. 저자 김재철(金在喆, 1907~1933)이 27살에 세상을 떠나지만 않았더라면, 우리의 연희극 연구가 더 활성화 되었을 수도 있었을 것이다. 일제 식민지 치하에서도 굴하지 않고 당당히 우리의 전통문화를 되찾고자 연구에 매진하였다. 그러나 안타깝게도 이러한 김재철의 노력에도 불구하고, 한국의 예술대학에서는 우리연극의 뿌리에 대해서 그다지 큰 관심이 없는 듯하다. 그러나 이러한 상황 속에서도 이두현, 서연호 교수의 연구노력과 전경욱 교수는 "탈놀이의 형성에 끼친 나례의 영향" "가면극의 극적형식" 등 한국가면극의 전반적인 것을 고찰하였다.[13] 인류의 전통적 맥락을 이어오는 문화와 관습에 연결된 가치 있는 기술, 구전역사, 관습, 언어, 조형, 연극, 음악, 춤, 의식, 전통의 약술, 전통요리법 등 무형의 문화적 소산을 말한다. 더불어 이와 같은 소산들이 역사적, 민족적, 예술적, 학술적인 가치를 지니는 것이 전통문화예술이다. 그래서 전통문화 학과목을 프로그램과 공연적 측면을 학습과목(가면극 분야)으로 다음과 같이 "필수과목"으로 선정하여 학습하게 해야 한다.

1) 연희극(演劇)[14]

인간과 자연(自然)과의 관계를 주술적으로 해결하기 위한 것이 굿(巫俗)이라면 인간과 인간(人間)의 관계를 예술적으로 표현하는 것이 극(劇)이다. 각본에 따라 관객에게 보이는 마당과 무대예술이다. '영어로 하면 뮤지컬(musical)' '한국말로 하면 연희극(演戲劇)'이다. 뮤지컬이나 연희극은 근본적으로 가무악극을 포함한 것으로 총체적인 조화된 형식이다. 음악과 노래와

13) 제1장 가면극의 세계, 제2장 가면극의 지역적 분포와 특징, 제3장 가면극의 역사, 제4장 가면극의 놀이꾼, 제5장 가면극과 나례, 제6장 가면극과 무속, 제7장 가면극대사의 표현언어, 제8장 가면극의 대사와 가요의 형성원리, 제9장 가면극의 극적형식, 제10장 사자놀이 등으로 정리되어 있다.

14) 최창주, 한국전통 연희극과 마케팅, 월인, 2009.

춤과 연기와 대사가 유기적으로 놀이와 갈등을 현대적으로 표현한 공연행위로서 대중에게 가까이 가는 과정이라는 의미를 내포하고 있다. 여기서 탈춤치유의 일환인 스토리텔링으로 극중 인물(配役)과 자기와의 비교를 통해 소외감을 갖지 않도록 무의식적으로 드라마틱한 캐릭터(인간의 삼각관계: 노장・양반・말뚝이・미얄과장 등)를 통해 옴니버스 형식으로 수업을 진행하였다. 반복적인 실행은 연희적 치유로 작용하여 치매 방지에도 도움이 되었다. 이것이 뇌(腦)를 이용한 탈춤이 육체와 정신적인 동조행위현상(同調行爲現像)이라고 할 수 있다.

2) 연희연기(演戱演技: 재주・工人・匠人: 기술자・우두머리)

우리 선조들은 전통문화를 통해 이미 가무악극(歌舞樂劇)의 행위를 자연스럽게 표출하여 연출해냈다. 너무 오랜 숙련이 되어서 그런지 배역에 맞는 대사와 소리(唱・발림・아니리)가 자연스럽게 표출되어 함께하는 '조'(형식)가 있다. 소리(노래)역시 벨칸토창법과 같은 두성음정의 창법과 복창 터지는 소리를 혼합한 듯 구사했다. 소리의 감정을 볼 때 배역의 캐릭터에 맞게 음정을 나타내는데 그래서 역할에 맞게 배에서 울어 나오는 소리, 그 맛을 배역, 캐릭터에 맞는 역할에 혼합된 조화를 느끼도록 했다. 연희자(배우, 연기자 등)가 배역의 인물, 성격, 행동을 표출해 내는 일, 어떤 목적을 위하여 일부러 남에게 보이기 위해서 말이나 행동을 하는 것을 원형으로 지정되어 있다.

예전에는 한우물만 파라고 했다. 이제는 종합예술시대에 한우물만 파서 될 일이 아니다. 한국전통문화의 연희(演技)는 애초부터 우리 선조들의 생활풍습을 통해 극본(劇本: 바탕・근본・素地)으로 이어져 자연스런 생활의 연희연기를 해왔다. 요즘에는 무대와 마당이 구분되어 '보여주는 것'과 '어울림의 예술'로 분리하게 된다. 보여줄 것인가 함께 어울릴 것인가? 요즘은 개성이 있어 특징(特徵)을 너무 강조하다보면 보편화를 무시하게 된다. 국제화시대를 맞이했다고 해서 무대(舞臺)에서 연출자가 마음대로 주관적으로 꾸미는데 관객은 피곤하게 느낀다. 무대는 규격화되어 있기 때문에 원칙이 있다. 연기자의 위치가 정해져 있고 상수와 하수가 있고 오케스트라 피트의 상(2층)하 구분, 호리존트, 샤막 등이 있다. 그러나 한국의 전통문화는 극본, 작곡, 연출, 안무가 이미 구성(構成: 생각을 짜내어 이루어져 있다.)되어 있다. 마당은 자유(自由)함 속에도 규정(規定)과 규격(規格)이 정해져 있다.[15)]

---

15) 최창주, 한국뮤지컬, 앰애드, 2010 참고. 한국연희극과 마케팅, 위의 책.

3) 연희극놀이(국내예술대학 학과목에서 이런 제목이 없다)

필자가 수업하는 교과목의 교재를 보면 "한국전통연희극"을 커리로 정해 수업하고 있다. 전통원 연희과의 전공필수과목으로 풍물, 탈춤, 무속, 남사당(전문예인잡단) 등의 〈연희극놀이〉로서 풍물놀이, 남사당놀이(버나·살판·줄타기·꼭두[16]각시놀음 등), 굿놀이(무속), 탈놀이(사위춤)는 유모와 해학과 풍자(양반 말뚝이), 대사놀이(배역), 등의 가면극놀이가 있다. 연희(演戱)는 한국전통문화의 공연행위(公演行爲)를 범칭(汎稱)하는 것이다. 예능(藝能)은 연희(演戱)의 상위개념(上位槪念)이며, 공연(公演)은 연희(演戱)에 대한 현대적 개념(現代的 槪念)으로, 연행은 연희의 행동성(行動性)에 치중한 개념이라고 서술하고 있다.[17] 필자는 "민속놀이 올림픽"이란 제목으로 초, 중, 고, 대학생 및 일반인 누구나 재미있게 민속놀이를 할 수 있도록 창안 발표하였다.

4) 연극(演劇/play)

연극은 서양의 것이다. 연구자의 기록의 글을 인용한다면, 연극을 우리말로 하면 노릇(놀음)일 것이다. 노릇은 유희, 휴식, 가요를 뜻하는 어원 "놀(play)"에서 나온 말이며 노릇(놀〉노릇)과 노래(놀〉놀개〉놀애)가 같은 어원에서 나온 말임은 흥미가 있다. 노릇 다음에 "짓"이 해당 되며 손짓, 몸짓과 같은 "짓"은 mime을 나타내는 말로 소리(음성)없이 몸짓으로만 의사를 표시하는 "몸짓말"에서 이에 전주가 따르면 몸짓춤(mimic Dance)으로 연장되고 다시 소리가 따르면 하나의 거리(한 장면, 한 단락, 한 막)를 나타내는 짓거리(drama)로 발전한다. 이야기를 몸짓과 춤으로 표현하는 pantomime이나 더 나아가 pantomimic dance가 되면 이미 그것은 극(劇)과 구별하기 어려운 것이며 음악과 반주가 추가가 되면 가무악극(歌舞樂劇)이 하나의 장르인 연희극(뮤지컬)이 되는 것이다. 노릇과 짓, 다음 연극(演劇)을 뜻하는 우리말은 "굿"이 있다. 굿은 ① 무당이 굿을 하며 노래(歌)나 춤(舞)을 추며 귀신에게 치성 드리는 의식, ② 연극이나 여러 사람이 모여 떠드는 볼만한 구경거리(이희승 편, 국어사전), 종교의식에서 일반적 오락성이 전개되고 순수한 연극이 성립되는 과정을 보여주고 있다. 또 다른 연극의 해석은 "남을 속이기 위해 말이나 행동을 꾸며내는 행위"이다.

---

16) 상여에 붙이는 사람모양의 이름(사람모양을 한 형상을 통칭), 죽은 사람을 이승에서 저승으로 안전하게 인도하는 역할로서 안내자, 호위무사, 상가(喪家)에서 무덤까지 망자(亡者)에게 시중드는 역할과 물구나무를 서거나 춤추고 악기를 들고 연주하여 이별을 달래주는 재인(才人)이다.

17) 서연호, 『한국전승연희의 현장연구』, 집문당, 1997, pp.17～18 참고.

연극이라고 하면 보편적으로 극장(劇場), 희곡(戱曲), 배우(俳優), 관객(觀客)이라는 기본구조를 갖춘 무대예술(舞臺藝術)이다. 광범위 하게 표현 된다면 민속예능, 연예에 이르기 까지 연극의 요소를 재인식하게 되었다. 한국에는 과거에 연극다운 연극이 없었으며 "엄밀한 의미에서 연극사가 성립되지 않았다"고 인남고일(印南高一: 1944)은 말하고 있다. 이것은 서양근대극이후의 개념으로만 속단한 것이라고 볼 수 있다.[18)]

봉산탈춤은 동양, 세계의 대표적인 조선연극사(가면극, 인형극, 구극과 신극)이므로 그리스에 초청을 받았기에 축제를 이해하기 위해 다음과 같이 그리스 연극에 대해 간단하게 나열해 본다.[19)] 고대 그리스 연극의 시작은 기원전 1300년으로 거슬러 올라간다. 디오니소스를 숭배하는 의식에서 시작하였는데, 이 의식도 사실은 오리엔트의 미노르에서 수입한 것이었다. '디오니소스(Dionysius)'[20)]는 신들의 왕 제우스와 인간인 여자 세멜레 사이에서 태어난 존재로 새로운 종교를 퍼뜨리다가 죽었지만 다시 부활했던 신이다. 그리스 사람들은 태어나서 성장하고 늙어서 죽었다가 다시 부활하는 것을 사계절의 변화와 같은 것으로 생각했다. 그래서 디오니소스는 술과 풍요의 신(神)으로 '바쿠스(Bacchus)'라고 불리 운다. 오늘날 〈바카스〉 음료로 상품화되어 변신될 줄은 아무도 몰랐다. 초기 디오니소스축제에서는 가면을 쓰고 신이나 동물의 흉내(오이디프스)를 내며 부르던 낭송과 춤이 연극의 모체라고 아리스토텔레스는 말했다. '인간은 모방본능이 있어 남의 흉내를 내기 좋아하며, 또 남이 그런 흉내 내는 것을 구경하기도 좋아한다.'

연극에 관한 최초의 확실한 기록은 B.C. 534년 디오니시아 도시 축제의 비극 콘테스트 부문에서 테스피스(Thespis)가 수상했다는 것이다. 요즘은 최고 연기상을 수상해도 상패와 금일봉 정도에 그치지만 당시에는 상을 탄 배우에게 뛰어난 언변을 잘 사용하라는 의미에서 외교관의 직책을 주기도 했다. 아크로폴리스 언덕에 있는 디오니소스 극장은 1만 4천 석의 대규모 극장으로, 계단 형 객석이 부채꼴 모양으로 원형의 무대를 절반 이상 둘러싸고 있다. 무대 뒤에는 건물이 있어서 일종의 무대장치 역할을 했으며 배우들은 안으로 퇴장하여 다른 배역의 의상과 가면으로 갈아입었다. 반면 코러스는 좌우의 통로로 등퇴장했다.

기원전 5세기는 그리스 비극과 희극이 가장 발전했던 시기인데, 고대 그리스 연극도 오랫동안 공연된 수많은 작품들이 있었지만, 지금우리에게 전해지는 것은 기원전 5세기에 활동했던 다섯 작가(아이스킬로스, 소포클레스, 에우리피데스, 아리스토파네스, 메난데르)가 쓴 46개 작

---

18) 이두현. 서울대학교출판부. 1994.

19) 객석 2000, 2월호. 金在喆, 朝鮮演劇史, 昭和 八年 五月, 發行, 최창주, 한국뮤지컬, 앰애드, 2010.

20) 폭군 디오니소스는 면도칼을 무서워하고 있었기 때문에 벌겋게 타는 숯으로 자기의 수염을 지져버리는 것이었다(Dionysius tyrannus, cultros metuens tonsorios, candenti carbone sibi adurebat capillum), 이것은 키케로(Cicero)가 전해준 말이다(박해경 목사 칼럼 중에서).

품(비극 32편, 희극 12편, 풍자극 2편)들이고 이 작품들 중 42편이 기원전 5세기 작품들이다. 기원전 600년경 스파르타의 공세에 몰린 그리스인 수백 명이 배로 탈출하여 이집트에 도착했고, 이집트의 왕 파라오는 이들에게 도시를 주어 정착하게 했다. 그리스인들은 이집트인들의 후한 인심과 멋진 제전극을 보고 감명을 받았으며, 이런 영향으로 인해 그리스 비극이 시작된 것이다.

그리스 비극은 연극, 오페라, 뮤지컬의 모태가 되었다고 할 수 있다. 역사학자들에 의하면 고대 그리스 비극은 노래로 진행됐다고 한다. 그 당시의 음악은 사라졌지만 아리스토텔레스를 비롯한 고대 그리스 학자들이 강조한 비극의 중요성에 대한 이론은 남아있다. 아리스토텔레스는 그의 저서 『시학(Art of poetry)』에서 비극을 이렇게 정의했다. 비극이란 중요하고 완전한 어떤 사건을 모방하는 것으로 - 한 장소에서 하루 동안에 벌어진 한 가지 이야기를 하되 - 멜로디도 중요하고 - 장식된 언어로 즐거움을 주어야 하며 - 관객에게 동정심과 두려움을 느끼게 하여 카타르시스를 느끼게 해야 한다.

그러므로 고대 그리스 비극은 지금의 연극뿐만 아니라 뮤지컬과 오페라의 원형이기도 하다. 물론 지금의 뮤지컬과 오페라처럼 음악이 두드러진 형식은 아니었다. 이것은 음악을 무시한 것이 아니라 당시 그리스 사람들의 생각이 '각각의 개성' 보다는 '전체의 조화와 통일'을 중시했기 때문이다. 그리고 절대로 비극과 희극을 섞지도 않았다. 아니 그 시대에는 남을 풍자하여 웃음거리로 만드는 희극은 비극에 비해 그다지 높은 평가를 받지 못했다. 고대 그리스 희극은 보통 말로 대사를 했고 코러스 부분만 노래로 했다. 하지만 희극의 코러스는 대부분 괴상한 인물이나 동물들로 이루어져 있었고, 이들의 노래는 비극의 심각한 노래를 풍자하는 것이었다.[21)]

---

21) 그리스 아그리니오 국제민속페스티벌 축제 보고서.
＊일시: 2009.8.23-31(8박 9일). ＊장소/ 그리스 아그리니오 축제(4개 중소도시) ＊정기공연 및 전수발표회와 해외공연을 다녀오면 반드시 평가회와 보고서를 제출해야 한다. 대표자 및 단장, 예술감독(총진행)이 평가보고서를 제출하여 회원들이 공유할 수 있기를 바라는 뜻에서 필자는 보고서를 제출하였다.
그 일환으로 이번에는 필자가 연출 및 예술감독을 맡아 참가한 그리스 아그리니오 국제민속페스티벌 축제(2009. 8.23-31. 8박 9일)에 한국의 봉산탈춤이 초청받았다. 이 기간 동안 필자는 한국에서 대학생 <마당놀이 학술제 주제발표자>로서 발표(8.25)를 해야 하는데도 불구하고 미루고 참석하게 되었다. 댄스 드라마(스토리텔링)와 오페라형식인 봉산탈춤은 아그리니오 국제민속페스티벌 축제의 성격이 모두 포크댄스위주이나 그리스 연극기원 내용을 볼 때 동양의 봉산탈춤을 신비한 공연으로 축제 참가자들은 즐기며 이해하려고 노력하였다. 축제에 참가한 팀을 위해 주최 측에서는 잘해보려고 노력한 흔적이 있다. 참가팀을 지루하게 하지 않으려고 스케줄을 쇼핑, 수영장과 바닷가에 풀어놓았다. 그러나 동서양의 문화가 달라, 우리 팀은 찌는 듯한 더위에 나무그늘인 음지로 스며들었고, 프랑스 팀 외 서양 팀은 태양을 좋아해서 바닷가에 일광욕과 수영을 즐겼다. 문화가 다르기 때문에 동양인인 우리는 불만이고, 서양 사람들은 즐겼다. 8박 9일을 의사소통의 효율적인 문제, 본부 측 축제진행문제, 식사 등 교민도 없는 곳에서 제대로 된 가이드도 없이(영어통역도 없는) 생활하느라고 수고하고 돌아왔다.
그러나 고대문명과 민주주의 발상지, 성지(聖地)인 그리스, 고린도, 그곳은 아무나 방문하는 곳은 아니었다. 올림픽발상지, 고린도 박물관 등의 관광은 우리에게 다시 볼 수 없는 큰 영광의 여행이었다. 여행도중 필자는 고린도에서 시간만 있으면 새벽기도와 무시기도를 하고 고린도전서, 후서(성경)를 읽었다. 우리는 관광 후 공연이 없는 날 밤, 우리멤버들과 대화(對話)의 시간을 마련하였다. 축제기간동안 동양인이라고는 찾아볼 수 없는 곳에서 조금은 불편한 점은 없지 않았으나 대화의 나라에 와서 대화의 시간을 가져보고, 젊은 봉산탈춤멤버들은 서로가 소통하는 시간을 가졌고, 팀의 미래(未來)를 내다볼 수 있는 시간이 되었다고 할 수 있겠다. 우리가 머물고 있는 이 땅은 인간의 육(肉). 정(情)속에 타락과 분쟁이 있는 나라로서, 목표(目標)와 목적(目的)을 가지고 지혜와 지식을 통해 말과 능력을 앞세워 교만, 음행, 탐욕 등을 일삼아 왔다. 그러나 자기 자신을 잘 다스리고 처세하면 상(賞)을 받을 수 있다는 올림픽 정신을 터득하고, 이 지역에 와서 오늘 공연이 없는 날, 단원들을 모아놓고 대화(對話)의 시간을 통해 서로 소통하는 선・후배사이를 가져 보자고 제의, 1인당 3분 타임으로 시간을 배분하고 난 다음에 프리토킹 하는 식의 대화를 진행하였다.
따라서 아침저녁에는 고린도에 왔으니 <고린도전서 1장 10절>을 봉독하였다. "형제들아 내가 우리 주! 예수 그리스도의 이름으로 너희를 권하노니 모두가 같은 말을 하고 너희 가운데 분쟁이 없이 같은 마음과 같은 뜻으로 온전히 합하라"고 낭독하였고, 필자는 고린도전서를 고린도에서 열심히 읽었다. 기독교문화와 전통문화의 비교를 통해 우리는 그리스에 한국 문화를 심어주었다. 한국인의 개성과 한국 문화를 소개할 수 있는 좋은 기회였다. 관광에서도 불편한 점 보다는 좋은 점을 발견하도록 긍정적으로 노력할 필요가 있었고, 성경 말씀처럼 우리는 혼연일체가 되어, 축제기간동안 고달팠지만 생각하기에 따라 즐거운 일이 많았었다. 우리는 길놀이인 퍼레이드에서 한국의 대표적인 서도소리, 경기도 가락에 맞추었고 현지인들의 길거리관객에게 호기심 유발과 분위기를 맞추어 주는 측면에서 찬송가(502장, 빛의 사자들이여! 등)와 함께 이전에 전해 내려오는 그리스 곡들도 행진곡으로 편곡이 되어 태평소가락으로 그리스 시내에 울려 퍼졌다.
각 단체조직에서 지도자역할을 담당한 우리회원들은 휴가를 맡아 참석하였기 때문에 이번 축제기간을 뜻있게 무사히 치룬 것이 아닌가 생각한다(일정 중간에 시청을 방문, 시장과 만남을 통해 각국 참가자 대표들이 나와 선물교환을 했다. 예술감독인 필자는 한국을 소개하는 문화외교를 하는 자리가 되었다).
초청해준 나라는 그리스이다. 우리는 36년 동안을 일제(日帝)에게 지배를 받았지만, 그리스는 2000년 동안을 외부의 지배를 받아가며 신성한 올림픽정신인 "지는 사람이 있어 우승을 했다"고 겸손한 마음으로 올림픽을 통해 '신에게 아름다운 몸매를 보여주고 받쳤다'는 내용과 함께 올림픽기간 동안은 '악(惡)한 행위'를 금지했다고 한다. 고린도를 관광하면서 박물관에 방문했을 때 진열된 브라자, 귀걸이, 성기모양의 술잔, 남녀혼탕 등을 볼 때 타락하고 음탕한 도시에 오직하면 하나님께서 예수님과 사도바울을 보내 선교와 기도하게 하셨겠는가? 많은 것을 느끼게 하였다. 그러나 그리스의 <헬라어>는 영어와 러시아의 기본은 물론, 그리스가 없으면 유럽이 없다고 할 수 있을 정도로 뿌리근성이 있고, 고대문명의 발상지이자 대화(對話)의 나라로서 민주주의 발상지이기도 하지만, 국민이 긍정적인 사고방식을 가지고 있으며 자유(自由)를 수호하기 위해 전쟁도 많이 치른 나라이기도 하다. 그로 인해 마라톤은 '미네퓐'이 42K를 뛰어가다가 죽었다고 해서 마라톤이 탄생되었고, 영국여왕이 골인하는 모습을 보고 싶다고 해서 0195의 운동장 한 바퀴를 더 돌았다고 한다.
이 나라의 국민성과 사상(思想)은 긍정적이며 자유와 교육의 나라이었다. 쇠뇌교육은 항상 듣고 있으니 무섭다는 것과 노(NO)라는 말은 하지 않으나 고개를 하늘로 들어 올리는 것이 노(NO)라는 의사표시이고, 하나님이 주신 선물의 나라로서 알렉산더대왕은 국제결혼을 권장해서 세계를 정복했다. 지진(地震)이 많아 8층 이하로 건축이 되어 있으며, 포도는 땅에 있어야 당분이 많다고 해서 땅에다가 재배하고 있으며 올리브나무(감남: 초록색과 잿빛 나는 나무: 면류관: 월계관)가 많아 비누 등 재료를 가지고 생활 용품으로 사용하고 있었다. 이 축제기간동안 날씨가 더워서 열악한 환경이라 회원들에게 공연과 여행을 즐겁게 하려고 노력했다. 여행을 많이 해본 우리 회원들은 최악의 축제기간이라고 평하는 회원도 있었고, 최고는 아니지만 뜻있고 보람이 있었다고 하는 회원도 있었다. 그러나 우리가 어떻게 이런 성지(聖地)의 나라에 올 수 있겠는가하는 성도들도 있었고, 보람 있고 의의(意義)가 있는 축제공연 방문이라고 생각하는 회원이 있었다. 멤버 중 장로님과 안수집사들이 있어 기도(祈禱)를 해주었기 때문에 여행이 순조롭게 진행이 되었다. 우리일행은 세계 여러 나라들과 함께 축제에 참가했다. 주최측이 개, 폐회식을 포함하여 사전에 요구한 공연시간은 30분과 15분으로 연출하여 준비했으나, VIP참관 등, 현지사정으로 하여금 30분을 20분으로 15분을 10분으로 또는 공연이 진행 중인데 갑자기 5분 내로 끝내달라고 요구해와 출연자들을 당황하게 하였지만, 프로급인 회원들의 협조와 필자가 예술 감독으로써 연출을 현지상황에 맞게 요구하는 대로 공연에 임하였다. 해외공연에 있어서 장소 및 극장에 맞는 스태프(통역, 대사의 의사소통문제, 자막 등) 등, 우리교포는 물론 동양인이 없는 열악한 곳인데도 불구하고 우리 회원들은 공연과 함께 생활도 잘 해내고 돌아왔다. 참석한 나라는 SLOVAKIA. RUSIA. INDONESIA. FRANCE. CHILE. SERBIA. KOREA. ITALY. CZECH. HELLAS 등, 一部행사 없이 중간에 시장(市長)의 인사말을 하고 피나레를 다함께 나와 축하

5) 연희자(演戱者)

한국에서 연희자(演戱者)의 개념과 유래들이 정립되어 있지 않았다. 중국에서는 우령(優伶)의 역사다 있다. 우리는 마당(무대)에서 연희(公演/탈춤, 굿, 춤 등)를 보며 스승의 잔심부름(스태프)하다가 끼(技/氣)가 있으면 발탁되어 반복 수련을 통해 연희자(전수)가 된 것이 대부분이다(세습 또는 강신). 그러나 필자는 모든 마당(무대), TV, 영상 등에 나오는 사람들을 연희자(배우・연기자・무용수・꾼・쟁이・스타・탤런트・아나운서 등)라고 정리한바 있다.[22] 중국고대 우령(優伶)의 기원에서 창우(倡優)는 신(神)을 즐겁게 하는 부분을 이어 받다가 사람(人間)을 즐겁게 하는 쪽으로 변해 갔다.[23]

기원전, 夏왕조(후대의 商과 周를 '상고시대)를 건립하고 노예시대로 진입하면서 최초의 '우령優伶'은 노예 신분으로 원시 씨족전쟁에서 패하고 신하임을 인정한 신복자로서 중국최초의 노예주인 계(啓/ 夏의 후손)는 산해경(山海經)에 세 번 천상에 초대를 받았다가 "천궁악무"를 인간세계로 가지고 왔다고 해서 '구변(九辯), 구가(九歌)'로 악무공연이 있었다. 그 후 춘추진국시대(B.C.770-B.C.221)에 확립되어 흉내 내기 치중한 이들은 '우'라 하고 연주에 치중한 이들은 '령'이라고 했으며, 또 별도로 '樂師' 부류도 있었다고 한다.

손숭수(孫崇壽), 서굉도(徐宏圖)에 의하면 "옛 무당 혹은 옛 우령은 모두 원시 민간 가무(歌舞)에서 탄생한 것"으로 아울러 원시전쟁과 그 패배자의 귀착점인 "신하가 되어 복종하는 臣服" 이라고 했다, 임금이 '기야! 너에게 음악을 맡을 것을 명하노라' 라고 중국고대 황제가 말했다.[24] 왜 임금 앞에서 이렇게 춤과 노래를 했을까? 이는 '기'가 전쟁에서 요임금에게 패했으므로 그 앞에서 춤과 노래를 바침으로써 자신은 요임금에게 졌고 신하가 되어 승리자의 명령에 복종하겠다는 것을 보여주어야 했기 때문이다. 그는(翁敏華) 논문에서 연극과 연예(演藝)를 연행한 사람에게 '우령'이라고 주장하였고 또는 연원(演員)이라고도 했다. 연기자는 우(優)와 연주자는 령(伶)"이라고 분류하고 있는데 창(倡)은 악인(樂人)이고 '優는 놀이꾼(戱人)이라

하는 공연형식으로 진행되었다.

22) 최창주, ≪한국가면극과 뮤지컬≫, 앰애드, 1997.

23) 馬沅 君古典文學論 集, 山東出版社, 1980, pp.13-14.

24) 翁敏華 논문. 중국 상해사범대학교. 송대에서 북송 소순흠(蘇舜欽)의 시(경주패)를 보면 다음과 같다.
"우리군사 투구 벗고 죽을 곳 찾고 승제는 손 뒤로 묶인 채 눈물만 흘리네. 재주 있는 자(者), 살린다고 하니 앞 다투어 작은 재주 받쳐 노래하고 피리 부네, 나머지는 귀 베고 코 베어 풀어주니, 동쪽 도주길 오줌똥 옷에 홍건하네(娥軍免胄 건(蹇)死所, 承制面전交弟?)
이는 漢族(한족)군대가 하조(夏朝)원천의 군대에게 패한 일을 기록한 것이다. "작은 재주가 있어 노래를 부르고 악기를 다룰 줄 아는 사람은 코와 귀를 베지 않고 데리고 돌아가 천천히 즐겼다. '패자는 우령을 삼는다.'는 것이 각 민족 간에도 벌어지고 있어 한족군대가 패할 경우에도 면할 길이 없었음을 알 수 있다. 중국 고대 연극사에서 악호(樂戶/악대)는 바로 "패자와 '혹은 죄를 지은 신하 및 그 가솔은 優伶으로 삼는다."라는 자료가 많다.

고 표현하고 있다. 즉 '전쟁에서 우승한 자(者)는 관객'이 되고 '패 한자는 우령, 연극배우가 되었다고 한다. '左傳' 成公 9년의 기록을 보면 '진의 제후가 군부를 둘러보는데 "남방의 모자를 쓴 채 묶여 있는 저 자는 누구인가?"라고 물었다. '초나라 죄수입니다'라고 대답하자 '포박을 풀어라' 하면서 공은 '음악을 할 줄 아는가?' 그는 정성을 다해 오락을 제공하였다고 한다.

조선시대에 전통연희를 담당했던 연희자들은 세습무계(世襲巫系)의 무부(巫夫)이면서 재인청에 소속되었던 재인(才人), 북방유목민 계통의 수척(水尺)과 반인(泮人), 재승(才僧)계통의 승려・사장(社長)・사당(사당)・남사당, 조선후기의 유랑연예집단 등 이었으며 재인청의 재인은 흔히 광대(廣大)[25]라고도 불렸다. 중국사신 영접 시에 공연 참가자는 관가의 속한 기방 기녀와 악공, 각도의 대표적인 재인청에 속한 재인들, 산대도감・나례도감에 동원된 반인들이다.[26] 양주산대의 놀이꾼들은 반농반예(半農半藝)의 연희자가 많았지만, 봉산은 농공상(農工商)과 재인(才人), 이속(吏屬)들로서 탈춤을 국가의 홍보적 차원에서 한 단계 끌어올리려고 노력했다. 그러나 상인들이 참여하고 싶으면 돈을 내야 했고 관아에 소속된 하층들(향인광대, 한량, 기생)은 20세기쯤에서 참여했으며, 모든 연희자는 남자였으나 1920년대는 기생조합이 생기면서 여자 역은 여자, 남자 역은 남자가 배역을 맡아 왔으나 기생들이 얼굴자랑으로 가면을 벗고 했다지만 일제강점기에 일본인들의 기생방 출입으로 그 예쁜 얼굴을 왜 가면을 쓰느냐? 취미를 돋보이기 위했을 것이다. 재인청(才人廳)[27]이 있어 5대 명창인 이동백, 정정열, 송만갑, 김창환 등이 화성재인청을 거쳐 갔다고 한다. 그 시기에 남자가 탈춤을 하면 조상의 제사(祭祀)를 지내지 못한다고 꺼려왔기 때문에 유교(儒敎)와 불교(佛敎)의 세습(世習)을 넘지 못하여 연희자가 부족한 현상이 되었다. 오늘날도 먹고살기에 바쁘지만 우리 것을 인정하지 않고 어려운 생활을 하며 홀대받고 있다. 따라서 전문적으로 연구・노력하고 있는 사람이 있는 반면, 직장인들이 취미활동으로 탈춤을 운동 삼아하고 있는 양면성이 있다.

한국가면극의 연희자는 조선연극사의 한 구성원이므로 표정연기가 아니고 몸짓연기가 되어야 하며, 가무악극을 자유자제로 구사해야 한다. 연희자는 자기배역을 자기 것으로 만들었을 때, 캐릭터가 나와 관객과 함께 공감대를 형성해야 한다. 배역과 배역의 조화(調和)는 물론이거니와 마당극이기 때문에 관객과 앙상블이 되어야 연희자의 역할을 할 수 있다. 그 외 극본, 대사법 등, 변이상황들을 예를 들어보자.

---

25) <고려사> 권124 전영보(全英甫)전에 '가면을 쓰고 놀이하는 자를 광대(廣大)' 倡優, 優伶, 白丁, 才人, 巫堂, 재비(잽이), 양수척(揚水尺), 화척(禾尺/소 잡는 일), 화랑(花郎/화랭이), 무부(巫夫), 박사(博士).

26) 전경욱, 한국가면극과 그 주변 문화, 도서출판 월인, 2007.8. p.303. 이두현, 한국가면극, 서울대학교.

27) 재주가 능한 사람이 모이는 관청(전통시대에 무속인, 화랑, 재인, 예인, 광대 등을 구성원의 자치 조직).

6) 극본(臺本)

서양의 극본은 어느 조직이든 개인의 작가가 작품에 맞게 구상을 하고 설정하여 작성하게 된다. 작품 중에 또는 그 전에 연출자와 함께 제작진에 의해 작가는 각색과 윤색을 하게 된다. 그러나 우리 것은 옴니버스스타일에서 18세기부터는 극본화가 되었다. 조선총독부시절에 조선인들이 어떻게 생활하고 있나 하고 보고한 밀정자료이었다. 궁궐에서는 '의궤'라는 것이 있어 왕과 궁궐의 상황을 정리 해놓았다.

극본으로서 봉산탈춤부분의 예를 들어본다면, 8・15 해방 이후에 정리 된 봉산탈보존위원회 리동벽의 대본과 리장산 대본(탈놀이 명인)이 있고, 1953년도 박성찬, 김수정의 대본은 현지 조사 중에서 두 노인의 구술에 기사한 것이다. 이동벽 대본은 1) 사상좌(四上佐)춤, 2) 8목춤, 3) 법고춤, 4) 사자춤, 5) 로승(老僧), 6) 신장수, 7) 취발이, 8) 량반, 9) 포도비장(捕盜裨將), 10) 미알, 11) 남극로인(南極老人), 이장산 대본, 1) 사상좌춤, 2) 먹중춤(8목춤), 3) 사당춤, 4) 로승, 5) 사자춤, 6) 량반, 7) 미알, 박성찬, 김수정 대본, 1) 사상좌춤, 2) 8목춤, 3) 법고춤, 4) 사자춤, 5) 사당춤, 6) 로승(老僧), 7) 신장사, 8) 취발이, 9) 량반, 10) 포도비장(捕盜裨將), 11) 미알, 12) 남극로인 등 세 종류의 대본은 약간의 차이가 있다. 박, 김대본은 스토리 전개가 없이 무용으로써만 구성된 것[28]과 가면극으로 구성된 두 부류가 있다. 현재 봉산탈춤 채록원본과 무형문화재 지정(指定)본 등, 10개의 대본이 있다.[29]

① 가면극은 대본이 근본적으로 있지만, 그 대본은 형식적이었고, 선생님들의 입에서 입으로 전해 내려오는 구술(口辯)이 더 중요하게 생각하였지, 구체적인 대사를 그리 크게 생각하지 않았다. 그러나 현재는 무형문화재로 지정(指定) 각본을 중요시하고 있다. ② 어르신네들은 대본을 외우기보다, 지문순서(誌文順序)에 입각한 즉흥적인 입담으로 대사를 하였다. ③ 지금은 탈춤연희본(劇本)이 중요무형문화재(無形文化財)로 지정(指定)되어 보호 받고 있지만, 일제강점기에는 일본 민속학자들 및 어용학자들로 인해 우리나라의 서민들의 생활상과 정신이 녹아있는 수많은 전통문화를 활용하는 수단으로 전락한 바 있다. ④ 1936년 오청채록원본의 극본이 일본식민지치하에 우리민족의 놀이문화와 생활상, 순수한 전통문화(극본)가 조선인의 성격과 생활방법을 일본인에게 전달하고 파악하는 밀정자료(密偵資料)보고서였다. ⑤ 그

28) 탈춤에는 사당춤에 속하는 목춤으로 상좌춤, 팔목춤, 뭇동춤과 사자춤은 목춤과 사당춤사이에 놀기도 하고 사당춤과 로승 사이에 놀기도 한 독립된 춤이다. 량반과 포도부장이 하나의 주제이며 미얄과 남강로인이 4개의 주제로 표현하고 있다. 박, 김의 12과장은 양주의 12과장, 농악의 12채, 무당의 12거리, 조선민간의 기본구성에 합치시키기 위하여 그 '수'를 느려놓은 것에 불과한 것임을 알 수 있다.

29) 최창주, 봉산탈춤극본연구, 앰애드.

러나 당시의 이 극본(劇本)이 현존했기 때문에 원형을 복원, 재연으로 학생들의 학습으로 현재 공연을 비교·파악하는데 도움이 되었다. 한국예술종합학교에서 봉산탈춤 공연비교(1936년 오청채록 원본 복원 재연. 2010.9.9. 오후 3시, 1965. 조사본, 1967 지정, 이두현 지정본, 2011.5.5. 오후 4시. 재연)에 역사적 가치가 있었다. ⑥ 농사가 잘되게 하려는 마을굿에서 농악대의 잡색들이 노는 놀이가 발전해 농촌탈춤이 형성되었고, 농촌탈춤이 18세기 중반 상인과 이속의 도시탈춤으로 변했다.[30] ⑦ 극본 속에 나오는 대사(臺詞) 속에서 대사외우기, 대사에 나오는 음담패설 등은 스트레스 해소와 치매 방지가 될 수 있다고 본다. ⑧ 문화는 '변한다.' '다르다.' '편하다.'라는 특징을 가지고 있기 때문에 시대에 맞게 또 다른 각색본이 나올 수도 있다. ⑨ 극본의 양상을 볼 때 학자와 연구자들은 나름대로 시대에 맞게 새로운 무대공연양식으로 계승·발전시키려고 노력하였음을 알 수 있다. 봉산극본은 10여 개 정도, 양주는 8개 정도의 극본이 있다.[31]

첫째는 토인세력(土人勢力)들이 중심으로 70-80%가 지역원주민이 발굴한 것이 있고, 둘째는 학술적 뒷받침이 안돼 형태를 전형화 시킨다고 학자 및 교수들이 현장에서 발굴·조사 각색하여 재조명하였고, 세 번째는 직업적으로 진급을 위해, 살기위해 일제강점기에 서민들의 생활하는 모습을 현장 "밀정보고서"가 있다.[32]

지금은 무형문화재(無形文化財)의 탈춤연희본(劇本)이 우리의 전통문화로 지정(指定)되어 보호 받고 있지만, 일본식민지치하에 조선인의 성격과 생활방법을 파악하는 밀정자료(資料)가 오늘날 연희본이 되어 필자에게 보관되어 있다. 지금은 무형문화재로 지정된 전통문화의 원형, 발굴, 계승, 발전, 전승의 도움 쪽으로 해석하여 재현하고 토인세력(土人勢力)[33] 중심으로 복원이 되어야 한다.

고증 및 자문한다고 교수 및 학자들의 각색이 된 것이 연구과제로 되고 있다. 무형문화재(無形文化財)의 법(法)에 의해 지정(指定)한 후, 원형극본이 발굴되어 복원되었다고 해도, 원형이라는 것은 법적인 무형문화재 지정의 제도적인 모순점 때문에 30년이나 뒤에 나타난 극본이 원형이 되는 현실적 문제점이 있다.

30) 조동일 교수, 풍농굿기원설 주장(그 외 5개의 기원설이 있다).

31) 최창주, 봉산탈춤 극본 연구, 앰애드.

32) 봉산탈춤, 다시레기 등이 있다. 각본에는 세 부류가 있는데 하나는 향토에 거주하는 지역민의 토인세력, 학자 및 교수들이 현장에서 발굴·조사 각색하여 재조명하였고, 또 하나는 직업적으로 진급을 위해 일제 강점기에 서민들의 생활하는 모습을 현장 "밀정보고서" 등이 있다.

33) 그 지방대대로 붙박이로 사는 사람.

7) 대사법(言)

연극은 작품을 돌입하기 전에 책읽기(대사법)를 먼저 연습한다. 그러나 탈춤은 탈춤이기에 춤사위의 기본동작을 먼저 연습하게 된다. 이것이 동, 서양의 기본차이점이다.[34] 리얼리즘과 세익스피어 연극은 생활자체의 리듬의 억양으로 말을 하지만, 탈춤은 운문시적 자연의 원리로 표현되어 있다. 즉 높은 산이 있으면 낮은 산이 있고 평야가 있으면 바다가 있듯이 그렇게 자연원리대로 대사를 표현하고 표출해내야 한다. 또한 가면을 착용했기에 소리를 크게 질러야 하겠지만 씹어서 뱉어야 한다. 그리고 구수하게 재담(才談)을 해야 한다. 그러나 다 그렇다는 것은 아니다. 이남의 가면극은 생활의 언어이다.

산대놀이 야류, 오광대는 한국어와 한문으로 표현되었지만, 탈춤의 대사는 한자어로 구성되어 있다. 생활단어는 일본 및 한자식 언어가 많다.[35] 한자는 뜻글자로서 의미가 있다. 우리말의 70% 이상이 한자(漢字)이다. 찬물이 고유어이고 냉수(冷水)는 한자이다. 뒷간을 화장실(化粧室, 便所, 厠間, 解憂所)이다. 세종은 한글과 한문을 동시에 창제하셨다. 우리 몸에 70%가 물로 구성되어 있듯이 한국 방에 우리 것이 70%가 있는데도 불구하고 우리 것을 사용하지 않고 서양 것을 이용하고 있다. 조금 배웠다고 하는 사람(吏屬 등)들은 영어나 한문을 사용한다. 즉, 창송녹죽(蒼松綠竹)은 푸른 소나무와 초록 빛나는 대나무이다. 산중(山中)에 무력일(無曆日)은 산속에 있으니 달력이 없다는 뜻이다. 초목(草木)은 한자이나 한글은 '풀과 나무'이다. 국어시간에 한자교육을 정책적으로 하지 않아 학생들이 한맹(漢盲)이다.[36] 한자를 알면 중국어와 일본어를 쉽게 할 수 있고 또한 국제화, 세계화시대를 맞이하여 초등교육부터 영어(英語)를 기본적으로 하고 있다.

우리는 재담, 대담, 만담 등의 스피치를 구사해야 한다. 또한 각 지역별 대사법이 있다. 양주별산대의 대사법은 재담형식의 지역사투리와 이야기 형식이 주된 구성이라면, 봉산탈춤의 대사는 운문시적 자연의 원리 방식의 대사(臺詞)이자 지역별 사투리가 특징이다. 즉, 연극의 리어리즘 대사와 다르게 자연의 순리(원리)대로 높·낮음·호흡·억양을 통해 대사를 구사해야 한다. 그러면서도 정확한 대사전달이 되어 관객과 소통할 수 있다. 대사(臺詞)법은 만담(漫談)[37], 재담(才談·비나리)[38], 게 없느냐?(제3자를 통해서 문안), 춘하추동(春夏秋冬), 판

---

34) 인간은 제일먼저 엄마 뱃속부터 움직여서 춤을 춘다. 동양은 춤으로 표현했고, 뮤지컬도 스토리를 춤으로 연출하여 표출하고 있다. 서양의 대표적인 오페라는 언어의 말이 아름답게 표현하기 위해 오페라로 발전, 연출되었다.

35) 박해경 목사의 일본식 한국어 참고.

36) 2010.11월에 발표, 상용한자(常用漢字)를 1,945자에서 191자를 추가하여 2,136자를 확대 교육을 강화했다.

37) 재미있고 익살스럽게 세상과 인정을 비판하고 풍자함.

38) 익살을 섞어가며 재미있게 하는 말.

소리의 아니리(왜침의 설명), 재담과 운문시적 대사법(양주산대, 봉산의 남강노인 대사 분석법), 목민관(牧民官)과 서민들(才談)사이에서 아전(吏屬)들이 살아가려는 방식(공연방식 분석) 등이 있다. 다음은 양주산대놀이와 봉산탈춤의 예를 들어보자.

- 양주산대(楊洲山臺/ 無形文化財 제2호) 대사

제5과장 팔목중 〈제1경〉 염불놀이 중에서

목중 대사(漢文): 해동(海東)은 조선국(朝鮮國) 삼십칠관(三十七官)걸렸구나. 이씨(李氏)한양(漢陽) 등극적에 봉학(鳳鶴)이 넌짓 걸렸으니 봉학을 눌러라. 대궐 짓고 대궐밖에 육조(六曹)로다. 육조밖에 오영문(五營門) 각도 각읍(各道各邑)을 마련할 제 왕십사(往十寺) 청룡이요. 둥구재 만리재 백호(白虎)로다. -(생략)- 한문이면서도 한글로 대사가 잘 정리되었다.

한글의 제5과장 〈2경 침놀이〉 장면이다. 목중대사: "그래. 떵꿍하는 바람에 구경을 나왔더니 이 녀석들이 배가 고프다고 하길래 돈냥이나 돈푼을 줬더니 뭐를 사먹었는지 관격이 되었는지 이 녀석들이 급살로 죽은 모양 겉(같)으니 너는 아는 게 많고 하니 이제 가서 보면 날듯해서 널 찾지 못했더니 마침내 너를 만났으니 참 다행이다." 등, 다음과 같은 대사를 하면서 춤으로 이어진다.

이렇듯 고서성어(故事成語)와 언문이 뒤섞여 있다. 사대(四大)가 음마정병, 주당살(周堂煞), 중복살(重服煞) 등 급살로 죽었는데 침의술(鍼醫術)이 용하다는 '신주부'를 소개해서 침을 놓아 치료하여 살아나 춤을 추며 퇴장한다. 사람을 치료하는데도 악기를 치고 노래하며 자연의 원리대로 사고(思考)하니 계절에 비유한 말의 의미와 깊이를 이해가 되어 치유할 수 있다.

1. 야! 야! 야! 너를 허든 지날 다 했느냐? -
2. 어느 제길 할 놈이 다해! (불림) 금강산이 좋단 말은 풍편에 넌짓 듣고-
3. 아! 저놈 보게 저놈 보게(하면서 대무가 시작된다) 등

＊양주산대놀이 언어 해석풀이(낱말과 곁말)[39]

강근지친(强近之親): 가까운 친척, 경각(傾角): 눈 깜박할 사이, 삽시간, 급살(急殺): 급히 죽음, 여러 해포: 여러 날 만에, 백골(白骨): 얼굴은 썩고 뼈만 남음, 쇠꼬챙이: 쇠붙이, 안갑(顔家): 한혈통이 아래위를 가리지 않고 간통을 함, 적반하장(賊反荷杖): 굴복해야 할 것이 도리어 덤벼드는 것, 차포오졸(車包五卒)은 더한다: 나보다 춤을 잘 추거나 뛰는 것. 차포 오졸을

39) 양주별산대놀이 전수교재, (사)양주별산대놀이 보존회(2호) 제공, 2002.12. 최창주, 한국연희극과 마케팅, 월인, p.179 참고.

두고도 장기를 이김, 대방(大房): 여러 사람이 모여 먹고 노는 곳, 지저귀: 동물 따위의 소리를 흉내 냄. 그 외 각주를 참고하기 바라며 봉산탈춤 대사는 다음과 같다.

- 봉산탈춤(제17호) 제2과장 팔목중춤 대사

앗쉬 앗쉬 쉬-- 산중에 무력일하여(山中無曆日) 철가는 줄 몰랐더니, 꽃피어 춘절(春)이요 잎 돋아 하(夏)절이라, 오동낙엽에 추(秋)절이요. 저- 건너 창송녹죽(蒼松綠竹)에 백설이 펄펄(훨훨)휘날리니 이아니 동절(冬節)이냐! 나도 본시 팔도강산한량(八道江山誤入)으로 산간에 묻혔다가 풍류(風流)소리 반겨듣고 염불에는 뜻이 없어 이런 좋은 풍류정(風流亭)을 만났으니 어디 한번 놀고 가려던 - 낙양동천(동촌) 이화정(洛陽東洞天梨花亭/洛陽東村梨花亭) = 불림을 하고 소리치며 춤으로 연결되었다. 전진(Progressive/2, 3, 5번)과 후퇴(Retrogressive/1, 4, 6번)로 춤이 구성되어 있다.

① 각 지역의 가면극은 지역에 맞는 대사법이 있다. 양주(楊洲)의 대사는 지역적인 방언, 생활대사로 비아냥되며 깐죽거리는 대사가 많다면, 봉산의 대사전달 방식은 목중춤에 있어서 운문시적 사투리 억양(자연의 원리)을 멋스럽게 표현해야 한다.

② 탈춤의 대표 격인 봉산탈춤이 대중에게 다가가지 못하는 이유는 고사성어(故事成語)의 한자로서 대사(언어)의 뜻이 어렵다는 것이다. 양주역시 생활언어이지만 어려운 단어들이 있다.

③ 봉산은 과장별로 특징이 있어 캐릭터에 맞는 과장별 배역(젊음, 노인 등)에 맞게 갈등(葛藤)과 풍자(諷刺)와 해학(諧謔)을 희화(戱畵)한 대사를 정감이 있고 풍류적이며 진지하게 황해도 사투리식의 대사를 구사해야 한다. 더욱 옛날 어르신들의 감칠맛 나는 말(지역적 언어: 사투리)로 인해 비속어인 욕설, 성적(性) 대사 운영방법을 현대인들이 흉내를 낼 수 없을 정도로 담백하게 처리하였다.

④ 그러나 요즘 젊은이들은 황해도 사투리가 안 되며, 비록 즉흥적이지만 관객들에게 말을 건넨 다든지, 사자가 관객을 위협한다든지 하는 행위들은 문제가 있다.

⑤ 지금은 행사수준에 맞게, 즉흥적이거나 리얼리즘연기 대사처럼 하고 있다. 조선연극사인 가면극은 임기웅변 적이 아니다. 따라서 탈춤은 가면극(假面劇)으로서 극본대로 농축된 가무악극(歌舞樂劇)을 규정대로 해야 한다.

⑥ 뜻을 알고 대사를 배역의 캐릭터에 맞게 해야 한다. 선조들은 우리소리의 감정을 볼 때 배역의 맞게 대사와 음정을 조화롭게 나타내는데 너무 오랜 숙련이 되어서 그런지 대사와 소리가 자연스럽게 표출되어 함께하는 '조'(형식)가 있다. 소리(노래/ 청과 가락은 틀리다) 역시 벨칸토창법과 같은 두성음정의 창법과 복창 터지는 소리를 구사한다. 배에서 울어 나오는 소

리, 그 맛을 배역, 캐릭터에 맞는 역할에 혼합된 조화를 느끼도록 해야 하나, 현재는 연습부족으로 순서에 입각한 오선지의 반주와 연희(演技), 노래를 악보대로 부르고 대사를 할 뿐이다.

⑦ 서양 연극대사는 자연적인 것보다 인위적의고 논리적인 언어를 구사하는데 방점을 찍고, 리얼리즘 연극은 대사분석(分析)을 통해 규격(規格)에 맞게 대사를 하기 위해 책읽기부터 연습에 돌입한다. 그러나 탈춤은 가면극인데도 불구하고 춤부터 배운다.

이렇듯 대사의 말(言)속에도 배역이 가지고 있는 성량을 이미 캐릭터에 내포되어 있다. 아울러 스트레스를 해소하는 언어들이 들어 있어 자연을 벗 삼아 풍류를 즐기니 치료(治療)와 치유(治癒)가 된다. 양주별산대의 대사법이 지역사투리와 이야기 형식이 주된 구성이라면, 봉산의 탈춤의 대사는 운문시적 자연의 원리 방식의 대사이자 지역별 사투리가 특징이다. 즉, 자연적인 기본 대사법은 높은 산(山)이 있으면 낮은 산이 있고 평야가 있으면 바다가 있듯이 그런 순리(원리)대로 높・낮음・호흡・억양을 통해 대사를 해야 한다. 그러면서도 정확한 대사전달이 되어 관객과 소통해야 한다. 그러나 서양은 자연적인 것보다 인위적의고 논리적인 언어를 구사하는데 방점을 찍고, 리얼리즘 연극은 규격(規格)에 맞게 대사를 한다.

8) 가면극의 배역별 캐릭터 상황인 해학(諧謔)과 풍자(諷刺)[40]

＊ 연희자와 악공(樂士/優伶)의 주고받는 대사연기가 특징이다.

갈등(葛藤)과 놀이(演戲)를 겸한 조선연극사(朝鮮演劇史)로서 계획적(計劃的)이고 의도적(意圖的)이며 목적극(目的劇)이 한국가면극(탈춤)의 특징이다. 탈춤은 임기웅변적인 것이 아니고, 선조들의 계산된 연출로 독특한 대사의 대화법으로서 연희자가 연희하다가, 연주하는 반주석의 악사들과 대사를 주고받으며 연희를 한다. 서양뮤지컬 '시카고'는 우리 양식을 모방했다. 콘닥터(지휘자)와 연희자(연기자)가 주고받는 대사는 우리탈춤의 양식을 도입했다. 미국브로드웨이 뮤지컬 양식인 민스트렐, 보드빌, 레뷰, 벌레스크 등이 스토리가 말(言語)을 리드미컬하게 전하는 오페라와 동양의 것을 추가, 모방하여 가무악극(歌舞樂劇)이 하나의 장르로 발전된 한국적뮤지컬과 비슷하다. 배역(配役)들의 춤사위 의미(意味)는 춤사위 부분에 참고하기 바란다.

길놀이는 해주탈춤이 정확하게 정리되었다. 강령탈춤은 길놀이 할 때 악사가 뒤에 따라온다. (봉산탈춤 위주로 각 과장별 설명한다.)

---

40) 최창주, 봉산탈춤 극본연구, 앰애드, 2006. 참고.

① 제1과장 상좌춤

상좌는 2가지의 극본종류가 있다. 첫째는 노장이 금강경(金剛經)을 읽고 있는데 취발(醉發)이가 상좌를 꾀어내어 노장의 마음을 움직이려고 화려한 유혹의 춤이 목적으로 스토리가 전개된다. 또 다른 극본은 사방신의 대한 의식적인 춤과 배례(拜禮)를 포함한 춤으로 언어의 전개 없이 벽사적인 춤이다. 원래 남자들이 추었지만 문화말살정책에 의해 작품과 관계없는 1920년 이후 기생(代用)들의 얼굴자랑을 위해 탈을 쓰지 않았다. 소요시간을 30-40분 걸렸다고 기록되어 있다.[41] 1977년 미국 30개 주립대학 공연을 계기로 동작선이 정리가 되었다. 예: 상우리 동작이 오른손만 두 번씩 한다. 오른 손 후에 왼손을 해야 하나 번거롭다고 해서 한손으로만 정리가 되었다. 등등(은율은 1과장은 사자춤, 제2과장에 1명, 강령은 1과장은 사자춤, 제4과장에서 상좌 2명이 염불, 타령, 굿거리, 타령 순으로 연결된다./제2과장에 2명의 말뚝이춤/곤장춤, 채찍춤), 봉산은 제1과장에 4명의 목중들이 상좌를 업고 한명씩(한 파트) 등장하나 요즘은 시간관계상 한꺼번에 등장한다.)[42]

② 제2과장 목중춤[43]

기본동작 위주로 작품이 형성된다. 기본동작을 하는데 시작신호가 불림이다.[44] 목중(目僧)은 차례, 배역(cast)의 순서, 뜻이다. 목중중춤은 배역을 맡은 연희자에 의해 자유스럽게 전개된 것 같다. 첫 목은 두 부류가 있다. 서울예전(연극학교)에서 학습하였으나 당시 김진옥 보유자의 노환으로 정확한 동작을 전수 받지 못한 것이 현재 김애선 보유자(딸)에 의해 무형문화재전수회관(904호)에서 매주 금요일날 전수되고 있다. 그런데 정리되지 못한 첫 목중춤 및 목중춤의 정리된 것을 전수하고 있다. 필자도 늦게(2013-2015) 전수 받았으며 일부 조교 및 이수자들이 현(現) 보유자에게 제대로 전수교육을 못 받고 있는 것이 안타깝다.(2015.1.16-4.24. 7시, 전수회관 904호). (첫 목중춤은 고(故) 김진옥 보유자의 춤으로서 현재 김애선 보

---

41) 봉산탈춤 극본연구, 2006. 앰애드. 참고(명칭, 구성, 퇴장, 대사, 가면, 의상 등 비교) 4대 극본비교. 송석하 기록, 임석재 등, 오랜된 극본이 발굴했다 하여도 제도적인 모순점이 있어, 중요무형문화재 법에 의해 지정 된 극본이 원형이다(예: 봉산탈춤의 오청본과 이두현본 / 다시레기의 김영은 극본과 강준섭 극본).

42) 제1과장 사상좌춤은 고(故) 김선봉 보유자의 동생인 김길자 씨가 잘 추웠다고 했다.

43) 봉산(鳳山)탈춤은 사위춤을 볼 때 광수무(廣袖舞)일 것으로 유추해본다. 고구려에는 개방된 나라답게 서역인 춤(취발이, 목중)의 흔적이 있다. 3舞 3色의 활발하고(健舞), 묵직하고(跳舞), 끈적끈적(軟舞)하게 넓고 큰 소매를 이용한 사위춤이어야 한다. 기본춤을 응용하되 각자 배역별, 연희적 춤사위 동작으로 발전되었다.

44) 춤을 추기 위해 연희자와 악사 간의 약속으로 템포조절 및 시작신호이다. 통영 같은 곳은 불림이 없다. 지도자, 선생이 시작으로 시작된다. 강령은 기본동작(인사사위 등)과 목중과장 목중 2명만 추고 합동춤은 취발이과장에 있다. 은율은 기본동작(엎는 사위, 도는 사위, 곱사위, 젖히는 사위)이 간단하고 합동춤은 있으나 정면춤으로 좌우세가 없다. 목중춤은 소리꾼이며 <온전>씨가 봉산탈춤의 백미(百媚)의 맛을 내며 잘 추었다. 선인들의 모습인 만사위춤을 김애선 보유자는 소개하며 시범을 보여주시면서 전수교육해주셨다.

유자(딸)가 부친에게 전수받아 전승, 전수교육하고 있다. 그 외 노장과 취발이, 사자춤 등을 정확하게 최 조교에게 전승(傳承)[45], 전수(傳受)[46]교육을 개인적으로 사사해 주었다.)

팔묵승, 먹중(八黑僧)은 얼굴이 검다는 뜻이다. 첫목을 출 때 가면을 가려서 가면(假面)을 보이지 않게 관객에게 첫 목의 신비감을 느끼게 한다. 목중가면이 공개가 되면서 춤의 백미가 시작된다. 봉산탈춤은 목중춤을 잘 추어야 한다. 한삼 끝자락이 휘날리면서 살아있어야 한삼(汗衫)이 날아다니며 멋이 있고 탈바가지의 고개 짓의 흥겨움과 옆으로고 갈 때는 흔들거리는 그 어울림의 맛을 김애선 보유자는 강조하며 전수교육을 했다(77년도 뉴욕타임즈는 예술의 극치라고 평가했다). 팔묵승이라는 한자표기는 잘못인지 알 수 없다. 중선지방(中鮮地方)의 산대도감놀이(산대극)에도 팔묵승이 있어 그 어원은 동일한 것으로 생각된다. 다만 사리원에서는 '목'이라 발음하는 것이 이상하다. 묵(墨)은 한국어로는 '묵'(Muk)이며 한음(漢音)은 목(目)[47]이라 하고 Muk이라 하여 mok이란 것은 없으나 어떤 이유인지 불명하다. 사투리 혹은 산대극의 팔묵승을 재음미하지 않으면 안 될지 모른다. 춤은 아직 사상좌무가 끝나기 전에 제1묵승(첫 목 Chutmok)이 허리에 유지(柳枝)와 금령(金鈴)을 차고 두 손으로 안면을 덮고 쏜살같이 뛰어나와 사상좌의 중앙에 엎어진다. 그러면 사상좌는 퇴장하고 그의 독무가 시작된다. 처음에는 누운 채로 춤을 추는데 엎드렸을 때는 어깨로 자빠졌을 때는 발로 장단을 맞추며 지상(地上)을 전전(轉轉)하며 춘다.[48] 그동안은 고(故) 김진옥 보유자-김기수보유자의 첫 목춤이 있었으나 노환으로 끝맺음을 못했고, 현재 첫 목중춤은 김애선 보유자가 전수교육으로 학습하며 강조하고 있는 춤이다. 무형(無形)이긴 하나 1-8목중 춤이 정확하게 정리하지 못했다. 전승자들이 전수교육의 문제점과 보유자와 조교들이 합의를 찾아야 한다.

세속적인 모습과 파계(破戒)적인 행동으로 불교의 비판적인 한량이 아닌 한량으로 술을 먹고 얼굴이 빨간색으로 색칠한 캐릭터를 가지고 있지만 재담(운문시)과 다양한 춤으로 오락성을 보인다. 이두현은 목중들의 법고놀이, 목중놀이 등은 고도의 춤과 노래와 연기력의 조화를 이룬다고 했다. (춤동작 및 설명은 최창주 교재 참고)

- 법고(法鼓)를 벗고 놀자고 한다(이두현본의 대사이지만, 오청본, 임석재 봉산탈춤의 극본에는 없음).

- 목중들의 대사/ 노장의 검은 마음을 표현했다. "비가 오실는지 흐렸구나. 옹기장사, 숯장수, 대망(大蟒: 아주 큰 구렁이)" 등 대사를 하다가 확인해보니 노장스승이다. 그래서 노래나

---

45) 문화, 풍속, 제도 따위를 이어받아 계승함.

46) 기술이나 지식 따위를 전하여 받음.

47) 예산편제 상의 단위(항(項)과 절(節)사이).

48) 사리원(沙里院) 민속무용에 취(就)하여(송석하. 1904~1948).

들려 들이자고 목중들이 제안하자 노장이 '좆대갱이 흔들 듯 끄덕 끄덕한다'고 받아들이는 장면, 좋은 곳으로 모시려고 장소를 옮기다가 중간에 노장이 쓰러지니 버들버들 우물우물 꽃꽃이(柳柳井井花花) 죽었다고 한다. 개 썩은 냄새 등 모욕적인 목중들의 언사(言辭)가 남발된다. 그러나 스승을 그대로 둘 수가 없어서 천변수락에 만변야락에 굿을 하자고 악기(징・장고・북・꽹가리 등)를 치며 염불하고 제(祭)를 올리는.[49] 드라마틱한 연희(musical) 군중장면(씬)으로서, 염불이 약이라고 하지만, 여자(小巫/小梅)의 미용(美容)을 보고 움직이지 못하던 노장이 힘을 내어 일어나는 찾아보기 힘든 연희연기연출의 장면들이 있다.[50]

③ 제3과장 사당무(社堂舞)

서도민요인 가무(歌舞)가 어울려 한판의 놀이터가 된다. 다른 탈춤(은율, 강령은 제3과장 목중춤)에 없는 전출연자 또는 기생들의 얼굴 자랑 등, 사당(婦人)과 홀애비거사(男便)의 스토리가 전개된다. 절 부근의 촌락에 왔던 거사사당 일당으로 하여금 노장의 마음을 간즈려(건드려?)보는 것으로 등장하여 놀량가만 합창을 한다. 이두현본은 놀량, 앞산, 뒷산, 경발림을 한다. 송석하는 제3과장을 사자춤(獅子舞)으로 기록하고 있다.

실기에 있어서 서도민요 창자와 탈춤서도민요(봉산 놀량가)의 연희자는 차이가 있다. 서로 음악적 박자의 중요성과 호흡의 중요성을 강조하게 된다. 즉, 서도민요만 박자대로 부르면 되는데, 제3과장의 연희자가 춤과 동작을 곁들인 스토리텔링으로 구성한 놀량가는 장면전환(등, 퇴장)의 시작 만가락 장단으로 등장할 때 예비박자(시작신호)와 끝나는 박자의 걸음걸이(퇴장) 호흡의 차이가 있어 2박 3박의 융통성 있는 박자개념으로 노래를 해야 한다(전수교육을 해주신 고인(故人) 양소운보유자의 구두(口頭)의 말씀으로 전수가 잘 정리되어 있다).

---

49) 願我 臨欲命終時 盡除一切 諸障碍 面見彼佛阿彌陀 卽得往生 安樂刹: '내가 죽음에 임해서 일체의 장애를 모두 없애고 저 아미타불을 볼 수 있다면 안락찰(극락정토)에 왕생을 얻을 수 있을 텐데-'의 뜻(임석재본: 주석 전경욱)

50) 은율의 목중춤은 1목이 등장하여 쪼그려 앉아 양손 한삼을 이마에 대고 대사를 한다. 춤사위 특징은 외사위하고 양손을 감아서 모아 메는 것이 특징이다. 2목이 등장하면 1목은 원을 돌며 퇴장하지 않고 동조한다. 이하 목중들의 등장은 동일하다. 옆 가장자리에 서서 추다가 합동춤은 함께 까치걸음으로 퇴장한다./ 강령은 제3과장 목중춤으로 2명이 나와 추는데 1목은 염불 대사, 불림 후에 타령, 2목은 쪼그려 앉아 추었다가 장삼춤을 춘다.

놀량가, 앞산타령, 뒷산타령, 경발림[51)]

앞산타령

나하아아 네헤 노- 니히이이 나아 에헤 헤에 에헤에에에에 나아하 노오-오
나헤에에에 에헤에에에헤에에에헤로 산아지로오 구우우 나아- 아하아아아
과처 허어언 관아악 사아아안
여허엄 불아암 에헤에에 여언주우우 대에에요오
도보오 호오옹 부울상 삼아악으흐으으로 에헤에 - 두우울러어었다 아아아아
에헤이에 에헤로 지아 하이 지로오구나 마르흐으을네야- 아하아아
나에에에에 에에에에에에에에에로 산아 지로오오 구우우 나아 아하아아아
백디아는 가자아고오 오오오오 네헤에에 금을 흐으을~ 땅땅 치는데에 임은 흐으은 옥수를 부여어 잡고 낙무 탄식만 한다 아하아아
우지를 말어라 우지를 말어라 네가 진정코 우지를 말어라 너무나아 하아아아
울기만 하여어어어어어어도 정만 떨어진다 아하아아아
추야 공신 아하아아 나알- 저문 으으으으은 날- 인데에 모란 황- 국이 다붉었다 아하아아
경상도라 태박산에는 상주 낙동강이 둘러 있고요 전라아도 지리산에는 하동이라 뒤처 자빠진 강이 에헤- 둘러어 있다 아하아아아
달아 보느냐 아하아아 임-계- 신곳에 댕기를 빌- 려라 난 잠깐이나마 보아자 아하아아 할량노릇을 마장하고서 가지각색 맘을 먹었- 더니만 세장고 장단- 치는대로 발림춤만 춘~ 다 아하아아아

뒷산타령

나지나 산이로구나 에- 에헤 두견아하아에
어허야 지루에에로 산이로구나 에- 이논 - 산 이강경에 삼포도 사법성 여 명 산 폭포수로 에헤 둘렀다 에-
에-- 에헤에에 에헤에에 에헤이에- 어허야 지루에로 산이로 구나 에에
주는소리: 요초목이 동남풍에 거리숭벅 우난소리 장부 요내 욜내촌 간장을 다녹여낸다 에-
받는소리: 나뭇잎만 뚝뚝뚝 떨어져도 한편이가 의심하고 새만 좌르르륵 날아들어도 자룡에 삼지창

51) 한국가면극, 이두현, 서울대. 참고와 양소운 보유자 가사 참고, 최창주, 봉산탈춤, 한국전통연희 이해와 실제, 2002. 청아(놀량가 채보 교정).

만여겨 의심만한다 에-

주는소리: 갈까부다 말까부다 임을 따라 갈까부다 좌룡에 월강하던 청총마비껴타고 이내 일신이라도 한양따라 갈거나 에-

받는소리: 에라 놓아라 못놓겠구나 에루아 놓아라 못놓겠구나 엄지손꾸락은 다물어 빠지고 새끼 손꾸락은 삼동이 났는데 에- 어머니 일면 매맞갔네 짜정 깊은정을 생각하면 죽으면 죽었지 나는 못놓겠네 에-

주는소리: 열려거든 열려무나 말려거든 말려무나 남의딸이 너뿐이며 남의 집 귀동자가 세상에 너뿐인가 에-

받는소리: 아 요것이 맹랑하구나 조기 조것이 맹랑하구나 여봐라 이애야 너 내말 듣거라 너는 어떠한 계집이 관대 장부 장딴지를 새장고통만 여겨 아삭바삭이 다녹여내고 너는 어떠란 귀동자신대 사람의 요내 욜내촌 간장을 다녹여낸다 에-

주는소리: 마려거든 연분이요 두고가면 상사로다 상사불건 이내몸이 죽어서 나비되어 임의- 집 화초밭으로 오락가락 할거나 에-

받는소리: 널로연하여 얻은 병은 무삼약을 다 쓰잔말가 형방패득산도 지바리고 곽향정기산도 다져버리고 알뜰살뜰한 임의 말씀으로 날 살려내소 에-

주는소리: 명월이라 약수중지 연화로다 온갖명월이 나뿐이며 수중 지연화가 세상에 너뿐인가 에-

받는소리: 일락서산에 해떨어지고 월출동녘에 백운이 솟아 달만 뭉게뭉게 뭉게 솟아온다 에-

주는소리: 영천수라 맑은물에 귀를씻고 앉았으니 연잎은 숙여지고 방초방초잦았는데 제비만 좌르르륵 다 날아든다 에-

받는소리: 쟁글쟁글하니 쇠장구 소리요 후두닥두탁하니 소고소린데 양팔을 쫙벌리고 방긋 웃고 돌아서니 사람의 요내 욜내촌 간장을 다녹여낸다 에-

경발림

주는소리: 천지 변방이요 에에이 일세는 요란한데, 삼산반락에 청천이요 이이 이수 중분은 백로주란다 에-

받는소리: 어데로 가자고 날만 졸라 어데로 가자고 지부령직신

나알 날만 조리조리 졸졸이 따라서 안산에 청룡가잔다 에-

주는소리: 수락산 폭포수요 에에 등구재며 만리제요 약산재며 누에머리

요오 용산 삼게로 에에 둘러있단다 에-

받는소리: 여산에 김덕선이 수원에 북문짓고 나라에 공신되어 수성옥에

와류감투 꽉눌러쓰고 어주삼배 마신후에 앞에는 모홍갑이
뒤에는 권삼득이 추정옥에 십만여깁에 쌍화동 세우고 어전
풍악을 꽝꽝 치면서 장안대로 상으로 가진 신래만 청한다 에-

주는소리: 바람이 불랴는지 에에에이 나무 풍동이 반춤추고 억수장마 치랴는지 마안 만수 백수 무산에 매지구름이 평퍼졌단다 에-

받는소리: 서도팔경 구경을 가자 삼등에 황학루, 성천에 강선루, 개천에 무진대, 영변에 약산대, 강계에 인풍루, 의주에 통군정, 안주에 백상루, 평양에 연관에 정이란다 놀기 좋기는 부벽루 대동강이라 에-

주는소리: 강원도 금강산 에에이 유점사 법당뒤에 느름나무 가지가지마다 서천서역국서 나오신 불상 오오 오십 삼불이 분명하단다 에-

받는소리: 관동팔경 구경을 가자 강릉의 경포대, 양양의 낙산사, 울진에 맹양정, 삼척의 죽서루, 고성의 삼일포, 통천의 총석정, 평해의 월송정, 간성에 청간에 정이란다 놀기 좋기는 설악산 신홍사란다 에-

양소운 보유자 놀량가 하는 모습(실외)

놀량가 하는 모습(실내)

놀량가

놀량가

어 린 - 남 - - - - 자 아 고 운 - 태 - - - -
도 오 눈 에 암 암 하 고 - 귀 에 - - - -
쟁 - - - - 쟁 - 비 나 니 - - - 에 - - - - -
비 나 - 니 - - - 다 비 나 - 니 로 - - 구 - - - 나 - 소 오 오 워 - - - 연
성 - 어 - - 어 취 이 - 로 비 나 니 - - 로 - - - 구 - - -
니 - - - 에 - - -
얼 씨 구 나 절 씨 구 나 당 - 불 당 부 - - - - - - 생 긴 도 - - 사 랑
사 랑 초 다 방 초 - 총 두 계 - 년 출 년 출 이 박 년 출 요 - 내 가 - - - - - 슴 에
맺 힌 도 - - - 사 랑 - - - 에 - 에 - 나 에 에 - - - - - -
철 - 네 로 구 니 - 아 아 아 -

④ 제 4과장 노장(老長, 老僧)

제4과장 파계승(破戒僧) 계율을 깨뜨리는 승려(僧侶)(출가하여 불도한 사람/ 중) 송석하는 '파계승'이라고 표현했다. 한국의 가면극, 민속무용 등 모든 것에 취급되는 명칭이며 이의 개념에 대하여서는 이미 다른 곳에서 여러 번 기술하였으므로 생략한다. 보살들은 노장을 스님이라고 하여 신격화 시키는 때로는 〈신과 같은 존재/광적인 불도들은 신님!〉이라고 일컬어지기고 한다. 일반적인 사람들은 중, 또는 파계하고 나쁜 짓을 했을 때 중놈이라고 말한다.

무대(舞臺)의 등, 퇴장은 상수로 등장, 하수로 퇴장하는 것이 보편적이다. 그러나 마당 연희의 등, 퇴장은 다양하다. 노장의 등장(登場)에는 2가지의 종류가 있다. 노장은 불도에만 신경쓰고 있기 때문에다. 취발이가 시켜 상좌의 유혹의 춤과 목중들이 춤을 추고 난 후에, 분위기가 너무 조용하니 주변을 살펴보며 상황을 지켜보다가 노장이 은근슬쩍 등장으로 시작된다. 또 다른 극본의 등장은 8목중들이 노장을 모시고 등장한 후에 소무(小巫) 앞에다 내려놓고 퇴장한다(등, 퇴장은 아마 취발이의 지시일 것이다).

그동안 목중들은 훈련과 산속에서 나물만 먹고 살다가 민가로 내려가서 술과 고기를 먹고 파계를 한다. 노장이 소무(小巫・小梅)를 유혹하는 과정은 현시대의 청춘남녀들이 사랑의 유혹하는 과정이나 다름없다. 무언(無言)의 춤으로 도돌이(염불)에서 굿거리, 타령으로 상승되는 사랑의 안무인 유혹 장면은 청춘남녀들이 처음에는 대화를 하다가 서로 마음이 통하는 장면과 비슷하다. 이렇듯 조상들이의 사랑의 과정 또한 현재의 그것과 다르지 않다.

진행순서는 배역(3인)의 캐릭터가 등장하여 드라마틱한 상황을 연출한다. 또한 불도에만 신경 쓴 노장이 의지할 것은 지팡이 뿐이다. 겨우 일어나는 과정과 말없는 노장이 사랑에 빠지는 파계과정으로 의심이 많은 노장은 사방을 누가 있나 없나를 둘러보고 잘 살피는 과정이 춤이 된다. 태극문양과 108번의 번뇌를 겪을 때(회전) 노장은 제발 지팡이를 떨어져 달라고 기도하는 마음과 부채를 정확하게 일직선으로 햇빛도 가리는 동작을 통해 회개와 기원이 함께 이루어져야 한다. 이 과정에서 판토마임 댄스가 잘 성립이 되어야 한다. 그래야 신장수가 사랑의 선물(신발)을 제공할 수 있는 극적 개연성이 마련되고 원숭이가 등장하는 과정이 자연적이고 계획적인 취발이의 극본이 성립된다. 그러나 노장에게 의외로 뒤통수를 맡는 장면이 있다. 자신 있다고 생각했던 취발이는 여인을 빼앗겼다가 다시 결투로 찾았으나 노승이 겁탈한 여인(소무1)은 남겨두고 새 여인(소무2)을 대리고 퇴장하게 된다. 현재 공연은 1인소무만 등장한다.[52] 결국, 삼각관계를 통해 자손(子孫)까지 보게 되어 자녀교육을 하게 된다. 송석하는 무용의 형이 다른 모든 것은 유완(柔婉)한 것인데 반하여, 여기의 것은 건무(健舞)의 식

52) 공간사랑에서 임석재의 구두이다. '2명이 나와야 하는데 김선봉 선생이 두 명의 몫을 하니 됐네' 하셨다.

(式)을 채용한 것이 특색 중의 하나이며 다른 민속예술에서는 파계승을 무조건 압박하고 승려 자신도 대단히 무력하지만 사리원의 것은 상당히 반항적인 것이 또한 특색이라고 할 수 있다. 소요(所要)시간은 약 1시간 반주악은 영산(靈山)과 타령이라고 기록하고 있다.[53)]

1) 사랑의 도약(취발이의 여자를 노장이 유혹하는 판토마임 장면이다.)

2) 소무/ 소무(小巫, 小梅)춤 1-8개 춤사위로 시작된다. 사위마다 후렴식 춤으로 진행되는데 노장과 마임 식 춤사위로 진행된다.[54)] 목중들이 인위적으로 소무가 있는 장소에 노장을 모셔다 놓는 것과, 노장이 소무의 유혹에 빠져 소무(小巫)있는 곳으로 등장하여 삼각관계가 형성된다.[55)]

3) 노장의 무언극(無言劇)으로 과정을 설명한다(판토마임 댄스: 노장이 주위 확인 후에 치장하고 유혹하는 과정, 세수하고 거울을 보는 것, 염주를 선물하는 것, 이 과정에서 염주 및 판토마임 등을 제대로 동작을 전수받아야 한다 등). 1970-71년도 최경명과 김선봉은 보유자(保有者) 지정(指定)을 위해 두 분은 호흡을 같이하며 연습하였다. 그 당시 중구 광희동 4층 봉산탈춤보존회 연습실에서 연습을 하셨다. 이 과정에서 최창주 조교가 뒤에서 열심히 따라하니 최 조교에게 의욕적으로 개인 레슨까지 해주시면서 함께 지도해주셨다. 취발이(최경명)와 소무(김선봉) 배역으로 71년 9월에 예능보유자로 동시에 지정되었다.[56)] 지정당시의 춤을 최경명보유자는 후에는 신상(?)의 문제로 제대로 표현을 하지 않았다. 그러나 오늘날 김애선 보유자의 전승, 전수교육으로 그 캐릭터의 맛을 그대로 전수하고 있다. 노장과장의 중요성을 강조했다. 김애선 보유자의 부친(父親)이신 고(故) 김진옥 선생님의 춤과 비교하며 전수해 주었다. 지팡이를 뛸 때 부채가 흐느적거리며 어깨에 힘을 빼고 소품(지팡이, 부채)과 사람(배역자)과 일치되어 호흡해야 한다고 김애선 보유자는 시범을 보이며 이론과 실기로 최 조교에게 전승전수교육 하였다. 당시는 김진옥 보유자는 김애선 보유자의 언니하고 하다가 동생인 김

53) 은율은 제5과장 노장과장이 양반과장 뒤에 나오며, 노장이 술에 취해 혼자 등장하여 진언(眞言)을 한다. 말뚝이와 최괄이(취발이)도 함께 등장하여 연희를 한다. 강령은 제6과장에서 노장과장이 나오는데 취발이를 포함하여 8목중들이 먼저 가면을 머리위에다가 메고 등장하여 성주풀이(놀량가 대용) 등의 대사를 하고 퇴장할 때 까치걸음을 반대 손 반대 발을 휘저으며 퇴장 한다. 목중들이 노래 중에 상좌 2명이 노장을 모시고 나온다. 염주를 선물로 소무에 걸어주고 홍가사까지 걸어주는데 홍가사만 다시 되돌려 받고 퇴장한다. 취발이는 다시 가면을 쓰고 나와 소무대사를 취발이가 대신해주는 1인 2역을 취발이가 소화해 낼 때(연애할 때) 소무는 노장이 걸어준 염주 선물을 뒤에다가 슬쩍 버린다(봉산에서는 선물(염주)을 받았다가 소무(김선봉 보유자)가 무겁다고 다시 노장에게 반납했다. 현재 김애선 보유자는 취발이가 선사한 선물을 그대로 소무 목에 걸고 있다고 구술하고 있다. 예전에는 염주를 아주 작게 제작하여 목걸이처럼 보였다.

54) 김선봉 보유자 지정당시(71년도) 동작의 틀을 구성한 것을 필자가 숙지함(출판된 봉산탈춤 교재 참고).

55) 오청본은 노장이 자연적으로 현장에 나타난다.

56) 최 조교는 두 배역을 전수받고 그해 11월에 군대(軍隊) 입대(入隊)를 했다.

보유자하고 했는데 가면을 착용하지 않고 했다. 당시 염주는 목걸이처럼 작기 때문에 선물로 받은 염주는 다시 노장한테 돌려줄 이유가 없다고 증언했다. 오늘날 염주를 새로 크게 제작하여 무거워 김선봉 보유자는 노장에게 다시 돌려주어 지금 그것이 원형인줄 알고 그대로 비디오를 보고 후배들은 배웠다고 한다. 이제 봉산탈춤보존회가 정기공연 때마는 원형을 보여줘야 한다. 당시 최경명 보유자선생도 보유자 지정 후에는 공연의 시간관계상(3시간 정리 된 것을 2시간 내외로 공연하니) 또는 춤동작을 제대로 하지 안하셨다고 했다.[57)]

4) 원형문제/ 노장과장의 노장배역은 고(故) 김진옥→현재 김기수 보유자→조운용 이수자까지는 제대로 전수가 되었다. 그런데 12년 전에 보유자와 후임자(조운용)가 제명, 퇴출되어 현재 봉산탈춤보존회에서는 복원을 못하고 있는 상황이다. 다행히 조운용 교수는 서울예술대학교에서, 최창주 교수는 한국예술종합학교에서 김기수 선생과 최경명, 김선봉 선생에게 사사받아 교재를 만들어 전수교육하고 있다. 현재 김○수 보유자는 제명, 퇴출되어 성동구 성수동 문화원에서 정기적으로 전수교육을 전수하고 있다. 그런데 원형을 전수받아야 할 무형문화재 제17호 봉산탈춤보존회 단체에서는 그 원형의 전수를 못 받고 있고 비디오를 보고 연습한다고 한다. 필자가 주관하는 중앙문화센터(매주 토요일)에서 고(故) 김선봉 보유자가 지도(중급반: 탈벗회, 탈무리회)를 해주신바 있다.

5) 특히 음악장단(노장: 염불⇒굿거리⇒타령)으로 노장의 사랑과정을 순차적, 단계적으로 템포 있게 전환, 연결하는 것이 백미(百媚)이다. 고차원적인 순수한 사랑의 단계를 밟는다.

- 파계자 노장/ 노장은 본연의 불도를 파계(破戒)하고 소무에게 선물(염주/목걸이)로 유혹한다. 생불이라고 칭송받던 노장이 소무의 요염한 교태와 능란한 유혹에 드디어 빠진 것을 뜻한다. 그래서 조선연극사(가면극부분)를 보면 이렇다(朝鮮演劇史의 葛藤이다./삼각관계의 특징 4과장은 2남자와 1여자 또는 2여자, 7과장은 1남자와 2여자, 가면극의 극적장면 구성(歌舞樂劇)에서 여성을 유혹하는 과정을 보면, 음악적으로 염불=굿거리=타령 순(順)으로 분위기를 잡는다. 그러나 양주산대는 그드름에서 굿거리장단이 없고 바로타령으로 이어진다).

양주산대의 노장춤은 무릎 꿇고 한참앉아 잠을 자는 상태에서 시작되어 이빨 닦고, 눈꼽을

57) 그 당시 중구 광희동 4층 봉산탈춤보존회 연습실에서 연습을 하셨다(70-71). 보유자가 되신 후에 최경명보유자께 질문했다. "선생님 1971년 9월에 지정당시의 연습한 춤대로, 보유자지정 당시 그대로 하셔야지요?" 질문하니 "공연시간도 없고 힘들고 귀찮다고 말씀하셨다.", 기록비디오에도 수록이 안 되었다. 보유자지정심사 하실 때도 시간관계상 연습하실 때와 달리, 짧게 정리하여 간단하게 발표하셨다. 지정 받은 후에도 당시의 춤을 신상(?)문제로 그 후로도 최경명보유자께서 춤사위를 보여주지도 않았고 하지도 않았는데, 오늘(2015.1.30(금), 2.6. 7시) 김애선 보유자께서 최경명 선생님의 취발이춤을 그대로 시연하시면서 그 캐릭터의 맛을 그대로 최 조교에게 전수해 주셨다. 최경명 선생님을 보는 것 같았다(첫 등장 및 노장을 엿보는 것과 앗 뜨거라! 등등). 현재 이런 춤사위를 증명해줄 전승자는 당시 현장(보유자 지정 당시. 71.9)에 있었던 최창주 조교(봉산탈춤보존회 총무)전승자 뿐이다(필자는 전수를 받고 그해 11월에 군대(軍隊) 입대(入隊)를 했다).

떼며 세수하고 기운 차려 다시 일어나서 힘들다고 끄덕거린다. 정신 차리고 일어나 1번 2번의 여자(小梅)를 서로오가며 마주보고 여자한테 왔다갔다 둘러보는 갈등으로 사방치기로 유혹하고 염주(양주는 두 여자를 낚기 위해 길다)로 두 여자를 낚아채어 올려 멘다. 이런 장면이 아주 디테일하게 판토마임으로 진행된다.[58] 노장은 판토마임으로 입을 따는 시늉을 한다(키스장면), 또한 겨드랑털을 뽑는다. 여자채취를 맛보기 위해 뽑아 염랑 속에 넣어두었다가 중은 여자 맛을 보곤 했다. 그러나 키스는 성공했는데 겨드랑에 털을 뽑지 못해서 옷을 벗고 화를 낸다. 그래서 과격하게 표현하다가 밀회투전(오관떠기) 혼자 투전놀이를 한다.

6) 경제인(장사꾼) **신장수**/ 장사꾼으로서 역할을 하다가 신 짐 속에 잘못 원숭이 짐을 지고 나왔다고 한다. 노장에게 신발을 파는 과정에서 원숭이와 소무관계를 풍자하여 "너는 소무에게 했으니 나는 네게 뻑(sex)이나 한번 하겠다고 한다."(원숭이를 엎어놓고 음외한 동작을 한다) 송석하는 〈제5과장 화상(靴商)과 원숭이〉라고 명명했다. 양주산대의 신장수는 신(靴)을 팔러 왔지만 소무(小梅)한테 관심이 있어 한다. 자기가 유혹을 못하니까 원숭이를 시켜 계집을 후리는 방법을 가르쳐 꼬셔오게 한다. 원숭이는 신장수 한테 하도 습관적으로 채찍으로 맞아 덜덜 떤다.

7) 권력 있는 **취발이**/ 술에 취한 취발이는 귀룽가지[59]를 들고 들어 올릴 때 얼굴을 숨기지만 취발이는 과시하는 춤을 보여줘야 한다. 따라서 취발이의 첫 등장은 술에 취했지만 활기차게 들어오나 버드나무가지로 얼굴을 감추고 노장을 엿보며 주이를 맴도는 장면을 해야 한다. 또한 노장과 한판 풍구질을 벌일 때 여기에서 "앗 뜨거! 앗 뜨거! 뜨거워라!"를 수없이 외치면서 뜨거워서 뛰어야 한다. 노장과 삼각관계를 벌일 때 소무한테 잘 보이려고 멋스럽고, 비록 술은 취했지만 정신만은 항상 소무한테 가있어야 한다. 노장을 쫓아내고 그 자신감(自信感)의 매력(魅力)은 이루 다 헤아릴 수 없다. 돈으로 유혹하는 남자들은 근성(根性)과 대장부같은 언행(言行)과 행위의 춤을 추는 캐릭터를 가지고 있어야 한다. 결국 소무(小巫/小梅) 뒤에서 성교(sex)한다. 그리고 성교 후에 야! 이놈의 곳이 뜨겁기도 뜨겁구나(소무의 치마를 떠들고). 어디 관함이나 세워보자 한관, 두관, - 다섯 관 (털을 뽑는다) 이놈의 털 길기도 길구나(취발이는 자기 털과 몇 개를 뽑아 가지고 인형을 소무 사타구니에 꽂아 주고 나와야 애 낳는 장면이 살 수 있다.= 諷刺) 후에 취돌이가 탄생한다).[60]

58) 무형문화재를 지정할 때, 민속학자들이 제대로 파악, 정리를 못하고 무형문화재로 지정된 것도 있다. 따라서 춤사위 설명을 정확하게 못해 놓았다. 지금에 와서 원형의 문제(극본이 새롭게 발견됨)가 올바르게 안 되어 있기에, 지도자가 지도하려니 "말 같은 말을 해야 인정해주는데" - 중간의 전승자들이 잘못하면 욕을 먹고 말 잘하는 비평가들은 이런 것들을 잘 난체 조작한다고 비평한다. 그러나 당시의 학자들이 채록해 놓은 것만도 큰 공로이다.

59) 귀신을 이길 수(쫓는) 있는 나무, 노장 스승에게 술 취한 모습을 보여주지 않게 한 수단(잎사귀는 푸른색, 중앙에는 자주색(여성의 피).

8) 취발이가 소무(小巫・小梅)를 유혹하는 장면연기[61]

취발이는 노장을 파계시키는데 소무(小巫・小梅)를 이용한다. 노장은 고단수로 소무를 유혹한다. 소무는 취발이가 민가에서 사귄 여인으로서 작은 무당이자 기생이다. 취발이는 미리 소무를 노장이 올 곳으로 끌고 가서 계획적으로 유혹하게 하여 파계를 시키려고 한다. 노장은 소무의 교태에 빠져 염주를 소무에게 선물한다. 소무는 걸어준 염주를 팽개치나 결국은 노장이 다시 걸어준 염주를 벗지 않고 그대로 걸고 춤을 춘다. 이렇게 노련한 노승은 목걸이, 신발을 선물로 선사하여 소매(소무)의 마음을 산다. 여기에서 취발이는 삼각관계로 힘들게 대무(對舞)를 치르는 과정을 밟아 소무를 취하게 되나, 오히려 잔머리를 굴려 자기꼬임에 빠진 취발이는 결국 돈으로 여인을 사서 자식(취돌이)을 얻어 소리와 글공부를 시키게 된다(임석재 대본 등은 소무 2인이 등장한다. 소무 1과 2한테도 똑 같은 행위를 한다).

- 1단계/ 취발이가 먼저 속가에서 사귄 소무를 노장과 놀게 한 후에 목중들과 함께 술집으로 가서 술을 먹는다.
- 2단계/ 취발이가 계획적으로 남겨 놓고 간, 소무를 노장이 유혹하나 성사가 되지 않자 목거리(염주) 선물(膳物)로 소무를 차지한다.
- 3단계/ 의심이 많은 취발이는 목중들과 놀다가 소무 있는 곳으로 와보니 노장이 애인(小梅)을 이미 차지했다.
- 4단계/ 취발이가 등장하여 소무(小梅)를 차지하기 위해 노장에게 경연(對舞競演)을 벌이나 노련한 노장에게 진다.
- 5단계/ 재도전의 메시지가 있다. 취발이는 힘으로 노장을 내쫓고, 소무를 차지하려고 하나 노장의 매력에 소무는 말을 듣지 않는다. 버드나무가지는 귀신을 내쫓는 행위이기도 하지만 자기모습도 감추고, 현실적으로는 사람을 내쫓기도 하고 더러운 것을 털어버리기도 한다.
- 6단계/ 소무를 재 유혹하려니 노장의 선물(목거리/염주)과 인성으로 인해 쉽게 취발이에게 다가오지 않는다.
- 7단계/ 취발이는 결국 돈(金錢)으로 유혹한다. 현실도 돈이면 모든 것을 해결된다는 것을 풍자하기 위한 것으로 양반과장에서 정경유착(政經癒着)인 말뚝이와 취발이와 금전(돈)이 오가는 마임도 여기서 연결되어 있다.
- 8단계/ 사랑의 결실을 맺어 취돌이가 탄생한다(양주는 개처럼 성관계를 하면서 킹깅킹(컹

60) 1970-71년도 최경명과 김선봉은 보유자(保有者) 지정(指定)을 위해 두 분은 호흡을 같이하며 연습하였다.

61) 위의글 참고. 지정당시 심사하실 때도 시간관계상, 후보지정, 연습하실 때와 달리 짧게 정리하여 간단하게 발표하셨다.

컹컹) 소리를 낸다).

- 9단계/ 글과 노래공부로 부모의 의무교육을 한다(偶人劇)(양주의 등등타령은 창부타령의 창부(소리)조이다).

(양주산대는 노승의 냄새가 난다고 소무 옷을 털어냄, 여자의 심리를 떠 보는 것(할머니-어머니-마루라), 까치춤=여자를 유혹(꼬심)면서 들어오는 스텝(한발 뛰고 제자리걸음, 자라춤=손바닥을 펴고 뒤집고 유혹하며 요염하게 부르는 춤/ 노장의 호랑이 그림은 산신령의 상징표시, 취발이는 학이 1마리다. 고발, 응징의 표시이다. 옳지 않는 일을 하는 노장을 응징한다. 완보의 학이 2마리는 아는 것이 많고 어른스럽게 정화, 학식이 있다.)

＊ 삼각관계

1) 노장과장/ 노장, 소무, 취발이와 삼각관계에서(노장과장은 남자 두 명이 여자 한 명(2명)을 두고 겨루고, 미얄과장은 한 남자와 여자 두 명이 다툰다.)
2) 양반과장/ 양반과 포도부장과 첩(봉산은 말뚝이와 마님과 관계가 있고, 현재 실현 안함, 양주는 샌님이 첩인 소무를 데리고 중앙으로 입장하여 춤을 추는데 난데없이 포도부장이 나타나자 첩은 고대광실 높은 집, 부자도 싫다는 것을 표현하자 샌님은 체념하고 포도부장한테 여인을 주고 떠난다.)
3) 미얄과장/ 미얄(본처)과 영감과 첩(덜머리)/ 서로 재산을 똑같이 재산분배 요구
   - 미얄대사/ 코크고 키 큰 총각 있으면 같이 살았으면, = 첩과 싸움 끝에 맞아죽음.
   - 영감대사/ (남자들의 마음?) 죽여 놓고 약 한번 못써보고 갑자기 죽다니 웬 말이란 말이냐? (藥性歌를 하며 울다가 언제 그랬느냐 하듯 첩과 퇴장한다.) 그러나 현재나 원본에도 첩(덜머리)이 죽였으니 본처의 심정을 생각해서 진심으로 통곡하는 것이다.
4) 제밀주 과장/ 큰 어미(본처)와 작은어미(첩), 시골영감과 처첩관계에서 빚어지는 가정비극과 죽음에는 빈부귀천이 없다는 인생의 무상함을 그린다.
5) 삼각관계는 이런 단어에 의해 이루어진다. 질투(嫉妬 : 다른 사람의 즐거움을 싫어하는 것), 염려(念慮 : 5분전 내일을 몰라 근심 걱정하는 것), 분노(忿怒 : 타인에 의해 성내고 원망), 불안(不安 : 자기 자신에 의해 무슨 일이 일어날지 초조, 염려함)
6) 중간대상자/ 중간대상의 개념을 발전시킨 Winnicott(1953)는 “중간 대상은 내성적인 현실과 외적인 현실을 각각 분리시키면서 동시에 서로 연관되어 있는 상태로 유지시켜야 하는, 끝없이 계속되는 과업에 관여하는 개인을 위한 안식처가 된다.” 중간 대상 이외에도 중간현상이 있는데 노래나 자장가, 몸짓, 습관적인 태도 등이 있으며 중간대상과 같은 기능을 수행한다. 그래서 시나위청으로 불러보라고 한다. 중간대상과 중간현상은 심

리치료 상황에서 흔히 나타난다. Scott(1984)는 성인이 흔히 술이나 다른 약물 및 사물을 중간 대상으로 이용한다. 그러나 술은 중간대상이 될 수 없다는 것이 그의 주장이다.

＊ 성(性sex)관계가 노골적 풍자이다.[62)]

한국가면극의 특징인 성(性:sex), 해학(諧謔), 풍자(諷刺), 대사, 연기, 춤 등, 유머어가 함께 공존하는 조선연극사(朝鮮演劇史)의 가면극이다. 우리민족은 수많은 외침과 전쟁 속에서도 강대국에 둘려 쌓여 있지만, 농담과 여유가 있는 신명과 홍의 민족이다.[63)] 특히 우리의 전통문화는 종합예술이 하나의 장르로 잘 구성되어 있다. 즉, 가무악극(歌舞樂劇)의 종합(융합, 복합, 총체적, 협동적 등)예술로서 성(性)과 연관이 된 것은 다음과 같다.

- 성(性sex)/ 남녀의 육체관계, 또는 그의 관련된 일(사람, 사물(짐승) 따위의 성품이나 본바탕/ 양주는 개처럼 성행위를 하며 낑낑 소리를 낸다).
- 해학(諧謔)/ 사물을 희롱하여 화합하게 하여 잘 어울리게 하다(익살스럽고 풍자적인 말이나 행동의 의미가 인간과 사람과의 관계를 유지하게 한다).
- 풍자(諷刺)/ 사물에 비유하여 찌르다(남의 결점을 무엇에 빗대어 재치 있게 경계하거나 비판함).
- 탈춤(한국인)은 12종류의 배역(假面劇)이 있다.[64)]
  ① 바람둥이(목중I)・② 난봉꾼(취발이)・③ 경제인(장사꾼・신장수)・④ 서민(쇠뚝이)・⑤ 종교인(노장)・⑥ 근치상간(도끼)・⑦ 권력 있는 자(양반・취발이)・⑧ 비서(말뚝이: 서민의 대변자)・⑨ 여자(상좌, 소무, 소매기생)・⑩ 노인(샌님・영감, 지인)・⑪ 무당(의사)・⑫ 조련사(마부, 동물) 등, 그 당시 세상 모든 계층의 사람들이 각기 다른 생활풍습과 현실폭로로 다음과 같은 상황으로 등장, 연출한다.

1) 바람둥이(탈춤)/ 운문시(대사)를 해주며 유혹한다./ 앗쉬- 산중에 무력일하여 철가는 줄 몰랐더니 꽃피어 춘절이요, 잎 돋아 하절(夏節)이라(중략) 나도 본시 팔도강산에 한량(五入잽이: 수・승・처・유・○)으로 - 이런 좋은 풍류정을 만났으니 한번 놀고 가려던(洛陽東村梨花亭). 취발이 대사/ 춤 잘 추고 노래 잘하고 - 금전이면 사귀신이라 돈이면 귀

---

62) 필자, 르몽드지 인터뷰 내용, 2012.6.22.

63) 일본은 2박자(신간센 빠름 등), 한국 3박자(처가집, 역전앞 등), 중국(만만디)은 4박자의 민족혼의 리듬을 가지고 있다. 수많은 외침속의 강대국(미국, 중국, 일본, 러시아) 사이에서 살아남으려고 했던 민족의 리듬이 생활로 변해 양식화 된 것 같다. 등소평 씨(중국주석)가 일본을 방문해 '신간센'을 보고 '저렇게 빨리 가서 무얼 하자는 건가?'라는 일화(一話)가 있다.

64) 조선연극사에는 가면극, 인형극, 구극과 신극 중에 탈춤을 이용한 <탈춤클리닉>과 연결했다. 1부 춤, 운동치유, 2부 헬스보다 인생을 뒤돌아보면서 비바람이 쳐도 그 환경을 벗어나지 못하고 그 속에 사는 제철음식(나물, 채소)을 먹고 자연과 사색하며 걷고, 좋은 사람만나 담소하는 것이 건강에 좋다.

신도 산다는 데 = 내 돈으로 네 마음을 사보리라 제4과장 취발이가 소무를 돈으로 거래,

2) 경제인(탈춤 및 산대놀이)/ 봉산의 제4과장 신장수가 노장과 신발매매를 한다. 취발이가 소무를 돈으로 거래, 양반과장 말뚝이와 취발이와 노골적으로 뒷거래를 한다. 양주산대의 〈제5과장 3경 애사당 법고놀이〉 왜장녀의 장사하는 장면을 보면, 말뚝이가 왜장녀의 딸, 애사당을 돈으로 거래한다. 등

＊다음은 성행위(sex) 前의 상황이다.[65]

- 왜장녀(포주 갑을관계)가 목중들에게 애사당을 딸처럼 속여 팔아먹는다.
- 말뚝이/ 돈 닷냥이 적어? 그러면 열냥 주마, 어서다리고 오너라(왜장녀에게 주며). 술상을 채려오너라. 애사당은 완보의 여자이나 말뚝이가 돈이 많아 팔지만 결국 완보가 이긴다. 한국은 있는 자나 없는 자(者)들이 술(酒暴) 문화를 통해 근본(根本, 기본, 동기부여, 우선순위)을 흔들고 있다.[66] 또한 전통문화교육부재(不在)와 갑작스런 핵가족화가 학교폭력과 왕따를 부축이고 있다[67]

3) 종놈(쇠뚝이)이 양반 대부인과 통정(겁탈)한다. 양주의 제7과장 샌님 〈제1경 의막사령(依幕(陣)使令)놀이〉 도련님에게 문안드리는 과정에서

- 쇠뚝이/ 내가 술 한 잔 먹고 두잔 먹고 얼굴이지지 벌게서 아래 윗 댁으로 돌아다니면서 뜰을 씁네 하고 조개라는 조개는 다 까먹고 -
- 말뚝이/ 야! 이놈아 무슨 조개?
- 쇠뚝이/ 묵은 조개(늙은이) 햇조개(젊은여인) 잘 까먹고 영해 영동 고등어 소라 잘 까먹은 쇠뚝이 문안이오.

4) 근친상간(도끼: 산대놀이) 제8과장 신하라비(신할애비)와 미얄할미에서

도끼엄마(미얄)가 죽어서 도끼(동생)가 누이를 찾아와서 신세한탄을 하는데 도끼는 다른 생각을 하며 만나는 과정이다.

- 누이/ 너어 매부 나간 지는 석삼년 아홉 해에 내가 시방 혼자 죽을 지경이다.
- 도끼/ 아이구! 이거 참 아주 때는 내가 좋은 기회로구랴, 그래 대관절 매부 나간지석삼년 아홉 해면 그동안 옹색한 일 많이 지냈겠구랴!

---

65) 현실적으로 생활이 항상 술과 연관되어 있다. 보편적으로 술이 없으면 건전한 생활습관이 된다<교회, 취미활동 등>.

66) 있는 者나 없는 자들은 기분 나쁘다고 스트레스 때문에 술(酒暴), 농촌의 농민들은 일하면서 힘들다고 술 한 잔. 우리민족이 술 때문에 문제가 있다(술, 인심, 담배인심 好).

67) 잘못 와전된 서양문화로 인해 학교폭력, 자살, 이혼율이 많은 것 같다. 무형문화재 법률의 대안방법 참고.

- 누이/ 이 동내 개평 여러 번 뗐다.
- 도끼/ 아이구 개평이면 날 좀 주지. 시방 대볼랴오(성관계를 뜻함).
- 누이/ 에라 이 잡자식, 형제간에 그렇게 허는 법이 어디 있냐.

(취발이가 늙어서 신할아비가 되었고, 소무가 늙어서 미얄할미(무당)가 된다. 마당쇠가 자라서 도끼(난봉꾼)가 된다고 석종관 선생이 유추하고 있다.)

⑤ 마부와 사자(獅子)의 만남[68]

최치원의 향약잡영 오기(五伎)에서 나왔던 사자춤(狻猊)으로, 파계승을 벌을 주기 위해 나타난다. 현대의 조련사 정도의 역할인 마부라는 배역으로 처리했다(甲乙丙丁과 목중들이다). 마부가 사자에게 일방적인 대사로서, 사자가 없는 나라에 백사자(白獅子)가 부처의 명(指示)을 받고 나타난다. 조련사가 말없는 짐승과의 만남을 통해 죽음 앞에서 회개(悔改)와 용서(容恕)의 장면을 모노드라마형식으로 곡예(曲藝)적인 춤으로 연출해낸다.

- 1단계/ 여러 명의 목중들이 쫓겨나온다. 마부가 독백으로 상상한다.
- 2단계/ 무슨 짐승이냐? 질의 응답시간이다.
- 3단계/ 왜 내려왔느냐? (마부와 사자가 서로 대립한다)
- 4단계/ 우리가 무슨 죄를 지었는가?
- 5단계/ 사자(獅子)가 인간들이 회개한다고 하니 용서를 해준다.
- 6단계/ 그러나 무슨 음악 곡으로 출 것인가? 곡목을 선정한다.
- 7단계/ 춤이나 추고 들어가겠느냐? 질문하니 긍정하며 소통한다.
- 8단계/ 불림(타령장단)으로 헤어지는 마당에서 춤이나 추자고 헤어지자는 화해의 춤은 인간과 동물의 명장면이다.
- 9단계/ 퇴장(退場), 또 다른 불림(굿거리장단/다른 대본은 없음)으로 사자가 서서(立)가진 재능과 기능(技能)의 춤을 보여준다. 회개와 용서의 메시지로 기분 좋게 사자와 어울려 춤을 함께 추는 과정을 기승전결(起承轉結)로 마무리한다. 춤은 상당히 힘찬 것이며 야수의 본성을 표현한 것이다. 부리는 사람이 사자의 내력을 소개한 후 다 같이 화려한 타령곡 반주에 따라 춤을 추다가 사자가 부리는 사람을 삼킨다. 뒤로 빠져나온 사람(부리는)은 사자를 구타하고 또 훈계를 하고 나서 또 같이 춤을 추는 것인데 사자가 신체를 흔들며 웅장하게 춤추는 광경은 훌륭하고 볼 만하다.[69]

68) 최창주 논문, 사자춤 기원설 재검토, 한국문화예술연구소 제7권.
69) 사리원(沙里院) 민속무용에 취(就)하여(송석하. 1904~1948).

1) 무형문화재 17호 봉산탈춤 사자춤(獅子舞)은 사자에 쫓겨 들어온 목중들이 모든 것은 취발이가 시켜 알지 못하고 한 짓이라고 한다. 목중은 회개하고 훌륭한 중이 되겠다고 용서를 빌자 사자가 받아들이게 되어 화해의 사자춤을 춘다.70)

사자를 등장 시킨 이유는 국교(國敎)가 불교(佛敎)인 당시, 승려의 타락한 생활을 폭로한 것에 대해 불교계의 반발을 미리 대처하기 위한 것으로, 인간이면 누구나 실수를 저지를 수 있으며 한번실수는 "병가상사(兵家常事)" 이니 스님(중)도 한 인간으로 봐 주길 바라는 것이다. 또 순간의 실수로 죄를 지었다 해도 진심으로 회개(悔改)하면 구원(救援)해주는 용서(容恕)의 역할을 한다는 기독교(基督敎)적 의의를 나타내기도 한다.

2) 사자에 대한 스토리 사자(獅子): 백수의 왕·동물, 부처님의 사자(使者: 명령을 부탁받고 심부름꾼)와 사자(死者: 죽은 자)가 있다. 봉산탈춤의 사자춤은 석가여래의 영(靈)을 받아 부처님의 사자(使者)인 사자(獅子)가 내려와 목중들을 잡아먹으려고 하니까 목중 중에 마부가 물어본다.71) (이로 인해 인간이면 누구나 실수를 저지를 수 있어 한번 실수는 "병가상사"라 종교와 인간의 매개체가 되는 작품이다.)

그 외 은율탈춤은 제1과장 사자탈에 3명이 들어가는 것이 특징이다. 경상도 지방의 고성오광대 '비비'는 사자(獅子)는 아니지만 반인반수(인간 반, 짐승인 괴물)로 양반을 근친(近親)이라 잡아먹지 못하나, 수영야류의 '영노'는 양반특권계급에 대한 보복으로 양반을 잡아먹는다.72)

---

70) 사자춤(최창주) 사사(私師), 故 김용익(金龍益) 보유자에게 개인지도를 받았다(1970-71년). 김 보유자께서는 발(무릎)이 불편하여 공연에 출연을 못하시어 필자는 마부를 어른들과 함께 동등하게 정기공연 및 초청공연에 일찍부터 함께 출연을 했다. 보유자께서는 항상 지팡이를 짚고 광희동에 나오셔서 마부춤과 사자춤을 직접 지도해 주셨다. 대사 후에 불림으로 사자와 8장단의 준비하는 춤을 추고 난 다음, 사자동태를 살피면서 함께 움직이라고 하셨다. 사자춤이든 뭐든 첫 박의 개념을 강조하시면서 사자는 머리춤이라고 했다. 마부가 사자를 조종하는 행위를 지도에 있어서 항상 사자보다 먼저 앞서 채찍질을 하며 뛰어가라고 지시하셨고, 하나하나의 행동반경을 말씀하시면서 사자와의 조화를 어떻게 이루어야 하느냐가 마부이고, 춤사위의 멋에 대해 조언의 말씀을 하셨다. 필자는 감사하고 고마웠다. 그래서 문화재관리국(현: 문화재청/ 당시 효자동)에 보유자전승지원비를 받으러 갈 때마다 계단이 높아 보유자를 엎고 가서 받아드렸다. 그러나 필자도 공연할 때 최경명보유자처럼, 또 후배들이 사자배역 역할이 힘든 것 같아서, 배운 것이 귀찮아서, 시간관계상, 대충 공연할 때가 많았다. 취발이 춤은 이근성보유자에게 사사를 받았으나 최경명보유자가 늦게 지정(71년 9월 지정)되면서 70년도 하반기부터 의욕적으로 춤사위와 언행의 차이를 지적해주시면서 근본과 기본에 대해 말씀해 주셨다. 이근성과 최경명은 추측 건데 해주탈춤과 봉산탈춤의 차이었던 것이다(사자춤의 메시지는 회개와 용서이다). 인간도 회개하면 용서해주어야 하는 기본이 있다. 필자도 용서하려고 늘 노력하고 있다. 가치관은 근본, 기본, 동기부여, 우선순위이다.

71) 네가 노루냐? 사슴이냐? 이것도 저것도 아니면 네 할애비냐?(싸움한다) 기린이냐? 소냐? 옳다 이제야 알겠다. 네가 문수보살을 태워가지고 댕기며 온갖 조화를 다부린다는 사자로구나, 네가 어이하여 적하인간 하였느냐? 유랑한 풍악소리 천상에서 반겨듣고 나하고 놀려고 내려왔느냐? 다시 목중이 우리가 무슨 죄가 있느냐? 취발이가 시켜 알지 못하고 하였으니 9단계의 진심으로 회개하여 깨끗한 마음으로 도를 닦아 훌륭한 중이 되어 부처님의 제자가 될 터이니 용서해 주겠느냐? 하고 화해의 춤을 추는데, 회개(悔改)하고 구원(救援)하는 용서(容恕)의 메시지가 있다.

72) 강령이나 은율탈춤은 첫 1과장에 마부가 사자를 데리고 나오는데 대사가 없다. 벽사의식무의 주술적인 의미와

3) 사자놀이는 현재 1967년 중요무형문화재 15호로 지정된 북청사자춤(北青獅子舞)놀음과 봉산, 강령, 은율 등에서 사자춤이 나온다. 김일출은 조선총독부 조사자료 제47집에 〈조선향토오락〉에 사자춤이 나오며 최남선(崔南善)의 조선상식문답속편(朝鮮常識問答續篇)에 축사연상(逐邪延祥)을 기원하는 경주의 월남과 보문에 주지춤(사자춤)이 나온다. 한국은 사자가 없지만 첫기록은 삼국사기(三國史記) 권(卷) 제4(第四)의 지증마립간(智證麻立干) 條에서 발견된다. 지증왕 13년(512) 6월에 이사부(異斯夫)가 우산국(于山國), 현재 울릉도를 정벌할 때 목우사자(木偶獅子)를 만들어서 전선에 나누어 싣고 거짓말로 "너희들이 항복하지 않으면 이 사나운 짐승을 놓아 모조리 짓밟아 죽일 것이다"라고 하니 우산국사람들이 두려워 항복했다고 한다.

삼국사기(三國史記) 권(卷) 제32(第三十二) 악지(樂志)에 최치원(崔致遠: 857-?)의 절구시(絶句詩) 〈鄕樂雜詠〉 5수(五首)에서 산예(狻猊)가 바로 사자춤이다. 고려시대는 이색(李穡: 1328-1396)의 구나행(驅儺行)이라는 연극한시에 12지신(支神)과 진자(侲子:아이)들이 역귀를 쫓는 의식에서 오방귀무(五方鬼舞) 사자춤(獅子舞) 가면희(百獸戲)에서 묘사되어 있다. 조선시대는 성종(成宗) 19년(1488) 3월 조선의 사신으로 왔던 명(明)나라의 동월(董越)이 자신을 영접하는 산대희(山臺戲)를 보고 지은 조선부(朝鮮賦)에 사자가 나온다. 유득공(柳得恭: 1749-?)의 경도잡지(京都雜誌) 성기조에 의하면 나례도감(儺禮都監)에 속하는 산희(山戲)에 사자, 호랑이가 나온다.[73)]

4) 무대에 있어서는 회개(悔改)와 용서(容恕)로 화해의 춤을 출 때 사자와 마부와 두 배역뿐이 없기 때문에 무대중심을 항상 유지하면서 사자(獅子)는 머리춤과 마부는 사자를 조종하는 듯한 자연스럽고 한편으로는 짐승의 용맹과 사람과 사자와 호흡이 맞는 춤사위지만 사자와 화해(和解)의 몸짓 춤을 추라고 김용익 보유자는 전수교육을 했다.

5) 김용익 보유자(保有者)가 마부배역으로 지정(指定)되었다. 그러던 중에 보유자께서 다리를 다쳐서 공연 때 마부출연을 못했다. 필자가 그동안 열심히 한 것을 본 김용익 보유자는 지팡이를 짚고 나오셔서 저에게 타령장단을 할 때는 짐승과 함께 강약으로 채찍을 옆으로 휘젓고, 굿거리장단을 할 때는 고개를 차츰, 차츰 흔들며 버드나무처럼 짐승 같이 머리와 몸을 움직여야 하고 사자춤은 사자머리를 흔들어 머리 춤으로 짐승 같은 사자와 조화롭게 춤을 추어야 한다. 이렇게 하라! 저렇게 하라고 섬세하게 지도를 해주셨다. 그리고 공연이 있을 때마다

놀이판을 정화시키고 집중시켜 잡귀를 쫓고 탈판정리를 사자로 하면서 홍보의 효과를 가지고 있다. 은율탈춤은 사자 안에 3명이 들어가 춤을 춘다. 강령탈춤도 제1과장에 2명의 원숭이가 먼저 나오면서 2명의 마부와 2마리의 사자가 등장한다.

73) 전경욱, 북청사자놀음, 2001.12. 화산문화, 문화재청.

필자가 되신 출연하게 하면서 안심이 안 되었는지? 꼭 나오셔서 지켜보시면서 잘못된 점을 교정해주셨다. 고인(故人)이 되신 김진옥(金振玉) 님처럼 맛을 내면 소드름이 나올 정도로 지도해야 한다고 김애선 보유자도 전수교육을 해주었다(2015년 1-4월. 7-9시. 무형문화재 전수회관. 901호, 903호, B101호, 개인지도).

6) 당시 공연출연 및 공연 짐을 타이탄 차량으로 이동하면서 공연과 함께 스태프 일을 맡아 필자는 총무로서 열심히 했다. 스승이 가정이 빈곤하여 소천하실 때, 충족하게 못해드린 것이 제자의 마음을 안타깝게 했다.

⑥ 제6과장 양반과장에서

양반과장에서 양반은 스스로 학식이 있게 보이려고 노력한다. 민중에게 양반은 적대적인 인물이기 때문에 사실적이고 직설적인 추한모습으로 표현하여 등장인물인 〈말뚝이〉가 양반의 비리를 폭로, 풍자적 대사를 통해 질타하고 대립을 보이지만, 고성은 양반과장이 핵심과장으로 말뚝이가 양반출신이라고 하면서 직접적인 대립보다 우회적인 수법인 비윤리성, 허영, 화해적 위치, 서로 만남의 조화를 통해 치부를 드러내도록 유도하고 있다. 양반의 위엄과 하인의 등장, 상층계급과 폭로자(噴出과 辨明), 안내자, 하인과의 관계로서 은유적 표현을 하고 있다.[74] 특히 은율과 강령은 목중과장 다음에 보편적으로 노장과장이 나오나 양반, 말뚝이가 먼저 등장하여 양반과 상민간의 갈등(葛藤)을 극대화하고 있다. 국교가 불교일지라도 양반의 횡포를 더 강조한 이남지방의 가면극은 경상도 지방의 고성오광대 '비비'는 반인반수(인간반 짐승인 괴물)로서 양반을 99마리를 잡아먹었는데 한 놈만 잡아먹으면 하늘로 득천(승천)한다고 하며 잡아먹으려고 하는데 내가 너의 고조(高祖) 할애비라고 하니 못 잡아먹는다. 특히 부산

---

74) 필자의 조사와 전수교육(2015.1-4) 중의 김애선 보유자의 증언이다. 양반춤의 고(故) 최경명, 이근성, 김진옥 보유자들의 묘미가 있는 춤사위 시범과 사리원에 있을 때 알고 있던 소리꾼인 별명 <꼬맹이>가 이남에 내려와 약장사를 하다가 중간에 탈춤을 하기에, 이런 계기로 하여금, 김진옥 선생님은 함께 봉산탈춤을 출연하여 공연한 바 있다. 마을마다 순회하면서 여관비가 없어 초가집을 얻어 김애선 보유자는 다락에서 자고 식사는 고구마로 대신했다. 황해도 유지인 장병희 씨가 의상, 소품 등을 협찬해주었다. 김 보유자는 60년 졸업 후에도 부친과 61년 전국민속예술경연대회 참석하였고, 69년 부친 사망 후에 많은 갈등 속에 예능보유자(인간문화재)가 되었다. 원각사에서 15일정도 초대공연을 했다. 양반과장과 노장과장을 격일제공연으로 할 때 고(故) 김진옥 보유자가 양반과정에 출연을 했는데, 손을 벌려 어깨춤을 부드러우면서 멋과 맛이 나게 스탭을 사뿐 사뿐 걸으며 어깨를 비틀며 전진해야 한다. 또한 시조(時調)를 제대로 전수를 받은 다음, 서투르게 표현하는 것은 2번째 문제이다. 시조를 하되 돈을 주고 산 양반이라 시조를 모르고 부르는 것보다 알면서 못하는 것처럼 서투르게 계산하되, 노래와 춤은 잘 추고 알면서 못하는 것하고는 차원이 틀리다. 또한 도령(홀랭이)춤과 역사의 흔적, 보존인물들을 전수교육 해주셨다. 조교 및 이수자들이 봉산탈춤의 원형(전형) 전수교육을 받아야하는데, 전승자인 전수조교 및 이수자 등, 후계자들 몇 명이 보유자를 인정하지 않고, 전수교육을 받지 않고 보조 못하고 안하는 것이 아쉽고 안타깝다고 하셨다. 두 명의 예능보유자(인간문화재)들이 사망을 할 경우 봉산탈춤의 미래와 원형(전형)의 문제점이 있다고 걱정하셨다.

지방의 수영야류에는 반인반수인 '영노'가 출연하여 평민을 괴롭히는 양반들의 등살에 쌓였던 울분을 풀어내는 과정을 보인다, 특권계급에 대한 보복으로 양반을 잡아먹는다.

말뚝이는 겉으로는 일본의 다로카자(太郎冠者)와 유사하고 비슷하게 보일지라도 다르게 표현되었다. 교겐의 주역은 다로카자(太郎冠者)는 영주집에서 일하는 말뚝이와 같이 하인으로서 주인에게 할 말하고 당당하게 때로는 꾀를 내어 주인을 골탕 먹이는 모사꾼, 섬세한 캐릭터를 가지고 있다. 그러나 말뚝이는 다로카자처럼 어느 면에서는 웃기는 사람일지는 모르나 관객들에 의해 풍자를 통해 웃기게 보일 뿐이다. 그러나 한국 말뚝이는 하인, 안내자(방울), 관객에게 고해바치는 비판자, 비서(체포자: 취발이), 강간자(대부인과 통정: 말뚝이), 서민의 대변자, 이중인격자이다. 그러나 지방마다 다르지만 말뚝이는 귀가 커서 정보제공자, 고성오광대는 말뚝이가 양반출신이라고 기록하고 있다.

일본의 교겐은 "웃음연극" "웃기는 희극의 예술이라고 했다. 웃음은 祝言性, 諷刺性, 反逆性, 滑稽性과 내용분석의 캐릭터(性格)인 관용어, 말대꾸, 비꼬기, 핑계대기 등의 내용을 가지고 있다. 문화는 다르고, 변하기 때문에 오늘날 '웃으면 복이 와요' '개그콘서트' 등을 통해 국민들에게 웃음을 제공하고 있다. 특히 대학생들에 의해 말뚝이 정신이 되살아나고 있어 저항정신으로서의 축제(祝祭) 등을 통해 다음과 같은 이 시대의 대변자이기도 하다.[75)]

- **말뚝이**/ 양반 나오십니다, 양반! 양반이라고 하니까 老論, 小論, 戶曹, 兵曹, 玉堂을 다 지내시고 삼정승 육판서를 다 지낸 퇴로재상(退老宰相)으로 계신 양반인줄 아지 마시오. 개잘양이라는 양자 개다리 소반이라는 반자 쓰는 양반이 나오신단 말이요(양반을 밥상에다 비교 풍자 했다). - 무식하지만 주워들은 것은 많다.
- **양반들**/ 야아 이놈 뭐야!
- **말뚝이**/ 아! 이 야반들 어찌 듣는지 모르갔소, 노론 소론 다 지내시고 퇴로재상을 계신 이 생원 3형제분이 나오신다고 그리하였소(변명을 하니 금방 기분이 변한다. 이생원이라네=춤으로 이어진다).
- 또한 생원이 말뚝이를 부르니까
- **말뚝이**/ 예 예. 아 이 제미를 붙을(모친하고 Sex) 양반인지 좆반인지 허리 꺾어 절반인지-호도 엿장사 오는데 할애비 찾듯 왜 이리 찾소? - 계급과 생활감정을 솔직하게 노골적으로 대변하고 있다(서민의 대변자라고 표현한다. 사람은 누구나 불평불만이 있으면 혼자소리로 궁시렁 된다. 또는 급하면 아이구 하나님! 부른다).

75) 최창주, 한국연희극과 마케팅, 말뚝이부분 참고.

- 서민들에게 한 단계 더 위로의 세상을 보게 하는 '정경유착(政經癒着)을 통해본 상류사회도 별개 아니다.'라는 것과 서민의 대변자인 말뚝이를 통해 서민과 양반, 권력과 여자, 돈이면 무엇이든 다 된다는 사고방식의 사회구조의 제도적 모순점 등을 통해 스트레스의 정체와 조절을 통해 있는 자(者:양반)도 별 것 아니라는 것으로 해소하며 치유방법(스트레스 퇴치)을 터득하게 한다.[76)]
- **말뚝이**/ 본댁(本宅)에 찾아가니 샌님도 안계시고 종가(宗家) 집 도련님도 안 계시기로. 마나님 혼자계시기에 벙거지 쓴 채 이 채찍 찬 채 감발 한 채 무릎을 꿇고 하고, 하고 재독을 하였소!
- 양반(가면극)**생원**/ 이놈 뭐야
- 말뚝이/ 하하! 이 양반 어찌 듣소, 문안을 드리고 드리고 하니까 마나님이 술상을 차리는데 벽장문 열고 홍곡주-- 등산 갔다 남아온 어두일미(魚頭一味)라고 하면서 조기대갱이 하나 줍디다. 그리하였소(변명).
- 양반/ 조기 대갱이라네(하고 춤춘다)
- 양반과 말뚝이 중에서 임기웅변적인 대사를 통해 관객에게 흥미를 던져준다. 또한 남쪽지역의 말뚝이는 귀가커서 정보통이고 북쪽 지역의 말뚝이는 사실적이고 민중의 대변자로서 부당하게 핍박 받는 민중의 저항정신(噴出)이 스며들어 있다.

  (양주의 샌님은 매관매직자로 돈은 있으나 아는 게 없다. 욕을 하고 힘만 과시한다. 능지처참, 육시랄놈[77)], 요즘 재력가이다. 그래서 요즘도 돈 많은 자를 관리가 어떻게 못한다. 양주산대 공연의 문제를 지적한다. 취발이 아들을 땅에다 두고 퇴장, 그래서 한국에 고아가 많다? 제5과장 애사당법고놀이 장면에 악기를 던져버리고 춤추는 장면 등, 국제화시대에 문제가 될 수도 있다.)
- 고성오광대 제2과장 양반과장
- 원양반/(도령에 대한 말뚝이한테 하는 대사) 내가 평양감사 갔을 때 병풍 뒤에서 낮거리로 만든 도련님이시다. 등,
- 은율은 양반과장에 원숭이가 등장하여 말뚝이를 내쫓고 새맥시하고 음란한 춤을 추고 새맥시가 아이를 낳는다. 최괄이가 자기아이라고 주장하며 '꼬독이 타령'(아이를 얼르는 노래)을 부른 후 퇴장한다.
- 강령탈춤은 제5과장으로 나온다. 말뚝이가 춤추다가 양반이 쉬-하면 문안 후에 퇴장한다.

---

76) 가난의 배 고품으로 강대국(중국, 일본, 러시아, 미국 등) 속에 살아남으려고 하는 변명이 있다. 빨리 빨리(대조영: 분배의 원리)=아침에 일어나면 굶어 죽었다. 책과 조선총독부의 왜곡. 기생과 가이샤 등.

77) 6조각으로 쪼개어 메달아 논다는 뜻, 부랄(알) 매달려 있다는 뜻.

(말뚝이 2명, 양반 4명 중 무당이 한 명이 있다. 무당이 쓰러지면 양반이 합장재배하며 빌면 무당이 다시 일어난다. 말뚝이과장은 제2과장에 별도 춤을 추고 제5과장에 다시 등장한다.)

＊'체험의 전통문화예술'을 양반의 근성 때문에

- 일본의 경제평론가 고무로 나오끼가 쓴 "한국의 붕괴"란 제목의 책 중에 언급된 한국경제의 취약점을 어느 연구가가 기록하여 한국문화예술 교육과 비슷하여, 지적한 부분을 소개하겠다. 그가 쓰기를 한국경제가 겉보기로는 승승장구하는 것 같지만 어느 단계에 이르면 멈추게 된다. 그 이유가 두 가지이다.

첫째는 한국인에겐 장인정신이 없다는 점이요, 한국인들에게 장인정신이 처음부터 없었던 것이 아니란 사실이다. 그런 정신이 없이 어찌 고려청자, 조선백자 같은 명품이 생산될 수 있었겠으며 팔만대장경이나 석굴암 같은 세계인들을 놀라게 하는 초일류 작품이 탄생할 수 있었겠는가? 다만 조상들에게는 있었던 장인정신(氣質)이 전란에 시달리고 무능하고 부패한 지도자들 등살에 수탈을 당하며 잠자고 있었을 따름이다.

둘째는 한국 사람들은 체질적으로 양반근성(兩班根性)이 몸에 베여 있어 경제가 무너질 수밖에 없다는 것이다. 양반근성이 몸에 베이면 왜 경제가 기울어진다는 것인가? 노동정신이 약해지기 때문이다. 전통적으로 양반은 노동을 기피하여 왔다 노동을 싫어하는 풍토에서는 중진국 수준에까지 이를 수는 있어도, 선진국으로까지 올라서기는 어렵다는 것이다.

조선의 양반들이 노동을 기피하던 한 예를 들어보자. 미국 선교사들이 종로 5가에서 더운 여름 날 정구를 하고 있었다, 지나가던 양반들이 그 모습을 한참이나 보다가 말했다.

"쯧쯧 저렇게 힘이 드는 일을 종을 시키지 왜 자기들이 하나?"

고무로 나오끼의 지적으로는 한국인들은 체질적으로 양반근성이 몸에 배어 있어 경제성장에 한계가 있다는 것이다. 그렇다면 1970년대와 80년대에 한국경제는 왜 그렇게 고도성장을 하였는가? 이에 대하여 나오끼는 말하기를 그 시절 한국인들은 Hungry Spirit으로 일한 것이지 노동정신이 있어 일한 것이 아니다.

그런 헝그리 정신은 어느 정도 먹고 살만 하면 없어진다. 때문에 생존문제를 해결하고 나면 헝그리 정신(배고프면 일하고, 노동정신은 일의 기본)은 사라지고, 노동을 기피하게 되고, 노동자들은 이것저것 요구하는 바가 많아지고 노동조합이 강성화로 나가게 된다. 그래서 성장이 한계에 부딪히게 되고 선진국으로 가는 문턱을 넘지 못하게 된다는 지적이다. 그 책은 우리 경제가 고속성장을 하고 있을 때에 나온 책이기에 한국인들은 퍽 불쾌하게 여겼다.

"우리가 잘 돼 가니까 배 아파서 그러지"

그렇게 여겼다. 그러나 지금 생각해 보면 일리가 있는 말이라 여겨진다. 그런 이야기를 기분 나쁘게만 받아들일 것이 아니라, 우리 자신의 모습을 바르게 볼 수 있는 충고로 받아들일 수 있어야 한다. 그런 충고를 긍정적으로 받아들이면서 노동을 싫어하는 우리들의 마음바탕을 근면하게 바른 방향으로 고쳐 나가는 일이 중요할 것이다.

⑦ 제7과장 미얄과장

제7과장 미얄과장은 풍자적이며 한국적 오페라(Opera)이다. 또 하나의 3각관계이다. 서민의 애환(哀歡)이라기보다 가부장인 남성의 횡포라고 할 수 있다. 그러나 당시에도 여성상위시대이었던 것 같다. 본처가 오랜만에 만난 영감과 길거리에서 성행위를 한다. 그것도 여성상위체위이다. 미얄은 미아리 고개에서 주막집을 운영하는 무당으로서 노장, 취발이, 먹중들의 길손을 맞이하며 대접했다는 설과 김일출본과 민간오락(물질문화유물보존위원회/미알춤), 해주탈춤 등의 책은 '미알'이라고 나와 있다. 이두현 본 외에는 미알할미, 미알 영감이라고 표기되어 있다. 필자는 미알 설을 이렇게 생각한다(미알[78]米斡: 쌀을 관리하는 여인・美嗄: 아름다운 소리가진 여인). 그렇다면 박혁거세 알은? 미알의 남편인 떠돌이영감(숫대쟁이)은 술과 음식이 있고 아름답고 소리 나는 곳에 들려 막걸리 한잔하다가 미얄(미알)을 만났을 것이다. 그러나 봉산탈춤에 나오는 미얄장면은 이미 결혼 후에 살림을 하다가 남편이 출장을 갔다가 헤어진 후에 본처미얄을 만나는 장면이다. 또한 숫대쟁이 떠돌이, 떠돌이를 찾으려고 방방곡곡을 무릎으로 메주 밟듯 돌아다니는 과정 속에 미얄과 영감이 만났다. 미얄과장인 소리의 표출행위는 오페라 이상의 연출(演出)을 한다. 그런 과정 속에 소리꾼인 손현(1851-1905/전라도)・이익성(1851-1920/기린) 등, 한량출신들 때문에 황해도 탈놀이 미얄과장에 남도소리(단가)가 삽입되었을 것으로 김일출은 추정하고 있다.[79]

오페라의 근원(根源)은 말(言語)을 리드미컬하게 전하는 것이 오페라이다. 탈춤은 인간의 만남을 여러 가지로 표출하는데, 재담(연기, 言語)과 소리(노래, 音樂)와 춤(舞踊)으로 표현한다. 말로 마음을 표현할 수 없으니 소리로, 소리에서 춤으로 단계별 한층 더 표출하는 것이

78) 음식(米)을 먹고(주방) 쌀을 관리(嗄)하는 아름다운 소리를 가진 여인(주막집 여인 칭호=무당집), 시주하러 민가에 지나가다가 주막집에 취발이・말뚝이, 영감 등이 쉼터일 것이다.

79) 은율탈춤은 제6과장인데 영감이 먼저 등장한다. 미얄은 지팡이 없이 수건을 들고 엉덩이를 흔들어 돌리면서 평범하게 등장해서 영감을 금방보고 만난다. 지금도 남자가 미얄 역할을 한다. 강령탈춤은 제7과장으로 수건을 든 첩이 먼저 등장하고 영감이 뒤에 따라와 즐긴다. 미얄춤은 보유자 고(故) 양소운 선생 춤을 그대로 추면 좋겠다. 3각관계가 성립되나 미얄이 "잘 살아라" 하고 퇴장한다. 이어 남강노인이 미얄의 짚신과 유서를 가지고 들어와 영감이 유서를 읽으니 자살(自殺)을 했다고 설정이 되어 굿을 한다.

연희(演戲)이다. 미얄과장은 오페라만큼 가무악극(歌舞樂劇)적 특징을 보인다. 그 특징은 다음과 같이 단계별로 연출되어 있다.

- 1단계/ 본처와 영감이 순서대로 등장하여 할멈에서 영감으로: (독창・사나위 청으로 한다)[80] 절 절 절시구 얼시구 절시구 지화자 좋네 … (생략)
- 2단계/ 할멈:(노래를 받는다) 거 뉘가 날 찾나? … (생략)
- 3단계/ 영감:(노래를 받는다) 할멈 찾을 이 누가 있나!? (대사로 받는다) 여보소 할멈 날세나야(시나위 청인데=시나위가락으로 불러보라고 지금은 잘못전달하고 있다).
- 4단계/ 할멈: (대사로 받는다) 아이고 우리 영감 아니오?
- 5단계/ 오랜만에 영감, 할멈이 만나 노골적으로 음행동(淫行動)을 한다. 대사 후에 춤으로 이어지면서 성행위로 발전하여 오페라와 대사와 성행위의 종합적인 연희극이다(대사는 황해도 사투리를 해야 한다).
- 6단계/ 살인행위/ 미얄, 영감, 첩의 삼각관계의 갈등(葛藤)의 연기이다(현장의 마당에서 등장한 영감・덜머리・첩이 만나 마주치자 극적인 갈등으로 살인이 이루어진다).

＊살인하여 약성가(藥性歌)를 하는 계기를 살펴보면 다음과 같다.

(그동안 허위였지만 약성가를 통곡하듯 하소연의 청을 해야 한다)

- 1단계/ 현장에서 첩과 영감과 본처가 만나게 된다.
- 2단계/ 영감은 순간을 책임을 모면해보려고 은근슬쩍 미얄에게 그동안의 가정소식을 의처증으로 물어본다(당사자는 첩하고 지금까지 생활하고 있었으면서).
- 3단계/ 부인에게 자식이 죽었다는 말을 듣고 자식이 죽었으니 살 재미가 없다고 트집을 잡아 헤어지자고 한다.
- 4단계/ 본처와 첩이 재산분배를 요구한다.
- 5단계/ 본처는 첩을 원망한다.
- 6단계/ 첩도 영감을 원망한다.
- 7단계/ 영감은 본처의 마음을 떠본다(죽은 척하면서).

---

80) 시나위가락이 아니고 시나위 청이다(시나위 청을 시나위가락으로 요구하는 것은 잘못이다).
생활의 리듬은 곧 장단, 가락, 리듬에 맞춰 육체적인 움직임이다. **장단**이라는 것은 리듬구조의 박자, 액센트, 패턴의 3가지 요소로 구성되어 있고, **리듬**은 서양의 메트로놈의 개념으로 박자감과 시간의 흐름, 흐름새의 순환과정이 생활화된 연습, 훈련을 했다. **가락**은 장단, 음, 노래, 소리의 고(高), 저(低), 길이가 조화(調和)가 되어 일정한 유형을 가진 음률의 한 단락을 이룬다면, 청(淸・請・聽)은 고저(高低의 옥타브)인 중심음의 소리(노래)로서 청하다, 고하다, 여쭈다, 부르다 직접 또는 간접으로 사람을 넣어 특별히 부탁한다. 이런 장단, 가락, 리듬의 3박자에 맞춰 탈춤의 육체적인 구조를 잘 이용하면, 생활습관과 생활수단의 구조가 인체(人體)를 건전하게 하는 동조행위현상으로 운용(運用)될 수 있어 건강을 유지할 수 있는 것이다. (2014년도 연희과 프로그램 참고하기 바람.)

- 8단계/ 이제 본처와 함께 하기는 너무 멀어졌다고 생각해서 영감(첩)은 살인한다.
  (비디오 원본과 오광대 등은 첩이 본처를 사망케 한다.)
- 9단계/ 동네노인에게 발견되어 떠난다(무당이 천국으로 보내려고 굿을 한다. 오청, 임석재본은 무당이 등장하지 않는다. 작품은 소리를 주거니 받거니 하다가 대사와 춤으로 이어지는 가무악극(歌舞樂劇)의 하나의 장르가 된다).

송석하는 제7과장 옹구(翁嫗)라고 표현했다. 금년에는 시간관계로 중지된 것이지만 개략(槪略)의 줄거리는 옹구(翁嫗)가 이별하였다가 단오일에 우연히 해후(邂逅)하여 두 사람 사이에 부부싸움이 벌어져 조상을 모신 사당의 동토(動土. 물건을 움직인 탓으로 받는 액)로 말미암아 옹(翁)이 급사하나 구(嫗)가 약성가(藥性歌)를 불러 소생시킨다. 이 과장도 중선지방(中鮮地方)의 산대극, 남선지방의 오광대극 및 야유극(野遊劇)의 그것과 대동소이하다.

⑧ 남강노인은 비록 작은 독백의 대사이지만 대사 속에 상황이 8단계(남극노인이 나타나면 평화가 오고 나타나지 않으면 불행한 일이 닥친다./무당: 9단계)로 대사를 분석(分析)하여 연희(연기)를 해야 한다. 남강노인은 동네 어른이다. 동네의 모든 행사(大小事)를 주관하는 어른이지만 웬만한 질병을 치유, 치료할 수 있는 능력을 가지고 있는 지인(남극노인)이기도 하다.

- 1단계/ (길을 가면서 독백) 에헴! 아니 이것들이 무슨 싸움을 하는가?
- 2단계/ (사람을 발견) 아니 이것이 무엇이냐? 어디보자.
- 3단계/ (죽은 것 확인) 아이쿠! 지독하게도 죽어구나.
- 4단계/ (동네사람들에게 알림) 여보소, 동네사람들 이것 좀 보소! 미얄할멈이 죽었구려.
- 5단계/ (대신 신세 한탄해준다) 영감을 잃고 갖은 고생을 하더니 그만 맞아죽고 말았구려.
- 6단계/ (시신처리, 어찌할 줄 몰라) 이것을 어찌하나
- 7단계/ (판단) 이왕 죽었으니 죽은 혼이라도 좋은 곳 극락세계로 가라고 만신
- 8단계/ (행동) 무당 부르러 갑네.
- 9단계/ 무당이 굿을 한다.

⑨ 여기에서 무당이 등장하는 것은 이두현본이다. 오청, 임석재본은 남강노인[81]이 등장하여 극락세계로 가게 해달라고 범벅구조(調)로 장고를 치며 고개를 좌우로 내두르며 노래한다.

- 한국가면극의 특징이 가무악극의 뮤지컬 형식이지만 또한 모노드라마 형식이다./ 취발이와 아들과 독백 대사, 원숭이와 신장사 대화, 마부가 말 못하는 짐승(獅子)하고 주고받는

---

81) 남극노인(南極老人) 남극성의 化身: 여러 모습으로 나타남, 노인이 나타나면 태평하고 나타나지 않으면 전란(戰亂)이 온다.

모노드라마, 그러나 은율탈춤 노장의 진언(眞言), 관노가면극의 마임댄스 등, 탈춤은 조선 연극사의 최고의 작품으로 연희연기이다.

- 필자는 탈춤 추는 사람들을 분리(分離)된 인격(人格)이라고 표현하지만, 아힘 프라이어는 마스크(假面)를 가지고 마치 자신의 얼굴인 것처럼 진실(眞實)된 연기를 해야 캐릭터가 산다. 그렇지 않으면 마스크는 빈종이(바가지)일 뿐이다.[82)]

⑩ 노인(가면극)/ 젊은 취발이는 직언을 했지만, 떠돌이 노인은 영감답게 표현했다.

첩 때문에 영감은 미얄(본처)에게 생활의 불평불만을 표출했다. 오랜만에 만나 가정사를 듣고 영감이 트집을 잡는다. 아들을 호랑이한테 잡혀먹어 살 재미가 없다고 하자. 미얄은 살림을 나눠 갖자고 제안하니까 등, 그러다 영감은 할 말이 없으니 오랜 만에 만났으니 춤이나 추자가 상황을 벗어난다. - "반갑고나 얼싸" 하면서 서로 앉고 어른다(춤춘다). 미얄은 영감에게 매달려 노골적으로 음란(淫亂)한 행동을 한다. 영감을 땅에 넘어지게 하여 미얄은 영감의 머리위로 기어 올라가서 과감하게 세스를 한다(그것도 여성상위 체위로). 성관계 후에 영감의 대사를 보면-

- **영감**/ (sex 후에 누운 채로) 야아! 여기가 좋긴 좋구나. 그놈의 곳이 험하기도 험하다. 솔잎이 좌우로 우거지고 산고곡심(山高谷深)한데 물 맑은 호수 중에 굽이굽이 섬 뚝이요. 갈피갈피 유자자로다. 고향가려면 육로로는 삼천리요. 에라 배를 타고 갈 수 밖에 없다. 풍랑을 만나 이곳에 딱 붙었으니 어떻게 떼야 일어날 것인가? (생략) - 이년의 씹중방을 꺾어 놓겠다. (생략)
- **영감**/ (요강소리를 벌에 비교하면서) "벌통 같은 씹통을 벌리고 오줌을 잘잘 누며 방구를 탕탕 뀌니 앞집의 덜풍이가 돌이 터졌다고 괭이 가지고 왔으니 이런 망신이 어데 있읍나. (볼일을 다보고 난 후에 미얄의 약점만 말한다.)
- **미얄**/ 첩한테(덜머리): 이놈의 영감 저렇게 고운 년을 얻어 두었으니까 나를 미워하지(생략), 어느 년의 씹에는 금테두리 했나? 이년 너하고 나하고 무슨 왠수가 있길래 저놈의 영감을 환장시켰느냐? 싸움 끝에 사망했는데 -
- 이두현은 무당(남강노인)을 등장시켰다. 미얄의 죽음으로 인하여 마을의 관객과 모두의 안녕과 죽은 자와 산자까지 화해시키고자 하는 연극수단과 당시의 의학수단으로 무당굿을 출연시킨 것 같다. 무당이 소품(부채와 방울)과 의상을 통해 사람(배역자)과 일치되어 무당이 아닌 무당이 되어 캐릭터에 맞게 역할을 소화해 내야하고 무당의 배역을 호흡해

82) 아힘 프라이어(Achim Freyer), 수궁가 연출자(2012.9.5-8. 국립극장).

야 한다. 그러나 다른 대본(오청, 김일출, 임석재)은 남강노인이 무당역할을 했다. 남극노인(조화를 부리는 술사)

송석하는 제8과장 남강노인(南江老人)으로 남강(Namkang)노인을 입장시킨다. 장고를 어깨에 걸고 명랑한 굿거리(Kutkuri)곡을 치며 춤을 추며 노래를 부른다. 그의 사설이 끝날 무렵은 시원한 초하(初夏)의 아침바람이 채의(彩衣)를 펄럭이며 동쪽 하늘은 엷은 장미 빛으로 물들여지는 것이라 한다(오청, 임석재도 남강노인이 굿).

9) 음악(音樂) 및 장단

한국의 소리에는 판소리, 민요, 만요(漫謠), 풍물 및 탈춤 속의 소리는 서양의 오페라 이상의 표현소리가 있고, 예그린창법 등 소리를 현대감각에 맞게 정리되어 있다. 민요, 판소리, 대중가요 등, 만요는 재담 및 만담을 스토리텔링으로 리드미컬하게 현대화한 소리(예: 오빠는 풍각쟁이야 등)가 작곡된 것은 김해송 씨가 일제 강점기에 일어난 상황을 발굴하여 작곡한 것이다. 따라서 예그린창법은 예그린 악단에서 1961년 이후 판소리, 민요, 대중가요, 벨칸토 창법이 아닌 분명한 가사전달과 해외작품을 번역하는 과정에서 리드미컬한 멜로디를 라영수 씨가 창안하였다. 이런 전환기점에서 사회단체의 어린학생들에게 3박과 4박, 4박과 6박의 개념 등, 도도리, 굿거리, 새마치, 타령 등을 어떻게 쉽게 접근하는 기술적인 방법이 필요한 시기가 있었다.

그래서 1970년대 YMCA에서 탈춤을 하기 전에 필자만 장구를 가지고 지도를 하고, 수강하는 학생들은 장구채만 구입하여 구멍가게에서 흔히 구할 수 있는 라면상자를 구입(예산이 없는 관계로 얻어오라고 했다)하여 장고(杖鼓/장구)대신 치게 하였다. 라면상자가 찢어지면 테이프를 붙여 치고 또 치곤했다(수업종료가 되면 상자를 접어 구석에 보관함). 친다는 즐거움도 있었지만, 춤(舞)과 음악(소리)의 중요성을 터득하게 하고 어린 학생들에게 장구를 치며 때리는데 스트레스가 해소되어 어린이들도 학교생활에 있어서 스트레스가 많이 쌓이는 것을 그 때 비로소 알았다. 그렇게 많은 스트레스가 있는 줄은 전혀 모르던 시대이었다(사례 참고: 초등학교 학생 부분). = 그때도 학교폭력이 있었으나 이런 교육으로 해소했다.

한국의 음악은 자연의 언어를 온 몸의 호흡으로 체화(滯貨)하여 연주하거나 발성하면 저절로 소리가 나오기에 작곡된 악보가 없더라도 창조적인 즉흥성과 현장성을 발휘하는 것이 특징이다. 여기에 지역성도 가미되어 있다. 그렇다고 한국의 음악이 대충, 적당히 한다는 것은 아니다. 이러한 자연의 소리에서 발달된 우리나라 국악에는 한나라의 언어를 소리로 표현하는 호흡과 맥박의 예술로써 독특한 특성을 가지고 있다. 가락, 장단의 리듬이 있듯이 판소리

는 복창 터지는 소리를 한다면, 민요는 진성(眞性・聲)이다.[83)]

서양음악은 작곡과 편곡이 있다. 서양의 음악, 작곡은 수학 공식처럼 정확한 악보에 의해 연주되지만, 다양하게 쓰이는 편곡도 있다. 그 예로, 이지수감독(마당에서 나온 암탉)은 "작곡이 건물의 골조를 만드는 것이라면 편곡은 인테리어에 해당한다." 특히 "영화음악은 극의 흐름과 함께 호흡해야 하기 때문에 악기의 선정부터 배치에 이르기 까지 편곡적 요소가 무척 중요하다"고 말했다. 돈 스파이크는 편곡자를 "벌거벗은 사람에게 옷을 입히는 재단사" 라고 했다. "같은 사람이라도 교복을 입히면 학생, 경찰복을 입으면 경찰로 보이는 것처럼 편곡자가 어떻게 재단해 입히느냐에 따라 완전히 새롭게 바뀝니다. 잘 된 편곡은 가수의 매력을 더욱 부각시키지만 잘못된 편곡은 고유의 색깔마저 잃어버리게 하죠." 심포니(symponi交響)는 지휘자가 있어 악기마다 첼로, 나팔, 오보, 색소폰 소리 등 자기 소리를 다 내고 있지만 조화(調和: 하모니)를 이룬다. 즉 노동자, 농민, 상공인, 등 국민들은 자기주장을 하지만 균형, 조화를 이루어야 사회가 조직적으로 잘 돌아간다는 뜻이다. 베토벤의 4장은 4음(미미미도=바바바밤)을 가지고 감동의 창작곡을 내었듯이 폭력과 투쟁은 생(生)과 사(死), 스포츠사회는 승자와 패자가 있는데 심포니사회는 협농조화가 있어 좋다는 뜻이다. 음악은 창작이자 창조이다. 악(樂: 음악을 하면 즐겁다고 해서 사람이 큰북, 작은북을 들고 있는 모습)이 악호(樂好: 不知肉味. 음악이 좋아 고기 맛을 잊어 먹었다)하니 지호악(知好樂: 지혜롭게 좋다는 뜻)이다.

우리의 전통문화는 선조들에 의해 이미 작곡되어 나왔지만, 판소리와 민요의 진성(眞誠)법이 있다. 이것을 예그린에서 예그린 창법을 창안했고, 서양의 벨칸토 창법과 북한에서는 주체사상발성법[84)]이라고 해서 가성도 아니고 진성도 아닌 비음위주로 꾸며서 조작해야 한다. 현대에 와서는 대중가요(뽕짝, 트롯 등)가 있는데 북한에서는 부르조아 자본주의 발성법이라고 한다. 기타 서양음악(팝, 힙합, 소울, 로큰롤, R&B 등)과 뮤지컬은 작품의 성격에 맞게 작곡자가 작곡하고 어떻게 악기를 편성하느냐가 문제이다. 또한 현대적 수용에 있어서 창작은 앙상블 역시 한양(韓洋)합주의 편성이 중요한 색채의 컬러를 조성한다.

(1) 탈춤의 장단(長短)

처음 시작부터 끝날 때까지 음악이 함께 반주한다. 따라서 구변(口辯)인 구음으로 흥을 돋우는 '추임새'도 곁들여야 한다. 삼현육각, 퉁소, 농악대(四物과 새납)로만으로 반구(연주)하는 가면극도 있다. 관현악(일반장단)의 박자는 정박으로 작곡 및 지휘자에 의에 연주를 하면 되

83) 우리의 음악은 궁정악(宮庭樂=雅樂)과 민속악(民俗樂=民衆樂) 등, 정간보(井間譜)의 악보가 있다.

84) 김일성이 만든 창법(이름도 총알・폭일・탄일・일심 등).

나, 탈춤반주는 제삼자의 캐릭터의 몸짓의 흐름에 맞게 해줘야 한다. 즉, 탈춤은 연희자의 불림(洛陽東村李花亭), 지시에 따라 악사에게 요구하면 템포에 맞게 반주(치면)해야 한다.

① 염불, 굿거리, 타령(허튼, 자진), 거상장단 등 불림에 의해 템포가 성립된다.

② 박동신(朴東信/피리) 선생이 강령탈춤으로 옮겨 가시기 전, 황해도 춤이기에 황해도 가락으로 반주를 해주었을 때, 필자는 호흡이 맞아 77년도 미국순회공연을 순조롭게 다녀왔다. 지관용(池觀用), 오명옥(吳明玉) 선생의 경기가락(피리)으로 반주했을 때 연희자들이 흡수하고 보여준 춤의 맛은 조금차이가 있었다. 관현악과 달리 탈춤반주음악은 반주자와 춤꾼의 호흡과 조화(調和)가 중요하다.

③ 지금은 후계자들인 양주(석종관), 봉산(김호석), 오광대, 야류 등 스승에게 교육을 제대로 받아 교재를 제작하여 후대에 체계적으로 전하고 있다.

④ 장단이 정리가 안 되었을 때, 옛 어르신네들은 동살풀이 장단을 춤추기 좋은 장단이라고 해서 '단스(댄스)가락'이라고 명하기도 했다.

(2) 우리나라의 최초의 소리(노래)

소리(판소리 · 민요 · 시조 등)에서 유행가, 가요(歌謠)부터 서양음악의 영향을 받아 새로운 창가(唱歌: 구한말-일제강점기)를 통해 우리 땅에 정착되었다. 특히 일제침략기에 나라 잃은 민족의 설움(석탄 백탄 타는데 …), 슬픔과 분노, 조국의 분단, 우리민족이 엄청난 시련과 고통을 겪었다. 눈물이 앞을 가리는 메아리소리가 슬기롭게 아픔을 극복하며 지혜로운 애국애족(愛國愛族), 민족정신(民族精神) 함양과 희망적인 노래를 부르게 되었다. 특히 단군, 애국, 독립운동가, 학도가, 희망가, 대한정신가, 농민가, 시조창, 가곡, 민요 등이 기록으로 남아있고 금수강산을 찬양하는 노래, 조국의 참상, 찬송가(항상 기뻐하라, 기뻐 찬송하세 등), 벨칸토창법 등을 통해 오늘을 맞이하였다.

① 손자가 배가 아프면 할머니가 배를 어루만지며 '내손이 약손이다' 하고 소리를 하며 노래를 했다. ② 엄마가 아이를 재울 때도 '자장자장 잘도 잔다. 멍멍개야 짖지 마라. 꼬고 닭아 울지 마라.' 소리를 하며 잠을 자도록 유도한다. ③ 상여소리 등이 있다(사람이 죽었는데도 노래를 한다). ④ 우리는 농사일을 하면서도 흥얼대며 노래를 부르는 민족이다(Work and Play: 일과 놀이를 함께 하는 민족). ⑤ 최초의 노래는 고조선 시대 '공후인'(작곡 · 연주한 여옥)으로 추정된다. 최초의 직업대중가수는 채규엽, 최초의 자작곡가수 김용환, 최초의 훈장서훈가수 김정구 등이 있다. ⑥ 풍물(農樂)은 한국의 대표적인 음악이다. 그러나 활성화되지 못하다가 한국의 대중적인 음악의 사물놀이를 통해서 '국악은 우리의 체질에 가장 잘 맞고 신명나는 음악'으로 인식되었다. 그러나 사물놀이 하면 '노조' 탈춤하면 '데모'라는 인식 때문에 정치입

안자들이 우리의 것을 잘못이해 하고 있어, 한국의 전통문화가 발전이 안 되는 이유 중의 하나이다.

(3) 소리와 반주(봉산탈춤의 예)

탈춤은 가면극으로서 춤이 주가 되고 삼현육각의 반주가 따른다. 처음부터 탈춤이 끝날 때까지 반주음악이 연결되고 있다. 그래서 우리의 전통문화는 가무악극(歌舞樂劇)이 하나의 장르라고 주장하여 왔고, 지휘자 역할을 하는 장고(장단, 리듬, 가락 등)가 큰 역할을 한다.

Open*ing Mu*sic 음악(길놀이 연결), 제1과장 사상좌춤(반주)/ 1) 등장음악, 2) 염불장단, 3) 느린타령, 제2과장 목중춤(반주)/ 1) 첫목, 2) 목중(개인춤), 3) 합동춤(뭇동춤), 제3과장 사당춤(소리와 반주)/ 1) 홀애비거사(타령), 등장음악(만가락장단), 2) 놀량가, 앞산, 뒷산, 경발림(사거리), 제4과장 노장춤(소리와 반주)/ 1) 목중놀이, 2) 백구타령, 3) 오도독이 타령, 4) 나무아미타불, 5) 노장춤(염불, 굿거리, 타령), 6) 신장수(군밤타령, 세코짚세기, 풍년장노래, 행동, 원숭이 등장), 7) 취발이(둥둥타령, 언문뒷풀이, 돈타령), 제5과장 사자춤(반주)/ 1) 타령, 2) 굿거리, 제6과장 양반, 말뚝이춤(소리와 반주)/ 1) 굿거리, 2) 시조, 3) 성주풀이(돈타령), 제7과장 미얄 영감춤(소리와 반주)/ 1) 자진굿거리(꽹막궁), 2) 시나위청(미얄, 영감), 3) 합궁춤(반갑구나 얼싸: 미얄, 영감 對舞), 4) 동티춤(짓모는 춤, 반주), 5) 약성가(藥性歌), 6) 무당장단(거상장단=9박, 8박, 7박/ 당악/ 왔소- 화초)

10) 춤(舞踊)

탈춤은 춤이 위주고 드라마와 소리(聲樂)가 따른다. 춤은 인류가 존재하면서 시작된 언어형성이전의 몸짓이다. 춤사위는 의사소통(意思疏通)으로 몸의 마디마디를 이용하여 감정표현수단(感情表現手段)의 행동으로 움직임 근육의 손짓, 발짓 형태를 나타내는 것이다. 여기에다 홍과 멋을 풀어내어 신명나게 노는 것이다. 같은 손, 같은 발이 올라가는 것이 한국 춤의 특징이다. 연희적 동작의 약속으로 유형화되어 발전되어 있다.

우리는 춤이라고 한다. 학자들 또는 일본인들이 무용이라고 표현했다. 무(舞)는 뒷굽을 뛰지 않고 움직이는 궁중춤 또는 의식춤, 회전춤을 말하고, 용(踊)은 뛸 용자이므로 뛰다, 도약하다의 뜻을 가지고 있다. 이것을 합하여 무용(舞踊)이라고 했다.

탈춤은 한국의 대표적인 춤사위이다. 깨끼는 한발을 딛고 한발을 올린다는 뜻이다. 한국의 춤은 같은 발 같은 손이 올라가는 것이 특징이다. 우리 인체의 가장 알맞은 기본운동으로 산대놀이와 탈춤, 오광대, 야류이다. 춤을 출 때는 서양춤이나 일반 보통 춤들은 가면을 착용하지 않으므로 균형(밸런스balance) 조절이 된다. 그러나 탈춤은 의상과 가면을 착용하기 때문에 거리 감각이 없고 동선이 보이지 않고, 말하고, 움직이기가 불편하고, 힘이 든다. 특히 뉴욕타임즈에서 "이렇게 좁은 땅덩어리 작은 체구에 어떻게 그렇게 큰 춤사위가 있느냐 실로 예술의 극치다."라고 평했다. 정형화된 한삼의 춤사위가 화려하면서도 우아하다. 경기도 산대놀이는 단아하면서도 여성적이지만 북한 지방은 남성답게 힘이 있다. 봉산탈춤의 기본동작은 3舞(健舞 · 跳舞 · 軟舞)와 3色(활발하고, 묵직하고, 끈적끈적하게)을 통해 환희용약(歡喜踊躍/기쁨의 춤〈뜀〉)하는 춤이다. 목중의 춤사위(불림 등 기본동작)[85], 활개펴기, 물결사위, 개구리뛰기, 게걸음 까치걸음, 노장의 복무(伏舞), 소무의 물동이 사위, 취발이의 깨끼춤, 대무(對舞), 말뚝이의 두어춤, 미얄의 엉덩이 오금춤, 합궁춤 등, 모든 춤은 활발하고 묵직하고 끈적끈적하게 추라고 권유하고 있다. 춤은 조금씩 변화한다. 무형(無形)이기 때문에, 문화는 시대에 따라 변하는 것이니까 변할 때 마다 과정을 지켜보았지만 변형과정의 논문을 참고하시고, 구체적인 것은 다음기회로 미루기로 하자. 아울러 특강을 할 때 외국의 왈츠, 차차차 등 포크댄스와 동, 서양학습을 함께 춤의 비교를 통해 교육하니 호응이 좋고 왕따, 학교폭력이 다소나마 예방이 되었다.

오늘날 춤이라고 하면 국립, 시립무용단이 대표적인 단체이다. 그러나 처음에는 옴니버스 형태로만 발표(승무, 살풀이 등)로 관객들에게 보여주었다 북한에서도 김일성에게 버라이어티쇼 식으로만 보이다가 예그린이 작품위주 극(劇)을 남북대화용 작품으로 선정해서 교류하려다 무산이 되었다. 그래서 북한에는 피바다, 꽃파는 처녀 등의 작품이 변해갔다.

이런 상황을 파악한 대가무용가들이 예그린 악단에서 작품안무(살짜기 옵소예 등) 의뢰를 받고 작품화한 안무들이 히트를 하자 단체별로 지도자들이 무용극, 춤극 형태로 발표를 하여 상황이 변해갔다. 국립무용단이 해외공연을 많이 한 것을 계기로 지도자들이 느낀 것이 있어 과연 근본적인 한국적 춤이 무엇인가? 무용가들이 고민하다가 고유의 궁중무용 및 민속무용이 미약해졌다. 무용극 속에 다양한 춤사위를 삽입하다보니 탈춤사위를 삽입(깨끼리, 독무, 2인무(대무: 두엣), 군무, 뭇동춤 등)되어 오늘날 무용극으로 발표공연을 하기도 한다.

(1) 배역(配役)들의 춤사위 의미(意味)

탈춤은 분리된 인격이다. 삼각관계, 즉흥성, 추임새, 해학(諧謔), 풍자(諷刺), 갈등(葛藤), 반복(反復)의 원리 등의 에피소드를 통해 사람을 치유하는 구조(構造)가 있다. 보편적인 연극도 역할과 자신과 상징적으로 분리되어 있지만 탈춤은 치유의 가면극으로서 춤이 주는 의미가

85) 최창주, 봉산탈춤, 한국전통연희의 이해와 실제(III), 청아문화사, 2000. 참고.

크다(봉산탈춤 배역별 위주, 중요 배역만 설명한다).

1. 상좌춤/ 한국무용의 승무와 비슷한 춤이나 하얀(白色) 옷과 홍가사(紅袈裟)를 두르는 이유는 순진하고 순박하고 깨끗한 피가 흐르고 있는 캐릭터를 가지고 사방신(四方神)에 대한 의식춤(儀式舞・淨化)의 내용을 가지고 있다. 그래서 봉산탈춤은 고사(告祀)를 삼가 해도 된다.

2. 목중춤/ 맨손(汗衫)을 사용하여 춤으로 이용한다. 깨끼리, 사위(맵시, 모양새)를 어떻게 사용하느냐가 문제이다. 궁중무용도 한삼을 이용하는 춤도 있다. 중국춤도 사위춤들이 있다. 광수무(廣袖舞)가 그 형태이다.

3. 사당춤/ 서도민요인 가무(歌舞)가 어울려 한판의 놀이터가 된다.

4. 노장춤/ 80평생 불도(佛道)에만 열중했던 노장이다. 속세에 내려와 파계(破戒)한다. 개인적인 등장과 목중들에 의해 등장이 있다. 서양의 춤은 보통 무언극(팬터마임 댄스)이라고 해서 말이 없이 동작이나 몸짓으로 표출한다. 연극에는 무극(舞劇)이나 무언극(無言劇)이라고 할 수 있다. 특히 대사가 없는 캐릭터를 가지고 있으나 은율탈춤 등은 노장이 술 취해서 진언(眞言)을 한다.

5. 신장수춤/ 장사꾼이 되어 장꾼 특유의 몸짓을 하며 노장과 소무와 매개체(선물), 모티브 역할을 하고 사람들을 유혹하는 사업의 기술을 가지고 있다.

6. 원숭이춤/ 사람과 제일 가까운 짐승이다. 몸을 더듬어 이를 잡는 모습과 사람을 흉내 내는 판토마임은 사람을 웃음(諧謔)으로 자아내게 한다.

7. 취발이춤/ 리더 자(者)이며 한량의 캐릭터를 가지고 있으나 직설적인 플롯 구조로 돈과 교육적 메시지와 드라마틱한 한량의 멋스런 춤이다.

8. 마부춤/ 짐승을 훈련하는 조련사의 춤으로서 한발 앞서 조종춤사위이다. 사자와 사람들을 중간역할 자이므로 언행(1인 모노드라마)을 통해 회개(悔改)와 용서(容恕)의 메시지를 전하는 역할이다. 사자와 조화(調和)를 이루는 화해(和解)의 춤을 춘다.

9. 사자춤(獅子舞)/ 백수의 왕이 인간 세상에 내려왔다. 그러나 부처님의 사자(使者)[86]인 사자(獅子)이다. 춤은 용맹스럽게 머리를 흔들어 죽지 않고 살아있다는 용맹성을 표출해 내야하나 화합의 춤을 춘다. 은율탈춤은 3명이 들어가 신성한 춤을 표현하는 것이 특징이다.

10. 양반춤/ 갈지 자(之)의 위엄과 호령의 걸음 춤이다. 주눅이 들어 숨을 쉬지 못하는 서민들과는 달리 권세와 허세가 풍기는 멋스러운 양반처럼 가슴을 펴고 걷는다. 그러나 양반춤

86) 명령이나 부탁을 받고 심부름하는 者.

에는 서민의 거름(堆肥) 춤도 내포되어 있다. 경제적으로 여유 있는(돈만 있는) 양반들은 거드름(倨慢)을 피며 소품(부채)을 사용하는 등, 종(비서)을 두고 시조를 함으로서 학식 있는 것처럼 보여야 한다.

11. 말뚝이춤/ 양반과 서민의 중간역자(噴出)로서 방울을 달고 안내자이자 변명을 잘하는 지혜로운 종이다. 따라서 정보가 없는 사회에서 말뚝이가 양반의 안내원, 정보원이자 비서이다. 이남지방에서는 풍자로 귀가 크게 묘사되어 있다.[87)]

12. 미얄춤/ 미얄(미알)의 뜻은 '분야별 견해'에서 정립되어 있다. 무당과 주막집으로 생계를 꾸려가다가 남편을 찾아 떠난다. 춤의 특징은 엉덩이를 흔들며 주막집 여인처럼, 또는 뺑덕어멈처럼 캐릭터를 가지고 흔들어 댄다.

13. 영감춤/ 방탕한 땜쟁이 석공 일을 하다가 젊은 여인한테 바람이 난 것이다. 그래도 조강지처(糟糠之妻)를 그리워하며 살았지만 젊은 여인을 만나니 생각이 변하여 말다툼 끝에 본처를 살해(첩)하게 된다. 본처가 죽자마자 앉아 엎드려 약성가(藥性歌)로 통곡을 한다. "약한 첩 못써보고 갑자기 죽다니 왠 말이란 말이냐?"(원본은 첩이 죽였기 때문이다.)

14. 무당춤/ 무당의 등장으로 또 다른 모티브를 조성(造成)한다. 현대의학이 발전하기까지 무당이 최고의 의학수단이었다. 인간은 강하면서도 연약한 동물이다. 무당을 초청한 의뢰인에게 돈을 받았으니 무언가 그림을 보여주려고 하다 보니 점차 언행(言行)이 발전되어 춤으로 승화된 것이 아닌가하는 견해를 유추해본다(오청, 임석재본 등은 무당이 없다).

(2) 춤사위 방법(舞)

봉산탈춤은 한삼(汗衫)을 이용하여 3舞(健舞 · 跳舞 · 軟舞)와 3色(활발 · 묵직 · 끈적끈적하게)을 통해 환희용약(歡喜踊躍/기쁨의 춤〈뜀〉)하는 춤이다. 아울러 풍물에서 버슴새가 있듯이 소품(한삼, 부채 등)을 이용하여 잘 활용하면 멋있는 춤사위가 된다. 다른 종류의 탈춤은 맨손과 장삼(長衫) 등을 사용하기 때문에 몸 전체로 사위와 호흡이 앙상블(調和)이 되어야 한다(춤 부분 참고).

① 불림(洛陽東村梨花亭, 黑雲而滿天天不見 등)으로 춤(舞踊)시작을 청하고(또는 지시) 이에 맞는 춤사위를 캐릭터에 맞게 보여준다.

② 불림의 템포에 맞게 연희자가 악사에게 청을 하고 지시하여 춤을 춘다. 양손을 위에서 아래로 쌍S자로 휘젓는다. 그래서 연희자의 불림템포에 맞춰 악사와 호흡연습을 함께 해야 한다. 불림의 내용과 템포를 이해하려고 하나 연희자와 악사의 이해부족(상하관계)으로 갈등

---

87) 최창주, 한국연희극과 마케팅, 도서출판 월인(연극과 인간).

(葛藤)이 있을 수 있다. 지금은 춤이 너무 빨라 춤의 맛이 없어 교육과 훈련의 학습이 필요하다(교육은 훈련이다).

③ 양주지방 춤사위는 중부지방 사람들의 특성을 강조하듯이 섬세하며 단아하다. 깨끼와 거드름춤이 있고 생활 춤으로 정중동의 여성 춤이라면, 봉산탈춤은 남성의 춤이다. 깨끼는 깨낀다. 깍아 내린다. 깎는다의 뜻을 가지고 있다.

④ 봉산(鳳山)탈춤은 사위춤[88]을 볼 때 광수무(廣袖舞)[89]일 것으로 유추해본다. 고구려에는 개방된 나라답게 서역인 춤(취발이・목중)의 흔적이 있다. 3舞 3色의 활발하고(健舞), 묵직하고(跳舞), 끈적끈적(軟舞)하게 넓고 큰 소매를 이용한 사위춤이어야 한다. 기본춤을 응용하되 각자 배역별, 연희적 춤사위 동작으로 발전되었다.

⑤ 뉴욕타임즈에서 "이렇게 좁은 땅덩어리 작은 체구에서 어떻게 그렇게 큰 춤사위가 나올 수 있느냐, 실로 예술의 극치"라고 평론한 기사를 다시 한 번 생각하게 한다.

⑥ 춤사위 방법은 불림(템포)에 맞게 춤을 추되 여유를 가지면서 배역과 캐릭터에 맞는 맛깔스러운 어깨춤을 추라고 요구・지도해야 한다(같은 손 같은 발을 동시에 올려 춤을 추는 민족은 역동적인 사위이다).

⑦ 지금은 학생들이 급박하게 배우기 때문에 가면극의 뜻보다, 기본동작순서에 입각한 춤사위를 습득하기에도 바쁘다.

(3) 춤사위 지도(指導)방법

한국의 춤은 홍(興: 돋우다)의 홍(馫: 향기)이 있어 홍의 민족이다. 외국춤은 지도자가 정확한 카운터를 통해 지시 및 순서를 짚어주면 된다. 서양춤은 관객과 무용수가 불리되어 있고 정확한 순서와 동작으로 관객에게 보여주면 된다. 파트너가 있어 대무하고 안무는 MR에 맞춰, 또는 오케스트라와 합주가 되어 현장에서 감상하는 분위기다.

반면 탈춤의 공연무대는 서구적 시각으로 볼 때 탈춤이라는 마당의 전통이 무대에 올라갔을 때에 갖는 한계점이 있다. 그러나 우리는 신명의 춤사위이므로 홍겹게 소리를 지르며 추임새를 하는 현장의 예술이다. 지도할 때는 지도자와 수강자, 즉 학습자가 하나가 되어야 한다. 한국춤은 파트너(對舞)보다 개인적인 막춤이 많다. 또한 군무(群舞)의 신명으로 관객과 연희자가 하나가 되는 보편적인 춤이 많아 전통연희의 힘은 홍과 신명이다. 탈춤의 가무악극과 기획・제작이 이미 선조들에 의해 모든 과정이 다 정리되어 있기에 학습만 하면 된다. 서양연

88) 춤새, 매무새, 맵씨, 모양새.
89) 통이 넓은 소매 춤.

극, 뮤지컬 등은 제작(연출 등)들이 있어 인위적으로 관객과 배우가 구분되어 배우들의 등퇴장이 차별되어 있으나, 탈춤은 자유스런 등퇴장으로 동서고금을 초월해서 관객과 교감하고 소통하는 캐릭터의 힘이 인위적이 아닌 자연스런 어울림의 문화예술로 승화된다. 그렇다고 임기응변적인 것은 아니다 극본대로 움직이고 약속된 작품이다.

필자는 학생들에게 춤을 출 때는 '활발(跳舞)'하고 '묵직(健舞)'하고 '끈적끈적(軟舞)'하게 추라고 양식화(stylized) 된 것을 요구한다. 그리고 우리춤은 스트레칭과 유산소 운동이 동시에 전개되는 특징을 가지고 있어 자연적인 인체공학에 맞게 진행이 되어 있다. 즉, 예를 들어 기본동작이 처음부터 소리 지르고 과격하나 스트레칭이 되어 있지만 체조에 원리에 합당하게 진행을 시켰다. 그래서 필자는 1단계-부터 9단계(탈춤체조 · 한삼(汗衫)체조 등)로 구분하여 치유(治癒)라는 것을 발견하여 연구, 정리했다. 특히 기본동작에 있어서 불림은 복식호흡을 통해 기마자세로 소리를 질러 복근운동이 된다. 고개잡이 할 때는 감아서 경추, 흉추, 요추를 운동하게 한다. 외사위의 어깨회전은 인체에 맞게 목, 어깨근육이 과학적으로 구성되어 움직이게 된다. 더욱, 겹사위를 할 때는 근육에 원리대로 손을 회전하게 하면 이두박근, 삼두박근의 50견 예방과 근육운동이 됨과 동시에 지구력이 있다. 다만, 앉아 뛰기를 할 때는 경추, 요추, 염좌의 문제점이 있기 때문에 몸에 땀이 촉촉하게 한 다음 실시하게 한다. 그리고 춤사위를 조금 터득하고 알고 있는 전수, 이수자들에게는 호흡을 통해 대섬 소섬, 강, 약의 테크닉한 춤사위를 지도하게 해야 한다 등등.[90)]

그동안 춤사위의 지도방법은 과학적이지 않았고, 필자가 배울 때, 어르신네가 시범으로 춤 한번 추고 난 다음 '한번 해봐' - '이렇게 요' - '응응' '그래 맞아' 또는 '아냐 그게 아냐' '최군처럼 해봐!', '그래그래' '잘 한다' '넌 뭐해!' '왜 너는 그렇게 못 따라하냐' 등등, 꾸중도 많이 들었다. 꾸중하고 구박하는 선생님도 있는가하면 인자한 선생님도 계셨다. 그러나 확실하고 정확하게 지도해 주시는 분이 있는 가하면, 구체적인 동작을 물어보면 난감하게 생각하시는 분도 있었다. 의문스런 춤사위가 있어 질문하면 보유자(保有者)어르신네들은 대답하기가 싫었는지는 몰라도 지금처럼 구분동작으로 지도를 해주지 않았다. 눈치 것 따라해야지 구체적으로 질문과 잘못 따라하면 그 다음부터 지도 해 주실 생각을 안했다. 아무튼 연세가 있으신대도 불구하고 당시에 왕성한 체력을 가지고 계시면서 지도해주시는 모습, 감사하게 배웠다.

한국의 전통문화는 원형이기 때문에 우리는 주입식으로 지도할 수밖에 없었다. 이것을 우리는 도제교육이라고 하지만, 외국도 스승의 집에서 먹고 자고 숙제, 공부하고 그 결과로 박

90) 이매방 선생의 전통춤(승무 등)은 한복의 선처럼 곡선(曲線)의 아름다움이라고 하면서 묘미는 정중동(靜中動)에 있어 몸에서 중(中)이고, 밑은 정(靜), 위는 동(動)이라고 한다. 그러면서 전통춤은 오그리고, 펴고, 안고, 서고, 전진하고, 후진한다. 이 속에 음양(陰陽)이 있다고 강조하였다.

사학위를 취득했다. 외국도 어떤 대학 나왔느냐가 아니고 어떤 스승, 누구한테 배웠느냐가 중요하다.[91] 창작(創作)이라면 행위를 한번 해놓고 "토론해보자 너의 생각은 어떠냐?" "그렇지" "좋은 아이디어인데!" 할 수 있다. 또한 흉내를 조금 잘 내면 '응! 잘 추네.'라는 반응을 보이는 식(式)의 평이한 지도법이 될 수 있지만, 그 중, 보유자인 지도자 중에 김선봉(金先峰) 선생은 이론(理論)과 실기(實技)를 정확하게 구분하여 지도해 주셨다. 때문에 필자는 중앙문화센터 강당(101호) 초급반에서 이수한 회원들을 중급반으로 신설하여, 김보유자를 초빙하여 지도받았다. 전(全)과장의 배역 춤사위를 영상으로 담았고 그 중 첫 목춤, 노장, 취발이, 양반, 특히 미얄춤이 현재와 다르지만 전수를 잘 받아 지금도 생생하게 생각이 난다. 또한 2015년 1월 16일 -4.월 24(금) 7-9시까지 12회에 걸쳐 봉산탈춤 제7과장을 김애선 보유자에게 전수교육을 사사받았다. 그룹지도 받을 수 있지만 개인지도받기는 어려운데 좋은 기회가 되어 터득하게 되었다. 5월부터도 계속 개인지도와 봉산지역의 역사와 부친께서 춤추시던 상황을 조사하고 토론하고 기록하고 복습할 것이다.

당시는 양주산대의 기본동작이 9개(불림 · 빗사위 · 고개잡이 · 깨끼 · 깨끼리 · 멍석말이 · 곱사위 · 여닫이 · 너울질)동작이 있듯이, 봉산도 9개(불림 · 고개잡이 · 발들기 · 황소걸음 · 외사위 · 겹사위 · 양사위 · 앉아외사위 · 앉아겹사위)의 동작을 연결하여 반복연습을 했다. 그 때는 선생님들이 연로하셔서 중요한 춤사위 명칭만 기억하고 있었고, 질문을 하면 정확하게 답변하지 않았다. 그리고 정리되지 않은 여러 가지 다양한 춤사위들도 선보여 주었다. 따라서 춤사위 이름을 정확하게 모두 기억하지 못하고 동작만 알고 있었기 때문에 구체적으로 질문하면 '그냥 이렇게 해!'라고 가르치셔서 민망하기도 했었다. 그 예로는 양소운과 김선봉의 견해차이다. 목중춤은 물론, 소무춤, 미얄춤 등 때문에 늘 캐릭터의 문제를 두고 작품의 주장이 달라 제자인 나로서는 입장이 곤란했었다. 지정당시 이근성의 해주(海州) 목중춤은 기교가 있었고, 강령의 양소운(미얄 · 앞산타령 · 뒷산타령 · 경발림 등), 근본이 달랐지만 탈춤을 처음 발굴, 지정하는 당사자를 이해할 수가 있었다. 그러나 선생님들의 입장과 지도방법은 전체적인 메시지와 흐름의 깊은 뜻과 멋과 맛이 있었다.

필자는 선생님들에게 개인적으로 배운 춤사위 지도방법을 상상하고 익혀, 강약의 대섬 소섬을 강조하며 전문적인 기법(技法)과 춤사위의 흐름과 예비동작(豫備動作)을 익혀 훈련받았기 때문에 사회단체에 특강을 했다. 이것을 계기로 한국예술종합학교 교수가 되면서 후학들에게 좀 더 과학적으로 지도하기 위해 춤사위, 도해장면, 악보(正間譜)와 장단, 호흡처리 등,

---

91) 딤후. 3:14. 4:3-8. 너는 배우고 확신한 일에 거하라. 너는 네가 누구에게 배운 것을 알며 때가 이르니 사람이 바른 교훈을 받지 아니하며 … (중략) 너는 모든 일이 신중하여 고난을 받으며 전도자의 일을 하며 네 직무를 다하라!

교재(敎材)를 출판하기 위해 나름대로 춤사위 이름을 임의대로 명칭을 정리하여 교재(봉산탈춤 전(全)과장 글로 표현)로 출판하였다.[92] 이 교재를 계기로 견본이 되어 각 보존회(전문단체)에서 전문적인 교재출판이 되어 나와야 한다고 생각한다. 그리고 초, 중, 고, 대학에서 전통문화 프로그램을 도입하고 제도적 모순점을 바로잡아 주어야 한다.

(4) 단체(團體) 춤사위 강습

서양의 춤은 군무(群舞)라고 하면서 정확한 동작으로 일사불란하게 출연자의 동작과 호흡을 맞춰서 함께 움직여야 한다. 그러나 우리춤은 무질서 속에 질서가 있다. 신명나는 흥의 민족으로 어울림의 흥겨움 속에 관객과 출연자가 하나가 되는 소통의 춤을 주문하고 있다.

위에서 잠시 거론한바 있지만, 1970년도 예그린악단에 근무하고 있을 때 필자가 탈춤을 한다는 점을 알고 각 단체와 학교(숙명여고, 경복여상, 창문여고 등)에서 지도를 요청이 들어와 취미로 특강과 강습회를 열었다. 지도하면서 배울 점이 너무 많았다. 교육을 하다 보니 교재의 필요성을 느껴 전문적으로 탈춤 내용을 정확히 정리하여 교재(敎材/책)를 출판하려고 강습하면서 메모하기 시작했다. 그래서 지금은 메모의 습관이 생활화가 되었다.

1977년도 3-5월(3개월) 봉산탈춤이 미국순회공연(하버드대학, UCL, 등. 필자강습사진 참고) 후 각 신문사에 미국공연이 기사화 된 것이 홍보가 되어 각 대학(고대, 계명대, 동아대, 서울대, 외대, 이대, 동아방송대 등)에 필자가 강사로 초청받아 탈춤반(민속반)을 조직하였다. 대학축제 때에 탈춤이 없으면 축제의 명분이 없어 필수로 공연되곤 했다. 그 후 1978년도 6-9월(3개월) 유럽축제(CIOFF)[93]에 초청받아 유럽일주 중에 덴마크를 방문한 후부터 탈춤의 대중화를 위해 '탈춤체조'를 창안(1978년 10월)하는 계기가 되어 탈춤을 사회단체에 알려 활성화, 대중화하는데 노력하였다.

탈춤체조를 프로그램에 추가하여 봉산탈춤을 홍사단 · YMCA(1회당 입장료: 2500원/ 후에 3개월 단위 접수), YWCA, RCY, 걸스카웃, 보이스카웃, 탈춤가족캠프, 한민족탈춤학교(25회), 교사연수원 및 교사강습회(5회: 1회당 3,000명 참석, 잠실학생체육관: 사진참고)와 육군사관학교(1978-1995), 한국청소년연맹, 여의도 광장, 한국예술종합학교 운동장 등에서 교육과 건강을 위해 공개강좌를 하였다. 재능기부, 공개 무료 강의(강습)를 하다 보니 건강치유와 교육요청의 일환으로 강습을 요구하는 단체가 많아졌다.

---

92) 최창주, ≪한국전통연희의 이론과 실제 3, 봉산탈춤≫, 한국예술종합학교, 1999. 청아문화사. 1학년, 4학년용 교재인 봉산탈춤 전(全)과장을 글로 정리하였다. 한민족탈춤학교(1980), 탈춤치유학교(2014)에도 교재로 사용함.

93) CIOFF(국제민속축전협의회), Conseil(민원조사관/정부민원협의회), International(국), Orga-nisatons(조직, 기구), Folklore축제 민속의 약자이다.=후에 일본국민문화축제 활성화 됨.

새마을본부, 농협, 공무원연수(서울시·감사원·법무·경찰 등), 강의 계기로 교사강습(잠실체육관/국립국악원), 삼성, 대우, 현대, 포스코, LG, 아시아나, 진로, 은행 등에서 강의를 했다. 이윽고 한국탈문화연구소를 통해 한민족탈춤학교를 설립하였다. 1981년도부터는 중앙문화센터, 흥사단에서 정기 강습반(최초 유료)이 설립이 되어 3개월 단위로 수강생을 모집하고 강의를 했다. 이를 계기로 앞으로 '탈춤사관학교'를 설립하여 탈춤치유로 사람을 치유하고 싶었다. 해외공연으로서는 1977년도 미국 30개 주립대학 순회공연과 시범, 1978년도 CIOFF초청공연, 1985년도에는 평양을 방문, 평양대극장에서 봉산탈춤공연으로 하였다. 필자는 제자, 후배들을 양성하고 탈춤의 활성화·대중화를 위하여 노력하고 있지만, 정부에서 정책적으로 한국전통문화를 근본적으로 입안시켜주지 않으면 장기적인 발전은 어렵다.[94]

전국 유치원, 초, 중, 고 교사 봉산탈춤 및 탈춤체조 특강(잠실체육관)

11) 음향(音響)

예전에는 관객의 규모가 1-200명밖에 안 되는 소규모 마당공연으로서 가면(탈)의 입이 적어도 대사를 전달하는데 불편함이 없어 음향의 문제가 없었다. 그러나 지금은 대극장과 전문극장에 전문가가 있는데도 불구하고 음향의 문제점이 있어 연구, 노력해야 한다.

① 무대(실내)나 마당(야외)의 많은 관객들 앞에 대사전달이 문제이다. 가면을 착용하는 연구가 미진하였기 때문에 음향연구가들이 가면 안쪽(이마·입·귀 옆)과 밖의 마이크 착용을

94) 문화융성 2% 예산의 반이라도 무형문화재에 투입해야 한다.

연구하고 있다. 경험으로는 가면 밖의 착용이 소리가 잡음도 안생기고 대사전달이 잘되었다.

② 공연 시에는 가면 입이 작기 때문에 관객에게 전달할 때, 가면과 대사와 악기의 관계인 기술적인 문제점이 있어 음향문제를 해결해야 한다(음향과 가면제작의 문제 연구의 필요성).

12) 조명(照明)

예전엔 야간에 탈춤을 할 때 모닥불을 피워놓고 하는 것은 당시에 조명이 없었기 때문에 어둠을 밝히기 위한 효과적인 수단이었다.

① 전통문화공연을 할 때 옛 모습 그대로 재현(야외마당에도)하려고 노력하고 있지만, 횃불에서 냄새가 나고 그을음이 심하다는 이유 때문에 요즘 관객들은 기피한다. 그리고 주최 측에서 불조심 때문에 승인하지 않는다.

② 가면극 특성상, 종류, 지역성, 장소(건물관리) 및 화재의 위험도 있다.

③ 가면과 조명에 따라 무대의 효과가 있다. 의상과 조명, 조명과 횃불, 객석과 마당과 무대조명의 차이점이 있으나, 화이트 조명과 조명메모리를 원하고 있지만 연구해야 한다.

④ 마당이나 무대에서 조명(照明)처리로 가면의 굴곡을 공연의 효과를 내고 있으며, 과학기술 발달의 산물인 3D는 횃불만큼 맛이 나지 않았다.

- 시대가 변화 되면서 국가의 표출행위(일본 낮, 한국은 밤 공연)로 사람들이 횃불을 목적을 이상하게 활용하고 있다. 예로 '타오르는 횃불이 피와 같다.' '횃불은 흥분과 정열을 나타내기도 한다.' '젊은 용기의 상징성이다.' '탈의 조화와 도약의 불빛이다.' '횃불은 서민들의 갈등을 해소해준다.' '울분과 흥미를 호소한다.' '좌절과 응어리진 사람들이 풀어내는 신명과 흥의 집착성의 산물이다.'라고 표현을 하고 있다. 현대인이 추구하는 횃불과 탈춤의 조명(횃불)은 다르다. 요즘 근본적인 목적과 달리하기 때문에 촛불집회가 성행하고 있는 현대적 의미의 것과 같은 맥락에서의 차별은 반드시 있어야 한다.

13) 의상(衣裳)

봉산탈춤의 의상이 화려한 것은 무당의 옷을 징발해서 화려하다는 기록은 있으나, 오청원본(임석재 등)은 봉산탈춤에 무당(巫堂)이 출연하지 않는다. 봉산의 목중이나 소무, 취발이 의상이 화려한 것은, 봉산은 대동강이 흐르는 해륙의 항구도시이기에 항구와 가까워 중국사신과 무역이 쉬운 곳이기 때문에 아전(衙前)들이 공단(貢緞)의상을 쉽게 확보할 수가 있었을 것이다. 행사를 할 때 이속(吏屬)들이 집행담당이었기에 예산을 쉽게 확보할 수 있어 예산을 집행할 수 있는 상황으로 볼 수 있다. 봉산은 상업교역과 행정의 요충 항구도시로서 이속과 상인들이 주관이 되어 행사를 담당할 수 있는 경제력과 실세들이라, 위에는 목민관(牧民官), 아래로는 서민들에게 잘 보이려고 했을 것이다. 그래도 봉산의 의상은 화려하고 정교하나 남쪽 이남의 서민들 의상은 기본적인 민복 옷이다. 현재는 전문가에 의해 각 지역적인 지정 특색으로 의상이 고증되어 제작되었다.

① 보통 가면극들은 민복인 치마저고리(女性), 바지저고리(男性)가 기본으로 한다. 덧옷(두루마기, 활옷 등)을 거치므로 신분(兩班, 庶民)이 표출된다. 따라서 봉산의상은 중국이나 일본의 의상처럼 정교하지는 못하나 배역마다 당시 최고의 멋을 내기 위해 광목에 물(色)을 들여 맛을 내었다고 했으며, 공연이 끝나고 나면 몸에 물감이 땀과 함께 뒤범벅이 되었다고 한다. 또한 취발이 옷에다가 담뱃갑 안에 들어있는 반짝이와 장농의 붙어 있는 쇳대(열쇠)/경첩)를 달고 있었다. 마치 미국의 카우보이처럼 덩그렁 덩그렁 소리를 내면서 최고의 멋을 내, 뭇 여성들을 유혹했다고 한다.[95)]

② 지금은 공단 등 최고의 옷감으로 제작하여 그 맛을 살리려고 하지만 시대의 아이러니리고 할까? 많은 것이 희석되고 변화되어 있다. 문화는 시대에 따라 변한다고 하지만 무형문화재법은 '원형그대로'이기 때문에 연구의 필요성이 있다.

③ 봉산의 소무(小巫, 小梅)는 여자의 살을 보이지 않게 하기 위해 손에 한삼을 끼어야 한다.[96)]

14) 가면(假面, 탈)의 변이와 배역[97)]

봉산의 기괴한 〈목탈〉은 탈놀이에 사용되는 이외에 또 민가에서 문 앞에 걸어 잡귀의 침입을 방지하는데도 쓰이었다. 〈목탈〉을 문 앞에 걸면 〈마귀〉가 침범하지 못한다고 하며 또 목탈을 쓰면 〈조상이 제사를 받지 않는다.〉고 하여 양(량)반집 자제들에게 탈을 쓰지 못하게 하였다. 가면이 양반 지배계급에게 배격되어 오로지 하층인민들 사이에 전승되어 온 사실을 단적으로 말하여 주는 것이다.[98)]

따라서 이두현은 탈[99)]의 어의(語義)에는 1) 가면(假面), 2) 사고(事故), 3) 병(病) 등이 있는

95) 故 김선봉 선생(봉산탈춤 보유자)이 구두로 필자에게 설명해주셨다.

96) 양주산대의 경우 시골노인이 여자역할을 하는데 농사짓다가 공연을 했을 때 손이 검어 소매를 만들어 손에 끼었다는 설이 있다. 지금은 원형대로 배역(配役)따라 자라춤을 추기위해 한삼을 벗었다고 한다.

97) 최창주, 봉산탈춤극본연구, 앰애드. 참고

98) 김일출, 과학원출판사, 1958. 생활의 불행이 마수를 뻗치는 역귀와 사기를 방지하며 생활의 안락과 행복을 수호하려는 렴원을 그것으로써 상징한 것으로 보아야 할 것이다. p.150.

예전 가면(노장, 취발이 가면 코에 눈구멍)

현재 가면(노장, 소무, 취발이)

데, 탈은 가면의 뜻 외에 [탈(사고・병)나다]라는 뜻도 가진다. 서연호는 다음과 같이 설명하고 있다.[100] 탈은 특이한 造形品(美術), 특정한 목적과 용도관념(用度觀念), 본래의 얼굴과는 다른 인물(人物)이나 동물(動物), 또는 초자연적 존재(超自然的 存在)와 신(神), 가장성(假裝性), 생명(面上)을 보호하는 마스크(gass-mask), 베이스볼 마스크(baseball-mask), 은폐(隱蔽)의 신비화(神秘化), 상징(象徵symbol)과 표정(表情expression)을 가지고 있다.

① 양주가면은 바가지제작으로 제작자의 맵시에 따라 변화가 있었다. 봉산이나 하회가면은 옛 문헌에 사진[101]으로 기록되어 있다. 가면의 크기나 혹이 몇 개가 있어야 되는지에 대한 의문점은 공연이 끝나고 난 다음 귀신바가지라고 하면서 소화(燒火: 불 질러 태움)하고 다음공연에 또 제작하였기 때문에 큰 의미는 없다.[102] 지금은 고증(考證)하여 사람얼굴에 맞게 석고틀로 만들고 나니 가면이 규격화 되고 말았다.

② 1996년 필자가 직접 조사를 해보니 가면이 예전 가면보다 1-2센치 정도 작아지고 있다. 봉산의 경우, 1977년도 미국공연(봉산탈춤)시에는 본인배역의 가면은 본인들이 직접 제작하였으나 지금은 회원(전문가)들이 제작한다. 또는 단체마다 전문 지정가면 제작자가 있다.

③ 요즘은 가면제작이 힘들고 비용이 만만치 않아 가면을 소화(燒火)하지 못한다. 따라서 조형의 장식품으로 탈을 벽에 걸어두면 마귀가 침범하지 못한다고 해서 벽에 장식용으로 걸

99) 이두현, 한국가면극, 서울대학출판부 1994.

100) 서연호, 한국전승연희의 현장연구, 집문당, 1997.

101) 노무라신이치(野村伸一), 고운기, 무라야마지존, ≪한국, 1930년대의 눈동자≫, 이회문화사, 2003.

102) 그러나 봉산의 현재 존재하는 목중가면을 보면 7개의 혹(경추)이 있고 취발이는 12개(흉추)의 혹이 있다. 사람의 경추 목뼈가 7개(일주일 7일)이고 등뼈가 12개(1년 12달)이다. 5개의 요추는 5일 근무제로 해석해 본다. 그래서 탈춤을 추면 뼈와 근육이 치유가 된다. 열심히 일하고 나머지 2일(토・일)은 가족과 함께 건강을 위해 건전지 충전하듯 생활습관이 중요하다. 그러나 공연이 끝나면 소화(燒火)했기 때문에 혹의 개념을 주장할 수 있는지는 의문스러우나 현존하고 있다.

무라야마 지준이 본 1930년대 봉산탈 가면들
무라야마 지준(村山智順) '民衆娛樂으로서 鳳山假面劇'

어두고 있다(예전의 반대해석으로/소형 판매용).

④ 초창기 가면(假面. 탈) 제자 및 베역가면은 해바나 본인들이 제작했다. 담당제작은 김기수 보유자이다. 선생님들에게 시청각(視聽覺)적으로 보고 들어서 제작하여 만들어 썼기 때문에 매년마다 색깔과 크기가 다르게 만들어 졌다. 크고 작은 것은 어찌할 수 없으나 물감이 없었던 시절에는 색칠을 할 수 없어 나무에서 채취한 색깔을 자연그대로 물감 형식으로 비슷하게만 만들었다고 한다. 그러나 요즘은 단청효과를 내기 위해 페인트 밑에 가라앉아 있는 앙금을 사용하면 투박한 맛을 내고, 또 빛깔(光)을 죽이는 페인트를 섞은 뒤 색깔을 분해하여 탈의 맛을 내고 있지만, 기술적으로 수성이나 유성페인트를 사용하여도 그 맛깔색이 나오지 않고 있다.

⑤ 조형 및 색상도 재료가 고급화 되고 시대가 변했다고 하지만, 가면제작의 방법과 채색을 제대로 못 내고 있어 연구해야 한다(가면제작 방법 참고).[103)]

⑥ 가면의 종류는 원형가면[104)]과, 전쟁가면, 축제가면, 생활가면(색안경・위장가면), 드라마가면(각시탈), 영화가면(배트맨) 등, 가면은 위장술이 있기에 다용도로 가면을 이용하고 있다. 목가면으로 고려중엽에 제작되어 국보로 지정된 하회탈이 신성시 되었으나 지금은 공연용으로 사용하고 있다.

---

103) 최창주, 봉산탈춤 교재(한국전통연희의 이해와 실제), 청아문화사, 2000.5. 가면제작 방법 등.

104) 하회탈의 예: 고려 중엽 하회마을에 큰 재앙이 생겼다. 어느 날 마을 청년 허도령에게 산신령이 꿈에 나타나 12개의 가면을 쓰고 굿을 하면 재앙이 없어진다고 했다, 단 가면 제작 중에 누구도 탈을 만드는 모습을 엿보면 안 된다고 금줄을 치고 이메탈을 제작 중에 허도령을 짝사랑하던 처녀가 방문 구멍을 뚫고 엿보았다. 그러자 허도령이 피를 토하고 숨을 거두었다. 그래서 이메탈이 턱을 제작 못해 턱이 없다.

무라야마 지준이 본 1930년대 팔목중춤 장면
무라야마 지준(村山智順) '民衆娛樂으로서 鳳山假面劇'

⑦ 따라서 가면배역(配役)에는 관상이 있다. 목중의 요철굴곡과 남강노인의 이마에 주름살도 천문(명예, 귀하다), 인문(貴와 富), 지문(財物)이 있듯이 역할에 맞게 분석하여 연희(演戲: 歌・舞・樂・劇)를 해야 하나, 지금은 연구가 부족하여 마당놀이나 현대연극처럼 모방하고 있다.

⑧ 예전엔 가면이 커서 코에다가 구멍을 뚫었다.[105] 현재 가면제작은 사람얼굴의 눈구멍에 맞게 뚫었다. 가면에는 굴곡이 있듯이 춤(舞踊)에도 힘이 있고 대섬 소섬처럼 사위의 굴곡이 있어야 한다.

⑨ 귀양에 있는 박물관 가면(탈)전시를 볼 때 "산대탈과 하회탈을 닮은 것으로 보았을 때 우리탈춤의 기원과 형성(形成)의 문제를 다시 점검해야 할 것"이라는 생각을 했다. 귀주(貴州)에서 나희(儺戲)가 무언가를 직접 확인 할 수 있었다. 그 후 채관(蔡官/ 채씨관리)에서 탈춤공연을 하고, 묘족(苗族) 마을에서 특별공연을 하였다. 공연을 통해 탈춤의 근원지를 보는 것 같았다.[106] 탈의 고장 귀주(중국관광의 명물 유태영 편)에서 가면전시를 보았을 때 우리가면의 고향을 본 것 같아 연구의 필요성을 느꼈다.

- 탈은 해학과 풍자이다. 그래서 희로애락(喜怒哀樂)과 사회의 부조리와 기득권층에 대한 분출, 저항하는 서민들의 삶이다. 서민들은 연희자가 되어 탈을 쓰고 분노(忿怒)와 해학을 풍자하여 표출했다. 붉은색은 힘을 상징하는 목중, 취발이 등이 있어 역동적인 춤을 추고 있다. 정보통인 말뚝이, 양반은 흰색으로 학식과 나약함을 표시한 예이기도 하다. 탈춤은 옛 것이지

105) 선친들의 제작 가면. 필자가 소장하고 있다.
106) 尹光鳳, ≪韓國의 演戲≫, 반도출판사, 1992. 348쪽. 귀주박물관 소장, 나희 탈.

만 옛 것이 아니다. 우리들의 탈이고 삶이 우리들의 현재 건강한 모습으로 치유할 수 있는 움직임이다.

양주산대는 바가지탈이지만 하회탈은 우리나라에서 오래된 목가면으로서 각시, 중, 양반, 선비, 초랭이, 이매, 부네, 할미 등, 하회탈은 오리나무를 소재로 제작(13세기 고려중엽)하여 옻칠로 탈을 색칠하여 유일하게 국보(國寶)로 지정되었다.

15) 무대(舞臺)[107)]

예전에도 산대(山臺: 연희의 무대, 예산대(曳山臺: 끄는 이동무대)를 가설하여 향토적이고 토착화된 성장한 공연문화가 있었다. 장소는 길거리, 시장, 넓은 공간 등, 봉산은 경암루가 있었다. 앞마당에서 재담(才談)과 몸짓 춤을 뿌리를 내리고 그 지방의 대표적이고 향토적인 볼거리 문화가 명절을 맞이하여 공동체적인 공연이 되었다. 지금은 서양문화의 등장으로 인해 마당(개복청)과 무대(분장실)가 구분, 정리되어 공연하고 있으나 마당은 전통문화만 공연하고 있다.

지금 우리가 연극의 상연장소를 무대(舞臺)라 부르고 있는 것도 중국〈가무희〉에서 유래된 것임이 분명한 것 같다. 근년 여러 곳에서 발굴된 북송대(北宋代)의 무대의 비기(碑記: 네모로 된 돌기둥), 무정(舞亭: 춤추는 정자), 무루(舞樓: 춤추는 다락) 등의 호칭만 보더라도 오늘날의 무대(舞臺)로 변화된 것으로 보인다. 1945년 전국연극인대회, 조선무용예술협회 등과 1947년 조선건축기술협회 등이 창립되면서 전시 및 영화 상영, 무대예술공연으로서 고려교양악단, 조선무용연구소 등 봉산탈춤은 국도극장(7월) 및 대구 송죽극장(9월)에서 공연을 하였다. 향토예술(鄕土藝術)을 살리면서 현대화를 시키려고 하는 지식인들(송석하, 이종태)에게 김재철은 무대연출의 문제점을 지적했다.[108)] 서양연극이 들어오면서 가면을 쓰고 하는 대사보다 대사전달이 잘되는 간단한 연극을 좋아했고, 마당의 멍석을 깔고 보는 것보다 고정된 무대에서 에로물, 시대에 뒤쳐진 케케묵은 탈바가지를 쓰고 한다는 것은 자연 도태되어 면치 못할 운명이라고 지적했다.

유득공(柳得恭)의 경도잡지(京都雜誌)에 산희(山戲)와 야희(野戲)가 바로 마당과 무대를 말할 수 있다. 산희는 가설무대를 설치하고 꼭두각시 공연, 야희는 야외에서 하는 마당놀이가 가면극이다.

---

107) 최창주, 한국전통연희의 이론과 실제III(봉산탈춤), 참고. 경암루 28구획 반원형 2층 다락, 음식 사먹는 사람에게 2층 관람석(유료관객), "입장료를 지불해야만 입장 가능하였다?" 무라야마 지쥰(村山智順)

108) 김재철, 『조선연극사』, 동문선.

송석하는 다음과 같이 표현했다. 장소는 역전(驛前)의 경악산하(景岳山下)이며 규모는 웬만한 야구장 정도는 되는 타원형(길이 약 130~140미터, 폭은 70~80미터)의 맨땅이 무대이며 주위는 2층으로 된 가설 관람석을 만들어 사다리로 오르내리게 되어 있다. (이것은 음식업자가 설치하여 관객에게 음식물을 팔고 좌석 값이나 입장료는 받지 않음.) 석상(席上)에 들지 못하는 일반관중은 관람석 아래에 서서 구경하는 것이다. 무대인 지상에는 주간용(晝間用)의 추천 장소와 씨름판이 있고 이 씨름판은 야간(夜間) 무용장으로 쓰게 마련이다. 야간의 조명은 원래는 모닥불을 피워서 어둠 속에 스며드는 붉은 화광(火光)이 배경도 되며 조명도 되었으나(이것은 각지의 우인극(偶人劇) 및 가면극도 동일) 지금은 대개 전등을 사용하고 있다. 이것은 부득이한 일이라 하지만 어울리지 않는다(불만감을 느낀다). 전광(電光)이 어둠에 번지어 언듯 월광(月光)과도 같은 청색으로 보이는 풍정(風情)도 있으나 위괴(偉魁)한 가면에는 진홍색이 반영되는 것이 효과적이다. 더구나 사리원과 같은 건무(健舞)에 있어서는 그것이 생명이라 말할 수 있는 것이다. 이와 같은 야외 연희장에는 전등조명의 효과는 어차피 기대난(期待難)이므로 양자(兩者)를 병용(併用)하면 어떨까 한다.

16) 연출방식

우리의 종합예술인 탈춤, 풍물, 무속, 전문예인집단 등은 이미 선조들에 의해 연출이 되어 있다. 총진행자만 있으면 된다. 연출할 필요가 없고 답습만 하면 되기 때문에 배역별 예능보유자가 필요하다. 특히 한국가면극(韓國假面劇)은 삼태아(三胎兒)[109]라고 해서 '탈춤'과 '산대놀이' '오광대'와 함께 더불어 발전해왔기 때문에 삼태아(三胎兒)라고 한다. 세 쌍둥이는 서민의 생활 속에서 지방마다 개성적이고 특징적으로 발전해 왔다. 三胎兒는 3월 3일과 4월초파일, 단오, 9월 9일 가을철의 단풍놀이와 같은 명절날과 비를 내리게 하는 기우제(祈雨祭)와 같은 공동행사가 있을 때 기획까지 되어 연희되었다. 그래서 가면극 중 삼태아(三胎兒: 산대·오광대·탈춤)분야가 한국의 대표적인 가면극으로 소개되고 있다.

우리 것(韓國傳統文化)은 서양예술과는 달리 이미 선조들에 의해 극본, 작곡, 안무, 지휘, 연출이 다 되어 가무악극(歌舞樂劇)이 하나가 되어 나와 있기 때문에 연출이 필요 없고, 답습만 하면 된다. 참으로 선조들에게 감사를 느낀다. 그동안 우리는 한국 안에 보물이 있는데도 불구하고 우리는 외국, 즉 밖에서만 찾다가 문지방이 높아 넘지 못하고 오늘을 맞이하였다.[110] 국제화, 세계화만 외치다가 현재 한국은 정체성 없이 살아가고 있다.

---

109) 김일출, 조선민속탈놀이연구, 1958.

17) 전통문화의 현대화에 대하여

필자는 학교 학생들에게 원형의 전통문화를 답습 후에 '한국전통문화를 어떻게 현대적으로 수용하느냐?' '이 시대 국민(관객)이 요구하는 것이 무엇이냐?' 등을 입버릇처럼 강조하며 묻고, 그에 대한 대답을 학생들에게 원형과 창작을 접목한 작품발표, 이론(理論)과 실기(實技)를 병행, 마당과 무대의 차이점을 공부시키고 학생들에게 요구하고 실시하여 왔다. 따라서 괜찮은 원형작품은 스토리텔링으로 창작, 각색하여 연희극으로 발표하였다. 아울러 현대의학에서 치료가 모호한 부분을 탈춤으로 예방과 치유가 가능할 수 있다는 '탈춤클리닉'[111]이라는 논문을 발표하였다. 탈춤이 중요한 우리의 전통문화임에도 불구하고 홀대받고, 천시(賤視)되어 우리 것인데도 불구하고 민중에게 다가가지 못하고 관심에 대상이 되지 못하는 것이 안타깝게 생각한다. 그중 필자는 창작 연희극 "천하제일 탈"을 각색하여 '한국예술종합학교 예술극장'에서 Work shop을 통해 검증을 받아 '충무아트 홀'에서 지원받고 공연도 함께 하였다. '한국연희극과 마케팅' 책을 출판(회갑)기념을 겸한 충무아트 홀의 공연이었다. 문화는 '변한다' '다르다'의 뜻을 가지고 있기 때문에 필자는 일찍부터 이런 작업을 생활현장에서 실시하고 있었다. 아래 사항은 필자가 그동안 실천해왔고 주장하고 있는 논리와 철학이 비슷한 논문이 있어 그 요지를 소개한다.[112]

1) 원형보존에 너무 집착한 나머지 시대의 변화에 유연하게 대처하지 못하고 박제화(剝製化)되어 가고 있다는 비판의 목소리가 있다.
2) 시대가 바뀌면 문화도 그 시대에 맞게 변형되어야 한다.
3) 일반인의 관심을 유도하는 새로운 접근이 시도되어야 한다.
4) 현대적인 재창조는 그 시대의 생활이기 때문에 현대에 맞는 전통을 전승시키기 위해서는 현대적 발상 전환이 필요하다.
5) 봉산탈춤의 위상을 높이고 사랑받기 위해서는 봉산탈춤이 현대의 생활과 어떤 일치점이 있는지 실천방안을 모색하고자 하는 것이다.
6) 봉산탈춤이 또다시 몇 사람 전문가들의 소유물이 될 수도 있고, 박물관에 소장되는 박제(剝製)가 될 수도 있지만, 우리가 어떻게 발전시키고 활용하느냐에 따라 대중화가 되

---

110) 한국은 제3의 물결로 구성되어 여기까지 왔다. 제1의 물결은 농촌의 논밭물결, 제2의 공장물결로 산업시대를 맞이하다보니 어느새 제3의 물결인 디지털물결이 밀려와서 3D · IMF · 카드대란 등 지구촌이 한마당시대라고 한다.

111) 탈춤의 치유효과에 관한 연구, 한국예술연구, 제7호, 2013, 논문.

112) 김종해 논문 <봉산탈춤의 현대적 전승 방안 연구> 중에서.

고 사랑받는 우리문화가 될 수도 있다.

7) 봉산탈춤의 진가를 알아보고 잘 활용한다면 생활에서도 잘 활용되어 21세기 문화의 시대에 적절한 우리의 놀이문화로 다양하게 다시 태어날 것이다.

8) 개발을 통하여 국내 뿐 아니라 해외의 청중들도 우리 전통예술이 살아 숨 쉬는 생활예술로 느끼도록 만들어야 한다.

9) 전통성을 재정립하고, 현대적이며 대중적인 요소를 가미하는 방안으로 춤사위의 비보이(B-boy) 접목이나 반주방식의 개량, 가면의 개량화 내지는 전승제도 개선을 통한 현대적 전승방안을 마련해야 한다.

10) 오늘을 사는 우리 스스로가 만족하는 전통예술을 소유해야 하고, 전통 창출에 대한 비전을 가지면서 미래의 전통으로 이어지게 하는 의무도 함께 져야 한다.

11) 사람들은 익숙한 것에 귀를 기울이고 거기에서 나오는 새로운 것에 찬사를 보낸다. 현대적인 재창조를 통한 전승은 매우 중요하다.

12) 현대인들이 물들어 있는 서양적인 것, 나아가서 서양방식에 전통예술을 접목 시켜, 우리 것을 먼저 열게 하고 익숙하게 해주는 것이 전통예술의 새로운 의미를 형성하는 접점(接點)이라고 본다.

18) 연희의 접근방법과 처세술[113)]

- 교육(教育)받은 것을 어떻게 목적에 맞게 접근(接近/access)할 것인가?

대한민국예술대학에 처음으로 설립한 연희과에서는 연희교육을 제도권 교육으로 편입하여 그동안 한국 전통문화의 대표적인 단위적인 공연요소(풍물・탈춤・무속・남사당 등)들을 집단적(종합예술)으로 수용하는 종합예술로 작품화 해왔다. 그러나 원형(原形)을 창작(創作)으로 접근하는 방식의 과정이 중요한 메시지이나 텍스트(모델/견본/컨텐즈)가 없어 전문사(석사과정MFA)들에게 논문을 요구하고 있다. 어느 대학 어떤 분야건 4년 동안 수업(원형(根源)알고 있는 것)을 통해서 상품화(價値)를 위해 목적(結果)[114)]과 목표(過程/課程)[115)]를 향해 가려면 창작적 요소(創作的要素)를 가미시켜 과정적 접근교육법이 필요하다. 원형만 터득하면 창작은 조금만 비틀면 된다. 그래서 원형학습이 중요한 것이다. 그동안은 종합예술이 아닌, 장

113) 최창주 <제4장 연희의 접근방법> 참고. 4학년 "연희극 제작실습" 수업시간 교재원고.

114) 일을 이루려고 나가는 방향, 결과.

115) 어떤 목적을 이루려고 어떤 지점까지 도달하려고 하는 과정(할당된 학습범위=맡긴 일의 정도).

르별 대중화 된 것은 연극(놀이), 음악(소리), 무용(춤)[116], 무속(굿), 농악(사물놀이), 탈춤(탈춤체조), 천하제일 탈 등을 들 수 있다. 특히 연희과에서 그동안 연희극(演戲劇)으로 창작 작업을 하였으나 아직 낯선 공연양식으로 상품화가 되지 못했다. 그러나 이제부터 전통문화를 재인식시키는 계기가 되고 학교교육을 통한 연희확대 및 전통문화 확산과 자생력(自生力)을 과학적으로 강화시키는 작업이 될 것이다. 한국의 전통문화는 브랜드 없는 진짜국가브랜드이다.

이제 융합교육시대가 온 것이다. 즉 종합예술의 융합은 장르결합(모든 전통문화, 외국 것, 배역, 행정 등)을 어떻게 국제규격(國際規格)의 공연예술로 접근(接近/生命)하느냐가 문제이다. 서양의 뮤지컬도 이것을 풀지 못하고 있으며 숙제로 남아 있다.[117] 그것은 과정의 워크숍을 통해서 접근한 것들을 표현해서 발표해보고 찾아가는 것이다. 지금까지 했던 과정(課程)들을 완숙미를 추구하여 새롭게 창작적(創作的)으로 발표해야하는 것이 예술대학(연희과/일반대학)의 과제이자 할 일이며 천직(天職: 신이 주신 직업)으로 가는 길이라고 생각한다.

그러나 우리는 이미 선조들로부터 완성된 종합적 예술(극본 · 작곡 · 안무 · 연출)을 이어받아 왔지만 이 시대에 맞게 접근방법을 찾지 못하고 있다. 하지만 연희과에서는 '한국연희극과 마케팅' '전통연희교육 방법연구' '연희극제작실습' 등의 수업과목이 있어 악기분석과 호흡법, 춤의 기본호흡, 발성법(지역특성), 연희극, 기획, 제작, 마케팅 · 뮤지컬 등을 하고 있다. 또한 연희극 공연(마당 · 무대)으로 가는 연희극(歌舞樂劇의 하나의 장르)적인 접근방법은 아직까지 부족하지만 학생들에게 인식을 시켜주고 있다.

우리교육은 자국의 전통문화 교육부재로 자살과 학교폭력, 인터넷 등이 문제가 되고 있다. 폭력(暴力)은 힘으로 상대방을 괴롭게 하고 해롭게 한다. 그 폭력이 예전엔 무기인 총, 칼로 사람을 괴롭혔지만 이제 정신과 육체, 돈, 약(藥), 글(폭언, 악성댓글), 컴퓨터(인터넷)의 부정적인 사용 등으로 스트레스를 받아 자살하게 된다. 따라서 스트레스는 사람을 직, 간접으로 괴롭히고 있으나 한국의 예술은 곡선(曲線)이고 어울림의 예술이나, 서양예술은 개인적이며 직선(直線)적으로 직언을 하여 충격(폭력)을 받아 자살로 이어질 수 있는 잠재성이 내포되어 있다.

또한 자살(自殺)이라는 단어는 스스로 목숨을 끊음의 뜻이다. 자살은 자처(自處), 자해(自害), 자진(自盡), 자재(自裁), 자폐(自斃) 등이 있다. 자살자들은 이렇게 생각한다. 왜? 내 것

116) 탈춤은 최초에 한류(韓流: 1977년 뉴욕타임즈. 1978년도 유럽 · 동남아부터 세계일주하며 소개됨).

117) 브로드웨이 뮤지컬은 드라마(대사)에서 노래와 춤으로 이어지는 연결고리를 지금도 해결하지 못했다. 그러나 탈춤(가면극: 조선연극사)은 대사(드라마)에서 춤과 노래로 연결될 때에 '불림'으로 자연스럽게 연결된다. 또한 영감과 미얄의 주고받는 노래(소리)장면은 오페라 이상의 효과가 있다. 오페라는 말(言語)을 아름답게 표출하여 전달하기 위해 창작된 작품이다.

이 없고(전통 · 재산 등), 조율 · 우울하고 외롭고 힘드니까! 잘나가다가 역경에 처하니까! 대화자(對話者)가 없다. 우리 모두가 무관심이 아닌 친구가 되어야 한다. 혼자 있으면 이런 단어들을 생각하게 한다. 따라서 청소년들의 인터넷 중독현상(김진홍 목사의 조사에 의하면)은 스마트 폰이 나온 이후로 훨씬 심하여지고 있다고 한다. 중독증상이 스마트 폰이 출시한 이후로 기하급수적으로 늘어나고 있다. 그렇게 중독되는 청소년들의 숫자가 늘어나는 추세에 비하여 이에 대한 대책은 아직 제자리걸음을 하고 있는 것이다. 우리나라가 인터넷 강국이 되고 게임 산업 왕국이 된 것은 좋은 일이나 게임왕국에 비례하여 중독 또한 왕국이 되고 있는 점이 문제이다. 이제부터라도 관민(官民)이 마음을 합하고, 공동체와 기독교, 부모들과 학교와 기업들까지 뜻을 모으고 힘을 모아 인터넷 강국, 게임왕국이 무형문화재인 한국전통문화를 통해 치유왕국에까지 이어지도록 힘을 합할 수 있어야 할 것이다. 이제야 인터넷중독 치유사업 지원에 관한 특별법이 국회에 제출되고 있다.

한국의 무형문화재 제도는 1962년 제정되어 예능 6개 분야(연극 · 음악 · 무용 · 의식 · 놀이 · 무예)와 기능 2개 분야(공예기술 · 음식제조)가 있다. 2개 분야는 특정한 재주를 중심으로 지정하는 것으로 명인이라고 하여 지정예고가 되면 예고기간에 아무런 이의제기가 없어야 비로소 무형문화재(保有者)라는 이름을 받을 수 있다. 무형문화재의 안정적인 전승과 체계적인 전승활동을 위해 보유자-전수교육조교-이수자-전수장학생(일반전수생)으로 이어지는 일정한 전승체계를 갖추고 있다. 보유자의 주된 의무는 '전통문화의 확산과 세대 간 전승'으로 기, 예능을 전수하기 위해 자질과 뜻이 있는 전수생을 선발하고 3년 이상 교육을 받아 일정한 기량에 이르면 이수자로 인정받게 된다. 따라서 전승자로서 자질을 갖추면 '전수조교'로 선정되어 보유자 추천을 받아 전문가의 평가를 거쳐 '보유자'로 인정받을 수 있다. 현재 인정된 보유자(保有者) 중에서 고령이나 질환으로 기, 예능을 정상적으로 전수하기 어려운 경우에는 명예보유자로 인정하고 있다. 이렇게 좋은 제도를 학교에도 확산시켜 부흥 발전될 수 있게 권장해야 한다. 그러나 아무리 인터넷이 발달되고 우주달나라를 정복하는 시대가 되었다 해도 그 나라 그 민족의 전통문화를 알고 그 나라의 땅을 밟고, 제철음식을 먹고, 자연을 벗 삼고, 호흡하고, 우리의 것으로 우리 체질에 맞는 탈춤운동(탈춤체조 등)으로 건강까지 접근 한다면, 우리의 전통문화가 활성화되고 대중화는 물론, 생활운동을 통해 스트레스를 해결할 수 있고, 건강을 유지할 수 있으며 자연치유가 된다고 말할 수 있다.

19) 봉산탈춤 광고하다[118)]

이러한 봉산탈춤이 문화로써 조명 받게 된 것은 1936년이라 할 수 있다. 조선총독부 촉탁이었던 오청이 백중날 공연된 봉산탈춤이 각본을 발표하면서 다음과 같이 밝힌 바 있다. "금년은 중지하였다고 하므로, 이 탈놀이를 주재하고 있는 이동벽 씨와 봉산 당국자를 만나 유서 깊은 이러한 향토 예술은 어디까지든지 유지해야 한다는 필요를 역설하였던 바, 마침내 이동벽씨의 많은 노력으로써 본년 8월 31일 즉, 음 7월 15일 백종날 사리원읍 주최하에 임시 거행하기로 되었었다." 이 날 공연은 경성 중앙방송국 제2방송(아나운서 이혜구)을 통해 전국으로 중계되기도 하였던 바 봉산탈춤에 대한 전국적 관심을 알 수 있으며, 잘 알려지다시피 스웨덴의 조류학자 베르그만의 이 공연을 관람 하며 필름으로 촬영된 탈춤이 유럽에 소개되기도 하였다고 한다.[119)]

1936년 두 차례의 공연이 끝난 이후 사리원에는 오청, 임석재, 송석하가 남았으며, 이들은 봉산탈춤의 대사를 채록하여 이후 발표하게 된다. 민속학자들의 관심은 자연적으로 신문이니 잡지에 봉산탈춤의 향토성을 강조하는 글로 이어졌고, 봉산탈춤은 드디어 서울로 입성한다. 1937년 부민관에서 봉산탈춤이 공연된 것이다. 부민관에 공연에 대하여 장사훈은 "본인도 당시 이왕직아악부 일소당(佾韶堂)과 서울 광화문 네거리(지금의 국도극장 앞 광장)에서 연출된 봉산탈춤을 감명 깊게 관람한 일이 회상된다."고 했다.

봉산탈춤이 서울 입성은 다음해일 1938년 조선일보 지령륙천호와 혁신오주년을 기념하기 위해서 개최한 특산품전람회와 부속 여흥으로 열린 조선 향토 연예대회에 봉산탈춤의 전모가 공개되는 기회가 된다. 일본의 문화말살정책과 기생들의 얼굴자랑을 위해 가면을 벗고 공연하기도 하였다. 1938년 5월 1일자 조선일보에는 이 당시 공연 모습이 실려 있다.

봉산탈춤은 이러한 기회를 통해 광고를 따낸다. 바로 우유비누의 선전이다. "애기들의 살결을 거칠지 안케(않게)합니다." "부인들께는 백분을 잘밧게(받게) 합니다." "박래품보다 조흔(좋은) 그 향훈은 누구나 다 조아합니다."라는 광고 문구와 함께 "어떤 물에도 조흔 우유서구 이배이상의 결품이 이러납니다."의 광고가 눈에 띄는 이 광고에는 노장과 당녀의 대사가 인상적이다. 조선일보에 실린 봉산탈춤의 비누광고 또한 조선인들이 봉산탈춤에 대한 높은 관심을 반영하는 실증자료라고 볼 수 있다.[120)]

---

118) 글 이진원 전통원 교수(몸, 통권 212호 일부 인용). 사진참고. 최창주, 봉산탈춤극본연구, 앰애드, 2006. p.143.
119) 임세경, 봉산탈춤의 전승양상 연구, 전남대 석사학위논문, 2006.
120) 몸, 통권 212호, 봉산탈춤 광고하다. 1936년 오청원본 봉산탈춤재연, 최창주, 봉산탈춤극본연구, 앰애드, 2006. p.143 참고.

로장: 얼시구조타! 〈우유비누〉로 목욕을 하고 왓드니 산듯한 香氣에 억개춤이 절노나누나 얼시구조타!

당녀: 아이난 무슨 냄샌가 햇드니 〈우유비누〉 냄새로구먼 그 냄새 조키도하다. 영덩이춤이 절로 나누나!

가면과 춤추는 장면으로 선전하는 10전, 20전짜리 광고는 신문지면의 3분의 1을 차지할 정도의 비중 있는 광고였다.

20) 사리원(沙里院) 민속무용에 취(就)하여(송석하. 1904~1948)

1. 서론

활짝 개인 푸른 하늘, 시원스러운 명랑한 신록(新綠), 이것이 한국의 초하(初夏)를 물들이는 것이다. 눈이 부시도록 선명하다는 동경(東京) 부근의 새잎도 한국의 그것에 비하면 좀 거무스레하지 않은가 한다. 겨울이 긴 한국도 음력 3월에는 그야말로 문자대로의 백화난만한 봄이지만 암만해도 중선이북(中鮮以北)은 기분적(氣分的)으로 참다운 마음의 해방을 얻는 것은 구력(舊曆) 4월서부터이다. 따라서 민중이 정서생활을 맛보는 것도 이 즈음이며 서북선(西北鮮)의 연중행사 중에서도 단오절이 제일 화려한 것도 이때뿐이다. 명(明)의 동월(董越)의 〈조선부(朝鮮賦)〉에 의할 것도 없이 대규모의 민속무용으로서 유명한 봉산(사리원)의 가면무용은 단오의 연중행사로서 행하는 민속예술 중 전국에서 관절(冠絕)하는 것이며 민속학상 연극학상 모든 의미에서 대단히 귀중한 존재라 하겠으나 그럼에도 불구하고 별로 세상 학자들에 알려져 있지 못한 것은 이상한 일이라 하겠다. 금년의 단오에는 성대(城大)・방송국(放送局)・신문사(新聞社)・조선민속학회(朝鮮民俗學會)에서 각각 채록 또는 참관하기로 하였으나 결국 성대(城大)와 학회(學會)만이 참관할 수밖에 없는 사정에 이르렀다.

사리원의 가면무용은 본래는 '봉산탈춤'(Bongsan Tahl-Chum)이라 하며 수백 년 전부터 연면(連綿) 계속되고 있는 것이며 그 규모 연기(演技)에 있어 단연 뛰어난 것은 세상의 정평(定評)이다. 이 봉산의 가면무용이 경의선(京義線) 개통과 함께 연출 장소인 구(舊) 봉산읍이 쓸쓸해져서 정거장(停車場)이 있는 사리원으로 옮겨진 것이다. 대체로 서선지방(西鮮地方)의 이들 행사는 전술(前述)한 바와 같이 5월 단오일에 행하는 것이 상례이며 낮에는 추천(鞦韆/단오) 씨름, 밤에는 우인극(偶人劇) 가면극 가면무용 등이 있었다. 1년 동안을 옥내(屋內)에서 칩거(蟄居)하던 부인들도 이날만은 펼쳐놓고 여자가 이처럼 과격한 운동을 할 수 있나 생각되는 이 추천희(鞦韆戲)(줄의 길이는 10미터 전후)를 즐기는 것이며 무명의 머슴이 씨름판에서 신통하게도 용사(勇士)의 이름을 따게 되는 것도 이 때이다.

황해도(해서지방이라고도 함)의 민속극은 해안지방은 인형극을 오지(奧地. 경의선에 근접한 부분)는 가면무용 및 가면극이 융성하였다. 사리원의 그것은 옛날에는 연중행사로 행하는 외에 동월의 〈조선부〉에도 보이는 바와 같이(동서(同書)에는 황주라고 하였으나 민간에서는 황주봉산이라 붙여서 말함) 중국 사신 내조시(來朝時)에 그 위안으로서 연출하였다. 현재 이들 행사는 사리원에서는 경악산(景岳山)의 신록이 양광(陽光)에 반영되어 퍽이나 아름답게 보이는 음력 4월 말경부터 4방에 흩어져 있는 연사(演士)들을 불러들여 준비에 착수하는 것이다. 당일이 되면 그 고장 외의 인근 각 군(郡)에서 몰려드는 관중은 약 2만 명을 헤아리는 것이다.

장소는 역전(驛前)의 경악산하(景岳山下)이며 규모는 웬만한 야구장 정도는 되는 타원형(길이 약 130~140미터, 폭은 70~80미터)의 맨땅이 무대이며 주위는 2층으로 된 가설 관람석을 만들어 사다리로 오르내리게 되어 있다. (이것은 음식업자가 설치하여 관객에게 음식물을 팔고 좌석 값이나 입장료는 받지 않음) 석상(席上)에 들지 못하는 일반관중은 관람석 아래에 서서 구경하는 것이다. 무대인 지상에는 주간용(晝間用)의 추천 장소와 씨름판이 있고 이 씨름판은 야간(夜間) 무용장으로 쓰게 마련이다. 야간의 조명은 원래는 모닥불을 피워서 어둠 속에 스며드는 붉은 화광(火光)이 배경도 되며 조명도 되었으나(이것은 각지의 우인극(偶人劇) 및 가면극도 동일) 지금은 대개 전등을 이용하고 있다. 이것은 부득이한 일이라 하지만 불만감을 느낀다. 전광(電光)이 어둠에 번지어 언듯 월광(月光)과도 같은 청색으로 보이는 풍정(風情)도 있으나 위괴(偉魁)한 가면에는 진홍색이 반영되는 것이 효과적이다. 더구나 사리원과 같은 건무(健舞)에 있어서는 그것이 생명이라 말할 수 있는 것이다. 이와 같은 야외 연희장에는 전등조명의 효과는 어차피 기대난(期待難)이므로 양자(兩者)를 병용(併用)하면 어떨까 한다. 이하 순서를 따라 간단한 소개를 하기로 한다.

2. 과장별 순서[121]

---

121) **제1과장 사상좌무(四上佐舞)**
상좌 4인이 순차로 가마를 타고 입장(현재는 기생이 걸어서 입장한다) 동서남북 각 방위에 한 사람씩 선다. 템포가 느린 상영산곡(上靈山曲)의 반주에 따라 춤을 추기 시작하여 차츰 악조(樂調)가 빠른 본영산곡(本靈山曲)에서 타령곡(打令曲)까지 가서 끝마친다. 4인의 무인(舞人)은 그 위치를 춤추며 교체하는 것이다. 이 무용은 종교적인 벽사관념과 축하의 의미를 지닌 것으로서 일본의 '3번수(番叟)'에 해당하는 것이라 말할 수 있다. 이 시간 약 30~40분.
제2과장 팔묵승무(八墨僧舞. 팔먹중춤)
팔묵승이라는 한자표기는 혹은 잘못인지 알 수 없다. 중선지방(中鮮地方)의 산대도감놀이(산대극)에도 팔묵승이 있어 그 어원은 동일한 것으로 생각된다. 다만 사리원에서는 '목'이라 발음하는 것이 이상하다. 묵(墨)은 한국어로는 '묵'(Muk)이며 한음(漢音)은 Muk이라 하여 mok이란 것은 없으나 어떤 이유인지 불명하다. 혹은 산대극의 팔묵승을 재음미하지 않으면 안 될지 모른다.
춤은 아직 사상좌무가 끝나기 전에 제1묵승(첫목 Chutmok)이 허리에 유지(柳枝)와 금령(金鈴)을 차고 두 손으로 안면을 덮고 쏜살같이 뛰어나와 사상좌의 중앙에 엎어진다. 그러면 사상좌는 퇴장하고 그의 독무가 시작된다. 처음에는 누운 채로 춤을 추는데 엎드렸을 때는 어깨로 자빠졌을 때는 발로 장단을 맞추며 지상(地上)을 전전(轉轉)하며 춘다. 그러다가 엉거주춤히 일어나고 나중에는 바로 서서 먼저 한 손을 얼굴에서 떼고 다음에 또 한 손을 떼어 관중에게 선을 뵈고 난 뒤에 (여기까지 20～30분) 두 손을 위로 벌리고 장내(場內)를 좇아다니는 격한 건무(健舞)로 옮아가는 것이다. 펄덕이는 한삼, 바람에 날려 잔물결 치는 채의(彩衣), 맑은 방울소리, 신선한 버들잎 소리, 무섭게 대광(大光)에 반영되는 가면, 이들이 율동과 호흡이 완전히 합치되어 힘찬 조화의 미를 형성하여 관중의 눈을 황홀케 하는 것으로 다른 서투르게 리파인된 무용에 대하여 가졌던 불만은 이로써 완전히 해소되는 것이다. 적송(赤松), 추엽(秋葉) 양교수(兩敎授)가 감탄불이(感歎不已)하고 세계적으로 소개할 필요가 있다고 역설(力說)한 것이 다름 아닌 이 무용이다. 덧붙여 말하면 이 무인(舞人)은 나이 80에 가까운 명수(名手) 외에는 50에 가까운 후계자가 한 사람뿐이라고 한다. 의상은 조금씩 다르나 이와 같은 묵승 8인이 교대로 나오며 과백(科白)은 제1묵승만은 없고 다른 묵승들은 전부 있다.

제3과장 사자무

한국에 있어서의 사자무의 역사는 『삼국사기』 권32 잡지(雜志) '제1'에 있는 신라 거유(巨儒) 최치원의 <향악잡영 5수> 중에 "원섭유사만리래(遠涉流沙萬里來) 모의파진착진애(毛衣破盡着塵埃) 요두탁미훈인덕(搖頭掉尾馴仁德) 웅기녕동백수재(雄氣寧同百獸才)"라고 보이는 것이 최초이며 그 후의 타문헌에는 아직 찾아볼 수 없다. 현재 한국에서 거행되는 지방은 남선(南鮮)에서는 경상남도 통영 및 김해이며 최근까지 있었던 곳은 경상남도 동래군 수영이다. 중부조선에는 있었다는 마을 못 듣고 다만 이왕가(李王家)에는 있었던 듯하나 지금은 전하지 않는다. 서선지방(西鮮地方)에는 사리원에 있고, 북선지방에는 함경남도 북청군에 구정(舊正) 15일(상원)에 연중행사로서 동물가면(사자면 호면(虎面) 기타)을 쓰고 행하는 프리미티브한 무용 가운데 있다고 <동아일보>(1927년 1월 29일)에 김병덕(金秉德) 씨가 보도하고 있으나 금년도 동사(同社) 북청지국에 조사를 의뢰한 바 있으나 요령부득이었다.

이와 같이 사자무는 남선에서 두 곳, 북선에 한 곳만이 남아 있다고 할 것이며(북청군의 것은 아직 제외) 관념상으로 말하면 전자가 종교적인데 비하여 후자는 적어도 표면적으로는 그것이 상실되어 있다. 따라서 사리원의 그것은 연기상(演技上)으나 제작상(製作上)으로나 대단히 사실적이며 두부(頭部)는 포류(蒲柳)를 땋아서 만들고 체부(體部)는 조선지(朝鮮紙)를 가늘게 베어서 털처럼 보이게 하였다. 사자 체내에는 두부에 한 사람 후부에 한 사람 들어가며 그밖에 부리는 사람이 한 사람 필요하다. 춤은 상당히 힘찬 것이며 야수의 본성을 표현한 것이다. 부리는 사람이 사자의 내력을 소개한 후 다같이 화려한 타령곡 반주에 따라 춤을 추다가 사자가 부리는 사람을 삼킨다. 뒤로 빠져나온 부리는 사람은 사자를 구타하고 또 훈계를 하고 나서 또 같이 춤을 추는 것인데 사자가 신체를 흔들며 웅장하게 춤추는 광경은 훌륭하고 볼 만하다.

제4과장 파계승

이 과장은 한국의 우인극(偶人劇), 가면극, 민속무용 등 모든 것에 취급되는 재료이며 이의 개념에 대하여서는 이미 다른 데서 여러 번 기술하였으므로 생략한다. 다만 무용의 형이 다른 모든 것은 유완(柔婉)한 것인데 반하여 여기의 것은 건무(健舞)의 식(式)을 채용한 것이 특색의 하나이며 다른 민속예술에서는 파계승을 무조건 압박하고 승려 자신도 대단히 무력하지만 사리원의 것은 상당히 반항적인 것이 또한 특색이라고 할 수 있다. 이것의 소요(所要) 시간은 약 1시간 반주악은 영산(靈山)과 타령이다.

제5과장 화상(靴商)과 원숭이

이것도 산대극과 대체로 동일하다. 다만 원숭이의 하는 것이 산대극에서는 노골적으로 외설(猥褻) 행위를 표현하고 있으나 여기서는 어느 정도 성적(性的) 면을 감추고 원숭이의 본성인 흉내 내는 것을 주로 한 것이 특색이라 할 것이다. 이 과장과 앞의 과장을 별개로 치느냐 동일한 것으로 취급하느냐는 문제이지만 지금은 일단 따로따로 하는 것이 알기 쉽기 때문에 분리하여 둔다.

제6과장 삼형제 및 말둑이

형제 3인(말제(末弟)는 미혼) 소무(小巫, 사창(私娼)) 말둑이(하복(下僕)) 등이 입장, 형제간에 대화의 오해로 엉뚱하게도 무례한 일이 반복되며 장형(長兄)의 소무에 대한 연정(戀情) 간절한 바 있음에 따라 말둑이의 이에 대한 건방진 태도가 적당히 있고 최후에 포도부장이 입장하여 장형을 축출하고 같이 춤을 춘다.

제7과장 옹구(翁嫗)

금년에는 시간관계로 중지된 것이지만 개략(槪略)의 줄거리는 옹구(翁嫗)가 이별하였다가 단오일에 우연히 해후(邂逅)하여 두 사람 사이에 부부싸움이 벌어져 조상을 모신 사당의 동토(動土, 물건을 움직인 탓으로 받는 액)로 말미암아 옹(翁?)이 급사하나 구(嫗?)가 약성가(藥性歌)를 불러 소생시킨다. 이 과장도 중선지방(中鮮地方)의 산대극, 남선지방의 오광대극 및 야유극(野遊劇)의 그것과 대동소이하다.

3. 맺는말

대강의 줄거리는 서상(敍上)한 바와 같은바 연극학적으로 말하면 이는 극이라기보다는 오히려 무용이 주라고 할 것이지만 그러나 순연(純然)한 무용이라고 할 것도 아니다. 이런 의미에서 대단히 귀중한 존재라고 말할 수 있다. 계통적으로 볼 때 의식적(儀式的, 종교적)인 것에서 배태(胚胎)된 것이며 다른 지방의 가면극과 비교하여 보면 동일계통이라 생각된다. 다만 그 줄거리에 있어서는 산대도감놀이와 사리원의 그것과는 대단히 비슷하나 조형 미술상으로는 봉산의 것은 전연 독특한 수법인 것이 자재 있다. (딴 이야기지만 가면의 형(形)은 산대와 오광대가 비슷하다.)

또한 재미있게 느끼는 것은 그 야외극장의 형식인 바 이는 전선(全鮮)에서 사리원을 중심으로 한 해서지방에만 존재하는 것이며 외국의 것과 비교하면 연극학상 비익(裨益)되는 점이 많을 것으로 생각하는 바이다.

다음에 주목할 것은 경제 조직상으로 본 것이며 현재와 같은 조직은 어느 시대에서부터 시작되었는지는 그 사적(史的)인 천명(闡明)을 해보지는 않았으니 이것을 연극학 민속학 상학(商學) 경제학 등 각 분야에서 검토하면 의외로 얻는 바가 있지 않을까 생각된다.

- 갑술(甲戌 1934년) 구(舊) 7월 칠석일 어(於) 경성기(京城記) -

『돌멘(ドルメン)』 제3권 제9호 소재(所載)(원문일문(原文日文))
송석하, 『한국민속고』, 일신사, 1960, pp.184~191 재록(再錄)

제8과장 남강노인(南江老人)
남강(Namkang)노인 입장, 장고를 어깨에 걸고 명랑한 굿거리(Kutkuri)곡을 치며 춤을 추며 노래를 부른다. 그의 사설이 끝날 무렵은 시원한 초하(初夏)의 아침바람이 채의(彩衣)를 펄럭이며 동쪽 하늘은 엷은 장미빛으로 물들여지는 것이라 한다.

제3장 치유는 자연과 생활습관이다

1. 탈춤치유를 위해 세상을 읽어야 한다.

우리의 건물인 경복궁 강녕전(康寧殿)은 왕의 침전으로서 '편안하고 건강 하라.'는 의미를 담고 있고, 이와 같이 근정전(勤政殿)은 '부지런하게 정치하라.' 사정전(思政殿)은 '생각하고 정치하라.'하는 의미가 담겨 있다. 우리 선조들은 이미 근본적인 전통문화까지 생활문화로 귀하게 명칭을 붙여 지혜롭게 사용하게 하였고, 방향을 제시해주었다.

위의 조상들의 지혜와 말씀은 생활습관에서 비롯된다. 따라서 환경요인과 우리의 전통문화인 탈춤으로 인간의 치료를 위해서는 우선 사람의 심리(心理)를 알아야 한다고 느꼈다. 사람을 다룰 때 존재(存在)형과 소유(所有)형을 파악하여 질책대상은 '사람'이 아니라 '극적상황(문제)' 이다. 그러나 제일(第一)의 부(富)는 건강(健康)이다. 그래서 건강을 위해서는 심리치료와 탈춤치유의 근본을 숙지할 것을 강조했으며, 이 속에는 세상을 알기 위해 탈춤치유는 물론, 그 실기(實技)로는 스트레칭을 통해 댄스 아트 마사지 비롯하여 산대(山臺) 및 탈춤(假面劇)의 기본동작 등을 터득해야 한다. 탈춤치유가 아직은 임상이나 과학적으로 검증이 안 된 상태로 활성화, 대중화되어 있지 않고 있으나, 논문과 설문실험을 통해 나름대로 사례들을 기록해 놓았다. 하지만 연희치유과정을 이수(履修)한 자(者)로서 자격증을 수여하는 곳도 없다. 단지 한국탈문화연구소에서 연구한 탈춤치유 · 국악치유(國樂治癒) 속에는 드라마 속의 대사(言語 · 才談) · 연극(演劇)과 움직임(舞踊) · 민속놀이, 뇌(腦), 심리(心理 · 정신: 마음의 근육), 소리(음악), 미술, 탈춤체조, 민속체조, 민속놀이 올림픽 등, 움직임(S)의 예술을 한국인 신체에 가장 적합한 사례를 통해 합당한 접근방법훈련으로 통합치유 한다는 사례가 전부이다. 의사들도 특별한 원인을 찾지 못하면 스트레스가 문제라고 병명(病名)을 내린다. 실제로 육체가 스트레스에 민감하기 때문이라고 한다. 그러므로 탈춤치유의 과정을 이에 맞는 후원재단, 학교 및 연구소가 설립이 되어 한국적 움직임을 수련하여, 함께 연구해서 국민건강을 위해 노력해야 한다.

현재 대학(大學) 및 전문기관에서는 충분한 연구자료(研究資料)가 없기 때문에, 탈춤대중화와 활성화를 위해 필자의 논문에는 주로 각 분야에 종사하는 계층별(노인층 · 주부 · 학생

〈초·중·고·대학생〉·청소년·청년층·기업회사원·공무원 등)로 직접 지도하면서 조사 연구한 결과, 미약하나마 사례, 설문지, 탈춤체조 등을 통해 탈춤클리닉을 국가브랜드작품을 명품으로 논문을 발표한바 있다. 아무리 외국의 헬스가 발달이 되었어도 근본적인 운동은 그 나라의 민족성, 주체성, 향토적(鄕土的), 신체성인 호흡의 색깔이 있듯이 흙을 밟으며, 흙냄새(風土)와 함께 걷고 뛰어 호흡하며 땀을 흘려야 건강하다. 즉 '과거 전통의 문화형식(形式)을 오늘의 양식(樣式)으로 구성(構成)하는 것'이 국가브랜드 작품이라고 생각하여 연구하고 운동·훈련으로 방향전환 해야 한다.

이런 문제점을 해결하기 위해서는 현재 인간육체의 기본골격을 튼튼하게 해주는 운동이 모두 서양의 헬스는 건강을 나타내는 표현이다. 또는 의학, 과학, 체조운동에 의존하고 있다는 점이다. 그동안은 서양운동 문화에 눌려 처절하게 혹사당하고 외면당한 우리의 육체(肉體)이지만, 외국 것은 해볼 만큼 해보았다. 탈춤은 한국인 체질에 가장 잘 맞는 운동(체조)이다. 이제 생활에 피곤해 있는 우리 몸을 회복하기 위해 우리식대로 우리체질에 맞게 운동하여 우리 것을 통해 향토적인 우리만의 프로그램으로 미래(未來)를 위해 건강 개발을 해야 할 때가 온 것이다.

2. 현재 시대상황

박근혜 대통령이 취임사(2013.3.25)에서 자랑스러운 우리 국민과 함께 경제 부흥, 국민행복, 문화융성을 통해 희망의 새 시대와 교육과 문화에 할애해 가며 대한민국의 미래비전을 교육과 문화의 창달(暢達)[1]에서 찾겠다는 뜻을 피력했다. (중략)

국가의 미래를 문화가 혹은 예술이 좌우하는 힘을 믿는다면 우리 교육을 어떻게 혁신할 것인가를 나라의 중심 '어젠다(agenda)'로 끌어올릴 구체적인 방법을 원점에서부터 치열하게 파고들어야 한다. 한국경제가 여기서 한 단계 높은 성과를 거두려면 배고픔 정신과 양반정신에서 문화적 역량이 뒷받침되지 않으면 안 된다. 구체적인 대책마련에 들어가려면 문화의 창달은 관주도(官主導)만으로 이루어지는 것은 아니다. 문화의 자율성, 개성이 최대한 발현될 수 있도록 정부는 뒤에서 지원하는 방식이어야 한다. 한 나라의 교육 개혁과 문화융성은 예산을 지원하고 제도를 일부 바꾼다고 해서 대통령 임기 5년 안에 결실(結實)을 볼 수 있는 것이 아니다. 박대통령은 다음 세대의 나라 장래를 결정할 씨앗을 오늘 뿌린다는 자세로 교육과 문화

1) 자유로이 표현하여 전달함. 거침없이 쭉쭉 뻗어 나감.

의 토대를 다져나가야 한다.[2] 박대통령은 "21세기는 문화가 국력인 시대, 국민개개인의 상상력이 콘텐츠가 되는 시대"라며 '문화인의 가치로 사회갈등을 치유하겠다.'고 말했다. 지역과 사회 · 세대 · 계층 간 문화 격차를 해소하고 '생활 속의 문화' '문화가 있는 복지' '문화로 더 행복한 나라'를 만들겠다고 했으며. "인종과 언어, 이념과 관습을 넘어 세계가 하나 되는 문화, 새 시대의 삶을 바꾸는 '문화융성'의 시대를 열어가겠다"고 했다. "지금 한류 문화가 세계인의 사랑을 받으면서 기쁨과 행복을 주고 있고, 국민에게 큰 자긍심이 되고 있다"면서 "이것은 우리 5000년 유형 · 무형이 찬란한 문화유산과 정신문화의 바탕 위에서 이뤄진 것"이라고 했다. 한국전통문화의 발전을 위해 박근혜 정부에게 기대를 해본다.

유럽의 생물학자들이 아프리카 원시림 속에서 무리를 지어 살아가는 원숭이들을 연구하였다. 원숭이들을 현지에서 관찰한 결과 원숭이들은 하루 6시간 이상을 나무를 타며, 과일을 따 먹고 자신들끼리 놀이를 하며 지내는 것이 원숭이들의 생태였다. 그런데 그 원시림에 관광객들을 위한 호텔이 지어지고 관광객들이 모여들기 시작하였다. 그런지 얼마 후 원숭이들이 쩔뚝쩔뚝 절며 때로는 나무타기를 하다 떨어져 고통스러워하는 모습을 학자들이 관찰할 수 있게 되었다. 이상스레 여겨 원숭이들을 조사하여 보니 이전에는 원숭이 사회에서 생각지도 못하였던 병에 걸려 있었다. 제일 많은 병이 당뇨병이었고 고혈압 관절염 순서였다. 무슨 이유로 그런 병들에 걸렸을까를 연구한 결과 호텔에서 버린 음식 탓이었다. 호텔에서 관광객들이 먹다 남긴 음식들 스테이크, 햄버그, 피자 등등의 음식들을 숲 속에 버린 탓이었다. 원숭이들이 그 음식을 먹게 되면서 생활패턴이 바뀌게 되었다. 버려진 음식을 먹고 배가 부르니 나무 그늘에서 잠을 자고, 잠이 깨면 호텔에서 버려진 음식을 먹곤 하였다.

날마다 숲속을 뛰어다니던 삶이 바뀐 것이다. 그러면서 전에 없던 병들에 걸렸다. 이에 호텔에서 음식을 버리지 않게 하자 원숭이들이 예전 생활로 되돌아갔다. 그리고는 병들이 나았다. 사람들도 마찬가지이다. 인류는 수만 년에 걸쳐 자연 속에서 노동하며 살아왔다. 그러나 불과 백여 년 전부터 삶의 패턴이 바뀌게 되었다. 숲길을 걷지 않고 육체노동을 하지 않고 자동차를 타고 컴퓨터 게임놀이에 빠져든다. 그러니 병에 걸리지 않을 수 없다. 더욱이 청소년들이 이점에서 가장 취약하다. 두레마을 노동학교에선 오늘 온 종일 숲속에서 눈밭을 뒹굴며 일하였다. 그런데 참가한 청소년들은 모두 즐거워하고 행복하였다. 얼마나 소중한 일인가![3]

그동안 필자는 위의 상황을 터득하지 못하고 지금까지 우리의 전통문화(탈춤 · 풍물 등)를 어떻게 전수하여 활성화하고 대중화 할 것이냐? 만 주장했다. 그러나 요즘은 초 · 중 · 고등학

---

2) 社說 중에서 일부 발췌. 조선일보 2013.2.26.

3) 김진홍 목사 칼럼 중에서.

교의 관심과 대학에서 서양 것만 주장하다가 우리 것을 연구하는 학과가 하나 둘씩 개설되면서 주체의식을 가지며 이제야 우리 것에 대하여 무엇인가를 관심을 가지는 것 같다.

한국예술종합학교가 설립이 되었다. 그러나 전통예술원을 제외하고 모두 서양문화 위주교육이다. 우리학교 뿐만 아니라 모든 예술대학이 다 비슷하다. 이렇게 지금까지는 서양문화제도권 속에 살아왔다. 대학에서는 유학을 갇다가 와야 교수가 되고 알아주는 상황이었기 때문이다. 유학으로 외국 것을 배워왔기에 당연히 외국 것을 전공으로 강의할 수밖에 없는 제도적인 모순점이었기 때문에 교육 및 생활습관이 문제가 되었다. 자연히 우리 것은 일반인들의 무관심 속에 먹고살기에 급급하였으나, 먹고 살만하면 동창회 나간다고 전통을 외면하고 있었지만 이제 귀소본능(歸巢本能)이 서서히 작용하여 우리 것이 점차적으로 인정하기 시작했다. 그러나 아직까지 서양의 오케스트라, 연극, 뮤지컬, 오페라, 발레 등만 인정하는 것은, 건강은 서양헬스장만을 가야 건강을 유지할 수 있다고 생각하는 것과 다르지 않다.

필자는 '한국 사람의 건강은 한국사람 체질에 맞는 것으로 붙잡아 매어주면 가능할 것이다.'라고 주장했다. 따라서 우리 것을 기본적으로 인식할 때, 주인의식이 생기며 동방예의지국(東方禮儀之國)[4]으로 나라가 부강하고 건강해질 것이다. 어느 민족이냐? 민족정신이 살아 있느냐? 민족이 살아야 국민이 살고 또 사회가 살려면 '주체의식'이 회복되어야 하고 무너진 가정이 일어나야 '건강'이 살아난다. 가장 위대한 사람은 가정(家庭)을 지키는 것이다. 지금까지 위대하다고 생각하는 사람들은 가정(家庭)이 문제가 있었다. 기본 틀인 가정→사회→국가→세계가 건강해야 체계적으로 자리를 잡아서 글로벌시대로 나갈 수 있다. 그래서 "탈춤체조"란 주제를 통해 논문을 발표하게 된 것이다.[5] 이 논문은 설문과 사례들을 통해 실기적인 차원에서 탈춤치유를 검증하였다. 이론적(理論的)으로는 한국가면극의 주제(主題)속에는 현실비판, 남녀의 갈등과 대립, 서민생활의 실상과 애환이 희로애락(喜怒哀樂)속에 생활이 그대로 녹아 있으며, 이런 것들을 통해 오늘날의 현대생활에서 느낄 수 있는 보편적인 인간과 인간사이의 갈등, 심리묘사와 생활상을 인용하여 심리극으로 표출할 수 있어 인간의 기본욕구를 알 수가 있었다.

그래서 필자는 실기적(實技的)으로는 탈춤을 활발하고(跳舞) 묵직하고(健舞) 끈적끈적(軟舞)하게 춤을 추어 탈춤이 가지고 있는 특징(特徵)인 유산소운동과 스트레칭을 함께하여 근육

4) 김태익 논설위원. 萬物相 일부, 조선일보 2013.10.1. 우리나라는 오래전부터 동방예의지국이라고 불렀다. 중국이 먼저 이 말을 썼지만, 우리 스스로도 자부심을 갖고 즐겨 사용했다. 중국에서 가장 오래된 '산해경'은 "동쪽에 군자의 나라가 있는데 항상 옷을 바르게 차려 입는다. 서로 양보하기를 좋아하고 다투지 않는다."고 했다. 중국의 칭찬이 본심에서 나온 것이 아니라는 해석도 있다. 중화민족이 변방민족을 길들이려고 상대를 띄우는 수법이라는 얘기다.

5) 후에 설문을 통해 "탈춤클리닉" 발표.

과 뼈를 튼튼하게 하라고 권유했다. 이러한 관점에서 볼 때, 탈춤이 치료(치유)와 전혀 관계가 없는 듯 보이지만, 오랜 시기 동안 특별한 전문치료사 없이 살았던 과거 조상(서민)들을 생각해보면, 우리의 전통문화가 흥과 멋스러움으로 정신적이고 육체적인 몸의 움직임(行爲)속에 생활철학과 사상(思想)이 포함되어 있는 것으로 보인다. 치유는 생활습관과 자연적으로 스스로 치유해야 한다. 인간은 혼자 살 수 없고 더불어 살아가면서 협력하여 공동체의 환경과 더불어 병을 얻으면 또 더불어 치유하는 것이다. 우리 선조들은 이미 미래를 내다보아 음식은 웰빙으로, 건강에는 탈춤을 하면 자연치유의 효과(키보드 증후군, 경추 흉추, 요추운동)가 있으리라고 생각하였지만, 현대인은 현대과학, 의학만 의지하고 인정하였지 그렇게 인식하지 않았다.

이제 우리의 현시점은 구조적 모순점이 있다. 정책이 바뀌지 않는 한, 아직도 힘이 없는 약한 자(者)들은 아무리 발버둥을 쳐도 힘든 시대에 살고 있다. 정치가의 협력과 지원이 없으면 문화예술단체장이 될 수가 없다. 또한 한국만이 국, 시립 관변단체(국립극장, 세종문화회관 등)에서 서양의 문화예술인 오페라, 뮤지컬, 발레, 연극 등의 단체들에게 월급을 주며 보호, 육성, 지원하고 있다. 나쁘다는 것이 아니다. 우리 것과 함께 가자는 것이다. 왜? 이곳은 미국이 아닌 한국이기 때문에 정책입안자들은 각성해야 한다.

여기가 한국인데도 그동안 홀대받고 천시(賤視)해온 한국 것으로 정리된 것을 관객 앞에 선보인다는 것은 대단히 힘든 역경과 행위였다. 이제 불평 없는 세상, 사회적 기업의 전통문화치유 프로젝트 팀을 가동하여 우리 것을 인식시켜 예술행위로서 국민(관객)과 공감대를 형성하여 활성화하고 함께 한다면, 왕따, 학교폭력, 게임중독, 우울증, 치매, 급증하는 당뇨병, 자살 등, 국민을 자연적으로 건강치료가 되는 계기가 될 것이다. 이제 문화융성을 외치는 새 정부가 들어섰으니 기대가 된다. 그러나 입안자들의 문제점과 전문가 부족으로 이상하게 흘러가고 있다.

특히 한국의 예술대학은 90% 정도가 외국의 문화예술분야로 학과목이 배분되어 공부하고 있다. 음악분야에서는 서양악기와 벨칸토 창법을 학습하고 있으며, 연극영화과에서는 러시아의 리얼리즘 연극, 무용학과에서는 발레, 현대무용, 재즈 등을 학습하고 있다. 우리 것은 겨우 10% 정도 배분되어 명분을 유지하고 있다. 또한 국·공립단체에서는 외국의 문화예술을 적극적으로 보호, 육성하여 지원하고 있는 실정이다. 우리의 전통문화에도 함께 투자하여 함께 동반성장해야 한다.

이처럼 사회구조의 모순점과 문제점도 있지만 교육정책이 잘못 편성되어 있어 구태(舊態)에서 벗어나지 못하고 있다. 이 때문에 이제 전통문화 교육을 활성화 시키고, 예술대학에서도 '조선연극사' 등을 정립하여 한국전통문화 전공자들도 예술교사(음악, 무용, 연희 등) 채용을 해야 한다. 특히 채용된 교사들을 전통문화교육과 훈련을 의무적으로 연수해야 한다. 동시에 건강문제가 심각한 요즘시기에 전통문화와 건강을 연결하여 치매, 우울증, 퇴행성관절염, 류마티스, 50견 예방, 키보드 증후군 등 현대의학에서 제대로 치료하지 못하는 것들을 '탈춤클리닉'을 통해 치료할 수 있어야 한다. 그래서 이것을 계기로 전통문화를 활성화해야 하고, 이러한 활성화는 결국 전통문화대중화로 연결되어 자연스럽게 우리 것을 배우고 가르칠 수 있는 분위기와 기회를 마련해야 한다. 그러나 현재 그렇지 못한 것이 구조적인 현실이다.

그 전통문화의 대안적 방법을 모색하여 본다면, 각 예술대학의 기초적인 학습을 우리의 전통문화가 "전공필수과목"으로 정책적으로 개설, 삽입해야 한다. 예로 '서양연극사' '동양연극사'를 배우기 이전에 '조선연극사(가면극 · 인형극 · 구극과 신극 등)' 전문예인집단, 굿, 춤(무용), 풍물 등을 통해 우리 것을 먼저알고 함께 하는 학사일정에 입안 채택되어야 한다. 아울러 초, 중, 고등학교에서도 공동체인 어울림의 전통문화를 필수과목으로 채택이 되어야 자살을 방지(예방)할 수 있다. 더욱 가치관이 혼돈시대가 되었다. 과거에는 동방예의지국(東方禮儀之國)이라고 하면서 어른들의 가치관(근본 기본 동기부여 우선순위)을 따랐기 때문에 질서, 순서, 서열과 예절이 있었다. 그러나 정보화, 산업화사회가 되면서 포스트모더니즘이 들어와서 자기기준, 자기생각, 서열, 순서, 예의도 무시하고 자기 소견, 자기의견대로 살아가며 예전에 없던 여러 가지 문제를 야기시켰다.

이런 시대에서 우리는 우리의 전통문화교육을 계획적으로 삽입해야 한다. 전통음악과 무용은 물론, 그 중 조선연극사인 탈춤의 한 장르를 구체적으로 예를 든다면 - 우리의 소리, 우리의 놀이, 우리의 춤인 탈춤은 건무(健舞/템포가 빠른 격한 춤), 도무(跳舞/도약하는 춤), 연무(軟舞/느린 템포의 연한 춤)로 구분되어 있다. 건강한 무용(建舞)으로서 인간에 의해 개발된 "탈춤의 원초적 본능"을 연습과 훈련에 의해 "문화의 힘"으로 재창조할 수 있다고 생각한다. 탈춤은 조선연극사로서 가면극(假面劇)이다. "전통문화로서 종합예술의 가치를 가지고 있고 또한 엄청난 운동 효과의 에너지를 가지고 있다"라고 그동안은 막연한 지식을 가지고 40여 년을 지도하여 왔다. 사람을 치료하는 행위는 의사들의 고유 업무라고 생각했을 뿐, 감히 타 분야에서 치료와 치유라는 단어를 사용한다는 것은 상상도 할 수 없었다. 이런 것을 과학적으로 증명되는 수업도 필요한 것이다.

우리 음악은 이태리의 벨칸토 창법 이상의 복식호흡을 통해 '복창 터지는 소리'를 질러냄으로써 스트레스를 해소할 수 있는 것이다. 사람의 뇌에는 음악의 리듬이 영향을 미치는 것이다. 가무악극을 통해 신체가 음악의 리듬에 맞추는 것을 '동조행위현상'이라고 밝힌바 있으며, 자율신경계를 이용한 음악이 신체의 움직임을 통제하는 것이다. 야유회 · 디스코장에 가서 음악에 맞춰 춤추는 것도 이런 현상이다. 이제 아리랑, 농악(農樂)에 이어, 한국인의 신명나는 움직임인 멋과 맛을 내는 가무악극(歌舞樂劇)이 하나의 장르인 탈춤(假面劇)을 유네스코에 등재(登載), 지정(指定)되어야 한다.

늦었다고 할 때가 빠를 때다. 한국인(韓國人) 다시 말해 우리는 우리 것을 해야 한다. 서양의 것(연극, 음악, 무용, 뮤지컬, 오페라 등)은 모두가 오픈되어 해볼 만큼 다 해보았기 때문에 우리는 지금부터라고 생각한다. 우리의 전통문화는 전문예인집단, 탈춤, 풍물 등이 장르마다 가무악극(歌舞樂劇)이 종합적(융합・복합・총체적・협동적 등)으로 포함되어 작곡, 연출, 안무 등이 이미 선조들에 의해 다되어 있기 때문에 답습(踏襲)만하면 되고 정책적으로 개발만 잘하면 좋은 학과목이 될 것이다.

이제 우리의 음식과 우리의 땅을 밟고, 자연을 벗 삼고, 호흡하고, 우리의 것으로 우리 체질에 맞는 음식과 탈춤운동(탈춤체조 등)을 한다면 우리의 전통문화가 활성화되고 대중화는 물론, 건강(健康)을 유지할 수 있으며 자연치유가 된다고 말할 수 있다. 따라서 '조선연극사'를 계승・발전시키려면 교육부에서 정책적이고 근본적인 제도의 모순점을 치료해야 한다. 세계 어느 나라이든 국립극장(國立劇場)은 자기나라의 전통문화를 권장, 보호, 육성, 지원하고 있다. 그러나 한국의 국립극장은 국립창극단 외에 서양의 문화예술 단체만 월급을 주는 정책을 펴고 있으나 한국문화와 서양문화(세종문화회관, 예술의전당, 각 지역 문화회관 등)가 함께 가야 국가가 발전할 수 있다.

그나마 1960년대 정책은 한국전통문화보호정책의 무형유산법이 담당과의 전문행정공무원이 있어, 배역별 보유자제도가 성립이 되어 운영해 왔다. 그 예로 양주산대 보유자 11명, 봉산탈춤 보유자가 9명, 보편적으로 각 보존회 5-6명까지 지정을 받았다. 지금의 전통문화예술정책은 일제시대와 같은 문화말살정책을 하고 있어 오히려 퇴보되고 있는 것이나 다름없기 때문에, 대표적인 우리의 전통문화가 하루속히 회복(回復)되어야 한다. 지금 의식 있는 공무원들이 그 작업을 하고 있으나 미약하다. 우리문화는 비록 중국에서 받았다고 하지만 선조들에 의해 우리식으로 창작되면서 원형이 되었다고 볼 수 있다. 역사의 톱니바퀴 속에서 수많은 외침(병자호란의 還鄕女, 정신대의 정보누설관계로 생매장, 6・25의 젊은이들이 죽음 등)과 1900년부터 45년 동안은 일본의 문화말살정책인 식민지시대에 살면서도 전통문화의 맥이 묻혀버릴 것 같았지만, 우리민족은 보존 계승・발전시켰다. 더욱 6・25 동란으로 국토가 폐허가 되었다가 지난 40년 동안 경제성장은 하였지만 개발에만 몰두한 나머지 한국의 전통문화는 소외되었다.

이 과정을 잘 인지하지 못한 몇몇 유학에서 돌아온 젊은 학자들은 전통문화를 무시하고 심지어 보유자 지정(指定)정책을 반대하는 사람도 있지만, 대한민국이 존재하는 한 무형문화재보호법 제도는 존재해야 한다. 국가의 국, 시, 도립극장(문화회관)운영제도처럼, 문화재청이 독립되었고 국립무형유산원도 신설되었지만 아직까지 무형문화재는 정부에서 관리, 감독해야 한다. 이제 조직이 활성화 되고 정책적으로 마케팅 하여 주인의식으로 운영, 관리를 맡는다면, 한국전통문화의 대표적인 유, 무형문화재의 미래는 결코 어두워지지 않을 것이다.

그동안 우리는 우리의 훌륭한 전통문화(傳統文化)를 활성화(活性化)시키지 않고 왜 그대로 놓아두었는가? 우리의 전통문화가 문학적으로 인정을 못 받은 이유는, 광대들이 학문적으로 접근을 하지 않았고, 그냥 즐기는 것, 지식인들이 적극적으로 참여하지 않았기 때문이라고 할 수 있다. 더욱이 한자(漢字)만을 기록의 매체물로 여겼기 때문에 전통연희(傳統演戱)는 한자문화(漢字文化)로 기록하지 못하면서 춤과 음악만 전승되었기에 연희사적으로 큰 아쉬움이 남는다고 서연호 교수는 지적하고 있다. 지금도 지정당시의 원본만가지고 고정적으로 연희에 매달려 있다. 그럼에도 불구하고 보유자들도 연로하셔서 사망하고 있고 연구하는 전문가 및 학생들도 없다. 이렇게 가다가는 우리 민족이 누구인지 정체성이 무엇인지도 모르고 있다가 나라를 팔아먹을까봐 걱정이 된다.

지금부터는 학자와 정부기관과 연구자(연희자)들이 함께 관심을 기울여서 활성화하고 대중화를 위해 노력해야 할 것이다. 원형을 그대로 두고 전통연희의 새로운 판을 짜야 한다. 현재 문화융성위원회는 서양전문가 위주로 포진되어 있어 아직까지 이것을 인식하지 못했을 것이다. 라고 의심하고 싶다.

자국(自國)의 전통문화의 중요성을 알면서도 현실과 거리가 있는 예술이라고 해서 홀대하고 있다. 비록 대학생들에 의해 우리의 전통문화가 대다수 대학에서 학과 공부 외에 취미활동으로 원형을 보존하고 학습하고 있다는 것은 바람직하다고 볼 수 있으나, 이제는 일반대학에서도 필수과목으로 채택이 되어야 하고 교사자격증을 부여(대만처럼)해야 한다. 특히 옛 것 속에는 새것이 들어 있기 때문에 이 시대의 관객 눈높이에 맞게 대학생들에 의해 우리식의 라이선스 작품을 개발하여 국가브랜드화 한 뒤 해외에 수출하려는 노력도 검토해야 한다. '태양극단'의 '퀴담' 같은 작품은 우리가 필요 없다고 버리는 우리의 전통문화를 주워다가 작품으로 접목시켜 상품화하여 세계적으로 수입(외화)을 거둬들이고 있다.

신라의 가무백희(歌舞百戱)[6]를 북한에서는 교예[7]라고 하는데. 교예가 공연 장르로 등장(登

6) 중국에 산악잡희(散樂雜戱)와 같은 놀이로 추정: 죽방울, 솟대, 줄타기, 불토해내기 곡예와 묘기, 동물분장 흉내내기 등.

7) 최창주, 한국연희극과 마케팅. 참고. 북한에서는 서커스를 교예라고 한다. 극단 태양 서커스('퀴담'을 만든 캐나다의 엔터테인먼트)의 퀴담(Quidam)은 새로운 발상전환으로 하나의 작품을 시적인 상상력과 섬세한 연출력으로 휠 굴리기, 줄넘기, 팽이 돌리기 등으로 묘기연기와 독립된 이야기, 뮤지컬처럼 악단을 무대 뒤에 배치해서 연주 공연하고 있다. 잠실운동장 천막광장극장(2007.3∼4)에서 티켓판매율이 금융업 5,537장(41%), 제조업 2,219장(19%), 보험업 864장(6%) 등 1만 3556장이 구매되었다. 이 작품으로 한 해 6억 5000만 달러(약 6,000억 원)의 수입을 올린 비결은 '위험을 무릅쓰고 같은 걸 다시 하지 않는 것이 성공비결'이라고 한다. 공연장에는 '기업체

場)하면서 다목적시대에 고정된 장르란 개념 자체도 서서히 해체되고 있다. 이러한 시대에 맞추어 원형적인 기반을 바탕으로 창작된 공연형태가 곧 '한국연희극'이라고 할 수 있다.

서양문물에 압도당한 한국문화의 가치를 그동안 보이지 않았던 무형문화재를 적극적으로 권장, 인용하여 전통문화를 통해 우리 것을 홍보하는 작업이 무엇보다도 중요하다. 미국, 프랑스에는 뮤지컬, 중국에는 경극(京劇), 일본에는 가부키(歌舞伎), 노(能), 교겐(狂言)이 있다면, 한국에는 전통문화(傳統文化)인 탈춤, 풍물 등이 있다.

그러나 전통연희는 오랜 역사를 가지고 있으면서도 아직까지 고유의 예술체계를 확립하지 못하고 있다. 필자는 탈춤이 21세기 현실에서 17-18세기의 양반, 파계승에 대한 신분제도, 서민의 생활상, 유머와 해학(諧謔) 등을 비판하는 것을 그대로 연행하는 것이라, 탈춤이 지닌 정신을 박제하는 것이라고 했었다.

무형문화재(無形文化財)의 원형(原形)은 보존단체가 있어 보존하는데 큰 걱정을 하지 않지만, 이제 학교에서는 전통연희 현대적수용(무대적) 차원에서 현실에 맞게 창작하여 국가적 브랜드의 상품으로 작품화해야 한다. 민중의 참 문화로 원형은 보존(保存)하고 모듬놀이인 연희극 틀의 양식을 개발하여 기능적(技能的)으로 창조(創造)연행하여 국민의 눈높이에 맞게 창출하여 우리식의 마당놀이 형태(形態) 속의 한국 연희극이 계승발전 해야 할 것이다.

북한은 비록 '목적극'으로 〈피바다〉, 〈꽃파는 처녀〉 등을 제작했지만, 우리의 말뚝이정신(저항정신, 정경유착, 주체적 근원적 등)을 삽입하여 남북합작으로 한 민족이 공감할 수 있는 작품을 만든다면(제작) 남북통일이 앞당겨질 수도 있다고 본다. 인간관계에서 '진실(眞實)'은 반드시 드러나는 것이며 진실이 있어야 예의(禮儀)가 베어 나오듯이, 작품(作品)의 예술행위는 공감대(共感帶) 형성(形成)을 통한 감동이 있어야만 진정한 박수갈채를 받을 수 있다. 또한 뮤지컬하면 미국의 특산물인 브로드웨이의 뮤지컬로 인식하여 선호해 왔고 또 지금까지 호황을 누리고 있었지만, 요즘 한국 관객들은 식상하게 생각하고 있는 반면, 프랑스의 고전(古典) 뮤지컬인 십계, 르몽드 파리 등의 뮤지컬을 선호하고 있다.

이제 우리도 우리의 전통문화를 원형보존하고 현대적으로 수용하여 라이선스 작품을 제작하여 한국적인 뮤지컬(연희극)을 개발해서 국민 대중에게 선보이고 해외에 수출해야 우리가 살아남을 수 있다고 생각한다. 고대부터 우리민족은 유달리 노래와 춤을 즐겼던 남다른 연희적(演戲的) 감성(感性)을 가지고 있었다.

더욱 우리의 전통문화는 가무악극(歌舞樂劇)이 기본적으로 내재되어 있는 독특한 구조로서 노래와 춤, 드라마와 연행, 재담과 시사(詩詞)가 적절하게 어우러져 있기 때문에 한국판 뮤지

직원들의 단체관람 연수회장 같다'고 박돈규 기자가 취재(조선일보, 4.23)했다. 교예(서커스)까지 뮤지컬이라고 하면서 공연장르가 해체되었는데, 연희극은 歌舞樂이 포함된 종합예술을 개발해야 한다.

컬(연희극)이라고 할 수 있는데, 가무악극(歌舞樂劇)의 종합예술을 하나의 장르로, 서양에서는 이것을 〈뮤지컬〉[8]이라고 한다. 필자는 〈한국뮤지컬〉이라는 외래어가 합당하지 않아 〈한국연희극〉[9]이라고 명칭을 붙여 논문을 제출한바 있고, 지금까지 한국적뮤지컬인 [연희극]으로 창작공연을 기획, 제작하고 있다.

선구자적 예가 되는 지방자치단체가 있다. 전통문화의 공연행위인 연희(演戲)가 국립(國立)에도 창단이 되지 않았는데, 시흥에서는 시립연희단(市立演戲團)이 창단되었다. 지역화가 되었다고 하지만 연희(演戲)를 인식을 못하는 단체장들이 많다. 이제 시흥에서 시립연희단(市立演戲團)이 미약하지만 창단(創團)되었으니 더 확대 개편할 수 있도록 시민들에게 문화(文化)를 통해 세금을 환수해줘야 한다. 어려운 여건 속에서 〈꼭두쇠 연희단〉이 창단되어 앞을 보고 계획을 세워 단원교육을 한다는 것은 의미 있고 미래가 있는 것이다. 단원과 지도자, 그리고 정책입안자의 계획에 박수를 보낸다. 공부라는 것은 생각하는 것을 말과 글로서 정리하는 것인데, 민족을 공부할 수 있게 정책적으로 주체의식을 길러 줄 수 있는 전통문화교육을 학사일정에 개설해줘야 한다.

3. 탈춤클리닉을 활성화, 대중화 과정

그동안 우리의 강의방법은 제도적인 이론과 실기, 도제교육, 학과수업, 정신교육(洗腦教育: 마음・정신)을 해왔기 때문에 전통문화의 음악적인 부분(가락, 리듬)을 늦게 깨달았다. 그래도 필자는 공동체운동을 하면서 뮤지컬을 전공하는 직장(예그린악단)에서 1970년대 초부터 어깨너머로 장고(장구)가락을 배웠다. 그 후 국립극장에서 세종문화회관으로 옮겨오면서 함께 근무한 관현악단 지휘자와 관계자들에게 공부하며, 학생들을 지도하면서 국악의 배움을 터득

---

8) 2008년도에 들어서면서 뮤지컬시장 3,000억 원 규모에 이룰 것으로 내다보면서 자동차 몇 천대를 수출하는 것보다 한편의 뮤지컬제작이 더 호황을 누린다는 대중문화산업의 글을 보면 '한국뮤지컬이 급성장'하는 이유와 '뮤지컬 산업의 현황'에 대해 삼성경제연구소(2007.4.3)는 한경비즈니스(제542호)에 "최근 다른 공연산업이 정체상태를 벗어나지 못하고 있는 것과 달리 예술영역으로 인식됐던 뮤지컬은 점차 유망한 대중문화산업으로 자리잡고 있다"면서 "2008년이면 뮤지컬 시장이 3,000억 원 규모에 이를 것"으로 내다봤습니다(최창주, 한국뮤지컬, 앰애드, 2010).

9) 지금까지 새로운 연희극인 <광대놀이> <원님놀이> <영원사랑 춘향이> <더 타이거 헌터> <천하제일 탈> <고추말리기> <이런 친구! 허생> 영화 <王의 男子(원작 爾)> 등, 문화관광부 전통연희개발작품 <토리극> <정약용프로젝트> 등, 연희축제로 이어지면서 창작연희극을 공모하여 발표한 <민족예술단 우금치> 등, 공연한 작품들은 그 가능성을 실험하여 어느 정도 성과와 검증을 받았다고 할 수 있어 전통문화를 현대적 수용하여 시대의 관객의 눈높이에 맞는 작품을 제작하여 국가브랜드상품의 라이선스작품으로 해외에 수출해야 한다(최창주, 한국연희극과 마케팅, 월인).

했다. 그러나 어린학생들에게 3박과 4박, 4박과 6박의 개념 등, 도도리, 굿거리, 새마치, 타령 등을 어떻게 하면 쉽게 접근하는 기술적인 방법이 필요했었다. 그래서 1970년대 YMCA에서 탈춤을 하기 전에 필자만 장구를 가지고 지도를 하고 수강하는 학생들은 장구채만 구입하여 구멍가게에서 흔히 구할 수 있는 라면상자를 구입(예산이 없는 관계로 얻어오라고 했다)하여 장고(杖鼓/장구)대신 치게 하였다. 라면상자가 찢어지면 테이프를 붙여 치고 또 치곤했다(수업종료가 되면 상자를 접어 구석에 보관함). 친다는 즐거움도 있었지만, 춤(舞)과 음악(소리)의 중요성을 터득하게 하고 어린 학생들에게 장구를 치며 때리는데 스트레스가 해소되어 어린이들도 학교생활에 있어서 스트레스가 많이 쌓이는 것을 그 때 비로소 알았다. 그렇게 많은 스트레스가 있는 줄은 전혀 모르던 시대이었다(사례 참고: 초등학교 학생 부분).

그 후 학생들에게 좀 더 과학적인 교육방법을 지도한다고 김희조 단장(작곡가, 국립・시립가무단), 시립관현악단 지휘자에게 우리악보는 무엇이며 과학적인 국악교육이 뭐냐?고 시간만 있으면 김용진 단장실, 김희조 선생님 댁(宅)에까지 찾아가 질문하고 공부했다. 그래서 우리의 정간보(井間譜)와 외국의 악보, 춤사위와 연결하고 재미있게 공부했다. 필자가 창안한 탈춤체조, 민속체조, 태권체조, 민속놀이 올림픽, 동・서양의 문화비교, 외국 춤(왈츠, 차차차, 포크댄스, 탭댄스, 스페인 춤 등)과 우리 춤(한국적 포크댄스: 양산도, 진도아리랑 등)과 음악의 동조행위현상을 비교문화 교육으로 창안, 시도하였다. YMCA를 거쳐 YWCA, LCY, 크라운제과 연수원, 서울시공무원 연수원(감사원・법무・교사 등), 적십자사, 흥사단, 한국청소년 연맹, 대학, 주부교실, 예지원, 관공서, 대기업연수교육, 한국레크리에이션협회 등, 최고지도자회장으로서 열심히 뛰어다니면서 강의를 하였다. 비교법과 접근방법을 이용한 레크리에이션 식 한국 전통문화강의는 관심이 폭발적이었다.[10)]

이제 전통문화를 활성화, 대중화하려면 힘이 있는 힘이 있는 정부기관(교육부・문광부・청와대)에서 정책적으로 기획하여 실시하고 기관, 단체, 기업에서 협찬으로 밀어주고, 기업(재벌)들이 관심을 가져주면, 우리 것이므로 한국전통문화가 쉽게 대중화시킬 수 있다. 무엇보다도 국민들의 관심과 인식이 필요한 시기이다. 그러나 우리 것인데도 문화 중에 전통문화(傳統文化)가 제일 빈곤하고 천역, 천시(賤役・賤視)당하고 있는 것이 문제다. 그러나 전문경영인들의 마케팅도 좋지만, 힘있는 자(대통령・국회의원・장관・기업총수 등)와 관공서의 실세자(者)가 행정으로 주관하고 관심을 가지고 기획하여 행동하면 금방 우리 것은 대중화・활성화가 될 것이다. '문화는 정책이고 돈이다'라는 것을 인식시켜 줄 때가 온 것이다.

---

10) 당시 특강사진과 화보, 사례부분 참고.

기업체 강의(실기)

기업체 강의(이론)

기획(企劃)이라는 단어는 세상을 살아가는데 있어서 배운 자(學者)와 돈 있는 자(經濟)와 파워 있는 자(權力)의 3박자가 구성되어야 한다. 그 중에 경제가 뒷받침되어야 한다. 경제학의 10대 원리[11]를 보면 1) 모든 선택에는 대가가 있다. 2) 선택의 대가는 이를 얻기 위해 포기한 그 무엇이다. 3) 인간은 합리적으로 판단한다. 4) 사람들은 경제적 유인(이익)에 반응한다. 5) 자유로운 거래는 모든 사람을 이롭게 한다. 6) 일반적으로 시장은 경제활동을 조직화하는 좋은 수단이다. 7) 경우에 따라 정부가 시장성과를 개선할 수 있다. 8) 한 나라의 생활수준은 그 나라의 생산능력에 달려있다. 9) 통화량이 늘면 물가가 상승한다. 10) 단기적으로 물가의 실업은 역의 관계를 갖는다. 문화발전은 사회, 정치, 경제가 함께 가야한다.

그동안 우리가 축적해온 전통문화는 기초예술(基礎藝術)로서 21세기 문화강국(文化强國)의 첨단산업으로서의 부가가치를 충분히 갖추고 있었다. 다만 자국(自國)의 문화에 대해 사회와 공동체, 기관에서 관심(觀心)과 후원(後援)이 없었을 뿐이다. 우리의 전통문화는 국제규격의 국제적인 보편성과 함께 민족의 특수성을 충분히 지니고 있고 그 자체만으로도 21세기 총체적 경쟁력이 충분하다. 이러한 전통의 토대 위에 새로운 창의적 요소를 접목시켜 창조적으로 계승발전 시킬 수 있는 작품(作品)을 만들어야할 시기가 이미 지나가고 있다. 따라서 교육부가 취지와 목적을 가지고 한국의 전통문화를 활성화하고 대중화하여 진흥정책(振興政策)을 펴 학교교육에 편입시키는 것이 우리의 전통연희를 발전시킬 수 있는 계기가 될 수 있다. 이제 '탈춤클리닉'과 '탈춤치유학교'를 통해 보다 수준 높은 행복을 위하고 풍요롭게 전통문화를 현대적으로 계승하는 매우 중요한 역할과 방법이 될 것이다.

---

11) 박유연 기자. 조선일보 2011.11.8. 기사 중에서.

요즘 신문사설을 보면 체육시간을 '즐거운 시간'으로 만들 방법도 함께 고민해야 한다고 지적하고 있다.[12] 전통문화분야를 권장하면 탈춤이 곧 운동이니까 이런 고민을 할 필요가 없다. 흥겹게 '얼쑤' '좋다' '잘 한다' 하니까 체육과 함께 전통문화를 함께 권장해야 한다. 교육부가 내년(2014)부터 고등학교도 초, 중학교와 마찬가지로 1학년 1학기부터 3학년 2학기까지 한 학기도 빠짐없이 체육수업을 편성하도록 했다. 특목고나 자사고의 체육 시간도 지금의 5단위(한 학기에 주당 한 시간 운영하는 것)에서 일반고와 똑같이 10단위로 늘렸다. 운동부족으로 초, 중, 고생 비만율이 2008년 11.2%에서 2010년 14.3%, 2012년 14.7%로 쭉쭉 높아진 것이 우연이 아니다. 성장기 체육활동은 체력향상은 물론 뇌에 혈액과 산소 공급을 늘려 두뇌 발달과 집중력・학업 능력증진에 큰 도움을 준다는 연구가 많다. 체육활동에 활발히 참여하는 학생들은 이를 통해 친구들과 협동하고 배려하는 마음, 페어플레이 정신, 팀을 이끄는 리더십을 기를 수 있다. 그렇게 되면 학교폭력, 집단 따돌림(왕따) 같은 또래들끼리의 부딪침도 줄어들게 된다.

체육수업을 형식적으로 한두 시간 늘리는 데 그쳐서는 소용없다. 학교와 교사들이 어떻게 하면 체육시간을 '즐거운 시간'으로 만들 수 있느냐를 고민하고 연구해야 학생들을 운동장에 강제로 내보내기만 하는 '괴로운 체육시간'을 바꿀 수 있다. 학교 밖 스포츠클럽과 교류나 스타 선수 일일 교사 초빙 같은 다양한 수업 콘텐츠 개발에도 적극 나서야 한다. 교육부가 전문가 부족으로 인해 아쉽다. 덴마크의 국민보건체조 대신 탈춤체조. 우리 어울림의 공동체, 전통문화를 학교교육의 필수과목으로 2시간이라도 삽입하면 정체성과 주체의식과 체육시간에 걱정하는 것을 말끔히 해결할 수 있다.

4. '탈춤클리닉'은 마케팅・기획(企劃)이 필요하다

문화예술은 물론, 상품을 활성화 하려면 콘텐츠와 마케팅이 필요하다.[13] 콘텐츠는 제작해놓은 것을 즐기는 것이라면, 마케팅은 제작해놓은 작품을 판매행위이다. 광고 판촉비는 불특정 다수에게 제공되는 것이고, 접대비는 어느 특정인에게 제공되며 기부금은 판촉・접대비가 아닌 자금이다. 홍보는 인터넷, 신문방송 등도 활용해야 되겠지만 무엇보다도 '입소문 마케팅' 등 교육은 교재가 중요한 역할을 할 수 있다. 이미 교재로 제작한 필자의 "한국연희극과 마케

---

12) 조선일보 사설 일부인용. 2013.12.19.

13) 최창주, 한국연희극과 마케팅, 도서출판 월인.

팅" "한국뮤지컬" "한국전통문화 이해(III)" 등을 출판하여 수업교재로 사용하고 있다. 문화예술은 마케팅도 중요하지만, 무엇보다도 협찬 및 후원자가 필요하다. 모금전문가 영국의 메세나협의회 필립스 스페딩 국제교류 본부장의 인터뷰내용을 다음과 같이 인용한다.[14)]

기업과 문화예술단체가 서로 간의 파트너십에 대해 납득해야 할 필요가 있다고 말했다. '네덜란드에서는 하룻밤 사이 문화예술 투자에 대한 예산이 40%나 삭감됐다.'며 '영국은 그 정도는 아니었지만 유럽전체에서 그런 경향을 보인 게 문제였다.'고 말했다. "경기가 나빠서 사람들이 문화예술을 보러 오지 않는다고 얘기할 게 아니라, 사람들이 돈을 내고 기부를 해서라도 향유할 만한 문화예술작품을 생산해 내야 한다는 식으로 사회 전반의 논의를 바꿔낼 수 있어야 한다."고 주장했다. 그의 설명에 따르면 기업들이 어려운 시기를 극복할 수 있게끔 많은 부분을 채워 줬으며, 현재는 "구름 뒤로 다시 해가 비치기 시작하고 있는 단계"라고 한다. 영국의 경우 각 문화예술단체마다 모금 전문가가 한두 명씩은 있어, 괜찮은 예술단체일 경우 수입원의 3분의 1은 정부 지원, 3분의 1은 티켓발매 수익, 3분의 1은 모금전문가를 통한 모금으로 이뤄진다고 한다. "한국에서도 활발히 논의되기 시작했으니 앞으로 흥미진진하게 전개되리라 믿는다."고 기대감을 보였다. 우리나라 기업들은 문화예술 후원에 대해서 "아직까지는 사회에 잘 보이기 위해서 또는 지금까지 해왔으니까 그냥 한다는 식의 느낌을 많이 받았다."며 문화예술 후원을 통해 기업이 효과를 누릴 수 있는 측면이 있고, 나아가 경제에도 영향을 미칠 수 있다는 점을 깨달아야 한다고 조언했다. 특히 그는 문화예술이 경제에 미치는 영향을 미치는 실례로 구겐하임 빌바오 미술관이 관광도시로 발전하는 시발점이 돼줬다고 말했고 "대개의 기업에서는 누군가 한명이 예술을 좋아해서 지원을 시작하곤 하는데, 이런 경우 나중에 보면 회사의 사업 목표와 계획에 맞지 않아 문제가 되기 일쑤"라고 일침을 놓았다. 그래서 패트론(Patron)[15)]자가 필요하다. 한국의 전통문화를 활성화하고 대중화하려면 이런 '패트론자'가 필요하다.

음악치료는 들음으로서 치유가 되고, "연극치료는 증상완화, 정서적이고 신체적인 통합, 개인적인 성장" "소통과 연관된 개인과 집단으로서 상징적 표현을 촉진한 사회적이고 심리적인 문제를 도움을 주는 수단이다." 이런 치료적 목표를 성취하기 위해 드라마와 연극과정 및 관련된 기법을 의도적으로 사용하는 것이다."[16)]

그렇다면 탈춤클리닉은 음악과 연극・무용을 포함한 가무악극(歌舞樂劇)의 동조행위현상(同調行爲現像)으로 인간을 치유하기 위해 사례 등을 발표하여 준비되어 있으나 사회적 인식

---

14) 조성녀, 더 나은 미래 기자, 조선일보 2011.7.26.

15) 예술가를 경제적・사회적으로 뒤에서 도와주는 후원자를 뜻함.

16) 음악・연극치료부분 참고.

부족으로 인위적인 기획을 해야 한다. 또한 마케팅이 없어 치유의 중요성을 모르고 있다. 패트론은 "한국의 기업가들이 예술의 정신(spirit)과 기업의 뇌(brain)를 가진 균형감 있는 문화예술 경영자가 되길 바란다."는 말을 던졌다.

5. 음악치료[17)]

음악이 순수한 예술이 될 때는 언제이며 치료의 형태가 되는 때는 언제인가? 치료가 되었을 때 그것은 어떤 종류의 치료인가? - 음악치료, 댄스치료, 또는 물리치료? 음악이 순수한 예술이 될 때는 언제이며 치료의 형태가 되는 때는 언제인가? 음악은 종종 다른 예술과 겹친다. 또 치료는 종종 다른 전문영역과 겹쳐진다. 그렇기 때문에 영역이 불확실해질 수밖에 없는 것이다. 그렇다면 음악학습이 치료의 형태로 되는 것은 언제인가. 그리고 그것은 무슨 종류의 치료인가? 미국에서 가장 빈번히 사용되는 음악치료의 정의(1980)는 전국음악치료협회(NAMT)에서 내린 것으로 다음과 같다.

"음악치료는 치료적인 목적, 즉 정신과 신체건강을 복원 및 유지시키기며 향상시키기 위해 음악을 사용하는 것이다." 자주 인용되고 있기는 하지만 보편적 정의는 당연히 될 수 없다. 많은 개인치료사들은 그들 자신의 정의들을 만들어 왔으며 사실상 다른 모든 외국 음악치료협회에서도 그들 나라의 개념과 임상을 반영하는 정의를 가지고 있다(Bruscia 19484a 1985: Maranto, 1993). 음악치료는 여러 가지 이유로 서로 다른 사람에게 서로 다른 것이 된다. 많은 차이들은 음악치료 그 자체를 정의 내리기 어렵게 한다. 음악치료를 정의 내리기는 대단히 어려운데 이에는 여러 가지 이유가 있다. 지식과 실행의 본질에서 그것은 그 자체로도 정의 내리기 힘든 음악과 치료라는 두 영역이 혼합된 교류물이기 때문이다. 음악과 치료의 혼합이라는 면에서 복잡한 치료방법, 다양한 목적과 방법 그리고 교류적 과정인 것이며 대단히 복잡한 치료방법, 다양한 목적과 방법 그리고 이론적 배경을 갖는다. 세계적으로 다양한 문화적 차이 또한 음악치료를 정의하는데 영향을 미친다. 또한 분야(discipline)와 직업(profession)이라는 두 개의 정체성도 여기에 영향을 미친다. 음악치료는 아직도 짧은 역사를 가진 분야라는 점에서 여전히 모양을 이루어 가는 중이다.

치료(therapy)를 정의하는 것은 음악을 정의하는 것만큼이나 어렵다. 사실상 치료나 음악에서 다루어지는 이슈나 문제들은 매우 유사한 것들이다. 예술로부터 음악을 구분하기가 어려

---

17) Kenneth E. Brussla저, 최병철 역, '음악치료' 중에서.

운 것처럼 교육, 발달, 성장, 치유 그리고 '치료적'인 것으로 일반에게 알려진 여러 현상으로부터 치료(therapy)를 구분하기가 쉽지 않다. 한 마디로 무엇이 치료고 무엇이 아니냐의 기준을 설정하는 것은 무엇이 음악이고 무엇이 아니냐를 결정하는 것만큼이나 어렵다. 치료, 즉 therapy는 전통적으로 그리스 어원 'therapeia', 즉 '참석하다' '돕다' 또는 '취급하다'의 의미로부터 정의된다.

전반적으로 볼 때 음악치료의 정의는 다음과 같은 여러 가지 이슈들을 대면해야만 한다. 1) 음악치료에서 직면하는 클라이언트의 건강상황과 필요, 2) 음악과 치료사 각자의 역할과 기능들, 3) 치료사의 자질과 책임들, 4) 클라이언트, 음악 그리고 치료사들 간에 발달된 관계적 속성, 5) 다양한 철학적 입장에 부합되는 치료 목적들, 6) 철학적 편견 없이 중재와 변화를 정의하는 치료적 과정의 묘사. 음악치료는 감상, 즉흥, 연주, 작곡, 동작과 춤, 드라마나 시(詩) 등을 사용하여 건강을 증진시키는 체계적인 중재의 과정이다. 또한 스트레스 감소, 출산, 바이오피드백 기술, 통증조절, 자아인식과 영감발달에서 일반인들을 돕는 데 사용되고 있다.

6. 연극치료란 무엇인가?[18)]

탈춤치유는 전례가 없으므로, 탈춤치료가 이제 시작이기에 이해하는 데 연극치료의 예를 들어보기로 한다. 연극치료는 1960년대 영국과 유럽대륙에서 예술치료 집단이 형성되어 교육연극과 임상드라마로부터 발달되었다. 교육과 예술에 대한 새로운 아이디어와 급진적 접근이 사회를 바꿀 수 있다고 믿었다.

그러면 연극치료란 무엇인가? 1979년 영국연극치료사협회는 연극치료를 다음과 같이 정의했다. "소통과 연관된 음성적이고 신체적인 창조적 구조를 통해, 참여자가 개인과 집단으로서 자기 자신과 접촉하게 함으로써, 상징적 표현을 촉진하면서 사회적이고 심리적인 문제와 정신적 질환과 장애를 이해하고 완화하는 데 도움을 주는 수단이다."라고 정의하고 있다. 또 영국연극치료사협회에서 채택하여 정의를 내린 것은 다음과 같다. "연극치료는 증상완화, 정서적이고 신체적인 통합, 개인적인 성장이라는 치료적 목표를 성취하기 위해 드라마와 연극과정 및 관련된 기법을 의도적으로 사용하는 것이다."

1) '치료'란 말은 "치유"를 의미하는 그리스어에서 유래되었다. 그러므로 심리치료는 마음의

18) 연극치료 핸드북, 수 제닝스, 앤 캐터 넉, 스티브 미첼 등(이효원 옮김), 도서출판 울력. 2010.3.

치이며 "연극치료" 는 드라마를 통한 치유이다. 연극치료는 단순한 심리치료에서 드라마 기법을 사용하는 것이 아니며, 고유한 전문 기구와 연구 방식을 갖춘 독자적인 분야이다.

2) 콕스(Cox 1986:45)는 심리 치료를 이렇게 정의한다. "환자가 스스로 할 수 없는 것을 자기 힘으로 할 수 있게 하는 과정, 치료사가 환자를 위해 치료하지 않지만, 치료사 없이 환자가 치료를 할 수 없다. 독터(Doktor 1992:9)와 홈즈(Holmes)와 린들리(Lindley)는 "인지와 감정과 행동상의 변화를 위해- 약리학적이거나 사회적인 방법론과 대조되는 것으로서 - 치료사와 환자의 관계를 체계적으로 사용하는 것" 참여자와 관계자체를 치료의 매체라고 하는 것 같다.

3) 제닝스는 "치료로서 공언된 목적을 가지고 드라마 과정과 연극구조를 구체적으로 활용하는 것"이라고 정의한다(Jennings 1992b:229).

4) 리드 존슨은 "연극치료는 여타 창조적 예술치료(미술・음악・무용)와 같이, 심리 치료에 창조적 매체를 활용하는 것이다. 특히 연극치료는 참여자와 치료사 사이에 치료적 이해관계가 확립된 상태에서, 치료적 목표가 진행되는 활동의 부산물로서가 아니라 일차적으로 설정되는 활동을 일컫는다."(Read Johnson 1982)

5) 연극치료사 도로시 랭그리는 "치료사와 참여자 혹은 참여자 집단이 언어적으로 소통하는 심리 치료적 모델이 있는가 하면, 비언어적 소통이 주를 이루는 예술 치료적 접근법이 있다. 후자의 경우 여러 이유에서 말을 사용하지 않기 때문에 언어 치료가 부적절한 사람을 포함할 수 있다."(Langley 1989:74)

6) 심리치료사 '존로완'은 "중심적인 삶의 문제를 심리치료과정 자체에서 일어날 수 있는 어려움과 장해를 거치면서 참여자와 함께 머무는 것이라 할 수 있다."(Rowan 1992)

7) 그렇다면 연극치료사는 무엇을 하는가? 심리치료와 마찬가지로 연극치료에서도 참여자와 치료사가 일종의 계약을 맺는다. 그때 치료사의 목적과 목표는 드라마 구조와 활동을 의도적으로 사용함으로써 참여자가 스스로 치유하도록 돕는데 있다. 연극치료사는 가면, 인형, 분장, 의상과 같은 연극적이고 극적인 재료를 폭넓게 사용할 수 있으며, 참여자의 이야기를 드라마로 사용할 수 있고, 신화나 전설을 끌어올 수도 있다. 하지만 그 모든 것은 계약서에서 명시한 치료적 목적 안에서 이루어져야 한다. (탈춤치료는 가무악극 소품 등을 폭넓게 사용할 수 있다.)

8) 연극치료와 심리극에는 두 가지 주요한 차이점이 있다. 집단치료로서 작동하는 방식이 그 한가지이며, 연극치료가 광범한 영역에 걸친 기법과 구조를 사용하는데 비해, 심리극은 한 명의 주인공을 통해 특정한 기법과 구조와 치료적 의도에 의해 작동된다는 것이 두 번째 차이이다.

오닐(O'Neill)과 램버트(Lambert)는 드라마 경험이 학습에 기여하는 의미 있는 측면은 인간 행동과 자기 자신 그리고 자기가 사는 세상에 대한 이해를 성장시키는 것이다. 그 성장은 습관적으로 느끼고 생각하는 방식에 변화를 가져올 것이며, 그러한 점에서 드라마 교수의 주요한 목표가 된 것이다. 이러한 급진적 메시지는 기득권층을 두렵게 만든다. 그들은 아이들이 새롭게 생각하기를 원치 않는다. 드라마는 잠재적으로 매우 전복적이기 때문에 정식 교과과정에 포함되지 않으며, 우리는 경험의 다양한 방식을 살펴보는 대신 느슨하게 이름을 붙여질 뿐 단 한 번도 엄밀하게 정의 되지 않은 "전통적 가치"로 돌아가기를 권고 받는다. 교사들이 때로는 법이 대란적인 종교적 경험과 다양한 가족과 성적 관계에 대해 배울 수 있는 기회를 차단하는 것이다.

오닐(O'Neill)과 램버트(Lambert)는 1982년 내 삶의 드라마는 다른 사람들과의 상호 작용이라는 사회적 맥락 안에 놓이게 된다. 드라마는 "본질적으로 사회적이며, 접촉, 소통, 의미의 협상과 관련 된다. 그 작업의 집단적 속성은 참여자들에게 일정한 압력을 부과하며, 또 그에 상응하는 보상을 제공하기도 한다."

1960년대 초반에 드라마 교육에서 일어난 이러한 급진적 접근이 임상드라마 그룹을 만들어 교육에서 개발된 드라마 기법들을 임상영역에 적용하여 임상 드라마 센터로 발전되었고 1970년대에 들어 "연극치료센터"로 이름을 바꾸고 1972년도에는 아동과 성인을 대상으로 집단 작업을 하고 연극치료사를 훈련시키는 사설 상담기관으로 확장되었다. 연극치료는 1977년이 되면서 예술치료분야에서 심리극의 대안으로 알려지기 시작했다. 그리고 하트퍼드셔 예술, 디자인 대학(Hertfordshire College of Art and Design)이 처음으로 연극치료 전공학생을 받으면서 예술, 심리학 학부를 확장시켰다. 1978년 리폰 앤드 요크세인트 대학(College of Ripon and York St John)이 특별 연구원을 뽑아 연극치료의 또 하나의 과정이 시작되었다. 1980년 즈음에 세 번째 학위과정이 사우스 데본 기술대학(South Devon Techincal College)에 생겼다. 1988년에 연극치료사협회로부터 연극치료연구원이 설립되었고 연극의 바탕을 둔 연극치료학위를 수여했다. 현재 영국에 모두 다섯 군데의 대학원 교육과정이 있다.

7. 자연치유(금식치유)[19]

개나 소 같은 동물들은 병에 걸리거나 부상을 입게 되면 금식을 한다. 본능적으로 금식이

19) 김진홍 목사의 아침묵상 칼럼 중에서.

치유와 회복의 기능이 있음을 알기 때문이다. 그러나 사람들은 그런 이치를 알지 못하고, 먹어야 병을 고칠 수 있다는 생각으로 보약을 먹고 영양식을 먹는다. 거기에다 과식까지 한다. 그래서 성인병들의 70% 이상이 잘 먹어서 생긴 병들이다. 그래서 먹어서 생긴 병은 먹지 않음을 통해서, 고쳐지고 회복 된다는 것은 자연의 이치이다. 금식이 현대인들의 지친 마음을 회복시키고 병든 몸을 치유하는 능력이 있음은 널리 알려진 바이다. 금식이 히브리어로는 "CHOM"이란 단어이다. 일정 기간 음식을 끊음으로 시들어 있는 몸과 잠자는 영혼을 깨운다는 뜻이다. 기독교에는 금식기도의 오랜 전통이 있다. 구약시대로부터 신약을 거쳐 2천년 교회사에 금식기도는 영성수련의 핵심 역할을 하여 왔다. 모세가 호렙산에 올라 40일을 금식하며 하나님과 교제한 일에서부터 다윗 왕은 금식기도로 영적 지도력을 높였다.

개혁자 느헤미야는 금식기도로 영력을 쌓아 불가능한 처지를 극복하고 중단된 민족사를 회복하였다. 다니엘의 금식기도는 더욱 두드러진다. 그는 바벨론 땅에서의 70년 포로생활을 금식기도로 종결짓고 새로운 역사의 문을 열었다. 예언자 엘리야나 엘리사의 금식기도는 목숨을 건 행동이었고 예레미야는 쓰러져 가는 조국을 생각하며 눈물로 금식기도를 드렸다.

예수님은 광야 사막으로 들어가시어 40일 금식기도를 마치신 후에 사역을 시작하셨다. 사도 바울은 아라비아 사막 깊숙이 들어가 3년간 금식기도와 묵상으로 영성을 닦은 후에 전도자로 나섰다. 2천년 교회사에서 교회가 병들고 성직자들이 부패하여 교회의 생존이 위협 받게 될 때마다 숱한 하나님의 사람들이 토굴에서, 사막에서, 바위 아래서 혹은 성전이나 기도실에서 금식하며 기도하여 교회를 다시 일으켜 세우곤 하였다. 금식기도는 비단 기독교에서만이 아니다. 인도 요가 수행자들의 금식수련이나 힌두교와, 불교에서의 금식수련은 오래도록 이어져 온 수행법이다. 동양의 수행자들은 금식에 대하여 다음 같이 말한다. "7일간의 금식은 육체를 변화시키고 14일간의 금식은 정신을 변화시킨다. 그리고 21일간의 금식은 혼을 변화시킨다."

8. 샤머니즘과 의식 드라마

"샤먼"이라는 용어가 지금에 와서는 훨씬 대중적으로 사용되고 있지만, 그것을 "접신"이나 "영매"와 같은 의미로 사용하는 경향이 있는 영국일류학자들 사이에는 여전히 불편하게 여겨진다. 그러나 미국에서는 샤먼과 샤머니즘이 문화 인류학 연구에서 보다 광범위하게 다루어지고 있다(Lewis 1986:25-6). 많은 인류학자들이 하늘이나 지하 세계로 신비한 여행을 떠나는 샤먼과 귀신들린 상태에서 치유과정을 안내하는 영계-안내자를 구별하려고 애써 왔다. 무아지경의 특성과 샤머니즘 자체가 무아경 상태를 내포하는지에 관련된 자료는 매우 방대하다. 인류학자들은 다양한 샤머니즘적 "제식"을 관찰자의 인식에 따라 임의로 변경된 범주를 가지고 구분하는데 힘을 쏟았다. 루이스(1986)는 샤머니즘과 접신 의식보다는 마술과 주술에 관한 역학적 연구가 훨씬 더 많다는 점을 들어 학자들의 관심이 사회학적 분석을 무시하면서까지 샤먼의 사회적 역할에 집중 되고 있음을 지적한다. 분석적 강조점의 이러한 충격적인 차이는 부분적으로 접신의 극적 양상이 너무나 흥미로운 나머지 연구자의 관심을 단번에 사로잡아 귀신에 의해 매개자로 선택되기에 가장 쉬운 사람이나 그 유형에 대한 세밀한 검증에 흥미를 잃게 된 저간의 사정에 기인함이 틀림없다.[20]

그러나 연극에서 인물과 역할의 본질에 대한 논쟁이 있듯이, 인류학에도 "접신"과 "신비한 여행"과 관련한 논쟁이 있다는 사실은 매우 흥미롭다. 특정한 역할이 자기를 점령하도록 허락하는가, 아니면 개인이 역할로 들어가는가? 아니면 내가 역할로 들어가는가? 만일 "역할"이 내게 적합하지 않다면 어떤 일이 벌어지는가? 역할로 들어갔다가 다시 나오는 게 가능한가? 이는 물론 역사적으로 의사들이 정신질환이 있는 사람들이 하는 것은 매우 위험하다고 비난하기 위해 사용한 질문들이다.

외국의 경우, 연극의 임상사례[21]를 다음과 같이 발표한 것을 필자가 한국의 탈춤(조선연극사)과 비교해 보았다.

@ 〈리어왕〉 만들기를 하는데 왕국의 분할은 희곡에서 뽑은 한 줄의 대사를 가지고 실험했다. 인물들은 짝을 지어 몸짓과 소리와 한 줄 대사를 통해 상황을 탐험했다. 그리고 '리어왕의 부인'이 죽기 전, 가족을 그리는 시간 왕비의 장례식 장면을 만들었고, 그 의식은 함께한 참여자 집단에게 매우 중요했다(Jennings 1992b)=여동생 오필리어의 장례를 치르는 과정에서 진혼가를 부르며 미사를 드리는 격식을 제대로 갖추지 않자 그에 항의하는 대사이다. 그 집단의 요구를 반영해 주었다.[22]

* 위의 사례가 외국의 연극치료의 임상사례라고 한다면, 필자의 연구한 결과를 살펴보면, 한국가면극(탈춤)은 더 긍정적이고 좋은 효과적인 다음과 같은 사례들이 있다.

1) 〈리어왕〉 한 줄의 대사를 가지고 실험하듯이 봉산탈춤에서 목중 대사이다. 우리나라만

20) Lewis 1986:25-6.

21) 연극치료 핸드북, 이효분 옮김.

22) 임상 사례, 위의 책, pp.178-179 참고.

이 즐길 수 있는 포시즌(사계절)이다. 산중에 무력일하여 철가는 줄 몰랐더니 꽃피어(春節), 잎 돋아(夏節), 오동낙엽(秋節). 백설이 훨-펄펄-(冬節) 강상한량으로 논다. 기승전결의 홍겹게 주위의 어울림의 공동체의 대사이다. 그 추임새하며 개인과 집단의 요구를 반영해 주었다.[23]

2) 봉산탈춤에서 미얄과장은 첩(또는 양반)이 본처를 사망케 하고 무당(남강노인/남극노인)을 불러 굿을 하여 극락세계로 가게 하는 것이 오히려 기승전결이 되고 더 영적인 임상에 가깝다고 할 수 있다.

3) 따라서 고성오광대의 경우 본처가 죽어 상여가 나가는 장면은 상주만 가면을 쓰고 상여꾼들은 가면극인데도 불구하고 가면을 착용하지 않고 동네사람들이 나와 축제처럼 다함께 참여하여 북망산, 극락세계로 가라고 합창하는 장면은 좋은 사례이다(사람이 죽었는데도 노래한다. 특히 우리는 일하면서 즐기는 민족이다).

4) 사자과장에서 사자가 곧 달려들자 마부가 화해신청을 한다.

- 마부/ 우리가 무슨 죄가 있느냐 취발이가 시켜서 알지 못하고 한일이지만 나중에 뉘우친다.
- 사자/ 응징하지 않고 받아들여 회개(悔改)와 용서(容恕)로 화해의 춤을 춘다.

@ 리어가 치장을 벗고(거지 톰이 옷을 모두 벗기듯이) 모든 것을 빼앗기고 딸마저 잃은 뒤에 절망 가운데 서 있는 장면을 만들었다. 하지만 그 상황에서 그는 자기한계 안에서 평화를 찾는다. 그 작업의 대한 반응을 일부를 소개하면 이렇다(탈춤에서 영감이나 양반, 취발이의 캐릭터도 동일하다).

"리어의 폭풍은 내 인생에 있어서 폭풍을 만날 수 있게 해주었어요." "리어를 연기하면서 아기를 갖고 싶은 갈망을 조금이나마 표현할 수 있었어요. 리어가 빗자루로 만든 인형이라는 게 전혀 방해가 되지 않았어요." 치유의 연극에서 의식드라마를 사용하는 것은 "합의에 이르러"나 "행위화" 한다거나 "문제 해결"과 같이 단순히 기능적인 차원뿐 아니라 "마땅하게 느끼는 거" 다시 말해 특정한 극적 형식이 그를 위한 최선의 방식임을 느끼고 또 그러한 것으로서 인식되는 것이다.

봉산탈춤에서

1) 법고놀이에서 말장난으로 인해 웃통을 벗었지만 결국 함께 평화롭게 놀고 들어간다.

---

23) 최창주, 한국연희극과 마케팅, 연극과인간.

2) 취발이가 삼각관계 경쟁을 통해 쟁취해서 한 여자를 빼앗아 취돌이(결과물)가 탄생한다. 탄생된 아들을 글공부와 노래교육으로 부모의 역할을 한다.
3) 고성오광대(五廣大) 저밀주 과장에서 비록 탄생과 함께 아이가 사망하지만, 늙은이에게 아기가 없어 늦둥이가 생겼다는 것은 참으로 희망적(希望的)이 아닐 수 없다.
4) 미얄과장 역시 비록 불륜을 저질러 삼각관계이지만, 노인네가(남자가) 젊은 여인을 얻는 것은 평화를 찾는 거나 기쁨, 행복, 만족함을 충족시키는 것은 리어왕의 작품보다 더 느끼게 한다.

- 많은 연극배우들이 인터뷰에서 "관객과의 직접적인 소통에서 삶의 기쁨을 느낀다."고 했다. 연극은 흥행율과 성공률이 낮고 수입이 넉넉하지도 못한데 이 '기쁨' 가지고 연극한다고 한다.[24] 탈춤(조선연극사)의 근본(根本)을 알고 있는지 질문하고 싶다. 탈춤은 임기응변적인 것이 아니다. 정확한 극본 및 가무악극(歌舞樂劇)의 규정대로 해야 한다. 연극은 탈춤과 반대의 상황극이다. 정체성과 방향성을 잃고 있으며 창작이다. 그런데도 '배우 인터뷰'에서 무대와 관객과 분명하게 구분되어 분리되어 소통도 안 되는데도 불구하고 기쁨을 누린다면, - 탈춤은 관객들이 함께 어울림이 관여하며 "추임새"를 통해 관객과 연희자가 하나가 된 최고의 기쁨치유(治療)극이 아닐 수 없다. 이런 경우라면 필자는 '탈춤클리닉'을 출판하는데 있어서 상당한 자긍심을 가지고 신빙성을 제공하고 있는 것이다.[25]

특히 현재 연극하는 몇몇 단체가 수입이 없어 '뮤지컬컴퍼니' 단체이름으로 전환하여 활동하고 있다. 우리의 탈춤은 이미 한국적뮤지컬(연희극)이지만 아직 흥행과는 거리가 있다. 국민의 인식이 변한다면 해볼만 하다고 생각한다.

무대가 아닌 마당에서 연희자와 관객이 "추임새"를 하며 그야말로 하나가되어 직접적으로 소통하는 것이 탈춤(조선연극사)이자 종합예술로서 우리 전통문화의 특징이기도 하다. 아울러 서민의 삶인 희로애락(喜怒哀樂)이 깃들어 있고 탈춤을 하면 열정과 기쁨이 충만이 가득할 진데, 임상과 정신, 육체치료가 왜 안 되겠는가!? 위의 사례로 볼 때 서양의 연극・음악치료 임상보다, 우리 것인 탈춤은 가무악극(歌舞樂劇)으로서 임상의 효과가 3배 이상 더 좋다고 판단할 수 있다. 그러나 우리 것인데도 우리 것을 무시하는 국민성 때문에 문제가 있고 전문가가 없어 과학적 근거를 아직 못 찾고, 모르고 있는 것이 흠이다. 우리 것은 최고의 가

24) 구자흥, 명동예술극장장, '그래도 연극인' 이유, 조선일보(一事一言), 2011.7.29.
25) 탈춤은 추임새를 통해 어울림의 공동체, 즉, 관객과 연희자가 하나가 되는 기쁨을 동시다발적인 동조행위현상으로 연출된다. 1단계부터 9단계에 이르는 가무악극과 탈춤의 기본동작(三胎兒)은 한국인 체질에 맞는 가장 적합한 극(劇)이자 춤사위다. 특히 치유부분에서 춤을 활발하고 묵직하고 끈적끈적하게 춤을 출 때 몸의 이완이 된다.

능성이 있는 예술작품이자 치유이다. 그래서 이 책을 출간하게 된 동기가 되기도 했다.

9. 한국에서의 서양 연극 치료

'그리스 비극'이란 기원전 5세기쯤에 그리스의 야외극장에서 펼쳐진 [가면극]을 가리킨다. 탈춤이 가면극이다. '아폴로'는 그리스 신화에 등장하는 빛의 신으로 절망과 고통에서 포기하지 않고 강한 의지로 희망적이고 이성적인 고통을 아름답게 승화시키는 음악, 시, 예언 등 조형(造形)의 유형적(有形的) 예술이라면, 디오니소스는 그리스비극으로 시작되는 인간의 원초적이며 감정적이고 즉흥적인 무형적(無形的) 예술이다. 이성적인 아폴로와 감정적인 디오니소스와 조화(調和)를 이뤄야 문화예술이 발전된다고 한다.

한국에서는 '조선연극사'가 존재하는 줄도 모르고 해외유학파들에 의해 대학연극영화과에서 이론과 실기과목으로 "연극치료"까지 학과목 비슷한 제목들이 설립되었다. 러시아의 스타니스랍스키의 리얼리즘 사실주의 연극이 성행됨과 동시에 문호가 개방되면서 유럽의 셰익스피어가 수입되었다. 예술대학의 연극영화과(미술대·음대·무용 등)에서 학과목 배분을 통해 무대를 확대하기 위해 레퍼토리시스템 일환으로 1960년대 서구 유럽에서 들어온 음악치료, 미술치료, 무용치료, 연극치료(일상현실·역할 담당(配役. cast)·모방(模倣)·acting, action 등)는 행위자와 교사들이 관심을 갖게 되었다. 그리고 한국의 탈춤(假面劇: 즉흥극이 아님(극본). 고서성어와 어려운 한자)이 마당극이자 민중이 함께하는 연희극(劇)[26]이라면, 일본의 노오(能)는 무대극으로서 대본에 따라 연출을 하여 정교하게 움직이는 상층계급의 귀족극이다. 가부키(歌舞伎)는 화려한 무대극으로서 민중의 성격을 가지고 있다고 하나 창작극으로서 관객이 개입하지 못한다.[27] 이러한 극(劇)은 구경꾼들이 좋다고 손뼉을 치고 환호를 하여 간접적으로 치료가 되지만, 치료(治療)라는 것은 병원시스템, 전문의사가 병을 치료하고 바로잡아 평정하고 관리하는 것이다. 병원에서 사용하는 고유명사이기에 임상경험은 육체와 정신을 통해 이론과 실기적인 접근으로 매우 과학적으로 수술·치료되고 있다. 오늘날 병원에서 현대의학으로 치료를 못하는 것을 제3의 모체로 사람을 치료할 수 있다고 하나 추상적인 행위이지 정확한 임상연구부족으로 결론 내린 것은 없다.

연극은 연희(演戲)의 한 부분으로서 치료는 한계가 있다. 물론 책읽기를 하고 난 후에 성격

---

26) 마당(유득공의 경도잡지)이나 무대에서 한국전통문화의 가무악극(歌舞樂劇)을 하나의 장르로 연행하는 공연행위이다.

27) 가부키(歌舞伎)부분 참고할 것.

분석과 반복의 원리와 동작을 통해 어떠한 사물을 연구하듯이 아동학대, 청소년 상담, 학습장애, 관계성(공간 및 타임), 상대역할극(극적놀이), 모방, 민속전통놀이(유희성), 인식, 심리분석 등을 교육적, 사회문화적으로 영향을 단순하게 파악하여 심리적 유희를 통해 기초제공과 극적으로 유도할 뿐이다. 이런 것을 이용하여 상담전문가와 심리적, 종교적 치료도 여기에 속하는 것이다. 그러나 정확한 과학적인 임상은 여러(전문학교·예산·제도적 모순점 등) 여건상 아직까지 체계적이고 과학적으로 정리가 제대로 되지 못한 상태라고 할 수 있다. 따라서 치료[28]를 떠나 한국의 근본적인 연극의 자체를 다음과 같이 지적하고 있다.

현대연극사의 전환점이 된 차범석 작품 '산불'의 일부 글이다.[29] 이 땅에서 근대극 운동이 시작된 1930년대 초, 동랑 유치진에 의해 처음 서구식 리얼리즘 희곡이 시도된 이후 신예 차범석에 와서야 비로소 우리 연극은 세계 조류에 한걸음 다가섰다. 그렇다면 50년 전에 쓰인 이 희곡의 무대화가 역사변동과 시대감각이 많이 바뀐 오늘날에 던지는 의미는 어떤 것일까? 첫째, 여전히 이데올로기에 의한 갈등과 긴장상태에서 벗어나지 못한 지금 과거를 다시 한 번 심각하게 돌아보자는 데 있을 것이다. 두 번째는 요즘의 우리 연극 현상이 정체성과 방향성을 잃고 실험극이니 상업극이니 하면서 혼란에 빠져 있는 만큼 견고하게 짜인 사실적 작품을 보여줄 필요가 있다는 점이다. 세 번째는 우후죽순 족출한 군소극단들이 부실한 작품들을 남발하고 있는 상황에서 진지하게 탄탄한 연기를 바탕으로 한 짜임새 있는 정통 리얼리즘 공연을 제시함으로써 연극계에 경종을 울리고 자성의 기회를 갖자는 뜻도 있지 않을까 싶다.

다음은 "한국연극은 영원히 아마추어"라고 하면서 "무대엔 설익은 과일들만- 설사할 지경"이란 타이틀로 원로연극인(김의경)이 호통을 쳤다. '이대로는 연극이 늘 아마추어에 머물 수밖에 없다'고 개탄했다. 연극인들은 '차범석 선생이 돌아가신 뒤 공식석상에서는 오랜만에 들은 호통이지만 반가웠다'는 반응이다. "한국연극은 영원히 아마추어인가? 젊은 연출가는 나이 많은 배우를 꺼린다. 부리기 어렵고 돈이 드니까 그렇다. 결과적으로 경험과 능력은 없으나 말 잘 듣고 돈 안 드는 젊은 배우들만 쓰니 무대가 영글 수가 없는 것이다…." "30년 전통의 서울연극제가 실험극제로 추락한 것 같아 실망했다"면서 "나를 포함해 다 같이 반성하자는 뜻으로 작심하고 쏘아 붙인 것"이라고 말했다. "용산 참사를 다뤘는데 느닷없이 인디언이 나온다. 아메리카 인디언들이 백인들에 의해 희생되듯이 지금 우리나라가 그렇다는 얘기다. 기왕사회적인 맥락을 잡았으면 더 날카로워야 하는데 먼 인디언 얘기를 하니 리얼리티(현실성)가 약하다. 대상을 준 '복사꽃 지면 송화 날리고' 도 현실의 인간을 그리지 못했다. 대상 감은 아닌데

28) 병원의 의사들의 행위는 치료(治療: 다스려 고치다)이고, 민간요법은 치유(治癒: 다스려 낫다)라고 정리함.
29) 유민영, 서울예술대 석좌교수('산불' 프로그램 2011.6.5-26. 국립극장 해오름극장).

작년에도 대상이 없었다고 해 하는 수 없이 줬다" 대학로는 극장이 150개나 될 만큼 비대해졌지만 연극은 퇴행했다는 지적이 있다. "요즘 연극은 대부분 20-30대끼리 만든다. 대학로에서 20년, 30년 피땀 흘렸던 40-60대 배우들은 다 어디로 갔나? 연극은 축적을 통해 발전하지. 하루아침에 콘크리트 붓는다고 되는 게 아니다. 작가부터 제대로 키워야한다. 아마추어는 아마추어대로, 프로는 프로대로 길을 열어주고 영향을 주고받으면서 커가야 한다. 세대별로 배우가 함께 참여하고 지원금정책도 손질해야 한다." "관객은 훌륭하다. 그 지루하고 엉터리 같은 공연을 보는데 객석에 기침 소리 하나 안 들리더라. 현실은 슬프지만 지혜를 모으고 희망을 가꿔나가야 한다."[30)]

한편, 여석기는 '죽느냐 사느냐(To be or not to be)' - '연극은 매일 밤 죽고 이튿 날 살아난다.' 해외에서 호평 받은 오태석 연출의 '템페스트'에 대한 감상을 묻자 '그건 오태석이지 셰익스피어는 아냐' 라는 답이 돌아왔다. 국내 연출가가 숱하게 올린 연극 '햄릿' 중 가장 좋았던 작품을 묻자 '유감이지만 하나도 없다.'고 즉답했다. 배우들에게는 '감동의 시작은 배우입니다. 디테일이 중요해요. 손을 살짝 움직이는 것, 고개를 갸우뚱하는 것만으로도 어떤 배우는 관객을 집중시킵니다. 어렵더라도 계속 연극하십시오.'[31)] 외국 것은 우리의 현재 실정에 멀리 있지만 열심히 하라는 뜻인 것 같다.

연극(演劇)은 서양의 것이다. 남을 속이기 위해 말이나 행동으로 꾸며내는 일이다. 탈춤은 서민의 분출 및 현실 극이다. 연구자의 기록을 인용하면, 연극을 우리말로 하면 노릇(놀음)일 것이다. 노릇은 유희, 휴식, 가요를 뜻하는 어원 "놀"에서 나온 말이며 노릇(놀〉노릇)과 노래(놀〉놀개〉놀애)가 같은 어원에서 나온 말임은 흥미가 있다. 노릇 다음에 "짓"이 해당 되며 손짓, 발짓, 몸짓과 같은 "짓"은 mime을 나타내는 말로 소리(음성)없이 몸짓으로만 의사를 표시하는 "몸짓말"에서 이에 전주가 따르면 몸짓춤(mimic Dance)으로 연장되고 다시 소리가 따르면 하나의 거리(한 장면, 한 단락, 한 막)를 나타내는 짓거리(drama)로 발전한다. 이야기를 몸짓과 춤으로 표현하는 pantomime이나 더 나아가 pantomimic dance가 되면 이미 그것은 극(劇)과 구별하기 어려운 것이며 음악과 반주가 추가가 되면 가무악극(歌舞樂劇)이 하나의 장르인 연희극(뮤지컬)이 되는 것이다. 뮤지컬은 노래가 먼저이지만 춤으로 나타내며 상황을 풀어간다(웨스트사이드 스토리, 아가씨와 건달들 등). 노릇과 짓, 다음 연극을 뜻하는 우리말은 "굿"이 있다. 굿은 ① 무당이 노래나 춤을 추며 귀신에게 치성 드리는 의식, ② 연극이나 여러 사람이 모여 떠드는 볼만한 구경거리(이희승 편, 국어사전), 종교의식에서 일반적 오락성이

---

30) 원로연극인 김의경, 박돈규 기자(조선일보 2011.5.18).
31) 박돈규 기자(조선일보 2013.2.5).

전개되고 순수한 연극이 성립되는 과정을 보여주고 있다.

연극이라고 하면 보편적으로 극장(劇場), 희곡(戱曲), 배우(俳優), 관객(觀客)이라는 기본구조를 갖춘 무대예술(舞臺藝術)이다. 광범위 하게 표현 된다면 민속예능, 연예에 이르기 까지 연극의 요소를 재인식하게 되었다. 한국에는 과거에 연극다운 연극이 없었으며 "엄밀한 의미에서 연극사가 성립되지 않았다"고 인남고일(印南高一: 1944)은 말하고 있다. 이것은 서양근대극이후의 개념으로만 속단한 것이라고 볼 수 있다.[32)]

10. 연극장(演劇場)[33)]

로마 원형극장

유럽 야외극장

황해도 경암루 봉산극장

32) 이두현, 서울대학출판부, 1994.

33) 조선일보에 비친 '신문화의 탄생⑿ 김명환 사료연구실장(2012.2.13. 조선일보).

판소리도 민요공연도 옥외에서 구경하는 걸 당연하게 여겼던 이 땅 백성들에게 20세기 벽두, 신천지 같은 예술 공간이 선보였다. 실내 연극장(演劇場)이다. 극장이 처음부터 문화공간으로 대접받은 건 아니었다. 대중에겐 "번화한 우숨 소리에-풍진세상 모든 일을 잠시라도 잊은" 휴식처였지만(조선일보 1925년 8월 27일자) 일부지식인은 극장을 '음담패설' 난무하는 '방탕한 남녀 대합소(待合所)' 쯤으로 여겼다(1920년 7월 22일 '풍화를 괴란(壞亂)케 하는 경성의 제 극장). 관립극장의 효시로 꼽히는 협률사(協律社)도 1902년 탄생한 이후 기생들 예능과 활동사진 등을 선보였다가 "연극은 천한 배우들이 먹고 살려고 하는 짓인데 왜 나라가 나서서 극장을 운영하는가."(황성신문 1906년 4월 19일자)라는 관리의 상소가 고종에게 제기돼 한 때 공연장 기능이 정지되기도 하였다. 서울정동 새문안교회 자리의 협률사는 1908년 최초의 서양식 민간 극장인 '원각사(圓覺社)'로 재출발하며 이인직의 '은세계(銀世界)'를 공연하여 신극의 요람이 되었다.

원각사를 시발로 몇몇 민간 극장이 문 열었지만 영화관을 겸하는 곳이 많았고 연극 전문 공연장은 드물었다. 극장 신축은 그리 활발하지 못했다. "경성 30만 인구가 생활하는 곳에서 오늘 날까지 완전한 연극장이 한 곳도 없다"는 한탄이 나올 정도였다(1921년 8월 19일자). 신파연극을 주도한 이기세(李基世)는 "캄캄한 야음(夜陰)에서 이 구석 저 구석을 더듬고 있는 우리의 극계 … 참담하다"며 연극에 냉소적인 지식층에 섭섭함을 토로했다(1920년 8월 25일자). 진지한 예술극으로부터 그야말로 신파조의 신파극에 이르기까지 여러 갈래 시도를 하던 1920년대의 우리 근대 연극은 맨땅에 머리를 박는 역경을 이겨내야 했다. 특히 전국 방방곡곡을 유랑하며 관객을 찾아 나선 신파 극단의 어려움이 컸다. 1920년대에 지방에는 조선인이 경영하는 공연장이 거의 없었기 때문이다. 1920년대에 '짠발짠(장발장)' '갓쥬사(카츄사)' 등 일본식을 답습한 신파극을 들고 전국을 돌며 숱한 백성의 눈물을 빼놓았던 대중극단 취성좌(聚星座, 단장 金小浪)의 공연 기사를 보면 경성보다는 지방공연이 훨씬 더 많다. 가령 1921년 1월 9일부터 두 달 남짓 사이에 이 극단은 인천·경성으로부터 멀리 진남포 공연까지를 소화했다(1921년 1월 9일-3월 19일자).

이 극단이 신파극 대표작 '장한몽(長恨夢)'을 지방공연 땐 "정각 전부터 관람자 수백 명이 운집하여 장내에는 입추의 여지가 무(無)하였고" 밤 8시 시작한 공연은 여성 관객들 흐느낌 속에 다음 날 새벽 1시까지 무려 5시간이나 이어졌다(1923년 6월 17일자) 무대가 따로 없이 취성좌 배우들이 서는 곳이 무대였다. 1923년 경주 공연 때는 동네 여관 앞마당에서 '가정 정극(正劇)'을 공연했다(1923년 6월 17일자).

유랑 신파극단 배우들 신세란 이곳저곳 떠돌던 조선 남사당패와 다를 바 없었다. 어느 여름 맨땅을 무대 삼아 지방 공연하던 취성좌가 소나기를 만났다. 땅바닥에 빗물이 흥건히 고여 진흙땅이 되자, 주연 여배우 마호정(馬豪政)은 마지막 죽는 장면에서 무대의상이 젖을까봐 선 채로 죽는 연기를 했다. '입사(立死)연기'라는 신조어가 이 일화에서 탄생했다(유민영 '한국근대연극사). 필자는 한옥마을을 건립할 때, 심의 및 자문위원으로서 극장이름을 '연희당'으로 제안하였으나 관청에 의해 '국악당'이 되었다.

위의 내용은 비록 연극인들을 위해 치유의 말씀을 해주셨지만, 필자는 연극(연기과)과에 강의 갈 때마다 언성을 높여가며 수업을 한다. 지금 우리 집과 옆집에서 일어나는 서구현실연극(리어리즘, TV, 번역극 등)은 옆에 두고 좋아하면서 비슷한 상황인데도 불구하고, 우리 것은 우리가 해야 하는데 학생들이 왜 조선연극사(한국전통극)를 외면하고 있는가? 외면하는 것이 아니라 우리 것을 잘 모르고 있는 것이다. 지금 현 상황을 보면 기성단체에서 전통문화를 익힌 연희자가 없어 한국적 뮤지컬(연희극)을 못하는 실정이다.

예술대학의 학과목이 시정되어야 하겠지만, 한국예술인 모두에게도 호통 칠 수 있는 상황이 되었으면 한다. 그러나 우선 급한 것은 초, 중, 고, 대학교 전통문화교육의 문제인 제도적 정책의 모순점을 시정시켜야 한다. 그런데 현실은 우리 것과 거리가 먼 연극분야 보도에 의하면 "극단운영 10년, 남은 건 빚 1억" 지난 달(2012.8.27) "연극 환경의 변화와 극단의 생존"을 주제로 대학로 예술가의 집에서 발표된 현실이다.

11. 한국뮤지컬 어디로 가야 하나?(예그린 악단)

필자가 예그린 악단에서 동양방송국(TBC-TV)과 공동 제작한 주말연속극 TV뮤지컬에 필자가 주, 조연으로 출연하였다. 1971년도 예그린 뮤지컬[34] 주말연속극(TV) 출연 팀과 지방공연(무대)팀의 두 팀이 있어 뮤지컬초창기 황금시대를 맞이하는 듯하였다. 또한 흑백시대에 컬러 TV가 나오면 뮤지컬시대가 올 것이라고 장담하면서 처음으로 뮤지컬제작에 방송국에서는 심혈을 기울였다. 그 후 예그린이 국립극장으로 이관되면서 공연하였다. 국립극장 전속단체(창극단・무용단・발레단・극단・교향악단)가 한 단체가 출연하면 다른 5개 단체 단원들은 의무적으로 출연해야하기 때문에 출연인원이 총 520명씩 출연을 했다. 지금도 국립예그린예술단만 존재를 했다면 한국적 뮤지컬이 활성화 되었을 것이다. 그런데 1977년 11월에 시민회관이 불타고 세종문화회관이 건립됨과 동시에 국립가무단이 시립가무단으로 이관되는 상황이 되어 지금 시립가무단이 명칭을 바꿔 시립뮤지컬단이 존재하게 되었다. 또한 '서울예술단'은

34) 당시는 뮤지컬이 아니라 "칼"이라고 했다. 예그린과 동양TV가 함께 제작한 주말 뮤지컬 연속극이었다.

박용구 선생과 필자
(제2회 뮤지컬페스티벌 특강)

박용구 선생과 이종덕 사장, 필자
(2014 충무아트 홀)

85년 평양방문을 위해 창단된 단체이다. 그런데 '88예술단이 88올림픽이 끝나고 나니 명칭이름이 애매모호하다고 하여 서울예술단의 이름을 요구하였다.' 서울예술단(필자 총무)은 뮤지컬전문단체(?)로써 85년 평양방문공연단체의 명칭을 변경한 단체 이름이다.[35)]

지금 한국의 뮤지컬은 라이선스 뮤지컬과 국적불명의 뮤지컬시대가 되었다. 뮤지컬은 가무악극(歌舞樂劇)이 하나의 장르로서 움직임과 노래와 춤이 일상생활을 무대 위에 즐겁게 미화(美化)시키는 작업이 뮤지컬이다. 박용구 선생은 특강[36)]에서 한국뮤지컬은 본인처럼 황혼기에 접어들었다고 했다. 실망과 함께 3차원의 세계를 끌어들어야 한다고 100세인데도 불구하고 미래적인 것을 제안했다. 그러나 창작성이 없고 양식을 개척하지 못하고 무겁고 귀티 나게 흉내 낸다고 하는 오페라 양식의 오페라유령 등에 굴복하고 있다고 했다. 당시 예그린 악단장으로서 "살짜기 옵서예" 가사를 쓰면서 제작했다. 설의식 등, 동경유학생들의 음악극 운동을 우리민족의 향토가극적 의식을 가지고 '예그린' 이라는 조직체를 이용, 자료 수집(민요・설화・전설 등) 소재를 구하기 시작했다. 제목을 변경 '에밀레종'을 '종이여 울려라', '장보고'를 '바다여 말하라', 제주도의 '배비장전'을 김영수 씨 극본에 의해 '살짜기 옵서예'로 흥행성과 예술성을 포함한 작품을 제작하게 되었다. 1928년 미국이 대공항 속에 허덕일 때 뮤지컬이 무대의 극장예술로 브로드웨이에 아성(牙城)을 이루었다. 1932년 비로소 예술성을 인정받아 퓨리쳐 연극상[37)]을 수상하게 되었다. 이태리 르네상스시대 오페라가 말(言語)로 대화에서 음악으로 전개되어 히트한 작품이 오페라이다. 뮤지컬은 대화뿐만 아니라 가무악극의 일상동작을

---

35) 서울예술단 참고.

36) 서울뮤지컬 페스티벌. 초청특강. 충무아트홀. 컨벤션센터. 2013.8.9. PM.1:30-2:30.

37) 작품 "너를 위해 노래 부르리"(부통령선거를 코믹하게 다룬 작품).

무용화하여 종합적으로 표출한 것이 히트가 되었다. 오페라에도 없고 19세기 없었던 일상동작을 젊은이들의 싸움으로 무용화한 작품(웨스트사이드스토리), 지하실의 도박을 무용화(아가씨와 건달들), 7인의 신부에서 장작 패는 노동을 무용화 한 것, 오페라는 상층예술이고 뮤지컬은 민스트렐・보드빌, 레뷰, 벌레스크 등을 포함하여 20세기 새롭게 출발하여 탈바꿈되어 해학과 풍자성, 서민의 중간예술을 흥행성으로 융합하여 미국의 대표작품 국가브랜드로 상품화 되었다.

한국은 남북관계를 통해 뮤지컬이 발전되었다. 당시 북한과 GNP가 비슷했으나 북한은 뮤지컬을 받아들이지 않았다. JP에 의해 예그린이 설립 되었고 북한은 김일성에 의해 버라이어티 쇼(Variety Show)가 성행하였다. 그래서 85년 남북교류가 옴니버스스타일로 공연준비를 해서 올린 것이다. 북한과 대립상태에서 북한이 수용할 수 없는 드라마를 이용한 것으로 예그린창법과 벨칸토창법 등으로 시작이 되었다. 그래서 북한에서도 피바다, 꽃파는 처녀 등의 스토리텔링의 작품이 발전되어 오늘에 이르게 되었다. 뮤지컬은 어느 국민이나 즐길 수 있는 다양한(뮤지컬・민족가극・연희극 등) 뮤지컬이 제작되어 나오게 되었다. 이제 무대예술이 변하고 있다. 과도기적인 싸이의 바보스런 말춤(K-pop)이 유행하듯, 앞으로 미래적인 뮤지컬은 2가지 방법이 있다. 우리는 3D와 영상을 통해 새로운 종합적 양식으로 보안해서 제3차원의 세계로 나가는 것과, 필자가 주장하는 한국적뮤지컬(연희극)이 기획, 제작되어야 한다.

한국적 뮤지컬은 우리전통문화가 선조들에 의해 이미 극본・작곡・안무・연출 등이 제작되어 있다. 한국용어로는 연희극, 영어로는 뮤지컬이다. 뮤지컬은 유럽식(영국)과 브로드웨이, 북한식(민족가극), 한국식 뮤지컬(연희극) 등이 있다. 처음의 브로드웨이 뮤지컬은 민스트렐(예능적 주제와 노래・악기연주 솜씨), 보드빌(시골 순회의 곡예사・요술사・마술사), 벌레스크(성적 농담과 노출・야한 농도 짙은 성적인 판타지), 레뷰(벌레스크보다 한 차원 높은 골계희와 경쾌한 가무악극) 등의 내용으로 오페라를 받아들여 진행, 발전되었다.

그러한 것으로 인하여 각 나라마다 4대 뮤지컬을 나름대로 기획, 제작했을 때, 언어와 습관때문에 나라마다 언어가 틀려 문법, 문귀의 가사붙이기가 다르게 표출되고 있다. 유명한 외국작품의 외래어를 번역했을 때 "아버지 가방에 들어가신다." 식의 대사를 할 수밖에 없는 것을 예그린 시절 "예그린창법"[38]을 창안하여 정확하게 공연할 때 가사전달이 쉽게 전달된 공로가 있다. 그러나 위의 상황과 문제점을 연출자가 지적해주고 연구했다면 한국의 뮤지컬발전은 제자리걸음에서 발전 할 수밖에 없었을 것이다.

요즘 한국에서 세계 4대 뮤지컬이라고 해서 빅토르 위고(1802-1885)의 소설 **레미제라블**(Les

38) 외국작품을 번역하려고 하니 대사가 한국말과 맞지 않아 번역의 문제점이 있어 라영수 씨가 창안한 창법이다. 찬송가도 가사 전달의 문제가 있다.

Miserables: 불쌍한 사람/장발장. 1980), **캐츠**(Cats 고양이 눈에 비친 인간의 모습. 1981 초연), **오페라 유령**(The Phantom of the Opera. 19세기 프랑스 파리 오페라하우스 배경으로 흉측한 얼굴을 마스크로 가린 채 지하에 숨어사는 천재음악가 사랑이야기, 1986) **미스사이공**(Miss Saigon, 전쟁 속에 꽃피운 베트남여성과 미군의 사랑 이야기, 무대에 헬리콥터가 등장하여 화제작, 1989) 등을 말하고 있다.

오페라 등으로 시작한 뮤지컬[39]은 19세기 미국에서 시작되어 영국에서 발전되었다. -한국에서는 1961년 예그린 악단이 창단되어 1966년 최초의 창작뮤지컬 "살짜기 옵서예"가 시초라고 할 수 있다. 4일간 7회 공연에 1만 6천명을 동원한 한국적 특성을 지닌 뮤지컬은 가무악극이 하나의 장르로 생생한 활력을 지진 스토리텔링이다. 제도적 모순점 때문에 예그린 악단이 문을 닦게 되자 예그린에서 그만두신 초대 한국뮤지컬협회장 최창권 선생은 "미리래"라는 뮤지컬단체를 운영해 보려고 하였으나 신림동 자택마저 매매 당하여 끝내 이루지 못했다. 요즘 뮤지컬이 활성화, 대중화 되었다고 하나 기획, 제작자들 역시 제작에 실패하여 집 팔고 빚지고 자살까지 하여 뮤지컬이 활성화되지 않았다. 그러나 요즘은 연극하는 친구들이 연극은 사업이 안 되니 창작 뮤지컬작품들을 제작하는데 오페라도 아닌 브로드웨이 뮤지컬도 아닌, 국적불명의 뮤지컬과 라이선스뮤지컬로서 상업성에 매달려 있다고 사료된다.

"태양의 서커스"는 무대세트와 스토리가 있는 퍼포먼스로 세계적인 서커스이다. 40여 개국의 전직무용수, 싱크로나이즈드 선수로 구성된 3,500명의 단원들은 매 공연마다 창작한다. 전세계를 투어하면서 라스베가스에서 상설공연하고 있는 기업이다. 금액적 가치는 우리 돈으로 1조 2천억 원이며 하루 티켓 수입만 12억 원에 이른다.[40]

---

39) 뮤지컬은 유럽 이탈리아에서 성행한 오페렛타에서 그 기원을 찾을 수가 있는데, 10세기 초부터 교회 예배극(liturgical play)인 성극이 음악, 연기, 무용, 조명, 음향, 셋트 등을 활용하여 오라토리오(독창, 합창, 대규모 관현악)가 종교와 관련되어 발전해 왔다. 종교적 색체를 띄는 13-14세기경에 예배극으로 성립되어 기적극(mystery play)으로 연출되었고, 16세기경에는 본격적인 오페라로 발전되어 교회와 귀족의 전유물인 극장의 두 갈래로 나누어지게 되었다. 오페라는 비가극(opera seria)과 희가극(opera comique 오페라 코미크)으로 나누어지는데 오페레타에서 노래하고 춤추고(Song & dance)의 개념이 바로 뮤지컬로 발전하게 된다. 뮤지컬이란? 소리와 춤과 몸짓, 재담 등 연희를 통해 극적인 줄거리가 형성되는 총체극이다. 에드워드 크레이크(On The Art Theatre의 저자)는 '뮤지컬은 연기나 드라마가 아니며 또한 무용도 음악도 아니지만 뮤지컬은 이 모든 것을 포함하는 예술이다. 뮤지컬에서의 연기는 심오한 인간의 영혼 세계를 포함하고, 드라마는 인간들의 갈등을 신체적으로 표현하며 음악은 주인공들의 뜨거운 가슴을 열어젖히고, 춤은 각 장면에서 중요한 요소로 극적 구성을 떠 벋친다.'고 했다. 이런 형식이 미국으로 건너가 대중오락의 공연물이 되었다. 20세기 들어서면서 대중취향으로 정착하게 되는데, 미국에서의 쇼 비즈네스의 토대를 형성한 춤과 노래가 곁들어진 희극물인 민스트렐, 보우드빌, 벌레스크, 레뷔에 유관함을 알게 한 내용을 시간이 되면 소개하겠다. 필자는 뮤지컬을 가무악극(歌舞樂劇)이 하나의 장르라고 논문(최창주, 한국뮤지컬, 앰애드, 2010)에서 밝힌바 있다. 그러나 한국은 이미 선조들에 의해 우리의 전통문화 속에 내재되어 있었다.

40) 기획, 제작도 롯데인재개발원 전영민의 "임원 되는 법"을 인용한다. 일 찾아 하는 사람에게 기회가 온다. 이제 "어떻게 성장하며 일할 것인가?" 열정이 중요한 것이다. 열정은 열심과 다르다. 사람은 세 가지 동기가 생기면 행동을 변화시킨다고 한다. 공포, 인센티브, 자각인데, 공포는 강압에 의한 것이고, 인센티브는 당근을 주면 나오

그동안 라이선스, 국적불명의 뮤지컬이 뮤지컬시장을 주도하고 미래가치의 대중성이 있으나 창작환경이 좋지 않아 개발지원금이 필요하다. 뮤지컬스태프들의 창작개발과정 해외사례를 들어 WORK Shop 과정을 실시해보겠다. 이제 이 여파로 한국전통문화를 어떻게 현대적으로 수용하느냐? 이 시대 관객이 요구하는 것이 무엇이냐가 관건이다. 한국적 뮤지컬인 '연희극'의 대표작은 한국예술종합학교 연희과에서 여러 작품을 발표했지만, 그 중 2012년 작품, 창작연희극 "이런 친구! 허생"을 모델로 꼽을 수 있고, 대안방법이다. 이제 2015년도에는 지저스 - 슈퍼스타를 한국식으로 각색, 편곡하여 동, 서양의 만남의 작품을 올리려고 한다.

12. 치유의 한국뮤지컬

요즘은 병원에 울려 퍼지는 '치유의 뮤지컬'의 타이틀을 가지고 환자들을 위해 공연하고 있는 시대가 왔다. 예전에는 상상도 못했지만 뜻이 있는 관계자들이 이런 기획을 했다는 것은 높이 평가하고 싶다. "신나게 춤 춰봐. 인생은 멋진 거야. 기억해 넌 정말 최고의 댄싱 퀸" 서울 연세대 세브란스병원 대강당에서 공연한 기사내용이다. 30여 개의 링거 거치대가 삐죽삐죽 솟은 관객석 곳곳에서 환호성이 터졌다. 뮤지컬 '맘마미아' '시카고' 유명뮤지컬의 곡들을 종합한 콘서트인 공연은 '뮤지컬 음치' 이름으로 이태원, 김호영 씨가 재능기부형식 무보수로 출연했다고 한다. 김희철 가정의학과 교수는 "투병생활하면 마음이 약해지기 마련인데 조금이라도 힘이 될까 싶어 1주일 전부터 하루에 서너 시간씩 연습했다"고 한다. 환자들은 평소 좋아하던 뮤지컬을 병원에서 보리라곤 생각하지 못했다. 슈팅스타(행복이란?)의 합창을 하면서 "고통은 얼마 남지 않았지. 이제 기쁠 거야" 환자들은 한결 편안해진 모습으로 병실로 돌아갔다.[41] 요즘 극장에서 S석(special), R석, VIP석, VVIP. P석(president) 좌석을 남발하고 있다. 이는 후원하는 협찬처(기업・신문・방송 등)의 초대권을 보내기 때문에 특별 우대한다고 형식적으로 제공되는 것보다 위와 같이 사원들을 위해 회사에 직접 방문하여 공연해주는 것이 오히려 효과가 좋다.

필자는 뮤지컬기획자로서 어려운 시절에 예그린악단에서 부터 국립극장을 거쳐 세종문화회관 뮤지컬단(가무단)기획담당자로서 '양반전', '이춘풍전', '고향의 민들레', '지붕위의 바위올린'

는 수동적인 반응에 불과하다. 결국, 외부자극이 없어도 알아서 변하려 하는 자각에서 열정이 탄생한다. 승진, 탈락 가장 큰 이유는 주어진 일 이상 안하는 것, 열심히 일하는데 몰라주면 위・아래 소통의 문제, 부하에 가혹한 사이코들 승승장구하는 시대는 끝났다.

41) 곽래건 기자. 2011.10.7. 기사인용.

등, 학교로 와서는 한국적 뮤지컬(연희극)을 정착시키기 위해 논문을 쓰고 창작뮤지컬과 서양 뮤지컬을 활성화하여 대중화시키려고 노력하고 있다.

한국뮤지컬협회를 창립(1991.11.4. 문예진흥원 강당)하는데 주도적인 역할로 출발하게 했다. 아울러 어린이 뮤지컬을 MBC와 합작으로 '인어공주' '미녀와 야수' '이상한나라 엘리스' '머털도사' 등을 통해 뮤지컬이 활성화, 대중화, 상품화되는데 노력하였다. 그럴 때쯤 필자가 한국예술종합학교로 옮겨오면서 뮤지컬계는 수입뮤지컬(라이센스)만 선호하고 창작(創作)은 죽어가고 있다는 것을 실감했다. 따라서 몇몇 극단(劇團)에서는 연극보다 뮤지컬이 수입(收入)이 되니까, 극단 명칭을 '뮤지컬컴퍼니'란 타이틀로 변경, 교체하면서 국적불명의 뮤지컬과 라이선스뮤지컬[42]이 1998년도부터 저작권료를 지불하면서 긍정적으로 수입되었고, 한국에서의 뮤지컬이 대중화된 것처럼 홍보하며 소개되고 있다. 그러나 뮤지컬의 종류는 영국뮤지컬(오페라방식), 미국브로드웨이뮤지컬(歌舞樂劇), 북한뮤지컬(歌劇), 한국뮤지컬(연희극) 등이 있는데, 우리는 선조들로부터 이미 오래전부터 우리 가무악극(歌舞樂劇)의 뮤지컬 요소가 근본적으로 성립이 되어 있었다.

이런 상황에 뮤지컬 '서편제'가 세종문화회관에서 열린 제5회 더뮤지컬어워즈에서 최우수 창작뮤지컬상을 비롯해 여우주연상(차지연), 여우신인상(이자람), 연출상(이지나), 극본상(조광화) 등 5개 부분을 수상했다. 하지만 제작자였던 조왕연 대표는 엄청난 적자와 정신적 상실감 끝에 지난달 스스로 목숨을 끊어 이 자리에 나오지 못했다. 극본상을 수상한 조광화는 마이크 앞에서 '뒤늦게 평가받아 더 큰 상처'라고 하면서 '한국뮤지컬 유감'이라는 제목의 원고를 읽어 내려갔다. "축제이어야 하는데 제 마음은 무겁습니다. 판소리를 뮤지컬로 만든다는 이유만으로도 평가절하당하는 서러움을 겪었습니다. 저희 창작 스태프들은 누군가 해야 할 일이기에 독립 운동하는 심정으로 만들었습니다. 온갖 평가절하에 시달렸는데 이제 11개 부분 후보라고 합니다. 지금 뮤지컬 판은 오로지 각자의 생존밖에 없습니다. 그 전략은 결국 대한민국 창작 스태프들을 죽여 갈 것입니다." 구조적인 문제는 "이제 외국 인력까지 들어와 뮤지컬을 만든다. 우리 사람을 키우지 않는다. 씨앗을 뿌리지 않고 거두려고만 한다. 스타캐스팅, 검증된 작품 등 손쉬운 쪽으로만 흐르고 있다. 반면에 창작 스태프(작가 · 작곡가 · 연출가 · 안무가

42) 외국에서 로열티를 주고 사오는 공연(VIP석 13만원, 10만원 거의 고정된 값이다). 임방글 변호사 질문을 유석재 공연담당 기자 답변이다(조선일보 2014.6). Q: 유럽배경의 무대뮤지컬을 보고/ 뮤지컬 티켓가격이 어떻게 책정되는지 궁금, 배우들의 개런티가 가장 많은 비중을 처지하나요? 배우마다 개런티가 다를 텐데 왜 티켓 가격은 비슷한가요? A: 상당가격 비중차지, 작품규모 따라 다름, 제작비 많은 소요, 대형뮤지컬은 가장 비싼 가격은 10만원이 넘고, 반면 대학로 소극장 경우 절반수준, 뮤지컬전용관 부족으로 장기간 공연하기 어려운 상황, 10년 전부터 뮤지컬 명품 이미지 때문에 대형 뮤지컬 가격이 내려오지 않는 것도 있습니다. (라이센스뮤지컬의 문제점 때문에 한국적뮤지컬이 발전하지 못한다?)

등)는 1,000-2,000만원 받으면서 더 많은 일을 요구받고 있다. 10년 전보다 열악해졌는데 공연 올리고 나면 허망하다." "이 분야에 순진한 꿈만 갖고 뛰어드는 창작자들에게도 '각오해야 한다.'고 말하고 싶다."[43)]

다음은 "뮤지컬 배우들은 왜 '노동조합가'를 부르나" 스타급 몇 명 빼곤 낮엔 주유소, 편의점, 알바, 밤엔 대리운전, "생계대책 세우자" 한목소리-- 공연계 첫 배우 노조 초읽기 - 라는 제목으로 기사를 다음과 같이 인용한다.

뮤지컬 배우 7년차 배우이다. 회당 출연료가 5-7만원이다. 동료 대부분이 연습기간은 수입이 없다. '흥행이 안 됐다'는 이유로 출연료를 늦게 받거나 아예 못 받는 경험을 갖고 있다. "낮에 주요소나 편의점 아르바이트를 하거나 서빙을 한다. 밤에 대리 운전하는 배우도 있다. 한해 100여 편의 뮤지컬이 공연되고 출연료는 1·2·3차로 나눠받는데 1차만 받고 끝나는 경우도 많다. 하지만 배우들의 처우는 쥐꼬리다. 국내공연계에서는 뮤지컬이 차지하는 비중은 매출 기준 50-60%(매출액 연간 2,500억 원), 특히 20-30대 여성들을 중심으로 뮤지컬 팬 층이 두텁게 쌓이면서 스포트라이트를 받고 있다. 그러나 그 그늘의 그림자는 길다. 무명배우들은 스타의 꿈을 꾸면서 하루하루 겨우 견디는 것이다. 이계창(41) 중견배우는 "배우들의 복지와 권익 보호가 시급하다는 공감대가 형성되었다"면서 "한국뮤지컬협회(이사장 송승환) 안에 배우분과를 만들고 8월 22일 충무아트홀에서 첫 총회를 연다."고 밝혔다. 국내공연계에서 처음으로 사실상 '배우노조'가 출범하는 것이다. 국내뮤지컬 배우에 대한 정확한 통계는 없다. 수천 명으로 추산할 뿐이다. 제작자와 배우는 철저한 '갑을(甲乙)관계' "계약서를 지키지 않는 관행이 만연해도 배우는 공개적으로 문제 삼기 어렵다. 하소연 할 곳도 없다."고 했다.

최근 배우분과에서 20-40대 남녀배우 32명을 대상으로 한 설문조사 결과는 참담하다. 공연 외에 편의점, 주유소, 옷가게에서 아르바이트도 하지만 평균 수입은 1,500만원이 안됐다. 연간 출연작은 평균 3편, 겪은 불이익으로는 임금체불, 저임금 순이 많았다. 한국뮤지컬협회는 전국 공연장에 협조공문을 발송, "제작사를 선별해 함량 미달일 경우는 대관해주지 말아 달라"고 요청했다. 원종원 순천향대 교수는 "제작사들 사이에서도 '이런 거품으로 간다면 다 망한다.'는 위기감이 작동했다"고 말했다. 이계창은 "목소리를 모아 출연료 상하 가이드라인을 제시할 것"이라고 말했다. 현재 개런티는 회당 1,000만 원 이상부터 최저 3백만 원까지 다양하다. 앙상블로 출발한 여배우는 "일단은 제작사와 배우가 상부상조하는 형태의 현실적인 시작" 이라고 말했다. 잘못된 제작 관행을 이어가는 제작사에 대해서는 협회차원에서 블랙리스트를 만들고 대관 등에 제재를 가하는 방안도 검토 중이다.

---

43) 박돈규 기자. 조선일보 기사내용 일부. 2011.6.9, 2011.7.27.

위의 기사들을 접했을 때, 필자는 뮤지컬 기획자로서 예전부터 늘 그러했지만, 지금의 공연 현실도 이러하니 가슴이 아플 뿐이다. 필자가 당시 힘들고 어려울 때 뮤지컬 기획자로서 늘 했던 말이지만, 인적 자원도 없는데다가 기획・제작・홍보비 예산도 없었다. 그러나 관공서는 예산의 한계가 있으나 공연을 명분 있게 해야 하기 때문에, 홍보의 일환으로 관객동원을 위해 서울시내 각 구청에 공문을 보내어 육교현판을 확보해놓고 협찬처를 부쳐 공연홍보를 처음으로 의뢰하여 시작되었다.[44]

*** 얼마 전**(2011.8.25)**에는 '히어로' 뮤지컬본고장 美 무대 2번째 도전**(연출가 윤호진) **전회 매진돼도 11억원 손해 ... 그러면 어때? 안중근이 뉴욕 가는데**[45] **기사일부인용이다.**

"죽기 아니면 까무러치기다. 한 번 했는데 두 번이라고 못할까. 실패? 혹평? 빚? 그런 건 생각지도 않았다. 〈안중근의사〉가 가는데 그것도 미국에 진출하는데." 그는 '지는 걸 알고 시작하는 싸움'을 시작했다. 윤호진이 말했다. "뉴욕공연에 250만 달러(약 27억 원)가 든다. 전회 좌석이 매진돼도 100만 달러(11억 원) 손해 본다." 윤호진은 '히어로' 국내 초연에서 흑자 난 7억원을 종자돈 삼아 뉴욕에 왔다. "밤에는 뉴욕 시차에 맞춰 새벽 5시까지 배우들과 연습하고, 낮에는 돈 꾸러 다녔다. 독립 운동하는 것처럼" 국내에서 열심히 돈 벌어 해외에서 나가 고스란히 까먹는 식이다.

14년 전 뮤지컬 '명성황후'가 링컨센터에서 초연됐을 때 관객들은 2주 동안 매일 200-300명씩 줄 서서 기다렸을 만큼 매진 사례를 이뤘다. 하지만 제작비 200만 달러(당시 환율로 16억 원) 중 절반이 빚으로 남았다. 그래서 그는 "애당초 집을 가져본 적이 없다. 있었으면 죄다 담보로 잡혔을 테니까" 하며 껄껄 웃었다. 다행히 '명성황후'는 뉴욕 공연 이후 16년째 영국과 캐나다 등을 돌며 공연을 계속하고 있다. 굳이 주머니 비워가며 해외에 나가는 이유를 물었다. 그는 대뜸 "구석에서 백날 뚜닥거려 봐라. 누가 알아주나"라고 쏘아붙였다. "잘났으면 잘났다고 내세우고, 못났으면 어디 좀 배워보자고 부닥쳐야지. 브로드웨이에도 도전해서 게네가 따라 할 수 없는 걸 만들어야 한다. '히어로'에 등장하는 12m길이 기차 세트를 봐라. 무대 위 2.7m 높이로 만주 벌판을 달리고 뮤지컬 역사가 100년이 넘는데, 실제 크기 기차가 나와서 공중에 뜨는 작품은 내가 아는 한 없다" 윤대표는 지금 가장 큰 소망은 "히어로를 토니상 언저리에 붙이는 것"이다. "오늘 개막공연에 현지극장 프로듀서와 극장장들이 많이 왔다. 한국 뮤지컬이 놀랄 만한 수준임을 봤을 거다. 그들과 손잡고 '히어로'를 영어 버전으로 만들어 뉴

44) 최창주, 한국연희극과 마케팅, 연극과인간, 기획, 제작부분 참고.

45) 뉴욕 김경은 기자. 조선일보 2011.8.25. 기사 중에서.

욕에 다시 오는 게 목표다." 단단한 표정의 몽상가, 혁명가가 오랜만에 흥분했다.

이상은 뉴욕에서 김경은 기자의 인터뷰기사이다. 또한 윤대표의 '영웅'을 통해 '티켓혁명'은 15만원 하던 티켓 값을 1층과 2층을 5만원, 3층은 3만원으로 정착시켜나가겠다고 한다. 1995년 명성황후 5만원, 2002년 명성황후 10만원, 2006년도 12만원, 2007년 대장금 15만원, 2012년 광화문연가 13만원이었다(한남동 블루스퀘어 극장). 영웅은 2012년 5월 문화체육관광부가 지원하는 '창작뮤지컬 지원 사업'에 선정돼 지원금 5억 원을 받게 됐다.

필자 최창주 교수가 한국뮤지컬을 해외에 알리는 작업은 1987년도 88올림픽 홍보를 위해 뮤지컬의 본고장인 미국에 100명의 인원으로 뮤지컬 '양반전'을 가지고 시립가무단(現 뮤지컬단)이 해외공연을 하였다. 필자는 당시 총무(總務)와 인원부족으로 출연을 겸했다. 우리식의 한국뮤지컬을 처음으로 미국 땅에 선보이려고 한국의 전통문화인 풍물(정인삼)·탈춤(최창주)·굿 등을 통해 가무악극(歌舞樂劇)의 스토리텔링으로 그야말로 한국판 뮤지컬을 힘들게 소개되었다. 힘든 여정이었지만, 교민은 물론 외국인의 관객들이 기립박수를 보으며 환호했다. 귀국하는 길에 일본에서도 공연하였다. 그러나 반주의 오케스트라를 예산문제로 하여금 MR로 공연하는 흠이 있어 미국전문가들에게 비판을 받았다. 초창기의 해외뮤지컬공연이 처음으로 성립될 때까지의 예산부족으로 사전답사팀의 운영미숙으로 고초를 당했다. 또한 기획, 제작과정도 말할 수 없이 힘들었다. 그러나 필자는 실무자로서 힘든 여정을 해외현장에서 지혜롭게 운영하였고 해외공연을 진행하여 선구자역할을 뮤지컬의 본고장, 미국에서 성황리에 공연을 해냈다.

미국은 지금도 해외에 뮤지컬작품을 수출하는 나라이다. 며칠 전 방송을 보니 뮤지컬 '스파이더맨'의 제작비가 7백70억불이나 된다고 했다. 아직 한국에는 수입을 못했지만, 우리는 이런 뮤지컬 라이선스 작품을 수입하여 국민들의 문화충족(文化充足)을 얼마나 하고 있는지? 또 얼마 전(前) 신문(2011.5.10. 조선일보)에 보니 한국에서도 '지킬 앤 하이드'는 100억 원 이상의 수익도 가능하다는 관측이다. 마지막공연(2011년 3월 30일)에는 발매 3분도 안 돼 매진됐고, 공연 몇 시간 전까지도 인터넷에서는 "마지막공연 티켓(웃돈주고라도)무조건 삽니다." 라는 아우성이 출렁였다고 한다. 대부분 여성관객이라고 한다. 아울러 댄싱섀도우(산불) 제작비로 45억 원을 투입, 25억 원을 손해 보았다고 한다.[46]

필자 역시도 뮤지컬기획자 출신이지만 뮤지컬 창작(創作)은 힘들고 어렵다. 지금은 학교에서 한국적 뮤지컬(연희극)을 기획, 제작하여 협찬처만 있으면 해외 및 중앙극장에 올려 공연

46) 충무아트 홀(2014)의 창작뮤지컬 프랑케슈타인은 45억 원을 들여 55억 원을 벌어 10억을 벌었다고 한다.

할 수 있는 작품을 제작해놓았다. 그리고 언젠가 창작 연희극(뮤지컬) 제작한 한국적 작품을 라이선스뮤지컬로 외국에 수출하고 싶다. 그러나 우리의 전통문화(傳統文化)를 홀대당하고 천시하는 현실문화가 더 큰일이다. 특히 창작은 여건 및 문제점이 많아 엄두를 못 내고 뮤지컬 기획・제작자들이 울며 겨자 먹기 식으로 라이선스 뮤지컬을 수입한다. 그러다보니 해외 뮤지컬 저작권료, 인센티브, 문화와 경제 등, 수입과 지출이 맞아 떨어질 수가 없다. 우리의 문화를 수출한다는 것은 대단한 용기와 자긍심이 없으면 할 수 없는 행위이다. 그러나 어떤 단체는 어려운 여건인데도 불구하고 한국판 뮤지컬과 서양의 뮤지컬을 제작하여 본고장에 수출하고 있지만 근본적인 메시지가 있어야 성공할 수 있다. 문화는 정책이자 돈이다. 이제 부강한 나라를 만들기 위해서는 우리 것을 기획, 제작하여 수출함으로써 수출과 수입이 맞아야 한다.

지금 한국에서는 "영화계의 스크린 쿼터(Scren Quota)처럼 창작 뮤지컬에 '스테이지 쿼터'를 만들어야 한다." 한국영화가 지난해 누적 관객 1억 명을 넘어선 것은 스크린쿼터로 부흥기를 맞을 수 있다고 했다. 한국영화의무 상영 비율로, 현재 연중 73일, '스테이지 쿼터'는 외국산 수입 뮤지컬(라이선스 뮤지컬)에 맞설 대형 창작뮤지컬(100석 이상 대극장에서 공연)을 일정 일수 이상 의무적으로 공연하게 하자는 유인택(서울시립뮤지컬단장)의 주장이다. 뮤지컬 시장 규모 3천억대로 컸지만 70%이상이 라이선스・국적불명의 뮤지컬로서 시장의 70% 이상을 차지하는 라이선스 작품의 로열티는 15-21%로 많게는 400억 원 이상이 해외 저작권자에게 지급됐다. 또한 창작 작품은 대관(3년간 대형공연장 뮤지컬 50편 중 창작 9편) 기회도 못 잡는다고 한다. 장기흥행이 가능한 대형 창작 뮤지컬이 '명성황후', '영웅', '서편제', '광화문연가' 등 손에 꼽을 정도라는 것도 문제다. 유단장은 "부족한 콘텐츠 확보는 극장이 제작에 나서면 해결 가능하다"고 주장했다.[47] 그 예가 충무아트 홀의 프랑케슈타인이다.

그러나 요즘에 와서 민간뮤지컬전용극장이 개관되면서 서양뮤지컬인 라이선스위주로 대관이 되고 있지만, 국공립극장과 두산아트센터 등 민간극장을 활용하면 된다. 지금 현재까지 우수한 단체 및 우수한 인력인 자원이 없고, 한국 것이란 콘텐츠개발을 하지 않으려고 한다. 더욱 한국적 뮤지컬 하는 프로단체와 작품 및 연희자가 없다. 필자는 사회(국립극장・세종회관)를 통해 학교로 와서 한국적 뮤지컬(연희극)을 개발했다. 이제 투자자와 극장만 있으면 작품은 준비해놓았다. '영원한 사랑 춘향이' '다시레기' '고추못말려' '이런 친구 허생' 등 창작 작품을 기획・제작하여 공연했다. 예산과 후원하는 지원센터만 나선다면 해외공연으로 외화벌이가 가능하다.

---

47) 조선일보, 신정정 기자, 2013.2.12.

얼마 前, 2011년 4월 25일(월) 조선일보기사에 의하면 30대 그룹에 속한 민간기업의 부채가 MB정부 들어 256조원 늘어난 것으로 나타났다. LH공사 적자(부채) 125조, 하루 이자만 100억원이 넘는다(2011.3.2. 조선일보) 등, 공기업을 제외한 민간기업 24개 그룹의 부채가 이 정부가 출범한 2008년 547조원에서 2011년 803조원(삼성58조 · 현대차31조 · 환화20조 · LG19조 · 롯데17조 · SK16조 · 포스코15조 · 현대중공업10조 · 동부10조 등)으로 256조원(46.8%) 늘어났다고 한다.

자금난에 잇단 취소, 연기 - 뮤지컬 산업 '빨간불' - 덩치만 커진 3,000억 뮤지컬 시장[48] 제목의 기사이다. "곪은 상처가 터진 격이다." 지난 국립극장(2014.7.29/해오름극장)에서 뮤지컬 '두 도시의 이야기' 의 갑작스런 공연취소 사태에 대한 업계와 관객의 반응이다. 6월부터 공연하여 44회째 공연할 예정이었으나 공연 1분전, 최○석 대표가 무대에 올라 관객에게 큰 절을 하며 관객에게 공연취소를 통보했다. "배우와 스태프에게 지급해야 할 급여가 일주일 정도 밀렸고, 그중 일부가 당일 공연을 거부했기 때문"이라는 얘기가 나온다. 수십 억대 제작비를 들여 대형 뮤지컬을 올리는 뮤지컬 시장이 비상시국이고, 제자사들은 우리가 죽을 수도 있다고 생각한다고 털어났을 정도다. 뮤지컬 "스위니" "키다리" "폭풍의 언덕" 취소, "탑햇" "도리안-" 연기되었고, "뮤즈" "나미야" 보류되었다. 올해 연기되거나 취소된 뮤지컬은 10편이 넘는다.

지난 10년 동안 국내뮤지컬 시장은 연간 1,000억대에서 3,000억 원대로 3배 이상 커졌고, 최근 5년 동안 뮤지컬 제작 편수는 해마다 평균 12%씩 늘어났다. 지난 한 해 동안 공연된 뮤지컬은 2,500편에 달했고 이 중 약 150편이 신작이다. "뉴욕과 런던에 이어 서울이 세계 3대 뮤지컬 도시"라는 말이 나올 정도다. - 제작사는 표(티켓) 구매자의 뮤지컬 관객 중 20-30대 여성관객이 90%가 여성이며 한 작품을 여러 차례 관람하는 '회전문관객'의 착시현상이다. 비싼 해외 뮤지컬을 수입하고 대형뮤지컬 VIP석 13-14만원이다. 자금난으로 인한 공연 취소, 연기사태가 잇따르는 등 뮤지컬업계가 위기에 빠진 것은 세월호 사태 때문만은 아니다, 수요는 제자리인데 공급만 포화상태인 시장 구조가 더 근본적인 이유다. 이제는 "정부지원이 필요하다"는 말까지 나온다. 하지만 업계 스스로가 "작품다양화" "가격다양화"를 통한 진정한 관객층 확대에 나서지 않으면 아무리 지원한들 한국뮤지컬은 업계 특징과 관계층만의 축제에 머무르고 말 것이다.[49]

요즘 창작뮤지컬보다는 해외 유명 작품을 수입하는 라이선스 뮤지컬을 선호한다. 그러나 해외 원작자 로열티 10% 부담과 배우 1회 출연료가 최고 수천만 원까지 올랐기 때문에 티켓

---

48) 20014.8.21. 조선일보 기사내용 요지(유석재 기자).

49) '그들'만의 뮤지컬 세상. 2014.8.14. 유재석 기자. 국내 대형 라이선스 뮤지컬 엘리자벳, 황태자 루돌프, 모차르트, 두 도시이야기, 삼총사, 드라큘라 등.

갑을 13-14만원을 내리지 못하고 있어 새로운 관객을 창출하지 못했고, '과도하게 커진 뮤지컬 시장이 구조조정을 통해 자리 잡는 과정'이고 세월호 참사와 함께 공연 소비 심리를 위축시켜 결정적인 타격을 입혔다. 그 와중에 뮤지컬 활성화에 한몫을 한곳은 충무아트 홀이다, 충무아트 홀(사장 이종덕) 뮤지컬 페스티벌이 올해로 제3회(2014년)째가 되었다. 창작뮤지컬 "프랑케슈타인" 작품을 제작비 45억을 들여 55억(10억 수입)을 벌었다고 소개했다. 필자는 조직위원으로서 조직위원회의에 참석하였다. "예그린앙코르"는 새로운 뮤지컬의 안정적인 시장진입을 돕고 창작뮤지컬 제작환경 개선 및 시장 활성화에 기여하고자 마련된 상으로 폐막(閉幕)갈라쇼에서 〈난쟁이들〉이 최우수 작품상을 받았다. 수상을 한 단체의 대표자 수상소감대신 시간관계상의 이유로 국회의원(설, 박)만 객석에서 무대로 불러내어 인사말을 하게하는 정치력을 발휘하는 순발력(?)이 있었다.

한편 북한에서 귀순한 신영희 배우를 정착시키려고 공연을 했다. 1996년 창작뮤지컬 "시집가는 날" 갑분이 배역(이쁜이 박상아, 필자는 맹노인 배역)을 맡아 공연하였다. 그런 일환으로 정성산감독(요덕스토리)의 뮤지컬 "평양마리아"를 탈북녀인 정리화(본명 김영숙) 씨가 탈북여성들의 작품을 써달라고 8백만 원(중국돈 5만 위안)을 보내어 공연(2014.4.15. 김일성 생일)을 올렸는데 세월호 때문에 좌초되었고, 이제 9월 30일까지 대학로 유니플렉스 3관에서 공연하였다.

이런데도 불구하고 한국인이 해마다 골프, 신혼여행, 유학생, 출장, 선교활동, 졸업여행 등으로 해외여행을 하면서 외화낭비는 얼마나 하고 있는가? 심지어 수입뮤지컬까지도 하고 있다. 따라서 일반인들이 외화낭비를 하면, 기업에서 자동차, 전자제품 등을 수출하여 웬만큼 벌어들이겠지 하는 예술가의 생각과 논리였다. 그러나 위의 기사를 보고 쇼크를 먹었다. 동남아 등 해외여행을 하다보면 한국 사람들이 가는 곳마다 남대문, 동대문시장처럼 식당, 쇼핑장, 관광지에 우글거린다. 그 중 필자도 한사람이지만 그래도 필자는 현지에서 강의료, 출연료를 받아 지출하고 돌아다니니 천만 다행스러운 일이지만, 걱정이 되는 이유는 무엇일까? 예전에는 강대국이 총, 칼로 나라를 빼앗아 소유했지만, 지금은 국가 빚으로 강대국이 우리에게 방(나라)을 빼라고 한다. 정부에서는 수입과 지출의 대차대조표로 통계가 서로 평균을 유지하지 않으면 앞으로 어떻게 하겠다는 건지 궁금하고 걱정이 된다. 이제 우리도 한국판뮤지컬(연희극)을 제작하여 해외수출과 관광개발로 관광수입을 제대로 올릴 때가 온 것이다. 그런데 해외뮤지컬까지 수입하여 빚을 지고 있으니 한국의 앞날이 걱정이 될 뿐이다. 그러나 전통문화는 국가에서 정책적으로 보호해 주어야만 하고 관광(觀光)과 연결되어 돈으로 연결시켜야 한다. 이것만 잘 개발되면 희망과 비전이 있는 나라이다.

13. 풍물치유(삼도풍물(風物 · 農樂))[50]

농악(農樂)이란 우리민족의 대표적인 전통예능이다. '풍장' '풍물굿' '걷궁' '금고' '군물' '상두' '매구' 등 이름으로 불리어져야 하는데, 일제강점기 때 어용학자들에 의해 사용되어 지금까지 내려오고 있다. 심지어 무형문화재 지정과정에서 '농악'이라는 명칭을 사용하고 있어 일반화 되고 있기 때문에 치료되어야 한다. 이것은 1936년 조선총독부에서 '부락제'에서 '농악'이라는 명칭이 처음으로 공식적으로 등장하면서 일본의 능악(能樂)의 발음인 '노가꾸'를 본떠서 만들어진 표현이라는 견해도 있다. 일제는 민족문화 말살정책의 일환으로 '풍물'이라는 고유 명칭을 '농악'으로 원각사, 협률사에서 행사를 할 때 허가받아 대체하도록 강제했던 것으로 보인다.

풍물놀이의 유래[51]는 제천의식인 농사안택축원설(農事安宅祝願設), 군악설(軍樂設), 불교관계설(佛敎關係設)이 있다. 농사안택축원설은 당산굿(堂山), 매귀굿(埋鬼), 샘굿 등과 같은 종교적 행사와 마을의 수호신을 모시는 무의(巫儀)로 신을 맞이하는 것에서 유래되었으며, 군악설은 진(陣)풀이, 영기(令旗), 전립에서 농군(民)들에게 전시(戰時)를 대비하여 전투적 진법을 터득하는 군사훈련에서 유래되었다는 것이다. 불교 관계설은 고깔, 삼색띠, 나비춤 등의 사물(法鼓, 雲版, 木魚, 梵鐘)관계로 불교적 색채가 농후하게 나타난다는 논리이다. 이외에 조선조의 불교탄압으로 사물(쇠, 징, 북, 장고, 자바라, 저 포함)을 이용하여 시작되어 걸립의 연행이 풍물놀이로 이어진 것은 걸립(乞粒)설이라고도 한다. 중요무형문화제 제11-1(가)호는 진주농악(1966)이의제기하여 진주 삼천포 농악(1991)으로 지정됨, 12차 중의 1차 오방진 풀이, 2차 얼림굿, 3차 법구놀이, 4차 길군악, 5차 영산다드래기, 6차 먹벅구, 7차 등맞이굿, 8차 앉은 벅구놀이, 9차 호호굿놀이(점호굿), 10차 개인놀이, 11차 별굿놀이(상쇠 사설), 12차 허튼굿(헤이라 헤이라 각기사방 헤이라)상쇠가 외치며 신호에 맞춰 원진으로 돌아가 판굿을 마친다. 2(나)호 평택농악(1985.12.1. 지정), 3(다)호 이리농악(1985.12.1. 지정: 호남우도 농악), 4(다)호 강릉농악(1985.12.1. 지정: 영동농악의 대표적), 5(마)호 임실 필봉농악(1988.8.1. 지정: 호남좌도농악), 6(바)호 구례잔수농악(2010.10.21) 후학들은 원형을 지켜 가야할 것과 바뀌가야 할 것, 앞서가야 할 것을 고민하고 있다.

다음은 2004년 한예종 연희과 삼도풍물은 학과발표회를 통해 정리(박혜영)한 것을 보충하여 삽입하였다. 이것을 계기로 한예종 연희과는 2005년 부여 세계겨루기 한마당에서 삼도풍물굿을 재현하여 대통령상을 수상하였다(2010년 재연). 전통굿의 다양한 시각과 다양한 표현

---

50) 최창주, 한국연희극과 마케팅, 2007.9, 도서출판 월인.

51) 정병호, 농악, 열화당, 1986.

양식에 의하여 서로 다른 듯 하면서도 비슷한 굿을 치고 있는 사람이 하루가 다르게 늘어나고 있다. 이러한 상황 속에서 경기도, 경상도, 전라도 각 삼도의 전통적 풍물굿의 특성을 바탕으로 한 삼도풍물굿을 선보이게 되었다. '같고도 다른', 그리고 '다르면서도 같은' 면면을 아울러 이해할 수 있는, 보다 발전적이고 새로운 풍물굿을 열고자 함이다. 풍물굿 놀이가 우리의 삶과 일상 속에서 자리 잡도록 하기 위해 올바르게 이해하고 창조적으로 계승코자하는 노력의 일환으로 현대의 생활양식과 감각에 맞도록 재구성한 것이라 할 수 있다.

한국 전통 풍물굿의 기원에 관하여는 풍농안택기원설, 군악설, 불교 관계설 등 크게 세 가지 풀이를 들 수 있으나 풍물굿은 집단적인 신명을 통한 풍농과 마을의 안녕을 기원하는 농경사회의 주술 및 놀이 양식이다. 비나리, 지신밟기, 품앗이와 모심기, 농사일을 모방한 형태의 놀이 등이 그 예이다. 또한 소고를 법고(버꾸)라고 한다든지, 고깔을 쓰고 연희를 한다든지, 조리중의 잡색놀이 등에서 불교적 색채를 엿볼 수 있다. 과거 나라를 지켜내던 군인들은 농민들이었으며, 풍물굿은 이들을 훈련시키는 모의 전쟁놀이(陣法)로서 군악의 성격을 가진다. 풍물패의 복색나 지휘체계 등에서 군사적 특징을 쉽게 찾을 수 있다. 풍물굿이 흐트러짐 없는 구성진 짜임과 힘을 가지는 것도 이러한 영향에 의한 것으로 본다. 풍물의 변천 과정에서 한 마을 또는 여러 마을을 집집마다 돌면서 일 년 내내 별 탈 없고 복이 들기를 빌어주며 곡식이나 돈을 거두어들이는 걸립 형태를 가지기도 한다. 걸립(걸궁)은 마을 단위의 공동 자금을 모으는 방법이기도 하고, 전문예인의 뛰어난 기량과 재주를 보이며 살아가는 생계의 2중 수단이기도 했다.

이러한 고찰에 앞서 중요한 것은 현재 남아있는 풍물굿의 본질을 이해하는 과정에서 그 흐름과 성격을 알아냄이 우선되어야 한다는 것이다. 그러나 웃다리(은어)가 있으면 중간다리, 아랫다리가 있어야하나 우도, 좌도로 구성되어 있는 것도 연구해볼 만한 과제이다(북한지역, 경기도지역, 경북, 호남지역 명칭사용 연구).

웃다리 풍물굿은 전문연희집단인 남사당패의 영향으로 걸립굿 형태의 특징들을 보여준다. 삼도 풍물굿에서는 칠채를 비롯한 경기지역의 특징적인 가락 및 당산벌림 형태의 진풀이, 채상놀음 중 돌림벅구를 비롯하여 무동놀이와 버나, 살판 등이 연행된다. 호남우도 풍물굿의 특징적인 오채질굿과 오방진 등도 선보인다. 전라도 서부 지역은 기름지고 드넓은 평야가 있어 옛부터 농산물이 풍부하고 식량이 넉넉하여 농경문화가 발달하였다. 풍류굿과 삼채굿에서 악절마다 맺고 푸는 가락의 구성진 맛과, 풍성함은 호남우도 풍물굿이 가지는 멋스러움이다. 장구잽이가 놀이판 한 가운데서 여러 가락과 춤 솜씨를 보여주는 놀이로서 상쇠와 수장고가 마주서서 쇳가락을 주고받는 대무가락이다. 가락의 연주력, 춤의 연기력, 놀이의 진행 장단력, 버슴세(악기와 몸의 일체가 앙상블)가 일품이다. 정읍을 기점으로 50년대 이후 전문연희집단인 여성농악단의 뛰어난 기량은 남사당패와 더불어 농악의 역사와 변천과정에 있어 주목되는 특징이다. 삼도풍물굿에서는 다채로운 장구[52]가락과 춤사위, 화려한 아랫 놀음과 발림, 부포놀음 등으로 그 묘미를 더한다. 또한, 경북농악은 맛을 한껏 살려내어 군악설의 바탕이 되는 풍물굿의 특징적인 면을 뚜렷히 보여준다. 빠르고 힘차고 박진감 넘치는 특유의 가락 속에 정저굿, 기러기굿, 대북놀이, 접진, 허허굿 등 경상북도 지역의 진풀이(陣法)와 경상도 특유의 남성적인 멋을 풍긴다.

지역별 악기의 짜임이나 복색에 있어서도 비슷한 듯 하면서 다소 차이가 난다. 풍물굿의 복색은 크게 군졸형(상모)과 승려형(고깔)의 형태로 나타나는데, 부들, 채상, 뻣상모 등 전립의 종류도 다양하며, 고깔의 종류, 꽃의 크기나 색깔도 다르다. 삼도 풍물굿에서는 각각의 치배들이 각 지역의 특색있는 복색의 개성을 살리되, 전체적으로는 균형있는 통일감을 이룰 수 있도록 하였다. 양반, 각시, 중, 대포수 등 잡색의 풍자와 해학이 가득한 놀음 또한 삼도 풍물굿에서 보는 이와 연희자를 어르고, 이어주는 중요한 역할을 한다.

진풀이(陣法)는 옛날 전쟁 때 농사꾼으로 이루어진 군대를 훈련시키는데 쓰였던 것으로, 진을 치는 법(대형을 짜는 법)에서 생긴 것으로 알려져 있다. 나발이나 징, 북 따위로 신호를 하고 상쇠의 지휘 아래 흐트러짐 없게 진을 쌓으면서 싸움에 임했다. 진(陣)이란 곧 싸움의 형태였던 것이다. 이러한 진풀이는 시대가 흐르면서 놀이화되어 오늘날의 판굿에서 보는 다양한 진의 모습을 가지게 되었다. 진풀이는 함께 어울려 집단적 신명을 불러일으키거나 집단적 행동력과 단결력을 기르는 것이며 이끄는 사람에게 지도하는 리더솜씨를 기르게 한다는 뜻도 있다. 삼도 풍물굿은 각 지역 풍물굿의 진풀이를 바탕으로 하였다. 그래서 필자는 이러한 성격과 특징의 예로 수렵전략설을 주장한바 있다. 즉, 경북농악의 진(陣)풀이는 곧 전쟁이다.[53] 전쟁 중에 고지를 점령하다가 실패를 했을 때, 손바닥을 치며 레크리에이션을 한다.

삼도 풍물굿은 '한국적 종합 예술이란 무엇인가'에 대한 땀내 나는 고민과 노력의 결실로 장단구성과 진풀이, 춤사위와 발림, 소리굿, 기예와 놀이를 통한 신명을 선사한다. 각각의 지역적 특성을 살린 하나의 굿판은 각 지역 특유의 맛과 호흡을 더욱 두드러지게 보여주며 경기도, 전라도, 경상도 지역 풍물굿의 종합적인 것으로써 우리농민들은 신명나게 한판을 벌이

---

52) 장고(杖鼓), 양면고(兩面鼓), 세요고(細腰鼓), 문헌은 1076년(고려문종 30) '장구업사(業事)'의 기록이 있으며 고구려 고분벽화와 신라의 범종(梵鐘)에 새겨진 그림에서 흔적을 볼 수 있다.

53) 민속놀이 연날리기 전투에 사용: 우리 세시풍속 책인 동국세시기(東國歲時記)를 보면 1937년 고려 공민왕 때, 중국에서는 몽골족(族)이 세운 원나라가 멸망하고, 한족(중국본토에 살아온 중국 중심이 되는 종족으로 90% 이상 차지함)이 명나라를 세웠다(1403년 조선이름 지어줌). 이때 중국에서 세력을 과시했던 명나라는 고려에 좋은 말(馬)을 제주에서 보내달라고 조공(朝貢: 속국이 종주국에 때맞추어 예물을 바치던 일)을 요구할 때, 고려 최영장군이 탐라(제주)를 정벌할 때, 연(鳶)을 전투에서 이용하였다. 학자들은 연에 불을 달아 올려 적진에 떨어지게 하여 적진을 교란시켰다는 설이 있다.

고 나면 잔병이 모두 치유된다고 했다.

그러나 근대에 들어서면서 5·18 광주사태로 인해 어찌됐건 '국풍 81'이 탄생되었고, 이를 계기로 '전통문화'가 무엇인지 국민들이 인식을 하게 되었다. 농악판제도 변이된 것 같다. 풍물에서 농악대로 명칭과 판째가 변화 되면서 나비상과 채상, 십자가 공격(+), 좌로 3보, 우로 3보 앞뒤로 전, 후진하는 제식 훈련하는 모습들, 이제야 옛 모습을 찾았는지, 또는 새롭게 개선하여 꾸미는 것인지? 사물놀이가 무대화 되면서 원형의 풍물(農樂)이 갈등을 겪고 있다. 양반이나 서민들이 외출을 할 때는 걷기 좋고 뛰기 좋고 흙이 묻을까봐 행전을 했는데, 이제는 매는 지역과 안 매는 지역도 구분이 못하게 되었다. 그러나 지금의 풍물(농악)은 행전친자가 아니 친자들이 산악(山岳)과 평야(平野)의 기원설과 지역적인 것을 전문가들마저 정립이 안 되어 제대로 주장하지 못하고 있는 현실이 되었다. 당시는 행전을 제작할 돈이 있었겠는가? 또는 귀찮아서, 잃어버리고 출연하여 나간 것이, 간소하게, 농사짓다가 들어왔는데 오늘날 원형이라고? 그러나 전쟁할 때 군화를 신듯이, 양반이든 서민이든 밖으로 나가 활동할 때는 다 행전을 쳤다. 각 지역별로 특징들이 있다. 우도는 상모초리가 길어야 하고 상모를 머리정수리에다 쓰는 반면, 경기도(웃다리)와 경북은 상모를 머리 뒤편에다 쓴다. 따라서 손과 뛸 때 발동작(스텝)이 하늘로 솟아 멋스럽게 해야 한다. 어찌되었던 제대로 공부한 우리학교(한국예술종합학교, 전통예술원) 출신들이 사회나아가 활동이 기대가 크게 작용할 것이다.

14. 집단적 정신충격 치유해야 할 우리민족[54)]

그것이 최근일이든 아주 오래전의 일이었든 정신적으로 아주 큰 충격을 받은 사람들이 정신의학적으로 보일 수 있는 증상이 세 가지 있다. 첫째, 큰 충격자체는 이미 지나갔음에도 마치 그 일이 지금도 계속 진행되고 있는 것처럼 지속적으로 불안해한다. 둘째, 사소한 자극에도 극도로 예민하게 놀라며 긴장한다. 셋째, 그런 불안과 긴장을 나름대로 해결해 보려고 특정한 것에 집착한다. 그런데 이런 특정은 큰 충격을 받은 개인에게만 나타나는 것이 아니다. 어떤 공동체나 민족이 큰 충격을 받은 경험을 하게 되면 그 구성원 전체가 이런 특징을 집단적으로 가지게 된다.

우리 민족은 수많은 외침과 일제 강점, 분단, 6·25전쟁, 냉전체제에서 남북한의 극한적 대립, 국가 건설과 정의 격렬한 사회적 갈등 등을 통하여 세계 어느 민족보다도 더 큰 충격적인

54) 조선일보, 2013.1.29. 전우택 교수(오피니언).

일들을 많이 겪었다. 그렇기 때문에 개인 입장에서는 평범한 삶을 살아 왔다고 생각하더라도 우리 민족은 거대한 충격을 받은 사람들의 정신적 특징을 이미 집단적으로 가지며 살아가고 있다. 이런 특징은 남한에서 살아온 사람들과 북한에서 살아온 사람들에게 모두 나타난다. 남한 사람들은 자본주의 체제하에서 불안과 긴장을 극복하려고 극단적으로 돈에 집착하였다. 그래서 세계 어느 나라에서도 볼 수 없게 열심히 일하였고 악착같이 돈을 벌어 '경제적 기적'을 만들었다. 그러나 한국인은 헝가리 정신으로 열심히 일하다가 웬만큼 배가 부르면 일을 하지 않는다는 일본인의 보고서가 있다. 하지만 돈을 벌어 잘 살게 되자 이제는 자살률·이혼율이 세계에서 제일 높게 나와 있다. 그 후유증으로 돈은 있어도 건강한 정신문화를 회복하지 못하였음을 보여준다.

북한은 공산주의 체제에서 불안과 긴장을 극복하려고 극단적으로 권력과 이데올로기에 집착하였다. 그래서 수령(首領)에게 모든 권력을 집중하는 주체사상을 만드는 데까지 매달렸고 3대 세습이라는 '정치적 기적'을 만들었다. 굶어 죽는 인민을 먹여 살릴 수 있는 엄청난 돈을 단 한 번의 미사일 발사로 날리면서도 권력과 힘에 집착하는 것은 그들이 과거에 충격에 지금도 얼마나 사로잡혀 있는가를 보여준다.

그러면서 분단 58년이 되었다. 두 세대가 흘러 가버린 것이다. 이제는 남과 북의 상처 받은 사람들이 치유되어야 할 때이다. 그것이 통일의 준비이고 시작이다. 역사의 병적인 증상을 남과 북의 사람들이 지금처럼 강하게 가지고는 통일이 된다 할지라도 더 큰 갈등과 상처를 서로에게 줄 가능성이 크다. 그 치유의 과정은 먼저 남한에서 시작돼야 한다. 첫째, 사회제도적 차원의 치유가 필요하다. (생략) 작은 공동체적인 치유와 서로를 잘 알고 보살펴주며 의미와 행동을 나눌 수 있는 건강한 작은 공동체적 체험이 사람들의 정신을 회복시킬 수 있다. 우리는 이들을 통하여 서로를 이해하고 나눔으로써 마음의 분단을 극복하는 최초의 경험을 만들어 내고 있다. 남한에서 이런 치유들이 이루어지면 우리는 더 적극적으로 북한의 변화를 요청하고 통일을 만들어갈 수 있을 것이다.

이상, 정우택 교수의 글을 볼 때, 4월은 잔인한 달이라고 했다. 2013년 4월, 참으로 불안한 달이었다. 기독교인으로서 성경 시편 27편이 생각하게 한다. 북한에서 불바다를 만든다. 핵미사일을 쏜다. 곧 내려온다고 하는데 우리는 태연하다. 불감증인가? 아니다. 우리는 기독교 신자들이 많아 그런가보다 "여호와는 나의 빛이요 나의 구원이시니 내가 누구를 두려워 하리요. 여호와는 내생명의 능력이시니 내가 누구를 무서워 하리요. 악인들이 내 살을 먹으려고 내게로 왔으나 나의 대적들, 나의 원수들인 그들은 실족하여 넘어졌도다. 군대가 나를 대적하여 진칠 지라도 내 마음이 두렵지 아니하며 전쟁이 일어나 나를 치려할지라도 나는 여전히 태연하리로다."(시편 27:1-3)

우리민족은 놀며(Work and Play) 일하면서 운동(탈춤)하며 공부하는 흥의 민족이다. 온갖 어려움 속에서도 '경제적 기적'과 '민주화의 기적'을 이룬 우리 대한민국이다. 우리 민족의 반만년 길고 긴 역사에서 가장 한스런 역사가 남북분단의 역사이다. 1945년 일제의 쇠사슬에서 해방되어 온 겨레백성들이 기뻐 춤추던 때도 잠시, 느닷없이 남과 북으로 분단되어 겨레의 허리가 잘린 채로 이미 68년 세월이 흘러갔다. 분단으로 인하여 겨레 백성들이 흘린 피와 아픔을 무엇으로 보상 받을 수 있겠는가! 남과 북이 분단된 상태로는 남도 북도 크게 뻗어나갈 수 없음은 설명할 나위 없는 사실이다. 북한의 사정이 통째로 절단나 있음은 이미 세계가 아는 사실이다. 그러나 분단된 상태로는 남녘 역시 크게 뻗어 나갈 수 없음은 불문가지이다. 요즘 들어 세계경제가 흔들리게 되면서 한국경제 역시 흔들릴 수밖에 없게 되었다. 이런 처지에서 한국경제가 크게 도약하여 번영으로 향할 수 있는 유일한 길이 남과 북이 힘을 합하는 길이다. 북한은 남한경제가 뻗어 나갈 수 있는 유일한 활로(活路)이다.[55]

이제 분단과 분열이 만들어낸 정신적 상처와 충격을 극복하는 '치유적 기적'이 우리 민족의 새로운 꿈이 되었으면 좋겠다. 그래서 북한탈춤을 하는 필자 생각은 위의 글을 살펴볼 때, 예전에는 어울림의 공동체적인 문화로 살아왔지만, 이제 서양문물과 교육이 수입되면서 대결과 개인주의가 되어 있기 때문에 학교폭력, 왕따, 음주, 갈등, 자살 등이 세계1위가 되어 집단적인 치유가 필요하다고 사료된다.

15. 6·25와 맥아더를 통한 하나님의 섭리 〈칼럼〉[56]

1948년 정부수립 이후 좌우익의 대립과 미소양국의 냉전, 우리 사회의 경제적 정치적 불안요소 가운데 스탈린은 세계 공산화 정책의 일환으로 김일성 이를 지지하게 되었다. 게다가 중국이 전쟁을 지원하겠다는 약속을 하자 이에 고무된 김일성은 1950년 새벽 4시에 기습적으로 남침을 강행하였다. 당시 남북한의 군사력은 남한의 국군이 103,827명, 북괴군은 201,050명이었고, 우리는 전차(탱크)가 한 대도 없었으나 북한군은 242대, 우리의 화포는 1,051문, 북한군은 2,492문, 항공기가 우리는 22대, 북한군은 226대, 함정은 우리가 36척, 북한군은 110척이었다. 북한군은 거의 두 배 이상의 군사력을 보유하고 있었다. 특히 의정부-서울을 연결하는 측선에서 북한군은 국군의 7배에 달하는 전투력을 가지고 맹공격을 하였다. 불과 3일 만에 서

55) 김진홍 목사 칼럼 중에서.

56) 박해경 목사, 문형장로교회, <칼럼> 중에서(전쟁에서 안식일을 지키는 나라(者)가 승리했다=이스라엘 작은 나라가 이집트를 이겼다).

울이 피탈되고, 8월이 되기 전에 낙동강까지 밀고 내려왔다. 그대로 있다가는 한국이 완전 공산화되는 것은 시간 문제였다. 이때 유엔 안전보장이사회가 열렸는데 상임이사국 중 한 나라라도 반대하면 안 되는데 마침 소련이 불참하는 일이 벌어졌다. 그리하여 16개 나라에서 한국을 돕기 위해 참전하였는데 세계 역사상 한 나라를 도우려고 16개 나라가 참전한 것은 처음이라고 한다(미군만 1,789,000명 참전). 낙동강 전투에서 미 공군이 출격을 해야 하는 데 폭풍 치는 기후가 문제였다. 이 때 이승만 대통령은 전국의 목사님들을 모아서 철야기도회를 열었고, 기적적으로 다음날 새벽에 날씨가 좋아져서 비행기가 뜰 수 있었다.

9월 15일에 인천 상륙작전을 개시하는데 조수간만의차가 크고, 지리적으로 불가하다는 반대를 무릅쓰고, 맥아더는 작전을 강행하였다. 인천상륙작전의 성공과 낙동강 전투의 반격으로 전세를 역전한 국군과 유엔군은 서울을 탈환하고(9.28), 보름 만에 38선을 회복하였다. 한 달도 안 되어서 국군은 압록강 인근의 초산까지 진격하고, 맹호부대는 혜산진까지 돌격하였다. 그러나 25만 명의 중공군이 인해전술 공격으로 5차례에 걸쳐서 실시되었다. 결국 평양에서 서울로 다시 37도선까지 후퇴하였다. 그 후 38선을 기준으로 일진일퇴를 거듭히디기 1953년에 정전협정으로 분단국가 되고 말았다. 맥아더는 중국에 원자탄을 터뜨리고, 중공군을 몰아내고 북진통일까지 하자고 했으나 투르먼은 선거에 불리하다고 생각하여 그 제안을 거부하였다. 만약에 그 때 맥아더가 하자는 대로 했으면 한반도는 통일국가가 되었을 것이다. 이 전쟁으로 국군사상자가 621,479명, 유엔군 사상자가 154,878명(미군만 137,250명), 공산군사상자 1,646,000명, 포로 실종자 127,600명, 민간인 사상자 210만 여명, 납치 실종자 387,744명, 피난민 320만 명, 미망인 30만 명, 고아 10만 명이 발생했다. 그리고 통일되지 못한 것에도 하나님의 뜻이 계셔서 분단국가로 만들어서 남한의 경제를 부흥케 하시고, 긴 기간을 통해 남북한을 복음화하시고자 하는 것으로 보인다.

16. 거리에서 탈춤을 춘 원효 스님[57)]

어느 날 원효는 길거리에서 광대(優人)들이 큰 박을 가지고 춤을 추는 것을 보았다. 그 형

57) 서연호, 고려대학교 명예교수, 세종가이드 투고 원고. 관객과 공연(1)
공연과 관객은 하나이면서 둘이다. 상대가 없는 이 둘의 존재를 우리는 생각할 수 없기 때문이다. 누구나 구경(관람)을 하면 관객이 되고, 누구나 작품을 쓰면 작가가 될 수 있다. 작가는 발신자이고 관객은 수신자이다. 둘의 관계는 역할의 전도가 가능하기에 알파이자 오메가이다. 흔히 볼 수 있는 자료는 작품론이다. 어느 사회에서나 창작이 중시되는 까닭이다. 그러나 우리 주변에서 특히 관객론을 찾아보기는 어렵다. 이 연재를 통해 우리 공연의 역사에서 관객의 실체를 발견해 보려고 하는 것이 필자의 의도이다.

상은 괴기했다. 스님은 그 형상에 따라 도구를 만들어 무애라 하고 〈무애가〉라는 노래도 만들었다. '모든 것에 막힘이 없거나 거침이 없는 인생도 한 번 출생하면 죽는다.'라는 화엄경의 말씀에서 응용했던 명칭이다. 스님은 이 도구를 가지고 노래하고 춤을 추며 여러 마을 돌아다니며 노래의 참뜻을 펼쳤다. 스님의 노력으로, 저 오두막집의 더벅머리 아이들까지도 불타의 이름을 알게 되었고, 누구나 '나무아미타불' 한마디 정도는 할 수 있었다.

이상은 『삼국유사』 원효불기에 수록된 내용이다. 불기(不羈)란 도덕이나 사회 관습 따위에 얽매이지 아니하는 태도를 일컫는다. 앞서 무애와 상통하는 의미다. 문맥으로 보아, 광대들이 바가지탈을 쓰고 노는 광경을 보고, 원효는 그것을 모방해 불교의 진리를 전파하려는 의도로 탈춤을 구상하게 되었음을 알 수 있다. 스님은 직접 탈을 만들고, 마을마다 들어가 노래하고 춤을 추며 삶의 진리를 설파했던 것이다. 과연 어떤 탈춤을 춘 것일까.

원효(617-686)의 부친은 내마 담날, 아들은 대학자 설총이며, 손자는 대일외교관으로 활약했다. 스님은 소년시절에 화랑이었고, 진덕여왕 2년(648)에 출가하여 황룡사에서 수도생활을 시작했다. 651년에 의상과 함께 당나라 유학을 떠나 고구려를 통과하다가 첩자의 혐의를 받아 수일간 갇혀 있었고, 방면되어 신라로 귀환하였다. 661년에 다시 의상과 함께 해로를 통해 당나라 유학으로 가는 도중, 어두운 밤중에 바위굴 속에서 해골에 고인 물을 잠결에 마신 이야기는 너무도 유명하다.

첫 번째 유학에 실패하고 서라벌에 머무를 때, 스님은 제29대 태종무열왕의 소개로 둘째 딸인 요석 공주와 알게 되었다. 당시 공주는 백제와의 싸움에 남편을 잃고 몹시 고독한 여인으로 지내고 있었다. 신앙에 의지하고자 했던 공주와 수행을 지도하고자 했던 스님 사이에는 연정이 싹트고 말았다. 스님은 왕성한 남성을 억제할 수 없는 지경에 이르렀다. 어느 날 경주 남산에서 내려오다가 일부러 개천에 뛰어들었다. 온몸이 물에 흠뻑 젖었다. 그래도 북받치는 남성을 견딜 수 없었다.

그의 발길은 혼돈 속에서 요석궁의 대문을 향하고 있었다. 젖은 옷을 걸치고 대문을 두드리는 스님을 본 공주는 내실로 안내하고, 옷을 갈아 입혀 주려고 분주했다. 그 자리에서 스님은 사랑을 고백했다. 공주도 기다렸다는 듯이 반기며, 두 사람은 한 동안 동거했다. 이 돌발적인 사건과 관련해 스님은 '자루 없는 도끼(여성 상징)에 하늘을 떠받칠 기둥(남성, 즉 자신)이 찍히고 말았다'고 실토했다. 이렇게 해서 태어난 아들이 바로 저 탁월했던 설총이다. 훈민정음 창제 이전에 설총이 한자를 대신해 이두로써 우리 고유어를 표기하려 했던 공로를 우리는 잊을 수 없다.

국내에는 세계 최고의 불경이 두 개나 보존돼 있다. 「무구정광대다라니경」(목판본)과 「대방광불화엄경」(사경본)이 그것이다. 전자의 원본은 704년 한역본이고, 후자는 695년 한역본이다. 원효는 앞서 열거한 경전들이 신라에서 나오기 전에 이미 중국의 경전들을 수용해 두루 독파했음을 알 수 있다. 평소 수행 득도에 남다른 개성과 심오한 인격을 보여 생불이라 지칭될 정도였다. 스님이 남긴『대승기신론소』『화엄경소』『금강삼매경소』등은 일본, 중국, 인도 등 세계 불교학계에서 현재까지도 귀중한 연구서로서 평가되고 있다.

다시 탈춤의 이야기로 돌아가기로 하겠다. 고구려 고분 가운데 안악 제3호분은 서기 357년에 만들어졌다. 내부의 주악도(奏樂圖)에는 여러 연주자들과 함께 다리를 꼬고 서서 탈춤을 추는 무용수가 들어 있다. X자의 춤 자세는 인도 무용 바라타나티암의 기본자세다. 무용수의 코가 유난히 큰 것으로 미루어 서역인의 모습을 연상시킨다.『삼국사기』지증왕 13(512)에 이사부가 우산국을 정벌하기 위하여 나무로 만든 사자탈로 위협했다는 기록이 있다. 이 사건은 오늘날 한일의 독도문제와도 깊은 상관이 있다. 또한 가야의 우륵(于勒)은 가실왕의 명에 따라 사자탈춤곡(사자기)곡을 지었다는 내용이 전한다.

백제인 미마지는 612년에 기악 탈춤을 일본으로 지니고 가서 전파했다. 이보다 앞서 긴메이천황(539-571)시대에 기악 탈춤의 도구들이 한반도에서 일본에 전해지기도 했다. 이상의 자료들을 종합하면, 원효가 태어나기 전에 신라에서도 불교 기악이 유행한 사실을 알 수 있다. 기악에는 여러 종류가 있는데, 탈춤은 그 일종이다. 앞서 원효가 길거리에서 본 공연은 기악 탈춤이었던 것으로 추론된다. 그렇지 않고, 일반적인 탈춤이었다면, 스님이 관심을 기울이기 어려웠을 것이기 때문이다.

기악 탈춤은 본래 포교의 목적으로 인도에서 만들어진 것으로 알려졌다. 중국을 거쳐 한반도에 수용되고, 다시 일본으로 전파되었다. 사자의 이야기가 없고, 박이라 한 것은 아마도 바가지탈을 쓴 채 호법선신으로 추앙되던 금강이나 타락한 곤륜을 혼내주던 역사와 같은 인물 역할을 관람한 것이 아니었을까 여겨진다. 어쨌든, 스님은 첫 번째 탈춤 관객의 실체로서 확인된다. 당시 스님은 한낱 관객에만 머물지 않았고, 스스로 탈을 제작하고 춤까지 추면서 불법을 전파했던 무애, 불기의 탈춤꾼으로 역사에 기록되었다.

17. 쓸데없는 걱정[58)]

"너희는 마음에 근심하지 말라 하나님을 믿으니 곧 나를 믿으라"(요한복음 14장 1절)

한 심리학자가 사람들의 염려와 걱정거리를 모아 분석하여 보았더니 다음 같은 결론이 나

58) 김진홍 목사의 아침묵상 중에서(9번).

왔다.

첫째는 사람들이 염려하고 걱정하는 것들의 40%는 아예 일어나지 않을 일들이었다. 하늘이 무너질까 걱정하는 식이다.

둘째는 걱정거리의 30%는 이미 일어난 일들에 대한 걱정이다. 이미 엎질러진 물을 걱정하는 식이다. 걱정하여 보아야 어쩔 수 없는 걱정을 하는 것이다.

셋째는 사람들이 걱정하는 것들의 22%는 극히 사소한 일들에 대한 걱정이다. 흔히 하는 말로 "걱정도 팔자"란 말이 있듯이 걱정할 필요가 없는 사소한 일로 시간을 보내는 사람들이 많다.

넷째는 걱정하는 일들의 4%는 자신이 전혀 손 쓸 수 없는 일들을 걱정하는 것이다. 걱정하여 보았자 자신만 손해 보는 일들이다.

다섯째는 나머지 4%만이 걱정하여야 할 일들이다. 그럼에도 사람들은 앞에 나온 96% 염려와 걱정거리 때문에 정작 걱정하여야 할 4%를 지나치는 경우가 허다하다. 사람들은 걱정하여야 할 일들을 걱정하지 못하고 공연한 일들을 걱정하느라 세월과 정력을 낭비한다. 염려와 걱정에 매여 있는 사람들에게는 행복과 안식의 손길이 찾아들 수 없다. 그래서 예수께서 이르셨다.

"너희는 마음에 근심하지 말라. 하나님을 믿으니 곧 나를 믿으라."

이 말씀에서 예수님은 우리들에게 선택하라 이르신다. 근심과 걱정을 선택할 것이냐 아니면 믿음과 행복을 선택할 것이냐를 물으신다. 오늘도 우리들 앞에 선택의 기회가 놓여 있다.

근심과 걱정이냐? 아니면 믿음과 평안이냐? 우리가 선택하는 데로 이루어진다.

그래서 인생은 선택이라 하는 것이다.

18. 문화예산이 무상보육, 급식의 희생양인가?[59)]

히말리아산을 오르는 등반대는 셰르파의 요구로 잠시 휴식을 취하게 되는데, 한국 등반대는 "짜리디 짜르디(빨리 빨리)"라며 재촉한다고 한다. 그러나 현지 셰르파는 아직 영혼이 따라오지 못했으니 영혼이 올 때까지 기다려야 한다며 "비스따리 비스따리(천천히 천천히)" 하며 여유와 휴식을 즐긴다고 한다.

지난 수십 년 앞만 보고 달려오며 외형적 경제성장은 이뤘으나 셰르파의 말과 같이 몸만

59) 신현웅, 웅진재단이사장, 前 문화관광부 차관. 조선기고. 9.27.

왔지 아직 영혼이 뒤따라오지 못한 것이 우리의 현실이다. 이제 천천히 문화적 삶과 정신적 가치를 찾아야 할 때다. 현 정부에서 문화예술을 꽃피우고 문화예술의 창의적 예술 활동을 존중하는 문화융성시대를 열겠다는 정책은 문화의 세기에 시의적절하다고 본다. 그러나 이를 뒷받침할 문화부문의 예산이 확보되지 못한다면 공염불에 그칠까 염려된다.

최근 부동산세제 개편에 따라 지방세수가 대폭 줄어 일부 시, 도에서 무상보육과 무상급식 예산 확보에 우선순위를 두고 문화부문 예산을 50% 이상 삭감하게 된다는 뉴스를 접했다. 재정이 어려워지면 문화예산부터 대폭 삭감하려는 문화 경시행정을 보는 것 같아 안타깝다.

문화는 사치품이나 장식품이 아니다. 국가 경제력을 좌우하는 중심 가치다. 문화예술에 대한 투자는 산업경쟁력과 일자리 창출에 기여하는 선순환 효과가 있다. 창조경제는 제품에 문화의 옷을 입히고 예술의 혼을 불어넣는 것이 핵심이다. 실리콘밸리에서 나오는 혁신 상품은 문화 90%, 기술 10%가 반영된 것이라고 했다.

문화예술을 즐기고 향유케 하는 문화 복지는 국민의 행복지수를 높인다. 배고픈 사람에게 당장 먹을 것을 주는 것 못지않게 문화 복지를 통해 의욕과 희망을 갖게 하는 것이 중요하다. 이는 노숙자에게 인문학 강의를 해준 결과 삶에 대한 애착과 자립의지가 고취됐다는 사실에서도 확인 된다.

우리는 15세기 세종조와 18세기 영, 정조 시대에 예(禮)와 악(樂)을 기본으로 하는 문화정치를 펼쳐 르네상스를 꽃피웠다. 이러한 전통을 가진 우리가 문화의 품격과 향기를 되찾으면 한 단계 높은 사회발전과 밝은 미래를 기대할 수 있을 것이다.

우리는 아직도 문화선진국에 비해 도서관, 미술관, 공연장 등 문화적인 인프라가 양적, 질적으로 열악한 상태이다. 지자체의 발전에는 젊은 인력을 유인할 수 있는 문화교육 인프라와 콘텐츠의 확충이 중요하다. 우리나라가 경제력만 가진 어정쩡한 중진국으로 머물 것인지 아니면 문화의 힘을 지닌 진정한 문화선진국으로 발돋움 할 것인지에 대한 선택은 문화예술에 대한 정책 우선순위와 예산배정에 달려 있다.

지방자치단체장은 어려운 재정 여건 하에서 부문 간 적정 예산을 편성하는 지혜가 필요하다. 문화복지가 무상교육과 무상급식을 위한 희생양이 되어서는 안 된다. 사회복지와 균형을 유지하는 것이 문화선진국으로 가는 길이다. 오늘의 허기를 채우기 위해 씨감자마저 먹어치우는 우(愚)를 범하지 않기 바란다.

19. 욕망 뒤엔 허망[60]=파워게임

1973년 세상을 떠들썩하게 한 '윤필용사건'이 있었다. 군부실세인 윤필용 수도경비사령관이 저녁자리에서 이후락 중앙정보부장에게 "각하(박정희 대통령)께서 노쇠하시기 전에 물러나시고 형님이 후계자가 돼야한다." "각하의 후계자는 형님이십니다."고 얘기했다고 누군가가 대통령께 일러바쳤다. 박정희대통령은 크게 분노해 윤씨와 그를 따르는 장교 수십 명을 쿠테타 모의 협의로 구속하거나 횡령・뇌물수수죄 등으로 옷 벗겼다. 이후 '후계'를 거론한 것으로 돼 있는 윤필용과 이후락은 권력에서 멀어졌고, 이를 사건화 했던 세력은 권력의 단맛을 조금 더 보았으나 당시 참모장과 제3사관학교 생도대장은 2009년 재심에서 무죄선고(2011.2.6. 조선)를 받았다.

1973년 4월 29일 열린 군사재판에서 윤사령관은 업무상 횡령과 특정범죄가중처벌법위반 등 8개 죄목으로 징역 15년에 벌금 2,000만 원, 추징금 590만원을 선고 받았다. "윤필용 사건은 비(非)하나회 세력이 군부 실세로 떠오른 하나회를 견제하는 동시에 군내 주도권을 잡기 위해 벌인 수사" 라며 "하나회를 둘러싼 군내 파워게임으로 볼 수 있다."고 말했다.

필자는 그해 육군본부 헌병대 근무할 때 지하 감방에 있는 윤필용 장군이 2층 이발소에서 이발을 하며 대화의 상대도 하며 자주 볼 수 있는 기회가 있었다. 〈윤필용 장군〉, 말로만 듣던 윤장군을 자주 뵙게 되었는데 키도 작고 눈은 나보다 더 작았다. 필자의 눈을 와이셔츠 단추 구멍에 비유들 했지만 나는 그에 비하면 잘생긴 눈이었다. 그러나 그분은 형무소가 아닌 형무소에 있었지만 아주 긍정적인 사고방식을 가지고 있었기 때문에 배울 점이 많았다. 같은 시기에 전두환, 노태우 전(前) 대통령은 육군본부 작전상황실에 장교로 근무할 때 복도에서 자주 스치고 지나갔다. 대통령이 될 줄 알았으면 그때 나도 좀 더 잘 보일 것을 하면서 제대 후 부인하고 농담도 한바 있다. 하나회 대부였던 윤장군은 1975년 2월 석방되어 이후, 전두환 전 대통령을 비롯한 하나회가 실권을 잡은 1980년대 들어 한국도로공사 사장, 한국전매공사 이사장, 한국단배인삼공사 이사장 등을 지냈다.

박대통령의 유신체제는 무너졌고 윤씨는 당시 횡령과 뇌물수수 등으로 구속됐으나 그에게 뇌물을 주었다는 사람은 36년이 지난 작년(2009) 재심에서 무죄판결을 받았다. 윤필용 씨는 별세(2010.7.24)했다. 이로써 "윤필용사건"의 주역들이 모두 세상을 떴다. 권력을 향한 인간의 욕망은 끝이 없지만 욕망의 뒤끝은 역시 허망이다.

60) 김태익 논설위원(조선일보). 장일현 기자(2010.7.26).

제4장 연희의 접근, 처세방법 치유

1. 연희(演戲)의 접근방법

- 교육(教育)받은 것을 어떻게 목적에 맞게 접근(接近/access)할 것인가?

그동안 초, 중, 고 교육이 천편일률적인 주입식, 닫힌 교육, 암기식, 사지선다식 교육이었다. 더욱 교사들은 수업 중에 "조용히 해", "주목", "집중해" 등 우리는 정답이 정해져 있기 때문에 외워서 시험만 잘 부면 되는 창의성이 없는 강제주입시으로 교육을 헤왔디. 이것은 원형수업이기 때문에 당연하다. 그러나 서양식 창작수업은 주입식이 아니다. 아이디어 제공을 받아 연출을 하면 된다. 따라서 못 먹고 못살 때 속국인 나라에서는 어쩔 수 없는 상황으로 교육이 전개되었다가 시대가 변화되면서 먹고 살만하면 무엇인가 생각하게 된다. 누가 지시하고 유도한다고 따라가지 않는 개성시대가 되었다. 내가 왜 이것을 해야지? 사람들마다 개성을 가지면서 색깔이 있고 생각이 많아지고 뇌가 깨우치며 창의성이 발달된다. 학교공부도 달라진다. 어려움이 생기면 어떻게 해야 하나? 서로를 통해서 배우게 된다. 그러나 답은 자기 안에 있다. 이제 열린 교육을 통해 경험으로 창의적 인재를 발굴해야 한다.

미국은 개인주의지만 학교교육에 있어 공동체운동(단체)을 해야 학교에서 인정해 준다. 공동체로 토론문화가 되어 발전하는 나라이다. 중국, 한국보다 룰(규정)을 지키는 것, 질서, 책임, 배려하는 교육을 하고 있기 때문에 세계를 제패하고 있다. 우리는 근본적으로 공동체이고 어울림의 문화인데 잘못알고 있는 미국식으로 생활하기 때문에 문제가 있어 세계 OECD 국가 중에 10년째 자살 1위가 되었다.

유대인들은 탈무드를 통해 하나님의 창조성을 배웠기 때문에 주제를 주면 표현, 표출이 각각 다르게 인과관계 속에 다른 한편을 다시 공부하게 하는 것이다.[1)] 미국 세인트존스대학에서는 아는 것, 모르는 것을 흑백(黑白)의 논리로 분석하게 된다. 소리를 내어 공부하는 법, 말하면서 무엇인가 생각을 정리하게 되고 말을 해야 하는데 무슨 말을 하지? 자신은 어떤 생각

---

1) 유대인은 질문을 창피하게 생각 안한다. 12명 중 6명이 노벨상을 받았다(메타인지: 사고능력을 다른 한편으로 생각하게 하는 것). 그러나 유태인은 손해를 안 보려는 사고방식이 있다.

을 하고 있는데 표현을 어떻게 할 것인가? 토론하면서 공부하는 법을 배운다. 그래서 4년 동안 100권의 책을 읽게 하고 질문하고 토론하게 한다. 나는 어떻게 살아야 하는가? 학생들은 실패를 통해 배운다. 대학은 생각을 가르치는 곳이다. 이 대학에서는 세미나 수업을 하는데 "소리 내어 공부하는 법"과 "조용히 공부하는 법" 등, 교수는 방향만 제시하고 안내자 역할만 한다. 토론할 때도 주제를 통해 서로 다른 생각을 하고 있는 교수 2명을 투입한 토론과, 학생들에게 오히려 질문을 던져 창조성을 길러준다. "시험을 위한 공부가 아닌 생각을 위한 공부"를 하게 만든다. 그래서 내가 참여하고 있구나. 아이디어 생각이 나면 무조건 말을 하게하고 막힘없이 실제로 말을 계속해야 한다. 그래서 잃어버린 말(言語)을 찾아 나를 생각하게 하고 찾게 한다. 반면에 우리는 공부 좀 했다고 설득하려고 한다. 그러나 우리는 싫으면 말을 안 한다.[2] 우리 한민족과 이스라엘 민족은 역사적 체험이 비슷하다. 두 민족이 모두 주변 강대국들 틈바구니에서 고난의 역사를 살아왔다. 그러나 그 고난의 삶 속에서 나타난 결과가 완연히 다르다. 우리 민족은 고난의 삶이 영혼 깊이 스며들어 한(恨)을 쌓았다. 그래서 세계 어느 민족에서도 없는 우리만의 단어인 "恨"이란 단어를 만들었다. "한 많은 청춘", "한풀이", "사무치는 한" 등으로 한에 대한 말이 많이 쓰인다. 그러나 이스라엘 민족들은 같은 고난의 삶을 살아왔으면서도 그 고난을 다르게 승화시켰다. 그들은 고난 중에서 "감사와 찬송"을 드릴 수 있었다.[3]

이렇게 수많은 국가[4]와 민족과 사람들이 많지만 나를 이해하는 사람이 없으면 외롭다. 홍수로 물이 많지만 정작 마실 물이 없듯이, 오리가 폭풍과 파도가 강하게 몰아붙일 때 어떻게 할 것인가? 이때 분노와 뇌(腦)의 반응과 외로움 · 우울증 · 분노마저 섞여 있다면 목적하는 곳에 정착할 수 있겠는가? - 링컨 대통령은 "나이가 마흔이면 자기 얼굴에 책임을 져야 한다." 고 했다. "인생의 가장 큰 위험(risk)은 배짱(guts)이 없는 것"이라고 했다.[5] 필자는 한국전통문화를 책임지려고 이 학교에 왔는데 제도적인 모순점에 부딪쳐 시정을 시키지 못하는 것은

2) 한국이 선망하는 스웨덴식 육아법. 스웨던 정신과 의사 다비드 에바하르드가 출간한 책 '어떻게 아이들이 권력을 잡았나(How Children Took Power)가 뜨거운 논쟁을 일으키고 있다. 교사가 '주변정리를 깨끗하게 정리하라' 고 지시하니 "선생님은 제 상사가 아니에요. 제가 할 일을 선생님이 지시하지 마세요." 유치원선생님에게 침 뱉는 등, 권위적 부모가 필요한때, 저자가 전하는 스웨덴의 교권 추락은 한국의 '교실 붕괴'와 비슷하다. 스마트폰을 압수한 교사에게 부모로부터 '왜 우리 아이 인권을 침해하느냐'는 항의를 받았다. 하지만 무조건 '오냐오냐'하고 키우는 '아이 최우선 정책'이 아이들의 '방종'을 불렀다는 저자의 주장이다. "어리광을 부리며 자라난 스웨덴아이들은 사회적 스트레스에 쉽게 좌절하거나 학습능력 저하와 우울증, 자학적 성향을 보일 가능성이 크다"고 말했다(조선일보 2014.2.13. 기사인용).

3) 김진홍 목사 칼럼 중에서.

4) 국가로 등록된 나라 230개국.

5) 피터슈라이어. 현대 · 기아차 디자인 총괄사장(조선일보 2013.3.28. 조선경제. 1면). 배짱이 없으면, 영광도 없다(No guts, No glories!).

배짱이 없는 것일까?

한국예술대학에 처음으로 설립한 연희과에서는 연희[6]를 제도권 교육으로 편입하였으나 사회의 프로단체로 발붙일 관변단체가 없어 미래가 불투명하지만, 외국 것은 해볼 만큼 해보았기 때문에 숨어있는 우리 것은 보고(寶庫)이며 희망이 있다고 강조하고 있다. 연희과가 설립된 후에 그동안 한국 전통문화[7]의 대표적인 단위적인 요소(풍물・탈춤・무속・남사당 등)들을 집단적(종합예술)으로 수용하는 종합예술로 학습하고 작품화 해왔다. 그러나 원형은 각 보존회에서 계승・발전시키는 등, 원형을 학습을 진행하고 있다. 그래서 원형(原形)을 창작(創作)으로 접근하는 방식의 과정 학습이 필요하다. 그러나 중요한 메시지이나 텍스트(모델/견본)가 없어 전문사(석사과정 MFA)들에게 논문을 요구하고 있다. 어느 대학 어떤 분야건 4년동안 수업(원형(根源)알고 있는 것을)을 통해서 상품화(價値)를 위해 목적(結果)과 목표(科程)를 향해 가려면 창작적 요소(創作的要素)를 가미시켜 과정적 접근교육법이 필요하다. 그동안은 종합예술이 아닌, 장르별 대중화, 현대화 된 사물놀이, 탈춤체조, 민속체조, 천하제일, 민속놀이 올림픽, 연극(놀이), 음악(소리), 무용(탈춤)[8], 탈놀이 등만 진행해 왔다.

특히 연희과에서 그동안 연희극(演戲劇)[9]으로 창작 작업을 하였으나 아직 낯선 공연양식으로 상품화가 되지 못했다. 그러나 이제부터 전통문화를 재인식시키는 계기가 되고 초・중・고・대학교육을 통한 연희확대 및 전통문화 확산과 자생력(自生力)을 과학적으로 강화시키는 작업이 되어야 할 것이다. 이것이 곧 부활이다. 부활(復活)은 생명의 부활, 생활의 부활(생활이 바뀌면), 생각의 부활(사고방식), 재산의 부활, 삶속의 부활 등이 있는데, 한국전통문화가 이 시대의 인체, 정신, 인성에 맞게 새롭게 부활했으면 한다.

---

6) 필자는 "연희를 한국전통문화의 공연행위를 범칭"한다. 서연호는 "연희는 고대로부터 현재까지 대체로 하나의 생명체로 전승되는 총체적 형식으로 반주, 음악과 노래와 춤과 연기와 대사가 유기적으로 조화되는 형식이다"라고 구체적으로 기록했다. 윤광봉(尹光鳳)은 연극이전의 가무백희(죽방울치기・쌍칼돌리기・줄타기・불토해내기・곡예와 묘기 등 중국 산악잡희 추정)를 말한다. 임재해는 유희(遊戲)와 연행(演行)의 중간 개념이자 복합개념이다. 일정한 양식의 몸짓 행위를 하며 즐기는 놀이되, 여러 사람에게 보여주기 위한 연행활동, 그 외 <최창주, 한국연희극과 마케팅, 2008.> 참고할 것. 또한 연희극은 가무악극(歌舞樂劇)이 하나의 장르이다.

7) 흙의 정체성, 전통문화(傳統文化: 그 민족, 그 나라에서 발생된 고유의 문화)는 닦고 조이고 기름 치는 보이지 않는 무형, 유형의 기술이다. 교육(가르쳐서 기르는 것)과 훈련(가르쳐서 익혀 단련시키는 것)은 철학이며 반복의 원리로 혼(魂)의 예술이며 영원한 우리의 것이다. 따라서 이벤트, 마케팅(제작 판매행위), 콘텐츠(제작해 놓은 것을 즐기는 것) 등 벼락치기, 잠간 홍보보다 근본적인 혼(魂: 넋・얼)과 장인정신(匠人精神)이 필요하다. 원형은 아이디어가 필요한 창작은 아니다. 그러나 요즘시대에서는 전통문화를 어떻게 현대적으로 수용하느냐? 이 시대 관객이 요구하는 것이 무엇이냐가 관건이다. 미래는 콘텐츠가 지배한다.

8) 탈춤은 최초의 근본적 한류이다(韓流: 1977년 뉴욕타임즈, 1978년도 유럽・동남아부터 세계 일주하며 소개됨), 춤과 무용은 다르다.

9) 歌舞樂劇의 하나의 장르다. 기획, 제작한 작품(다시래기, 영원한 사랑 춘향이, 광대놀이, 고추말리기, 배뱅이극, 천하제일 탈, 이런 친구 허생! 등 한국musical적 요소), <최창주. '한국뮤지컬' 앰애드. 2010>, <연희극이란? 부분 참고>.

이제는 융합교육의 시대다. 이에 한국의 전통문화는 "브랜드 없는 진짜브랜드"이다. 시대가 갈수록 전문화되면서 기계(컴퓨터)에 의해 인적자원이 없어지고, 숙련된 자(者)들만 찾고 있다. 따라서 경쟁이 치열하고 메말라 갑갑해지는 세상을 살면서 극장과 공연문화를 찾는 자(者)가 많아질 것이다. 누군가에게 필요한 사람이 되려면 유혹적이고 매력적인 사람이 되어야 한다. 그래서 관객에게 공감대를 형성하고 마음을 열어주는 작품이 무엇이냐도 중요하다. 그것은 종합예술의 융합적인 장르결합(모든 事物(전통문화), 외국 것, 배역, 행정 등)을 어떻게 국제규격(國際規格)의 공연예술로 생명력(生命)있게 접근하느냐가 문제가 될 것이다.[10] 서양의 뮤지컬도 이것을[11] 풀지 못하고 있으며, 숙제로 남아 있다. 브로드웨이 뮤지컬은 춤(舞踊)과 음악(音樂)에다 스토리텔링으로 유도하고, 유럽뮤지컬은 극적(劇的)표현으로 전달하는 상황에서 부수적으로 가무(歌舞)가 곁들이는 것이 특징이다. 그러나 우리는 가무악극(歌舞樂劇)이 하나의 장르가 스토리텔링으로 연결하기 때문에 이 모든 것을 해결하고 있다. 전통(傳統)은 그 나라의 문화(文化)이기 때문에 70%가 자기몸속에 들어있으며, 우리는 오래전부터 선조들에 의해 이미 종합적으로 해결, 정리되어 있었다.[12] 그것을 전통문화 현대적 수용으로 이 시대 관객이 요구하는 것이 무엇이냐가 오늘로 이어져 직접 실습과 체험으로 학습해야 한다.

이제 '참여'와 '토론' 그리고 '창의력' 세 가지가 필요하다. 그 교육을 비유하자면 탈무드이다. 이스라엘의 참여하는 교육에 대하여 이스라엘 창조교육(創造敎育)의 핵심인물인 헤츠키 아리엘리는 다음같이 말한다.

"학생들이 농구나 수영, 자전거를 배울 때는 본인이 직접 해야 한다. 모든 다른 교육도 직접 참여하는 교육이 이스라엘 교육의 핵심이다." 자전거 타기를 연습할 때에 본인 스스로가 자전거를 잡고 직접 연습에 참여하지 않고는 절대로 자전거 타기를 배울 수 없다. 수영 역시 마찬가지이다. 수영이나 자전거를 못타는 사람은 어떻게 두 바퀴로? 어떻게 사람이 물위에 떠 있지? 그것이 궁금해 한다. 그러나 우리는 이미 다 알고 있으면서 실천에 옮기지 못하는 것이

10) '트라이아웃(Tryout) 정기공연 전(前)에 중앙(서울)근교에다가 실험무대설치 운영' '프리뷰(Preview)는 정기공연 전에 무대적응 시기를 두기 위한 연습공연'으로 지방무대에서 예행 연습하여 수도권의 본무대로 오는 과정이다. 그러나 접근방법(接近方法)은 두 방식과는 조금차이가 있는, 완성된 작품(상품화)을 공연하기 위해 장르결합을 하는 행위이다.

11) 브로드웨이 뮤지컬은 드라마(대사)에서 노래와 춤으로 이어지는 연결고리를 해결하지 못했다. 그러나 탈춤(가면극・조선연극)은 대사(드라마)에서 춤과 노래로 연결될 때에 '불림'을 통해 또는 추임새로 자연스럽게 연결고리가 형성된다. 또한 영감과 미얄의 주고받는 노래(소리)장면은 오페라이상의 효과가 있다.

12) 공연문화인 탈춤, 풍물, 무속, 남사당, 판소리 등은 정확한 극본으로 가사전달이 되어 있다. 또한 만요(漫謠)는 재담 및 만담을 스토리텔링으로 리드미컬하게 소리(노래/ 오빠는 풍각쟁이야 등)하는 것이다. 김해송 씨가 일제강점기에 일어난 상황을 발굴하여 작곡함. 예그린창법은 예그린 악단에서 1961년 이후 판소리, 민요, 대중가요, 벨칸토 창법이 아닌 분명한 가사전달과 리드미컬한 멜로디를 라영수 씨가 창안하였다. 찬송가 및 외국작품을 한국에서 공연연습을 하다 보니 대사 및 악보와 가사 붙이기가 '아버지 가방에 들어가신다.'가 된다.

문제이다. 이론(理論)은 이론을 위한 수업이 아니라, 실기를 위한 준비 작업으로 이론수업을 해야 한다.

삼국지 위지(三國志 魏志) 최염전(崔琰傳)에, 대기만성(大器晩成)이라는 고사(古事)가 있다. 최염(崔琰)은 어려서부터 자신의 타고난 재능을 잘 발휘하여 위나라의 이름난 장군이 되었다. 그래서 무제(武帝)의 신임이 두터웠을 뿐만 아니라 주위의 선망을 받고 있었다. 최염에게는 사촌동생 최림(崔林)이라는 자가 있었다. 최림은 겉보기에도 영리해 보이지 않았을 뿐만 아니라 도무지 재능이 없어 보여 모든 사람으로부터 업신여김을 받았다. 그러나 최염은 이 사촌동생을 꿰뚫어보고는 이렇게 말했다. "큰 종(鐘)이나 큰 솥(鼎)은 쉽사리 만들어지는 것이 아니다. 이와 마찬가지로 큰 재능도 쉽게 완성되는 것이 아니다. 완성이 되려면 오랜 시간이 걸린다. 그는 대기만성(大器晩成) 형이다. 두고 보게, 필경 대단한 인물이 될 것이다."라고 말했다.

그의 말대로 이후 최림(崔林)은 재능을 갈고 닦아서 삼공(三公)의 한사람이 되었다. 큰 재능은 쉽사리 계발되는 것이 아니기에 이를 충분히 계발될 수 있게 기다리고 연마하는 시간이 필요하다. 조급한 습성에서 벗어나 천천히 자신의 재능을 계발하려는 자세가 필요하다. (중략) 입시교육과 대학간판주의, 학벌중심의 사회풍토로 인해 고통 받고 있다. (중략) 이에 우리는 학생, 청소년들이 자신의 타고난 적성을 찾아, 하고 싶은 일, 잘 할 수 있는 일, 남에게 도움이 되는 일을 하면서 참된 행복과 성공의 길을 찾게 하는 것이 교육의 기본이다.[13]

한국의 부모가 가장 부담스러워 하는 것 중하나가 예술교육이다. 왜냐하면 대학입시위주로 진행되어 왔기 때문에 집에서 가르칠 엄두를 못내는 것이다. 지금까지 우리의 예술교육은 일본인들의 개인교육으로 갈갈이 민족성을 찢어 놓았다. 우리는 선천적으로 공동체의 집단성을 발휘하는 한국의 DNA가 있다. 그것은 어울림의 문화요, 다 함께하는 공동체문화[14]가 특징이다. 그러나 이 과정 속에 단체에서 비리(非理), 주파수가 비틀어진 사람이 보직(補職)을 맡아 왔기 때문에 한국의 제도적 문제가 여기까지 왔다.

미국 시카고의 한 대학에서 발표한 바에 의하면 미국에 거주하는 소수민족그룹(Minority Ethnic Group)들 중에서 유대인과 한국인이 가장 우수하다고 한다. 두 민족의 평균 IQ점수로는 유대인들이 97이고 한국인들이 105로 발표되었다. 문제는 IQ가 더 높은 한국인들은 노벨상 학술상이 한 명도 없는 반면 유대인들은 노벨상 수상자의 삼분의 일을 차지하고 있다. 그

---

13) 큰 재능은 대기만성(大器晩成)이다. (김원규) 지피지기 백전불패(知彼知己百戰不殆) "상대를 알고 나를 알면 백 번을 싸워도 위태롭지 않다"는 뜻이다.

14) 애국가 제창, 코러스 · 합창이지, 독창이 아니다. 우리는 생활이 중요하다(생활문화이지 문화생활 아니다: 생활정치, 생활교회, 생활사회. 생활운동 등). 모든 것이 생활화가 되어야 한다.

이유가 무엇인가? 한국인들은 어느 민족 어느 국민보다 타고난 자질이 우수하지만 훈련되어지지 못한 약점이 있다는 것이다. 그래서 타고난 자질을 충분히 펼치지를 못하고 아까운 자질을 썩히고 있다. 그 훈련은 청소년기에서부터 시작되어야 한다.[15] 토론을 통해 합법적인 결론을 얻을 때까지 창작적 교육이고 한국은 주입식교육으로 교육방법과 훈련의 차이다. 즉, 한(恨)과 감사(感謝)와 찬양(讚揚)이다.

지금까지 우리는 한국의 전통원형문화를 멀리하고 서양의 문화예술로 접했던 완숙미를 추구하여 새롭게 창작적(創作的)으로 발표해야하는 것이 예술대학(일반대학)의 과제이자 할 일이었다. 따라서 이것이 천직(天職: 신이 주신 직업)으로 가는 길이라고 생각했다. 그러나 우리는 이미 선조들로부터 원형의 종합적 예술을 이어받아 왔지만 이 시대에 맞게 접근방법을 찾지 못하고 있다. 하지만 연희과에서는 '한국연희극과 마케팅' '전통연희교육 방법연구' 연희의 접근방법 등, 수업과목이 있어 악기분석과 호흡법, 춤의 기본호흡, 발성법(지역특성), 연희극, 기획, 제작, 마케팅, 뮤지컬 등을 학습하고 있다. 또한 연희극(歌舞樂劇의 하나의 장르/마당극을 무대화 작업 등)공연으로 가는 뮤지컬(연희극/歌舞樂劇)적인 접근방법은 아직까지 부족하지만 근본적인 것을 학생들에게 인식을 시켜주고 있다.[16]

① 원형(原形)만을 하고 싶으면 열심히 답습하여 기존 보존회단체에 찾아 가면된다(그러나 食生活이 問題?). 하지만 한국전통문화를 어떻게 현대적으로 수용하느냐? 이 시대 관객(국민)이 요구하는 것이 무엇이냐? 가치관(價値觀: 근본, 기본, 동기부여, 우선순위)을 찾아야 한다.

② 마케팅(제작하여 판매행위), 콘텐츠(제작하여 즐기는 것), 상품화(국가브랜드)의 창작적 수반인 과정적(過程的) 수업이 필수이다. 원인분석, 분노와 공감의 표출이 어디 있는가? 먼저 잘 쉬어라. 제대로 놀아라. 잘 쉬고 놀아라. 그런 다음에 일하라!

③ 창작(創作)은 그 시대에 맞는 접근법, 시대상황, 뉴스, 정보 등을 인용하여 유행하고 있는 아이템이 있다(아이디어, 기획・제작회의). 가르치는 교육이 아니다. 질문(質問)[17]하

---

15) 김진홍 목사의 아침묵상 중에서.

16) 필자는 한국전통문화를 어떻게 현대적으로 수용하느냐. 이 시대 관객(국민)이 요구하는 것이 무엇이냐를 늘 강조했다. '한국연희극과 마케팅' 수업을 받아 '연희극 제작실습' 시간에 대학 4년 동안 답습한 것을 체험과 토론(討論)의 접근방법을 통해 '졸업 작품 발표회'를 공동으로 요구한다. 2바퀴 자전거가 어떻게 달려갈 수 있느냐? (넘어진다, 안돼!) 사람이 어떻게 물에 떠서 수영을 할 수 있느냐(안돼, 못해=건강, 올림픽 등) '불가사이 한 일'이지만 배워서 터득하여 알고 보면 모든 사물(事物)이 쉬운 일이다. 문화에 과학을 접목(문화기술: Culture Technology/융합교육 학사과정) 시키는 시대가 지나가고 있다(졸업 후, 각자 삶의 현장에서 자신 있게 일할 수 있는 계기가 됨을 강의=서울이 무섭다고 과천부터 기어가지 말라). 그래서 상대방이 하는 말을 귀로(傾聽) 들으면 건성(乾性)이지만, 마음(인격적)으로 경청(敬聽)하라고 강조한다.

는 교육이다. 순종하는 교육이 아니고 창조적으로 도전하는 교육을 지도해야 한다.

이 모든 것은 아이디어에서 나오기 때문에 정답은 없다. 그러나 원형을 학습하고 나면 창작은 쉽게 이루어진다. 창의력(創意力)이란 새로운 생각, 새로운 발상, 새로운 작품, 새로운 사건, 힘을 만들어내는 능력이다. 이런 능력은 타고나는 것이 아니다. 길러져야 한다. 어떻게 길러지는가? 누구나 새로운 생각, 새로운 작품, 새로운 사건을 창출하여 가면서 자신의 마음이 새로워진 노하우로 전문가가 탄생된다. 자신의 내면세계, 정신세계에 변화가 일어나게 되는데 바람직한 변화가 일어나게 된다. 그 변화에 힘입어 치유가 일어나게 된다. 보람을 누리게 되고 행복감을 느끼게 된다. 자기 속에 갇혀 있던 자리에서 껍질을 깨고 넓고 자유로운 세계로 나갈 수 있게 된다. 창조하는 자기 자신에 대하여 긍지를 지니게 되고 자신을 사랑할 수 있게 된다. 자신을 사랑하게 되면서 타인을 사랑하게 된다. 생명 가진 모두를 사랑할 수 있게 된다. 따라서 인간은 본능이 있다. 식욕, 성욕, 소유욕, 지배욕, 명예욕, 물욕, 권력욕이 있는 반면, 지(知: 올바른 판단력), 인(仁: 포용력), 용(勇: 실천력)으로써 창조적인 자기표현을 할 때 인생의 가치를 느끼며 보람 있는 생활을 느낄 수 있다. 불행한 자(者)는 많고 행복한 자는 적지만[18], 화가(畵家)는 그림을 그릴 때, 시인(詩人)은 시를 창조할 때, 예술가(藝術家)는 창작활동을 할 때, 인생의 참맛을 보게 된다. 따라서 사람은 보는 대로 영향을 받기 때문에 무조건 겸손할 필요는 없다. 분야마다 접근방법을 어떻게 하면 능력을 배양하여 작품에 접근하여 분석하느냐가 해석의 차이점이 있다.

기초적인 예를 든다면 민담(民譚)형태를 스토리텔링으로 꾸며 이어져 나갈 때 ① 작품심리 ② 최고의 작품내용들은 보편적으로 도덕수준과 선(善)과 악(惡)의 갈등(葛藤)수준으로 풀러갈 수 있으나, 영(靈)의 수준은 부족하다. ③ 기호학(순서를 정해/우선순위)으로 분배를 해서 분석(分析)을 하여 구성하면 되는데 서양예술도 마찬가지지만 접근방식 수업이 없어 학생들이 방식을 구사(作成/構成)하기가 늦어지게 된다.

학교 수업의 **교육(教育)**[19]은 **수동적**으로 **지시**하고 강의하면 된다. 그러나 **접근방법**은 **능동**

---

17) 의문이나 이유를 물음. 유대인 엄마들은 자녀의 질문을 요구한다. 마태복음 16장에는 예수님이 제자들과 나눈 대화의 장면이 등장한다. 예수님이 제자들에게 거듭거듭 질문하는 장면이다. 예수님께서 "사람들이 나를 누구라 하느냐?"고 질문하시고 또 "너희는 나를 누구로 아느냐?"고 물으셨다. 그렇게 끊임없는 질문을 통하여 제자들을 깨우치시고 의식화 하시고 사명감을 일깨워 주셨다. 그리고 자신들이 확신하게 된 비전에 일생을 기꺼이 투자할 수 있도록 동기부여를 하셨다. 흔히 하는 말에 "질문 속에 답이 있다"고 한다. 이 말을 바꾸어 말하면 질문이 없으면 답도 없다. 그러기에 가정에서부터 교실에서 군대에서 기업에서 심지어 교회에서까지 질문하고 답하기를 생활화 하고 습관화 하는 전통과 분위기를 만들어 나가야 한다. 이 길이 요즘 많이 말하는 창조경제의 출발점이 될 것이다.

18) 천국은 아무리 많은 자가 들어가도 모자라지 않는다.

적으로 **토론과 체험**(實技)을 통해 실천하고 **훈련**(訓練)[20]하여 방향을 **터득하게** 되는 것이다. 그래서 교육받은 것을 가지고 어떻게 목적(目的)에 맞게 접근방법을 학습하느냐가 관건이다. 그러면 폭넓은 교육적 가치란 무엇인가? 1)교양과목(자연과학 포함)과 비판적 사고, 2)문제해결 능력, 3)창의성, 4)호기심, 5)도덕성, 6)특정지식의 깊이와 폭, 이러한 지식을 창출하는데 이용된 모든 것을 학습해야 한다.

첫째, 공동창작의 기법(技法)에 있어서 모두가 기획자・연출자가 되어 토론[21]하고 주인의

---

19) 교육은 지식의 기술을 가르쳐 인격을 길러줌(인간은 무용지용(無用之用: 쓸데없는데 쓸데 있다).
- 세상에서 가장 아름다운 말을 하는 사람들이 되어야 한다. 이것이 교육이다. 할 수 있습니다. 제가 하겠습니다, 고맙습니다. 이 순간 할 일이 무엇일까? 무엇이든 도와드리겠습니다. 참 좋은 말씀입니다. 기꺼이 해 드리겠습니다. 도울 일은 없습니까? 잘못된 것은 고치겠습니다. 이렇게 하면 어떨까요? 긍정적인 긍정의 힘이 교육이다. 이 시대에 회초리를 들고 성심껏 가르치는 사람을 공경해야한다. 박근혜 대통령이 지난 1년간(2013) 해외순방 공식석상에서 보여준 모습이다. 미국의회에서 단아한 영어 연설, 중국 칭화대에서 중국어 연설, 프랑스순방 때 프랑스어로 연설해 뜨거운 호응을 받았다. 외국어 능력은 기회를 넓혀주는 '무기'이자 '자산'이다. 한국예술종합학교 연희과에 입학하면 1학년 때는 한자(漢字) 1,000자를 써오라고 한다. 그리고 4학년이 되면 매년 11월 30일 날 영어와 중국어 회화를 30분 동안 테스트해서 불합격이면 졸업을 시키지 않는 전통이 있어 해외공연에 도움을 주는 학습을 하고 있다.

20) 무술이나 기술을 연습시켜 익히게 하여 실제적으로 활동.

21) 토론할 때는 논쟁(debate)이 아닌 토론(discussion)을 해야 한다(저 사람은 저렇게도 말을 하는구나?). 창의력, 추리력, 논리적 등, 정리할 수 있는 힘이 필요하다. 최재천의 조선일보 174번을 보면, 우리사회는 토론 문화가 없다. '목소리 큰 놈이 이기는 세상'이 되어 버렸다. 내 생각을 다듬기 위해 남의 얘기를 듣는 것이 본래 토론의 목적이지만 기어코 상대를 제압하겠다는 결연한 자세로 토론에 임하면 시종일관 내가 할 얘기만 생각할 뿐, 남이 하는 얘기는 전혀 귀에 들어오지 않는다. 오죽하면 '계급장 떼고 토론하자'는 말이 화제가 되었을까? '통섭'이란 단어는 하버드대 윌슨(E. O. Wilson) 교수의 1998년 저서 'consilience'를 번연하는 과정에서 새롭게 태어난 단어이다. 윌슨 교수는 학문 간이 넘나듦을 표현해줄 단어를 찾다가 19세기 영국의 자연철학자 휴얼(William Whewell)이 만들어서 쓰다가 인기가 없어 사라진 사어(死語)를 발굴하여 책의 제목으로 삼았다. TV에 '끝장토론' 이란 단어는 그 자체가 어폐이다. 토론이란 원래 끝장을 보려고 하는 게 아니다. 말로 끝장을 보는 것은 토론이 아니라 논쟁이다. '100분 토론' 도 '100분 논쟁'이라고 부르는 게 나을 뻔 했다(토론이란 '결과를 밟기 위한 과정'인데 독재(獨裁: 어떤 분야에서 개인이나 단체 따위가 권력을 차지해 모든 일을 상의 없이 독단으로 처리함)와 독선(獨善: 자기 혼자만이 옳다고 생각하고 행동하는 일) 때문에 토론의 문화를 배우지 못함이 문제이므로 들어주는 문화를 배워야 한다).
・토론과 실기 <필자의 탈춤클리닉 사례발표 일곱째(7번째) 참고>, 어느 직장여성(대학팀 등) 팀을 상대로 강의 끝자락에 두 팀을 분배하여 오래 견디는 드라마틱한 춤사위 방법을 실험했다. 가)팀은 청춘(青春), 나) 팀은 생로병사(生老病死), 가) 팀은 목중・취발이・소매(小梅) 등 캐릭터를 배분하여 역할의 움직임을 요구하니 젊음을 상징하듯 활발하게 활동적인 율동적으로 움직이는 모습을 보았다. 그러나 생로병사(生老病死)팀의 나)팀은 노장・양반・미얄・영감 등 늙은이 배역을 주었다. 무의식적인 노인이라고 하는 생각이 뇌(腦)로 전달되어 템포가 느리며 힘이 없고 벌써 노인네가 된 것 같았다. 또 다른 여성들 조(組)를 택하여 산부인과 분만실에서, 다)의 '제왕절개(諸王切開)'팀, 라)의 '자연분만' 팀으로 나누어 드라마틱한 탈춤행위(小巫)를 해보라고 과제를 주었다. 절개 팀은 간단한 움직임으로 몸짓과 춤사위를 했고, 자연분만 팀은 무엇인가 힘든 여정을 생각하며 춤사위움직임을 했다. 필자는 의사는 아니지만 다), 라)팀의 몸짓(판토마임) 춤의 행동으로 비교를 간단하게 역설하였다. 탈춤을 하면 자연분만이 쉽다고 하면서, 지금 프랑스에도 자연분만을 선호하고 있다. 잠깐은 힘이 들지만 미래가 있어 자연분만을 하면 썩은 노폐물이 함께 빠지니 여성이 산후에는 더욱 건강하고 예뻐진다고 강조했다. 이렇게 각 팀별로 계산된 움직임을 통해 인간의 강・약함이 표출되었다. 결과 다) 팀들은 의사, 간호사 배역을 담당하면서 순간의 착각으로 재미있어 했고, 라) 팀들은 힘이 든다고만 생각하여 쉽게 피로가 와서 3분 정도 뛰다가 주저앉아 오래할 수는 없었다(접근방법의 문제점). 간단한 단어로 판단하지 말고 토론을 통하여 현실과 미래를 분석하고 파악하여 정리하는 습관을 길러야 한다(지금 음식이 네 것이 아니다. 먹어서 소화되어야 네 것이다. 그래

식을 가지고 공유, 소통, 호흡, 예산, 책임분배 등 작품구성으로 접근전략인 기획, 제작, 홍보, 연출방법의 중요한 과제이기에 아이디어회의를 통해 연구해야 한다.[22] 상대방에게 접근하려고 토론을 할 때에 사람을 공격하지 말고 문제(상황)를 토론해야 한다. 좋은 의견을 제안 하는 자(者)에게 '틀림'이 아닌 '다름'의 시각[23]으로 보고, 시기(猜忌)[24] · 질투(嫉妬)[25]하지 말아야 한다. 더욱 질투가 개인에서 집단(단체)으로 옮겨 변하지 않게 미리 예방해야 한다. 따라서 좋은 아이디어가 시대를 장악하듯이 컴퓨터게임과 비디오게임이 우리 생활 깊숙이 파고 들어있기 때문에 행위예술로서의 탈춤, 풍물, 예인잡단 등을 이용한 게임과 CD, 만화 등도 마케팅 해야 한다. 학교 수업으로는 전문사(석사)학생들에게 개발해야 한다고 주문하고 있다.[26]

둘째, 그 기호(記號: 순서를 정함=기호제도방식/ 수학적 방법?)법의 기록을 통해, 예를 들면, ① 주인공이 있어. ② 집을 나간다. ③ 버스, 자가용을 탄다. ④ 도착했다. ⑤ 사람을 만난다. ⑥ 목적달성(성공 또는 실패)이 될 것 같다. 등 기호의 방식으로 콘텐츠를 찾아가는 접근방식을 찾아야 한다. 그 예로 연극 이(爾)는 영상(미디어)[27] 기법을 통해 ① 관심, ② 재해석 ③ 변화를 통해 영화 "왕의 남자"로 증폭되어 상품화(商品化)되었다.

셋째, 세상을 바꾸려면 욕망과 이기심, 아집과 허세, 시기와 질투, 대립각[28], 분하고 원통함 등을 버리고, 큰 틀에서 회개와 용서로 자기 자신과 씨름하여 겸손하고 건강한 마음으로 세상을 변화시키는 솔선수범의 실천으로 접근하는 힘을 길러야 한다. 그러므로 하나님을 경외함

서 일용할 양식만 주셨다. 필요한 양식: 공기, 물, 음식, 만남 등).

22) 최창주, 한국연희극과 마케팅, 기획제작방법, 연극과인간, pp.333-445 참고.

23) 교도소와 수련원의 차이점은 '불안'과 '감사'를 느끼는 것이다(흥부와 놀부?), 거만한 자를 책망하지 말라. 그가 너를 미워할까 두려우니, 지혜 있는 자를 책망하라, 그가 너를 사랑하리라. 지혜 있는 자에게 교훈을 더하라 그가 더욱 지혜로워질 것이요. 의로운 사람을 가르치라 그의 학식이 더하리라(잠언 9:8-9) 탈춤치료는 교도소 · 수련원에 맞는 공동체 예방프로그램이다.

24) 猜忌(샘할시, 꺼리기): 샘을 내서 미워함(속담: 사촌이 땅을 사면 배가 아프다? 이 말은 좋은 말이다. 사촌이 땅을 사니 거름이라도 보태야 할 텐데 비료살돈이 없어 응가라도 해서 돕고 싶다는 말이 일제에 의해 잘못 와전되었다).

25) 嫉妬(시기할 질, 강샘할 투): 다른 사람의 즐거움을 싫어하는 것.

26) '에디슨'은 귀가 안 들려서(옳지가 않아) 자기가 생각하고 주장(주관: 아이디어)하는 대로 개발함, 관객은 늘 새로운 것을 원한다. 그 누구도 시도하지 않은 것들을 시도해야 한다. 창작은 전형적인 고정관념을 버리고 정진해야 한다.

27) <爾: 너(汝(여): 대등한 사이나 손아래사람 이인칭. 而:역접의 접속사/말 이을 이), 그(彼(피): 저사람 · 삼인칭 대명사), 이(是(시): 옳다, 바르다)> 왕의 남자로 영상제작(영화) 되어 히트상품이 되었다.

27) 뮤지컬. "서울사람들"(필자기획). 무대에서 미디어제작 삽입(1994년도에 미디어, '1934-1994년도'까지를 영상으로 제작하여 공연한바 있으나 전체적인 무대영상과 연희자, 조화(調和)에 실패 함), - 한국예술종합학교 연희과 창작연희극(이런 친구 허생 등)은 무대제작 예산이 없어 영상처리 함, 자식(최용응)이 영상전문가가 되었다(스파이더맨, 골든크로스, 해적 등).

28) 대립이 되었을 때는 화장(여자), 계획, 계기, 지혜, 권력, 때, 뜸(기회), 용기(에스더 4장16절, 죽으면 죽으리라)가 필요하다. 그러나 "모든 겸손과 온유(성품)로 하고 오래 참음으로 사랑가운데서 서로 용납하고"(엡 4:2), 세상적으로는 '말자'가 있다(화내지, 급하지, 다투지, 노하지, 낙심하지, 근심하지, 놀라지 말자 등).

으로서 ① 사람마다 먹고 마시는 것,[29] ② 수고(열매)함으로 낙(樂)을 누리는 것(고난의 기쁨), 세계의 정치, 경제, 사회, 문화는 언제나 불확실하다. 기회가 있고 힘들 때가 바로 도전할 때이므로 젊었을 때의 고통고난은 자산(資産)이다. ③ 기뻐하며 선(善)을 행하는 것(즐거움), ④ 영원을 사모하는 것이 인간의 본능이다[30] 등등, 어릴 때부터 토론 수업을 해온 탈무드교육은 유대인의 전통과 관습, 생활의 지혜 등을 통해 만든 책이 '탈무드'이다. 유대민족은 어릴 때부터 토론수업 때문에 탈무드에 나오는 '물고기를 주기보다는 학생들에게 물고기 잡는 방법을 가르치라' '한 사람을 구하면 세계를 구한다.'는 유대인의 교육철학으로 이스라엘사람들은 질문과 대답을 통해 스스로 깨닫는 교육을 중요하게 생각한다.[31]

넷째, 그러나 한국교육에서 '창의성'[32] 저해하는 요소들을 보면,[33] ① 동기와 호기심을 주지

---

29) 사람들은 병이 들면 약을 먹지만 동물들은 병이 들면 금식을 한다. 동물들은 금식에 회복의 효능이 있음을 본능적으로 알고 있기 때문일 것이다. 금식수련이 지닌 치유와 회복의 효능을 인식하였기에 동서양의 종교인들과 수행자들은 금식수련을 필수과정으로 삼아 왔다. 금식이 지니는 건강상의 유익에 대하여 노벨 의학상 수상자인 Alexis Carrel 박사는 그의 저서 <인간, 그 알 수 없는 존재>에서 다음같이 쓰고 있다. "금식은 인체의 조직을 순환시키고 깊은 변화를 준다. 그래서 금식요법은 만병을 치유하는 비밀스런 열쇠와 같다. 식욕중추의 제어기능을 회복하고 몸속의 독성물질, 지방질, 약물중독증, 숙변, 울혈, 니코친독, 활성산소를 없애주는 역할까지 한다. 현대병으로 고통 받는 사람들은 물론이고 건강증진이나 체력향상을 도모하는 사람, 무병장수를 원하는 사람들에게 가장 고마운 건강법이 금식이다." 그래서 성경에는 기라성 같은 영적 용장들이 금식기도를 통하여 하나님께로 가까이 가고 자신의 사명을 감당할 능력을 받곤 하였다. 모세, 느헤미야, 엘리야, 다니엘 같은 구약의 인물들은 말할 것도 없거니와 예수님 자신이 사역을 시작하시기 전에 먼저 40일 금식기도를 드리는 데서 사역을 시작하였다(김진홍의 아침묵상 중에서)=그러나 회복을 잘해야 한다.

30) 하나님이 하시는 일의 시종(始終)을 사람으로 측량할 수 없게 하셨도다(전도서 3:12-15).

31) 김효정(본명: 김혜령) 원장. 탈무드교육원 논문 자료참고. - 탈무드교육은 하나님 말씀에다가 가정교육위주로 훈련받고 있다. 그러나 우리는 현재 모든 교육을 학교에 다가 맞기니 수평이 아닌, 수직교육으로서 동방예의지국(東方禮義之國)의 교육이 죽어가고 있다. 하나님의 생각은 인간의 생각과 다르므로, 키에르 케고르의 철학을 살펴보면 다음과 같다. "하나님과 인간의 무한한 질적 차이(die Qualitatsvershiedenheit zwischen Gott und Mensh)를 깨달은 사람이 크리스천이다" - 겸손의 의미- "하나님은 하늘에 계시고 너는 땅에 있다(스위스의 신학자 칼 바르트).

32) 창의력(創意力, Creativity)이란 무엇인가? 짧게 정의하여 새로운 것, 보람 있는 것, 값진 것을 만들어 내는 힘이요 능력이다. 그런데 그런 힘과 능력은 타고나는 것일까? 아니면 훈련되어지는 것일까? 창의력 연구 분야에서의 전문가들은 말한다. 타고난 재능과 자질에다 뼈를 깎는 훈련과 연구, 그리고 사회풍토, 정신풍토가 합하여져 창의력을 길러준다. 지구상에 살아가고 있는 많은 민족과 국민들 중에 유달리 유태인들이 창의력이 탁월한 인재들을 많이 배출하였다. 그 이유가 무엇일까? 그들이 태어날 때부터 창의력을 지니고 난 것일까? 아니다. 그들의 교육과정, 종교생활, 국민적 전통 등이 창의력을 길러주는 데에 적합하였기 때문이다.
- 다음의 이스라엘은 참여, 토론, 창의력의 창조교육을 강조하는 세 가지 내용을 강조했다. 1) 참여하는 교육, 2) 대화하는 문화 3) 창의력 강화, 이스라엘에서는 대화하는 풍토를 교육과정에 정착시켜 하브루타(Chavruta)를 발전시켰다. 하브루타는 나이 계급성별에 관계없이 두 명이 짝을 지어 서로 이 과정을 통하여 승자(勝者)를 가리는 것이 아니라, 토론하고 논쟁하고 듣고 사고하는 방법을 몸으로 체득하게 한다. 그래서 이스라엘의 도서관은 시끄럽다. 도서관에서 칸막이도 없이 둘이 마주 앉아 질문하고 대답하기를 계속하는 장소이기 때문이다. 이스라엘의 아이들은 그런 토론문화에서 자란다. 그렇게 토론하는 과정에서 좋은 아이디어들이 떠오르게 된다.
우리사회에서는 부모와 자녀 교사와 학생, 경인(敬人)인과 노동자 사이에 그런 대화가 아닌 일방적인 주입식 혹은 강압식 관계가 이루어지기에 각자에게 동기부여가 이루어지지를 못하고 자발적인 목표의식을 상실하게 된다. 이스라엘의 경우는 어려서부터 참여하는 교육과 대화하는 풍토 속에서 자라다 보면 작은 사고(Small Head)에서 큰 사고(Big Head)로 성장케 된다. 도전적이고 창조적인 사고를 하게 된다. "인생의 가장 큰 위험(risk)은 배짱(guts)이 없는 것"이라고 했다. 좋은 리더십은 곧 좋은 팔로어십(Follwer Ship: 훌륭한 리더십을 가지고 있는 지

못하는 교육, ② 획일적인 모범생만 만드는 교육, ③ 정답 맞추기만 강요하는 교육, ④ 실패를 용납하지 않는 교육 등, 이 같은 '자신감'과 '행복감'을 한국의 일반적인 공교육현장에서 기대하기는 어렵다. 한국 학생들은 '학력'은 겉보기론 세계 최고 수준이다. 그러나 화려한 성적의 이면을 들여다보면 얘기가 완전히 달라진다.[34] 공부[35]에 대한 '자신감'과 '흥미도'가 모두 밑바닥 수준이기 때문이다. 이런 식으로 외형적인 점수 올리기에만 신경 쓰다 보면 인터넷 검색만 일삼다가 정작 사회에 나가서 독창성과 문제를 해결할 능력을 갖추지 못하게 될 수 있다.

"질문도 못하는 대학생들이 어떻게 자본주의 혁신 이끌겠나."[36] 걱정하고 있다. 강의시간에 학생들이 말을 듣기만 하고 토론은커녕 아예 질문조차 하지 않았다. '고용 없는 성장' 구조로 고착화된 자본주의 3.0시대와는 달리, 자본주의 4.0시대에는 인성교육(44%), 개인별 재능교육(28%), 창의성 교육(16%) 등이 강화되어 창의적 인재가 나타나 사회적 부가가치와 새로운 일자리를 창출해 나가야 한다고 밝혔다.

매츠 존슨(Jonson) 교수는 "기존학문에 도전하고 비판하지 않는 학생들이 자라서 세계를 이끌 사회, 경제, 문화적 혁신을 이끌 수 있을지 모르겠다." 조지 퍼스트(J. Furst) 교수는 "새로운 아이디어를 창출해 내야 하는 나라임에도 교육이 뒷받침을 못한다. 학생들이 새로운 도전할 수 있도록 시스템을 바꿔라." "잠재력을 끌어내기 위해 국적이 다르거나 생활수준이 다른 환경에서 자란 사람들과 생각을 나누며 '새로운 아이디어'를 찾을 수 있게 해줘야 한다."고 말했다. 듣기만 하는 한국 대학생들의 수업태도는 초, 중, 고교부터 주입식 교육(입시위주 점수교육/사교육)을 받아왔기 때문이라고, 한국에서 연구, 강의하는 해외 석학들은 분석하고 있다. '혁신을 이끌 인재가 나오려면 교과서 중심의 교육부터 벗어나야 한다.' '대학에서 학생들의 창의성과 문제의식을 키워주고(51%), 기업에서 필요한 실무능력(31%)을 가르쳐야 한다.' '대학 강의도 이렇게 진행되면 새로운 아이디어를 기대할 수 없다.'고 말했다. 폴 베르간 교수는 "학생들이 교과서에만 너무 매달린다. 책에서 쓰인 지식을 벗어나 문제를 바라보는 노력을 해야 한다." "이런 상황을 극복하기 위해 초등학교 때부터 학생들이 그룹을 지어 스스로 자유롭게 생각하고 토론하는 문화가 정착돼야 한다." 현재 한국교육은 석, 박사를 따려고 수억 들여 유학하고 있다. 지난해 국내 대학원의 연평균 등록금은 827만원이다. 박사학위를 따는 데 평

도나 사장・상사가 있어야 밑에 직원들의 업무능력, 효율성 등을 상승시킬 수 있다)을 만들어낸다(김진홍 목사의 아침묵상 중에서).

33) 학력은 OECD 최고, 행복지수는 꼴찌, 자살률 1위, 한국교육개발원(KEDI)이 올해 10월 대학생 3,085명과 기업인, 연구원, 대학교수 등을 인터뷰한 결과임(유석재 기자, 조선일보 2011.12.8. 기사 중에서).

34) 한해교육비 규모 공교육비: 53조, 사교육비: 21조(실제 93조원). 안석배 기자, 2011.12.13. 조선.

35) 졸업이란 것은 시작인데 대학졸업 후에 공부를 안 한다. 서양은 대학을 안 가고 자기가 좋은 것을 공부하니까 사회가 계속 발전된다. 한국은 더욱 박사학위를 받으면 공부를 안 한다.

36) 해외 석학들이 본 한국대학교육(김연주, 김혜림 기자. 조선일보 2011.12.12. 기사 중에서).

균 7년 걸린다고 치면, 5,789만원이 필요하다. 외국에서 학위를 딴 비용은 훨씬 더 올라간다. 비싼 학비와 엄청난 노력을 쏟아 부어 석, 박사학위까지 따고서도 능력을 발휘하지 않고 전업 주부로 있는 여성이 9만 명이 되는 것이다.[37] 최근 서울 대학생들이 만든 자체 평가 사이트 '스누이브' 에는 2013년 2학기 서울대 교수들의 강의 평가가 줄줄이 올라왔다. "학점 잘 주는 것도 좋지만- 수준 높은 강의 좀 듣고 싶다" "교수님 여긴 대학입니다. 대학이라고요" "강의에 체계가 하나도 없다" "개그콘서트를 보는 기분" "중학교 도덕문제보다 쉬운 시험" 등 대학생들은 "등록금 아까운 강의 너무 많다"고 토로하고 있다.[38] 대학이 무주공산(無主空山)[39]이 되면 안 된다. 대학의 결과는 대출금을 받으러 갈 때는 불안하지만 저축한 금액을 찾으러 가면 행복해 지는 것과 같아야 한다.

현재 우리 교육의 부재로 토론문화·전통문화도 부족하고 관심과 비판[40]도 없고 교육의 공간을 사용할 때에 우리는 지금까지 서양의 공간개념으로 학습하고 있다. 공연문화의 무대출연을 볼 때, 똑바로 서서 행위를 한다. 서양의 문화는 똑바로 서지만 우리는 굴신의 개념으로 꾸부림의 예술, 연희훈련을 해야 한다.[41] 그렇다고 모든 것이 굴신의 예술만이 있는 것이 아니다. 우리의 교육정책이 총체적 연희교육 부재로서 표출·표현교육인 언어적(討論), 심리적, 일상적 생활 속에 접근교육방법이 없었기 때문이다.

다섯째, 한국 전통문화 원형(原形=典型: 법·규정·본보기·모범)의 필수과목을 가진 연희과는 담당시간에 강의와 함께 기획·제작회의(토론)를 요구하게 한다. 왜냐하면 아직까지 우리사회에서 전통문화는 낡고 뒤떨어진 것으로 생각하며 서양의 문화가 수입되면서 새로운 문화장르가 우리를 압박하고 있는 상황이다. 특히 주인에게 인정받지 못하고 국민들로부터 푸대접 속에 방치되어 왔던 것이 우리의 전통문화이다. 따라서 세상은 하루가 멀다고 지구촌 한

---

37) 조선일보 2014.1.3. 기사내용 중에서.

38) 조선일보 2014.1.4. 기사내용 중에서.

39) 주인 없는 산.

40) 비판은 판단력을 길러준다. 학술, 정책, 판결은 비판할 수 있으나 인간관계는 비판을 하지 말아야 한다(처세술 부분에 참고). 그러나 불평불만은 비교하는데 있다(아들·남편·부인·옆집은 잘하는데 등). 학생들이 휴강과 놀기를 좋아하고, 정규수업을 하면 인기가 없는 교수가 되면 문제가 있다. 특히 필자는 학생들에게 기술과 강대국의 언어(영어·일·중어·유럽 등)를 공부하라고 요구한다. 국제화·세계화시대에 맞이하여 또는 사회에 나가서 경쟁력과 먹고살라고(굶어죽지 말라고) 준비를 시킨다. 더욱, 책을 읽고 난 다음 어떻게 생각하느냐? 각자 말을 하게 한다. 토론할 때 결론부터 얻으려 하지 말고 무슨 뜻이냐? 정리할 수 있는 힘을 길러준다. 창의성, 추리력, 논리적 등, 저 사람은 저렇게도 말을 하는구나. 또 말 할 수 있구나? 하고 판단력을 길러준다.

41) 무술은 호흡이 올라가는 반면, 탈춤은 굴신하며 상·하 호흡작용의 특징이 있다. 사람이 두려우면 두 가지 요령을 가지고 행동한다. 달려들어 공격하려고하는 반면, 피하려고(회피)한다. 전략과 전술의 차이에 대하여는 경영학의 대부라 불리는 '피터 드러커'가 명확히 일러주었다. 드러커 교수의 표현으로는 "어떤 길을 선택하여야 하는가는 **전략**이고 어떻게 가야 하는지에 대한 방법은 **전술**이다"고 하였다. 길을 가는 방법이 아무리 탁월할지라도 길 자체가 잘못 선택된 길이라면, 잘 가는 방법이 아무 소용이 없게 된다.

마당이 되어 외국의 라이선스뮤지컬이 수입되면서 우리 것은 묻히고 있지만, 언제부터인가 전통문화의 가치가 새롭게 인식되고 있다. 그러나 이것을 어떻게 국민에게 접근하여 소통(易地思之)[42]시킬 것인가? 관건이다.

우리의 전통문화는 가무악극(歌舞樂劇)인 뮤지컬방법으로 이미 연출되어 있어 소재개발만 잘하면 오히려 국가브랜드 작품으로 미국 브로드웨이에 라이선스 작품으로 역수출이 가능하다. 이런 상황을 모르는 학생들은 작품회의를 할 때 의견이 엇갈리어 의견충돌이 되어 토론문화가 정착이 되지 않아 아이디어가 없어 싸움을 하고 이해가 안 될 땐, 퇴장하는 학우가 있어, 다음과 같은 예를 들어보았다.[43] "필요 없는 회의 시간만 줄여 업무(학업)에 집중할 수 있다면 더 성과가 날 텐데, 결국 팀장(교수 또는 학회장) 마음대로 할 거면서 회의는 왜 하는 거야" 라고 투덜거린다.[44] 회의는 귀중한 업무시간을 할애해, 모두가 모여 문제를 해결하기 위해 에너지를 집중하는 시간이기도 하다. 여기에 無에서 有를 창조하는 회의를 가장 중요한 생산단위로 삼은 한 조직이 있다. 이 회의실에서는 아이디어를 받아들이도록 설득하려고 수많은 논리와 감성과 입심이 동원된다. 총칼을 안 들었을 뿐 전쟁터와 다름없다. 생각과 생각이 부딪치고, 통하고, 엇갈리는 과정에서 새로운 아이디어가 잉태된다. "회의를 대하는 TBWA인의 7가지 예의" '우리 회의(會議)나 할까'[45]에서 참고하기 바란다.

여섯째, 한국예술종합학교가 나가야 할 길은 가무악극(歌舞樂劇), 영상, 무대미술 등의 일체(一體)를 통해 공통과목을 수용하여 종합(융합・통합・공통)교육으로 접근을 해야 세계무대에서 살아남을 수 있다.[46] 학교내부에서는 원형을 통해 현대적으로 재창조를 해서 공연에

---

42) 소통이란 무엇인가? 역지사지(易地思之: 처지를 바꾸어 생각함)는 소통의 뜻으로 땅(地)에 있는 근원적인 것을 어떻게 앞으로 나아갈(之) 수 있게 생각(思)하고 바꿀(易: 고치다・교환) 것인가? 가 관건이다. 자기 혼자 잘났다고 말하는 자(者)가 있으나, 듣고 말하는 자는 고수이다. 들어 주는 것이 상담이듯이 소통의 기법은 친구처럼 어깨 힘을 빼고 들어주는 것이 멘토이다.

43) '개그콘서트'도 교정・수정하고 아이디어가 통과되어야 방송에 나간다는 방침이다(도전↔상처).

44) 가정교육의 필요성, 항아리와 종자기를 만들어 아궁이에 들어가면 더 이상 고쳐질 수 없다. 가정교육은 부모가 아궁이에 들어가기 전에 주물러서 만들어지는 틀이 있다. 종자기가 항아리가 될 수 없는 한계성이 있는데, 죠지 워싱톤, 간디는 비록 농촌출신이지만 큰 인물이 된 것은 일반교육과 기독교육(탈무드)으로 잔이 흘러넘치었기 때문이다(교육으로 범죄를 막음=전통문화교육으로 범죄예방). 좋은 아버지는 인생의 지침서이고 백 명의 선생보다 낫다. 인성(人性)이 제대로 갖춰지지 않은 상태에서 세계 최강도의 입시스트레스를 받고 있기에 왕따, 학교폭력이 난무하는 곳에서 언제 폭발할지 모르는 불안정한 한국 학생들이 많다고 한다.

45) 김민철 지음, 사이언스북스, 김형보・어크로스 대표(조선일보 2011.12.17).
① 지각은 없다. 10시3분은 10시가 아니다. ② 아이디어 없이 회의실에 들어오는 것은 무죄, 맑은 머리 없이 회의실에 들어오는 것은 유죄, ③ 누군가 아이디어를 이야기할 땐 마음을 활짝 열 것, 인턴의 아이디어에도 가능성의 씨앗은 숨어 있다. ④ 말을 많이 할 것, 비판과 논쟁과 토론만이 회의를 회의답게 만든다. ⑤ 누가 말했느냐가 중요한 것이 아니라, 무엇을 말했느냐가 중요한 것이다. ⑥ 아무리 긴 회의도 한 시간을 넘기지 않는다(미팅은 15분 정도). ⑦ 회의실에 들어 올 땐 텅 빈 머리일지라도 회의실에서 나갈 땐 각자 할 일을 명확히 알아야 한다.

46) 세계 인구 모두가 우리의 미래 고객이다.

술로 승화해야 한다. 이런 과정에서도 학생들이 각자가 원(院)[47]의 교육을 심화학습을 통해 자기목표의식을 설정하여 달성해야 하고, 따라서 학생들마다 개인의식이 필요하고 그 다음 지도자(敎授)한테 철저한 교육으로 시행착오를 줄이고, 사물(事物)의 원형보존과 창작성으로 연희, 연주자, 책임자의 자세로 자기영역을 의도적으로 발견・개량하여 개발해야 한다. 각 원대로 미술, 영상, 악기, 춤, 연희, 극을 하나의 예술로 필수과목(외국어 등)을 창조해서 다른 대학과 특색이 있어야 존재할 수 있다. 그러나 소를 물가로 끌고 갈 수는 있어도 물을 먹고 안 먹는 것은 소에게 달려 있다. 그래서 우리 연희과는 우리가 스스로 문제를 해결해야 하는 환경에 처해 있기에 각종 발표회도 스스로 기획・제작하여 계획해서 진행하게 하였다.

우리는 전통(傳統)이란 말을 강조한다. 외국 사람들은 전통이란 단어를 사용하지 않는 이유는 자기들이 하는 것이 곧 전통(햄릿・비발디 등)이라고 자부하니까 꼭 전통이라는 단어를 사용하지 않는다. 서양의 전통인데 우리는 이것을 새롭고 좋게 받아들이는데 문제가 있는 것이다. 우리의 근본적인 문제[48]는 전통예술원(傳統藝術院) 외에 한국의 대학수업이 외국 것을 모체로 하고 있기 때문이다. 그래서 외국은 Performing art이고 우리는 꼭 무겁게 Traditional art이라고 붙인다.

- 다음은 우리 것을 아끼는 전통예술분야 학자, 전문가들의 일언(一言)이다.

* 전통이 창조의 뿌리가 되어야 한다(구희서).
* 전통교육과 새 창작물을 위한 교육체제로 가무악의 총체교육지향(이성천).
* 새로운 것의 창출이 핵심이 되어야 한다(백대웅).
* 전통을 못 배워 발견하기 어렵고, 찾기 힘들고, 끊어져, 우리 것은 바탕을 잃어버리고 있다(서연호).
* 전통의 전수기관과 창조자의 양성기관인지 성격을 확립 할 것(이병옥).
* 국적 있는 연극연구가 이루어질 수 있게(김우옥).

---

47) 한국예술종합학교는 6개원(음악원, 무용원, 연극원, 미술원, 영상원, 전통예술원)이 있다.

48) 일본은 문화재청과 Japan faundation을 통해서 장기적으로 사업에 임한다. 노(能) 강연 및 공연(2012.4.3. 한예종・중앙대 등) 가부기(歌舞技), 신파(新派) 등, 고정 체널이 있다.- 그러나 우리는 일본의 안방극장에서 30-40년 前의 것(劇)을 따라하고 있고, 시청률에 의해 다른 교양강좌를 할 수 없는 상황이다. 일본은 2박자(신간센 등), 한국 3박자(처가-집・역전-앞 등), 중국(만만디)은 4박자의 민족혼의 리듬을 가지고 있다. 수많은 외침속의 강대국 사이에서 살아남으려고 했던 민족의 리듬이 생활로 변해 양식화 된 것 같다. 등소평 씨(중국총리)가 일본을 방문해 '신간센'을 보고 '저렇게 빨리 가서 무얼 하자는 건가?'라는 일화(一話)가 있다. 우리는 예전부터 빨리빨리 문화가 되어 IT문화가 세계 제1위가 되었지만, 일본도 이제 기업회장(사와도 히데오 HIS)은 "간절히 원하고 빠르게 실행하면 성공할 수 있다." 하면서 행동으로 옮기고 있어 일본이 경제대국의 실세를 보이고 있다. 한국은 헝가리정신으로 발전되었으나 양반문화로 더 이상 발전을 못한다고 평하고 있다. 그동안은 미국과 50년을 동반했는데 이제는 중국과 50년을 살아가는 시대를 맞이했다.

* 연희분야 농악, 창극, 전통곡예가 포함(이보형).
* 전통예술원의 방향은 미래지향적이고 창의성과 창작성에 중점이 되야(송방송).
* 원형을 토대로 창작활동과 한국대학(초중고교)의 전통문화 의무교육(필수과목)을 해야 한다. 따라서 북한의 김일성 종합대학과 교류하여 통일, 관광객 코스를 확보해야 한다(최창주).

필자는 강의를 할 때마다 경청(傾聽: 기울여 듣는다: 귀)과 경청(敬聽: 공경・훈계: 가슴・인격)으로 위의 지인들의 말을 인용하고 문화와 건강을 강조한다.49) "정치는 적을 만들고 예술은 친구를 만든다." "문화는 보이지 않는 핵폭탄이다." 특히 전통문화는 놀판, 살판, 죽을 판(이판사판)이 있듯이 우리의 전통문화를 비언어적으로 소리판(판소리・민요・병창・비나리), 칠판(두드림: 쇠・장고・북・징), 탈판(가면극: 탈춤 산대・야류・오광대), 율판(선율: 소금・대금・새납・풀피리) 등으로 전통연희의 모든 것을 표현할 수 있다고 강의를 한다.

필자가 생각하는 메시지는 조직에서 나사가 풀리면 조여 주는 자(者)50)가 있어야 와해되지 않는다. 따라서 사회의 전체흐름에서 자신이 딜레미에 빠져있다면 자신의 문(門)은 안에서만 열수 있기에 '상황의 인식'과 '다른 사람의 조언' '신념이 나한테 어떻게 돌아 올 것인가?' 조직을 빨리 파악하여 혼신과 성실하게 최선을 다해 행동해야 한다. 일반적인 사람들은 판단하기를 그동안 조직 속에서 처세한 것을 보고 앞에 (+)가 있어야 (+)가 된다. 그동안 조직생활에서 생활해온 것이 (-)라면 (+)행동을 해도 (-)가 된다. 조직이 잘 못하고 있을 때 (-)(이익 되는 잔소리)행동을 해줘야 조직이 (+)가 된다.

일곱째, 기러기의 협동정신을 생각하게 한다. 독수리는 혼자이고 참새는 잡동산이며 무질서하다. 그러나 기러기는 구만리(九万里)를 날아가도 리더(지휘자)에 의해 협동정신을 가지고 있다. 땅에 앉을 때도, 둘러 앉아 먹이를 먹을 때도 회의를 한다. 기러기의 기본조건은 질서(秩序), 협동(協同), 신의(信義=거짓말・배신자・싸우지 말자=信用) 일부의(一婦義)를 가지고 있다. 우리인간은 기러기만도 못한가? 아담은 흙으로 만들고 이브는 남자의 갈비뼈로 만들었기 때문에 근본이 틀리다51). 그러나 다른 것이 합쳤을 때 조화롭다. 서로 인정하고 서로 수용해야 상대방의 가치를 인정할 수 있어 좋다고 결혼을 하였는데, 남녀가 차이가 있어 의식・성격・구조・정서가 다르다고 이혼을 한다. 그러나 남녀가 다르기 때문에 극복할 사항이지 이혼할 사항은 아니다. 왜? 말(會議)을 하고 토론(討論)을 해야 하는가? 공동체 의식인 사회

49) 故 이병철 씨는 아들(이건희 씨)에게 경청하라고 유언(遺言)을 했기 때문에 현장답사 등 경청해서 오늘날 삼성이 되었다고 한다.

50) 지도자는 큰 것이 아니라 항상 방향과 희망(希望/비전)적인 언행(言行)을 해줘야 한다.

51) 창세기 2장 22-23절.

생활 속에서 생존을 위해 어떻게 자신을 표출해야 하는가?! 공동체 속에서도 지도자(연희자)가 있듯이 연희자(스타플레이)가 있어야 한다. 필자의 연희제작실습 시간에 졸업 작품을 위해 토론을 통해 작품을 제작하게 한다(토론을 통한 2011년 12월 4일. 졸업 작품 결과).[52)]

---

52) 매년 토론을 통해 4년을 정산하는 졸업발표회 결과이다. 그동안 학습 받은 원형을 그대로 무대 위에 올려놓는 것과, 창작이 있다. 전통이 창작의 뿌리이다. 그러나 창작(創作)은 예산과 기획·제작·마케팅·사람운영으로 아이디어를 쌓아야 한다. 팀원이 하나가 되어 창조하려면 미쳐야 하고, 혼을 다해 구애받지 말고 자유롭게 토론하라. 젊었을 때의 삶은 '지우개 달린 연필이다.' 함께 붙어 있으니 수없이 쓰고, 지우고 하면서 과정을 통해 성숙해진다. 이제 접근방법이 끝나면 '관계법'으로 회복해야 한다. 다음은 2011년도 예술극장에서 연희과 졸업 작품 발표회 순서이다(참고).

주제 "청춘(青春)"이라는 제목으로 원형을 작품화한 졸업발표회 프로그램 순서이다. ① intro(도살풀이), ② 설렘(경기·동해안별신굿 장단 재구성), ③ 열정(삼도농악가락 앉은 반), ④ 혼란(한양합주 타악연주), ⑤ 희망(풍물), ⑥ Outro(삼도탈춤), 이번 4학년 졸업 작품 발표회(2011.12.4. 한예종. 예술극장)는 평가받는 자리라고 하나 기획·제작을 연습하는 합동작업으로서 졸업 후 현장에 나가 일할 수 있는 계기가 됨(프로젝트팀 구성). 그래서 세계로 향한 국가브랜드 프로그램을 제작해 낼 때이다(다음 필자인 지도교수의 평가를 볼 때).

(1) 주제(主題)가 청춘이었다./ 사회자를 두어 막간을 활용하였다(오히려 인형으로 했으면/ 각 場마다 사회자의 멘트가 극의 정리와 몰입을 깨는 것 같은 느낌). 청춘을 창작 작품으로 고민을 했지만 편향 된 모습(패턴 된 레퍼토리이다), 원형과 영상작업 시도, Opining(플로로그) 애벌레가 나비로 태어나서 시작된 것은 좋았으나, 표현하려고 하다가 용두사미로 끝났다(처음과 휘나레에 끝맺음하여 희망을 낳고 날아가게 하는 것이 어떤가),

(2) 기획·제작자/ 목표설정(Goal Setting)을 분명히 해서 행동(Action Plan)으로 옮겨야 하는데, 기획·예산(재원조성)·홍보마케팅, 유통, 인간경영(이해관계와 갈등) 및 캐스팅, 시간부족·아이디어와 자료, 불분명한 장애물에 부딪쳤을 때, 프로그램의 어려움을 겪고 있는 상황을 리더(기획자 및 PD)가 자신 있게 현실에 맞게 밀고 나아갈 수 있어야 했다.

(3) 음악적 구성의 문제점/ 밴드와 사물놀이 접목(시도만 좋았으나 사물에 얹어서 갔다. 명분이 없었다. 이미 기성인들이 편곡해서 발표하였는데, 이번 밴드는 명분만을 주었을 뿐, 증폭된 青春의 폭발력이 없었다) 음악성인 솔로, 중창, 합창이 있었으면 했다.

(4) 무용적 구성의 문제점/ 추상적인 움직임을 통해 힘의 무용이 반복의 원리가 부족했다(개인놀이는 무용과처럼 졸업하니까 쇼케이스식으로 발표했을 뿐이다).

(5) 지도자(연출)로 초빙한 연출이 연극전공학생이라 전통문화를 모르고 단지 연극형식 연출방향만 알고 있으니 근본이 문제가 되었다. 연희과 학생들도 실기만 터득했지 정규수업 때 이론 수업을 통해 시대와 세대 간, 기원·역사의 차이점을 세밀히 그리고 정교하게 학습을 받았어야 했다. 그러나 4학년은 그동안 4년의 학습을 통해 늦게나마 응용, 현장에서 어떻게 구상해야 하는지를 토론 및 연출을 할 수 있는 접근방법, 능력을 발휘하였다(이것을 지켜본 후배들은 시행착오를 겪지 않고 기획, 연출, 안무 등을 자체적으로 회의를 통해 제작하였다).

(6) 연희극적 구성의 문제점/ 의상맞춤 제작이 좋았다. 잘 정리된 옴니버스이었다(1부와 2부 歌舞樂劇으로 분리 구성, 연출했으면 효과가 있었을 것이다).

(7) 연희극적/ 동해안 굿, 사물놀이만 강조한 것 같다(진도씻김굿·남사당·탈춤 등, 살판을 현대춤으로 응용하여 이 시대 관객의 수준에 맞게 표출하는 것이 부족했다), 많은 것을 하려고 하니 제대로 된 것이 부족하다고 사료된다(이번 졸업생 대표는 발표합평회를 마치고 후배들에게 재학생 시절에 편식(연희과만의 10가지 전공필수)을 열심히 해라고 당부했다.) 하지 말라고 권유했다.

(8) 그러나 사람을 충고(야단칠 때)할 때 말(眞理)만 하고 은혜(사랑)가 없으면 듣는 사람이 받아들이지 않는다. 사람은 자고(自苦)의 인생길이다. 젊은이들은 도전해보고, 실패가 삶의 원동력이 될 수 있고, 나약함을 이기려면 시궁창인 막다른 골목(고통고난)까지 갔다 와야 한다. 그래야 정상에 있을 때 견고하고 튼튼하게 오래간다. 삶 속에서 인생은 이해(理解)관계와 갈등(葛藤)이다.

(9) 군대 갔다 왔나? 질문하는 이유는? 보고를 잘할 수 있나? 보고하는 것을 군대는 생활화 했으니까 소통을 잘할 수 있다는 것이다. 사회생활을 해 보았나?의 뜻은 남에게 도움을 준 것과 받아 본 것을 경험해본 사람인가를 질문… (사회에서는 조직에 맞는 자(者)를 원하고 있다.)

- 연희과에 비슷한 상황이라 조선일보 기사의 글을 추가했다. -뉴욕에서는 작가들에게 작품을 할 수 있는 공간을 제공하는 레지던스 프로그램 등이 있다. 이들에게 의료보험이 제공되거나 월급이 나가는 경우가 없으므로 취직

여덟째, 사람에게는 4가지 기본욕구가 있다.[53] 신체적(身體的), 정신적(精神的), 감성적(感性的), 영적(靈的) 욕구가 충족돼야 에너지가 최고 수준으로 올라간다. 그래야 최고의 성과를 거둘 수 있다. 기업의 CEO(지도자, 교수 등)는 '최고의 에너지 관리자(Chief Energy Officer)'가 돼야 한다. 성과를 올리지 못하는 이유는 '더 빨리' '더 많이' 만 외치며 직원들을 몰아붙이기만 하면 결국 '더 적고' '더 느린' 결과를 맞을 수밖에 없다고 한다. '사람의 신체적 욕구는 잠자고 쉬는 것이다.' 사람의 뇌는 잠자는 동안에도 학습을 한다. '사람의 뇌는 정보처리 용량이 한계가 있다. 한꺼번에 수많은 정보가 밀려들어 오면 전부 받아들이지 못한다. 자신이 편하게 느끼는 정보만 받아들인다. 훨씬 중요하지만 자신을 불편하게 만드는 다른 정보는 외면해 버린다. 사람은 멀티태스킹에 적합하지 않다. 일이 시급하다고 해서 운전 중 휴대폰 통화는 사고 위험을 4배 높인다. 문자 메시지 전송은 사고 위험을 23배까지 높인다고 한다. 가장 높은 가치를 창출할 수 있는 것부터 우선순위에 따라 업무를 처리해야 한다. "인간은 소통(Communication)하는 동물이다" 사람의 능력은 한계가 있다(1・2・3・4학년별 받아들이는 용량이 있다).

아홉째, 요즘 학생들이 입시위주에 시달리고, 학교폭력은 어제 오늘 일은 아니지만, 왕따, 따돌림 때문에 학교와 부모가 골치 아파 사회문제가 되는 것 같다.[54] 우리교육제도가 입시(국・영・수)위주이니까[55] 취미활동은 하고 싶어도 엄두를 못 내고 있고, 더욱 전통문화는

이 되었다고 볼 수 없다. 하지만 이들은 엄청난 부가가치를 만들어낼 수 있는 디자이너나 예술가로 살아남기 위해 젊음을 투자한다. 교육 정책 담당자들은 각 전공분야가 갖는 특성을 고려해 정책을 만들어야 한다. 지금이라도 예술대학을 획일적인 평가 대상에서 제외시키든지, 예술대학만을 따로 평가하는 제도를 만들어야 한다. 그렇지 않으면 국가 인력수급의 장(場)이 왜곡될 수밖에 없다. 그 책임을 누가 질 것인가?

53) 미 컨설팅 기업 CEO. 토니 슈워츠(조선일보 2011.12.24. 뉴욕. 금원섭 기자 기사 인용).

54) 2012.1.10. 조선일보기사 및 사설(社說)인용, 최근 늘고 있는 학교폭력 양상을 보면 ① 자기가 당하지 않기 위해 남을 괴롭히는 것. ② 고등학생보다 초등학생・중학생 폭력증가, ③ 스마트폰・인터넷 활용한 24시간 괴롭힘, ④ 여학생 왕따 폭력 증가, 심지어 서울시의원까지 "집단 괴롭힘 등 왕따 폭력은 점점 흉폭 해지는데 교사가 교육적인 차원에서 벌주는 것마저 막으면 학생을 지도할 길이 없어져 결국 다수의 학생에게 피해가 돌라갈 것"이라고 말했다. 시대가 변하다보니 다문화 가정이 생겨 한국인과 외국인이 짝을 이룬 가정이 18만 가정이나 된다. 대부분이 월소득 200만원 안 되는 어려운 살림살이다. 그런 가정 출신의 초, 중, 고교생이 3만7000여 명이다. 국가인권위 조사를 보면 그중 42%가 우리말 발음이 서툴러 따돌림을 받고 25%가 피부색 때문에 놀림 받은 경험이 있다고 한다. 15%는 폭행을 당했고, 59%나 되는 아이들은 친구 한명 없이 지낸다고 했다. 이 아이들 가운데 29%는 '도와주는 사람이 아무도 없다.'는 처지를 호소한다. 왕따와 학교폭력에 먼저 희생되는 다문화가정 아이들이 표적이 되기 쉬운 것이다. 이런 위태로운 성장과정에 있는 아이들에게 남을 배려하는 품성을 갖추도록 가르쳐야 하는 곳이 바로 학교이다. 그러나 밤샘 게임, 학교선 쿨쿨, -- 현실에선 대화 거부, 온라인 채팅이 또 다른 마약이라고 한다. 김성벽 여성가족부 청소년 매체환경과장은 "청소년 인터넷게임 중독과 관련된 기회비용 손실액이 매년 2조2000억 원에 달하고, 성인까지 포함하면 10조원까지 추정된다."며 "이런 손실을 줄이기 위해 정부와 가정, 학교는 물론 게임 관련 기업까지 실효성 있는 대책을 마련하는 데 힘을 합쳐야 한다."고 지적했다. 지금 우리사회에서는 인성이 제대로 갖춰지지 않은 상태에서 세계 최고의 입시 스트레스를 받고 있어 왕따 폭력이 난무하여 언제 폭발할지 불안정한 우리들의 학교이다. 교육이 잘 녹아들 수 있도록 언어와 교과 보충교육(전통문화: 주체의식)을 더 충실히 시켜야 한다.

홀대당하고 있다. 그래도 학교 특별활동 시간에 함께 모여 단체로 신명나는 풍물, 탈춤을 하니 모든 것을 다 잃어버리고 추임새를 하면서 흥겹게 탈춤을 추었다고 한다. 게임중독자들은 할 것은 게임밖에 없다고 한다. 그러나 개인주의, 한탕주의, 왕따, 따돌림을 해소할 수 있는 운동이 바로 전통문화교육인 탈춤(탈춤클리닉)이[56] 이제 교육과학부 수업인 교육적인 내용으로 변해야 한다. 체육도 문제이지만 전통문화 수업이 부족하다. 전통문화(탈춤 등)수업을 하면 주체의식과 주인정신이 활성화 된다. 아울러 사회성과 인간관계가 해소할 수 있는 봉사활동, 청소년 신체적성운동 등 프로그램을 개발하여 폭력 및 스트레스[57]를 해소할 수 있어야 한다. 지금은 학교를 가지 않으려고 한다. 아이들이 학교에서 사라졌다.[58] 학령기 인구의 4%가 학교 밖을 맴돌고 있지만 그들이 어디서 무엇을 하고 있는지 국가는 전혀 파악도 관리도 하고 있지 않다. 그렇다고 해서 입시공부를 제대로 시키는 것도 아니다. 면접구술이 중요하다. 1) 우리는 어울림의 예술인데 팀워크를 잘하려면 대학생활을 어떻게 해야 하나? 2) 소속된 조직이 위기에 처했을 때 어떻게 대처하겠는가? 3) 내가 이것만큼은 자신 있다고 하는 장점은? 4) 면접관에게 잊지 않게 하기 위해 언어구상력이 있다면? 자신 있게 PR하라!

열째, 2011년 말(末)의 세계와 한국의 문화, 사회, 정치, 경제상황이다. '지구온난화' 'K-pop'[59] 'FTA' '스티브잡스 사망' '빈나덴, 오사마, 카다피 외 독재자들 사망' '김정일 사망(남북관계 개선의 발판이 되어야 한다)으로 이번 기회에 북한이 변화가 되어야 한다.' '2012년 총선과 대선이 걸려있고' "10.26 서울시장보궐선거 결과 '안철수 신드롬'을 통해 '선거운동을 콘서트 토크쇼 바람 열풍"으로 소통 · 공감이 인기가 되어 우리사회의 고정관념이 무너져 정치는 여(與), 야(野)의 지도자가 불분명하다가 양당 지도자(2012. 2월 현재, 새누리당: 박근혜, 민주통합당: 한명숙)가 여성정치인이 되어 총선을 치루고 있다. 서로 눈치만 보고 있는 상황에서 경제의 불안정문제가 부동산 전월세(上 · 下)를 부추기고 있다. 법(法) 쪽에서는 판, 검사들까지 비리에 휘말리고 있고, 대통령을 조롱하는 글까지 올려 세상을 어지럽게 하고 있다.[60] "여야는 대선에서 정권을 잡는 데만 혈안이 돼 국민경제 안정과 발전 기반을 위협하는 공약을 쏟아내고 있다" 면서 "여야가 퍼주기 복지 경쟁을 하면 나라 곳간이 텅 비게 될 것"이라고 말했다. 서민

55) 중학교 제도과정의 시기가 중요하다. 민족, 주체의식의 전통문화교육이 필요하나 흘러가는 정도이다.

56) 그 외 풍물, 무속, 남사당(전문예인집단), 무예, 서예 등이 있다.

57) 스트레스는 수면장애 주요원인으로 최근 보건복지부 발표에 의하면 수면장애로 겪는 손실비용이 1인당 1586만원으로 측정되었다. 이제 사회적으로도 큰 피해를 끼치게 된 것이다.

58) 조선일보 2013.8.8. 학교 밖으로 사라진 아이들 28만 명(7년째 학교안가는 은둔형 외톨이).

59) K-pop star: 1등 선발이 아닌 오디션의 본질(원형)을 보여주고 잘하고 못하고를 떠나 출연자들의 진심과 자기 색깔을 혹, 혹평을 해주는 심사위원들의 다양성(PD, 제작자(기획자), 연희자(가수 등)의 개념으로 심사의 조화를 보여준 작품이다. 그러나 많은 참석인원을 어떻게 관리하느냐가 문제의 관건이다.

60) 2011.12.8. 조선일보에 기사 중에서 인용.

들은 고충이 심해 국민은 누구를 믿고 어떻게 사회와 결합하여 접근하고 살아가야 하는지 걱정을 하고 있다.

이제 2013년 새로운 여성대통령 박근혜정부가 탄생되었다. 주변 강대국인 일본, 중국・러시아도, 더욱 남북이 정전상태에서 여성이 대통령이 된다는 것은 상상도 못할 일이다. 2014년도는 "세월호" 때문에 정국(政局)을 흔들어 문화예술 행사는 없어지듯 했다. '정치는 적을 만들고 예술은 친구를 만든다.' '문화는 보이지 않는 핵폭탄'이라는 것을 정책입안자는 알아야 한다. 새 정부에 한국전통문화의 발전을 기대해본다.

열한 째, 공연예술로서 세계시장에 우리 것을 판매, 관광할 수 있는 것은 우리 전통문화의 연희(演戱)이다. 우리 것은 이미 뮤지컬이다. 종합(컨버전스)적인 것이기 때문에 창작 시스템을 강화하여 글로벌 콘텐츠, 마케팅시스템(인터넷(弘報), 연희자 발굴, 교육, 열악한 제작(PD) 환경, 경쟁구도, 비즈니스모델, 여건 등)을 개발하여 발전시켜야 살아남을 수 있다. 예전엔 남자가 부엌근처에만 가도 꾸중을 들었다. 지금은 '아버지 요리강습반'에서 배워 부인과 함께 부엌에서 요리를 해서 관계를 개선해야만 살아남는 시대가 왔다. 지규은 세계가 시, 분, 초로 변하고 있다.[61]

이제 '갖지 않고 나누는 자판기시대'가 왔다. 자가용을 살 필요가 없고, 카드 한 장만 있으면 주차장에 가서 공유차량을 이용하고, 부동산도 구매(주택, 의상 등)를 하지 않고 공동으로 빌려(대여) 쓰고 반납하는 공유의 시대가 왔다. 경제를 극복하기 위하여 21세기 전반적인 가치관의 세계가 경제 트랜드의 물물교환 공동체로 경제의 한계를 넘어 '갖지 않고 나누는 시대'가 온 것이다. 우리의 독특한 기획・제작방법으로 이 시대에 살아남아야 한다. 이제 한민족에게 〈경제기적, 민주화기적〉이 일어났다.[62]

---

61) 이제 정부가 전통문화의 대중화, 현대화, 세계화를 위한 '전통문화의 창조적 발전 전략'으로 한류 3.0시대인 멋(전통문양・한복), 맛(전통음식과 술), 흥(전통연희・국악)의 전통문화로 열겠다고 발표했다. 한국의 얼・멋・맛・흥・정・인물 등 6개 분야에서 한국문화의 유전자를 현대적으로 해석하고 이를 스토리텔링화해 콘텐츠와 관광 등에 활용 등 10개 분야를 추천했다(문화관광체육부 장관 최광식, 2012.1.30. 드라마1.0, K팝2.0, 한류3.0 장기전략 확립). 학교수업에도 현실화해야 하는데- 아이디어가 있으면 무얼 하나. 고양이 목에 방울을 누가 달 것이지가 관건이다.

62) 김진홍 목사의 아침묵상 중에서. 제2차세계대전 이후 새롭게 시작된 신생독립국가가 120여 나라에 이른다. 그중에 한국처럼 산업화와 민주화를 동시에 이루고, 도움 받던 나라에서 도움을 주는 나라로 발전한 예는 우리가 처음이다. 그런 점에서 한국은 기적을 일으킨 나라이다. 해외에서는 한국이 이렇게 발전하게 된 이유를 다섯 가지로 꼽는다. 첫째는 정치적 리더십이다. 둘째는 국민의 결속력이다. 셋째는 기업가들의 기업정신이다. 넷째는 한국인의 교육열이다. 다섯째는 연구 개발을 통한 경쟁력 강화이다. 한국인 특유의 기질 한 가지가 있다. 위기에 강한 점이다. 평소에는 다투고 분열하기를 일삼다가도 국민족적 위기를 맞으면 똘똘 뭉쳐 위기를 극복한다. 지난 역사에서 그런 전통의 대표적인 경우가 의병운동(義兵運動)이다. 임진왜란 때에 관군이 무너지고 임금이 도망쳤어도 민초들이 일어나 왜군과 싸웠다. 최근들이 이런 정신을 세계에 널리 알린 경우가 IMF 위기를 만났을 때에 일어난 금 모으기 운동이다. 그때 국가 전체가 가진 달러가 30억이 안될 때에 국민들이 금 모으기 운동을 펼쳐 21억 달러를 모았다. 그래서 세계인들을 놀라게 하였다. 2008년 위기 때는 노사정(勞使政) 합의를 이루어

열두 째, 이 바쁜 시대에 동참하려면, '당신 자신의 건강을 위해(For the sake of your own health)' 시간을 투자하여 노력해야 한다. 신선한 채소와 과일, 좋은 음식과 잠, 운동, 생각, 관계 등을 조절해야 하는데, 어떻게 건강과 연결, 접근할 수 있는가. 미국의 어느 연구소에서 다음과 같이 조사하였다. 1) 느리게 운동(태극권), 2) 빨리 걷고 뛰기, 3) 그룹토론, 4) 집에서 쉰다. 이 4가지 분야에서 8개월 동안 실시하게 한 후에 MRI 조사결과를 보면, ③번은 건강과 관계없이 인과관계와 뇌만 발달이 되었고[63] ④는 정신과 육체도 활성화가 안 되었다. 그러나 ①, ②번은 매일 운동하니 기억력과 뇌 및 신경세포가 향상되었다고 한다. 집안환경과[64] 구기(球技)운동이든 맨손체조, 아령, 산책, 독서(뇌 건강비법), 등산, 헬스, 탈춤 등을 해야 한다. 그렇다면 매일 운동만 하고 먹고 놀 수도 없는 것인데, 이것을 생활 속에서 리듬이 깨지지 않게 어떻게 생활과 접근하게 하느냐가 중요하다. 그것은 평소 생활습관이다.

열세 번째, 의궤[65]

왕실(王室)의 주요 의례에 관한 세밀한 집행보고서를 따로 만들었는데, 이것이 의궤이다. 왕실의 주요 의례는 오례(五禮)가 있다. 그중 외규장각 의궤는 프랑스 국립도서관에 중국책이라고 생각하여 구석에 처박혀 있어 아무도 열람하지 않았는데 박병선 박사가 발견하여 외규장각 도서가 우리 손에 145년 만에 선조들의 모양새가 돌아왔다. 의궤는 정치의 공정성과 투명성을 높이려는 유교정치의 소산으로 다른 나라에서는 볼 수 없는 독특한 기록문화이다. 의궤는 현재 프랑스 말고도 서울대학교 규장각 한국연구원에 약 553종, 2,700여 책이 소장되어 있고, 한국중앙연구원 장서각에 약 294종 369책이, 일본 궁내청에 약 69종이 소장 되어 있다. 등등, 영조의 결혼과정을 기록한 가례도감은 목차에 기록이 잘되었다. 영조는 66세에 2번째 부인을 맞이하면서 83세까지 장수했다. 반면, 보편적인 왕들은 평균 44세 정도에 사망했다. 그것은 책과 문서, 결재만하다보니 건강이 나약한데다 운동부족으로 첩들이 많아 관계 때문에 일찍 타계한 것이 아닌가?! 유추해본다. 의궤(儀軌)는 의식(儀式)과 궤범(軌範)을 합한 말로 '의식의 모범이 되는 책'이다. 임진왜란 당시 도자기전쟁으로 도자기인을 모두 잡아가서 유럽에 도자기를 수출하여 일본은 거액의 외화수입으로 오늘날 일본이 부강한 나라로 근대화에

위기를 극복하였다. 이런 국민적 저력이 오늘의 한국이 있게 하였다.

63) 아는 것은 '지식'과 '체험'이 있는데 지식은 공부만하면 된다. 그러나 체험적인 것은 보기만하는 것이 아니라 관계를 통해서 경험하여 실천에 옮기는 것이다(사건과 동행하는 것이다). 문제는 '설마' '어떻게 되겠지' 생각하고 있는 사이에 사고가 생긴다.

64) 공포의 미세먼지를 관리해야 한다. 우리는 운동만이 건강을 지킬 수 있다고 말할 수 있으나 발암물질이 많은 미세먼지오염도(공기)가 폐암으로 가는 경우가 많다. 미세먼지가 제일 많은 장소는 고기집(4.41mg/m3), PC방(1.28mg/m3), 헬스장(0.174mg/m3)과 집안에서 이불을 정리할 때는 주차장 오염을 방불케 한다고 하니 하루 3번씩 환기를 시킬 것과 젖은 걸레로 자주 청소를 요구하고 있다. 요즘은 물 값이 기름 값이고, 공기 값이 금값이다.

65) 신병주, 조선왕조 의궤, 2008, 스쿨 김영사.

성공하였다. 의궤는 왕조의 국정운영 상황을 기록하기 위한 작업으로서 특기할 점은 종래의 의궤는 손으로 직접 쓰고 그림을 그린 필사본으로 만들어졌다. 금속활자 이용한 것이라도 목판을 새겨서 찍은 목판목에 후에는 인쇄가 발전되었다. 서민의 삶과 광대들의 놀이는 1회성 행사놀이로 유희만 했지, 한자문화였기에 때문에 기록문화가 성립이 되지 못했다.

열네 번째, 어떤 사람들이 성공하게 되는가?[66]

모든 사람들이 성공하기를 원한다. 그러나 실제로는 성공하는 사람보다는 실패하는 사람이 더 많다. 왜 그럴까? 왜 사람들은 성공하기를 간절히 원하면서도 실패로 끝나는 삶을 살게 되는 것일까? 성공하는 사람은 성공할 수밖에 없는 사고방식, 삶의 방식, 습관, 특성을 지니고 살았기 때문이고 실패한 사람들은 실패할 수밖에 없는 사고방식, 삶의 방식, 습관 특성을 지니고 살았기 때문이다. 다음은 성공하는 사람들에게 있는 공통적인 특성과 기준이 몇 가지 있다.

첫째는 자신이 하는 일에 집중하는 사람이다.

둘째는 성공하는 사람들은 넓게 생각하고 세밀하게 행동한다. 당연한 이야기 같지만 실제로 그렇게 하는 사람들은 적다. 넓게 보는 사람들은 세밀하지 못하고 세밀하게 보는 사람들은 넓게 보지 못한다. 그런데 하나님은 넓으시고 세밀하시다. 하나님은 거의 무한대에 가깝게 넓으시고 머리털 하나까지 헤아릴 수 있으실 정도로 세밀하시다. 이 점에서 나는 성격적으로 큰 약점이 있다. 넓게 보는 면에서는 어느 정도 넓은 편인데 세밀하지를 못하다. 그래서 넓게만 보고 세밀하지 못한 탓에 안 할 고생을 많이 하였다. 지난 해 4월 초에 일본의 대표적인 경제신문인 니혼게이자이신문(日本經濟新聞)에서 〈한국은 왜 강한가?〉란 제목으로 특집을 실은 적이 있다. 내용인즉 지난날에 일본에 뒤처져 있던 한국이 최근 들어 오히려 일본을 앞지르려 하고 있다. 또 몇몇 분야에서는 이미 일본을 앞지르게 되었다. 그렇게 된 원인이 무엇인가를 다루는 내용이었다.

그리고 그 기사에는 그렇게 된 원인을 세 가지로 소개하였다.

첫째는 한국인들이 지니는 특유한 Hungry Spirit이다. 한국경제를 오늘의 자리에까지 오르게 한 정신적 기반이 〈할 수 있다 정신, Can Do Spirit〉이다. 그런 정신의 기초에는 가난을 이기고 잘 살아보자는 헝그리 정신을 기반에 두고 있다는 것이다.

둘째는 한국이 좁은 국내시장을 극복하기 위하여 세계시장으로 뻗어나가려는 세계화정신(Globalism)이다. 경제학에 의하면 한 나라가 자립경제를 이루려면 인구가 1억 이상이 되어야 한다. 일본의 경우는 인구가 1억 3천만이어서 기본경제규모가 되지만 한국은 5천만이어서 자

---

66) 김진홍 목사 칼럼 중에서.

립경제를 이루기가 어렵다. 그래서 세계로 뻗어나가는 정책을 세워 이점이 한국을 강하게 하고 있다는 것이다.

셋째는 한국인들이 어느 곳 어떤 처지에서도 잘 적응하는 유연성(Flexibility)이다. 한국인들은 사고(思考)와 행동이 유연하여 어느 곳에서나 어떤 환경에서나 적응을 잘한다. 이점이 한국을 강하게 하고 있다는 것이다.

열다섯 번째, 10년간 창업기업 3,600개 연구[67]

다음 10년 동안에 스위스 시계 산업은 65%에서 10%로 떨어졌고 이익률도 20% 이하로 떨어졌다. 왜 그렇게 되었을까? 이유는 단순하다. 스위스의 시계제조업자들이 발상의 전환(PARADIGM SHIFT)에 실패하였기 때문이다(코닥 필림도 같은 예).

창업가의 8대 딜레마: 1) 경력: 창업시점이 언제냐?(예술단 창단) 자금력, 시장, 상황, 개인여건, 2) 단독VS공동: 혼자하나 함께하나? 독자 또는 공동창업, 3) 관계: 누구와 창업하나? 가족 친구 또는 과거직장 동료, 외부 전문가, 4) 역할: 창업 팀의 역할 배분은? 공동창업자, 전문가에 의사 결정권 부여, 5) 보상: 주식 배분은 어떻게? 성과에 따른 배분, 보상 시나리오 짜야, 6) 채용: 언제 어떤 직원 채용하나? 기존 지인 또는 외부전문가 영입, 7) 자본조달: 언제 어떻게 조달받나? 수익 모델 갖춘 후 앤젤 투자자·벤처캐피탈 유치, 8) CEO 승계·교체: 언제 CEO에서 물러나나? 자발적 퇴임 또는 타의에 의한 사퇴 등, 창업은 큰 도전이다. 잘만하면 성공의 열매를 맛볼 수도 있다. 내로라하는 상당수 글로벌 기업들도 어려운 시기에 잉태했다.

8개의 딜레마적 상황을 해결하는 열쇠는 결국 '부'와 '권력'(예술은 기획·제작 능력) 두 개를 모두 창업자가 손에 넣을 수 없으며 하나만 선택해야 한다고 하면서 그렇지 않고 버티면 정체되거나 쇠락할 것이라고 '와서만' 교수는 말하고 있다.

열여섯 번째, 해고하는 법부터 가르치는 창업사관학교[68]

흔히 비용을 줄이기 위해 구조조정이나 정리해고를 하면 된다. 그러나 한 사람을 회사에서 해고하기까지 상상조차 할 수 없는 스트레스와 롤러코스터를 타야한다. 회사의 창업자인 '도슨'은 자신의 친구이자 자신을 멘토로 여기던 최고재무책임자(CFO) '낸시'를 해고하기로 결정해야 했던 이유를 학생들에게 수업의 일환으로 모델역할극을 통해 다음과 같이 제시했다.[69]

---

67) 노만 와서만 하버드대 경영대학원 교수(보스턴 유정 기자. 조선일보 2012.12.8).

68) 백산 스탠퍼드대 경연대학원생. 이신영 기자. 조선일보 2013.5.25-26.

69) 사업을 함께 일으켰다. 낸시는 열심히 했고 문제는 사업이 너무 커져 재무를 담당해야 할 최고재무책임자(CFO)를 데려와야 했었다. 낸시는 치명적인 실수를 범했고, 무엇보다도 부하직원들에게 존경을 잃은 상태, 그녀를 계속 붙잡아 둔다는 것은 비즈니스적으로 말이 안 되는 이야기라는 것을 오래 전부터 확신했지만 도무지 입이 떨어지지 않았다. = 누가 도슨과 낸시 역할을 할 것인가?

도슨 = 낸시 오늘 미팅을 한 건 다름이 아니라 너의 상황을 체크해보기 위해서야, 어때, 요즘 일에 대해서 어떻게 생각해?

낸시 = "도슨 걱정해줘서 고마워, 하지만 걱정 안 해도 돼, 정말 많이 나아졌고 나 정말 노력하고 있어, 아주 자신 있어, 회사도 계속 잘되고 있고 매우 신나"

도슨 = "그래? 낸시,(망설이다가) 사실 할 말이 있어, 내가 생각하는 건 달라, 아무래도 네가 계속 CFO 자리에 있는 것은 어려울 것 같아"

낸시 = "도슨, 그게 무슨 소리야. 누가 나를 험담했니? 그런 말이 어딨어? 이 회사를 여기까지 오게 하는 데 내가 얼마나 애썼는지 네가 누구보다 잘 알잖아, 난 잘할 수 있어, 내게 기회를 줘"

도슨 = "낸시, 나도 너무 어려운 결정이야. 지금회사에서는 더 경험이 있는 사람이 필요해."

낸시 = (울며 소리를 지르며) "난 배울 수 있어 갈수록 나아지고 있다고. 지금까지 그래 왔듯이 나는 잘해낼 거야. 넌 내가 애기 두 명 학비 대느라 이 일이 절실히 필요하다는 것 알잖아. 어떻게 네가 나한테 이럴 수 있어."

(낸시는 울며 소리 지르고 기세등등하던 도슨은 어찌할 줄 몰랐다.)

> (교수는 박수를 치며) 낸시(아담) 정말 잘했어. 실제로 해고는 가장 어려운 대화이고,
> 근본적으로 감정적인 과정입니다. 절대로 상대방에게 틈을 줘서는 안 돼요. 해고가 마치 다른 것인 것처럼 가장해서도 안 됩니다. 짧게 두괄식으로 할 말을 확실히 정리하고 그전에 기록부터 다양한 이슈를 다 정리해 놔야 합니다. 그리고 '업무능력'을 해고하는 것이지 그 '사람'을 해고해서는 안 됩니다. 즉 인신공격은 절대 피해야 합니다.

교수는 다시 말을 했다.

실제로 낸시를 내보내는 건 너무나 고통스러웠습니다. 전 미리 모든 서류를 준비했습니다. 낸시가 업무상 범한 실수와 부하직원들의 피드백들을 혹시나 해서 준비하는 것은 물론이고 낸시에게 줄 퇴직금, 기타 퇴직 관련서류도 준비했습니다. 그리고 사흘 후에 낸시는 더 안정된 모습으로 모든 걸 받아들이겠다며 저를 만났죠. 지금까지 우리도 좋은 관계로 남아 있습니다. '협박'하지 말고 '협상'하라.

능력 있는 CEO라면, 선택하여 밀어붙이는 자신감 가져라[70] 능력은 여러 대안 중 최적을 찾는 것을 말한다. 자신의 기술과 가장 적합하고 경영성과와 성장전망이 좋은 대안을 선택해

---

70) 정세진 교수, 전략 & 인사이트, 조선일보 2014.2.8.(자신감은 언제 경영에 도움이 될까? A) 능력보다 자신감높이는 활동 필요, B) 자신감보다 능력개발 필요, C) 자만에 유의하고 능력개발에 집중).

야 한다. 자신감이란 이러한 외부의 평가에도 자신의 선택(안)을 계속 밀고 나가는 것을 의미한다. 그러나 회사를 운영하다보면 품행, 불량 문제 많은 직원이 있어 무턱대고 해고했다간 큰일 난다고 한다.[71] 정당한 이유 없이 해고하면 문제가 있어 유형별로 정리했다. 1) 부상, 질병, 건강 악화로 일할 수 없을 때, 2) 사업외적 이유로 유죄판결을 받아 근무가 어려울 때, 3) 능력 부족, 성적불령, 적격성 결여(그러나 검토필요), 4) 업무지시, 명령거부, 5) 상사, 동료와 협력하지 않고 독선적으로 행동, 6) 기업 업무에 중대한 지장을 준 불법쟁의 행위, 7) 사생활 비리나 기업 비밀 누설 등으로 명예, 신용 손상 등이 있는데 분쟁이 많으니 증빙자료 확보하고 절차 지켜야 한다. 미국 컨설팅회사 매독더글러스는 블룸버그비즈니스위크 기고문을 통해 해고는 최후의 수단이기 때문에 신중해야 한다고 했다. 때문에 다음 세 가지를 조언한다. 1) 희생자(The Victime): 우리가 이 월급 받으면서 그런 일까지 해야 하냐, 핍박과 고난을 강조, 불평과 짜증이 많다. 2) 불신자(The Nonbelievers): 그렇게 열심히 일하면 뭐해, 사장이 보상해 주겠느냐? 이게 성공하겠느냐? 3) 헛똑똑이(The Know-It-Alls): 똑똑한 척하면서 뭐든 안 된다고 하는 부류 등, 혁신을 이끌기 위해서는 퇴출전략을 통해서 이런 직원들을 솎아내야 한다.[72] 어떤 CEO는 "나는 행복한 기업 문화를 원한다. 그래서 불행한 직원을 해고 하는 것이다"라고 한다. 이상민 한양대 경영학부 교수는 "해고는 최후의 수단" 이라면서 "결국 직원들이 납득하지 못하는 해고는 조직에 독이 된다."고 말했다. 특히 공채로 채용할 때 인성을 확인해야 하며 뽑고 나서 기대에 못 미치는 것이 있기 때문에 채용할 때 신중해야 한다.

＊이제 접근방법으로 훈련, 생활하여 전통문화를 활성화하고 대중화해야 한다.

위의 연희의 여러 접근방법을 통해 작품들의 장・단점들을 파악하여 국가브랜드로 명품을 개발해야 한다. 그러나 제일의 부(富)는 건강(健康)이다. 건강을 잃으면 세상(世上)을 잃게 된다. 이제 건강과 아름다움(美)을 느끼는 사람들이 많아 졌다. 그러나 10-30대까지는 자기개발에 신경을 쓰고, 30-40대는 자녀에, 40대부터는 직장의 일과 삶의 균형을 유지하려고 노력한다고 한다. 이렇듯 일반인들은 사회를 살아갈 때, 보편적으로 생계수단과 싸움을 하지만, 요즘은 마음의 풍류를 더 중요하게 생각하여 돈보다 여유로움을 선택하는 사람들이 많아졌다. 50대부터 건강을 체크하지만 늦었다. 건강은 젊었을 때부터 차근차근하게 신경 쓰고 정리해

---

71) 中企 CEO의 고민 '理想的 해고' 이위재 기자. 조선일보 2014.2.8.

72) 부당해고 구제절차: 피해 당사자(노동자, 노동조합(3개월 이내 신청 → 지방노동위원회(불복 시 10일 이내 재심신청) → 중앙노동위원회(불복 시 15일 이내 소송) → 행정소송(행정법원-고등법원-대법원) 자료=서울지방노동위원회 제공.

야 하는데, 건강의 아름다움을 터득한 후에야 건강관리에 들어가게 된다. 이제 전통문화를 통해 우리식으로 우리 몸을 보호 훈련하여 "과거 전통의 문화형식(形式)을 오늘의 양식(樣式)"으로 이끌어 내어 우리의 몸을 한국식 **국가브랜드 건강작품으로 접근하여 명품을 만들기 위해 훈련하고 생활하여 대중화해야 한다.**

무엇보다도 중요한 것은 생활습관이다. 혼・창・통(魂創通)[73]의 재창출로 문화는 그 시대의 맞는 생활이기 때문에 현대에 맞는 전통을 전승시키기 위해서는 현대적 발상 전환이 필요하다. 그것이 바로 전통문화를 즐기면서 운동을 할 수 있는 '탈춤체조' '민속놀이 올림픽'이다. 아울러 스트레칭과 민속(民俗)문화를 접목시켜 '어제의 민속을 오늘의 양식(養殖)문화'로 현대의 생활과 관계점을 찾아보는 것이 '탈춤클리닉'이었다. 이제 관광지를 개발하고 전통문화(민속・탈춤・농악・남사당 등)를 제작하여 어떻게 실생활에 접근해서 마케팅하여 콘텐츠로 응용하느냐에 따라 최고의 작품이 될 것이다. 그러므로 미래의 건강놀이문화로서 진가(眞價)가 나올 것이며 삶속에 살아 숨 쉬는 비전 있는 한국전통문화를 국가브랜드 명품작품으로 활성화하여 대중화시켜야 한다.

지금까지 위 사항들의 예를 들어볼 때, 목적(目的)과 존재(存在)가 같아야 가치(價値)가 있다.[74] 현대인들은 가정과 직장생활에서 필요한 창의력이나 문제해결 능력이 미약하고, 따라서 건강을 위해 운동을 해야 하는데 어떻게 실천(實踐)하며 접근할 것인가? 모든 장르결합이 중요하듯이 사회, 정치, 경제, 문화가 교육(敎育)만을 통해 될 수 있는 것이 아니므로, 접근방법(체험・요령・상황・분위기・관계 등을 통해)을 어떻게 하느냐에 따라 목표(目標)를 통해 목적(目的)을 달성할 수 있고, 건강(健康)한 사회를 지킬 수 있는 것이다. 아울러 모든 사회생활의 소통과 교감 속에서, '풍성하고 행복해서 웃는 것'은 당연한 것이나, 반대로 '악조건 속에서도 - 가까이 다가가서 웃음을 통해 행복해질 수 있는 것'[75]이 바로 접근방법(接近方法)이다.

2. 처세 방법

누구든지 아첨하는 자(者)를 싫어한다. 그러나 지도자(指導者)들은 아첨하는 것을 좋아해 한다. 이것이 문제이다. 처세(處世)라는 뜻은 남과 사귀면서 세상을 살아가는 방법이다. 방법

73) 이지훈의 '혼・창・통'의 共感・疏通・希望의 능력 등, 마티하스 호르크스의 '위대한 미래' 책 참고.

74) 마이크가 고장이 나면 교체해야 하고, 배터리가 나가면 버려야 한다(능력 있는 자가 보직).

75) 그러면 천사들의 합창이 들려올 것이다. 집안이 화목하면 가난해도 좋거니와, 의(義)롭지 안으면 부(富)인들 무엇하리!, '천사가 이르되 무서워하지 말라. 보라 내가 온 백성에게 미칠 큰 기쁨의 좋은 소식을 너희에게 전하노라.'(눅 2:10), 제일의 부(富)는 건강(健康)과 인성(人性)이다.

(方法)은 어떤 일을 해나가거나 목적을 이루기 위한 수단과 방식이다. 요즘 국회청문회가 무서워 장관을 하지 않으려고 한다. 그렇다면 국회 청문회 장관후보 질의응답을 할 때, 예전에는 국회의원들이 상대방을 죄인 심문하듯 했다. 똥 묻은 개가 겨 묻은 개를 나무라듯 자기는 깨끗하지도 못하면서 깨끗한 것처럼 하는데, 오히려 장관후보에게 묻는 질문을 청문회 때, 국회의원이 똑 같은 질문을 먼저 답변하고 난 다음 질의에 응답을 요청하고 싶다. 문제는 상대방을 만났을 때 수단과 방법을 어떻게 가려서 행동으로 옮기느냐가 처세이다. 우주, 달나라에 거주한다고 가정해도 인간과 사람은 만나야 한다. 대인관계 속에 좋은 이미지를 주기 위한 에티켓(etiquette)과 매너(manners)가 바로 처세이다. 사회를 살다보면 예의 · 존경은 못할지라도 조직의 규정 · 절차 · 과정은 지켜야 한다.

그러나 우리민족은 어색한 분위기에서 '몸 둘 바를 몰라' 몸과 표정관리를 잘 못한다. 어색한 상황에서 물질과 명예와 인기와 권력과 나쁜 습관으로 자기감정에 메어 처세 때문에 종살이를 하고 있는 것이다. 그러므로 우리는 아직까지 인내(忍耐)와 갈등(葛藤)속에 헤어나지 못한다. 갈등이라는 단어는 누구나 만날 수 있는데(연극은 갈등이다?) ① 싸움을 하면 더 친해질 수도 있고, ② 잘못 싸우면 영원히 적이 되어 만날 수 없는 관계가 된다. 그래서 갈등을 지혜(知慧)롭게 통과시켜야 한다. 갈등을 만났을 때 어떻게 통과를 시키느냐에 따라 감정의 골이 깊어질 수 있고 영원한 좋은 친구가 될 수 있다. 그래서 인간훈련(人間訓練)을 해야 한다. 연희(연기)자는 연희(演技)훈련, 학생은 공부 훈련, 순종 훈련, 강의를 받는 것도 훈련이며, 삶의 훈련을 통해 인내(忍耐)하며 기회가 올 때까지 기다려야 한다. 힘 있는 자(者)만이 인내할 수 있다. 달면 삼키고 쓰면 뱉어버리는 인간성보다 학습과 훈련을 통해 길들어지는 것이 인내(忍耐)이다.

외국인은 흑백(黑白)논리가 분명하다. 한국인은 인정(人情)많은 민족이지만 따지기를 좋아한다. 허풍도 많은 민족으로 여건, 생활, 계급, 위치에 맞지도 않는데, 과분하게 처세를 하다보니 과부하가 걸리는 것이다. 회사입사 시험 면접에서 "군대 갔다 왔느냐"고 질의한다. 군대는 '보고'에서 시작하여 '보고'로 끝내기 때문에 '보고'가 곧 소통이다. 또한 정보(情報)라는 것은 신문 · 방송 · 인터넷 소문 등 공중에 떠돌아다니 것이 정보인데 그 정보를 내 것으로 만들면 내 것이 된다. 이렇게 사회를 살아가는데 모든 것은 처세라고 하지만 철학(哲學)이 있어야 한다. 처세(處世)라는 것은 간단하면서도 복잡 · 미묘하다. 그러나 최선을 다하고 근면성실(勤勉誠實)하면서 긍정적으로 마음먹기 달려있다. 교만(驕慢)하면[76] 열매를 맺을 수 없고, 겸손(謙遜)하면 열매를 맺을 수 있다.[77] 이럴 때 이런 상황을 어떻게 처세를 해야 하는가?

---

76) 우물 안의 개구리와 한강의 개구리 누가 더 교만한가?(우물 안은 좁으니까 자기가 최고라고-)

1) 제자(弟子)와 선생(先生)

제자(弟子)가 선생(先生)을 어떻게 대접해야 하나? 또는 선생이 제자를 어떻게 해줘야 하나? = 인간은 인성(人性)과 여건(與件)이 맞지 않으면 마음이나 육체가 상대방을 떠난다. 나의 언행(言行)의 처세가 어찌했던, 상대방이 어떻게 해석(解析)하고 어떤 각도(覺度)에서 보느냐가 문제이다. 무당(巫堂)은 필요해서 부르지만 존경하지 않는다. 대학과 교수(教授)는 시행착오를 줄여주고 비판(批判)보다도 인성(人性)교육과 긍정적으로 방향(方向)을 제시해야 한다. 학교는 방향을 제시하는 곳이며 공부는 학생자신이 하는 것이다. 가치관(價値觀)이 필요하다. 그리고 필요하다보면 스승과 제자 간에 재능기부(才能寄附)[78]도 할 수 있다.

2) 연희자(演技者)의 길

연희(演戲/연극)를 하려면 허공(虛空)이 곧바로 기(氣)라는 사실을 알아야 한다. 有(유/있음), 無(무/없음), 隱(은/숨음), 顯(현/나타남), 神(신/신묘한 본질), 化(화/변화), 性(성/본성), 命(명/천명) 등이 캐릭터에 맞게 교육과 훈련을 해야 한다. 그런데 연기자는 서양연극, 연희자는 전통문화를 하는 자(者)를 보편적으로 알고 있는데, 필자는 관객 앞에 서는 자(者), 모두를 연희자(演戲者)라고 논문을 제출한 바 있다.[79]

현시대는 창조해야 성장의 원동력이 된다. 따라서 연희자와 문화지도자가 있어야 지역사회가 발전되고 활성화 될 수 있으며 그 지역이 성장하여 구축하려면 고유 문화브랜드로 도시가 발전해야 한다.

그러므로 ㉮ 걷기 위해서는 수 없이 쓰러져 봐야 한다.〈실패는 성공의 어머니〉 ㉯ 지도자(연희자)는 많은 실패(自考)할 기회가 있어야 훌륭한 지도자가 될 수 있다(창작, 극복). ㉰ 실패는 좌절이 아니다. ⇒방향을 전환할 기회라고 생각한다. ㉱ 고통고난은 자산(資産)이다. 실패를 극복해야 과감하게 전진할 수 있다. 세상 것은 못 가졌을 때 가지고 싶으나 가지면 가치가 떨어진다. ㉲ 단, 근면(勤勉)해야 하나, 게으른 자는 정복하지 못한다. ㉳ 자신감은 습관이

---

77) 요한복음 15:1-8.

78) 개인이 가진 전문성을 발휘해 사회 발전에 기여하는 봉사활동이다(개인이 가진 재능을 사회에 기여하는 행위), 초창기엔 각 분야의 전문가가 전문지식과 기술을 이용해 벌이는 봉사활동을 뜻했다. 근래에는 전문가에 한정하지 않고 일반인의 재능을 통한 봉사활동까지 포괄하는 의미로 쓰인다(조선 엄보운 기자: 그러나 생떼를 쓰거나 기부자의 선을 악용하는 사람이 늘고 있기 때문에 예능노동은 공짜로 본다. "예술 하는 놈이 돈 밝히느냐?" "재능착취" "재능갈취" 라는 말까지 나온다.="공짜로 해 달라" - 재능기부 강요하는 사회가 되었다).

79) 최창주, 한국가면극과 뮤지컬, 앰애드, 1997.

므로 자신감을 새롭게 하라. ㉳ 전기가 고난(苦痛)을 만나야 밝은 빛을 낼 수 있다. 고난은 유익이다. ㉴ 쉬지 않겠다고 마음먹으면 이긴다(인간의 힘은 대단하다). = 쇠(비행기)가 하늘을 나르고, 기차로 달리는 시대가 올 줄 누가 알았겠는가?/ 인간의 발명품(創作): 1. 화장실, 2. 컴퓨터, 3. 불, 하나님의 발명품: 말씀과 기도(祈禱), ㉵ 스트레스는 쌓이기는 쉬우나 풀기는 어려워, 무던히 노력해서 쌓이지 않게 항상 노력하라(人間性 回復 = 신뢰 얻기는 시간이 걸린다), ㉶ 마음은 그 사람의 행동을 결정한다. 무슨 마음을 먹느냐?에 따라 상황이 변하게 된다.

3) 4가지의 사람의 종류가 있다.

1. 너 죽고 나 살자(이런 사람은 문제가 있다)
2. 너 살고 나 죽는다(너무 겸손해도 문제가 있다)
3. 너 죽고 나죽자(이판사판이면 문제가 있다)
4. 너 살고 나살자(서로 의지하고 위로하면서 세상을 살아가야 한다)

- 다음은 A집안과 B집안이 있는데 똑같은 시기 똑같은 거리로 여행을 한다(피서)

가) A집안은 남편이 불평불만이 가득 차 피서 길을 떠나며 고속도로를 달리고 있는데 길(차량)은 밀리고 화가 나서 브레이크도 밟고 신경질을 내니 자식들이 불안하고 초조해하며 울며불며 초상집처럼 여행을 하는데 목적지가 멀어만 보인다.

나) B집안은 남편이 리드하며 차 속에서(단어 이어가기, 게임, 부모들의 옛날이야기 등)이야기를 들려주며 준비한 음료수, 과일을 먹으며, 밀리는 고속도로를 재미있게 콧노래 부르며 여행하다보니 어느 덧 목적지에 도착했다(언제 어떻게 도착했는지도 모르게 즐겁게 보내며 왔다).

- 가정의 중요성과 우리는 무슨 마음을 어떻게 먹느냐가 중요하며 마음에 따라 그 사람의 행동을 결정하게 된다.[80)]

80) 이발을 하면 하루가 기분 좋고, 집을 사면 1달, 결혼하면 1년, 평생을 좋게 하려면 가족과 이웃을 사랑하라고 했다.

4) 말씀(言行) = 우리는 입시위주 수업으로 하여금 교양이나 결혼(개인)교육이 없었다.

노하기를 더디 하는 것이 사람의 슬기요 허물을 용서하는 것이 자기의 영광이니라(잠언 19:11), 유순한 대답은 분노를 쉬게 하여도 과격한 말은 노(怒)를 격동하느니라. 지혜 있는 자(者)의 혀는 지식(知識)을 선히 베풀고 미련한 자의 입은 미련한 것을 쏟느니라(잠 15:1-2), 지혜는 진주보다 귀하니 네가 사모하는 모든 것으로 이에 비교할 수 없도다(잠 3:15), 지혜로운 여인은 자기 집을 세우되 미련한 여인은 자기 손으로 그것을 허느니라(잠 14:1), 한 사람이면 패하겠거니와 두 사람이면 맞설 수 있나니 세 겹줄은 쉽게 끊어지지 아니 하느니라(전도서 4:12), 젊은이에게 주는 교훈: 이익을 탐하는 모든 장의 길은 다 이러하여 자기의 생명을 잃게 하느니라(잠 1:7-19), 무엇이나 때가 있다(전 3:1-11, 공부할 때, 결혼할 때, 돈 벌 때 등) 결혼식 때 주로 사용하는 말씀과 찬송가(오늘 모여 찬송함은/287장), 사랑은 언제나 오래참고, 온유, 시기, 자랑, 교만, 무례, 유익, 성내지 아니하며, 진리, 감싸주고, 믿음, 인내, 소망, 영원, 그 중에 제일은 사랑이라(고린도전서 13:4-13).

예수께서 대답하여 가라사대 사람을 지으신 이가 본래 저희를 남자와 여자로 만드시고 말씀하시기를 이러므로 사람이 그 부모를 떠나서 아내에게 합하여 그 둘이 한 몸이 될찌니라 하신 것을 읽지 못하였느냐. 이러한즉 이제 둘이 아니요 한 몸이니 그러므로 하나님이 짝지어 주신 것을 사람이 나누지 못할찌니라(마태복음 19:4-6).

아내들이여, 자기 남편에게 복종하기를 주께 하듯 하라. 이는 남편이 아내의 머리됨이 그리스도께서 교회의 머리됨과 같음이니 그가 친히 몸의 구주시니라. 그러나 교회가 그리스도에게 하듯 아내들도 범사에 그 남편에게 복종할 찌니라. 남편들아, 아내 사랑하기를 그리스도께서 교회를 사랑하시고 위하여 자신을 주심같이 하라(에베소서 5:22-25)

5) 인생은 신뢰(信賴)다.

이 세상은 부익부(富益富), 빈익빈(貧益貧)으로 불공평하다. 부자일수록 더 큰 부자이고 가난한 사람일수록 더 가난하다. 착한 사람은 못 살고 악(惡)한 자는 유리하게 살 것 같지만, 결국은 불법으로 정당화하는 것은 인생을 꼬이게 만든다. 마귀는 인간을 교만(驕慢)하게 만든다. 인생은 고난의 여정이므로 씨름하면서 신뢰를 쌓아야 한다. 최고의 정책은 정직(正直)[81] 이다. 마부작침(磨斧作針/숫돌에 도끼를 갈아 바느질하듯 짓다)[82] '도끼를 갈아 바늘을 만든

---

81) 거짓이나 허식이 없이 마음이 바르고 곧음.

다.'는 뜻이나 아무리 어려운 일이 있어도 중도에서 그만두지 않는다면 성공으로 이끌어 낼 수 있다. 신뢰를 가지고 끈기 있게 하면 목적을 이룰 수 있다. 그러나 상대방을 흉보고 비판하면 비관적인 사람으로 평하게 되는데 그 사람을 가깝게 생각하지 않고 멀리하고 피곤하게 생각하여 만나기를 꺼려한다.

6) 진심(眞心), 진정성(眞正性), 인성(人性), 영성(靈性)

놀이하는 것을 보면 인간성이 나온다. 진심(眞心), 진정성(眞正性), 인성(人性), 영성(靈性)이 중요하다. 검사(檢事)는 흑백(黑白)논리이나 국회의원(하얀 거짓말과 검은 거짓말)은 흑백논리가 아닌, 거짓말 안하고는 표를 얻을 수 없다고 한다. 그래서 해는 뜨는 쪽과 지는 쪽이 있는데, 사람한테는 중요한 시기가 있다(黎明). 어느 쪽을 바라보느냐가 귀로의 길이 선택이 된다. 현실은 세상적인 것과 영적인 것이 있다. 기독교 신자는 물론이거니와 사람은 인성과 영(靈)이 맞아야 한다.

7) 철학(哲學)이 있어야 한다.

인간과 세계에 대한 궁극의 근본원리를 추구하는 학문, 자기 자신의 경험 등에서 얻은 기본적인 생각이 철학이다. 사람은 누구나 각자 나름의 생활(生活)이 있다고 사전에 기록되어 있다. 즉 생활의 규정이 철학이다. 이름이 뭐냐? 너의 존재가 뭐냐? 질문하는 것이다. 철학은 예전에는 그리스에서 시작하여 독일로 옮겨졌다. 그동안 미국 50년에서 이제 중국으로 옮겨가고 있다. 지금은 영어시대가 되었지만 헬라어, 히브리어, 로마어, 한문(漢文)을 알아야 세계를 알았다고 할 수 있다. 헬라어가 우수하여 표현하는데 있어서, 나라마다 인간의 언어가 문명을 발달시켜 왔다. 언어(言語)가 부패하면 사회가 타락한다.[83] 정치적으로 공산당이 전쟁에는 졌지만 문화적으로 이겼다. 유물론은 양심은 없고 돈, 물질이 최고라고 주장하고 있다. 물론 자본주의도 물질이 있는 곳에 마음이 있는 것은 사실이다.

---

82) 알묘조장(揠苗助長): '묘가 자라지 않아 뽑아 올려 높여 주었다'의 뜻이나 성공을 서두르다가 망친다. 불치하문(不恥下問): 아랫사람한테 물어봐도 부끄럽지 않다. 승당입실(升(昇)堂入室): 학문과 예술이 점차 높은 수준으로 오른다.

83) 상담, 재판(판결), 대화 등, 언어를 먼저 하게 한 후에 해결한다. 생각과 행동, 말 한마디로 천 냥 빚을 갚는다. 기독교는 언어의 종교, 양심의 종교 등이다.

8) Karisma(charisma)

결론은 대장끼리 결판이 나고 졸병은 따라갈 뿐이다. 조직을 이끌려면 힘이 있는 사람을 뜻하는 것으로 많이 알고 있다. ㉮ 사람을 끄는 힘, ㉯ 매력(맛, 지혜), ㉰ 독특한 존재(存在/光), ㉱ 고통은 인간을 강하게 만든다. ㉲ 비범(非凡)한 정신력(精神力), ㉳ 향기(香氣), ㉴ 누구나 〈charisma〉가 숨어 있다. 그러나 지식이 없으면 손발이 피곤하다(천재는 바보에게 배운다). 상사가 꼭 알아야 할 부하직원 질책기술, 잘 혼내려면 혼자만 불러, 딱 10분만 혼내고 어깨 두드리며 끝내라. 마무리는 따뜻하게 하라고 다음과 같이 소개한다.[84)]

① 사무실을 피하라/ 공개된 장소에서 혼내면 역효과. ② 10분이 마지노선/ 10분이 지난 다음엔 모두 잔소리. ③ 말투는 평소대로/ 개인적인 감정은 꼭 참아야 한다. ④ 천사표 딱지는 떼라/ 이왕 꾸짖을 거면 엄하게. ⑤ 양념식 칭찬은 NO/ 비판할 땐 오로지 비판으로만. ⑥ 비교발언은 삼가라/ 부하에게 아픈 상처가 된다. ⑦ 화풀이하지 마라/질책대상은 '사람'이 아니라 '상황'이다.

- '긍정적 사고의 힘'의 저자 '숀 아처'가 추천하는 5가지[85)]

① 잠자기 전에 감사리스트(grati-tude list)를 적는 습관을 3주일만 해봐라.
② 짬을 내서 재미를 찾아라(행복할 때 뇌신경은 더 빨리 효율적으로 반응한다).
③ 업무환경을 밝게 하라(긍정적인 생각을 유도할 수 있는 사진이나 물건들로 책상을 꾸며라).
④ '걱정노트'를 만들어라(노트에 자신의 느낌을 적어라, 글이 나쁜 감정을 희석시킨다는 뇌과학자들의 연구결과가 있다).
⑤ 인간관계에 투자하라(스트레스를 받으면 인간관계를 완전히 닫아거는 경향이 있다. 멍청한 짓이다), 쉬어라(업무는 마라톤이 아니다).

- '면담의 기술'

① 뭐든지 솔직하게 얘기해봐(자리에 앉자마자 상사에게 고충을 편하게 털어놓을 수 있는 부하직원은 없다).

84) 이경은 기자, 조선경제, 2011.5.12. 조언: 인퓨처 컨설팅.
85) 김정훈 기자, 조선일보, 2011.8.25.

② 나도 이러고 싶지 않은데 위에서 하도 뭐라고 해서(프로페셔널하게 보이지 않고 어른다움이 부족해 보인다)
③ 실적이 이래서 되겠어(부하직원의 아킬레스건을 직접 찌르는 말이다. "자네 실적 때문에 내가 걱정인데, 무슨 고민이 있어?" 식의 접근이 좋다)
④ 자네 혹시 요즘 집에 문제 있나?(원인을 미리 예단해버리면 부하직원은 입을 다물고 가만히 있는 방법을 택하기 쉽다)
⑤ 요즘 젊은 사람들 무서워!(상사는 뜻 없이 하는 말이라도. 부하직원은 날 두고 하는 말이라고 생각한다. 교회에서도 목사님의 설교말씀이 자기를 두고 하는 말처럼 들릴 때가 있다)

면접(面接)의 뜻은 서로 대면하여 만나 본다고 사전에 나와 있다. 인상(人相)을 본다는 뜻이고 면접장에 들어오는 순간부터 면접으로 보면 되는 것이며 등장과 퇴장이 중요하다. 육하원칙(六何原則)에 의해 답변하면 되나 소개서에 전공, 취미, 잘할 수 있는 것, 좋은 인상(印象)을 줄 수 있는 것 등, 어떻게 기입했느냐가 문제이다.

9) 프레젠테이션(Presentation)

전문가들 앞에서 언어를 통해 개성 있는 발표, 품격(品格)있는 설명회, 브리핑을 하는 행위로서 준비된 자료(資料)와 스피치(Speech: 발음・발성・호흡조절・매너행위) 등으로 공감대를 형성하여 공유하게 하는 것이다. 취지와 목적(目的)은 경청하는 자에게 자기회사의 것을 선택하게 하는 것이다. 즉 홍보(弘報)의 마케팅, 콘텐츠의 결과이다. 요즘 세계화, 국제화시대가 되면서 해외에 수출을 하려고 노력하는데 대외전략이 중요하다. 박철희 서울대 일본연구소장은 21세기 한국의 선택을 말하면서 미국은 불편하고, 북한은 못 믿겠고, 일본은 싫고, 중국은 두려워하는 그런 상황이라고 말하면서 동아시아 문제를 '시간의 축(軸: 활동이나 회전의 중심)'에서 '공간(空間)의 축'[86]으로 이동시켜야 한다고 강조하고 있다.

10) 분리(分離)된 인격(人格)

필자는 탈춤을 분리된 인격이라고 했다. 가면과 본 얼굴, 가면극(假面劇)인 탈춤을 말한다. 탈춤을 추는 자(者)는 가면을 쓰고 근본(根本)을 수행하지만, 가면을 쓰지 않았을 때의 얼굴,

86) 물질, 물체가 존재할 수 있거나 어떤 일이 일어날 수 있는 자리.

양면성을 말한다. 더욱, 흑백논리(하얀 거짓말과 검은 거짓말, 검은 안경 쓴 자), 보이지 않은 가면을 쓰고 이중적으로 살아가는 현대인의 자화상을 꼬집어 주는 역할을 분리된 인격이라고 표현하였다. 그러나 탈춤은 가면(탈)만 착용했을 뿐이지 인간의 본성의 기・예능을 연마한 훈련의 과정을 관객 앞에서 그대로 표출할 뿐이다.

11) 잘 노는 사람이 성공한다.[87)]

다음에 쓰는 몇몇 사람의 공통점을 생각해 봅시다. 아인슈타인, 다윈, 프로이드, 차이코프스키, 스필버그, 맑스, 이들의 공통점이 무엇입니까? 첫째는 자신의 분야에 뚜렷한 업적을 남긴 사람들이었다는 점일 것입니다. 둘째는 유대인들이란 점입니다. 유대인들에게는 무언가 특별한 점이 있습니다. 심지어 유대인들은 선천적으로 특별한 유전인자를 타고났다고 주장하는 사람들까지 있습니다. 그러나 실상은 유대인들이라 하여 태어날 때부터 유전인자가 유별하거나 IQ가 뛰어난 것이 아닙니다.

그들의 문화와 교육방식이 특별할 따름입니다. 그들의 문화의 중심에 자신들의 민족종교인 유대교가 있고 그들의 교육방식은 종교와 교육을 일원화시키는 교육입니다. 그리고 가르치는 교육이 아니라 질문하는 교육이요. 순종하는 교육이 아니라 창조적으로 도전하는 교육입니다. 특히 그들의 노동정신, 혹은 노동철학이 남다릅니다. "열심히 일하라."가 아닙니다. "먼저 잘 쉬어라. 제대로 놀아라!"입니다.

그런 정신이 유대인들의 안식일과 절기 속에 잘 반영되어 있습니다. 안식일과 절기를 제정하고 지키게 하는 기본정신은 "잘 쉬고 잘 놀아라! 그런 다음에 일하라"는 정신이 바탕을 이루고 있습니다. 예수님께서 안식일에 병자를 고치셨는데 당시의 유대인들이 안식일에 쉬라는 규칙을 어겼다고 시비를 걸었을 정도로 안식일 준수가 철저하였습니다.

유대인들에게 6일간 일하고 하루 쉬는 안식일만 있는 것이 아니라, 6년 농사를 짓고 7년째는 사람도 땅도 쉬는 안식년이 있습니다. 자연까지도 쉬어야 한다는 것입니다. 그리고 안식년의 수확은 가난한 이웃들의 몫으로 정해져 있었습니다. 안식일, 안식년만 있었던 것이 아닙니다. 안식년을 7번째 맞는 다음 해 곧 50년마다 희년(禧年)을 지켰습니다. 희년에는 사람과 땅은 물론 공동체 전체가 일 년간 쉬는 해였습니다. 그리고 죄인들이 용서 받고, 빚이 탕감되고, 평등경제가 실현되는 해였습니다.

거기에다 일 년 중에는 7가지 절기가 있어 온 백성이 축제를 열어 철저하게 놀았습니다. 그

87) 김진홍 목사의 '아침묵상' 중에서.

렇게 놀고 난 후에 새롭게 일을 시작하였습니다. 그래서 일 년 열두 달이 유월절, 무교절, 초실절, 오순절, 나팔절, 속죄일, 장막절, 일곱, 절기를 중심으로 이루어졌습니다. 그렇게 절기를 맞을 때마다 철저히 놀고, 안식을 누린 후에 다시 시작하곤 하였습니다. 이런 놀이문화, 안식신앙, 절기 전통이 유대인으로 하여금 성공하는 민족이 되게 하는 기본이 되었습니다.

12) 부활(復活)

* 3.24(일)/ 종려주일(예수님이 예루살렘에 입성하는데 종려나무를 들고 '호산나' 를 외치며 환영했다. 오늘까지는 영광이고 내일부터는 고난주간이 시작된다.)
* 3.25(월)/ 장사꾼들에게 점령당한 예루살렘 성전을 장사꾼들을 몰아내고 성전을 정화(淨化)하셨다.
* 3.26(화)/ 감람산에 올라가 산상설교, 무화가 나무가 열매를 맺지 못하니 저주하여 말랐다. 겨자씨만한 믿음이 있으면 산을 옮긴다고 하셨다(마태복음 27:19-26).
* 3.27(수)/ 가롯 유다가 배신하여 팔았다(배신자의 말로). 마리아가 옥합(기름병)을 깨트려 예수님 발에다 붓고 머리 째로 발을 씻겨드렸다(이사야 53:4-6).
* 3.28(목)/ 최후만찬, 제자들 발을 씻기다. 예수님은 십자가에 달릴 것을 미리알고 떡 과 포도주로 성찬하며 예수님의 보혈로 피의 효력은 영원하다. 너희는 여기 머물러 깨어 있으라(마가복음 14:32-42)
* 3.29(금)/ 십자가에 달림,(엘리 엘리 라마 사박다니: 나의 하나님! 어찌하여 나를 버리셨나이까?) 6시-9시에 숨 거둠, 십자가에 달려 우리 죄를 짊어지고 가셨다. 믿는 자들은 오늘 구원, 치유, 해결, 축복의 능력을 주시고 우리의 모든 질병을 치유해주셨다. 주님의 고난이 슬픔이 아니라 · 천국백성들에게 기쁨의 잔치가 되게 하옵소서(요한복음 19:28-37). 3.30(토)/ 무덤에 머물러 쉬고 계셨다.
* 3.31(일)/ 부활(復活)하심. 부활은 사실(事實)이며 사실(史實)이다. 동시에 죽음과 고난과 환난을 이기게 하는 능력을 주는 참 소망이다. 부활(復活)은 생명의 부활, 생활의 부활(생활이 바뀌면) · 생각의 부활(사고방식), 재산의 부활, 삶속의 부활 등이 있는데, 한국의 전통문화가 새롭게 부활해야 한다. 예수님께서는 부활이후에 부귀와 영화를 누린 것이 아니라 누구든지 나를 따르려면 십자가를 지고오라 하시면서 고통고난은 자산이라고 하셨다. 미래를 다 아시고 피하지 않았다. 이것은 하나님의 뜻을 이루기 위해 고초 당하신 것이다.

13) 자연(自然)의 원리(原理)

지구에서 태어나 100년도 못사는데 우주는 수 억 만년 존재하고 하늘나라는 영원히 존재한다. 그렇다면 땅은 얼마나 존재하며 변하는가? 특히 한국은 춘하추동(春夏秋冬)이 있고 인간은 희로애락(喜怒哀樂)이 있다. 이 세상이 자연을 무시하고 살다가 이번 가뭄 끝에 2012년 7월에 장마인 비가 내림으로서 1,000억 원의 이익을 산출해냈다고 한다. 필자는 농사를 짓지 않지만 정원에 나무와 잔디가 타 들어가는 데 비가 내려야 될 텐데 마음이 다급했지만 농부들이야 오죽했겠는가? 그러나 8월에는 자연의 재앙(폭풍・태풍・번개・강풍 등)이 와서 피해를 입었다고 불평불만을 토로하고 있다. 하나님의 능력이 신묘막측(神妙藐測)해서 말과 글로서 형용할 수 없다. 아무리 인간들이 발견한 의학과 과학이 발전했어도 자연의 원리는 인간이 막지 못한다.

14) 세상 것

세상 것하고 영원한 것은 차이가 있으며, 세상 것은 갖기 전(前)에는 사모하지만, 막상 갖고나면 아무 것도 아닌 것처럼 생각한다. 귀(貴)하게 생각하는 것도 본인 손에 들어오면 가치를 소중하게 생각하지 않는다. 화장실에 가기 전과 후의 사고방식이 틀리다. 그래서 독재(獨裁)[88]와 독선(獨善)[89]이 있는 것이다. 자기가 최고인 것처럼 비판하고 판단한다. 비판을 받지 아니하려거든 비판하지 마라. 어찌하여 형제의 눈 속에 있는 티는 보이고 네 눈 속에 있는 들보는 깨닫지 못하느냐(마태복음 7:1-3)

비판해도 되는 경우는 정책(政策), 판결(배심원제・재판관), 학술과 학문은 비판해야 발전된다. 그러나 인간관계는 비판과 판단을 하지 말아야 한다. 은혜와 믿음이 떨어지고 감정이 상한다. 따라서 상대방이 상처와 오해하는 말을 사용의 전달문제 흉보기, 험담, 참소(中傷중상[90]), 이간, 동조(동참), 과장(誇張)하지 말고 증오, 짐작, 추측, 해석, 기억, 지어냄 같은 생각(想像)은 함부로 하지 말아야 한다. 상대방이 미워하고 싫어해도 욕하면 견디는 훈련을 해야 한다. 이것이 여유와 처세이다.[91]

---

88) 어떤 조직(분야)에서 개인이나 단체 따위가 권력을 차지해 모든 일을 상의 없이 독단으로 처리함.

89) 자기 혼자만이 옳다고 생각하고 행동하는 일.

90) 근거 없는 말로 남을 헐뜯어 명예나 지위를 손상시킴.

91) 비판을 받지 아니하려거든 비판하지 마라. 어찌하여 형제의 눈 속에 있는 티는 보고 네 눈 속에 있는 들보는 깨닫지 못하느냐(마 7:1-3) "게으른 자는 마음으로 원하여도 얻지 못하나 부지런한 자의 마음은 풍족함을 얻느니라, 스스로 부(富)한 체하여도 아무 것도 없는 자가 있고 스스로 가난한 체하여도 재물이 많은 자가 있느니라,

젊었을 때는 미인과 건강미가 차이가 있지만 늙으면 다 비슷하다.

15) 아트(art)와 스포츠(Sports)

아트(art)와 스포츠(Sports)는 비슷하지만 차이가 있다. 조직의 기획·구성·제작 등 팀의 구성원을 통해 목표와 목적은 비슷하나, 스포츠는 한골 먹고 한골을 주는 기술적인 승리의 개념이나 문화는 기계가 아니며 혼(魂)과 장인정신이다. 또한 전통문화의 기술은 학습을 통해 반복훈련으로 생활 속에 스며있는 삶의 흐름의 과정이다. 따라서 전통문화는 잠간의 이벤트 홍보는 질(質)을 낮추는 요인이 된다. 국격(國格)과 인격(人格)의 영원한 홍보이자 반복의 원리이다. 문화는 변한다. 다르다. 편안하다, 즐김의 예술로서 재미, 흥미, 기쁨, 취미 및 미학적 움직임, 추상적이고 상징적인 표현이며 객관적인 놀이와 갈등이다. 스포츠는 경쟁적 오락적인 요소로서 승리, 취미활동, 집중, 헌신, 기교, 승리(勝利), 게임의 움직임 속에 직접적이고 구체적인 경기와 희생의 경기 게임으로 승패의 기질을 가지고 있다. 아트(art)와 스포츠(Sports)의 합일점은 유명인, 관객과 땀, 공동체적 움직임은 동일하나, 최고(最高스타)가 되었을 때는 생각이 달라진다.

16) 배가 고파야 밥을 먹는다.

동물은 아프면 금식을 한다. 그렇다면 배가 고프지 않으면 굶을 것인가? 어떻게 먹을 것인가? 고급이냐? 김밥이라도 먹어 위(胃)에게 먹었다고 결과 보고할 것인가? 키케로는 로마가 낳은 역사적 인물로서 BC 106년에 태어나 로마의 국부로 불리었다. "눈물만큼 빨리 마르는 것은 없다." "세치 혀를 믿지 말라"는 말을 하였고 다음과 같은 말을 했다. '우리는 차라리 우리의 자녀들이 일의 중대성을 정신으로 이해하여 자기들이 추구하는 바를 얻을 수 있다고 믿지 않도록 권면하자'(Hortemur potius liberos nostros ut animo rei magnitudienm complectantur neque se id quod expetunt consequi posse confidant), 세상은 경험해 보고 직접 부딪혀 보기 전에 머리로만 우습게 알고, 모든 것을 대충 생각한다. 현대사회는 컴퓨터가 정보와 지식을 빠른 속도로 제공해 주기 때문에 자칫하면 어린학생들이나 청년들은 세상을 쉽게 생각한다.[92]

의인의 빛은 환하게 빛나고 악인의 등불은 꺼지느니라, 교만에서는 다툼만 일어날 뿐이고 거만한 자는 지혜를 구하여도 얻지 못한다."(잠 13:4-14:6).

92) 11, 13, 16번, 박해경 목사, 문형장로교회, <칼럼>을 인용했다.

17) 고통(苦痛)과 병(病)

고통이 있어야 병을 고치고 문제를 해결하려고 한다. 현대인은 몸이나 마음의 괴로움과 아픔이 있다. 정기검사를 병원에 가서 할 필요성이 있나? 아프지 않으면 그냥 생활한다. 병이 있어야 조심을 하므로 건강을 유지할 수 있다? 병은 뒷걸음질 하지 않는다. 죽음을 맞이하는 사람에게 이렇게 처세하라고 권하고 싶다. “만일 어떤 신이 나에게 이 나이에서 다시 어린애가 되어서 포대기에서 울게 해준다 해도 나는 강력히 거절하리라.”(Si quis deus mihi largiatur, ut ex hac aetate requerascam et in cunis vagiam valde recusem), “우리가 여기서 났든지 저기서 났든지 그것은 복되게 사는 데는 아무 상관이 없다”(Nihil interest ad beate vivendum, utrum hic an illic nati simus), 인간은 시간과 장소에 얽매이나, 하나님은 그렇지 않다.

18) 출세하려다

1급 스타(배우)가 아닌 자(者)가 출세를 하려고 상류사회 어울리다 보니 애(哀), 경(慶)사를 다 찾아다니며 함께 동급생활을 하려고 한다. 뱁새가 황새를 따라가려면 가랑이가 찢어진다고 했다. 수준에 맞지 않게 판공비, 예산부족으로 쪼들리다보니 스스로 타락하게 된다. 그러나 잘나가다가 찾는 자(者)가 없으면 자살한다. 보편적으로 유명한 자는 자살을 했다. 왜 자살을 해야 하나? 한국중년남성들이 자살률이 많은 이유는 체면, 권위, 쪽팔린다고 하는 것 때문이라고 한다. 수도선부(水到船浮)란 말은 “물이 차면 배가 떠오른다.”는 의미의 말이다. 즉 “욕심을 부려 억지로 하지 않고 내공(內功)을 쌓아 기다리면 큰일도 어렵지 않게 이룰 수 있다”는 말이다.

① 폭군 ‘디오니소스’는 면도칼을 무서워하고 있었기 때문에, 벌겋게 타는 숯으로 자기의 수염을 지져버리는 것이었다(Dionysius tyrannus, cultros metuens tonsorios, candenti carbone sibi adurebat capillum), 이것은 로마의 철학자 키케로(Cicero)가 전해준 말이다. = 면도칼이 무서워서 벌겋게 타는 숯으로 수염을 지진다는 것이 우리로서는 이해할 수 없는 행동이다. 이런 예로 보면 인간이 얼마나 자기모순에 빠지기 쉬운가를 알 수 있다. 우리 속담에 ‘되로 막을 것을 말로 막는다.’는 속담이 있듯이 우리는 생각을 잘못하여 적은 노력으로 해결할 일도 자신의 판단착오, 미신과 징크스 등에 의해서 큰 실수를 하는 일이 많다. 인간의 기질에는 강한 면과 약한 면이 있다. ‘누구나 강하고 좋은 면만 생각하고 싶겠지만 약점도 무시할 수 없다.’[93] 김정일은 비행기 타기가 무서워 열차로 국내・외를 다닌다고 한다.

19) 기성세대

기성세대가 이루어 놓은 수고를 생각하지 않고 당연한 것이라 믿고 아무 감사나 고마운 마음이 없이 그 열매만을 가져가려고 하기가 쉽다. 과거에는 책이 없어 귀하게 여기고 고생을 많이 했다. 지금은 빠른 정보(신문・방송・인터넷・핸드폰 등)만을 이용하여 먼저 무엇을 이루려고 하는 경향이 많다. 그래서 학문과 깊이가 없고 반짝이는 아이디어만 있다고 비판을 받는다. 강의하는 사람(교수)은 자신이 그것을 경험하고 깨달아서 말하는데, 듣는 사람은 머리로만 이해하고 자기가 그것을 경험한 듯이 착각(錯覺)[94]할 수가 있다. 귀로 듣지 말고 가슴으로 들어야 한다. 예술행위(藝術行爲)는 본인이 직접 그 현장(現場)에서 교육과 훈련을 통해 학습과 체험을 해야 한다.

20) 지도자에겐 사소한 고집도 범죄일 수 있다[95]

"남이야 그런다 해도 우린 우리 식대로 하면 된다." "아무렴 어떠냐?" "뭐 그런 사소한 걸 가지고" "까짓 마음이 중요하지 형식이 뭐 그리 중요하냐." "그거야 각자의 취향이지" 등 편의주의, 실용주의를 들먹이며 대범한 척 얼버무리고 넘어갈 수도 있겠으나 그건 전적으로 스스로의 무지와 몰상식함, 그리고 번거로움의 회피, 게으름에 대한 변명일 뿐이다. 특히 공적인 일에 종사하는 지도자에게는 이런 변명이 용납될 수 없다. 직무유기를 넘어 자격미달로서 그로 인한 실수는 곧 범죄다. 지도자의 품격이 곧 국격(國格)이다. 그들의 언행, 일거수일투족 뿐 아니라 그가 입은 옷, 넥타이, 귀걸이, 목걸이 하나도 단순히 제 취향대로만 멋을 부릴 수 없다는 말이다. 그럴듯한 정책이나 정치적 결단만이 지도자의 역할이 아니다. 사소한 행동거지 하나하나에 그 자신은 물론 국가의 품격이 가늠되고, 그것은 곧바로 국익에 연결되기 때문이다. 연예인이나 스포츠 스타들이 만들어내는 한류가 근원이 아니기 때문에 곧 국격인양 착각하면 근본적인 문제가 있다. 소통을 중시하는 글로벌 시대에는 과거의 전통적인 예법이 때로는 걸림돌이 될 수도 있다. 형식적인 의례보다 이야기가 있는, 우리 끼리만이 아닌 세계인 모두가 공감할 수 있는 매너로 다듬거나 받아들여야 한다. 너와 나를 구분 짓기 위한 예(禮)가 아닌 소통을 위한 예(禮)가 되어야 한다는 말이다. 지나친 자기 것의 고집은 또 하나의 쇄국이 될 수 있음이다. 그런 사소한 습관조차 바꾸지 못할 정도의 소견으로 무슨 개혁이니 문

---

93) 팀 라헤이 지음, '성령과 기질', 중에서.

94) 어떤 사물이나 사실을 실제와 다르게 느끼거나 생각함.

95) 신성대, 칼럼 중에서.

화 창조니 하는 말을 입에 담는가. 부지불식간에 형성된 의미 및 연원 불명의 어쭙잖은 매너들을 글로벌한 품격으로 고쳐 나가야 한다.

거국적 거창함에 감격해 하던 시절은 지난 지 한참 되었다. 작지만 진정성이 베인 정성과 배려, 개인적이지만 직접적이고 인간적인 그런 것에 감동하고 소중히 여길 줄 알아야 한다. 작은 일을 하면 큰일을 할 수 있다. 그런 기본도 없는데다 머리 쓸 생각조차 못하니 소통한답시고 저들끼리 만나봐야 국민들 혈압만 올린다. 그러다 빽 하면 국민과 직접 소통한다며 장외투쟁, 삭발, 단식, 촛불집회, 불법점거, 집단농성을 벌이고, 그것이 곧 정치적인 파워인 양 떠벌린다. 무식해야 용감할 수 있다던가. 없는 것만도 못한 학습 불능의 삼류들임에도 정작 자신들은 일류인 줄 착각하고 있는 것이다.

21) 표절(剽竊)

표절이라는 것은 '남의 글귀를 몰래 따다가 자기 것처럼 발표하는 것이다.' 자유인(自由人)을 노예(奴隷)라 속여 팔아먹는 것, 즉 남의 공로를 자기 것으로 착복(着服)하는 것이다. 교수, 목사, 스타강사까지 표절로 학위 따는 나라로서 대학 학부시절부터 리포트 베끼기 습관화로 논문 쓸 때도 죄의식 없다고 비판했고, '대충 베껴서 내도 안 걸리니 힘 빼지 말자'는 말도 많다. 또한 100-300만원만 주면 주제 선정 '복제'까지 대행하는 업체가 수십 곳 있다고 하면서 석사(碩士)논문쯤은 좀 베껴도 괜찮지 않나? 걱정을 하지만 표절을 따지기 시작하면 웬만한 대학석사 학위 소지자의 절반이상은 학위를 내놓아야 할 것"이라고 말했다. 서울대 김 교수는 "지금으로선 논문을 학자와 학생의 양심에 맡기는 수밖에 없다"고 했다.[96] 슈베르트 교양곡 5번 1악장과 '서울의 찬가'는 비슷하다. 그러나 영(靈)의 세계는 표절이 없다. 복음전도는 네 것 내 것이 없이 목사・전도사・장로・권사・집사 등 표절해서 선배 성도들을 따라해야 한다.

22) 스트레스를 이기는 방법

필자는 뛰면 산다고 하면서 한국인 체질에 가장 잘 맞는 탈춤을 추고, 하루에 45분 동안 뛰면서 "45분 인생"으로 자연을 벗 삼아 생활하고 있으니 스트레스가 없고 건강하다. 지나치게 의인이 되지도 말며 지혜자도 되지 말라. 지나치게 악인이 되지도 말며 우매한 자도 되지 말라(전도서 7:16-17).

---

96) 조선일보, 2013.3.20, 기사 중에서.

사회를 살다보면 힘이 든다. 제일 좋고 파워 있는 직업의 경찰이 “승진 스트레스” 때문에 야산에서 목을 매어 자살을 했다. 유서(遺書)에는 ‘승진하는 자리로 가기 위한 몸부림과 스트레스가 있었다.’라고 적혀 있었다. 항상 승진 스트레스에 시달렸다고 한다. ‘한창 일할 40대 후반에 강제 퇴직당하고 나가면 정말 할 일이 없다’ 면서 “자격증이 있는 것도 아니고, 정말 답답한 노릇”이라고 말했다.[97] 남자는 가장으로서 가족의 생활문제, 학생은 공부, 직업인들이 각자 자기자리에서 책임과 의무를 하고 있다. 이 세상에는 불의를 못 참는 의리 있는 사람, 옳은 말, 지적하는 것 등 맞는 말이다 그러나 듣는 사람에게는 스트레스를 준다. 스트레스 해소 방법은 1) 세상적으로는 스트레스 주는 사람 옆을 빨리 떠나면 된다. 2) 성경적으로는 항상 기뻐하라. 쉬지 말고 기도하라. 범사에 감사하라. 삼가 누가 누구에게든지 악으로 악(惡)을 갚지 말게 하고 항상 선(善)을 따르라(데살로니가전서 5:15), Q의 창조질서를 깨면 스트레스가 온다. 인간사회 생활상의 사건을 수행할 때, 여러 가지 작용으로 나타난다. 충격적인 것과 연속적인 것이 있는데 충격적인 것은 갑자기 예상하지 못한 것, 천재지변, 교통사고, 사업실패 등이 있고, 연속적인 것은 질병, 직장이나 학교에서 과업수행, 왕따 등이 있다.

월호스님은 스트레스를 이기는 방법은 풀해(解), 벗어날 탈(脫)을 어떻게 연습하느냐, 번뇌, 스트레스가 오면 얼른 알아채고 ‘왔어’ 하고 인사하세요. 손님이 왔는데 외면하면 심술부리고 너무 극진하면 주인 노릇하려고 드니까 스트레스 “너 이 녀석 또 왔구나!” 스트레스를 혼내라고 요구하고 있다. ‘스트레스와 몸이 아프면’ 왜 걸어야 하는가. 힘들면 힘든 대로 아프면 아픈 대로 걷다보면 아무리 죽을병에 걸려도 절반 병에 걸려도 절반은 산다. 〈누우면 죽고 걸으면 산다. 김영길 지음. 도서출판 사람과 사람〉 이 책의 내용을 보면, 불치병, 난치병을 포함한 대부분의 질병은 습관의 산물이다. 암의 발생원인도 95%가 습관이고 5%가 유전이다. 습관을 바꾸려면 마음이 변해야 하고 마음이 변하려면 생각이 바뀌어야 한다. 절망, 불안, 우울, 짜증, 당뇨, 증오심, 질병은 걷지 않아 생기는 자랑스런 현상이다(生老病死 現像).

그래서 스트레스는 치수(%)로 나오지 않는다. 얼마만큼 받았는지 자신이 스스로 풀어야 한다. 따라서 우울증・치매 등도 약이 없다. 밤에 잠을 잘 때 캄캄하게 불을 끄고 잠을 자야 한다. 농작물(고구마, 감자 등)도 불을 켜놓으면 성장이 늦는다. 치료방법은 올바른 생활습관과 뇌를 자극하는 운동인 책읽기, 라디오 듣기, TV보면서 뛰기, 규칙적인 식사, 여유, 우리체질에 맞는 운동(탈춤체조 등)하기 등이 있다. 행복스트레스[98]에서 행복은 역사가 200년밖에 안 된 발명품이다. 행복이 애초 인간의 본성과는 무관한 ‘텅 빈 개념’이라는 이 책의 주장은 사뭇 충

97) 조선일보, 2013.10.24, 기사 중에서.

98) 탁석산, 행복스트레스, 창비.

격적이다. 저자는 "행복은 좀처럼 얻기 어렵고 지속하기도 매우 힘들다."면서 "우리는 너나없이 '행복스트레스'에 갇혀 있다"고 썼다. 플라톤은 모두 눈에 보이는 것에 빠져 있을 때 이데아를 내세우며 정의를 주장했고, 니체는 서양사회가 신(神) 중심의 사고에 갇혀 있을 때 신의 죽음을 선언했다. 영어 Happiness의 본 뜻은 '행운'이었다고 한다. 한국에서는 1886년 10월 4일자 한성주보(漢城週報)에 행복이란 말이 처음 등장했다. 지금 행복과 불행이 깊숙이 관여하고 있는 것은 개인주의다. 누구나 행복할 수 있다. 개인과 사회의 이분법으로 행복을 찾기 어렵다. 이세상은 갑(甲)과 을(乙)만 있는 것이 아니다. 병(丙), 정(丁)도 함께 사는 세상이다. 행복은 어떻게 현대의 신화가 되었나? 행복과 불행은 한 묶음이다. 불행이 없다면 행복도 없다고 강조했다. 그러나 행복과 불행은 세상에 스스로 존재하거나 우주에 저절로 이루어지는 모든 존재나 상태이기에 세상적으로 높은 기대, 경쟁, 역할 수행, 충돌, 갈등 등을 피하고 머리를 식히고 호흡조절하면서 하늘을 보고, 상황판단을 해서 위기를 피해가는 내려놓는 인생을 배워가며 훈련해야 한다(태초에 하나님이 천지를 창조하시다. 창 1:1-9).

23) 상황에 따라 도움을 주는 '쟁경'99) 속의 말들

- 세상을 움직인 자는 '말의 達人'이었다(쓴 소리도 달게).
- 목숨을 건 감언(맹자): 왕의 부엌엔 살진 고기가 있는데 백성들은 굶주리고 있다.
- 좌절에 관하여(노중련): 작은 치욕을 마다하는 사람은 큰 공을 세울 수 없다.
- 협상의 기술(귀곡자): 상대의 입을 열고자 하면 자신이 먼저 입을 닫으며, 무엇인가를 얻고자 하면 먼저 상대에게 이득을 줘야 한다.
- 잘난척하는 이에게(채택): 물을 거울로 삼는 사람은 자기 생김새를 알 수 있고 사람을 거울로 삼는 사람은 자신의 길흉을 알 수 있다.
- 맘에 안 드는 부하(이사): 태산은 한 줌 흙도 버리지 않아 높고, 바다는 실개천도 가리지 않아 깊다.
- 만사가 귀찮을 때(괴통): 하늘이 준 기회를 받지 않으면 도리어 벌을 받는다.
- 아내 잔소리 심할 때(진번): 방 하나를 청소한들 천하의 더러움이 씻겨 나가겠는가.

---

99) '쟁경'은 공자에 대해 '절묘한 비유를 통해 진리를 드러낸 논변가' '내 뜻을 어떻게 소통시켜 상대방을 설득하느냐'는 것은 능력만으로 출세해야 했던 당대의 지식인들에게는 자신의 존재 의미를 좌우하는 절제절명의 문제였기 때문이다(조선일보 유석재 기자. 2013.4.13).

24) 대화의 중요성

21세기는 여성의 시대이다. 여성은 좌・우뇌가 동시에 작용한다고 한다. 남자는 한쪽 뇌만 사용되어 하루에 말을 10,000마디만 한다. 여성은 25,000마디를 한다. 남자는 만 마디를 직장에서 직무를 하다보면 소진(消盡)되고 말을 다해 집에 오면 할 말이 없다. 그러나 여성은 이 만오천마디를 동네사람, 독백・짐승 등과 대화하다가 학교에서 돌아온 자녀에게 '뭐 배웠어' '공부해' 유대인은 무슨 질문을 했니? 또는 직장에서 있었던 일을 듣고자 하려고 한다. 그리고 참견해서 못다 한 말, 잔소리를 하고자한다. 잔소리보다 복을 불러오는 대화를 해야 한다. 유대인은 역사의식・민족의식을 3살부터 자녀들에게 인격체로 질문과 대화를 한다. 대화의 중요성이 있다. 지겨워, 지긋해, 죽는 게 났다. 죽겠어 등 부정적인 대화보다 긍정적인 대화를 해야 복을 받는다. 불행하면 독(毒)이 나온다.

25) 관리자의 4가지 실수와 개선 방안[100)]

기업이란 조직이 생겨난 이래 지금까지 풀리지 않은 영원한 고민이 하나 있다. 바로 인재(人才)관리이다. 어떻게 하면 직원들이 주체의식과 주인의식을 갖고 열정적으로 일할 수 있게 만들까? 에머밀 교수는 내적인 동기부여가 외재적 동기 부여보다 창의성(創意性)에 좀 더 건설적인 영향을 미친다고 결론지었다. "구성원들에게 매일같이 당근과 채찍을 퍼붓는 조직에서 구성원들의 의욕과 창의성이 얼마나 심하게 떨어질지 상상해 보라"고 반문했다.

(1) 업무를 진행할 때 구성원의 자율성을 보장하지 않는다. ⇒ 사소한 일에 간섭하고 시시콜콜한 내용까지 지시하지 마라.
(2) 부하들에게 문제가 발생하였을 때 제대로 도움주지 않는다. ⇒ 관리자는 심판이나 독재자가 아니라 코치나 동료임을 명심하라.
(3) 문제 발생 시 대화의 장을 마련하지 않고 담당자에게 책임을 묻는다. ⇒ 이런 관리자의 밑에 부하 직원도 체면 지키기에 급급하게 된다.
(4) 업무에 관한 정보를 팀원들에게 전달하지 않는다. ⇒ 지위 덕에 알게 된 정 보를 혼자 알고 있지 마라. 공유해야 한다.

---

100) 자료 책: 전진의 법칙.

26) 감사(感謝)

감사(感謝)[101]하면 인간관계가 좋아져서 하는 일이 잘되고 행복(幸福)하게 된다. 감사하는 자(者)만이 성공할 수 있다. 불평하는 자는 잘되는 일이 없다. 억울한 일을 당할 때 원망하지 말고 감사해야 한다. 감사의 삶을 살아가야 한다. 잘되는 것이 없다고 하는 사람은 잘되는 기준이 돈이다. 감사하면 심신의 건강에 좋아진다. 감사의 마음을 품고 살면 영혼과 마음과 육신이 강건하여 진다. 반면 원망과 증오와 불평의 마음을 가지고 살면 하는 일도 안 되고 건강도 해친다. 세상적(명품)인 것을 배설물로 여기는 것이 기독교이다(너는 복(福) 받는 자이다).

지도자(指導者)에 대한 다음의 크고 작은 성경말씀과 기사화 된 예들을 살펴보기로 하자.
노예를 물려줄 건가?[102]

인류가 가장 많이 읽는 성경은 이스라엘이라는 이름으로 개명한 야곱 부족 이야기로 시작한다. 하나님의 축복을 받은 야곱은 큰 재산을 모았고 네 부인에게서 열두 아들이 태어났다. 야곱이 가장 사랑하는 요셉은 형제들에게 미움을 받고 이집트에 노예로 팔려간다. 7년 풍년 끝에 7년 흉년이 온다는 이집트 왕의 꿈을 해몽한 그는 이집트의 재상이 된다. 현명한 요셉은 7년 풍년동안 낭비하지 않고 국고를 채운다. 7년 기근이 시작되었다. 주변 국가들은 곡식을 얻으러 이집트로 찾아온다. 야곱역시 기근을 못 견디고 곡식을 구하러 이집트에 와서 죽은 줄 알았던 아들 요셉과 해후하고 이집트에 정착한다. 요셉은 이집트 백성을 살리지만, 야곱의 후손은 400년간 이집트의 노예가 된다. 한 지도자의 판단에 한 나라와 민족의 운명이 갈리는 것은 위에서 본 성경이야기뿐만이 아닐 것이다.

사람에게도 7년 풍년 끝에 7년 흉년의 기근이 있다. 25-30세 정도에 경제활동을 시작하여 60세에 정년이 된다. 경제활동기간을 풍년이라고 한다면 정년 후 경제활동이 없이 쌓아 놓은 것으로 살아가는 기근이 시작된다.

27) 자살의 실태[103]

OECD국가 중 세계 자살 1위이다. 우리학교에서 4명의 학생이 2011년도에 자살을 했다. 다

---

101) Thank(고대영어), thancian(중기), thankien(인도), tongere(라틴어: 생각하다), 기독교신학에서 gratia: 하나님의 은혜 감사(감사의 대상이 하나님 것에 대한 감사(시:138:1 신들 앞에서).

102) 이영작의 여론&정치(前 한양대 석좌교수). 2013.12.10.

103) 서울시 자살예방센터. 이구상 팀장.

음은 우리학교 교수회의 순서에서 전문가를 초빙하여 강의한 요지이다. 과거에는 개인 또는 가족이 자살을 책임지었으나, 이제는 환경과 우울, 불안, 정서, 성격, 심리적, 정신적, 대인관계, 가족관계, 진로걱정 등으로 스트레스에 의해 이러한 발생을 사회에서 책임지는 새로운 관점이 되었다. 우선 강사의 강의 속에서 자살의 원인을 살펴보면, 1) 심리적 관점에 있어서 '애도와 우울증(Freud)'이다. 정신적으로 혼란에 빠져 있는 사람이 어떤 상대에게 느끼는 살인적 분노를 상대와 자신을 동일시해서 자신을 죽임으로써 상대방을 죽인다는 것, '대항(Menninger)'은 타인에 대한 분노에서 야기되는 전도된 살인으로 죽음의 본능이 자신에게 향하는 것이다. 2) 사회적인 관점(Emil Durkheim, 1897)으로 볼 때는, '이기적 자살'은 사회가 지나친 개인주의로 인해 개인을 통제할 수 있는 힘이 약하기 때문에 자살이 증가한다는 것이다. '이타적 타살'은 개인이 자신이 속한 사회에 지나치게 통합되어 그 사회를 위해 희생할 목적으로 자살하는 것이다. '아노미적 자살'은 사회가 무규범 상태가 될 때 그러한 혼란 상태로부터 탈출하기 위해 자살하는 것이다. 3) 생물학적 관점에서 가계연구(Baechler, 1979)를 보면, 자살자 가족들이 다른 가족에 비해 자살률이 높게 나타나 가족의 유전적이 높은 현상이다. 쌍생아 연구(Roy, 1991)는 쌍생아 한 명이 자살했을 때, 쌍둥이 모두가 자살(自殺)할 경우 9쌍 발생(150쌍 중), 생화학적 연구(Taskman 등 1981)는 자살사망자의 뇌에서 세로토닌(우울증과 비슷한 증상: 나이가 많은 자, 햇빛) 분비 결핍 현상이 발견 되었다.

자살영향요인 모델은 1) 생물심리학적 요인(우울증 80%: 유전적 소질(충동성유전자), 성격상 특징(양육환경), 자살, 가족력, 만성신체질환, 발달심리학적 특성, 물질남용 등), 2) 사회경제적 요인(충동성20%: 경기침체-실직/ 빈곤, 사회통합(사회적 지지, 자살수단 접근성, 문화적 가치체계), 다음은 청소년들이 자살에 영향을 미치는 요인은 1) 환경적인 요인1(가족)은 의사소통 및 갈등(대인관계, 폭력, 자살사망 가족유무(4-6배), 가족성원의 상실(혈연이 아닌, 배우자 될 사람), 가족해체(한 부모 가정, 재혼가정, 이혼), 독립생활(자취, 기숙사 등 자살률이 높다), 부모의 낮은 교육 및 경제수준, 가족 내 정신 건강 문제(우울증, 물질남용 등), 2) 환경요인 2(학교), 대인관계 고립 및 갈등(학우, 선생), 학업 및 진로 스트레스, 친구 사망(자살자 포함), 이성관계, 3) 자살 위기 상황은 '언어적 징후'는 죽음에 대한 말을 자주한다, 너무 괴로워서 죽고 싶다. 짐만 될 뿐이다. 죽는 게 낫다. '행동적 징후'는 식사와 수면상태의 변화, 주변을 정리한다. 유언장 등을 남긴다. 자신이 아끼는 물건을 친구에게 나누어 준다. 다음은 종교에 대한 관심이 증가 혹은 감소, 지나친 감정변화 사람과 어울림을 싫어함, 외모관리에 무관심, 상황적 또는 환경적 징후는 부모 및 친구 등 지인의 갑작스런 사망, 성취감 부족 및 결핍(학업성적 등), 외로움과 소외감(따돌림), 경제적 어려움(부모님의 사업실패 등)

다음은 위기 개입 6단계/ 1단계: 탐색, 경청, 비밀유지 욕구확인하기, 2단계: 안전 확보, 자살도구제거, 자살행위 위험성평가, 3단계: 지지하기, 촉진, 요약, 명료화, 4단계: 대안탐색, 5단계: 계획세우기, 6단계: 참여유도하기. 요약, 서약하기, 책임감을 설명하라. 구체적으로 자살할 생각을 단계별로 묻기, 1단계: 자살에 대한 생각을 가지고 있는가?(네, 아니오), 2단계: 자살에 대한 구체적인 계획을 가지고 있는가?(계획이 없다. 있다), 3단계: 수단을 확보하고 있는가?(답사를 했는가?), 4단계: 언제 실행할 계획인가?(일시, 개입할 여지, 위험성 판단), 5단계: 과거에 자해나 자살시도를 해본 적인 있는가?(해본 자: 40배 정도 위험, 손목을 살펴 봄, 목메는 것이 제일 위험)

상담 후에는 '비밀유지'는 하되 전제 하에 '너를 위한 경우라고 판단되면 다른 사람에게 이야기 할 수 있다는 것에 대해 양해를 바란다.'고 설명하고, 자살의 위험성을 평가하여 구체적으로 질문하여 자살을 예방해야 한다.[104] 한국은 자살공화국이라고 한다. 교수들의 본분인 믿고 신앙을 고백한 자(者)에게 자기가 믿고 아는 바를 가르치는 것이 Profess이다. safeTALK(Tell Ask Listen KeepSafe), Tell(말하다), Ask(묻다), Listen(듣다), KeepSafe(안전유지)

한국전통문화의 이론(理論)과 실기(實技)방법을 학교교육으로 채택하여 함께 잡극(雜劇;인형놀이극, 음악극, 탈놀이극, 풍물놀이극, 굿놀이, 남사당놀이, 줄타기, 다시래기 등)인 무형문화재의 전통문화예술을 장면연기, 몸짓(판토마임 댄스, 비디오) 등 교육으로 활용하게 한다. 그동안 필자가 개인적으로 프로그램을 한민족탈춤학교, 탈춤치유학교, 탈춤가족캠프, 한국청소년연맹(교사연수) 등, 일방적인 치유교육을 하였으나, 가무악극〈歌(소리)舞(춤)樂(악기)劇(연희)〉이 하나의 장르가 뮤지컬이다. 이런 연수교육을 통해, 정부(교육부)에서 교육과정을 이수(2시간용, 이외)시켜 교사를 학교에 투입하는 방법이 있다. 이론 강의는 쉽게 실증을 느끼므로 전통문화 원형(풍물, 탈춤, 무속, 전문예인집단놀이 등)과 연희극과 놀이극(민속놀이 올림픽, 탈춤크리닉, 탈춤체조, 민속체조, 태권체조 등)을 삽입하여 이제 연희교육극 시대로 돌입하고, 이론과 실제적 현실극(現實劇)으로 전환해야 한다. 국립무형유산원(무형유산지도자 아카데미)이 설립되어 이제 시작하려고 하고 있다. 특히 교육부에서는 한국 전통문화 전담 교사를 두어 근본적(根本的)으로 기본적(基本的)인 정체성의 학교교육을 우선순위로 정책을 펴서 갈등(葛藤)과 자살(自殺)을 예방해야 한다.

지금 한국은 총체적으로 위기가 오고 있다(자살, 갈등, 술 문화 등). 사회가 무너지고 있는 것은 학교폭력, 자살, 왕따, 전쟁 아닌 전쟁, 정경유착, 결혼문제, 도덕적으로 타락, 술 및 성(性)문화, 군대문제, 종북좌파, 연예비리, 종교타락, 촛불집회 등, 특히 이것은 근본적인 전통

104) 필자는 한국의 전통문화 교육 부족으로 지금 한국은 총체적(정신적, 육체적)으로 위기가 오고 있다. 자살을 방지하려면 초, 중, 고, 대학에서 그 나라 그 민족의 전통문화를 학교교육(필수과목)으로 도입해야 한다고 지금까지 계속 주장해 왔다.

문화교육부제(전통연희, 전통예절교육, 민족통일교육, 주체의식, 역사, 6・25 침략, 외침 등)로 국민정서가 없고, 각 분야별로 원칙이 무너져 하루 24시간이 모두 위험한 순간들이다. 이것은 어울림의 문화인 우리의 전통문화교육부제에서 오는 것이다. 도산선생은 "여러분 우리가 이 4천 년 역사의 조국을 잃지 않고 지키려면 썩어빠진 옛날의 모든 나쁜 버릇을 버리고 새 힘을 길러야 합니다. 그 힘을 기르려면 오로지 새 교육(教育)을 일으켜 새사람을 길러내는 길밖에 없습니다." 현대에 와서 전통문화교육 등 도산선생 말씀대로라면 "세월호" 침몰사건이 없었을 것이다. 세월호 참사는 우연히 일어난 것이 아니다. 그동안 쌓이고 쌓여 누르고 눌렸던 비리와 부패와 허위가 더 이상 버티지 못하고 터졌다.

한국이 OECD 국가 중 9년째 자살 세계 1위(위스키 술 소비량 1위)를 예방하고 해소하려면 그 나라 그 민족의 전통문화를 "전공필수과목"으로 유치(幼稚), 초, 중, 고, 대학에 채택해야 한다고 계속 주장해왔다. 따라서 노사, 사회, 정치, 경제, 가족, 지역, 고부간의 갈등(葛藤)이 세계 2위이다. 1위는 종교문제의 갈등으로 터키이다. 2009년 이명박 대통령시절 어느 중학교에 방문하여 "수준별 방과 후 학습" "공교육 신뢰회복의 핵심" "학교장의 혁신적인 리더십" "공교육신화"라고 해서 교장을 칭찬했다. 그러나 오늘날 산발적인 교육감들이 "공익과 사익(私益)을 구별 못하는 탐욕"이 전국적 현상이 되었다.

이렇게 임시방편적인 행정보다 한국전통문화를 학교교육으로 근본적이고 기본적인 정책적(政策的)으로 채택되어야 한다.

제5장 지도자의 언행(言行)

1. 문화를 아는 훌륭한 지도자가 있어야 한다.

도산 안창호 선생의 글을 보면, 무조건하고 허영만 표준 하여 지도자(指導者)라고 인정하지 말고 먼저 그 사람의 주의(主義)와 본령(本領)과 방침(方針)과 능력(能力)을 조사한 후에 그 주의와 본령이 내 개성에 적합하고 그 주의에 대한 방법(方法)과 능력이 나와 다른 사람보다 앞선 것을 본 후에 지도자로 인정할 것이요. 그것을 살피는 방법은 사회에 떠돌아다니는 요언비어(妖言誹語)에 의하지 말고 그 사람의 실지적 역사(歷史)와 행위(行爲)를 밝게 살필 것이다.[1)]

도산(島山)선생이 미국유학을 떠난 것은 25세 되던 해였다. 그때는 조선을 삼키려는 일본제국주의의 야욕이 눈이 보이게 드러나던 때였다. 선생은 생각하기를 "겨레의 힘을 길러야 한다. 겨레의 힘을 기르려면 국민교육을 통하여서이다. 바른 교육을 통하여 바른 정신을 지닌 국민을 길러나가는 것이 겨레의 힘을 기르는 기본이다."

이런 생각을 품은 선생은 선진교육을 배워 오겠다는 생각으로 미국으로 가는 배에 올랐다. 그런데 샌프란시스코 항에 도착하여 여장을 푼 선생이 시내를 돌아보는 중에 두 조선인이 길 한복판에서 서로 상투를 틀어쥐고 싸우는 장면을 보았다. 그런 구경거리에 백인들이 손뼉을 치며 싸움구경을 즐기는 모습을 보게 되었다. 민족적인 수치심을 느낀 청년 도산은 두 사람 사이에 끼어들어 싸움을 말리며 말했다.

"동포님들 나라는 왜적에게 먹힌 때에 어찌 이 멀고 먼 이국땅에 와서까지 싸움을 벌이시오!?"

알고 보니 인삼행상을 하는 그들이 구역을 침범하였다는 이유로 싸움을 하게 된 사정을 알게 되었다. 도산은 생각하기를 국민정신을 정직하고 부지런하고 동포를 사랑하는 국민으로 바꾸기 전에는 아무것도 이룰 수 없음을 알게 되었다. 이에 도산은 다음 날부터 조선 동포들

---

1) 1924년 '동포에게 고하는 글' 중에서, 도산 안창호 선생은 1921년 7월 7일 날 '성공하려면 힘이 있어야 산다.'고 했고 '국가, 가정, 사회는 평안할 때 힘이 있다'고 했다.

한 사람 한 사람, 한 집 한 집을 찾아다니며 대화를 나누고 그들의 민족적 자존심을 깨우치는 일에 헌신하였다.

당시 조선인들은 몇 푼 벌면 술을 마시고 밤중에도 고성방가(高聲放歌)를 부르며 마당에 잔디도 깍지를 않아 풀이 무성하여 조선인들이 사는 집은 마치 흉가(兇家)와 같았다. 이에 도산 선생은 조선인들의 가정 가정을 방문하여 손수 잔디를 깎아주고, 페인트를 칠하고 커튼도 달아주며 대화를 통하여 민족정기(民族精氣)를 일깨워주고 일등시민(一等市民)이 되는 의식을 일깨우기에 힘썼다.

처음에는 반발도 있었고 오해도 심하였으나 끝내는 선생의 진심을 알고는 조선인 사회가 변하기 시작하였다. 예나 지금에나 민심(民心)은 마찬가지이다. 누군가 한 사람이 앞장서서 희생하고 본을 보이면 처음에는 빈정거리기도 하고 반대도 하다가 진정성(眞情性)이 통하게 되면 결국은 인정하고 따르기 마련이다. 그러기에 이 시대야말로 도산 선생 같은 인격의 사람이 그 어느 때보다 필요한 때이다.

본래 우리 Korean들은 신바람이 나면 불가능을 가능케 할 정도로 가능성이 있는 국민들이다. 다만 그렇게 신뢰를 얻고 비전을 줄 수 있는 지도자를 만나지 못한 탓에 아까운 가능성을 묻혀 두고 있을 따름이다. 도산 선생은 하나님을 믿는 굳건한 신앙의 기초 위에 뜨거운 애국애족(愛國愛族)의 정신을 삶으로 실천하여 대중에게 신뢰를 주고 대중의 잠재된 능력을 현실로 끌어낼 수 있었다.

춘원 이광수 선생이 도산 안창호 선생의 전기를 쓰면서 부제를 붙이기를 〈겨레를 깨우친 영원한 선각자의 지도자〉라 표현하였다. 도산 선생에 대하여 가장 적절한 표현이라 생각된다. 우리 근세사에 도산 선생 같으신 선각자가 있었다는 사실이 얼마나 다행스러운 일인가. 도산 안창호(島山 安昌浩) 선생은 1878년 대동강 연안 어느 마을에서 태어났다. 그가 17세 되던 해에 청일전쟁(淸日戰爭)이 일어났다. 청국과 일본이 싸우는데 조선 백성들이 속절없이 당하는 모습을 눈으로 보면서 소년 안창호는 왜 청국, 일본 외국 군대가 우리 땅으로 들어와 전쟁을 하게 되었을까를 생각하였다. 생각 끝에 한 결론을 얻었다. “타국이 마음대로 우리 강토에 들어와서 설치는 것은 우리나라에 힘이 없는 까닭이다” 그러나 도산 선생은 일관되게 ‘힘을 기르소서’ ‘인격의 힘’을 주창하였다. 국민 한 사람, 한 사람이 바른 인격을 길러 인격의 힘으로 진정한 독립 국가를 이룰 수 있다 주창하였다. 그래서 선생은 자신이 먼저 건전한 인격자가 되는 데에 전심을 다하였다. 도산 선생의 생전에 가까이서 모셨던 분들의 말에 의하면 선생은 인격적으로 거의 흠이 없는 어른이었다 한다.

그리고 선생은 함께 인격의 힘을 기르기 위한 신성한 조직으로 수양동우회(修養同友會)를 결성하였고, 흥사단(興士團)을 일으켰다. 요즘 들어 너 나 할 것 없이 도덕성이 흔들리고 인격의 힘을 잃은 때에 도산 선생 같으신 큰 어른이 더욱 간절하여진다.[2] 도산선생은 "우리 중의 인물(人物)이 없는 것은 인물이 되려고 마음먹고 힘쓰는 사람이 없는 까닭이다. 인물이 없다고 한탄하는 그 사람 자신이 왜 인물 될 공부를 아니 하는가?"[3] "항상 훈훈한 마음으로 빙그레 웃는 얼굴을 갖자"고 하면서 〈희락회(喜樂會)〉를 설립하여 국민의 마음을 여유를 갖게 하였다. "훈훈한 마음에 빙그레 웃는 얼굴"이란 말은 도산 안창호 선생께서 늘 강조하셨던 말이다. 선생은 온갖 어려움을 몸소 겪으며 사셨지만, 늘 훈훈한 마음에 빙그레 웃는 얼굴로 사람들을 대하곤 하셨다. 우리 사회는 유난히 스트레스가 많은 사회이다. 과도한 스트레스 탓에 모두들 찌푸린 얼굴로 살아가게 된다. 아침 출근 녘에 지하철을 타보면 한결같이 울적한 얼굴들이다. 빙그레 웃는 얼굴 모습을 찾아보기 힘들다. 올 해는 모두가 작정하고 훈훈한 마음에 빙그레 웃는 얼굴로 한 해를 보낼 수 있었으면 한다.

후일 김오중(金午仲) 박사는 한국레크리에이션을 이 땅에 정착시키신 분이시다.[4] 1959년도에 한국인으로는 처음으로 여가, 레크리에이션을 미국 뉴욕대학원에서 전공한 후, 미국의 20여개 주를 순방하면서 각주의 레크리에이션 상황, 운영, 제도, 시설 등을 고루 살펴 볼 수 있었던 것은 평생을 통해서 다시없는 소중한 기회였다고 했다. 미국 유학시절에 김 박사는 수많은 학문적 자극을 받으면서 앞으로 고국에서 해야 할 많은 일들을 생각했다. 특히, 그 가운데서도 귀국하면 "우리 겨레를 위해서 무엇을 할 수 있을까?" 하고 번민하던 중에, 당시 우리나라에서는 불모지나 다름없던 레크리에이션 분야를 개척해야겠다는 사명감과 함께 고국을 위해 봉사하겠다는 새로운 결의를 하고 1960년에 귀국길에 오르게 되었다.

고국에 도착하여 레크리에이션에 관련된 일을 시작하면서 각계각층의 인식부족과 관련단체 및 정부의 재정적 뒷받침의 부족으로 자갈밭을 맨손으로 경작해야 하는 것과 같은 많은 어려움에 봉착하게 되었지만, 약 1년여 동안 각계각층 인사들의 고견과 조언을 마음에 새기며 열과 성을 다 바친 우여곡절 끝에 한국 최초로 레크리에이션협회가 탄생되는 기쁨을 만끽할 수 있게 되었다.

1950년 당시 우리 사회는 경제적, 정치적, 사회적으로 매우 어려운 상황에 있었기 때문에 감히 여가, 레크리에이션협회를 창설한다는 것은 꿈과 같은 일이었다. 당시 일상적 삶에 굶주리고 있었던 국민들에게 여가・레크리에이션협회에 대한 관심과 욕구는 적을 수밖에 없었으며, 레크리에이션에 관련된 정부의 재정적 지원도 당시 상황 하에서 더욱 바랄 수 없는 것이었다. 한국여가・레크리에이션협회의 창설이 의미하는 것은 한국 사회에 레크리에이션을 운

2) 김진홍 목사 칼럼 중에서.
3) 도산 안창호(1878-1938)의 말씀 중에서. 2013년 11월 9일이 탄신 135주년이다.
4) 김오중(金午仲) 여가・레크리에이션 총론. 저자의 글 중에서. 2000.2. 도서출판. 대경북스.

동을 활성화・조직화하여 국민의 건전한 여가선용과 함께 삶의 질을 높여 "서로 돕고 믿는 밝은 民主社會"를 이룩하는 데 있었다. 특히 여가와 노동과의 관계에서 노동보다도 여가(餘暇)에 그 중요성을 두게 되는 것과 현대사회에서 레크리에이션이 미치는 영향에 대해 후대들에게 용기(勇氣)와 자신감(自信感)을 주었다. (생략) 필자도 이곳에 전문위원으로 민속놀이올림픽과 한국 전통문화 이해(봉산탈춤・탈춤체조・민속놀이 올림픽) 등을 강의했다.

위와 같은 훌륭한 지도자가 나와야 문화예술이 발전되고 사회, 정치, 경제, 문화부분이 더불어 변화된다. 인간이 사는 곳은 이해관계와 갈등(葛藤)때문에 문제점이 발생하게 된다. 지도자는 신상필벌(信賞必罰)[5]과 명분(名分)[6]이 있어야 한다. 어느 조직이든 지도자(보직자)가 누구냐에 따라 국가, 사회, 단체, 가정 등이 미래를 볼 수 있고 발전할 수 있다. 다음은 관훈클럽에서 열린 「한국대통령 리더십 학술대회」[7]에서 발언한 내용들이다.

* 이승만: 대한민국 정체성 확립과 국가형성에 매우 긍정적 역할을 했지만, 독선 오만으로 좌, 우익을 모두 적(政敵)으로 만들었다(김도종 명지대 교수) 그러나 국제주의자로서 대한민국을 건국한 대통령이라고 필자는 생각한다.
* 김구: 1945년 11월 어느 날 대중 앞에서 강연하시던 자리에서 다음같이 이르셨다. "동포 여러분 이제 세워질 신생독립국가 대한민국은 기독교 진리 위에 세워져야 할 것이외다. 새로 세워질 나라에서는 경찰서 열개 짓는 것보다 예배당하나 짓는 것이 더 중요하외다" '김구 선생이 정말 그런 발언을 하셨을까?' 하고 의아해하는 사람들도 있다. 그러나 서점에서 구할 수 있는 김구 선생 전집 중에 이런 연설이 분명히 들어 있다.
* 박정희: 경제발전 업적으로 긍정적 평가를 받고 있지만 부의 편중 등으로 정치적 반대 세력의 도전을 초래했다(이강로 전주대 교수).
* 김영삼: 외환위기라는 문제에도 불구하고, 하나회 척결, 금융실명제 등의 업적이 있어 아직 단정적인 평가를 하기에는 이르다(김형준 국민대 교수).
* 김대중: 준비된 능력을 가졌지만 의회를 설득하는 리더십은 취약했다(김용복 경남대 교수).
* 노무현: 정치스타일은 다 지나간 공산, 사회주의적 좌파 사고에서 유래된 것으로 패배주의적 평화의 전형이라고 했다(정의채 몬시뇰 천주교 원로).
* 예수: 빌라도(총독)의 재판에 예수가 등장한다. 등장인물은 부인, 대제사장, 장로, 무리, 백성, 바라바(강도: 십자가에서 구원받음)등이 등장한다. 총독은 백성들의 외침(무서워)에

5) 공이 있는 사람에게는 상을 주고 죄를 범한 자는 반드시 벌을 줌.
6) 일을 꾀할 때 내세우는 구실이나 이유 따위.
7) 조선일보, 2007.1.29.

민란(民亂)이 일어날까 싶어 궁중심리로 제대로 된 재판을 하지 않고, 예수를 채찍으로 고난을 받게 하고 십자가에 못 막혀 죽였다. 그 결과 지도자의 잘못으로 이스라엘 민족은 히틀러에게 학살, 유럽인들에게 홀대, 유대인들이 세계로 흩어져 살고 있다. 예수님이 고난과 고통을 피하지 않는 이유는 하나님의 뜻을 이루기 위해서이다. 오늘날 Q의 섭리대로 됨을 감사함으로 주님과 함께 동행을 하며 살기를 기도해야 한다(마태복음 27장 19-26절).

그는 실로 우리의 질고(질병의 고통)를 지고 우리의 슬픔을 당하였거늘, 우리는 생각하기를 그는 징벌을 받아 하나님께 맞으며 고난을 당한다 하였노라. 그가 찔림은 우리의 허물 때문이요. 그가 상함은 우리의 죄악 때문이라 그가 징계를 받으므로 우리는 평화를 누리고 그가 채찍에 맞으므로 우리는 나음을 받았도다. 우리는 다 양 같아서 그릇 행하여 각기 제 길로 갔거늘 여호와께서는 우리 모두의 죄악을 그에게 담당시키셨도다(이사야 53:4-6).Q께서는 사람을 찾는다. 인재를 찾는다. 겸손한 자를 찾는다. 지저분한 자(者)를 인정하지 않는다. 깨끗한 그릇을 가진 자를 쓰임 받게 한다. 그래서 성공의 길은 사람을 외모로 보지 말고 근면 성실하고 양보, 친절, 의로운 길, 겸손의 길, 온유한 길로 감사하게 사는 것이 성공한 삶이라고 말하고 있다.

* 이스라엘(예루살렘)의 장군이 로마의 디도장군에게 항복하겠다는 조건으로 - 1)교회, 2)랍비(인격자 · 선생), 3)탈무드(冊)를 사(死)하지 말라고 무릎을 꿇고 당부했다. 그 조건을 디도 장군은 들어주었다. 때문에 오늘날 미국이 세계를 지배하는데 그 중 유대인이 50% 세계의 政, 經. 예술 등을 장악하고 있다. 그래서 미국을 건설할 때 먼저 교회(教會)를 세우고, 그 다음 학교, 집(宅)은 천막으로 살다가 나중에 건축했다. 일본은 미국한테 항복할 때 통치권 보장만을 요구했다. 그래서 일본인들이 종교와도 같은 천황제(지도자)에 대한 지지 때문에 국체(國體), 현인신(現人神)인 천황이 통치하는 일왕(日王)을 국가의 상징으로 남겨두었다(우리는 君師父一體).

필자가 그 외 지도자의 글들을 수집하여 기록해 보았다. 장자(莊子)는 잘 짖는다고 훌륭한 개라 할 수 없듯이 말을 잘한다고 훌륭한 인재라 할 수 없다고 말했다(狗不以善犬爲良, 人不以善言爲賢).

또한 맹자(孟子)의 고자장(告子章)에는 천장강대임어사인야(天將降大任於斯人也: 하늘이 장차 그 사람에게 큰일을 맡기려고 하면), 필선노기심지(必先勞其心志: 반드시 먼저 그 마음과 뜻을 괴롭게 하고), 고기근골(苦其筋骨: 근육과 뼈를 깎는 고통을 주고), 아기체부(餓其體膚: 몸을 굶주리게 하고), 궁핍기신행(窮乏其身行: 그 생활은 빈곤에 빠뜨리고), 불란기소위

(拂亂其所爲: 하는 일마다 어지럽게 한다), 시고동심인성(是故動心忍性: 그 이유는 마음을 흔들어 참을성을 기르게 하기 위함이며), 증익기소불능(增益其所不能: 지금까지 할 수 없었던 일을 할 수 있게 하기 위함이다) 더욱 맹자(孟子)는 남을 사랑해도 남이 나를 가까이 하지 않는다면, 나의 인(仁)이 부족하지 않았는지 반성하고, 남을 다스려도 남이 나를 따르지 않는다면, 나의 지혜가 부족하지 않았는지 반성하며, 남을 예(禮)로 대해도 남이 나에게 예로 대하지 않는다면, 나의 공경심이 부족하지 않았는지 반성하라. 자기의 행위가 기대했던 효과를 얻지 못했을 때 모든 잘못의 원인을 자기 자신에서 찾아야 한다. 자기 몸이 바루어지면, 천하 사람들이 귀복(歸服)할 것이다. 각 사회의 조직·단체에서 보직자가 그 단체를 활성화 시킬 수 있고, 피폐하게 만들 수 있으므로 그래서 지도자(指導者)의 역할이 중요한 것이다.

리더란 무엇인가?[8] 경영시스템은 사람보다 단기실적과 돈에 매달리고 직원을 활용자원(活用資源)으로만 바라본다. 월마트에 출근하는 사람은 일자리가 필요해서다. 그러나 코스트코(창업자: 제임스 시니걸) 직원은 미래를 원하고 소속감을 느끼고 싶어 출근한다. 이성적 사고(left brain)와 이상적 자질(right stuff), 이성적 사고는 좌뇌, 즉 문제해결에 대한 계획적이고 분석적인 접근법을 가리킨다. 이상적 사고는 극도로 위험한 상황을 냉철함과 용기, 유머로 넘어서는 능력이다. 이성적 사고는 "분석"과 이상적 자질은 "야망"이 조화롭게 결합돼야 한다. 리더는 종종 매우 복잡한 선택에 직면한다.

세상에는 훌륭한 지도자와 글들이 있지만, 모두 성경(聖經)에서 나온 글이며 최고의 지도자는 예수이다. 필자는 고통(苦痛/아픔)과 고난(苦難/고초)은 자산(資産)이라고 자고(自苦)의 철학을 이미 밝힌바 있다. 큰 인물이 되려면 먼저 처절한 고통과 고난으로 훈련받아야 큰 인물이 되어도 흔들리지 않는다. 이런 글을 청소년들이 미리 터득하면 왕따, 학교폭력, 자살 등을 방지할 수 있을 것이다.

다음은 부패한 지도자의 모습(사 56:9-12)이다. ㉮ 무지한 맹인과 같음. ㉯ 짖지 못하는 벙어리 개와 같음. ㉰ 게으로고 나태함. ㉱ 족할 줄 모르는 탐욕의 소유자들. ㉲ 몰지각한 목자들. ㉳ 자기이익만 추구함. ㉴ 방탕한 자들로서 Q께서는 이러한 지도자들에게 짐승들에 의해 삼킴을 당할 것이라는 저주를 내리셨다. 그래서 성공의 길은 사람을 외모로 보지 말고 근면성실하고 양보, 친절, 의로운 길, 겸손의 길, 온유한 길로 감사하게 사는 것이 성공한 삶이라고 말하고 있다.

---

8) 리더는 마지막에 먹는다. 올바른 결정은 어떻게 하는가? 두 책 소개. 박돈규 기자. 조선일보 2014.5.24. "리더는 부모와 같다. 직원이 소중한 삶을 책임져야 한다." "리더가 신뢰하면 직원은 그 믿음을 유지하기 위해 머리와 가슴을 헌신한다." "아이의 행복은 부모가 직장에서 보내는 시간의 길이가 아니라 일터에서 돌아온 부모의 기분에 좌우된다." "리더와 동료에 대한 신뢰가 없는 조직은 아무리 인센티브(성과급)를 줘도 결국 분열하고 실패한다." "직원의 가장 큰 스트레스는 직무 부담이 아니다. 권한이 적을수록 스트레스가 증가한다."

좋은 지도자의 한 사람인 왕(王)자의 한문(漢文)의 뜻을 볼 때 -(하늘)-(사람)-(땅)이 올곧게 서야, 하나(1)가 될 수 있다고 본다. 왕과 지도자는 모든 것을 섭렵해야 한다. 그리고 성경에서 많은 교양적인 것을 터득해야 한다. 따라서 하나님은 생명을 다루고 의사는 질병을 다룬다. 자기의 판단과 생각을 가치관 기준으로 발현될 수 있도록 의사결정을 해야 한다. 능력 있는 지도자는 순간의 의사결정을 가치관이 확고한 기준이어야 되는데, 능력 있다고 세상적으로 자부하는 지도자는 '다수결'을 원하고 있다. 그러나 다수결은 최악이다. 민주주의에 있어서 합의, 아니면 설득을 해야 한다(출애굽기 23장 2절).자기 이권을 성취하려고 식(食)과 술집, 모임(끼리끼리)장소에서 자기편을 만들고 증거자료를 제공하면서 다수결의 원칙을 내세우는 것은 '최악의 상황'이라는 것을 알고 있는 지도자가 과연 몇 명이나 될까!? 김진홍 목사는 우리 민족은 타고난 자질이 빼어난 민족이지만, 다만 한 가지 복이 없어 민족발전이 제자리걸음을 하고 있다. 바로 빼어난 자질을 바르게 이끌어줄 지도자를 만나지 못한 점이다. 국민들의 자질이 아무리 빼어났어도, 이를 이끌어 미래를 향하여 발휘케 할 지도자를 만나지 못하게 되면, 그 자질을 발휘할 기회조차 얻지 못하게 된다.

다음은 성공한 CEO가 성공한 대통령 되기는 힘들나.[9] 기업의 CEO와 대통령, 리더십의 차이는 '3C' 1) 합의(Consensuc: 컨센서스): CEO는 자기 의지대로 '불도저식'으로 회사 조직을 재편할 수 있어 일을 추진해도 가능하지만, 대통령은 국내외 모든 문제시 반대파와 합의를 이끌어내야 한다. 2) 소통(Communication): 기업은 광고로 메시지 전달, 안 먹일 땐 상품을 바꾸어 버리면 그만이지만, 대통령은 라디오, TV, 인터넷 등 여러 정보와 매체로 정기적으로 설득하고 소통해야 한다. 3) 통제력(Control): CEO는 승진, 보너스, 좌천, 고용, 해고로 직원들을 마음대로 요리하지만, 대통령은 임명권과 통제력을 가지고 있어도 곳곳에서 견제수단이 많아, 어렵게 이룬 정책도 야당 및 사법부, 의회가 막아서 무효, 또한 감사원, 대통령의 일거수일투족을 들여다보며 같은 당내에서도 반대파와 합의를 이끌어내야 하는 지도자가 있다.

나라의 흥망성쇠는 기획(계획)에 달려 있다고 할 수 있는데, 대통령은 그 나라의 최고의 기획자이자 제작자이며 설계하는 지도자이다. 그러므로 철학과 역사관을 분명히 가지고 있어야 한다. 따라서 작게는 가정부터 시작하여 크게는 한 단체, 국가, 세계를 운영하는 자이다. 기타 조직을 운영함에 있어서 다음의 상황을 점검해보자.[10]

---

9) 권경복 기자. 조선일보 2011.11.8. 기사 중에서.

10) 김진홍 목사 칼럼(2012.10.5).
그는 1831년에 사업에 실패하였다. 이듬해인 1832년에 주 의원에 출마하였으나 낙선하였다. 역시 다음 해인 1833년에 다시 사업을 시도하였으나 역시 실패하였다. 2년 후인 1835년에는 약혼녀가 죽었다. 연이은 실패와 사랑하는 사람의 죽음으로 인하여 1836년에는 신경쇠약에 걸렸다. 재기한 그는 1843년에 연방 하원의원으로 출마하였으나 역시 실패하였다. 5년 후인 1838년에 다시 하원의원으로 출마하였으나 낙선하였다. 연이은 실패와 사

다음은 비즈니스 TALK. 복수를 꿈꾸게 하는 '나쁜 상사'-- 순진하면 '그의 밥'이 된다. 똑 소리 나게 자기를 주장해 그의 지배본능 맞서라고 주문하고 있다.[11)]

요즘처럼 구직난인데도 불구하고 취업이 되면 상사의 관리(管理)를 받게 된다. 조직은 상하(上下)관계가 있는데, 직장에서 리더십은 쌍방간의 문제라고 하지만, 내부고발자(Whistle Blower: 대의명분)가 되거나 무거래(no Deal: 상사에게 협조하지 않고 조직을 돕는다) 원칙으로 이겨내야 한다. 취업정보업체 '인크루트'가 직장인 1,300명을 대상으로 설문조사를 한 결과, 96%의 직장인이 직장에서 복수를 꿈꿔본 적이 있다고 대답했다. 복수의 대상은 상사가 80.9%로 가장 높았다. '나쁜 보스'라고 생각하지 않고서야 복수를 꿈꿀 이유가 없다. '언제 가장 복수하고 싶으냐?'는 질문에는 '무시하는 행동이나 말을 할 때'가 20.1%로 가장 많았고, '독재자처럼 군림하려고 할 때'가 19.2%로 그 뒤를 이었다. '지시사항을 무조건 강요할 때(12.5%)' '지키지 못할 약속을 남발할 때(10.2%)' '윗사람에게서 받은 스트레스를 나에게 풀 때(9.4%)' 등의 의견도 있었다.

그렇지만 언제까지 나쁜 상사를 성토하고만 있을 것인가? 이 상황을 타개하기 위한 해결책은 없을까? 하고 나쁜 사람의 '밥'이 되지 마라. 라고 하면서 환경변화에 순진하게 대응했던 게 실패의 원인이었다. 나쁜 보스는 남을 지배하고 싶은 본능이 있다. 게다가 조직에서 인정을 받기 때문에 보스의 위치까지 오른 것이다. 그렇다면 자기주장은 하되, 주변을 잘 살펴 희생양이 되는 건 피하는 게 상책이다. 보스에게 자기주장을 펼칠 능력이 없다면, 친화력이라도 발휘해 보스의 보스나 후배들을 자신의 편으로 만드는 게 필요하다. 지도자는 두려움의 대상이 되는 것은 좋지만, 증오의 대상이 되는 것은 피하라고 군주론(君主論)을 주장한 마키아벨리의 조언한다.

랑하는 사람의 죽음으로 인하여 1836년에는 신경쇠약에 걸렸다. 재기한 그는 1843년에 연방 하원의원으로 출마하였으나 역시 실패하였다. 5년 후인 1838년에 다시 하원의원으로 출마하였으나 낙선하였다. 7년 후인 1855년에 이번에는 상원의원으로 출마하였으나 여전히 낙선하였다. 다음해인 1856년에는 부통령으로 출마하였으나 역시 실패하였다. 그러나 4년 후에 대통령으로 출마하여 당선되었다. 이 사람이 누구일 것 같은가? 16대 대통령인 아브라함 링컨이다. 성경 잠언에 이르기를 "의인(義人)은 일곱 번 넘어질지라도 다시 일어나느니라."하였다 동양에서 일곱 번 넘어질지라도 여덟 번째 일어난다는 칠전팔기(七轉八起)와 같은 말이다. 아브라함의 경우는 칠전팔기 정도가 아니었다. 그의 전기를 쓴 한 작가의 말에 의하면 그는 평생에 27번이나 실패를 거듭한 뒤에 28번째 도전에서 성공하였다. 그래서 대통령이 되었다. 그리고 가장 존경받는 최고의 대통령이 되었다. 위대한 삶일수록 실패를 딛고 다시 일어선다. 실패를 넘어 성공으로 나아간다. 실패가 두려워 도전하지 않는 자에게는 성공의 날이 올 수 없다.

11) 방현철 기자. 2011.6.16. 기사 인용.

2. 박후보, "문화재정 2% 달성" "문화기본법 제정" 공약[12)]

박근혜 새누리당 대선후보가 "향후 5년 내 문화재정을 2% 수준까지 달성토록 하겠다."며 문화예술계 표심 끌어안기에 나섰다.

박 후보는 19일 오후 대학로 아르코예술극장에서 열린 '예술나무 운동' 발족식에 참석, "OECD 각국 정부 예산에서 문화재정이 차지하는 비율이 평균 2%를 넘는데 우리는 1.14%에 머물러 있다"며 이같이 말했다.

그는 "향후 5년 내 문화재정 2% 달성을 목표로 매년 17%씩 문화재정을 늘릴 구체적인 로드맵을 갖고 있다"면서 "헌법에 규정된 국민의 문화적 권리를 보장하고 누구나 원하면 문화예술을 향유할 수 있도록 문화기본법을 제정할 계획도 갖고 있다"고 말했다.

한국문화예술위원회, 대한민국예술원, 한국예술문화단체총연합회, 한국민족예술단체총연합, 한국메세나협의회 등 문화예술단체 주최로 열린 '예술나무 운동'은 기능과 재능 나눔, 후원으로 문화예술 분야 저변 확대를 목표로 하는 캠페인이다. 행사 주최 측 입장에서 가장 빈가워할 약속을 한 셈이다. 실제로 박 후보가 '문화재정 2% 달성'을 공약할 때 청중들이 박수로 화답했다.

박 후보는 "문화예술의 힘으로 국민행복도 가능하다"고 강조했다. 그는 "여러분이 심은 예술나무 한 그루가 10～20년 뒤 국민들의 마음을 살찌우고 우리나라를 문화강국으로 우뚝 세우는 소중한 대들보가 되리라 생각한다."며 "문화와 예술의 힘이 사회를 바꾸고 국민의 삶의 질을 높이는, 국가경쟁력까지 좌우하는 시대"라고 말했다. 무엇보다 "(우리나라는) 지난 50년 동안 경제발전과 민주화라는 두 가지 과제를 성공시키기 위해 앞만 보고 달려 왔다"며 "이제 우리 앞에 펼쳐질 50년은 문화예술을 통해 국민의 마음을 하나로 묶고 국민행복시대를 열어야 한다."고 주장했다. 이어, "우리 시대 문화예술에 대한 투자는 어려운 문화예술계를 돕는다는 차원을 넘어서 사회통합의 새로운 구심점을 만들고 새로운 산업동력을 창출한다는 이유에서 필요하다"며 "그런 측면에서 문화예술에 대한 국가의 관심과 투자를 지금보다 대폭 늘려야 한다."고, 주장했다.[13)]

이제 새 대통령이 당선되어 취임 연설은 4,024글자 중에 문화융성 부분은 412자였다. 대통령은 전체연설 무게의 3분의 1쯤을 문화융성에 두어 "21세기는 문화가 국력"이라고 했다. 한

---

12) 오마이뉴스 기사. 2012년 10월 19일자.

13) "문화재정 2% 달성" "문화기본법 제정" 공약한다는 것은 기적이다. 이번 기회에 한국전통문화가 발전될 수 있는 계기가 되어야 한다. 대통령이 공약해서 될 일이 아니다. 담당부처의 국장 또는 담당관들이 책임을 지고 일을 해야 우리민족이 주체의식을 나가야 민족이 살아남을 수 있다.

류문화가 세계인의 사랑을 받고 있고 5000년의 문화유산이 바탕이 됐다고 했다. 국민에게 문화가 있는 삶을 누리게 하고, 문화로 사회갈등을 치유하며, 지역·세대·계층·간 문화 격차를 해소하겠다고 했다. 여러 장르의 창작 활동을 지원하고 문화와 첨단 기술을 융합한 콘텐츠 산업을 육성하겠다고 했다. 말만 들어도 벅차다. 문화는 산업인 동시에 행정이다. 문화는 정책이다. 역대 대통령들한테 들어보지 못한 비전이다.[14] 2014년부터는 문화부분에 대해 420억을 투자한다고 했다.

현 대통령의 부친인 고(故) 박정희 대통령이 잘한 것 세 가지가 있다. 하나는 산에 나무를 심어 산림녹화의 세계적인 모범 국가를 이루는 기초를 닦은 일이요, 둘은 경부고속도로를 만들고 포항제철을 세워 산업입국의 기틀을 마련한 일이다. 그 시절 소위 운동권의 말석에 있었던 나는 고속도로 만드는 일도 포항제철 만드는 일도 야당 지도자들과 함께 반대하는 운동에 따라 다녔다. 그러나 세월이 지난 지금 생각해 보면 그때 고속도로 안 닦고 포항제철 세우지 않았더라면 나라 사정이 어떠하였을까를 생각하니, 그 시절 대안 없이 반대만 하였던 일이 부끄러워진다. 셋은 과학입국, 기술입국을 내세워 KIST를 세우고 공과대학, 공업학교들을 사방에 세워 기술자들을 길러내는 일에 국력을 쏟아 부은 일이다.[15] 박근혜 대통령이 이제 그 나라 그 민족의 전통문화교육을 초, 중, 고, 대학에 '필수과목'으로 삽입하라고만 하면 자살도 없고 역사가 바뀌게 될 텐데. 구조적모순점을 바꿀 수 있을까?!

3. 최고지도자인 나는 보스인가 그냥 상사인가

노력하지 않는 보스는 누구나 악당이 될 수밖에 없다. 어떻게 하면 조직을 잘 운영하고 직원들의 잠재력과 행복도를 최대한 끌어올릴 수 있을까 하는 목표와 맞닿아 있다. 유능한 보스는 3대 원칙이 있다.[16]

1) 자기 자신을 관리하고,

- 권한을 함부로 행사하지 않고 최대한 많은 권한을 직원들에게 위임한다.
- 직원들과 인간적으로 교류하고 있으며 서로 도움을 주고받는다.
- 부하 직원들만이 다른 팀의 입장을 배려해 업무를 진행한다.

---

14) 김광일 논설위원, 태평로, 2013.3.5.

15) 김진홍 목사의 대표적인 "아침묵상" "칼럼" 중에서.

16) 린다 힐(Linda Hill) 하버드대 교수(보스턴(미국)-이인묵 기자, 조선일보 2012.3.17).

2) 인맥을 관리하고,

- 조직 안팎에서 내게 필요한 인맥을 찾아내 활용한다.
- 적극적으로 인맥을 구축해 관리한다.
- 인맥을 되는 대로 만들지 않고 전략적으로 만든다.
- 인맥을 통해 자원을 확보하고 부하직원들을 보호한다.
- 인맥을 활용해 팀의 목표를 달성한다.

3) 팀을 관리하는 것이다.

- 팀의 목표를 세우고 이를 현실에 맞춰 개선한다.
- 팀원들과 직무 · 업무방식 · 팀 문화 · 성과에 대한 피드백을 주고받는다.
- 팀원 개개인을 각자에게 맞는 방식으로 관리한다.
- 일상적인 업무 속에서 관리 능력을 개선하기 위해 지속적으로 노력한다.

이 세 가지 원칙을 개발과 훈련을 해야 직급만 관리자인 '상사'에서 '보스'로 거듭날 수 있다. 이를 달성하는 방도로 '준비-실행-평가'의 3단계 실행법칙을 제시했다. "훌륭한 보스는 일상 속에서 지속적인 훈련을 통해서만 키워질 수 있다."

(다들 좋은 보스가 되는 법보다 '최악의 보스 아래서 살아남는 법'에 관심이 더 많다. '왜 저렇게 행동할까' - '따져보아야 한다.' 나쁜 상사를 만나지 않기를 기도하는 수밖에 없다고 했다.)

*** 좋은 보스의 5가지 특징**[17)]

1. 지혜롭다/ 옳다고 믿으면 과감하게 추진한다. 자신이 틀린 것이 확인되면 재빨리 방향을 바꾼다.
2. 솔직하다/ 자신의 약점을 감추지 않는다. 부하에게 그 약점을 보완해 달라고 요청한다.
3. 주의 깊다/ 부하들의 말과 표정을 살핀다. 부하들을 이해하고 존중하기 위해서다.
4. 논쟁 한다/ 건설적인 논쟁을 벌인다. 개인이 아니라 의견을 놓고 다툰다.
5. 도전 한다/ 사업이 잘 될 때 다시 도전 한다. 작은 승리에 만족하지 않는다.

*** 나쁜 보스의 '밥'이 되지 않는 4계명**

1. 순수한 열정으로 일하라. 그러나 순진해서는 안 된다.

---

17) 로버트 서튼, 스탠퍼드대 교수.

2. 확고한 자기주장으로 보스의 지배 본능에 맞서라.
3. 변화무쌍한 이해관계를 잘 파악하라.
4. 능력이 부족하면 친화력이라도 발휘하라.

'권력중독(power poison-ing)' '시간압박(time pressure)' '성과압력솥(per-formance-cooker)'에 시달리면 사람은 누구든, 언제든 나쁜 보스가 돼버릴 수 있다.

좋은 보스가 되려면 당신안의 나쁜 보스부터 다스려라" "좋은 보스가 되는 방법 중 하나는 나쁜 보스가 하는 짓을 따라 하지 않는 것" "나쁜 보스는 부하, 회사, 가족, 연인, 그리고 자신까지 모두 망친다." "정치인과 같은 감각으로 '반드시 이겨야만하고 실제로 이길 수 있는 싸움'을 가려낼 필요가 있다. 사소한 싸움에 목숨 걸 필요가 없다" "문제는 좋은 보스는커녕 평범한 보스가 되기도 쉽지 않다는 것"이라며 "오히려 누구든, 언제든 나쁜 보스가 돼버릴 수 있다는 것이 인간의 본성(本性)"이라고 로버트 서튼 스탠퍼드대 교수는 말했다. 많은 직장인이 나쁜 보스로부터 탈출하기 위해 이직(移職)을 고민한다. 그러나 회사를 옮기는 것은 가장 하수(下手)의 방법이다. 나쁜 보스는 어느 조직에나 있기 때문이다. '좋은 보스, 나쁜 보스'란 책을 쓴 로버트 서튼 스탠퍼드대 교수는 "현대의 일터는 '악질 상사' 때문에 골치를 앓고 있다."고 했다. 외국회사라고 다를 바 없다. 결국 나쁜 보스를 피하려고 하지 말고, 회사에서 필요한 사람이 돼서 보스의 위치에 오르는 게 '나쁜 보스의 굴레'에서 벗어나는 길이다. '바보들과 일하는 법'의 저자 존 후버는 "상종하기 어려운 상사와 잘 지내는 걸 보여 주는 것도 조직에서 인정받는 방법"이라고 했다.

하나님께서는 나쁜 지도자들에게 짐승들에 의해 삼킴을 당할 것이라는 저주를 내리셨다.[18)] 그렇다면 성공의 기준은 선(善)한 길, 의로운 길, 겸손한 길, 온유한 길을 걸으며 희생과 양보, 친절, 근면성실(勤勉誠實)해야 한다. 가장 중요(重要)하는 것은 지금, 현재, 여기서 만나고 있는 사람과 지금하고 있는 것과 좋은 만남이 축복이다.

(가족인 부모, 자녀, 친구, 직장동료, 후원 및 협조자, 최고지도자 모임 등)

4. 콜린파월의 실전 리더십(13가지 원칙)

좋은 리더십은 곧 좋은 팔로어십(follower-ship)[19)]을 만들어 냅니다. 결국 지도자가 하고자

---

18) 부패한 지도자 모습(사 56:9-12) ㉮ 무지한 맹인과 같음. ㉯ 짓지 못하는 벙어리 개와 같음. ㉰ 게으르고 나태함. ㉱ 족할 줄 모르는 탐욕의 소유자. ㉲ 몰지각한 목자들. ㉳ 자기이익만 추구함. ㉴ 방탕한 자들 등.

하는 일을 끝마치는 사람은 부하직원이니까요. '당신의 부하가 당신을 신뢰하고 있는지 생각해 보라.' '당신이 하는 일이 중요하다.' '내가 당신을 훈련시키고 나도 열심히 일하겠다.' '내가 당신을 이끌고, 당신을 위해 희생하겠다.' 리더는 문제를 해결하는 사람이다.

1) 생각하는 것처럼 나쁘지 않다. 아침이면 더 나아 보일 것이다.
2) 화내라. 그리고 극복하라. 그리고 직설은 하지만 독설은 뱉지 마라.
3) 자존심을 자신의 상황과 지나치게 결부시키지 마라.
4) 해낼 수 있다.
5) 함부로 결정하지 마라. 곤경에 빠질 수 있다.
6) 부정적인 상황이 좋은 결정을 막지 못하게 하라.
7) 남의 선택을 대신 해줄 수 없다. 남의 선택을 대신 하게 해서도 안 된다.
8) 사소한 것들을 점검하라.
9) 공적은 나누어라.
10) 침착성을 잃지 마라. 친절 하라.
11) 비전을 가져라. 많은 것을 요구하라.
12) 두려움과 비관론에 귀 기울이지 마라.
13) 지속적 낙관주의는 전력 강화 요소이다.

*** 로버트 루트번스타인 7가지 혁신법**

1) 상상하라(lmagine) 2) 질문하라(Question) 3) 의심하라(Doubt) 4) 속박하라(Constrain) 5) 훈련하라(Train) 6) 자신과 맞는 일을 하라(Match) 7) 행동하라(Act) 등 경영진들은 항상 새로운 관점이 필요한 사람이다.

5. 예술교육 무너뜨리는 획일적 대학평가[20]

얼마 전, 학자금 대출제한 대학평가 발표가 나자 일부 대학들은 총장이 경질되는 등 한바탕 소동이 났다. 대학평가 기준이 논문 발표 숫자 대비 교수의 수와 특히 학생들의 취업률에 따라 크게 좌우되기 때문에 예체능 학과가 많은 대학들은 불이익을 받을 수밖에 없는 것이 어

19) 훌륭한 리더십을 가지고 있는 지도자가 있어야 밑에 직원들의 업무능력, 효율성 등을 상승시킬 수 있는 것이다.
20) 앤드류 장. 뉴욕스쿨 오브 비주얼 아트(SVA) 교수. 조선일보 2011.9.28.

쩌면 현실이다.

순수예술과 디자인 분야는 선진사회에서 매우 중요한 장르이다. 이 분야 전공자들은 내일의 문화계를 이끌어가고, 21세기 대한민국의 역량을 업그레이드시킬 수 있는 주역이기도 하다. 그런데 대학을 4대 보험 가입을 전제로 한 취업자 수로 평가하는 것은 교육계는 물론 학부모와 학생들에게 혼란을 가중시킬 뿐 아니라 문화예술 교육자체를 퇴보 또는 왜곡시키는 계기가 될 수 있다. 예능계 학생들은 대기업에, 기업체에 취직하기보다 예술가를 지망하거나 프리랜서로서 개성 있는 자신만의 작업을 하는 경우가 많기 때문이다. 미국이나 유럽에서 미술이나 음악 등 예술분야를 별도의 전문교육대학으로 운영하는 이유도 이들 학과의 특성이 다른 학과와는 근본적으로 다르기 때문이다. 미국에만 40개의 전문가를 배출하는 독립된 예술대학이 있다. 시사주간지 'US뉴스 앤 월드리포트' 등에선 매년 일반 대학뿐 아니라 예술대학에 대한 평가를 따로 낸다. 뿐만 아니라 전공학과별로도 평가를 하여 각 학교가 경쟁에서 살아남기 위한 노력을 경주하게 한다. 한국에서 예술대학 졸업생들이 매년 3만 명씩 쏟아져 나온다고 한다. 예술대학 학생들은 취업의 문이 다른 전공에 비하여 좁기 때문에 이들을 모두 취업시키는 것은 거의 불가능하다. 미국의 경우에도 일부 대학은 학생들이 졸업 후 바로 취업할 수 있도록 커리큘럼을 보강하는 추세이다(신학대학의 박사학위 자들이 1만 명씩 귀국하다고 한다).

뉴욕에서는 작가들에게 작품을 할 수 있는 공간을 제공하는 레지던스 프로그램 등이 있다. 이들에게 의료보험이 제공되거나 월급이 나가는 경우가 없으므로 취직이 되었다고 볼 수 없다. 하지만 이들은 엄청난 부가가치를 만들어낼 수 있는 디자이너나 예술가로 살아남기 위해 젊음을 투자한다. 교육 정책 담당자들은 각 전공분야가 갖는 특성을 고려해 정책을 만들어야 한다. 지금이라도 예술대학을 획일적인 평가 대상에서 제외시키든지, 예술대학만을 따로 평가하는 제도를 만들어야 한다.

그렇지 않으면 국가 인력수급의 장(場)이 왜곡될 수밖에 없다. 그 책임을 누가 질 것인가?

6. 김치, 아리랑을 무형문화재로 만들려면[21]

1962년 1월에 제정된 문화재보호법은 문화재에 대한 국가 보호책을 처음으로 분명하게 수립한 점에 역사적 가치가 있다. 이 법은 문화재를 유형・무형・기념물・민속문화재로 나누고

21) 서연호, 고려대 국문학과 명예교수, 2011.8.9, 조선일보 기고.

제3조에서 '**문화재 보존・관리 및 활용은 원형유지를 기존 원칙으로 한다.**'고 했다. 문화재보호법은 전통문화가 현대문화의 기반이 되고 문화를 창조하는데 적지 않게 기여했다. 하지만 이 법은 시대의 변화에 따라 이제 한계를 드러내고 있고, 그 내용의 일부 개정만으로 급변하는 시대의 전통문화를 보존 관리하고 선양할 수 없다고 판단된다. 그래서 필자는 현행 문화재보호법과 별도로 무형문화유산법을 새로 제정할 것을 제안한다.

새 무형문화유산법은 우선 문화유산(文化遺産)의 개념을 분명히 해야 한다. 유네스코는 2003년부터 무형문화 유산이라는 개념을 사용하기 시작했고 2005년부터 문화표현의 다양성 보호를 시작했다. 지금까지 무형문화재의 보존은 원형에 대한 사승(師承)관계를 전제로 했지만 문화유산 개념은 현재의 전승상태, 현대에 성행하는 전통문화, 충실하게 복원될 수 있는 문화를 모두 포용하고 중시한다. 따라서 김치와 아리랑처럼 분명한 문화유산인데도 보유자를 정하기 어려운 경우도 무형유산으로 지정할 수 있다. 이렇게 되면 무형문화유산 종목은 대폭 확대될 수 있다. 현행법의 범주로는 '원형(原形)과 전승자'라는 규정에 묶여 확대지정 불가능하다. 하지만 문화유산의 범주로는 개방적인 대응이 가능하다. 새 법의 제정을 계기로 지금까지 복원된 무형유산가운데서 우수한 평가를 받는 것들을 새 종목으로 지정해야 한다. 아울러 지금이라도 원형복원이 가능한 가치 있는 유산들은 착실하게 복원작업을 해나가야 한다.

지금까지 망각되고 소홀하게 취급됐던 궁중문화로서 의례, 나희, 산대, 광대극, 복식, 음식, 채화(綵花), 장식, 공예 등이 이에 해당한다. 또한 역사적으로 보존 가치가 있는 종교문화에서 많은 종목이 새롭게 지정될 수 있다. 그리고 무형문화유산의 종목에 따른 유파(流波)들을 별도의 지식재산권으로 인정해야 한다. 각 종목의 유파로서 분명한 것들을 모두 독자형으로 지정하고, 새로운 유파가 발전할 가능성도 고려해 넣는다. 예컨대 제례(祭禮)종목의 유파로 종묘제례악, 석전대제 등을 넣고 제례악의 종목의 유파로 종묘제례악을 넣는 방법이다 막걸리 종목은 독자형으로써 인정되는 기준을 갖춘 막걸리들을 유파로서 간주한다. 또 무형문화 유산의 종목에 중앙과 지역의 차이를 두지 말아야 한다. 무형문화유산 관리는 지역성을 존중하고 발전의 기반을 지키기 위해 해당 지자체가 맡되, 초(超)지역성을 지닌 것은 중앙정부가 맡는다. 풍물(농악)은 진주, 평택, 이리, 강릉, 임실, 구례 등은 국가가 지정했고, 여러 시, 도에서도 지정이 이루어졌다. 이런 차이를 두지 말고 각종의 풍물유파를 해당지역에서 총체적으로 관리하자는 것이다.

새 법을 제정한다고 해서 무형문화 유산이 저절로 계승되고, 훌륭한 수준이 유지되며, 현대적인 창작이 이루어지는 것은 아니다. 언제나 문화의 주체인 사람들의 정신과 노력이 중요하다. 특히 문화재청의 관리방법이 대폭 쇄신되어야 한다. 한 사회의 문화수준과 창조정신은 동전의 양면이다. 문화유산의 계승을 통해 창조정신을 북돋고, 창조정신을 통해 미래지향적인 문화를 발전시켜야 한다.

7. 문화부장관을 또 바꾸겠다.[22)]

문화, 체육・관광이란 '3두 마차'는 지금 어디로 가고 있는 것일까. '문화강국' '문화입국'은 역대정권에서 강조해온 구호다. 허지만 문화부장관 자리는 그렇지 못했다. 정치권의 힘있는 인사가 한번쯤 스쳐 가는 자리로 비쳤다. 문화부 내부에서도 '실세인 ○○○가 장관이었을 때가 가장 좋았어.'라는 소리가 들릴 정도다. 문화공보부에서 '공보'라는 정책업무를 떼고 문화부가 독립부서로 이름을 전면에 내세운 건 1990년이다. 이어령 씨가 초대 장관을 맡았다. 이후 21년간 17명의 장관이 거쳐 갔다. 얼추 계산해도 재임기간은 1년 남짓, 정책의 일관성을 기대할 상황이 아니다. 더 눈여겨볼 것은 장관들의 출신이다. 문화부에서 잔뼈가 굵었던 공무원이 장관이 된 경우는 지금껏 단 한 차례도 없었다. 모두 외부 인사였다. 초창기엔 문화와 상관없던 국회의원들이 주로 문화행정을 책임졌다. 문화행정가의 전문성이 요구되는 대목이다. 오랜 현장경험과 합리적 판단이 필수적인 것이다. 다음번에도 상황은 별로 달라지지 않을 듯싶다. 결국 정치판보다는 문화 판에서, 모든 문화는 인터넷문화이지만, 문화 판보다 정치판에서 결판 날 것이다.

문화와 인연 없는 문화부장관?[23)] - 무슨 장관 인사가 이런지 원 -

문화체육관광부 공무원 한 명이 한숨을 쉬며 "전날 밤까지도 전혀 예측하지 못했다"고 털어놨다. 지난 31일 새 문화부 장관으로 정성근 아리랑국제방송 사장이 내정된 것을 두고 하는 말이었다. 정 장관 후보자는 지난 3월 아리랑국제방송 사장이 됐을 때도 이미 '낙하산 아니냐?'는 말을 들었지만 불과 3개월 만에 제대로 짐도 풀지 않은 채 장관으로 '초고속 승진'이 이뤄진 것이다. 이런 상황에서 문화부 분위기는 뒤숭숭하다. 정 장관 후보자는 KBS・SBS기자와 앵커 생활을 했지만 문화・예술과 관련한 일을 한 적은 없었다. "뭔가 '문화' 관련 경력을 만들어 주기 위해 아리랑국제방송 사장을 시킨 것 아니냐?"는 말까지 나오고 있다. 그가 현 정부에서 우대를 받는 이유로 꼽히는 것은 2012년 새누리당 대선 캠프 공보위원장을 맡았고 여당의 실력자와 친한 "친박(親朴)인사"라는 점이다.

내부 승진자 출신인 유진룡 장관의 '경질'을 이해하기 어렵다는 의견도 많다. 유 장관은 업

22) 최민우 기자의 까칠한 무대. 조선일보 2011.8.23. 기사인용.
23) 2014.6.20. 조선일보 기사(시각).

무파악도가 높았고 직무 수행에 별문제가 없었는데 정치적 이해관계 때문에 부당하게 물러나는 게 아니냐는 것이다. 이명박 정부 첫 문화부장관인 유인촌 전 장관이 만 3년 동안 장관직을 수행했던 것과도 비교된다. 문제는 이처럼 의외의 비전문가들이 '친박으로 분류된다.'는 이유 때문에 문화 분야 고위직에 임명되는 모습엔 기시감(旣視感)이 있다는 것이다. 지난해 3월 현 정부 첫 문화재청장이 된 변영섭 고려대 교수는 행정 경험이 전무해 의아심을 불러일으켰지만 '대통령 측근과 친하고 당선 전의 박근혜 대통령에게 문화재정책을 설파한 적이 있다.'는 등의 인연이 있었다. 변 청장은 국보 해외 전시 문제, 반구대 암각화 문제로 다른 기관과 계속 갈등을 일으키다가 지난해 11월 경질됐다(숭례문보수공사문제).

"말로는 '문화융성'을 하겠다는 정부가 정작 문화 분야를 우습게 알고 잇따라 자기사람을 앉히는 것 아니냐"는 말이 나올 수밖에 없는 상황이다. 과거 노무현 정부 때 문화계 요직을 진보, 좌파 인사들이 차지하자 '코드인사'나 '전리품 나눠주기' 란 비판이 일었던 상황의 재판(再版)으로 가는 기미도 보인다. '문화융성'이 물 건너갔다는 비판이 벌써부터 나오는 이유다.

8. 잡스가 남기고 간 '한 입 베인 사과'24)

융합과 혁신의 아이콘 스티브잡스가 '한 입 베인 사과'를 남기고 영면(永眠)의 길을 떠났다. 그가 남긴 '사과'는 아담과 이브의 사과와 뉴턴의 사과와 버금갈 정도로 평가되고, 앞으로 역사는 세상을 '아이폰 이전(以前)과 이후'로 구분할 것이라는 주장도 있다. 사실 진정한 정보화 혁명은 잡스의 '사과'에서 시작됐다고 해도 과언이 아니다. 잡스의 '사과'에는 소비자에게 진한 감동을 주는 '맛'이 필요하다는 기술혁신의 새로운 철학이 담겨있다. 그에게 기술자, 기계, 기술만을 위한 기술은 의미가 없다. 기술적으로 아무리 뛰어난 제품이라도 소비자에게 감동을 주지 못하면 무용지물(無用之物)이다. 그래서 필요한 것이 바로 인문학적 상상력과 예술적 창조성이고, 모든 소비자에게 개방되어 공유되는 콘텐츠이다. 융합을 통해 모든 기술적 복합성을 말끔하고 단순하면서도 일관된 디자인 속에 감춰버린 것이 잡스의 탁월한 전략이었다. 극단적인 집중성과 단순성, 그리고 철저한 개방, 소통, 공유가 애플 마니아를 열광에서는 한 입 베인 사과의 무지개 색깔도 과도한 것이었다. (중략) 무선인터넷과 개방형 콘텐츠가 우리의 집단지성(集團知性)을 획기적으로 도약시키고 있다는 사실에 주목해야 한다. (중략) 이제 20세기의 정보화 기술을 우리 모두의 생활 속에 뿌리내리도록 만들어준 잡스의 '사과'가 인류의

---

24) 이덕환 서강대 교수. 2011.10.10. 조선일보 아침논단 기사 중에서.

집단지성을 궁극의 지위로 끌어올려주고 있다. (중략) 국경을 넘어선 새로운 음악시장이 등장했고 K-팝이 세계적 광풍(狂風)을 일으키고 있다. 정치도 흔들리고 있다. 무엇이나 섞는다고 새로워지는 것도 아니고, 혁신이 언제나 좋은 것도 아니다. 진정한 융합과 혁신은 인문학과 과학과 기술과 예술이 나름대로의 확고한 정체성과 전통을 지켜내야만 의미가 있는 것이다. 자칫 과도한 융합과 혁신은 아무도 원치 않는 획일화로 이어질 수도 있다. 이제 잡스가 남기고 간 '사과'를 어떻게 활용하고 발전시킬 것인지 온전하게 우리의 몫이다.

9. 옳은 사람이 아니라 필요한 사람이 돼라.

다음은 스티브잡스가 남긴 메시지이다. 그는 갔지만 그의 메시지는 청년들 가슴에 "'잡스' isad" 예술가적 CEO로 융합이 인류의 미래를 바꿨다.[25] 1) 사랑하는 사람을 찾듯이 사랑하는 일을 찾아라. 2) 실패의 위험을 감수하는 사람만이 진짜 예술이다. 3) 늘 갈망하고 바보처럼 도전하라. 4) 죽음은 삶이 만든 최고의 발명품, 새로운 결단에 도움을 준다. 5) 머무르지 마라. 다음 일을 생각하라. 뭔가 멋지고 놀랄 만한 일을 찾아라. 6) 혁신은 리더와 추종자를 구분하는 잣대다. 7) 혁신은 노력한 1000가지 일에 대해 '아니오'라고 말하는 데서 나온다. 2004년부터 췌장암을 앓아온 스티브 잡스가 '다르게 생각하기(Think Different)' '평범한 다수보다 자기직관' 아이폰·아이패드, 포스트 PC, '나는 세계 최대가 아니라 최고 기업을 만드는 게 꿈이다.' 등 세상을 열고 자기의 경쟁자를 스스로 만들어 냈으나 56세로 사망(2011.10.6)했다.

전 세계가 스티브 잡스의 애도(哀悼) 열기에 휩싸여 있다. 그의 방에는 동양과 서양의 결합이 융합되어 있다. 공학과 인문학, 기술과 예술, 상상과 현실을 하나로 묶어 점점 복잡해지는 IT기기를 단순함으로 트렌드혁명을 일으켜 3D 그래픽 영화를 만들고 아이튠스(온라인음악) 비즈니스, 소프트웨어와 앱스토어(인터넷 응용프로그램 거래) 개척과 예술과 기술의 절묘한 결합을 시킨 종합예술가 이다. 자기가 생산한 제품에 문화를 넣을 줄 모른다고 동갑내기인 라이벌인 마이크로소프트 창업자 빌 게이츠를 존중하면서 날카로운 비판을 하면서 잡스는 예술가처럼 인생자체가 실험적이었다. 누구도 생각하지 못했을 때 토이스토리 같은 컴퓨터그래픽 애니메이션을 창안했다. 불굴(不屈)의 도전정신과 보잘 것 없는 출신과 학력 등 잡초 같은 잡스가 거대 기업들을 제치고 세계 IT업계를 이끄는데 대해 평범한 많은 사람들이 카타르시스를 느꼈을 것이라고 말했다.

---

25) 조선일보 2011.10.7. 기사내용.

10. 스스로 무덤을 판 김정일[26)]

지금 대한민국과 국제사회는 김정일의 사망으로 북한의 불확실성이 켜졌다고 보지만, 기자는 오히려 그 반대라고 생각한다. 지금까지의 불확실성은 극단적인 독선과 아집으로 북한체제를 운영해온 김정일에게 있다. 북한의 파워엘리트 모두가 개혁·개방 외에는 방법이 없다고 생각하지만, 오직 김정일은 개혁의 '개'자만 꺼내도 처형했다. 남북관계의 경색 역시 김정일의 판단과 결정에 따른 것이지 북한에서 합리적인 논의와 의사결정 과정을 거친 것이 아니다. 따라서 김정일의 사망에 다른 불확실성 제거는 앞으로 북한의 변화를 예측할 수 있게 만들었고, 적어도 지금보다는 북한의 긍정정적으로 변화할 것이라는 희망을 갖게 됐다.

기자가 가장 우려했던 것은 2008년 중순 김정일이 뇌졸중으로 쓰러진 이후 제정신이 아닌 상태에서 장기간 생존하는 것이었다. 그의 정신이 멀쩡할 때는 절대로 자기 무덤을 파는 짓은 하지 않기 때문에 극단적으로 사건을 전개해도 치밀한 계산속에서 이뤄졌다. 하지만 김정일이 뇌가 망가진 상태에서 생존할 경우 북한은 물론 한반도에 어떤 재앙을 불러올지 아무도 모르는 일이었다. 따라서 김정일이 급사(急死)는 한민족에게 참으로 다행스러운 일이다.

김정일의 사인(死因)은 심근경색에 의한 심장병으로 밝혀졌지만 극심한 스트레스가 그 원인으로 보인다. 하지만 그 스트레스는 자신이 판 구덩이에 스스로 빠져들었기 때문에 생겨난 것이다. 김정일은 노무현 정권 말기에 김양건 통일선전부부부장을 한국에 보내 진보장권의 재집권을 점검할 정도로 한국 대선에 깊숙이 개입했고 거기에 모든 것을 다 걸었다. 하지만 이명박 정권이 들어서면서 김정일은 큰 충격을 받았고 한동안 대남전략을 수립하지 못한 채 1년이라는 세월이 지나갔다. 이 과정에서 남·북한 접촉이 이뤄졌지만 이명박 정권의 완강한 태도에 김정일은 극도로 화가 났다. 그 후 김정일은 "이명박과 끝장을 보겠다."고 했고 그때부터 대남강경책은 일관성 있게 추진됐다. 금강산에서 벌어진 박왕자 씨 피살사건과 천안함 폭침, 연평도 포격 등은 이런 김정일의 결심이 한 치도변하지 않았다는 것을 보여줬다. 그러면서 남한에서 벌어진 촛불시위 등 온갖 반(反)정부·반미 시위에 끼어들어 이명박 정권 흔들기에 총력을 다해왔다. 이명박 정부도 원칙론을 내세워 일관된 대북정책으로 응수했고 남북 간의 기(氣)싸움에서 최후승자는 이 대통령이 됐다(북한 국방위원회의 성명을 보면 "이명박 역적패당과 영원히 상종하지 않을 것" 선언).

이명박 정권은 북한 정권을 허물기 위해 적극적인 전략을 추구하지는 않았지만, 지난 정부들처럼 북한의 군사력 증강에 탕진되는 대북지원은 중단했다. 남한으로부터 오던 막대한 현

---

26) 강철환, 동북아연구소 연구위원, 조선일보 2011.12.29(목). 조선데스크 기사인용.

금과 식량이 끊긴 북한의 엘리트들은 당황했지만, 김정일은 고집을 꺾지 않았다. 이런 어려운 마당에 2009년 11월 단행한 화폐개혁은 상층부에서 하층부에 이르기까지 전 인민을 분노하게 하였다. 배급이 다 끊긴 상태에서 인민들의 생존수단인 시장이 붕괴하면서 국가경제는 파국으로 내몰렸고 아들에게 넘겨준 국가는 빈껍데기뿐인 나라가 됐다. 이제 김정은은 "김씨왕조"를 걸고 과감한 개혁·개방을 하지 않는다면 아버지의 젯값까지 모두 받아야 할 처지가 된 것이다.[27)]

11. 아내와 소통하면 가정재취업 성공[28)]

신입사원 마음으로 가정에 재취업(은퇴 후 40년을 살아가는 법) ---

은퇴준비라고 하면 많은 사람들이 은퇴 자금을 모으는 일만 생각한다. 하지만 그보다 훨씬 중요한 준비는 '관계'에 대한 준비이다. 현대인 대부분의 관계는 직장을 중심으로 돌아간다. 가정은 잠시 쉬었다가 출근하는 공간이 되어 버렸고, 다른 관계들도 엉성하다. 그러나 은퇴 후엔 가정과 사회에서 대부분의 시간을 보내야 한다. 관계를 재정립하고 새로운 관계를 맺는 것은 이민(移民)을 가는 것과 같은 문화적 충격을 줄 수 있다. 문제는 그 준비가 턱없이 부족하다는 점이다. 특히 남성이 그렇다. 한국보건사회연구원은 최근 우리나라 여성 72%가 '늙은 남편 돌보는 게 부담스럽다' 고 조사결과를 발표했다.

***'가정 재취업' 전문가 조언**

문: 은퇴한 여자에게 필요한 다섯 가지는?

답: 돈, 건강, 딸, 친구, 강아지

문: 그렇다면 은퇴한 남자에게 필요한 다섯 가지는?

답: 아내, 와이프, 처, 마누라, 안사람

요즘 은퇴자들이 하는 우스개다. 은퇴 후엔 부인과의 관계가 행복에 결정적인 영향을 미친다는 의미다. 가정에서 아버지의 역할을 교육하는 단체인 두란노 아버지의 김성묵 상임이사는 은퇴 후 반 년 동안 자주 아내와 여행을 다닌 한 대 기업 간부 출신 은퇴자의 사례를 전했

---

27) nkeh@chosun.com

28) 김정훈, 최규민, 류정, 이신영, 강동철 기자 취재. 조선일보 2012.1.2.

다. "남편은 자신의 은퇴생활이 이상적이라고 자부했죠. 그런데 어느 날 아내가 할 얘기가 있다고 그러더랍니다. '이제 나를 그만 놔둬라 아직도 당신 따라다니며 뒤치다꺼리를 해야 하느냐' 면서요. 남편이 큰 충격을 받은 것은 말할 나위도 없죠."

은퇴 후 애물단지 취급을 받지 않으려면 일찍부터 훈련이 필요하다. 첫째 하루에 한 번 '고맙다' '사랑 한다' '미안하다' 는 말을 해야 한다. 아내가 남편에게 정 떨어지는 가장 큰 이유는 소통방법 때문이라는 게 전문가의 지적, 직장 부하 대하듯 가족을 대하는 태도, 과도한 잔소리, 애정표현과 공감 능력의 부족이 아내의 마음에 상처를 남긴다는 것이다. 둘째, 공통의 대화 주제를 갖기 위하여 의도적으로 노력하라. 부부가 함께 드라마를 본다든지, 작더라도 같은 취미를 가져야 한다. 셋째, 그래야 삼식이[29]소리 안 듣는다고 한다. 위의 소리를 듣지 않으려면 요리, 빨래, 청소 등 가사를 나누는 습관을 몸에 미리 익혀 놓는 건 기본이다.

은퇴 후 40년 살아가는 법[30]을 보면, 체면 버리고 어떤 일이든 하라. 돈·건강·가정 모두 얻게 된다. 〈1회〉 당신의 은퇴준비 점수는 몇 점?, 〈2회〉 가정에 재취업, 선행 학습하라. 〈3회〉 하고 싶은 일은 다하자. 〈4회〉 연금받기 전 10년 준비하자. 〈5회〉 부동산 깔고 앉아 있지 말자. 〈6회〉 인플레이션 복병 대비하라. 〈7회〉 남의 눈 의식 말고 일하자. 〈8회〉 20만 시간 관리계획 짜자(은퇴 후 20만 시간을 TV만 볼 것인가? 예: 매월 4차례 산행, 1차례 서점, 부인과 걷기, 시, 책읽기) 연재하고 있다. 이 기사를 보면 월 80만원을 국민연금으로 받으려면 매달 25만원씩을 30년 이상 넣어야 했을 것이다. '정년 후에 일을 하려면 화려하고 권한 있는 일을 젊은 사람에게 양보하고, 어떻게 보면 허드렛일에 가까운 일도 즐겁게 할 수 있어야 한다.' '번듯한 명함만 따져서는 늙어서도 지속 가능한 일자리에 남아 있을 수 없다.' 고 강창희 미래에셋 퇴직연금연구소장이 말했다.

12. 〈칼럼〉 대한민국 R-최고 지도자회의 정체성[31]

우리 회(會)는 지도자 문화를 가지고 있다. '문화(文化)와 교양(敎養)이 다르다'라는 것을 인식해야 한다. 문화가 죽었다는 것은 국민이 죽었다는 뜻이요. 국민이 죽었다는 것은 곧 나라가 죽었다는 것을 의미한다. 아무리 사회, 정치, 경제가 발전이 되었어도 문화가 깊이 뿌리내

29) 하루 세끼 모두 차려줘야 하는 은퇴 남편: 영식씨, 일식이, 이식아, 삼시세끼, 종간나 XX: 하루 세끼에 종일 간식까지 요구해 아내를 귀찮게 한다는 뜻이다.

30) 조선일보 2012. 1월 연재. 후원: 삼성생명 은퇴연구소.

31) 대한민국 R-최고지도자회장 필자 (2013년 8월 포럼의 글). 매월 월요일모임 6시. 앰버서더 호텔 모임.

리지 못했다면 발전된 나라라고 볼 수가 없다. 문화의 원조는 뿌리이고, 교양(敎養)[32]은 인성적인 행위의 열매이다. 문화예술은 사회 정치, 경제, 예술, 학문, 연예, 사교, 스포츠, 전통, 오락 등 사회를 지배한다.

문화(文化)란[33] 인간의 삶의 총체적인 것으로써 사람이 살아가는 모습이 곧 문화이다. 문화(文化)는 '변한다.' '다르다'의 뜻을 가지고 있다. 문화의 자체는 각기 나라마다, 개인마다 고유의 문화이기 때문에 문화 속에는 종교(宗敎)가 숨어있으며 교양(敎養)과는 다르다. 인간은 문화인(文化人)이기 때문에 어떤 문화이든 누릴 권리가 있는 것이다. 그래서 이 세상은 민족, 선조, 선배들의 풍속을 따르고 있다. 과거 서양선교사들이 복음을 전파하면서 서양문화까지 전파한 자민족우월주의(自民族優越主義, Ethonocentrism)와 유학생들의 해외생활 속에 장, 단점이 표출되어 지금까지 우리에게도 나타나고 있는 것이다.

서양은 개인주의(個人主義) 자(者)가 많으나 한국은 유교, 불교, 천주교, 기독교 등의 종교를 가지고 있다 해도 복 받고 잘되는 것을 좋아하는 것이므로 무속신앙(샤마니즘)이 밑바탕에 깔려있다. 특히 잘 돌아다니며 남의 일을 간섭하고 구경하기를 좋아하고 항상 싸울 준비가 되어 있기 때문에 한국인은 누구나 선교사의 기질이 있다. 그러나 지금 우리는 자본주의와 민주주의가 이혼중이라 정체성의 문제가 있다. "대한민국 R-최고 지도자회가 출발한지 3년이 되었다. 7월 포럼은 자유토론을 하였다는데 우리 회의 정체성에 대한 의견이 대체적이다. 회장(필자)으로서의 8월은 포럼이 없어 칼럼을 전하면서 간단한 우리 회의 철학(哲學)을 생각해보았다. 우리 회(會)는 실질적인 지도자들의 만남으로 정관 및 규정이 없는 것이 특징으로써 고문 2명(이정재・박일호), 자문위원 1명(전영수), 회장(최창주)의 주춧돌로 모임을 꾸려가려고 한다."

법(法)이란 우리가 만들어 놓고 우리가 당하며 생활한다. 율법은 좋으나 율법주의는 까다롭다. 사회를 살아가다보면 가장 중요한 것을 희석시키고 중요하지 않는 것을 높일 때가 있다. 두 다리만 튼튼해도 먹고 산다는 말이 있듯이 강하고 튼튼한 허벅지가 있어야 건강하다는 것을 몇 명이나 알고 있을까?

신입회원 입회기준은 회장단에서 예비모임 때 토론하고 있다. 그러나 여기 최고지도자회의 현회원이 기준이다. 회원이 신입회원을 추천할 때 본인의 기준 및 인성을 삼으면 된다. 우리 지도자회를 질적으로 낮추고자하면 본인보다 질 떨어지는 사람을 소개하여 입회시키면 된다. 부정적인 사고방식을 가지고 있으면 세상살이가 꼬인다. 그러나 너무 논리적이면 사(싸)가지

32) 학문, 지식, 사회생활을 바탕으로 이루어지는 행위.

33) 진리를 구하고 끊임없이 진보 향상하며 인간의 정신적 활동(事典).

(仁義禮智)가 없다고 한다. 긍정적이고 거룩한 자(者)는 남을 비판(批判)하지 않습니다.

7월 포럼(토론) 때 교회 목사(牧師)야말로 지도자(指導者)라고 발언한 것을 보면, 신입회원 자격의 대상자가 누구를 추천할지 알 것이다. '분야별 우리 회에 도움이 될 수 있는 사람'이라면 된다. '함께 하고 싶은 분'을 추천(推薦)하면 된다.

모임의 색깔까지 토론(對話)했다. 회비가 부담이 가서 나가지 못하는 모임조직이 있는가 하면, 협찬 및 스폰서 회비부담을 감당하며 영향력이 끼칠 수 있는 조직에 나가 한자리 해볼까 하고 눈도장을 찍으려고, 명암 돌리고 노력하는 사람들도 있다. 인맥이 아닌 일맥(脈)을 겸하려고 한다. 정치가와 연예인은 카메라가 나타나면 갑자기 다른 말을 해야 한다. 우리 지도자회(指導者會)는 그런 것이 없다. 무엇이 특혜인가? 우리 조직은 특혜가 없다. 목적에 부합되는 사업도 없다. 기대하고 왔는데 이게 뭐야!? 실망스러우면 나가면 된다. 스스로 찾자! "왜 지도자가 없다고 한탄하느냐? 네가 지도자가 되라"고 도산선생은 말했다. 함께 느끼면서 체험하고 친교모임으로 참석하다보면 느끼는 것을 당신이 회장 순번으로 보직의 기회가 되었을 때 답이 나올 것이다. 이번 회장의 컨셉은 체계적인 정체성을 확보하기 위해 원선만 세우는 작업이다.

작은 일을 할 수 있으면 큰일을 할 수 있다. 힘이 없으면 가만히 있으면 된다. 그러나 힘있는 자(者)만이 인내(忍耐)할 수 있다. 참지 못하면 그 때 칼을 빼어 조언하고 언행(言行)하면 된다. 최고지도자가 누구한테 교육을 받겠다는 건가? 그러나 우리체재는 고문단 · 자문위원이 있다. 이용하라. 이제 우리도 서서히 전통적인 과정을 만들어가야 한다. 미래지향적인 조직을 위해 공동관심사를 통해 팀구성, 시스템, 분과구성, 교육 등 고문 및 자문단이 있다. 고문사무실, 연합회사무실 그 시스템을 애용하라! 그리고 괴롭혀보라! 아무도 가지고 있지 않은 무궁무진한 자료(資料)가 숨어 있는 것을 보았다.

지도자는 두려움의 대상이 되는 것은 좋지만, 증오의 대상이 되는 것은 피하라고 군주론(君主論)을 주장한 마키아벨리의 조언한다. 현실을 직시(直視)하고 미래(未來)를 내다보며 시대(時代)의 변화(變化)에 빨리 적응하면서 건강과 함께 각 분야마다 훈련을 하고 리듬을 타며 리드하는 지도자(者)만이 사회에서 살아남을 수 있는 다음과 같은 원리를 터득해야 한다. 첫째, 집중의 원리(Principle of Concentration)이다. 둘째, 접촉의 원리(Principle of Contact)이다. 셋째, 반복의 원리(Principle of Repetition)이다. 넷째는 본질의 원리(Principle of Reality)이다. 즉, 성공을 하려면 일에 집중하고 접촉하지 않으면 늘 변두리에서 맴돌고, 집중과 선택을 반복으로 지도자가 태어나고, 실체를 추구하는 자(者)는 결국 성공(成功: 聖功)할 수 있다.

외향적 CEO의 카리스마 스타일에 조용한 천재는 입을 다문다. 카리스마 있는 리더도 장점이 있지만 - 겸손함, 온화함, 절제력 갖춘 리더가 최고[34] "왜 세상은 외향적인 사람들만 선호하는가?" 이 책에 따르면 역사상 가장 훌륭한 작품을 만든 예술가는 대부분 내향적 예술가이었다. "당신은 외향적인 사람, 내향적인 사람 중에 어느 쪽에 가까우냐?"고 묻더니 자신을 가르켜 "외향, 내향을 모두 갖춘 양향성"이라고 했다. 내향적인 지도자와 외향적인 지도자가 있다. 콜린스 씨는 "좋은 기업에서 위대한 기업(Good to Great)"으로 5단계 카테고리를 강한 리더가 아니라고 다음과 같이 표현했다. 조용하다, 겸손하다, 소박하다, 말이 적다, 수줍음을 탄다, 품위 있다, 온화하다, 자신을 내세우지 않는다, 절제되어 있다 등 능력 있고 배려심도 갖출 때 자연히 직원들이 따르기 마련이고 열정 갖고 노력하다보면 어느덧 리더로 우뚝서있다고 한다. 외향적인 사람에 이끌려 아이디어 회의 휘둘리면 좋은 생각은 묻히기 마련이다. 서로 모자란 부분 채워주며 조직에서 음양(陰陽)의 균형을 보여줘야 한다. 그러나 외향적인 연기(演技)도 필요하다.

그러나 성경 야고보서에는 아예 선생 곧 지도자가 되지 말라고 다음같이 말했다. "내 형제들아 너희는 선생 된 우리가 더 큰 심판을 받을 줄 알고 선생이 많이 되지 말라"(야고보서 3장 1절)고 했다. 이 말의 의미는 선생이나 목사가 되지 말라는 의미가 아니다. 진실(眞實) 되게 감당하지 못할 선생(敎授)이나 목사(牧師) 혹은 지도자(指導者)는 되지 말라는 의미이다. 함량미달의 목사와 교수·지도자가 많은 이 시대에 꼭 적합한 지적이 아닐 수 없다.

13. 전통문화의 지도자가 필요하다(지도력)

필자는 다음과 같은 철학(哲學)을 가지고 있다. 자본주의는 정경유착이 되어, 있는 자(者)가 없는 자(者)를 다스리지만, 공(公)과 사(私)가 분명해야 한다. 골리앗이 나타나야 다윗의 승리가 있듯이, 대학에서는 공부를 가르치는 곳이 아니다. 대학과 교수(敎授)는 시행착오를 줄여주고 인성(人性)교육과 방향(方向)을 제시한다. 학교는 방향을 제시하는 곳이며 공부는 학생 자신이 하는 것이다. 방향을 잘못 잡으면 방향(方向)이라는 것은 욕심이 있어 속도가 붙어 빨리 이상한 곳으로 흘러가게 된다. 즉, 방향 없이 속도를 내면 속도(速度)는 욕심을 내기 때문에 빨리 가게 된다. 방향을 잘 못 잡으면, 그럼 원위치로 와서 다시 시작하게 되면 늦는다. 물론, 썩은 땅이어야 큰 꽃을 피울 수 있듯이 대학은 인간성(人間性)회복과 기본교육이 없으면 복제인간, 슈퍼맨(터미네이트, 베트맨 로보캅), 공적인 도둑놈(허가 받은)을 키우는 곳이나 다름없다.

---

34) Quiet(콰이어트) 쓴 수전케인(Cain)의 <내향적 인간 혁명론>. 조선일보 2014.1.25(뉴욕=오윤희 기자).

학교와 교수는 방향(方向)과 인성(人性)을 제시해야 한다. 교수(教授)는 영어로 Profess로서 원래의 뜻은 '믿고 신앙을 고백한 자(者)에게 배품(拜稟/稟賦:선천적으로 타고남)으로 자기가 믿는 바를 가르친다는 뜻' 이다. 즉, 가르침을 주는 자(者)로서 사회성(社會性)과 인성(人性) 교육을 지도하는 선생(先生)이어야 한다. 따라서 교수는 시행착오를 많이 겪은 자로써, 후대(학생)에게 시행착오를 줄여주는 역할과 먼저태어나 세상을 앞에서 살아간다는 뜻이다. 책으로 가르치는 스승은 만나기 쉬워도, 몸(行動)으로 가르치는 스승은 만나기 어렵다(經師易求 人師難得). 그래서 선생(先生)은 부모, 형, 누나, 삼촌, 교수, 목사, 옆집아저씨, 아줌마 등이 좋은 방향으로 접근(接近)하고, 앞서서 인도한다는 것으로 먼저 간다는 선구자(先驅者)이다.[35] 학교와 선생을 잘 못 만나면 '슈퍼맨'과 '합법적인 도둑놈'을 키우는 곳으로서 방향을 이상한 곳으로 잘못 잡으면 인생(人生)을 망친다는 것을 명심해야 한다. 곡학아세(曲學阿世:바른 길에서 벗어난 학문으로 세상 사람들에게 아첨함)는 배운 것을 왜곡해 출세의 도구로 삼으려는 형태이다. 대학 다닐 때 유치진 선생님께서는 '배우가 되기 전(前)에 인간이 되라'고 말씀해 주셨다.

사람은 건강하고 깨끗(거룩)해야 염려(念慮)가 없고 모든 일을 적극적이고 긍정적으로 할 수 있으면 좋다. 이런 과정에서 스트레스가 오는데, 이것을 해결하려면 건강(健康)이 중요하다. 제일의 부는 건강이다. 그러나 5분 뒤 내일을 몰라 고민하고 걱정하고 염려(念慮)하게 된다. 그래서 먼 후일을 생각하며 공부를 하게 된다. 개인 공부는 본인이 하는 것으로서 도서관이나 학원에서 해도 충분하다, 하지만 공동체인 학교에서 여러 명이 만나 미래의 사회(社會)를 배우고, 협동정신과 언행(言行)과 인성교육(人性教育)을 받는 곳이란 차이점을 숙지해야 한다. 그래서 동료들 간에 잘못이 있으면 마음을 다해 용서(容恕)할 줄 아는 교육(教育)이 무엇보다도 중요(重要)하다. 그러나 학교에서는 공부, 환경보다 인성교육으로 사람(人間)을 길러 평판(評判)을 좋게 만드는 교육이 필요하다는 것을 지도자(指導者)[36]들은 명심해야 한다.

필자는 전통문화보급에 노력했다. 예그린악단으로부터 출발하여 국립극장, 세종문화회관에서 뮤지컬 기획담당자로 근무하면서 시간만 되면 사회로 달려 나가 전통문화를 강조하였다. YMCA, YWCA, 기업, 국, 공립, 교사연수원, 홍사단, 문화센터 등에서 열심히 자원봉사를 했

35) 선구자, 지도자를 알고 있는 것은 미래를 대비하는 학문이다. 고려(공민왕 → 우왕)시대에 신진사대부들은 정도전, 정몽주가 대표적 인물이다. 정도전의 쿠데타에 의해 최영 장군을 배신하고, 후계자를 세우기 위해 위화도(원나라 → 명나라)에 있는 이성계(군인공무원)를 불러 나라를 디자인하고 인프라를 통해 조선을 세운다. 이성계를 위화도에서 회군(황산대첩=왜구, 곡창지역)하게 하는 것은 정도전이지만, 남편을 왕으로 만든 것은 그 부인 선덕왕후(강씨)의 지혜이다. 또한 정도전은 왕들을 학습(하루일과)하게 하여 스트레스를 받아 40세 전후해서 죽게 된다. 이방원은 고려를 유지하겠다는 정몽주와 왕자의 난을 통해 정도전까지 제거한다(그래서 謙讓해야 한다).

36) 리더는 한마디로 사람을 알아보고 써서 승부의 결과에 책임지는 사람이다. 사람을 제대로 알아보는 것이 지인(知人/사람의 됨됨을 알아봄), 사람을 적재적소에 쓰는 용인(用人)이다.

다. 교수가 된 후로는 후학들에게 우리 것이 중요하다는 것을 깨닫고 우리민족의 주체성(主體性)과 정체성, 전통문화와 연희극과 서양뮤지컬, 동서양의 만남을 동시에 비교, 소개하여 가르치고 있다.

필자의 호(號)는 비송(飛松)이다. 이 호는 담임목사가 비솔(飛松)[37]이라고 작명해 주셨다. 담임목사는 분당 성남교회에 있다가 이곳 경기도 광주(廣州) 나뭇골 땅 끝 마을에 와보니 문화(文化)의 도시가 너무나 삭막하다고 했다. 필자도 강남구 삼성동에 거주하다가 이곳으로 이사를 와서 샹그릴라[38]에 살고 있다. 과유불급(過猶不及)[39]하지 않고 전국과 세계를 순회하면서도 정작 자기가 거주하고 있는 광주(廣州)에서는 잠만 자고 서울로 출근했다. 이곳을 문화도시를 만들어야 한다고 마음먹었지만 문화도시를 만들 때 가장 중요한 것은 문화를 누리는 사람들 간의 교류와 협력이다. 그래서 광주시장(市長), 국회의원, 시의원장을 만나 문화의 도시를 만들려고 노력하고 있다.

문화(文化)[40]는 삶 속에서 사람이 사람답게 살아가는 것이다. '변한다.' '다르다'의 뜻을 내포하고 있어 문화는 시대에 따라 변하고 나라마다 인종마다 서로 다르다. 기독교에서는 선한 일에 기회를 놓치면 다른 사람에게 넘어간다고 말한다. 한 사람 한 사람을 귀하게 생각하고 수많은 인종이 몰려 어울려야 한다는 것이 기독교의 가르침이다. 믿음과 양심의 공동체 속에 어울리면서 거룩하고 경건하게 살아야 한다. 그래서 문화민주주의는 각자의 색깔과 개성을 존중하면서 서로의 이윤투구를 돕는다.

그래서 학생들과 함께 시간을 보내며 상담과 교육을 할 수밖에 없었다. 교수(教授)가 된 후에 비송철학(哲學)을 교양철학으로 젊은 학생들에게 강좌의 초점을 맞추어 지도, 강의하고 있다. 아래의 철학이 바탕이 되어 젊은 학생들이 문화적 인재가 되기를 바란다.

1. 믿음(信賴)으로 긍정적(肯定的)인 사고방식을 가져라.
2. 근면(勤勉) 성실(誠實)한 인성(人性)으로 최선(最先)을 다하라.
3. 연희자(演戲者)가 되기 전(前)에 인간성(人間性)을 갖춰라.
4. 능력(能力) 있고 힘 있는 자(者)만이 인내(忍耐)할 수 있다.[41]

---

37) 성경 출애굽기 31장 1-11절.

38) 늙지 않고 영원한 젊음을 누릴 수 있는 낙원.

39) 지나치면 부족한 것 보다 못하다.

40) 사전에 문화는 진리를 구하고 끊임없이 진보・향상하려는 인간의 정신적 활동, 또는 그에 따른 정신적, 물질적인 성과(학문, 예술, 종교, 도덕 따위).

41) 그러나 건강한 가치관으로서 경제력이 있어야 한다. 생활능력이 있고 상대방을 생각할 수 있는 여유가 있다. 그러므로 젊었을 때 고통고난을 받지 않으면 퇴폐로 나갈 가능성이 많다.

5. 우리 문화는 어울림의 예술이므로 이론(理論)과 실기(實技)로 힘을 길러라.
   1) 기본(基本)철학이 중요하다(세살버릇 여든까지 간다).
   2) 이론(理論)과 자료(資料)를 중요(重要)시 하라.
   3) 실기(實技)는 3舞(健・跳・軟)와 3色(활발하고 묵직하고 끈적끈적하게)하라.[42]

그래서 폭넓은 교육적 가치를 심어 교양과목과 질문을 통해 비판적 사고, 문제해결 능력, 창의성, 호기심, 도덕성, 특정지식의 깊이와 폭 등, 돈으로 침대는 살 수 있어도 잠을 살수 없듯, 돈으로 권력을 살 수 있어도 존경을 살 수 없듯이 겸손(謙遜: Humility)을 강조하고 싶다. 겸손이란? "말과 학식이 겸비되어 훌륭한 행동을 하는 인격, 남을 존중하고 자신을 낮추는 태도"라는 뜻으로 실력이 있음에도 온유하고 순수하다는 것을 말한다. 베네딕도(Benedictus) 성인은 하나님께 대한 두려움을 늘 눈앞에 둔다. 하나님은 천상에서 자신을 내려다보시고, 어디서나 우리 행동을 살펴보신다. 매 시간 죄와 악습에서 생각과 혀와 손과 발과 자기의 뜻과 육체의 욕망에서 자신을 지킬 것이다. 불편한데 겸손을 지킨다는 것은 인내력(忍耐力)이 있어야 하나 겸손은 분명히 열매가 있다고 강조했다.

영(靈)적인 것을 떠나서, 세속적(世俗的)으로 인간의 생(生)과 사(死)를 판단하게 하는 것은 사람이다. 이러한 세속적인 세상에서 한 사람의 지도자의 판단과 처세는 매우 중요하다. 세상에 자연(自然)[43]의 고통보다 인간(人間)[44]이 주는 고통이 더 심해졌다. 그 예로 제2차세계대전 때 2천7백만 명, 중국문화혁명 때 6천만 명이 죽었다. 히틀러는 유대인을 6백만 명을 사망케 했다. 그러나 이제는 세상이 변하여 사람을 죽이는데 꼭 총칼로 죽이지 않는다. 전쟁의 총칼에서 오늘날은 약(藥), 언어(말), 인터넷 등으로 사람을 다루어 죽이고 살리는 시대가 되었다. 정치는 적을 만들고 예술은 친구를 만든다. 정치는 임기가 있지만 경제와 사회・문화는 임기가 없다. 사회를 살아갈 때에 지혜로운 언어의 중요성과 상대방을 배려와 긍정적인 사고방식을 교육해야 한다.[45]

그래서 사회제도와 사람이 다르니까 환경이 다르고 근본적으로 사고방식이 달라 인성교육에 큰 비중을 가지고 있지만, 뇌(腦)의 건강과 나이가 들면 정신적, 육체적인 건강을 강조하게 된다. 그러므로 겉으로는 건강을 외치고 있는 것은 건강을 잃으면 세상 모든 것을 잃기 때문에 국민건강을 위해 탈춤클리닉과 〈탈춤체조〉 〈민속체조〉 〈민속놀이올림픽〉을 제공하여

---

42) 노래하는 자(者)와 춤추는 자가 말하기를 나의 모든 근원이 네게 있다. 하리로다(시편 87:7).
43) 세상에 스스로 존재하거나 우주에 저절로 이루어지는 모든 존재나 상태(태초에 하나님이 천지를 창조하시다. 창 1:1-9).
44) 언어를 사용하고 사고(思考)할 줄 알고 사회를 이루며 사는 지구상의 고등 동물(창 1:26-7. 2:7).
45) 최창주, 한국연희극과 마케팅, 월인, 2007(긍정・부정적인 사고방식(그 외 교양치료 참고)).

공동체와 가족과 자신의 한 평생을 안녕과 건강하게 보내라고 지도자로서 '탈춤클리닉'을 출판하게 되었다.

＊ 심사평(審査評)을 이렇게 했다.[46)]

다른 친구들은 늦잠을 자고 컴퓨터에 앉아 있는데 전통문화를 한다고 이렇게 시연하는 모습이 아름답게 보인다. 그러나 원형을 신명나게 배운대로 해야지 장난스럽고 지나친 과장된 움직임은 문제가 있다. 따라서 민속놀이는 고증이 잘된 작품이어야 한다.

우리의 전통문화는 어울림의 예술이다. 그러나 한국인이 한국 것을 무시하고 홀대하였다. 개인위주 예술인 서양문화예술이 들어오고 난 다음 정서가 없어져 왕따・학교폭력・자살이 난무하다.

・심사의 일반원칙(경연 前에 경연자들에게 고지사항 = 장시간의 원형을 단시간 내에 표출하려고 하니 구성, 연출이 필요하다)

1. 민속의 전통성과 출연작품의 정확한 내용전달
2. 민속의 예술성 및 연희성의 정확한 문화 창달의 기여도
3. 해당지역의 정통성과 확고한 내용.
4. 지역에 맞는 정확한 고증(역사적 고증과 시대적 배경)
   농악 : 구성, 장단, 작품, 의상, 기량완숙도, 관중호응도
   민속 및 민요놀이: 고증, 구성, 연희성, 의상, 내용, 연출력(시간) 등
5. 복색, 소품, 악기, 소리, 춤이 지역에 맞게 충실한 연출(축소작품)
6. 협동심, 판 구성, 연기력, 팀의 조화, 대사전달력, 완성도 등
7. 이제 풍물도 歌舞樂劇의 기승전결 원형을 찾아야 한다.
8. 기타 심사에 필요한 사항, 버슴새 조화와 가락과 짜임과 흐름, 정확한 가락과 몸짓과 스텝, 주법, 타법과 호흡 등

・심사 평(경연 후)

외래문화의 무분별한 수입으로 인해 우리의 혼과 얼이 빠져나가고 있다. 이 축제놀이를 통해 다시 끌어올리는 작업을 해야 하겠다. 우리 전통문화가 사자(死藏)되어가고 있는 이때에 컴퓨터에 앉아 있어야 하는 학생과 일반인들이 학업 및 생업을 잠간 접고 경연해주시는 각

46) 第17회 충북민속예술제, 第15회 전국학생풍물대회(부평 심사위원장(최창주)의 심사평(審査評)을 발표했다(2011. 10.25. 청원공설운동장).

팀에게 감사를 드립니다.

1. 지역특유의 민속예술을 잘 연출한 시(市)・군(郡)도 있지만, 일반적인 '놀이'와 '풍물' 등은 "두레풍장"에 기원을 두고 재연하였으나 각 지역 고유의 가락 판제가 모호합니다.
2. (작품의 이해도와 연출능력) 18세기문화를 21세기 한다는 것은 어려운 문제와 3시간 내지 밤샘공연을 한 것을 30분에 구성한다는 것이 문제이나 경연인 만큼 연출력이 있어야 한다. 기타 주법, 타법, 버슴새, 호흡 등 전체적으로 팀조직, 구성의 조화롭게 연출해야 한다. 그러나 민속놀이는 향토적 투박함으로 여유 있게 시연해야 하나 20-25분 경연시간을 시간대에 맞추려고 하니 연출의 연결성과 짜임새(예술행위는 반복의 원리라고 하지만)와 구성력이 필요함.
4. 풍물분야 전문예인의 연희를 흉내 내지 말고 지역의 향토성에 충실할 것.
5. 따라서 판째 구성을 마스게임식으로 할 것이 아니라 고증에 충실한 원형보존, 계승, 발전해 나갈 것을 당부 드립니다.
6. 출연 팀이 동네사람들 외에 외지(외부)사람들을 출연시켜서 그런지 전체적으로 판째가 조화롭지 못하고 호흡이 맞지 않았다.
7. 장르별 참석자라면 개인놀이 때도 모두 참석하여 시연을 해야 두레성격과 맞다. 특별 출연식으로 참석하면 전체적인 팀의 성격이 조화롭지 못하다.
8. 전체적인 조화와 버슴새(악기와 장단과 호흡의 몸의 조화), 가락과 짜임새와 흐름이 유연한가?(구성도), 가락과 놀이가 어울리는가?(조화성), 몸짓과 스텝 및 복장은? 전통에 뿌리를 둔 가락과 예술적 기능의 표출,
9. 장르별보다 심사위원들의 경연점수대로 통합 선정함(1등만 심사위원 의견청취).

* 기타 경연은 경연답게 하기위해 귀걸이・시계・목걸이 등, 준비차량을 경연장에 까지 운행하니 어수선하여 산만하니 앞으로는 삼가 해주시기 바랍니다.

・지도교사에게 제시하고 싶은 말

1. 사물을 연주할 때(창작이기에)

사물놀이는 창작이지만 기본원형(原形)가락이 있다. 그 원형을 신명나게 재미있게 해야지 장난스럽게 한다든지, 지나친 과장된 움직임(가락편성・가락변화・정통성구성이 있다).

1) 악기배치 북은 왼쪽(심사석에 오른쪽), 장고는 오른쪽(심사석 왼쪽), 그러나 어느 전문가는 다르게 설명한다. 여러 명이 나오는 팀은, 악기 배치를 할 때 장고가 왼쪽(심사석에서 볼 때 오른쪽), 북은 오른쪽(심사석에서 볼 때 왼쪽). 쇠가 징 앞에, 징은 뒤에서 받쳐줘야 입체적인 스테레오의 화음이 나온다고도 했다(사물은 2쇠와 2가죽의 만남이지만,

공동체 어울림의 문화예술로 봐준다).

2) 머리를 단정하게 메어가지고 나와야 한다(초등양호, 중・고등부 산발머리).

3) 불필요한 미용도구 착용금지 시계, 반지, 귀걸이, 목거리, 구두, 운동화를 신고 연주하면 양복입고 갓을 쓴 격이다(경연대회 예의가 아님).

4) 사물놀이(앉은반) 할 때 악기편성과 사물가락 속에 한배가 정확하게 떨어져야 호흡이 가능함.

5) 사물놀이는 전통성(傳統性) 상실(많은 인원으로 장악하려고 한다),

6) 창작(創作)이지만 원형이 있고 가락의 스토리텔링이 있다.

2. 농악(農樂) 할 때

1) 머리를 상모 속에다 넣어서 단정해야 한다.

2) 피조리들은 삼색(전복)띠를 메어야 한다(악기잽이와 법고잽이(소고잽이)) 웃다리는 /매어야 하고 고깔은 쓰지 않고, 우도 및 이남지방은 X자로 매어야 한다.

3) 가무악극의 원형을 해야 하는데 시간관계상 줄임

4) 농악은 어울림의 예술이다. 두레성격인 한 분야에 10명(예:소고)이 출연하면 잘하는 사람 한명만 대표로 할 것이 아니라 모두가 출연해야 조화가 된다. (배우기는 싫고 놀기는 좋고 한 팀에 들어갔는데 실력이 없어 solo(솔로)는 못한다.)

5) 최하 기본농악의 악기는 쇠4, 징2, 장고6, 북4, 소고8 (팔벅구)

6) 행전을 메려면 다 같이 메고 벗든지 통일성 있게 해야 한다(메어 넣는다).

7) 새납(태평소)을 불 때 아리랑리듬을 내면 안 된다. 농악은 아리랑 장단이 아니니까? (아리랑 장단을 내려면 덩더러궁따)

8) 고깔을 써야 할 배역과 상모를 서야 할 배역이 있는데 부족하다고 아무것이 나 쓴다(고증문제).

9) 양상의 조화(50/50)는 호흡이 마지막까지 동작을 채워주지 못함이 있다.

10) 연습부족으로 장고・소고채를 놓친다든가 상모꼬임은 감점.

11) 대학시험은 가능성을 보나 경연대회는 감점을 맞을 수 있다.

12) 좋은 경연을 위해 지도자 교육이 필요하다.

13) 순서와 구성과 가락에 의지하다보니 놀이성과 표현성 부족

14) 전통성이 있는 가락을 너무 많은 가락의 변화로 인하여 호흡이 변화가 옴

15) 어울림의 공동체 가락에서 호흡과 소통이 부족함

16) 삼색 띠 등 복식을 제대로 갖추어 출연

17) 놀이성과 몸짓 표현의 버슴새와 기능적 표출부족(기량은 있는데 테크닉만 보여주려고 하니 호흡이 맞지 않아 조화가 안됨)
18) 잡색들의 역할이 불분명함
19) 12발을 돌릴 때는 야외와 실내를 구분, 야외에서는 바람 부는 쪽을 보고 돌려야 엉키지 않는다.

14. 서울예술단

1985년 남북문화교류를 위해 서울예술단을 창단(1984)했고, 단원을 모집했다. 북한은 문화예술만은 자신이 있다고 해서 공연예술단을 교류, 요청했다. 그래서 남북이산가족 타이틀이 북한에서는 "남북문화예술 방문 및 남북이산가족 교환방문"이라고 타이틀이 바뀌어서 내려왔다. 그들은 "피바다" "꽃파는 처녀" 등에서 500여 명이 보편적으로 출연한다. 우리도 국립극장 시절부터 국립가무단이 공연할 때 뮤지컬을 520명 정도는 출연한 바 있다(국립전속단체/교향악단, 극단, 무용단, 발레단, 창극단, 합창단 등) 그래서 처음에는 500여 명의 단원을 교류한다고 했을 것이다. 그러나 300-100명하다가 결국 50명으로 확정되어 단원을 선발에 들어갔다. 그래서 우리는 국립, 시립예술단과 KBS, 사립(대우, 현대무용단)예술단, 교수(이규도, 김정길), 코미디언(남보원, 백남봉), 가수(김희갑, 김정구, 하춘화, 나훈아)를 단원으로 선발했다. 신원조회 등을 통해 모집이 되어 평양대극장에 공연을 하려고 20여일의 연습을 통해 방북(1985.9.21-24)하여 평양대극장에서 공연을 했다.

당일 상호방문을 하는데, 북한에서는 남한으로, 남한에서는 북한으로 갔다. 38선에서 통과의례(사진대조)를 마치고 개성까지 버스를 타고 35분 동안을 가니 개성이 나타났다. 우리 일행은 개성에서 평양가는 기차를 탔다. 일방통행의 기차 길이었다. 유럽특급 식의 기차 안에서 안내원이 붙었다. 필자는 안내원(김○철)보다 봉산사리원역이 어디에 있는가가 궁금했다. 봉산탈춤은 경의선(京義線) 개통과 함께 봉산구(舊)읍이 쓸쓸해져서 정거장(停車場)이 있는 사리원으로 옮겨진 것이다. 사리원 역을 지나가는데 "와!" 소리가 나올 정도로 정말 감개무량했다. 봉산탈춤 보유자(김선봉, 윤옥)는 필자가 북한에 간다고 하니 "야! 너는 가는 구나 나는 언제 가누!" 하며 눈물을 글썽이는 것을 생각하니 눈물이 왈칵하고 쏟아져 나왔다. 사리원 기차 길옆을 지나가는데 경암산이 어디야! 역전(驛前)의 경악산하(景岳山下: 송석하/이두현은 경암산)가 어디야! 찾았다. 북한의 산천경계가 메말라 있어 벌거숭이가 되어 더 신기해서 이곳저곳을 살펴보았지만 산에는 땔감 때문인지 나무가 없고 빈산이었다. 빈촌에 논밭에는 농민들이 한두 명이 일을 하다가 손을 흔드는가 하면 멀쩡하게 처다 보고만 있는 사람도 있었다.

평양역에 도착하니 여(女)안내원이 있어 우리는 사진을 찍고 버스를 타고 고려여관(호텔급)에 도착하여 고려여관 32층과 33층에 여장을 풀고 준비에 들어갔다. 방 배정을 하다 보니 단원들은 32층, 나와 후배 한명은 방이 부족하여 따로 33층으로 배정이 되었다. 괜히 무서웠다. 무서웠지만 자신감을 가지고 맥주를 마시며 후배와 마음을 달랬다. 괜히 안내원을 불러 맥주를 주며 과시했다. 감시원은 맥주 캔에 영어로 써 있는 것을 보고 질문했다. "이거 미제 꺼야?" "아니야 한국 것이다. 마셔라!" 답변하니 의아해 하면서 슬쩍 가지고 갔다. 그 안내원은 체육대학을 나왔는지? 키도 크고 신체가 좋았다. 단원들은 잠을 이룰 수 없는지 한방에서 밤을 지새우듯 하면서 날밤을 보냈다.

다음날 고향방문단은 일정에 들어갔고, 긴장 탓인지 늦잠 자는 단원을 깨워 평양대극장으로 이동했다. 서울예술단(이SM 총무, 최창주 간사, 북한에서의 역할/ 서울에서 필자가 총무)은 평양대극장에서 스태프 준비와 함께 리어설이 끝내고 점심식사를 옥류관 평양냉면집으로 선택이 되어 옥류관에 가서 냉면을 먹는데, 우리가 냉면을 먹을 때, 가위로 보통 짤라 달라고 요구한다. 필자는 나도 모르게 "아가씨 이것 좀 짤라 주시라요!" 하니 "선생은 이빨도 없시요. 이빨로 짤라 드시라요!" 했다 해서 웃음이 폭발하였다.

평양대극장에서 공연이 시작되었다. 필자 외 일행이 무대 중앙에서 큰 북을 치면 막이 올라간다. 북을 쳐야 막이 올라가는데 도저히 손이 떨려 북을 칠 수가 없었다. 단원들 역시 얼마나 떨렸을까? 단원들은 고참 단원인 필자를 믿는데 나는 누구를 믿을 사람이 없었다. 하도 떨려서 이때 처음으로 기도를 했다. "하나님 힘이 없나이다. 힘을 주시옵소서!" 처음으로 큰 북을 잡고, 기도(祈禱)를 하니 기적 같은 힘이 생겼다. (그래서 이남에 내려와 교회를 다니게 되어 집을 샀다고 집사(執事)가 되었다고 간증하고 다닌다.) 막이 오르면 정재만 외 단원들은 북소리에 맞춰 바라춤으로 시작되었다. 오픈 공연이 끝나면 김동건 아나운서가 등장하여 "여러분 안녕하십니까!"로 시작되어 90분의 소요된다. 1부는 전통문화, 2부는 2천대를 향하여 프로그램은 다음과 같다.[47]

1부는 북치는 것을 필두로 바라춤 후에 승무, 살풀이, 강강술래, 봉산탈춤 등, 2부는 현대무용, 서울의 찬가, 풍물로 휘나레를 장식했다. 사이사이에 나훈아, 하춘화, 남보원, 백남봉, 김정구, 김희갑, 이규도, 김정길 등이 등장하여 올코트프레싱으로 총출동하여 출연하였다. 2부 현대무용이 끝나고 이규도 교수의 그리운 금강산 솔로가 끝나면 바로 풍물이 출연되는데 타

---

47) 프로그램 및 남・북한 공연예술단(교환방문) 참고(1985년 9.21-24) = 88예술단에 명칭을 인계함.

이즈에서 농악의상으로 교체하여 갈아입어야 하는데 땀이 나서 타이즈가 벗겨지지 않아 단원들은 물론 필자도 도저히 갈아입을 수가 없었다. 노래가 끝났는데도 불구하고 옷을 갈아입지 못해 다음 등장의 출연연습이 안되었다. 교육은 훈련이다, 라는 필자의 사고방식으로 연습, 훈련에 들어갔다. 연습훈련을 계속 반복하여 연습하다보니 나중에는 풍물 삼색 띠까지 다 메고 담배한대를 피워 무는 여유까지 있었다. 우리는 다함께 하나가되어 이렇게 연습을 통해 기획, 제작, 진행 준비는 많이 했지만 막상 연습일은 20일 동안을 오전 10시-오후 10시까지 맹훈련 연습하여 문화전쟁인 남북문화교류 공연이 이루어 졌다. 북한에서 문화예술만은 자신있다고 해서 교류가 시작되었지만 우리는 초전박살을 시키고 돌아왔다. 그 후 1989년 1부 솔리스트앙상블, 2부는 춘향전(春香傳)으로 교류준비를 했지만, 북한에서 자신이 없어 이루어지지 못했다. 북한에서는 자신 있다고 하는 문화예술까지 우리에게 뒤쳐졌기 때문에 공식적인 교류공연을 뒤로하고 리틀엔젤스 어린이 공연과 비공식공연으로 2차, 3차 공연이 이루어졌다.

다음 날 관광 겸 평양시내와 지하철을 구경하고 2.8문화회관에서 “눈이 나리네” 공연을 관람했다. 마지막 날 우리 일행은 모든 일정을 미치고 귀항준비를 끝내고 기다리고 있는데 지체되어 기다려야 했다. 북한에서 이남에 내려가 있는 방문단 일행 한명이 문제가 생겨 기다리고 있었던 것이다.

귀향공연은 세종문화 회관에서 공연을 전두환 대통령까지 참석한 가운데 공연을 잘 했다. 공연은 성공리에 맞추었다고 생각했는데 전(全)대통령은 우리만 보기가 아까우니, 우리만 볼 것이 아니라, 지방 큰 도시에 순회하면서 공연을 보여주라고 지시를 했다. 우리는 지방공연이 시작되었다. 버스 앞에는 경찰 오토바이가 경호를 하니 단원들은 피곤한 줄 모르고 기분이 우쭐했다.

지방공연은 대전, 광주, 부산 등을 순회하다가 필자는 과로에 의해 대구공연에서 경희의료원(요추 염좌)으로 이송되어 입원했다. 필자 생각에는 완치되었는데도 퇴원을 안 해주어 경희의료원에서 세종문화회관으로 출퇴근하며 몸을 치료하였다.

그 후에 우리는 서울예술단(필자: 총무)을 예평회(예술단 평양방문)라 조직하여 〈평생 동지〉라고 해서 필자가 주축이 되어 한 달에 한 번씩 만났다가, 분위기가 식어 분기별로, 또는 1년에 한번 만났으나 회원들이 각자 직장에서 바쁜 일정관계로 지금은 모임이 희박하게 되었다.

그 후에 서울예술단은 1988올림픽을 위해 〈88예술단〉이 창단되었으나 88년도 올림픽이 끝나니 명분이 없어 〈88예술단〉이 서울예술단을 인수인계하게 된 것이다. 필자는 서울예술단 간사, 총무의 직책을 맡아 출연 겸 모든 진행을 하였다.[48]

김일성은 조선의 영화 “조선의 별”의 영화를 통해 소련에서 김성주를 김일성(金日成/단 하나의 별/모친 강반석(친골교회), 김정일의 모친은 김정숙)으로 둔갑하게 하였다. 따라서 김일성극본으로 "피바다"(원작: 血海)를 제작하여 인민을 쇠뇌교육을 시켰다. 일제의 잔인함과 학대(虐待)와 착취당한 것과 유격대(무산계급)의 활약상을 그린 빨치산 1세대가 일본군을 초토화시키는 작품이다. 이것을 김정일이가 1971년 혁명가극(뮤지컬)로 각색하여 5대 가극이다. "피바다" "꽃파는 처녀" "당의 참된 딸" 등 학생들은 1년에 강제로 관람해야 한다. 가사(歌詞)로는 '나가자 나가자 용감한 기세로 제국주의 약탈, 학살 등으로 되어 있다. 〈김일성은 김정일, 김정은에게 "백두혈통이 아닌 자는 위험하다." "아무도 믿지 마라!" "내 등도 남이다." 유언을 남기었기 때문에 그래서 고모부(장성택)를 학살했을 것이다.〉

15. 올림픽과 스포츠 정신[49)]

런던 올림픽이 한창이다. 우리나라는 유난히 금메달과 순위에 관심이 많은 것 같다. 선수들은 금메달을 따야 연금이 나오고, 후원금과 격려금을 받으니까 오로지 금메달이 목표이다. 그러나 이것은 올림픽 정신이 아니다. 참여하는데 의의가 있고, 정정당당하게 싸우는 데에 스포츠맨쉽이 있다. 원래 올림픽에는 나라별로 순위를 정해서 발표하지 못하도록 되어 있다. 각 언론에서 발표하는 것이지 본래의 올림픽 정신에는 그런 경쟁심의 표현이 없는 것이다. 그러나 실상은 어떠한가? 날마다 메달이 몇 개냐? 누가 땄느냐? 우리나라는 한술 더 떠서 금메달을 따는 그 가정에서 가족들이 환호하는 모습이 중계된다. 이런 것을 중계하는 나라는 별로 없을 것이다. 전연 스포츠정신이 아니다. 최근에 유행하고 있는 UFC라는 격투기가 있다. 이것을 보면 과거 로마에서 검투사들이 서로 싸우는 것과 비슷하다. 피흘리고, 때리고, 기절 시킬수록 관중은 열광한다. 서로 싸우지 않고, 탐색전만 하면 그 선수는 관중에게 찍히고, 그 다음부터는 퇴출된다. 자꾸 져도 퇴출이요, 경기를 재미없게 해도 퇴출이다. 이것은 스포츠가 아니라 돈과 인기를 위한 전쟁이다. 어느 무도인이 이런 말을 했다. 서로 겨루고 싸우는 운동에는 단계가 있고, 수준이 있는데, 가장 아래에 있는 것이 동네 막싸움이고, 그 위가 스포츠, 그 위가 무술(武術), 그 위가 무예(武藝), 가장 위가 무도(武道)라고 했다. 무도인은 격투기 경기에 나가지 않는다고 했다. 왜냐하면 돈을 벌려고, 인기를 끌려고 싸우는 일은 스포츠나 무술, 무예에서는 가능하나 무도인은 도를 닦는 사람이라 그런데 나서지 않는다는 것이다. 따

48) 최창주, 한국뮤지컬, 2010, 앰애드, p.133.
49) 박해경 목사, 문형장로교회 칼럼 중에서. 2012.8.6.

라서 전 세계를 돌면서 격투가들과 싸움을 하고, 황소도 때려 눕혔던 전설적인 바람의 파이터 최영의 씨도 어떤 면에서는 무도인이 아니고 무술인이다. 진정한 무도인은 사람들에게 인기를 얻거나 인정을 받기 위해 안달하지 않고, 그런 노력도 하지 않는다. 오직 도를 닦고, 무술을 연마하여 인격을 도야하고, 약한 사람, 어려운 사람을 돕는 일에만 관심을 가지는 것이다. 오늘 날 한국교회가 이 무도인의 정신을 잃어버렸다. 교회가 돈과 인기를 위해 방송에 나오고, 신문에 내고, 선전을 하고, 봉사조차도 생색내려는 동기로 하는 것은 다 스포츠정신만도 못하고 무도인만도 못한 것이다.

(올림픽 참가자는 아마추어적인 정신을 가지고 있는데 우리는 선수학생이고 다른 나라는 학생선수이다. 외국은 취미정도인데 우리는 메달을 따면 연금(기업과 연관)이 나온다고 목숨 걸고 죽도록 한다고 한다.)

16. 국가와 애국가[50)]

나라마다 국가가 있는데 우리나라는 유독 애국가라고 한다. 미국 국가는 "성조기(星條旗, The Star-Spangled Banner)여 영원하라"이고, 영국국가는 "하나님 여왕을 지키소서(God Save The Queen)"이며, 독일 국가는 "독일인의 노래(Das Lied der Deutschen)"이다. 영국국가는 우리 찬송가 70장에 있고, 독일국가는 찬송가 210장이다. 특히 독일 국가는 하이든의 현악4중주곡 황제에서 따온 것으로 오스트리아 국가이기도 하다. 우리나라의 애국가는 국어사전에 보면 우리나라의 국가이름이라고 되어 있다. 그러니까 국가가 없어서 애국가로 부르는 것이 아니고 미국국가가 "성조기여 영원하라"이듯이 우리나라의 국가 이름이 "애국가"라는 말이다.

우리나라의 애국가는 작사자를 잘 모르고 지내 왔는데 혹설에 윤치호선생이 작사했다고 하다가 최근에는 도산 안창호 선생이 작사하였다는 말이 나오고 있다. 과연 "하나님이 보우하사 우리나라 만세"라는 구절은 안창호 선생다운 표현이다. 작곡은 안익태선생이 하였는데 원곡의 이름은 "한국환상곡(Symphonic Fantasy Korea)"이다. 안익태 선생은 스페인에 가서 첼로와 지휘자로 활약했고, 이 곡은 1936년 독일 유학 중에 작곡하여 1938년 더블린에서 초연되고, 1939년 로마교향악단, 1940년 부다페스트 필하모니, 1941년 취리히와 하노버에서 공연, 1942년 베를린 필 등 많이 연주되었다. 후에 한국에 귀국하여 이 "한국환상곡"을 국내에서도 연주하게 되었는데 스승 리히하르트 슈트라우스의 영향을 받아 곡이 연주하기 아주 어렵다. 나의

---

50) 조선일보 칼럼에서.

외삼촌께서 당시 시향 비올라 주자이셨는데 어찌나 어려운지 혼났다고 한다. 외삼촌의 말이 이 곡은 베토벤 못지않다, 라고 칭찬을 하였다. 안익태 선생은 연주자들의 실력이 약해서 고난이 많았으나 끝내 잘 연주했다고 한다. 이 곡에 나오는 유명한 두 합창곡이 있는데, "화려한 강산 한반도"와 "동해물과 백두산이…"가 있고 후자가 애국가로 된 것이다. 이 곡이 1948년 8월 15일에 정식으로 우리나라의 국가로 명명되었다. 따라서 애국가를 부르기를 거부하는 사람은 한국 사람이 아니라고 보면 된다. 개그콘서트에 나오는 가류상과 같은 이상한 존재다(문형장로교회, 박해경 목사. 컬럼에서).

17. 문화(文化)는 교양(敎養)과 다르다

'문화가 죽었다는 것은 국민이 죽었다' 는 뜻이요. 국민이 죽었다는 것은 곧 나라가 죽었다는 것을 의미한다. 아무리 사회, 정치, 경제가 발전이 되었어도 문화가 깊이 뿌리내리지 못했다면 발전된 나라라고 볼 수가 없다. 문화의 원조는 뿌리이고, 교양(敎養)은 인성적인 행위의 열매이다. 이렇듯 문화예술은 사회 정치, 경제, 예술, 학문, 연예, 사교, 스포츠, 전통, 오락 등을 지배한다.

문화(文化: 변화 · 다르다 · 편하다)란 인간의 삶의 총체적인 것으로써 사람이 살아가는 모습이 곧 문화이다. 문화의 자체는 각기 나라마다, 개인마다 고유의 문화이기 때문에 문화 속에는 종교(宗敎)가 숨어있으며 교양과는 다르다. 인간은 문화인(文化人)이기 때문에 어떤 문화이든 누릴 권리가 있는 것이다.

그래서 이 세상 선조 · 선배들의 풍속을 따르고 있다. 과거 서양선교사들이 복음을 전파하면서 서양문화까지 전파한 자민족우월주의(子民族優越主義, Ethonocentrism)와 유학생들의 해외생활 속에 장 · 단점이 표출되어 지금까지 나타나고 있는 것이다.

서양은 개인주의(個人主義) 자(者)가 많으나 한국은 불교, 유교, 천주교, 기독교 등의 종교를 가지고 있다 해도 복 받고 잘되는 것을 좋아하는 것이므로 무속신앙(샤머니즘)이 밑바탕에 깔려있다. 특히 잘 돌아다니며 간섭하고 구경하기를 좋아하고 항상 싸울 준비가 되어 있기 때문에 한국인은 누구나 '선교사의 기질'이 있다.

한국에서는 정직한 교육이 문제가 있다. "정직하면 복을 받는다." 라고 교육하면 거짓교육자가 되는 세상이 되어버렸다. 기독교가 정착된 서양에서의 교육자가 할 수 있는 말이 되어 가슴이 아프다. 이는 공중도덕이나 교통위반을 할 수 밖에 없는 우리의 사회제도가 문제일 것이다. 부모교육과 의식교육이 생활화 되어야 하겠다. 정직하게 살면 후에 하나님께서 보답하여 주지만, 그것을 언제까지 기다려야 하나. 그것이 문제이다. 그러나 믿는 자(者)에게는 하나님께서는 반듯이 주신다.

이것은 우리 생활 속에 오랫동안 젖어왔기 때문에 진리(眞理)라고 생각하는 사회로서 전통(傳統: 구정명절, 제사 장례, 혼례 등)을 지키고 보수적인 것이 옳은지 그른지 판단하려고 하지 않는다. 현대의 잘못된 풍속들 외모지상주의(성형), 물질주의(물건), 지방색, 영어와 유학 열풍, 고난과 절제 무시, 깊이 없는 공부(인터넷의 결과), 참소자(讒訴者: 거짓말로 헐뜯음), 이간자(離間者: 교활하게 알림), 중상자(重傷者: 중간마음) 등을 가지고 사람들을 관념과 생각과 전통과 유행과 소문과 욕심을 이용하여 상대방을 공격한다.

우리의 무형문화재는 보이지 않는 예술로서 〈문화는 보이지 않는 핵폭탄〉이라고 필자는 표현하고 있다. 문화예술은 인간을 제일 감동・감화시킬 수 있고 인간의 허전함을 꽉 메울 수 있는 것이 곧 문화예술이기 때문이다. 이제 먹고 살만하면 문화예술을 알게 된다. 〈정치는 적을 만들고 예술은 친구를 만든다.〉라는 슬로건을 기억하면서 우리 모두 초심의 마음으로 돌아가 맏은바 본분(직장・가정)을 지키며 열심히 노력하면 승당(昇堂)할 수 있을 것이다.

- 不患無位悟 患所以立하라. 不患莫己知悟 求爲可知也니라(論語. 理人 편)

지금 내 지위가 없다고 근심하지 마라! 내가 그 자리에 설 자격을 되기를 근심하고 노력하라! 남이 나를 알아주지 않는다고 근심하지 마라! 알아 줄만한 사람이 되기를 구하라!

18. 치료와 치유는 책과 선생(先生)을 잘 만나야 한다.

김한중 연세대 총장은 대학이 약삭빠른 흉내 내기 꾼을 양산해선 안 된다고 강조하면서 "성적이 안 나오면 삶 자체가 뒤진다는 성과주의적 발상의 부담을 이기지 못한 젊은이들이 우리를 안타깝게 한다. 대학이 부의 축적과 출세를 위한 과정으로만 인식되어서는 안 된다"고 말했다.

지도자는 책을 많이 읽어 교양을 길러야 한다. 그중 '성경(聖經)'은 최고의 치료와 치유의 책이다. 그리고 몇 가지 책을 추천하면 '혼・창・통'(魂・創・通: 이지훈. 쌤앤파커스), '착각의 과학'(김희상. 북스넛), '망치로 정치하기'(박성현), '위대한 미래'(전상인. 한국경제신문), '리듬이란 무엇인가?'(백대웅. 민속원), '전통연희 개론'(서연호), '도산', '정약용' 등이 있다. 대표적으로 다산선생 지식경영법(정민. 김영사)을 다음과 같은 글을 소개한다.

＊다산 선생 지식경영법[51)]

1. 파 껍질을 벗겨내듯 문제를 드러내라.
2. 묶어서 생각하고 미루어 확장하라.
3. 기초를 확립하고 바탕을 다져라.
4. 길을 두고 뫼로 가랴 지름길을 찾아가라.
5. 종합하고 분석하여 꼼꼼히 정리하라.
6. 목차를 세우고 체재를 선정하라.
7. 전례를 참고하여 새것을 만들어라.
8. 좋은 것을 가려 뽑아 남김없이 검토하라.
9. 부분을 들어서 전체를 장악하라.
10. 모아서 나누고 분류하여 모아라.
11. 읽는 것을 초록하여 가늠하고 따져보라.
12. 생각이 떠오르면 수시로 메모하라.
13. 되풀이해 검토하고 따져서 점검하라.
14. 생각을 정돈하여 끊임없이 살펴보라.
15. 기미를 분별하고 미루어 헤아려라.
16. 질문하고 대답하며 논의를 수렴하라.
17. 끝까지 논란하여 시비를 판별하라.
18. 생각을 일깨워서 각성을 유도하라.
19. 단호하고 굳세게 잘못을 지적하라.
20. 근거에 바탕하여 논거를 확립하라.
21. 유용한 정보를 비교하여 대조하라.
22. 갈래를 나눠서 논의를 전개하라.
23. 선입견을 배제하고 주장을 펼쳐라.
24. 단계별로 차곡차곡 판단하고 분석하라.
25. 핵심을 건드려 전체를 움직여라.
26. 쓸모를 따지고 실용에 바탕하라.
27. 실제에 적용하여 의미를 밝혀라.
28. 자료를 참작하여 핵심을 뽑아라.
29. 좋은 것은 가리잖고 취해와서 배워라.
30. 단계별로 다듬어 최선을 이룩하라.
31. 발상을 뒤집어 깨달음에 도달하라.
32. 권위를 극복하여 주체를 확립하라.
33. 도탑고도 엄정하게 관점을 정립하라.
34. 다른 것에 비추어 시비를 판별하라.
35. 속셈 없이 공평하게 진실을 추구하라.
36. 역할을 분담하여 효율성을 확대하라.
37. 목표량을 정해놓고 그대로 실천하라.
38. 생각을 끊임없이 조직하고 단련하라.
39. 동시에 몇 작업을 병행하여 진행하라.
40. 조례를 먼저 정해 성격을 규정하라.
41. 정성으로 뜻을 세워 마음을 다 잡아라.
42. 아름다운 경관 속에 성품을 길러라.
43. 나날의 일상 속에 운치를 깃들여라.
44. 한 마디 말에도 깨달음을 드러내라.
45. 속된 일을 하더라도 의미를 부여하라.
46. 위국애민 그 마음을 한시도 놓지 말라.
47. 좌절과 역경에도 근본을 잊지 말라.
48. 사실을 추구하고 실용을 지향하라.
49. 나만이 할 수 있는 작업에 몰두하라.
50. '지금여기'의 가치를 다른 것에 우선하라.

위의 책은 지식과 교양적인 것을 강조하였다. 따라서 '착각의 과학' 저서(김희상 작)는 필자

51) 정민, 김영사.

가 탈춤에 미쳐서 연희극(演戲劇: 스토리텔링) 형식의 이론과 실기를 통해 경험한 사례와 우연히 같은 맥락의 예를 들었다. 1980년대 수강자들한테 예를 들어 훈련을 한 사례들과 필자의 논문에 나오는 사례발표를 보면, 늦게나마 뇌(腦)의 역할을 강조했다. 주부와 65세 노인들한테도 조(組)를 나누어 이 같은 실험(가・나 팀)을 했고, 청년들에게도 똑같은 실험(가・나 팀)을 해본 결과 상황이 180도 바뀌었다. 이 같은 역할극을 해본 결과 청년들은 노인네가 되었고, 노인들은 무의식적으로 청년의 마음이 되었다.[52] 이제부터 나열되는 주제 논문사례들을 참고하기 바란다. 우리의 몸은 전통문화를 하는 자체가 운동이고, 한국의 향토적(鄕土的)인 운동으로서 일과 놀이가 겸한 생활이 자연스럽게 몸 관리를 하는 과정이 되었다. 그런데도 불구하고, 지금까지 한국적으로 전통문화와 건강을 비교 연구한 논문들도 부족했고, 따라서 지도자(전통문화・탈춤・택견・국악 등)가 부족한 관계로 우리 육체의 힘을 주고 쓰는 운동을, 한국인들은 외국의 헬스를 통해 의존하고 몸 관리하는 것으로 최선을 다해 왔다. 장소, 여건, 제도적모순점 등이 그동안 우리 실정이 그렇게 훈련을 할 수밖에 없는 상황을 만들었다.

이제 탈춤치유를 위해 "탈춤클리닉"은 1부, 2부, 3부로 나누었다. 필자의 주제 발표한 실제적인 탈춤치유 논문・사례들을 위주로 나열하였다. 급히 주제발표를 하다 보니 자작표절 및 중복된 사례를 이해주기 바란다.

52) 최창주 논문, 설문조사, 사례연구발표 참고.

2부
탈춤클리닉

제6장 실제적 사례 논문들 (사례 1-12번)

· **주제발표**

〈사례1〉 탈춤체조, 〈사례2〉 국악치료와 빙그레의 개념

〈사례3〉 탈춤치유 사례발표 등에 대한 토론 내용

- 탈춤 클리닉과 국악치료 레크리에이션(빙그레) 워크숍(토론)

1) 발표순서

가) 제 목 : 탈춤클리닉과 국악치료 레크리에이션(빙그레)

나) 일 시 : 1999.5.8(토) 오후 6시 30분~10시

다) 장 소 : 동숭동 봉산 민속극장 (한민족탈춤학교 운영)

라) 발표자 : 김효정 원장(한국탈무드교육원장)

최창주 소장(한국탈문화연구소장)

마) 내 용 : 주제 발표 요지(要旨)

2) 주제 논문 및 사례 발표

@ 국악(소리)치료와 빙그레(레크리에이션)의 개념

金孝貞(한국탈무드교육원장)의 내용이다.

민족의 정서와 맥박소리로서 한 맺힌 사연, 괴로움과 기쁜 생활(희로애락) 속에 서 팔도민요를 통한 여유와 흥의 민족으로서 일과 여가와 함께 자연과 정신적 치료행위가 되어 입 운동과 복식호흡, 내분비 기관이 좋아 자연적인 치료(치유)를 돕는다.

가) 빙그레(레크리에이션)/ 웃음으로 인한 체내 엔돌핀 분비작용

나) 복식호흡/ 소리를 통한 氣, 단전

다) 스피치운동/ 정확한 가사 전달로 인한 말 발음법(예: 까투리 타령)

라) 소통/ 노인・어린이 소통하는 법

바) 결론/ 소리의 예술을 통해 주부 우울증, 정신적, 육체적 치료 등, 전통문화예술 이해와 건강을 동시 해결할 수 있다는 내용

@ 탈춤체조/ 탈춤클리닉(치유)의 실제와 사례발표

崔昌柱(한국탈문화연구소장)의 내용이다.

탈춤은 치유가 된다. 우리체질에 가장 잘 맞는 한국의 대표적인 춤사위 운동이다. 탈춤의 기본동작인 9개 동작을 3舞[1]와 3色[2]을 통해 환희용약(歡喜踊躍/기뻐 날뜀)해야 한다. 50견 예방, 키보드증후군, 경추(7), 흉추(12), 요추(5) 등 하체운동과 대사를 통해 치매방지(대사법 치료)에 좋다. 특히 집단 군중치료, 조울증, 우울증, 퇴행성관절염, 지구력 등 계층별 훈련을 통해 전통연희와 함께 건강관리를 함에 있어 그동안 지도한 사례들을 소개하고 시간관계상 논문전체를 발표하지 못하고 사례 및 요점만 발표하겠다.

- 주제발표 논문 순서 참고[3]

1) 기원설. 2) 사례 연구발표. 3) 탈춤치료의 신체적성(몸 풀기) 운동. 4) 와치미학. 5) 몸 풀기(기본훈련). 6) 발의 미학. 7) 발의미학 실습. 8) 호흡 미학. 9) 태극기공. 10) 눈 기공(古唵선생식 훈련). 11) 테이핑 작업. 12) 댄스아트 마사지 등

* 치료효과 5가지 요약 설명/ ① 정신적인 것과 육체적인 것 ② 집단적 해방감(장소의 제약이 없음, 추임새(얼쑤, 좋다 등)를 통해 모인 사람들의 집단적 만족감), ③ 탈을 통한 몸짓, 행동의 자유가능, ④ 뇌(腦)를 통한 개인의 잠재적 생각 노출. ⑤ 국민건강을 위해 예방적 측면과 건강한 사회성 향상 등을 사례를 통해 답습・연구・지도한 결과이다.

@ 지도 내용

그동안 '탈춤클리닉'을 위해 수시로 워크숍 발표회를 가졌었다. 단계별, 계층별, 일시별로 워크숍 진행은 그동안 학교(초・중・고・대학동아리・교사・시민대학 등)와 사회단체(홍사

1) 송석하, 이두현의 건무(健舞/건강하고 튼튼한 춤), 도무(跳舞/도약하는 춤), 연무(軟舞/연하고 부드러운 춤).

2) 최창주의 '활발하고' '묵직하고' '끈적끈적하게' 춤을 춰야 하다.

3) 최창주 주제발표 논문(사례발표) 참고.

단・중앙문화센터・YMCA・YWCA・RCY 등)의 지도 경력을 가진 자와 1차 신문지상에 공고하여 각 분야에 전문가 5명씩만 선발, 통보하여 탈춤치료 Work Shop을 실시해 이론(理論)과 실습(實習)을 통한 주제를 발표하고 토론과 자문을 요청했다. 왜냐하면 한 분야에서는 최고이지만 타 분야는 전혀 문외한이기에 종합적으로 탈춤과 건강의 관계를 논리적으로 입증하는 일은 누구라도 쉽게 접근할 수 없는 문제이기 때문이다. 그래서 각계의 전문가인 의사, 교사, 신체요법 전문의〈교수〉, 체육전문가, 레크리에이션 지도자, 종교계 종사자(전도사・석・박사 과정), 주부, 노년층(62~75세), 학생(초중고・대학생・대학원생 포함) 일반인 등이 모여 실습과 토론을 함으로써 매우 실험적이고 특이한 워크숍을 실시하게 되었다.

탈춤은 조선악극단(朝鮮樂劇團)에 이어 최초의 한류(韓流)로서 봉산탈춤이 해외에 소개되었고 주제발표자의 발표와 시범을 통하여, 참석자 전원이 소리(solo・중장・합창)와 실기(實技)를 통해 탈춤을 함께 해보는 시간을 가질 것이며, 따라서 신체적성운동 스트레칭(臥治훈련・태극기공 등)으로 몸을 풀고 난 다음, 실기(뺨의 원리) 실습을 통한 어우러짐의 토론은 전통문화를 활성화 할 수 있는 작업이라고 할 수 있다. 아울러 우리의 전통문화를 교사들에게 열린 교육 속에서 정착시키고자 하는 취지를 밝힌다. 발표와 토론을 거쳐 전통의 원형 속에 숨어있는 건강 해법을 찾기 위해 보유자와 지도자・전문가의 만남은, 한국인들에게 과거와 현대의 만남이 자연스럽게 이루어져 하루하루를 누적시켜 공감대를 형성해 나가야 한다고 강조하겠다.

3) 토론내용 요약(기록 정리: 최윤창)[4)]

(1) 윤옥 회장 : 봉산탈춤보존회장(예능보유자/ 인간문화재)

- 탈춤은 한국의 대표적인 춤사위이자 우리의 얼굴 입니다.
- 무형문화재로서 가치가 있다고만 생각했지, 연구주제발표를 볼 때 치료 측면에 서 접근했다는 것은 획기적인 생각입니다. (발표자 노고치하)
- 탈춤을 하면 지구력이 생겨 건강하고 모든 근육과 관절이 좋은 것은 사실이다. 나를 보세요. 이 나이(75세)에 학생들을 가르치고 봉산탈춤보존회장으로서 후학들을 배출하고 강습과 지금도 공연 때 출연을 합니다.
- 바쁘신데도 불구하시고 워크숍에 참석 해주셔서 감사합니다. 좋은 의견으로 토 론 해주시기 바랍니다.

4) 최윤창 회장(탈친구 '봉탈이' 회장).

(2) 김채현 교수(한국예술종합학교 무용원(이론), 무용평론가)

· 오늘 어버이날인데도 많이 참석해 주셔서 감사 말씀
· 발표자가 뮤지컬만 하는 줄 알았는데 탈춤을 하는 줄 몰랐다.
· 자료가 될 것 같아 비디오 촬영을 했다. 촬영 때문에 의견 제시는 비디오분석을 해 보고 다음기회에 서면이든 직접 주제 발표자하고 대화를 해보고자 한다.

(3) 김정숙 의사

· 현대 의학에서 풀지 못하는 것을 자연과학에 의해 해답을 얻을 때가 종종 볼 수 있다(이제 기초를 배우니 좋았다. 그러나 아직은 무엇이라고 말할 수 있는 단계는 아니다).
· 탈춤 역시 그쪽 분야로서 현장에서 체험과 실습을 통해 이론적으로 치료한다는 의학상식의 생각을 초월케 했다. 아들이 의사인데 탈춤을 한다고 하니 조심하라고 하면서 걱정한다.
· 주제 발표자와 의견을 함께하며 공감대를 형성한다. 좀 더 연구할 필요성이 있다고 생각하여 현재 최창주 소장에게 수강중이다
· 현대의학과 함께 현장에서 훈련을 통해 이루어지는 행위는 이론과 실기로 정립을 해야 할 단계라고 생각한다.

(4) 송순재 교수(감리교 신학대학교)

· 군중 및 공동체적 어울림의 운동이 되어 기분전환 되어 좋았다. 탈춤이라는 세계는 들어가면 들어갈수록 깊고 오묘함이 확대되는 것을 느꼈다.
· 탈춤은 운동이라는 측면뿐 만아니라 문화의 총집결체의 의미를 가지고 있다.
· 탈춤을 하면 할수록 심신이 도움이 되고 몸과 마음이 어우러져 풀어지는 효과가 있는 것 같다. 협동체적 놀이로 여럿이 함께 할 때 신명이 나서 스트레스가 해소됨. 원만한 스트레스는 생활의 활력소이다.
· 앞으로 더욱 개발할 필요성이 있다고 본다. 계속 탈춤을 수강하면서 연구할 것이다.

(5) 정금협 교사

· 교육적 효과와 문화를 이해하는데 좋은 계기가 된 것 같았고, 학교 아이들을 위해 지도와 교양 및 취미로 현재 하고 있다.
· 목적과는 달리 일상생활에서 짜증이나 권태가 사라지면서 얼굴이 밝아짐. 항상 어깨가 무겁다고 느낌이 있었으나 탈춤을 배운 후부터 풀렸고 건강에 많은 도움이 되었다.

· 부모님의 소개로 탈춤을 하게 됨.

(6) 김혜송 교수 : 명지 대학원(음악치료 담당 교수=한민족탈춤학교 수강자)

· 내면적 흥이 외면적으로 표출 짜증이 없어져 앞으로 연구대상
· 치료에 탈춤의 춤사위와 국악의 리듬을 이용하니 조화가 되는 것 같다.
· '탈춤체조'가 환자들의 반응이 좋고 적극적으로 참여하고 있다.
· 특히 노인들의 반응이 좋음
· 우리나라 국악, 탈춤 치료는 아직까지 생소한 분야이다.
· 음악치료에 국악과 탈춤을 접목하여 체계화되면 세계에서 유례없는 경우로 의미가 있는 작업이 될 것이다.

(7) 임종순 미민회원 : 마장동 주부대학(민요반: 65세)

· 닥터 우울증: 그동안 의사를 믿지 못해 병원을 옮김[5)]
· 호흡이 약하여 말하기가 너무 힘들고 전화하기조차 힘들어 1년 동안 병원 다니며 치료함.
· 그러나 민요반 나가면서 김효정 선생의 지도로 민요배우기 시작한 후 상태가 좋아짐.
· 더욱 민요와 탈춤을 함께 배운 후, 기분이 좋아 창피한 것도 모르고 길거리 다니면서 몸짓과 흥얼거림 통해 상태가 좋아짐(내면 표출행위).
· 많은 사람들과 함께 배우면서 정신적 안정감과 마음이 정립되고 내면에 기(氣)를 받아 호흡이 좋아짐. 생활의 활력이 생겼음.
· 국악치료행위 및 탈춤클리닉은 집단치료라는 말을 이해 못했으나 직접 강의를 듣고 실습해보니까 좋아져 계속하고 싶다.

(8) 옥태원 이사 : (사)한국여가 레크리에이션협회 이사. 대진대 교수

· 일을 해야만 휴식을 취할 수 있어 건강이 필수
· 탈춤치료 행위라면 정상인, 비정상인을 구분해서 실험을 해 보았으면 좋겠다.
· 탈춤클리닉. 국악치료 레크리에이션이라는 용어를 만든 발상만으로도 큰 의미가 있음.
· 육체적, 정신적 인체도 구분해서 교육과 치료를 함께 실험해 전문가들이 모여서 연구하여 2차 워크숍 때 좋은 결과가 있기를 바란다.

---

5) 병원을 옮겨 다니면서 치료를 받아서 생긴 병으로, 병원에 가면 상태가 좋아지고 집에 있으면 다시 발병되는 것을 반복현상.

(9) 이동찬 요법실(한국예술종합학교 무용원 관절전문의)

- 오늘 탈춤사위 실습을 따라 해보니 경관절근육 움직임이 많아, 좋다는 것을 느꼈다.
- 탈춤과 체조가 근육 가동범위가 다양하며
- 흥미도 있고 재미가 있었다.
- 세대별로 구분해서 운동시키면 좋겠고
- 내부 에너지를 이끌어 내는 힘이 있는 것 같다.
- 그래서 내성적 성격을 외성적으로 만들게 한다.
- 근육움직임이 운동치료에 나오는 모든 것이 포함되어 있고 그 어떤 운동의 효과보다 더 뛰어날 정도임.
- 주의사항은 연령에 따라 분류해서 지도해야 할 것이며 무릎관절을 특히 조심해야 한다(정형 외과적).

(10) 이지산 (한국예술종합학교 재학생)

- 기방무(妓房舞)는 개인적 한풀이로서 연희자가 한정적이고 정교, 세련, 여성적, 닫혀진 공간에서 기량 뽐냄
- 그러나 탈춤은 열린 공간에서 크고 역동적이라 운동이 된다.
- 그래서 우리 춤은 열린 공간의 대륙적 기질이 있고.
- 신체적 치료보다 오히려 정서적으로 접근하여
- 서민적 얘기인 우리 이야기이기 때문에 카타르시스를 느끼게 하고 함께 어우러져 집단적 신명을 추구하니 체조가 되고 치료가 되는 것 같다.
- 대사가 대화(臺詞)치료와 집단치료가 되어 발표자 의견에 동감한다.
- 탈춤하기 전에는 여성적 성격이었으나, 최 교수님에게 지도를 받고 외향적으로 변화됨.
- 소외되고 개인화된 사람들이 사회의 단점을 극복할 수 있게 됨.
- 함께 느끼고 공동체적 어우러지는 자리이기 때문에 오픈마인드가 있다.

(11) 유정수 회장(산봉회장, 前 유스호스텔 총재)

- 정년퇴임한 후 퇴행성관절염을 앓고 있었기 때문에 나이가 들어 탈춤을 할 수가 없다고 생각 하였고, 의사인 아들(4명)에게 탈춤을 춘다고 하니 역시 부정적인 사고방식을 가지고 있었다. 고등학교(경기고 45기)동창 20명이 특강에 임함, 그 중 11명도 퇴행성관절염을 앓고 있다.
- 지금 최창주 교수에게 동창들 모두가 지도를 받고 있으며 충분한 준비운동(스트레칭)과

탈춤 클리닉에 대해서 배우고 있다(화목회=산봉회).

· 정, 중, 동의 만남에서 집단적으로 소리(국악 · 불림)를 내지름으로써 스트레스가 해소 되고 건전하고 율동적이고 문화적 가치가 있어 전통문화를 이해하는데 도움이 되었다.
· 따라서 탈춤과 탈춤체조를 지도 받고 폐활량이 좋아졌고 생활이 밝아지고 기본 체력이 향상이 되어 치료에 도움이 되었다(동료들도 좋아졌다고 했다).
· 탈춤클리닉을 통해 기초체력이 쌓이고 무릎관절이 좋아진 것 같음.
· 동작이 과격한 듯 하지만 훈련을 통해 서서히 적응 되어감.
· 탈춤(기본동작)이 반드시 과격하지만은 않다는 것을 느꼈다.
· 그러나 팔목중춤은 운동량이 많고 폐활량이 많아 나이 먹은 사람이 하기는 무리인 것 같다(그러나 대사를 통해 치매와 우울증에 도움이 될 것 같다).
· 그러나 사상좌춤 · 소무춤 같은 부드러운 춤과 무언극의 인물배역과 정서적인 대사가 있어 이 또한 치매 · 우울증치료에 효과가 있는 것 같다.
· 놀량가, 서도민요 등 소리를 질러 부르니 폐활량도 좋아지고 스트레스가 해소 되었다.
· 준비운동을 충분히 한 후 탈춤을 하니 몸에 이상이 오지 않았다. 좋아짐.

(12) 김성수 전도사(연세대 석사 과정)

· 논문을 준비하면서 청소년들의 집단 상담에 탈춤이 도움이 될지 연구 중임,
· 탈춤치료 또는 국악치료 즉, 민속놀이로서 가능성을 심리적인 측면에서 접근 하는데 도움이 되었다.
· 최 교수의 특강인 〈심리극과 가면극〉 〈기독교와 전통문화〉의 유사함을 느끼고 있으며 심리극과 가면극에서 나타난 단순, 이중 · 복합전개로 치료효과와 탈춤의 효과가 유사함을 공감함(무언극과 춤과 춤 사이의 대화(臺詞). 추임새 · 불림 · 극적 · 소리와 춤을 추어봄으로써 심리적 해방감 느낌).
· 최 교수가 가무악극(歌舞樂劇)이 하나의 장르라고 주장하는 것을 공감한다.

(13) 손성자(가정주부)

· 우울증, 불면증 등이 있었으나 탈춤을 하고 난 후 생활의 리듬을 찾았다,
· 이제 막연하게 아이들에게 우리 것을 느끼게 해주고 싶었다.
· 아이(장소현)와 하고 싶은 것을 하게 되니 가족이 서로 이해해주고 생활에 자신감을 얻어 탄력을 얻게 됨.
· 생활에 리듬감이 생기니 매사가 자신감을 얻었다.

(14) 윤정현 교수: 한양대. 야구협회 기획이사(야구 해설가)

- 야구선수들에게 기본운동(몸풀기 운동과 탈춤체조)으로 하면 좋겠다.
- 탈춤과 야구와 유사한 점을 느꼈다.
- 투수들이 투구 전 팔을 이완시키는 동작과 외사위, 겹사위, 양사위가 유사함.
- 야구에서 던지고, 때리고, 받고, 던지는 과정이 장고장단 치는 과정과 추임새 연습이 흡사하다. 아무튼 야구선수들에게 준비운동으로 좋을 것 같다.
- 야구선수들이 대기석에서 앉아 중얼거림과 떠들며 기(氣)와 패기, 화기를 넣어 주는 것과 추임새로 흥을 돋아주는 모습이 무척이나 유사하다.

(15) 한영조 감독 : 체육지도자, 수상스포츠, 조정 경기1호(前 국가대표)

- 그동안 우리 여성들은 체면, 피해의식 때문에 못한 것이 많았는데 여성운동으로도 좋다.
- 몸 전체의 바란스를 유지하면서 쓰지 않던 관절을 반복 사용하니 굉장한 운동이 이루어진다.
- 체육지도자들이 배워 스트레칭 하는데 도움이 될 것 같다(유산소, 스트레칭 겸).
- 흥을 느끼면서 반복하기 때문에 몸이 쉽게 적응되고 활성산소를 내뿜어 내분비와 외적운동이 조화를 이루게 되어 탈춤기본동작과 타 분야 운동이 비교를 할 수 없는 에너지를 가지고 있다.

(16) 발표자 최창주 답변(진행자)

좋은 말씀 감사드립니다. 시간관계상, 말씀을 못하신 분들은 저녁식사를 하면서 좋은 조언의 말씀 부탁드립니다. 모두발언에 말씀드린바 있지만 이번 워크숍을 하기 위해 신문, 방송에 보도 의뢰를 하고 언론을 통해 접수를 받았습니다. 의외로 건강문제와 전통문화의 접목에 대해 관심이 많아 접수 후 접수 인 원을 장소문제로 각 분야 전문가와 주부, 학생 등, 등록인원을 분야마다 5명씩만을 선발하여 참석한 워크숍을 진행하였습니다.

오늘 "탈춤클리닉"과 "국악치료레크리에이션(빙그레)" 워크숍이란 명칭으로 토론(討論)의 장을 준비 해보았습니다. 용어도 애매(처음사용)하고 한국단어와 영어 단어(클리닉)로 제목을 붙이기가 예민하여 연구 중입니다. 그러나 전통문화의 현대화라는 생각으로 과감하게 사용하였습니다. 신문(1999년 3월 조선일보)에 퇴행성류마티스 관절염이 치료가 문제가 있다고 해서 용기를 얻어 발표를 준비했습니다. 병원과 대학에도 외면당하고 있는 우리의 전통문화를 어떻게 하면 활성화하는 방법이 없을까 하고 건강분야로 미약하나마 그동안 준비한 것을 발표했습니다.

의학적으로는 검증이 아직 미흡하지만, 주제논문인 탈춤클리닉을 통해 치료효과 5가지 요약 설명을 한다면, ① 정신적인 것과 육체적인 것으로(마음근육과 육체근육), 특히 마음근육이 무너지면 육체가 건강하더라도 몸이 와해가 되어 상처받고 자살함 ② 춤사위를 통한 집단적 해방감(장소의 제약이 없음, 추임새를 통해 모인 사람들의 오픈마인드의 집단적 만족감) ③ 탈을 통한 몸짓, 행동의 자유가능(50견 예방, 키보드증후군, 과장, 풍자, 마당) ④ 뇌(腦)를 통한 개인의 잠재적 생각 노출(우울증, 불면증 등). ⑤ 국민건강을 위해 생활체육적, 예방적 측면과 건강한 사회성 향상, 자연치유, 제철음식 먹기 등을 연구하였습니다. 특히 전통문화 현대적 수용으로 이 시대 국민이 요구하는 것이 무엇이냐? 늘 고민하고 있습니다.

따라서 기독교문화와 전통문화의 연구필요성과 많은 사람들과 함께 〈탈춤체조〉 및 〈민속놀이 올림픽〉, 〈민속체조〉, 〈한삼체조〉 등 배우면서 벌떼작전[6]의 훈련을 통해 정신적 안정감과 정서적으로 마음이 정립되고 내면에 기(氣)를 받아 호흡이 좋아짐으로서 국악치료레크리에이션으로 신명나는 음악과 집단치료〈탈춤클리닉: 단체프로그램, 어울림, 함께〉라는 말을 이해 못하실 것 같지만, 교육과 예술의 만남문화를 통해 치료가 가능하다고 생각합니다. 나이별, 세대별로 구문해서 교육하고 운동시키면 내부 에너지를 이끌어 낼 수 있고, 근육움직임이 음악과 춤이 어우러지면 운동치료에 나오는 모든 것이 훈련에 포함되어 동조행위현상이 일어납니다. 이것을 "탈춤클리닉"이란 이름으로 사람의 내성적 성격을 외성적으로 만들게 할 수 있으며, 그 어떤 운동의 효과보다 심폐기능(심박동수)과 활동량의 에너지로 더 뛰어나기 때문에 잘만 이용하고 개발하면 관절염, 우울증, 치매, 스트레스를 해소 시켜 최고의 운동효과가 있어 탈춤은 스트레칭과 유산소운동이 동시에 이루어지기 때문에 탈춤이 사람을 건강하게 치유하는 최고의 분야라고 확신합니다.

이제 여러분들이 발언해주시는 것을 가지고 앞으로 더 연구 노력하겠습니다. 현재시간 9시 40분, 주제발표와 시범 및 토론시간이 3시간이 넘었습니다. 저녁시간입니다. 저는 기본철학이 먹는 것과 잘 자는 것, 그리고 운동입니다. 3·3·3 논법의 잘 먹고 잘사는 방법이라고 말씀드린바 있습니다. 많은 사람들과 함께 어울려(단체치료) 배우고 추임새로 훈련하면 정신적 안정감과 마음이 정립되고 내면에 기(氣)를 받아 호흡이 좋아질 수 있는 것과 공동체인 어울림의 문화가 벌떼작전으로서의 군중치료효과가 2배 이상 전개 되어 효과가 있다고 사료 됩니다.

시간 관계상 사례발표와 실기로 인해 충분한 토론을 못하였으나 오늘 역사적인 워크숍이 진행되었다고 봅니다. 이것을 바탕으로 해서 더 정진하겠습니다. 말씀을 못하신 전문가 및 관계자분들은 저녁식사를 하시면서 좋은 말씀 부탁드립니다. 저녁식사를 나누면서 의견을 주시

---

6) 여러 명에서 하나로 함께하는 것.

고 앞으로 1박 2일이나, 3박 4일정도 연수하면서 토론의 기회를 마련하도록 하겠습니다. 앞으로 '한민족탈춤학교'를 확대시켜 '탈춤사관학교'(탈춤치유학교)도 생각 중입니다. 진행도중 시간관계로 중간 중간에 말씀을 끊어서 죄송하게 생각합니다. 오늘 시범과 함께 실습도 해보았지만 또한 의사와 몇몇 전문가 분들이 계셨지만, 1부 주제논문발표, 2부 실기(탈춤체조, 기본동작), 정리운동으로 간단하게 실기를 한번만 해보고 토론한다는 것이 문제가 있었습니다.

앞으로 관심이 있는 전문가들의 참여로 2차 워크숍을 준비하겠습니다(한국인과 유대인). 이제 사례발표 결과(참고)를 통해 앞으로 체계적인 논문을 추가하여 연구・노력하겠습니다. 장시간 수고 많이 하셨습니다. 혹시 시간이 없어 가실 분은 FAX로 의견을 제시해 주시기를 요망합니다. 감사합니다.

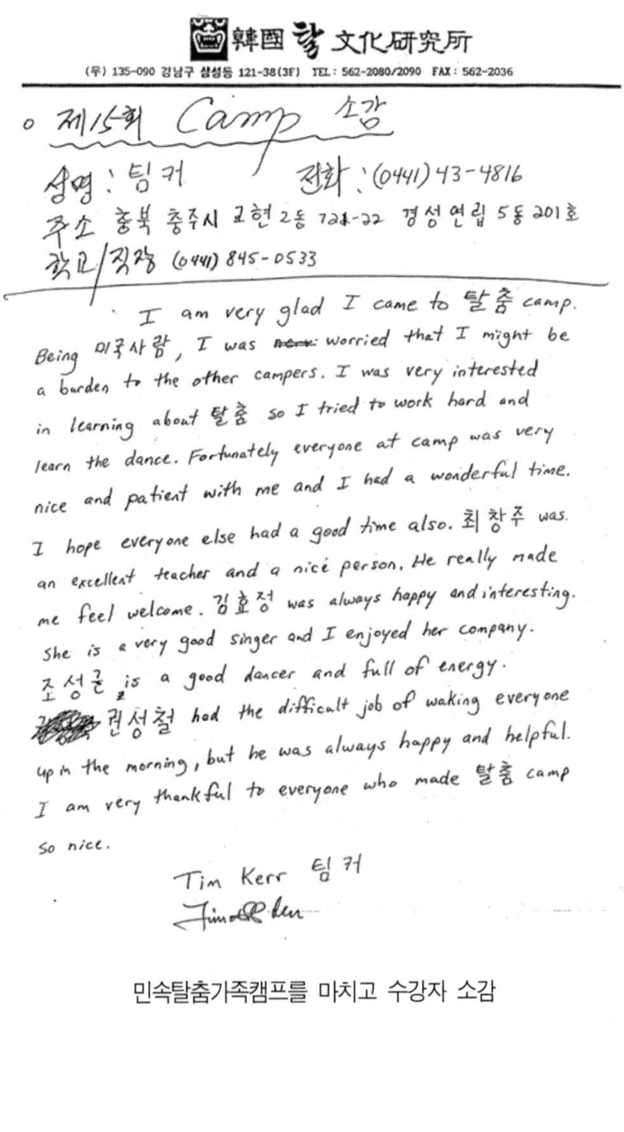
韓國 탈 文化研究所
(우) 135-090 강남구 삼성동 121-38(3F) TEL : 562-2080/2090 FAX : 562-2036

○ 제15회 Camp 소감

성명 : 팀커 전화 : (0441) 43-4816

주소 충북 충주시 교현2동 721-22 경성연립 5동 201호

학교/직장 (0441) 845-0533

I am very glad I came to 탈춤 camp. Being 미국사람, I was worried that I might be a burden to the other campers. I was very interested in learning about 탈춤 so I tried to work hard and learn the dance. Fortunately everyone at camp was very nice and patient with me and I had a wonderful time. I hope everyone else had a good time also. 최창주 was an excellent teacher and a nice person. He really made me feel welcome. 김효정 was always happy and interesting. She is a very good singer and I enjoyed her company. 조성균 is a good dancer and full of energy. 권성철 had the difficult job of waking everyone up in the morning, but he was always happy and helpful. I am very thankful to everyone who made 탈춤 camp so nice.

Tim Kerr 팀커

민속탈춤가족캠프를 마치고 수강자 소감

숙명여고 예술제(1970.5.21. 필자 지도)

숙명여고 예술제

창문여고 탈춤사진 공연전시

민속탈춤가족 캠프

한국청소년 연맹(고등학생 강습)

경기도 광주초등학교 강습

창문여고 발표 공연

YWCA 송년 발표회

계명대학교 여름방학 특강

서울초등학교 무용교사 특강

한국청소년연맹 지도자 강습을 마치고

일본민속춤연구회(일본 동경)

<주제발표 1> 탈춤체조

탈춤의 미학적 움직임

I. 탈춤체조의 특징과 국민체조 비교[1)]

1) 탈춤의 미학적 움직임 요지(要旨)

한국인의 체질에 가장 적합한 운동이 탈춤이다. 우리의 몸짓을 어떻게 하면 아름답게 움직임으로 표출할 수 없을까? 한국의 대표적인 탈춤사위는 '태극과 물결'의 대섬 소섬 춤사위로서 3舞(健舞, 跳舞, 軟舞)[2)]와 3色(활발하고, 묵직하고, 끈적끈적하게)을 통해 환희용약(歡喜踊躍/즐겁게 기뻐 날뜀)해야 한다.[3)]

서양의 뮤지컬을 본업으로 활동했던 필자는 오로지 알고 있는 한국 것은 탈춤뿐이었다. 상식적으로 외국 것은 직접적인 대결의 표출이라면, 한국 것은 어울림의 곡선이라는 기본적인 것뿐이 아는 것이 없었다. 1977년 3-5월 미국 30개 주립대학을 순회공연 후에, 1978년 덴마크를 방문 당시 비디오로 나의 춤을 모니터링 하여 탈춤을 다시 본다고 거꾸로 돌렸을 때, 그 때 필자는 기적과 같이 무엇을 발견한 것처럼 감동했다. 그것은 원형(原形)을 조금만 틀어 비껴나가도 창작(創作)을 쉽게 할 수 있다는 것이었다. 탈춤사위는 물결사위로서 그 움직임의 아름다움을 미술대학에서 흔히 쓰는 미학이라는 용어를 갔다 붙여 놓아 보았다. '미학적 움직임' 그 앞에다 탈춤을 붙여 - "탈춤의 미학적 움직임" - 제목이 그럴듯해 보였다. 그러나 서양의 뮤지컬을 기획, 제작 작업을 하면서도 나의 마음 한구석에는 늘 텅 비어 있었다. 그 때 처음으로 '文化'가 무엇인지! '藝術'이 무엇인지! '哲學'이 무엇인지! 생각을 자주하였다. 무엇을

---

1) 최창주, "탈춤의 미학적 움직임" 탈춤체조 발표(1안: 1978.10.28. YMCA, 2안: 1981. 중앙문화센터. 101호 강당) 탈춤체조 실기 실습함.

2) 송석하, 이두현 사용함.

3) 최창주 실기(實技)지도할 때 사용함.

깨달았다고 할까!? 필자는 다른 탈춤인보다 월급쟁이로서 여유가 있었지만, 항상 현장에 있으면서도 내적인 목마름이 있었다. 다시 말해 풍요 속에 빈곤이라 하겠다.

예그린 악단에서 1971년도 TBC와 공동(共同) 제작한 〈서울 운현궁〉(동양방송국(TBC-TV)에서 처음으로 제작) 주말연속극 TV뮤지컬에 필자가 출연하였다. 정신없이 대사(臺詞)를 외우고 녹화에 시달렸지만, 힘들어도 버틸 수 있었던 것은 직장과 탈춤을 함께하게 되면서 동, 서양의 만남을 통해 생활의 여유와 균형을 찾았다. 예그린뮤지컬[4] 주말연속극(TV) 출연과 바쁜 직장생활을 하였다. 흑백TV시대에 컬러가 나오면 뮤지컬시대가 올 것이라고 장담하면서 처음으로 뮤지컬제작에 방송국에서는 심혈을 기울였다. 그러다가 국방의무의 부름을 받았다. 훈련을 마치고 삼각지 육군본부 헌병대로 보직을 받아오면서는 가끔 외출을 받아서 무형문화제 17호 봉산탈춤보존회 정기, 비정기 공연에 참석하곤 하였다. 제대 후에 국립극장에 근무하면서 YMCA 등에서 아이들과 학생들을 상대로 탈춤을 통해 움직임을 실시하다보니까 홍보가 되어 새로운 발견으로 취미활동이 시작되었다.

1977년도 3-5월 미국 30개 주립대학을 방문공연을 마치고, 1978년 유럽을 순회방문 중에 축제(CIOFF)[5]의 일환으로 덴마크를 방문하게 되었다. 그 당시 우리가 국민(초등)학교 때 배웠던 국민보건체조가 덴마크체조라는 것을 이곳에서 처음으로 알고 필자는 깜작 놀랐다. '어떻게 남의 나라 체조가 우리의 국민보건체조가 될 수 있겠는가?' 의심하였으나 77년도 미국 뉴욕타임지[6]에서 보도된 것에 힘을 얻었다. 또한 미국공연 결과를 토대로 유럽공연 중 덴마크를 방문하게 되어 귀국 후에 '탈춤의 미학적 움직임'의 제목과 함께 붙여 '탈춤체조'를 발표(78.10)하게 되었다.

필자가 1975년도부터 YMCA, YWCA, RCY, 보이·걸스카웃 등, Y민속춤의 밤(매주 7시), 문화센터, 홍사단 등에 사회활동을 확장하면서 민간인과 학생들에게 우리 것을 지도하였다. 더욱 미국과 유럽을 순회하면서 포크댄스와 서양의 춤인 고고, 왈츠, 차차차 등을 배워 온 것이 행운이었다. 이것을 탈춤특강 속에 삽입하여 한국과 외국 것을 함께 지도하다보니 사회단체에 탈춤의 대중화와 저변확대의 큰 공로를 세웠다고 자부(自負)할 수 있겠다.

탈춤체조는 불특정다수가 탈춤을 어떻게 하면 쉽게 익히는데 취지와 목적을 두고 창안, 출발했다. 그래서 모든 한국탈춤(13개의 탈춤)의 전체적인 움직임의 몸짓사위로 16개 동작을 구

4) 당시는 뮤지컬이 아니라 "칼"이라고 했다. 예그린과 동양TV가 함께 제작한 주말 뮤지컬 연속극이었다.

5) CIOFF(국제민속축전 협의회), Conseil(민원조사관/ 정부민원 협의회), International(국제), Organisatons(조직/기구), Festival(축제), Folklore(민속)의 약자.

6) 기사내용, "이렇게 좁은 땅덩어리 작은 체구에서 어떻게 그렇게 큰 춤사위가 나올 수 있느냐? 실로 예술의 극치이다."(1977.3-5. 미국 30개 주립대학 순회, 봉산탈춤 공연을 보고) = 1978년도부터는 유럽·동남아시아·전(全)세계를 순회하며 봉산탈춤을 소개한 바 있다.

성하였으나, 1차 실험해본 결과 사람들이 너무 어렵다고 판단, 시행착오를 겪었다. 간단하고 익숙하고 간편한 탈춤사위를 선택하여 쉽게 8개 동작으로 재편성하였다(봉산탈춤과 산대놀이로 구성된 도해장면을 참고하기 바란다). 탈춤체조(體操)의 음악은 처음에는 타령장단과 두 번째로 봄타령을 시도했다. 구령만 붙이는 체조에서 홍겹게 노래하면서 신명나게 춤추며 체조하니 일석이조의 효과가 있었다. 대(大) 히트작품이 되었다. 우리의 얼과 민족의 혼(魂)이 담겨져 있기 때문에 어울림의 공동체의식으로 끌어내는 작업을 통해 일상생활 속에 체조가 되어야 한다고 생각했다. 그래서 탈춤을 어느 특정인만 하는 것으로 착각하여 대중화하기가 어려웠지만, 이번 '탈춤체조'[7]는 국민들이 탈춤을 쉽게 접근하는 계기가 될 것이다.

2) 탈춤체조 특징과 국민보건체조 비교

우리의 체조는 1931년 덴마크의 Niels Bank의 방문으로 한국 체조계에 많은 영향을 끼치게 되었다. 그로 인하여 맨손 체조가 급격히 보급되어 체조계를 주도했다. 재건체조, 국군도수체조, 신세계체조, 국민 보건체조 등이 그 예라고 할 수 있다. 이러한 면에서 볼 때, 맨손체조가 우리의 생활에 중요한 부분으로서 국민체력 향상에 큰 공헌을 하였는지 알 수 있다. 특히, 국민보건체조는 학교 체육뿐만 아니라 일반 사회에서도 실시하는 범국민적인 체조임을 부인할 수 없다. 다음은 국민보건체조와 탈춤체조의 비교 점을 살펴보도록 하자

- 첫째 : 국민보건체조는 동작이 매우 딱딱하여 실시자로 하여금 스스로 할 수 있는 홍미 유발이 부족하다.
- 둘째 : 실시자(實施者)들의 연령, 능력을 고려하지 않고 단일한 체조로서 국민 (초등)학교 부터 고등학교 까지 실시되므로 싫증을 느낀다(김국희 도움言).
- 셋째: 우리의 주체의식이 가미되어 있지 않고 단지 체조 동작의 나열이라고 볼 수 있다.

이러한 점으로 볼 때, 우리의 체조, 즉 우리의 얼과 혼이 담겨 있으며 체조로써 손색이 없는 우리 특유의 체조가 있어야 한다고 본다. "86아시안게임" "88올림픽"과 같은 큰 행사를 앞둔 우리로써 더욱 시급히 우리의 체조와 메스게임을 개발하여야 한다고 생각하였다. 그동안 민속적인 체조라 하여 발표되기는 하였으나 장・단점이 많아 실제 보급이 활발하지 않았음을 반성해 볼 때, 우선 장단이 굿거리, 허튼 타령, 삼채장단을 사용하여 박자 익히기의 어려움과 동작의 어려움, 즉 탈춤의 춤사위를 그대로 이용하였다는 점을 들 수 있다.

그러므로 홍미를 갖고 쉽게 받아들일 수 있는 '탈춤체조'를 소개해 보고자 한다. 이 탈춤체

7) 탈춤의 활성화・대중화를 위한 탈춤체조(봄타령 음악으로 추임새가 있는 신명나는 체조가 되었다).

조의 특징은

- 첫째: 우리의 가락인 타령 장단을 이용한 것으로 어느 박자에 관계없이 맞추어 실시할 수 있으므로 박자를 익히기 쉽고 춤과 체조를 동시에 추임새가 가미되어 실시자 스스로가 추임새를 하며 흥겹게 운동 할 수 있다.
- 둘째: 우리의 주체의식을 갖고 실시할 수 있도록 일상생활 속의 동작과 태권도의 기본자세인 탈춤의 춤사위를 기본적으로 구성하여 전통 문화를 쉽게 접할 수 있다.
- 셋째: 탈춤의 리드미컬한 동작이 체조 화되어 있으므로 운동량이 많다. 특히, 허리와 다리 근육을 강화하는데 효과적이다.
- 넷째: 대상에 따라 2종류로 나누어 고학년은 16개 동작(A안)을 실시하며 저학년은 쉽게 익히는 8개 동작(B안)으로 실시한다. 저・고학년은 물론, 실험적으로 실시해본 결과 A안은 탈춤의 전반적인 것을 습득차원에 창안하였으나 어렵게 생각하였고, B안은 비교적 잘 따라했다.
- 다섯째: 양주산대의 깨끼리는 체조적이며 단아하고, 봉산탈춤이 심폐기능에 미치는 영향, 운동 강도에서도 에어로빅, 줄넘기 등보다 에너지 소모가 더 많고, 같은 손, 같은 발을 올라가는 춤(체조)은 역동적이라 세계적인 춤이 될 수 있다. 특히 스트레칭과 유산소운동이 동시에 일어나므로 살 빼는데도 효과와 한국인의 체질에 가장 적합한 춤이기 때문에 체조개발에 최고의 춤사위이다.

우리의 것을 찾는 현시점에서 여러 종류의 탈춤을 쉽게 접할 수 있으며 현재 우리 문화 발전의 흐름에 맞추어 나갈 수 있는 체조라고 볼 수 있다. 에어로빅이 산소를 많이 들이마셔서 심폐의 기능 강화를 한다고 하는데, 탈춤은 스트레칭과 유산소운동과 스트레스해소의 3박자가 동시에 이루어지는 동조행위현상(同調行爲現像)으로 심폐강화는 어느 운동보다 못하지 않다. 현재 우리 실정으로는 연습 장소가 좋지 않아 깨끗한 공기를 마실 수 없고, 시멘트 바닥이라 관절은 나빠지고 심장은 튼튼한 실정이지만 하루속히 마룻바닥인 좋은 연습장소와 분위기가 있어야 한다. 시멘트 바닥에서 뛰려면 스펀지가 두꺼운 운동화를 신어서 뒷골에 충격을 낮게 하고 간편한 복장으로 편안하게 춤추며 체조해야 한다.

우리의 전통문화(傳統文化)는 신비와 오묘함과 높은 차원에 있는데도 불구하고 현대인에게 외면당하고 있는 실정이다. 조상의 슬기와 맥이 담겨 있는 우리의 값진 문화가 서양의 문화에 묻혀 혼미해져있다고는 볼 수 없으나 아직도 갈피를 못 잡고 방황, 서성거리는 것은 국민의 관심과 의식 부족이라고 할 수 있겠다.

- 탈춤체조 특징

유럽 세계 페스티벌을 참가하며 1978년도 덴마크에서 귀국 후 우리가 하고 있는 국민보건체조가 덴마크식 독일체조라는 것을 깨닫고 창안. 주제 발표하였다. 창안한 탈춤체조를 각 학교와 사회단체에 보급해오다 보니 많은 체조가 산발적으로 탄생이 되었다. 필자는 늦게나마 특허를 받을까도 생각했지만 교육부에 정식 "국민전통체조"를 공문으로 요청하고 정책적으로 보급을 신청했다. 왜냐하면 탈춤체조는 한국인의 체질에 가장 알맞고, 한민족의 리듬에 맞다고 생각하여 여론이 좋아 "국민전통체조"라고 교육부에 제안을 한 바 있으나, 지금실시하고 있는 국민보건체조(덴마크체조)가 있다고 해서 제도적 모순점 때문에 받아들여지지 않았다.[8)]

탈춤체조의 춤사위는 3무(舞)와 3색(色)을 통해 환희용약(歡喜踊躍)으로서 표출되는 건강한 운동이자 무용라고 할 수 있다. 특히 한국춤은 같은 손 같은 발이 올라가는 것을 특징가지고 있다. 이 논리를 이용함과 남성적인 탈춤과 산대놀이의 섬세함과 담백하고 사실적인 춤을 호흡과 조화를 이루게 하여 활발하면서도 경쾌하게 묵지하고도 끈적끈적하게 추어야 한다. 인간의 신체를 적당히 활동하게 하여 활동하는 부분을 발달시키게 하는 인체구조와 체조의 원리를 이용하여 탈춤체조를 창안하였다. 특히 소리를 질러 냄으로서 스트레스를 해소하고 추임새를 통해 일치감을 더해주며 어울림을 통해 공감대를 형성할 수 있어 실시하는 자와 관람하는 자가 호흡을 함께하는 것이 특징이라고 할 수 있다. 아울러 음악은 한양합주(국악. 양악)를 이용하여 '봄타령' 음악으로 신명나고 재미있게 춤추듯 체조를 하면 된다.

- 탈춤체조 동작의 구성

탈춤체조는 대한민국 국민 불특정다수가 탈춤을 어떻게 하면 운동이 되고 쉽게 익히는데 목적을 두고 출발하였다. 그래서 모든 한국탈춤의 전체적인 사위로 16개 동작(13개의 탈춤)으로 구성하였으나 실험해본 결과 어렵다고 판단, 익숙한 탈춤사위를 선택하여 쉽게 8개 동작으

---

8) 조선일보사설에 나온 글로서, 탈춤을 알면 탈춤과 같은 글이라고 생각하여 옮긴다.
중학교는 아이들이 인격과 자기 정체성을 형성하기 시작하는 시기이다. 과학자들은 뇌 구조의 틀이 만들어지는 청소년기에 몸으로 상대방을 배려하는 체험을 하면 성인이 돼서도 그 품성이 유지된다고 보고 있다. 이 시기에 아이들은 여럿이 함께하는 '팀 스포츠'를 통해 인내심을 기르고 협동심과 절제력, 규칙에 승복할 줄 아는 자세, 약자에 대한 배려심을 배울 필요가 있다. 운동이 학교 폭력, 자살, 게임중독, 같은 일탈행동을 줄이는데 도움이 된다고 하는 것도 이 때문이다. (생략) 오랫동안 우리나라 체육은 국어, 영어, 수학 같은 핵심 과목에 치여 '기타 과목' 으로 밀려나 있었다. 체육을 모든 교육의 기본으로 보는 인식의 전환이 필요하다(이 글을 읽고 필자는 국민보건체조가 외국체조로서 대치하고 있는 이 마당에 탈춤체조 즉, '한국전통문화'는 주체의식까지 추가하기 때문에 모든 교육의 기본으로 보는 인식전환이 필요하다고 말하고 싶다).

로 재편성하였다. 봉산탈춤과 산대놀이로 구성된 도해장면을 참고하기 바란다. 탈춤체조(體操)는 우리의 몸짓으로 심신의 건강을 유지하고 우리의 얼과 민족의 혼(魂)이 담겨져 있기 때문에 공동주체의식을 갖고 일상생활 속에 생활화되어야 하는데, 탈춤을 어느 특정인만 하는 것으로 착각하여 대중화하기가 어려웠지만 '탈춤체조'는 쉽게 접근할 것이다.

탈춤체조는 국제규격의 체조의 원리를 이용했다. 그 이유는 탈춤의 기본동작은 스트레칭과 유산소운동이 동시에 진행되지만, 너무 과격하기 때문에 인체의 몸을 다칠 우려가 있어 예방작업으로 탈춤의 기본동작을 하기 전에는 탈춤체조를 하여 기초적인 인체공학에 맞게 체조를 구성하여 이완작업일환으로 실시하였다.

보편적인 체조는 심폐 있는 곳 멀리서부터 시작하여 점점 가깝게 운동량이 와 닿아 점점 격하게 기초체온이 상승 되어졌다가 서서히 식어가는 데,

첫째, 가벼운 운동에서 힘든 운동으로

둘째, 손쉬운 운동에서 어려운 운동으로.

셋째, 간편한 운동에서 복잡한 운동으로 전개가 되는데 걷고 뛰고, 움직여 숨을 차게 하여 산소(공기)를 많이 섭취하여 심폐기능을 강화해 순환기 질환 및 내분비기관을 튼튼하게 하는 것이 체조의 목적을 이용했다. 따라서 준비운동으로 순발력을 일으키게 하는 심리적 동작이라고도 할 수 있다. 탈춤체조를 순서 별로 설명하면 다음과 같다.

(1) 탈춤체조 도해장면 〈표 9〉

0	준비	흔들기		전주곡에 맞추어 힘을 빼고 무릎을 굽히며 팔을 앞뒤로 흔들어준다.	-음악:봄타령(4/2 박자) -반복: 반복하되 끝맺음 할 때 외사위 빼고 숨고르기로 끝난다.
1	어깨	어깨근육의 수축과이완	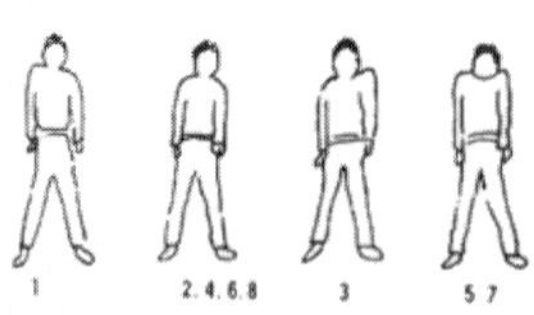	무릎을 굽실하며 어깨 오른쪽부터 상하 왼쪽 상하오, 왼쪽같이 상하로 올렸다 내렸다 한다.	한국의 춤은 어깨부터 시작된다.
2	목	목좌우 운동과 휘돌리기	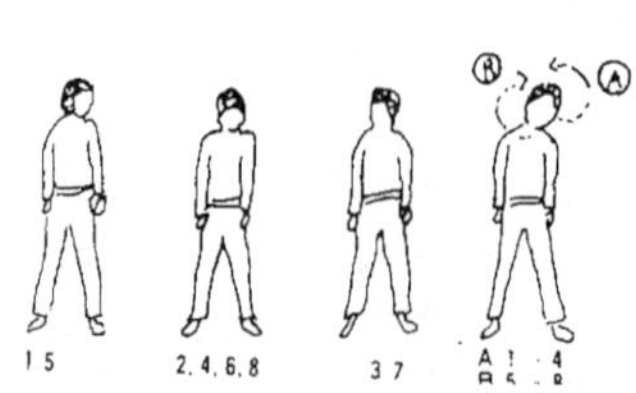	1. 5를 오른쪽 목을 돌린다. 2. 468은 정면을 향한다. 3. 7은 왼쪽으로 목을 돌린다. (위의 동작을 8초간 실시) A동작은 4호 간에 오른쪽으로 목을 돌린다.	탈춤은 얼굴을 잘 흔들어 주어야 한다.

				B동작은 4호 간에 왼쪽으로 휘돌린다.	
3	노젓기	가슴운동과 복합운동		1,3은 몸을 오른쪽 빗겨 앞을 향하여 오른발을 1보 앞으로 내밀며 팔은 앞으로 휘돌려 올린다. 2,4는 무게중심이 왼쪽발로 이동되는 동시에 팔은 곤봉을 휘돌리듯 끌어내려 처음의 자세가 된다. 4는 몸이 정면을 향한다. 1,2,3,4 동작을 왼쪽 방향으로 한다. 위의 동작 반복한다.	-45도 빗기 앞을 향하여 발을 내민다. -팔을 크게 휘돌린다.
4	발들기	다리운동과 허리틀기		1,3은 양팔을 어깨에 메고 오른다리를 직각으로 들어 올린다. 2,4는 정면을 향하여 들었던 다리를 땅에 놓는다. 특히 4번은 멀리 짚는다. 5,7은 허리를 왼쪽으로 들어 깊게 앉는다. 6,8은 5,7 상태에서 정면을 본다. 위의 동작을 왼발로 반복한다.	5,7 동작은 허리를 완전히 들며 발은 오른발 끝이 정면을 향하여 왼쪽 발끝은 왼쪽 방향으로 한다. 대퇴부 내측운동
5	용트림	옆구리와 등배		1-8은 빗겨 왼쪽부터 시작하나 오른쪽 방향으로 8호 간에 완전히 한바퀴 휘돌린다. 9-16은 위의 동작을 반대로 실시한다. 이 때 계속 무릎을 굽힌다.	처음 시작은 옆구리가 당기도록 크게 팔을 휘돌린다. -무릎 굽히는 것과 동시에 오른발을 들며 실시하면 더욱 효과적이다.
6	깨끼리	팔다리와 뜀뛰기		1,2는 오른발을 들고 왼손을 오른쪽 팔굽에 대고 오른팔을 팔굽을 굽혀 수직으로 한다. 3,4는 1,2와 같은 요령이나 손만 반대로 한다. 5,7은 손끝에 힘을 넣어 미리 위에서 멈추듯이 절도 있게 6,8은 계속 오른발을 들고 있으나 8은 양발을 땅에 놓는다. 위의 동작을 반대로 실시한다.	-8호 간이 끝날 때까지 왼발로 지탱한다. -능숙하게 실시할 수 있으면 들은 발은 약간 굽혔다 켰다하여도 좋다. 또는 뛰며 실시한다.

7	도리 깨질	온몸운동		1은 오른발을 들고 오른손은 머리위에서, 뒤에서 앞으로 뿌리듯이 한다. 2,3은 앞에서 박수 뒤에서 박수 오른발은 계속 뛰뛰기 4,6,8은 왼쪽어깨에 걸려대듯이 한다. 이 때 무게중심은 앞발. 5,7은 4,6,8의 자세와 같은 상태에서 목과 어깨, 등까지 힘을 빼고 굽힌다. 무릎은 굽힌다.	5,7을 할 때는 전신에 힘을 빼고 6,8을 할 때는 힘을 넣으며 몸을 일으킨다.
8	외사위	뛰뛰기		1,2,5,6은 오른발을 들고 오른손을 뒤에서 앞으로 뿌리듯이 머리위에서 실시 (2박자동안 1번실시) 3,4,7,8은 왼발 왼손으로 위와 같은 요령으로 실시 (다리는 계속 뛰뛰기를 실시한다.) 2번 반복할 때는 숨고르기	발의 각도는 90도로 들어올린다.

0. 준비(흔들기): 어깨넓이 상태인 주춤서기에서 호흡조절하며 힘을 빼고 양손을 흔들어 주면 준비 작업으로 몸의 근육이 경직된 것을 이완시켜 주는 역할을 한다.
1. 어깨춤: 한국의 춤은 어깨춤. 즉 몸짓 춤이다. 일상생활에서 긴장이 되면 어깨가 수축된다. 우・좌측으로 올렸다 내렸다 굴신하며 어깨춤을 추면 목의 근육상태와 승모근 부분, 양어깨의 뭉친 근육을 풀어주는 작업으로서 양어깨부위와 가슴이 연결되어 있어 상체운동이 된다.
2. 목춤: 생활을 하다보면 목이 경직되기 쉬워 좌우가 비대칭인 것을 인식하지 못해 목을 우・좌로 돌려 반복하고 좌・우 반대 회전하여 한 바퀴를 돌릴 때, 뭉친 쪽 두툼한 곳을 평정하게 목선의 라인 따라 교정해주고, 목을 회전운동 함으로 서 경추운동이 된다. 목은 중추신경과 흉추로 내려가는 곳이므로 긴장과 이완의 상태를 활성화시켜준다. (탈춤은 탈을 좌・우로 잘 흔들어줄 때 목운동이 되고 탈춤의 기능적 효과가 있다.)
3. 노젓기: 노를 젓는 식으로 돌리면서 곤봉의 원리이용 할 때, 목과 어깨팔운동으로 이두박근 삼두박근 운동이 경추・흉추・요추운동으로 이어져 허리강화운동이 된다. 근육전체를 자극함으로서 상체근육의 유연성, 머리와 어깨, 늑골, 등줄기까지 이완된다. 이때 '얼쑤' 소리를 크게 외치면 스트레스가 해소된다.

4. 발들기: 옆구리운동으로 들어가 전에 발을 들었다가 내릴 때, 다리운동이 되고, 다시 다리안쪽을 비틀어 누를 때 다리와 허리운동이 된다. 이때 눌러주면 대, 내퇴부 내측운동이 되며, 뛰는 반동에 의해 장기와 연결이 되어 내장운동이 되면서 상체의 겹갑골 운동이 함께 진행된다.
5. 용트림: 양손을 잡고 엎드렸을 때 배의 근육운동이 되며, 한 바퀴 좌 · 우로 회전 할 때, 요추 허리운동과 온몸운동이 됨과 동시에 옆구리 등과 배의 운동이 된다.
6. 깨끼리: 제자리에서 추는 춤으로 바른편 다리를 「ㄱ자형」으로 들고 외다리로 서서 있을 때, 배와 허리 감각은 몸의 전체 균형을 잡아준다. 외다리로 뛸 때 단전호흡을 통해 무릎과 발목사이 오금질과 종아리와 허벅지운동으로 지구력이 생기며 여닫이를 할 때는 양 팔과 손목과 팔굽운동이 된다. 삼현장단에 의하여 여러 가지 손춤을 출 때 손목운동과 팔굽운동이 된다.
7. 도리깨질: 외사위를 한 다음 앞으로 박수를 치고 뒤로 박수를 칠 때, 혈액순환이 좋아지고, 경갑골 운동이 되며 이두박근 삼두박근 운동이 된다. 고개잡이를 할 때, 경추 · 흉추 · 요추운동이 되고 태권도의 기본자세를 취하면서 방어자세를 하는데 상체를 숙인 상태가 경추부터 요추사이가 펴지는 운동이 된다.
8. 외사위: 팔은 어깨와 연결되어 있어 상완삼두박근을 풀어준다. 오른발 · 왼발 교차로 뛰면서 손을 휘저으면 50견을 예방할 수 있고, 키보드증후군을 해결할 수 있다. 뜀박질운동을 할 때, 단전호흡과 척추와 골반, 고관절과 연결된 부분이 하중이 많아 뼈와 근육이 튼튼해진다. 소화기관과 몸매의 유연성, 신명으로 하체근육이 튼튼해지면서 회전할 때 전신이 원활이 순환된다. 특히 지구력이 생겨 균형 잡힌 몸매를 가질 수 있다(뜀뛰기운동).
9. 숨고르기: 양손을 귀두로 넘기면서 한 바퀴를 돌릴 때, 정리운동을 하고, 끝맺음으로 만세를 부르듯 호흡조절하며 숨고르기 한다.

(2) 민속체조 · 민속놀이 올림픽(민속놀이를 이용한 체조와 게임을 참고)[9)]

*** 민속체조(민속놀이를 이용한 우리의 체조)** 〈표 10〉

순서	운동	명칭	도해	설명	참고
0	준비	제자리 흔들기	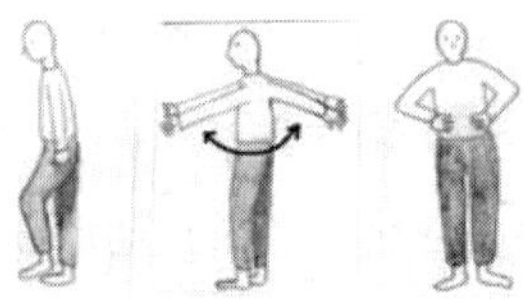	1. 8박자동안 제자리걸음 2. 8박자. 양팔 앞뒤로 흔들기 3. 마지막 박자에 양팔 허리	-민속놀이를 하듯 흥겹게 체조를 반복함 -양발을 어깨 넓이로 벌리고 선 자세
1	다리	제기차기	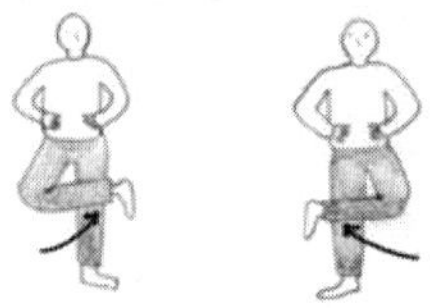	1. 양팔 허리에 올리고 오른발 들었다 내리기 2박자동안 실시 (2회 반복) 2. 왼발 2박자 동안 들었다 내리기. 2회 반복 실시 3. 같은 요령으로 1박에 양발 번갈아 들기. 2회 실시	마지막 박자에 양발 땅.
2	팔	썰매타기		1. 무릎을 계속 굽신하며 팔을 앞뒤로 흔들기 2. 5-6박자에 앞에서 뒤로 휘돌리고 7-8박자에 뒤에서 앞으로 휘돌린다 3. 위의 방법 반복 실시	4박자 실시
3	옆구리	활쏘기 기지개		1. 왼쪽 다리를 굽히고, 오른발을 떼며 팔을 활쏘기 자세로 취한다. 4박자 동안 실시 2. 굽혔던 왼쪽 옆구리를 펴면서 팔을 위로 2박자 동안 올린다. 3. 올렸던 팔을 어깨까지 내렸다 다시 올린다(2박자 동안 실시).	-이때 왼쪽 팔을 허리 부분까지 충분히 끌어 내린다. 오른쪽 옆구리가 당겨진 느낌을 확인. -1.2.3번을 왼쪽으로 실시
4	목	상모 돌리기		1. 오른쪽 앞에서 뒤로 돌리기. 4박자 동안 2. 왼쪽 오른쪽으로 1박자씩 왕복 2회실시 3. 왼쪽 뒤부터 360°돌리기 4박자 4. 앞뒤로 흔들기. 1박자씩 왕복 2회	

9) 최창주, 한국연희극과 마케팅, 연극과인간, 1998, p.350 참고.

5	등배	팽이치기	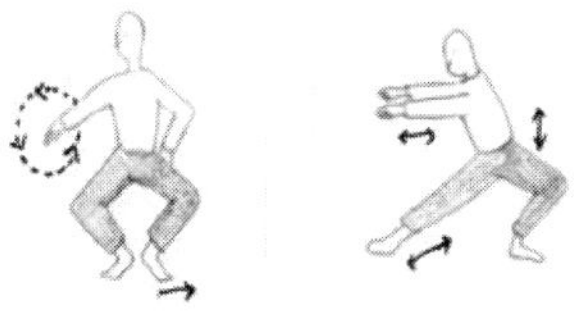	1. 왼쪽 방향으로 2박에 1번씩 옆으로 2회 뛴다. 2. 땅과 수직이 되게 등과 양팔을 펴고 상하로 흔들기4회 실시하며 시선은 팽이를 보듯 한다. 3. 위의 방법을 오른쪽으로 반복 실시	1번을 뛸 때 팔 운동은 유연하게 오른쪽에서 땅을 치듯 실시.
6	뜀뛰기	널뛰기	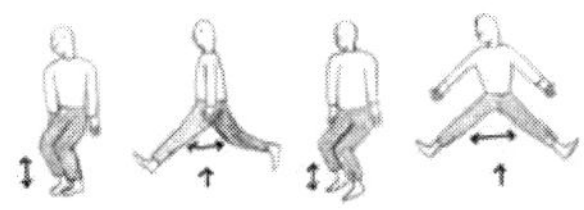	1. 1박에 1회씩 뛴다. (4회) 2. 2박자에 앞뒤로 다리 벌려 뛰기 (2회) 3. 1-2를 반복 실시	반복실시 할 때는 앞뒤를 양옆으로 한다.
7	온 몸	윷놀이	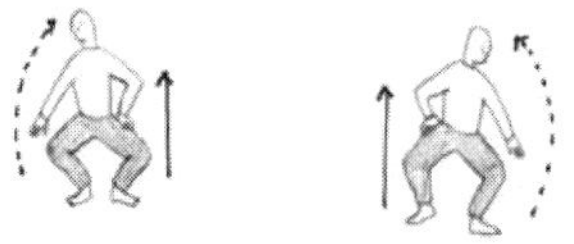	1. 오른쪽 손으로 2박에 땅 짚고 2박에 뿌리며 일어선다. (2회 실시) 2. 위와 같은 방법으로 왼쪽 실시(총 16박자 실시)	
8	가슴	얼씨구 좋다	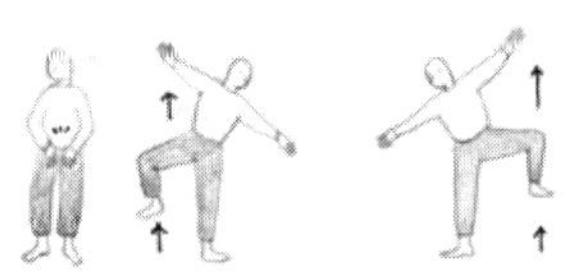	1. 한 박자에 박수치고 2-4박자까지는 오른 손, 오른 발을 천천히 들며 뜀뛰기. 2. 5박에 다시 박수를 치며 왼쪽 손과 발을 들어올린다. 3. 위와 같은 방법 반복 실시	가슴을 충분히 편다. 이때 추임새와 함께 하면 더욱 좋다.
9		굴렁쇠 굴리기		1. 왼손은 열중쉬어 하고 오른손은 굴렁쇠 굴리듯이 손을 45° 앞으로 내밀어 16박자 동안 원을 그리며 뛰어 다닌다.	반복시 굴렁쇠 굴리기까지 실시 후 다시 제기차기로 돌아가 반복 실시.
10	숨쉬기	그네뛰기		1. 오른발 45° 앞으로 내밀며 두 팔을 양옆으로 펴 크게 심호흡한다. (2박자) 2. 오른발 원 위치 시키며 동시에 팔을 2박 동안 허리에 놓는다. 숨을 내쉰다.	그네를 뛰듯 앞뒤로 가슴을 펴듯 한다. 1-2-3 반복 실시

- 맺는 말

탈춤은 스트레칭과 유산소 운동이 동시에 되는 체조적인 요소가 있다. 스트레칭으로 근육과 힘줄을 풀어주고 몸의 긴장을 완화되는 탈춤체조는 우리체질에 가장 잘 맞는 운동이다. 그 외 임상학적 문제10)는 병원검사(임상실행. 생태적)와 대학전문(활동치료, 운동치료. 예술치료) 기관에서 연구하고 협조하여 다음기회에 하기로 하겠다.

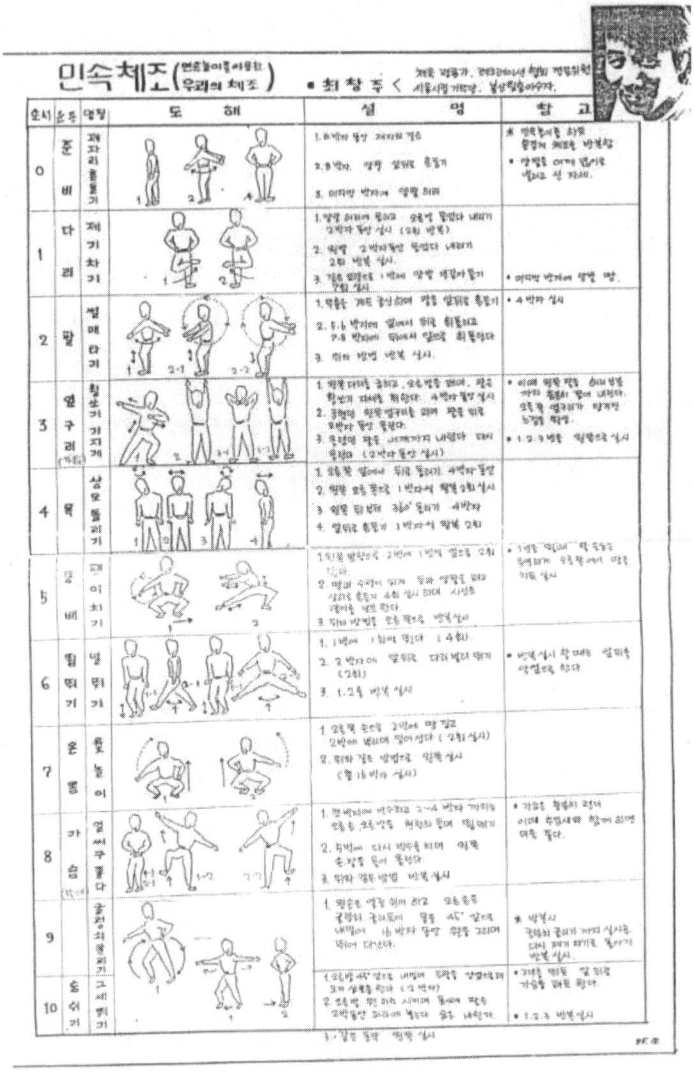

지금 우리가 하고 있는 국민보건체조는 덴마크체조이다. 탈춤체조는 1978년도 덴마크를 방문 후에 창안 발표하였고, 민속체조는 민속놀이를 이용하여 발표하였다(당시 직접 그려서 발표하였다).

- 스웨덴의 체조는 해부학적 근거를 가지고 심장, 몸통 등 과학적인 움직임을 가지고 있으며,
- 독일체조는 절도적인마스게임식으로 청소년들의 단결심이 있다.
- 덴마크체조는 리드미컬한 음악적이고 동작이 크며 농촌에서 국가로 이어지는 체조라고 볼 수 있다. 우리는 초등학교 시절, 아침조회 때 국민보건체조를 했는데, 이것이 덴마크 체조

10) 임상학적인 것은 필요한 것이다(그러나 전문의와 함께 실시할 예정이나 전문들이 꺼려하고, 전문가 부족으로 인해 실시하지 못했다. 따라서 형식적인 결과일 뿐이라고 사료되어 차후로 밀어놓고 있다).

인 줄 모르고 했지만, 우리에게 유익함을 주었다. 필자가 덴마크를 방문했을 때, 이 체조를 비슷하게 하는 것을 보고 "우리 것이 왜 여기까지 와서 할까. 한국이 참으로 대단한 나라" 라고 생각했는데 알고 보니, 그것은 일제 강점기시대 때 일본사람들에 의해 외국에서 도입(1928년)하여 배운 것을 우리 한국을 지배하기 위해 제공한 장르별로 노력하고 연구한 행위라고 할 수 있겠다. 그것을 우리는 지금까지 우리 것이라고 하고 있는 것이다. '이찌니 산시' 하며 배운 것은 단지 체조 뿐 만아니라, "밀정보고서" 등으로 지도자들은 조선총독부에 눈치만 보며 처신하기도 바빠서 자국민(백성)이 어떻게 살고 있는지 뒤돌아볼 겨를이 없었다.[11]

이제 국민의 인식이 바뀔 때까지 지도자 및 지인들은 노력해야 한다. 일제 36년 동안 우리의 생활습관이 자기도 모르게 언행(言行)으로 되어버려 알고도 또 모르고, 지금까지 우리가 그대로 행하고 있는 것이다. 이제 일제잔재를 없애기 위해 탈춤체조를 국민체조로 교육부에서 정책적으로 지정해주기를 바란다고 발표와 동시에 의뢰한 바도 있지만, 정책적으로 지정받지 못했다. 우리는 전국의 학교에서 의무적 · 행정적으로 실시하지 않으면, 그 때뿐이고 우리 것은 우리 것인데도 불구하고 자국민에게 천시(賤視)되고 있으며 아직 활성회 대중화하기가 어렵다.

- 탈춤체조 후기(탈춤체조 발표 후로 생활치유로 탈춤이 활성화 · 대중화되었다)

탈춤체조를 창안 발표하면서 "민속체조"[12]와 함께 "민속놀이 올림픽"을 창안하여 교사 및

---

11) 조선일보에 비친 '신문화의 탄생' (29) 김영철 디지털뉴스부 편집위원.
"방송협회, 체신국, 학무국, 조선체육협회 등 각 관계단체 련관으로 올여름을 기하야 전 조선 '라듸오' 체조회를 조직, … 회기는 21일부터 8월 20일까지로 매일 아침 6시부터 시작한다. ..." 조선일보 1934년 7월 20일자는 여름 한 달 동안 전국 40여 곳에서, 라디오에서 나오는 구령에 맞춰 체조를 하는 '라듸오 체조대회'를 시행한다고 전했다. 일본 체신청 간이보험국이 피보험자의 건강증진을 위해 미국에서 도입한 '라디오 체조'는, 1928년 8월 1일 오사카에서 첫 방송을 탄 이래 11월 1일에는 동경(東京)에서, 1929년 2월에는 일본 전역으로 확대됐다. 식민지 조선에 등장한 것은 1928년 2월, 일본처럼 아침 기상과 함께 '라디오체조' 를 방송한 게 아니라, 오후 10시쯤 방송 종료 시에 내 보내는 형식이었다(1928년 7월 10일자, 10월 2일자 등), 1930년 말부터 잠시 오후 5시 45분부터 15분간 상시 편성되기도 했다. 당시 방송은 조선어와 일본어를 교대로 했는데, '라디오 체조' 는 일본어 방송에 편성됐다가 1933년 4월 26일 독립된 조선어 방송에선 사라졌다. 라디오가 워낙 비싸 소유자 2만5000여명 가운데 조선인은 4,000여 명에 불과해(1933년 9월 10일자) 별 의미가 없었기 때문이다. 대신 일제는 '지나사변' (만주사변) 을 일으킨 이듬해 (1932년)부터 여름 한 달간 장충단 공원 등 경성 17곳에서 옥외 '라디오 체조대회'를 개최했고, 1934년부터 전국으로 확대한 것, 중일전쟁 이듬해인 1938년 제5회 대회부터 '매일 아침 6시 전에 국기게양 궁성요배 황국신민서사'를 제창, 집단 · 군국주의 의식을 강화했다. "전 조선을 건강일색으로" 라는 미명아래 실시된 '라디오체조대회'는, 1937년 전국 642곳에서 351만 7980명이 참가, 성공적인 동원 체제를 구축했다.(1938년 6월 21일자) '라디오체조'는 해방 후 사라졌으나, 6 · 25전쟁 뒤 대한체조연맹이 보급한 "국민보건체조" (1952년 8월 16일자)로 군사정권 시절 1961년 8월부터는 "재건체조"(1961년 7월 18일자), 신군부 시절인 1983년 4월엔 아시안게임과 올림픽분위기를 고양한다며 전 공무원의 '국민체조'(1983년 4월 21일자)로, 라디오나 관공서 등의 스피커를 통해 울려 퍼졌다. 전역으로 …

학생들에게 탈춤과 함께 지도했다. 그리고 포크댄스・디스코도 병합, 지도하여 가르쳐 주니까 외국 것이 우리 것인 양, 더 좋아하며 흥얼대며 동, 서양의 만남으로 움직이는 모습에 더 쇼크를 먹었다. 학생들은 방학기간동안을 이용하여 사회기관단체프로그램(YMCA 등)을 많이 이용하였다. "탈춤체조" 창안을 계기로 민속캠프도 개설하려고 했다. 예전에는 독자적인 어느 프로그램에 삽입되어 탈춤을 했었다. 서양의 스키캠프 등이 방학 때 모집하는 데, 그러나 접수를 시작하자마자 마감이 끝나버렸다. 늦게 도착한 어린학생과 학부모들은 외국 장르 캠프들이 마감되니 어찌할 줄을 몰랐다. 아이들은 마감이 되었다고 보호자에게 울며 보챘다.

그래서 YMCA간사가 '민속캠프'를 접수, 권장하니 한국 학생들은 콧방귀를 끼며 "흥! 그까짓 것 해서 뭐해!" 무시하며 징징되며 우는 것이었다. 접수를 못해 어찌할 줄 모르는 학생들을 모아놓고 강당에서 장고(악기)강습을 간단하게 유도하여 해보았다. 악기(四物)설명과 우리악보(正間譜)를 그려놓고 '이게 우리악보란다.' 하며 우리악보는 정간보(正間譜)이다. '정간이라는 시간을 공간화(空間化)하는 공간에다가 장단의 길고 짧음을 표기한 우리악보란다.' 그리고 '서양의 오선지와 벨칸토창법과 우리악보(樂譜)의 차이와 비교' '추임새' 뮤지컬 등 서양 것과 동서양의 비교를 통해 우리 것의 우월함을 잠간의 특강을 재미있게 하였다. 이것을 계기로 YMCA에서 민속캠프 및 탈춤반이 개설되었다. 필자만 장고를 소유하고 학생들은 장고가 비싸니까 구멍가게 가서 라면박스를 얻어 와서 강의를 했다. 장구를 치는데 우선 제일 미운 자(者)가 누구냐고 묻고 그 사람을 치듯 해보라고 하면서 타법을 이용하였다.[13] 그 외 민속놀이 올림픽, 탈춤체조, 민속체조 등 프로그램을 제공했다.

아이들은 무척이나 재미있게 받아들였다. 1970년대 당시는 이런 강의를 하는 단체 및 학교와 선생들이 없었다. 따라서 아이들이 그렇게 스트레스가 많은 줄은 몰랐다. 이런 타법의 교수법이 좋을 줄 알면서 우리 것을 너무 싫어하고 홀대하고, 무시하고 천하게 생각했다. 전통문화를 모르니까 우선 타법을 재미있게 이용하여 그렇게 재미위주로 유도하면서 우리 전통문화의 멋을 마음껏 선보이며 학습을 재미있게 강의하여 인도하니 매년 방학 때마다 입소문을 통해 한국전통문화의 캠프접수가 많은 인원이 늘어났었다.

캠프의 프로그램은 탈춤(산대놀이)의 기본동작, '민속놀이 올림픽'의 제목을 가지고 '제기 만들어 차기' '윷놀이(얼굴 빨리 그리기)' '연 만들기' '가면 만들기'는 탈 제작하면서 흙을 만지며 노니는 모습들이 그렇게 좋아들 했다.

---

12) 2003년도에는 "태권체조"를 태권도협회와 함께 창안 발표하였다. 태권도 협회소속회원(7-9단)들이 한국예술종합학교 강당에 와서 일주일동안 필자에게 강습을 받고 그 결과를 발표하였다. 민속체조는 발표하였으나 좋은 결과를 이루지 못했다(민속체조 2번째 도해장면은 초창기 개발할 때에 그린 그림).

13) 서양의 악기는 상하로 치지만, 우리의 악기는 옆으로 친다는 타법. 한국 춤과 외국 춤 비교, 민속놀이 올림픽 등을 재미있고 신명나게 소개・지도했다.

필자는 세월이 지나면서 더 체계적이고 과학적으로 지도하기 위해 1977년 미국 30개 주립 대학에서 탈춤을 극찬한 자료들과, 1978년 유럽방문 후에 세계민속페스티벌(CIOFF) 축제 참석한 사진자료들을 보여주며 '탈춤체조를 창안' 한 것과 강의 시간에 한국적포크댄스(한국적 포크댄스 창안: 양산도, 진도아리랑 등)와 함께 지도하였다. 그 때야 비로소 아이들이 점차로 마음의 문을 열게 되었고, 우리조상, 우리선조들의 문화교육의 우수성과 정체성을 인정해나갔다. 미국・유럽에서 귀국 후에 "서양 것과 우리 것의 차이" 비교하여 더욱 프로그램을 활성화하고 대중화하여 민족의 주체성으로 주인의식을 심어주는 교양적인 부분을 삽입하였다. 역사학자도 잘 모르는 '수많은 외침 속에 우리의 민족성' '병자호란' 등의 역사이야기를 통해, '환향녀(還鄕女)' '인사할 때 식사(식사하셨어요. 밥 먹었느냐?) 인사법이 왜 생겼는가?' '가치관' '문화' '철학(哲學)의 뜻' '빨리빨리' '대조영의 분배의 원리' 등 강의 했다. 기초적이고 기본적인 풍습단어 설명, 이론(理論)강의와 실기(實技)로서는 봉산탈춤・산대놀이기본, '탈춤체조' '민속체조' 등 '한국적 포크댄스(양산도. 꼭두각시, 밀양아리랑 등)를 안무하여 손잡고 빙글 빙글 돌며 민속춤 등을 진행을 하니 천진난만한 아이들이 무척 기뻐들 했다. 더욱 미국공연과 유럽공연 기사 등 홍보자료를 보고 대학생들・사회단체 관계자들도 그때서야 우리 것을 인정하고 공식적인 축제나 행사프로그램에 탈춤체조를 삽입을 시키려고 노력하였다.

그 중 YMCA강당에서 '민속춤의 밤'(매주 화요일 7시)이란 프로그램으로서 한번 입장하는데 2500원이었다(화신영화관도 2편을 동시 상영하는데 2,500원이었다). 탈춤 후에 포크댄스가 시작되었다. 오시는 분들은 직장인들과 취미로 스트레스를 풀려고 오는 분, 대학교수 및 강사, 교사들이 학교강의에서 수업, 레퍼토리 부족으로 인하여 탈춤과 민속춤 강습하는 곳이 없어 이곳을 찾아 배워가서 일주일분 대학 강의를 한다고 귀뜸 해주는 분들도 있었다.[14)]

탈춤은 스트레칭과 유산소운동을 동시에 진행되므로 심폐기능에 최고의 운동(힐링)이다. 그래서 '탈춤의 미학적 움직임'을 통해 탈춤과 치료를 생각하게 되었고, 탈춤은 가면(탈)을 쓰고 동시에 한삼(汗衫)을 휘날리는 작업을 함으로서 지구력이 있고 목, 팔, 다리, 허리, 근육, 뼈 등 스트레스해소, 치매, 우울증, 혈액순환, 심폐기능강화 등, 어느 한곳도 빠짐없이 건강효과를 내는 최고의 춤이자 힐링이다. 특히 봉산탈춤은 "**숨이 차고 심장박동이 증가하는 운동으로서 비록 운동시간을 길게 잡을 수는 없지만, 가무악극(歌舞樂劇)을 통해 문화예술 활동으로 춤을 추면 건강하고 근육운동의 강도가 높아지며 스트레칭・유산소운동이 동시에 되고 심폐기능과 함께하는 다른 여러 가지 복합적으로 운동효과가 높아진다**."고 특강을 통해 홍보하게 되어 기업, 연수원 및 타 단체의 강습으로 이어지게 되었다. 특히 서양문화는 개인의 예술,

14) 강습사례 부분 참고.

우리 것은 공동체, 어울림의 문화로서 학교폭력, 왕따, 자살 등을 예방할 수 있는 프로그램이다. 그래서 불특정 다수가 관심을 가지고 모이게 되어 학생, 교사, 일반인, 주부, 심지어 나이든 할머니들도 등록하여 강습을 받았다.[15)]

필자는 직장에서 퇴근 후에 모든 기업, 직장연수, 연수원, 사회단체 프로그램을 하나하나 정리, 제공하며 탈춤사례를 발표하고, 체계화시켜 탈춤봉사를 하여 활성화, 대중화되는데 도움을 주었다.[16)] 현재 국민보건체조가 일제의 잔재이기 때문에 당시상황들을 생활치유 차원에서 소개한다.[17)]

---

15) 이것을 계기로 필자는 직장에 출근하면서 1975년부터 YMCA, YWCA, 걸스카웃, 보이스카웃, RCY, 한국청소년연맹, 적십자사 등 강습 외에 1981년 중앙문화센터 · 홍사단 문화교실 등을 개설하면서 처음으로 3개월 단위로 유료강습을 시도하게 되어 오늘날까지 왔다. YMCA · YWCA는 외국이름의 단체이기 때문에 필자가 순수하게 봉사할 수 있는 우리단체를 물색하다가 홍사단(興士團)을 찾았다. 평소 존경하던 도산선생이 창설한 홍사단을 택하게 되었으나 홍사단에 와서 보니 여건이 안 좋았지만 처음으로 유료탈춤강습을 적극적으로 밀고 나갔다(후에 한국청소년연맹이 창설되면서 교사 강습을 실시하게 되었고 서울시 교사강습과 무용교사 연수 등도 실시되었다).

직장인 세종문화회관에서 퇴근하고 밤에는 홍사단에 와서 사업부장의 보직을 맡아하며 헌신적으로 열심히 희생 · 봉사했다. 처음에는 1회성으로 한번 입장하는데 Y처럼 2500원을 받았다. 운영의 문제점이 있었으나 매주 목요일 7시에 프로그램을 구성해서 3개월분 단위로 개설, 모집하여 유료강습을 하였다. 그래서 이곳을 통해 도산정신과 '민족' '민족의 얼, 혼'을 국민들에게 심어주고, 보여주며 우리 것이 이렇게 아름다운데 왜 멸시, 천대를 하느냐? 아울러 이것이 조선연극사인 한국가면극과 뮤지컬의 비교 등 교사 일반인들에게 이론과 실기를 강의하며 대중들에게 활성화시키는 연희의 접근방법을 모색하였다. 두 번째는 원형(原形)을 보급하고, 세 번째, 원형의 현대적 수용, 작업의 건강일환으로 '탈춤체조' 슬로건을 내걸고 장르별, 요일별 인원 모집을 다음과 같이 제시하였다.

문화교실은 월요일은 포크댄스, 화요일은 에어로빅, 수요일은 볼륨댄스. 목요일은 탈춤시간으로 기획하여 각각 전문가 선생을 초청하여 시작하였다. 이렇게 프로그램을 구성하였는데 외국댄스 시간들은 저녁마다 100여명이 접수 · 등록으로 1층 강당에 남녀가 한 몸이 되어 쌍쌍이 춤을 추며 돌아가는데 홍사단 원로들은 "저놈(필자)이 와서 홍사단을 버려놓았다"고 꾸중하셨다. 반대로 탈춤은 2명이 등록하고 왔다. 과연 이 목요탈춤프로그램을 이대로 운영을 해야 할 것인가? 정기세도 않나오는데 본부에 눈치가 보였다. 고민하다가 양(兩)보다 질(質)을 생각하고 열심히 탈춤홍보를 하며 밀고나가며 최선을 다해 강의했다. 세월이 흐르다보니 외국 댄스프로그램은 서서히 70명-50명, 30명, 10명뿐이므로 폐강하였고, 탈춤은 반대로 5명, 7명, 15명, 30명, 50명, 70명, 100명이 접수되어 홍사단 서울지부를 설립, 탄생이 되어 상임으로 사무국장을 공채하여 월급을 주게 되었다(탈춤의 기초 · 중급반 수료자들을 조직해서 탈벗회, 탈무리회, 화목회, 교사회 등 창립하였다. 세월이 흘렀다. 필자는 77년 미국, 78년 유럽 및 동남아, 1984년 LA올림픽, 85년 남북적십자 회담 평양방문 공연, 86서울 올림픽. 87년도 88올림픽 홍보를 위해 "뮤지컬 양반전" 미국공연 준비로 바쁘기 때문에 외부활동 등, 홍사단 프로그램을 접을 수밖에 없어 대타강사를 두어 운영하였으나 폐강이 되었다. 필자는 정부행사와 본연의 직장인 세종문화회관 뮤지컬기획 담당업무를 전념하다보니 홍사단과 멀어지게 되었다).

16) 당시는 논문이라기보다 창안 · 주제 발표하는 것은 획기적인 사건이었다. 필자가 최초로 탈춤유료강습을 실시하여 탈춤을 이론과 실기로 쉽고 편하게, 그리고 건강과 연결하여 대중화할 수 있는 방법을 창안(탈춤체조 · 민속체조 · 태권체조 · 민속놀이 올림픽 등)하여 소개하게 되어 감사하게 생각한다.

17) 당시 상황들과 일본식 한국말(순일본 말, 한자말, 일본식 외래말) 참고.

아소탄광 들어가기 전 체조

3) 당시 상황의 자료들(참고자료)

(1) 1933년 8월 19일자에 실린 체조 모습, 옥외에서 함께 모여 '라디오 체조'를 하는 '라디오 체조대회'는 1934년부터 조선 전역으로 확대됐다.

(2) 아소탄광 들어가기 전에 체조/ 아소다로(麻生太郞) 일본부총리 겸 재무상의 증조부 아소다케치(麻生太吉)가 운영한 '아소탄광'에서 제2차 세계대전 당시 광부들이 탄광에 들어가기 전에 체조를 하고 있다(조선일보 제공. 2013.8.21. 도쿄. 차학봉 특파원).

4) 민속놀이의 개념

역사의 풍파 속에 힘겹게 살아온 우리 민족이지만 우리조상들의 슬기로운 민속놀이가 우리 생활에 힘든 고비를 넘게 하는 원동력이 되지 않았나 싶을 정도로 우리의 민속놀이는 여가, 오락, 휴양, 기분전환과 내일을 위하여 재충전의 역할을 하는 재창조적인 2중구조의 놀이었다. 소크라테스의 '너 자신을 알라'는 서양의 유명한 글을 인지하지도 못하고, 서양의 것만 부러워하고 무비판적으로 외래문화를 받아들여 민속에 대하여 자각(自覺)이 없었음을 인정해야 한다. 조상의 얼과 슬기가 담겨져 있는 우리 것을 너무나 방치하였다. 북한에서는 1985년 남북문화교류 후 전국민속경연대회(86년)를 개최하여 늦게나마 민족적 사업이 발굴되어 여간 다행스러운 일이 아닐 수 없으며, 따라서 우리도 학교 교육에 실제적으로 적용할 수 있는 텍스트가 부족하였고 무엇보다도 국민들의 관심부족이 문제가 되었다. 게다가 먹고살기도 힘든 세상에 무슨 놀이냐며 마음이 각박하여 여유가 없었던 것이 시실이다. "불행하게도 소용돌이 치는 우리의 근대사에서 민족의 시련과 함께 민속놀이가 위축, 소멸되어 가고 있다는 사실과 일제의 민족문화말살정책으로 말미암아 민족공동체의식의 근간이 되는 민속놀이가 조직적으로 파괴되고 일제의 패망이후에는 남북의 분단에 이어서 6·25라는 민족적 비극을 겪게 되어 민속놀이는 거의 잊혀 지기에 이르렀으며 더구나 휴전이후에는 또 거센 물결처럼 밀려오는 외래유행사조에 휩쓸려 민속놀이의 가치마저 인식되지 않는 상태에까지 이르게 되었다고 『민속지도자료』(오장현, 박진주, 심우성)는 기록하고 있다. 이 자료는 민속놀이를 바탕으로 한 문화, 체육을 육성하여 굳건하게 주체성 있는 문화, 체육을 다지는 일이야 말로 더 말할 나위 없는 중요한 당면과제인 것으로 믿는다. 총 27종의 민속놀이를 1부 놀이규모, 2부는 단체놀이, 제3부는 개인대항 등 집단놀이를 중점으로 대중적 시각으로 이해를 돕도록 심혈을 기울인 텍스트이기도 하다.[18)]

우리인간은 누구를 섬기는 마음이 있는데 반면에 마음을 비우고 일과 놀이에 집중하면 세상만사의 때를 얻게 된다. 특히 한국인의 정서는 2중적 인간성을 지닌 인간이기에 전에는 일과 놀이가 함께 진행되었다. 일하면서 놀면서 모내기를 함께 했지만 지금은 전문화시대가 온 것이다. 특히 교육도 교육이지만 놀이라는 것은 재미본위나 시간 보내기가 아니라 또 하나의 새로운 생산을 위한 창조수단이었음을 인지해야 한다. 당시는 이것이 체육인지, 유흥인지, 몸에 좋은지, 주체성 있는 교육이 무엇인지, 우리선조들은 그냥무엇인지도 모르고 먹고살기 위해서 만들어낸 삶의 행동들이었다. 세계적으로도 이러한 문화가 많은데 대체로 타락하여 술과 춤과 노래와 방탕한 파티로 끝나는 경우가 허다하다. 그러나 우리민족은 놀면서 일하는 민족이다. 이것이 지혜롭고 과학적인 오늘의 민속놀이였다는 사실이다.

- 논두렁이나 밭두렁에서 잠시 쉴 틈을 이용하여 소리와 노는 간편한 고누놀이
- 양지바른 마당 한 구석에서 소박한 어린이들이 공기놀이
- 체력과 기능의 발달을 돕는 공차기놀이, 탈춤놀이, 단체놀이
- 큰 집단 수천 수백 명의 인원이 한데 어울려 노는 집단놀이인 차전놀이(고싸움놀이) 등

다음과 같이 민속놀이를 나누어서 정리해 볼 수 있다.

① 작은 놀이

고누놀이, 공기놀이, 그네뛰기, 널뛰기 공기놀이, 땅재먹기, 비석차기, 자치기, 술래잡기, 제기차기, 줄넘기, 팽이치기, 연날리기 등

② 단체놀이

강강술래, 승경도놀이, 놋다리밟기, 쥐불놀이, 풍물(농악)놀이, 인형놀이, 널뛰기, 윷놀이, 씨

18) 오장현·박진주·심우성, 『민속놀이지도자료』(삼일각, 1976)의 놀이설명 참조.

름(손, 발, 삿바, 재간), 지신밟기, 달집태우기, 탈놀이 등

③ 개인 및 단체대항놀이

닭싸움, 소싸움, 팔씨름, 발씨름, 수건돌리기, 엿치기, 고싸움, 동채싸움, 쇠머 리대기, 줄다리기 등이 있다.

④ 연의 종류

우리나라 연의 종류는 대충 70여종 되는데 흰 백지에 네모지게 잘라 만드는데 전신에 색칠하기도 하고 꼬리도 달아 멋을 부리기도하며 둥근모양, 짐승모양으로 만들어 날리기도 하고 연싸움도 하고 한다. 종류는 꼭지연, 반달연, 치마연, 동이연, 초연, 박이연, 발연, 가오리연, 꼬리연, 잠자리연, 독수리연, 귀머리장군연, 바둑판연, 제비연, 접시연, 나비연, 거북선연, 박쥐연, 동물연, 기타연 등이 있다. 연을 처음 날릴 때 가지고가는 사람을 말뚱지기라고 하고 꼬드기는 연을 높이 오르게 하기 위해 한손은 얼레잡고 한손은 실을 잡아 젖히는 것이다. 따라서 재주부리기는 비행기가 급상승하다 급하강 또는 급선회하는 것처럼 얼레질을 빨리하다가 풀어주고 또 튀겨주면 멋진 공중회전 곡예가 된다. 연싸움은 연을 날린 상태에서 두 개 이상의 연실이 서로 교차하여 비벼 끊어 먹기로 연실을 끊음은 이긴다.

⑤ 민속자료 연구

의상설명(민속자료), 가면설명(경추와 흉추, 요추 등), 예능보유자(藝能保有者)와 인간문화재(人間文化財), 문화재 종류(유형, 무형, 기념물, 민속자료) 등 다수의 문화가 한국에서 일본으로 건너갔다가 다시 유학생(지금도 해외유학파들에 의해 서양문화 유입으로 주체의식 문제)에 의해 신극(新劇/신파, 신극)을 받아들이는 과정 등을 파악하여 민속놀이를 통해 주체의식 교육을 해야 한다.

1) 민속놀이 올림픽

세계화 국제화시대를 맞이해도 변화지 않는 것은 전통적인 민속이다. 민속놀이 올림픽은 민속놀이를 이용한 게임으로 현대화 되어가고 있는 시대에 맞게 전통문화를 어떻게 수용하느냐가 관건이기에 청소년들의 눈높이와 함께 공동체적 어울림으로 구성해보았다. 우리풍습(명절날)에 많은 인원(관광객)이 함께 참여해서 할 수 있게 재구성하여 정서적인 우리놀이를 현대 감각에 맞게 게임으로 진행해본다(어린이들은 실증을 쉽게 느끼므로 본부석에서 지도자가 진행(시간조절)을 잘해야 한다 / 짧은 시간에 많은 민속놀이의 맛을 보는 장점이 있다).

＊집단민속놀이 올림픽(게임 및 진행방법) 도표참조(팀 대항)

진행본부석 (징)

① ② ③

⑬ ④

⑫ ⑤

⑪ ⑥

⑩ ⑨ ⑧ ⑦

(1) 놀이구분

① 윷놀이(변형놀이) ② 줄넘기 ③ 공기놀이 ④ 재기차기 ⑤ 비석치기 ⑥ 고누 ⑦ 팽이치기 ⑧ 널뛰기 ⑨ 땅재먹기 ⑩ 술래잡기 ⑪ 풍물놀이 ⑫ 탈놀이 ⑬ 씨름판(한 중앙에 배치하여 줄다리기 등을 단체 게임을 실시한다./ 자치기, 닭싸움, 소싸움, 팔씨름, 발씨름, 수건돌리기, 엿치기 등 민속놀이 참고)

(2) 진행방법 (진행본부에서 징을 치면)

가) 130명을 기준하여 13개조를 편성한다.

나) 1개조(조 이름)가 10명으로 팀장을 정하여 놀이를 하다 징을 치면 이동하게 한다.

다) 팀 구호를 외치게 하여 이동할 때마다 재미있게 진행한다.

라) 조마다 게임진행자가 있어 담당번호 장소만 담당하고 과목진행방법을 터득한다.

마) 조의 진행자를 사전에 교육(담당놀이 게임)한다.

바) 진행이 무르익을 때 본부에서 징의 신호로 (1번 윷놀이 - 2번 재기차기 - 3번 順으로 순회하게 한다.)

사) 이동할 때 또는 신명나는 음악으로 연주한다(한양합주음악, 타악, 생음악 또는 민요 테이프).

아) 짧은 시간 내에 모든 민속놀이를 맛보게 하여 흥미를 유발케 한다.

2) 변형된 윷놀이

기존 윷놀이를 하다가 싫증이 나면 변형된 윷놀이로 전환한다.

＊놀이 방식(사람 얼굴 빨리 그리기, 도표 15참조)

팀을 나눈 상태에서 기존윷놀이방식과 동일하게 진행된다(부, 모, 자, 여 팀)

예): 도(눈), 개(코), 걸(귀), 윷(입), 모(얼굴)

① 윷을 놀아 아래 기구처럼 윷을 진행시킨다.
② 사람의 얼굴을 빨리 완성하는 팀이 승리한다.
③ 모가 나왔을 때 기존방식과 똑같으나 또 모가 나왔으면 머리카락을 그리고 한 번 더 놀 수 있는 기회를 준다(윷도 같은 방법).
④ 간단한 윷놀이지만 인간의 얼굴을 만들어 내는 성취감을 느낀다.
⑤ 윷을 시연한 자가 직접 펜으로 그리게 한다.
⑥ 놀이가 끝난 후에 사람 얼굴을 그린 작품을 심사하여 상품을 증정한다.
⑦ 준비물 : 윷, 모조지(윷판, 지난해 달력), 매직 팬 등

놀이구분과 기구설명 〈표 11〉

이름	기구	구분	얼굴모양	설명
도	1위 3밑	1 한칸	눈	3개의 윷가락은 땅을 보고 1개는 하늘을 보고 있다
개	2위 2밑	2 두칸	코	2개의 윷가락은 땅을 보고 2개는 하늘을 보고 있다
걸	1위 3하늘	3 세칸	귀	1개는 땅을 보고 있고 3개는 하늘을 보고 있다.
윷	4하늘	4 네칸	입	4개의 윷가락 모두가 하늘을 보고 있다.
모	4밑	5 다섯칸	얼굴	4개의 윷가락 모두가 땅을 보고 있다.

3) 민속놀이문화 개발의 필요성

급변하는 산업사회 속에 살다보니까 외래문화가 무분별 하게 들어와 수용하다보니 주체성을 잃고 우리 것은 소외당해서 내동댕이쳐 버린 상태가 되었다. 또한 극도로 개인적인 여가선용 사례가 늘어났다. 컴퓨터문화, 벽보고 피아노치기, 벽보고 운동하는 런닝머신 등 이기주의 시대를 맞이하고 있다. 이러한 생활의 변화를 다시 되돌리기 위해서는 오늘날 공동체적 어울림의 대동합동놀이, 탈놀이, 풍물놀이와 함께 체력을 향상시키는 단체놀이를 재미있게 개발해야 한다. 따라서 선조들의 지혜와 해학적인 민속놀이 올림픽과 함께 게임문화를 시대에 맞게 적응시킬 수 있는 아이디어를 개발해야 한다. 또한 민속박물관, 역사박물 등을 방문하여 우리의 복색과 용기문화(用器文化) 유, 무형 문화재(有・無形文化財)를 안내받아 관심과 인내로 연구하고 시대에 맞게 놀이문화를 개발해서 대중화 시켜야 한다.

2. 민요(소리)

1) 민요의 개념 (國樂, 소리, 유행가, 가요)

우리음악(國樂)은 크게 궁정(宮廷)음악과 민속(民俗)음악으로 분류한다. 궁정음악은 아악(雅樂)으로서 궁중에서 연주하는 음악이다. 기악의 제례악이 있고, 그리고 정재(法舞)가 있다. 민요는 민속음악에 속한다. 민간풍속에 나온 민간악으로 성악은 가곡, 가사, 시조, 판소리, 민요, 잡가 등이 있고, 기악은 풍류(영산회상), 산조, 풍물 등이 있다.

민요의 개념은 민족의 심성과 정서를 솔직하고 소박하게 담고 있는 서민들의 소리로서 민족공통의 풍습, 생활감정을 그대로 나타내고 있으며 민족의 정서를 일반백성들 사이에서 또는 입에서 입, 구전으로 전해지는 노래를 말할 수 있다. 그러나 수많은 외침, 특히 일제침략과 문화말살정책(言行)에 의해 우리의 전통문화가 많이 사장(死藏)되었다.[19] 이런 외침에도 불구하고 무형(無形)의 것은 쉽게 소멸될 수도 있었지만 오히려 암암리에 전승되어 왔다. 따라서 어떤 소리는 형식 또는 양식에 구애받지 않고 홍얼거린 오랜 세월동안 한국 특유의 풍토와 소박한 민족의 정서를 자연스럽게 삶의 소리가 우리의 민요로 이어져 왔다. 민요를 분류해보면 농요(농사에 관련된 논매기 · 모심기 등), 어요(어업과 관련된 그물당기기 · 노 젓기 등), 의식요(의식에 관련된 운상소리 · 고사덕담 등), 부녀요(부녀자와 관련된 자장가 · 시집살이 · 베틀소리 등), 동요(어린이와 관련된 동요와 강강술래 등) 등이 있었다. 이 민요는 지역에 따라 다양한 분포를 가지고 있다.

2) 민요의 종류

민요는 지역분포에 따라 나눌 수 있다. 또한 각 지역에서 대표적으로 전승되고 있는 민요를 나열하면 다음과 같다.

- 경기민요: 창부타령, 아리랑, 이별가, 청춘가, 양산도, 한강수타령, 방아타령, 늴리리야 외
- 충청도민요: 천안삼거리 외
- 전라도민요: 새타령, 긴육자배기, 긴농부가, 진도아리랑, 까투리타령 외
- 강원도민요: 강원도아리랑, 한오백년, 정선아리랑 외
- 황해도민요: 산염불, 긴난봉가, 병신난봉가, 사설난봉가, 몽금포타령 외

19) 대일본(大日本)=삼각산<大>과 중앙청<日>, 시청(本), 비원 등 일제가 한국정신 및 문화말살정책으로 산에 쇠말뚝을 박고, 건물까지 <大日本>이라는 글씨를 이용하여 건립하였다.

- 함경도민요: 신고산타령, 궁초댕기, 애원성 외
- 평안도민요: 수심가, 역음수심가, 긴아리, 영변가 안주애원성 외
- 경상도민요: 밀양아리랑, 쾌지나칭칭나네, 담바귀타령, 성주풀이, 골패타령, 통 영개타령 외
- 제주도민요: 오돌뜨기, 이야홍타령, 이어도사나 외

민요는 통속민요와 향토민요가 있는데 통속민요는 어느 특정한 지역에 국한되지 않고 소리꾼들에 의해 고루 불러지는 〈아리랑〉, 〈강원도 정선아리랑〉, 〈도라지타령〉 등의 민요에 속한다. 이와 달리 향토민요는 사설이나 가락이 세련된 맛이 없으며 소박하고 단순한 특징적인 가락으로 지역의 삶의 정서가 그대로 담겨져 있는 소리이다. 우리는 이런 정서와 멋으로 가난하였지만 풍요롭게 이 세상의 행복과 불행을 저울질 하며 살아왔다.

3. 전문예인집단

1) 남사당

국어국문학 자료사전에 유랑예인집단(流浪藝人集團)을 "남자들로 구성되어 있다."라고 기록되어 있다.[20] 따라서 우리나라에 전하고 있는 떠돌이 예인집단은 남사당패를 비롯하여 대광대패, 솟대쟁이패, 사당패, 걸립패, 중매구 등 들 수 있으며 그 규모나 내용으로 보아 남사당패가 첫손에 꼽힌다. 남사당패의 연원이나 역사적형성과정은 자세히 알 수 없으나 1900년대 초 이전에 서민사회에서 자연발생적 또는 자연 발전적으로 생성된 민중놀이집단임에 틀림없다. 유랑하는 놀이집단이 먼 옛날에도 있었음을 말하는 기록으로 해동역사(海東繹史)에서 인형놀이가 있었고 〈고려사〉, 폐행전(嬖幸傳), 전영보전(全英甫傳), 문헌통고(文獻通考), 지봉유설(芝峰類說), 괴뢰목우희(傀儡木偶戲) 등 그것을 놀았을 때 광대란 기록이 나타내고 있다.

남사당패는 꼭두쇠(우두머리, 모갑이), 풍물(농악), 버나(대접 돌리기), 살판(칼삼판, 대접살판, 화로살판, 등이 있었고 땅재주로 살판쇠(땅재주꾼)와 매호씨(어릿광대)주고받는 재담, 땅재주, 앞곤두, 뒷곤두, 번개곤두, 자반뒤지기, 팔걸음, 외팔걸음, 외팔곤두, 앉은뱅이팔걸음, 앉은뱅이모말되기, 수세미트리, 숭어뜀 등, 어름(줄타기), 덧뵈기(탈춤), 덜미(꼭두각시놀음, 박첨지놀음, 홍동지놀음) 등이 있다.

---

20) 『국어국문학 자료사전』, 655쪽.

구성은 남운용(南雲龍) 구술본에 의하면 서막 인형을 선보이고, 1막 박첨지 유람가, 2막 상좌중춤, 3막 박첨지 본처와 덜미집 삼각관계 4막 이시미, 5막 작은 박첨지, 6막 동방삭, 7막 표생원, 8막 깜벡이, 9막 치도, 10막 평양감사 매사냥, 11막 평안감사상여, 그리고 종막은 절을 짓고 복비는 축원 등 현재 여섯 가지만 재현하고 있는데 발굴하지 못한 나머지 6마당도 발굴하고 연구해야 한다. 당시는 일정한 보수 없이 숙식만 제공되면 마을 큰 마당 장터에서 밤새워 놀이판을 벌였다. 지금도 전문예인집단 단체들이 산발적으로 활동하고 있지만, 활성화되어 더 많이 발굴하고 연구 노력해야 하겠다.

전문예인집단의 대표적인 꼭두각시놀음[21]은 고구려에서 기원전부터 7세기 후반까지 독자적으로 존속하여 성립된 인형극은 한사군(漢四郡)의 마지막 지역인 대방군(帶方郡)이 미천왕(美川王)에 의해 소멸(314년)된 4세기 초로 추정한다고 하고 있다.

위의 원형작품인 꼭두각시놀음을 바탕으로 요즘 영화 〈왕의 남자〉의 그림자극이나 발해공주(국악원 우면당. 2006.5.3-7)에서 인형극은 동심을 나누는 가족한마당으로 창작하여 즐기고 있다. 발해공주는 전래의 인형극에서 볼 수 없었던 그림자극과 만석중놀이와 꼭두각시놀이 형식을 차용하여 결합시킨 선조들의 다채로운 음색을 정교하게 극을 통해 끌어 들였다.

그동안 필자가 서울시립뮤지컬단을 통해 〈인어공주〉, 〈미녀와 야수〉, 〈이상한나라엘리스〉, 〈머털도사〉 등 기획하여 공연해 보았으나 이제 어린이날을 맞이하여 한국판 뮤지컬(국악뮤지컬 〈반쪽이전〉 등)과 함께 어린이 전통문화 작품들이 상품화되어 색다른 옛스런 전통연희 현대적 수용의 작품으로 제작되어 나오고 있지만 미약하다. 기타 구체적인 내용은 한국연극전사[22]를 참고하기 바란다.

2) 인형극(人形劇)[23]

인형극이라 하는 것은, 인형을 만들어 의상을 입히고 실을 잡아당겨서 인형의 동작(조종)을 보이며 역자(役者)들이 숨어서 대화하는 형식으로 연출되는 극(劇)이다. 가면극은 역자가 직접 탈을 쓰고 연희하고 연출하며 따라서 모든 동작. 대화 등은 역자들이 직접 하였으나, 인형극은 그와 달라서 역자가 인형을 조종하지만 관중의 눈에는 인형 자체가 움직이는 것 같아 보이며 백포장(白布帳) 속에 역자가 숨어서 대화하지만 인형이 직접 대화하는 것같이 보인다.

---

21) 서연호, 『꼭두각시놀음 역사』(연극과인간, 2000), 27쪽에서 서연호는 꼭두각시를 꼭둑, 傀儡, 鬼儡 面魁 木偶, 木俑, 土偶, 土俑, 偶像이라고 하여 탈을 가리키는 의미와 혼용되었고 인간과 유사하지만 가장(假裝)된 인격체이고 귀신과 상통한다는 의미에서 비롯된 것이라고 한다.

22) 서연호, 『한국연극전사』, 연극과인간, 2006, 83-99쪽; 서연호, 『꼭두각시놀음의 역사와 논리』, 연극과인간, 2001.

23) 김재철, 조선연극극사, 1933. 민속원, 東文選, 2003. pp.145-187.

인형극의 어의(語意)는 대개 '소년소녀'를 의미한다고 학자들은 주장하였으니, 즉 피셸(Pischel) 교수는 인도의 표준(標準) 문장어인 산스크리트(Sanskrit)의 Putrika, duhitrika, Puttali, Puppet(人形劇)에 해당한 말이며, 모두 소녀(little daughter)를 의미하는 말이라고 주장하였다. 즉 인도, 라틴, 그리스, 잉글랜드, 프랑스, 이탈리아 등, 모두 인형극이라는 말은 '소년소녀'를 의미하는 것이라고 학자들이 해석하고 있다. 이와 같이 인형극이라는 말이 소년소녀를 의미하게 된 것은 그 극이 발생 당초에 아이들을 즐겁게 하는 극(劇)인 데서 생긴 말인 듯하다. 후대에 와서 발달을 하여 훌륭한 극이 되었다 하더라도 그 이전에는 아이들을 즐겁게 하는 유치한 극이었을 것이다. 하여튼 인형극이 간단한 인형에서 출발하여 극적 색채를 띠어서 유치한 극으로 화하고 그것이 점차 발달했다는 것은 쉽게 상상할 수 있는 일이다. 그 외 꼭두각시극, 인형극 무대구조. 인형의 구조, 인형조종자, 만석중놀이(기형적 無言劇), 극중극(劇中劇) 등, 문헌(김재철의 조선연극사, 1933, 민속원, 동문선, 2003, pp.145-187)을 참고하기 바란다.

3) 당시 상황의 자료들(참고자료)

- 주색잡기로 파산한 조선 귀족들 총독부에 손 벌려[24]

"조선의 소위 귀족들은 대다수가 주색잡기로 가산을 탕진하고 비참한 광경에 빠지게 됨으로 당국은 그네들을 특별 대우하는 의미로 '조선귀족세습재산령'이라는 것을 발표하리라는데…" 1927년 2월 10일자 조선일보 기사다. 식민 통치의 협력자였던 조선 귀족들이 사치와 방종으로 파산하는 것을 막기 위해 귀족재산 중 일정부분의 매매를 제한해 강제 세습시키겠다는 것이다. 총독부가 직접 나서 귀족들 재산 보호에 나서야 했을 만큼 귀족들의 방탕함은 도를 넘었다. 1910년 조선 병합한 일본은 '조선 귀족령'을 만들어 '조선인 유공자' 76명에게 작위를 줬다. 대부분 왕실과 종친과 대신들이었다. 3·1운동 가담 등의 이유로 작위를 박탈당한 10여 명을 뺀 60여 명은 2만~50만(약 4억-100억 원)은 '은사공채(매국공채)'까지 덤으로 챙겨 거부(巨富)의 반열에 올랐다. 그러나 시간이 지나면서 축첩과 사치 등으로 파산하는 귀족이 속출했다. 이들은 총독부와 왕실 문턱이 닳도록 쫓아다니며 대책을 세워달라고 떼를 썼다. 나라를 팔아먹을 때 이미 염치를 버린 귀족들은 왕실 재산인 창경궁까지 팔아먹을 궁리를 해냈다. "작년 봄에는 일부 귀족의 연서로 동경내각이 이왕직(李王職·일제 강점기 조선 왕실 사무를 집행하던 기구) 소유인 창경원을 매각(140만원)하고 시내 황금정(을지로)의 귀족회관을 15만원에 매각해 곤궁한 귀족을 구해달라고 청원서를 제출"(1926년 8월 18일자)한 일도 있다. 그

24) 조선일보에 비친 '모던조선'(27).

러나 총독부의 귀족구제 안(案)은 결국 시행됐다. "금월부터 구제를 받을 귀족은 전부 36명이요 급여할 금액은 매월 150원이라더라"(1929년 12월 13일자) 조선 귀족들이 비록 세상의 조롱거리로 전락했지만 일제로선 그들의 협력이 필요했던 것이다.

4) 일본식 한국말

우리가 알면서도, 또 모르고 쓰고 있는 일본식 한국 말, 우리가 평소에 자주 쓰면서도 일제강점기부터 쓰던 일본식 한국말이 상당히 많이 있음을 알 수 있었다.

음식점에 가 보면 "닭도리탕"이란 것이 있다. 도리는 한자로 조(鳥:(とり), 즉 "새"라는 일본말이다. 그렇다면 "닭도리탕"은 "닭새탕"이란 말이 된다. 참으로 이상한 말이 쓰이고 있다. 실제 더 많은 순일본말, 일본식 한자말, 일본식 외래말 등 일본찌꺼기가 우리의 말글 문화를 더럽혀 왔지만, 우리는 아예 일본 찌꺼기인지도 모르고 써왔다. 별것 아니라고 생각하는 사람이 있을지 모르나 생활 속에의 작은 것에서부터 일제 찌꺼기를 청산하는 것이야말로 외국의 억압에서 벗어나 진정한 독립을 이루는 길일 것이다. 고운 우리말을 두루 알리고 쓰도록 생활치유를 통해 우리식의 운동으로 건강을 누리며 살아가야 한다. 우리는 36년 동안 일제에 속박당하며 살아왔다. 반성하는 독일, 뻔뻔한 일본, 독일은 나치범죄에 대해 '영원한 책임'이 있다고 밝힌 반면, 일본은 우리의 주권을 강탈하고 위안부 강제동원, 독도영유권 주장을 강화하는 등 역사의 진실을 외면하고 있다.

일제시대의 생활을 보면 부인을 옆에서 보고 책상다리로 앉으면 조선인이라고 하면서 일제가 만든 조선인식별법을 보면 다음과 같다.

- 신장은 내지인(일본인)과 차이가 없으니 자세가 바르고 허리나 등이 굽은 자가 별로 없다.
- 뒷머리는 목침을 사용하기 때문에 대체로 납작하다.
- 발음할 때 탁음은 매우 어려워한다.
- 부인을 정면에서 보지 않고 측면에서 보는 습관이 있다.
- 코 풀 때 종이를 안 쓰고 아무 데서나 손으로 푼 뒤 기둥이나 식물의 잎사귀 등에 거리낌 없이 닦는다(조선인에 대한 결멸적 시각을 담아 배포했던 자료이다).

조선 동포에 대한 일본인들의 차별적 태도를 보면,

- 내지인이라고 생각해 정중하게 이발하고는, 나중에 조선인인 것을 알고 모욕한다.
- 불이야 소리에 달려갔지만 조선인의 집이라는 것을 알고는 모두 되돌아간다.
- 생사의 갈림길에 있는 임산부도 선불을 주지 않으면 의사가 왕진하지 않는다.

조선인에 대한 차별이 과도하면 원활한 식민지통치가 어렵다며 만주사변 후인 1933년 일본군이 발행한 책자의 내용이다. 영국의 축구도 노예들을 슬기롭게 다스리기 위해 자유 속에 얽매이게 하는 방법이 축구였다고 한다.[25] 다음은 일본식 한국말을 대표적인 것만 정리했다.[26]

가) 순 일본말 〈순 일본말이지만 알면서도 쓰고, 또 모르고 쓰는 것들을 시정 要〉[27]

나) 일본식 한자말[28]

---

25) 서경식 지음, 형진의 옮김, 역사의 증인 재일조선인.

26) 박해경, 백석대학교 조직신학 교수, 문형장로교회 목사 정리 제공.

27) 1. 가께우동(かけうどん) → 가락국수, 2. 곤색(紺色, こんいろ) → 진남색. 감청색, 3. 기스(きず) → 흠, 상처, 4. 노가다(どかた) → 노동자. 막노동꾼, 5. 다대기(たたき) → 다진 양념, 6. 단도리(だんどり) → 준비, 단속, 7. 단스(たんす) → 서랍장, 옷장, 8. 데모도(てもと) → 허드레 일꾼, 조수, 9. 뗑깡(てんかん) → 생떼, 행패. 억지, 10. 뗑뗑이가라(てんてんがら) → 점박이 무늬, 물방울무늬, 11. 똔똔(とんとん) → 득실 없음, 본전, 12. 마호병(まほうびん) → 보온병. 13. 멕기(めっき) → 도금, 14. 모찌(もち) → 찹쌀떡, 15. 분빠이(ぶんぱい) → 분배. 나눔, 16. 사라(さら) → 접시, 17. 셋셋세(せっせっせ) → 짝짝짝. 야야야 <'셋셋세', '아침바람 찬바람에' 등, 우리가 흔히 전래동요로 아는 많은 노래들이 실제론 2박자의 일본 동요다.>, 18. 소데나시(そでなし) → 민소매, 19. 소라색 (そらいろ) → 하늘색, 20. 시다(した) → 조수, 보조원, 21. 시보리(しぼり) → 물수건, 22. 아나고(あなご) → 붕장어, 23. 아다리(あたり) → 적중, 단수, 24. 야끼만두(やきまんじゆう) → 군만두, 25. 에리(えり) → 옷깃, 26. 엥꼬(えんこ) → 바닥남, 떨어짐, 27. 오뎅(おでん) → 생선묵, 28. 와사비(わさび) → 고추냉이 양념, 29. 요지(ようじ) → 이쑤시개, 30. 우라(うら) → 안감, 31. 우와기(うわぎ) → 저고리, 상의, 32. 유도리(ゆとり) → 융통성, 여유, 33. 입빠이(いつぱい) → 가득, 34. 자바라(じやばら) → 주름물통, 35. 짬뽕(ちやんぽん) → 뒤섞음, 초마면, 36. 찌라시(ちらし) → 선전지, 광고 쪽지, 37. 후까시(ふかし) → 부풀이, 부풀머리, 힘, 38. 히야시(ひやし) → 차게 함

28) 1. 가봉(假縫, かりぬい) → 시침질, 2. 가처분(假處分, かりしょぶん) → 임시처분, 3. 각서(覺書, おぼえがき) → 다짐글, 약정서, 4. 견습(見習, みならい) → 수습, 5. 견적(見積, みつもり) → 어림셈, 추산, 6. 견출지(見出紙, みだし紙) → 찾음표, 7. 계주(繼走, けいそう) → 이어달리기, 8. 고수부지(高水敷地, しきち) → 둔치, 강턱, 9. 고지(告知, こくち) → 알림, 통지, 10. 고참(古參, こさん) → 선임자, 11. 공임(工賃, こうちん) → 품삯, 12. 공장도가격(工場渡價格, こうじょうわたしかかく) → 공장값, 13. 구좌(口座, こうざ) → 계좌, 14. 기라성(綺羅星, きら星) → 빛나는 별, 15. 기중(忌中, きちゅう) → 상중(喪中 : 기(忌)자의 뜻은 싫어하다, 미워하다 이며, 상(喪)자는 죽다, 상제가 된다. 라는 뜻이다. 16. 기합(氣合, きあい) → 혼내기, 벌주기, 17. 납기(納期, のうき) → 내는 날, 기한, 18. 납득(納得, なっとく) → 알아듣다, 이해, 19. 낭만(浪漫) → 로망(Romance) : 낭(浪)자는 '물결, 파도'란 뜻이고, 만(漫)자는 넘쳐흐른다는 뜻이다. 20. 내역(內譯, うちわけ) → 명세, 21. 노임(勞賃, ろうちん) → 품삯, 22. 대금(代金, だいきん) → 값, 돈, 23. 대절(貸切, かしきり) → 전세, 24. 대하(大蝦, おおえび) → 큰새우, 25. 대합실(待合室, まちあいしつ) → 기다리는 곳, 기다림방, 26. 매립(埋立, うめたて) → 메움, 27. 매물(賣物, うりもの) → 팔 물건, 팔 것, 28. 매상고(賣上高, うりあげだか) → 판매액, 29. 매점(買占, かいしめ) → 사재기, 30. 매점(賣店, ばいてん) → 가게, 31. 명도(明渡, あけわたし) → 내어줌, 넘겨줌, 비워줌, 32. 부지(敷地, しきち) → 터, 대지, 33. 사물함(私物函, しぶつばこ) → 개인물건함, 개인보관함, 34. 생애(生涯, しょうがい) → 일생, 평생, 35. 세대(世帶, せたい) → 가구, 집, 36. 세면(洗面, せんめん) → 세수, 37. 수당(手當, てあて) → 덤삯, 별급(別給), 38. 수순(手順, てじゆん) → 차례, 순서, 절차, 39. 수취인(受取人, うけとりにん) → 받는이, 40. 승강장(乘降場, のりおりば) → 타는 곳, 41. 시말서(始末書, しまつしょ) → 경위서, 42. 식상(食傷, しょくしょう) → 싫증남, 물림, 43. 18번(十八番, じゆうはちばん) → 장기, 애창곡 <일본 가부끼 문화의 18번 째>, 44. 애매(曖昧, あいまい) → 모호 <더구나 "애매모호"라는 말은 역 전 앞과 같은 중복된 말이다.>, 45. 역할(役割, やくわり) → 소임, 구실, 할 일, 46. 오지(奧地, おくち) → 두메, 산골, 47. 육교(陸橋, りっきょう) → 구름다리 (얼마나 아름다운 낱말인가?), 48. 이서(裏書, うらがき) → 뒷보증, 배서, 49. 이조(李朝, りちょう) → 조선 <일본이 한국을 멸시하는 의미로 이씨(李氏)의 조선(朝鮮)이라는 뜻의 '이조'라는 말을 쓰도록 함.> 고종의 왕비 인 "명성황후"를 일본제국이 '민비'로 부른 것과 같은 맥락이다. 50. 인상(引上, ひきあげ) → 올림, 51. 입구(入口, いりぐち) → 들머리 <"들어가는 구멍"이라는 표현은 우리 정서에 맞지 않는다. 오히려 "들어가는 머리"라는 말은 얼마 정겨운가?>, 52. 입장(立場, たちば) → 처지, 태도, 조건, 53. 잔고(殘高, ざんだか) → 나머지, 잔액, 54. 전향적(前

일제강점 후 일본은 일상용어조차도 일본식으로 쓰도록 했고, 또 우리 지식인이란 사람들도 비판 없이 받아쓰곤 한 것이 바로 아래의 말들이다.

5) 일본식 외래말

영어 발음을 잘 못하는 사람들이 일본인들이다. 그런 일본사람들이 잘못 만들어 놓은 엉터리 외래어를 비판 없이 무심코 받아쓰는 것은 우리 겨레의 자존심을 저버린 행위가 아닐까? 다음과 같은 말들을 살펴보면서 그냥 웃어넘길 일이 아니라 앞으로는 적극 우리말 또는 올바른 외래어를 쓰도록 할 일이다.

예전에 어른들이 우리생활에 대해 교육(教育)으로 일러주지 않아 아무 의식 없이 지내면서 언행(言行)을 해왔다. 위의 한자말, 외래 말인 게다(나막신), 유카타(일본식 목욕가운), 와리바시(젓가락), 쓰키다시(곁가지 반찬), 사시미(생선회) 등, 맛있는 음식은 인간이 먹고 싶어 하는 욕구가 있어 음식은 국경이 없다. 그러나 강대국들이 역사를 왜곡시키고 민족을 무시하고 홀대받다 보면 자연적으로 지식인들이 교육을 터득하여 후대들에게 전하게 된다. 그리고 왜곡시킨 말들을 찾아낸다. "사촌이 땅을 사면 배가 아프다."(비료살 돈이 없어 밭에 가서 똥이라도 누워 퇴비를 준다는 뜻인데, 친척이 잘되면 배가 아파하는 것으로 해석하게 했다) 또 매년 2월 14일(발렌타인데이)을 안중근의사가 사형선고 받은 날이다. 그러나 일본인 상술로 연인들이 초코렛을 선물로 주고받는 기념일 미화시켰다.

이렇게 민족 운운하는 교육기관일수록 일본 무도교육에 더욱 열심인 민망스런 일이 다음과 같이 계속되고 있다.[29] 대표적으로 모든 사관학교, 경찰학교가 그렇고, 유학대학으로 조선 선비정신의 본당으로 자처하는 성균관대학이 일본검도의 총본산으로 자리하고 있는 황당한 일, 심지어 민족의 장래를 책임질 인재 육성을 부르짖는 민족사관고등학교에서조차 자신의 무예

向的, まえむきてき) → 적극적, 발전적, 진취적, 55. 절취선(切取線, きりとり線) → 자르는 선, 56. 조견표(早見表, はやみひょう) → 보기표, 환산표, 57. 지분(持分, もちぶん) → 몫, 58. 차출(差出, さしだし) → 뽑아냄, 59. 천정(天井, てんじょう) → 천장(天障) : 하늘의 우물이라고 보는 것은 일본인이고, 우리나라는 하늘을 가로막는 것이란 개념을 가지고 있다. 60. 체념(諦念, ていねん) → 단념, 포기, 61. 촌지(寸志, すんし) → 돈 봉투, 조그만 성의 <마디 촌(寸), 뜻 지(志)를 쓴 좋은 낱말로 얘기하지만 실제론 일본말이다.>, 62. 추월(追越, おいこし) → 앞지르기, 63. 축제(祝祭, まつり) → 잔치, 모꼬지, 축전 <우리나라에서는 잔치와 제사가 다르지 않을까?>, 64. 출산(出産, しゅつさん) → 해산, 65. 할증료(割増料, わりましりょう) → 웃돈, 66. 회람(回覽, かいらん) → 돌려보기, 어떤 사람은 한자말을 쓰는 것이 말을 줄여 쓸 수 있어 좋다고 하지만 실제론 강턱(고수부지), 공장 값(공장도가격)처럼 오히려 우리말이 짧은 경우도 있어 설득력이 없다. 또 다른 낱말인 매점(買占・賣店)의 경우 차라리 사재기, 가게라는 말을 씀으로서 말뜻이 명쾌해지는 이점이 있다. 괜히 어쭙잖은 일본식 한자말을 쓰기보다는 아름다운 우리말, 우리식 한자말을 사용하는 것이 얼마나 좋을까?

29) 신성대. 전통무예십팔기보존회장. 십팔기홈페이지 바로가기 www.sippalki.com.

도 모르고 일본검도를 열심히 가르치고 있다. 치마바지에 일본 검, 아니 죽도라도 들고 버티고 서서 지배자의 기분을 맛보려는 한국의 전통적인(?) 상류층의 비뚤어진 친일적 심미관과 식민사관 또한 버리지 못할 것이다.

세계 최고이며 가장 완벽하게 정리되어 전승되어 오는 고대 동양 무예의 결정판인 우리 무예가 있다. 수천 년을 맨손으로 나라를 지키며 조상들이 피와 땀으로 물려준 세계 최고의 문화상품이라고 자랑 할 수 있는 이 시대의 호신술이며 국가무예는 우리의 전통문화이다. 그러나 일제 식민시대에 이 땅에 강제 된 일본무도에 대한 자각과 반성, 그리고 우리 민족성에 끼친 영향에 대한 성찰이 있어야 할 것이다.

검도, 유도, 태권도가 그 연원이 어찌되었던 간에 이 땅에 뿌리를 내린 세월은 불과 한 세기도 되지 않는다. 사실 이 정도의 세월로서는 그 어떤 문화라 할지라도 전통성을 논하기에는 턱없이 부족한 시간이다. 적어도 한 두 세기는 흘러가면서 민족의 땀방울이 짙게 배어들어 한국적인 특질이 드러날 때에야 비로소 전통문화로서 대접 받을 수 있을 것이다. 이 땅에 존재하지도 않았고, 설사 있었던 것도 사라지고 난 뒤에 들어왔기 때문에 주체성이라는 말을 떠올릴 필요조차 없었다. 따라서 모두 맹목적(거의 맹신적)으로 받아들일 수밖에 없었던 시대가 우리를 다시 생각하게 만든다. 하지만 비록 보잘 것 없다 해도 자기 것이 있을 때는 결코 그렇게 맹목적으로 되지만은 않는다.

불과 얼마 전까지 대부분의 한국인들은 자신의 나라에 전통적인 무예가 있었는지조차 모르고 있었다. 나라가 있으면 당연히 군대가 있고, 그 군대는 각종 무기들과 그것들을 다루는 기예가 없었을 리 만무한 데도 불구하고, 맨손으로 오천년 동안 이 나라를 지켜온 줄로 착각하고 있었다. 조선의 관군들은 겨우 활이나 쏘다가, 화살이 떨어지거나 적이 가까이 오면 들고 있던 칼이나 창을 내던지고 줄행랑을 친 걸로 알고 있다는 말이다. 그때마다 백성들이 씨름, 혹은 태권도나 택견으로 단련된 맨주먹과 낫과 곡괭이를 들고 일어나 나라를 위기에서 구한 줄로 알고 있다는 말이다. 구한 말기 대원군처럼 조선 맨주먹이 세계 최강이라 자신했던 것처럼 말이다.

미국의 야구, 중국 무술, 일본 검도, 유도 등등 스포츠는 말할 것도 없고 소설, 춤, 음악, 놀이, 음식 등등을 떠올려보라. 아니면 감동 깊은 영화나 그 주인공을. 당신이 그 중 어느 것을 좋아하고 그것이 생겨난 나라를 떠올릴 때 어떤 감정이 드는가? 심지어 어떤 상품이라 해도 마찬가지이다. 벤츠를 타고 다니는 사람들은 독일을 어떻게 생각할까? 벤츠가 괜히 비싼 것이 아니다. 기술, 디자인 모두 현대 차나 별 차이 없다. 그런데도 두 배나 비싸다. 왜? 벤츠는 자동차만 파는 것이 아니라 독일문화 벤츠문화를 얹어 팔기 때문이다. 판매가는 두 배지만 원가와 비용을 제하고 난 이익은 수백 배이다.

무예문화의 가치는 무한하다. 십팔기를 국가 전략사업으로 개발시켜 문화전쟁의 선봉에 세워 민족문화의 동력으로 삼아야 할 것이다. 반드시 그리 되어야 하고, 또 그리 되고 말 것이다. 십팔기는 조선의 국기이자, 대한민국의 진정한 국기이며, 이 땅과 이 민족의 주체이기 때문이다. 늦어질수록 그만큼 손해다. 우리는 이렇게 훌륭한 문화유산을 받았음에도 불구하고 왜 우리는 지금까지 발전시키지 못했을까? 그것은 다음과 같은 악습이 있다.[30]

1) 우리 역사가 기능이나 기술을 천시해 온 과거의 악습(惡習)을 시대가 바뀐 현재까지도 바꾸지 못하고 잔존시키고 있다.
2) 일제의 강점(强占)하에 문화의 암흑기가 길었다.
3) 근대사의 격변기를 거치는 동안, 문화예술에 대한 관심을 기울이지 못했다.
4) 수용의 태세도 갖추지 못한 사이에 서양 문물의 홍수를 맞게 되었다.
5) 전통음악과 관련한 교육정책의 부재(不在)와 이로 인해 야기된 국악교육의 부재가 장기간 이어졌다. 기타 사회구조의 개선이 지체되고 전문가의 양성이 열악하다. 등 이러한 여러 가지 요인(要因)들이 복합적으로 얼키고 설키어서 우리의 전통 음악은 그 음악 자체가 지니고 있는 독특한 음악미나 고유한 예술성을 이 땅의 주인들로부터 인정받지 못하고 국민들로부터 푸대접 속에 방치되어 왔던 것이 그 간의 상황이었던 것이다.

따라서 베트남에서는 감사하다는 말을 '깜언'(Cam-on)이라고 한다. 이 말은 한자어 감은(感恩)에서 온 것이다. 과거 문화권에 속했던 베트남은 프랑스 식민지 시절 전통문화를 단절시키려는 정치적인 목적으로 한자를 폐기하고 로마자로 표기하게 되었다. 베트남의 수많은 어휘가 모두 한자어에서 온 것인데, 지금 베트남 사람들은 모른 채 소리 나는 대로 쓰고 뜻을 익히고 있다. 우리도 한글 전용을 계속한다면 먼 훗날 베트남인들처럼 어원도 모른 채 단순히 음과 뜻을 주입식, 암기식으로 익히게 될 것이다. 양말(洋襪)을 처음 들어 왔을 때 '서양에서 들어 온 버선'이라고 뜻을 정하고 한자어로 양말이라고 이름을 지었다. 우리는 오랜 세월 싫든 좋든 한자문화권에서 살아왔으며 우리 어휘의 대부분이 한자어(漢字語)라는 사실을 잊지 않았으면 좋겠다 했다.[31]

다음은 "한자도 외국어 취급 - 팔만대장경도 부정할 판"[32]의 기사를 인용한다.

"우리말은 한자어로 된 어휘가 인체의 척추처럼 중심 역할을 하고 있다" "한자어 사용반대는 우리말 언어의 가장 큰 특색이자 장점인 표의(表意: 뜻을 나타냄) 문자와 표음(表音: 소리를 나타냄) 문자의 혼용을 막아 우리말 발전을 저해하고 있다"고 했다. 예를 들어 '사는 곳'

30) 서한범, 우리음악이야기, 태림출판사, 2007.9.
31) 이명학, 성균관대 한문교육과 교수, 조선일보 2011.12.23. 기사 일부 인용.
32) 조선일보 2014.2.3. 한자 문맹 벗어나자(한글 전용만 애국인가?).

이라는 말을 그대로 써도 될 경우도 있지만 상황에 따라 거처(居處), 처소(處所), 우거(寓居), 주소(住所) 등의 다양하고 정확한 용어가 되는 경우가 많고 한글로만 표기하면 의미상 차이가 분간하기 힘들다(김경수 중앙대). “우리가 쓰는 한자는 소리, 형태, 의미에서 중국이나 일본과 구별되는 우리 문자이며 역사적·관습적 국자(國字)로 봐야 한다.”며 “한자를 공용문자로 인정하지 않고 외국 문자로 취급하면 우리 정신문화에서 과거와 현재의 맥을 끊는 결과를 가져오게 될 것”이라고 했다(이계황 전통문화연구회장). 한자문맹(漢子文盲) 벗어나자고 한다. 다음은 ‘한자문맹(文盲)’ 우려하는 외국 출신 한국학 전문가들의 견해이다. “한자는 외국어가 아니라 한국어의 큰 범주에서 봐야 한다.”(베르너 사세/ 독일, 전 한양대 석좌교수) “한국어 문자에서 한자어의 존재를 빼낼 이유가 없다. 한글을 우선하면서 한자의 가치를 인정하고 어문정책에 반영하는 것이 바람직하다”(로버트 파우저/ 미국, 서울대 국어교육과 교수) “세종대왕은 한글 전용을 위해 한글을 만든 것이 아니다. 한글 전용은 한자라는 뿌리를 잘라 버린 꽃다발이다. 한글 전용은 한국어를 역화 시킬 것이다.”(라이너 도멜스/ 오스트리아 비엔나대 교수) “국내 인구보다 30배나 많은 이웃나라들의 인구에게 통하는 ‘코드’(한자)가 이미 우리 언어 속에 내재돼있다는 것을 굳이 나쁘게만 볼 것인가?”(박노자/ 러시아 출신 귀화한/ 노르웨이 오슬로 국립대 교수) 한자도 2000년 이상 사용한 고유문자라고 주장하면서 세종대왕도 훈민정음을 창제한 이래 한국어 표기방식의 주류는 한글, 한자의 혼용이었고 한다. 허성도 서울대 교수는 “우선 필수 한자 1500字를 원하는 학생 중심으로 가르치는 일에 나서야 한다.” “지금까지 한글이 문맹(文盲)을 낮추는데 기여했다면, 이제는 한자가 한국어 고급(高級)화에 기여할 때”라고 했다. 한편 문화체육관광부의 반박의견서(2013.7)를 보면 -

- 한글은 세계에서 가장 배우고 쓰기 쉬운 글자며, 우리나라 초고속 성장의 원동력이었다. -한자는 우리나라 고유 문자가 아니며, 많은 국민이 정확하게 이해하지 못할 중국말을 계속 쓰라고 강요하는 것이야말로 국민을 바보로 만드는 일, -학생들이 모국어를 정확하게 쓰지 못하는 것은 순우리말이 풍부하게 발전하지 못한 데 있다고 국어기본법(2005)에 공공기관 등의 공문서는 어문 규범에 맞추어 한글로 작성해야 한다고 위헌이라고 헌법소원을 둘러싼 논쟁이 있다.

<주제발표 2> 국악치유

국악(소리)치료와 빙그레(레크리에이션)의 개념[1]

1. 들어가는 말

김효정 원장

국악치유는 우리의 소리와 악기를 통한 호흡의 치유이다. 음악치료는 서양의 단어이다. 요즘 벨칸토창법·클래식 창법을 이용한 것이 대학 수업에도 포함되어 있는데, 학과목에 우리 것은 몇몇 대학 외, 미약하나 없는 것이나 다름없다. 이렇게 우리 것은 홀대하고 외면당하여 아무리 '우리 것이 좋다' 고 홍보하며 외치고 있어도 '그런 것이 있구나.' 정도로 관심 밖의 일이었다.

우리소리는 어려웠던 시대에 한(恨)이 맺힌 소리로만 들리는 것으로 생각한다. 나라가 없어 배고파 설움에 한이 맺힌 것을 풀어내는 '각설이타령'으로 소리 내는 것이 곧 치료이자 치유이었다. 여민락(與民樂), 수제천, 영산회상(靈山會相), 종묘제례악(宗廟祭禮樂) 등 규식지희(規式之戲: 줄타기, 방울받기 등), 소학지희(笑謔之戲: 남을 조롱하거나 재담이나 화술 등) 등을 통해 사당패, 걸립패, 전문예인집단들이 즉흥적인 소리·재담이나 화술로 어떤 상황을 연출해내는 소극(笑劇)이 바로 우리의 소리이다. 손자가 배가 아플 때 '내손이 약손이다.' 하며 배를 쓸어주면 배가 낫는다. 엄마가 아기를 재울 때 자장가 '자장자장 잘도 잔다. 멍멍개야 짖지 마라 꼬꼬닭아 울지 마라.' 하면서 소리를 해주면 어느새 잠이 든다. 사람이 죽어 나가는데도 소리(노래)를 한다. '이제가면 언제 오나' 등이 우리의 소리이며 일과 놀이를 함께하는 생활문화의 치료이다.

우리는 흥(興·嚻)의 민족으로 가무(歌舞)를 즐기는 민족이다. 개화기(開化期)에 이르러서는 '소리'에서 '유행가' '가요'로 이어진다. 서양음악의 영향을 받아 새로운 창가(唱歌:구한말-일제강점기)를 일제침략기에 나라 잃은 민족의 설움, 슬픔과 분노, 눈물이 앞을 가리는 노래가

1) 김효정(본명: 혜령), 한국탈무드교육원장, 국악치료 창안자, 주제 발표문.

메아리가 되어 애국애족, 민족정신 함양과 희망적인 노래를 부르게 되었다. 특히 단군, 애국, 독립운동가, 학도가, 희망가, 대한정신가, 농민가, 시조창, 가곡 등이 기록으로 남아있고 금수강산을 찬양하는 노래, 조국의 참상, 찬송가(항상 기뻐하라, 기뻐 찬송하세 등)도 있다. 조국의 분단, 우리민족이 엄청난 시련과 고통을 겪었지만 슬기롭게 극복하며 지혜롭게 오늘을 맞이하였다. 이런 대한민국의 참상과 전쟁에서부터 현실을 비교 생각해보고, 조국의 근원적인 것부터 알고 난 후, 치유(치료)에 임해야 하겠다. 그러나 지금 이 시대 와서는 서양의 영어단어로 태교(胎敎)치료, 클래식치료, 러닝머신, 헬스·골프, 음악치료 등으로 각자의 건강을 챙기면서 지금 우리는 얼마나 행복한 여유가 있는 생활을 하고 있는가!? 발표자는 우리 음악의 소리와 가사, 자연적인 우리 땅(흙), 서양의 발성법 보다 우리발성법, 호흡법, 가사 등을 통해 몸과 마음을 건강하게 하는 국악치유(치료)를 강조하게 되었다.

2. 본론

1) 국악치료와 빙그레 치료

우리 것과 웃음은 관계가 있다. 한(恨)이 맺힌 민족이지만 반면에 웃음이 많은 민족이기도 하다. 의학이 발달되면서 혈압, 혈당, 치매, 우울증 등의 병명을 알면서 사람들이 불안하게 사회생활을 하게 되었다. 그래서 국악을 통해 '웃음이 치료가 될 수 있다' 고 주장하는 이유는 예전에는 가족이 함께 하면서 한 집안에 있으므로 행복과 애정을 느꼈다. 의학, 과학도 중요하지만 가족의 생활습관과 우리 것을 통해서 건강을 지키면 자연치유가 될 수 있다고 주장하게 되었다. 필자의 논문은 "국악치료와 빙그레"와 관계가 있다고 사료되어 다음과 같이 인용한다.

여유가 없던 시대에 도산선생께서는 '항상 훈훈한 마음으로 빙그레 웃는 얼굴을 갖자' 고 말씀하셨다. 세월이 흘러 산업사회에로 들어서면서 생활이 각박하여 웃음이 사라지고 여유가 있음에도 불구하고 여유가 없어지고 있다. 사회가 메마르고 결핍되어 있다는 것을 도산선생께서는 미리 예단하고 계신 것 같다. 도산선생께서는 시대가 변화되면서 모든 우리 한국을 문명(文明)한국(韓國)으로 만들기 위하여 '개조(改造)'하는 것에 노력해야 한다고 주장하였다.

"교육과 종교, 농업과 상업, 토목, 풍습과 습관, 음식, 의복, 도시와 농촌도 개조하여야 한다."고 말씀하셨다. 심지어 "우리 강(江)과 산(山)까지도, 산에는 나무가 가득 서 있고 강에는 물이 풍만하게 흘러간다면 그것이 우리 민족에게 얼마나 행복(幸福)한 나라가 되겠소."라고

1919년 상해에서 "개조(改造)"란 연설 중에서 島山의 말씀이다.

한국탈무드교육원에서는 탈무드교육을 모태로 여유 있는 한민족의 풍습을 이어받는 도산선생의 사상을 발표자는 좋아했다. 도산선생은 흥사단을 부흥시켰다.

흥사단은 일으킬 흥(興) 선비사(士), 엘리트들이 '우리 것을 흥겹게 일으키자'라고 해석하여 전통문화를 활성화시켰다. 그래서 우리의 전통문화인 연희부분 중에 국악의 대중화를 위해 세미나를 개최함에 있어 다음과 같이 발표하고자 한다.

보편적으로 음악(音樂)이라고 하지만 우리의 '소리'이다. 그 음악의 임상학적 실험부분은 예술분야에 종사하는 자(者)로서는 쉽게 접근할 수 없는 분야이다. 그러므로 워크숍에 참석한 전문인들의 고견을 통하여 이 발표를 바탕으로 앞으로 좀 더 심도 있는 연구가 진행되어야 할 것이나, 소리를 통한 호흡의 활성화로 심폐기능이 강화되고, 교육을 통해 음량조절로 목소리의 기능을 넓히고, 내분비기관이 윤활해지는 과정을 거치게 된다는 정도는 이미 잘 알려진 사실이다. 특히 우리의 소리인 민요(民謠)를 통해 스피치(말 발음법) 훈련으로 호흡근육 세포강화 치료, 전통교육과 현대교육을 접목 치료, 과학적 접근방법 등이 채택이 되어야 한다. 또한 소리를 배우면서 우울증을 해소하고 치료한 사례도 있다.[2] 한국 8도 민요의 가사를 통해 지역감정과 역사의 흐름을 통해 치료가 될 수 있다고 본다. 그 예로 가사 중에는 '웃기는 대목' '울리는 대목' '흥분시키는 대목' '한(恨)을 내뿜는 대목' '역사의 발자취' 등의 소리에서 과거 우리 민중의 생활상과 정서를 다시금 치유를 통해 음미해 볼 수도 있었다.

현재 우리의 현실은 조상들로부터 훌륭한 문화유산을 받았으나, 문화적 가치를 보관만 하다가 사용할 줄 몰라 녹슬고 있는 상황이다. 우리의 전통 속에 양반과 서민의 문화가 혼융되어 있으며 일과 놀이가 함께 하는 '일하면서 놀면서(Work and Pray)' 하는 한국특유의 민요이다. 그 예를 살펴보면 -

(1) 모내기하면서 노래한다(Work and Play).

(2) 뽕도 따고 님도 본다.

(3) '옹헤야' 보리타작을 하며 부르는 노동요(이삭을 마당에 널어놓고 도리깨질 한다).

(4) 선율은 Mi, Sol, La, Do, Re의 5음으로 구성되고 Mi로 끝내는 메나리 토리 음악이다.

(5) '상여소리' 사람이 죽어 나가는데 노래를 하는 여유 있는 민족이다 등.

(6) 민요의 특징을 다음과 같이 분류했다(민요는 지방마다 특유의 억양과 방언(사투리)으로 음악적 특징을 가지고 있으며 한국의 민요는 진성(眞聲)이다).

가) 경기, 충청민요(부드럽고 경쾌하고 맑아 서정적이다. 도라지, 창부타령 등)

---

2) 사례: 마민 회원(임종순 닥터우울증, 국악치료수강생, 단체치료: 새마을연수원, 공무원 연수원).

나) 남도민요(판소리라고도 하며 전라도지방의 민요로 저음과 기교와 표현력이 풍부 하다. 평으로 꺾는소리, 육자배기, 농부가 등)
다) 서도민요(황해도, 평안도 애처로운 느낌과 고음으로 떠는 소리가 있다. 놀량가, 수심가, 난봉가 등)
라) 경상도(빠르고 경쾌하고 강한 억양), 강원도나 함경도는 애원조, 탄식조, 구성진 맛이 있다.
마) 토속민요(향토민요로써 지방특징적인 가락의 향토적인 민요)
바) 통속민요(특정지역의 국한된 것이 아니고 여러 지방에서 불러지는 민요)
사) 동부민요(동해안 지역의 민요이다. 보편적으로 높은음에서 시작하여 낮은 음으로 끝낸다)
아) 제주민요(제주특유의 방언으로 이국적인 맛이 있다. 오돌또기, 이야홍타령 등)

우리소리는 기찻길처럼 동시다발적으로 생활 속에 담겨져 있다. 가사 속에는 상층과 하층의 지혜가 다양하게 잠재되어 있듯이 지시와 푸념과 한(恨)이 맺힌 흥(興)의 민족적 정서를 바탕으로 이웃과 함께 하고 있는 것이 특징이다. 그 예로 농사철의 '논두렁 밭두렁 메는 소리' '정초에 놋다리 밟는 소리' '노젓는 소리' '방아 찧는 소리' '신세타령' 소리를 통해 감정을 발산하다 보면, 언젠가 앓던 속앓이가 없어지며 치료가 된다. 또한 마을 사람들이 모여 1년 열 두 달, 애, 경사를 치르면서 춤판을 풍물과 함께 한 놀이 속에는 서민의 애환인 한(恨)과 흥(興)이 동시다발적으로 녹아 있다. 미국의 유명한 작곡가 알렌, 호바네스(Alan Hovhaness)는 "한국의 전통음악은 심(心)과 영(靈)의 음악이다"라고 했다. 이러한 감흥을 현대인들이 그대로 이어받아 몸을 움직이고 노래하는 과정에서 자연스럽게 과거의 사람들이 그러했던 것처럼 자연스럽게 정신 치료되는 과정을 거치는 것이다.

민요의 가사를 통해 예를 들어보면 - 서양클래식에 비해 민요가사가 어려운 가사(歌詞)들이 있다는 것이다. 그러나 우리민족은 기뻐서 울고 슬퍼도 울었다. "아리랑 아리랑 아라리요, 나를 버리고 가시는 임은 십리도 못가서 발병난다." "청사초롱(靑紗燭籠) 불 밝혀라 잊었던 낭군이 다시 돌아온다." 꽃을 파는데도 사랑이 가득하다. "꽃을 사시오 꽃을 사!, 사랑사랑 사랑 - 사랑의 꽃이로구나." "아침에 우는 새는 배가 고파서 울고요 저녁에 우는 새는 임이 그리워 운다." 배를 젓는데도 노래를 한다. "한강수라 깊고 맑은 물에 수상선(水上船) 타고서 에루화 뱃놀이 가잔다." "달은 밝고 명랑한데 고향생각 절로난다." 자진뱃노래의 본래는 일제강점기에 창극 〈심청가〉를 전통적인 뱃노래를 새롭게 구성했다. 또한 강강술래는 강강수월래(强羌水越來)라고 한다. '왜적이 바다를 건너오고 있다'는 뜻으로 임진왜란 때 이순신 장군이 전술에 사용한 유래를 두고 있다. 이것이 여성의 놀이로 전향되어 전남 남해안 섬 지방에 분포된 집단 놀이로써 정월 대보름 달밤에 추는 것은 보름달 모양의 곡식이 완전히 자란 생산력을 가진 여성을 상징하기도 한다. 큰 원을 그리며 달의 풍요력으로 감사하는 의미로 고대 마한의 풍속에서 5월, 10월 축제 때 손을 잡고 뛰어 놀던 기록이 있다. 문지기가 대문을 열고 나가서 고사리를 꺾어 덕석에 말리고 달밤에 놀아 보자는 뜻으로 굿거리, 자진모리로 구성되어 있다. "풍광(風光)이 명미(明媚)한 영남루에 피로한 심신을 풀어 볼까!" 사냥을 나간다. "지리산에 올라 무등산을 지나 나주 금성산에 당도하니 까투리 한 마리 푸두둥하니 매방울이 떨렁" 노는데도 '쾌지나 칭칭 논다' 등, "짜증을 내어서 무엇하나? 인생은 일장춘몽(一場春夢)인데" 잠깐 왔다가는 꿈같은 인생인데 짜증은 건강에 해롭다고 한 치료가사이다. 답답할 때 소리를 지르면 치유되듯이 이렇게 상처받은 마음을 소리(음악)로 치료한다. 이런 사례들을 볼 때, 우리는 '음악치료'와 '자연치료' 가 병행되었다. 세계 그 어느 나라가 감히 따라잡을 수 없는 특유의 소리를 우리는 가지고 있다. 복창 터지는 소리와 콧소리 등의 음악치유법과 특징을 가지고 있으며 다른 나라에 비해 비교할 수 없는 특유의 치유효과가 있다고 주장하고 싶다.

이처럼 훌륭한 문화유산을 받았음에도 불구하고 왜 우리는 발전시키지 못했을까? 그것은[3] 1) 우리 역사가 기능이나 기술을 천시해 온 과거의 악습(惡習)을 시대가 바뀐 현재까지도 바꾸지 못하고 잔존시키고 있다. 2) 일제의 강점(强占)하에 문화의 암흑기가 길었다. 3) 근대사의 격변기를 거치는 동안, 문화예술에 대한 관심을 기울이지 못했다. 4) 수용의 태세도 갖추지 못한 사이에 서양 문물의 홍수를 맞게 되었다. 5) 전통음악과 관련한 교육정책의 부재(不在)로 국악교육의 부재가 장기간 이어졌다. 기타 사회구조의 개선이 지체되고 전문가의 양성이 열악하다. 등 이러한 여러 가지 요인(要因)들이 복합적으로 발생하여서 우리의 전통 음악은 그 음악 자체가 지니고 있는 독특한 음악미나 고유한 예술성을 이 땅의 주인들로부터 인정받지 못하고 국민들의 푸대접 속에 방치되어 왔던 것이 그 간의 상황이었던 것이다.

이제 우리는 노동중심의 사회에서 여가의 자유가 비교적 많은 정보화(디지털)시대에 접어들었다. 하면서도 현대인들은 오히려 더 여유로움을 잊어버리고 있다. 하지만 우리의 조상들은 그렇지 않았다. 밥을 얻어먹으면서도 '각설이 타령'을 하였고, 사람이 죽었는데도 상여소리, 모내기나 농사를 지면서도 소리를 하는 여유가 있는 민족이었다. 또한 과거 극심한 핍박과 억압 속에 있을 때도 여유를 잃지 않고 있던 대표적인 인물이 바로 도산 안창호 선생이다. 겨레의 선각자 도산 안창호 선생은 타의 추종을 불허하는 웅변가로서 언제나 낮고 조용한 음성에 한결같은 톤으로 조근 조근 대중을 설득하였다. 도산 선생의 연설은 그런 조용한 분위기 속에

3) 서한범, 우리음악이야기, 태림출판사, 2007.9.

서 청중들을 웃고 울고, 투지가 끓어오르게 하곤 하였다 도산 선생의 연설을 한 번 듣고 자신의 삶을 완전히 바꾼 인물이 남강 이승훈 선생이다. 남강 선생은 평양 모란봉의 '쾌재정'에서 열린 도산 선생의 연설을 듣고는 자신만을 위하여 살던 삶에서 벗어나 겨레를 위한 삶을 살기로 작정하였다.

도산선생은 전통적인 것을 새롭게 창작하기도 하고, 교육에 접목시키기도 하여 우리에게 빙그레 시간(Recreation)을 접하게 하였다. 그분께서는 소금 배를 타고 중국으로 망명 가실 적에 마포 나루터에서 민족을 생각하시면서 민족의 한 맺힌 소리를 부르셨고, "喜樂會"를 통해 위안과 빙그레 시간을 가져 확실한 자연과 역사를 노래 속에 제시하였다.

> 간다간다 나는 간다. 너를 두고 나는 간다. …(중략)…
> 간다 한들 영 갈소냐 나의 사랑 한반도야 라는
> (나라를 두고 떠나는 애닯은 심정을 노래로 표현 했고…)

> 석탄 백탄 타는 데는 연기가 펄펄 나건만
> 요내 간장 타는 데는 연기도 불길도 아니 난다.

이 사발가는 요즘 싱어롱(Sing along)처럼 나라를 사랑하는 애국지사들이 울적할 때 홍얼거리던 노래이다. 도산선생은 어떠한 상황에 처해 있을 때도 굴하지 말고 항상 여유와 빙그레(스마일)하고 미소짓는 한국인이 되자고 역설했다. 또한 희락회(喜樂會)를 만들어 홍겨운 빙그레(Recreation) 시간을 가져 상호 친목 도모하는 가치관을 형성할 수 있는 신선한 분위기를 조성했다. 도산 안창호(島山 安昌浩) 선생께서 일제 강점기 각박한 암흑시대를 살아 가시면서도 "항상 훈훈한 마음으로 빙그레 웃는 얼굴을 갖자"고 했다. 그래서 언제든지 주위의 사람들에게 선한 영향력을 끼쳤다. 훈훈한 마음으로 빙그레 웃는 따뜻하고 너그럽고 여유를 품고 희망을 가지고 살아가기를 당부하였다.[4] 경제는 쪼들리고 민심은 각박한데 이런 때일수록 삶의 속도를 조금씩 늦추고 여유를 지니고 유머감각을 발휘하며 살면 훨씬 즐거워진다.

전(全) 세계에서 비행기나 철도의 연착에 대해 고함을 지르며 항의하는 승객은 한국인 밖에 없다고 한다. 여유가 부족하고 유머감각이 부족한 탓이다. 도산(島山) 안창호 선생께서 거듭 강조한 말이 요즘에 꼭 필요한 말일 것이다. 도산 선생께서 일본제국주의 시대에 민족의 선각자로 살아가면서 온갖 핍박을 견뎌나가던 도산 선생이었다. 그런 민족의 삶의 자세에 비하면

4) 도산 안창호 책 인용, 참고.

지금 있는 자리에서 우리는 한 걸음 뒤로 물러나 각박한 마음을 삶의 여유로움으로 되찾고 너그러운 마음씨를 키워나가야 한다.

지금 우리는 여유가 있는 이 시대를 살아가면서도 한 치의 여유도 없이 긴장하고 짜증내며 살고 있다. 이런 때에 겨레의 선각자 도산 선생의 삶의 방식은 우리들에게 큰 교훈을 준다. 아울러 지도자가 없는 것에 한탄하지 말고 네가 스스로 지도자가 될 생각을 왜 하지 않느냐? 라고 반문하며 지도자론을 역설하셨고, 국산품애용과 생활문화를 강조하셨다.

그러나 급변하는 산업사회 속에 살다보니 우리의 생활문화가 언제부터인가 현실에 쫓겨 자칫 잘못하면 생활의 여유를 잃기가 쉽고 눈앞의 바쁜 일에만 얽매여 우리가 지니고 있는 유형(有形), 무형(無形)의 자산(資産)을 부지불식중에 잃어버리고 있다.

우리는 원시시대부터 가무악극(歌舞樂劇)이 발달해왔기 때문에 선조들의 재담이 자연스럽게 입에서 소리로 터져 나오고, 몸에서는 율동이 저절로 일어나 본능적 춤사위와 지혜로운 '소리(음악)'와 운동의 몸짓인 춤이 동조현상으로 이루어졌다.

＊장단배우기(민요 장단)

우리악보는 정간보(正間譜)이다. 정간이라는 시간을 공간화(空間化)하는 공간에다가 장단의 길고 짧음을 표기한다.

세마치 장단

⦶			⦶		|	○	|	
덩			덩		닥	쿵	닥	

세마치 장단

자진모리 장단

⦶		|	○	|		○		|	○	|	
덩		닥	쿵	닥		쿵		닥	쿵	닥	

자진모리 장단

굿거리 장단

⦶		i	○	……		○		i	○	……	
덩		기덕	쿵	더러러러		쿵		기덕	쿵	더러러러	

굿거리 장단

타령 장단

⦶	|	⦶	| △
덩	딱	덩	딱

타령 장단

* 장단의 기호와 기법

번호	부호	악보	구음	설 명
1	|	♩	덕	오른손(채편)
2	○	ſ	쿵	왼손(북편)
3	⦶	┼	덩	합(솜, 오른손 왼손같이)
4	i	♪♪	기덕	오른손으로 잔가락 두 번 친다(채편)
5	8(◎)	♬	쿠궁	왼손으로 잔가락 두 번 친다(북편)
6	⋮	𝅘𝅥(♬♬)	더러러러	오른손으로 채를 굴린다(채편)
7	△	▬	쉼표	쉰다

장구치기(연습 1)

① ⦶ | ○ | ○ | | ○ ○ | | ⦶

② ⦶ | ○ | ○ …… ⦶ 8 ○ | △

2) 탈무드교육 치료(사진자료: 탈무드 책)

한국에서 탈무드교육에 대해서 잘못 인식하는 것들이 있어 정리해본다. 탈무드는 교훈이다. 즉, 유태인들의 교육으로서 수천 년부터 내려오는 토라(聖經)를 통해 이 세상을 살아가는 지혜, 교훈, 규칙, 윤리, 도덕 등을 부(父)가 가정의 기둥이 되어 부에게 1:1로 교육을 받는다. ① 씨앗(종자)=원리(바르게 세워져야 한다), ② 절기(달력: 1주일 · 1달 · 1년 · 7년 · 50년 예배: 예수님도 1년에 3번 절기 때(맥추절 · 오순절 · 초막절) Q[5]을 뵈러 인사하러 간다./사회 명절 부모께 가듯), ③ 가정, ④ 사회(1 · 2 · 3심제), ⑤ 죄사함(세상에 밀려가다보니 넘어진다), ⑥ 순결유지 등, 6개 부분으로 묶여있는 것이 탈무드이다.

탈무드에서 가정의 ① 의미: 이 세상에서 태어나 최초로 입학하는 학교이다(Q중심교육), ② 교육의 목표: 바르게 사는 방법(잘 사는 것이 아니고--), ③ 구성요소: @하나님(원리), @어머니〈교육, 난로(응접실, 불이 없으면 각자 자기 방으로 들어간다).=이때 父의 역할〉 @대화의 광장으로 세대차이가 없게 한다. 집에 들어 왔을 때 엄마(부인)가 없으면 아무도 없는 것처럼 느낀다. @우물(생수를 공급시켜주는 것, 어머니에게 무엇이 있느냐?=샘물이냐, 독극물이냐?) @아버지(울타리역할 · 남편의 의무 · 사랑의 불): 난로에다가 기름과 나무를 채워주는 자, 온도조절을 해줘야, @자녀: 삶의 적용자, 세우는 자, 자녀가 없으면 가정이 없어진다(이스라엘은 10년 동안 자녀가 없으면 이혼할 수 있다), ④ 구성조건: 모든 가족이 Q을 믿느냐? 성경을 날마다 연구하느냐? 기도하느냐? 이 3가지 중에 하나만 믿지 않아도 Q가정이 아니다.

탈무드교육은 아버지(父)가 자녀에게 1:1교육하는 방식이다. 아버지가 한 자녀를 가르칠 때 다른 자녀는 기다린다. 매주 토요일 날 교회에 모여 교육하는데 학교에서 배운 것을 복습하며 탈무드교육을 함께 배운다. 혼내는 것 보다 문제점을 질의응답을 통해 설득하여 시인하게 하고, 향학열에 대해 아버지가 체계성 있게 지도한다. 유태인 교육은 성적표가 없다. 상황을 논리적으로 풀어나가도록 이해와 배려로 15세 때부터는 토라(聖經)를 통한 수학, 과학, 논리를 포함하여 논리적인 사고력, 상대방 설득력, 성품의 변화, 인격의 변화, 정한 법안에서 처리, 규칙, 남을 위한 자선과 기부, 잘사는 것보다 바르게 살아가는 법, 성교육 등을 2명이상이 모여 토론한다.

한국은 성교육을 '교사용 성교육 매뉴얼'에서 "나를 지키기 위해 거친 방법도 불사(不辭)한다"(중학교용 매뉴얼 제6장)는 식의 적극 대응 방식을 권고했다. 성폭력에 맞서는 방법으로 '1000미터 밖에서도 들리만큼 큰소리로 악쓰기' '남성의 급소를 발로 차는 연습하기' '자신에게

---

5) 하나님 표기 함.

맞는 호신용품 늘 휴대하기' 같은 사례를 소개했다. 지금까지의 성폭력 예방방법은 '일찍 귀가하기' '안돼요, 싫어요.' 라고 말하기 등 수동적인 내용에서 효과가 없다는 지적을 받아왔다.[6] 탈무드에서는 모든 문제점과 의문점이 있으면 곧바로 랍비한테 가서 토론과 질의응답을 통해 근본적으로 문제점을 해결한다. 따라서 탈무드와 세상문제점(피해, 고통, 병원비, 일을 못한 것에 대한 보상 등)과 결혼 후, 1년 동안 남편은 탈무드교육만 받으며 사회에서 하나님을 붙드는 방법과 사회진출을 위한 교육만을 받는다. 이때 생활비는 부인이 담당한다.

성경을 토라라고 한다. 토라는 ① 성문(聖門) 토라(구약성경/ 1446.3.1. 모세가 시내산 3.6. 토라 받음: 오순절)와 ② 구전(口傳) 토라(전수: 미쉬나: 2번째 토라)가 있다. 구전(口傳)토라는 기록의 필요성이 있다. 미쉬나+토론은 2종류로 나눠지는데 바벨론(이스라엘에서 포로로 잡혀간 사람위주)과 예루살렘(포로가 아닌 자)이 있다. 이 두 가지를 토론 해놓은 것이 게마라(탈무드)로써 계속 배운다는 뜻이다. 그럼 무엇을 가지고 토론을 하느냐? 이스라엘 사람들은 성경을 '타나크'(원리 · 표준)라고 한다. 토라(원리 · 표준), 선지서(교육 · 가르침), 성문서(적용 · 삶)로서 '원리(예수님/남편)' '교육(예배/가르침)' '적용(성도/학생)' 하여 계속 교육을 받는다. 현재 유대인의 인구는 전 세계 134개국에 걸쳐 1,500만명(미국 580만 명, 이스라엘 500만 명, 유럽 240만 명, 라틴 아메리카 50만 명 외, 전 세계 흩어져 살면서 유대교의 율법과 관습을 지키며 경제적으로 성공함), 언어는 히브리어, 아랍어를 쓰고 1인당 GDP 2만964만 달러(2010년 기준)이다. 국명은 이스라엘(수도: 예루살렘)이며 탈무드의 고향이다. 이스라엘이 자리한 팔레스타인(되찾은 시기 1948년: 지금도 이스라엘(유대계)과 팔레스타인(아랍계)과 갈등과 테러와 무력보복 분쟁: 중동전쟁) 지역은 성경에 '가나안'이라고 기록된 것으로서 유대인의 조상인 아브라함과 다윗 왕과 예수가 살았던 땅이다. 세계의 최고 부호 21명중 15명이 유대인이다. 유대인은 전(全)세계의 별이라고 한다. 이것은 가정교육으로부터 이루어지고 있는 것이다. 다음은 김진홍 목사의 글이다.

> 한국의 어머니들과 이스라엘의 어머니들이 교육열이 높은 점에서는 버금간다. 그래서 미국에서는 한국인 어머니들을 Second Jewish라 한다. 한국 어머니들이 유대인 어머니들만큼 교육열이 높다는 의미에서다. 그런데 유대인 어머니들에 비하여 한국인 어머니들에게 한 가지 문제가 있다. 그 문제가 아이들이 자라면서 한국 아이들이 유대 아이들에게 뒤지게 되는 원인이 된다. 한국인 어머니들은 자녀가 학교를 다녀오면 묻는다.
>
> "오늘 선생님께 무었을 배웠니?"

6) 조선일보 사설 중에서(2011.8.16).

그러나 유대인 어머니들은 학교에서 돌아오는 자녀에게 다르게 묻는다.

"오늘은 선생님께 무엇을 질문하였니?"

"무엇을 배웠느냐?"는 질문과 "무엇을 질문하였느냐?"는 질문이 가져오는 결과는 완전히 다르다. 배우기만 하는 학생은 수동적이고 소극적인 학생으로 자란다.

그러나 질문하는 학생은 창의적이고 능동적인 학생으로 자라게 된다. 역사에 등장한 위대한 스승들은 제자들에게 끊임없이 질문하는 스승들이었다.

소크라테스의 질문은 너무나 유명하다. 그의 교육법을 산파술이라 한다. 산파는 산모가 아이를 출산할 때 도와주는 역할을 한다. 아이를 낳는 것은 산모이지 산파가 아니다. 스승은 학생들의 산파가 되어 스스로 생각하고, 스스로 깨달아가도록 도와주는 사람이다. 이를 위해 스승은 끊임없는 질문을 통하여 제자를 도와준다.

그래서 산파술이라 하였다. 학생들에게 질문을 많이 하는 스승이 좋은 스승이고 스승에게 질문을 많이 하는 학생이 유망한 학생이다.

우리는 성경을 읽을 때에는 하나님이 나하고 늘 함께 계시기 때문에 "나는 강하고 담대하다는 것"을 늘 고백하며 선견지명이 있어 나를 위해 무엇을 할까 생각하고 대화해야 한다. 머리(腦)는 새로운 것을 받아들이는 냉철함과 정보를 판단하여 인생근본의 지침서이고, 가슴은 뜨겁게 하여 데이터를 통해 우물 속에 두레박을 던져 살아가는데 아이디어를 퍼내는 사용설명서이다. 유대인의 모자는 하나님이 나의 머리위에 있다고 생각하여 쓰고 다니며, '멍에' 나 '두레박'은 낙하산과 같은 필요성이 있어 생활하게 만들어 놓고 있다. 지식인이 되려면 독서하면 되지만, 교육은 인격자를 만들어 인격의 변화를 일으키게 하는 것이고 그래서 훈련을 반복해서 스스로 할 때 까지 해야 한다.[7] "죽기 전에 한 번은 유대인을 만나라"[8] 이 책에서 "세상의 그 어떤 것도 '가난'보다 더 비참하지는 않다. 〈가난〉은 모든 고통 중에서 가장 끔찍한 것이다." 유대주의는 오랫동안 가난을 일종의 저주로 여겨왔다. 빵바구니가 비어있으면 불화가 찾아와 문을 두드린다는 것으로 "관대함보다 지나친 관대함이다"고 가르친다. 그래서 탈무드 랍비들은 수입의 10% 이상을 자선하는 것이 적절하지만 수입의 20% 이상을 자선해서는 안 된다고 규정하고 있다. 지나치게 베풀다 가난해져, 결국 그 자신이 다른 사람들의 도움을 필요로 하는 상황이 처하게 되는 것을 경계하는 것이다. '랍비' 라 불리는 정신적 지도자들이 토론해 얻은 중요한 내용이 탈무드의 콘텐츠가 된다. 미국의 학계, 정계, 언론계, 예술계를 장악하

7) 변순복 교수(백석대학교) 강의 중에서.

8) 랍비 조셉 텔루슈킨 지음 김무겸 옮김.

고 있는 유대인들의 기본적 의식구조를 파악하는 데 탈무드만한 교재가 없다고 한다. 탈무드는 "누군가가 당신을 죽이려 한다면 일찍 일어나 먼저 그를 죽이라"고 가르친다. 유태인은 선수를 치라고 지시하고 있고 실용주의적이고 구체적이며 단결력과 집결력을 설명하고 있다

이상과 같이 탈무드를 통해서 한국인들을 뒤돌아 볼 수 있는 기회를 가지고 싶었다. 일하고 연구하고 깨닫게 하는 것, 유대인은 가정공동체로 가정이 기본이라고 한다. 국가와 사회의 안정을 위해 가족을 구성해야 하는 의무가 있다. 가족의 행복으로 사랑의 공동체를 만들기 위해 가정을 이루어야 한다.

그 본분은 남편은 선장역할, 부인은 기관사역할을 해야 가족이 평탄하게 관리된다. (엄마는 난로이고 아버지는 자료제공자이자 기둥이다) 예를 들어 집이 있고 회당(교회), 학교・직장이 있다. 학생이 하교하면 회관으로 온다. 회당에서 교육하고 휴식을 취하고 있으면, 부모들은 직장에서 퇴근 후에 회당(교회)으로 와서 자녀와 함께 집으로 간다. 철저한 가정위주로 생활한다. 유대인들은 자녀를 많이 낳아도 계획이 되어 있다. 그러나 우리 실정은 자녀가 1명 아니면 2명으로, 학생이 하교하면 부모의 용돈으로 게임방 또는 학원으로 갔다가 집으로 지유스럽게 온디. 부(父)는 술십 능 향락가 등 개인 볼일을 보고 집으로 온다. 한국의 아버지들은 각성해야 한다. 그렇다고 다 그런 것은 아니다.

부모는 하나님의 대리자로써 하나님의 뜻을 가르치고 양육하고 교육자로서 권위를 부모가 받았다. 아이들이 부모로부터 순종을 배워야 학교, 학원, 직장, 교회 등에서도 순종한다. 부부(夫婦)가 다른 철학이나 방식으로 지도하는 것은 자녀가 이중성(二重星)이 발달된다. 서양 사람들은 자기감정표현이 분명하나 최근 한국 사람들은 감정표현을 하면 건방지다고 여긴다. 부부는 통일된 시각과 방법으로 교육해야 하고 특히 어머니는 자녀들에게 고압적으로 하지 말고, 어릴 때부터 함께 해야 하고 정직(正直)과 신뢰를 쌓아야 한다. 바쁜 현대사회에서 시간보내기가 어렵겠지만 여행, 외식, 쇼핑, 오락, 등산, 요리와 함께, 차안에서, 식사 중에서, 여행 중에 간중식(토론방식)으로 교육해야 한다. 출가할 때는 부모를 떠나 아내와 합하여 한 몸을 이루고 아내를 자신과 같이 사랑하고 아내도 남편을 존경하라고 하였으니 교육해야 한다.

따라서 기독교 교육을 지속적으로 이루어지기 위해서는 하나님에 대한 바른 지식, 세상에 대처하는 지혜, 세계관, 가치관, 도덕성, 인격, 성품, 자녀의 열매를 위한 인내, 어머니가 먼저 자신의 감정을 자녀에게 말하는 훈련으로 '일차적인 책임은 어머니에게 있다.' 영적인 성장, 영접, 예수님을 닮아가고 있나 점검, 사회적 성장, 결과주의가 아닌 과정중심으로 '내가 너를 어떻게 길렀는데' 등 잔소리가 아닌, '네가 얼마나 중요한 가치 있는 사람인지'를 교육으로 선지자적 가치관을 가지도록 성령의 인도를 받는 일이 중요하다.

탈무드를 공부하면서 애굽에서 가나안땅으로 가는데 4일 걸릴 것을, 40년 동안에 구름(낮)

과 불기둥(밤)으로 견딜만하게 안내 한 하나님의 깊은 마음을 읽게 한다. 바로(王)를 통해 모세를 견고한 지도자를 세우려고 견딜 수 없는 고통과 고난을 준 것이 탈무드교육이 아닌가 생각해본다. 반면 한국의 전통문화 교육은 공동체와 어울림의 문화로서 초등학교부터 전공필수 과목으로 교육을 개설한다면 탈무드보다 좋은 교육이 될 것이다.

3) 결론

우리의 전통문화는 소리를 지르면 노래요, 몸짓을 하면 춤이요, 악기를 가지고 소리를 합하면 병창(竝唱)이 된다. 또한 흥을 더욱 고조시켜 악기가 추가된 악단과 집단적 무용인 군무를 만들어, 대동놀이로 자연스럽게 나아가면 부지불식간에 집단치료의 효과를 만들어낸다. 이 대동제에서는 참여자 모두가 연출자인 동시에 구성원이 되어 공동체 의식의 함양이 스트레스의 정체를 자연스럽게 치료해주는 것이다. "백짓장도 맞들면 낫다"는 속담이 있듯이 "내가" 아닌 "우리" 라는 공동노동의 질서가 있는 것이다. 이스라엘교육이 탈무드교육이라면 우리는 우리식의 교육이 있었다.

옛부터 우리는 일하며 또 놀며(Work and Play/ 뽕도 따고 님도 보고) 어깨춤 덩실거리며 춤을 추던 밝은 흥(興・蠢)의 민족이었다. 전통적이고 흥겨운 우리 가락과 어깨 짓이 어우러지는 우리 춤사위 속에서 한국인의 진정한 멋, 끈질긴 삶의 정신이 들어 있다. 그런데 우리는 지금 대중들의 심금을 울리는 우리의 노래 소리가 없고, 유행으로만 반짝 하다가 세월이 흘러가면 또 잊어져 버리는 음악에 둘러싸여 있다. 그러므로 국악 리듬과 전통춤을 접목하여 밝고 건강한 사회를 전통의 흥겨움으로 되찾고, 현대의 건강문제와 접목시켜 준다면 우리 몸은 우리 소리(음악)와 움직임(율동)으로 자연과 향토적인 훈련을 해야 치유가 된다는 기본적인 사실을 주지시켜야 할 때이다. 이러한 운동은 새로운 전통의 창작활동에서도 매우 의미 있는 일이 될 것이다.

* 세계음악치료대회[9)]

모차르트가 태교(胎敎)를 위해 음악을 만든 적은 없다. 태교음악이 산모가 듣고서 평안해지면 팝이든 뽕짝이든 산모가 좋으면 된다. 고전음악, 클래식이라는 것은 아무런 근거가 없다. 산모의 정서와 함께하는 것이다. 산모가 괴로운데 아기에게 어떻게 전달이 되나! 6개월 이상

---

9) 최병철 회장, 숙명여대 음악치료대학원 교수(조선일보) '음악치료 세계학술대회' 47개국에서 1,200명이 참가하는 행사가 공개적으로 열리고 있는 위원장의 말을 인용한다.

된 뱃속 아기는 직접 바깥소리를 들을 수 있다는 주장이 있다. 다만 우리가 음악의 어떤 요소를 기능적으로 사용할 뿐이다. 따라서 개인이 좋아하는 음악을 들려줘 상쾌함을 느끼도록 해준다. 록 음악은 90dB 이상 크기일 때 대뇌(大腦)에 쾌감을 준다(참고로 일상생활 대화는 60dB, 집시법 소음규제는 80dB). 하지만 고막을 잡고 있는 두 근육은 복원력이 좋지 않다. 큰 소리를 받아들이는데 익숙해지면 작은 소리를 들을 수 없게 된다. 나중에는 큰 소리가 없으면 불안을 느끼는 증상에 이른다. 음악을 듣는 자체가 치료는 아니다. 우리는 공기가 없으면 죽게 되지만 공기로 숨을 쉬는 것을 치료라고 하지 않는다. 같은 공기라도 필요에 따라 산소탱크나 인공호흡기를 사용하는 경우에는 치료다.

음악은 세균을 죽이거나 열을 내리는 해열제는 될 수 없다. 그러나 음악은 사람의 자율신경 등에도 영향을 미치며 평소 듣는 음악은 스트레스 호르몬을 줄인다. 길을 걸을 때 행진곡이 흘러나오면 자신도 모르게 발을 맞춘다. 이는 중풍환자나 대뇌손상 환자에게 규칙적인 리듬의 음악에 따라 걷게 하면 걸음걸이가 향상될 수 있다는 뜻이다. 즉, 사람의 신경전달에 음악의 리듬이 영향을 미치는 것이다. 몸이 음악의 리듬에 맞추는 것을 '동조현상'이라 부른다. 음악이 몸의 동작을 통제하는 것이다. 술에 만취해도 제대로 가누지 못하는 사람이 음악에 맞춰 춤추는 것도 이런 이치이다. 사람의 심장박동과 같은 박자의 음악을 들으면 도움이 된다. 메트로놈(음악 템포를 표시하는 기계)으로 1분에 70개의 빠른 박자가 규칙적이며 멜로디가 적절히 반복되는 음악이 좋다. 음악과 몸이 동조하는 현상이라 심장박동에 따라 개인의 신체리듬과 속도(1분 70회)가 맞추는 것이 중요하다. 느린 음악은 느리고 이완이 되며 경쾌한 음악으로 바뀌면 생리적으로 활성화를 가져온다. 즉 음악이 시키는 대로 사람이 따라간다는 것이다. 계속음악을 들으면 해롭다기보다 부담을 느낀다는 것이다. 대뇌가 소리정보를 처리하는 것에 부담이 되면 몸이 피곤이 따른다. "어떤 상황에는 어떤 음악을 들으라."고 하는 것은 음악치료가 아니다. 자신에게 '맞는 음악' 이 '맞는 장소'에서 '맞는 시간'에 사용될 때 효과가 있다. 음악치료는 그냥 음악을 들려주는 것이 아니라 기능적 목적을 갖고 들려주는 것이다. 음악이 아니면 움직이지 않는 사람을 움직이게 하고, 음악이 아니면 말을 하려고 하지 않는 사람이 자기 생각을 나누도록 한다. 중국에서는 음악자극을 마치 침(鍼)놓듯이 한다. 가만히 앉아서 40분간 음악을 감상하면 면역체계까지 변화시킨다는 내용도 있다.

<주제발표 3> 탈춤클리닉 사례

탈춤치유의 실제와 사례발표[1)]

· 주제 발표순서

1. 탈춤의 기원설, 2. 사례 연구발표(유치원부터-65세), 3. 탈춤치료의 신체적성(몸풀기)운동, 탈춤클리닉은 1단계부터 9단계까지 있다. 다음 단계를 참고하기 바란다.

1단계/ 와치미학(臥治美學). 2단계/ 몸 풀기(기본훈련). 3단계/ 발의 미학(역사와 발의 미학 실습). 4단계/ 호흡 미학. 5단계/ 태극기공. 6단계/ 눈 기공(古晻선생식 훈련). 7단계/ 댄스아트 마사지(정리운동 및 탈춤과 테이핑 작업). 8단계/ 기본동작. 9단계/ 가무악극의 종합예술 치유

1. 탈춤의 기원설

탈춤은 인간의 육체를 통해 자연적인 생활상을 토대로 그린 종합예술이다. 원시생활의식에서 전해내려 오는 것들을 나름대로 학자들이 주장한 것을 보면 다음과 같다. 한국가면극(탈춤)의 기원설은 1) 산대희기원설은 산대희(음악・무용・연극・곡예・민속놀이 등)에서 가면극인 산대극에서 기원한다. 2) 산대도감극(山臺都監劇) 개통설은 서낭제인 토착적 가면극 등에서 기원하였다고 이두현 교수가 주장했다.[2)] '산대희기원설'에 의하면, 산대희에서 가면극인 산대극이 생겨났다고 한다. 산대희는 신라시대 이래 조선 중기까지 지속되었다. 산대(山臺)는 산과 같이 높은 무대, 비단으로 장식한 다락무대라는 의미에서 붙인 명칭이다. 여러 기록을 참고할 때, 고려시대까지의 산대희는 음악, 무용, 연극, 곡예, 민속놀이 등을 묶은 무대공연이었다. 조선시대 산대희의 내용은 규식지희(規式之戱)와 소학지희(笑謔之戱)로 분류할 수 있

---

1) 최창주 주제 및 논문(사례발표). 탈춤클리닉은 1단계부터 - 9단계로 구성되어 있다(8단계-9단계는 본론).

2) 이두현, 한국가면극, 서울대학교 출판부.

다. 주로 무용적인 요소가 많은 규식지희는 주질(줄타기), 농령(방울 받기), 근두(곤두박질), 토화(불 토해내기), 사자춤, 무동춤, 곰놀이, 호랑이춤 등 곡예와 각종 무용이 중심을 이루고 있었다. 소학지희는 남을 조롱하거나 희롱하던 고려시대의 우희(優戱)의 전통을 이은 것으로 생각되는데, 중흑적인 재담이나 화술로써 어떤 사건이나 상황을 연출해 보이는 일종의 소극(笑劇)이었다고 한다.

'산대도감극계통설'은 이두현 교수께서 산대희기원설을 더욱 발전시켜, 가면극의 기원을 서낭제 탈놀이와 산대도감계통극으로 논의했다. 하회별신굿탈놀이, 강릉관노가면극 등 서낭제에서 놀았던 서낭제 탈놀이는 서낭제에서 기원해 발전한 토착적 가면극이라고 보았다고 한다. 그러나 서울 근교의 산대놀이, 해서탈춤, 야류와 오광대는 산대도감계통극이라고 주장한다. 산대도감극의 춤과 연기는 나례의 규식지희에서, 대사는 나례의 광대 소학지희(笑謔之戲)에서 영향을 받았다 보고, 처용무와 나례를 산대도감극 즉 가면극의 선행예능으로 인정했다. 그리고 인조 이후 공의로서의 나희가 급격히 쇠퇴하고, 영조와 정조 이후 나희가 국가적인 행사로는 폐지되자, 그 놀이꾼인 팽인들이 민간에서 가면극인 산대놀이를 시작했고, 그러다가 놀이꾼들의 지방 분산으로 각 지방의 가면극이 이루어졌다고 보았다고 한다.

3) 풍농굿 기원설은 농악대의 풍농을 비는 마을굿에서 자생적으로 생성되었다고 조동일 교수가 주장했다. '풍농굿기원설'에 의하면, 마을굿에서 농악대의 가면을 쓰고 노는 무리가 잡색으로 따라다니며 이따금씩 허튼 수작을 하기도 하지만, 마을굿을 하는 원래의 행사가 끝난 다음에 기회를 얻어서 놀이를 한바탕 따로 벌인 것이 가면극이라고 하면서, 가면극이 마을굿에서 자생적으로 생성 발전했다고 한다. 그리고 가면극을 농촌탈춤과 도시탈춤으로 나누어 설명했다. 농사가 잘되게 하려는 마을굿에서 농악대의 잡색들이 노는 놀이가 발전해 농촌탈춤이 형성되었고, 농촌탈춤이 18세기 중반 상인과 이속의 도시탈춤으로 발전했다는 것이다.

그러나 조동일 교수는 가면극의 기원에 대해서는 기존 입장을 고수하면서도, 각 지방 가면극이 형성 과정에 대해서는 견해를 수정했다. 농촌탈춤이 바로 도시탈춤으로 바뀐 것이 아니라, 직업적 놀이꾼인 떠돌이놀이패의 탈춤이 농촌탈춤이 도시탈춤으로 발전하는 데 그 모형을 제공했을 것이라고 한다. 그리고 오광대의 경우는 초계 밤마리의 오광대패와 같은 떠돌이놀이패의 가면극이 직접적인 영향을 끼쳤다고 한다. 4) 이혜구에 의해 주장한 기악(伎樂)기원설은 기악의 일본식발음 기가꾸로 〈교오꾼쇼〉에 전한다. 백제인 미마지가 중국 남조 오국(吳國)에서 612년 일본에 전했다는 기악이 가면극의 기원이라고 한다. 기악의 내용은 13세기(1233년) 일본 문헌인 교훈초에 소개되어 있는데, 절에서는 불사 공양의 무곡으로 연출되던 교훈극으로서 교훈초에 나오는 묵극(黙劇)이었다.[3)]

5) 무굿 기원설(박진태 교수 주장)은 신을 즐겁게 하려는 단순한 무당의 의식에서 점점 복

잡한 가무가 발달하여 가면극이 되었다는 견해이다. 박진태 교수는 풍부한 자료를 통해 신화와 굿, 제의와 가면극의 상관성을 구조적으로 고찰했다. 박교수는 하회별신굿의 강신과 거리굿은 무당이 주재하고, 광대들이 하는 가면극에도 무당의 가면극이 들어있다는 사실에 주목하여, 하회별신굿은 무당이 사제자 역할을 하던 마을굿에서 농악대가 주재하는 마을굿으로 전이하는 과정의 중간 형태를 보여준다고 주장했다. 하회별신굿탈놀이는 주지(獅子)과장, 백정과장, 할미과장, 중과장, 양반 선비과장으로 구성되어 있는데, 이는 각각 무굿의 〈부정굿〉〈타살굿〉〈계면굿〉〈세존굿〉〈천왕굿〉 등에 대응되며, 각 과장의 순차구조와 굿의 절차 사이에도 대응관계가 있다고 지적했다. 그리고 농악대 굿도 무당이 주재하던 마을굿에서 분화 파생된 것으로 보았다. 그러나 이 주장을 하회별신굿탈놀이 이외에 한국 가면극 전반으로 확대하여 적용할 수 있을지는 의문이다.

김재철이 단순한 무당의 의식에서 복잡한 가무가 발달해 가무극이 된 듯 추론하면서 탈춤의 첫과장에서 고사와 무당이 등장하는 예를 들었다(그러나 봉산탈춤의 오청채록원본에는 의식춤이 아닌 유혹의 춤과 무당이 등장하지 않는다).

6) 수렵 전략설(狩獵戰略設. 최창주 교수 주장)[4]

탈춤은 조선연극사이다. 탈춤은 즉흥이 아닌 정확한 대본(臺本)과 춤(舞踊)과 음악(音樂)이 있어 가면극(假面劇)이자 연희극(演戲劇)이라고 할 수 있다. 지금까지 '탈춤의 기원설은 산대희기원설, 산대도감극계통설, 풍농굿, 기악기원설, 무굿기원설 등, 기악기원설을 제외하고는 제의적 성격인 모두 민속신앙을 모태로 하였다고 주장하는 논문들이 대부분이다. 아울러 소학지희(笑謔之戲: 憂戲, 즉흥적인 재담, 笑劇), 규식지희(規式之戲: 줄타기 · 방울받기 · 불 토해내기 · 솟대타기 등 무용중심)의 결합에서 이루어진 것이다.' 라는 주장은 지나(支那/中國)에서 전래되었기 때문에 원시사회의 수렵생활 태동과 부족국가의 생성발전에서 씨족을 보호하려는 진법(陣法:진풀이)을 통해 독립된 하나의 안정된 통일국가의 분위기를 만들어내기 위한 수단이었을 것이다. 시대의 흐름에 따라 전쟁(戰爭)에서 벗어나 사찰, 기우제, 당산제, 농사철 등 문화행사로 변해, 연중행사에서 지배계층의 여흥도구로 배역을 담당했을 것이다. 그러므로 필자는 다음과 같이 주장하게 되었다.

수렵전략설(狩獵戰略設)주장은 원시인으로 출발하여 고대 · 중세 · 현대로 이어져 왔다. 이 과정에서 태초(太初)에 식의(食衣)를 해결하는 방법으로 씨족(氏族), 부족(部族)을 보호하기

---

3) 전경욱, 한국의 가면극, 2007, 한국가면극 그 역사와 원리, 1998, 悅話堂, 최창주, <한국전통연희의 이해와 실제(III)>인 2002, 계문사, 연희과 1학년 교재를 참고 하기 바란다.

4) 최창주, 한국예술종합학교 교수(연희과장). 봉산탈춤 전수조교.

위해 수렵과 전투(戰鬪)에 의해서 생활의 수단이 되었다. 즉, 수렵전략설은 사냥과 전쟁이다. 원시시대 먹는 것을 해결하려는 사냥의 수단으로 무서운 동물(사자·호랑이)가면을 쓰고 사냥을 하니 의식해결이 쉬웠고, 전쟁을 하다 보니 특정한 수호신을 섬기며 동식물과 능력이 있다고 생각하는 씨족장, 신(神)과 인간(人間)을 이어주는 주술사 등을 원시사회의 형태를 수렵생활을 통해 자연현상까지 영혼이 있다고 생각해서 그들을 숭배하였다. 즉, 신(神)을 위한 정신과 혼(魂)을 위한 굿과 놀이로 사망 후에는 모두 천국 아니면 지옥으로 간다고 믿어왔다. 따라서 신앙생활인 오신(娛神)에서 오인(娛人)으로 오는 과정에서 신(神)을 즐겁게 하다가 사람(人)을 즐겁게 하는 행위로 변해왔듯이 원시적 생산(生産), 활동(活動), 과정(科程)에서 발생, 발전하여 온 각종 탈놀이와 전쟁가면, 종교가면 등이 옴니버스로 전환하는 시대의 그 기원(起源)을 두는 견해이다.

탈춤은 조선연극사(朝鮮演劇史)로서 원시종교의 근원으로 삶의 애환(哀歡)과 서민들의 희로애락(喜怒哀樂)을 그린 현실풍자극이자, 신(神)을 즐겁게 해주고 신을 즐겁게 해드림으로서 노여움을 풀고 마을의 재앙을 물리치고 복(福)을 받으려고 했던 것이다. 따라서 지금시대에서 보기가 어렵지만 장례식 때 방상시가면[5]을 사용하는 곳도 있다. 또한 탈(假面)을 소화(燒火)하는 것은 액댐과 함께 가장성 등, 모든 것을 태워서 날려 보내고, 자기신분으로 되돌아가는 오신(娛神/ 신을 즐겁게), 송신(送神/ 제사를 끝낸 뒤 신을 본디 제자리 보내는), 강신(降神/ 신(神: 내림받는 것)의 뜻을 가지고 있어 풍요제적 요소와 샤머니즘 요소들로서 현재는 오인(娛人)으로 관객과 행사와 축제로 연결되고 있다.[6]

다음은 한국 가면극의 종류를 보면, 이북에는 해서지방의 탈춤과 북청사자놀음이 있다. 해

5) 장례에 쓰였던 방상시, 행렬의 선두에 두고 따라 오는 잡귀를 물리친다.

6) 종교를 제대로 믿는 자(者)들은 양심으로 분노(忿怒/목적하는 것이 상대방에 의해 못하게 할 때), 불안(不安/ 자신이 생각하는 것이 이루어지지 않을 때), 염려(念慮/ 5분전 내일을 모를 때: 자신)를 하지 않는 동조행위현상이 있다. 그래서 인간은 강하면서도 나약하기에 종교를 가지고 있는 것이 좋다. 5분 후 내일을 모르기 때문에 염려하고 두려워한다. 아무리 과학과 의료수단이 발달이 되었어도 현대과학으로 치료가 안 되는 것이 있다. 우리는 동력(同力)하는 민족으로 정체성과 혼(魂)을 집어넣으면 힐링이 된다. 즉 영육(靈肉)간의 싸움이 그것이다. 철학과 의학·과학으로 불가능할 때 있다. 이럴 때 자연과 종교적·정신적으로 마음의 근육을 치유할 수 있는 것이 있다. 바로 종교적 색체로 채색되었을 때 잘못 인식하는 사람들도 있다. 신용사회에서 종교의식이 없는데도, 종교를 가지고 있지 않는데도 불구하고 신자(信者/神)보다 더 성실하고 믿음이 좋은 사람들도 많다. 요즘은 TV, 핸드폰, 인터넷, 자동차, 술 등이 신종우상보다 더한 매력 있는 신(神)아닌 신이 탄생되었다. 동남아(일본, 중국 등)는 집집마다 신이 있다. 따라서 식문화가 발전된 요즘, 돼지고기 먹고 체해서, 술 먹고 과로해서, 각종사고 등으로 저 세상을 가면서 인생의 삶을 허무하게 마감하는 사람들도 많다. 그래서 기본적인 근본을 알아야 한다. 과거에는 탈춤놀이를 하면 그 해 마을에 병이 없고 풍년이 든다고 믿어 왔고 탈을 문에 걸어 마귀가 침범하지 못하게 하는 습속이 있어 왔으므로, 벽사진경의 종교적 측면도 무시할 수 없는 것이 사실이다. 탈을 쓰는 풍습은 원시인들이 수렵-생산 활동에서 사용한 특수한 위장과 전쟁의 위장에서 발생으로 보았고, 그러므로 가면극은 원시시대부터 시작되었다는 기원설을 주장하게 되었다. '문화(文化)는 변하는 것'이기 때문에 탈춤은 시대가 변하면서 삶의 애환과 서민들의 희로애락(喜怒哀樂)을 그린 현실풍자극으로 자연스럽게 변화되면서 사람을 치유할 수 있다고 주장하였다.

서지방의 탈춤에는 봉산탈춤, 강령탈춤, 은율탈춤, 해주탈춤이 있다. 그 외 해주탈춤 등 각 고을 군(郡)마다 탈춤이 있었는데 없어져 알 길이 없다.
남한에는 크게 산대놀이, 오광대, 야류, 하회별신굿탈놀이, 강릉관노가면놀이가 있다. 산대놀이에는 본산대와 별산대가 있는데 아현동 애오개의 본산대놀이와 양주별산대놀이와 송파산대놀이가 있다. 오광대에는 통영오광대, 고성오광대, 가산오광대, 야류에는 수영야류와 동래야류 등이 있다.

최창주의 기원설의 근원적인 문제에 접근한 결과, "태초(太初)에 식의(食衣)를 해결하려는 수렵(狩獵)과 자기부족(部族)과 씨족을 전쟁(戰爭)에서 보호(保護)하려 했고, 신(神)을 믿어 신을 즐겁게 해드림으로써 노여움을 풀고 마을의 재앙을 물리치고 복을 받으려고 했던 것"으로서 수렵전략설(戰鬪說)을 주장하게 되었다. 지금도 삶과 전쟁이다. 최초 원시사회는 귀족이 없었다. 다만 나이 많은 무사가 이를 대신할 뿐이다. 이때 가무(歌舞)를 사용하며 춘, 춤의 내용은 원시인들의 수렵동작(狩獵動作)을 모방한 것이다. 이것은 아마도 가장 원시적인 표현인 연희의 모습일 것이다.[7] 문헌과 함께 학자들도 다음과 같이 주장한 예를 보면 다음과 같다.

1) 중국상고무(中國上古舞)에도 제효시(帝曉時)에 백수무(百獸舞)가 있었다고 문헌(文獻)에 보이는데, 이것은 여러 사람들이 백수의 가면(假頭)을 쓰고 춤추는 모양을 말한 것이며 수렵시대(狩獵時代)의 원시적(原始的) 무도(舞蹈)와 관련이 있을 거라는 의견이 있다. (생략) 아울러 수렵의식에서 발전된 벽사진경(辟邪進慶)의 관념(觀念)이 사자면(獅子面)과 사자놀음에 결부되어 왔을 것으로 생각된다.

2) 신라말(新羅末) 최치원(857-?)이 읊은 향악잡영의(鄕樂雜詠) 오수(五伎)의 산예(狻猊)와 백제인(百濟人) 미마지(味摩之)가 612년에 일본에 전전(轉傳)하였다는 기악(伎樂)에도 사자(獅子)가 나온다.[8]

3) 한편 북아메리카의 만단(Mandan)족 인디언들은 들소를 사냥하러 나가기 전에 실제 들소의 가죽과 머리를 벗긴 것을 뒤집어쓰고, 원형을 이루어 껑충 껑충 뛰어다니면서 노래 불렀다. 그리고 서로 총을 쏘고 가죽을 벗겼다. 이는 들소를 잘 사냥하기 위해 거행한 가면춤으로서 일종의 유감주술이다. 또한 이 책에서 전쟁가면은 악의에 찬 표정이거나 적에게 두려움을 줄 만큼 무시무시하고 이상한 모습이다.

4) 고대 그리스인들과 로마인들은 기괴한 가면을 가진 전투용 방패를 사용했고, 그들의 갑

7) 윤광봉, 한국의 연희, 1992, p.21, 최창주, 한국연희극과 마케팅, 월인.
8) 이두현, 한국가면극, 서울대출판부, 1994, pp.22-23.

옷과 투구에 무서운 가면을 부착했다.[9)]

5) 중국에서는 〈구당서(舊唐書)〉에 대면(代面/大面)이라는 전쟁가면이 소개되었다. 이는 북제(북제, 550-577) 때 난릉왕(蘭陵王) 장공(長恭)이라는 사람이 무술은 뛰어났으나, 얼굴이 여자처럼 예쁘장하였기 때문에 전투에 나갈 때는 항상 가면을 썼던 데서 유래한다. 대면은 난릉왕이 적진에 돌격해 적을 용감하게 무찌르는 모습을 무용화한 검무로서 전투용 가면을 착용했던 것이다.

6) 일본의 무사들은 전쟁에서 가면 헬멧을 사용했는데, 임진왜란 때도 왜군의 선봉이 가면 헬멧을 사용했다. 장례식이 끝난 후 남자들의 집에 보관되다가 전쟁 시에 적을 협박할 목적으로만 꺼내졌다.

7) 서아프리카의 코노(Kono)족 전사들은 점을 쳐서 그들의 가면을 진단해 보고서야 전쟁에 나갈 수 있었다.[10)] 북아메리카 북서안의 트린지트(Tlingit)족 인디언들은 전투에서 목제, 석제, 동제의 무기들로부터 머리를 보호하기 위해 헬멧 모양의 목제가면을 착용했다고 한다.

8) 축제 때 쓰는 가면은 세계적으로 축제에서 가면을 자주 사용하였다.

대표적인 것이 카니발 가면과 할로윈 가면이다. 그리고 중남미의 멕시코, 과테말라, 불리비아 등지에서도 여러 축제들이 벌어질 때 가면을 쓴다. 중세의 유럽에는 가톨릭의 사순절 바로 전에 카니발(사육제) 축제가 있었다. 사순절은 기독인들이 부활절을 준비하기 위해 금식을 하고 기도하는 시기를 말하는데, 부활절 40일 전부터 이 행사를 시작한다. 사순절 기간 중에는 고기와 버터를 먹을 수 없었기 때문에, 중세 이후 로마가톨릭 국가들은 사순절에 앞서 이것들을 모두 소비하는 카니발을 갖게 된다. 카니발은 일상생활의 규율과 질서에서 벗어나는 기간이었는데, 요란한 가장행렬, 대규모의 가면무도회, 풍자적인 연극 등이 여기에서 유래했다.

종교개혁 이후 유럽의 개신교 지역에서는 이 축제들을 금지했다. 그러나 일부 가톨릭 지역에는 아직도 카니발이 남아 있다. 이탈리아의 베니스 카니발은 매우 유명한데, 지금도 매우 성대하게 거행하고 있다. 또한 알프스 산맥의 일대에 있는 스위스, 독일, 오스트리아의 가톨릭 지역에서도 카니발 축제에서 아름다운 가면, 무서운 악마나 마녀의 가면을 쓴 남자들이 허리에 큰 방울을 달고 손에 지팡이를 들고 신음소리를 내고 마을을 돌아다니면서, 지나가는 사람들에게 봉지를 씌우거나, 집집마다 방문해 소녀들을 무섭게 하거나, 악마를 쫓는다.[11)] 이는 봄과 겨울, 선(善)과 악(惡), 신과 악마를 대비시킨 행사이다. 현재 미국 할로윈(Halloween)이

9) Peul s. Winngert, “Mask”, The Encyclopaedia 15the ed. vol.11 p.584.

10) Jean-Louis Bedouin, MASQUES, pp.60-62, p.78.

11) 봉산탈춤에서도 첫목, 말뚝이, 미얄, 무당 등이 방울을 달고 다닌다. 큰 방울은 귀신을 쫓고 작은 방울은 귀신을 불러들인다.

라 하여, 만성절(All Saint's Day)의 전날밤(10월 31밤)에 호박 속을 도려내 도깨비 초롱을 만들고 도깨비나 해적으로 가장하여 가면을 쓰고 거리를 누비고 다니는 행사가 있다. 이날 유령과 마녀가 세상에 나타나고, 또 죽은 자가 가족을 방문한다고 믿었다. 그래서 사람들은 두려움을 떨쳐버리고 불을 지피면서 밤을 새웠다. 할로윈의 대명사인 호박가면은 당시 아일랜드 지역의 주요 수확물이 호박이었던 데서 유래한다. 사람들은 죽은 자의 영혼을 맞이하기 위한 일종의 제사음식과 같은 의미로 호박을 창가에 놓아두었다고 한다. 19세기에 들어 아일랜드인들이 미국에 이주함에 따라 할로윈의 풍속도 따라왔다. 할로윈 때 사용하는 가면은 원래 자신이 만들어 사용했으나, 이제는 대부분 대량생산해 판매하고 있다. 그중에서 마녀, 유령, 광대 가면이 인기가 높다.

9) 〈만주원류고(滿洲源流考)〉에 "사슴 소리를 내어 사슴을 유인해 잡는 방법을 살펴보건대, 나무로 사슴 소리를 흉내 낼 수 있는 부는 도구를 만들고, 또한 사슴의 가면을 만들어 머리에 쓰고서 사슴이 알아차리지 못하게 하는데, 사냥에 정통한 사람만이 할 수 있다"[12]는 내용에서 사슴 사냥에 사슴 가면이 사용되었음을 알 수 있다.

10) 연극도 탈춤에서 시작되었다. 우리는 '연극'이란 단어를 사용하지 않았고 '연희'의 명칭을 신문에도 사용하였다.[13]

11) 김재철의 〈조선연극사〉에도 이미 수렵시대부터 사자탈을 쓰고 의식주(衣食住)를 사냥으로 해결하였다고 기록하고 있다.

12) 이두현 교수도 구석기시대(舊石器時代)의 주술(呪術)뿐만 아니라 현대의 미개사회에서도 짐승의 목소리를 흉내 내거나 사냥하려는 동물의 가면으로서 위장(僞裝)하여 짐승에게 접근하는 방법을 쓴 것이며,(생략) - 웅피가면(熊皮假面), 야우가면(野牛假面), 여진족의 사슴사냥 등, 야우수렵의 모방무용(模倣舞踊)을 행하는데 이 춤을 통하여 참가자(參加者)들이 야우(野牛)를 잡을 수 있는 힘을 얻는다고 생각한다.

13) 전경욱 교수의 "짐승을 사냥할 때 사용하는 가면"[14]을 보면, 원시시대에 원시인들은 사냥에서 위장의 수단으로 가면을 사용했던 것으로 나타난다. 원시인들은 짐승의 소리를 내거나 사냥하려는 동물의 가죽을 뒤집어쓰고 동물들에게 접근했다.

이러한 수렵방식은 오늘날도 남아프리카의 부시맨(bushman) 등의 미개사회에서 여전히 사용되고 있다. 또한 유럽에서는 기원 전 3만년전 후기구석기시대의 동굴벽화에 가면을 쓴 춤

12) 欽定滿洲源流 考 16. 國俗1. 등.

13) 최창주, 한국뮤지컬, 앰애드, 2010, 연극부분 참고, pp.111-122. 대한매일신보 1909.5.20. 시사평론, "연희를 배웠다." 기사이용.

14) 전경욱, 한국가면극과 그 주변의 문화, 도서출판 월인, pp.223-226.

꾼이 짐승을 사냥하는 장면이 그려져 있다. 수렵가면은 여진족과 만주족 사이에서도 널리 사용되었다.

14) 한편 김욱동은 한마디로 탈춤과 같은 민속극은 원시적인 제례와 밀접한 연관성을 지니고 있기 때문에 단순히 문화 국수주의적 이론만으로는 그 뜻을 제대로 파악할 수 없다. 우리나라의 탈춤과 같은 초기 형태의 연극은 세계의 어느 민속에서나 찾아볼 수 있는 보편적 현상이다. 그러므로 탈춤은 보다 포괄적이고 보편적인 세계 연극사의 관점에서 이해하고 논의해야 할 것이다. 그렇지 않으면 우물 안의 개구리처럼 우물 안의 세계가 곧 우주라는 착각에 빠지게 될지도 모른다. 앞서 지적하였듯이 외국의 이론을 도입하여 탈춤을 연구하려는 것은 우리의 문화유산을 왜소하거나 빈약하게 만드는 것이 아니라 오히려 그것을 풍부하고 비옥하게 만드는 것이라는 사실을 깨달을 필요가 있다.[15)]

15) 손숭수(孫崇壽)・서굉도(徐宏圖)에 의하면 "옛 무당 혹은 옛 우령(優怜/伶)은 모두 원시 민간 가무(歌舞)에서 탄생한 것"으로 아울러 원시전쟁과 그 패배자의 귀착점인 "신하가 되어 복종하는 臣服" 이라고 했다, 임금이 '기야! 너에게 음악을 맡을 것을 명하노라' 라고 중국 고대 황제가 말했다고 옹민화 논문에서도 밝힌바 있다.

필자는 "연희극(演戲劇)" 단어자체가 무기(화살・창・칼)인 전쟁의 뜻이라고 주장했다. 문화(文化)는 변하는 것으로 탈춤이 처음에는 옴니버스형태에서 시작되었으나 18세기경부터 탈춤내용이 가무악극(歌舞樂劇)의 스토리가 이어지면서 공연으로 승화되었다. 이렇게 주장한바 있어, '수렵전략설' 주장하였다. 덧붙인다면 그 근거내용을 정리하면 다음과 같다.

(1) 사냥을 통해 의식(衣食)을 해결하였고 자기부족을 보호하기 위해 전쟁(戰爭) 을 했다.

(2) 부락과 부락이 전쟁할 때 전시대의 용장(勇將)의 얼굴을 흉내 내어 가면(假 面)을 만들어 쓰고 다른 부락을 위협하는 전쟁가면을 썼다.

(3) 풍물, 탈춤, 연희극(演戲劇)은 화살(演)과 창(戲)과 칼(劇)의 뜻을 가지고 있기 때문에 진법(陣法)인 전쟁(戰爭)의 뜻이다.

(4) 중국의 산악잡희(散樂雜戲)와 한국의 가무백희(歌舞百戲)와 비슷하다.

(5) 〈조선연극사〉 김재철은 이미 수렵시대부터 사자탈을 쓰고 의식주(衣食住)를 사냥으로 해결하였다고 기록하고 있다.

(6) 신(神)을 즐겁게 하기 위해 오신(娛神)에서 오인(娛人)으로 가무(歌舞)와 사 냥으로 하

---

15) 김욱동, 탈춤의 미학, 현암사, 1994, p.50.

여금 여유가 있어 놀이문화로 승화되었다.

(7) 스트레스의 근원은 무기(武器)가 없을 당시 사자, 호랑이 등의 동물들을 저지 못할 시기에 동물소리를 들었을 때, 동물들의 소리를 듣고 공포에 시달려 처음으로 스트레스를 느꼈다고 한다.

(8) 사냥과 전투는 남자가 하였지만, 탈꾼도 모두 남자의 배역으로서 이루어졌다. 이것은 여자가 탈에 접근하면 부정(不淨)하다고 생각하여 온 고래(古來)의 풍습에서 온 것이며 이러한 풍습을 오랜 옛날(아마도 원시공동체 시대)에 탈놀이가 주로 바깥에서 수렵에 종사한 남자들만의 행사이었던 유습에서 기원 된 것이다.

(9) 원시인들이 사냥할 때 무서운 수렵탈(사자탈)을 쓰고, 사자인줄 알고 사자 때 문에 작은 짐승들이 위축되어 사냥하기가 쉬었다. 탈을 쓰는 풍습은 원시인 들이 수렵-생산 활동에서 사용한 특수한 위장(僞裝)에서 시작하였다. 산속에 서 사냥할 때 맹수(사자, 호랑이)의 탈을 쓰고 사냥하니 수렵에 매우 손쉽게 더 많은 동물을 포획하였다.[16)]

(10) 사자의 역사적인 유래는[17)]

* 삼국사기 권4중 신라본기 제4의 지증마립간(智證麻立干) 조에서 지증왕 13년 6월에 이사부가 우산국(울릉도)을 정벌하는데 목우사자(木偶獅子)를 전선에 실고 그 해안에-이르러 거짓말로 알리기를 "너희들이 만약 항복하지 않으면 이 사나운 짐승을 놓아 모조리 짓밟아 죽일 것이다" 항복한 사실이 있다. 목사자(木獅子)를 활용하여 전쟁에서도 사용하여 승리한 바 있고, 작품화하여 극적(劇的)으로 정리하여 활성화 된 것은 18세기부터 이루어진 것으로 추론된다.
* 신라시대 기록을 보면 최치원의 향악잡영(鄕樂雜詠) 오수(五伎)에 산예(狻猊)는 서역계통의 사자가 사막(沙漠)에서 건너왔다는 기록이 있다.
* 1779년 유득공의 경도잡지에 산회와 야희가 있는데 산희에 사자, 호랑이 춤이 등장하는 묘사 있다.
* 요임금 때 궁중에서 온갖 짐승들이 춤을 추었다는 백수무(百獸舞)가 있다.
* 탈춤은 한사군 때 중국문화가 황해도지역에 전파·성행하여 당토성(오나라 오씨가 지배)을 만들었으나 고구려에 의해 점령.

(11) 탈춤사자와 성경의 사자

불경의 사자와 성경에 사자는 역사적인 근거가 있다. 봉산탈춤의 사자는 석가여래의 영을

16) 신영돈, 우리나라탈놀이, p.12.

17) 최창주, 논문, 한국예술연구, <봉산탈춤 사자춤 기원 재검토>, 논문집 7집, 2004.

받아 부처님의 사자인 사자가 문수보살을 태워가지고 댕기며 온갖 조화를 다부린다는 사자다. 성경의 사자는 다니엘 사자 굴 등에서 많이 등장함, 그러나 회개(悔改)와 구언(救援)과 용서(容恕)의 메시지가 다함께 존재한다.

(12) 해외스토리

* 수마트라 왕자(Sang Nila Utama)가 섬으로 가던 중 폭풍을 만나 배가 침몰할까봐 무거운 짐을 다 던졌는데 폭풍이 그쳐지지 않자 왕관을 바다에 던지자 바다가 잠잠해 졌다. 도착한 섬에 한 동물이 있었는데 그 동물이름을 "좋은 징조"라 생각하여 그 섬을 '사자의 도시'란 뜻으로 지금의 '싱가폴(singapura)'의 이름이다.

(13) 9000년 전 지팡이 사람 얼굴 조각

9000년 전에 살았던 야생 소의 갈비뼈를 깎아 만든 것으로 보이며 길이는 12센치 정도다. 원래는 길었지만 고의로 부러뜨린 흔적이 있으며 조각된 얼굴은 모두 눈을 감고 있다. 고대 인류가 사용한 '미스터리 지팡이' 가 발견되었다. 이 지팡이는 2개의 사람 얼굴이 정교하게 조각되어 있다. 당시의 인류 얼굴을 자연주의 적으로 묘사한 조각이 특징이며 아마도 장례에 쓰였넌 것으로 보인다. 브리머 박사 연구팀은 이 지팡이 역시 9000년 전 고대인류가 사용했다고 추측하고 있다(마부채찍도 큰지 팡이에서 채찍으로 변함).

필자의 수렵전략설 주장을 더욱 보충한다면, 정글(Junge/밀림)에도 살아가는 법칙이 있듯이 사람이 살아가는 사회도 법칙이 있다. 폭력과 투쟁이 난무하는 생(生)과 사(死)의 갈림길 속에서 잔인하고 살벌한 동물의 법칙과 같은 약육강식은 아니더라도 강자(强者)는 약자(弱者)를 보이지 않게 죽이고 있다. 동물은 근본적으로 투쟁적이고 폭력적이나 인간은 평화적이다. 그러나 인간사회도 강한 조직이 약한 조직을 먹어 치우게 되어 있다. 우리민족도 줄 곳, 전쟁의 상처만 받은 나라이고 지금도 전쟁 중이다.

인간의 2대 비극은 나라 없는 국가, 부모 없는 고아가 제일 불쌍하다. 역사의 제물(祭物)이 되지 말고 나라의 주인정신을 발휘해야 함에도 불구하고 지금 우리가 처해 있는 상황은 남과 북이 분단되어 있다는 사실이고, 미국에서 제일 걱정하는 것은 한반도에 주인이 없다는 것이다. 우리는 수많은 외침을[18] 받았는데도 면역에 걸려 있다는 것이다. 북한은 빨치산이 세운 나라이기 때문에 백성이 굶어 죽든 말든 군부만 살아 있으면 되는 무너지기가 힘든 나라라고 말하는 사람도 있다. 미국은 민주주의를 외치며 자기들의 권력만을 말하면서, 다른 나라는 핵을 가지고 있으면 불법이라고 외치는 나라이다. 더욱 북한은 김씨 조선왕국으로 3대가 왕권을 물려주면서 국민들이 자유(自由)가 무엇인지 모르는 불쌍한 사회이다. 세계 유일한 대한민

18) 한나라의 낭랑군, 수나라의 양재, 만주의 여진족, 병자호란, 임진왜란, 일본침략 등, 외부 침임을 너무 많이 받아 역사학자도 모른다고 함.

국은 고대에서부터 지금까지도 전쟁이 끝나지 않고 유일하게 휴전하고 있는 나라이기에 삶의 전쟁을 치루고 있어 전략설(戰略說)에 첨부하여 주장하게 된 것이다.

인간은 제일 강하면서도 나약한 존재이기에 방상시 가면을 장례행렬에 앞세웠고, 대면(代面)을 이용하여 의식(儀式: 축제, 전쟁, 사냥), 신(神) 즉, 종교와 연결된 신본과 인본주의(神本. 人本主義)를 가지게 된다. 그래서 〈심리극과 가면극〉 〈기독교와 전통문화〉의 심리적 현상이 동조현상과 유사함을 느끼게 하고 있으며, 심리극과 가면극에서 나타난 치료효과와 탈춤의 효과가 유사하게 공감함을 제시하게 되었다. 그러므로 필자는 가면극은 원시시대부터 시작되었다는 기원설을 주장하게 된 것이다.

문화(文化)는 '변한다.' '다르다' '편안하다'의 뜻을 가지고 있기 때문에 시대가 변화되면서 탈춤은 삶의 애환과 서민들의 희로애락(喜怒哀樂)을 그린 현실풍자극이 되었다. 그러면서 자연스럽게 전쟁(戰爭)[19]에서 놀이(戱)로 변화되어 치료와도 연구하며 연결하게 되었다.

이상과 같이, 가면극의 기원에 대해 여러 학설이 제시되었지만, 각 기원설은 일정한 타당성과 함께 문제점도 갖고 있다. 왜냐하면 1930년대까지만 해도 전국적으로 수많은 가면극들이 전승되고 있었으나, 이제는 많은 가면극들이 사라져 가고 있다. 그동안 가면극의 기원에 관한 논의는 이미 상당히 발전된 상태의 가면극에 나타났다. 아울러, 여러 모습 가운데 어느 한 측면만을 강조하는 방향으로 전개되어 왔기 때문이다. 그러나 이미 완성된 단계의 가면극을 온전히 이해하기 위해서는 기원설의 문제만을 독립적으로 다룰 것이 아니라, 발전단계의 여러 요인을 포함하여 전승의 측면과 변이의 측면을 고찰해야 할 것이다. 가면극의 기원을 논의할 때 제의(풍요제의, 무속제의)에서 가면극이 비롯되었다는 이론은 세계적인 보편성을 인정받는 합리적인 학설이다.

그러나 그것이 현전 가면극의 직접적이며 전적인 기원이라고 볼 수는 없다. 가면극이 제의에서 기원하여 꾸준히 자생적인 발전을 해왔다고 생각되지만, 전승과정에서 다양한 변이도 일어났기 때문이다. 이러한 변이에 영향을 끼친 것은 삼국시대에 중국으로부터 유입되어 조선 후기까지 계속 발전했던 산악잡희, 6세기 중엽 신라의 진흥왕 이래 조선시대까지 지속되었던 산대희, 612년 백제인 미마지가 일본에 전한 기악, 특히 통일신라시대 최치원의 『향악잡영』의 5수에서 묘사한 오기(五伎: 金丸・月顚・大面・束毒・狻猊), 고려시대에는 팔관회와 연등회에서 가무백희(죽방울・솟대타기・칼 던지기・줄타기・불토해내기 등)를 연행하였다. 조선시대 초기 사원이 혁파되면서 유랑하던 재승(才僧)들의 연희, 북방에서 흘러 들어온 이방인들이 무리를 지어 방랑하다가 정착한 수척(水尺: 禾尺・才人・白丁・伻人・倂人 등: 소를

19) 연희극・풍물(陣法)이 곧 전쟁의 뜻이다.

잡는 사람들이나 전문적인 놀이를 놀 수 있었던 것으로 보인다)들의 연희 등을 볼 수 있다.[20]

우리의 전통문화인 풍물(농악). 탈춤(조선연극사). 연희극(演戱劇)은 진법(陣法)인 전쟁(戰爭)의 뜻을 가지고 있다.

2. 사례 연구발표

가면극(봉산 · 산대 등)은 조선연극사이다. 가무악극(歌舞樂劇)의 종합예술로서 봉산탈춤의 기본동작과 양주산대의 기본동작, 소리와 몸짓 등을 사례연구 발표하였다. 특히 탈춤체조, 민속체조, 태권체조, 민속놀이 올림픽, 탈춤마스게임, 한국적포크댄스 등을 실시하여 실험을 했다. 대상은 청년들과 주부 · 노인들에게 동작과 스토리텔링(연극적)을 통해 팀 게임 프로그램을 진행했다. 가)팀과 나)팀을 나누어 가)팀에는 취발이, 목중, 말뚝이, 소매(小梅) 젊은 캐릭터를 통해 '청년' '생수' '싱싱' '연애' '싸움' '기회' '신명' 등 젊음과 관련된 단어를 주어 움직임을 통해 노론과 행동을 하게 하였고, 나)팀에는 노장, 양반, 영감, 미얄의 배역으로 '노인' '병원' '치료' '생로병사' '자식' '안식' 같은 청춘과 늙음 단어를 각각 인식시켜 보여줬다. 주제(主題)는 '태어나면 늙어지고 병들어 죽는다.'(生老病死), 희로애락(喜怒哀樂)이라는 문구를 주어 각 팀별 연구과제로 채택하였다.

그러면 '탈춤치유'가 무엇인가? 탈춤은 병균을 죽이지는 못하지만, "한국의 조선연극사인 가무악극(歌舞樂劇)을 통해 복합적인 〈종합예술방법〉으로 〈인간의 심리적〉인 마음을 열어 교육과 훈련으로 최선(最先)을 다해 뇌(腦)에게 긍정적인 사고방식을 갖게 하는 것"이다. 탈춤치료는 전문의사와 연구해서 좋다는 것을 수치를 통해 증명해내야 하는데, 전문의도 동조자가 없었다. 앞으로 연구전문의 부족이지만 이제 그것까지 실험해볼 예정이다. 그래서 정확한 임상과 과학적이지는 못하지만, 자연과 육체와 치유를 통해 뇌(腦)의 역할을 교육생들에게 강조했다. 따라서 미흡하지만, 주제논문인 '탈춤클리닉'을 통해 치료효과 5가지 요약 설명을 했다.[21]

서양문물에 젖어 있는 현대인 중 한사람으로 살아왔던 필자는 '한국인의 정체성이 무엇인

---

20) 전경욱, 한국가면극 그 역사와 원리, 1998.9, 열화당; 한국가면극과 그 주변의 문화, 도서출판 월인, 2007.

21) ① 영육(靈肉)간의 싸움인 정신적인 것과 육체적인 것(육체근육과 마음근육), ② 춤사위를 통한 집단적 해방감, 행동의 자유가능(억제와 해방, 추임새를 통해 모인 사람들의 개인적인 오픈마인드의 어울림과 집단적 공동체적인 만족감, 장소의 제약이 없음) ③ 탈(假面劇)을 통한 몸짓, 소리, 가무악극의 종합예술(50견 예방, 과장, 풍자, 마당), ④ 뇌(腦)의 통한 개인의 잠재적 생각 노출(우울증, 불면증, 치매 등). ⑤ 국민건강을 위해 예방적 측면과 건강한 사회성 향상 등을 연구 노력한다.

가' '우리의 것은 무엇인가'를 한국 전통연희(傳統演戲)로서의 탈춤과 건강(健康)을 비교・연구하며 그 진정성을 항상 고민했었다. 그러다가 발견한 것이 바로 한국의 대표적인 육체적이고 정신적인 사상이 깃들어 있는 향토적인 탈춤이었다. 그러면 고유의 전통연희인 탈춤이 과연 얼마만큼 우리 몸에서 운동효과와 치료의 효과를 가지고 있는가? 이러한 막연한 생각을 가지고 그저 청소년, 대학생과 교사, 주부, 노년층(62세 이상자) 등, 일반인 상대로 탈춤운동을 실시하여 40년 이상을 지도하면서 계속적으로 훈련하고 시험해 보았다.

기원설의 뜻을 터득한 후에 춤(舞踊), 소리(音樂), 몸짓(演劇), 넋(神) 등, 이전에 인간의 근원적인 것부터 찾아보았다. 수강시작의 이론(理論)강의가 끝나면 실기 전(前)에 연습방법은 인간이 어머니 배속에서 태어나듯 잠을 자고 일어나면서부터 움직이는 인체의 원리를 응용, 가벼운 운동을 시작하는 순서를 채택하였다.[22] 준비운동으로부터 시작하여 스트레칭이 끝나면 서서히 일어나 탈춤 기본동작・대사를 할 때까지의 과정을 나누어, 각 단계마다 계층별로 강도를 높여 가며 탈춤의 기본동작을 3舞와 3色을 통해 환희용약(歡喜踊躍/기뻐 날뜀)하게 운동을 시켜 실시한 결과, 다음과 같은 사례가 나왔다.

〈사례 1〉 유치원・초등학교(국민) 학생

유치원학생들은 유희(遊戲)로 생각하였고, 8세부터 10세까지의 저학년은 탈춤에 흥미를 가지지 않았으며, 우리 것에 대한 인식부족으로 인해 그저 따라하는 정도였다. 그래서 기준을 측정할 수 없었고, 한삼(汗衫)[23]사위가 생소하다는 반응만이 주된 것이었다. 다만 탈춤의 기본춤사위와 장구소리(우리는 옆으로 타법, 외국은 상하)[24]는 신비롭게 생각하였고 탈춤체조의 한양합주 테이프를 틀어주자 음악에 맞춰 박자와 관계없이 흥겹고 신명(神明)나고 재미있게 따라 했다.

그래서 YMCA(종로본부)에서 70년대 초에 저학년과 고학년들을 강당(친교실 2층)에 모아놓고 처음으로 장구강습과 탈춤강습, 야외 민속캠프(담당간사 오경운, 김용무)를 실시하였는데 장고 값이 비싸 학생들에게 장구를 구입하라고 할 수가 없었다.

결국, 처음으로 시도할 때, 필자만 장구를 가지고 지도를 하고 수강하는 학생들은 장구채(100원-300원)만 구입하여 구멍가게에서 흔히 구할 수 있는 라면 상자를 장구대신 구입하여 치게 하였다. 라면상자가 찢어지면 테이프를 붙여 치고 또 치곤했다. 빈곤한 경제시대에 전통

22) 손발 움직이기, 들기, 엎드려서 상하로 들기, 앉아서 스트레칭, 발 지압, 체조식 태극기공 기초로 스트레칭을 하고 한삼(汗衫)체조가 끝나면 탈춤으로 승화(1단계 - 9단계 및 사례 참고).

23) 손을 감추기 위해 소매 끝에 흰 헝겊을 길게 덧대는 긴소매(탈춤사위를 위해 제작한 소매).

24) 해외 불꽃놀이는 위로 올라가나 동양은 불꽃놀이는 밑으로 내려온다(落花놀이).

문화를 대중화한다고 마음과 정신으로 무던히도 사회단체에 뛰어다니며 자원봉사를 하던 시절이었다. 그러나 그 노력이 헛수고는 아니었다. 원형(原形)은 주입식교육을 할 수 밖에 없다. 즉, 세뇌교육(洗腦敎育)과 함께 초등학생들에게 의외로 좋은 결과가 나왔다. 장고가락을 친다는 즐거움도 있었지만 어린 학생들에게 장고를 치며 때리는데 스트레스가 해소되어 어린이들도 학교생활에 있어서 스트레스가 많이 쌓여 있다는 것을 그 때 비로소 알았다. 그렇게 많은 스트레스가 있는 줄은 전혀 모르던 시대이었다.[25)]

〈사례 2〉 초등학생 및 중・고학년

YMCA를 통한 교육은 앞서 〈사례1〉에서 설명하였고 이것을 계기로, RCY(적십자), 걸스카웃, 보이스카웃, 경복, 창문여고 등, 1980-90년대 들어서면서 국립민속박물관에서 매주 화요일 휴관 일에 서울지역 각 초등학생들을 대상으로 이론과 실기를 교육한 사례이다. 과외공부 때문인지 학생들의 건강은 말이 아니었다. 하체는 빈약하고 키는 크대 약골이었다. 이론(理論)을 조금하여도 졸며 인내력(忍耐力)이 없었으며 조금만 움직여도 피곤해했다. 그러나 실기에 들어가자 피는 속일 수 없는지 어깨춤을 들썩이며 탈춤사위가 재미있다고 했다. 어떤 초등학교 학생들은 학습을 통해 정간보(正間譜)라는 것이 무엇인지도 모르고 있었고, 또 매주 만나는 학교마다 선생에 의해 조금 차이는 있었지만, 어떤 학교 학생들은 전통문화에 대하여 전혀 문외한이었다. 〈이곳이 과연 한국인가 싶을 정도로 어린이들의 주체의식(주인의식)이 문제가 많구나.〉를 느꼈다. 그러나 학교의 교육이 문제이었지, 전통문화교육(잠간동안이지만 탈춤교육)을 받고나니 민족문화와 주체의식은 물론, 신명과 함께 다리에 힘이 생기고 건강할 것 같다고 학생들은 관심을 보였다. 제도가 입시위주이니까 취미활동은 하고 싶어도 엄두를 못 내고 있었다. 더욱 한국전통문화는 그러했다. 그래도 함께 모여 단체로 공동체인 어울림의 신명나는 탈춤을 하니 모든 것을 다 잃어버리고 추임새를 하면서 홍겹게 탈춤을 추었다. 개인주의, 자살, 왕따, 따돌림을 해소하는 운동이 바로 어울림의 집단체조인 탈춤(탈춤체조)이다. 또한 탈춤지도와 한국전통문화의 전반을 통해 기초적인 강의를 하면서 학생들의 실태를 살펴보

---

25) 장구를 치는 것과 '단체로' '다함께' '어울려' 탈춤을 추었기 때문에 분위기가 좋았고 학생들 간에 싸움이 없어졌다고 설문지에 답했다(학교폭력 근절 프로그램으로 정규과목이 아니면, 없으면, 특별활동 시간이라도 삽입하자고 교사 및 교감 연수교육 때 강조하고 추천했었다).
그 후 학생들에게 좀 더 과학적인 교육방법을 한다고 김희조 단장(작곡가, 시립가무단), 시립관현악단(김용진 단장/지휘자) 지휘자에게 과학적인 국악교육이 뭐냐?고 시간만 있으면 찾아가 질문(質問)하고 공부했다. 귀찮아하지 안했다. 그 후 우리의 정간보(井間譜)와 외국의 악보, 춤사위와 연결하여 재미있게 동, 서양의 문화비교, 외국춤(왈츠・차차차・포크댄스・탭댄스・스페인 춤 등)과 우리 춤과 비교문화 교육을 어린 학생들에게 시도하였다. 치고(때리고), 춤추고, 소리 지르고, 손잡고 어울려서 질문하고 토론했다. 따라서 탈무드교육과 비교하니 관심이 폭발적이었다. 한국전통문화의 교육프로그램(탈춤치유방법)을 통한 스트레스 해소가 가능하다는 사실을 필자도 그때 처음 터득하고 깨닫게 되었다.

니 화장실의 사용법과 공중도덕, 단체생활의 질서, 인성교육, 가치관, 도덕적 기초교육(교양·지식)의 문제점이 많아 학교의 정책적인 지침과 교사의 근본적인 자질과 교육정책의 헛점을 발견하게 되었다.[26)]

교육부당국에서는 '모두 3천억 원이 넘는 예산을 쓴다는데 현장에서 학생들이 체감할 만큼 실효성이 있을지 의문'이라고 말했다. 아울러 게임중독, 언어폭력[27)], 폭력발생 자체를 막기 위한 조치 등은 부족했다는 지적이 나오고 있다.[28)] 그래서 한국의 전통문화교육정책을 근본적으로 계획을 세워야 한다.[29)]

〈사례 3 청소년과 젊은층〉 YMCA, 적십자사, 근로·복지회관(한국청소년 연맹)

1970-80년대 상황이다. 청소년기에는 입시공부에 몰두하기 때문에 전공필수과목만 공부한다. 서양 것도 아닌, 우리 춤을 지도하면 의식 없이 "꼭 해야 하나?" 하고 반항을 하는 학생들이 있는가 하면, 어쩔 수 없이 따라 하는 수준이다. 필자도 '왜 내가 이것을 지도해야 하나하고 후회도 했었다.' 그러나 탈춤이 좋아 지도하다보면, 두 부류가 있다. 대학진학을 하지 않고

---

26) 요즘 학생들 입시위주에 시달리고, 학교폭력, 왕따, 따돌림 때문에 학교와 부모가 골치 아파 사회문제가 되는 것 같다. 최근 늘고 있는 학교폭력 양상을 보면(2012.1.10 조선일보기사 및 社說), ① 자기가 당하지 않기 위해 남을 괴롭히는 것. ② 고등학생보다 초등학생·중학생 폭력증가, ③ 스마트폰·인터넷 활용한 24시간 괴롭힘, ④ 여학생 왕따 폭력 증가, 심지어 서울시의원까지 "집단 괴롭힘 등 왕따 폭력은 점점 흉폭 해지는데 교사가 교육적인 차원에서 벌주는 것마저 막으면 학생을 지도할 길이 없어져 결국 다수의 학생에게 피해가 돌라갈 것"이라고 말했다. 시대가 변하다보니 다문화 가정이 생겨 한국인과 외국인이 짝을 이룬 가정이 18만 가정이나 된다고 한다. 대부분이 월소득 200만원 안 되는 어려운 살림살이다. 그런 가정 출신의 초, 중, 고교생이 3만7000여 명이다. 국가인권위 조사를 보면 그중 42%가 우리말 발음이 서툴러 따돌림을 받고 25%가 피부색 때문에 놀림 받은 경험이 있다고 한다. 15%는 폭행을 당했고, 59%나 되는 아이들은 친구 한명 없이 지낸다고 했다. 이 아이들 가운데 29%는 '도와주는 사람이 아무도 없다.'는 처지를 호소한다. 왕따와 학교폭력에 먼저 희생되는 다문화가정 아이들이 표적이 되기 쉬운 것이다. 이런 위태로운 성장과정에 있는 아이들에게 남을 배려하는 품성을 갖추도록 가르쳐야 하는 곳이 바로 학교이다. 교육이 잘 녹아들 수 있도록 언어와 교과 보충교육을 더 충실히 시켜야 한다. 지금까지 우리는 **'무형문화재인 전통문화 계승·발전의 교육정책'**을 등한시했기 때문에 세계 자살 1위 등, 한국사회가 문화적으로 메말라 병들어서 지금 곪아 터지고 있는 것이다. 지금처럼 가다가는 얼마못가 우리 선조, 조상들이 누군지? 한민족의 정체성을 완전 잃어버릴 것 같다. 그래서 이 시기인 중학교교육제도가 애매하지만 민족주체의식교육으로 전통문화교육을 받을 중요한 때라고 생각한다.

27) 탈춤대사다. 야! 야! 너 하던 지날 다했느냐? = 어느 제길 헐 놈이 다해? '나비야 나비야 청산을 가자 호랑나비야 너도 가자' 소리 지르며 다함께 춤을 춘다. (탈춤 속에는 물리적 폭력·성폭력·가정폭력·금품갈취·금전거래 폭력·언어폭력 등이 묘사되어 있지만, 이런 대사로 함께 어울림으로 스트레스를 해결 할 수 있다.) = 학교 내 CCTV가 없어 경상북도에서만 15개월 만에 24명이 자살했다고 한다. 자살학생의 유서에는 "경찰아저씨들! 학교폭력은 지금처럼 해서는 100% 못 잡아내요" 경찰에 대한 당부를 했다(2013.3.13.조선).

28) 조선일보 2012.4.13(금). 기사내용 요지.

29) 정부가 학교폭력을 줄이는 방안의 하나로 전(全)학년 예체능 수업을 다음 학기(2012년)부터 중·고등학교 음악·미술·체육수업을 모든 학년에 걸쳐 고루 가르치기로 했다면서 정작 전통문화 프로그램은 빠져 있다, 지도자가 없기 때문이다. 그러므로 예체능 수업의 매력을 교육당국이 지도자 양성교육을 우선해야 하며 교육방법을 뜯어고치고 입시수업에 시달리는 학생들에게 숨통을 터주는 교육이 절실히 필요하다. 특히 중학교 교육이 중요하다.

취업 쪽으로 가는 학생들은 오히려 순수하게 전통문화 학습을 자연스럽게 받아 들였다. 반면, 진학 쪽의 학생들은 민족 전통문화의 주체의식이 없으니 대학생이 되어도 데모의 도구로 탈춤을 이용하는 정도이다. 물론 대학동아리에서 민족의 정신과 얼을 습득하기 위해 열심히 연습을 하기도 하지만, 우리의 전통문화의 필요성을 느끼면서 관심을 가지다가도, 졸업하고 직장에 들어가면 완전히 직장 일에 바빠서 망각해 버린다. 탈춤은 그저 어느 특정인들만이 하는 것으로 인식해 버리기 쉬운 것이 현실이다. 필자도 국립극장, 세종문화회관에서 뮤지컬을 하고 있을 때, "탈춤이나 풍물은 취미로 자기들이 좋아서 하겠지"라고만 생각했었다. 잘못된 생각이라고 느낀 것은 한국예술종합학교에 와서부터 전통문화의 중요성을 터득하고 깨달았다.[30)]

사회단체 특강을 통해서 얻은 결론이다. 청소년들은 감수성이 예민하고 자제력이 부족하여 환경이 바뀌면 방황하게 되고, 일시적으로 해방감과 어느 분야를 쉽게 감동하는 것을 느꼈다.

〈사례 4 대학생〉 고대. 이대, 성신여대, 계명대 등(후에 한국청소년 연맹)

필자가 국립극장, 세종문화회관 근무할 때 휴가를 얻어 탈춤(假面劇)을 지도한다고 각 수도권 및 지방대학, 캠프장에서 청춘을 보냈다고 해도 과언(誇言)은 아니다. 일반 대학교 동아리반, 탈춤반, 민속반을 개설하였다. 학생(50-30명: 남 13명, 여 17명, 또는 20여 명 정도 등) 교사, 일반인들을 특강을 통해 작품으로 전(全)과장 또는 일부 공연도 했다. 이론과 실기로 3박4일(또는 일주일, 15일) 동안 필자가 숙식을 함께 하면서 기본동작을 계속하여 탈춤을 추게 하였다. 예술은 반복의 원리를 강조하며 땀을 흘리고 사람냄새가 나서 함께하면 기분 좋게 하나가 되어 탈춤을 답습하게 된다. 그러나 초보자들은 갑자기 하면 무리가 온다. 하루 밤을 자고 일어나서 팔과 다리의 근육이 뭉쳐 계단을 오르고 내릴 때에 격심한 통증으로 어려움을 겪는다. 하지만 이튿날 오리걸음, 스트레칭 등 체조의 원리에 맞게 연습을 반복 실시하였더니 뭉쳤던 근육이 이완되면서 건강한 모습으로 회복이 되었다. 따라서 스토리텔링(탈춤 배역 캐릭터제공)을 추가하여 특강을 했다.[31)] 특히 대학생들은 축제 및 행사에 사용하기 위해 시간이 없다

30) 15세부터 30세까지는 게임 및 오락과 서양 춤(힙팝・헤비메탈・랩・테크노・디스코・왈츠・차차차 현재 유행되는 외국 춤 등)만 즐기다가 우리 것을 늦게 알고 난 다음, 또 뒤늦게 시작하는 사람도 있다. 또한 현실적으로 필요성을 느끼지 못하고 있다. 그러나 금방 춤사위를 따라하는 것을 보면 민족의 피는 속일 수 없다는 사실을 인식하게 된다. 그렇지만 학교나 정부에서 정책적으로 전통문화를, 정규수업으로 채택하여 주체사상인 전통문화를 지도해야 한다는 것을 느꼈을 뿐이다.

31) <사례 7번>과 같이 팀을 구성, 전참석자를 스태프로 하여 대사와 함께 극적구성(劇的構成)을 통해 훈련하니 한국전통문화의 예술성을 인정하였다. 더욱 참여자들은 이구동성으로 질문을 받고, 운동과 전통문화의 기능적(技能的)인 가무악극(歌舞樂劇)면을 동시에 체험하게 되어 앞으로 건강을 위해서 계속 탈춤을 하겠다고 했다. 아울러

고 일주일 만에 전(全)과장을 배워 학습하게 하여 공연을 하게 했다.[32] 한국예술종합학교 전통예술원 연희과는[33] 봉산탈춤이 전공필수과목으로 매년 여름방학을 이용하여 1주일 만에 전(全)과장을 마스터하여 강습 마지막 날 공연하는 것이 전통이다. 2학기는 과장별 디테일 작업을 하여 학기말 공연을 발표한다.

대학생들은 혹의심(惑疑心)이 많았다. 특강을 하다보면 이 수업이 내 체력이 과연 따라갈 수 있을까? 우리 안에 잇는 민족의 얼, 역사를 품은 한(恨)의 정서에 과연 귀 기울이는 기회를 갖게 된다면 나의 뿌리는 무엇이고 어디에 있는지? 우리를 더 알지 않을까? 배우다보면 무엇인가 느끼겠지? 또한 주체적으로 세계로 나가 중심을 잃지 않을 것, 이렇게 생활하다보면 전통이란 고리타분하고, 낡은 것이 아니라고 본질을 경험하는 뜻 깊은 시간이 될 것이다. 라고 느끼는 학생들이 있었다.

공연을 통해서 볼 때는 많은 가면들이 캐릭터(서민부터 양반 등)로 등장한다. 어떤 역할을 하는지는 배역의 캐릭터는 파악이 되지만 복색 만으로나, 가면만으로 헷갈리는 인물들이 어떤 의미가 있는지 파악하기가 어렵다고 한다. 가면을 쓴 상태에서 대사전달이 힘들고. 불분명하여 일상어가 아니기 때문에 전달받기가 어렵다. 그래서 짧은 기간의 수강생들은 대사보다 춤 위주로 표출하게 하였다. 해외뮤지컬도' 웨스트사이드 스토리' '아가씨와 건달들' 등은 싸움과 도박을 춤으로 풀어나간다. 그러나 우리 춤 역시도 자주 보았던 것이 아니기 때문에 어떤 의미의 춤인지도 읽어나가지 못한다. 봉산탈춤의 8목중춤을 보면 모두 같은 시각에 춤을 추고 전체적으로 공연을 볼 때 개성이 살아 있는 종합예술작품이다. 무질서 속에 질서를 연출하는 것 같아 전체적으로 통일이 된 것처럼 보이나 각자 재능들이 딴 짓으로 서로 모여서 더 큰 에너지를 발산하고 있다.[34]

과학적으로 조사는 못했으나 근육과 호흡이 좋아졌다고 했다. 탈춤공연은 몸과 몸으로 마주쳐서 관람객들이 느끼는 희열과 감탄과 약간의 당혹감이 뒤섞인 감정이 일어날 수 있다. 이것은 공연자의 무아지경 속에 뿜어 나오는 에너지를 정제된 방식이 아닌 공명의 공감대를 형성하게 할 수 있어 탈춤공연을 보면 마음이 넓어지고 타인에 대한 배려와 아량이 넓어지는 것을 느껴 치유가 된다.

반면, 외국연극을 보면 늘 무엇인가 아쉬운 점이 있다. 반면 세계화시대에 나는 외국 것만 좋다고 하는 학생도 있다. 그런 측면으로 볼 때, 탈춤에서는 연극에서 느꼈던 알 수 없는 어색함이 있다. 없다 찬반이다. 한국 사람들은 '외국 것'을 '세계적'이다. 라고 무비판적으로 좋게 받아들이는 경향이 있다. 그것이 왜 좋은지? 무엇 때문에 세계적인지는 중요치 않다. 그러나 잘못 판단하는 학생들은 탈춤이 어떠한 형식이나 틀에 얽매이지 않고 자유롭고 홍에 겨워 춤을 추고 있다고 생각한다. 큰 오산이다. 시대를 풍자한 해학이 있지만, 파계, 권력, 경제(돈), 정치, 성관계 등을 정확하게 표출해내는 가무악극의 원형(原形)대본이 있어 양식과 형식이 규격·구체화 되어 있다. 탈춤은 마당놀이지만, 각색된 MBC마당놀이(모듬놀이)와 착각하면 안 된다.

32) 각 대학 동아리반, 한국청소년연맹 창설 후에는 한울기능 연수: 1999.2.2～5. <3박4일> 전국대학 대학생 참여, 한국예술종합학교 등.

33) 풍물(농악), 탈춤(가면극), 무속(굿), 남사당(전문예인집단) 등 한국의 전통문화가 필수과목이다.

34) 마당은 관객과 신명나게 밀고 땅기는 재담과 박과 춤사위에서 관객의 몸을 꿈틀거리게 한다. 무대가 있는 객석에서 관람하다보니 장단에 맞춰 몸을 흔들기가 어색하다. 무대의 홍이 객석까지 전해져서 에너지가 관객에게 온

또한 풍물에서 잡색들이 왜 따라 다니는가? 공연배역에 나온 캐릭터(부부・양반・포수・보조역할・관객동원・한마당 역할 등)를 소개한 것인가? 총을 쏘고 어수선하게 보이는 관객들, 그저 딴 짓만 하고 공연을 흩뜨려놓는 배역으로 방해요소라는 요소까지 해석하는 사람들도 있다. 공연에서 동떨어진 느낌을 준다는 것이다. 그러나 연구자들은 예전에 양반이 마을의 신(神)이다. 농악은 매귀이기 때문에 잡귀(도깨비)를 몰아낸다고 한다. 그래서 타악(打樂) 중심이면 매구(풍물)이고, 탈춤중심이면 탈춤(假面劇)이 된다.

〈사례 5 대학〉 전문분야 대학생

보통 3개월(주1회: 1학기)동안 산대놀이 및 탈춤의 기본동작(9개 동작)과 대사와 함께 목중춤을 습득케 하였는데, 한국예술종합학교 무용원(서초동) 무용과(전통원), 동아방송대 등의 학생들은 기본동작을 30-40분 만에 순서를 외워 터득하는 순발력을 보였다. 그러나 예술행위는 순서 암기보다 가무악극(歌舞樂劇)의 기량(技倆)과 체력・농축된 춤사위가 중요하다. 그리고 멋스러움으로, 보는 사람으로 하여금 감동을 받게 하여 공감대를 형성해야 하기 때문에 반복연습이 중요하다. 연습과정 중에 탈춤전문가와 일반무용전문가의 표현과 표출해내는 춤 맛이 다르다는 사실도 알 수 있었다.

시대가 변화되면서 현재 탈춤을 배우고 있는 많은 대학생들은 건강과 전통문화에 대해 관심이 많아졌으며 일반예술대학에도 탈춤강의과목이 설립되었다. 더욱 후에는 탈춤을 전공하는 연희과도 설립, 탄생되었다. 이○○(본명 이○○)의 경우 외국어대학 재학 중에 자퇴를 하고 탈춤이 좋아 탈춤만 하겠다고 한국예술종합학교 연희과에 입학-전문사(석사)를 졸업한 학생이다. 본래 내성적인 성격을 가지고 있었으나 탈춤을 하고 난 후에 외향적인 성격으로 변했다고 했다. 손○○(연희과) S성에 근무하다가 탈춤이 좋아 연희과에 입학했다. 회사를 다니면서 취미로 하라고 했으나 고집을 꺾지를 못했다. 좋은 회사를 취업하기위해 대학 다니는 것 아닌가? 또한 연희과가 설립되면서 일반대학을 졸업하고 다시 입학하는 학생들도 많아져서 성숙하게 연희과가 자리 잡게 되었다. 이제 연희과는 풍물, 탈춤, 무속, 전문예인집단(남사당)이 필수과목이다. 연희를 전문으로 하는 대학은 지방의 대불대학과 중앙대학 타악연희과 등, 더욱 한국예술종합학교 전통예술원 연희과 설립이 되면서, 일반대학을 졸업하고 재입학한 학생과 최고의 직장에 근무하다가 퇴직하고 연희과에 재입학한 학생들이 있다. 따라서 전문사(석사)에서

다는 것, 마당과 무대의 차이점이 어떤 것인지 알 수 있을 것이다. 전통연희의 힘은 신명(神明)이다. 전통문화공연이란 관객과 연희자가 몸과 마음을 늙지 않게 만들고 세대를 초월해 하나가 되게 하는 힘을 가지고 있다. 우리의 가락과 장단에 맞추어 춤을 추고 연주하고 노래를 하는 사람들을 보며 일상생활에서 홍겨울 때 카타르시스를 느끼게 하고 찌든 삶을 잊게 만든다. 그런걸 보면 아직까지 우리몸속에 전통적인 DNA가 알게 모르게 존재하고 있는 것 같아 우리 체질에 우리 것을 하면 자기(본인)도 모르는 사이에 치유가 된다.

탈춤전공자들이 전문적으로 논문을 쓰고 연구자들이 배출되고 있어 전통문화의 미래가 있다. 연희과의 가면극분야는 양주산대놀이, 고성오광대, 봉산탈춤 등을 필수과목으로 되어 있다. 이렇게 탈춤과목이 있어 원형·복원·재연작업을 하였다. 특히 원형 복원·재연(3-5시간)작업으로 학생들이 공연하여 원형과 창작수업을 겸비하여 학습 받고 있다(봉산탈춤 오청원본 복원·재연. 2010.9.9. 오후 3시. 예술극장. 무형문화재 17호 이두현본 2011.5.5-8. 한국예술종합학교, 야외마당, 교수발표회 2013.9.6. 삼도탈춤종합발표회: 고성오광대, 양주별산대놀이, 봉산탈춤).

〈사례 6〉 육군사관학교

사회와 군대를 연결하는 차원에서 육군사관학교 국악부, 특별활동부와 20여년을 담당하였다. 따라서 전교생(1학년 250명, 2학년 230명, 3학년 220명)을 지도한 결과 저학년은 절도 있는 군인정신으로 딱딱한 반면, 고학년은 다소 여유로움이 있었다.

1970년대 말에는 학교에 국군도수체조 대신 국민전통체조(탈춤체조, 민속체조)를 보급하여 신명나는 군대생활의 하루를 시작하게 해주었다. 기합대신 봉산탈춤의 기본동작(10-30번 반복)을 익힘으로써 건강과 전통문화를 터득하는 이중효과를 얻어 장교로서의 지도력과 우리 것을 터득하여 교양 있는 지도자 역할을 수행하게 하였다. 비록 일주일에 한번(매주 수요일) 강의였지만 필자의 시간이 기다려진다고 하면서 딱딱한 군생활의 여유를 주는 효과도 있었다. 스트레칭과 유산소운동을 겸한 탈춤은 몸의 유연성과 호흡이 좋아졌고 육체의 탄력이 자기도 모르게 좋아졌다고 하여 군(軍)생활이 긍정적으로 변했다고 학생들은 토로했다.

육사생도들에게 한국전통문화교육을 정규수업으로 하니까 긍정적이고 어울림의 공동체문화의 정서가 있어 민족의 메시지로 그 무엇인가를 생각하게 하고 많은 것(자살·갈등 등이 없다.)을 느끼게 해주었다.

특히 이론(理論) 강의 도중, 졸음이 오면 생도들은 솔선수범으로 강의 뒤편에 가서 서(立) 있다가 졸음이 가시면 자기 책상으로 들어와 앉았다. 생도들은 긍정적이고 적극적인 사고방식을 가지고 지도자답게 행동하였다. 필자는 탈춤(체조)을 통해 생도들을 임상실험을 하고 싶어 어떻게 과학적으로 몸 건강의 비법을 조사하는 방법이 없을까 고민했다. 정기적인 수업(매주 수요일)이기에 설문지와 초시계 호흡만 조사했지 과학적인 조사는 전문가 부족과 여건상, 필자의 게으름, 조사하는 방법을 고민만하다가 세월이 지나가버렸다. 생도들이 제대 후에 소대장으로 임관되어 발령받아 가면, 소대원들한테 국군도수체조대신 탈춤체조를 하게하는 부대도 있었다. 필자는 전방에 초청 받아 특강도 해주었다.

〈사례 7 젊은 여성층〉, YWCA 규수반, 여대생, 직장 여성반

탈춤과 볼륨댄스를 함께, 두 가지를 배운 젊은 여성을 대상으로 조사해 보았을 때, 탈춤은 관심이 없었다고 했다. 그러나 필자는 우리 것과 서양 것을 재미있고 체계적(이론과 실기)으로 비교지도를 하고 강조를 하니 우리 것은 혼과 얼이 있고 끈끈한 정서가 있어 여운과 포근함이 있다고 했다. 그러나 볼룸댄스(스포츠댄스 · 차차차 · 에어로빅 · 포크댄스 등)는 오락성이 있어 잠깐 즐기기는 좋았다 그러나 깊이가 없고 직장관계로 장시간 서 있다 보니 척추의 압박(눌림)을 통해 쉽게 피곤이 온다고 했다. 탈춤은 기본동작하나하나가 다 치유동작이다. 따라서 척추운동 전체가 굴신으로 근육과 뼈의 상호작용에 의해 경추와 흉추, 요추의 연골과 자율신경이 연결되어 굳어 있는 근육의 이완과 조화를 반복적으로 비교, 실행하여 탄력을 유지할 수 있다고 교육하면서 훈련하니 몸이 좋아졌다고 실토했다. 그래서 기본동작(3무 · 3색 · 환희용약)이 끝나면 가무악극(歌舞樂劇)의 일환으로 배역의 스토리텔링으로 캐릭터 역할을 주어 교육을 학습했다.

어느 직장여성(규수 · 대학팀 등) 팀을 상대로 기본동작이 끝나고 강의 끝자락에 두 팀을 분배하여 인내력을 기르는 드라마(연기)와 함께 오래 견디는 춤사위 법을 개인과 팀으로 실험했다. 가)팀은 청춘(青春), 나) 팀은 생로병사(生老病死)으로 분배했다. 가) 팀은 목중 · 취발이 · 말뚝이 · 소매(小梅) 등 젊음 캐릭터를 배분하여 역할의 움직임을 요구하니 젊음을 상징하듯 활발하게 활동적인 율동으로 움직이는 모습을 보았다. 그러나 생로병사(生老病死)팀의 나)팀은 노장, 양반, 미얄, 영감 등 늙은이 배역을 주었다. 무의식적인 노인이라고 하는 생각이 뇌(腦)에 전달되어 템포가 느리며 힘이 없고 벌써부터 이미 노인네가 된 것 같았다.

또 다른 방향으로 조(組)를 택하여 다)의 제왕절개(諸王切開), 라)의 자연분만 조로 나누어 탈춤행위(小巫)를 해보라고 드라마틱한 과제를 주었다. 절개 팀은 간단한 움직임으로 춤사위를 했고, 자연분만 팀은 힘든 여정을 생각하며 드라마틱한 춤사위를 했다. 필자는 의사는 아니지만 다), 라)팀에게 춤의 행동으로 몸짓 비교를 간단하게 역설하였다. 탈춤을 하면 허벅지로 자연분만이 쉽다고 하면서, 지금 프랑스에도 자연분만을 선호하고 있다. 잠깐은 힘이 들지만 자연분만은 몸의 썩은 노폐물이 함께 빠지니 산후에는 더욱 건강하고 예뻐진다고 강조했다. 이렇게 각 각 개인과 팀별로 계산된 움직임을 통해 인간의 강, 약함과 정서가 표출되었다. 결과 다) 팀들은 의사, 간호사 배역을 담당하면서 순간의 착각으로 재미있게 연출을 했고, 라) 팀들은 힘이 든다고만 생각하여 쉽게 피로가 와도 팀이 조화(調和)와 화합(和合)으로 복식호흡을 하면서 하나가 되어 줄거리를 구성하며 목적과 목표에 도달하려고 노력하였다.

장기간 학습자들은 우리 춤과 맛을 터득하여 계속 유지할 수 있는 여유의 비법(청춘과 생로병사, 제왕절개, 자연분만, 여성피해의식 등)을 전수할 수 있었다. 모두들 탈춤을 통해 여유

와 건강함을 되찾았다고 했다. 탈춤강습기간 동안 탈춤치유와 스토리텔링으로 뇌(腦)의 중요성을 통해 생각하는 탈춤(가면극)운동을 주입시키니 의외로 즐거워하며 훈련을 소화해 내는 모습들이 이름다워 보였다. 가무악극의 종합예술과 그냥 탈춤을 추는 것과 사례를 통해 무의식적인 반응과 뇌의 역할(긍정적인 생각이)이 얼마나 중요한 것인지 터득하게 하여 생활을 부정적이지 않고 긍정적인 여유로움을 가지고 밝게 살아가라는 방법과 교훈을 제공해주었다.

한국가면극의 주제(主題) 속에는 현실비판, 남녀의 갈등과 처첩간의 대립, 해학과 풍자, 서민생활의 실상과 애환이 그대로 녹아 있으며, 오늘날의 현대생활에 있어서도 보편적인 인간과 인간사이의 갈등(葛藤), 심리묘사와 생활상을 그대로 표출하고 있는 현대의 심리극(心理劇)과 다름없다. 이러한 관점에서 보면, 탈춤이 치료(치유)와 전혀 관계가 없는 듯 보이지만 오랜 시기 동안 특별한 전문치료사 없이 살았던 과거 우리민족의 역사적 사실을 볼 때 억압된 신분 속에서도 우리 시대를 해학과 풍자로 이런 것이 잘못되었다고 서슴없이 쏟아내는 탈춤대사 속의 치유와 화합을 이루고 있다고 볼 수 있다. 그 와중에서도 자연스러운 몸의 움직임으로 생활과 사상(思想)을 표현하였고, 탈춤 속에 일과 여홍(餘興)을 즐기면서, 자연(自然)과 자연치유인 환경치유의 효과가 발생되었던 것이다. 특히 가정주부들에게는 가정비유, 남편비유, 생활을 상대와 비교하는데서 가정불화가 온다고 강조하고, 국가, 사회 · 모든 사람은 각자 고통과 고난을 통해 개성이 있는 여건의 생활치유가 될 수 있다고 전했다.

〈사례 8 주부〉 예지원, 국민대 평생교육원, 은평구 평생교육원 등

주부들은 결혼을 하여 개방적이었다. 모든 것을 건강과 연결하여 잘 받아들이려고 노력하고 재미있어 했다. 그러나 에어로빅, 포크댄스 등 서양 것과 탈춤을 비교함에 있어서 일반적으로 보이지 않게 우리 것을 무시하고 천시(賤視)하는 경향이 있었다.

그러나 몇몇 주부들은 우리 것의 진짜 맛을 알고 선호했다. 필자는 서양 춤을 먼저 시범보이고 비교하면서 춤의 원리를 설명하고 제대로 학습을 받은 우리의 춤과 외국의 춤을 비교체험하고 난 다음 黑과 白논리로 토론(討論)도 했다. 이렇게 나누어 판단하게 하면 대부분 민족의 춤사위인 탈춤동작이 우리체질에 맞는다고 말한다.

그 이유는 한국음악은 첫 박 개념과 자연에 순응하는 곡조의 특징을 가지고 있다면, 서양음악은 두 번째나 끝의 박자가 강하여 자연을 지배하려는 웅장함의 특징을 가지고 있다. 앞에서 설명했듯이 장단, 박자, 가락을 설명해주고 운동을 잘못하면 디스크가 생기는 이유, 동, 서양의 템포와 움직임(몸의 구조 설명)의 비교개념을 강조해 주었을 때 주부(예지원 · 마민회 · 사랑회 등)들은 멋모르고 따라한 외국 것과 비교하여 보편적으로 우리 것을 늦게나마 선택하였으며 연습을 통해 우울증해소에도 탁월한 효과가 있었다고 실토했다..

그리고 신체의 움직임을 통해 신토불이란 단어를 보다 명확하게 이해하는 계기가 되었다고 했다. 이제 주부들은 여유를 가지고 집안의 주인이 되어야 한다고 유대인들의 탈무드교육도 함께 진행했다. 그 이유는 사회(社會)와 국가(國家)와 세계(世界)가 연결되어 있다. 그런데 주부들은 결혼을 하고나면 '나' '우리'라는 존재를 잊고 가족위주로 살아가는 경우가 많다. 주부들은 자기생활을 발굴・개발하고 자기 자신을 찾아 가정과 호흡하며 남편과 아들에게 활력소를 집어넣어주는 집안의 등불이며 안내자(案內者)가 되어야 한다고 영육(靈肉)간의 싸움인 정신과 육체적 합동교육을 해보니 긍정적인 반응이 나왔다.

〈사례 9〉 한국탈문화연구소의 한민족탈춤학교・탈춤가족캠프・탈춤치유학교

한국탈문화연구소에서 기획하여 한민족탈춤학교(142기: 1기 3개월 단위 수강, 탈춤가족캠프 25회 운영), 탈춤치유학교(첫 개강 여름특강: 2013.7.22-25)를 개강하여 이론과 실기, 그리고 교양을 겸한 강의를 해본 결과 수료자들도 여건만 허락한다면 탈춤을 계속하고 싶다고 했다. 그동안은 헬스클럽에만 다녔다고 했다. 처음에는 직장인들이 탈춤을 취미, 교사들이 학생들을 지도하는 목적의식으로 수강신청 하였지만, 조선연극사인 전통문화의 관심과 운동 자체의 효과 때문에 건강을 위해 계속 하겠다고 희망하는 수료자가 80%나 되었다. 이것으로 볼 때 과격한듯하지만 힘의 조화가 있어 우리 인체에 비교적 알맞은 탈춤이 운동과 함께 한국전통문화의 이해(歌舞樂劇), 전통문화 따라잡기 등을 통해 정서교육의 효과가 동시에 있음이 확실하였다. 그러나 한민족탈춤학교에서는 교육계에서 외면당하고 있는 한국가면극(조선연극사)을 전문가와 비전문가를 양성하는 체계적인 지도를 병행하였다. 아울러 원형과 창작활동을 함께 수행할 수 있는 사람들을 양성하기 위해 연구 노력하였다. 종로구 동숭동 봉산민속극장으로 이어지면서 분기별 특강과 여름・겨울방학 특강으로 대성리 유스호스텔, 남이섬을 이용하여 미래의 '탈춤사관학교'를 설립목적으로 출발하였으나 장소, 예산 등, 운영할 수 있는 여건이 허락하지 않아 25년 동안 지속되어 오다가 한민족탈춤학교는 폐교하고(동숭동 봉산민속극장 옮겼으나 폐쇄로 인해), 한국탈문화연구소(강남구 삼성동 삼성시장 2층)에서의 계기로 지금도 탈춤치유학교를 특강(한국예술종합학교)으로 운영하며 임의 단체로 개인사무실을 계속 유지하며 연구・노력하고 있다.

〈사례 10〉 전국교사(유치원・무용・음악교사・연수 및 방학특강)

탈춤의 대중화를 위해 서울시 교육연수원, 국악원 음악교사, 무용교사, 전국유치원 및 초, 중, 고, 교사 강습을 덕수고등학교 체육관, YMCA, YWCA, 잠실체육관(3천명) 등에서 민속놀이 올림픽, 탈춤체조, 봉산탈춤, 전통문화 따라잡기, 한국전통문화의 이해 등을 특강하였다.

〈사례 11〉 공무원연수원 강의 및 CAP과정 및 시민예술학교

서울시 공무원 연수원(1990~2005년도 시공무원, 교육공무원, 감사원 연수원, 법원공무원, 새마을 본부 등)에 1주일에 한번 초청 받아 강의를 하였다. 집행하는 공무원들이 우리 것을 알아야 한다고 강조하면서 과목은 "한국전통문화의 멋과 이해" "전통문화 따라잡기" 등의 제목으로 봉산탈춤 실기를 끝으로 특강을 했다. 첫 도입부분은 이론(理論)으로 "연희극, 국악(四物/불교의 法鼓, 雲版, 木魚, 大鐘), 문화재, 굿, 등 전통문화가 무엇이냐?"로 강의와 질문으로 시작하였다. 국가공무원, 시 공무원, 교사 등이 우리 것을 몰라서 되겠느냐며 홍겹게 호통을 치다보면 강의는 어느새 민요함께 배우기로 이어진다. 어깨춤이 절로 날 때 쯤 모두들 일어나 탈춤사위로 승화되어 한판을 거나하게 추고 나면, 어느새 진급시험과 관련된 여러 가지 업무의 부담을 잊게 하고, 이렇게 기분 좋은 상태로 집으로 돌아가면서 자신도 모르게 콧노래를 흥얼댄다고 했다. 공무원들과 직장인들에게 교양과 스트레스만 해소 해줄 뿐이지 다른 어떠한 건강의 설문(%)을 구체적으로 조사할 수 없었다. 따라서 한국예술종합학교(2006년)에서는 시민에게 문화 환원작업의 일환으로 탈춤・연극 등을 방학 때마다 '시민예술학교' 'CAP과정' 2013년까지 매년 특강을 하면서 질(質)좋은 프로그램이라고 환호를 받고 있다. "예술은 돈이다" "정책이고 행정이라는 것"을 인식시켜주어 국가 및 지역공무원들에게 전통문화의 중요성을 강조했다.

〈사례 12〉 기업체 및 농협(농촌사랑), 새마을 본부, 일반인, 문화센터 강의

먹고 살만하면 동창회 나간다고 했다. 인간은 귀소본능(歸巢本能)이 있다. 기업체 직원들은 자존심이 있었다. 필자는 기업체 강의는 딱딱한 전통문화를 서양문화와 비교(예: 이론/이태리 악보와 정간보, 왈츠, 차차차 등), 재미위주로 강의하되 메시지를 분명히 전달해주었다. 앙케이트 최고의 강의라고 호평을 받았다. 기업체(삼성, 대우, 현대, 포스코, LG 등)직원들 역시 교육을 받고 난 후에 10년 먹은 체증이 다 내려간다고 표현하였고, 농협조합장과 기업체 국장급들은 부부교육이 성립이 되었다. 포크댄스를 하면서 파트너 첸지를 하다가 탈춤사위로 끝맺음을 한다. 우리 것인데도 서양 것처럼 처음해보니 웃음바다가 된다. 화기애애해서 좋았다고 했다. 교육담당직원들도 그 다음부터 교육 진행하기가 수월하다고 했다. 아울러 일반기관(새마을 본부, 농협, 은행, 각 기관 등)에서 초청 '전통문화 따라잡기' 로 '한국전통문화를 이해'를 강의하면서 탈춤을 보급하는 좋은 기회가 되었다(직장에서 근무를 끝내고 오후 5시 비행기를 타고 울산 포스코 7시 강의 - 코오롱 호텔 숙박, 다음날 오전 비행기를 타고 아침 서울 도착, 출근했다).[35]

〈사례 13 노년층〉 65세 이상 여성 및 적십자사 노인체조 대회

모 대학동창 여성노인(평균 65세) 20명과 2년 동안(주 2회 · 화목)을 함께 모여 탈춤을 했다. 이들은 관절염, 당뇨, 우울증[36], 혈압, 화병[37], 요통과 수면장애 등 질병을 앓고 있었다. 늙으면 눈과 치아, 탈모 등 노새현상으로 빨리 온다.

그중 노인들이 제일 무서운 병중의 하나는 치매(癡呆)인데, 가볍게 앓고 있는 분도 계셨다. 어른들은 헬스, 테니스, 골프 등 해볼 만한 것은 다 해보았고 산전수전을 다 겪어 그동안 세상에서 본인들이 경험을 통해 해볼 만큼 다 해본 엘리트의 강남사람들이었다. 그러나 탈춤은 처음이라고 했다. 처음에는 탈춤을 몹시 무시하는 모습을 보이기에 필자는 먼저 이론(理論: 歌舞樂劇)강의를 고차원적이고 멋지게 하고 질문을 했다. 그리고 다음부터는 뛸 수 있는 복장을 준비해 오라고 해서 스트레칭과 함께 고급스럽게 이론과 실기로 접근했다. 탈춤실습 속에는 음악과 춤, 생활 속의 드라마, 토론과 과제로 사건을 재현하는 모방의 한계와 인간의 한계를 넘어서보려고 하는 과제들을 제공하였다. 현대의학으로 치료가 어려운 것은 탈춤으로 치유할 수 있다고 역설하면서 원형과 함께 창조의 가능성, 틀 속의 놀이문화를 게임식으로 서양문화예술과 비교하여 한국인 체형의 가장 알맞은 운동이 탈춤이다. 라고 진행하니 지식인들이라 빨리 습득하고 연습에 따라와 동참해 주었다.

어른들(평균 65세)은 K여고 대학동창들이다. 여성노인들에게 무(舞)를 강조하며 움직이게 하였다. 무(舞)는 발 뒷굽을 뛰지 않고 하는 의식 춤이다. 용(踊)은 뛰다, 도약하다의 뜻을 가지고 있어 이를 합하여 무용(舞踊)이다. 연극과 연희의 차이점, 굿과 무속(巫俗)의 차이점 등을 설명하면서, 이 중에 주로 어른들은 무(舞: 춤추게 하다)를 통해 연(軟)과 뇌(腦)를 강조하며 생각의 학습을 했다. 스트레칭과 유산소운동을 겸한 동작으로 몸을 풀고 외국의 포크댄스

---

35) CEO, 대기업 연수와 간부교육, 평생교육원 · 사원교육 등 도맡아 탈춤과 민요 · 포크댄스 등을 교양으로 이론과 실기를 병행(竝行)하여 강의하였다. 소감을 들어보면 한국인으로서 먹고살기에 바빠서 삶을 뒤돌아보지 못해 우리 것을 모르는데 대하여 수치심을 느낀다고 토로했다.
또한 국악의 해를 맞이하여 필자가 국립국악원 초청으로 전국음악교사강습을 하여 우리의 악보(正間譜)와 외국의 오선지를 비교, 벨칸토창법과 우리의 소리(민요, 판소리 등)를 비교하여 강의하니 호평을 받았다. 서울시교육위원회의 교사강습과 잠실체육관에서 초 · 중 · 고 교사강습(1회당 3천명 강의: 5회 방학특강 사진 참고) 그 외 흥사단과 중앙문화센터 등에서 특강을 통해 배출된 필자의 제자들로 구성된 직장인 · 교사들이 퇴근 후에 취미로 탈춤반(탈벗회 · 탈무리회 · 산봉회 · 교사회 등)활동을 하였고, 정기양성반 등을 운영 후에 배출되어 구성된 조직이 사회활동하면서 사물놀이와 탈춤을 지도하고 있다.

36) 1-10을 기준으로 8 · 9 · 10은 건강하고, 6 · 7은 스트레스의 처방으로 조언을 해야 하고, 3 · 4 · 5는 약물치료 및 격리, 1 · 2는 우울증 및 자살위험도가 있다.

37) 예전에는 며느리들이 한(恨)이 맺혔다. 그러나 지금은 시어머니들이 화병(火病: 억눌린 분노에 따른 정신적 · 감정적 장애 · 잠을 이루지 못하고)에 걸린다. 응어리를 풀고, 불만을 쏟아내고, 적개심을 품지 말고, 분개의 복수심 등, 당사자와 만나 용서해주고 풀지 않으면 심혈관 질환으로 연결될 수 있다. 이제 모든 것을 내려놓고 범사(凡事)에 감사하라. TV에 개그프로그램이 나와 웃을 일이 있으면 '유치한 놈들' 이라고 평가하지 말고 억지로라도 웃어야 화병이 없어진다.

(한국적 포크댄스)를 안배함과 동시에 탈춤체조와 함께 휴식을 할 때는 우선 정신적 치료인 이론학습교육을 통해 문화(文化), 철학(哲學), 희망(希望), 질투(嫉妬), 염려(念慮) 등 단어가 무슨 의미인가? 상식적인 강의와 심하게 운동하지 않게 하고, 체중관리와 생활습관, 성격결함과 심리적 치료 등, 생로병사(生老病死)에 대해 이론과 실기로 병행 강의 했다. 고차원적 강의로 지식인답게 이론과 실기로 답습해 나갔다. 탈춤은 병균을 치료할 수 없다 하지만, 필자가 의사는 아니지만 생활하나하나를 코치해주었다. 특히 집에 갈 때는 계단을 이용하고 집에서는 혼자 있지 말고, 혼자일 경우 우울증을 없애기 위해 성경책을 읽고 신앙을 가지고 산책하며 애완동물인 개와 고양이들을 어루만져 주며 대화(對話)를 하고 잉어, 화초들하고 감정표출을 하는 등의 필자의 생활환경을 소개했다. 이분들의 생활이 상류 급에 속하므로 사회에서 누릴 만큼 누렸고 해볼 만한 것은 다해보았고, 풍요로운 가정이므로 희생, 봉사, 재능기부 등, 또한 강조했다.

강의 중에 록펠러가 58세 뿐이 못산다고 병원에 방문했을 때, 한 모녀가 병원 측과 말다툼을 하고 있어 비서에게 물어보라고 했다. 기다리며 그때 벽에 말씀이 붙어 있었다. "주는 것이 받는 것 보다 복이 있다(사 20:35)." 해서, 모녀의 병원비 전액을 지불하였는데 그때부터 성경말씀을 보고 기부하기 시작하여 98세까지 장수했다. 희생과 기부문화와 건강을 강조하며 서서히 전통문화(탈춤)와 노인질환 쪽으로 방향을 잡아가며 공부를 해 나갔다.[38] 그래서 탈춤의 유산소 운동은 물론 스트레칭을 통해 정적인 운동인 연무(軟舞)위주로 학습하면서 어른들에게는 도무(跳舞:뛰다. 도약하다)는 하지 않고, 걷기운동과 건무(健舞)를 안배하여 가무악극(歌舞樂劇)을 복합적으로 학습하며 차례대로 음악에 맞춰 신명나게 훈련하게 했다. 이 모임을 통해 매주 화・목요일 만난다고 해서 '화목회'라고 명칭을 명명해주었는데, 대다수가 모임이

---

38) 스트레칭과 유산소운동의 탈춤으로 수면의 질. 퇴행성관절염. 치매 등, 기계가 없어 숫자는 수치로 나타낼 수가 없었다. 유산소운동과 스트레칭, 치매를 함께 방지하는데 도움이 된다고 했다. 금방 효과는 없었지만 동료들 간에 교감으로 느낄 수 있다고 했다. 기억력 감퇴, 퇴행성은 늙어 가는데 어떻게 좋아 지겠는가. 그리고 대사(臺詞)와 가면극에 나타나 있는 유모와 해학, 인간의 성(性) 등을 통해 자연의 원리를 설명하며 놀이 식으로 외우게 하였다. 깔깔되며 웃는 모습, 가치관, 철학, 질투, 지혜와 지식 등 메시지와 마음의 여유를 강의했다. 65세 이상의 여성노인이므로 스트레칭으로부터 탈춤(① 탈춤체조 ② 산대놀이 기본을 위주 했다. ③ 봉산의 기본동작은 힘겨워 했다)까지 했을 때에 호흡이 헉헉되는 모습을 조심스럽게 정리해 갔다. 지금 현재 1점입니다. 호흡이 좋아지면 한 동작을 더 할 수 있으며 2-3-4 순으로 올라가는 데 5동작까지 할 수 있게 진행해 갔다. 교육을 받게 한 뒤, 한 달(4주) 동안 매주 매일 5차례 30분씩 집에서도 스스로 하도록 하였다. 5개 동작까지 할 수 있을 때 무릎관절의 통증 증상을 체크해 보았다. 그 결과 처음 무릎 통증지수(10점 만점. 낮을수록 통증이 없음/ 기계가 없어 추상적 주먹구구식 수치)가 탈춤체조 시행 2주 후 8점, 4주 후 6점으로 줄었고. 8주 후 5점 수준으로 좋아졌다. 따라서 체조 후 수면의 질(10점 만점 9-7점-5 순으로 잠을 잘 잠/ 반대로 밤에 화장실 3번 감, 2번 감, 1번 감, 잘 안감)도 향상되었다고 설문지에 답변했다. 과학적인 수치는 아니지만 전문의사 전문장치・기계가 없어 이렇게라도 설문・조사된 것과 비슷한 상황이 전개되어 조사된 사례를 참고하기 바란다. (1-10을 기준으로 8・9・10은 건강하고, 6・7은 스트레스의 처방으로 조언을 해야 하고, 3・4・5는 약물치료 및 격리, 1・2는 우울증 및 자살위험도가 있다.)

름을 산봉회(山峰會=화목회II)가 좋다고 했다. 이 모임을 통해 인생의 재미와 맛을 느낀다고 했다. 이분들에게 우선 마음적・심리적으로 안심하게 했다. 세월(歲月) 가듯, 시간이 젊었을 때 20대는 20Km, 50대는 50Km, 80대는 80Km로 달려 가듯하지만 여유를 가지고 생활하면 반대가 된다고 강의했다.

실시방법은 노년층이므로 춤추기 전에 1-9단계를 통해, 스트레칭과 한삼(汗衫)체조, 탈춤체조・탈춤이 끝나고 난 다음 포크댄스(양산도, 진도아리랑, 굿나잇 왈츠 등) 후, 발마사지(댄스아트마자지)를 하고 앉아서 3분 타임으로 대화하니 혈압이 떨어지고 뇌파(腦波)가 안정되는 등 건강에 좋다는 어르신네들의 대화가 나왔다.

그래서 〈사례 7번〉을 함께 이용하여 훈련하고 좋은 글(A용지 1장 복사제공)과 가무악극(歌舞樂劇)을 이용한 종합예술 치유를 함께 진행하였다. 3개월 후에 결과를 질문해보니 우울한 것도 없고 기억력과 밥맛이 좋아졌다고 했다. 기분이 처녀들처럼(다시 여학생이 된 것처럼) 예전에 고교생들을 보듯이 그렇게 맑을 수가 없었다. 그래서 전통문화(傳統文化)와 자연(自然의 땅)과 치유(運動)의 삼각관계인 3박자를 강조했다.

노인들에게 가족관계를 제시하며 자식(며느리)과 부모(남편)의 관계, 스케줄, 짜투리 시간 이용하고 공간을 활용하라고 강의를 하면서 함께 식사와 간단한 손, 발마사지로 실습을 하면서 몸 관리를 하게하고 물을 많이 마시라고 권장했다.[39] 아울러 이분들에게 늙어가는 것이

---

39) 물의 해를 맞이하여 어느 학자가 물을 연구한 결과를 소개한다. 물은 생명이고 보약이다. 인체의 70%가 물로 구성되어 있기 때문에 다다익선(多多益善)으로 물을 마셔야 한다. 물은 제일 먼저 위와 편안한 관계가 있기에 부작용이 없으며 인체 어느 부분이든 물을 원한다. 위를 비롯해서 신장, 변비, 등 스트레스가 있는 사람들과 말을 많이 하는 변호사, 학자, 등 직업을 가진 사람들은 하루 1리터씩 마셔도 좋다는 학자들의 지적이 나왔다. 무색(無色)을 가지고 있으며 농도가 약하고 혈관 침착이 좋아 약간 차게 해서 마시는 것이 좋다고 한다. 아무리 체질이 변하고 세상이 변해도 원시인 체질에서 사람이(DNA) 진화되었기 때문에 근본을 알면 만병의 근원을 치료 할 수 있게 된다. 포악한 성격을 가진 짐승이나 인간이나 물을 마시면 유해지고 물처럼 순해진다. 평범한 곳에 진리가 있듯이 물이나 불은 인간의 순리를 따르지만 물, 불처럼 무서운 것도 없다. 문명이 발달하다보니 물, 불의 쓰임새, 생활의 요구와 환경의 지배를 받게 되므로 인간과 연결되어 건강에 신경을 쓰게 된다. 그래서 물의 철학까지 나온 것 같다.

(1) 사랑과 감사한 마음으로 음악과 함께하니 물이 아름답고 예쁜 육각형의 형태가 나왔다고 한다.

(2) 바보, 멍충이 하면서 폭력적인 언사(言辭)를 행하였을 때 일그러진 형상이 나왔다고 한다.

(3) 따라서 쇼팡의 "빗물" 같은 음악을 들려주니까 빗물 같은 결정체가 나왔고 이별 곡을 들려주었을 때는 이별의 결정체와 아리랑, 등 슬픔노래를 들려주니 가슴 저미는 형상까지 보이는 물이라고 했다.

(4) TV, 컴퓨터, 전화기, 등 전자 매개체 옆에 두니까 물이 파게 되고 말았다는 물의 신비를 볼 때 인체의 신비스러움과 자연과의 역학관계가 사람과 세상과 교류하는 것이 똑같은 차원에서 작은 우주만물의 우리인간은 물의 순리와 원리에 순종하고 따라야 하겠다.

(5) 중국의 장자(壯者)는 일찍이 황하강의 물의 원리를 터득하여 "즐기면서 살라, 생활을 누려라"라고 했고 춘추전국시대부터 음양오행에서 토・목・금・화・수의 水가 마지막에 있으면서 다시 시작한다는 뜻으로 해석하고 있다. 또한 중국의 노자(老子)는 물의 철학으로 물의 개념이 뚜렷하여 "상선약수"라고 하여 "最上의 善"은 물(藥水)과 같다고 해서 노자는 이렇게 주장하고 있다.

가) 다투지 않는다(싸움회피가 아니고 최종의 승리를 위해 다투는 것).

나) 천하의 물보다 강한 것은 없다.

정상이며 암암리에 마음의 준비를 하게 하였다. 젊은이들은 어떻게 사느냐가 문제이고 어른들은 어떻게 죽느냐가 문제라고 강조했다. 예를 들어 탄로가(歎老歌: 늙음을 한탄함) "마음아 너는 어찌 늘 젊어 있느냐. 내가 늙을 땐 너도 늙어야 하지 않겠느냐? 아마도 널 좇다가는 웃음거리가 되고 말겠구나." 마음은 아직 젊은데, 늙은 몸은 마음이 가자는 대로 통 따라갈 수 없어 한숨이 나온다. 불로장생(不老長生: 늙지 않고 오래 사는 것)은 없으니 즐기면서 그리고 여유를 가지고 생활하시라고 의식적으로 강의를 했다.

약식동원(藥食同源)은 약과 음식은 그 뿌리가 같으므로 음식으로 치료할 수 없는 것은 약으로 치료할 수 없다(히포크라테스). 세끼 음식을 잘 드시면 건강하다고 강의 했다. 다음은 필자와 비슷한 근래의 논문이 있어 소개한다. 어른들은 허리 아프고 잠 못들 때 나홀로 마사지를 하면 요통이 완화되고 수면의 질이 높아진다는 연구결과가 나왔다.[40] 요통과 수면장애가 있는 65세 이상의 여성노인 47명에게 전문 발마사지사를 통해 발마사지 교육을 받게 한 뒤, 4주 동안 매주 매일 5차례 30-40분씩 집에서 스스로 하도록 하였다. 그 결과 처음 9,17점이었던 VAS통증지수(10점 만점. 낮을수록 통증이 없음)가 발마사지 시행 2주 후 8.30, 4주 후 6.00으로 줄었고. 15개 항목으로 평가하는 수면의 질(60점 만점. 높을수록 잠을 잘 잠)도 마사지 시행 전에는 33.40이었으나 시행 2주 후 45.74, 4주 후 52.43으로 점차 향상되었다. 엄교수는 "신체 각 부위와 연결된 반사신경이 밀집된 반사구는 손에도 있지만 발 반사 마사지가 손 반사 마시지보다 더 효과적이다. 발은 간접 반사신경이 주로 분포하는 손과 달리 뇌를 통하지 않고 해당 부의 신경과 곧바로 연결되는 직접 반사신경이 밀집돼 있기 때문"이라고 말했다. 엄 교수는 이어 "척추관협착증이나 근막통증증후군 등으로 만성 요통이 생긴 사람, 노화로 인한 불면증으로 고생하는 사람이 발 마사지를 꾸준히 하면 어느 정도 효과가 있을 것"이라고 말했다.

스스로 하는 발 반사마사지 방법을 소개한다. 보편적으로 동양의 마사지법들이다. 우선 5-10분 동안 따뜻한 물에 발목까지 담가 발로 가는 혈액량을 늘린다. 다음으로, 로션. 마사지

다) 부드러운 것이야 말로 생명의 근원이다. 라) 스스로 낮은 곳에 처하라.

(6) 우리조상들도 이미 물의 원리를 터득하여 물을 떠놓고 하나님 전에 빌고 기도했으며 물에 대한 다음과 같은 속담이 있다.

가) 윗물이 맑아야 아래물이 맑다. 나) 열 길의 물속 깊이는 알아도 한길의 사람 속 깊이는 모른다.

다) 찬물도 아래 위가 있다. 라) 물고기가 물을 만났다. 마) 부부싸움 칼로 물베기(前 /화합, 유야뮤야 = 現/싸울 것은 싸워야지). 바) 고인 물은 섞는다(늘 변하고 새로운 흐름에 대처해야 한다).

사) 낙숫물이 댓돌을 뚫는다(작은 힘이 모으면 큰 것을 이긴다. 부드러운 것이 강한 것을 이긴다)

(7) 물은 주인에게 순종한다.

가) 네모그릇에다 부으면 네모가 되고, 나) 세모그릇에가 부으면 세모가 되고

다) 둥그런 그릇에다가 부으면 원형이 되고, 라) 항상 순종하며 행위자의 마음에 맞춰 준다.

40) 엄미란, 목포대 간호학과 교수팀, 취재 홍유미 헬스조선 기자(2009.12.30).

크림 등을 발전체에 바른다. 발등, 발바닥, 발목, 뒤꿈치 등 발전체를 약 5분간 골고루 주물러 발 근육을 이완시킨다. 이어서 두 손을 모두 이용해 통증이나 질병이 있는 부위에 상응하는 발 반사부위를 통증이 느껴질 정도로 세게 10분가량 지압한다. 예를 들어 요통에 대응 하는 발 반사구는 발바닥 안쪽 움푹 패인 부분이고, 수면장애에 대응하는 발 반사구는 엄지발가락의 바닥 부분이다. 마지막으로 발전체를 골고루 주무르면서 마사지를 마무리한다. 이 연구 결과는 '대한기본간호학회지'에 발표된 것을 참고하기 바란다.[41]

이렇게 간단한 부분도 과학적 수치라고 효과를 발표했다. 그러나 종합예술적인 탈춤은 수치를 조사를 할 수가 없었다. 탈춤의 종합적 부분을 가지고 통합적으로 매일 실시하면 원만한 병은 치료될 수 있으나, 노인병의 문제이므로 탈춤을 통해 현상유지만 하여도 정상이라고 할 수 있다고 본다. 그동안 탈춤이 좋아 강습을 받은 이분들은 80세(望九)(旬), 90세(望百), 100살[42]까지 장수할 것이다. 이제 여성이 오래 살지만 노년병치레 기간은 남성보다 길다. '단순히 얼마나 오래 사는가?'가 아니라 '얼마나 건강하게 오래 사는가?'에 중점을 둔 고령화시대의 중요 지표라고 했다.[43] 단, 탈춤이 좋은데 어떻게 좋은지 과학적으로 수치를 조사할 수가 없어 미루다가 설문지로만 조사했다. 그 후로도 어른들은 매주 만나기를 계속 요구했다. 그러나 필자가 2년(97-98)동안 진행한 후, 직장관계로 시간을 낼 수가 없어 마무리할 수밖에 없었다.

＊사례 결과

위의 사례들은 필자가 연구하고 이론 강의한 결과, 스트레칭과 유산소 운동을 겸한 탈춤체조, 민속체조, 민속놀이올림픽 등을 창안한 것을 가지고 함께 진행한 사례들로서 실시방법은 노인들에게는 스트레칭과 연무(軟舞: 연하고 부드러운)와 대사위주(치매방지), 청년들과 학생들에게는 주로 도무(跳舞: 도약하는 춤)스타일의 뛰는 탈춤교육훈련을 하게 했다. 학습을 통해 노인・주부・일반인・대학(위의 사례 등, 동아리 30명, 연희과 15명, 동아방송대 80명, 육사생도생 50명, 고등학생 25명, 초등학교 20명 등) 등의 설문조사를 실시했다. 준비운동(스트레칭)을 시킨 후에 탈춤체조와 탈춤의 기본동작을 매주 2시간・일주일・1달・6개월 동안을 각각 수련하게 하고 운문시인 시(詩)를 낭독과 민요, 대사법의 탈춤교육을 함께 받게 하였다.[44] 창문여고, 경복여상 등 한국청소년연맹이 탄생 후에는 탈춤체조 메스게임(50-500명)을

41) 대한기본간호학회지, 필자논문 발의 미학부분 참고.

42) 전경수, 백 살의 문화인류학, 민속원, 2008. 백 살까지 산다는 것은 생물학적(biocultural)인 현상임과 동시에 문화적인현상이다. 생물학과 문화가 만나는 접점에서 백 살이 존재하는 것이라고 이해한다면, 이러한 현상에 대한 이해는 지극히 인류학적인 질문의 범위에 들어올 수 있는 것이다. 아브라함(100세) 하와(90세)가 90살에 이삭을 낳았다.

43) 조선일보, 2012.2.21.

운동장, 여의도 둔지 등에서 실시하였고, 교사강습도 잠실체육관에서 학습했다.

탈춤에는 도무(跳舞), 건무(健舞), 연무(軟舞)가 있는데 도무(활발하고)는 도약하여 뛰는 춤이라면 건무(묵직하고)는 테크니컬하고 건강한 춤이고, 연무(끈적끈적하게)는 유연하고 부드러운 춤 등을 교육을 통해 청년, 장년, 노년, 모두들 좋은 반응이 나왔다.

어른들에게는 일주에 2회씩 약 2년 동안 탈춤 수업을 받은 뒤에 65세 이상 노인 20명은 탈춤을 통해 걷기도 좋고 혈압, 맥박, 혈류속도, 뇌파, 호흡 등이 좋아졌다고 했다. 반복연습을 통해 단련된 산봉회(20명에서 1년 후에는 14명으로 노년층: 38년생) 14명을 발마사지, 와치미학, 태극기공, 탈춤체조 등 준비운동을 충분히 시켜 강도를 점차 높여 가며 2년 동안을 일주일에 2번(화・목) 90분씩 시험수업을 하였다.

탈춤치유한 후에 모두들 좋아졌다고 한다. 그러나 문제는 탈춤을 하고 난 후와 실험 전에 어른들이 다니는 병원에서 어떠했나를 모르고 실시하였다. 당시는 주먹구구식이라도 확인할 수 있는 방법도 몰랐다. 전문가 부족(없다?)으로 하여금 전문가(의사)들과 함께 조사를 못한 것이 아쉬웠다. 그러나 분명한 것은 탈춤치유를 하기 전(1-2년)에 우울증, 관절, 호흡, 혈압 등을 담당 의사한테 당시상태를 확인하고 비교치료를 했어야 하는데, 좋아졌다고 하지만 사전에 점검을 못한 것이 문제였다.

측정이 과학적 수치를 못 하였어도, 인간의 지능(知能)으로 알지 못하는 것이 아직 많기 때문에 연희적(演戲的)인 것과 체육학적(體育學的) 비교법을 쓰며 계속 집단치료를 실시하여 지도해 보았다. 그러다 보니 1시간 정도는 함께 뛸 수 있는 체력을 가지게 되었다. 퇴행성관절염을 가지고 있는 11명(14명 중)도 역시 기초체력을 쌓게 되었고 관절, 심폐기능이 좋아졌다고 하여 현재(당시) 탈춤운동이 생활의 일부분을 차지하고 있다고 했다.

물론 의사를 자녀로 둔 회원 한 사람은 퇴행성관절염과 연로한 나이 때문에 자식들이 과격한 탈춤을 한다고 했을 때, 절대 못하게 하였으나, 자신의 의지로 계속 탈춤을 추어 도리어 지구력과 치료의 효과를 얻어 낸 사례도 있다. 의학적 상식에 의하면 나이가 들면 무릎 연골 사이사이를 윤활하게 하는 아교액이 부족해서 상태가 더 나빠지면 나빠지지 호전되지 않는다는 것이다.

그리고 이분들에게 예술행위는 반복의 원리를 이용하였다. 그 원리를 꾸준히 차근차근 질서정연하게 이용하여 연습 할 때마다 무리하지 않게 스트레칭을 통해 점차 그 강도를 상승시켜 높여가며 체계적으로 복식호흡과 함께 마음을 밝게 하고 단계적으로 다함께(공동체인 어울림의 예술) 반복 진행하였다. 탈춤치유 전의 맥박과 후에 호흡이 좋아져 심박동수가 호전되

44) 탈춤치유, 치료 연구목적은 다음과 같다. 123번 각주 참고.

어가는 것을 느꼈다(실험결과 자료 참고). 계단을 오르내리는 것도 힘겨웠지만 치료 후에 엘리베이터를 이용하지 않고 자신 있게 걸어서 집에 올라간다고 했다(설문조사에서). 노인들에게는 자신을 탈춤치유 후에 소신 있게 건강을 유지하는 비법을 알고 있다는 것이 중요했다. 또한 대사(운문시적=리얼리즘 연극 비교)를 반복적으로 암기하게 하여 치매를 방지하고 극중인물(젊은이, 노인네)과 자기와의 비교를 통해 욕설(諧謔)[45]을 하게 하는 대사가 있다. 잠간동안이지만 소외감[46](인간의 삼각관계: 노장 및 미얄과장 등)을 갖지 않도록 무의식적으로 캐릭터를 통해 진행하였다. 결과, 반복적인 실행은 연희적(歌舞樂劇) 치유로 작용하여 우울증, 치매 방지에도 도움이 되었다.

이것이 뇌(腦)를 이용한 탈춤이 육체와 정신적인 동조행위현상(同調行爲現像)이라고 할 수 있다. 가무악극은 물론, 남을 어떻게 하면 기쁘게 해줄 수 있느냐? 나부터 기쁜 생각을 하면 우울증도 치료된다고 강조했고, 시어머니가 며느리를 괴롭게 하는 것보다 함께 가는 방법, 남을 죽이려면 나부터 죽는다. 셰익스피어의 오해(誤解)극, 남이 잘되기를 바라면 나도 잘된다. 성공, 축복의 기준은 Q의 뜻대로 사는 것[47] 등, 그 동조행위현상의 접근법을 이용하여 노인들에게 강의를 통해 현상유지(사례참고)를 시켜주었던 것이다.

그러나 젊은이들에게는 다르다. 탈춤은 우리 전통문화의 대표적인 건무(建舞: 건강한 무용)로서 모든 신체기관에 활력을 복식호흡으로 불어 넣어주며, 건강할 때 건강을 지켜야 한다는 기본적인 메시지를 위의 사례들을 통해 전달하였다. 특히 봉산탈춤 · 산대의 기본동작을 이용한 체조는 심폐기능의 운동효과에도 탁월한 측면이 있다고 입증되고 검증되었다 할 수 있다고 본다(육사, 대학, 위의 사례참고).

우리는 때어날 때 '응애' 하면서 호흡을 뱉으며 두 주먹을 불끈 쥐고 태어나 죽을 때는 두 손을 펴고 호흡을 못해 사망하게 된다. 하나님께서 인간 누구나 '죽음'이라는 공통된 필수과목을 주셨다. 한 번 왔다가는 인생, 사회의 모든 것을 내려놓음과 긍정적으로 받아들이면 행복하게 살 수 있는 것이다. 따라서 어른들에게는 나름대로 맥박과 호흡처리, 기본적인 육체의 고관절운동을 사용하는데 있어서 문제점들을 사례자들과 함께 대화하며 실시 · 운영한 결과 현대의학이 치료가 안 되는 것을 신명나는 음악과 함께 탈춤과 탈춤체조를 하면 '동조행위현

45) 탈춤대사에는 이루 형용할 수 없는 음담패설과 재담(욕설)을 하게하여, 스트레스를 해소하고 카타르시스를 느끼게 한다(역할극, 욕쟁이 예술가, 싸이코 드라마도 할 수 있다).

46) 고독사(독거노인), 1년 450명이 사망한다고 한다. 현재 (2012년 1월 20일. KBS-TV 방송) 독고노인은 20만 명이라고 한다.

47) 성경읽기, 100번 읽으면 기적이 일어나는데, 세상은 아무나 읽을 수 없게 만든다. 인간의 발명품이 화장실, 컴퓨터 불이다. 세상의 생활구조가 복잡하고 단순하게 만들어졌다. 괜히 바쁘고, 피곤하고, 힘들면서도 잠간 거짓말하면 편하고 여건조성이 잘되어 있는데 읽을 수 없는 게으름이 있다. 마음은 원이로 데 육신이 말을 듣지 않는다.

상'이 일어나 치유가능하다고 위의 경험을 통해 주장할 수 있게 되었다.

위와 같은 사례를 볼 때, 필자는 선구자적으로 취미그룹과 학교수업을 통해 발마사지와 스트레칭을 정기적으로 실시하여 탈춤으로 연결하여 조사했다. 탈춤사위와 스트레칭을 통해 탈춤과 국악에서 우리의 소리와 춤사위의 만남이 우리 신체(人體)에 미치는 동조행위영향은 두 배의 효과를 나타내고 있었다. 탈춤기본 9개 동작을 1회 했을 때의 맥박과 2-3회 실시했을 때의 맥박이 동일 선상에 오도록 실시 연습을 했다(10회 이상-20회). 연습의 결과라고 하지만, 반복하였을 때 운동량의 에너지가 그 어떤 운동보다 효과적이고 치료(治療)·치유(治癒)가 될 수 있다는 것이 분명하게 사례조사·실험결과에서도 나타났다. 조상들로부터 연출해서 전해 내려온 민족의 유산이 단순한 문화 차원이 아니라 민족의 숨소리(생명의 소리)라는 것을 다시 한 번 깨닫게 해주는 계기가 되었다.

필자는 우리생활의 필수는 건강이므로 생활습관과 정기적인 운동을 하면 무슨 병이든 전통문화를 통해 치유가능하다고 소신을 가지게 되었다. 즉, 현대의학에서 치료가 안 되는 것은 '탈춤치유학교'를 통해 탈춤으로 치유할 수 있다고 사료된다. 이런 긍정적인 개념(槪念)을 가지고 교양과목과 함께 '탈춤사관학교'를 설립하고 싶었고, 사회와 공감대를 형성하여 생활체육으로 운동한다면, 불평 없는 세상의 사회적 학교로 누구나 건강을 유지될 수 있다고 본다. 따라서 탈무드교육과 전통문화 교육을 통해 인간(人間)이 할 수 없는 일을 하나님께서 해주신다고 믿어왔기 때문이다.

3. 탈춤치유의 신체적성(몸풀기) 운동

탈춤클리닉 요지(要旨)에서 정리했듯이 건강의 기본조건(基本條件)은 **'몸을 피곤하게 하지 않는 것'**[48] **'영양을 섭취하는 것'**[49] **'물을 많이 마시는 것'**[50]이다. 우리는 **'언제' '어디서' '어떻**

48) 피곤이 누적 되면 몸의 저항력이 떨어진다(뼈가 많은 손과 발을 자극해 주면 뇌가 좋아진다).

49) 잘 먹지는 못해도 끼니를 거르면 안 된다.

50) 물을 충분히 마셔야 세포저항력이 강해진다(성인 남성, 한 시간에 한 잔씩 하루 2리터가 적당). 물의 중요성은 개별 질병 억제보다 더 근본적인 데 있다. 물은 입-목-식도-위-소장-대장을 거쳐 몸에 흡수된다. 그 과정에서 각 장기의 작용을 원활하게 한다. 전신을 돌면서 신진대사의 핵심기능을 수행한다. 입=위에 도착하면 위산에 의해 죽기 때문에 인체에 무해하다. 목·식도=환자가 속이 쓰릴 때 물을 조금마시면 위산이 씻겨 내려간다. 위=위액을 어느 정도 희석시킨다. 소장·대장=나머지 대장에 내려가 대변을 묽게 하고 대장정맥을 거쳐 흡수한다. 혈액·피부호흡기=호흡기로 간 물은 기관지내 먼지를 '물청소'를 한다. 숨만 쉬어도 기관지가 깨끗해진다. 건강한 사람은 목이 마를 때만 마셔도 신진대사가 충분하게 이뤄진다. 삼성서울병원 내분비내과 김광원교수 등이 말했다. 물 건강학(H stoy)에 의하면, 물을 충분히 마셔야하는 질병: 폐렴·기관지염·염증·비뇨기질환·고혈압·협심증·당뇨병 등, 물 섭취 제안하는 질병: 심부전(심부전증)·심한 갑상선 기능저하증·간경화 등, '소변횟수

게' 죽을지 모르는 것이 인간이며, **'누구나 꼭 죽는다는 것' '혼자' '빈손으로 간다는 것'**[51] 그래서 **'그냥 먹고(식사)' '잠 잘 자고(잠)' '운동하기(운동)'** 등, 필자가 이렇게 터득하며 "탈춤치유" 논문을 쓰면서 치료보다 예방이 복합적으로 중요하다고 "3·3·3 논법"의 논리를 터득하고 나니, 세상살이가 편해 각박하지 않고 힘겹지 않게 살아가라고 불특정 다수에게 전하고 싶다. 더욱 하나님께서는 지저분한 자(者)를 인정하지 않고 깨끗한 그릇을 가진 자를 찾고 있다. 하나님께 쓰임 받고 찾는 자가 될 수 있게 기도해야 한다. 이제 세상이 변하고 있다. 과도기적인 싸이의 바보스런 말춤(K-pop/탈춤불림자세)이 유행하듯, K-Pop 싸이의 〈강남스타일〉이 휘모리장단이고, 소녀시대의 〈I GOT A BOY〉는 동살풀이장단과 휘모리장단이다. 작곡하자고 작곡한 것이 아니라 작곡해놓고 보니까 동살풀이 장단과 휘모리장단(휘몰아친다./기본장단: 덩따따 쿵쿵따따 덩따따 쿵따쿵)으로 된 것이다. 이것을 세계에다가 홍보해준 것이다.

가) 춤을 통한 치유준비 운동의 의미

그러면 위의 사례 등으로 경험한 결과를 준비 작업을 통해 "탈춤치유"를 해보기로 한다. 비록 글로써 표현한 것이지만 애독자들도 아래 항목별대로 순서에 입각하여 따라해 보면 건강에 도움이 될 것이다.〈봉산탈춤 및 탈춤체조 도해장면 도표 및 설명 참고〉

탈춤과 국악을 이용, 빙그레 시간(치료 레크리에이션)을 겸해 다음과 같은 취지와 목적을 두고 준비운동의 의미를 가지고 실시한다. 인간은 만물의 영장이라고 하지만 자동차와 똑같이 닦고, 조이고, 기름을 치는 기계정비와 같은 절차와 과정을 거쳐야만 한다. 그러나 문제는 기계처럼 부속품을 교체를 할 수 없다는 사실에 있다. 하나밖에 없는 몸이기에 매우 소중하게 아껴야함에도 불구하고 바쁜 산업사회 속에 살다보니 현대인들은 자기의 육체(肉體)가 썩고 부서지는지도 모르고 일하는 경우가 많다. 머리는 빌릴 수 있으나 건강은 빌릴 수 없다고 김영삼 대통령이 말했다.

모든 작업을 할 때에는 그 준비과정이 있는데 신체적성에 맞는 운동(몸 풀기)을 하고 난 다음 작업(준비에서 실기까지)에 돌입하면 아무런 무리가 없을 것이다. 자동차도 출발할 때 1단계에서부터 5단계를 거치는 과정이 있듯이 절차를 밟지 않고 무리하게 운행하면 기계는 쉽게 고장이 나버린다. 기초와 기본골격이 잘된 건물이 오래가듯 모든 것이 기초가 튼튼하면 평생 흔들림이 없듯이, 신체도 이러한 원리에서 예외가 아니다. 외국에서 건너온 무용은 기초가 잘

가 줄어들고 색깔이 짙어지면 몸의 수분이 부족한 것'이라고 을지병원 권길영 교수는 말했다(2012.7.11. 조선일보 이금숙, 한희준, 김현정 헬스조선기자).

51) 눈을 감고 죽을 때 잘 살았다고 생각해야 한다.

정리되어 있으나 그것은 서양인 신체(체질)에 맞는 기본 틀일 뿐이다. 무용(舞踊)[52]이 이러한 사실에도 불구하고 우리는 자연스럽게 우리 교육정책에 서구의 것을 무조건 좋다고 그대로 반영하여 실시 해왔다. 우리는 아직까지 우리의 것인데도 우리 것을 제대로 정립을 하지 못하고 있는 상황이며, 외국 것을 무작정 선호하여 우리의 몸에 맞춰 몸이 망가지는 줄도 모르고 입고 좋아라고 우쭐대고 있는 것이다. 언제까지 남의 나라의 교육방식으로 육체적・정신적 종살이를 해야 하는가? 교육은 100년 대계이고 문화유산은 천, 만년이란 말들을 하고 있는데 수준 높은 우리의 전통문화가 제대로 후대에게 이어지지 않는 상황이라 매우 안타까움이 있다.

지금까지 우리는 우리의 것을 무시한 채 외래문화만 선호하는 잘못된 가치관 때문에 혼과 얼이 살아져 우리는 외국 것이 우리 것인 냥, 면역에 걸려 헤어나지 못하고 있다. 더욱이 온통 외국 수입품(상품, 뮤지컬 등)들이 들어와 우리의 자리를 차지하고 있고 자존심마저도 파괴되고 있다. 이제는 문화적으로 파괴된 환경 속에서 발버둥거리다 보니 더 깊은 수렁으로 빠져 들어가는 모습들을 느끼지 못하고 있는 실정이다. 또한 시대를 생각 없이 살아가는 지적(知的)인 파괴자들도 많지만, 시대가 차차 변화 되면서 경제와 문화가 발전하여 우리 것을 선호하는 계기와 국민성이 점차 좋아지고 있다.

다시 탈춤체조와 다음의 스트레칭 문제(작업)로 돌아가 보자. 인체를 회복시켜 재생시키는 것은 인간만이 할 수 있는 일이기에 후대를 위해 기초 작업을 해놓은 것은 매우 중요한 일이다. 우리체질에 맞는 우리 신체의 기초 작업을 통해 평생의 건강을 좌우할 수 있는 신체요법을 순서와 단계로 나누어 우리 식에 맞는 움직임을 다음과 같이 정리하였다. 인체의 건강을 회복시키는 것은 생활습관과 자기 자신의 심신훈련을 통해 젊었을 때부터 어떻게 자기를 관리하느냐에 따라 노화현상이 쉽게 올 수도 있고 늦게 올 수도 있다.

기초체력과 기초훈련은 심신수련의 개념으로 자기혼자 터득해도 무방하나 그 작업을 스스로 터득하려면 너무 많은 시행착오와 시간이 걸린다. 이제 '탈춤클리닉'의 순서에 맞게 시작해 보려고 한다. 우리 신체적성에 맞는 몸 풀기 작업의 일환으로 앉아서부터 시작하여 일어서서 점진적(漸進的)으로 끝날 때까지 실기를 통해 순서와 자세를 다음과 같이 단계로 정리하였다.

나) 체조의 원리 및 신체적성운동

인간의 신체는 적당히 활동시키면 활동하는 부분이 활동한 만큼 잘 발달할 수 있게 되어 있다. 따라서 신체의 이상적인 발달을 유도하려면 계획적이며 조직적으로 운동을 하도록 해

52) 무(舞)는 발을 들지 않고 추는 궁중(宮中) 춤이나, 의식적인 동양적 춤이라면, 용(踊)은 뛰다・도무(跳舞)의 도약하는 춤이다. 우리는 무용이 아니라 춤이다.

야 한다. 요컨대 의미 있는 인생을 보내는데 있어서 신체상의 결함이나 불충분한 점을 보충 또는 교정하여 훌륭한 신체로 육성하기 위해 자연스럽게 특별히 행하는 운동을 맨손체조라고 한다.

급격한 산업사회에서 문화와 기술혁명이 발달되면 그와 맞추어 사용하지 않는 신체부분이 생기기 마련이다. 운전, 기계의 사용 등으로 서서히 다리 힘이 쇠퇴하여 두뇌나 손은 사용이 많아지므로 상체는 발달하고, 하체는 나약해지는 경향이 두드러진다.

그러므로 체조는 심폐 멀리에서부터 시작하여 점점 가깝게 이동하면서 운동해야 한다. 운동량이 점점 격해지면 기초체온이 상승되었다가 서서히 식어간다. 즉 220이라는 숫자에서 자기나이를 뺀 숫자를 넘어서는 안 되도록 해야 하며 맥박이 될 수 있는 한 적게 뛰는 것이 좋다. 보통 맥박이 70-80정도라면, 체조 후 120정도에서 봉산탈춤 기본동작을 한 후에 140+-(上下)정도가 좋다. 탈춤은 과격하기 때문에 아래의 내용처럼 인체에 맞는 기초훈련을 통해 건강을 유지하는데 최선을 다해야 한다. 다음은 보편적인 연구자들이 연구한 '체조의 원리'를 이용하였다.[53]

＊다음은 탈춤을 추기 전(前) 누워서부터 신체적성에 맞는 운동을 시작으로 "탈춤클리닉"의 치료과정을 1단계부터- 9단계로 구성되어 있다. (8-9단계는 기본동작과 작품이다)

＊탈춤스트레칭 요지(要旨)

건강을 유지하려면 생활습관이다. 특별하게 운동, 식사, 건강을 유지하려고 관리하는 것도 좋지만 생활습관이 중요하다. 우리 선조들은 지혜가 있어 특별히 건강관리를 하지 안 했다. 자연공기를 마시며 산책하고 언덕(계단)을 오르내리고 식사는 선조들이 주신 밥과 나물을 먹으면 그것이 요즘 말로 곧 웰빙과 힐링(Healing)이다. 배탈이 나면 동물들처럼 금식(禁食)하면 되고 배고프면 먹고, 졸리면 자고 일할 때는 일하고 놀 때는 놀고(Work and play)하면 된다. 추울 때는 옷을 따뜻하게 입고 더울 때는 벗고, 싸우고 싶으면 싸우고, 울고 싶을 때 울고, 웃고 싶을 때는 호탕하게 웃고, 운동하고 싶을 때는 걷고 뛰는 것이 조깅과 워킹(Walking)이다.

먹고 싶으면 밭에서 나오는 고구마, 감자, 사과, 도라지, 야채 등을 먹으면 된다. 다만 시대가 정보화・산업화 등 급변하였다고 하지만 뇌(腦)에게 부담주지 말고 기분 좋게 마음(육체와

53) ㄱ) 가벼운 운동에서 힘들게 처리, ㄴ) 손쉬운 운동에서 어려운 운동으로, ㄷ) 간편한 운동에서 복잡한 운동으로 전개 되는데 걷고 뛰고 움직여 숨을 차게 하여 산소를 섭취하여 심폐기능을 강화해 순환기질환 및 내분비 질환을 튼튼하게 하는 것에 목적이 있으며 준비운동으로 순발력을 일으키게 하는 심리적 동작이라 할 수 있다.

정신근육)을 긍정적으로 움직여 주면 된다. 사람이 살아가는 삶속은 조바심과 스케줄은 절제하고 체계적으로 조상들이 주신 신체적성운동(탈춤)으로 관리를 하면 되는 것이다.

◆ 1단계/ 와치미학(臥治美學 : 누어 풀기/ 스트레칭, 음악과 함께 운동)

1) 손 풀기 (누워서/ 잠자고 일어나기 전부터 시작해야 한다./ 운동은 생활이다)

가) 천장을 보고 누워 있는 상태에서, 나) 손을 자연스런 상태에서 비누 거품을 잡은 듯이 열 손가락을 미세하게 움직이기 시작한다. 다) 주먹을 자연스럽게 쥐었다 폈다 한다. 라) 열 손가락의 관절을 순서대로 헤아리며 반복한다. 마) 손바닥이 하늘을 본 상태에서 손목을 상하로 움직인다. 바) 손바닥이 땅을 본 상태에서 상하로 움직인다. 사) 한 바퀴 손을 돌린다. 반대로 돌린다. 아) 기지개하며 만세로 푼다.

2) 발목 풀기

가) 누워있는 상태에서 양발 가락을 천천히 상하로 움직인다.

나) 발목을 상하(上下)로 움직인다.

다) 양발을 좌우(左右)로 움직인다.

3) 양 손발 풀기

가) 손은 팔 굽으로 괴인 상태에서 양손목과 발목만 상하로 반복 움직인다.

나) 손은 팔 굽으로 괴인 상태에서 양손목과 발목만 양옆으로 반복 움직인다.

4) 양 손발 돌리기

가) 손은 팔 굽으로 괴인 상태에서 양 손목을 한 바퀴 돌리고

나) 반대 반복을 회전한다.

5) 엄지발가락 맞대기

가) 엄지발가락 양쪽을 맞대어 근육을 이완시킨다. 나) 양손도 맞댄다.

다) 양 손발을 흔들어 준다.

6) 무릎 끌어 낭심(남자기능) 올리기

가) 우측 발과 무릎을 땅에 붙인 채 끌어 올린다. 나) 반대반복

7) 양발 끌어 낭심 올리기

가) 양발을 벌려 땅에 붙인 채 양발바닥을 붙여 낭심 쪽으로 올려 반복

나) 반대 반복

8) 발 끌어올리기

가) 우측 발바닥을 땅에 댄 채 끌어 몸통 쪽으로 올리며 무릎을 세운다.

나) 반대 반복

9) 양 무릎 세우기

우측 좌측 양 무릎을 세웠다가 내리는 것을 반복한다.

10) 무릎 세워 괴어 발목 돌리기

가) 좌측 무릎에 오른쪽 발을 올려놓고 발목운동과 대, 내퇴부를 밀어줌

나) 반대발 반복

11) 양쪽무릎 틀기

가) 무릎을 세운 상태에서 무릎모아 좌로 틀기

나) 무릎을 세운 상태에서 무릎모아 우로 틀기

12) 깍지 끼고 무릎잡기(척추교정)

가) 우측 무릎을 굽혀 올려 양손으로 깍지 끼고 잡기

나) 좌측 반복

다) 양 무릎 잡고 흔들기(조금 흔들어 준다)

라) 누워 무릎을 잡고 좌, 우로 굴린다(좌측, 우측).

마) 앞뒤 전후로 등을 굴린다. (사)까지는 전격적으로 운동할 때)

1) 조금씩 굴린다.

2) 발바닥이 등 뒤로 닫게 하여 경추까지 자극을 주어 복근근육을 강화한다.

바) 누워 다리 세워 좌우로 넘기기

1) 양손을 땅바닥에 대고 한발을 들어 올려 반대편 땅에 댄다.

2) 얼굴은 반대편으로 돌린다(반대편 반복).

사) 누워 온몸 비틀기

1) 고기가 물을 비집고 가듯 고기체조 한다(연못에서 잉어가 기분이 좋아 배를 보이면서 헤엄을 친자. 잉어 연구).

2) 다리를 붙이고 헤엄치듯 미끄러지듯 흔든다.

13) 발 올리기

가) 오른발을 들어 하늘로 올렸다 내렸다 반복한다.

나) 왼발을 들어 하늘로 올렸다 내렸다 반복 교차한다.

14) 양발 들어올리기

가) 양발을 들어 하늘로 올렸다 내렸다 반복한다.

나) 양발을 들어 하늘로 올렸다 돌린다.

15) 발 들어 올려놓고 꺾기

가) 오른발을 들어 올려 놀고 발목만 꺾어 상하로 굴신한다(플렉스).

나) 왼발을 들어 올려 놀고 발목만 꺾어 상하로 굴신한다.

16) 상체 풀기

가) 양 팔꿈치를 괴어 상체를 의지한 상태에서 목을 상하로 반복한다.

나) 양 팔꿈치를 괴어 상체를 의지한 상태에서 목을 좌우로 반복한다.

17) 복부근육 강화

15번 상태에서 양 팔꿈치와 양다리를 이용, 히프를 끌어 올린다.

18) 만세 부르기

양손, 양다리를 하늘로 올려 만세를 부르듯 상하 반복한다.

19) 하늘을 보고 기지개 펴기(하품)

가) 하늘을 보고 기지개 하기

나) 좌로 굴러 기지개 하기

다) 우로 굴러 기지개 하기

라) 천장을 보고 하품을 하고 기지개를 하며 '아' 하고 소리를 외친다.

마) 우측 발을 땅에다 데고 끌어 올린다. 좌측 발을 땅에다 데고 끌어올린다.

바) 우측 무릎을 잡고 당긴다. 후에 좌측 무릎을 잡고 반복한다.

사) 우측 발을 하늘로 올려놓고 포인, 플렉스 한다. 좌측 발을 반복한다.

아) 우측 발을 들어 좌측 옆으로 굴러 좌우로 다리 짚기. 좌측 반복

20) 엎드려 풀기(엎어진 상태)

엎어져 1-1, 1-2처럼 손가락, 발가락을 움직이고 돌린다.

21) 상체 움직이기

손을 땅에 짚고 상체만 일으켜 세워 상하로 반복한다.

22) 다리 올리기(하체 강화훈련)/ 우측, 좌측다리 교대로 끌어올리기

23) 만세 부르기(19번보다 강하게 반복)/ 양손, 양발을 하늘 위로 만세를 부르듯 한다. 이때 아랫배만 땅에 닫게 활처럼 휘어진다.

24) 엎드려 펴기

엎드려 팔굽혀 펴기(30회 이상), 1단계가 끝나면 일어나 앉은 상태에서 2단계로 돌입한다.

◆ 2단계/ 탈춤스트레칭(몸 풀기 기본훈련 : 앉아부터 신체적성 운동)

1) 기본 풀기(2단계)

가) 앉아서 손바닥을 비빈다. 나) 얼굴을 비빈다. 다) 입을 벌리고 상하 운동하고 목을 쓰다듬는다. 라) 두통수를 문지른다. 마) 좌우손목을 누르고 돌린다. 바) 팔 굽을 굽혔다 폈다 한다. 사) 어깨 관절을 돌린다. 아) 손을 짚고 허리를 좌우로 흔들며, 자) 궁둥이뼈 엉치를 확인한다. 차) 우, 좌 어깨쭉지를 부여잡고 이완 시킨다(경갑골 운동)

2) 앉은 정자세에서

가) 양발을 다이야 몬드 식으로 앉아서 양손으로 깍지 끼어 발가락부분을 잡고상하로 굴신한다. 양발 뒷굽을 낭심에 된 상태이며 허리 펴 양손으로 양발가락 잡고 상하 반복한다(8카운트-4카운트 전환).

나) 다리를 길게 뻗어 포인 하고 앞으로 구부려 손을 발끝까지 닫게 한다(4카운트로 양발을 펴 양손을 발가락에 댈 때 가슴은 무릎에 닿는다./ 발가락 잡기).

다) 다리를 길게 뻗어 플랙스(발끝을 코끝으로)로 전환하고 4카운트 양발을 펴 양손을 발가락에 댈 때 가슴은 무릎에 닿는다(발가락 잡기).

라) 양발은 좌우로 벌려 앉아 왼손은 우측 발, 우측 손은 좌측 발 교대반복(우 좌측 반복 잡기)

마) 옆으로 틀어 앉기(옆구리 운동)

ㄱ) 우측 무릎을 굽혀 우측 90도로 틀고 좌측다리는 펴 길게 핀 상태로 왼손은 우측무릎 앞에, 우측 발과 나란히 짚고 엄지와 인지로 지탱하고 상하로 굴신 반복 한다(이 때 왼쪽귀가 땅에 닿는다).

ㄴ) 왼쪽 반복한다(발바닥을 몸 앞에다 구부리고 손은 무릎 앞에 짚고 좌측 귀는 마룻바닥에 엎드린다). 시간이 없을 때, 이 동작까지 끝나면 발바닥마사지를 하며 이야기 터임을 갖는다.

바) 배 당기기와 틀기(우, 좌측 반복)

ㄱ) 앞으로 배를 깔고 엎드린 상태 : 오른발은 배·몸통 앞에다가 딛고, 왼손은 멀리 땅위로 짚고, 왼 발은 길게 뻗는다(30초 이상 스트레칭 한다).

ㄴ) 옆으로 허리틀기 ㄱ) 상태에서 히프를 땅에 대고 몸을 허리 틀어 준다.

사) 발 굽혀 깔고 앉기(첫목춤처럼 엎드린 상태)

ㄱ) 오른발을 무릎을 뒤로 굽혀 발등을 땅에 깔고 앉는다(뻗었던 발을 깔고 앉는다).

ㄴ) 왼쪽 반복하는데 엎드려 무릎을 구부리고 앉아 몸으로 깔고 앉아 엎드린다.

아) 바) 사)를 반대로 반복한다.

자) 발 마사지/ 양발을 땅바닥에 대고 상하로 터치한다(양발굽을 돌린다).

(3단계에 속한다. 치료 방법 및 요법 3번 발의 미학과 4번 발의 실습에 설명을 참고하고, 발마사지를 하면서 잠간 동안 이야기 시간을 가진다.)

ㄱ) 오른발을 왼쪽 허벅지에 올려놓고 발가락부터 발뒷꿈치, 장단지까지 마사지 한다((가) 발가락(머리), (나) 볼록이(가슴), (다) 타워(배·내장), (라) 뒤굽(하체), (마) 발등(태충교·太衝血: 사관/독소가 빠져나가는 곳). 문지르고, 누르고, 자극을 주면 심장에서 먼 곳이기 때문에 부작용이 없고, 혈액순환에 도움이 된다. 손목 흔들기, 합곡혈(合谷血: 사관/사대문(四大門) 통과 엄지와 인지사이), 수삼리(手縿裏: 팔굽 중간 높은 곳), 곡지(谷指: 팔굽주름 중간)을 눌러준다.

ㄴ) 왼발 반복하기(ㄱ)을 반복한다./ 양발을 돌리며 용천, 발등(임파) 까지 마사지 한다.

ㄷ) 양발을 모아 발바닥부터 허벅지까지 두들긴다.

차) 양 발목 돌리기

카) 발가락으로 가위 바위 보

가) 가위/ 엄지발가락만 땅을 향해 보고 있는 상태

나) 바위/ 양발 가락을 쥐고 있는 상태

다) 보/ 양발 가락이 펴있는 상태. 라) 발로서 서서히 2인 1개조가 되어 가위 바위 보 놀이(게임)를 한다.

타) 맷돌 돌리기(양반차려 앉은 상태에서 상체를 좌우, 우좌로 교체 돌린다)/복식호흡 준비를 한다.

3) 엎드려 뒤굽 붙히기

가) 양 발바닥을 땅에다가 짚고 손은 엎드려뻗쳐(풋삽)하듯 구부리면서 엉덩이는 천장을 향해 있다(30초 동안), 나) 엎드려뻗친 자세에서 궁둥이를 올리고 한쪽 우측 발을 반대편 뒤 굽에 올려놓는다. 다) 반대편 반복(좌측 한쪽 발을 우측으로 옮긴다)

4) 서서하기(立) = 2단계 중간단계 몸 풀기

일어나 양발을 벌리고 수세식 화장실에 앉는 것처럼 앉는다(기마자세).

말을 탄자세로(기마자세로 다리를 벌리고 조금 앉는 듯 한다. 어정쩡하게 서있는 자세) 이때 좌우의 무릎을 양손으로 무릎을 누른다(스트레칭). 기마자세로 다리 벌려 호흡하며 상하로 내려 누른다. (30초를 하다가)

가) 오른발은 뻗고 왼발을 깔고 앉는 듯, (양손은 땅에다가 짚어도 좋다)

나) 반대로 반복(오른발을 깔고 앉는다.)

5) 선(立)다. 일어선다.

가) 양손을 모우고(합장재배 하듯) 팔 굽을 모아 만세를 하듯 큰 원을 돌리며 호흡을 한다. 양팔을 크게 원을 그리며 들어 올릴 때 숨을 들어 마시고 내릴 때 내쉰다.

6) 목 앞으로 돌리기(운동하기)

가) 목을 중앙 위에서 앞으로 큰 원을 돌린다(上), 나) 목을 가슴부터 운동하며 반대로 돌린다(下).

7) 우측보기, 좌측보기

가) 목을 우측으로 본다. 나) 반대 반복(목을 좌측으로 본다.)

8) 목 내리기(옆구리 운동이 됨)

가) 좌측으로 내린다. 나) 반대 반복(목을 우측으로 내린다.)

9) 목 돌리기

가) 목을 우측 앞으로 돌린다(3번 돌린 후 호흡).

나) 목을 좌측 앞으로 돌린다(반대 반복).

10) 목 흔들기

가) 하늘을 처다 보고 힘을 빼고 흔들어 준다. 나) 앞 하단을 보고 힘 빼고 흔든다.

11) 발등에다 대기

가) 양손을 깍지를 끼고 들어서 구부리고 오른쪽 발등에 손을 댄다.

나) 왼쪽 발등에 반대로 반복한다.

다) 중간에다 양손을 마룻바닥에 내렸다가 뒤로 넘어 간다.

라) 손을 밑으로 내려놓고 있다(30초 동안 카운터로).

마) 손목 발목 운동하기(앞, 뒤 돌리기)

12) 공간 돌기(걷는다)

가) 한 바퀴를 큰 원으로 돈다(걸으며 이야기해도 좋다), 나) 무릎을 올려 뛴다.

다) 빨리 뛴다. 라) 서서히 뛰다가 호흡하며 걷는다.

13) 정리운동하기(대무하기)

가) 2인 1개조로 잡고 서로 힘을 빼고 흔들기 운동(고관절 주위)

나) 3인 1개조로 반복하되(중앙에 1인을 놓고 힘을 빼고 움직이게 한다)

다) 등목 주무르기(서로 교대해서)와 가벼운 마사지(심장: 가슴치기)

라) 주먹을 주었다 폈다 한다(소리를 질러 10을 센다).

14) 한삼(汗衫)체조

시간이 없으면 1-2단계를 접고 한삼체조로 하고 탈춤기본동작을 한다.

(몸 풀기 1-2단계가 마무리 되면 한삼체조 후 탈춤의 기본 운동을 시작한다.)

탈춤이 끝나면 댄스아트 마사지(손・발・호흡・몸 풀기) 10단계로 마무리 한다.

◆ 3단계-1/ 탈춤스트레칭(발의 미학・足의 美學(2단계 중간에서 / 발 반사요법=발은 우리 건강의 비밀지도)[54]

1) 역사적 유래

고대 중국 전통의학으로 약 5천 년 전부터 한국에 민간요법으로 들어와 민간인들이 발 관리를 생활 속에서 자연스럽게 해오고 있었다. 그러다가 1982년 오양석 신부의 [병리 안마법]에 전신의 모든 부분과 연결된 반사구를 보다 과학적으로 문지르고, 누르고, 자극을 주어 혈액순환과 지연 치유력은 [면역력 증가] 증가시키는 자연요법이라 하여 주목을 받기 시작하였다. 하지만 일본에서는 이미 발 반사요법이 대중화되어 있으며, "요시모토 스우치" 등 전문가들이 활동하고 있다.

한국은 짚신을 신어온 민족이기 때문에 성인병이란 것에 별로 관심이 없었으나 뇌(腦)를 쓰고 GNP 10,000달러 시대가 올 무렵에는 발에 대한 관심이 커졌고 인체의 중요성을 새삼 절감하게 되었다. 하지만 발을 전문적으로 쓰는 연희자(연기자, 무용인 등) 체육인, 군인, 여행가이드, 근로자들조차도 신체의 일부분으로만 생각하고 신경을 쓰지 않고 있었다. 그래서 한민족탈춤학교, 시민예술학교, 탈춤치유학교, 국민대 평생교육원, 한국예술종합학교 무용원, 연극원, 연희과, 전통연희 과목(저자 담당)에서 발의 중요성(重要性)을 강조하며 실습을 해보았더니 좋은 반응을 얻게 되었다. 신발을 오래 신고 있는 전문인과 직장인들은 발(무좀, 티눈 등)관리에 관심과 신경을 써야 한다.

중국의 발마사지가 유명한 것은 발이 편해야 잠을 잘 잔다고 했다. 그래서 황제에게 꼭 필수로 발마사지를 해주었다. 그러나 오늘날 대중화 되어 지금은 누구나 애용하고 있다. 발은 내장과 연결이 된 반면, 성기와 연결이 되어 첫날밤에 처가식구들이 발을 때리는 이유는 신랑에게 준비운동을 시켜 성기를 풀어주고 복상사를 면하게 해주는 것이다. 중국여자들의 발을 크게 하지 못하게 하는 이유는 도망(逃亡)을 못 가게 한다는 설도 있지만, 발과 자궁과 연결이 되어 남자들이 즐기는 행위라고 하는 설(說)이 있다. 연못에 잉어가 살이 쪄 있으면 부자

54) 조선일보 2001.1.11(목) 기사자료 인용해서 소개한다.

가 된다는 속담도 했다.

2) 연희자와 발 반사요법

발에는 7,200개의 신경 반사대가 있어 걷고 뛰게 하고 몸 전체의 움직임과 긴밀한 상관성이 있기 때문에 연희자(체육인・무용인 등)들은 필히 신체훈련을 통해 준비운동을 해야 하며 발 구조에 대해서 연구노력 해야 한다. 모세혈관과 말초신경으로 구성되어 있는 발은 26개의 뼈, 40개의 인대, 20개의 근육과 수 만개의 신경으로 이루어져 있으며, 손과 발에는 12개의 경락(氣의 흐름)이 있어 인체 모든 기능의 긴장과 이완을 연결 시켜주는 반사역할을 담당한다.

반사요법은 뼈와 뼈 사이에 인대가 붙어 있기 때문에 인대가 뼈를 잡아당기는 완충 역할을 해줄 때 움직이는 경락의 자극으로 혈액 순환에 도움을 줘 치유하는 자연요법이다. 육체의 모든 부분과 연결되어 있는 반사구를 과학적으로 누르고, 문지르고 자극을 줘 자연치유하는 자연요법을 말하며, 발은 심장으로부터 멀리 떨어져 있기 때문에 부작용이 덜하며 혈액순환에 도움이 된다. 특히 발을 전문적으로 사용하는 연희자나 체육인들, 또 일반인들을 위해 다음과 같이 치료하는 방법과 운동요법을 소개하기로 한다.

3) 정상적인 발

가) 발톱과 뼈가 곧게 뻗어 있어야 한다(발 뒷굽이 정중부 일치), 나) 아킬레스건이 정상적이어야 한다. (발뒤꿈치가 중정상부에 일치), 다) 아치가 정상적으로 굴곡 있게 타원형을 이루어야 한다. 라) 하중(발바닥)위치가 3점 분포 되어야 한다. 마) 발가락 사이가 벌어져 모든 관절이 자유자재해야 한다. 바) 염증이 없고 아프지 않아야 한다. 사) 발등뼈가 타워형태와 마른발이 좋다.

4) 문제의 발

가) 무좀(진균, 마늘즙, 온도습도, 벗겨진다. 등 형태가 있어 건조하게 해야 한다)

나) 사마귀 (모세혈관까지 연결), 다) 티눈 (발가락 옆, 앞이 살이 박히는 현상)

라) 굳은살 (힘이 모여 물 짚으로 굳어짐), 마) 평발 (힘의 분산으로 쉽게 피곤함을 느낀다) 바) 발톱무좀 (발톱이 삭아 들어감), 사) 모지(무지) 외반증 (신발에 의해 발가락 중심이 모아짐), 아) 추상 발가락 (발가락이 구부러짐), 자) 뒤꿈치가 갈라짐 (폐경기・수분부족・탄력불〈바이세린 치료〉)

5) 손 관리

손바닥 자극을 줘라 (박수를 친다. 대뇌, 호르몬, 행복감이 온다)

12경락 중 6경락의 비율로 양손을 함께 사용하면 두뇌 발달이 된다고 하여 젓가락을 잘 쓰면 예능계통으로 뛰어나고 의사가 되면 수술을 잘한다는 설도 있다. 그러나 손을 필요이상으로 많이 쓰면 관절염이 온다는 점과 손을 보호하기 위해 양복주머니가 있다는 것도 생각해 볼만한 점이다. 또한 습기와 세제를 피하려고 주부(또는 목욕탕 근무자)들이 손 보호를 위해 면장갑을 끼고 그 위에다 고무장갑을 끼는 지혜도 생활 속에 단면을 보여주고 있는 것이다. 손톱 반달은 건강점검의 기준이 되고, 손바닥 자극인 환영의 박수는 대뇌가 좋아진다는 설이 있다. 이와 같이 손의 중요성을 알고, 손 보호와 손 관리에 대해서 좀 더 깊이 있는 연구를 해야 하겠다.

연희자(연기자·무용인·체육인 등), 지휘자, 의사, 교사, 수화자 등 손을 통해 의사를 표시하는 모든 전문가들은 손을 들어 표출하려는 목적의식과 손 움직임을 통해 곡선의 아름다움에 대한 분명한 인식이 있어야 할 것이다. 한삼(汗衫)을 쥐고 탈춤을 추면 사위의 멋과 맛이 있을뿐더러 키보드증후군 방지와 건강(50견 등)에도 좋다.

6) 손 발 치료하는 방법

가) 신발선택 (발에 생기는 이상은 신발에서 온다)

ㄱ) 디자인 보다 편안한 신발선택이 중요하다.

ㄴ) 하이힐은 키는 커 보이지만 등뼈 충격으로 장수하게 되면, 결국 키가 작아진다. 통굽(하이힐)이 인체(人體)에 미치는 영향(경추7개·흉추12개·요추5개·천추5개·미추5개)을 생각하며 편안한 신발을 선택해야한다.

나) 심장보다 발을 높게 해준다.

다) 통풍조절을 잘해준다.

라) 몸의 오른쪽이 아프면 오른쪽 발을, 왼쪽이 아프면 왼쪽 발을 누른다.

마) 마사지를 하면 몸 전체 병도 치유가 가능할 수 있다.

ㄱ) 도구를 사용, ㄴ) 물 사용 (더운물·소금물 등). ㄷ) 수술 및 약 투여.

7) 운동하는 방법

가) 준비운동=발 체조 (앉아서 마사지 함), 나) 볼펜잡기. 다) 구두, 가방 잡기, 아령잡기(무게 있는 것으로 점차 확대), 라) 인대 근육강화 (의자위에 서기=평발 예방, 아치강화), 마) 몸 전체 눌러주기(요법이 끝나면 가위 바위 보, 게임을 해도 좋다), 바) 손 운동/ 호두놀이, 젓

가락(수술, 예능), 쥤다 폈다, 만져주기, 양손운동(두뇌발달)

8) 작업하는 마사지 순서

12경락의 흐름으로 전신기능을 조절하여 몸 전체를 이완하여 가볍게 발등, 발바닥 Inside-Outside〈발 측면〉, 복숭아뼈, 용천〈신장〉, 발가락사이, 발등〈임파〉, 횡경막=서혜부〈앞발목〉, 복숭아 뼈〈반대쪽〉, 발목, 뽑기, 장단지 원그리기, 무릎=(전체적으로 반대 반복)

가) 발의 노화는 온몸의 노화로 이어진다. 나) 용천혈 주위를 지긋이 부드럽게 눌러 준다. 다) 누르며 타워 쪽으로 내려온다. 라) 오른손으로 발전체를 감싸고 왼손으로 때린다. 마) 발가락을 경락을 돌린다(느리고 부드럽고 돌리면 혈압이 낮아진다.) 바) 발 마사지가 끝나면 손을 X자로 잡고 한 바퀴 돌렸다가 원위치 온다. 사) 손깍지를 끼고 어깨 뒤에서 위로 올린다(상・하 반복) 아) 어깨 기혈 유통행선(신장과 폐가 좋아진다) 자) 뒷목 눌러주기(돌로 목의 피부를 자극해 근육풀기)[55] 차) 합장재배 후 서서히 머리위로 올렸다가 손을 버려 한 바퀴 돈다. 카) 맷돌 돌리기(앉아서 몸 상체를 돌린다.)

＊심장으로부터 혈액이 돈다. 발은 심장으로부터 멀리 떨어져 있기 때문에 부작용이 덜하며 누르고, 문지르고 만져주면 발은 고마워하고 충만감이 있고 행복해 한다. 특히 쓰는 용도와 차이로 양손 발의 길이와 차이가 있으나 오래 발을 사용하는 전문인(연희자・체육인・군인・직업인 등)들은 열이 나고 물집이 생기며 아치가 내려앉는다. 아울러 댄스아트 마사지와 테이핑 방법과 훈련으로 모든 근육을 이완시켜 과학적인 학습과 인체부분을 연구, 실습하여 육체의 피로를 줄여야 건강을 유지할 수 있다. 탈춤은 과격한 운동이기 때문에 위와 같은 준비운동을 철저히 해야 한다.

외국에서는 운동점자리, 한학에서는 경락(혈) 등 유사한 표현을 하고 있어 '발의 건강을 해치면 몸 건강을 해친다.' 라고 말하고 있다. 한의학에서는 경락을 통해 치료가능 하다고 하는 반면, 양의학에서는 과학적으로 검증되지 않는 것은 인정하지 않으려고 하나, 춤과 음악과 놀이로 신명나게 운동(탈춤)을 하면 치료효과가 커 건강을 유지 할 수 있다. 이것이 "탈춤클리닉" 요소 중의 하나이다.

55) 스톤테라피는 피부 표면을 자극하는 온열치료의 일종이다. 가령 복부에 뜨겁게 데운 돌을 얹으면 복부 압력과 체지방에 눌려 경직된 내장기관이 자극을 받는다. 정체된 내분비계 기능이 향상된다.

◆ 3단계-2. 실습/ 발의 실습(實技)=(음악과 함께 편안하게)

1) 양발을 땅에다 모아서 두드리듯 반복한다.

2) 발 마사지(치료 방법 및 요법 3)번에 미학설명 참조)한다.[56)]

3) 오른발을 왼쪽 허벅지에 올려놓고 발가락부터 용천, 발등(임파), 발뒤꿈치, 장단지까지 문지르고, 누르고, 마사지하고 두들겨 자극을 준다.

4) 왼발 반복

5) 양발을 모아 발바닥부터 허벅지까지 두들긴다.
〈3번 발 반사요법에서 설명대로 치료 마사지 할 것〉

6) 발 굽혀 몸으로 깔고 앉기
가) 오른발 무릎을 뒤로 굽혀 발등을 땅에 깔고 앉는다.
나) 왼발 무릎을 뒤로 굽혀 발등을 땅에 깔고 앉는다. 다) 양발을 갈고 앉는다.

7) 가위 바위 보하기 반복

8) 발 반사 마사지

발전체 꾹꾹 눌러주면 혈압 내려가고 마음이 안정된다.[57)]

노년층이 발의 반사구(인체 각 부위와 연결된 반사신경이 밀집된 부위)를 마사지하면 혈압이 떨어지고 뇌파가 안정되는 등 건강에 이롭다는 연구 결과가 나왔다.

김천과학대학 부티디자인과 김은자 교수팀은 65세 이상 건강한 노인 29명에게 전문발마사지를 통해 1주에 3회씩 약 1개월간 총 10회 발 반사 마사지를 받게 했다. 연구팀은 이들이 마사지를 시작하기 전에 10회의 마사지를 시작하기 전과 10회의 마사지를 모두 받은 뒤에 혈압, 맥박, 혈류속도, 뇌파 등을 측정해 비교했다.

비교결과, 수축(收縮)기혈압은 평균 129.6mmhg에서 123.2mmhg, 이완(弛緩)기혈압은 70.9mmhg에서 65.9mmhg로 떨어졌다. 맥박 수는 73회에서 68회로 감소했다. 혈류속도는 약 15-18% 빨라졌다. 이는 심장이 약간 천천히 뛰면서 한번 뛸 때 많은 양의 피를 세게 밀어내는 동시에 혈관벽은 부드럽게 이완된 상태를 유지해, 결과적으로 피가 빠르고 힘차게 흐르면서 혈압은 안정적으로 유지된다는 뜻이다. 한편 심전도 및 뇌전도 검사 결과, 사람을 흥분시키는 교감신경과 우울증상은 억제되고 마음을 안정시키는 부교감신경과 알파파는 활성화 됐

---

56) 이미진 헬스조선 기자(2012.8.15), 여름철 무리한 운동보다 기관과 연결된 발 지압이 효과가 있다. 3-4초 동안 가볍게 아픈 부위를 누른다. 불면증 때, 조해열(복숭아 뼈 바로 아래), 생리통(봉숭아 뼈 6cm 아래), 두면혈(두통: 발바닥의 뒤꿈치 가운데를 볼펜으로 누른다), 용천혈(발바닥 중앙 움푹 들어간 곳을 누른다) 미지근한 물로 10분 정도 족욕 후에 마사지하면 혈액순환이 좋아진다. 필히 손과 발을 비누로 깨끗이 닦는다)

57) 김경원, 헬스조선기자(2011.3.23).

다. 발 반사 마사지는 스스로 해도 효과를 볼 수 있다. 강동경희대 한방병원 한방침구과 우현수 교수는 "발에 분포된 반사구나 경혈을 적절히 자극하는 것만으로 각 신체기관의 기능을 촉진하고 몸 전체의 긴장을 풀 수 있다"고 말했다. 김 교수는 "반드시 정확한 발 반사구를 찾아서 자극하지 않아도 된다."며 "손과 손가락을 이용하여 발전체를 꾸준히 자극해 주기만 해도 어느 정도 효과를 볼 수 있다"고 말했다. 집에서 할 수 있는 간단한 발 반사 마사지법을 위에서도 소개했다.[58)]

◆ 4단계/ 탈춤스트레칭(호흡미학(呼吸美學)= 4단계. 복식호흡)[59)]

1) 횡경막에 호흡을 집어넣어 풍선처럼 되었다가 빠지는 반복과정이 복식호흡이다.

가) 양손을 몸통 옆에 두고 편안하게 누운 상태로 호흡을 들어 키고 내뱉기.

ㄱ) 들어 마실 때에는 신선한 공기를 마시되 신선한 에너지를 흡수하고 내쉴 때에는 배설물을 버릴 때처럼 완전히 내뱉는다.

ㄴ) 횡경막 및 복부에다가 빈 고무풍선에 공기가 들어가듯 숨을 천천히 들어 키면 복부근육이 팽창된다. 몇 초 동안 참았다가 다시 풍선에 공기가 빠져 나가듯 숨을 내쉰다.

나) 1숨을 들어 마시고 2 "스" 발음을 하며 내쉴 때 긴장을 풀고 눈은 크게 뜬다. 〈눈병·식욕부진·소화불량·호흡기능 강화〉

다) "하" 발음 내며 내쉴 때 양손은 아랫배에다 두고 양발을 벌리고 선 자세이다. 〈心臟 carditis·협심증·불면증〉, 서서해도 좋다.

라) "후" 발음을 하며 양손으로 배의 중간부분과 뒷목을 잡고 입을 모아 힘껏 호흡한다.〈위장·빈혈·근육수축·사지무력증〉

마) 아, 에, 이, 오, 우 등 입근육 수축운동을 호흡과 함께 연습한다. 또는 아, 아, 아, 아를 4단계로 도, 미, 솔, 도를 복부에 힘을 주고 호흡을 강도조절을 하며 올렸다 내렸다 해도 좋다.

바) 앉아 복식호흡

ㄱ) 좌식 자세로 앉아 눈을 감고 (의자에 앉아해도 좋으나 자세를 바르게)

---

58) 우선 섭씨 37-45도의 물에 5-10분간 발을 담가 혈관을 이완시킨다. 그 다음 로션·마사지크림 등을 발과 무릎전체에 바르고, 발가락 끝에서 무릎방향으로 발을 쓸어 올려주는 마사지를 5분정도 한다. 발가락·발바닥·발뒷꿈치 등을 적어도 10분 이상 골고루 눌러준다. 마사지 강도는 통증이 느껴지지 않는 정도로 압박하면 된다.

59) 한국예술종합학교 전통원 연희과, 무용과, 공동교과목(연극원·영상원·미술원·음악원·무용원), 경희대, 동아방송대 연극영화과, 국민대 평생원 등 실습.

ㄴ) (1) 번과 같이 한다.

사) 서서 호흡조절 〈(1)번과 같이 한다〉(누워-앉아-시간이 없다면 서서)

ㄱ) 양손을 허리에 짚고 서서 어깨 힘을 뺀 상태에서 호흡 들어 키고 뱉기

ㄴ) (1)과 같이 반복 한다(횡경막 호흡=풍선연상).

아) 바를 잡고 호흡조절(철봉메달리기 · 물구나무서기 · 푯샵 · Walking 등)

ㄱ) 바를 양손으로 나란히 잡고 복식호흡.

ㄴ) (1) 번과 같이 한다.

2) 호흡훈련 조절법

호흡에 의해 발성이이 되는데 4단계로 구분해 본다.

1단계는 후성음으로서 목에서 나는 소리

2단계는 흉부음으로 폐에서 나는 소리.

3단계는 복부음으로 명치에서 나는 소리

4단계는 단전음으로 아랫배에서 나는 소리

연희자(뮤지컬 · 연기자)는 훈련을 통해 다양하고 폭넓은 음색(音色)을 내야 한다. 감정을 표현할 때는 음의 억양과 강도를 조절(調節)해야 하고, 색깔의 조화(調和)를 표출할 때도 극(劇)의 조화를 생각해야 하며, 음역의 폭이 구별되는 음성과 양성음으로 구성될 수 있으나 상호조화를 이루어야 한다. (체육인 훈련)

연희자의 훈련법은 ① 푸는입(입술을 푸하면서 떤다), ② 음색(특별하고 개성 있는 소리), ③ 통음(단전으로 전체소리), ④ 철음(쇳소리), ⑤ 비음(코소리), ⑥ 희음(즐거운 소리), ⑦ 항음(목에서 천성적소리), ⑧ 파음(부서지는 소리), ⑨ 화성(1-4단계소리), ⑩ 생음(연습이 않된 소리), ⑪ 속목(목안에서 감도는 소리) 등 호흡을 하되 자연스럽게 몸 상태를 유지하고 턱을 내리고 '아'로 점점 강하게 하되 위와 함께 도, 미, 솔, 도, 4단계 음으로 상승되었다가 서서히 강도를 줄이는 고저발성(高低發聲) 작업을 연차적으로 반복한다. 단 공명훈련은 구강을 열고 아, 에, 이, 오, 우와 입술을 다물고 음발음을 하는데 이마와 코소리에서 호흡을 끌어올려 입술의 진동을 느끼면서 최대의 공명훈련을 반복한다.[60]

---

60) 인간과 비슷한 동물들도 다양한 소리로 호흡하며 다음과 같이 소리를 낸다고 한다. 귀뚜라미는 한쪽 윗날개 뒷면에 일렬로 가지런히 돋아 있는 미세돌기들을 반대쪽 날개의 가장자리에 있는 마찰 편으로 긁어 소리를 낸다. 여치와 베짱이는 뒷다리 안쪽에 있는 돌기들을 날개 표면에 비벼 소리를 만든다. 이들은 모두 이를테면 첼로나 기타 같은 현악기를 연주하는 셈이다. 호흡을 하기위해 들이마신 공기를 후두(larynx)로 내밀며 성대를 울려 소리를 내는 포유동물이나 울대(syrinx)를 울려 노래를 하는 새들은 모두 관악기를 불며 자신의 의사를 전달한다.

강남구 삼성동 선정릉 아침 체조 모임 필자 특강(1989-)

그 외 대사의 억양은 감정상태 변화를 주면서 소리를 내고 강도훈련은 문장 속에 숨어있는 단어의 힘을 파악하여 강조하도록 한다. 더불어 속도훈련은 감정과 속도와 다급함을 나타내는 언어법과 6하 원칙에 의해 특수한 발음을 강조함으로써 리듬상태와 심리상태의 배합하여 대사의 음력으로 창조력을 창출해 낼 수 있는 것이다.

◆ 5단계/ 태극기공=(氣功과 호흡연습을 음악과 함께)〈자세와 호흡과 이념을 정립하는 기본요령〉61)

1) 숨고르기: 말타기(주춤서기)자세에서 두 팔을 좌우로 원을 그려나가며 호흡한다. 혈압조절, 마음안정.

2) 진기 돌리기: 두 손을 합장한 채 눈앞까지 올라와서 원의 그림을 반복/척추강화, 소화력 증진.

3) 버드나무 춤추기: 버드나무가 춤추듯이 유연하게 한다./ 호흡조절, 경추, 요추, 흉추.

4) 바다밑 찌르기: 숨을 들어 쉬며 손끝이 아래로 향함, 굽힐 때 지면 쪽으로 닿게 함/ 하체

개구리나 맹꽁이 같은 양서류도 폐로 들이마신 공기를 울음주머니를 내니 역시 관악기 연주자들이다. 매미는 고막처럼 생긴 막의 끝을 근육이 붙들고 흔들어 소리를 만든다. 막이 흔들림으로 소리를 낸다는 점은 마찬가지이지만 북처럼 큰 막의 진동으로 소리가 난다는 점에서 관악기보다 오히려 타악기(딱따구리?)를 연주한다고 보는 게 좋을 듯싶다. 필자는 매일 아침에 고양이, 개와 연못에 있는 잉어하고 나무위에 앉아 있는 새들과 대화를 한다.

61) 선정릉 아침체조 古庵 선생, 지도자 모임제공(필자가 학습하여 연희과에 제공).

보강.

5) 그물 널기: 두 팔을 나란히 말타기 자세로 손을 바꿔가며 어부가 그물을 널고 있듯 유연하게 한다./ 변비통

6) 길 가르키기: 양손을 우아하게 춤추듯 한 동작으로 원을 그리며 앞을 통과해서 쪼그려 앉아 길을 가르킨다./ 옆구리 근육 이완.

7) 다리 뻗어 밀기: 몸을 바로하고 두 손 허리 무릎은 직각이 되도록 끌어 올리고 아킬레스 근이 당기듯 발목 꺾음/ 요통, 좌결 신경통

8) 달보고 합장하기: 두 팔을 밑에서 좌우로 들어 올려 합장하면서 이때 두 발은 교차되면서 앉는다./ 신장, 대장기는 촉진.

9) 양팔 내밀기: 말타기 자세에서 손을 내밀고 다시 거둬들인다./ 손바닥 기능향상, 팔의 기(氣)

10) 활시위 당기기: 손을 올렸다가 물을 퍼 올리듯 모아 원을 그려 올려서 활시위를 당기듯 한 자세/ 신장병, 호흡기 질환.

11) 쌍용 춤추기: 어깨넓이 자세에서 두 팔을 머리위로 옮길 때 체중이 왼발, 오른발 교차하면서 두 마리용이 물위에 솟아올랐다가 내려가듯 한다. 첫째 셋째 손가락 링 만듬/ 척추, 소화기능.

12) 파도타기: 양손을 가슴 앞에서 두 손을 전방으로 내민다. 파도를 마음대로 밀고 당기듯 한다./ 요통, 무릎관절통.

13) 공굴리기: 왼발을 세워 두 손으로 공을 잡을 듯 왼손은 머리위로 꺾어 올리고 오른손은 45도 방향으로 내민다./ 손바닥 氣발산.

14) 달 품어 앉기: 무릎을 굽혀 앉으며 물을 퍼 올리듯 한다./ 피로회복, 불면증.

15) 봉황 나래 펴기: 14번과 같으나 손바닥을 뒤로 펴듯 한다./ 전신 기순환

16) 손 뿔 만들기: 두 팔을 좌우로 돌려 뿔난 형태로 만들고 다시 몸통으로 돌아온다./ 어깨질환. 목. 팔 순환장애.

17) 단전 돌리기: 손을 나란히 하며 좌측으로 수평되게 원을 향해 기가 빙빙 돈다는 개념/ 기(氣)만듬.

18) 숨결 갈아 앉히기: 말타기 자세에서 두 손으로 기를 좌우로 끌어 올림/ 노화방지, 기력증진.

* 태극기공이 끝난 후, 기(氣) 받은 손을 비벼 얼굴에다 대면 피부가 탄력이 생기고 매일 조석(朝夕)으로 하면 피부의 노화현상을 방지 할 수 있다.

가) 얼굴에 기(氣) 넣기

ㄱ) 손을 비벼 1센치 얼굴 앞에 댄다.

ㄴ) 손을 비벼 목에다 댄다.

ㄷ) 손을 비벼 눈에 대고(눈을 감고) 상하, 좌우로 돌린다.

ㄹ) 손을 비벼 눈에 대고(눈을 뜨고) 상하, 좌우로 돌린다.

ㅁ) 손을 비벼 양손으로 머리 앞에서 뒤로 넘긴다.

ㅂ) 손을 비벼 양손으로 눈두덩이를 마사지 한다.

ㅅ) 명천고(귀) 자극하기 혈액순환(손바닥으로 귀를 문지른다, 귀구멍 막기, 120개혈을 자극하기)

◆ 6단계/ 눈 기공[62)]

1) 눈 기공

눈 기공은 예민하기 때문에 긴장을 풀고 손발을 청결하게 하고 무엇보다도 강한 화장품은 금물이며 강한 촉감, 장시간 독서, TV, 염색, 환경오염을 피해 매일 꾸준히 마사지하여 노력하면 좋은 효과가 있다.

가) 천웅(天雄): 눈썹 안쪽 2-3센치 파인 곳(눈구멍과 뼈 안쪽). 안면신경. 근시예방

나) 천명(淸明): 눈과 코 사이 약게 파인 곳/ 가)와 같으나 시신경 위축

다) 사백(四白): 눈에서 3센치 아래 양면/ 결막염, 안면 신경통. 가)와 동일

라) 태양(太陽): 관자놀이와 눈썹과 귀 사이 파인 곳/ 편두통, 고혈압 예방

마) 예풍(乂風): 귀볼 뒤 움푹 파인 곳과 귀볼/ 중이염, 치통 예방

바) 풍지(風池): 목 뒤쪽 귀볼 뒤 약간 뛰어 나온 곳/ 전두통. 고혈압. 근원시 예방

2) 눈의 훈련

가) 눈동자를 중심 표정연기(눈과 표정관리를 한다)

나) 눈동자를 상하, 좌우로 훈련

다) 눈동자를 우로 한 바퀴 돌린다.

라) 눈동자를 좌로 한 바퀴 돌린 다음 자유자제로 움직임.

마) 눈동자를 다양하게 A, 자음, 모음, 등 글씨를 쓴다.

---

62) 古菴식 훈련(강남구 선정릉 새벽반).

바) 눈동자를 통해 감정묘사, 극적상황, 갈등표출, 불안, 초조 등
사) 몸짓연기와 눈동자와 조화를 이루게 한다.

3) 목운동
가) 목을 앞 위에서부터 내밀기 시작하여 가슴을 통해 한 바퀴 돌린다.
나) 목을 밑에서부터 위로 반대로 반복한다.
다) 우측으로 꺾어 있다가 원위치로 세우고
라) 좌측으로 꺾어 있다가 원위치로 세우고
마) 좌, 우로 한 바퀴 돌리고 반대로 반복한다.

4) 몸통 발대기
가) 양손을 깍지를 끼고 우측 발에 댄다.
나) 반대 반복 한다.
다) 앞으로 숙였다가 뒤로 젖혀 넘어간다.

5) 허리 굽혀 양손 땅에 닿기
양손을 땅에다 갖다 대고 (1분 동안) 스트레칭 한다.

6) 걷기(대화를 나누며, 또는 TV보며 걷다가 뛰기)
7) 뛰기 (뛰어가다가 무릎을 높이 올려 뛴다)
8) 걷기 = 숨고르기를 하며 정 위치로 본 작업(연습, 공연, 강연, 근무 등)을 준비한다.

◆ 7단계/ 탈춤체조[63) - 8단계/ 기본동작[64) - 9단계/ 작품(歌舞樂劇)[65)
모든 작업(1-9단계)끝내고 10단계/ 탈춤스트레칭(댄스 아트 마사지)

1) 긴장하는 근육 스트레칭
근육은 일상생활에서 정신적으로 긴장하거나, 계속 같은 자세로 일을 하게 되면 우리들이

63) 필자 창안. 정리운동, 공연 및 연습 前과 後, 작업으로 마무리. 8단계/ 기본동작. 9단계/ 작품(가무악극), 10단계/ 댄스아트 마사지.
64) 봉산탈춤의 기본동작과 탈춤체조 도해장면 참고.
65) 각 보존회 지정작품(국가지정 무형문화재 13개 작품=탈춤3 · 산대2 · 야류2 · 오광대3 · 북청사자놀이 · 강릉관노가면극 · 하회별신굿탈놀이) 참고.

생각하는 것 이상으로 긴장해서 굳어 버린다. 그래서 몸을 풀고 공연 및 연습에 임해야 한다. 위의 준비운동이 끝난 후 본 작업에 돌입하는데(공연자 · 연희자 · 무용수 · 노년층 등) 공연이나 춤, 작업에 임할 때 만약 시간이 없으면 댄스아트마사지로 가볍게 몸을 풀고 난 다음에 임하여야 몸의 기능을 유지할 수 있다. 준비운동(한삼체조)을 하지 않고 작업을 해도 무방하나 먼 후일 신체의 문제점이 생겨 장애 아닌 장애로 노후를 고생하게 된다.

우리의 몸은 한 가닥의 근육이라도 딱딱하게 굳어지거나 손상되면 일상생활에 불편함을 느끼게 될 뿐만 아니라 정상적인 업무수행이 불가능하게 된다. 이러한 증상들은 불안정한 취침자세에서부터 과도한 운동으로 인한 근육경직까지 다양한 원인에 의해 증상들로 나타난다. 현대인은 어떤가? 산업사회 속에 기계(컴퓨터 등)가 발달하여 움직임 없이도 앉아서 무엇이든 해결할 수 있도록 만든 생활환경과 과중한 업무와 긴장의 연속인 스트레스로 인해 근육은 점점 약해지고 굳어져 버려 결국은 각종 관절통증과 만성요통을 안고 살아갈 수밖에 없는 것이 현실이다. 탈춤은 유산소운동과 스트레칭을 동시에 겸한 운동으로 이러한 경직된 신체의 근육, 인대 등을 유연하게 하여 관절의 가동범위를 크게 함으로써 통증과 부상을 예방하는데 매우 효과적인 운동이다.[66]

준비운동을 하고 연습과 공연에 임해야 한다. 공연이나 심한 연습이 끝나면 마무리작업에 들어가는데 아름다운 음악으로 몸을 다시 원위치로 돌려놓는 작업이 필요하며, 훈련의 강도가 있을 때에는 아래와 같은 댄스아트 마사지를 통하여 꼭 몸을 다시 원위치로 돌려놓아야 한다.

2) 탈춤댄스아트 맛사지 1(기초 몸 풀기, 연습 끝난 후 및 공연 전 후에 준비운동)

댄스아트 마사지는 연희자(무용인 · 체육인 · 연기자 · 일반인 등)와 심하게 노동을 한 근무자들이 발뒤꿈치로 부담 없이 상대방을 교대로 밟아주는 지압행위이다. 필자가 창안한 요법으로 기초상식만 터득한 후에 인체를 소중하게 다루면서 근육을 이완시키는 행위의 운동이완 예술이다. 특이한 기술이 필요 없고 근육을 조금만 알고 있어도 쉽게 피곤함을 풀 수 있는 일명 "발뒤굽 지압"[67]이다. 발 뒤굽만 사용해서 상대방의 발과 근육 전신을 밟아주기 때문에 부담이 없고 심장이 멀리 있어 부작용도 없다. 마사지를 받는 자는 편안한 자세를 취한다. 발로 밟은 요령은 발바닥 앞쪽(발가락)을 이용하여 누워있는 사람의 발가락에서 발뒤꿈치까지 발 전체를 밟는다. 단, 장단지, 허벅지를 밟을 때는 발 뒷굽을 땅에 붙여놓고 앞발 쪽, 3/1을 이

66) 이상모, 정보대학원, 스트레칭 따라 하기.

67) 심장 멀리에서부터 지압(마사지)을 시작하면 내장에 부담이 없다.

용하여 강도를 조절하는데, 누워있는 사람의 관자놀이를 보면서 상태를 파악하며 자근자근 밟아야 한다. 상대방이 아플 때 관자놀이 쪽을 보면 상대방이 아픈지 좋은지 상태를 파악할 수가 있다. 특히 고관절은 피해야 하고 상대방의 육체를 다룰 때는 조심성과 소중하게 관리해야 한다. 순서는 다음과 같다(단, 지도자한테 지도를 제대로 학습 받아 다음과 같이 지압해야 한다. 탈춤추기 전·후에 시간이 허락한다면 댄스아트마사지로 몸 풀기, 기본훈련으로 하되, 시간이 없다면 신체적성운동으로 1단계를 해야 한다).

1. 우측 발바닥 누르기(1-1)

발뒤꿈치로 상대방 아치(용천: 발 움푹 파인 곳)를 밟는다(해주는 자는 상대방 좌 측 안쪽에 시시(立) 지입힘), 빌가락 하나하나 마디마디를 조심성 있게 밟아준 나.

2. 장단지 안쪽(1-2)으로 장단지 안쪽과 중앙을 자근자근 밟는다(진행자는 발뒤꿈치 부분을 땅에 대고 강도(%)를 조종하는데, 눈은 당하는 자의 관자놀이를 보고 강, 약을 조절한다).

3. 허벅지(대퇴부)와 엉덩이 밟기(1-3)

우측 허벅지 안쪽과 발바닥으로 몸 체중을 이용하여 누름.

4. 엉덩이 전기 마사지(1-4)

히프와 허벅지 사이를 우측 발을 얹어 놓고 자기 발을 떨어서 상대방을 시원 하게 해준다(반대편 부분으로 가서 선다).

5. 우측 발(1-1)을 그대로 하되(2-1), 밖의 부분 발등 쪽을 밟는다. 2-2 안쪽 장단 지 밖의 부분을 밟는다. 2-3 대퇴부는 남자들은 밟기를 싫어하니 유념하기 바란다.

6. 엉덩이 지압(2-4) 히프를 지압해주는 자가 체중을 이용, 우측 발을 딛고 앉아 좌측 무릎으로 엉덩이를 몸의 체중을 이용하여 눌러준다.

7. 우측 손바닥 밟기(2-5), 점점 상체 쪽으로 올라간다.

발바닥 전체로 손바닥을 자근자근 누르고 발뒤꿈치로 손바닥 중간과 손가락 마디마디를 밟는다.

8. 팔목을 밟고 팔 중간(2-6)

9. 어깨 축지(승모근) 밟기(2-7)

위로 올라가 팔 굽과 어깨 축지 쪽을 ㄱ자로 놓고 밟는다.

10. 관자놀이(2-8)

우측 발을 세우고 좌측 발은 무릎 꿇어 앉아 관자놀이 부분을 손으로 몸 체 중을 인용하여 누른다. 좌측 손바닥을 이용 몸의 체중을 실어 관자놀이(눈과 사이)를 눌러준다.

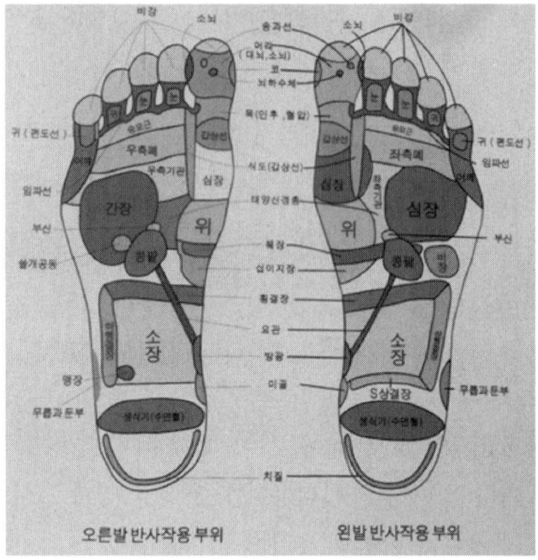

〈발은 제2의 심장 포스터 인용〉

＊좌측 발 반대반복(3=1 · 2 · 3 · 4 = 4=5 · 6 · 7 · 8)

1-10을 반대로 한다. 좌측 발바닥, 장단지, 허벅지, 엉덩이, 손바닥 밟기, 팔 굽밟기, 숭모근, 관자놀이(반대로 똑같이 반복)

11. 삼두박근 누르기(5-1).

어깨 머리 쪽으로 무릎 꿇어 앉는다. 양쪽 어깨와 목 사이를 무릎으로 눌러 주는데 한쪽 무릎은 세워 앉는다.

12. 흉추(등판) 누르기(5-2) 머리 쪽으로 앉아서(아트 1만 할 때 머리도 마사지 한 다) 양손을 등에다 대고 경추(목)부터 흉추(등)로 내려가면서 근육을 눌러 내려간다.

13. 양발잡고 허벅지 밟기(5-3. 우측+ 좌측)=다리 쪽으로 가서 선다.

양발을 세워 잡고 우측 허벅지를 밟아준다. 양발을 잡고 허벅지 밟기(좌측)/ 반대 반복(5-4).

14. 양발을 손바닥으로 감아쥐고 올라탄다(5-5).

15. 양발을 들어 잡고 흔들어(좌 · 우 교체) 준다(5-6).

16. 꼬리뼈 밟기(5-7)/ 꼬리뼈(미추, 천추)와 요추를 위에서 밟아 자근자근 눌러준 다.

17. 양발을 잡고 들어서 좌우로 흔들어 준다(5-8).

3) 댄스아트 맛사지 2(전문가가 아니면 삼가 하기 바란다.)

① 하늘보고 누르기(마사지 받는 자가 하늘을 보고 누워 있는 상태)

가) 우측다리 누르기/ 좌측허벅지 근처에 우측다리를 꺾어 올려놓고 무릎근처부터 눌러 올

라가며 복부와 함께 눌러준다.

ㄱ) 다리를 ㄱ자로 꺾어 놓고 누른다(이때 고관절을 조심해야 한다).

ㄴ) 복부지압-허벅지에서 복부로 연결하여 배를 올려 누른다. 한 쪽 손은 무릎 근처에 누르고 한 쪽 손은 복부를 누르며 올라간다.

ㄷ) 허벅지를 자근자근 조심성 있게 누르면서 상대방의 표정을 살핀다.

나) 반대쪽 부분으로 가서 좌측다리 누르기-ㄱ), ㄴ), ㄷ)을 반대로 반복한다.

다) 복부지압(복부를 자근자근 조심스럽게 누른다.)

라) 가슴지압

견갑골 부분에서부터 새골 가슴 위 전체를 소중하게 다룬다. 심장(좌측)가슴부터 우측가슴으로 원을 그리며 누른다.

② 머리지압 (앞부분)

얼굴을 마사지한 다음에 머리(腦)를 쓰다듬어주면서 손가락으로 똑똑 때려준다. 귀를 상・하・중간으로 잡아당기며 마사지를 한다. 인체를 다룰 때는 아주 소중하고 조심해야 하며 장난을 치며 전문가 허락 없이 인위적으로 해선 위험하다.

가) 전문지식이 없으면 근육 파손 우려가 있으니 매우 소중하게 인체를 다루어야 한다.

나) 신체부위를 근육구조 원리에 맞춰서 지압을 해야 한다.

다) 스포츠 마사지 식으로서 발끝, 다리, 복부, 가슴, 얼굴 머리부터 순으로 만져서 정리를 해야 하며 배를 마사지함으로써 소화 기능까지 촉진시킬 수 있다. (댄스아트마사지는 연습 후의 정리마사지로 하면 좋다. 탈춤추기 전에는 1단계와 한삼(汗衫)체조까지 하고 봉산탈춤을 해야 한다. 타 탈춤을 할 때 1단계만 해도 된다.)

③ 테이핑 작업

＊테이핑 작업은 근육 및 뼈가 문제가 있을 때, 또는 비상시나 꼭 공연을 해야 할 때, 기본동작 및 테이핑, 요법을 마친 후 본 작업(공연)에 들어간다(50견, 고관절 및 근육에 가벼운 상처가 났을 때 테이핑 작업을 꼭하고 탈춤과 공연에 임해야 한다).

1) 테이핑 방법(관절부분)

테이프는 뼈와 근육사이에서 부상방지의 효과가 있고 압력 받은 근육을 강화하고 이완 작업을 편하게 할 수 있다. 물론 퇴행성관절염, 디스크는 근본적인 치료를 해야 되겠지만, 탈춤, 무용수, 운동선수, 작업자 등, 부상방지 효과 차원에서 관절과 디스크 부분에 붙여 감아주면 비상용으로 힘을 잠간동안만 지탱할 수가 있어 효과적이다.

2) 요법

가) 근육의 크기와 형태에 맞게 붙인다.

나) 목부터 두 줄로 근육을 따라 내려 붙여 승모근 따라 어깨 쪽으로

다) 팔굽부터 시작하여 손가락으로 또 승모근 쪽으로

라) 허리 요추근육 따라 내려붙이고 옆으로 가로근육과 세로근육으로

마) 무릎은 허벅지에서 무릎뼈를 보호하며 원을 그리며 두 갈래로 붙고 옆으로도 붙여 힘을 지탱할 수 있게 받쳐 준다(비상시 테이핑 작업을 하고 공연・경기를 하고 난 다음, 전문병원에서 전문의에게 꼭 치료를 받아야 한다).

3) 탈춤체조[68]/ 탈춤체조 도해장면 참고

4) 위의 육체적인 움직임에서 정신적으로 영육(靈肉)간의 싸움을 뇌(腦)로 정리해야 한다.

＊이제 이런 실습적인 훈련으로 육체적인 운동(탈춤)이 정리가 되었으면, 정신적으로 지인(知人)들을 만나 지혜롭게 생활을 해야 한다. 오늘날 사람들이 살아가는 삶의 현장에서 볼 때 누구나 피곤함을 느낀다. 그날의 피로는 그날로 풀어줘야 한다. 위의 마사지로 피곤함이 가시면 건강해야 사람들을 상대하기가 쉽고 편하다. 그러면서도 소통(疏通/易地思之:처지를 바꾸어 생각함)하기를 원한다. 요즘의 소통은 이메일・문자로 대신하지만, 상담전문가들은 중요한 문제는 무릎을 맞대고 상대방과 직접 눈을 보고 이야기하라고 권한다. 상담(相談)은 상대방의 말을 들어주는 것이 상담이지만, 소통을 위한 첫 단계는 우선 질문(質問)이다. 질문을 잘 해야 뒤의 이야기가 술술 풀려나오기 마련이라고 일본 기업 컨설팅 대가 '노구치 요시아키' 씨가 말하고 있다. 아래 지인(知人)들의 글을 소개한다.

첫째, 상대방이 대답하고 싶은 질문을 해야 합니다. 대답하기 싫은 질문을 아무리 던져 봐야 답이 나올 리가 없습니다.

두 번째는 대답하기 쉬운 질문부터 하라는 것입니다. 쉬운 것부터 시작해야 대화가 활기를 띱니다. 반대로 처음부터 어려운 질문을 던지면 점점 대화가 힘들어집니다. 세 번째, 공통의 목표・목적(Goal)을 만들 수 있는 질문을 해야 합니다. 서로 공감하고 몰입할 수 있는 뭔가가 없으면 소통이 제대로 이루어지지 않습니다. 실제로 기업 현장의 소통 상황은 이보다 훨씬 복잡합니다. 그는 비즈니스 대화에도 기본적인 세 가지 기술(skill)이 있다고 한다.

먼저 상대방의 입장을 이해하고(배려의 기술), 본질을 서로 이해, 공유하면서 의미를 확실하게 전달하며(논리의 기술), 상대방의 마음에 호소하라(정보의 기술)는 것이다. '소통은 뭔가

68) <사례 1> 탈춤의 미학적 움직임(탈춤체조와 국민체조 비교) 참고.

를 탐구・촉구하는 과정'이라고 했다. 도요타에 유명한 이야기가 있다. 뭔가를 이야기할 때 왜(Why)라는 말을 다섯 번 이상 하라는 겁니다. 그렇게 함으로써 진짜로 중요한 본질적(本質的) 원인(原因)을 알 수 있다는 것이다. 일본어로 진인(眞因)이라고 하는데, 소통은 질문과 답변을 통해 진인(眞因: 근본적으로 변하지 않는)을 찾아가는 과정이라고 한다.

- 다음은 건강하려면 몸과 마음이 하나가 되어 혈액순환이 될 때, 육체와 정신이 소통(易地思之)이 되어 사회생활을 날마다 건강한 모습으로 세상을 살아갈 수 있는 것이다. 그래서 나이 들어 대접받는 7가지 비결을 소개하기로 한다.[69]

첫째, Clean Up(변장하다). 나이 들수록 집과 환경을 모두 깨끗이 해야 한다. 분기별로 주변을 정리정돈하고, 자신에게 필요 없는 물건을 과감히 덜어내야 한다. 귀중품이나 패물은 유산으로 남기기보다는 살아생전에 선물로 주는 것이 효과적이고 받는 이의 고마움도 배가 된다.

둘째, Dress Up. 항상 용모를 단정히 해 구질구질하다는 소리를 듣지 않도록 해야 한다. 젊은 시절에는 아무 옷이나 입어도 괜찮지만 나이가 들면 비싼 옷을 입어도 좀처럼 태가 나지 않는 법이다.

셋째, Shut Up. 말하기보다는 듣기를 많이 하라는 주문이다. 노인의 장광설과 훈수는 모임의 분위기를 망치고 사람을 지치게 만든다. 말 대신 박수를 많이 쳐 주는 것이 환영받는 비결이다.

넷째, Show Up. 회의나 모임에 부지런히 참석하라. 집에만 칩거하며 대외활동을 기피하면 정신과 육체가 병이 든다. 동창회나 향우회, 옛 직장 동료모임 등 익숙한 모임보다는 새로운 사람들과 만나는 이색 모임이 더 좋다.

다섯째, Cheer Up. 언제나 밝고 유쾌한 분위기를 유지하는 것이 좋다. 지혜롭고 활달한 노인은 주변을 활기차게 만든다. 짧으면서도 곰삭은 지혜의 말에다 독창적인 유모 한 가지를 곁들일 수 있으면 더 바랄 것이 없다.

여섯째, Pay Up. 돈이든 일이든 자기 몫을 다해야 한다. 지갑은 열수록, 입은 닫을수록 대접을 받는다. 우선 자신이 즐겁고, 가족과 아랫사람들로부터는 존경과 환영을 받게 될 것이다.

일곱째, Give Up, 포기할 것은 과감하게 포기하라. 가장 중요하다. 이제껏 내 뜻대로 되지 않은 세상만사와 부부(夫婦), 자식문제가 어느 날 갑자기 기적처럼 변모할 리가 없지 않은가. 되지 않을 일로 속을 끓이느니 차라리 포기하는 것이 심신과 여생을 편안하게 한다.

---

69) 오명철, 오늘과 내일에서.

여기에 곁들여 하루 한가자지씩 좋은 일을 하고, 하루 10사람을 만나고, 하루 100자를 쓰고, 하루 1000자를 읽으며, 하루 1만 보씩 걷는다면 이보다 더 훌륭한 노년은 없다. 이른바 〈1, 10, 100, 1000, 10000의 법칙〉이다.

아울러 다음의 3가지가 삶에서 중요하게 여기는 정약용의 실학(實學)을 숙지하여 삶에 임해야 한다고 권하고 싶다. 실사구시(實事求是)/ 사실에 입각한 진리탐구(眞理探究)하고, 경세치용(經世致用)/ 세상을 다스리는데 실익을 증진하며, 이용후생(利用厚生)/ 풍요로운 경제와 행복한 의식주의 생활을 지향해야 한다.

＊다음은 누구의 글인지는 모르나 연구자(?) 지인의 글이 너무 좋아 다음과 같이 살아가야 한다고 생각하여 양식(樣式)을 모두에게 전하여 공유하고 싶다.

월/ 월등하게 노력하는 날, 화/ 화목하게 분위기 조성하는 날, 수/ 수양하는 자세로 다시 가다듬고, 목/ 목표를 향해 달려가면, 금/ 금색 찬란한 날이 언젠가 오기 때문에 주말을 안식하며 쉴 수 있다. 따라서 토요일은 가족과 함께하고 주일은 교회에 나가 안식하면서 좋은 말씀으로 스트레스를 해소해야 하며 월요일을 위해 충전해야 한다.

＊결론

위의 1단계부터 10단계의 사례들은 지인들이 제안해주신 것과 필자가 창안한 사례와 실습을 통해 합한 사례들이다. 아무리 좋은 약이 있어도 먹어야 하고, 좋은 글이 있어도 읽어야 하고 육체와 접근을 행동(行動)으로 시도해야 하며, 모든 운동은 시간을 내서 실천에 옮겨야 자기신체에 유익(有益/誘益))이 온다. 자기 몸은 본인이 장소와 관계없이 근면성실(勤勉誠實)하게 몸을 움직이고 추슬러야 한다.

사회를 살아가면서 지인들의 말과 속담에 귀 기울이며 교훈적인 글을 숙지해야 한다. 더욱 삶을 살아갈 때 생활습관이 건강과 연결이 된다. 건강해야만 무슨 일이든 근면성실하게 열심히 최선을 다하며 사회와 동참할 수 있다. 따라서 건강을 위해 "국악치료 및 탈춤클리닉"을 제공하였다. '탈춤클리닉'을 통해 생활의 안정을 찾아 여유(餘裕)와 소통에 의해 예방과 치료 및 치유가 되었으면 하는 바램이다. 제일의 부(富)는 건강(健康)이다.

<주제발표 4> 사자춤[1]

韓國의 獅子舞

1部/ 講義(1 · 2部를 일본 현장에서 진행해야함으로 간단하게 소개하고 주제원고 참고)

1. 韓國假面劇 紹介

1) 分布現況

탈춤은 韓國의 代表的인 假面劇으로서 휴전선을 중심으로 3.8선 이북의 것을 탈춤, 서울을 중심으로 경기도 일대의 것을 산대(山臺)놀이, 慶南일원의 것을 오광대(五廣大), 부산 쪽을 야유(野遊)로 구분하고 있다. 그 외 河回別神굿탈놀이, 江陵官奴假面劇, 北靑獅子놀음 등 國家에서 指定한 13개의 假面劇이 있으며, 味摩之가 일본에 전했다는 백제기악(百濟伎樂)이 복원 중이다. 보편적으로 탈춤을 놀이란 개념으로 표현하고 있으나 놀이와 갈등(葛藤)을 겸한 가면극(假面劇/ 얼굴을 가리는 특이한 형태의 조형물/ 분리된 인격. 드라마. 조선연극사)으로서 計劃的이고 意圖的인 目的劇으로 보아야 한다. 특히 兩班社會나 破戒僧諷刺를 통해 서민(庶民)의 애환(哀歡)을 담고 있으며, 중국사신(中國使臣)을 영접(迎接)할 때나 궁중행사(宮中行事)에 참여하였으며, 이속(吏屬)들이 주축(主軸)이 되어 경연(競演)과 전승(傳承)이 되었기 때문에 오늘날까지 개혁되면서 保存, 發展되고 있다. 시대(時代)가 변화 되면서 탈춤의 표현(表現)을 우리의 歌舞樂劇(韓國假面劇)을 통해 過去와 現代社會의 맺힌 것과 막힘을 신명을 통해 신바람나게 풀어냄으로써 뚫림을 풀어나가는 한판의 삶의 作品이다.

한국 가면극 13개 중의 特徵은 獅子科場이다. 鳳山, 康翎, 殷栗탈춤과 북청(北靑)은 사자

---

1) 崔昌柱 教授(韓國藝術綜合學校 傳統藝術院 演戲學科長), 2009년 日本 교토조형예술대학 講義 順序(요약본), 한국예술종합학교 논문집(2004/ 7집) 논문 쓰고 일본 조형예술대학에서 주제 발표.

(獅子)라 칭하고, 고성(固城)의 비비(새)는 인신수두(人身獸頭/인간의 몸에 괴물의 머리), 통영(統營)과 가산(駕山)의 영노(龍)는 아흔아홉 사람을 잡아먹고 한사람만 잡아먹으면 하늘로 승천(昇天)하겠다고 한다. 동래(東萊)와 수영(水營)도 영노(비비새)라는 가상적 인물(人物)이 등장(登場)하여 양반(兩班)을 잡아먹으려고 한다. 산대놀이는 사자(獅子)가 없다. 하회(河回)탈춤은 주지라고 해서 상상의 동물(動物)로 탈판을 정화(淨化)하고 악(惡)을 물리치는 나례(儺禮)성격을 띠고 있다. 꼭두각시 인형극(人形劇)에서는 이심이(龍)가 등장한다.

2) 衣裳 紹介

봉산탈춤 제2과장에 나오는 목중(目僧) 의상 등 무당의 옷을 징발해서인지 화려하다. 아울러 한삼과 행전・댄님에 대해 소개한다. (봉산(鳳山)은 항구(港口)도시라 이속(吏(屬)들이 주관(主管)으로=지나(支那/中國)에서 공단(貢緞)을 수입(輸入)할 수 있는 유리(有利)한 조건을 가지고 있었기 때문에 의상이 화려하지 않았나 생각한다. 행전 착용의 근본은 돈이 없어 할 수가 없었다. 그러나 양반이든 서민이든 실내에서 행전을 착용하지 않았고 외출할 때 했다.

3) 假面 紹介(탈속에 서린 민족의 삶)

가면극(假面劇: 얼굴을 가리는 특이한 형태의 조형물. 드라마)이라는 언어(言語)는 탈을 쓰고 놀이하는 것을 말하며 필자는 탈춤을 〈分離된 人格〉이라고 하여 탈과 맨얼굴의 차이를 분리하고 춤(舞踊)을 구분(區分)하였다. 세계(世界) 모든 가면은 얼굴 형태(形態)이나 봉산(鳳山)가면은 요철(凹凸)굴곡이 심하다. 인체의 원리(경추7, 흉추12, 요추5)를 설명한다.

4) 文化財의 種類

民俗資料, 天然記念物과 유형문화재(有形文化財)와 무형문화재(無形文化財)중에 봉산탈춤은 무형문화재 17호로 1967년에 指定되었다.

5) 主題

- 벽사 의식무(辟邪儀式舞)= 종교관 - 宗教的 主題
- 파계승(破戒僧)에 대한 풍자(諷刺)= 未來觀- 社會的 主題

- 양반(兩班)에 대한 모욕(侮辱)= 現實觀 - 政治的 主題
- 일부대처첩(一夫對妻妾)의 삼각관계(三角關係)= 倫理觀 - 家庭的 主題.

6) 構成

구성(構成)은 춤(舞/dance), 몸짓(mime), 동작(acton), 노래((歌/song), 대사(臺詞/dialogue)의 서사극적 이야기가 나열방식으로 진행되며 마임언어의 내용방식(內容方式)이 극본화(劇本化) 되어 있다. 한국의 탈춤은 가면극(假面劇), 가면무(假面舞), 탈춤, 탈놀이라고 보편적으로 부르며 사용되고 있다. 보통 한국가면극의 내용은 5과장(마당)-12과장으로 구성되어 있으며 한국판 연희극(演戲劇.musical)이다.

제1과장 사상좌춤(四上佐舞). 제2과장 팔먹중춤(八目僧舞), 제3과장 사당춤(社堂舞), 제4과장 노장춤(老杖舞: 신장수. 취발이 포함), 제5과장 사자춤(獅子舞). 제6과장 양반춤(兩班舞), 제7과장 미얄 영감춤. 그중에 제5과장 獅子舞를 소개하겠습니다(주제발표논문 참고).

1부/ 韓國의 鳳山 獅子舞(주제발표 원고 참고)

1. 鳳山 獅子舞 劇本 硏究
   1) 劇本 比較, 2) 지역사자이름, 3) 學者들의 구체적인 主將
2. 劇本別 獅子舞 比較 分析
   1) 名稱, 2) 假面, 3) 登・退長, 4) 臺詞, 5) 構成 內容
3. 結論/ 悔改
   (회개: 잘못을 뉘우치고 바로잡음)와 容恕(지은 죄, 잘못한 것을 꾸짖거나 벌하지 않고 덮어 줌)

2部/ 公演 및 示範

1. 公演 : 鳳山 獅子舞
   馬夫 / 孫炳萬, - 獅子 / 前 : 朴仁壽. 後 : 宋治虎
2. 示範과 實習 : 韓國假面舞(춤)의 基本動作(鳳山과 山臺)

韓国の獅子舞

韓国芸術綜合学校
Korea National University of Arts

＊일본 조형대학 주제발표와 봉산탈춤 사자춤 기원 재검토[2)]

講義順次

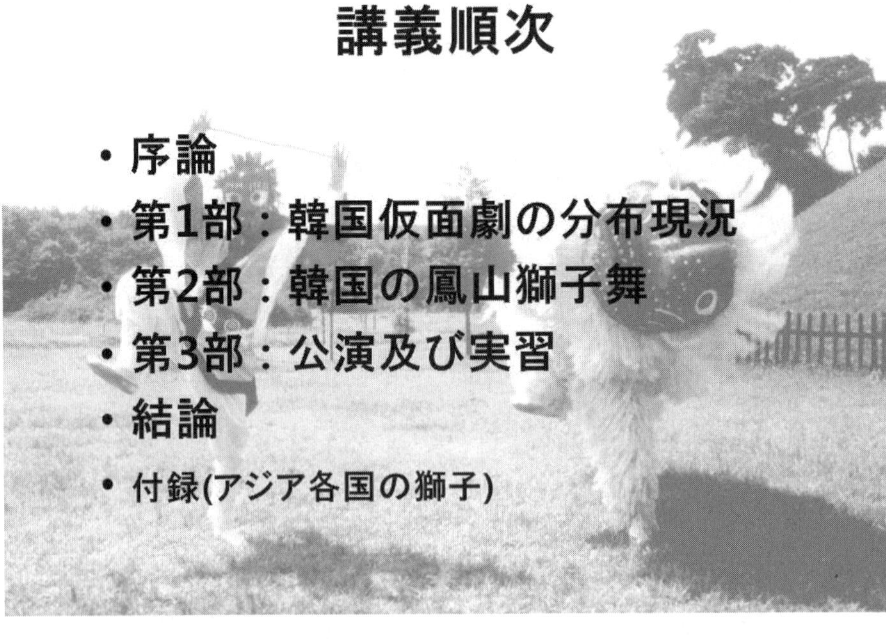

- 序論
- 第1部：韓国仮面劇の分布現況
- 第2部：韓国の鳳山獅子舞
- 第3部：公演及び実習
- 結論
- 付録(アジア各国の獅子)

---

2) 최창주, 논문, 한국예술연구, 2004, <봉산탈춤 사자춤 기원 재검토>, 논문집 7집 참고.

序 論

・1977年、アメリカ33カ州の州立大学を巡回した際当時のNewYorkTimesは「小さな国の、小さな体から、どうしてあのように大きな動作が出るのか、まさに芸術の絶頂である」という絶賛と共に鳳山タルチュム(仮面劇踊り)の公演写真や関連記事を大きく掲載しました。それがきっかけとなり、その後東南アジアやヨーロッパを訪問しながらタルチュムの紹介を行いました。1985年には北朝鮮を公式に訪問し、平壌大劇場で公演を行ったこともあります。今回、京都造形芸術大学で鳳山タルチュムを紹介することになって、とても嬉しく思っております。

1. 韓国仮面劇の分布現況

タルチュム(仮面劇踊り)は韓国の代表

的な仮面劇として、休戦線を中心に

1. 38度線以北の仮面劇
2. ソウルを中心とした京畿道一帯の山台ノリ(演戯)
3. 慶尚南道周辺の五廣大
4. 釜山地域の野遊
5. その他河回別神クッタルノリ、江陵管奴仮面劇、北青獅子舞など

❖ 13個の仮面劇が国家無形文化財の指定を受けています

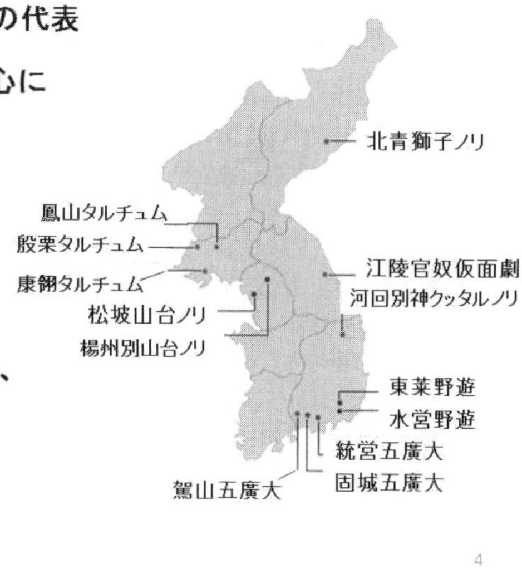

4

◆ タルチュム（仮面劇踊り）＝ 遊び

◆「遊び」と「葛藤」の結合

◆ 仮面劇は計画的で意図的な目的劇である

➢ ヤンバン(両班＝貴族)社会や破戒僧侶に対する風刺を通じて、庶民の心を表現

➢ 国賓が訪問したときなど宮中行事に参加して公演

➢地方下級官吏が中心となって運営

❖ 現代韓国の仮面劇は歌・舞・楽の要素を持ち、過去や現代の葛藤を楽しく解決しながら人生を描く作品である。

2. 韓国仮面劇の種類

1) 種類(指定年度、無形文化財)

1. 楊州別山台ノリ(64年. 第2号)
2. 統営五廣大(64年. 第6号)
3. 固城五廣大(64年. 第7号)
4. 江陵官奴仮面劇(67年. 第13号)
5. 北青獅子舞(67年. 第15号)
6. 鳳山タルチュム(67年. 第17号
7. 東莱野遊(67年. 第18号)
8. 康翎タルチュム(70年. 第34号)
9. 水営野遊(71年. 第43号)
10. 松坡山台ノリ(73年. 第49号)
11. 殷栗タルチュム(78年. 第61号)
12. 河回別神グッタルノリ(80年. 第69号
13. 駕山五廣大(90年. 第73号)

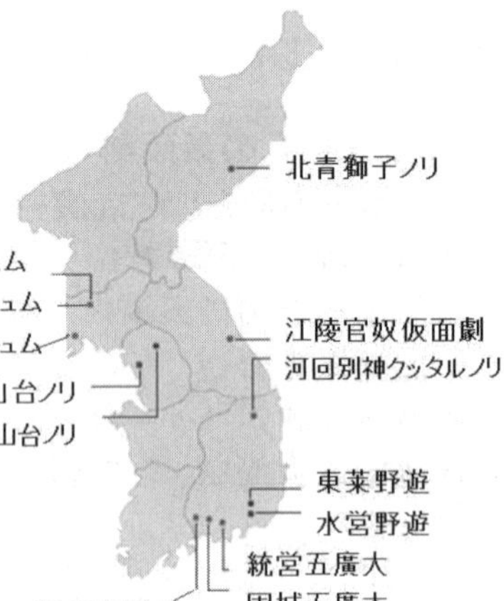

6

2)衣装の紹介

- 鳳山タルチュムの登場人物
  墨僧(モクチュン)

- 巫女の衣装→派手さを表現
- 白い上下の民衆服に袖のついた上着
- 汗衫(手を覆う白い布)
- 上着と汗衫の間には穴があいている
- 脛あて(踊ったり歩くのに便利)
  庶民や貴族たちは遠距離の移動の際、脛あてをつけていた

7

3) 仮面の紹介

- 仮面劇 =タル(面)を被って遊ぶこと
- モンゴル語「タル」=「顔」
- 「タル」、「仮面」などの用語がある
- 面=「分離された人格」
- 仮面によって素顔の人格と区別化される

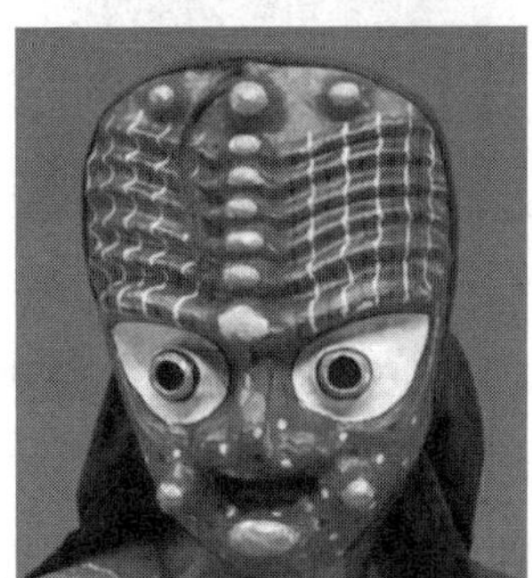

✓ 世界にあるすべての面は人間の顔
✓ 鳳山の面はデコボコが激しい
✓ 墨僧の面にはこぶが7つ、
  チバリの面には12個ある
✓ 朝鮮半島は歴史のなかで数多くの
  苦難を乗り越えてきている
✓ 面の色は濃い目のオレンジ色
  → 若さ、酔狂、破戒

8

4) 文化財の種類

無形文化財

有形文化財

5) テーマ

追儺舞
(宗教観)
宗教的テーマ

破戒僧風刺
(未来観)
社会的テーマ

両班(貴族)風刺
(現実観)
政治的テーマ

一夫多妻
(倫理観)
家庭的テーマ

9

6) 構　成

- 舞(dance) + mime + action + 歌(song) + 台詞(dialogue)
- 叙事劇的な物語の並び
- マイム(mime)言葉の劇本化
- タルチュムを仮面劇、仮面舞、タルチュム、タルノリとも呼ぶ
- 鳳山タルチュムは全 7章で構成されている
- 韓国版ミュージカル(演戯劇)

< 第1章 四上佐舞 >

11

< 第2章 八墨僧舞 >

12

< 第3章 寺党舞 >

13

< 第4章 老長舞 >

老長と小巫

酔発

14

< 第5章 獅子舞 >

15

< 第6章 両班(ヤンバン)舞 >

16

< 第7章 ミヤルと令監舞 >

17

3. 鳳山獅子舞の劇本研究

1) タルチュムの研究過程

● 私が鳳山タルチュムの獅子舞を初めてからもう40年になります。最初から馬方役を伝授していただきながら公演をやっていたのですが、ある日中国で滞在している方から日本語で書かれている「'吳晴' 台本(1936年)」をいただき、それを「韓国仮面劇とミュージカル」の本の付録として載せました。しかし、この台本はほとんどが故事熟語で書かれており、解読が非常に困難でありました。回りの学者たちに助けていただき、やっと解読しそれを現存する他の台本と比較研究しました。今回は獅子舞に当たる台本の比較を中心として紹介したいと思います。これまで獅子舞に関する様々な関連研究が発表されてきましたが、鳳山タルチュムの獅子舞の起源、内容、意味に特化した論文はまだ発表されいません。今回は鳳山タルチュムの中でも特に、獅子舞の場面について紹介したいと思います。

18

2) 地域別獅子を指す名前

鳳山·康翎·殷栗·北青の獅子舞→獅子

固城の獅子舞→ピビ(人身獣頭)

統営の獅子舞→ピビ(人身獣頭)

駕山の獅子舞→獅子＋ヨンノ(龍)

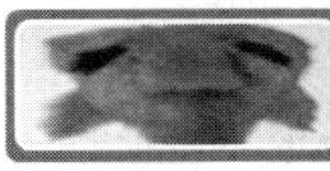
東莱·水営の獅子舞→ヨンノ(ピビセ)

河回別神タルノリの獅子舞→チュジ

19

3) 鳳山タルチュムの採録台本別獅子舞の比較

採録者	生存時期	備　考	採録年度
李杜鉉 イ·トゥヒョン	1924.4.2 ～	民俗学者、演劇理論家	1965年
呉　晴 オ·チョン		朝鮮総督府官房文書課嘱託職員	1936年
金イルチュル		「朝鮮民族タルノリ研究」	1958年
任晳宰 イム·ソクジェ	1903.5.1 ～ 1998.5.2	民俗学者、哲学者	1955年

20

1) 名称比較

採録者	名　称	備考
李杜鉉	獅子舞	
呉 晴	獅子舞(章ごとに状況説明)	
金イルチュル	獅子ノリ(演戯)	
任晳宰	第5章	
海州タルノリ	獅子舞	

21

2) 仮面比較

区分 / 版本	仮　面	備　考
李杜鉉	高さ54㎝、幅48㎝で瞳の部分には金色の紙を貼っている。口を開けた状態で白い歯を出している。頭の輪郭の部分や全身に白い毛をつけている。頭の裏に取っ手があり、コントロールできる。獅子の頭に体の部分をつけ、二人が入る。尻尾は別途につけて後ろに入っている人が握る。赤い舌は前の人が握って出す。	李杜鉉、呉晴、金イルチュル、任晳宰が表現した獅子の面は大体似ているが、記録されたビデオのなかの獅子は黒い布を着て撮影している。その後は白い獅子。
呉 晴	獅子仮面製作過程: 土で獅子面の模型を作って白い紙を貼り、それが乾燥したら土を取り出し、残っている紙の模型に木綿や布などを獅子の皮のようにかぶらせ縫ったあと、白い紙を毛のように細く編んでその上に貼る。その面に赤色を塗って眉毛やヒゲを描いて頭からお尻まで背中の中央に青い線をひいた一大白獅である。馬役の仮面は墨僧面で共用である。	
金イルチュル	目玉がくるくる回るように製作	
任晳宰	記録なし	
海州タルノリ	実際の獅子の顔を真似して威厳のある面にし、体の部分は木綿、その上に紙または麻、人造錦を使って毛を作って貼る。	

3) 登場・退場の比較

版本	登場・退場	備考
李杜鉉	8人の墨僧が登場。獅子が追いかけて入ってくる。墨僧を食べようとする勢いである。墨僧たちは舞台を回って退場。一人だけが残って馬方役になる。馬方役はムチを持っている。	
呉 晴	墨僧8人が先に登場し、白獅子一匹入ってきて墨僧たちと一緒に楽しく歌いながら踊って同時に退場する。釈迦如来は老僧を誘って堕落させた不良人を懲戒しようと獅子を登場させるのである。(馬役なし)	
金イルチュル	馬方役が獅子を手綱で引きずって舞台に登場。退場も馬方役が手綱を握ったまま観衆に挨拶をして退場する。	
任晳宰	墨僧8人が登場し、適当に舞台の隅に並ぶ。馬方役の後ろから獅子が登場する。退場は墨僧8人や獅子が一緒に得意の踊りを踊って全員退場する。	
海州タルノリ	獅子の面をコントロールする前の一人、後ろの一人、馬方役の一人、墨僧の8人である。鳳山タルチュムを参考したものである	

4) 台詞比較

	台　詞	備 考
李杜鉉	馬方役一人と獅子との台詞	
呉 晴	登場人物甲・乙・丙・丁・墨僧たちと獅子との台詞	
金イルチュル	馬方役一人と獅子との台詞	
任晳宰	墨僧1・2、墨僧たちと獅子との台詞	

5) 構成内容の比較

- 僧侶の破戒を風刺し、人間の罪を警告して救済する役割。厄を祓い、新しい希望を与える内容

区分 版本	構成の内容	備考
李杜鉉	8人の墨僧が登場。獅子が追いかけて入ってくる。墨僧たちは舞台を回って退場。一人だけが残って馬方役になる。 馬方役はムチを持っている。 1)馬方役が登場。 2)馬方役の一人がモノドラマ形式に聞いたり答えたりする。 3)墨僧たちが獣が出てきた、と叫びながら登場、 墨僧一人だけ残って馬役になる。 4)馬方役や劇をリードする。 5)「西遊記」にでる説話を参考した内容を追加記録する。	
呉 晴	釈迦は善良な老僧を誘惑して破戒させた不良人を懲戒しようと獅子を登場させる。墨僧一人が獅子を殴りつけ、獅子にやって来た理由を訊ねるのだが獅子に食べられてしまう。残りの墨僧たちは獅子を遣わせた釈迦の偉大な考えに気付き、反省して改心することを誓い、獅子と一緒に踊る。 1)馬方役がいない。甲・乙・丙・丁を登場させる。 2)台詞が4人に分かれて会話の形式になっている。 3)馬方役の代わりである甲が獅子に食べされたあとに、続いて乙と丙が会話をする 4)墨僧たちが恐怖におののくが、結局改心することを誓う。 5)「西遊記」の説話を台詞に挿入(李杜鉉本と同様)	獅子のお腹に入っていた甲が獅子のお尻から出て獅子のお腹から見たことについて漫才をする場合もある。

区分 版本	構成の内容	備　考
金イルチュル	**馬方役が獅子を手綱で引きずって舞台に登場。退場も馬方役が手綱を握ったまま観衆に挨拶をして退場する。 馬方役自ら改心するところが特徴。**	
任晳宰	**墨僧8人が登場し、適当に舞台の隅に並ぶ。馬方役の後ろから獅子が登場する。退場は墨僧8人や獅子が老僧を破戒させたことを懺悔し、一緒に得意の踊りを踊って全員退場する。**	馬役や墨僧のなかの一人
海州タルノリ	元々獅子面の芸能は新羅の狻猊が伝わってきた独自的に発展したもので、康翎地方では獅子や猿がともに登場して観衆を笑わせ、頭を左右に震わせながら公演場の中にいる観衆を追い出し、場を整理する。獅子と猿は向かい合って踊る。鳳山タルチュムで獅子は老僧と関連した一定の内容を持っている。海州タルノリも鳳山タルチュムを参考しているが、独立した場面ではなく幕間に余興的に現れる。	

• 今までの内容によると

	내 용
「李杜鉉」本 「任晳宰」本	酔発の命令により仕方なくした事なので容赦する
「呉 晴」本	「老長に嫉妬して」獅子を送る
「金イルチュル」本	馬方役の懺悔の内容が大きい
海州タルノリ	破戒した老僧を風刺する

結 論

1. 僧侶たちの役を演じている。
2. 仏教の腐敗に対する抵抗。
3. 僧侶たちの特権的、偽善的な思考を示唆している。
4. 第4章までは僧侶たちの堕落や腐敗した生活だけを強調した内容に反発があるだろうということで第5章からは宗教的な話ではなく違う話が展開される。
5. 僧侶も人間であるため失敗もするだろうという釈迦の慈悲により釈迦の遣いとして百獣の王、獅子が登場する。
6. 内容の流れからみると獅子が登場しないと劇が成立しない。
7. 破戒した老僧と関連するため老層の章の後に獅子が登場
8. 高麗時代から李朝時代への時代の変化によっておきる儒・仏教の対決、乱れた身分制度による階級社会を解決するため獅子を登場させる。

韓国・中国・日本の獅子

1. 韓国の獅子

乗寧獅子(1953年)

鳳山獅子(1955年)

29

信西古楽圖. 1927. 新羅狛

北青獅子舞獅子

2. 中国の獅子

江蘇省の獅盤吼

浙江省の硬頭獅子

31

3. 日本の獅子

南派獅子(沖縄県立博物館)

32

北派獅子(沖縄県立博物館)

沖縄獅子(沖縄県立博物館)

33

4. シンガポールの獅子

34

*** 일본의 노(能)를 쉽고 빨리 이해하기**[3]

노(能/Noh)는 일본의 가면극이다. 노(能)는 이야기가 어우러진 일본의 전통가무극이다. 서양의 오페라와 어깨를 나란히 한다고 한다. 상징예술로서 음계(音階)가 따로 없는 희로애락(喜怒哀樂)에 대한 일본인의 생각과 서정미 넘치는 미적세계를 동시에 보여준다. 영국의 희극은 400년 만에 끝났지만, 노(能)는 600년의 역사가 되었다. 2차 세계대전 때 일본이 패배한 뒤 미국에 의해 모든 양식이 서양화되어 노가 사라질 위기에 처했었다. 그런데도 "노(能)는 무(無)에서 유(有)를 만들어내는 의식이므로 공부를 통해 배우는 것이 아니다."는 논리이지만, 후계자들은 노와 일본의 전통문화를 다음세대에도 전달하는 것을 원하고 있다. 따라서 전통을 현대화도 원하고 있다. 노(能)는 집약예술로서 시극(詩劇)의 발성법과 디딤의 연출예술이다. 링교 조르리(판소리)는 밥상에 올려놓고 소리 내어 읽는 것이며, 가부기(歌舞伎), 조루리(淨瑠璃)는 歌・樂・舞(無에서 舛(천: 어수선하게 잡되다)을 더한 것)를 포함하는 것이고, 분라쿠(文樂翁)는 판소리 인형극(人形劇)이다. 한국에도 전통인형극(꼭두각시놀음[4])이 있고, 창극(唱劇)은 판소리에 서양연극을 붙여 무대화한 것이다. 판소리는 대중적이 아니기 때문에 그대로 부르면 예술의 가치가 원형성에 보존될 뿐, 예술적 가치가 대중적으로 소통되기는 어렵게 진행되고 있다. 이를 극복하기 위해 판소리는 창극이라는 대중적 예술로 발전한 것이다. 예를 들어 택견이 전통예술이라면 태권도는 대중적 운동으로 승화된 것이나 마찬가지이다.

또한 중국(中國)의 경극(京劇 1인자: 메이란팡)은 북경에서 만들었다고 해서 경극(京劇)이다. 중국의 경극은 중국의 판소리를 가지고 만들어 그냥 중국판소리가 아니고 공연예술로서 전승예술로 승화 되었다(중국은 고유의 연극과 판소리를 공연예술로 승화시킴, 도제교육방식으로 스승의 모습을 무의식중에 터득하는 교육으로 분장도 본인이 한다. 배역은 생(노・소・무), 단(화・무・노・청), 정(남자), 축(광대)이다. 작품은 패왕별희・여포와 초선 등), 중국의 4대미인: 양귀비・서시・왕소군・폐월).

한국의 무형문화재 중 탈춤은 이미 선조들에 의해 원형이 가무악극으로 연출(演出)되어 있지만, 노(能)는 최소한의 연출로 최대한의 효과를 내는 매력이 있다. 따라서 사자(死者)와 승

---

3) 최창주(崔昌柱: 한예종 전통원 연희학과장)원고. 일본 문화재청과 노가꾸 협회, 자팬 파운데이션의 후원으로 한예종에서 노(能, 2012.4.5. 소극장), 교겐(狂言, 2013.11.19.4시. 소강당). 강연 및 공연, 한국예술종합학교 전통예술원, 실기실습일환으로 필자가 섭외, 주선하여 공연함.

4) 남사당(男社堂: 무형문화재 3호) 놀이는 꼭두쇠(단장), 곰뱅이쇠(기획), 뜬쇠(조장), 삐리(초보) 등의 조직구성, 6마당으로 덜미(인형극), 덧뵈기(덧(곱)본다. 탈춤4마당으로 마당씻이・옴탈마당・샌님잡이・먹중, 취발이), 살판(땅재주), 어름(줄타기), 버나(물건 돌리는 묘기), 풍물놀이(여러 지방 풍물/ 길놀이・비나리・판놀이 구성) 등의 종류가 있다. 그 중에 덜미는 인형극(꼭두각시놀음)으로 대잡이와 산받이가 있다. 대잡이는 인형조종자이고 산받이는 말받음꾼(매호씨)이 재담을 주고받으며 재미있게 진행된다.

자(勝者)의 대화로서 이세상과 저세상의 대화인 '하고로모'(나무꾼과 선녀이야기) 등의 주제(主題)를 가지고 있으며 뮤지컬보다 음악이 부족하고, 무용보다 무용이 부족한 무용적이면서도 음악적으로 표현하는 중간예술성격의 가무극(歌舞劇)이다. 절(節)과 리듬이 단순가락이 아닌 철저한 규범을 지키고 있으며 아름다운 가면과 의상을 갖춘 독특한 움직임의 예술이다(그 외 자세한 내용은 日本 노(能) 유인물 참조[5]).

다끼기노(모닥불을 피워놓고 야외공연)와 실내에서 하는 공연으로 나뉘는데, 실내에서 할 때는 무대장치로 호리존트(포토캠퍼스)에 소나무[6]가 있고 무대 밑에는 항아리가 5개 정도 묻어 있어, 발을 구르면 공명이 되도록 하는 등 무대메커니즘을 간단하면서도 과학적으로 구성되었다. 이를 간단히 설명하면 다음과 같다.

1) 노(能) 가면(假面)

탈(假面/mask)의 예술, 고뇌하는 가면, 도깨비가면 속에 여성의 슬픔속이 깃든 가면, 추상적인 가면의 표정이 생각하는 사람마다 철학적가치가 있다고 해서 조형의 가면예술이라고 한다. 마치 하회탈에서 턱이 분리된 것이 비슷하다.

2) 배역(配役): 시테(주인공), 와키(현실세계의 인간역), 시테츠레(시테의 조연), 코가타(子方: 소년, 귀인이나 영웅 겸), 와키츠레(와키의 동반자), 마(間: 이야기의 절을 해설), 코겐(後見: 연기자의 보조역할), 지우타이(땅의 노래 통솔자)

3) 음악(音樂): 반주음악/ 오른쪽부터 젓대1(피리), 小장고2(고쓰즈미 · 오쓰즈미), 북 1(다이코) 순으로 앉고, 합창단/ 8인 등장.

- 노(能)발성법/ 목을 눌러 소리를 낸다(일본).
- 경극(京劇)발성법/ 벨칸토와 판소리를 합한 소리(중국)
- 벨칸토창법/ 배속에서 뿜어내는 두성적 소리(이태리)
- 판소리창법/ 몸통을 하나의 울림으로 단전의 호흡을 통해 내는 소리(한국/ 복창 터지는 소리)
- 예그린 창법/ 예그린 악단에서 처음 뮤지칼(컬)을 하기위해 라영수 선생이 창 안함.
- 민요(民謠)/ 진성(眞聲)의 변하지 않고 생긴 그대로의 소리(백성의 소리)
- 가야금병창/ 가야금 12줄 현의 소리와 신(神)이 주신 악기인 인간의 소리가 아우러져서 만들어진 병창이다.

---

5) 서연호, 고려대 명예교수.

6) 신격화된 소나무(神 앞에서 점프를 해도 조용하게 해야 한다. 뜨거운 호흡, 차가운 호흡, 따뜻한 호흡).

4) 무용(舞踊)

디딤의 예술(걸음걸이의 예술/ 발전체를 움직여 선을 만든다), 상징의 예술이다.

발뒤꿈치를 꼭 붙이고 속도와 보폭으로 버선발로 무게감 있게 움직인다.

* 무(舞)/ 뒷굽을 뛰지 않고 움직이는 의식춤, 또는 궁중무용.
* 용(踊)/ 도약하다. 뛸 용자이다. 무용하다, 물가에 오르다. 등의 뜻이다. 이를 합하여 무용(舞踊)이라고 한다.

5) 무대(舞臺): 월래는 실외이었으나 메이지 이후 큰 건물 안에 노가쿠도 형태. 복도를 통해 본무대로 등장한다. 무대배경은 노송이 그려져 있다. 상수복도 만 있지 하수는 악사출연 등, 개구멍처럼 좁은 문이다.

2002년 일본의 노(能)극장에서 봉산탈춤공연을 했다. 노장과장(필자 취발이 역)을 하는데 일본버선을 신으라고 했다. 우리는 짚신을 신어야 뛸 수 있는 데 무대가 상처가 난다고 못 신게 하여 의견대립 끝에 우리의 전통을 이해 시켜 공연했다.

6) 연희적 연기(演戲的 演技)

- 압축된 연기, 단축, 긴장속의 아름다운 표현의 방법으로 연기.
- 조용한 연기(보이지 않게 피어있는 수록 꽃 등), 言 없이 몸짓을 하면서 상대방에게 전달된다(진심어린 마음을 담아 행하면 상대방에게 전해진다는 의미 사용).
- 청설(淸雪)/ 눈 오는 소리를 듣는 듯한다.
- 지루한 고전극(古典劇)이다.
- 노(能)와 노(能)사이에 교겐(喜劇的)을 넣어 지루함을 없애므로 전통문화의 현대적 수용을 이미 하고 있다(봉산탈춤도 제3과장 사당춤(놀량가)을 넣어 춤추고 노래한다).

일본가면극의 노(能)는 '짧은 꿈 이야기'를 주제로 연극의 5마당(① 와키노모노, ② 슈라모노, ③ 가쓰라모노, ④ 자쓰노, ⑤ 기리노)으로 분류하고 있다. 교겐(狂言)은 서민의 일상생활을 축(광대)으로 희극성(喜劇性)을 가지고 있으며 '영원히 변함없는 사람의 현세'로서 전장과 후장을 잇는 역할을 한다. 노(能) 정신은 가마쿠라 시대를 거쳐 무로마치 시대 초에 간아미・제아미 부자에 의해 원형이 남긴 노가쿠론(能樂論) 책인 풍자화전(風姿花傳, 후우시카덴 花傳書)의 제1절에 잘 표현되어있다. 이 책에서 나오는 '보이지 않게 피어있을 수록 꽃, 즉 예기치 않았기에 더욱 큰 감동이 있다'이라는 부분이 일본인의 정신문화에 중요한 기둥의 하나가 되었다. 이는 '이것 봐라 하며 뽐내듯' 태도로 임하는 것이 아니라 사람의 눈에 띄지 않아도 조용하고 꾸준히 그러나 인간의 진심어린 마음을 담아 행하는 것이야말로 사람들의 마음에 전해진다고 하는 의미로 사용되고 있다.

에도시대(1603-1867년)에는 시키가쿠(式樂:공식행사 음악)로 정해져 300년 동안 세련된 형태로 확립되었으나 메이지 유신으로 존재가 위험해졌다가 구게(일본의 귀족), 지방영주, 고급 관료 등에 의해 더욱 번성하게 되었다. 제2차 세계대전 후의 혼란기에 또 존폐위기를 맞이하였으나 일본국민들의 사랑으로 지금은 일본을 대표하는 고전예능(古典藝能)으로 높이평가 받고 있다.

노(能)가 지루하니 교겐과 함께 공연한다. 교겐은 650년 동안 끈임없이 부모로부터 자녀에게, 자녀로부터 손자에게, 또 스승으로부터 제자에게 한 번도 끊어지지 않고 계속 전해져 온 연극이다. 대를 어어 전승되고 있는 교겐은 노(能), 분라쿠(文學) 가부키(歌舞伎)와 함께 일본을 대표하는 4대 전통극의 하나이다. 교겐공연은 노(能) 상연 뒤에 이어지는데, 노가 탈을 사용하는 가면극인데 비해 교겐(狂言)은 산악계통의 연극이다. 대사와 몸짓만으로 이루어지는 대사극이다. 인간의 일상생활을 180개의 스토리로 전개되는데 상상의 예술, 감각의 예술이라고도 한다. 큰 소재도 아닌, 서민의 애환과 사물을 풍자하는 내용이 많아 희극성이 강하다. 노가쿠(能樂)는 유네스코에 제1회 “인류구전 및 무형 유산의 걸작”(세계무형유산)으로 지정되었다.

<주제발표 5>[1] 탈춤과 건강

전통연희(傳統演戲)로서의 탈춤과 건강(健康)

1. 문제 제기 및 연구 방법론

원시적 종교행사가 시대가 변화되면서 세시풍속의 행위로 국가(國家)에서 큰 행사(팔관회, 연등회 등) 때 산대(山臺: 연희의 무대, 曳山臺: 끄는 이동무대)를 가설하여 그 지방의 대표적이고 향토적으로 뿌리를 내리고 토착된 성장한 재담(才談)과 몸짓 춤을 초청하여 공연했다. 초청된 종목들이 각 지방으로 분포되면서 서역에서 들어온 동화적인 것과 함께 18세기에 이르러 가무악극(歌舞樂劇)의 종합예술로 엮어 성장하게 되어 산대도감(나례도감은 관가에서 운영: 조선 인조 때 폐지)에서 운영하면서 특정한 지역에 기반을 두게 된 것이다. 특히 봉산탈춤은 스토리텔링이다. 그동안 연구자들은 옴니버스, mask dance of drama 등의 표현했지만 스토리가 연결이 된다.

이제 현대로 전향되면서 환경과 인간의 양심을 치료해야 하는 시기가 왔다. 수단과 방법을 가리지 않고 건강만 해서는 안 된다. 인간의 건강을 정신이 아닌 육체로만 생각하고 영육(靈肉)간의 싸움을 연구했던 짧은 세월이 문제였지만, 그런 생각을 했던 과정 때문에 그나마 이만큼인 정신건강도 연구한 계기가 되었다.

그 정신과 육체의 건강(健康)을 함께 할 수 있는 것이 탈춤이다. 탈춤사위 하나하나가 인체를 치유할 수 있게 조상들이 정리해 놓았다. 우리고유의 정서와 향토적인 정신문화를 통해 시대의 변화에 대처하고 고유의 움직임으로 인해 인체의 건강을 치유해야 하겠다. 따라서 탈춤은 전통무예와 함께 태권도, 태껸은 탈춤과 비슷한 공격과 방어의 품세를 가지고 있다. 한국전통문화를 어떻게 현대적으로 수용하느냐? 이 시대 국민(관객)이 요구하는 것이 무엇이냐?

---

1) 부산대학 세미나 주제발표. 1998.9. 필자가 평소 생각했던 철학으로 원고를 작성하였으나, 시간관계상 부산대학에서 '탈춤의 공연양식 변이상황' 주제만 발표했다(논문 발표내용은 최창주, 봉산탈춤 비교연구, 앰애드 참고). 후에 글을 추가하여 정리했다.

늘 생각하다가 고민하다가 탈춤을 인용하여 발표한 것이 '탈춤체조'이다. 이 춤과 체조는 민중에게 다가갈 수 있는 운동으로 시대에 맞게 변형된 몸을 재창조하여 인체의 정신건강과 인간의 희로애락을 연구하고 탈춤을 활성화를 위해 노력하는데 중점을 두었다.

우리의 전통(傳統)을 창작하려고 하는 것은 시대의 부름이다. 박제(剝製)된 것을 대중 속으로 어떻게 재활용하느냐가 문제이며 세계는 매일 새롭게 변화되고 있는데 현실에 안주하는 순간 세계는 보이지 않게 평범하면서도 비범하게 달려가고 있다.

각 보존회 문제점도 있지만 도제제도(徒弟制度) 교육에서 제도권(制度勸)으로 돌입하면서 박제화(剝製化)된 구시대의 고정관념에서 벗어나 한사람의 기준을 class교육중심으로 변화하면서 대중들의 관심으로 사회는 새롭게 창작(創作)을 해야 하는 상황이 되어버린 것이다. 요즘 혼(魂), 창(創), 통(通)의 소설책(이지훈 著)이 베스트셀러이듯, 그 책을 보면 혼(魂:꿈·비전·신념)이 있되 창(創:의미 있는 것을 현실로 새롭게 실행하는 과정)이 없으면 몽상가요, 魂이 있되 創이 없으면 외골수, 독재자라고 한다. 그러나 창(創)은 있되 혼(魂)이 없으면 향기가 없고, 통(通:서로 소통·상대이해·인정·존중)은 있되 魂이 없으면 소통하는 것처럼 보일 뿐 결코 통하지 않는다고 했으며, 또 創과 通은 있되 魂이 없으면 뿌리 없는 나무와 같다고 했다. 이런 문제점을 해결하기 위해서는 인간의 육체적으로 기본골격을 튼튼하게 해주는 운동이 현재 모두 서양의 헬스, 의학, 과학, 체조운동에 의존하고 있다는 점이다. 따라서 대학 및 전문기관에서는 충분한 연구자료(硏究資料)가 없기 때문에, 본고는 주로 각 분야에 종사하는 계층(노인층, 주부, 학생〈초·중·고·대학생〉, 청소년, 청년층, 기업회사원, 공무원 등)을 직접 탈춤을 지도할 때마다 끊임없이 조사 연구, 설문하였다.

2. 연구 방법론

한국의 대표적인 탈춤사위가 우리인체의 제일(가장) 알맞은 기본운동이다. 그 이유는 향토적(鄕土的)인 것은 물론이지만, 우리 생활의 리듬이자 가락과 장단 역시 스토리텔링의 종합적인 움직임이 탈춤(假面劇)이기 때문이다. 탈춤인 정신세계의 주제(主題)는 사방신에 대한 의식무(儀式舞), 파계승에 대한 풍자(諷刺), 양반계급사회에 대한 모욕(侮辱), 일부대처첩(一夫對妻妾)의 삼각관계, 서민의 곤궁상, 해학(諧謔)과 풍자(諷刺) 등, 대체로 5-12마당의 연극적 요소(演劇的要素)로서 춤이 주(主)가 되지만, 사람의 기본욕구인 몸짓(mime)과 동작(action, 動作)과 재담(dialogue, 才談)을 통해.[2] 복잡한 인간의 희로애락(喜怒哀樂)을 통해 카타르시스를 느끼게 한다.

특히 탈춤이 심폐기능에 최고의 운동이다. 탈춤은 가면(탈)을 쓰고 동시에 한삼(汗衫)을 휘날리는 작업을 함으로서 목, 팔, 다리, 허리, 근육, 뼈 등 어느 한곳도 빠짐없이 효과를 내는 최고의 운동이다.[3] 그러나 함께 연구하는 동료 및 전문 의사, 전문가가 부족하고 전문의가 없었기 때문에 문제점이 있다고 판단되어, 특강을 할 때마다 토론을 통해 워크숍 식으로 진행을 실시하여 보았다. 체육진흥센터에서 필자와 함께 탈춤연희자 몇 명을 테스트한 결과 탈춤은 심폐기능이 어떤 운동선수보다 우월하다는 판정을 받았다. 그러나 현재의 제도권 교육이 임상문제에 대한 근본적인 것은 해결할 수가 없었다. 다만 전문 의사들이 '탈춤사위가 운동효과에 나오는 모든 것(動作)을 포함하고 있고 그 어떤 운동의 치료보다 더 뛰어나다'는 앞의 체육진흥센터 담당자의 의견도 있었지만, 대다수 대학에서 탈춤을 취미로 하다가 사회에 진출한 경력자들도 우리 몸에 좋은 것 같다고 언급하고 있다. 그러나 각 보존회는 원형보존에 일익을 담당하지만, 연구하는 단체가 소수이기에 필자는 40여 년 동안 실시한 현장 체험(학교・사회단체)으로 특강과 강습자료 및 설문자료를 통한 국내자료가 부족하여 연구하는데 애로가 있었다. 그래서 "탈춤체조"와 봉산탈춤・양주산대・고성오광대 등을 기본동작(기초・기본)과 극본내용 및 전문적인 것을 연희학과 중심으로 설문작업을 진행하였다. 또한 추가적으로 "민속체조" "민속놀이 올림픽"과 "한국적 포크댄스(양산도・진도아리랑・꼭두각시놀음 등)" 등도 창안해서 이용하였다. 따라서 각 대학 동아리팀과 매년 교양과목을 듣고 있는 학생들에게도 설문하였다. 아울러 늦게나마 발표한 창작 연희극(허생전・탈춤 등) 등이 현대적 치유의 선행연구사례로 발표하여 충분하다고 생각했다.[4]

1) 탈춤치유를 중심으로

전통(傳統)은 사과나무(뿌리)라면 창작(創作)은 사과열매가 되는 것이다. 즉 우리가 늘 생활하는 자체가 창작이다. 아이디어, 디자인, 가족 및 부부관계, 공장작업과정 등 생산하면 과

---

2) 이두현, 한국가면극, 서울대학출판부, 1994.

3) 탈춤은 숨이 차고 심장박동이 증가하는 운동으로서 비록 운동시간을 길게 잡을 수는 없지만, 오래 춤을 추면 운동의 강도가 높아지며 스트레칭과 유산소운동이 동시에 심폐기능과 함께 다른 내장의 여러 가지 복합적으로 운동효과가 높아진다.

4) 그러나 탈춤의 훈련방법은 체육진흥・선수촌에서의 전문기관, 디지털작업, 콘텐츠화, UCC, 과학적 실험 등을 하려고 했지만 탈춤의 전문가(전문의) 부족으로 결과를 얻지 못했다. 다만, 전문적인 학술적 용어가 아직 정립되어 있지 않은 관계로 기본적인 일반 용어로 서술하는 한계를 가지고 있음을 미리 밝히는 바이다. 그래서 이론적인 기초 접근방법과 설문지를 통한 실기의 학습으로 정리하였다. 다만 지금까지 검증되지는 않았지만 각 사회단체에 특강과 학습사례의 경험을 통해 연구한 결과 탈춤이 50건 예방, 키보드증후군, 경추, 요추, 하체운동, 치매방지, 우울증, 집단 군중치료, 대사법 치료, 퇴행성관절염, 지구력 등, 훈련으로 전통연희와 함께 건강관리를 할 수 있다는 것을 경험(체험)하게 되었다. 그래서 주제 논문(傳統演戲로서의 탈춤과 건강)으로 제목을 붙였고, 일부발표(예: 분야별 사례)를 통해 미약하나마 1차 논문에 제시한바 있다.

실이 열리듯이, 노력과 근성으로 생산하는 과정을 시대의 부름이라고 판단하면 될 것이다. 어제보다 이제·지금·현재가 중요하고, 생각보다 행동하지 못하면 감탄만하고 생각에 지나지 않는다. 소통한다고 호통만 치면 울화통만 생긴단다. '덜 가르치면 더 성장한다.'는 말과 '영원하지 않는 것은 영원히 시대에 뒤떨어진다.'는 것을 학생들에게 방향제시나 유도·멘토 등, 고기를 잡는 법만을 교육하여 인도하면 되는 것이다. 18세기 예술을 21세기에 보여준다는 것은 한계가 있다. 할 것 많고 놀 것도 많은 사람들에게 우리의 고유 것이라고 전통문화만을 강요할 수는 없는 세상이 되었다.

그러나 우리의 연희(演戲)는 우리생활 속에 뿌리 깊이 박혀 있는 정신적 이야기들을 가무악극(歌舞樂劇)으로 구성(構成)되어 있기 때문에 재미있게 마케팅 한다면 세계 속에 독특한 문화로 거듭나서 우리의 존재(存在)를 세계에 더 알릴 수 있는 기회가 될 것이다. 따라서 국제화 세계화 시대에 국민(國民)과 세계인(世界人)들이 바라고 요구하는 것들이 무엇인가를 인지하여 그곳을 향하여 달려가는 지구촌한마당의 시대가 되어 우리는 여기 함께 있는 것이다. 춥고 눈만 내리는 쓸데없는 땅을 매입한 미국의 알래스카, 삿보로 후가이도 축제, 흑인들의 재즈, 연가 등이 세계음악으로 변하여 우리에게 심금을 울리고 있는 마케팅 시대가 열린 것이다.[5)]

미국은 사람을 〈죤 듀이〉식 교육으로 칭찬과 격려와 인본주의로 다스린다. 그러나 우리는 아직까지 일본식의 교육을 받아 야단맞고, 혼을 내고, 때리는 스파르타식 주입식 교육을 받았다. 특히 미국은 인종이 많이 접한 나라로 국제화, 세계화란 단어가 어울린다. 땅만 넓은 셧이 아니라 기독교적 윤리를 지닌 강한 나라로 만든 것은 탈무드교육이다. 국제화에 걸 맞는 인종이 전시된 것처럼 많은 민족들이 국제결혼을 해서 각기 다른 부족(部族)의 우수한 두뇌들이 포진하고 있다. 국제결혼을 하면 우수한 인종이 나와 다중국적자로 국제화시대에 경제적으로 급부상하게 된다. 미국 속에 유대인이 세계 15대재벌을 차지하고 있다고 한다. 우리도 이중국적 자(者)들을 배출하여 사회, 정치, 경제, 문화를 튼튼하게 하고 세계화 속에 함께 가

---

5) 인간(Anthropology人間論)은 육체와 정신적, 영적(靈的)으로 구성되어 있어 영육(靈肉)간의 전쟁을 치루고 있는 것이다. 그래서 철학자들은 다음의 여러 가지 주장들을 하고 있다. 인간의 존엄성과 평등성을 차별하면서 신앙과 이성으로 따라간다. 아리스토텔레스(플라톤의 제자)는 인간은 사회적 동물이자 지혜를 쓰는 이성(理性), 파스칼(팡세)은 생각하는 갈대, 인간은 약하다, 비참함과 위대함(생각하기 때문에 위대하다)주장했고, B. 프랭클린은 도구를 사용할 수 있다. 라이프니츠는 인간은 작은 우주(코스모스)이다. 쇼펜하우어는 형이상학적인 존재이다. 천도교는 사람이 곧 하늘이다(天地人)라고 주장하고 있다. 인간은 잘 모르겠다. = 염세주의자, V. 프랭클은 가치의 미를 추구하는 존재(정신과 의사), 하의징거는 놀이하는 존재이다. 놀 때(게임)인간성이 나온다(네덜란드 역사학자), 하나님께서 태초에 우주만물을 만드시고 인간(작은 우주만물)으로 하여금 주관하고 다스리도록 책임을 부여하신 것처럼 우리의 육체도 훈련과 다스림을 통해 치료가 될 수 있다고 생각하였다. 기독교정신은 은혜(恩惠)와 양심(良心)의 종교이다. 세상을 살아갈 때 은혜와 양심은 간 곳 없고 인간의 머리는 20%만 사용 하다가 나머지 80%는 쓰지 못하고 노력만 하다 세상을 달리 한다고 한다. 사람들은 세상을 살아가면서 지식과 지혜를 문헌과 학교 및 세상물정들에 의지를 한다.

야한다. 이스라엘은 국민이 본토에 550만 명이 살고, 해외에 600만 명이 살고 있어 전쟁이 나면 본국으로 입국해 나라를 위해 구국을 외치며 자기민족을 위해 헌신하겠다고 귀국한다. 반면 우리민족은 한민족이라고 하면서 두 민족이 되어 있고, 국적을 포기하며 외국으로 나가려고 한다. 우리나라의 국가행정 및 교육정책을 재검토・연구해야 할 필요성이 있다.

중국은 공자, 맹자가 탄생하였고 인도는 석가모니, 이스라엘은 예수가 탄생한 곳으로 미국은 제2의 이스라엘이 되겠다고 하면서 탈무드교육을 실시하고 있다. 사람이 다르니까 체질과 환경이 다르고 근본적으로 사고방식이 달라 인성교육에 큰 비중을 가지고 있다.[6]

2) 탈춤치유의 과정과 효과

탈춤사위와 소리, 리듬의 생활화를 통해 치료를 요구하였다. 주부들의 우울증, 청소년문제, 육군사관학교, 초, 중, 고, 대학, 교사, 공무원, 사회단체의 직장인 등의 교육과 스트레스 해소에 초점을 두었다. 따라서 전통문화를 현대적 수용으로 현대감각에 맞는 이론과 실기를 통한 연구와 노력을 거듭하였다. 좌식(온돌방)생활에 습관화되어 있는 우리의 자세를 워크숍을 통해 새롭게 역동적인 춤사위로 변화된 이 시대의 한국적 몸짓으로 바꿔보고자 노력했다. 이러한 과정 속에서 우리의 강렬한 감정적 카타르시스를 느끼게 하였고 집단치유가 가능해 단체생활의 정체성, 적극적・긍정적 사고방식과 정중동(情中動)의 만남을 통하여 탈춤의 회귀본능(回歸本能)으로 접근하면서 치유의 효과를 찾았다.[7]

인간의 육체(肉體)를 건강하게 유지하려면 사람이 가지고 있는 지식과 운동 및 동작에 관련

---

6) 필자는 국가에 조금이나마 헌신하기 위해 한국의 전통문화를 초, 중, 고, 대학에 “전공필수과목”을 주장하면서 건강이 최고이기에 우리체질에 맞는 것이 탈춤으로서 치유에 관해 연구를 하였다. 탈춤을 통해 인간은 이해의 한계와 도저히 성립될 수 없는 과정과 힘든 집단적 공간(空間)의 장(場)을 마련도 해보았다. 찌는 삼복더위의 여름방학에 탈춤을 통해 교사와 학생들의 땀이 교실 유리창에 수증기가 보이듯 체력훈련을 교사(교감)와 학생들의 체력단련을 지도해보았다. 이 체험과 집단훈련을 통해 자연공간과 인간의 역동적 힘과 탄력성으로 치유성과를 획득할 수 있을 것이라고 나름대로 판단해 보았다. 탈춤치유체험을 하면서 우리 모두가 공동체로 함께 어울려 하나가 될 수 있다는 희망(希望)이 보였다. 그러나 교육정책제도의 단면으로 볼 때 공적으로 학교교육(학과목)으로 채택할 수가 없는 아쉬움과 개인적으로는 성과만 좋았지 그때뿐이었다. 이제 세계가 지구촌 한마당이 되었으나 한 민족은 아직 두 민족이 되어 머리싸움만을 하고 있다. 이럴 때 남북통일을 이룰 수 있는 기반이 우리의 전통문화이다. 그리고 북한문화이다. 특히 1985년 9월 최초공식 평양공연에서도 전통문화는 평가를 좋게 북한여론에서 받은 바 있다. 탈춤은 북한예술로서 남북한이 함께 연구하다 보면 작은 씨앗이 집단적 행위예술인 한민족의 공동체 놀이로서 일체감을 조성한다면, 국민건강은 물론, 남북통일의 지름길도 언제 어떻게 열릴지 모를 일이다.

7) 생활의 리듬은 곧 장단, 가락, 리듬에 맞춰 육체적인 움직임이다. **장단**이라는 것은 리듬구조의 박자, 액센트, 패턴의 3가지 요소로 구성되어 있고, **가락**은 소리의 고(高), 저(低), 길이가 조화(調和)가 되어 한 단락을 이루고 있으며, **리듬**은 박자감과 시간의 흐름, 흐름새의 순환과정이 생활화된 연습, 훈련을 했다. 이런 장단, 가락, 리듬의 3박자에 맞춰 탈춤의 육체적인 구조를 잘 이용하면, 생활습관과 생활수단의 구조가 인체(人體)를 건전하게 하는 동조행위현상으로 운용(運用)될 수 있어 건강을 유지할 수 있는 것이다(재강조함).

된 근육, 관절, 뼈, 신경에 대한 해부생리학적인 기초지식을 익혀야 한다. 그래서 재활(再活), 기능회복훈련, 고관절의 능동적인 훈련, 호흡방법(정신과 육체가 조화를 이루는 방법), 정확성과 집중, 중심, 조절, 유연한 움직임을 길러 부상과 반복적인 훈련으로 인한 문제점을 찾아야 한다. 그래서 필자는 스스로 해결하는 방법을 익혀서 기능운동학적인 훈련과 교정을 통하여 올바른 움직임과 자세 및 보행방법을 익혀 잠재된 신체내부의 고유수용신경근을 촉진하여 능동적 에너지를 이끌어내야 한다고 생각한다. 그것이 곧 우리체질에 맞는 탈춤이다. 탈춤과 탈춤체조를 통해 건강을 유지할 수 있는데, 무엇을 어떻게 해야 하는지 우리는 그동안 '5분전 내일을 몰라' 고민하고 걱정하고 염려하는 사람들이 많다는 것을 느꼈다.

그러므로 우리 어린이들에게 어릴 때부터, 주체의식을 길러주고 우리 몸짓과 가락, 장단, 리듬에 맞는 춤사위를 가르쳐서 옛날과 현대의 만남을 통해 생활화할 수 있도록 만들어 주는 교육이 필요하다. 그동안 필자의 지도한 워크숍의 사례들이 '전통문화'와 '정신교육'과 '육체건강'의 3중 효과를 동시에 이루어낼 수 있게 교육과 훈련으로 제공하였다. 그래서 풍부한 정서, 투철한 민족관, 애국애족의 역사관을 강조하지 않아도 자연스럽게 주체의식이 생겨날 것이다.

그러나 모든 자료(감로탱 · 탈춤 · 다시래기 · 풍물 · 전문예인 등)들을 살펴볼 때 학자들끼리도 서로 다른 주장하는 부분과 18세기 초, 19세기 이후 등 아직 정리되지 않는 부분이 있다. 연구자들은 관계 자료가 부족하고 없는데도 불구하고 연구하고 성립 · 주장 · 역사 등 변화과정을 추측 · 추론(막연한 논문 등)만하는 문헌들이 있으나, 그 자료들을 통해 건강하고 연결시킬 수 있었다.

요즘에 와서는 사람은 사회생활을 하는데 있어서 건강해야 모든 일을 적극적이고 긍정적으로 할 수 있다. 그래서 건강(健康)이 중요하다. 학교는 근본적으로 공부하는 곳이 아니다. 공부는 도서관이나 학원에서 해도 충분하다, 공동체인 학교에서 여러 명이 함께 만나 어울림의 전통문화과목(조선연극사 등)으로 한민족의 주체의식, 미래의 방향성(方向性)과 사회(社會)를 배우고 희생(犧牲)과 배려(配慮)의 봉사정신 · 협동정신과 언행(言行)과 인성교육(人性敎育)을 받는 곳이란 차이점을 숙지해야 한다. 그래서 동료들 간에 잘못이 있으면 마음을 다해서 회개(悔改)와 용서할 줄 아는 교육(敎育)은 무엇보다도 인성교육이 중요(重要)한 관건(關鍵)으로 연결하게 한다. 그래서 전통문화교육으로 주인의식을 심어주고, 교수와 학교는 방향(方向)을 제시함으로서 주위환경보다 사람(人間)을 길러야 한다.

3) 전통교육의 문제와 해결방안

한국음악은 궁정음악(宮庭, 雅樂)과 민중음악(民俗樂)으로 나눠져 있다. 일제시대 문화말살정책으로 하여금 일본 관리들에 의해 우리음악을 국악(國樂)이라고 하여 전통음악을 가르쳤다. 그 후 서양음악, 군악, 대중가요가 구한말 개화기 생활 속에 수입되면서 국악과 양악의 개념이 사회 속에 자연스럽게 정착하였다. 우리의 궁정음악이 상류사회 음악이라면 민속악은 민중음악으로서 조선 순조 이후에 발달된 향토적이고 서민적이며 가장 한국적인 음악으로 판소리, 시나위, 민요, 잡가, 무악, 농악 등이 있다. 궁정음악은 궁중의 제례형식 음악으로 고려 예종(1114)때 중국 송나라의 대성아악을 수입하였으나 음악적 어려운 부분이 있어 조선 세조 때 박연(문묘제례악)이 새롭게 정립을 하여 오늘에 이르게 되었다.[8)]

4) 탈춤치유의 개념

탈춤은 원시・수렵시대부터 옵니버스 형태로 이어져오다가 18세기 초반부터 연희본적 형성으로 되어 19세기부터 각 지역에 분포되었다. 이런 탈춤을 보면 농사가 잘 되고 마을의 풍성

---

8) 국제화 시대를 맞는 우리들에게는 무엇보다도 한 국가의 리듬인 음악교육이 중요하다. 원형을 고수하며 현대감각에 맞게 실체를 개혁해야 하며 시급한 것은 지도자의 자질 교육, 인성교육, 사고(思考)를 길러줘야 한다는 것이다. 유학파들이 학습해 온 벨칸토 창법의 발성소리(오페라, 뮤지컬)로 한국의 음악교육은 급격하게 발전하였으나 지금도 대학음악과에는 몇몇 대학을 제외하고 주인 없는 소리가 울려 퍼지고 있는 실정이다. 이러한 문제점을 인식하고 우리 것을 활성화하려고 하여도 대중적 악기가 없으며, 또한 악기를 배울 수 있는 장소(국립국악원 외)가 한정되어 있다. 더욱 한국춤 역시 그렇다. 한국무용과에 춤은 없고 무용(舞踊)만 있다. 초, 중, 고, 대학에 전통문화교육방법 및 방안이 없다. 국악 속에 전통문화가 모두 포함된 것처럼 인식하는 관계자들이 많다. 또한 우리 것은 지루하고 낯설고, 어렵고, 접할 기회가 없어 재미가 없다고 인식하는 사람도 많아 효과적으로 교육을 못하고 있다. 학습여건 역시 제도적 모순점 때문에 커리큘럼을 정하지도 못하고 있다. 그나마 현재 교과서에서 음악분야는 민요, 국악, 체육 분야는 탈춤만 MR로, 국어는 양반과장만 수록되어 있다. 서양위주의 전반적으로 수업을 하고 있으나 여기가 외국인지 한국전통문화를 전공필수과목으로 교육부에서는 배려가 아닌 필수로 꼭 삽입해야 한다.

우리 것은 체계적인 이론정립의 문제도 제대로 해결되지 않고 있으며 우리의 이러한 현실의 어려움을 정확히 파악해야 할 것이나 정부정책 방향이 전통문화분야 홀대와 전문가부족으로 반영되지 못하고 있다. 이러한 문제를 올바로 인식하고 있어야 문제해결의 실마리를 찾고, 그것을 풀어낼 수 있는 능력이 아직까지 시기상조인 것 같지만 국가교육전략 입안자들이 근본적으로 해내야 한다. 그러나 원형(原形)과 창작(創作)의 2중성 단어가 있는데, 원형교육을 제대로 답습했다면 창작은 조금만 뒤집으면 개성 있게 창작으로 연출이 될 수 있다. 그러나 "따라 해선 따라잡을 수 없다" 는 말이 있듯이 창작을 하는 단체를 운영한려면 지도자(입안자)의 「핵심역량」과 「관리혁신」이 있어야 한다.

핵심역량(corecompetence)이란 혁신을 북돋우고 조직문화의 중요한 역할을 통해 관리혁신(management innovation)으로, 관리자들이 일을 바꾸는 것으로서 구조, 조직구성, 의사결정을 새롭게 하는 의미로 기록되어 있다. 현재 우리사회는 공무원들이 관리감독하고 있다. 구조적・제도적 모순점을 해결하는 것도 관공서이다. 그러나 국민(관객)은 항상 새로운 것을 추구하게 만들며, 새로운 것을 요구하고 있다. 시대가 급변하는 산업・정보사회에서는 따라 해선 따라잡을 수 없어 현대적으로 해결할 수 없는 것을 전통적인 형식을 통해 이 시대의 양식을 토론과 계층별로 지도하고 원형교육과 훈련・체험으로 양성해야 한다. 원형은 답습만 하면 그만이지만, 모방해서 되는 경우는 1위가 바보스럽고 멍청해야만 가능하다. 학습만을 하여, 따라 해선 따라잡을 수가 없듯이 그렇다고 밀어 붙이기는 역효과가 난다는 것을 알고 체계적으로 훈련을 통해 무엇보다도 공교육인 학교교육이 우선 정립이 되어야 하는 것은, 초・중・고・대학에 전통문화교육방법 및 방안이 없어 전통문화를 "전공필수과목"으로 설립, 삽입되어야 한다.

함과 번영과 안녕, 그리고 귀신을 쫓는 기원설도 있다.

원시시대에는 식의(食衣)와 자기씨족(氏族), 부족(部族)만 보호했으나 통일이 되면서 전쟁으로부터 해방되자, 예술행위와 민간인들은 의식주(衣食住)가 자연스럽게 해결되었고, 시대가 풍요로워지면서 전통적이고 향토적인 움직임(탈춤)은 민간인의 풍습과 해학이 정신건강으로 연결 되었다. 그래서 복잡한 사회에서 승리하려면 운동만이 육체건강을 해결할 수 있다고 인간들은 생각하게 되었다.

그 운동이 탈춤이다. 탈춤의 기원은 원시시대에서부터 내려 온 집단 놀이로서 18세기 말부터 그 형식을 구체적으로 구성되었다고 할 수 있겠다. 당시 일방적인 씨족·부족을 보호하는 전쟁과 사냥으로만 일관되어 오다가 점점 시대가 변화되면서 지배계층의 제도적 모순점을 해학과 풍자로 표출함과 동시에 양반과 농민들의 풍농과 마을의 안녕을 기원하는 연희 형태의 마당놀이로 변화되었다. 즉, 탈춤은 마당놀이로써 희로애락(喜怒哀樂)과 민중생활의 한 맺힌 삶속에서 특권 세력의 횡포와 서민의 갈등(葛藤)을 표현하는 동시에 애환(哀歡)을 그린 작품이라고 할 수 있다.

오늘날에 와서 서민계층의 원시적, 마을단위, 유랑인들의 몸짓 춤사위를 향토무용(鄕土舞踊)이나 전통무용(傳統舞踊)·민속무용(民俗舞踊)이라고 명칭을 붙이게 되었고, 재담과 소리(音樂)와 춤(舞)을 함께 하는 것을 가면극이라고 전문가들은 명명하게 된 것이다. 탈춤은 가면극으로서 조선연극사(朝鮮演劇史)이다. 여기서 극의 뜻은 극(劇)의 일부인 거(豦)는 풀리지 않고 서로 다툰다는 뜻이다. 호랑이(虎)와 돈(豕: 멧돼지)이 합친 글자로 멧돼지와 호랑이가 심하게 다툼을 나타낸다고 기록하고 있으며 호랑이가 두발을 들고 있는 형상이라고 〈說文解字〉에서 설명하고 있다. 결국 극(劇)자도 전쟁이나 사냥에서 다투고 겨룬다는 뜻에서 희극이나 연극(演劇)의 뜻으로 발전하였음을 알게 된다.

따라서 본시 〈희(戱)〉 또는 〈희극(戱劇)〉이란 말에는 "다툰다, 겨룬다."는 뜻이 내포되어 있으며, 갈등(葛藤)을 즐긴다는 뜻이 담겨 있다(연극보고 즐김, K-1격투기, 닭싸움, 소싸움 등). 여기에 칼도(刀)자는 칼의 모양을 본뜬 글자이며 군사와 관련된 글자를 합친 문자가 바로 극(劇)이다. 이는 오늘날 약국에서 극약(劇藥)을 처방하듯이 칼이 아닌 독약으로 사람을 살해할 수 있다는 뜻과 통한다. 오늘날에는 무기(武器), 힘이 아닌 약(藥)과 언어(言語)로 사람을 해칠 수 있다는 의미로 오늘날에는 연극과 예술의 개념으로 변하였다(예전에 칼과 총으로 사람을 헤치었지만(전쟁) 지금은 말과 글, 또는 인터넷으로 사람을 살상한다). 또한 활용옥편(活用玉篇)에는 희롱거릴 학(謔)자를 부쳐 '요란하게 장난치다', '재미있는 연극'의 뜻을 나타내게 되었다고 기록하고 있다.

또한 가면극(假面劇: 얼굴을 가리는 특이한 형태의 조형물/드라마)이라는 언어는 탈을 쓰고 놀이하는 것을 말한다. 탈은 몽골의 언어로 얼굴을 뜻하는 용어이다. 필자는 탈춤을 '분리된 인격'이라고 하여 탈과 맨얼굴의 차이를 분리하고 춤을 구분하였는데, 맨얼굴로 사회를 해학(諧謔)[9]과 풍자(諷刺)[10]하기가 어려워(~에 의해 두려워) 탈을 쓰지 않았나 하는 의구심이 있다. 사냥과 채집만으로 생존했던 시대, 전쟁과 약탈을 일삼던 시대의 사람들에게 탈은 자신을 위장하는 중요한 도구(道具)[11]였다고 말할 수 있다. 그 외 추상적인 표현을 학자들은 나름대로 정리하고 있다. 정상박(鄭尙朴)은 탈춤을 '현장의 놀이' '마음의 놀이'라고 했고 이두현은 가면극을 탈춤, 탈놀이, 가면극, 가면무, 탈놀음이라 하고 가면(假面)은 '탈'이라고 한다. 서연호는 탈은 다용도로 사용되는 물질적 도구이자 신성한 영향력을 지닌 정신적 상징물이라고 했다. 탈을 매개로하는 신앙적・주술적인 의식과 현실적・전투적인 행위, 그리고 상상적・예능적인 표현을 고대로부터 현재까지 줄기차게 지속시켜 왔다.[12]

대표적인 가면극은 고구려의 12가면악(假面樂), 가야의 사자기(獅子伎), 신라의 황창무(黃昌舞), 통일신라의 처용무(處容舞)와 향악잡영(鄕樂雜詠), 고려의 산대잡극(山臺雜劇)과 나례(儺禮), 조선의 산대극(山臺劇) 등이 모두 탈놀이다. 백제의 기악, 고려(高麗/李朝)의 가면극인 산대잡극(山臺雜劇)은 지나(支那)[13]의 사절들이 올 때마다 경성(京城) 근교의 홍제원(弘濟院)에서 연출되었으나 폐지된 후에는 가까운 아현본산대(阿峴本山臺)로 이동되었다고 한다. 그 다른 파(別派)는 양주(楊洲)와 송파산대놀이가 있다. 따라서 38선 이북의 것을 탈춤이라고 하여 봉산, 강령, 은율, 해주 등에 분포되어 있고, 영남의 것인 경남 남해안 초계(草溪)를 중심으로 밤마리(栗旨) 낙동강변에서 발달한 '오광대(五廣大)'가 있고, 초계에서 파생되어 나온 '釜山' '東萊'를 중심으로 발달된 '들놀이'가 있다. 구성 및 진행방식은 춤(舞踊)이 주(主)가 되며 음악반주가 따르는 해학극(諧謔劇)이다. 모든 삶속의 인물들이 등장해서 친근감을 준다. 가면극의 구성(構成)은 춤(舞/dance)이 먼저이고 몸짓(mime)과 동작(action) 노래(歌/song), 대사(臺詞/dialogue)의 서사극적 이야기가 나열방식으로 진행되며 마임언어의 내용방식(內容

9) 익살스런 말이나 행동. ~이 넘치는 재담.

10) 남의 결점을 무엇에 빗대어 재치 있게 경계하거나 비판함. 서민들이나 양반자신들이 계급사회인 양반들을 ~하는 가면극.

11) 지금은 안경(썬그라스).

12) Andeas Lommel, *Masks*, McGraw-Hill Book Company, 1972.

13) 지나(支那): 중국에 대한 별칭. 주로 외국인이 사용한 것으로, 몽골・둥베이・티베트・신장 등을 제외한 중국 본토에 대한 지역 명칭이다. 청나라 말에는 일본이 세운 만주국을 거부한다는 의지 표현으로 중국인들도 사용한 적이 있었다. 어원은 BC 3세기 말에 중국을 통일한 진(秦)나라가 치나(China)나 틴(Thin)으로 서방에 전해진 데서 유래하였다고 한다. 한문으로 번역된 불교경전에 지나(支那・脂那) 또는 진단(震旦, Cinasthāna ; 지나인의 거주지라는 뜻) 등으로 음역된 뒤부터 더욱 일반화 되었다. 영어의 차이나(China), 프랑스어의 신(Chin) 등도 여기에서 나온 말이다. 중국 성립 후에는 일본이 대륙침략과 결부된 멸시적 뉘앙스를 가진 의미로 이 호칭을 사용함에 따라 제2차 세계대전 후에는 사용하지 않게 되었다.

方式)이 극본화(劇本化) 되어 있다. 대화체 방식은 배역 인물들로 구성되어 옴니버스(코메디아 델 아르테)라기보다 스토리(줄거리)로 연결되어 있다.[14] 이런 춤사위 등을 하면 동조행위 현상이 일어나 몸이 치유될 수 있다.

이제 세계가 물질문화(物質文化)는 올 때까지 왔기 때문에 지금은 정신문화(精神文化)시대가 되었다. 서양(西洋)은 동양의 문화를 선호하고 있고, 동양(東洋)은 서양의 문화를 좋아하고 있는 시대가 되었다. 동양에서는 시계방향인 오른쪽(CW)으로 돌기를 좋아하고 서양은 시계반대 방향(LOD)인 왼쪽으로 돌기를 좋아한다. 춤(舞)역시 우리는 같은 손, 같은 발이 올라간 역동적인 춤이나 서양은 반대 손 반대발이 올라간다. 역사가 짧은 미국에서는 지금 우리고유의 정신문화를 찾고 있다.

우리민족이 역사의 모진 풍파를 겪어 오면서도 정체성(正體性)을 지키며 오늘날 이만큼 발전하게 된 것은 조상들이 물려준 문화유산이라는 밑거름이 있었기 때문이다. 이러한 유산들을 오늘의 현실에 맞게 현대화하는 작업도 우리에게 남겨진 과제라고 생각한다. 그렇다고 과거부터 면면히 이어져 내려온 원형을 변형시키자고 하는 뜻은 결코 아니다. 뜻을 모르고 쓰는 단어 사용보다 알고 쓰는 생활 동작과 소리를 창안해내야 한다는 의미이다. 과거와 단절된 것 아니라 이어져 있다는 의식을 가지고 잠간 중단되었을 뿐, 현실을 발판으로 새롭게 만들어 내면생활 속에 자리매김할 수 있는 현대 속에 전통을 마련할 수 있게 해야 한다.

우리는 지금 외국 문화가 들어옴으로 인하여 편하기도 하지만, 외국문물에 시달리고 있는 것이 사실이다. 우리 것은 내 몸 뿐이요, 나라마저 전셋집(IMF)식으로 전락해 버렸고, TV뉴스 90%는 부정적인 요소들만 방송하고 있다. 하물며 우리주위 모든 일상용품이 외제(外製) 속에 묻혀있었던 현실이 엊그제였었다. 동양은 서양물질(物質)을 선호하고 있고, 서양은 동양의 정신문화(精神文化)를 좋아하는 시대가 되어, 지구촌이 한마당시대에 국제화라고 하며 나라마다 사라져 버린 주체의식과 잃어버린 정체성을 찾아 각자가 나서야 할 시기가 왔다. 그러나 무조건적으로 자신의 것만 소중하다는 생각은 버려야 할 것이다. 왜냐하면 바로 우리에게는 세계라는 이웃이 있기 때문이다.

국제화 세계화 시대라고 하면서 볼룸(스포츠)댄스・디스코・탭댄스・째즈・테크노・락뮤직・힙팝・랩・팝송・뮤지컬 등 생활 속에 너무 많은 외래문화가 침범해 있다. 올바른 삶을 위해서는 국제화시대를 맞이하여 외래적인 것을 우리 것과 함께 기차 길처럼 어깨동무하며 함께 나가야 할 것이다. 이제 보여주는 것에서 즐기는 것으로 시대가 변해가고 있는 것이다. 그렇다고 우리 것을 무시한 채 외국 것만 인정하는 국민성도 문제가 되겠지만, 이에 걸맞게

---

14) 최창주, 한국가면극과 마케팅, 도서출판 연극과인간, p.107(추가부분).

국가문화정책이 무엇보다 국제화 시대에 맞도록 입안되어야 함을 실감하게 한다.

돌이켜 보면 우리의 역사는 수많은 외침과 한국 전쟁으로부터 얻은 분단의 조국, 민주화의 소용돌이, 전쟁보다 치명적인 재앙, 지진, IMF 속에서 그동안 너무나 많은 방황을 하고 있다. 또한 경제발전이라는 산업화의 톱니바퀴에 끼어 뒤돌아 볼 여유조차 없었고 우리의 마음도 얼어붙어 경직되어 있었다. 어느덧 경제적으로 윤택한 시기가 되자 구조적인 문화병, 현대병, 고급병이 우리 생활 속에 자리매김하여 병을 알아도 치료할 수 없는 지경이 되어 버렸다.

"Be hungry!!" "배고프게 살아라!!" "배고파야 성공한다!!" 지금 배고픈 사람은 장차 배부르게 될 것이다. 고통의 원인을 모르면, 힘든 고난과 역경의 연속에서 견디어 내기가 어렵지만 고통의 원인을 알면 이겨낼 수가 있는 것이다. 고통과 고난이 해결되면 편안하다. 편안한 자(者)는 상대방을 괴롭히지 않는다고 한다. 탕자가 집을 나간 것도 어머니가 없어서 나갔겠지만 귀소본능에 의해 돌아올 수밖에 없었다. 현대병 역시 과거에 대한 그리움 때문이며 귀소본능처럼 카타르시스를 느끼며 우리음악, 우리 춤으로 신명나게 동조행위현상(同調行爲現像)으로 치료하다 보면 자연스럽게 육체나 정신이 제자리로 돌아올 것이라고 확신한다

그러나 현대를 살면서 '스트레스'라는 이상한 병명을 붙여 전문가 누구도 치료할 수 없는 희귀병들이 현대인들에게 다가오면서 사회생활의 리듬을 깨고 있기 때문에 여기에 분야별로 연구하고 발표한 사람들이 각자 전문가들이라고 주장하게 된다.

이제 스트레스의 정체를 알고 생활의 리듬을 통해 조절하는 향토적인 운동을 하면 치유될 수 있다고 본다. 민족마다 고유의 장단을 밟고 다니는 것이 춤이므로 보기 좋게 추고, 소리는 듣기 좋게 하여 말(言)을 아름답게 전하는 것이 예술가(藝術家)의 기본(基本)이다. 현실을 직시(直視)하고 미래(未來)를 내다보며 시대(時代)의 변화(變化)에 빨리 적응하면서 건강과 함께 각 분야마다 훈련을 하고 리듬을 타며 리드하여 건강한 자(者)만이 사회에서 살아남을 수 있는 것이다.

이제 인간의 육체를 건강하게 유지하려면 사람이 가지고 있는 지식과 운동 및 동작에 관련된 근육, 관절, 뼈, 신경에 대한 해부생리학적인 기초지식을 익혀야 한다. 그래서 말은 줄이고[15]재활(再活)·기능회복훈련·고관절의 능동적인 훈련·호흡방법·정확성과 집중·중심·조절, 유연한 움직임을 길러 부상과 반복적인 훈련으로 인한 문제점을 찾아야 한다. 따라서 본인 스스로 해결하는 방법을 익혀서 기능운동학적인 훈련과 교정을 통하여 올바른 움직임과 자세 및 보행방법을 익혀 잠재된 신체내부의 고유수용신경근을 촉진하여 능동적 에너지를 이끌어내어 건강을 유지해야 한다. 제일의 부(富)는 건강(健康)이다. 그러나 5분 뒤 내일을 몰

15) 과언무환(寡言無患): 말이 적으면 근심이 없다. 세상구설이 다 말 때문에 생긴다. 대도무문(大道無門): 큰 길은 문이 없다.

라 고민하고 걱정하고 염려(念慮)하는 건강을 근본적인 탈춤치유로 해결할 수 있는 것이다.[16)]

우리 신체를 살펴 볼 때 목뼈, 척추 뼈가 인체를 지탱하고 있고 요추인 허리뼈가 있어 네발을 사용하던 것보다 불편한듯하면서 불편하지 않아 잘 만 사용하면 기어서 다니는 것보다 서서 다니는 것이 더 편리하게 꾸며져 있는 것이 인간의 구조이다.[17)]

신(神)을 우상화(인간을 헌물로 받친다. 북청사자놀음에서 아기가 사자의 밥이 된다, 심청, 아브라함이 이삭을 바치려고 등)하다가 인간(人間)이 신격화(神格化/공자, 맹자, 석가모니 등) 되다보니 탈춤·풍물·굿·전문예인집단 등 보다 서양에서 들어 온, 리얼리즘 연극이 각 대학 연극영화과에서 선호하고 있다.[18)] 외국의 리얼리즘 연극은 현실적으로 옆집의 일어나는 일을 그대로 무대(TV연속극 등)로 옮겨 놓은 것이 리얼리즘 연극이다. 이렇게 학문적인 것과 우리 생활의 건강(스포츠)까지 양식화되고 있지만, 우리 몸은 우리식대로 민족의 움직임과 자연의 향토적(鄕土的)인 탈춤운동으로 몸을 관리해야 건강한 것이다.

현대 의학에서도 퇴행성관절염이나 관절이 쑤시고 아픈 것은 원인을 정확하게 진단할 수도 없고 수술도 어렵다고 의학계에서는 말하고 있다. 아울러 의사들이 스트레스를 받으면 병이 생긴다고 인정한 것도 불과 몇 년 전의 이야기이다. 나이와 관계없이 팔 다리가 저려 밤잠을 설치며 학교와 직장에서 제대로 공부도, 근무도 못하는 환자 아닌 환자들, 그리고 노년의 퇴행성관절염을 앓으며 자신의 아픔을 이해해주지 않는 자식들에게 원망 아닌 원망을 보내는 부모들을 볼 때 참으로 가슴이 아플 때가 많다.

탈춤은 고관절 운동인 발목·무릎이 중요하게 작용한다. 퇴행성관절염은 연골이 닳아 없어지면서 생기는 노환병이다. 그러나 나이가 들어감에 따라 파괴된 관절 연골을 근본적으로 완

---

16) 동의보감(허준): 마음을 편안하게 하고 허욕을 없애면 진기(眞氣)가 보전되고 정신이 산란해지지 않으면 병이 어디서 생기겠는가? 욕심이 적으며 마음과 정신이 안정되면 사물에 대하여 조금도 겁내지 않게 된다. 또 힘든 일을 하여도 권태증을 느끼지 않으며 기(氣)도 따라서 순조롭게 되어 모든 것이 그 욕망에 따라 다 만족하게 되는 것이다.

17) 우리조상들이 이런 시대가 올 줄 알고 미리 치유의 동작을 창작해놓았다. 외사위를 하면 50견예방과 키보드증후군 해결, 우리인체에 목뼈(경추)가 7개인데 목중의 탈(가면)의 혹(凹凸)도 7개로서 일주일은 7일이다. 척추 뼈인 흉추가 12개인데 취발이의 혹도 12개, 1년은 12달이라면 우연이라고 누가 믿을 수 있겠는가? 물론 가면을 제작해서 공연 후에 소각해버렸기 때문에 큰 의미가 없다고 하지만, 인체와 자연과 전통문화인 탈춤이 현대인들의 운동까지 연결고리가 되어 현재에 이르게 되었다. 탈춤의 제작형태와 운동량을 살펴볼 때 과거에 우리선조 탈꾼들이 체육전문가 및 전문의과 대학을 다닌 것도 아니었을 것이다. 또 그 분야를 전공자도 없었겠지만 지금 우리가 신체적인 뼈와 근육운동이 어쩌면 의과대학에서 연구하고 발표한 것처럼 가면(탈, 요철굴곡)과 인체가 그렇게 완벽하게 연결되어 성립이 되었는지 우리조상들한테 선견지명의 행위과정을 고맙게 느끼며 감사하게 생각하고 연구하였다. 또한 '봉산의 기괴한 목탈<목중, 취발이탈>을 볼 때 어떻게 농사짓다가 이런 놀이를 했겠는가? 의문점들이 있다. 탈놀이에 사용되는 이외에 민가에서 문 앞에 걸어두면 잡귀의 침입을 방지하는 벽사진경에 소용하는 신앙의 유제라고 할 것이며 또 목탈을 쓰면 <조상이 제사를 받지 않는다.>고 하여 양반 집에서는 자제들에게 탈을 쓰지 못하게 하였다. 이렇듯 역귀와 불행의 마수를 방지하여 생활의 안락과 행복을 수호하려 염원하는 정신적인 건강까지 담보하는 것이 탈춤이다.

18) 2014년 한국예술종합학교 연극원 연기과 35명 모집에 4,700여 명 정도가 지원했다고 한다.

치시키는 방법은 없다고 한다. 각종 약물을 장기간 이용하는 방법도 있지만, 약물의 부작용으로 위궤양이나 신장기능의 이상을 가져오기도 한다. 관절염은 근육에 노폐물이 쌓이고 연골이 닳아서 오는 노환이라고 하지만 칼슘 공급과 따뜻한 온천물과 적절한 운동을 할 수 만 있다면 건강한 관절과 몸을 유지할 수 있다고 본다.

요즘은 당뇨나 비만이 나이에 관계없이 오듯이 루마티스(퇴행성관절염은 오래 사용하여)도 나이의 고하를 막론하고 머리・목・손・발가락・관절이 환절기 때마다 아파 고생하는 젊은 이들도 많이 있다. 이것은 자기 자신을 엄격하게 관리를 못해 탄생된 병으로써 산업사회 속에서 오는 직업병(환경병)이 많다고 한다. 물론 약물과 물리치료로 힘들게 완쾌될 수 있지만 탈춤클리닉 10단계와 기본동작 9가지 사례로 탈춤요법을 통해 치료 효과를 얻을 수 있었다. 물론 이러한 사례는 아직 과학적 수치로 연구의 과정 중에 있는 것이며 검증을 받아야 할 장르이기도 하다.

이제 취미생활로 우리 전통문화를 익힐 겸 탈춤클리닉과 국악치료와 빙그레(레크리에이션)를 하다보면 신명나는 놀이와 운동을 하게 되고 그 결과 부수적으로 치료까지 가능하다고 사료된다. 아울러 이런 교재를 통해 여러 대학에서 전문의와 함께 탈춤클리닉과 국악치료학과가 개설되기를 제안한다. 일반대학에서 외국식 음악치료학과는 개설되어 있음에도 불구하고 우리의 전통문화(傳統文化)는 국민인식도 부족하고 교육부에서도 인정하지 않으려는 관행이 있다. 반성적 차원에서 전통문화와 건강과 연결하는 탈춤의 활성화・대중화를 위해 "탈춤클리닉"(탈춤치유를 통해 삶을 행복하게 회복할 수 있게)을 통해서 나라건강과 국민건강을 위하여 노력하고 있으나 국가가 정책적으로 반영해주어야 한다.

5) 탈춤의 장소(場所)

봉산탈춤은 '경암루'란 사리원읍 경암산 아래 광장 원형공연장이다.[19] 1층은 개복청과 2층은 특별관람석이다. 봉산의 가면무용이 경의선(京義線) 개통과 함께 연출장소인 구(舊) 봉산읍이 쓸쓸해져서 정거장(停車場)이 있는 사리원으로 옮겨진 것이다. 장소는 역전(驛前)의 경악산하(景岳山下)이며 규모는 웬만한 야구장 정도는 되는 타원형(길이 약 130~140미터, 폭은 70~80미터)의 맨땅이 무대이며 주위는 2층으로 된 가설 관람석을 만들어 사다리로 오르내리게 되어 있다. (이것은 음식업자가 설치하여 관객에게 음식물을 팔고 좌석 값이나 입장료는 받지 않음)

19) 무라야마지준(村山智順) '民衆娛樂으로서 鳳山假面劇', 서연호, 최창주, 봉산탈춤극본연구, 앰애드, 2000.

이곳 석상(席上)에 들지 못하는 일반관중은 관람석 아래에 서서 구경하는 것이다. 무대인 지상에는 주간용(晝間用)의 추천 장소와 씨름판이 있고 이 씨름판은 야간(夜間) 무용장으로 쓰게 마련이다. 야간의 조명은 원래는 모닥불을 피워서 어둠 속에 스며드는 붉은 화광(火光)이 배경도 되며 조명도 되었으나(이것은 각지의 우인극(偶人劇) 및 가면극도 동일) 지금은 대개 전등을 이용하고 있다. 이것은 부득이한 일이라 하지만 불만감을 느낀다. 전광(電光)이 어둠에 번지어 언듯 월광(月光)과도 같은 청색으로 보이는 풍정(風情)도 있으나 위괴(偉魁)한 가면에는 진홍색이 반영되는 것이 효과적이다. 더구나 사리원과 같은 건무(健舞)에 있어서는 그것이 생명이라 말할 수 있는 것이다. 이와 같은 야외 연희장에는 전등조명의 효과는 어차피 기대난(期待難)이므로 양자(兩者)를 병용(倂用)하면 어쩔가 한다.[20]

현재 각 지역마다 회관 및 공연장이 있다. 13개의 중요무형문화재로 지정된 한국가면극(탈춤)이 활성화 된 대중적 장소는 마당이다. 1779년 유득공(柳得恭)의 경도잡지에서 산희(山戲)와 야희(野戲)가 있는데 야희가 바로 마당이다. 도시화가 되면서 마당이 사라져버렸다.[21] 지금은 각 지역별로 지방화가 되어 활성화가 된 양주산대놀이, 고성오광대 등 마당과 극장 겸 복합대형회관(극장)들이 건축되었고 또 전수회관이 있어 강습과 공연이 서로 연관이 되어 연수할 수 있는 장소가 되었다. 그러나 이북을 고향으로 둔 실향민들은 강남구 삼성동에 무형문화재전수회관이 있어 전수를 요일별로 배분되어 전수교육을 힘겹게 하고 있다. 참고로 봉산탈춤보존회 연습장소 이전상황은 다음과 같다.[22]

1980년대 들어서면서 탈춤의 활성화를 위해 동숭동 봉산민속극장(동숭동 파출소 옆, 현재 삼성동전수회관이 요일별 사용, 장소 부족으로)의 타이틀을 걸고 봉산탈춤보존회는 전세를 얻어 탈춤의 대중화를 시키겠다고 시작하였다. 우리 회원들은 회비(출연료 등)로 모아둔 자금을 봉산탈춤회관을 건축하기 위해 땅을 매매(賣買)하기로 했었다. 그러나 땅보다 극장(劇場)을 얻는 것이 더 좋다는 회원들은 의견으로 어렵게 극장을 장만하기로 했다. 동숭동파출소 옆에 전세로 입주하여 극장이름을 〈봉산민속극장〉이라고 하여 공연도 하고 회원들에 의해 사업과 몇 년 동안 활동을 하면서 잘 운영되었다. 필자도 봉산민속극장을 대여해서 각 신문, 방송보도를 통해 회원을 모집하여 유료(有料)로 탈춤강습을 YMCA, 중앙문화센터에 이어 이곳 "봉

20) 송석하(1904~1948). "사리원(沙里院) 민속무용에 취(就)하여"에서.

21) 81년 MBC 마당놀이는 탈춤의 마당놀이가 아니고 모듬놀이다(필자, 한국뮤지컬, 앰애드, 2011 참고).

22) 남산 예장동 드라마센터(1958년 설립, 재)한국연극연구소, 1962년 4월 극장 개관, 한국연극아카데미 설립, 64년 서울연극학교, 1978년 서울예술전문대학, 1998년 서울예술대학) 한국가면극연구회에서 ⇒ 중구 광희동(4층 건물) ⇒ 서대문구 옥천동(지하) ⇒ 성북구 석관동(국악예고 강당) ⇒ 강남구 삼성동 ⇒ 대치동 코스 = (동숭동 봉산민속극장 전세) ⇒ 다시 건축 후에 삼성동, 現在 무형문화재 전수회관이다(탈춤의 활성화・대중화를 위해 동숭동 봉산민속극장에 극장을 전세를 얻어 활동했으나 어찌된 상황인지 전세금 반도 찾지 못하고 나왔다).

산민속극장"을 이용하여 봉산탈춤유료강습과 특강을 진행했다.[23)]

이제 남북통일이 되면 봉산은 물론 북한에 고향을 둔 각 보존회의 연습실이 현장서 모금한 예산으로 건립(경암루)이 되겠지만, 현재가 문제인 것이다. 이제 통일의 그날을 위해 우리는 전승, 전수교육과 공연을 위해 〈봉산민속극장〉과 같은 봉산탈춤전용 장소가 있어야 매일 전수교육을 연습하고 훈련해서 관광객을 맞이하면 큰 사업이 될 수 있다. 한국전통문화의 계승 발전을 위해 우리 모두가 훈련하고 전통문화의 목표를 향해 서로양보하고 하나가 되어 함께 가야 할 것이다.

6) 탈춤의 맥과 탈춤 추는 사람들

사회의 조직 속에는 지도자들의 지도력과 양심과 역할이 중요하다고 강조한다. 필자는 늦게나마 착실한 기독교 신자로서 두 가지 의미를 터득하였다. 첫째는 하나님께서 우리를 일꾼으로 세우실 때에 순탄한 환경 속에서 교육시키지 않으시고 고통・고난의 세월 속에 휴련하시어 사용하신다. 개인도 그러하고 민족도 그러하다. 둘째는 하나님께서 일꾼을 뽑으실 때에 나무 중에서 백향목이나 오동나무 같은 잘난 나무 같은 사람을 뽑으셔서 사용하시는 것이 아니라 나무 중에 찔레나무 같은 쓸모없는 사람을 뽑으셔서 하나님의 일꾼으로 사용하신다. 따

23) 당시에도 필자는 세종문화회관에 근무하면서 강남구 삼성동 개인사무실(시장 2층: 15평)을 전세 얻어 '한국탈문화연구소'(탈춤체조운동본부)를 운영하였다. 개인적으로 2개의 공간을 함께 이용하며 가족캠프 <한민족 탈춤학교>도 운영하였다. 세미나 및 강습과 워크숍(탈춤치유)을 진행하면서 미래의 <탈춤사관학교>를 설립하여 사람들을 탈춤치유 할 수 있는 꿈을 키워나갔다. 그러나 어찌된 영문인지? 동숭동 봉산민속극장은 재건축으로 하여금 나오게 되었다. 그런데 후일 갑자기 건물 주인으로부터 전세금을 제대로 받지 못했다고만 집행부에서 말만 들었다. 당시 회원들은 의문스러워 하면서 실망이 컸지만 지금까지 말도 못하고 있다. 현재 후배회원들은 이런 상황을 잘 모르는 것 같지만 기억하고 있을 것이다. 지금도 잔여 예산이 있다. 남북통일이 되어 황해도 봉산 사리원 땅에 들어갈 때까지 우리는 봉산탈춤의 활성화・대중화를 위해 봉산탈춤건립 기금과 동숭동 '봉산민속극장'을 다시 찾아 통일의 그날까지 활동하기를 기대하고 있다. 연극하는 후배들도 장소가 없어 극장이 유지되었으면 하는 바램이었다. 필자도 "봉산민속극장"에 매주 대여해서 '탈춤유료 강습회'를 개최하고 사용하였다. 故人이 되신 예능보유자(인간문화재)들도 영문도 모르고 이곳을 나오면서 안타가워 했다. 이유는 알 수 없지만 당시 집행부는 그곳에서 거액의 전세금 일부만 받고 잔여금을 환불 받지 못한 채 그곳을 나왔다.
지금은 우리봉산탈춤회원들이 열심히 탈춤을 추고 싶어도 동숭동 '봉산민속극장'이 없어졌기 때문에 장소가 없어 사용을 못하고 있다. 북한지역의 각 보존회 단체들은 지금의 삼성동 무형문화재전수회관 외에 연습할 장소가 없고 빈약하다. 문제는 관광객 및 국내 관객을 위해 공연도 하고 사업도 하고, 전수교육을 제대로 자유스럽게 답습할 수 있는 장소가 없다는 것이다. 이제 봉산탈춤회관건립기금을 위해 현재 3억 원 정도가 봉산탈춤보존회에 저축, 예치 되어있다. 앞으로 이 자금(예산)은 남북통일이 되면 후배, 제자들이 봉산탈춤회관 건립만을 위해 인출할 수가 있다고 정관규정(88년도)에 되어 있다. 그래서 회원들의 사업장소가 되고, 필자는 그 장소에 탈춤사관학교(탈춤치유학교)를 설립하고, 원형(原形)과 창작(創作), 탈춤클리닉 등의 학과목을 개설하여 한국의 전통문화를 활성화 및 대중화 하여 "탈춤치유"로 재능 기부하여 국민건강에 일익을 담당하고 싶은 계획이 있다. 이제 각 탈춤(가면극)보존회는 물론 전통문화예술단체소속의 모든 전승자들은 지금은 어려운 여건이지만, 함께 보존회운영과 미래 전통문화의 계승발전을 위해 노력하고 더 정진해야 하겠다.

라서 깨끗한 그릇을 가진 자(者)를 사용하시고, 지저분한 자를 인정하지 않는다.[24] 한철하 박사는 가장 위대한 것은 "믿음"이라고 했다.

예수님께서 12제자들을 세우실 때에도 그러하였다. 베드로나 요한, 야고보 같은 제자들이 그러하였다. 당대에 엘리트들 중에서 제자 감을 세우신 것이 아니다. 떨기나무에 불꽃으로 임하셨듯이 사람들 중에 잘나지 못한 후진 사람들 중에 뽑으셔서 제자로 삼으셨다. 필자한테 주시는 말씀으로 생각한다. 그리고 교수로서 회개(悔改)와 구원(救援), 용서(容恕)를 통해 반성하고, 자기위주로 생각하는 후배 및 학생(제자)들에게 이런 교육이 필요하다고 강의하고 있다.[25]

다음의 단어와 함께 어르신네들의 가르침이 떠오르게 한다. 논어에 군자유어의(君子喩於義: 군자는 의에 밝고) 소인유어의(小人喩於利: 소인은 이익에 밝다), 주식(酒食)의 형제는 천명이 되나, 급난(急難)할 때는 한 사람의 친구도 없다. 세한연후 지송백지조야(歲寒然後 知松柏之後彫也) "계절이 추워진 후에야 소나무와 잣나무가 뒤늦게까지 푸름을 간직하고 있는 사실을 알 수 있다." 한여름에는 숲 속 나무들 사이에 큰 차이가 없으나 가을이 지나고 겨울이 오면서 그 차이가 나타나는데, 다른 나무의 경우 잎이 누렇게 되다 결국은 하나 둘 떨어지지만 소나무・잣나무는 추운 겨울이 돼도 결코 나뭇잎이 한꺼번에 떨어지지 않는다. 늘 푸른 잎으로 한결같은 자태를 유지하는 것이다. 사람을 비유하자면 변함없는 마음을 간직한 사람이 소나무, 잣나무에 해당한다고 할 수 있다. 어떠한 상황에서도 성실한 모습을 보이는 사람을 말할 때 우리는 '송백의 지조'라고 말하곤 한다.[26]

지금은 지방화 시대라고 하지만 당시는 지역왕래는 쉬운 일이 아니었다. 1970년대 전국민속예술경연대회(한국민속예술축제)가 진주에서 열렸을 때 서울에서 완행열차를 타고 17시간이나 걸려서 갔다.[27] 당시는 교통문제로 지역의 각 보존회끼리 소통한다는 것은 어려웠고 또한 저조했었다. 서울 근교에 있는 양주별산대놀이 역시 어른들만 놀이하고 있었고 젊은이들은 군대・취업 등으로 모두들 도회지로 나아가서 정기공연에 출연할 출연자가 없어 봉산탈춤을 하는 필자와 동료들 몇몇의 단역들을 연습기간 동안 직장에서 퇴근하고 열심히 양주(楊洲)까지 가서 연습하고 출연하였다. 당시 활동하였던 어른들은 金成大・石巨億・咸春吉・高明

---

24) 이 세상 신문, 방송이 나쁜 소식만 들려준다. 나쁜 사람들의 특징은 "같이하자고 권한다." 뉴스에 90%가 남이 안 되는 것만 보도한다. 그래서 종교를 가지라고 권한다. 하나님은 근본적으로 눈에 보이지 않는다. 보이도록 나타나신 분이 예수이시다. Q는 자기일이 없다. 그래서 남의 일만 돕는다. 이 세상은 바쁜데, 우리 일에 관심을 가지고 찾아오신 분이 예수다. Q를 믿고 함께하면 복 받는다.

25) 正見正心正思正言正行(바르게 보고・마음・사상・언어・행동을 정직하게 하라는 어느 지인의 글을 인용했다).

26) 민경조, 코오롱그룹 부회장 글 인용.

27) 지금은 KTX 및 고속버스로 4시간 정도면 된다. 솟대쟁이 복원, 재원의 평가위원으로 다녀왔다(2014년 11월 1일).

達・金相容・朴敎應・柳敬成 등, 현재 노재영, 보유자 어른들과 석종관・유한수 등, 몇몇 회원들이 생각이 난다.

그리고 지방의 각 보존회 어르신들과 회원들하고는 직접적인 관계가 없어 무어라고 표현할 수는 없지만 보존회를 운영하는 데에 있어 애로사항이 많았을 것이다. 현재는 문화재청 또는 기능・예능보유자・탈춤연합회 등이 있어 소통하려고 노력을 하고 있다. 봉산탈춤(1965년 조사본에 의해. 1967년 17호 지정) 역시 당시 보유자 선생님 및 어른들은 연로하시고 탈춤 추는 사람들이 없었기 때문에 정규적 학습장소인 드라마센터(현: 서울예술대학교)가 그 맥을 이어 주었다고 생각한다.[28] (사진참고)

창경원 단오정기공연마치고(1970-71년)
앞줄에는 아래와 같이 소개한다. 월남하신 보유자 및 어르신네들이 앉아 계시고, 뒷줄 좌측부터 김기수. 김만해(미얄영감 역). 이두현 박사, 김경애(국악예고). 필자 뒷줄 5번째와 김병상. 김재권, 그리고 명성여고(이길선, 장준석 외)와 휘문고교 학생들이다.

봉산탈춤보존회 4층 사무실
한국무용민속가면극 중구 광희동

위의 사진, 우측으로 앉아계신 분들부터, 김용익(金龍益: 1902-1979. 79.4.23.사망), 이근성(李根成: 1895-1978. 목중, 양반./ 1967.6.16.지정. 1978.8.7.사망), 오명옥(吳明玉: 1906-1987. 악사/ 71.9.13.지정, 87.6.6.사망), 〈000(황해도 지인?/추가: 閔千植(1898-1967), 金辰玉: 1894-1969),[29] 金愛仙 원숭이역〉 최경명(崔景明: 신천: 1912-1985. 취발이, 말뚝이, 영감, 악사(해

28) 무형(無形)의 것은 과거의 사람이 아닌 동시대인들이 행하는 것으로 행동하는 자와 관람하는 자들 간의 교감과 소통에 의해 만들어진다. 한 가지 동작과 한 마디 노래가 전통적인 방법으로 사람들에게서 사람으로 이어져 삶이라는 감동을 전해주는 것 그 자체가 바로 전통예술의 존속가치다(양혜경, 봉산탈춤의 연행사 연구, 동국대 문화예술대학원, 석사학위 논문, 136쪽).

29) 여기 앉아계실 분이 1969년도 사망(死亡)하셨다(김애선 보유자 부친). 황해도 사리원 출생으로 이윤화, 박천만에

금) 소리꾼/ 1971.9.13.지정, 1978.8.7.사망), 양소운(梁蘇云: 1924-2008. 미얄, 사당/ 67.6.16. 지정, 08.12.7.사망 후에 강령탈춤보유자 함께 지정), 김선봉(金先峰: 1922-1997. 목중, 소무/ 71.9.13.지정. 97.1.8.사망), 김지옥(金知玉: 1922-1984. 덜머리 등 출연 후에 강령탈춤으로 가심), 황해도 관계자, 김기수(金琪洙: 첫목중, 노장, 가면제작 등)[30], 김만해(金萬海: 미얄영감)[31], 이두현(李杜鉉) 박사, 김경애(국악예고), 최창주(崔昌柱: 목중, 홀애비거사, 취발이, 남강노인, 마부: 김용익 선생님이 다리가 편찮아서 그때부터 마부역할을 했다.), 김병상(목중, 말뚝이 등), 김재권(金在權:신장수: 사진 오른쪽에 서있다. 1970년 김기수 선생과 함께 보유자로 지정되었으나 나이(연소)관계로 1971년도 해제됨), 명성여고(장준석)・휘문고등학교 학생들이 정기공연 및 전국민속예술경연대회(현재 한국민속예술축제) 등에도 함께 출연한바가 있다(사진 참고).

참고로 윤옥(尹玉: 홍수출신 윤창석 부친, 1925-2004. 악사. 무당/ 70.7.18지정. 04.7.18.사망)선생은 부친인 윤창석(尹昌錫: 봉산 3목중춤 잘 추셨다. 사자앞) 선생께서 김진옥 선생에게 부탁하여 추천받아 탈춤을 하였지만, 가정사정상 부친이 작고 후에 적극적으로 나오셨다.[32] 그 외 사진에는 없지만 김학실 등, 악사(樂士)로는 지관용(池觀龍: 1909-1986, 피리), 박동신(朴東信: 1909-1991. 황해도 피리/해주출생, 강령탈춤으로)등이 활동하셨다. 참고로 양소운+박동신 두 선생은 미국공연(77년) 때 분장실에서 "병신난봉가"를 하시던 모습이 생생하게 떠오른다.

게 사사, 월남하셔서 봉산탈춤을 주관하셨고, 황해도 출신들을 찾아내어 해주탈춤의 이근성, 강령탈춤의 양소운 등과 봉산탈춤을 강습시켰으며 첫목과 노장 역할을 하였다. 이남에 봉산탈춤을 정립, 정리시키신 분이다. 민천식(1898-1967)은 소리꾼(놀량가)과 반주자로 함께 봉산탈춤을 하다가 1967년 지정과 함께 사망하셨다(평양숭실중학교/이왕직 무용부 수료/인천국악원장).

30) 김진옥 보유자에게 사사받은 김○수의 노장배역을 조○용이 사사받았으나 퇴출되어 제대로 전수가 이루이지지 못하고 있다. 문화재청에서는 제명 및 탈퇴한 회원(보유자, 전수조교, 이수자 등)이 보존회에 합류하여 전승활동의 기회를 되찾아 온전한 전승활동이 이루질 수 있도록 보존회 구성원간의 원만한 화합과 대통합 할 수 있게 전체가 노력을 기울여 줄 것을 당부한 공문을 보내왔다(중요무형문화재 보유단체 구성원간 화합촉구. 류춘규 과장. 2014.1.7. 무형문화재과-7. 문화재청장).

31) 최경명 선생에게 사사 받은 김만회의 급작스런 사망으로 하여금 미얄과장의 "미얄영감" 역할이 문제가 생겼다. 보유자의 연행이라기보다 공연할 때마다 영감배역을 맡는 보유자선생과 연회자의 의도적인 구성, 연출된 공연으로 할 수 있었다. (1977년 미국공연 계기로 인원이 부족한 관계로 인해 이두현 박사와 김기수 선생은 각 직장과 강령탈춤에서까지 사람을 초대해서 후계자들을 끌어들이고, 공연을 담당하게 하였다.) 향토성이 무엇인가? 이제 원형 고찰과 정형화 과정의 원형연행이 문제가 남아 있다. 중간에 입회자들이 실권을 가지고 있으니 원형(전형) 복원의 문제가 과제로 남게 될 것이다.

32) 당시 필자는 윤옥 선생 옆집에 살고 있었다. 1970년도 보유자로 지정되면서 부친이 추시던 3목중춤을 지도해 주셨고, 사자춤도 방석을 들고 이렇게 저렇게 흔들면서 방법론을 필자에게 지도해 주었다.
반주 담당하면서 무당으로는 김금화 씨가 윤옥 보유자에게 사사해 주어, 1977년도 미국 공연 때, 윤옥선생이 무당 배역을 겸하게 되었다(소천 후에 반주담당자가 없어 연습 및 공연 때 전체 리듬의 템포 관계로 호흡의 문제점이 있었다).

필자는 이 사진을 보고 있노라면 개인적으로 지도해주시던 어르신네들의 옛 모습들이 주마등처럼 생각나게 된다. 그래도 그때 당시(70-71년) 예능보유자 선생님들이 연세는 들었지만 지정(指定)을 위한 보유자(保有者/최경명, 김선봉, 윤옥, 악사 오명옥)로 왕성하게 활동하실 때, 광희동에서 필자에게 춤을 직접 사사해준 것을 감사하게 여기면서 동시에 행운아라고 생각했다. 당시에 대학재학 시에는, 지금도 그러하지만 클래스 수업을 받는 것이 보통이나 개인적으로 사사받기가 어려웠다. 더욱 강령탈춤이 지정(指定)받기 전(1970년)에 故 오인관 옹을 정읍에서 모셔와 하숙을 통해 중구 광희동 사거리 4층 건물인 봉산탈춤보존회(한국무용민속가면극)에서 모셔놓고 소주를 대접해드리며 처음으로 강령탈춤기본동작(말뚝이춤)을 개인적으로 사사받은 것도 큰 영광이 아닐 수 없다. 위의 사진에 앉아 있지 않는 사람(정재천, 조운용 외)들은 군(軍)입대를 했다. 그 외 재학 중과 직장 때문에 탈춤을 할 수 있는 여유가 없었다.[33]

(1) 吳晴, 任錫宰, 宋錫夏, 李東碧,

봉산탈춤이 문화로서 인정받게 된 것은 1936년이라고 할 수 있다. 그 전에 최고의 탈꾼들이 있었다.[34] 이 해에 조선총독부 촉탁(囑託)[35]이었던 오청(吳晴)이 백중날 공연된 것을 3명(오청, 송석하, 임석재)이 분담 필기하고 임석재가 담당하기로 했다. 그러나 여건이 좋은 오청이가 가리방으로 책을 먼저 펴냈다.[36] 봉산탈춤의 각본을 발표하면서 다음과 같이 밝힌바 있다. "금년은 중지하였다고 하므로, 이 탈놀이를 주재하고 있는 이동벽 씨와 봉산 당국자를 만

---

33) 전수, 이수제도 시기는 필자가 중구 광희동(4층)에 봉산탈춤보존회 총무로 근무하다가 71년 말, 군대 입대할 시기에 전승제도가 생겨(설립) 입대한 필자는 누락이 되었다. 제대 후에 이근성, 김선봉, 최경명 등 윤옥보유자는 회장직책으로 있을 때, 필자에게 인정서(확인서)를 해주었다. 봉산탈춤을 함께한 조○용 교수와 필자는 대학 동기인데 77년도 이수(履修) 되지 못하고 누락되었다. 필자는 군대 3년 외에 유일하게 외도하지 않았고, 선임조교로서 회원들이 위의 사항을 다 알고 있겠지 하고 공개적으로 회원들에게 사실을 밝히지 못했다(다음은 참고사항이다).
최창주 조교연구(최경명 보유자에게 질의응답: 취발이역할의 최경명보유자께 최창주 조교는 질문했다.)
최창주 조교/ 1971년 9월에 보유자지정 당시 연습한 그대로 하셔야지요?(질문하니)
최경명 보유자/ 원형을 공연할 시간도 없고 힘도 들고 귀찮다고 말씀하셨다(보유자 지정심사 당시 하실 때도 시간관계상 연습하실 때와 달리, 짧게 정리하여 간단하게 하라고 해서 발표했다고 하셨다).
그 후에 보유자 지정당시의 연습하는 모습이 기록비디오에도 수록이 안 되었다(신상문제로). 지정할 때 연습 상황을 최경명보유자께서 그 후로도 춤사위를 힘든 것은 빼고 보여주지도 않았고 하지도 않았는데, 현재 와서 전승, 전수교육 때 김애선 보유자께서 최경명선생님의 취발이춤을 그대로 시연하면서 최 조교에게 전수(2015. 1. 30(금) 7시. 회관 903호)해 주셨다. 현재 이런 춤사위를 비교, 증명해줄 전승자는 당시 현장(보유자 지정 당시. 70-71. 봉산탈춤보존회 총무)에 있었던 최창주 조교이다.

34) 최창주, 한국전통연희의 이해와 실제 III. (봉산탈춤). 20쪽. 한국예술종합학교. 20쪽.

35) 정부기관이나 공공단체에 임시로 일을 부탁하여 맡김, 또는 부탁을 받은 사람, 공무원 또는 직원.

36) 최창주, 봉산탈춤극본연구. (일본어 고사성어 봉산탈춤 극본 부록/ 중국 연변. 조득현씨 제공). 2010. 9.9. 오후 3시 한국예술종합학교 예술극장(최창주. 복원, 재연공연. 연출).

나 유서 깊은 이러한 향토예술은 어디까지든지 유지해야 한다는 필요를 역설하였던 바, 마침내 이동벽 씨[37]의 많은 노력으로 본년 8월 31일 백중날 사리원읍 주최 하에 임시 거행하기로 되었다." 이날 공연은 경성방송국 제2방송(아나운서 李惠求)를 통해 전국으로 생중계되기도 하였던바 봉산탈춤에 대한 전국적 관심을 알 수 있으며 잘 알려있다시피 스웨덴 조류학자 베르그만이 이 공연을 관람하며 필름으로 촬영된 탈춤이 유럽에 소개되기도 하였다고 한다.[38]

1934년 봉산탈춤공연을 보고 기록한 송석하의 자료가 있다. 1936년 두 차례의 공연이 끝난 이후 사리원에는 오청, 임석재, 송석하[39]가 남았으며, 이들은 봉산탈춤의 대사를 채록하여 이후 발표하게 된다.[40] 민속학자들의 관심은 자연적으로 신문이나 잡지에 봉산탈춤의 향토성(鄕土性)을 강조하는 글로 이어졌고, 봉산탈춤은 드디어 서울로 입성한다. 1937년 부민관에서 봉산탈춤이 공연된 것이다. 부민관에 공연에 대하여 장사훈은 "본인도 당시 이왕직 일소당(佾韶堂)과 서울 광화문 네거리(지금의 국도(제)극장 앞 광장)에서 연출된 봉산탈춤을 감명 깊게 관람한 일이 회상된다." 고 했다.[41]

봉산탈춤의 한양(서울) 입성은 1937년 5월 19일(오전 11시-1시 30분까지) 民俗學會 主催, 京城鄕土舞踊大會 공연 참석, 좌담회를 송석하가 진행했다. 京城黃金町 金閣園 民俗學會 측(宋錫夏, 孫晉泰, 李鍾泰)과 무용단측(이동벽, 한상건, 라운선, 김진옥, 김경석, 김학실, 엄선주, 김진숙/ 女불참석자: 정일선, 김채선, 김난심), 방송극측(이혜구, 이상남), 조선일보사측(함대훈, 노자영, 현인규), 참석했다.[42]

---

37) 예술감독. 봉산탈춤 5-6백년이 되었다고 가면도 목탈이었으나 250년전에 지탈로 바뀜, 첫목을 추려고 나가다가 사람이 많아 넘어짐, 곤경에서 헤어나려고 추는 척했다고 함,(오청은 다르게 표현) 예산은 郡에서 徵收 補充, 백운암 절에 가서 1개월 동안 연습하다가 5월 단오전날 밤 내려와 밤새도록 춤을 추었지요(스승/ 안초목, 갈부손, 배학림 등).

38) 임석재 소장, 최창주 복원, 재연 프로그램 참고. 임세경 봉산탈춤의 전승 양상 연구. 전남대학교 대학원 석사학위 논문. 2006, 14-6쪽.

39) 1930년부터 민속학 조사를 위해 오청과 달리 해방 이후에도 봉산탈춤 및 단오놀이 등, 연구와 발전을 위해 지대한 영향을 보여 왔다. 송석하가 타계한 후에 손진태가 1958년 한국인류학회를 창립하여 민속, 인류학이 활성화 되었다. 이두현은 함북 회령출신으로 서울대 교수로 재직하면서 가면극(탈춤)전반을 발굴과 연극학회, 학술원회원, 민속학자로 활동했다.

40) 최창주, 봉산탈춤극본연구, 앰애드, 자료참고, 오청원본 봉산탈춤공연 팜프렛(2010.9.9. 오후3시).

41) 韓國藝術總集 音樂編21,(서울 大韓民國藝術院. 1987. 247쪽). 본 인용은 <朝光> 1937년 3권 7호에 소개됨

42) 1936년 오청원본 봉산탈춤 복원, 재연 프로그램(2010. 9.9. 최창주 연출) 자료참고(봉산탈춤 좌담회).
다음 해인 1938년 <조선일보> 지령륙천호와 혁신오주년을 기념하기위해서 특산품전람회와 부속 여흥으로 열린 조선향토 연예대회에 봉산탈춤의 전모가 공개되는 기회가 된다. 일본의 문화말살정책과 기생들의 얼굴자랑을 위해 가면을 벗고 공연하기도 하였다. 1938년 5월 1일자 <조선일보>에는 이 당시 공연 모습이 실려 있다. 봉산탈춤은 이런 기회를 통해 광고를 따낸다. 바로 우유비누의 선전이다. "애기들의 살결을 거칠지 안케합니다." "부인들께는 백분을 잘 밧게 합니다." "박래품보다 조흔 그 향훈은 누구나 다 조아합니다." 라는 광고 문구와 함께 "어떤 물에도 조흔 牛乳石 二倍以上의 걸품이 이러납니다"의 광고가 눈에 띄는 이 광고에는 노장과 당녀(소무)의 대사가 인상적이다. 조선일보에 실린 봉산탈춤의 비누광고 또한 조선인들이 봉산탈춤에 대한 높은 관심을 반영하는 실증자료라고 볼 수 있다.

(2) 이두현(李杜鉉) 博士의 역할

이두현 교수와 해외여행 중 박물관 방문

서울대 이두현 박사의 공헌(貢獻)에 의해 모든 탈춤(假面劇/13개 분야 외)분야가 무형문화재로 지정(指定)되었고 현장을 답사하여 예능보유자들을 찾아내어 보유자로 지정(指定)하였다. 양주별산대놀이로부터 시작하여 가면극분야가 무형문화재[43]로 지정되면서 이두현 교수에 의해 연구, 발굴, 재연되어 발전하기 시작되었다. 또한 공연의 전(全)과정을 보시고 연희자들에게 대사(사투리), 소품, 의상, 춤사위, 몸짓 등을 예리하게 지적해주셨다. 특히 각 지방의 사투리(은어)부분을 강조하여 지적하였다. 가면극분야는 물론이거니와 한국전통문화의 전반적인 각 지방의 지역문화를 발굴, 조사하여 재연하게 하였다. 더욱 1977년 미국30개 주립대학공연, 1978년 유럽 해외공연을 주관하여 신문, 방송에 보도되었다. 그 후 봉산탈춤은 그 위상이 높아져 대학가 축제 때 초청을 받아 봉산탈춤이 대중화 되었으며 월남하신 분들에 의해 봉산탈춤이 3시간으로 정리된 것을 미국공연으로 하여금 90분으로 각색하여 공연준비를 하게 되었다. 미국 30개 주립대학 순회공연을 마치고 봉산탈춤은 대학가에서 대중화된 것은 물론 뉴욕 타임즈의 보도에 의해 유럽까지 진출하게 되었고 세계를 안방 들락거리듯 순회공연을 하여 봉산탈춤을 세계적인 탈춤으로 만들어 주신분이셨다. 필자에게도 이론(理論)은 물론 전반적인 것을 편지 및 원고로 지적해주셨다.

1947년 송석하 민속학자가 타계 이후 한국가면극은 물론 한국인류학회, 한국전통문화의 전반적인 무형문화재로 지정하는데 이박사는 큰 공로자이다. 국문학자[44]로서 현장상황의 기록을 역사적으로 정리한 것이 50주년 한국민속예술축제(필자 추진위원장) 백서 등에 담아 있기

로장: 얼시구조타! <우유비누>로 목욕을 하고 왓드니 산듯한 香氣에 억개춤이 절노나누나 얼시구조타!
당녀: 아이난 무슨 냄샌가 햇드니 <우유비누>냄새로구먼 그 냄새 조키도하다. 영덩이춤이 절로 나누나!
가면과 춤추는 장면으로 선전하는 10전, 20전짜리 광고는 신문지면의 3분의 1을 차지할 정도의 비중 있는 광고였다.

43) 자료(資料), 1961년 6월 21일 정부조직법 개정으로 공보부가 설립, 연극, 음악, 무용, 미술, 공예, 민속 등을 무형문화재로 보존, 1962년 1월 10일 <문화재보호법>이 제정 공포되었다. 문화재보호법 제2조에 인위적, 자연적으로 형성된 국가적, 민족적, 세계적 유산으로서 역사적, 예술적, 학술적, 경관적(景觀的) 가치가 큰 유형문화재, 무형문화재, 기념물, 민속자료. 등 지정되었다.

44) 국문학, 민속학, 민족학, 역사학, 연극학, 무용학 등은 정리하였으나 연희학적으로는 미비했다.

때문에 참고하기 바란다. 이두현 교수의 저서는 한국가면극, 한국연극사 등 많은 지침서를 후대에 전해주었다. 필자에게 원고도 지적, 수정해 주셨다.[45]

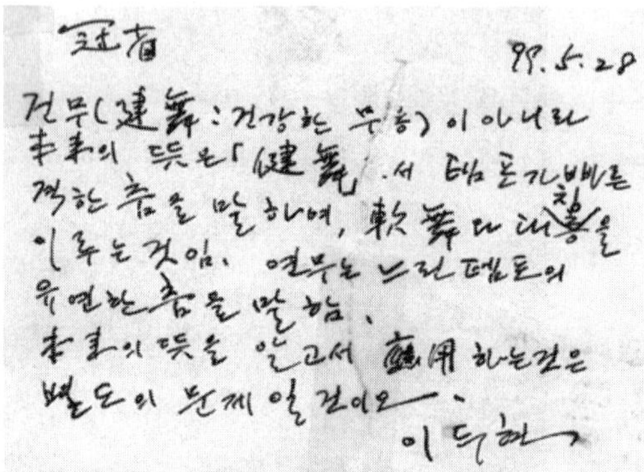
99.5.28
건무(建舞: 건강한 무용)이 아니라
本来의 뜻은「健舞」서 템포가 빠른
격한 춤을 말하며, 軟舞다 대칭을
이루는 것임. 연무는 느린 템포의
유연한 춤을 말함.
本来의 뜻을 알고서 誤用하는 것은
별도의 문제일 것이오.
이두현

필자인 최 교수에게 보내 주신 엽서

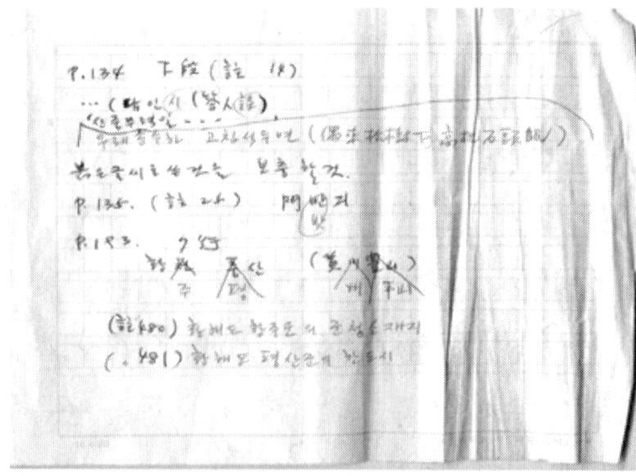

이두현 교수가 원고 수정해주심

이두현박사 출판기념회(사모님과 김기수 보유자와 필자)

(3) 봉산탈춤의 맥(脈), 김진옥 예능보유자와 김애선 보유자

황해도 봉산탈춤의 맥을 이남에 이어주신 분은 김진옥(金辰玉: 67.6.16.지정. 69.7.18.사망) 선생님이시다. 그리고 따님이신 김애선 보유자이다. 보유자께서는 월남하여 이남에 내려와 봉산탈춤 전반적인 춤사위, 대본, 책임, 정리하여 보급하셨기 때문에 오늘의 봉산탈춤이 현존하고 있는 것이다. 민천식(閔天植. 67.6.16. 67.6.16. 지정과 동시에 사망) 보유자는 음악분야

45) 편지, 엽서를 보내어 지역이름, 단어 수정 등 지적해주셨다.

김진옥 옹의 부부(환갑 기념사진)

전문가이시고 당일 날 보유자로 지정되고 당일 사망하였다. 이동벽(李東碧) 감독은 기생조합장으로서 봉산탈춤 출연자가 아니고 섭외자이다. 하얀 나비수염을 기르고 하얀 모시 바지저고리에다가 조끼를 입고 다녔다고 김애선 보유자는 전한다.

당시의 상황으로 볼 때 각 지역보존회에서도 극장의 공간은 마찬가지로 열악했을 것이다. 봉산탈춤보존회는 김진옥 선생님을 위주로 월남하신 어른들과 1961년 제1회 전국민속예술경연대회 참가하게 되었고, 그 후 봉산탈춤의 초창기 때에는 계림극장, 봉산장, 청량리극장 등을 빌려 연습을 하여 출연함으로써 제2회 전국민속예술경연대회(현재 한국민속예술축제)에서 대통령상을 수상하게 된다.

현재 김애선 보유자(1937년 10월 11일생)는 부친인 故 김진옥 옹과 어릴 적부터 북한에서 연희하다가 월남해서 함께 지방공연을 하며 봉산탈춤을 세습으로 이어오다 결혼 관계로 잠시 쉬었다가 이두현 박사의 조사에 의해 1987년도 보유자로 다시 지정받게 되어 지금까지 봉산탈춤을 후대들을 위해 전승, 전수교육을 하며 활동하고 있다(이두현. 한국가면극. 서울대 출판사 사진 참고).

봉산탈춤이 대통령상을 수상하면서 활동하신 분들은 1967년 이근성, 양소운, 김용익, 보유자가 지정되었고,[46] 윤창석, 김금선, 참석하였다. 71년 최경명, 김선봉, 윤옥, 오명옥 보유자 지정과 김기수(87년), 김애선(89년) 후에 지정, 김유경, 김학실 등은 보유자로 지정이 안 되었다.

46) 문화재청 보유자 지정 참고 자료.

김진옥 보유자

이근성 보유자

최경명 보유자

양소운 보유자

김선봉 보유자

윤옥 보유자

김기수 보유자

김애선 보유자

봉산의 악사출신인 박동신, 지관용은 강령탈춤이 지정되면서 옮기셨다. 양소운 선생은 봉산탈춤과 강령탈춤 2개 분야의 예능보유자로 지정되었다가 1977년 미국 30개 주립대학 공연관계로 강령탈춤보유자는 반납, 해제되었지만, 강령탈춤, 은율탈춤, 해주검무, 서도소리 등 여러 지역의 연희를 터득하여 보유한 연희자였다. 양선생보다 늦게 지정된 김선봉 선생은 이론과 실기를 겸한 연희자이다. 지식을 갖춘 보유자로서 정통성을 지적해주셨고, 윤옥은 부친에게 목중춤과 사자춤 등, 김금화 씨에게 굿을 배워 미국공연에서 무당역과 반주자로서 공연진행과 운영에 도움을 주었다. 윤옥선생이 사망 후에 공연전체적인 템포에 문제가 발생되었다.

김진옥옹의 후계자로서 김기수 보유자와 늦게 지정된 김애선(金愛仙) 보유자가 지정되어 회장 겸 지도자로 활동하고 있다.

(4) 김기수 예능보유자의 역할

이남에서 탈춤의 초창기 학교탈춤수업은 드라마센터 유치진[47](아카데미-서울연극학교(예전)-현재 서울예술대학교) 선생님께서 교양과목을 개설하여 학습이 시작되었다. 연극과는 재학할 때부터 필수학과목으로 수업을 받았다.

봉산탈춤의 역사는 무형문화재 전수회관(보존회)이 없을 때부터 드라마센터에서 한국가면극연구회 근거지를 중구 광희동으로 이전한 "한국무용 민속가면극"[48]으로 간판을 걸고 활동한 김기수선생의 공로가 있었다. 이 장소에서 김기수 선생은 사재(私財)를 털어 봉산탈춤을 활성화 시켰고 1970년도 강령탈춤을 지정(指定)하기 위해 이두현 박사와 김기수선생은 바쁘게 움직이었다. 전북정읍에 거주하시는 오인관 선생을 광희동 하숙집에 모셔와 4층 봉산사무실(사진참조)에서 강령탈춤 지정(指定)작업을 하였다. 이곳에서 필자는 사무(事務)를 보며 예그린 악단에 출퇴근했다.

보존회는 이곳에서 다시 서대문 옥천동 시장골목 지하1층으로 이사해서 활동했다. 이때, 국가(國家)에서 성북구 석관동(이문동) 국악예술고등학교 내에 2층 강당(1층 사무실, 2층 극장)으로 이전하면서, 1977년도 아시아소사이트의 초청으로 미국 30개 주립대학공연을 계기로 본격적인 보존회의 탈춤연습이 시작되었다. 이 초청공연을 통해 봉산탈춤이 발전된 반면, 봉산탈춤 원형(原形)을 월남하신 보유자분들이 3시간용으로 정리했다. 그러다 미국공연용 90분으로 정리되면서 활동하시다가, 보유자(保有者)어른들이 한분 두 분 세상을 떠나게 되었다. 그때 정부에서 강남구 삼성동 무형문화재 전수회관이 건립되면서 본격적으로 전승, 전수활동이 시

---

47) 柳致眞(1905-1974)동랑, 드라마센터 서울예술대학교 설립, 국립극장장, 동국대학교 교수. 창학이념, "우리민족의 예술혼과 전통을 이어받아 오늘에 널리 재현하며"

48) 사진참고: 당시 봉산탈춤보존회 부속 명칭이다. 김 선생의 투자금과 강습하여 사무실 유지비를 도움.

광주 전국민속예술경연대회 참가
(황해도지사, 오인관, 양소운, 이근성 보유자)

가면제작(김기수 보유자)

작되었다.

김기수(金琪洙)[49]하면 봉산탈춤, 봉산탈춤하면 김기수 선생이다. 봉산탈춤뿐만 아니라 탈춤 전체를 위해 노력한 선생이다. 선생(先生)이라는 단어는 좋은 뜻이다. 사전에는 먼저선(先)자 날생(生)자로서 먼저 살았다는 뜻이지만 "어떤 부분에서 경험이 많거나 잘 아는 사람" 이라고 되어있다. 봉산탈춤이 오늘날 이렇게 국내, 외적으로 발전된 것은, 1977년도 미국 30개 주립 대학 순회공연과 유럽공연이었다. 김 선생은 모든 공연 및 행정을 담당하면서 열악하고 어려운 여건 속에서 예산과 특히 연희자가 없어 밖에 나가있는 회원을 재입회시켜 미국공연을 통해 오늘의 봉산탈춤을 발전시키었다. 김기수 선생은 가면극(假面劇), 탈춤 쪽으로 관심을 가지고 있었기에, 학교의 한국가면극연구회는 그대로 두고 봉산탈춤보존회(〈중구 광희동 4층: 사진참고〉, 〈서대문구 옥천동〉시장) 근거지를 마련하였다. 우리는 이곳에 모여 탈춤연습을 하고 명성여고, 휘문고등학교 등, 학생들도 모여 공연도 하곤 하였다. 참으로 재미도 있었고 열성들이었다. 이런 공로자를 우리는 모르고 있다. 각 지방보존회에서도 장소와 여유가 없었겠지만, 가면극(탈춤, 산대, 오광대, 야류 등)을 취미삼아 열심히 했을 것이나 당시 젊은이들이 도회지로 취업이 되어 나아가 탈춤 계승발전에 애로사항이 많았다. 필자역시 양주산대놀이 정기공연에 인원이 없어 특별출연도 하였다. 더욱 우리민족이 우리 것인데도 우리 것을 홀대하고 있었던 것이 문제였다.

그래서 대학에서 처음으로 가면극(탈춤)[50]이 학과목을 채택되었다. 학과목인 봉산탈춤(無形文化財 17호)의 강사는 김진옥, 이근성, 양소운, 김기수 선생 등이 담당을 하셨고, 양주산대(楊洲山臺, 2호)는 김성대 선생 등이 담당하여 탈춤분야가 활성화 되었다. 초창기 선배는 김0

49) 충남대, 서울연극아카데미 1기생, 87년 예능보유자 지정(봉산탈춤 보존, 전승공로자).
50) 김재철. 조선연극사(가면극(탈춤), 인형극, 구극과 신극). 1937.

민속탈춤캠프에서 윤옥 보유자 강의

비원 문화공보부 봉산탈춤 기록촬영(1970)
김용익, 김선봉 보유자님들과 필자

수, 신○, 민○원(지환), 양○현, 안○수 등의 선배들이었는데, 신○선생은 첫목춤을 잘 추셨다. 후배들은 탈춤에는 관심이 있었지만, 먹고살기 바쁜 관계로 이 계통을 떠나야 했었다. 그 와중에 다행이 김○수 선생은 가면극분야를 담당하면서 유치진 선생님의 지원으로 장학금을 주면서 조운용(노장), 최창주(취발이) 등등이 배역으로 선수받아 봉산탈춤공연이 대학사회로 진출하게 되어, 오늘날 고인(故人)이 되신 보유자들의 전수활동과 강습, 초청공연을 받아 활성화, 대중화 되었다.

후배들이 차차 졸업하면서 탈춤이 활성화 되니 유치진 선생은 학교 2층에다 한국가면극연구회(韓國假面劇硏究會)[51] 사무실을 제공하니 좁지만, 강사들의 쉼터이며 탈춤을 지도하는 강사 및 학생들의 휴식처가 되었고 근거지가 되어 시간만 되면 학생(회원)들이 모이는 장소가 되었다(지금 '예민회' 동아리처럼). 세월이 흐르면서 각 기수들마다 탈춤반이 자연스럽게 형성되었지만 졸업을 하고나니 취업 때문에 남은 사람들은 몇 명이 안 되었다. 선배들 중에는 방송국, 극단, 영화, 워커일, 軍입대 등, 예술분야 계통에 근무하는 선배들은 한번 왔다가 1회성 행사로 공연(公演)에 도움만을 주고 바쁘다고 나타나지 않았다. 또한 졸업 및 제대 후에는 각자 취업해서 직업을 찾아 먹고 살기 바쁜 관계로 봉산탈춤을 떠나 돌아오지 않았다. 그러나 떠났다가 이제 와서 안방을 찾겠다고 한다.

그 후 세월이 흘러 봉산탈춤이 활성화 된 것은 1977년도 미국 30개 주립대학순회공연 관계로 배역할 사람들이 부족[52]하여 인원이 없어 강령탈춤보존회와 사회일반직장에 근무하고 있

51) *a 1938-1950년 봉산향토예술보존회(이동벽 및 기생조합), *b 1953년 한국전쟁이후, 월남한 연희자 활동, 1958년 한국봉산가면극연구회(김진옥, 민천식, 이근성 등 발기인), 1960년 8월 문공부 기록촬영, 봉산탈춤강습회, 1961년 제2회 전국민속예술경연대회 대통령상 수상, *c 1962년 한국연극연구소=드라마센터 가면극연구회, 사)한국가면극연구회, 1967년 6월 중요무형문화재 17호 봉산탈춤 지정(指定)

52) 최경명 보유자에게 사사 받아 공연해온 미얄영감 역할의 김만회 씨 사망 등.

는 사람들을 김기수 선생은 불러 모아[53] 이박사와 함께 예술계통에 취업을 시켜주었고, 봉산탈춤보존회에도 유리한 조건을 삼아 보직을 주었다. 이렇게 추가 입회시켜 해외 공연함으로서 봉산탈춤이 세계적인 탈춤이 되었다.[54]

그 다음해인 1978년도 유럽에서 초청한 CIOFF(국제민속예술축제) 공연관계로 봉산탈춤이 대중화 되었으며, 이를 계기로 봉산탈춤이 활성화 되면서 김 선생은 국, 내외공연을 추진하고 힘겹게 꾸려오면서 봉산탈춤을 활성화, 대중화시킨 최고의 공로자이다. 그러나 지금은 침봉상

---

53) 역사가 없어 기록한다. 봉산탈춤보존회는 중구 광희동 4층 건물에 입주하게 된다(사진참고). 필자가 1970년 2월 졸업과 동시에 예그린악단에 입단하면서, 정○천 씨가 총무역할로 근무하다가 군대에 가면서 조○용 씨가 후임으로 근무하다 또 군대에 가니 총무를 맡을 사람이 없어 필자가 총무 역할로 예그린악단 예술단에 근무하면서 김○수 선생과 야전침대를 2대 놓고 숙식을 하였다. 예그린에 출퇴근할 때, 김선봉, 최경명 보유자(오명옥피리악사) 후보가 71년 9월 보유자로 지정받기 위해 열심히 연습할 때 연습하시면서 필자에게 취발이와 소무과장 등을 개인지도를 해주셔서 전수받아 열심히 익혔다. 필자가 11월 군대에 입대하면서 이때부터 무형문화재 전승제도가 설립되어 실시하게 되었다. 그러나 군대에 간 필자는 누락하게 된다(77년도 이수자 3명이 된다). 사회에서 경력인정은 졸업 후부터 인정하게 된다. 조○용 교수와 필자는 서울예전 동기생으로 1970년 2월에 졸업했다. 그 외 71년 졸업자 또는 중퇴자, 그리고 입학은 선배이나 10여년 뒤에 들어온 회원이다. 1977년도 30개 미국주립대학 순회공연 계기로 (인원부족으로) 밖에서 활동하고 있는 두 명을 이두현 박사와 김기수 선생은 국립무용단과 창극단에 입단케 해주었다. 고맙게 생각해야 한다(필자는 당시에 국립극장 국립예그린예술단(가무단)에 근무했기 때문에 국립극장장과 박동진, 송범 선생에게 감사드렸다).

처음으로 봉산탈춤보존회 전수조교 지정당시 TO가 1명뿐이었다. 봉산탈춤보존회 정○천 총무(總務)를 전수조교로 임명하면서 총무월급이 적어 수당(전수조교 3만원)을 추가 지불하여 근무하게 했다. 정총무는 전수조교로 있다가 형(兄)이 국회의원으로 당선되면서 비서관으로 갔다. 마침 조교 TO 1명이 더 확보되면서 김○수 선생은 보유자 및 지도자로서 고민을 하다가 최창주(국립극장), 조○용(서울예전)은 직업이 있어, 월급을 받고 있으니 3만원을 받지 않아도 된다고, 양해를 받아 나이순의 우선순위로 김 선생은 5년마다 전수조교 교체 조건으로 2명(J, K)을 먼저 조교로 임명하게 된다. 필자의 동기인 조○용은 1977년도 함께 이수한 장○석도 기분이 나쁘지만 김기수 회장 및 예능보유자의 방침에 따라 5년마다 교체하기로 약속한 것을 믿고, 양보하게 되었다. 그러나 5년이 지나면서 교체가 될 무렵, 전수조교 직책을 가지고 있어야 문화재청에서 실시하는 보유자(保有者)후보 자격이 된다는 정보가 있자 2사람은 5년이 지났는데도 불구하고 전수조교보직을 내놓지 안했다. 김 선생은 계속 약속한 것을 요구했으나 말을 듣지 않자 동료들끼리 배신하면 안 된다고 설득하였지만, 결국 전수조교 직책을 내놓지 않았고, 예능보유자(인간문화재)와 불편한 관계로 멀어졌다.

그러던 중에, 문화재청에서 전승자 충원계획에 따라 2002년 보유자응시(銓衡) 오디션 때, 2명은 전수조교로서 응시 자격이 있었고, 나머지 사람들은 자격이 없으니 당시 보유자(양소운, 김선봉, 윤옥, 김기수=김애선 불참석) 선생들이 똑같이 탈춤을 하며 추었고, 함께 했는데, 누군 보유자 응시 시험을 보고, 누군 안보고, 형평의 원리에 맞지 않다고 예능보유자회의(會議)를 통해 전수조교 직책이 아니어도 함께 시작한 사람들(J, K, C, J, P)이라고 해서 어렵게 문화재청(담당직원)을 설득하여 정책적으로 보유자선생들은 도장을 찍고 서명해서 보유자 응시 오디션을 다함께 시험을 보게 해주었다.

결국, 당시 행정적 전수조교 자격자 2명만 보유자로 지정되어 1달 예고제에 들어갔고, 악사를 포함 4명은 전수조교가 새롭게 되었다. 나머지 조○○, 장○○은 제외되었다. 그러나 1달 예고제에 들어간 2명은 민원에 의해 보류가 되었다. 이것을 계기로 김○수 보유자는 업무방해사유로 집행부에 의해 제명되어 탈퇴를 당했고, 이에 부당하다고 항의 한 조○○, 장○○은 회원제명으로 탈퇴되어 보존회를 떠나게 된다(위의 사항은 봉산탈춤의 역사로서 김기수보유자가 생존해 계시니 사실이 아니라고 판단하면 확인 바람).

문화재청(廳) 탈춤연합회 간담회(2015.2.25. 廳회의실) 때 봉산탈춤 "40년"이 되었다고 증언하는 사람은 존재하고, 조○용 교수와 최창주 교수는 45년이 되었지만 지금까지 양보하다가 회원제명이 되었다.

54) 1977년 미국 30개 주립대학 순회, 78년 유럽국제 민속축제(cioff)로 유럽일주와 공연관계로 봉산탈춤이 세계적으로 홍보됨. 이를 계기로 국내대학에 탈춤 활성화. 대중화 됨.

"봉산탈춤 변이과정 연구" 민족문화연구소
필자 초청 세미나(부산대학)

한국전통예술평론가회 학술대회(세미나)

대(針峰相對)[55]가 되고 말았다.

(5) 최창주(崔昌柱) 교수의 역할

탈춤의 활성화, 대중화를 위해 봉산탈춤 원형(전형)복원 및 재연과 "탈춤체조" 등을 창안하여 사회단체와 초, 중, 고, 대학에 탈춤강습회을 실시하였다. 대한민국 내 예술대학에서 탈춤이 교양과목으로 수업하고 있지만, 탈춤과목을 '전공필수과목'으로 채택된 담당학과는 한국예술종합학교 전통예술원 연희과가 처음이다. 필자는 이론과 실기를 겸한 탈춤교수(학과장) 1호가 되었다. 보편적으로 예전이나 지금이나 대학, 전문대 및 특수학교에서 특별활동시간에 교양과목을 형식적으로 채택되어 도제교육이 아닌 클래스 수업을 진행하는 정도였다. 필자는 출강한 육군사관학교에서도 봉산탈춤 기본동작, 탈춤체조, 산대놀이 등을 지도하였다. 생도가 육사를 졸업하면 소대장으로 발령을 받는다. 수강자가 근무지(勤務地)에 가서 국민보건체조, 국군도수체조 대신 〈탈춤체조〉를 시도하여 필자는 전방부대까지 초청받아 재능기부[56] 특강도 하였다.

재능기부 결과, 사회의 각 문화센터(중앙), 홍사단, YMCA, YWCA 등에서 필자가 최초 유료강습회(有料講習: 주1회 입장: 2500원, 후에 3개월 단위 등록)를 강당에서 실시하였고, 한국탈문화연구소, 한민족탈춤학교를 설립하여 25년(25기생)의 수료생들을 배출하였다. 초, 중, 고,

---

55) 바늘 끝과 끝이 대치하는 형국. 우리춤연구가인 김영희는 봉산탈춤 정기공연을 보고 <공연과 리뷰>에서 "봉산탈춤은 뼈대만 앙상하게 남아 있는 느낌이다."라고 비평했다. 김○수 보유자는 현재 탈퇴되어 밖에서 제자들과 활동하고 있다.

56) 재능기부: 사회단체(선정릉, 여의도광장, YMCA, 홍사단 등). 8750부대장(곽해룡), 교도소, 대학(이화여대 등), 국회 새누리당 대표(2014.4. 국회 출연)행사. 사자춤 출연, 은평구 평생 학습관 강습(2014년 매주 금요일. 오후 2-4시. 10회, 150시간, 재능기부) 등, 필자는 재능기부를 통해 처음으로 탈춤유료 강습회를 실시했다.

교사강습(잠실체육관・학생체육관), 탈춤가족민속캠프(대성리 유스호스텔, 남이섬 등), 탈춤치유학교(한국예술종합학교)를 열어 탈춤활성화와 대중화하는데 노력하였다. 따라서 대학동아리로서는 고려대, 이화여대, 동아방송대, 계명대학 등, 예지원, 복지회관, 여의도광장, 선정릉 등, 초청강습인 1971년 숙명여고, 창문여고, 위례, 경복여상, 중앙민속박물관(서울시내 각 초등학교 초청, 매주 화요일 오전 10시-12시), 탈벗회, 탈무리회 등, 한국청소년연맹이 설립, 탄생되면서 "탈춤체조" "탈춤체조매스게임"(한강둔치, 강당, 학교운동장, 민속놀이올림픽)을 필자가 학습하고 안무, 실시하여 탈춤의 대중화하는데 "탈춤부흥운동"에 현장에서 앞장서왔다.

예전에는 우리민족의 전통문화를 교육했기 때문에 왕따와 인터넷 게임, 학교폭력, 자살 등이 없었고 심각하지 않았다. 우리 전통문화의 특징은 함께 공동체로 체험하는 어울림의 문화로 화목한 분위기로 인도하여 예방과 치료(탈춤치유)가 가능하다. 앞으로 유치원, 초, 중, 고, 대학에서 공동체, 어울림의 전통문화학과목을 "필수과목"으로 채택하여 공부한다면 OECD국가에서 10년째 세계 1위 자살을 예방, 방지할 수 있다고 자신하면서 당국에 제안한 바 있다.

대학의 학과(學科)수업인 탈춤(假面劇)의 첫 발원지는 1960년대 남산 예장동에 드라마센터(서울연극학교=서울예술대학교 전신)가 공로한 대학이다. 설립자 유치진선생은 전통문화의 중요성을 깨닫고 학교 학과목(커리큘럼)에 탈춤(가면극)을 삽입하였다. 선생께서는 〈배우가 되기 이전에 인간이 되라〉 〈한국전통문화예술의 계승발전과 중요성을 강조하시면서 연극을 하는 학생들이 이 과업을 이어가야 한다.〉고 강조하시었다.

필자는 졸업과 동시에 예그린악단의 예술단체에 특채로 취업을 했기 때문에 안정적으로 초창기부터 유일하게 외도하지 않고 직장과 봉산탈춤을 겸하면서 출퇴근이 시작되었다.[57] 1970년 뮤지컬을 했기 때문에 봉산탈춤을 했다. 일반직장을 다니면서 봉산탈춤을 한다는 것은 당시에는 엄두를 못내고 어려운 시기였다. 국립극장에 근무했기에 1977년 미국 30개 주립대학 봉산탈춤 순회공연과 1978년도는 세종문화회관에 근무하면서 유럽일주(CIOFF) 후에 귀국하여 사회단체에 처음으로 [봉산탈춤유료강습회]을 통해 탈춤의 활성화, 대중화, 그리고 각 대학과 사회에서 탈춤치유로 국민건강을 위해 노력하였다.

1985년도에는 유일하게 북한탈춤의 본고장을 방문하여 평양대극장에서 봉산탈춤을 추었다.

현재는 한국예술종합학교(전통예술원 연희학과장)에서 [봉산탈춤전공필수과목]으로 채택되어 탈춤교재편찬(봉산탈춤극본연구, 한국전통연희(봉산탈춤)의 이론과 실제), 한국가면극(조선연극사), 탈춤연희실기, 기획, 제작, 마케팅, 한국연희극과 뮤지컬 등을 강의하였다.

다시 70년대로 가보자! 당시 함께한 동료들이 하나 둘 군(軍)입대로 봉산탈춤보존회 사무

57) 그 때 사무를 보던 선배 정○천 씨는 바로 군에 입대를 했고, 동기인 조0용 씨가 후임으로 사무를 보았으나, 군(軍)입대를 하였다.

해외공연을 마치고 필자 무대인사

봉산 가면(탈)제작 학생지도
〈한국예술종학학교〉

(事務)를 볼 동료가 없었다. 필자는 다행히 호적이 느려 군대에 늦게 감으로서 봉산탈춤 뒷일을 함께 맡아하면서 예그린악단에 출, 퇴근하다보니 힘이 들어 광희동 봉산탈춤보존회 사무실에서 야전침대를 두고 숙식을 하게 되었다. 필자가 그때는 술도 좋아해서 김 선생과 함께 술을 마시고 들어오면 새벽에 위경련이 일어나 필자를 업고 을지로6가 메디컬센터로 뛰어간 것이 새록새록 생각이 나서 감사하게 생각한다.

특히 1970년 강령탈춤 지정(指定)을 위해 전북정읍에서 모셔온 오인관 선생님은 술을 좋아하여 필자는 밤마다 소주를 대접하면서 옛 이야기를 들으며 춤사위(강령탈춤 기본동작과 말뚝이 춤 사사, 녹음작업)를 지도해 주셔서 문화재로 지정 前에 강령탈춤을 제일 먼저 필자가 실기(기본동작, 말뚝이춤 등)를 습득하여 배운 셈이다.

이곳 중구 광희동에 필자가 일하고 있을 때에(특강기간) 봉산탈춤을 배우겠다고 〈안양예고〉 교복과 모자를 쓴 현재 강령탈춤 강○○, 송○○, 이○○ 등이 연습실에 찾았을 때 "곧 있으면(71년도) 강령탈춤이 무형문화재로 지정(指定)되니 그곳으로 가라. 이곳(봉산탈춤)은 선배들이 많아서 희망이 없다." 라고 필자가 이야기 해준 것이 엊그제 같다. 그래서 그 때 고등학생들이 지금은 예능보유자가 되었다.

그나마 필자는 뮤지컬을 했기 때문에 봉산탈춤을 배운 것이다.[58] 일찍이 예술계통에 취업

58) 당시 일반직장에 다니는 근무자들은 봉산탈춤을 배울 엄두를 못냈지만, 필자는 다행히 예그린악단의 예술단인

이 되어 직장(예그린악단)이 있었기에 여유가 있었고, 탈춤에 일찍 입문하여 중도 이탈하지 않고 유일하게 외도하지 않고 봉산탈춤을 계속할 수가 있었던 것이 행운이었다. 어려운 시기에도 한눈팔지 않고 봉산탈춤의 발전을 위해 나름대로 기여했다고 자부할 수 있다. 탈춤은 제의적 의미보다 놀이의 현장예술이다. 공연이 많아 월남하신 예능보유자에게 탈춤을 직접 사사(師事)를 받고 배우면서 함께 출연하였다.[59]

따라서 초창기 단오정기공연, 문화공보부 기록영화촬영, 특강(기업과 대학, 숙명여고, 창문여고, YMCA, 사회단체 등)과 봉산탈춤공연을 할 때 보존회 공연심부름(악기, 의상, 소품, 운송 택시, 용달차, 담배, 음료 등)을 하면서도, 고인(故人)이 되신 선생님들한테 봉산탈춤을 열심히 배역별로 사사받았던 때가 즐겁고 행복했었다. 그러나 스승들은 생활이 어려웠었고 세월이 지나면서 한두 분씩 세상을 멀리하셨다.

사무실이 서대문구 옥천동으로 옮겨가면서 마침 필자의 직장도 옆 동네 사직동에 있었다. 예그린악단 선배이자 서울연극학교(現: 서울예술대학교)선배인 곽동현 씨 하고 출퇴근 후, 집이 같은 홍제동(명륜동)이라 탈춤연습이 끝나면, 김 선생과 술을 한잔하고 야간통행금지 직전 또는 지나서 집에 겨우 들어가곤 했다(경찰에 걸릴 때도 있었다). 故人이 된 곽동현 씨와 필자는 첫목춤과 취발이춤을 잘 추었기 때문에 김 선생이 좋아했고, 대학재학 시에는 〈전수장학생〉 장학금도 해주었기 때문에 졸업 후, 사회로 자연스럽게 연결, 직장에서 오전근무 및 공연이 없는 날 등, 퇴근 후에도 봉산탈춤보존회에서 동고동락하면서 항상 함께 생활하고 근무를 했다. 그러다가 국방의 의무를 수행한 곳이 육군본부 헌병대였다.[60] 육군본부 헌병대가 용산구 삼각지에 있었기 때문에 군대생활하면서도 공식 외출을 나와 봉산탈춤정기공연에 참석하게 되었다. 아울러 보유자들과 김○수 선생의 지도와 생사고락을 함께 하면서 군대에 왔지만 봉산탈춤의 계승발전을 위해 기초를 닦고 발전을 위해 노력한 '행운아' 이기도 하였다고

직장이 있었기에 출퇴근하며 어르신네들(보유자)에게 봉산탈춤을 원형을 사사 받았다.

59) 봉산탈춤 초창기 때에 학교교육으로 단체지도를 받았다. 그러나 개인지도 받기는 어려웠었다. 당시 선생님들(최경명, 김선봉 등)이 보유자 지정(1971.9월)을 받기 위해 열심히 노력하셨고 왕성한 시기의 체력을 가지고 계셨기 때문에 서울 중구 광희동 4층 봉산탈춤보존회사무실에 오셨을 때, 행정사무(事務) 일을 돕고 있는 필자에게 기특하다고 해서 본인들이 연습하다가 짬이 있을 때, 과장별 배역과 춤들을 개인지도를 해주셨고, 춤사위 하나하나를 터득하게 되어 처음으로 봉산탈춤 개인 레슨 받을 수 있는 영광이 아닐 수 없다. 어른들은 뒷심부름을 열심히 하고 있는 필자에게 더 구체적으로 대사법과 춤사위를 일일이 지적해주시어 필자가 익히게 된 것은 행운이었다. 그래서 개인적으로 봉산탈춤 전(全)과장의 배역을 사사 받아 터득하였기에 오늘날 한국예술종합학교 교수로서 학생들을 지도할 수 있는 능력(能力)을 주신 것에 대해 하나님께 고맙고 감사(感謝)하게 생각한다.

60) 필자는 군(軍)생활(육군본부 헌병대)을 용산구 삼각지에서 근무했기 때문에 외출하여 정기, 비정기 공연에도 참석했다. 특히 제대말년, 장충동 국립극장 광복절 기념식장에서 육영수여사가 피살되어 장례는 9일장이었다. 묘소를 찾기 위해 다니던 기억이 있고, 장례식에서 불렀던 추모 곡들이 생각난다. "가시다니 여사님! 육영수 여사님!" 작사 박목월, 작곡 김동진, 이규도 교수의 노래, 선창으로 불러 장례식장이 눈물바다가 되었다. 그 후에 이규도(이화여대)교수는 85년 평양방문 때 필자와 함께 공연을 하였다.

군대생활을 하면서 위안, 회고했다.[61)]

그러나 지금의 강남구 삼성동 무형문화재전수회관이 없을 시기에 1970년 서울 중구 광희동 봉산탈춤보존회 사무실에서 야전침대를 놓고 숙식을 하면서 함께 활동했던, 지도자와 동료, 후배들이 지금 함께 하지 못하고 있다는 것이 가슴 아프고 현실적으로 볼 때 참으로 안타깝다. 자식이 부모를 해치는 세상을 만났다. 이런 세월의 역사 속에 지금 스승과 동료, 제자를 잃어 안타깝다. 아울러 봉산탈춤의 미래와 발전을 위해 건설적인 의견을 제시하는 과정에서 동료가 쌍말의 욕을 했어도 필자는 교수(敎授)라는 직분 때문에 똑같이 막말과 언행(言行)을 할 수 없어 양보(讓步)와 인내(忍耐)란 단어로 참아야 했다.[62)] 더욱 보유자후보 응시, 전형을 문화재청에 상정하는데 있어, 요즈음 특정인만 시험을 보게 할 것이 아니라 전수조교(6명)들이 모두 자격이 있으니 다함께 공평하게 선의경쟁(善意競爭)으로 평가받자고 제안했을 때, 출연(出演)도 못하게 하고 2013년도 전수교육허위실적보고서 등, 동료들이 욕심 때문에 형편의 원리를 모르는 사고방식을 지적했다. 다수결의 담합행위, 시기, 질투, 독식하려고 한다면 담당청도 민원과 입장이 있고 문제가 있어 행정처리를 할 수가 없기 때문에 함께한 동료들에게 똑같이 再次, 선의경쟁을 하자고 지적, 제안했었다.

더욱 2010년, 9월에 필자는 봉산탈춤전수조교로서 아무도 할 수 없는 봉산탈춤 오청채록원본(1936년)을 한국예술종합학교에서 최초로 연구하여 복원, 재연하였다. 그 다음해 2011년, 5월에는 1967년도(1965년도 조사본에 의해) 이두현본이 무형문화재(無形文化財)로 지정(指定)된 것을 원형대로(대본대로) 3시간 45분(복원은 4시간 30분)에 의해 복원, 재연하였다. 이런 복원, 재연했다는 과정에서 필자는 봉산탈춤보존회 동료들에 의해 어이없는 징계(懲戒)를 받아야만 했다. 그래도 연구자로서, 교수로서 흔들리지 않고 인내(忍耐)하며 봉산탈춤을 더 연구, 노력하고 있다.

이제 교수로서 13개의 가면극(탈춤)들을 무형문화재 지정당시 채록본과 현재 정기공연 때의 보존회에서 연행하고 있는 상황들을 논문을 통해 비교분석하고 그 차이점이 무엇인지 어떻게 변해가고 있는지? 변화양상을 연구하여 정리하게 해서 원형이 그대로 존재, 유지해야 한

---

61) 그러나 행운만은 아니었다. 이제 옛날 어른들은 모두들 고인(故人)이 되었다. 필자 역시 '예그린악단'이란 예술단체의 직장이 있었기에 출, 퇴근하면서, 지금까지 외도하지 않고 봉산탈춤을 지켜왔지만, 당시는 아무도 알아주지 않는 초창기 밑바닥부터 시작했던 것을 회상하면 공연자로서 또 짐꾼으로서, 사무실을 청소 등, 허드렛일을 하며, 보유자에게 탈춤을 사사(師事)를 받을 수 있었던 것은 '예그린'이란 직장이 있었기 때문이다. 심지어 걷지 못하는 보유자 김용익(金龍益/필자 마부 스승)선생님을 종로구 효자동 문화재 관리국(현재 문화재청) 계단을 업고 올라가 월급을 받게 하였지만, 처자식도 없이 외롭게 소천하신 선생님을 제대로 보필 못한 것이 후회되며 끝내 아쉬움이 남아 있었다. 그러나 당시의 필자는 봉산탈춤이 체질에 맞고 좋아서 참으로 미쳐서 열심히 했다.

62) 유대인의 율법은 "눈에는 눈으로 이에는 이로" 갚아 손해 보지 않으려고 하는 것이 율법주의지만, 도리어 복을 빌라고 했다. 성경말씀에 "악을 악으로 욕을 욕으로 갚지 말고 도리어 복을 빌라 이를 위하여 너희가 부르심을 받았으며 이는 복을 받게 하려 하심이라"(베드로전서 3:9) 악(惡)은 선(善)으로 이겨야 한다.

다고 제자들에게 논문지도하고 있다.

따라서 단체를 정상화시키기 위해서 보유단체에 보유자예우에 대한 문제, 원형전승, 전수교육 등, 기타 동료, 후배의 모욕적인 언행(言行)을 참아내야만 했다. 그래도 월급 받고 실적을 따지는 감독청의 행정이므로, 출연 및 전수교육을 해야 하는데 못하게 방해하는 과정 등 등, 그동안 탈춤의 선배로서 열심히 활동해왔는데도 불구하고 수많은 고통고난의 상처 속에 기도(祈禱)와 인내(忍耐)하며 오늘을 맞이하였다.[63] 그래도 동료, 후배, 제자들을 아끼기 때문에 평생해온 봉산탈춤의 미래와 발전을 위해 정책적, 제도적, 예술행정의 문제점을 지적하며 필자는 주제발표와 자문, 전승, 전수교육을 늦추지 않고 관심과 제안서를 올리며 열심히 봉산탈춤의 발전을 위해 노력하고 있다.[64] 오광대 보존회는 한명의 회원이라도 상처내지말자는 캠페인을 벌이고 있다. 얼마나 아름다운 보존회인가? 모든 단체가 이렇게 화합하고 배워야 한다.

필자가 교수(敎授)가 될 줄 알았다면, 월남하신 어르신네들을 월남이후 지방공연 등 활발하게 활동한 과정을 초창기 때부터 정확하고 구체적인 기록을 필자는 못한 것이 아쉬웠다.[65]

세월이 흐르면서 공연 및 큰 행사인 전국민속예술경연대회[66]에 참석하여 공연 하였다. 당시 민속예술경연대회 참석했을 때에 훌륭한 교수(이두현, 임동권 등)들이 심사위원으로 전형, 심사하시는 모습을 보고 나는 언제 저 자리에 앉아 심사해보나 했는데, - 세월이 흘러 어느덧 각 장르마다 자문 및 심사위원장, 2009년도에는 필자가 문화체육관광부 자문 및 한국민속예술축제 50주년 추진위원장, 또한 심사위원장을 위촉받아 역임한 바 있어, 열심히 전통문화 활성화와 대중화를 위해 연구, 노력한 결과인 것 같다고 자화자찬해본다.

이제 갈등(葛藤)방지, 자살방지[67]를 위해 초, 중, 고, 대학에 그 나라 그 민족의 근본적인

---

63) 자식(제자)들이 부모를 해치는 세상이 왔다. 예능보유자의 제명과 황해도 봉산에서 월남하신 유일한 보유자를 무기한 출연정지 및 자격정지와 전수조교는 회원제명을 했다. 집행부의 전수교육 조작, 허위보고서, 출석부조작 등은 잘못되었다. 그러나 성경말씀으로 (시편 28편) 위로를 받았다. "그들은 그 이웃과 화평을 말하나 그들의 마음에는 악독이 있나이다. 그들은 여호와께서 행하신 일과 손으로 지으신 것을 생각하지 아니하므로 여호와께서 그들을 파괴하고 건설하지 아니 하시로다. 여호와를 찬송함이여 내 간구하는 소리를 들으심이로다. 여호와는 나의 힘과 방패이시니 내 마음이 그를 의지하여 도움을 얻었도다."

64) "전문가 입 닫고 비전문가 목소리 큰 대한민국"(조선일보 2014.4.29 기사) 참고.

65) 그나마 1970-71년 보유자 지정시기(指定時期)에 왕성했던 몇몇 분들의 개인 레슨을 통해 직접 실기를 배웠고 이근성, 김용익, 최경명, 김선봉, 양소운, 윤옥, 김기수, 김재권, 김학실, 김유경 등 녹음과 현재 김애선 보유자께서 육성녹음을 통해 증언해주었기 때문에 필자는 청(廳)의 조사자로서 전반적인 것을 알 수가 있었다. 따라서 당시 김선봉 보유자의 증언에 의하면 황해도 유지였던 영흥상회 주인 장 선생이 당시 돈으로 50만원(현재 5백만원 이상?)을 지원해주었고 사단법인체도 설립해주었다. 장소문제와 당시 상황은 고인(故人)이 되신 어르신들한테 구두의 말씀도 녹음하여 들었다.

66) 1950년대 후반부터 '민속예술' 발굴, 보존, 발전을 내세운 다양한 사업들을 추진하였다. 1950년부터 전국민속예술경연대회(명칭변경: 한국민속예술축제) 재개되었고, 당시 전국민속예술경연대회에 수상하면 채록과 복원, 재연되어 중요무형문화재로 지정되는 등용문이 되었다(1959년 원각사가 재건립 되었다).

67) 한국이 OECD국가 자살 10년째 1위, 노사, 고부갈등 세계 2위, 술(위스키 등)소비량 세계1위?(200만 명이 술,

전통문화과목을 "필수과목"으로 선정해주기를 당국에 제안하고 요구하고 있다.

7) 전통문화와 조직(組織)과 인성(人性)

사람 사는 세상에는 조직이 필요 하지만 않다. 그러나 효과적으로 살아가기 위해서는 팀과 정관 및 규정(規定)과 틀을 만들어야 한다. 그러나 이것들이 스스로 자신들을 묶어 놓고 못살게 하고 있는 것이 우리의 현실이다. 그래서 필자가 대한민국 R-최고자도자회 회장(2013년)으로 있을 때 실질적인 지도자들의 만남은 조직의 정관 및 규정이 없는 것이 특징이었다. 법(法)이란 우리가 만들어 놓고 우리가 당하는 것이다. 율법은 좋으나 율법주의는 까다롭다. 너무 논리적이면 사(싸)가지[仁義禮智]가 없다고 한다. 세상을 믿음의 눈으로 보아야 감사할 수 있다. 긍정적이고 거룩한 자(者)는 남을 비판(批判)하지 않는다. 사회를 살아가다보면 가장 중요한 것을 희석하고 중요하지 않는 것을 높일 때가 있다. 조직의 틀 속에서 지도자(리더)의 판단에 운명이 달려있을 때가 있다. 바루 위기상황이다. 리더의 소통능력이 가장 요구되는 그 순간, 어떻게 소통해야 고통을 주지 않고 조직과 조직원, 그리고 리더가 지혜롭게 함께 살아갈 수 있을까? 즉, 사람을 키워야 조직이 살 수 있는 것이다.

다음 예를 들어 본다면 ① '불운에 빠진 나쁜 사람(Bad Guy in Misfortune)'은 나는 모르는 일이었다. 자기는 쏙 빠지면서 큰 소리치고 부정하고 아랫사람에게 화살을 돌리는 리더이다. ② '불운에 빠진 착한 사람(Good Guy in Misfortune)'은 죄송합니다. 제가 책임지겠습니다. 사태를 주도해나가는 리더이다. ③ '그 사람 참 안됐어' '불운에 빠진 불쌍한 사람(Poor Guy in Misfortune)'은 주변의 동정심으로 상황을 풀려는 노력을 하는 리더이다. 위기는 누구에게나 발생할 수 있다. 그러나 중요한 것은 위기 극복을 하기 위해 어떻게 소통하느냐가 문제이며 '진정성'이 있어야 한다.[68)]

필자는 학생들에게 강의한다. 사회는 일 많이 하는 사람이 욕 많이 먹고 상처 많이 받게 마련이기 때문에 진리의 허리띠를 매고 정의의 가슴으로 무장하고, 손의 방패와 평화의 발로 전신갑주를 취해야 한다. 자본주의는 있는 자(者)가 없는 자(者)를 다스리지만, 골리앗이 나타나야 다윗의 승리가 있듯이, 대학에서는 공부를 가르치는 곳이 아니다. 어느 대학 나온 것이 문제가 아니고 누구한테 어떻게 배웠느냐가 관건이다. 대학과 교수는 시행착오를 줄여주며 인성(人性)교육과 방향(方向)을 제시하는 곳이다. 학교와 교수는 방향을 제시하는 곳이며 공부

490만 명이 담배, 290만 명이 성관계로 죽는다고 한다)

68) 최철규의 소통 리더십, 세계경영연구원(IGM) 협상스쿨원장.

는 학생이 하는 것이다. 방향을 잘못 잡으면 방향(方向)이라는 것은 욕심이 있어 속도가 붙어 빨리 이상한 곳으로 흘러가게 된다. 그럼 다시 원위치로 와서 다시 시작해야 한다. 지금 초, 중, 고, 대학에 공동체 어울림의 기본교육인 "전통문화필수과목"의 한국전통문화 교육부재다. OECD국가에서 10년째 자살 세계 1위, 갈등, 학교폭력, 인터넷 등, 그 나라, 그 민족의 정체성, 주체의식 교육이 없어졌기 때문이다. 썩은 땅이어야 큰 꽃을 피울 수 있듯이 대학은 인간성(人間性)회복과 기본교육인 전통문화 필수과목이 없으면 복제인간, 슈퍼맨, 공적인 도둑놈을 키우는 곳이나 다름없다고 학생들에게 강조하고 있다.

필자는 한국 땅에서 살지만, 우리 땅에서 우리 것이 서양 것과 비슷하게라도 발전해 달라고 주장하고 기도(祈禱)한다. 사증다군(士證多窘)이라 '선비가 여러 사람 앞에서 일을 하다보면 말들이 많지만, 증명해서 알려야 한다.'고 맹자가 말했다. 본인에게 원치 않는 사건들이 일어나면 더 좋게 하려는 것으로서 원망, 불평하면 하나님을 악(惡)하게 하는 것이다. 하나님의 섭리(攝理)는 육신의 근육과 마음의 근육을 강화시키면 면역이 생겨 건강하다. 그러나 마음의 근육이 약해지면 조그만 말을 들어도 그대로 쓰러지고 체념하여 자살하게 된다. 현대인들은 마음의 근육을 든든하게 하는 겸손, 온유, 감사, 찬양, 친절, 충성으로 주님이 원하는 삶을 살아가야 치유가 된다. 필자도 그런 일이 많았으나 세상적으로 증명해서 알려주는 것보다 '져주는 것이 이기는 것'이라고 생각하여 항상 협력해서 선(善)을 이루려고 노력해 왔다. 그러나 선(善)으로 악(惡)을 이겨야 한다.

천주교 故 김수환 추기경은 스스로 '바보' 라고 해서 김성수 주교는 "선수를 뺏긴 저는 요즘 '못난이다' 그러고 다니지요." 라고 했다. 그래서 필자도 '광대'라고 했다가 요즘은 '탈꾼'이라고 바꾸었다. 기록에는 광대는 가면이고 탈춤을 추는 사람을 말한다. 그러나 광대(廣大)는 넓고 큰 사람이기에 하나님만이 광대라고 불러야 한다고 생각했다. 그러면 필자는 어떻게 해야 하나? 육신이 약하면 하찮은 병균마저 달려들고, 입지가 약하면 하찮은 인간마저 덤벼든다. 우리가 세상을 살아가는 가운데 희로애락(喜怒哀樂)이 있다. 급변하는 상황 속에서 우리는 이성과 지혜가 부족하여 이해할 수 없는 일들이 너무나 많이 일어난다. 이럴 때 일수록 '바보' '못난이' '탈꾼'의 사고방식으로 너그럽고 상대방을 헤치지 않고 겸손하고 사랑으로 베풀려고 노력해야 한다. 사회의 모든 것은 만병의 근원이 스트레스다. 날마다 우리 앞에 어려운 일들이 많아 보이지만 우리가 하나님의 사귐이 있다하면서 어둠에 행하고 거짓을 말하고 진리를 행하지 아니하면 불법을 행하는 자요, 그가 빛 가운데 계시는 것 같이 우리도 하나님 안에서 서로 사귐이 있고 그 안에서 진리를 행하면 모든 죄에서 깨끗하게 하시는 자녀의 권세를 받을 수 있다.[69] "고통은 나의 유익이다" "주님께서는 우리에게 감당할 수 있는 시험 외에는 주시지 않은 줄로 알고, 우리가 시험당할 때에 주님의 뜻을 헤아리게 하시고 성숙한 우리가 되게 하여 주시옵소서" 라고 필자는 큰 은혜와 강한 믿음을 달라고 항상 새벽기도(祈禱)를 하고 있다.

이정섭 씨의 글에는 다음과 같이 질타한다. "입문하여 시간만 보내면 인간문화재(保有者)가 된다는 안일한 사고방식을 가지고 있기 때문에 문제이다. 한국은 간판에 약한 나라이며 카피(copy)만 잘하면 인간문화재(人間文化財)가 되는 나라"[70]라고 지적하고 있다.

이런 신문기사의 글을 읽고 필자는 학교에 와서 교수(教授)로서 지도자로서 사회적 책임을 느꼈다. 따라서 본인은 자극을 받아 '전통문화의 활성화'를 위해 학생들을 지도하면서 work shop과 효과적이고 실제적인 강의와 교재를 출간했다. '봉산탈춤비교연구' 등, 논문과 '워크숍' 및 '봉산탈춤공연(1936년도 오청채록원본 발굴, 재연, 2010.9.9. 한예종. 예술극장. = 이두현본 〈무형문화재 17호 지정(指定)본 원형〉재연, 2011.5.5. 마당극장. 3시간 45분 등)'을 학생들과 수업차원에서 공연으로 한국예술종합학교 예술극장에서 발굴, 재연 하였다. 그러나 오청채록원본을 복원과 재연함으로서 줄거리가 연결된 스토리텔링으로 창작 연희극 공연[71]을 하고 싶어 그 우수성을 프로그램 글에 소개한 것이 고난을 받게 된다.[72] 서양과 동양, 원형과 창작을 하는 필자이지만 창작을 하려면 다방면으로 풍부한 지식을 가지고 있어야 한다는 철학(哲學)을 가지고 있다. 그래서 탈춤은 물론, 우리의 전반적인 전통문화를 학생과 일반인, 회원 및 시민예술학교, 일반인, 교사, 비전문가들(포항공대, 기업, 농협 등)에게도 우리 것을 재미있게 소개하고 있다. 우리 것인데도 우리 것을 한국인이 외면하고 있는 무형문화재인 전통문화전수교육은 물론, 탈춤의 원형보존과 우리 몸을 자연과 채식과 경과류를 통해 우리체질에 맞는 탈춤으로 치유할 수 있어, 우리 것을 활성화, 대중화를 해보려고 연구·노력하고 있다.

'요시다 고조' 목사(서울일본인 교회: 성수동 소재)는 "한국이 천년 먼저 독도를 관할했는데 일본이 영유권을 주장하는 것은 옳지 않다고 말하며, 알아야 회개도 하고 사죄도 할 수 있어요. 일본이 진심으로 인정하고 사죄하지 않는 것은 '무지'하기 때문입니다. 국민도 위정자도 똑같이 무지하기 때문입니다." 라고 말했다. 우리에게 메시지를 주는 언어이다. 세월이 흘러 먹고 살만하다고 보니 자기 것만 최고라고 하면서, 불리하면 말을 바꾸는 이기주의자들은 위

---

69) 요한일서 1:3-7 인용.

70) 이정섭 씨 '난 행복한 목수' 조선일보 기사.

71) 그동안 창작연희극으로 '다시레기' '맹진사댁 경사' '배뱅이굿' '광대놀이' '서울말뚝이' '고추말리기' '이런 친구! 허생전' 등을 연희과에서 공연하였다(2015년 5월에 공연할 지저스-슈퍼스타를 한국적뮤지컬로 제작 중이다).

72) 그러나 필자는 성경말씀으로 이겨냈다. 고린도전서 4:8-9절을 보면 "우리가 사방으로 우겨 쌈을 당하여도 싸이지 아니하며 답답한 일을 당하여도 낙심하지 말며 박해를 받아도 버린바 되지 아니하며 거꾸러뜨림을 당하여도 망하지 아니하였다." "악(惡)을 행하는 자(者)들 때문에 불평하지 말며 불의를 행하는 자들을 시기하지 말지어다." 바울은 핍박을 받아도 버림받지 않았다. 고통, 고난을 통해 넘어지고 쓰러져도 하나님께서는 일으켜주신다. 이렇게 상처받고 핍박을 받아 어려움을 당하는 사람들에게 선(善)으로 악(惡)을 이기라고 치유 글을 전하고 싶다.

의 글을 읽고 회개해야 할 것이다.

특히 일본가면극의 노(能)정신은 제아미가 남긴 노가쿠론(能樂論) 책인 풍자화전(風姿花傳, 후우시카덴 花傳書)의 제1절에 나오는 '보이지 않게 피어있을 수록 꽃, 즉 예기치 않았기에 더욱 큰 감동이 있다.' 라는 부분이 일본인의 정신문화의 중요한 기둥의 하나가 되었다. '이것 봐라 하며 뽐내듯' 태도로 임하는 것이 아니라 사람의 눈에 띄지 않아도 조용하고 꾸준히 그러나 인간의 진심어린 마음을 담아 행하는 것이야말로 사람들의 마음에 전해진다고 하는 의미로 사용되고 있다.[73]

그러나 우리의 전통문화는 가문(家門)에 의해 전승되는 분야도 있고, 그렇지 않은 분야도 있다. 또한 취미로 하다 보니 전승에 문제가 있는 것이다. 보유자 부족으로 각 단체가 흔들리고 있다.[74] 물론 세습, 강신무도 있으나 보편적으로 사회생활을 하다가 취미로 하는 사람도 많이 있다. 현재의 우리 전통문화정신은 직장생활(회사원, 공무원, 교사, 사채업 등)을 하다보면 먹고 살만하여 자기취미와 생활에 맞는 운동·등산하듯 취미생활로 입문하는 경우가 있다. 이것이 문제이다. 한국의 전통문화단체들은 제도적 모순점으로 아직 직업화를 이룰 수 없어 취미로만 하는 제도적 문제가 있기 때문에 직업화해야 발전할 수 있다. 고등학교를 졸업하고 대학 재학 중이거나, 졸업 후에 직장에 출·퇴근하다가 입단하는 회원들이 많다. 또한 다른 분야 사회단체에 있던 사람들이 취미를 전향하여 속속 입문하는 경우도 있다. 타 단체에서 있다가 들어와서 나이가 한두 살 많아도 친구로 함께 하는 조직도 많이 있다. 그러다가 이권이 있으면 내가 선배야! 서로 시기(猜忌)와 질투(嫉妬)하며 자기주장을 내세워 패를 만들고 "~ 카더라" 하면서 조직의 균형(均衡)과 갈등(葛藤)을 조장하게 된다.

우리가 사회를 살다보면 동료가 있고 직장 및 학교 선, 후배관계가 있다. 학교 다닐 때는 아마추어 동아리활동으로 학교에서 민속반, 방송분야 아나운서, 대학신문기자, 총학생회장 등, 학교활동을 하다가 사회진출을 하게 되면 전공과 전공이 아닌 직장에 근무를 하게 되는 경우가 많다. 그러나 직장에 근무하다보면 근무 년 수부터 인정을 받아 호봉이 책정이 된다. 나이와 관계없이 졸업 후부터 인정받을 수 있는 것이 직장생활이다. 그래서 각 조직과 학교에서도 선, 후배를 따지게 된다. 예로 ○○탈춤보존회는 드라마센터출신들이 많지만 "이곳은 서울예전의 동문회가 아니다."라고 운영회의 때 조○○위원이 발언한 바 있다. 사회조직은 동문위주로 선배의 영향을 받아 움직이는 곳도 있다. 우리 속담에 "가랑잎이 솔잎더러 바스락 거린다" "양식이 떨어지면 며느리 큰 손 탓을 한다." 또 전통 민요에 "아버지 어머니 추야장(秋夜長)

73) 노(能)부분. 참고.

74) 무형문화유산 대안 방법 참고(무형문화재 보유자 총회, 필자, 주제발표, 세종호텔, 2012.5.22.)

긴긴 밤에 할 일 없으면 맷돌이나 돌릴 일이지 왜 엉뚱한 것 돌려서 날 만들었냐?" 제 인생의 일이 안 풀리면 부모 탓을 돌린다. 지금은 자기를 먼저 돌아볼 때이다. 예술단체의 행위는 개인의 실력(實力)이 우선이지만, 인성(人性)과 철학(哲學)이 있어야 한다. 영국의 역사가인 토마스 카라일은 "길을 가다가 돌이 나타나면 약자는 그것을 걸림돌이라고 하고, 강자는 그것을 디딤돌"이라고 한다. 디딤돌을 발판삼아 사람들은 각자 조직에서 일어나려고 안간 힘을 쓴다.

조직 속에서 사람을 평가할 때 일본에서 '경영의 신'으로 불리는 '교세라'의 창업주(이나모리 가즈오), 현 일본항공 회장은 사람을 평가할 때 가치관, 태도, 능력, 이 세 가지를 본다고 한다. 중요한 건 세 가지의 '합'이 아닌 '곱'으로 판단한다는 것, 곱셈은 덧셈과 달리 하나라도 '0' 이면 그 답도 '0'이다. 아무리 성과가 좋아도 태도가 '꽝' 이면 승진은 남의 얘기라는 뜻이다. GE(General Electric)의 리더십 가치평가 항목을 보면, 직무에 태도 · 능력과 함께 비전 · 성실성 등, 태도 항목이 포함돼 있다. 직무와 태도 모두가 높거나 낮으면, 고민할 필요가 없다. 키우거나 자르면 되니까 문제는 둘 중 하나만 높을 때 어떻게 하느냐는 것, GE의 선택은 명확하다. 태도 점수는 높은데 직무점수가 낮다면 다른 팀으로 이동 등으로 새로운 기회를 준다. 그러나 태도 점수가 낮다면 아무리 직무능력이 높아도 위험한 인물로 간주해 교체한다. 기업이 단기적으로 성과만 생각하면 무조건 실적이 우선이다. 하지만 장기적 관점으로 기업을 운영하려면 태도가 더 중요하다. 그래서 실적과 태도는 덧셈이 아닌, 곱셈으로 평가해야 한다. 그리고 실적과 태도 중에서 굳이 하나를 고르라면 태도(態度)이다. 즉, 필자가 강조하고 있는 것은 태도, 즉 인성(人性)이다. 근면성실(勤勉誠實)하고 대인관계(對人關係)에 있어서 이해관계(利害關係)로 소통이 우선되어야 한다.

스탠퍼드 경영대학의 로버트 서튼 교수가 말했다. "부정적인 태도의 직원, 즉 '또라이' 직원 한 명 때문에 회사는 1년에 16만 달러의 손실이 생긴다." 그런데 수십, 수백 명의 직원을 이끄는 임원에게 다분히 '또라이' 기질이 있다면? 그 피해는 상상초월이다. "기업에서 가장 위험한 사람은 경영성과가 좋지만 가치관(價値觀)이 없는 사람이다." 따라서 승진을 시켰다는 것은 새로운 역할을 맡긴 것이다. 과거의 나를 잊어라 지금의 당신을 있게 한 장점이 이젠 걸림돌이 될 수 있다. 어떤 상황이든 상황파악이 먼저라는 뜻이다. 생각을 맞춰라 '이제 일을 하는 사람이 아니다. 일을 '하게' 하는 사람이다.' '필요한 일'을 잘하도록 해야 한다. 이를 위해선 명확한 지시를 해야 한다. 먼저 당신이 생각하는 업무의 우선순위를 정하고 공유하라. 그리고 각각의 일이 전체 업무의 맥락에서 어떤 역할을 하는지 설명하라. 마지막으로 일을 잘하도록 당신이 도와줄 건 없는지 물어라. 그랬을 때 부하직원은 당신이 원하는 일을 성공적으로 하는 '파트너'가 돼 줄 것이다.[75]

실력이 있는 연희자보다 사람 됨됨을 말하는 것과 인성교육이 중요하다고 말하고 있는 것이다. 또한 우리 상황에서는 보유자 · 전수조교 · 이수자 · 전수자 등 상하관계와 역할론을 지적하며, 예술로 표현한다면 '배우가 되기 이전에 인간이 되라'는 유치진 선생의 말이 떠오르게 한다. 따라서 성경에 믿음은 '바라는 것들의 실상이요 보이지 않는 것들의 증거니 - 보이는 것은 나타난 것으로 말미암아 된 것이 아니니라.'(히브리서 11장 1-2절)

조직 속에서 인간은 다른 사람과 왜 논의하고 협력하는 것일까. 따돌림, 죄책감 등, 두려워서 인간은 협력한다!? 공동의 취지와 목적과 '역할론'이 있지만 요즘은 다양한 시대와 창의적인 통섭의 시대에 멘토(mentor)라는 단어가 있어 협력하고 개성을 존중하며 시대변화에 맞게 살아가려고 노력한다. 큰소리치면 사람 취급하고 겸손하면 바보취급하면 안 된다. 이제 견제세력과 함께 한 사람이 리더십을 발휘해서 추종하는 전통적인 조직만으로는 부족한 시대가 왔다. 더욱 전통문화를 하고 있는 각 보존회 회원들은 직업을 별개로 가지고 있는 사람들이 모이는 집단이므로 구성원 개인의 인격을 요구받게 되는 것이다. 그래서 리더보다 '멘토'가 조직의 특성과 차별화(配役) 된 만남이 문제를 해결하는 중요한 역할을 할 수 있다. 그러나 보직자는 특권이 아닌 판단력과 원칙을 지켜야 하고 인격(人格)과 처세를 잘해야 조직이 정직하고 바르게 갈 수 있다. 지금까지 조직에서는 협력함으로써 정신적 보상을 받기 때문이라는 해석이 우세했다. 하지만 최근 미국과 네덜란드 과학자들은 기존 이론과 달리 다른 사람의 기대를 저버림으로써 '죄책감'을 두려워하는 마음이 협동을 이끈다는 주장을 내놓았다.

인간은 다른 사람과 협력(協力)할지를 결정할 때의 뇌(腦) 상태를 기능성자기공명영상(FMRI)으로 찍었다. FMRI는 뇌의 특정부위가 작동하면서 산소와 영양분을 끌어들일 때 해당 부위를 마치 불이 켜지는 것과 같은 모습으로 보여준다. 연구진[76]은 "인간은 자신의 경제적 이익을 극대화하려고도 하지만, 한편으로는 사회에서 따돌림을 당하는 것도 원하지 않는다." 며 "경제조항이 아님에도 팁(tip)을 낼 때는 다른 사람의 기대를 저버려 생기는 죄책감을 느끼지 않기 위해서인 것"이라고 설명했다.

요즘 신문에 이런 기사가 나왔다. 성격 좋은 男회사원은 까칠한 남자보다 연봉 800만원이 낮다고 한다.[77] 미국심리학회 학술지에서는 '성격과 사회 심리저널(The journal of personalilty and social psychology)'은 성격 좋은 남성들의 연봉이 까칠한 남성의 연봉보다 낮다는 연구 결과를 발표했다. "좋은 성격이 연봉에는 오히려 악영향을 준다." 저널은 지난 10년간 일을 시작한 9000명의 성격을 테스트한 후 이를 연봉과 비교 · 분석했다. 그 결과 성격 좋

75) 김한솔, IGM 세계경영연구원, 아하! CEO, 조선일보 2011.8.18.

76) 미 애리조나대 심리학자인 알랜 산페이(Sanfey) 교수와 미국 엘러 경영대의 행동경제학인 마틴 듀펜버그(Dufwenberg)교수 공동연구진. 이영완 기자(조선일보 2011.5.17). 근자(近者)의 글들을 추가했다.

77) 파리 이성훈 특파원, 조선일보 2011.12.6. 기사인용.

은 남성 직장인들은 성깔 있는 동료에 비해 평균 7000달러(약 790만원)연봉이 낮았다. 규정을 잘 따르고 겸손하며 남을 배려하는 사람이 회사분위기에는 도움이 되지만, 정작 자신의 연봉에서는 불이익을 받는다는 것이다. 자신의 주장을 강하게 펴는 완고한 성격이 연봉협상에서 성공하는 핵심이라는 것이다. 관리자들은 자기주장이 강한 사람을 더 빨리 승진시키거나 월급을 올려주는 경향이 있기 때문이다. 따라서 치망설존(齒亡說存)이란 말도 있다. 딱딱한 이(齒)나 뼈는 없어져도 부드러운 혀는 남아있다. 나이를 먹었는데 혀만 남아 있게 마련이지만 그러나 삶의 생활 속에 강할 때도 있지만 부드러운 것도 있어야 한다.

얼마 전(2013년) 박근혜정부가 들어서면서 미국벤처 기업가를 특별히 초청, 김종훈 미래과학창조부 장관 후보자로 지명되었다가 청문회를 하려고 할 때, "한국정치에 너무 순진했다. 한 쪽이 피를 봐야 하는 한국정치와 관료주의가 새 부처(部處)일을 못하게 하리란 것 뒤늦게 깨달았다"고 하면서 자진사퇴를 하고 돌연 미국으로 출국했다.

요즘은 개그맨이 정치인보다 힘이 더 센 시대에 살고 있다. 비록 광대[78]가 존경받는 시대는 없었지만, 광대가 힘을 과시하고 싶어도 고립될 수 있을까 싶어 목소리를 내지 못했다. 서민과 양반이 있듯이 교수라고 하여 겸손할 수밖에 없는 상황이 되었는데 성깔 있는 동료가 자기주장을 강하게 하는데 관리자들이 어떻게 받아줘야 할지. 분간이 안 될 때 포용과 베풀어 줌으로서 동료를 욕되게 하는 자를 인성교육을 통해 깨닫게 해야 한다. 인면수심(人面獸心)인지, 가면(mask)을 쓰고 탈춤을 추는 것인지? 분간을 못하는 사람들이 있으면 안 된다. 학교교육도 당연하겠지만 인성교육과 사회성교육을 병행하여 우리의 전승전수교육도 해야 한다. 화낼 때도 원칙이 필요한 것이다. 사람을 충고(야단칠 때)할 때 말(眞理)만 하고 은혜(사랑)없으면 듣는 사람이 받아들이지 않는다.

최철규 세계경영연구원 IGM 협상스쿨원장은 '감정이 아닌 사실중심으로 말하고, 과거가 아닌 미래를 이야기하라'고 조언한다. 감정조절이 잘 안 되는 상사라면 자기만의 격노(激怒)원칙을 세우고 화를 내기 전에 한 번쯤 되새길 필요가 있다. "절대 욕은 하지 않는다." "뒤 끝없이 끝낸다." '후배들 보는 앞에서 혼내지 않는다.' 라고 강조 했고, 임무경 더웰커뮤니케이션 원장은 "자기감정을 글로 먼저 한번 정리해 놓은 것도 방법"이라며 "글로 써보면 그 감정이 얼마나 유치한지 깨닫게 된다."고 말했다. 이정숙 유쾌한 대화연구소 대표는 "여성들(여직원)에게 화를 낼 때는 당구 칠 때처럼 고수(高手)는 '스리쿠션'이 필요하다" 며 "칭찬을 먼저 한 번 해주고 시작하라"고 조언한다. "평소 그렇게 똑 부러지던 최 대리가 이번엔 왜 이런 실수를 했어? 더 실망시키지 않도록 잘 하리라 믿어" 식으로 자존심을 살려주라는 말이다. 그러나

78) 고려사 권 제124 전영보(全英甫)전에 "우리나라 말로 가면을 쓰고 놀이 하는 자(者)를 광대(廣大)라 한다."

화를 무작정 안 내는 것은 하수이다. 후배도 무엇을 잘못했는지 모르게 된다. "화를 무작정 안 내는 것이 가장 하급(下級)이고, 중급은 화를 내는 것" 이라며 "최선의 방법은 후배에게 화를 내기보다 '피드백(feedback)'을 해준다는 자세로 조언해주는 것"이라고 말했다. 성경말씀에는 "무릇 더러운 말은 너희 입 밖에도 내지 말고 오직 덕을 세우는데 소용되는 대로 선한 말을 하여 듣는 자들에게 은혜를 끼치게 하라"(에베소서 4:29)

조직에서는 개인과 개성과 독자성을 자신과 타인이 조직과 단체 안에서 의사소통이 되어야 한다. 그러나 각기 다른 측면의 부정적 행동의 동기와 맥락이 부여된다면 상호간의 관계가 효과적으로 이루어 질 수 없다. 사회적 관계 속에서는 공감대를 형성하려면 창의적인 사고로 자기 정체성을 살려 협동적 삶의 태도로, 인간 삶의 목적이 이루어 질 수 있게 합리적 의사결정이 되어야 생산적 의사소통이 된다,

그러나 새로운 민주주의는 다른 민주주의의 개념이 필요하다. 민주주의는 '다수결'이 아닌 '합의'를 통해 안건을 처리해야 한다. 상대방을 매장시키려고 목적달성을 위해 회의(會議)에서 사전각본을 통해 힘으로 처리하려는 사고방식을 버려야 한다. "너는 허망(虛妄)한 풍설(風說)을 전파하지 말며 악인과 연합하여 무함하는 증인이 되지 말며 다수를 따라 악(惡)을 행하지 말며 송사에 다수를 따라 부정당한 증거를 하지 말지니라."(출애굽기 23: 1-2)

사회와 경제, 정치가 어찌되었던 권위보다 제도적 합리화의 포용정책이 필요하다. 특히 전통예술분야는 타 분야보다 소외당하고 관심이 부족하지만, 우리 것을 외면하고 있는 사회에서, 동료들이 취미로 탈춤을 만나 생활을 함께하니 반가울 뿐이다. 참으로 인격적이고 교양이 있고, 배려하고 괜찮은 사람으로 연민을 느끼고 후배들(전수, 이수자)에게 입은 다물고, 주머니는 열어 정신적 지주라고 하면서 존경받는 선배, 선생이 되어야 한다고 늘 생각하고 있다. 그래서 필자도 교회(敎會)에 나가 기도하면서 늦게 인간이 되어 후배들에게 베풀어주는 긍정적인 선배가 되고 싶었고, 공연과 연습에 열심히 하는 선배로써 잘못이 있어도 회개와 용서하며 살려고 노력하고 있다.[79]

그러기 위해서는 조직체(組織體)의 보직자가 중요한 역할을 하기 때문에 운영여하에 따라 단체를 피폐하게 할 수도 있고 활성화시킬 수 있다.[80] 조직에서 불순종하는 자(者)가 있으면

79) 악한 꾀를 이루는 자(者) 때문에 불평하지 말지어다. 분을 그치고 노를 버리며 불평하지 말라 오히려 악을 만들 뿐이다. 그들은 풀과 같이 속히 베임을 당할 것이며 푸른 채소같이 쇠잔할 것임이라(시편 37편). 허위 · 조작을 해도 화내지 말자. 급하지 말자. 노하지 말자. 다투지 말자. 낙심하지 말자. 근심하지말자. 놀라지 말자. 늘 상대방을 배려해야 한다고 기도하며 인내(忍耐)하고 있다.

80) 참여정부 예술정책 4대 기본방향과 14개 역점추진과제(문광부 문화관광연구원, 문화정책백서. 2007). 1) 향유자 중심의 예술 활동 강화(예술교육을 통한 문화향유 능력 개발 등), 2) 예술의 창조성 증진(장르별 예술창작활동 지원확대 등), 3) 예술의 자생력 신장(예술전문 인력의 체계적 양성과 재교육), 4) 열린 예술행정체계 구축(예술진흥을 위한 법과 제도 개선 등) "2004년 창의 한국 21세기 새로운 문화비전" 등 준비는 웬만큼 되어 있기 때문

광풍(狂風)이 온다. 함정과 모략, 반대를 위한 반대자들한테 피할 수 없는 사회가 되어 누수(漏水)자가 있으면 빨리 교정시켜 함께 근무한다든지, 아니면 마음이 아프지만 내보내야 한다. 조직의 승부세계는 이기는 자(者)가 있고 낙오된 자가 있는데, 패한 자는 다른 길로 갈 수밖에 없는 사회가 되었다.

그러나 근본적인 것은 올챙이가 개구리가 되었는데도 불구하고 선배·선생들은 자기들만 개구리로 착각하고 서로 인정하지 않고 후배들만을 올챙이 때만 생각하고 무시하게 된다. 특히나 전통예술(傳統藝術)을 하는 사람들은 순수하나 행정·조직에 대해 이해가 부족하다. 조직의 예술행정전문가 및 인원(人員)부족으로 인하여 연희자(예술가)가 집행부의 관리자가 되어 운영하다보면 불을 꺼야 함에도 불구하고 불을 질러 조직의 질서가 깨지는 경우가 있다. 갈등(葛藤)과 대립(對立)보다 화합(和合)과 조화(調和)로 정상화를 먼저 생각해야 한다. 예술가들은 단순하기 때문에 사람들을 믿고 맡긴다. 더욱 전통문화예술을 하는 사람들은 순진하고 담백하다. 그러나 사회의 관리자는 누구나 할 수 있으나, 누구나 하면 안 된다. 편견과 얇은 수단으로 단체가 흔들릴 때, 인내(忍耐)하며 중진들이 밀고 당겨서 지도자(指導者)가 판단을 명확히 하고 리더역할을 잘 할 수 있게 밀어주어야 단체가 번창하고 조직이 생존할 수 있다.

사람들은 자기가 거룩하지 못해도 지도자만큼은 차원 높기를 바란다. 그러면서 요즘시대에는 누구도 누구를 존경하지 않으려고 해서 삭막하다. 그러나 조직을 운영하다보면 개인적인 야심과 욕심을 빼고 현실적인 문제들(관리, 행정, 채무관계, 직원 등) 직장과 가정과의 상호관계 등에서 매일 요구되는 경제문제, 시간문제, 분배문제, 공적인 결정의 문제들이 있다. 이런 문제들을 지도자는 슬기롭게 극복하고 조직을 위해 능력을 지혜롭게 발휘해야 치유할 수 있다. 목적(目的)과 존재(存在)가 같아야 가치(價値觀)가 있어 조직이 살아남을 수 있다.

8) 전승, 전수교육과 공연연습의 차이점(치유)

전승, 전수교육(專修教育)에 있어서 인성교육이 필요한 것이다. 또한 전승, 전수교육(傳承傳授教育)과 공연(公演)은 엄격하게 다르다.[81] 그러나 그동안 비슷하게 대충, 적당하게 진행해 왔다. 전수교육은 강의교육으로서 이론(理論)과 실기(實技)의 학습을 회원들 모두가 공평하게 받는다. 공연(公演)은 실전(實傳)에 참고가 되나, 금전을 받는 행위로서 집행부(예술감

에 정책적으로 실무·실권자가 실시만 하면 된다.

81) 예능보유자는 전승(傳承: 문화·풍속·제도를 이어받아 계승함)과 전수(傳授: 기술이나 지식 따위를 전하여 줌)를 겸하여 교육하고 있다.

독)에 의해 회원이 어느 특정인에게 선별되어 출연 선택을 받아 이익금을 주고 연습에 임하게 된다. 전수교육(教育)은 누구나 공평하게 받는다. 지식과 기술과 인격(人性)이며 학습이므로 공연(公演)과 다르다. 또한 전수회관 내에서 일반인 상대로 요일을 확보하여 강습하는 것은 강사비를 받기 때문에 강사와 전수교육은 엄연히 다르다. 이런 점에서 이것들을 교육실적으로 포함시킨다면 형편의 원리에 맞지 않다. 그러나 이런 상황의 행정을 교묘하게 이용하는 것을 관리감독청은 전문적으로 관리해 주어야 치유가 된다.

제도교육에서 클래스 수업으로 전향되면서 개인분야 외에는 개인레슨이 부족하게 되었고, 우리의 전통문화 답습교육으로서 영원한 전승, 전수교육이 되었다. 전수교육은 강의교육이고, 공연연습은 연습이다. 현재 보유자는 교수이고 조교는 보조자 제도로 되어있는 것처럼 형식적으로 되어 있다. 여건이 된다면 근본적으로 계획을 수립하여 전승자(후계자)들에게 교육을 해야 한다. 따라서 보유단체이기 때문에 보유자를 중심(中心)이어야 하나 보존단체와 함께 운영하되, 미래를 위해 근본적인 조직의 문제가 있으면 전승지원금(월급이 아님)을 받고 있는 단체책임자들을 소집하여 관리감독청은 단체와 전수교육의 계획[82)]을 바로 세워 채택해서 운영해야 한다.

예능보유자(保有者)를 비롯하여 전수조교들은 전수교육을 연구, 노력하여 지도해서 권리와 의무를 수행해야 한다. 더욱 평생교육이기에 계승, 발전을 위해 교육을 과학적이고 체계적으로 연구하고 회원들과 협의하고 논의해서 실시하는 것이 교육의 효과가 있을 것이다.

즉, 요약한다면 정부에서 전승자들의 근본대책이 필요하며 기준은 있으나 현재 정책이 부족하여 각 보존회 회원들은 직장을 가지고 있는 회원들이기 때문에 융통성 있게, 시간에 맞게 시간을 맞추고 장르별로 전수교육문제를 논의하여 절차를 밟아 체계적이고 단계적으로 그리고 이론(理論)과 실기(實技)를 통해 효과적으로 실시하는 방법을 찾아야 한다. 그러나 지혜롭게 전승전수교육을 제대로 실시하고 있는 각 보존회단체들이 많다. 교육이라는 것은 분야별 교육, 훈련법학습과 접근방법, 내용면에서 배역의 차이가 나고 동, 서양이 차이점이 있고 다르다고 하나, 전수교육의 훈련, 학습내용은 비슷하다. 체제는 진행되나 근본적인 전문가들의 기준을 통해 학습하고, 제도적인 여건, 구조적모순점인 기본적인 생활문제를 해결해줘야 한다.

공교육 개혁을 외치는 빌게이츠가 지도자(교사)들에게 재교육의 필요성을 말하고 있다. "농부, 공학자, 컴퓨터프로그래머, 운동선수들은 그전 세대보다 발전했다. 그들의 성공은 성과에 달려있고 그들은 최고들에게 끊임없이 배우기 때문이다. 하지만 '뛰어난 교육'에 대한 기준이

82) 관리감독청은 관리, 감독해야 한다. 필자의 전수교육 계획서 제출(2009. 회원방) 및 수정, 보안하여 보유자에게 재 제출함.

없다 보니 교사들은 이런 발전을 이루지 못했다" 고 하면서 "왜 교사들은 운동선수처럼 진화하지 않나" 하고 질책하고 있다. 또 그는 자녀들의 철학을 말했다. "너무 많은 돈은 내 아들을 망칠 것입니다." "그렇게 큰돈(자신의 재산)은 아이들에게 좋지 않다고 생각한다." '아이들은 자신의 길을 찾아야한다'고 하면서 자녀들에게 각각 1000만 달러(108억 원)씩 물려줄 것이라고 했다.[83] 록펠러 · 카네기마이크로소프트 창업자인 빌 게이츠(55)가 2011년 1월 28일자 워싱턴포스트 기고에서 미국 공교육을 개선하려면 교사의 수준을 높여야 하고 그러려면 '뛰어난 교육'에 대한 기준이 필요하다면서 한 이야기이다. 또 홍콩영화배우 성룡은 3년 전 3400억원 전 재산을 사회에 돌려주겠다고 선언하면서 말했다. "아이들이 유능하면 유산이 필요 없을 테고, 거꾸로 무능하면 탕진해 버릴 것이기 때문이다." 카네기는 죽으면서 재산을 사회에 환원해 명예로운 이름을 남겼다. 이어 록펠러는 자식들에게 부(富)를 관리하는 법을 철저하게 가르치듯, "물건을 쉽게 손에 넣다보면 세상을 스스로 살아가야 한다는 것을 잊어버리기 쉽다" 며 현명한 부자들은 자식에게 돈이 아니라 돈을 벌고 지키는 법을 물려준다.

위의 있는 자들의 예는 행복한 비명의 소리이다. 그럼 한국의 전통예술문화 부분이 아닌 비록 타 분야이지만, 교육현실을 학계에 원로들의 매서운 비판이자 충언(忠言)을 들어보자.[84] 우리교육현실은 용감한 전사(warrior)를 가르치는 잔혹한 훈련만 있을 뿐, 품격 있는 기사(knight)를 양성하는 덕성교육은 퇴색되고 있어 덕장이 나오지 않는다고 호통을 치고 있다. 제2회 문진융합심포지엄 주제는 '우리 교육, 어디로 가야하나?'에서 엄정식 서강대 명예교수는 '교육과 훈련을 구분하지 못하는 현실' '기사의 품격과 자질을 지닌 탁월한 젊은이들까지 전사의 훈련만 거쳐 전쟁터로 내모는 것은 문제'라고 했다. 이인호 서울대 교수는 "우리 교육행정은 일제에게서 물려받은 경직된 명령체제 틀에서 크게 못 벗어나고 비대해지기만 했다" 면서 '전교조는 출범 당시만 해도 문교부의 시대착오적 행정명령체계에 반발한 신선한 취지의 교사운동이었지만, 교육부가 이를 정책화 통로로 활용하는 대신 견제만 하는 사이 반체제성향 교사들의 온상이 되었고 급기야 친북반미 이념 선전의 도구로 전락했다'고 비판했다. '부모이름을 한자로 적지 못하고 대부분 학생들은 세계지리, 역사에 문외한이다.' "지자체 문화센터에서도 불가능할 정도의 과도한 수준" 이라며 "무늬만 선택 중심인 과목 분화를 지양하고 융합형 교양교육방향으로 가야한다"고 주문했다. 또한 대학(大學)에 글을 이용하면 "마음이 딴 데 가 있으면, 보아도 보이지 않고, 들어도 들리지 않으며, 먹어도 맛을 알지 못한다. 그래서 '몸을 닦는다는 것은 마음을 바르게 하는 데 있다' 고 하는 것이다. 심경(心經)에는 '입으로 말하는

83) 이한수 기자 2011.6.15. 조선일보

84) 조선일보 2011.5.18.

것이 몸으로 행함보다 못하고 몸으로 행함도 마음을 다함보다 못하다.' 라고 기록하고 있다. 성경에는 "명철한 사람의 입의 말은 깊은 물과 같고 지혜의 샘은 솟구쳐 흐르는 내와 같으니라."(잠언 18:4), 세계 유명한 문헌과 지인들의 말들은 많은 수가 성경말씀을 인용한 것이라고 말할 수 있다.

3. 맺는 말

위의 내용 '전통문화와 조직' '탈춤 추는 사람들' 등은 우리의 전통문화, 특히 무형문화재 지도자들한테 메시지를 전하는 것으로 깊이 새겨야 하겠다. 그동안 우리는 무슨 보답을 받고자 전통문화를 전수, 이수한 것은 아니다. 그저 좋아서 했을 뿐이다. 한국전통문화의 전수교육의 미래(未來)를 위해 아직까지는 정책적으로 국가에서 지원이 부족하다 그러다보니 몇몇 전통문화 단체는 자기이익을 위해 계산하는 사람들도 있다. 인간은 이해관계다. 그동안 자립하지 못하는 단체마다 독재와 운영의 문제점들이 있었고 상처를 받아 '명예훼손' 문제를 삼고 단체를 떠난 사람들도 많았을 것이다. 서로의 소통이 되지 않아 이해관계 때문에 갈등과 불편한 관계들이 회개하고 용서하면서 함께 공존하며 생활할 수밖에 없는 현실도 있었다. 불행한 자(者)는 많고 행복한 사람은 적다. 반대가 되어야 하는데 사회가 다 그런가 보다. 앞에도 계속 반복이 되는 글이지만 '배우가 되기 이전에 인간(人間)이 되라'는 말씀을 귀담아 들어야 한다. 인간의 진실성을 기본으로 두고 인성(人性)교육에도 열심히 노력해야 할 것이다. 왜냐하면 학교나 단체에서 인성교육을 잘못 지도하면 공적인 단체가 '슈퍼맨'이나 '도둑놈'을 키우는 곳이 되기 때문이다. "화살이 나의 몸에 꽂이지 안했다고 해서 그 아픔을 남의 아픔으로만 알면 안 된다는 것"을 명심해야 할 것이다.[85)]

그래도 선(善)으로 악(惡)을 이겨야 한다.

이제 국제화・세계화시대를 맞이하여 두 갈래의 한반도이지만, 탈춤으로 사회의 건강을 되찾고 남북무형문화재 법제화를 통해 주체의식을 가지고 남북이 통일이 되고 하나가 되었으면 한다. 전통문화교육(教育)을 통해 세계가 지구촌이 한마당시대에 살면서 미래를 위해 좁게는 평화통일의 그날까지 우리의 건강치유와 전통문화를 위해 연구하고 노력해야 한다.

---

85) "선(善)과 악(惡)을 구별하는 직업(검사)에서 선(善)과 악(惡)이 공존하는 직업(국회의원)이 되니 몇 년 동안 삶을 구별 못하고 지냈지만, 그러나 모사(謀事)를 꾸미는 사람들은 언젠가 조직에서 다 쫓겨나는 것이라고" KBS-라디오 프로그램에 나와서 인터뷰를 하고 있는 모 국회의원의 말(言)이 생각나게 한다.

국립전통연희원 설립과 국, 시립연희단 창단 제안 발제
(국회문화정책 포럼)

국립전통연희원 설립과 연희단 창단

이글은 '국립전통연희원'과 '국립시립연희단' '전통연희전용극장'의 인프라에 대한 상관성을 설립 제안하는 것이다. 국립전통연희원과 국립 · 시립연희단의 서로 상호 역할로 설립(設立)이 추진되어야 한다(취지와 목적은 간단하게, 그 외 2006년도 국회포럼 발표문을 간단하게 생략 · 요약했다).[1)]

1. 취지와 목적

대한민국 국민에게 민족주체의식을 심어주고 한국전통문화의 원형적 · 창조적 작품공연행위를 제공함으로서 삶의 질(質) 향상과 풍성하고 윤택하게 해주어 마음의 여유를 주는데 목적이 있다. 한국전통연희의 새로운 보존과 상업적 활용을 위해 각 지역 멸실 위기에 놓여있는 전통문화를 국가적 차원에서 회복시키는 것이 필요하다. 문광부에서도 추진과제로 전통예술의 원형복원 및 창작활동 지원, 전통예술의 대중화 · 산업화 · 전통예술 인재양성 · 학술연구 진흥 · 전통예술의 세계화, 한류 확산, 제도개선 · 인프라 구축을 세부 추진사업으로 설정하고 문화관광부의 정책 추진사업으로 검토한 바 있다. 따라서 국립연희단이 창단될 경우 인재양성과 지방의 단절, 소멸의 위기에 처해있는 지방 전통연희의 원형 발굴, 복원, 보존, 전승을 지원 등이 복원 될 것이다. 그 결과 한국예술종합학교에서 처음으로 연희과가 설립되었다. 따라서 연희전공 대학졸업자에 대한 고용창출. 국립연희단이 창단되면, 각 지역 시립, 구립, 군

1) 최창주(한국예술종합학교 교수, 연희학과장), 주제발표제목/ 국립전통연희원 설립과 국 · 시립 연희단 창단 제안 발제(국회문화정책포럼. 2006.8.28). 발표논문은 '한국연희극과 마케팅' 연극과인간. 2009. 참고.

립연희단들이 자연스럽게 창단으로 이어져 각 지방의 전통연희단이 창단될 될 것이라고 사료된다.

우리가 쓸데없다고 버리는 것을 주어다가 작품을 만든 캐나다의'태양의 서커스'에서는 세계 각국의 전통문화를 자신들의 공연에 맞게 접목시켜 흥행에 성공을 거두고 세계 공연시장에서 엄청난 수입을 올리고 있는 있다.

우리의 전통문화를 경쟁력 있는 작품으로 개발하여 세계문화시장에서도 한류문화를 상품화하여 한국적 소재로 한국전통연희를 콘텐츠화하여 국가브랜드상품으로 수출해야 한다.

우리의 전통연희는 문화산업으로 성공할 만한 잠재적 가치를 충분하게 지니고 있다. 가, 무, 악, 극(歌・舞・樂・劇)이 총체적인 장르로 하나의 스토리텔링으로 구성되어 있다. 그러므로 국제화 시대에 국가브랜드 총체적예술상품으로 자리매김하여 세계문화시장에 당당히 내세울만한 가능성이 많은 예술이기도 하다.

2. 전통문화 예술인과 단체 교류

예그린악단이 이합집산 끝에 뮤지컬단체(서울시립뮤지컬단)로 재탄생되었지만, 제대로 된 한국전통연희극의 정립이 시급히 필요한 상황이었다. 필자는 이미 서양뮤지컬 벤칸토창법의 음악으로 제작되었던 〈양반전〉 〈시집가는 날〉 〈이춘풍전〉 〈허생전〉 등을 연희극으로 만들면, 남북한 문화대결도 충분히 가능하다고 자신하고 있다. 1985년 서울예술단을 창단하여 남북문화교류도 성공리에 마치고 돌아왔지만 현대화된 단체로 이양해 주었다. 이제 전통문화로 구성된 〈한국연희단/국립연희단〉을 창단하여 남북교류에도 미리 미리 준비하여 대처해야 할 것이다. 이제는 대립의 고정관념에 사로잡혀 있는 기성인들보다 젊은 대학생들이 서로 공연문화를 통해 한민족적 공통된 정서를 서로 교류하다 보면 평화통일에 쉽게 접근할 수 있으리라고 생각한다. 즉, 문화는 보이지 않는 핵폭탄이다. 정치는 적을 만들지만, 예술은 친구를 만든다는 것이 진리이기 때문이다.

이제 1985년도 1차 교류를 하였다. 2차 준비는 1989년도 프로그램은 1부 솔리스트앙상블, 2부 춘향전으로 교류・실시하려고 하였다. 그러나 북한이 이리재고 저리 계산하여 전문시스템과 프로그램 등이 문제가 되어 무산되었다. 앞으로는 대학생 및 전문가 교류(연수), 전문예술단체를 통해 남북연합단계에 도달해야 한다. 그동안은 남북 양측으로 합의된 것도 있으나 일방적인 협력사업이 성사가 어려웠었다. 이제는 순수예술교류보다 북측의 외화벌이와 문화교류사업의 제도적 장치를 구분・강구해서 순수한 문화협정과 인적자원의 행정적인 기본 틀이 선행되어야 한다.

국립전통연희원(國立傳統演戲院) 설립과 국립(國立), 시립(市立) 연희단 창단 제안으로 1) 목적, 2) 취지, 3) 설립의 이유와 타당성, 4) 기대효과를 표현하려고 했다. 대안 방법으로는 1) 국립전통연희원 설립의 기본 운영방안, 2) 국립, 시립 전통연희단 설립의 기본운영방안, 3) 전통연희 전용극장 설립의 기본 운영방안, 4) 각 기관의 조직 체계, 5) 각 기관의 설립 준비 일정, 6) 각 기관설립을 위한 교육과정 등, 전통연희 진흥정책을 통한 기대효과로는 1) 전통연희의 계승보존, 2) 전통연희의 새로운 공연양식개발, 3) 전통연희 양식개발을 통한 한국적 공연경쟁력 강화, 4) 아시아 및 국제 전통연희 예술을 선도 등 원고를 작성하여 제안하려고 노력하였다. 구체적이고 자세한 논문은 필자의 '한국연희극과 마케팅' 책을 참고하기 바란다.

1. 국립 연희원 설립과 활성화 방법/ 2. 설립 제안 취지/ 3. 설립 이유
4. 기존단체와 극장/ 5. 국립・시립 연희단 창단 조직/ 6. 국립・시립연희단 창단 과정
7. 국립연희원과 연희단 사업 및 문광부 사업(안)[2]
8. 한국연희극(韓國演戲劇)을 통해 남북공연의 합일점
9. 학교 학과목 신설
10. 한국적 연희극(뮤지컬)작품의 현황과 대안 방법 등이 기록되어 있다.

연희(演戲)는 한국전통문화의 공연행위를 범칭(凡稱)하는 것이며, 연희극은 가무악극(歌舞樂劇)이 하나의 장르이다. 따라서 국립・시립 연희단이 창단되어야 할 필요성과 의견을 필자가 자문한 〈왕의 남자〉의 흥행을 보았듯이 우리의 전통연희가 그동안 대중들로부터 소외받았던 기존 전통예술 장르와는 달리 대중들과 함께 호흡하고 감응할 수 있는 예술임이 입증되었다. 그래서 구체적인 것은 발표 자료를 보시고, 여기에는 다음과 같이 요약・정리할 수 있다.

1) 조직

1안) 총 100명/ 단장(예술감독) 1명, 기획 1명, 지도단원 4명, 단원 (86명), 연희단원 60명 (풍물, 탈춤, 무속, 전문예인집단 등), 악단 20명, (14명은 극장 스태프 충당) = 총 100명

2안) 단원 50명/ 단장(예술감독) 1명, 기획 1명, 지도단원 4명, 악사 4명, 연희단원 40명(풍

2) 문광부 자료(전통예술 TF: 전통예술팀).

물, 탈춤, 무속, 전문예인집단 등) = 총 50명

2) 신설 취지

초, 중, 고, 대학에 전통문화 및 연희학과목을 "필수과목"으로 신설해야 한다. 이제 경제성장과 더불어 자국의 문화를 향수하고자 하는 욕구도 증폭하기 시작하였다. 특히, 전통문화의 중요성을 인식하게 되었고, 국민들이 스스로의 정체성을 찾고자 하는 열기가 고조되어 가고 있으며 이러한 상황의 연속선상에서 연희교육극(풍물, 탈춤, 무속, 전문예인집단 등)이 대두되고 있다. 민족교육과 전인교육을 위한 새로운 사회교육제도를 수립해야 문화가 더욱 풍성해질 수 있고, 사회적 구심점도 확보할 수 있는 것이다. 한 예로 탈춤치유는 학교폭력(왕따, 자살 등)을 줄일 수 있는 유일한 프로그램이다.[3] 지금학교에서는 입시제도 위주이기 때문에 '학교폭력 자살, 인터넷 중독근절' 종합대책이 시급하다. 게임중독, 폭력발생 자체를 막기 위한 조치 등은 학교프로그램을 통해 예방해야 있다. 대학에서는 연극영화과 연극으로 수업하는 것은 이미 검증을 마친 방식이다. 강의도 비디오, 오디오, 드라마방법, 노트북 등을 이용하여 짧은 시간 내에 재미있고 효율적으로 진행되고 있다. 한국연희극도 현대인에게 재미있게 이해할 수 있는 방법론(方法論)을 개발(開發)해야 한국만의 민족적 주체교육(主體教育)이 살아날 수 있다. 현 교육제도의 많은 모순점에도 불구하고, 교육부는 아직까지 우리 것에 대한 전문가를 채용해서 연구해야 한다는 것에 대해서 소극적이다. 특히 우리의 춤과 음악 속에는 민족의 맥박, 숨결이 녹아 있기 때문에 연희교육극 개발(가면극, 인형극, 풍물(四物), 굿, 창작연희, 전문예인집단놀이, 모듬놀이 〈마당놀이〉개발, 탈무드교육 등), 탈춤치유학교 등으로 주체의식(주인의식)을 자연스럽게 회복시킬 수 있는 것이다.

3) 전통연희극(傳統演戲劇)을 학교 교육극으로 전환

외래문화 속에 우리 것이 살아남으려면 교육정책입안을 해서 전통과 교육시스템이 함께 공

3) 탈춤사관학교 설립요지 참고. 필자는 그동안 고등학교 특활반, 육군사관학교, 한민족탈춤학교, 탈춤치유학교 등, 근자에는 한국예술종합학교 시민예술학교, 공동과목, 재능기부 등에서 '탈춤클리닉' 프로그램을 운영, 진행하고 있다. 설문지를 보면 알겠지만 탈춤치유 결과 '인생의 맛을 느낀다.' '민속놀이 올림픽' 등, 개인프로그램과 어울림의 단체 활동을 통해 스트레스를 해소하고 전통문화를 습득하여 주체의식 등 메시지가 있어 예산만 조금 지원해준다면 앞으로 '탈춤사관학교'를 설립하여 청소년들의 건전한 프로그램을 통해 게임중독, 왕따, 학교폭력 자살, 갈등 등을 예방 · 치료하고 싶다(한국전통문화를 통해 미래를 내다볼 수 있는 초 · 중 · 고등학교의 전통문화교육이 필요하다).

모델학교
'연희극' 교육의 채택 부족으로 인해 '연극반'이 있다.
전통문화는 어울림의 공동체 교육이므로 왕따 · 개인주의 · 학교폭력 · 자살 · 갈등 등을 예방할 수 있다.
미래의 초등학교 교육은 '연희극'으로 이어져야 한다.

존해야 한다. 셰익스피어는 '세계는 하나의 무대, 모든 인간은 배우에 불과하다'고 했다. 학생들의 자기 표현력을 길러주고 학습효과를 높이기 위한 방안으로 학교에서는 연극을 택하는 초등학교(사진참고)가 있다.[4] 이제 우리도 사회나 학교에서 상용극장을 두고 서구위주로 되어 있는 교육을 전통문화교육으로 전환, '연희극' 등을 통해 학생들에게 주체의식을 심어 주어야 한다. 물론, 전통문화교육을 교사들에게도 필수적으로 실시하여, 교사자격증과 초 · 중 · 고에서 전공필수로 가르쳐야 한다. 다음과 같은 방법을 참고하기 바란다.

---

4) 수원 수일초등학교, 「연극교육특성화」 곽아람 기자, 취재, 조선일보, 2007.12.13(추가원고).
이 학교 학생들은 전원 매달 1회 1시간 이상 연극 기본반 교육을 받는다. 교과내용을 학생들 스스로 역할극이나 상황극으로 꾸며 표현해보는 것이다. 기본반 교육에 이어 심화반에서는 학생들 중 연극적 재능이 두드러진 학생들로 구성되며, 2시간 방과 후에 따로 연극 강습을 받는다. 학기 초에는 학부모의 동의와 담임교사의 추천을 받아 전 학년에서 연극에 대한 상상, 의지, 언어 표현이 뛰어난 학생들을 선발, 특성화반을 꾸린다. 이 학생들은 주당 6시간씩 연극 전문강사의 지도 아래 발성법, 마임, 연기법부터 시작해서 직접 대본을 각색해 보는 희곡 수업까지 연극의 기초를 차근차근 배우게 된다. 교사에게도 연극 연수를 받도록 해 연극을 통해 교과를 가르칠 수 있도록 하고 있다. 그래서 이 학교 교단은 수시로 '무대'로 변한다. 딱딱하기만 했던 수업내용이 즐거운 인형극으로 바뀌고, 어리둥절한 표정으로 교탁만 바라보던 학생들이 어느새 교과서 속 인물을 직접 연기하고 있는 것은 늘상 있는 일이다. 연극전담 김애린(여.26) 교사는 '연극을 이용해서 수업을 하면서부터 교실 분위기가 즐겁고 활발해 졌다'며 '아이들의 표현력이 몰라보게 좋아졌고 발표기회를 주면 서로 하려고 나선다'고 했다. 아이들이 자신들과 전혀 다른 캐릭터의 인물을 연기하면서 타인에 대한 이해와 폭이 넓어진 것도 연극 특성화 교육의 큰 성과이다. 이 학교는 학생들의 연극활동을 적극 지원하기 위해 연극연습실은 물론, 230석 규모의 계단식 소극장, 두 곳의 야외무대, 조명, 무대시설이 완비된 1000석 규모의 체육관을 갖추고 있다. 전오(여. 57) 교감은 '아이들의 감성과 창의성을 키워주는데 연극만큼 좋은 것은 없다' 고 말했다. 학생들은 '연극을 배우게 된 후 자신감이 생겼다'라고 말했다. 이제는 연희극 등, 우리 문화, 우리 것으로 전환하여 주인의식을 갖게 해야 한다.

가) 초등교육에서 전통적(세계적 요소)인 기초과정을 두어 흥과 신명을 가진 가무악극(歌舞樂劇)을 종합적인 주체의식 교육 삼아 국제규격으로 우리의 주체성을 심어주어야 한다.

나) 주체의식을 심어주기 위해 인성교육과 함께 원형 및 연희극을 학교교육에 끌어들여야 이론과 실기로, 학교에서도 연희정교사를 채용하여 지도해야 한다.

다) 대학교육으로 편성하여 원형교육가 한국연희극의 실기방법을 이론교육으로도 함께 이용해야 한다. 연희극은 여러 가지 형태로 교육할 수 있다. 연극식, 음악식, 무용식, 의잡극(雜劇; 인형놀이극, 음악극, 탈놀이극, 풍물놀이극, 굿놀이, 남사당놀이, 줄타기, 다시래기 등)인 연희극의 공연예술적인 측면을 적극적으로 활용하여 장면연기, 몸짓(판토마임, 댄스, 비디오)등 교육을 실시해야 한다.

라) 이론 강의는 쉽게 실증을 느끼므로 원형(풍물, 탈춤, 무속, 전문예인집단놀이 등)과 연희극 속에 포함되어 있는 놀이극(민속놀이 올림픽, 탈춤크리닉, 탈춤체조, 민속체조 등)을 삽입하여 이제 연희 교육극 시대로 돌입해야 한다.

마) 고사성어(故事成語), 운문시 등을 현대의 언어방식(Speech)교육으로 활용해야한다.

바) 우리의 연희를 활성화 시키려면 연희과(연극영화과)가 사범대학(教育大學), 예술대학 속에 개설되고 연희극, 민족극, 국어교육극 등의 전공과목이 있어야 한다.[5)]

사) 전통예절(혼례), 다도, 수박치기(택견), 과학문화 등

4) 한국적 연희극(뮤지컬)작품의 현황과 대안 방법

＊한국 전통연희단의 연희극작품을 성공시키려면

이제 우리 것은 정책적으로나 근본적으로 대책이 시급하다. 지금은 '집중과 선택' 차원에서 정부의 대안으로 진행할 수밖에 없다. 앞에서 지적한 바 있지만, 한국에서는 서양문화예술단체만 국립극장(국가)에서 월급을 주며 보호, 육성, 지원하고 자국(自國)의 전통문화는 홀대하는 나라는 대한민국 밖에 없다. 또한 한국은 거액의 예산을 들여서 오페라극장을 지어놓고도 무대에 올릴 오페라작품을 찾지 못하는데도 불구하고 서양식 예술극장부터 짓는다.

외국뮤지컬작품들이 한국시장에 와서 터를 잡으려고 수단방법을 가리지 않고 있는 상황에서, 한국 전통연희극은 이제야 자신의 실체를 정립해야하는 열악한 상황에 놓여 있다. 그래서 국가지원을 통해 예그린의 전통을 이어 받아 국립전통연희원 설립과 국·시립연희단의 창단해야 한다고 주장하는 것이다. "연희극장 설립이 되면 고용창출 뿐만 아니라 한국적 뮤지컬을

---

5) 심상교, 부산교육대학 교수.

성공시킬 수 있다."라고 국회정책포럼(2006.8.25)에서 발제를 계기로 입안되어야 한다. 외국뮤지컬 양식은 상업예술로서 일반적으로 널리 알려져 있지만, 한국적 색채를 가진 연희극은 아직 낯선 공연양식(公演様式)에 불과하다. 연희극도 트라이아웃(Tryout)[6]이나 프리뷰(Preview)[7] 등을 적극적으로 도입하여, 스스로 자생력을 갖추어야 한다. 공연시장에서는 체계적인 시스템을 가지고 실험과 워크숍을 통해 완성된 작품으로 탄생해야만 살아남을 수 있는 것이다. 그 작업의 일환으로 그동안 한국예술종합학교 연희과(필자: 학과장)에서는 연희극 프로젝트의 일환으로 창작연희극 〈다시래기〉 〈이런 친구! 허생〉 〈광대놀이〉 〈맹진사댁 경사〉 〈천하제일탈〉 〈배뱅이극〉 〈한국말뚝이〉 〈고추못말려〉 〈이런 친구 허생〉등을 실험하였다.

지금까지 한국적 뮤지컬은 한국의 고전소설을 창작뮤지컬 〈춘향전〉 〈양반전〉 〈이춘풍전〉 〈허생전〉 〈상록수〉 등으로 만들어 벨칸토창법을 통해 어정쩡하게 서양뮤지컬을 흉내내왔다. 또한 외국 번역 작품인 〈지붕위의 바이올린〉 〈돈키호테〉 〈환타스틱〉 〈가스펠〉 등도 한국식으로 창작하기도 하였다. 그나마 외부단체는 창작(創作)은 엄두를 내지 못했기 때문에 외국작품(Original)을 통째로 수입한다든지 또는 스태프의 기술도입과 로열티만 주고 작품만 들여와 한국배우로 공연하는 것이 전부였다.

그러나 이러한 과정에서 〈지하철 1호선〉은 예외적인 작품이라고 할 수 있다. 이 작품은 독창성과 우수성을 높이 평가받아 2000년에는 로열티 면제라는 선물을 받았고 2006년 3월 29일에는 3,000회 공연이라는 위업을 달성했다. 1994년 처음선보인 이 작품은 12년째 180석에 불과한 학전(대학로)극장에서 60만 명의 관객을 동원하며, 최장기 뮤지컬 공연이란 이름으로 그 명성을 떨치고 있다. 원작은 독일의 리니아 아인스(Linie 1)원작으로 동독처녀가 사랑에 빠져 서베를린으로 오는 내용을 김민기가 중국의 연변처녀가 백두산아래 사랑을 나눈 청년을 찾아 서울로 오는 과정으로 각색 구성하였다. 지하철(서울역-청량리)의 현실적 배경을 코믹하게 설정하여, 해학(諧謔)과 익살에 록음악을 곁들여 역동적으로 엮어냈다. 2001년 독일 베를린의 원작이 1000회를 맞았을 때는 한국 공연팀이 독일에 초청되었고, 3년前 한국의 지하철 1호선이 2000회를 넘을 땐 독일 공연팀이 서울에서 공연을 하기도 했다. 그리고 이번에 다시 3000회를 돌파한 날에 축하해주기 위해 한국방문을 한 폴커 루드비히(69) 원작자는 공연을 보고 '집에 돌아와 가족을 만난 기분'이라며, "〈지하철 1호선〉은 내 원작의 음악과 상황을 가져다 썼지만 서울의 현실을 담은 새로운 작품"이라고 로열티를 면제해 주었다.[8]

---

6) 트라이아웃(Tryout): 정기공연 전에 서울 근교에다가 실험무대설치 운영. 예를 들어서 한국예술종합학교 전통예술원과 연극원의 공연장소로 활용(<영원한 사랑 춘향이, 허생전 등> 또는 학생공연, 실험극, 지방공연 및 각 대학 연극과에서 활용).

7) 프리뷰(Preview): 정기공연 전에 무대적응 시기를 두기 위한 연습공연.

8) 박돈규, 조선일보사 제공.

3. 맺는 말

그동안 관객들이 서양의 오페라, 뮤지컬 등에만 주로 관심을 가졌기 때문에 한국의 기초적인 한국전통문화예술 분야는 소외될 수밖에 없었다. 문화정책도 편중되어 정책방향이 관변단체나 재단에 지원하는 사업이 중복되는 경향이 강했다. 따라서 지원이 제대로 이루어지지 않은 전통문화(演戱劇)분야에서는 제대로 원형과 창작극을 올릴 수 없었고, 그 결과 번역극이 강세를 이루었다. 뮤지컬 공연계에도 국민의식 때문에 라이선스 작품, 해외 번역극을 수입하여 안정적인 공연을 할 수밖에 없었던 것이 사실이다. 이렇게 편중되어 있는 공연계의 분위기는 전통문화의 원형과 우리문화의 다양성을 해치는 중요한 요인이기 때문에 근본적인 대책이 필요한 상황이다. 이제 사회가 시, 분초로 변하고 있다. 수요와 공급자들이 누구냐에 따라 변화가 있을 것이며 특히 관광공사와 연결고리를 이루어서 사회문화기업의 〈한국연희단 창단〉[9]으로 기업과 관공서의 전통연희극 합작공연이 중요한 과제로 이어질 것이다.

또한 놀이문화를 통해 지역사회가 발전 되면서 대한민국, 또는 서울이 공연예술의 중심이란 개념도 달라져야 한다. 앞으로 건립될 회관 식 극장, 고양의 덕양 어울림극장, 안산 문화예술의 전당, 경기도 문화예술의 전당, 성남아트센터, 대전문화예술의 전당 등 훌륭한 장소는 있는데 전문가와 제대로 된 단체가 부족하다. 이제는 시(市)・도(道)의 극장(회관)마다 우리단체(연희단)를 설립하여 국민정서에 맞는 좋은 창작 작품을 기획, 제작하고, 기업과 언론매체를 통해 한국전통연희원(韓國傳統演戱院)에서 연구하고 연희단이 공연하여 국민에게 적극적인 홍보와 마케팅으로 〈한국 국, 시, 구립연희단〉이 창단된다면 미래는 밝을 것이다.

9) 필자가 국립연희원 및 연희단을 창단하려고 국회문화정책포럼의 일환으로 국회에서 주제발표 및 노력하였으나 '국립연희단'이 창립이 무산되어 '한국연희단'을 창단하여 대방동 실내 링크장 옆에 300석 규모의 극장을 1년 계약하여 단원을 선발하여 창단 공연함(2009년/ 3억 투자). 그러나 우리 작품은 정부지원 없이 흥행이 될 수 없어 관광객상대로 추진하였으나 시내에서 장소의 연결점이 문제가 되어 중간에서 접어야 했다.

한국전통연희극(韓國傳統演戲劇)의 개념과 의의에 관한 일고찰[1)]

1. 한국전통연희극의 개념(概念)

조선연극사(朝鮮演劇史)에서는 한국연극을 가면극(假面劇), 인형극(人形劇), 구극(舊劇:판소리와 창극)과 신극(新劇:신파극)으로 구분하고 있다. 저자 김재철(金在喆, 1907～1933)이 27살에 세상을 떠나지만 않았더라면 우리의 연희극 연구가 더 활성화 되었을 수도 있었을 것이다. 일제 식민지 치하에서도 굴하지 않고 당당히 우리의 전통문화를 되찾고자 연구에 매진하였다. 그러나 안타깝게도 이러한 김재철의 노력에도 불구하고, 한국의 예술대학에서는 우리 연극의 뿌리에 대해서 그다지 큰 관심이 없는 듯하다. 그래서 필자는 한국 종합예술의 총체적인 극(劇)을 설명하는 「한국전통연희극」이란 단어를 작명(作名)하게 되었다. 한국전통연희극은 원형의 전통문화를 활성화하여 현대적 공연을 통하여 대중에게 가까이 가는 과정이라는 의미를 내포하고 있다. 즉, 한국(韓國)+전통(傳統)+연희(演戲)+극(劇)이 복합적으로 연결되어 이루어진 명칭으로서 영어로 표기하면 Korea Traditional Performance Drama의 의도적 표현이다.

부분적으로 보면, '演戲와 劇'이 중복을 일으키고 있는 듯 보인다. 그러나 연희(演戲)[2)]는 한국적 공연행위(公演行爲)를 범칭하는 것이고, 극(劇)은 서구적 드라마의 구성(構成)적인 지칭이다. 비유하자면 오감(五感: 극본・작곡・안무・연출・무대)의 맛있는 잡곡과 수많은 나물을 넣고 참기름으로 맛나게 비비는 작업의 한국식 웰빙(Well-being, 잘 먹고 잘 살기)인 「비빔밥」 작품을 만들어야 한다. 그러면 관객들이 맛있게 먹고 흡수할 수 있는 것이다. 아울러

---

1) 최창주. 한국전통연희극과 마케팅. 연극과인간. 2007.8. 참고 바람(고려대. 한국현대 문학. 발표논문 요점 정리).
2) 한국전통문화의 공연행위.

"公演과 劇"이 중복된다는 뜻은 이런 각도로 생각해 보면, 서구의 'well made play'와는 달리 연희에 포스트 모던한 개념을 추가하여 관객과 더 잘 소통할 수 있도록 한국식으로 표현한 것이다.

뮤지컬 경우를 생각해 보면, 쉽게 이해할 수 있다. 뮤지컬이란 "미국초기의 단편적인 영국의 쇼에 유럽의 전통 오페렛타 등의 영향을 받아 대중취향의 대중예술로서 음악이 중심이 되고 무용과 극적인 요소(줄거리)가 가미된 종합무대물로 연극과 오페라, 무용극과 쇼가 한꺼번에 혼합된 것"이라고 정의(正意)를 내리고 있다. 따라서 무대공연양식으로 민스트렐, 보오드빌, 레뷔, 벌레스크 같은 이름으로 불러지는 쇼와 유럽의 오페렛타 형식과 순수연극이 아닌 극적요소가 가미되는 줄거리연극, 뮤지컬코미디, 지금의 뮤지컬드라마, 뮤지컬플레이, 콘서트, 발레 쇼오 등 모든 쇼를 한꺼번에 공연물로 만든 종합예술물로서 연희자들의 자질(資質), 다른 공연물과는 성격(性格)이 비교도 안될 만큼 제작경비와 시간과 노력이 요구되는 것이다(Gerald Bordman, American Musical Theater, 1978/ 최창권, 뮤지컬 총론 1990). 이와 같이 뮤지컬이라는 개념도 형용사 뒤에 공연물의 명사가 부쳐짐으로서 다양하게 규정되고 있다. 희극적인 요소가 많다면 뮤지컬 코메디(musical comedy), 극적인(드라마)요소가 많다면 뮤지컬드라마(musical drama), 또한 춤과 노래, 쇼의 속도감이 있고 볼거리가 있으면 뮤지컬 쇼(show) 혹은 버라이어티 쇼(Variety show)라고 불린다.

우리의 전통연희는 근본적으로 가(歌), 무(舞), 악(樂), 극(劇)을 모두 포함하여 「연희(演戱)는 놀이」, 「극(劇)은 갈등(葛藤)」이 이미 존재(存在)하고 있는 것이 특징(特徵)이며, 서양의 뮤지컬이 우리와 흡사한 것이다.

즉 희(戱)는 수렵문화인 열매의 「포도과일」 문화로서 현지에서 즉시해결 할 수 있다면, 극(劇)은 농경문화인 숙성된 포도주의 예술로서 기다림 속의 예술인 사상(思想), 철학(哲學), 갈등(葛藤)의 예술이다. 일본에서도 고대에서 중세에 걸쳐서 무용은 「마이(舞); 돈다, 선회운동 의미」라는 용어가 사용되었고, 중세이후에는 주로 「오도리(踊); 뛰어오르다, 도약하다」라는 용어가 사용되었다. 지금도 우리의 전통예술은 18세기 예술로서 한국은 판소리, 중국 경극(京劇), 일본 노(能) 등은 19세기 100년 동안은 거의 창작 활동이 없었고, 18세기의 예술을 가지고 오늘의 전통문화를 전승되고 있다고 해도 과언이 아니다.

이제 우리도 '한국연희극'이라는 새로운 장르를 개발해야 한다. 그러나 현재 우리는 연극에 노래 몇 곡, 춤 몇 곡만 삽입하면 그냥 뮤지컬(Musical) 공연이라고 성급하게 붙이고 있지만, 연희극(演戱劇)[3]이라함은 벨칸토창법이 아닌 한국의 소리(민요/예그린 창법)를 작・편곡하여,

3) 歌舞樂劇이 하나의 장르(영어로 하면 musical(뮤지컬), 한국말로 하면 연희극) 제시했다.

재담(만담), 몸짓의 춤을 창작한 종합적이고 총체적인 예술행위라고 할 수 있다. 아무튼 '한국전통연희극'은 1940년대 이후 급속히 사라져 가고 있는 우리의 전통문화예술을 대중화시키고자하는 의미에서 공연행위로 전통문화예술에 붙여 본 명칭이다. 따라서 전통문화예술이 장르별 기법(技法)이 있듯이 무대화 되었을 때 서양의 그것과 동일하게 취급되어서는 결코 안 될 것이다.

서연호는 전통연희란 전통예능(傳統藝能), 전통예술(傳統藝術), 민속예능(民俗藝能), 民俗놀이, 민속공연(民俗公演), 전통공연(傳統公演), 전통연행(傳統連行), 마당놀이, 마당굿, 연예 등과 혼용(混用)되는 개념으로 규정했다. 또한, 예능(藝能)은 연희(演戲)의 상위개념(上位概念)이며, 공연(公演)은 연희(演戲)에 대한 현대적 개념(現代的 概念)으로, 연행은 연희의 행동성(行動性)에 치중한 개념이라고 서술하고 있다. 따라서 예능(藝能)은 학문과 지식(知識)을 포함하는 여러 종류의 우수한 기술이 뛰어난 재능, 예술적 능력이나 무기를 다루는 솜씨 등의 의미로 사용하는 예술, 기예, 무예, 재예, 공예, 경기, 자수, 희화, 강담, 잡기, 백희, 예, 악, 가, 무, 사(궁예), 어(승마술), 서(학문), 시(문학), 역(음양학), 춘추(역사) 등 중국의 영향을 일찍부터 받기 시작한 한국과 일본에서도 재능(才能)에 관한 인식(認識)과 제도(制度)는 유사한 방향으로 전개되었다라고 주장하고 있다.[4)]

필자는 위의 총체적이고 통합적인 장르가 공연화(公演化) 된 것을 '연희극'이라고 지칭하고 있으며 그동안 선각자들이 18세기 이후 많은 우리의 종합적 예술을 어떻게 창안하고 창작을 하였는지 참으로 존경할 수밖에 없었다. 그러나 우리의 훌륭한 전통문화(傳統文化)를 왜 활성화(活性化)시키지 않고 그대로 놓아두었는지 모르겠다. 그러다가 어느 시기인가부터 우리의 것을 무시하기 시작했고, 자연스럽게 퇴출되는 상황에까지 이르게 되었다. 그러나 당시는 대립(對立)과 갈등(葛藤)으로 치닫는 사회 분위기 속에서 전통문화로는 새로운 대안을 제시할 수 없었다. 하지만, 지금은 경제성장과 함께 성숙된 우리 것을 정립(定立)할 때라 생각하며, 문화부와 교육부는 정책적으로 각 예술대학에 주체적인 한국의 전통문화(傳統文化)교육을 권장하고 강화해야 한다고 본다. 이제 우리도 정리되지 않는 문제점들을 알기 쉽게 정리하여 대중화해야 하고 학문적으로 정립할 때라고 생각한다. 그동안 한국의 예술대학(藝術大學)에는 외국에서 유학한 석, 박사 학위 소지자들, 소위 지식인들에 의해 서양식으로만 교과목을 정립해 왔기 때문에 우리의 중요무형문화재(重要無形文化財)인 가무악극(歌舞樂劇)의 이해가 부족한 결과를 가져왔다.

잠시 중요무형문화재 제도를 살펴보기로 하자. 문화재란 인류가 자연과 더불어 생활을 영

4) 서연호, 한국전승연희의 현장연구, 집문당, 1997, pp.17～18.

위해나가는 과정에서 형성된 문화적 소산으로 보존할만한 가치가 있는 문화유산과 함께 자연환경관상 특별한 가치가 있는 자연유산을 포함하고 있는 것이다. 1962년 문화재보호법을 제정하면서 유형문화재, 무형문화재, 민속자료, 기념물, 및 전통적 건조물 군으로 분류하고 이러한 문화재중 중요한 것을 국보나 보물 등의 중요문화재, 서적, 천연기념물 등으로 국가지정 보호하고 있으며 2000년부터는 근대에 만들어진 건축물을 문화재로 등록하여 보호하고자 하는 노력도 하고 있다. 무형문화재는 연극, 무용, 놀이와 의식, 무예, 공예기술, 음식 등 무형의 문화적 소산으로 역사적·예술적 또는 학술적 가치가 큰 것을 가리킨다. 여기서 무형(無形)이란 예술적 활동이나 기술같이 물체로서 형체로서의 형태를 갖고 있지 않다는 것을 의미한다. 그러나 예술적·기술적 능력을 지닌 사람이나 단체에 의해 구체적으로 실현될 수 있기 때문에 문화재 종목으로 지정하고 동시에 기·예능을 지닌 사람을 보유자나 보유단체로 인정하는 것이다. 이러한 문화재는 국가에서 지정하는 중요무형문화재와 시, 도에서 지정한 지방문화재로 나누어진다. 중요무형문화재는 1964년에 31종목이던 것에 비하여 2004년 현재 109종목으로 210여 명에 달하는 3배 이상 보유자가 인정되는 외적인 성장과 함께 우리나라 문화재에 대한 국내외의 관심도 집중되고 있다.

무형문화재 제도는 무형문화재의 안정적인 전승과 체계적인 전승활동을 위해 보유자-전수교육조교-이수자-전수장학생(일반전수생)으로 이어지는 일정한 전승체계를 갖추고 있다. 보유자의 주된 의무는 '전통문화의 확산과 세대 간 전승'으로 기·예능을 전수하기 위해 자질과 뜻이 있는 전수생을 선발하고 3년 이상 교육을 받아 일정한 기량에 이르면 이수자로 인정받게 된다. 따라서 전승자로서 자질을 갖추면 '전수조교'로 선정되어 보유자 추천을 받아 전문가의 평가를 거쳐 '보유자'로 인정받을 수 있다. 현재 인정된 보유자(保有者) 중에서 고령이나 질환으로 기·예능을 정상적으로 전수하기 어려운 경우에는 명예보유자로 인정하고 있다. 박동석 논문 각주에 의하면 우리나라에서는 1949년 일본 나라지방의 법륭사의 금당벽화 소실사건을 계기로 일본이 마련한 문화재보호법 입안 과정에서 문화재란 용어가 사용되고, 이듬해인 1950년 5월 30일 동법이 제정 공포됨으로서 사용되기 시작했다. 일본의 문화재 제도를 수용하여 학계나 행정기관에서 조금씩 사용하다가 1961년 10월 2일 각령(閣令) 제181호에 의거한 문화재관리국(문화재청) 직제공포와 1962년 1월 10일 법률 제161호로 문화재 보호법이 제정되면서 일반화 되었다.

이와 같이 무형문화재제도를 두어 가무악(歌舞樂)을 보존, 교육, 활성화하고 있지만, 아직까지는 우리는 초보단계에 있다. 이제부터는 비판을 받더라도 한 걸음, 한 단어씩 정리하는 노력이 필요할 때이며, 1940년대 이후 외국 것에 눌려 우리 것은 명칭을 붙일 수도 없었던 시절이 있었기 때문에 지금은 우리 것에 대해서 의도적으로 정립을 해야 할 때이다. 늦었다고 생각한 그 때가 가장 빠른 시기라는 말이 있듯이 지금부터 시작해도 늦지 않을 것이다.

현재 서양(西洋)의 연극(演劇), 무용(舞踊), 음악(音樂)의 개념은 체계적(體系的)으로 자리잡아가고 있으나, 한국전통연희극(韓國傳統演戲劇)이란 단어는 아직 학계(學界)나 연극계(演劇界)에서 생소한 개념으로 알려져 있다. 한국전통연희극의 개념을 당장 정립한다는 것은 어려운 일이겠지만, 후학들을 위해서는 반드시 정립해야할 개념이라고 생각한다. 따라서 한국전통연희극이란 속칭으로 "한국판뮤지컬"이라고 하면 빨리 이해할 수 있고, 이 개념은 연희(演戲)의 체계적(總體的)인 갈등을 통합적 이해로 공연측면을 의도적으로 강조한 용어인 것이다.

기존용어 「가면극(탈춤), 인형극, 판소리, 풍물, 굿」들은 따로 따로 각자 나름대로 잘 정리되어 변천과정이나 역사적 유래가 학자들에 의해 어느 정도 밝혀져 있지만 연희를 통합적으로 보고자하는 관점은 아직까지 정착되어 있지 않은 듯하다. 「연극」이나 「뮤지컬」하면 일반화되었기 때문에 대중들이 이해하기가 쉽겠지만, 「연희극」하면 생소하게 들릴 것이다. 즉 연희극은 풍물, 탈춤, 무속, 전문예인집단 등을 총체적으로 정립된 용어라고 보면 된다. 1930년대에 당시만 해도 조선연극사(朝鮮演劇史)의 김재철(金在喆)은 "연극은 대중을 기만하는 저급한 오락물"이라고 했고, 일본의 학자 인남고일(印南高日: 1944)은 "한국에는 연극다운 연극이 없었으며 엄밀한 의미에서 연극사가 성립되지 않았다"고 주장했었다. 이처럼 역사적으로 외국의 문화를 무분별하게 받아들였던 상황과 전통연희를 냉대하던 풍조가 일반화되면서 '전통연희극'이란 개념과 장르를 제대로 정립하지 못했던 것이다. 물론 이러한 문제점을 인식하는 순간, 우리는 이제 해결의 실마리를 찾을 수 있다는 희망(希望)을 가지게 된다. 그것은 정책적(政策的)으로 한국예술종합학교 전통예술원이란 대학이 성립되었기 때문에 이러한 개념정립에 합당한 작품(창작작품 〈영원한 사랑 춘향이〉 〈다시래기〉 〈맹진사댁 경사〉 등-〈표1〉 (표9) 참고)의 제작을 통해 검증되었으리라 생각이 된다.

다만 현재의 문제는 원형(原型)의 계승(繼承)과 재창조작업(再創造作業)이 그 본질에서 벗어나 방황(彷徨)하고 있다는 점과 원형의 보존 작업마저 박제화 된 박물관의 유물 정도로 취급을 당하고 있다는 사실이다. 또한 현대극의 재창조 작업도 이미 흥행성과 상품성의 경쟁 속에서 본래의 취지를 제대로 살리지 못하고 왜곡되고 있는 현실이다. 좀 더 근본적인 문제의 근원은 무의식적으로 서구지향적인 전제로 연희를 '연희극'이라고 하는 것이 아닌 전통(傳統)이 생활(生活)과 괴리(乖離)되어 있다는 것이며 또한 문화(文化)와 교육정책 부분에서도 중심에 서 있지 못하고 변두리에 머물고 있다는 것이다. 즉 서양(西洋)의 오페라, 발레, 클레식 등은 고급문화라는 인식으로 애호(愛護)되어 국가에서 다양한 보호(保護)와 지원(支援)을 받고 있지만, 우리 것은 오히려 홀대받고 있다는 느낌을 지울 수 없다.

그래서, 각 예술대학의 일방적인 서양예술 중심적인 커리큘럼은 재편성이 되어야 마땅하다.

이는 정부관계자와 관객과 공연하는 당사자(연희자)들의 관심과 협조가 있어야 하며 또한 현재 상황 속에서 전통문화가 발전하려면 보존과 동시에 창작 작업의 수용뿐만 아니라 정책자체의 보완이 필요하며 근본적으로 우리 공연 예술행위의 현대적 수용에 힘써 무대화하고 대중화하여 활성화시켜야 한다. 대중문화인 영화분야의 예를 들어본다면, 요즘 「왕의 남자」는 우리의 전통문화를 연희극으로 꾸민 대표적 영화작품이라고 표현할 수 있다. 한국영화사상 작은 제작비(순제작비 44억 원에 관객수 1,230만)를 들여 최고제작비를 들인 「태극기 휘날리며」(150억 정도에 관객수 1,174만)를 앞도한 시대극이자 역사극이며 인형극과 마당극 형식을 차용한 우리의 영화이다. 권선징악(勸善懲惡)의 테두리 안에서 위험하면서도 편안하고 유머와 해학이 있어 냉철하면서도 따뜻하고 연민과 분노를 숨기면서도 분출(噴出)하는 광대들의 풍자, 해학에 관객들은 큰 호응을 보냈던 것이다.

필자가 이 영화를 자문하면서 여러 가지 어려움을 겪었지만, 어찌되었건 한국영화의 희망적인 메시지를 남겼고, 나름대로 우리 것은 고루하다는 사회통념을 날려버렸다. 따라서 스토리가 재미있고 연출력이 뛰어나고 기획력이 있으면 톱스타가 없어도 작품성만 있으면 관객은 관심을 가지고 있다는 것을 보여주었다. 조선시대의 왕들이 광대를 초대하는 이유는 사마천(B.C.135-91)의 사기(史記)에서 우맹(優孟)과 우전(優旃)과 같은 광대들의 언행(言行)이 임금의 통치에 도움을 줄 수 있는 전통을 성립시킨 것이다. 연산군 11년 12월 19일에 연말 나례희 때의 화극 공연에서 "임금은 임금다워야 하고 신하는 신하다워야 하며, 아비는 아비다워야 하고 자식은 자식다워야 한다. 임금이 임금답지 못하고 신하가 신하답지 못하면 비록 곡식이 창고에 가득한들 내 어찌 먹을 수 있겠는가?" 했다가 왕이 그 말이 불경하다고 하여 매질을 하고 광대를 먼 곳으로 유배시켰다. 이 화극은 '익살과 웃음거리'에 해당하며 말과 행동이 간단하게 구성되어 아주 단순한 공연물이지만 한국 공연문화의 문화적 기반을 추측할 수 있다. 이후 궁궐의 나례희가 폐지되었고, 조선후기에는 재담소리가 서사적으로 발전하였다. 그 과정에서 성악적으로 수준 높은 소리광대들이 참여하게 되었고, 이로 인해 고도의 음악성을 가진 판소리가 탄생하게 된 것이다.

그 외 논문내용들이 다음과 같이 기록되어 있으니 〈한국연희극과 마케팅〉 책을 참고해주시기 바랍니다.

1) 다음의 예로 든 〈연희극〉 내용
2) 한국전통연희극(근대극) 발전과정
3) 서연호의 연극사적 구분(꼭두각시 놀음역사, 연극과 인간, 2000.3.25)
4) 최창주의 연희극사적인 말뚝이를 통해본 주체극(主體劇)구분

5) 외국의 문화재보호법과 무형문화재 제도 비교표
6) 연희극의 용어(用語)이해
7) 전통연희극의 방향설정
8) 한국전통연희극(韓國傳統演戲劇)은 학교교육(學校教育)의 전환점
9) 연희교육극(가면극, 인형극, 풍물, 굿 등) 개발과 제도적 모순점
10) 연극 교육과 연희교육극의 차이점
11) 연희극(풍물・탈춤・무속・남사당 위주)의 특징과 세계적인 요소
12) 전통연희극(傳統演戲劇)을 학교 교육극으로 전환하려면 -
13) 전통연희극의 중요성(重要性)
14) 전통연희극(傳統演戲劇)으로 평화통일(平和統一)
15) 전통연희극의 대중화 가능성

2. 결론

위에서 살펴본 바와 같이 전통문화의 발전과정을 〈표 2〉 〈표 3〉 〈표 4〉로 요약 제시하였다. 이러한 과정에서 중요한 쟁점은 전통연희를 어떻게 현대적(무대적)으로 수용하느냐에 대해서도 함께 살펴보았다. 관건은 바로 '한국연희극'을 경쟁력강화시대에 어떻게 개념규정하고 활성화하는가에 달려있다. 국어사전에 보면 전통(傳統)은 '지난 세대에 이미 이루어져 그 후로 계통을 이어 받아 전해지는 것'으로 규정되어 있고, 전승(傳承)은 '앞으로도 이어나갈 만한 의미(意味)와 가치가 있는 것'이라고 되어 있다.

우리의 전통문화는 국제적인 보편성과 함께 민족의 특수성을 충분히 지니고 있고 그 자체만으로도 벌써 경쟁력으로 서(立)있기 때문에 전통의 토대위에 시대적인 창의적 요소를 접목시켜 창조적 계승발전 시킬 수 있는 작품(作品)이 필요하다. 따라서 한국의 전통문화를 활성화하고 대중화하여 학교교육에 편입시키는 것이 우리의 전통연희를 보다 풍요롭게 현대적으로 계승하는 매우 중요한 방법이다. '한국연희극'은 한국적인 놀이성과 서구적인 극적 논리성이 함께 포함되어 있는 개념이다. 이러한 새로운 개념은 한국전통연희가 앞으로 나아갈 길을 제시하고 있다. 연희는 인간이 살아 있는 한 영원히 영속될 놀이의 문화이다. 문화는 삶의 양식이라고 했다. 플라톤은 올바른 삶이란 무엇인가라는 물음에 대해 "그것은 놀이를 하듯 사는 것이다."라고 했고, 하비콕스는 "축제와 환상이 없는 인간은 어쩌면 지구상에서 영원히 사라져 버린 공룡과 같은 길을 걷고 있는지도 모른다."라고 했다. 즉, 놀이를 통하여 인간의 삶은

더욱 윤택해지고 풍요로워지는 것이다. 이렇게 놀이 속에는 인간의 삶의 철학이 녹아 있음을 알 수 있다.

따라서 앞으로 더욱 활기 있고 윤택한 미래적 삶을 위해서는 전통문화의 특수성과 보편성을 함께 가진 전통연희극을 다양하게 개발하여 학교교육에 정책적으로 도입하여야 한다. 그래서 이러한 학교교육을 통해 작품 개발의 가장 중요한 속성은 신명나는 한국적 놀이구조와 논리적인 서구적 극구조의 각 장점을 승화시키는 작업, 즉 전통연희극은 한국의 특수성과 서구의 보편성을 동시에 확보하는 프로그램과 공연물이 되어야 한다. 동서양을 막론하고 현대라는 시공간을 살아가는 관객들이 모두 보고 함께 즐길 수 있는 보편성이 있는 공연제작물이 되어야 할 것이다. 이렇게 될 때, 현대와 과거가 어울려 새로운 가치관을 갖는 시사성 있는 작품으로 한국연희극은 21세기의 새로운 전통으로 자리 매김할 수 있을 것이다.

<주제발표 8> 대학생 놀이마당

전국 대학생 마당놀이의 시대적 고찰과 나아갈 방향
〈전국대학생 마당놀이축제 학술제 발제 논문 발표〉[1]

서론

한나라의 과거(過去)를 보려면 박물관에 가보고, 현재(現在)를 보려면 시장에 가고, 미래(未來)를 보려면 대학생들의 사고방식을 보라고 했다. 지금은 아파트 때문에 마당을 볼 수 없지만, 마당이라는 것은 유득공(柳得恭 1749-?)의 경도잡지에 산희(山戲)와 야희(野戲) 중에 야희를 말한다. 산희는 산같이 생긴 가설무대를 세워놓고 꼭두각시의 인형극을 말하고, 야희는 야외마당에서 공연하는 전통문화로서 탈춤(假面劇)등을 이야기하는 것이다. 이것을 강이천(姜彝天 1769-1801)이 열 살 때인 1779년 남대문 밖에서 놀 때 꼭두각시와 가면극을 보고 남성관희자(男城觀戲子)라는 시를 지어 소개되었다.

1. 마당놀이 원형보존

우리의 대표적인 마당놀이는 풍물(農樂), 탈춤(假面劇), 굿(巫俗), 춤(舞踊), 소리(聲樂), 재담(才談), 판소리(唱劇), 곡예(曲藝), 무예(武藝), 남사당패(專門流浪藝人集團)와 같은 솟대타기, 땅재주, 줄타기, 대접, 버나돌리기, 무동, 전래놀이, 불 토해내기 등은 대학, 또는 일반인들이 나름대로 공연을 하고 있는 것들이다.

그러나 문헌에만 기록되어 있는 규식지희(規式之戲), 소학지희(笑謔之戲), 남성관희자(南城觀戲者), 최치원의 향악잡영(鄕樂雜詠)의 오기(五伎)도 더 개발해야하고, 유득공(柳得恭)의 산희(山戲) 야희(野戲)는 물론, 문희연(聞喜宴/사대부가 축하잔치), 은영연(恩榮宴), 영친의(榮親

---

1) 주제 발표자: 최창주(한국예술종합학교 교수, 연희학과장), 일시: 2009.8.25, 전주 한벽극장, 주제발표자인 필자가 그리스 출장과 겹쳐 사회자(윤중광: 국악평론가)가 대독하고 토론함(토론자: 손태도, ○○○).

儀), 삼일유가(三日遊街), 홍패고사(紅牌告祀), 골계희(滑稽戱: 웃으게 놀이), 나례(儺禮), 백수무(百獸舞), 산대(山臺) 등을 누가 연구하여 재연할 것이며, 심지어 남사당, 봉산탈춤, 본산대, 하회탈놀이까지도 문화재청에서 원형을 발굴. 개발해야하겠지만, 대학생들이 관심을 가져주지 않으면 이 땅에서 존재를 감출 것이다.

1910년도 일본인들이 조선총독부를 설치하고 각 군수(郡守)들에게 문헌을 잠깐 빌린다고 대여해 놓고, 중요한 자료(資料)는 교토대학에 보내 일부 소장하게 하고, 나머지 우리의 귀중한 자료(책자)들을 모두다 소화(燒火)해버렸다. 그래서 고구려 이전의 것은 다 신화(神話)라고 규정해 버렸다.

우리문화는 유구한 역사와 많은 전통문화의 자료가 산적해 있으나 자국(自國)의 문화를 무시하고 사용할 줄 몰라 홀대받고 외면해왔다. 그것은 교육과 인식의 차이로 '배'와 '노'가 있는데 저을 줄을 몰라 서양문화에 눌려 전전 긍긍하면서 지금까지 지내왔다. 더욱 우리의 문명(文明)을 살펴보면 14세기(1270년) 때 역사의 큰 전환기를 맞이하였다. 따라서 세계의 모든 나라가 비슷한 현상이 나타나고 있었다. 지나(支那=中國) 역시 다민족으로 구성된 다양한 문화를 가진 원나라(元帝國)가 명나라(明朝)로 교체되었고, 14세기 말에는 유라시아 대륙의 세계사적 전환기를 맞이하였다.

우리도 18세기 예술을 21세기 현재에 하고 있기 때문에 보존(保存)의 자료로서만이 전통문화가 존재하고 있다. 전통문화의 원형단체는 172개(重要 無形文化財 44, 지방 128) 단체가 있으나 공연역시 문화재청의 지원으로 년 1회 정기공연식으로 단체가 명맥을 이어가고 있다.

조선연극사(朝鮮演劇史)에서 김재철은 한국연극을 가면극(假面劇), 인형극(人形劇), 구극(舊劇: 판소리와 창극)과 신극(新劇: 신파극)으로 구분하고 있다. 저자 김재철(金在喆, 1907∼1933)이 27살에 일찍 세상을 떠나지만 않았더라면 우리 전통문화(연희극) 연구가 더 활성화되었을 것이다. 그는 일제 식민지 치하에서도 굴하지 않고 당당히 우리의 전통문화를 되찾고자 연구에 매진하였다. 그러나 이러한 김재철의 노력에도 불구하고, 한국의 예술대학에서는 그동안 우리 연극의 뿌리에 대해서 그다지 큰 관심이 없었다.

2. 마당놀이의 시대적 변이상황

1) 마당놀이 변이상황

마당이란 한국인의 생활 터전(일상공간)이다. 마당의 생산을 통해 경제적 공간속에 여유와 자유를 느낀다. 행복할 때는 행복을 모르듯이, 마당이 없는 아파트시대에 살고 있는 세대는 마당에서 자유롭게 재기차기, 윷놀이, 자치기, 풍물(농악), 탈춤을 하면서 뛰어 놀던 것이 이제는 무대화되어 관객과 대화(對話)하고 어울리며 즉흥적 연기술(演技術)을 발휘하고 해학적(諧謔的)인 언행(言行, 몸짓)을 통해 관객을 장악하여 웃기고 울리고 있다. 연희자는 관객의 반응에 따라 자신의 잠재된 신명과 흥분, 기대감에 젖어 관객과 호흡하며 함께 극중으로 몰입하는 단계에 빠져든다. 현실적 고통(苦痛)과 고난(苦難)・환란(患亂)에 대한 갈등(葛藤)과 위로와 삶의 새로운 생기(生氣)를 제공받아 인간의 원(寃:원통할)과 한(恨:원한. 怨恨)의 둘레에서 벗어나 함께 어울리는 초자연적(超自然的) 인간(人間)이 되는 것, 그것이 무대(舞臺)와 마당의 차이점이다.

우리선조들은 이미 무대(舞臺)와 마당(땅)을 분명하게 두 부분으로 나누어 놀이를 예전부터 실행하고 있었다. 즉 마당놀이는 풍물, 탈춤, 무속, 남사당놀이, 자치기, 윷놀이, 태견, 보리타작, 줄다리기 등이 연행되는 장소를 말한다. 마당이란 것은 첫째마당, 둘째마당 등 거리는 굿거리, 거리굿, 대감거리 등 독립된 것 같으나 전체가 하나로 어우러져 극화된 것을 말한다. 따라서 서양예술은 잘하면 칭찬이요, 못하면 비판하는 대결의 개념이라면, 우리 것은 융합의 개념으로 관객과 함께 어울려 추임새(얼쑤, 좋다 등)하면서 즐기는 〈演戲劇〉이다.

그런데 현재의 MBC마당놀이 때문에 이러한 인식이 잘못 와전된 것이다. 1980년 발표자(필자)가 출연한 제1회 MBC마당놀이 공연이 문화의 방향과 흐름이 지금까지 바로잡지 못하고 인식하여 전해져 내려온 것이 문제가 되었다고 할 수 있다.

그러면 마당놀이가 어디서부터 시작되었는가? "1960-70년대 대학가를 중심으로 일어났던 전통연희에 대한 자각과 운동의 일환으로 행하여 졌던 마당극과는 어떤 연계점이 있으며 탈춤이나 판소리의 정신은 어떻게 반영되고 있는지, 또 시대적 상황이 어떤 형식으로 반영되었는지, 새로운 형식으로 시작된 마당놀이가 이후 어떤 성과를 거두게 되는가에 대한 해석과 분석, 평가가 이루어질 때 비로소 살아있는 역사가 기술하고 있다."[2)]

필자는 '마당놀이'가 곧 탈춤, 택견, 태권도이기 때문에 당시 MBC '모듬놀이'(김청일)를 쓰자고 동참하였지만, 위의 공부를 한 후에 지금은 탈춤・풍물 등에서 분양된 마당놀이를 시대에 맞게 변화하는 '연희극'이라는 명칭으로 권장하고 교육하고 있다. 당시 상황을 살펴보면, 최창권 작곡, 박만규 극본, 허규 연출의 〈이런 사람(許生傳)〉을 뮤지컬[3)]로 예그린악단 후속단체

---

2) (주)문화방송, MBC마당놀이 20년사, 삼보문화사, 2000.

3) 한국의 뮤지컬계는 새로운 단계로 접어들고 있다. 그 경향은 관객의 변화와도 깊은 관계가 있다. 최근의 현상 중에 두드러진 것이 브로드웨이식 뮤지컬(민스트렐(Minstrel/US의 순수 토착물), 보우드빌(Vaudeville Show/곡예, 마술), 벌레스크(농도 짙은 자극물), 레뷔(익살스러운), 유럽오페라 등)에만 몰두하고 있던 관객들이 서서히 새로운 방향으로 눈을 돌리고 있다는 것이다. 즉, 최근에 인기가 급상승 중인 프랑스 뮤지컬(노트르담의 곱추, 십계 등)이 그 대표적인 예이다. 한국에 들어온 프랑스 뮤지컬은 고전(古典)의 원작을 충실히 재현해내면서도, 독특한 관점으로 새롭게 해석을 시도하고 있는 작품들이 주류를 이루고 있다. 유머나 시각적인 잔재미 보다는 원작이 가지고 있는 탄탄한 구조와 깊이 있는 내면의 성찰을 관객들에게 직접 제시하고 있고, 그러한 매력에 점

인 국립 예그린예술단(국립가무단)이 장충동 국립극장에서 1977년에 공연하였다. 이것을 1981년 12월 19일 문화체육관에서 김청일 각색, 박범훈 작곡, 손진책 연출, 최현 안무로 마당놀이 〈허생전〉을 필자가 속해 있던 시립가무단(현 시립 뮤지컬단)이 출연하고 MBC가 제작하여 실험적으로 공연을 했는데, 이것이 오늘날 마당놀이의 모체(母體)가 되었다. 당시 김청일은 '마당극' '모듬놀이' '마당놀이' 등의 용어를 제안했는데, 이를 문화방송 표재순(당시 MBC-TV 제작국부국장)이 결정하여 '마당놀이'가 된 것이었다. 연극, 뮤지컬, 연희극도 아닌 실험적으로 제작한 공연이자 서양의 형식을 빌어 가무극으로만 진행된 시립가무단(現: 시립뮤지컬단)의 실험 작품이었다. 당시에 기획자는 마당기획을 설립하고, 세실극장을 인수한 이영윤으로 제작비가 3천 8백만원이 투입되었다.

MBC 문화체육관에서 공연이 시작되자 공연에 대한 국민들의 열렬한 호응으로 전경(戰警)들이 만일의 사태를 대비해서 대기하는 헤프닝까지 벌어질 정도였다. 그 후 MBC사장의 지시로 녹화된 방송이 1982년 정초 아침 오전 10시쯤에 방송되어 높은 시청률로 공연계에 화제가 되어 오늘날의 마당놀이가 탄생되었다.

그때의 상황을 좀 더 들여다보면 당시 MBC문화방송사장(이진희)이 사내 순찰 중에 '모듬놀이(마당놀이)' 연습과정을 보고 흥미를 느꼈고 다음날 정식으로 공연장에서 관람한 다음, MBC사업으로 결정하게 되었다고 한다. 당시 정부행사는 1년 1회성 행사에 그치는 단발적인 정책이 많았지만, 그때의 지도자의 결정으로 지금까지 20여 년이 넘도록 문화방송 문화사업의 일환으로 내려오고 있다. MBC가 창사25주년 기념으로 내놓은 마당놀이는 서울시립가무단이 문화체육관을 이용해 제1회 〈허생전〉을 공연하여 일약 '마당놀이(모듬놀이)'로 연극계에 파장을 불러왔지만, 공연은 서울시의 제도적 모순점으로 1회로 마감해야 했다. - 이하생략[4]

그 후 MBC마당놀이는 계속되었으나, 이합집산 끝에 그 명성과는 달리 제작진과 출연진의 교체로 몇 번의 굴곡을 넘어 오늘까지 오게 되었다.

2) 마당극의 변이상황

마당놀이나 탈춤의 특징(特徵)은 한국가면극은 길놀이를 통해 공연의 전반적인 등장인물을

점 관객들이 빠져들고 있는 것이다. 라이선스뮤지컬, 국적불명의 뮤지컬! 이러한 새로운 조류에도 불구하고, 여전히 한국에서는 브로드웨이식 뮤지컬의 영향력은 막강하다. 특히, 현재 공연되고 있는 뮤지컬 작품들을 보면, 대부분이 브로드웨이 뮤지컬이라고 해도 과언이 아니다. 뮤지컬의 시작은 브로드웨이라는 미국식 공연물이 중심이 되었지만, 이제 우리는 단순히 브로드웨이의 모방이 아닌, 이미 선조・조상들로부터 전수받고 있었던 것을 새롭게 현대인에게 한국식의 뮤지컬(연희극)을 개발해야 할 시기에 와 있다고 할 수 있다.

4) 최창주, 한국연희극과 마케팅, 2007, 월인, pp.230-233. (MBC마당놀이 책자. 참고). 1회의 녹화된 방송이 시청율이 좋아 시립가무단(현재 뮤지컬단)이 계속 출연하려고 하였으나, 시(市)소속인 가무단은 월급을 서울시에서 받기 때문에 출연료를 세금으로 환수조치 하겠다고 하여 2회부터는 출연을 하지 안했다.

미리 소개하는 것으로 되어 있다.

그러나 외국의 연극은 극의 내용흐름에 따라 숨겨져 있는 인물들이 차례차례로 등장하면서 관객의 호기심을 자극하는 것이 상반되는 특징을 가지고 있다. 우리마당극의 경우는 조명, 음향, 무대장치 등의 조직적인 배경 없이 처음부터 관객과 연희자가 교류를 통해 상상을 일으키는 도입방법은 그 어느 나라도 찾아 볼 수 없는 특이한 표현방법이다. 이것은 관객들을 긴장하지 않고 편안한 마음으로 관람하게 하는 반면, 오히려 더 궁금증을 유발케 할 수 있는 상상력과 우리인간들의 스토리텔링으로 삶의 상황이 그대로 돌출되고 있다.

필자가 전공한 것은 가면극(假面劇)으로서 탈춤부분을 통해 탈춤치유(탈춤클리닉/탈춤체조, 민속놀이 올림픽 등)[5]를 통해 활성화 시키고자 노력하였다. 탈춤(假面劇)의 큰 주제(主題)로는 불교의 타락상과 양반부패의 형상화로 크게 두 부분으로 구분할 수 있는데, 당시 불교는 국교(國敎)로서 왕실의 보호 하에서 점차 세도가 강화되면서 왕실과 결탁하여 서민들을 수탈하였고 농민들에게 고리로 대부(고리대금업자)하고 술을 빚어 팔기도 하였다. 그래서 특권계급(승려와 양반: 경제적으로 착취, 정치적으로 억압)에 대한 조롱, 모욕, 부패상을 상징적으로 폭로하고 서민들의 증오와 분노의 감정이 직접적이고 노골적으로 표출되었다. 다음은 마당극의 대표적인 가면극을 인용하여 주제(主題)와 특징을 가지고 있으며 변화되고 있다. 그 변이 상황을 예를 들어 본다면 -

(1) 서민들의 예술인데 세월(時代)이 지나면서 학자들에 의해 정립이 되었다.

풍물(農樂, 걸립패, 두레패, 풍장놀이 등) 탈춤=假面劇, 굿=巫俗(巫覡), 춤=舞踊, 소리=聲樂, 인형극=人形劇, 재담=才談, 비나리, 판소리=창, 唱劇, 살판・곡예=曲藝, 서커스=교예(북한), 택견=武藝, 태권도, 남사당패=專門流浪藝人集團 등 그리고 일제잔재의 글들이다.[6]

---

5) 오늘의 탈춤을 재탄생시켜 대중화를 이루게 하려고 노력하였다. 필자는 탈춤의 현대적 수용의 일환으로 '탈춤의 미학적 움직임' '전통문화와 건강(탈춤클리닉)' '탈춤치유에 관한 연구' 등의 논문(論文)을 통해 현대의학(現代醫學)에서 탈춤을 통해 치료(治療)와 예방이 가능(可能)한 것을 엿볼 수 있었다. 신체적인 뼈와 근육운동이 의과대학에서 연구 발표한 것처럼 가면(탈, 凹凸屈曲)과 춤사위(舞)가 완벽하게 건강을 위한 체조(탈춤체조(1978), 민속체조)운동으로 발표한바 있다. 탈춤을 하면 유산소운동과 스트레칭의 2중 효과가 동시에 성립된다는 것과 조상들의 선견지명(先見之明)에 놀라울 따름이다. 극본・대사(臺詞)는 서민의 현장용어로서 중국의 춘추전국시대의 고사성어(古事成語)가 많이 이용되고 있지만, 이속(吏屬)들이 고사성어의 직접인용보다 당시의 히트 고소설, 중요부분만 발췌한 춘향가, 심청가, 판소리, 단가, 시조, 12가사와 잡가, 서도민요, 엮음수심가 등 불렀던 소리를 옮긴 것 같다. 인간의 본래 힘의 에너지를 가지고 태어나 다 써보지도 못 하고 세상을 마감하는 경우가 많으나 자기 힘을 분배하면서 즐기고 계산하며 스트레스를 발산하는 취미생활과 예체능을 통해 정도의 생활을 만끽하고 있다. 한편으로는 몸의 활력소를 통해 치매・우울증・치료가 가능하게 한 역동성 있는 생산의 마당에서(삶의 공간에서) 새로운 것을 창출해 내어 카타르시스를 느끼게 하는 조선연극사이기도 한 부분을 탈춤치유(대사・춤)와 예방으로 인용하였다.

6) 일본식 한국말. <논문1> 부분 참고.

(2) 광대(廣大)= 탈꾼・가면・춤꾼・쟁이(프로) = 연희자(배우, 연기자, 춤꾼, 무용수, 탈랜트, 스타 등),[7] 고려사 권 제124 전영보(全英甫)전에 "우리나라 말로 가면을 쓰고 놀이 하는 자를 광대(廣大)라 한다." 산대놀이의 놀이꾼들은 반농반예(半農半藝)의 연희자가 많았지만, 봉산은 농공상인(農工商人)과 재인(才人), 이속(吏屬)들로서 아전들에 의해 탈춤을 국가의 홍보적 차원에서 한 단계 끌어올리려고 노력 하였다. 그러나 탈춤을 하면 조상의 제사(祭祀)를 지내지 못한다고 꺼려왔기 때문에 유교(儒敎)와 불교(佛敎)의 세습(世習)을 넘지 못하였다. 중국 고대에서= 優伶, 倡優(연극과 연예를 연행하는 사람)

(3) 광대문화를 기생문화로 왜곡= 소무(小巫) = 소매(小梅)= 문헌・기생조합[8]

(4) 잔치= 축제(festival, 풍물, 탈춤 등 공연)[9] (5) 대본(臺本)= 극본(劇本), 시나리오(각색, 윤색), (6) 복색= 의상(衣裳), 민복, (7) 춤사위 방법= 우리체질에 맞는 健舞, 跳舞, 軟舞: 舞와 踊의 차이점, (8) 대사법= 재담, 스피치, 言語, (9) 음악(音樂)= 오케스트라와 벨칸토창법으로 구사(민요, 판소리, 예그린 창법)

3) 창조적 계승을 위한 과제

그동안 우리는 우리의 훌륭한 전통문화(傳統文化)를 활성화(活性化)시키지 않고 왜 그대로 놓아두었는가? 우리의 전통문화가 문학적으로 인정을 못 받은 이유는, 광대들이 학문적으로 접근을 하지 않았고, 그냥 즐기는 것, 지식인들이 적극적으로 참여하지 않았기 때문이라고 할 수 있다. 더욱이 한자(漢字)만을 기록의 매체물로 여겼기 때문에 전통연희(傳統演戲)는 한자문화(漢字文化)로 기록하지 못하면서 춤과 음악만 전승되었기에 연희사적으로 큰 아쉬움이 남는다. 지금도 지정당시의 원본만가지고 고정적으로 연희에 매달려 있다. 그럼에도 불구하고 예능보유자(인간문화재)들도 연로하셔서 사망하고 있고 연구하는 전문가 및 학생들도 없다. 이렇게 가다가는 우리 민족이 누구인지 정체성이 무엇인지도 모르고 있다가 나라를 팔아먹을까봐 걱정이 된다. 이제 그나마 한국예술종합학교가 설립된 것이 다행이다. 다른 대학에서도

7) 최창주, 한국가면극과 뮤지컬, 앰애드, 1997(관객 앞에서 선보이는 자를 모두 연희자로 정리함).

8) 1910년도 기생조합이 설립되면서 조선의 기생은 종합엔터테이너이자 문화콘텐츠를 통해 전통문화의 계승자였고 철저한 신분사회에서 남자와 같은 동일하게 일을 할 수 있었던 유일한 여성 최고집단이었다.
기생은 수많은 예술가에게 영감을 불러 일으켰고 전통문화의 가능성과 한복, 기생들의 사랑과 예술 등 자신들이 당대 문화예술의 수준을 대변하는 예술가들이기도 했다. 그러나 기생이 구한말을 거치며 몰락의 길을 걸을 수밖에 없었던 이유는 일제가 공창제도를 만들어 매춘부와 예인집단이었던 기생을 함께 묶어버렸고, 그때부터 수많은 오해와 편견이 시작되었다. 반면 일본의 게이샤는 화장하는 방법, 훈련과정 등을 통해 오늘날까지도 예인집단으로 추앙받으며 살아남았다. 문헌(책)도 문화말살정책의 일환으로 조선총독부에서 각 군수들한테 통보하여 거짓으로 대여한다고 해놓고 좋은 책은 교토대학에 보내고 나머지는 燒火했다.

9) 최창주, 한국연희극과 마케팅, 4)-9) 한국가면극의 고찰과 탈춤치료 참고.

한국최고의 연희(演戱)를 전공필수과목으로 채택해야 하고 탈춤의 전승과 연희를 바른 방향으로 갈수 있게 방안을 강구해야 한다. 지금부터는 학자와 정부기관과 연구자들이 함께 관심을 기울여서 활성화하고 대중화를 위해 노력해야 할 것이다. 원형을 그대로 두고 전통연희의 새로운 판을 짜야 한다. 현재 문화융성위원회는 이것을 인식하지 못했을 것이다.[10)]

신라의 가무백희(歌舞百戱)[11)]를 북한에서는 교예[12)]라고 하는데. 교예가 공연 장르로 등장(登場)하면서 다목적시대에 고정된 장르란 개념 자체도 서서히 해체되고 있다. 이러한 시대에 맞추어 원형적인 기반을 바탕으로 창작된 공연형태가 곧 '한국 연희극'이라고 할 수 있는데, 서양문물에 압도당한 한국문화의 가치를 그동안 보이지 않았던 무형문화재를 적극적으로 권장, 인용하여 전통문화를 통해 우리 것을 홍보하는 작업이 무엇보다도 중요하다. 미국, 프랑스에는 뮤지컬, 중국에는 경극(京劇), 일본에는 가부키(歌舞伎), 노(能), 교겐(狂言)이 있다면, 한국에는 전통문화(傳統文化)인 탈춤, 풍물 등이 있다.[13)]

무형문화재(無形文化財)의 원형(原形)은 보존단체가 있어 보존하는데 큰 걱정을 하지 않지만, 이제 학교에서는 전통연희 현대적(무대적)수용 차원에서 현실에 맞게 창작하여 국가적 브랜드의 상품으로 작품화해야 한다. 민중의 참 문화로 원형은 보존(保存)하고 모듬놀이인 연희극 틀의 양식을 개발하여 기능적(技能的)으로 창조(創造) 연행하여 국민의 눈높이에 맞게 창출하여 우리식의 마당놀이 형태(形態) 속의 한국 연희극이 계승발전 해야 할 것이다.

따라서 우리의 전통문화분야는 아직도 국민들에게 다가가지 못하고 있으며, 정부지원을 받고 성장해야 하는데 관공서의 공무원은 전문가도 아니고 종이 한 장의 순환보직인 인사시스템의 제도적 모순점을 해결하지 못하고 있다. 또한 단어들은 그럴 듯하게 콘텐츠, 인프라, 브랜드, 마케팅, 상품화, 산업화 등 허울 좋은 단어들을 말만 늘어놓고 있지, 전문가 부족으로 사용을 잘 못하고 있다.[14)]

---

10) 자국(自國)의 전통문화의 중요성을 알면서도 현실과 거리가 있는 예술이라고 해서 홀대하고 있다. 비록 대학생들에 의해 우리의 전통문화가 대다수 대학에서 학과 공부 외에 취미활동으로 원형을 보존하고 학습하고 있다는 것은 매우 바람직하다고 볼 수 있으나, 이제는 일반대학에서도 필수과목으로 채택이 되어야 하고 교사자격증을 부여(대만처럼)해야 한다. 특히 옛 것 속에는 새것이 들어 있기 때문에 이 시대의 관객 눈높이에 맞게 대학생들에 의해 우리식의 라이선스 작품을 개발하여 브랜드화 한 뒤 해외에 수출하려는 노력도 검토해야 한다. '태양극단'의 '쿼담' 같은 작품은 우리가 필요 없다고 버리는 우리의 전통문화를 주워 다가 작품으로 접목시켜 상품화하여 세계적으로 수입($)을 거둬들이고 있다.

11) 중국에 산악잡희(散樂雜戱)와 같은 놀이로 추정: 죽방울, 솟대, 줄타기, 불토해내기 곡예와 묘기, 동물분장 흉내내기 등.

12) 최창주, 한국연희극과 마케팅. 참고. 교예(서커스)까지 뮤지컬이라고 하면서 공연장르가 해체되었는데, 연희극은 歌舞樂이 포함된 종합예술을 개발해야 한다.

13) 그러나 전통연희는 오랜 역사를 가지고 있으면서도 아직까지 고유의 예술체계를 확립하지 못하고 있다. 필자는 탈춤이 21C 현실에서 17-18세기의 양반, 파계승에 대한 신분제도, 서민의 생활상, 유머와 해학(諧謔) 등을 비판하는 것을 그대로 연행하는 것이라, 탈춤이 지닌 정신을 박제하는 것이라고 했었다.

4) 시대적 고찰과 나아갈 방향

우리는 이렇게 외국(中國)문화를 물 흐르듯 상(上)에서 하(下)로 자연스럽게 받아들인 것이 아니라 당시 지인(知人)들이 그때의 상황들을 적극적인 의지로 수용하였다. 이제 북한에서 남북문화교류를 또다시 교류해올 때 우리는 무엇을 가지고 어떻게 대처해서 공연할 것인가? 발표자는 일반인 교류보다 시대를 앞서가는 대학생들의 교류(交流)가 남북통일을 앞당길 수 있다고 본다. 오늘 세미나 제목이 '대학생 마당놀이의 시대적 고찰과 나아갈 방향' 이 주제이듯이 우리는 할 수 있다. 특히 대학생들은 젊음과 미래가 있어 기대해 볼만 하다.[15)]

지금까지 문화는 미국주도화의 세계화로서 가치의 다양화, 주문의 다양성을 추구했고, 그로 인해 세계의 대중문화를 이끌어 가고 있지만, 미국의 문화는 이제 이빨 빠진 호랑이로 바랄 것은 없고 큰 변혁의 시대에 직면하고 있다. 경제 역시 월스트리트의 전문가들도 1920년대 대공황(大恐慌)수준으로 악화 될 수 있다는 것과 1929년 주가폭락(Great Crash)사태가 오는 것 아니냐는 우려와 장기침체에 빠질 수 있다는 말들을 하고 있다. 따라서 2001년 이후 급팽

---

14) 북한은 비록 '목적극'으로 <피바다> <꽃파는 처녀> 등을 제작했지만, 말뚝이정신(저항정신, 정경유착, 주체적 근원적 등)을 삽입하여 남북합작으로 한 민족이 공감할 수 있는 작품을 만든다면(제작) 남북통일이 앞당겨질 수도 있다고 본다. 인간관계에서 '진실(眞實)'은 반드시 드러나는 것이며 진실이 있어야 예의(禮儀)가 베어 나오듯이, 작품(作品)의 예술행위는 공감대(共感帶) 형성(形成)을 통한 감동이 있어야만 진정한 박수갈채를 받을 수 있다. 또한 뮤지컬하면 미국의 특산물인 브로드웨이의 뮤지컬로 인식하여 선호해 왔고 또 지금까지 호황을 누리고 있었지만, 요즘 한국 관객들은 식상하게 생각하고 있다. 반면 프랑스의 고전(古典)뮤지컬인 십계, 르몽드 파리 등의 뮤지컬을 선호하고 있다. 이제 우리도 우리의 전통문화를 원형보존하고 현대적으로 수용하여 라이선스 작품을 제작하여 한국적인 뮤지컬(연희극)을 개발하여 국민 대중에게 선보이고 해외에 수출해야 우리가 살아남을 수 있다고 생각한다. 고대부터 우리민족은 유달리 노래와 춤을 즐겼던 남다른 연희적(演戲的) 감성(感性)을 가지고 있었다. 더욱 우리의 전통문화는 가무악극(歌舞樂劇)이 기본적으로 내재되어 있는 독특한 구조로서 노래와 춤, 드라마와 연행, 재담과 시사(詩詞)가 적절하게 어우러져 있기 때문에 한국판 뮤지컬(연희극)이라고 할 수 있는데, 가무악극(歌舞樂劇)의 종합예술을 하나의 장르로, 서양에서는 이것을 <뮤지컬> 이라고 한다. 발표자(필자)는 <한국뮤지컬>이라는 외래어가 합당하지 않아 <한국연희극>이라고 명칭을 붙여 논문을 제출한바 있고, 지금까지 한국적뮤지컬인 [연희극]으로 창작공연을 기획・제작하고 있다.
그동안 해외 및 동경 유학생들에 의해 신연극(新演劇)을 소개되어 프로시니아 마치 극장으로 전환되면서 우리의 문화는 이상한 양상으로 발전되기 시작되었다. 한국의 예술대학을 졸업해도 조선연극사(朝鮮演劇史)가 무엇인지 잘 모르는 학생들이 있다. 아무튼 필자는 1936년부터의 근거자료를 통해 현재까지 해방과 함께 1977년 미국, 1978년부터 유럽, 일본, 동남아 등 수많은 해외공연과 1985년 9월 평양대극장의 남북교류공연을 해왔다. 그러나 원형과는 달리 축제 때 대학생들의 탈춤을 이용, 의식적인 말뚝이 정신에 입각한 풍자와 데모, 노조의 사물놀이 등 많은 역사적 배경이 전환되어 오면서 변화와 시행착오를 겪었다.

15) 이제는 시대가 변하고 먹고 살만하니까 대학생들은 부정적인 생각보다 긍정적인 사고방식을 길러야 하고 서로 사랑하고 믿음을 통해 밀고 당겨야 살아 갈수 있는 길이 열릴 것이다. 요즘 전통문화의 대표적인 '사물놀이'가 유행하고 있지만, 사랑이 없으면 소리 나는 구리와 울리는 꽹과리소리나 다름없다고 했다. 성경에도 '할 수 있거든이 무슨 말이냐 믿는 자에게는 능치 못할 일이 없느니라.'는 말씀도 있다.
우리는 시대가 변해도 항상 초심의 마음을 가지고 원초적으로 생활해야 한다. 그 이유는 원형인 우리 삶의 문화는 근본적으로 가무악극이 모두 포함되어 있고 선조들에 의해 이미 연출되어 있듯이 이제 <왕의 남자> 등을 통해 증폭되어 성공적으로 관객에게 호응을 받고 있다. 이제는 전통문화를 어떻게 현대적으로 수용하느냐가 관건이기도 하다.

창해온 부동산버블이 꺼지면서 돌출한 서브프라임모기지(비우량주택담보대출) 사태의 충격으로 미국경제가 1년 이상 휘청거리고 그 여진의 위력이 얼마나 커질지, 언제까지 지속될지 예측이 힘든 상황이라고 조선경제(2008.2.1)는 보도하고 있다. 달러 약세는 수입물가 상승- 인플레이션 압력증대- 금리인상- 소비둔화-경기침체의 악순환으로 이어지면서 미국 경제는 충격적이라고 입을 모우고 있다.

이제 대국(大國)들의 문화는 화살이 날아가다가 끝자락에는 종이 한 장도 뚫지 못하는 종말이 다가왔다. 세계화 시대에 있어서 오늘의 문화는 서구주도화의 마지막 단계인 근대의 연장이 될 것이다. 근대(近代)라는 것은 결국 병(病)을 주고 약(藥)주는 악마일지 모른다.

우리도 일제의 강점기를 한풀이하면서 역사적 식민지를 거치며 보편적으로 나라가 정리될 수 있었다. 지금도 대국이라고 하는 나라는 경제력, 군사력, 문화경쟁력 등 현상을 유지하고 있는 것이다. 지금 우리는 통일도 해야 하겠고, 경제와 문화, 교육적 문제가 요구되는 시점이다. 또한 한 국가가 성장할 때 혼란의 시기를 거쳐야 성숙할 수 있고 또 역사의 한 과정을 열린 시각으로 보는 엘리트들도 있기 때문이다. 그러나 당시 살았던 사람들은 어떻게 인식하고 살았을까? 그 시대를 지금의 잣대로 평가한다면 어떻게 재단을 해야 하는가?

대학은 시장(사회)의 수용에 맞춰 고객(기업)의 요구대로 질 좋은 제품(졸업생)을 공급해야 한다는 게 오영교 총장(동국대)의 지론(持論)이듯이 대학을 경제논리로만 따지느냐는 반론도 있지만, 대한민국 대학에서 우선 급한 것은 사회가 필요로 하는 명품 인재를 많이 공급해야 한다.[16] 그동안 도제제도(徒弟制度) 교육에서 제도권(制度勸)으로 돌입하면서 구시대의 고정관념에서 벗어나 한사람의 기준을 class교육으로 변화하면서 사회는 창작(創作)을 해야 하는 상황이 되어버린 것이다.

우리 인체 70%가 물로 구성되어 있듯이 연희(演戱)역시 70%가 우리생활 속에 뿌리 깊이 박혀 있는 연희의 이야기들을 가무악극(歌舞樂劇)으로 재미있게 구성(構成)하여 마케팅 한다면, 우리의 존재(存在)를 국민들은 금방 받아드릴 수 있다. 따라서 국제화 세계화 시대에 국민(國民)과 세계인(世界人)들이 바라고 요구하는 것들이 무엇인가를 인지하여 그곳을 향하여 이제 우리 대학생들이 달려가는 지구촌한마당의 시대에 동참할 수 있을 것이라고 확신한다.

3. 맺는말

(1) 18세기 예술을 21세기에 보여준다는 것은 한계가 있다. 할 것 많고 놀 것도 많은 대학

16) 조선일보 사설(社說).

생(사람)들에게 우리의 고유 것이라고 전통문화를 강요할 수 없는 세상 이 되었지만, 대만처럼 교사자격증을 주어 우리의 전통문화예술(傳統文化藝術)을 정책적으로 이어나가야한다. '문화를 알면 세계가 보인다.' 등, 오늘 "제14회 전주 전국대학생마당놀이축제"를 통해 지구촌이 한마당시대를 만나 이제 생각을 같이 하는 21세기 문화현장에서 세계대학생과 세계인(世界人)들이 국제적 연대로 이어져 나가는 좋은 계기가 되어야 할 것이다.

(2) 이 땅에 외국뮤지컬이 장악하려올 때 또 현재 지금 와 있다. 우리는 어떠한 준비를 해야 할까? 현재 어떻게 해야 하나? 북한이 남북교류를 하자고 할 때 우리는 무엇을 북한으로 가지고 가야 하나? 그동안 히트소설인 양반전, 춘향전, 허생전, 시집가는 날 등을 벨칸토 창법으로 뮤지컬화 했듯이, 무형(無形)의 원형작품을 보존하여 계승하고, 전통문화를 활성화 하려면, 현대적으로 수용하여 이시대의 관객에 눈높이에 맞는 작품을 기획, 제작하여 '연희극을 명품화' 하는 것도 하나의 방법이다.

(3) 서양의 문화예술단체는 국립 및 관변단체(오페라단, 오케스트라, 발레단, 뮤지컬단, 극단 등)에서 월급을 주며 보호, 육성, 지원하고 있는데, 국립창극단 외에 우리 전통문화예술단체들은 홀대받고 있다. 이제부터라도 전통문화예술가들에게 미래를 위해 행사할 수 있게 중앙정부에서 〈국립연희원〉설립과 〈국립연희단〉을 창단하여 민간영역과 함께 인프라 구축이 되면, 각 시도지역에서도 〈시립연희단〉 〈도립연희단〉 〈구립연희단〉이 창단될 것이며, 범민족적 연희단이 활성화 될 것이다.

(4) 현재 한국의 뮤지컬계는 라이선스 작품을 수입하는 것도 좋지만,[17] 대학생 및 정책입안자들도 함께 연구하고 검토하여 우리식의 라이선스 작품으로 대학생들이 연희극(한국적뮤지컬, 작품, 축제 등)[18]을 개발하여 대중화 시키고 한국적 예술성과 전통문화의 활성화를 위해 외국에 수출과 함께 관광콘텐츠로 국가적인 브랜드차원에서 정책적으로 권장할 수 있어야 하겠다. 아울러 국제화, 세계화 시대라고 해서 무분별한 천편일률적인 축제보다 "관 주도가 아닌 지원하되, 전문가 에게 맡겨 주민들이 자발적이고 능동적으로 생명력 있는 독창적인 〈전통문화의 축제〉"를 기획, 제작하여 해외시장에 수출 및 홍보해야 한다.

---

17) 지금(현재) 우리의 한국뮤지컬 시장은 외국뮤지컬 침략은 물론 라이센스뮤지컬 수입의 가능성을 시험하는 무대가 돼 버렸고, 부끄럽게도 이에 대해 순수한 한국 뮤지컬계는 사장되어 가고 있으며, 누구도 대비하지 못하고 있지만 한국예술종합학교 전통예술원(연희과) 학생들은 선구자적 역할을 하고 있으며 <실기실습 및 연희극제작실습, 전통문화 현대적 수용>을 통해 이미 실험(Try out: 중앙무대 진출을 위해 근교 실험무대설치운영. Preview: 정기공연前 무대적응시기 실험공연)이 끝난 셈이다. 연희극(뮤지컬)은 대그룹에 버금가는 막대한 부가가치를 창출할 수 있는 산업임에도 불구하고 한국뮤지컬(연희극) 산업을 위한 보호책 마련과 다양한 인프라 구축에 학교는 물론 정부 차원의 지원이 필요할 뿐이다.

18) 연희극이란? 한국의 가무악극(歌舞樂劇)을 통해 전통인 연희를 바탕으로 하여 새롭게 창작된 예술적 구조물이라는 적극적 개념(概念)과 의미(意味)를 포함(包含)하고 있다. 연희(演戲)에는 희노애락의 놀이가 존재하고, 극(劇)에는 갈등(葛藤)이 존재한다. 그러므로, 연희극이란 갈등(葛藤)을 포함한 놀이의 개념이다.

봉산탈춤 워크숍 발표회
(봉산탈춤 워크숍 주제논문 발표회)

* 일　시/ 2011.1.28(금) 오후 2시-7시(주제발표 2시-4시, 발표회 4시-7시)
* 장　소/ 한국예술종합학교 공동대연희실
* 제　목/ 오청(吳晴)본과 이두현(李杜鉉)본 비교, 주제발표 및
  1965년도 무형문화재 제17호 이두현본 Work shop 발표회
* 발표자/ 최창주 : 한국탈문화연구소장(연희과 교수)
* 토론자/ 허용호 : 전남대 인문학(한국학) 연구교수
  손병만 : 봉산탈춤 이수자, 천하제일 탈 제작소 대표.
* 공　연/ 한국예술종합학교 전통예술원 연희과 출연

＊ 주제 발표자 소개

이번 워크숍은 1967년도 무형문화재 제17호로 지정된 이두현본 발표회(2011.5.5. 한예종. 마당극장 예정)를 위해, 2011년 1월 겨울방학 특강을 통하여 학습 받은 것을 발표회와 함께 오청본과 이두현본의 극본위주 비교・차이점에 대해 주제발표 한다. 따라서 그동안 오청채록 원본 발표회(2010년 9월 9일(목) 오후3시, 한국예술종합학교 예술극장, 1936년도 봉산탈춤 오청(吳晴)본을 발굴・재연)한 것과 비교, 이두현본 발표회를 위해 이루어진 것이다.

지금은 무형문화재(無形文化財)의 탈춤연희본(劇本)이 우리의 전통문화로 지정(指定)되어 보호 받고 있지만, 일제 식민지 시대에 조선인의 성격과 생활방법을 파악하는 밀정자료(연희본)로 활용하려고 일본 민속학자들 및 어용학자들에 의해 우리나라의 생활상과 정신이 녹아 있는 수많은 전통문화를 활용하였다. 당시는 이 극본(劇本)이 일제가 우리민족의 생활상을 파악하는 밀정 보고서였다는 것을 학생들에게 강조하였다.

이번 공연의 연희본은, 일본식민지치하에 조선인의 성격과 생활방법을 파악하는 밀정자료

(資料)차원이 아닌, 무형문화재로 지정된 전통문화의 원형, 발굴, 계승, 발전, 전승의 도움 쪽으로 해석하여 재현하기로 학생들에게 인식하고자 하였다.

그래서 이번 특강과 주제 발표는 학생들에게 1936년도, 1967년도 봉산탈춤의 극본 비교와 차이점을 시대별(년대별)로 학생들에게 학습차원에서 발표한다.

1965년 조사본을 통해 1967년도에 이두현(李杜鉉)본이 중요무형문화재로 지정되었다. 봉산탈춤이 지정(指定)되면서 황해도 봉산에서 월남하신 분들에 의해 밤새도록 추었던 춤을 3시간용으로 정리하였으나, 그 후 1977년도 3-5월까지(3개월 동안) 미국 30개 주립대학공연을 계기로, 정기공연 외에 90분용으로 보편적으로 공연이 되어 전수·이수자들에게 잊혀져가는 것 같아, 학습용으로 연희과 학생들에 의해 재연하기로 하였다. 술이부작(述而不作)이란 기술하였을 뿐 창작한 것이 아니라는 뜻이다. 이 말은 공자의 논어 중 술이편(述而篇)에 나오는 공자가 말하기를 "나는 단지 옛 것을 적어서 전할 뿐 창작하지 않으며 옛것을 믿고 좋아함을 감히 우리의 노팽(상나라의 어진 대부, 옛것을 믿어 그대로 전술한 사람)에게 주노라"고 했다. 공자는 자기주장을 말하는 사람이 아니라 옛것을 그대로 지키고 전술했던 진리를 전수받아 과거의 선진들이 전해준 진리들을 전수받아 그대로 믿는 사람이지 자기마음대로 무엇을 창작하는 사람이 아니라고 하는 뜻이다. 필자도 전승자로서 또한 교수로서 후배·제자들에게 사라저가는 옛것을 찾아 전승하고 싶을 뿐이다. 그래서 보존회에 의상·소품 대여를 요구했으나 공연에 대여 받지 못하고 오청본의 문제점을 제시하며 오히려 징계를 받게 되었다.

일본은 우리를 문화말살정책의 일환으로 설치령에 의해 조선총독부(朝鮮總督府)를 세우고 조선역사를 새롭게 꾸미겠다고 조선의 각 군수(郡守)들한테 문헌(冊)을 돌려주겠다는 반환조건으로 대여해 갔다. 그 후 고구려 이전의 모든 우리의 역사를 정책적으로 신화(神話)로 꾸미고, 우리가 빌려준 책을 교토대학에 일부를 보내고 나머지 책들을 불살라(燒火)버렸다.

그러나 중국문헌에는 조선인은 역사와 문화예술의 가무악(歌舞樂)이 뛰어났다고 기록되어 있다. 따라서 한민족이란 혈통(血統), 문화(文化), 역사(歷史)를 가지고 있다. 우리전통문화예술은 유전으로 전달되면서 한국인의 마음, 정서, 감흥, 공감 등을 포함하여 공동체를 통해 어울림의 가족문화를 만들었다고 했다(비교 발표내용은 중복되는 내용이 있어 〈논문 10〉에 추가하여 포함하였다).

1. 이두현(李杜鉉) 소개

1924년 함북 회령 출생- 노환으로 별세(89세/2013.8.17)했다. 서울대 사범대 국어교육과. 서울대학원 졸업 문학박사(1968), 1960-78년 미국 피버디 대학 및 가톨릭 대학 유학 구미학계시찰, 동경대학, 독일 보훔대학 객원교수 역임. 한국정신문화연구원 객원교수. 현재 서울대 명예교수. 대한민국학술원 회원. 문화재위원. 사)한국가면극연구회 이사장. 한국문화인류학회 이사장, 한국연극학회 이사장. 대한민국예술원회원.

저서, 한국신극사연구. 한국가면극(서울대 출판부). 한국연극사(학연사). 한국민속학개론(일조각). 한국의 탈춤. 한국무속과 연희. 조선예능사. 한국민속학 논고(학연사) 한국민속학의 개척자로서 "우리나라 판소리의 설움조는 신파를 통해 멜로드라마로 이어졌으나 탈춤의 해학성은 전승의 길을 잃었기 때문에 오늘날의 대중문화는 '눈물의 문화'로 떨어졌다." "1978년 은율탈춤 같은 이북의 탈춤도 무형문화재로 지정해 계승할 수 있게 한 것이 기억에 남는다." 고 했다.

2. 오청(본명: 吳宗燮) 원자자 소개

오청(吳晴)의 본명은 오종섭이다. 1927년부터 오청이라는 성명을 전용했다. 아호는 창애(蒼涯)였지만 아호로 발표된 글은 보이지 않는다. 1898년 5월 서울시 팔판동 117번지에서 출생했다. 1918년에 와세다대학 법과를 졸업하고 귀국하여 1919년 9월에 매일신보사 봉천지국장이 되었다. 그는 신민공사 전무취제역, 〈신민공론〉사의 사장, 총독부 철도국 국우회(局友會) 촉탁을 역임하였고, 1926년부터 총독부 촉탁 겸 잡지 〈조선〉의 편찬 사무에 종사하기 시작했다.

오청의 민속조사 업적으로는 〈봉산탈춤 오청채록본〉을 완성한 것과 봉산탈춤 양주산대 채록본을 〈일본어 역본〉으로 만든 것이다. 특히 프린트로 인쇄한 봉산탈춤 채록본은 최초본(이하 원본)으로서 귀중한 가치를 지니고 있다. 1936년 8월 31일 황해도 봉산군 사리원 경암산 밑 놀이마당에서 공연된 봉산탈춤은 오청에 의해 채록되었다.

이 원본은 1936년 10월에 경성제국대학 교수 다카하시 도루(高橋亨, 1878-1967)의 문고에 수장되었다. 원본은 다카하시의 사후인 1964년 4월에 그의 제자이자 천리대학 교수인 오타니 모리시게(大谷森繁)에게 다시 이관되었다. 2001년 11월에 고려대학교 교수 서연호(徐淵昊)에게 다시 이관되어 원본은 한국 학계에서 최초로 공개되기에 이르렀다. 2010년 9월 9일 오후 3시에 최창주(崔昌柱)에게 인수인계되어 한국예술종합학교 예술극장에서 오청채록원본을 복원, 재연을 하였다.

이 채록본은 전통연희가 급속히 말살, 망실되어 가던 시기에 정리, 보존되어 온 점에서 매우 값진 것으로 평가된다. 프린트 원본은 오늘날까지 봉산탈춤의 복원, 계승에 기본 자료가 되었다. 또한 1937년 〈조선〉지에서 발표된 일어본은 최초의 외국어본으로서 한국문화연구에 훌륭한 자료(資料)가 되고 있다.

그는 〈조선의 연중행사〉 〈우리 조선족의 연중행사〉 같은 풍속에 관한 글도 남겼다. 그가 일본어로 정리한 세시풍속 연재는 일본인들이 식민지시대에 조선인의 성격과 생활방법을 파악하는 밀정 자료로 또는 문화정책 자료로 활용되었다는 점에서 주목된다. 그러나 한편, 당시 친족관계와 세시풍속이 통치세력인 일제의 영향으로 점차 위축, 소멸되어 가던 당시에 민족적 자존심을 지키는데 일면 기여하였음을 부인할 수 없다. 이 밖에도 그는 총독부의 통치업무를 보좌하는 촉탁으로서 국가 및 사회제도에 관계된 몇 가지 글을 남겼다.

오청은 일제의 밀정협의로 체포되어 반민특위 공판에서 2회 심리까지 받았다. 재판이 진행되던 중에 6·25전쟁이 일어나 재판이 중단되고 말았다. 그에 관한 기록은 더 이상 찾을 수 없다. 그의 글은 불과 몇 편을 제외하고 전문성이 뒤진다. 그는 대학에서 법학을 수학한 폭넓은 상식의 소유자로서 조선총독부의 촉탁을 역임하기에는 적당한 인재였다. 식민지치하의 조선인으로서는 감히 생각하기 어려운 수준의 월급을 받았다. 또한 그가 획득한 사회적 지위는 동일한 시기에 몇 가지가 겹칠 정도로 번잡하게 살았다. 단언하기는 어렵지만, 아마도 그의 이런 행로와 활동양상이 앞서 지적한 "경기도 고등계 형사과장의 고급밀정 역할"과 연계된 것이 아닌가 하는 의심을 갖게 한다. 그야말로 식민지시대 친일노선에 영합한 지식인의 한 부류를 표상한다.

(참고논문, 서연호. 어문논집 제60호 별쇄본. 민족어문학회/ 식민지시대 오청의 민속조사 및 민속선양 활동)[1)]

3. 발표내용[2)]

1. 오청(吳晴)채록원본과 이두현(李杜鉉)본 비교·주제발표
   (오청(본명: 오종섭) 원작자 소개)

---

1) 2010.5.5. pm.3시. 한예종 예술극장, 오청채록원본 봉산탈춤 공연 프로그램 서연호 교수 원고 중에서.
필자는 세종문화회관 근무 중에 1987년도 중국의 인민배우 조득현씨에게 오청(吳晴) 일본어극본을 입수하여 '한국뮤지컬과 가면극'(최창주, 1997, 앰애드)에 부록으로 출판했다. 이 극본을 가지고 일본문화원, 유학생 등, 일본에 공연을 갈 때마다 번역을 요구했으나, 고사성어와 漢文·일본어가 합성되어 번역이 되지 않았다. 그런던 차에 서연호 교수의 오청채록원본을 기증해주셨기에 공연을 통해 재연, 복원할 수 있었다.

2) 최창주, 봉산탈춤극본연구, 앰애드, 오청, 이두현, 임석재, 김일출, 4개 극본 비교연구 참고.

2. 오청채록원본과 이두현본 복원 재연 공연 및 예정

 2010.5.5. 오후 3시. 오청채록원복 복원, 재연 (한예종. 예술극장(연희과))

 2011.9.9. 오후 3시. 이두현본 복원, 재연 예정 (한예종. 마당극장(연희과))

 (주제발표 후에 자료를 수집하여 9월 발표할 것임)

3. 오청본은 대본대로 복원, 재연

4. 봉산탈춤 내용과 반주음악(이두현본/한국가면극)

봉산탈춤은 황해도 전(全)지역에서 연희되어온 해서탈춤의 대표격이다.

6·25 때 월남하신 분들에 의해 복원되어 오다가 1967년도 무형문화재 17호로 지정(指定)되었다. 봉산탈춤은 원래 봉산구읍 경수대에서 연희되었으나 군청 기타 행정기관이 사리원으로 옮기데 되면서, 사리원 경암산 아래에서 놀게 되었다. 봉산탈춤은 매월 4월 초파일, 5월 단오날 농민과 장거리 상인들이 밤새도록 놀다가 국가행사로서 중국사신을 영접하는 공연도 히였디고 기록되었다. 봉산탈춤의 낮 공연은 총독부 문서과의 영상필림에서 제작한 것으로 밤 공연은 경성방송국(JODK)의 제2방송을 통해 전국에 생중계되었다고 한다. 임석재(당시 신천의 신선중학교 교원)는 공연소식이 실린 신문기사를 보고 사리원 현장으로 달려와 그곳에서 송석하와 오청을 마나게 되었다고 한다. 그 때 스웨덴의 조류학자인 베르그만은 한국의 새를 조사하러 왔다가 우연히 그곳에서 봉산탈춤을 보고 감탄하여 촬영해 갔다고 한다.[3] 참고로 김일출은 〈봉산탈놀이〉대본으로 11과장으로 구성되어 있다. 제1과장 상좌춤(上佐舞), 제2과장 팔목춤, 제3과장 법고춤(法鼓舞), 제4과장 사당춤(社黨舞), 제5과장 로승, 제6과장 신장사, 제7과장 취발이(醉發), 제8과장 량반(兩班), 제9과장 포도비장(捕盜裨將), 제10과장 미알, 제11과장 남극로인(南極老人)

현재 봉산탈춤의 음악장단 부분은 다음과 같다.[4]

제1과장 사상좌춤(四上佐舞)/ 1) 길놀이에서 공연장에 입장 음악, 2) open-ing 음악(10장단 정도), 3) 등장음악, 4) 염불, 느린 타령장단

제2과장 목중춤(墨僧舞)/ 1) 첫목반주, 2) 목중반주(불림의 예: 洛陽洞天梨花亭에서 洛陽東村梨花亭으로/ 연희자 템포에 맞게 반주, 3) 팔목 합동춤 반주음악

3) 서연호, 임석재선생과의 면담(필림은 임석재 소장).

4) 자세한 내용은 [가무악극(歌舞樂劇)의 분야별 견해]에 참고하시기 바람.

제3과장 사당춤(社堂舞)/ 1) 등장음악(만가락 장단), 2) 놀량가, 앞산타령, 뒷산탈령, 경발림(이두현 본만 기록)

제4과장 노장춤(老長舞)/ 1) 노장 등장음악, 2) 목중놀이, 3) 백구타령, 4) 오도독이타령, 5) 나무아미타불, 6) 퇴장음악, 7) 노장춤과 소무춤, 7) 신장수 등장음악(군밤타령, 세코짚세기, 풍년장노래, 살핌, 원숭이 등장음악), 8) 취발이춤 등장음악(둥둥타령, 언문뒷풀이, 돈타령)

제5과장 사자춤/ 1) 타령, 2) 굿거리(송석하 본은 타령만)

제6과장 양반, 말뚝이춤(兩班舞)/ 1) 등장음악(굿거리), 2) 시조, 3) 성주풀이, 4) 돈타령(퇴장음악)

제7과장 미얄, 영감춤/ 1) 자진굿거리(깽막궁/미얄 등장), 2) 영감등장, 3) 시나위청(미얄, 영감), 4) 합궁춤(반갑구나 얼싸/미얄, 영감 對舞), 5) 동티춤(짓 모는 춤, 반주), 6) 약성가(藥性歌), 7) 무당장단(거상장단=9박, 8박, 7박/ 당악=왔소-화초)

5. 봉산탈춤 기본동작 도해장면 발표(제1장, 기본동작 부분 참고)
6. 놀량 사거리 가사내용 발표(2011.9.9. 자료 준비하여 발표)[5)]

5) 가면극의 배역별 캐릭터 상황인 해학(諧謔)과 풍자(諷刺) 부분 참고(한국가면극, 이두현, 서울대. 참고와 양소운 보유자 가사 참고).

필자 주제발표

오청채록원본과 이두현본 비교 주제발표
(한국예술종합학교)

오청채록원본 복원 공연 후 기념촬영

오청본과 이두현본 재연한 연희과 학생들

무형문화재 17호 이두현본 복원, 재연
(한국예술종합학교)

무형문화유산 보존에 관한 법률안 대안방법[1)]

1. 현실적 문제점

문화예술은 돈과 산업인 동시에 정책행정이다. 박대통령은 '21세기는 문화가 국력'이라고 했다. 새 대통령은 "지금 한류문화가 세계인의 사랑을 받고 있고, 5000년 문화유산이 바탕이 되었다. 국민에게 문화가 있는 삶을 누리게 하고 문화로서 사회갈등을 치유하며 지역, 세대, 계층 간 문화 격차를 해소하고 여러 장르의 창작활동을 지원하고 문화의 첨단 기술을 융합한 콘텐츠 산업을 육성하겠다고 했다." 지금까지 역대 대통령들은 이런 말을 해본 적이 없다. 또한 현재 박근혜 대통령은(2013.11.11) "숭례문 등 문화재 보수 부실(不實) 철저히 조사하고 책임을 물어야 한다."고 하면서 "문화융성의 첫 걸음은 문화유산을 잘 보존하고 계승하는 것에서부터 시작되는 것"이라고 했다. 김기춘 비서실장에게 지시했고, 수석비서관회의에서 모철민 교육문화수석에게 전달했다(2013.11.13. 조선일보).

출발은 긍정적이고 좋게 시작되었다.

＊초, 중, 고, 대학교에 전통문화 필수학과목 개설(교육부에 바란다)

지금까지 우리는 '**무형문화재인 전통문화 계승·발전의 교육정책**'을 등한시했기 때문에 한국사회가 문화적으로 메말라 병들어서 지금 곪아 터지고 있는 것이다. 지금처럼 가다가는 얼마못가 우리 선조·조상들이 누군지? 한민족의 정체성을 완전 잃어버릴 것 같다.[2)]

더욱 '아이들 67만 명이 학교폭력에 운다.' '초, 중, 고 700만 명 모두 정신건강 검사한다.' '국·공립 고교, 사립高보다 학교폭력 3-4배 많다.' "光州, 학교폭력 등으로 학업포기 해마다 늘어" "12년째 일진회와의 전쟁(정세영 교사)" "우리나라에 폭력 없는 학교는 없어" "학교폭력

---

1) 최창주, 한국예술종합학교 교수(연희학과장), 중요무형문화재 기, 예능협회 총회 주제발표 원고논문, 세종호텔, 2012.5.22. 2시(제목/무형문화유산 보존에 관한 법률안 문제점).

2) 예: 서양위주 학과목 문제점, 국립극장(서양문화예술단체 위주: TF팀: 국악원과 협력해서 무형문화재 공연?)·마당놀이(모듬놀이), 국악당(연희당), US달러(라이선스뮤지컬 수입). 문화예술사(국악위주) 문제점 등.

해결하려면 언론·사회 함께 노력해야" 교육연수원에서 서울지역 초등학교 교장 600명이 학교폭력근절 연수회에 참석하여 긴급간담회와 교육과학기술부 공무원으로부터 정부대책을 들었다.[3)]

그동안 교육적 시행착오는 1972년 주 1회 혁명적인 '자유학습의 날', 1995년 '자율학습의 날', 2000년대 '토요 자율제', 2004년 주 5일 수업제 시범실시와 격주 '놀토', 이제 2012년도부터는 토요일이 그야말로 전면 놀토가 되었다.[4)] 이런 정부의 방침 때문에 학교에서는 아직 방침이 없어 우왕좌왕하는 모습을 보이고 있다. 따라서 명퇴 신청자가 급증하여 교단을 등지는 선생들이 많다.[5)] 이것은 유대인의 탈무드처럼 한국인의 전통문화교육정책을 근본적으로 계획을 세워야 한다.[6)]

지난 2월 정부는 '학교폭력근절 종합대책'을 발표했다. 정부대책에 따라 학교폭력이 발생하면 교내에 학교폭력대책자치위원회가 열려야 하고 이를 어기는 교장은 징계를 받는다. 따라서 정부는 현재 이대 학교폭력예방중점연구소, 국무총리실 산하 한국교육개발원(KEDI)의 한교폭력예방연구지원 특임센터, 학교폭력피해자가족협의회 등을 두었지만, 피해자 가족의 2차 피해 등에 대해서는 실태파악조차 되어 있지 않았다. 교육부는 "피해 학생을 상담·치유하기 위해 올해 전국에 학교폭력 피해자 지원센터 15곳이 문을 연다."고 밝혔다. 그러나 학교는 '애가 적응 못한 탓' '피해 학생이 문제가 있었다.' '피해학생의 부모가 문제' '가해자 부모도 끝까지 발뺌' '맞을 만한 일이 있었겠지' '아들 떠나보내고 헤어진 부부' '헛소문 내는 가해 학부모 상처' "학교폭력 대부분 가해자는 여럿인데 피해자는 1명이라 피해 학생 부모까지 궁지에 몰리는 경우가 많다" '내가 아이를 잘 지켜주지 못해서' 피해 학생의 부모까지 사회에서 '소외'되는 것이다. 이 과정에서 그들은 분노와 죄책감을 느끼고 결국 우울·좌절로 마무리 된다. 결국 부부간에 '네탓'이라는 식으로 떠넘기는 부부갈등으로 번지는 것이다. 이처럼 '분노'와 '죄책감'을 가지고 있어 적절한 정신적 치료와 제도적 뒷받침이 필요하다(조선일보 2013.5.25). 여론도 눌려있던 부부간 갈등도 아이문제로 더 증폭, 피해학생 형제까지 불안, 우울·좌절서

3) 조선일보 2012.4.24(화). 기사내용 요지.

4) 전면 '놀토'가 되었는데 사회단체기관에서는 오케스트라 학교·뮤지컬사업단 등 서양문화예술만 전국 파견, 지금도 무형문화재인 전통문화 프로그램을 운영·삽입하지 않고 있다. 전문가는 많다. 그러나 전문가부족으로 못하고 있기 때문에 방학 때 교사특강을 해야 한다.

5) 조선일보 2012.7.20. 명퇴 신청 30% 급증-교단등지는 선생들이 많다. '명예퇴직을 많이 해서 이제 학교에서 50대 후반 교사들은 찾아보기가 어려울 지경'이라고 했다.

6) 정부가 학교폭력을 줄이는 방안의 하나로 전(全)학년 예체능 수업을 다음 학기(2012년)부터 중, 고등학교 음악, 미술, 체육수업을 모든 학년에 걸쳐 고루 가르치기로 했다면서 정작 전통문화 프로그램은 빠져 있다, 지도자가 부족하기 때문이다. 그러므로 예체능 수업의 매력을 교육당국이 지도자 양성교육을 우선해야 하며 교육방법을 뜯어고치고 입시수업에 시달리는 학생들에게 숨통을 터주는 교육이 절실히 필요하다.

벗어나려면 가족단위 치료 병행해야 하는데 우리의 전통문화 교육 부족과 이럴 때는 탈춤치유가 좋다.

1910년도 일제의 문화말살정책으로 이어지면서 권리와 의무를 박탈당하고, 역사의 암흑기가 오는 듯하였으나 1945년 해방을 맞이하였다. 그러나 6・25전쟁이 끝나자마자 서양의 문물이 밀려오면서 우리문화는 발붙일 곳이 없게 되었으나 1970년대에 이르러 전성기를 맞이하였다. 때마침, 대학가에서는 탈춤이 없으면 축제의 명분이 서질 않았고, 우리전통문화는 해외나들이를 통해 세계에 소개가 되어 극찬을 받았다. 그러나 군사정권시대에 우리의 민족문화는 지하로 숨어버렸다. 대학생들이 탈춤을 추면 데모하는 것으로 인식하고 노조활동 속에는 사물놀이가 포함되는 것으로 정책입안자들은 단정 지어버렸다. 당시 서양의 뮤지컬이 우리 사회에 침투하던 시기와 맞물려 우리의 대표적인 음악과 탈춤, 사물놀이는 한계성을 넘지 못한 채, **지금 우리의 무형문화재는 지하실 감방에서 잠자고 있으며 그나마 축제나 해외공연에서 전통문화의 가치를 선보이고 있다**. 따라서 지금부터라도 우리 것인 무형문화재 전문가들을 발굴하여 인재를 육성해야 하고, 학교 교육(초・중・고・대)에 필수과목으로 삽입해야 한다. 이제라도 식민지, 사대사상을 떨치고 우리의 모습을 찾아야 하지 않겠는가. 학교(초・중・고・대)에서 무형문화재인 전통문화를 필수과목으로 지정(指定)해야 한다. 이 땅・이곳은 우리 후손들이 대대로 살아가야할 서양의 것이 아닌, 대한민국이다.

한국무형문화재의 대표적인 것은 탈춤, 풍물, 무속, 전문예인집단 등이 있다. 그러나 탈춤하면 대학생들의 데모, 풍물의 사물놀이하면 노사분규로 몰아갔다. 이제 정책적으로 무형문화재가 제대로 정립이 되어야 한다. 그동안 우리는 우리의 훌륭한 전통문화(傳統文化)를 활성화(活性化)시키지 않고 왜 그대로 놓아두었는가?

이런 구조적 모순점 때문에 어느 시기부터인가 우리의 것이 무시되기 시작했고, 관심의 대상에서도 멀어져 자연스럽게 퇴출되는 상황에까지 이르게 되었다. 지난 반세기 동안 대립(對立)과 갈등(葛藤)의 사회 분위기는 전통문화라는 새로운 대안을 수용하려 들지 않았다. 이제 경제성장과 더불어 우리 것의 정립(定立)이라는 사회적 분위기를 이어서 앞으로 문화재청에서는 정책적으로 교육부 및 각 보존회와 학교에 "전공필수과목"으로 한국의 무형문화재(無形文化財)인 전통문화(傳統文化)교육을 권장하고 강화해야 한다.[7]

---

7) 전통문화교육을 하면 정신적・육체적 건강이 온다. 따라서 우리인체를 치료보다 예방을 할 수 있다. 스트레스는 치수(%)로 나오지 않는다. 얼마만큼 받았는지 자신이 스스로 풀어야 한다. 따라서 우울증, 치매도 약이 없다. '자연'과 '사랑'도 GNP의 수치로 잴 수 없다. 탈춤이 건강에 좋다. 그러나 어떻게 좋은지 치수로 나오지 않는다(설문지 참고. 과학적 기계로는 형식적으로 나온다). 치유방법은 올바른 생활습관과 뇌를 자극하는 운동인 책읽기, 라디오 듣기, TV보면서 뛰기, 규칙적인 식사, 여유(餘裕), 우리체질에 맞는 운동(탈춤체조 등)하기 등이 있다. 밤에 잠을 잘 때 캄캄하게 불을 끄고 잠을 자야 한다. 농작물(고구마, 감자 등)도 불을 켜놓으면 성장하지

2. 이런 문제를 해결하려면

위에서 해결점을 제시하였고, 더욱 건강문제는 예전에 국민보건체조(덴마크식)가 학교 체육뿐만 아니라 일반 사회에서도 실시하는 범국민적인 체조임을 부인할 수 없듯이 정책적으로 학교당국에서 우리의 전통문화 학과목을 개설해야 한다. 지금 대학에서 서양학과목 위주로 구성된 것은 물론, 심지어 민족의 장래를 책임질 인재 육성을 부르짖는 민족사관고등학교에서조차 자신의 무예도 모르고 일본검도를 열심히 가르치고 있다. 치마바지에 일본 검, 아니 죽도라도 들고 버티고 서서 지배자의 기분을 맛보려는 한국의 전통적인(?) 상류층의 비뚤어진 친일적 심미관과 식민사관은 정책입안자들이 정리, 개선해주어야 한다.

1) 이러한 작업을 위해서는 먼저 우리 안의 문제점들을 알기 쉽게 정리하고 대중화해야 하며 학문적으로 정립해야 한다. **그 동안 한국의 예술대학(藝術大學)은 외국학위 소지자들에 의해 서양식 교과목이 정립된 반면, 우리의 중요무형문화재(重要無形文化財)인 가무악극(歌舞樂劇)의 이해는 매우 부족했고 천시(賤視)했다. 이제 국가의 무형문화재 교육정책입안을 위해 고양이 목에 누가 방울을 달 것인가가 관건이다.**[8)]

2) 한국전통문화에 대한 교육정책이 없다. 그나마 대학에서는 무형문화재의 대표적인 것처럼 학과목(컬리큘럼)이 '국악' 위주로 편제되어 있다. 국악(國樂)은 좁은 의미의 개념이며 무형문화재인 "전통예술"[9)]은 넓은 의미로서 교육(教育)[10)]하 고 훈련(訓練)[11)]을 해야 한다는 뜻이다.

3) 늦었다고 생각할 때가 빠른 때라는 말이 있듯이 우선 학교의 교과목 재편성과 교사(教

않는다. 그래서 우리 무형문화재의 근본적인 프로그램 교육방법으로 해결해야 한다(초・중・고・대학에 전통문화가 전공필수과목으로 채택되어야 한다).

8) 쥐들이 고양이 때문에 무서워서 못살겠다고 회의를 했다. 이 때 한 쥐가 기가 막힌 아이디어를 냈는데, 고양이 목에 방울을 달아두면 고양이가 움직일 때마다 소리가 날 터이니 그 소리가 나면 도망갈 수 있다고 한 것이다. 이 말을 듣고 모든 쥐들은 박수를 쳤다. 그런데 누가 고양이 목에 방울을 달 것인가 하는 문제가 생겼다. **그 누구도 감히 고양이 목에 방울을 달 엄두를 내지 못했다**(공무원・보유자・전승자・국민・국회 문광위원장・문화재청장・대통령 누가?). **그 아이디어는 좋았으나 실천할 쥐가 없는 고로 결국 없던 일로 할 수 밖에 없었다.** 이것이 현재 전통문화 제도가 이렇다.

9) 서연호, 고려대 명예교수: 우리의 전통문화(藝能)는 다양하다. 풍물・탈춤・무속・전문예인집단・조선연극사(가면극・인형극・구극과 신극), 학문과 지식(知識)을 포함하는 여러 종류의 우수한 기술이 뛰어난 재능, 예술적 능력이나 무기를 다루는 솜씨 등의 의미로 사용된다. 예술, 기예, 무예, 재예, 공예, 경기, 자수, 희화, 강담, 잡기, 백희, 예, 악, 가, 무, 사(궁예), 어(승마술), 서(학문), 시(문학), 역(음양학), 춘추(역사) 등을 포괄적으로 지칭하고 있다. 중국의 영향을 일찍부터 받기 시작한 한국과 일본에서도 재능(才能)에 관한 인식(認識)과 제도(制度)는 유사한 방향으로 전개되어 왔다.

10) 지식으로 인격을 가르치어 자라게 하다. 길러줌.

11) 기술로 연습시켜 가르치고 익혀, 심신을 단련하게 하다.

師) 재교육을 실시해야 한다. 우리교육제도는 입시(국・영・수)위주이기 때문에 취미활동은 하고 싶어도 엄두를 못 내고 있다. 더욱이 무형문화재인 전통 문화는 더 그렇다. 그래도 학교 특별활동 시간에 함께 모여 신명나는 탈춤과 풍 물, 죽방울 등을 함으로써 모든 것을 다 잊어 버리고 추임새를 하면서 흥겹게 악기를 치고 탈춤을 추니 좋다고들 한다.

4) 탈춤은 병균을 죽이는 역할은 못하지만, 대체의학으로서 춤사위는 감돌아들고 풀 돌아 들기 때문에 막힘과 풀림으로 몸을 윤활하게 하는 '불림'의 소리(추임 새)는 흙에서 뿜어내는 열(地 흙, 아지랑이)기둥으로 상승시켜 예방과 치료를 함으로서 정신과 육체관계를 소통시킨 다. 지금 이 시대에는 노인문제(고령화), 우울증, 치매(癡呆), 자살, 취업 등은 이제 개인문제 가 아니라 건강과 연결되면서 국가와 사회문제가 되었다.

5) 우리의 전통문화 교육프로그램(학과목)을 통해(신설하면) 학교 폭력 등 범죄를 예방할 수 있다. 학교도 학교지만 1970-80년대 필자가 진행했던 YMCA, 홍사단, 한국청소년연맹 등 사회단체에서도 전통문화교육 프로그램이 살아졌다. 전통문화프로그램이라고 해서 느리고 축 축하고 차원이 낮은 프로그램이 아니다. 가무 악극이 있고, 템포가 있고 아주 재미가 있어 정 서가 있고 신명이 난다. 그 예로, 탈춤치료는 학교폭력(왕따・게임중독・자살・따돌림・구타 등)을 줄일 수 있는 예, 체능, 인성교육의 유일한 프로그램이다. 필자는 시민예술학교의 공동 체프로그램[12]을 진행해 보았다. 설문지를 보면 알 수 있듯이 이런 프로그램이 '인생의 맛을 느낀다.' '건강' '우울증' '혈액순환에 좋다.' 등 개인프로그램과 단체 활동을 통해 스트레칭으로 스트레스를 해소함과 동시에 전통문화를 습득함으로써 주인의식, 주체의식(혼, 뿌리)이 생겼 다고 답했다. 학교에 정규필수과목으로 신설하려면 각 장르마다 기본동작을 교육하고 가무악 극(歌舞樂劇)으로 이론과 실기를 수용한 다.[13]

6) 게임중독자들은 게임밖에 할 게 없다고 말한다. 세계 여러 나라마다 각종 문화의 가면을 쓰고 우리 인간들에게 접근하는 것을 지혜롭게 감당해야 한다. 개인주의, 한탕주의, 왕따, 따 돌림 등을 해소할 수 있는 운동정신이 바로 무형문화재 인 전통문화교육인 어울림의 프로그 램인 것이다.

7) 이제 교육과학기술부 교육정책 내용이 변해야 한다. 교장, 교감, 교사들을 불러놓고 탁 상공론 하는 것보다 땀을 흘리는 민족의 주체의식 교육이 필요하다. 체육도 문제이지만 전통 문화 수업이 턱없이 부족하다. 단순한 전통문화수업이 아니라 메시지가 있는 전통문화수업을 하면 주체의식과 주인정신이 활성화 된다. 아울러 사회성과 인간관계가 해소할 수 있는 소통

---

12) 교양・이론과 실기・무형문화재 원형, 즉 풍물놀이・탈춤놀이・전문예인집단(버나 돌리기, 살판, 줄타기 등), 탈춤클리닉・전통문화 따라잡기・민속놀이 올림픽. 민속체조・탈춤체조 등(연희단 취지・목적 부분에 장르 참고).

13) 국악예술고등학교 교재 참고(필자).

의 역할극으로 학교폭력(왕따, 자살 등), 봉사활동, 청소년 신체적성운동 등 프로그램을 개발하여 인성교육으로 스트레스를 해소할 수 있어야 한다.

8) 급변하는 사회와 학교에서 우리는 어울림의 문화인데 서양의 개인주의(니체・개인예술 등)는 정신병자를 만들 위험성이 있을 수 있다. 우울증, 치매, 학교폭력 등 정신적으로 문제시 되어 현시대를 흔들고 있다. 무형문화재 프로그램은 공동체 프로그램(함께 하는 것, 다 같이, 어울려야 산다)으로써 단체프로그램으로 개발되면 한국의 얼, 멋, 맛, 흥, 정, 인물을 통해 사회의 구조적 모순점인 요지와 처첩간의 갈등[14], 착취와 착취당한 자(者). 상하(上下)관계, 가진 자와 못가진 자. 흥(興: 탈춤)의 체험을 어울림의 문화로 화해의 구조로써 위의 문제점을 해결할 수 있다.[15] 현재 우리 생활의 패턴(문화를 바꾸려면 오래 걸린다.)은 주체의식과 전통문화보급의 필요성이 있다.

9) 광대(廣大)라고 하면 가면(假面)을 광대라고 하지만 탈춤을 추는 자가 광대이다. 요즘은 줄 타는 사람, 판소리하는 사람 등, 기록으로 정리하는 사람들이 누구나 광대라고 잘못와전되어 기록되었다. 서민들이 하는 탈춤은 재담(才談)이 많고 그 중 봉산탈춤은 중인계급(吏屬)의 아전들이 했던 것들로 주로 춤을 보여주며 과시했기 때문에 춤(舞踊)이 우선적이다. 과거급제를 못한 아전들은 발령받아 근무하면서 수령눈치, 양반눈치, 서민눈치를 보면서 춤으로 공연을 선보였다. 봉산탈춤이 대조적으로 고사성어가 많아 차원이 있는 것도 그런 예이다. 더욱 항구도시가 가까운 봉산은 중국과 연관되어 공단이 들어와 의상이 화려하게 공연하였으나[16] 김정일이가 5살 때 봉산탈춤을 보고 무서워 마귀・귀신이라고 하여 부친인 김일성이가 보여주지 말라고 해서 없어졌다는 설이 있다. 그러나 지금 시대가 시, 분초로 바뀌고 있는 상황에서 인민들을 다스리려고 하니 북한에서도 무형문화재를 법제화시켜 보호육성하려고 한

14) 갈등을 역할극으로 서로를 이해와 배려로 소통(疏通: 막히지 않고 잘 통함)하는 것, 외아들과 학교, 부부가 성격도 다른데 고락(苦樂)을 함께하여 음식, 말투, 얼굴 등, 서로의 결함과 말투까지 닮아가듯 스며들면 얼마나 좋은가! 이런 역할극은 세상이 이해관계와 갈등 속에 경쟁만 외치는 성과주의 사회에서 상대방의 입장이 되어 문제를 스스로 해결할 수 있는 능력을 키움.

15) 유형(有形)과 무형(無形)의 예산조절을 해야 한다, 세금을 조금만 아껴서 절약하면 한국전통문화가 살 수 있다. 예산을 써야 예산이 나온다고 12월말에 멀쩡한 도로 보도부록을 교체하는 나라이다. 국민의 세금으로 전용, 항목변경 등을 마음대로 쓰는 나라이며 아직까지 재산과 학벌로 사람을 평가하는 유토피아(그런 장소는 없다는 뜻) 같은 나라이다.

16) 왜 대표적인 봉산탈춤이냐? 필자는 이렇게 생각한다. 봉산은 항구도시이며 돈이 있어 여유가 있는 지역이므로 무역거래 등, 비단을 쉽게 구입할 수 있었다. 목민관과 서민사이에 아전(吏屬)들이 실무단담당으로서 상관(목민관)과 서민 사이에서 살아남기 위한 행정수단의 하나이기도 하다. 아전들이 실무담당자로서 서민복지문제로 결재하기도 쉬웠고, 목민관한테 잘 보이려는 수단과 방법을 찾다보니 대중・서민들이 선호하고 호응하는 문화예술을 선택하게 되었다. 그 중에 제일 안성맞춤의 춤인 봉산탈춤이었다고 생각한다. 이들은 이 춤을 이용한 군민을 다스리는데도 목적(지역과 예산)을 두고 열과 성의를 다했다고 추정한다. 서양의 웨스트사이드 스토리, 아가씨와 건달들 등을 보라 춤(舞踊)으로 극(劇)을 끌어가고 있는 것이 바로 그 예라고 할 수 있다.

다. 한국과 정통성 경쟁을 위해 인민계몽차원의 일환으로 김정일에서 김정은 체재로 끌고 가기 위한 수단으로 전통문화정책을 펴서, 민속 문화를 분류하여 추석명절과 단오놀이를 허용하고 있다. 인민에게 수령의 혜택으로 인민들의 민족적 긍지와 자부심을 높이고 마음을 다른 곳으로 정책전환하기 위한 수단인 것 같다. 이제 유네스코에도 등록해야 하는 상황에도 놓여 있다. 탈춤은 전통문화이자 건강과 우리에 삶과 연결된 사회풍자 사회비판 극(劇)이지만, 이제는 북한의 유일사상(唯一思想)과 별개문제로 취급하고 있다. 북한의 내각 기관지 민주조선(2012년 11월 8일자)에서도 '문화유산보호법에 대하여'라는 글에서 "최근 최고인민회의 상임위원회에서는 우리 민족의 귀중한 문화유산을 더 잘 보호관리하기 위해 종전에 채택됐던 문화유물보호법의 효력을 없애고 문화유산보호법을 채택했다"고 밝혔다. 북한이 기존의 법령을 보완해 문화유산보호법을 새로 만든 것은 올해 출범한 김정은 정권의 문화적 관심을 반영한 것으로 풀이된다.[17)]

10) 무형문화재 제도는 1962년 제정되었고 여러 차례 개정되었다. 우리의 전통문화를 온전하게 지키는 뜻을 가지고 있고, 예능 6개 분야(연극・음악・무용・의식・놀이・무예)와 기능 2개 분야(공예기술・음식제조)가 있다. 기・예능보유자(人間文化財)제도를 반대하는 즉, 무형문화재 제도를 근본적으로 반대하는 몇 몇 사람들과 우리나라 전승실태를 제대로 이해하지 못하는 탁상공론적인 이론(理論)만을 근거로 제시하는 사람들이 있다. 소수의 학자, 우리의 전통문화를 서양종교적 시각으로 곱지 않은 시선으로 바라보는 성향이 짙은 일부 종교적(노장과장 등) 비판자 등, 편협한 주장이 사실과 관계없이 이론적(理論的)으로는 그럴듯해 보이므로 민원(民願)이 끈이지 않고 들어오고 있다.

11) 그러다보니 전문가가 아닌 **순회보직인 담당공무원**들만 해당 업무와 민원에 시 달려 지쳐있다. 발령받아 온 무형문화재 담당공무원들은 무슨 힘이 있겠는가! 그나마 우리 전통문화의 현재 조직과 시스템 체제도 무시하고 없애려고 한다. 이렇게 되면 담당공무원들은 편협(偏狹)하는 공무원도 있지만 일을 하고 싶어도 할 수 없는 형편이 되어 몇 년 만 의욕적으로 근무하면서 '바로잡겠다.'고 "애쓰기보다 있는 동안만 대충 근무하다가 타부서로 가면 된다." "직무유기" 라는 제도적 모순점이 발생한다. 이런 면역에는 우리 국민들이나 전승자들도 원형(전형)보존과 정상화를 위해 책임이 있는 것이다.[18)]

12) 우리는 전통(傳統)이란 말을 강조한다. 외국 사람들은 전통이란 단어를 사용하지 않는

---

17) (서울=연합뉴스) 노재현 기자 = 북한이 구전문학을 비롯한 무형의 전통문화를 보호하는 내용을 담은 법률을 제정한 것으로 15일 확인됐다(필자 주제토론 내용 일부. 2013.7.24. 문화관광체육부. 제1회의실. PM.3시-5시. 교류제안).

18) 문광부도 전통예술진흥정책개발 Task Force가 만들어져 많은 정책개발을 해놓고 추진할 주관, 즉 제대로 집행할 기관이 없다고 했다.

다. 이유는 자기들의 행위는 곧 전통(햄릿, 비발디 등)이라고 자부하기 때문에 반드시 전통이라는 단어를 사용하지 않는다. 서양의 전통인데 우리는 이것을 새롭고 좋게 받아들이는데 문제가 있는 것이다. 우리의 근본적인 문제[19]는 한국예술종합학교 전통예술원(傳統藝術院) 외에 한국의 예술대학 수업이 대다수 외국 것을 모체(母體)로 하고 있다는 점이다. 그래서 외국은 Performing art이고 우리는 꼭 무겁게 Traditional art이라고 붙이고 있다.

위의 12가지 문제점 외에, 현재 우리나라는 모든 중요무형문화재(重要無形文化財)가 근본적인 학교에 교육제도가 없어 점차 사장되어가는 위기에 처한 사실을 도외시 하고, 더욱이 유・무형 예산의 큰 차이점, 민원 등, 어려운 현실에 당면하고 있는 것을 정책입안자들이 해결해야 한다.

3. 한국과 서양예술의 경우

현재 서양(西洋)에서 들어온 연극(演劇), 무용((舞踊), 음악(音樂), 오페라, 심포니, 콘서트, 발레 등은 해외 유학파에 의해 각기 다른 방법으로 정립이 잘되어 체계적(體系的)으로 자리잡았기 때문에 중앙기관단체(국립극장・세종문화회관 등)에서 월급을 주며 보호, 육성・지원하고 있고, 우리의 무형문화재인 전통문화예술단체는 홀대받고 있다.

또한 서양의 예술단체는 지역화로 인해 지역별로 활성화 되어있다. 따라서 서양 작품은 한 단체에 잘 훈련된 배우(10~50명)들만 있다면- 연출자 한 명을 초청하여 한 작품을 공연하여 끝내고, 다음에 또 다른 창작(創作) 작품의 연출자 및 단원을 초청하여 퍼즐(모자이크) 맞추듯 연결하여 꿰맞추는 형식이다. 그러나 우리 것은 연출의 제작진보다 답습자만 있으면 된다는 점을 정책입안자들은 인식해야 한다.

1) 한국의 관변단체(국립극장, 세종문화회관, 예술의 전당, 각 지역문화회관 등)에서는 국립창극단 외에 서양의 문화예술단체만 단원 월급(20-50명)을 주며 보호・육성・지원하고 있

19) 일본은 문화재청과 japan foundation을 통해서 장기적으로 사업에 임한다. 노(能) 강연 및 공연(2012.4.3. 한예종, 중앙대, 2013.11.19. 교겐. 소극장 등) 가부기(歌舞技), 신파(新派) 등, 그러나 우리는 일본의 안방극장에서 30-40년 前의 것(劇)을 따라하고, 시청률에 의해 다른 교양강좌를 할 수 없는 상황이다. 일본은 2박자(신간센 등), 한국 3박자(처가집, 역전앞 등), 중국(만만디)은 4박자의 민족혼의 리듬을 가지고 있다. 수많은 외침속의 강대국 사이에서 살아남으려고 했던 민족의 리듬이 생활로 변해 양식화 된 것 같다. 등소평 씨(중국주석)가 일본을 방문해 '신간센'을 보고 '저렇게 빨리 가서 무얼 하자는 건가?'라는 일화(一話)가 있다.

다. 그러나 무슨 이유로 수천 년 민족의 희로애락을 같이한 대한민국의 무형문화예술단체는 홀대를 받아야 하는지 의문스럽다.

2) 서양에서 들여온 문화예술을 연기하는 국, 시립단체(극단, 뮤지컬단, 발레단, 오페라 단, 합창단 등)처럼, 우리 전통예술 보존단체 보존회원들을 가무악극 지도보직자 5명과 20-50명 정도 최소 필요 단원(회원: 전수조교)이라도 국, 시립단체처럼 유급회원으로 월급을 지급하면, 위와 같은 문제를 해결・순화시킬 수 있을 것이다.

3) 외국 국립극장에서는 그 나라 자국(自國)의 고유 전통문화만을 공연・ 육성・ 지원하고 있다. 일본만 하더라도 동경과 오사카, 교토 등에는 가부키(歌舞伎), 노(能), 분라쿠(文樂), 교겐(狂言), 대형 및 전용극장이 시내 중심가 여러 곳에 있다.

4) 2010.6.30일자 신문에도 재단법인 공연예술센터를 설립해놓고 아르코예술극장은 무용중심, 대학로극장은 연극중심, 서울역(기무사 자리)뒤 국립극단 공연장도 연극 중심 역할을 분담하고 있다. 서양의 예술보다 한국전통문화공연장을 정부에서 권장해야 하는데 “이곳이 한국인가” 할 정도로 무시당하고 있다. 이제 동・서양의 문화가 안배가 되어 함께 가야한다(정책 입안자의 문제점).

5) 한국 문화재보호법이 일본의 문화재보호법을 모법(母法)으로 하여 만들어진 것이라고 하지만, 일본은 우리와는 전승 형태가 다른 가문(이에모토/家元)에 의해 운영되고 있으면서도 가문만으로 전승할 수 없다. 그 예로 분라쿠(文樂) 같은 경우에는 분야별로 3명의 인간문화재(人間文化財)가 존재하고 있다.

6) 서양에서는 전통(傳統)이라는 말을 사용하지 않는다. 그러나 우리사회에서 ‘전통’을 옛것의 답습으로만 여기는 데에 모든 문제가 있는 것으로 보인다. 전 통이라는 말을 꺼내는 것 자체가 시대에 맞지 않는 일로 여겨지는 분위기다.

7) 뮤지컬, 오페라는 외국의 무형문화재이다. 우리의 단체종목이 있듯이 서양도 종합예술이기 때문에 극본(劇本), 작곡(作曲), 연출(演出), 안무(按舞), 지휘자 등, 주요 제작진과 각색, 편곡, 조연출, 조안무 등 잘 훈련된 가무악극(歌舞樂劇)의 연희자(演技者)가 있어야 한다. 오페라의 연기자는 음역에 따라 테너, 소프라노는 주인공을 맡을 수 있고, 바리톤・앨토는 저음이기 때문에 보편적으로 조연을 맞고 있다. 이로써 공연(公演)이 성립된다.

8) 체육에도 사람에 따라 체형이 다르기 때문에 배구・축구[20] 등, 권투・레스링은 급수, 체급에 따라 시합이 가능하다. 따라서 장르별 보직자가 있고 단체의 단장(團長)이 있어야 운영이 가능하다.

---

20) 배구는 6명, 축구는 11명이지만 후보로 10여 명 정도가 더 있어야 운영이 된다. 탈춤도 배역별 이외의 전승자가 있어야 한다.

9) 한 분야의 단순예술인 발레도 극본, 작곡, 연출, 안무, 지휘자, 기획, 단장(예술감독)이 있어야 하고, 잘 훈련된 무용수(舞踊手)들이 있어야 운영과 공연이 성립된다.

10) 단순장르인 창작(創作)을 하는 연극(演劇)도 연출자 한명만 있어야 된다지만, 위의 제작진과 드라마투르기 등, 잘 훈련된 주연, 조연, 단원(남녀배우)들이 있어야 훌륭한 공연이 된다. 수시로 발령받아온 단장의 컬러에 맞는 연출자(감독)가 연출을 겸하여 한 명으로 운영이 된다면, 오래가지 못할 뿐만 아니라 임시방편적 비조직적인 단체가 된다.

11) 우리의 전통문화는 종합예술이다. 평생을 하는 무형의 원형단체이다. 우리도 단체종목이므로 보유자(保有者)가 배역 및 과장별로 지정(指定)이 되어야 한 다. 제작진 보다 답습(연희 및 악사)자가 있어야 한다. 배역(配役)마다 보유자 가 지정이 되어야 형식적이 아닌 근본적으로 무형문화재가 보존, 전승, 발전이 가능하게 된다.

4. 외국문화예술 단체의 현재 상황

한국의 서양문화예술단체는 전문공연장도 있고, 월급을 받고 있다. 각 지역 및 단체마다 20-50명의 월급(200-500만원)을 받는 단원, 지도단원, 단장(예술감독)이 있어 연봉을 받고 있다. 그러나 한국의 전통문화예술단체는 보존회 마다 보유자가 현재 1-3명 정도가 있는데, 보유자(125만원), 전수조교(625천원) 수당(월급?)을 받고 있다. 정책입안자가 조금만 조정하면 되는데 그렇지 못하다.

그 이유는 이러했다. 정부수립 당시 우리 선배들은 해외 유학생들이 귀국하여 대부분 관변단체에 종사하고 유학당시 배운 서양문물을 정책에 반영・결정하였기 때문에 국내파들은 그동안 그저 숨죽이고 소리를 내지 못했다. 그리고 공무원도 순환보직이라 책임감이 없었으며 담당관청에도 우리 것인데도 전통문화의 전문가가 없었다. 그동안은 서양문물을 좋아했지만, 서양 사람들은 이제 동양의 문화와 역사를 선호하고 있다. 서양문화는 제작진이 중요한 역할을 하지만, 우리의 무형문화재는 선조들에 의해 이미 극본, 작곡, 연출, 안무, 소도구 등이 모두 다 기획, 제작되어 있기 때문에 전승자들은 자기전공을 전문적으로 답습(踏襲)만 하는 답습자만 있으면 된다.

따라서 문화예술은 돈인데, 각 부서의 공무원은 순환보직이 아닌, 전문가를 공채하여 정책적으로 바로잡아 주어야 한다. 각 보존회 단체는 전문가들이 포진되어 평생을 교육, 훈련으로 답습하고 있는데, 관공서담당자들은 종이 한 장의 발령으로 1-2년 이내, 타부서로 떠나가야 하는 제도적 모순점이 있다.

5. 국립 연희단(國立演戲團) 설립취지와 목적[21)]
(국립무형유산원 및 국립연희단 창단)

1) 모집/ 원형단체의 보존회 소속회원(전수・이수・조교 등) 취업일환
2) 작품/ 전통문화 원형을 현대적 수용으로 활성화・대중화
3) 내용/ 국가적 브랜드작품을 제작하여 라이선스작품으로 해외 수출을 해야 한다.
4) 자격/ 각 보존회의 원형을 터득해야 창작적인 작품을 수용할 수 있다.
5) 인원/ 100명(예산이 없다면 50명 정도 출발)

국립연희단 창단이 창단되면 원형과 연희극을 해야 한다. 연희(演戲)는 가무악극(歌舞樂劇)이 하나의 장르이다. 한국전통문화의 현대적(무대적) 수용으로 공연행위(公演行爲)이다. 즉, 총체적인 예술로서 풍물(農樂), 탈춤(假面劇), 무속(巫俗), 전문예인집단(南寺堂/어름(줄타기), 살판(땅재주), 버나(대접돌리기), 발림(동작), 가무백희(歌舞百戲), 가무희(歌舞戲/광수무, 호선무, 무애희, 황창무・등), 잡희(雜戲), 잡극(雜劇), 산대희(山臺戲), 나례(儺禮), 잡희(儺戲), 곡예(曲藝), 묘기(妙技), 환술(幻術), 우희(優戲/골계희, 배우희, 창우희), 판소리(唱劇), 동물가장희(어룡만연희, 사자무, 호랑이무, 학무, 소놀이, 거북놀이), 국악(國樂), 궁중정재, 조선연극사(가면극, 인형극, 구극과 신극)등[22)]원형작품을 이 시대에 맞게 창작(創作)해야 한다. 한국의 전통문화를 어떻게 현대적으로 수용하여 이 시대의 관객이 요구하는 것이 무엇이냐가 관건이다.[23)]

---

21) <사례논문 6번 참고>, 국회문화정책포럼. 2006.8.28. 주제발표제목/ 국립전통연희원 설립과 국, 시립 연희단 창단 제안 발제(2013년도 무형문화재 전수조교 간담회. 발제참고).

22) 추가항목은 각주 6번 참고.

23) 세계적 평가를 받은 라이선스 뮤지컬은 국제공연시장에서 인정을 받았다. 그래서 연극하는 사람들이 연극은 상품(장사)이 안 되니까 라이선스 뮤지컬을 앞 다퉈 수입하여 들어온다면 한국의 원형작품이나 창작연희극(뮤지컬)이 커 나갈 수 없다. 산업화된 민주화는 급히 성장하나 우리의 전통문화는 장시간의 여유 속에 진가를 발휘할 수 있다. 우리상품이 문화적 격조 높은 작품으로 성숙하고 거듭날 때까지 국민인식의 집단적 교양과 복합문화융성의 실마리를 찾는 것이 과제이고, 실제적 현실로는 이런 단체와 훈련된 연희자(연기자)가 아직 한국에 없다는 것이다. 그래서 원형을 터득해야 창작적인 작품을 수용할 수 있고, 세계적인 국가적 브랜드작품을 제작하여 라이선스작품으로 해외 수출을 해야 한국전통문화가 살아남을 수 있다.
지금 대학가도 급변하고 있다. 최근교육계의 가장 큰 이슈는 '창의적 융합인재양성'이다. 서로 별개의 영역이었던 과학, 기술 분야와 예술분야가 합쳐서 새로운 학문이 탄생하고 하나의 학문은 쪼개져 다양한 방향으로 진화하고 있다. 학과 간에 벽은 허물어 점점 낮아지고, 산업체와 대학 공동연구가 활발해졌다. 사회가 복잡해진 만큼, 더 이상 특정 학문이 단독으로 문제해결의 돌파구 역할을 해낼 수 없게 되었다고 보도하고 있다. 국립국악원 내 무용단, 민속단, 정악단, 창작악단을 설립하면서 연희마당극장도 건축했다. 문화재청에도 국립무형유산원의 기획단 건립을 확대하여 제도와 시스템을 개발하고, 시도한다면 우리민족의 유산인 무형문화재의 계승, 발전, 전승은 영원할 것이다. 그리고 각 보존회와 공연관계를 상부상조함으로써 소통도 원활하게 이어질 수 있다. 현재 서양의 프로시니엄 극장에서 한국의 전통문화를 공연하고 있다. 이것은 마치 양복입고 갓을 쓰고 다니는 것이나 다름없으나, 국립무형유산원 연희전용극장이 있다.

문화재청에서는 원형(原形)을 보전(保全)하고, 국립유산원은 원형과 창작, 그리고 무엇보다도 지도자 양성교육이 필요하다. 유산원은 복합적인 부분을 겸함으로서 옛것을 본받아 새로운 것을 창조하는 법고창신(法古創新)의 정신이 필요하다. 즉 온고이지신(溫故而知新)이다. 단순히 옛것을 복구하는 것이 아니라 모티브는 옛것에서 찾되 그것을 현대적으로 재해석하여 새롭게 창조하는 것이다. 무엇보다도 역사와 전통에서 한국의 정체성을 찾는 노력이 필요하다고 설명하였다.[24]

6. 법적, 입법예고 제도과정의 논리적 문제점

우리 전통문화 전승과 창달에 있어서 독소가 되는 조항을 상부의 지시로 어쩔 수 없이 형식적인 자문을 받고 〈입법예고〉를 한 것이 아닌가 하는 분위기와 그 정황을 전수조교 교육과정(2010.6.17-18)에서 늦게 알았다. 이 사실은 초청강사와 담당 공무원들과의 토론과 질의 및 답변시간에서 느낄 수 있었다.

＊현재 담당 청(廳)에서는 **〈단체종목〉도 〈개인종목〉처럼 한명(1명) 이내에서 보유자를 지정(指定)한다는 정부의 정책방침을 변경하겠다는 이유는 다음과 같다고 했다.**

1) 지금까지 법(法)에 의해 운영하지 않았다.
2) 보유자를 몇 명 지정한다는 내용이 명시되지 않았다.[25]
3) 지금까지 너무 많은 보유자가 있었지만, 과거 관행으로 운영했다.

그렇다면 관례를 통해 법(法)조항 및 항목을 추가 보안하여 삽입·개정하면 된다.[26] 위 3개 항은 담당 공무원들이 밝힌 것으로 법에 명시된 대로 지금까지 우리나라 보유자 지정제도를 실행한 것이 아니라면(그렇게 법에 의해 시행을 한 것이 아니라면) 전임 담당부서(공무원)에서 문화재보호법이 제정된 후부터 지금까지 수십 년간 불법을 저지르고 〈직무유기〉했다는

---

24) 도산아카데미, 제258호 2012. 6월호(최광식 문화재청장), 전통과 현대의 창조적 융화.

25) 그동안 **양주산대 11명, 봉산 9명, 고성 8명, 북청 6명 등 보편적으로 보유자가 5명 정도까지는 각 단체보존회 지정되어 있었으나, 보유자가 사망하면 지정을 하지 않아서 "민원"이 들어오는 이유인 것이다. "전승자들이 전승은 힘쓰지 않고 보유자 되려고 욕심만 부리고 있다"**고 보도 자료에 부정적으로 기사화가 되어 있다. 따라서 보유자 선정 심사 때 교수 공채처럼 공정하고 투명하게 하면 된다.

26) 2012. 3월에 무형문화유산 보전 및 진흥에 관한 법률안 설명 자료를 문화재청에서 제공한 내용을 참고하기 바란다.

사실을 자인하는 것임에 다름이 아닐 것이다.

4) 답변의 문제점

각 단체가 제출한 법령 질의에 대한 문화재청 답변은 근본적으로 문제가 있다.[27] 법을 잘 알지 못하는 사람은 물론 법적으로 상식이 있는 사람도 문화재청 답변이 이해되지 않는다고들 한다. 법을 어떠한 기준으로 유권해석 했는지 이해할 수가 없다. 법을 제정하는 이유에 대해서 초등학생도 그 법리를 알 것이다. 법(法)은 국가의 주인인 국민이 인간답게 살게 하기 위해 나쁜 것은 없애고 좋은 것은 살리자는 측면에서 정부에게 위임한 것이 아닌가. 이 법리에 준용하여 담당관청은 다음과 같이 제시(답변)하고 있다.

1) 법적근거: 회신/ 보유자를 인정하는 법적 근거가 없습니다.

2) 보유단체 관련 정책방향 : 회신/ 1명 이내로 보유자를 인정한다는 방침을 세 운 것입니다.

3) 기대이익과 보완대책 : 회신/ "인정합니다." "상심이 크다는 것을 충분히 알고 있습니다." "적극적으로 추진할 것을 약속합니다." "조속히 강구하겠습니다." 등등의 문구만 나열했습니다.[28]

＊문화재 보호법 6조 2항. 3항을 보면

2항) ---- 중요무형문화재의 보유자(보유단체를 포함한다. 이와 같다)를 인정하여야 한다.

3항) ---- 인정한 보유자 외에 해당 중요무형문화재의 보유자 로 인정할 자가 있으면 그자를 추가로 인정할 수 있다.

위의 보호법을 보면 개정할 이유가 없다. 다만, 법 문항에 몇 명을 하겠다고만 추가하면 된다. 보호법에 대해 유권해석을 어떻게 하고 있는지 모르겠지만 - 보호법 6조 2항 3항이 있는데 법을 변경할 이유가 있는지? 라고 질문한 바 있다. 담당 청(廳)은 예산은 충분하다고 답변(설명회: 국립박물관. 2010)했다. 그런데 행정, 관리, 민원 때문에 피곤하다는 게 문제인 것 같다. 그래서 〈입법예고〉한 것을 이의제기하여 행정[29]적으로 보류되었다고 해서 다음과 같은

---

27) 제안한 단체들은 다음과 같다(민원). 강릉단오제보존회, 고성오광대보존회. 밀양백중놀이보존회, 수영농청놀이보존회, 수영야류보존회, 양주별산대놀이보존회, 은율탈춤보존회, 이리농악보존회, 종묘제례악보존회, 좌수영방어놀이보존회, 진주검무보존회, 통영오광대, 하회별신굿탈놀이보존회, 한국탈문화연구소, 김경화(동래야류보존회), 김영숙(종묘제례악보존회), 백정강(동래야류보존회) 등, 각 보존회 및 단체에서 제안한 바 있다.
혹시나, 또는 불이익 때문에 눈치를 보다가 제안을 못한 단체(보직자)가 있다. 제안단체와 쓴 소리하는 사람들이 있어야 사회가 발전될 수 있고 무형문화재인 전통문화가 건전하게 제대로 계승발전 될 수 있다. 이정섭 씨(난 행복한 목수, 조선일보 2011.3.26 기사.)는 다음과 같이 질타한바 있다.

28) 문화재청 회신 자료(참고자료 부분).

신문기사가 나왔다.[30] 그런데 이제 와서 왜? 왜? 수십 년간 제도가 있었는데 또 무형문화유산 보존에 관한 법률안 문제점이 되었는지 모르겠다.?!

＊제18조의 비법인화(社團法人의 문제점)

(문화재보호법 시행령/ 제32조, 무형문화유산 보전 및 진흥에 관한 법률안/ 제18조)

- 문화재보호법 시행령/ 제32조 --- "비용의 전부 또는 일부를 예산범위에서 지원할 경우 중요무형문화재의 종목별 성격 및 특성 등을 고려하여 다르게 지원할 수 있다."
- 무형문화유산 보전[31] 및 진흥에 관한 법률안/ 제18조 -- 전승단체 인정할 수 있다. 이 경우 전승단체는 〈민법〉 32조에 따라 설립된 비영리법인으로 한다.

수십 년간 개정되고 또 개정된 기존제도 말고 왜 근본(根本)을 버리고 새 제도를 실시해야 하나? 무형문화재는 사람이다. 사람이 곧 유산이다. 국가에서 지정한 보유자를 전승단체에서 퇴출시키고 무엇을 보전(保全/寶典)하고 유산으로 남기겠다는 것인가? 그동안 전문가들이 보편적으로 이론 및 젊은 학자들이 현장에 한두 번 나타나 귀동냥과 현장을 아는 척하고 주장하고 논문을 통해 주제발표를 애매하게 흑백논리가 정확하지 않으니 비전문가인 입법의원들도 판단이 흐려지고 있다. 제32조 18조 비법인화 즉 사단법인체를 만들어 순수문화예술을 또

---

29) 당시 문화재청(文化財廳)에서는 개정안(찬성・반대 여부와 그 이유)에 대해서 질문하였고, 서류(입법예고/문화재청장/규제법무감사팀장)가 국무총리실(2010년 6월 18일)에 있다고 들었는데 이제 법제처를 거쳐 국무위원 회의 후 대통령 결재면 실시가 되는 것이었는데, 전승자들의 총리실 방문 등 이의제기하여 입법예고가 보류가 된 것으로 알고 있다.

30) 그 결과, 개정이 다음과 같이 보류, 치유되었으며, 새로운 운영규정의 지정방식이 바뀌어 보도되었다. 보도된 기사에 의하면, 문화재청에 의해 신설된 규정(중요무형문화재 지정(보유자인정)에 관한 운영규정)의 핵심은 다음과 같다(허윤희 기자(ostinato@chosun.com) 조선일보 2011.1.21. 기사내용).
그동안 조사자 개인의 주관적 판단에 따라 좌우될 가능성이 있었던 중요무형문화재 조사방식을 점수로 객관화하고, 실기 능력도 구체적으로 검증받도록 했다는 점이다. 조사항목은 크게 전승가치, 전승능력, 전승 환경이지만 분야별 특성에 따라 세부적인 조사항목을 달리 만들었다. 농악이나 연희 같은 단체종목은 23개 조사 항목과 실기능력을 판소리나 승무(僧舞) 같은 개인 종목은 29개 항목과 실기 능력을 검증한다. 예를 들어 개인 종목의 경우는 한국 문화 연구에 대한 기여 가능성 수준, 한국 전통문화로서의 대표성, 대상자의 해당종목 실기능력, 무형문화재에 종사한 기간과 입문 시점, 해당종목에서 사용하는 용어에 대한 이해도, 시설현황, 건강상태, 평판까지 꼼꼼히 세부지표를 나눠 평가하도록 했다. **조사자는 세부 항목별로 대상자의 수준을 5단계(매우미흡, 미흡, 보통, 우수, 탁월)로 나눠 평가하고 문화재청에서는 이를 점수(100점 만점)로 환산한다. 새로 마련된 운영규정이 시행되면 중요무형문화재는 이 규정에 따른 전문가의 조사보고서와 문화재청의 점수 환산표 등을 토대로 문화재위원회의 심의를 거쳐 지정된다.** 문화재청은 지난 2년 동안 분야별 전문가의 연구와 워크숍, 공청회, 모의 평가를 거쳐 새 운영 규정을 만들었다. (전문가들한테 자문을 받아야지 형식적이면 문제)
중요무형문화재의 기존 보유자에 대한 전승 활동을 평가하는 것도 이전과 달라진 점이다. 문화재청은 "일단 보유자로 선정되고 나면 전승활동에 대한 정기 조사를 강화하기로 했다"며 "앞으로 보유자가 전승활동을 하지 않거나 소홀히 하면 불이익을 받게 될 것"이라고 말했다.

31) 보전/ 보호(保護)차원으로서 완전하게, (寶典/ 귀중한 법전) 보존(保存)/ 보호하고 간수해서 남김(활용, 운용초점)

하나의 노조를 만들 이유가 없다.

1. 현행 운영시스템은 사단법인체나 다름없다./ 전승・전수하는데 별 문제가 없다.

1) 회원 모집 (순수 예술적 차원이다)

2) 회비 수입, 지출 이상 없다.

3) 출연료를 수령하고 받는데 영수증 발행하는데 이상 없다.

4) 보직자(보유자, 전수조교, 운영비 등) 산출방법도 청(廳)의 배려차원에서 잘 진행되고 있다.

2. 사단법인이 되면 문제점

1) 법인체가 되면 이수자, 조교, 보유자 공평하게 이사장을 할 수 있다.
(이수자 등이 이사장이 집권하면 공평하게 한다고 다수결로 진행이 된다.)

가) 여기서 집행부의 독재가 나온다. 운영의 문제점을 허위, 조작, 누락하여 진실처럼 운영이사들을 다수결로 설득하여 통과시킨다(분쟁이 일어나면 "추측, 음해"라고 변명한다). 직무유기라는 단어를 모른다.

나) 그러므로 파벌이 생겨 보유자그룹과 젊은 그룹이 형성되어 분쟁이 일어나 순수무형문화재 보존단체가 분쟁으로 다툼이 일어날 수 있다(악법도 법이니까=그래도 보존회는 운영은 된다).

다) 집행부가 형성되면 주목적인 전승, 전수교육은 받지 않고, 공연연습의 명분으로 돈벌 궁리만 조성하니(사업) 보존회 회원들이 분쟁으로 치달아 단체가 이원화 될 수 있다(좋을 때는 좋다가 사정이 달라지면 적으로 변해 회원들의 파벌조성).

라) 법인체가 되면 쫓기고(퇴출시키고) 또는 싫다고 나가 수도권, 지역화, 국 내, 해외에서 활동하면서 자기가 하는 것이 원형(原形)이고, 최고(最高)라고 주장한다.

마) 법인체로서 분쟁이 일어나면 법적으로 가야 하는데, 변호사들만 돈을 번다.

사) 현재 법인체로 지정되어 있는 단체가 다 그렇다는 것이 아니다. 합리적이고 합법적으로 잘 운영되는 단체도 있다.

2) 영수증을 법적으로 허용되어 사업으로 유도한다(출연자와 비출연자의 분쟁이 일어난다).

3) 전승전수(傳承傳授/ 문화, 풍속, 제도를 이어 받아 계승, 전하여 줌), 전수교육(傳受敎育/ 지식이나 기술을 이어받음)은 공연연습으로 형식적인 행정사무처리 하고, 돈만 벌려 공연하려고 노력하다보니 파생적인 운영의 문제점이 일어나서 회원들끼리 분쟁이 일어나는 단체가 보편적인 현실이다.

3. 해결 방법

1) 무형문화재는 사람이다. 사람이 곧 유산이다. 순수예술문화가 근본(根本)이 무너지는데 무형문화유산법이 무슨 필요가 있는가? (분쟁 단체는 보존회 회원 당사자들끼리는 해결의 실마리를 찾지 못한다.)
2) 보존회 회원이 중재하려니 오해만 생긴다.
3) 무형문화재과 직원들이 현장 답사 등으로 형식적으로 노력하고 있지만, 따라서 문화재위원들이 동참하여 보유자, 조교들만 지정하는 것이 목적만 둘 것이 아니라=여건(조건)을 조성하여 직접 중재역할을 하게 해야 한다.
4) 지정 및 조사위원들이니까 후보군단의 당사자들은 수긍을 할 수 있다고 생각된다(보유자 및 전수조교 인정, 지정을 받기 위해 대, 내외적 및 연구실적 활동상황 파악).
5) 그동안 문화재청 직원이 부족하여 조건이 좋지 않았다. 담당자 1명이 63개 단체를 운영, 조정하니 힘이 들었지만 이제 직원들도 보충되었다. 더욱 종이 한 장으로 발령받아 다른 부서로 갈 것이 아니라 전문공무원이 계속 상주 근무해야 한다(칼이 칼집에 왜 있는가?).
6) 그동안 한국문화재보호 재단에서 협력, 용역을 맡아 협조단체로서 활동했지만, 이제 국립무형유산원도 설립되었다(아직도 타 조직, 부처보다 빈약하지만 한결 위안이 되고 있다). (* 무형유산원법이 통과를 하되 부분적으로는 조정, 수정이 되지 않으면 더 혼란스러워 진다고 사료된다.)

*** 맺는 말(대안방법)**

우리 전통문화인 단체종목은 종합예술이다. 그러나 외국식으로 분리・비교한다면 각 단체마다 가무악극(歌舞樂劇)의 지도자(指導者: 演出, 按舞, 作曲者, 合唱 및 指揮者)가 분야별로 있다하더라도 장르별 감독(監督)의 이론적인 지도만으로 창작, 운영이 된다.

그러나 우리는 제도적으로 차이가 있다. 외국방식처럼 운영하면 배역을 제대로 전수(傳授)할 수가 없다. 실기자로서 수년 간 갈고 닦은 연희자의 배역인 대사(연극), 춤(무용), 소리(음악), 몸짓과 재담 등, 수십 년 동안 훈련하여 농축된 분야별 기능자(技能者)의 배역(演戲者:보유자, 조교, 전승자, 연주자 등)과 함께 몸으로 부딪히며 땀 흘리는 장시간 답습으로 작업(장인정신과 혼의 교육과 훈련)을 통해야만 분야별, 과장별, 배역별 전승이 이루어진다.

서양처럼 한 작품이 끝나면 배우가 다른 창작 작품(創作作品)을 표현하는 예술이 아니기 때문에, 우리는 배역(配役)마다 과장마다 기술과 기능(技能)을 연마한 농축된 지정배역 보유자(指定配役保有者)가 그래서 필요한 것이다.

이제 인적자원을 통해 전통문화가 '국가브랜드' '문화적 유산'으로 보존할만한 가치가 있다고 각 보존회 현장에서는 소리를 내고 있는데, 현장을 잘 몰라서 하는 것인지, 오히려 국가단체인 담당 청에서는 〈입법예고〉 등으로 무형문화재 단체의 존재·존속할 자체를 흔들고 있는 것 같다.

우리의 무형문화재가 수많은 시행착오 속에 지금 여기까지 왔다. 서양의 뮤지컬, 오페라 등, 외국의 무형문화재가 한국에 와서 주인 노릇하듯 하고 있는데 우리는 함께 동행이라도 했으면 좋겠다. 우리의 단체종목이 있듯이 서양도 똑같은 종합예술이기 때문에 공연을 하려면 극본(劇本), 작곡(作曲), 연출(演出), 안무(按舞), 지휘자 등, 주요 제작진과 각색, 편곡, 조연출, 조안무 등 잘 훈련된 가무악극(歌舞樂劇)의 연희자(연기자·배우, 테너, 소프라노, 앨토, 바리톤 등)가 있어야 공연을 할 수 있다. 그러나 우리는 답습하는 연희자(공연자/배역)만 있으면 된다.

그래서 우리는 편제가 다르므로, 다음과 같이 장르별 다수의 보유자(保有者)가 지정되어야 한다.

1)안/ 배역별이다. 중요배역[32]마다 보유자(保有者) 지정(指定)이 필요하다. 답습으로 배역을 소화해내는 장인정신과 혼의 교육과 훈련으로 그동안 보존회 단체마다 보유자가 수명(5명-11명)이 지정되어 공연을 해왔다.

2)안/ 과장별이다. 우리의 무형문화재는 선조들에 의해 제작(극본·연출·안무·작곡 등)되어 있기 때문에 서양식과 모든 장르가 다르며, 우리는 제작(스태프)진 보다 연희자(演戲者)의 과장별(제1과장~8과장〈12과장〉) 보유자(保有者)가 최소 5~8명이 지정(指定)되어야 한다.

3)안/ 지도자(보직)이다. 우리의 전통문화는 가무악극(歌舞樂劇)이 모두 포함되어 있기 때문에 각 단체 보존회마다 지도자(보직) 〈歌(노래지도), 舞(무용지도), 劇(演:연희지도), 樂(演:악사), 團長(주요배역, 지도자, 소품, 가면, 의상제작자)〉 최소 5명의 보유자와 전수조교(월급단원) 약 20-30명의 인원이 필요한 것이다.

즉 결론적으로 1)안 배역별이 아니면 2)안의 과장별, 또는 3)안의 지도자(보직)별로 보유자(保有者)를 선택해서 지정(指定)되어야 무형문화재가 계승·발전·전승(傳承)이 된다.

4)안을 말해보라고 하면 당사자(전수조교)들의 문제점이므로, 무엇보다도 현재 보유자(保有

---

32) 탈춤의 예: 목중·노장·취발·소무·신장수·마부·양반·말뚝이·미얄·영감·악사 등, 오광대: 문둥·말뚝·양반·큰어미·승무·악사 등, 풍물의 예: 상쇠·부쇠·설장고·수북·수징·수벅구 등.

者)어른들이 앞장 서야 한다. 이런 제도는 청의 직무이지 개인의 문제가 아니다.

예전에는 각 보존회단체마다 보유자(양주산대 11명, 봉산탈춤 9명, 고성 8명, 북청사자놀음 6명 등)들이 주요배역별 지정(指定)되어 있어 무형문화가 활성화되었다.

처음 문화재보호법이 생길 때, 즉 1962년 1월 10일 〈문화재보호법〉이 제정되어 사라질 위기에 처했을 때, 오히려 문화보호 정책이 좋았다. 그러나 "그동안 세월이 흐르면서 변질되고, 왜곡된 채 한번도 '보수공사'가 없었던 것이 원인으로 보인다."고 했다[33]

그래서 국·시립단체처럼 문화재청에도 국립무형유산원의 기획단이 건립되어 이런 제도와 시스템을 개발하고, 각 보존회에서는 공연하여 상부상조함으로써 사람으로 이루어지고 이어지는 우리민족의 유산인 무형문화재의 계승, 발전, 전승은 영원할 것이다.

문화재청에서는 원형(原形)[34]과 비슷한 단어인 전형(典型)이라는 용어를 사용하여 옛것을 본받아 새로운 것을 창조하는 법고창신(法古創新)의 정신이 필요하다.[35] 단순히 옛것을 복구하는 것이 아니라 모티브는 옛것에서 찾되 그것을 현대적으로 재해석하여 새롭게 창조하는 것이다. 무엇보다도 역사와 전통에서 한국의 정체성을 찾는 노력이 필요하다고 보직자는 도산소잔세미나에서 설명하였다.[36]

지금의 전통문화예술정책은 일제시대 같이 문화말살정책으로 일관하고 있다는 것을 전승자들은 느끼고 있는 것이 문제이다. 이것이 대안 방법이다. **한국의 무형문화재는 영원한 우리의 문화예술이기 때문에 기획·제작·마케팅프로그램처럼 잠깐의 홍보보다** 영원한 홍보로[37] **혼을 심는 장인정신이어야 하며 현대생활과 삶의 공감대를 형성하여야 가치가 있는 것이다.** 지금도 인간문화재(技·藝能保有者)가 살아지고 있다고 민주당 박혜자 국회의원이 지적하고 있다(2013.10.17. SBS-TV 8시 뉴우스).

33) 故 백대웅 교수.

34) 일본에서는 원형(原形)을 고도(高度)라고 하여 보유자의 창조능력과 권위를 전형(典型)적으로 표현하고 있다

35) **문화재청은 중요무형문화재의 활성화를 위해 5년간 4459억을 투자한다고 발표**(2012.5. TV)**했다.** 원형을 배우면 자연히 창작을 할 수 있다. 김진홍목사는 국민들 사이에서 혁신의 기풍, 창의력, 개척정신, 과학정신이 없이는 우리나라는 도저히 선진국으로 진입할 수 없다. 이런 정신들을 합한 것을 기업가 정신이라 한다. 경영학에서는 기업가 정신으로 세 가지 정신을 손꼽는다. 개척정신, 창조정신, 공동체 정신, 세 가지이다.이런 정신을 품고 끊임없는 혁신의 기풍을 펼쳐 나갈 때에, 국가도 기업도 개인도 번영의 길로 나아가게 된다. 국가경영에 혁신의 기풍이 사라지게 되면 서서히 몰락의 길로 들어서게 된다. 갑작스럽게 쇠락하는 것이 아니라, 눈에 뜨이지 않게 서서히 쇄락의 길로 가게 된다. 마치 누에가 뽕을 먹듯이 야금야금 쇄락의 길로 접어들게 된다.

36) 도산아카데미. 제258호 2012. 6월호. 최광식 청장, 전통과 현대의 창조적 융화.

37) 일본의 노(能)는 일본의 문화재청과 JAPAN foundation의 협조와 후원으로 세계를 순회하며 강연 및 공연을 보여주고 있다(2012.4.3. 4시. 2013.11.19. 4시. 한예종, 예술극장 공연, 중앙대 등).

<주제발표 11>

탈춤의 치유적 효과에 관한 연구[1)]

〈국문초록〉

본 논문은 탈춤이 현대 한국인의 삶 속에서 활성화하고 대중화되어야 할 필요성을 '탈춤체조'의 치유적 효과와 연관하여 논하였다. 본 논문에서 필자는 탈춤체조의 치유효과를 과학적 방법으로 분석하지는 않았다. 이점에서 본 논문은 탈춤체조의 치유적 기능에 관한 연구라는 목표로 나아가는 과정에서의 실천적 경험에 근거한 연구라 할 수 있다. 현대인은 운동을 하면 건강해질 것이라고 판단하여 일상생활에서 운동을 하는데 대개의 운동들은 인간의 몸을 물리적인 것으로 파악한다. 현대의학이나 헬스는 인위적이고 과학적인데 반해, 전통문화는 자연적(自然的)이다. 전통 문화는 감정의 변화인 감흥(感興)과 신명(神明)을 통해 심신의 상태를 변화시킨다. 이와 같은 방법은 균형의 회복을 통한 자연치유에 가까우며, 심신의 연결성을 통한 치유이다. 필자는 탈춤기본동작을 이용하여 스트레칭과 유산소운동이 함께 포함된 탈춤을 현대적인 '탈춤체조'로 구성하였으며, 이 체조가 병(病)을 치유하고 싶은 인간의 근본적인 뜻에 도움을 준다는 점을 논하였다. 전통적인 의미에서 마음과 몸을 함께 다스림으로써 자연적 치유 효과를 추구하는 대체의학으로서, 탈춤은 활성화되고 대중화될 필요가 있다.

주제어: 전통문화, 탈춤, 탈춤체조, 뇌, 탈나다, 병 고치다, 탈춤클리닉, 대체의학

1. 서론

본 연구는 한국의 전통문화를 바탕으로 현대 한국인의 몸과 체질에 맞는 운동이 무엇인지를 고민하던 가운데 시작되었다. 한국의 전통문화(傳統文化)를 지키려는 의욕과 장인정신은 문화원형에 대한 복원과 창작 작업에서 다양하게 나타난다. "전통문화를 어떻게 현대적으로 수용하느냐?", "이 시대 국민(관객)이 요구하는 것이 무엇이냐?"라는 물음은 문화원형을 밑바

1) 한국예술종합학교 전통예술원 연희과 교수. 한국예술연구. 2013. 제7집(제1부, 제1장 [탈춤클리닉] 원고 요약정리).

당 삼아 전통(傳統)을 기반으로 한 창작(創作)들이 직면하는 물음이며, 앞으로도 꾸준히 질문되고 탐구될 것이다. 필자는 한국의 대표적인 문화 원형인 탈춤(假面劇)이 21세기에 "어떻게 하면 활성화하고 대중화시킬 수 있을까?" "전통문화(傳統文化)로서의 탈춤과 국민건강(健康)을 어떻게 연결 할 수 있는가?"에 대하여 오랜 기간 동안 고민하였고 〈탈춤체조〉에서 가능성을 모색하여 왔다. 그동안 국민건강과 '탈춤'의 활성화를 연결시켜 온 필자의 작업은 건강기본 철학과 3·3·3논법으로 정리되었으며, "탈춤의 현대화"를 위하여 해 왔던 창작 활동은 본 연구를 위한 실천적 토대가 되었다.

본 논문에서 필자는 탈춤의 치유적 효과에 대한 연구의 출발점으로서의 작업을 제시할 것이다. 이 논문에서의 논의는 과학적으로 정밀한 분석적 연구 작업이기보다는 시론에 가까운 실천중심연구의 형태가 될 것이다. 실천중심 연구란 필자가 탈춤체조를 구성하는 과정에서 사유한 내용들을 가능한 한 논리적 언어로 제시하는 것을 말한다. 그러나 보편적인 논문에서와 같은 논증 중심의 글이 아니라 실천적 연구의 다양한 원천들을 제시함으로써 탈춤체조의 근거를 구성해보려는 것이다. 필자는 우선 탈춤의 효용성을 고찰하고, 탈춤의 치유적 가능성을 살펴본 후 실천의 맥락에서 탈춤체조[2)]가 어떤 특징을 갖고 구성되었는지를 논할 것이다.

2. 탈춤의 특성

탈춤은 종합적인 예술이며 춤과 놀이, 음악 등, 가무악극(歌舞樂劇)이 하나의 장르로 복합적으로 결합되어 있다. 무형문화재인 한국전통문화를 이용한 우리의 문화유산으로 '탈춤'은 한국의 대표적인 춤사위로서 극찬을 받아 왔다. 이와 같은 탈춤의 특성과 문화적 배경은 다음과 같이 요약될 수 있다.[3)]

---

2) 탈춤체조(최창주창안)는 정상맥박(70-80)에서 휴식 후에 음악에 맞춰 실시한 후 초시계(스토포치)로 1분에 심박동수가 90-100+_이 나왔다(cassette Tape). 그러나 생음악은 변수가 10+-정도 조금 올라갔다. 덩더꿍체조(이종만 창안)의 연구 결과 노성규(Society of Korea Vol. 4No. 1.1985.)의 논문에는 평균 심박수 가장 높은 것은 166.5+-13.9 b·p·m이며 최대 심박수에 대한 평균비율 중 가장 높은 것은 82.27+-9.78%로 나타났다. 탈춤체조(II/봉산)기본동작의 9동작을 1회 했을 경우(15명중, 120번+_ 뛰는 학생이 10명이 나왔고, 130번+_대가 5명이 나왔다.) 취미 및 비전문가들은 140-160+_가 설문지에서 측정되었다.

3) 우리민족은 놀면서(Work and Play) 공부하고 운동(탈춤)하는 흥(興)의 민족이다. 따라서 탈춤은 대표적인 한국의 전통적인 문화콘텐츠이다. 뉴욕타임지에서도 탈춤을 높이 평가하였으며 최근 활발히 연구되고 있는 한류의 근원이 된다고 볼 수 있다. 최초의 한류(韓流)는 조선악극단(朝鮮樂劇團)이 일본, 만주, 중국 등 아시아를 순회하며 공연하여 조선(朝鮮)을 알렸던 것으로 볼 수 있다. 그러나 본격적으로 대한민국을 세계에 알린 것은 '봉산탈춤'이었다. 미국의 아시아소사이어티 초청으로 1977년도에 30개 美 주립대학 순회공연이 있었으며, 이를 보고 뉴욕타임지에서 극찬을 했다. 그 후 1978년도 동서양의 벽을 넘어 유럽의 세계민속예술축제(CIOFF)에 탈춤(假面劇)이 오페라와 같은 가무악극(歌舞樂劇)인 종합예술로서 세계인들을 깜짝 놀라게 하였다. 이것을 계기로 축

이제는 해외위문공연보다 외국인을 한국에 관광 오게 만드는 대표적인 문화콘텐츠로서 탈춤을 발전시킬 때이다.[4)]

탈춤은 중국의 '쿵후' '서커스'와는 다르고, '택견' '줄타기'와 유사성을 갖는 가무악극(歌舞樂劇)의 종합예술이다. 한국의 대표적인 탈춤은 아홉(9)가지 기본동작으로 구성되어 있다. 그래서 탈춤의 치료과정인 〈탈춤클리닉〉[5)]을 1단계부터 7단계로 구성하고, 8단계 기본동작, 9단계는 가무악극(歌舞樂劇)으로 탈춤을 연결했다.[6)] 탈춤체조는 흔들기(준비)・어깨춤・목춤・노젓기・발들기・용트림・깨끼리・도리깨질・외사위와 양주산대의 기본동작은 불림(나비야 나비야 청산을 가자 호랑나비야 너도 가자!, 금강산도 좋다마는 풍편에 넌 짓 듣고)신호로 - ①고개잡이, ②활개펴기, ③활개꺾기, ④깨끼리. ⑤멍석말이, ⑥곱사위. ⑦여닫이(여다지), ⑧빗사위, ⑨너울질 등이 있다. 또한 봉산탈춤은 불림(洛陽東村 梨花亭)의 신호로 ①고개잡이, ②발들기, ③황소걸음, ④무불림, ⑤외사위, ⑥겹사위, ⑦양사위, ⑧앉아 뛰어 외사위, ⑨ 앉아 뛰어 겹사위이다. 탈춤의 이 9개의 기본동작은 우리 몸(肉體)의 작은 우주전체를 윤활하게 해준다. 용(龍)도 9마리의 동물로 구성되었다고 한다.[7)] 탈춤의 동작과 의미를 보면 인간(人間)의 정신(情神)사상과 자연(自然)사상으로 정리되어 있다고 볼 수 있다. 탈춤은 두 사상이 포함되어 있고 우리인체(체질)에 가장 맞는 운동으로서 건강한 몸짓 춤과 사상(思想)이 포함되어 있다.[8)] 탈춤은 원형과 법고창신(法古創新)정신을 담고 있다. 탈춤체조와 한민족의 대표적

제 때 국내대학에서는 전통문화가 활성화 되었고, 대외적으로는 일본・중국・동남아 등, 이미 세계를 매년 순회・일주하면서 한국을 홍보했다. 그 이후 드라마(대장금의 韓食(막걸리, 김치) 등)와 한국어, 제품들(자동차, 기업, 스마트폰 등), 스타・가수 싸이, K-팝그룹 아이돌(여성그룹소녀시대. 동방신기, 슈퍼주니어 등)들이 한류의 맥을 이었다.

4) 조선시대 모화관(慕華館)에서 중국 사신을 맞이했던 것처럼 옛 복식을 한 문무백관들이 도열하여 외국 귀빈을 맞은 행사도 자주 있었다(阿克敦(1985-1756)의 奉使圖). 이제는 한강, 남산, 남한산성 등 각 지역의 관광지와 공연장소(한국적 극장)를 개발해야 한다.

5) 탈춤은 스트레칭과 유산소운동・정신 및 근육운동을 동시에 겸하고 있기 때문에 한국인의 체질에 가장 적합한 춤이자 운동이다. 그러나 지방마다 차이는 있으나 바로 탈춤동작에 들어가면 몸의 무리가 올 수 있어 각 보존회마다 무형문화재로 지정된 13개의 탈춤을 하기 전에 7단계에 속해있는 '탈춤체조'를 권유하고 있다.

6) 최창주, 탈춤클리닉의 실제와 사례발표, 1999.5.8. 6시30분-10시, 동숭동 봉산민속극장.

7) 동양은 12지신 속의 용(龍: 낙타의 머리, 돼지 코, 토끼의 눈, 물고기 비닐, 호랑이 발, 매의 발톱 등)은 9마리의 동물로 구성되어 풍요를 나타내기도 한다. 이렇듯 동양은 상상의 상징 동물로서 줄다리기(龍), 샘굿(용왕굿), 농기에 농사의 기원인 용(水), 가뭄에 단비를 내리는 역할인 풍요를 상징하기도 한다. 중국의 용은 신(神)으로 분리되어 의상도 황금색으로 황제만 입을 수 있고 민간신앙으로 옮겨지면서 중국 고유의 용춤이 있다(인도는 코끼리, 한국은 호랑이 등). 그러나 서양은 용을 괴물로 인간을 괴롭힌다고 믿고 있다.

8) 최창주, "탈춤의 미학적 움직임" 탈춤체조 발표(1안: 1978.10.28. YMCA, 2안: 1981.중앙문화센터, 101호 강당). 강태봉, 성균관대, 석사논문, 1986. p.43. 안웅남, 한국체육학지, 제25권 1호 1986, 노성규, Society of Korea Vol. 4No. 1. 1985. 봉산탈춤이 심폐기능에 미치는 영향, 봉산탈춤의 운동 강도에서도 에어로빅, 줄넘기 등보다 에너지 소모가 더 많고, 살 빼는데도 효과와 한국인의 체질에 가장 적합한 춤이지만 가무악극(歌舞樂劇)의 복합적 예술이다. 그 외에 서강대, 성균관대, 체육연구센터 등 전문가 및 대학교수들의 연구논문과 석・박사의 논문들이 탈춤의 건강효과에 대해 좋은 평가들이 나와 있다.

인 탈춤을 모두가 덩실 덩실 추게 하여 온 국민이 건강에 도움을 받을 수 있다. 청소년, 성인, 직장인 등 모두가 전통에 근거한 춤사위로 심미적 움직임을 통하여 몸을 단련하여 건강을 회복할 수 있다. 더구나 필자가 창안한 탈춤체조(A안 16개, B안 8개 발표)는 전통에 기반하여 누구나 배울 수 있는 국민 일반의 체조로서 전통의 현대화 작업이라 볼 수 있다. 1978년 10월에 탈춤체조를 창안 발표하면서 '탈춤체조 운동본부'로 시작하여 명칭을 '한국탈문화연구소'로 변경하여 '한민족탈춤학교' 수강생 25기(년1회)를 배출하였다. 연구소를 운영하고 경험하면서 탈춤원형보존과 함께 우리 것을 통해 건강(健康)으로 접근하는 과정을 국민들에게 보급하고 싶었다. 왜냐하면 필자는 우리생활의 필수는 건강(健康)이므로 생활습관과 정기적인 운동을 하면 무슨 병(病)이든 전통문화(탈춤)를 통해 예방과 치유가 가능하다는 소신을 가지고 있기 때문이다. 생활습관이 달라진 필자는 "탈춤의 미학적 움직임" "탈춤클리닉과 국악치료와 빙그레(레크리에이션)" "전통문화와 건강" 등을 주제(主題)발표하고, 검증하면서 초·중·고·대학 및 각 사회단체에 무료봉사와 강습을 통해 탈춤을 보급했다. 이것을 계기로 이제 '탈춤사관학교'를 설립하여 국민건강을 책임지고 싶다고 밝힌바 있다. 탈춤의 효과는 어떤 음악(각 장르마다 100%)을 사용하는가에 따라 다르다. 도드리(이완:60%), 굿거리(홍겨움:79%), 타령(경쾌:87%), 휘모리(신명:93%) 등의 과정에 의해 신체의 리듬절차마다 치료의 효과[9]가 다르게 나타났다. 이 효과는 참여자가 경험한 홍겨움의 느낌에 근거한 것이어서 결과를 객관적 수치로 나타내기 어렵다.[10] 자연환경과 춤과 음악이 하나가 되어 참여자가 건강해진다고 느끼고 강력한 활력소가 경험되는 것이다. 다음은 산(山)과 강(江)의 자연을 찾는 대사의 예로 봉산탈춤의 2목 중 대사이다. "산중(山中)에 무력일(無歷日)하여 철(歲月)가는 줄 몰랐더니 꽃피어 춘절(春節), 잎 돋아 하절(夏節), 낙엽 떨어지니 추절(秋節), 창송녹죽(蒼松綠竹)에 백설이 휘날리니 동절(冬節) --(중략) 이러한 좋은 풍류정을 만났으니 어디 한번 놀고 가려던- 낙양동촌이화정(洛陽東村梨花亭)" 이와 같은 가사는 춤과 노래와 하나가 되어 노년기의 치매방지에도 도움을 줄 수 있다고 생각된다. 노년기의 참여자들은 탈춤을 통해서 세상일을 다 잊고 홍겨워하는 모습들을 보여주었으며 늙어감을 정상적 과정으로 받아들이고 긍정적인 마음

9) 몸의 이완, 홍겨움, 경쾌함, 신명 등 소통과 공간의 관계가 여유롭게 '同調行爲現像'으로 나타났다(설문지에 각 춤의 장단마다 60%, 79%, 87%, 93% 이상 기분 좋은 현상으로 건강만족도가 상승되어가는 것 같다고 답했다. 또한 1-10을 기준으로 8, 9, 10은 건강수준으로 하고, 6, 7은 우울증, 스트레스의 처방으로 조언을 해야 하고, 3, 4, 5는 약물치료 및 치유, 1, 2는 자살위험도가 있다고 판단했다).

10) 노성규, Society of Korea Vol. 4No. 1.1985. 논문에서도 운동처방이나 신체기능 평가지표로 최대 산소 攝取量을 측정하고 있지만, 최대 산소섭취량의 직접적인 측정절차는 매우 어렵다. 그러므로 이 같은 절차를 간단히 하기 위해 간접법에 의한 최대 산소 섭취량의 측정방법(測定方法)이 연구되어 왔으며 그중에서 가장 손쉽게 할 수 있는 것은 심박수 측정이다. 또한 나누리병원 운동치료센터 문훈기 실장은 "척추질환자 중 시술이 필요한 경우는 30% 정도"라며 "나머지 환자는 운동치료만 꾸준히 받으면 치료가 가능하다"고 말했다(조선일보 2013.5.1.(수), A23).

으로 변화를 받아들이는 자세가 나타났다.[11] 예를 들어 탄로가(歎老歌: 늙음을 한탄함)의 내용은 다음과 같다. "마음아 너는 어찌 늘 젊어 있느냐, 내가 늙을 땐 너도 늙어야 하지 않겠느냐? 아마도 널 좇다가는 웃음거리가 되고 말겠구나." 마음은 아직 젊은데, 늙은 몸은 마음이 가자는 대로 통 따라갈 수 없어 한숨이 나온다. 강의의 내용은 참가자들에게 불로장생(不老長生: 늙지 않고 오래 사는 것)은 없으니 즐기면서 그리고 여유를 가지고 생활할 것을 강조하였다.[12]

탈춤 가면의 굴곡은 사회생활과 같다. 봉산의 현재 존재하는 목중가면을 보면 7개의 혹이 있고(목뼈 경추 7개), 취발이 가면은 12개(등뼈인 흉추 12개), 요추 5개(5일 근무제)의 혹이 있다. 생활의 굴곡이 있듯이 가면의 굴곡(혹)과 춤에도 힘이 있고 대삼 소삼이 있듯이 우리 육체근육도 굴곡이 있다. 그래서 탈춤을 추면 인체의 중심부인 뼈와 근육과 마음근육이 튼튼하게 치료된다.

노인문제(고령화), 우울증, 치매(癡呆), 자살, 취업 등은 이제 개인문제가 아니라 건강과 연결되는 사회문제가 되었다. 탈춤은 혈액순환을 빠르게 진행시켜 뇌의 알파파를 활성화시키고[13], 사람을 흥분시키는 교감신경으로 연결되어 치유효과를 볼 수 있다.

개인이 건강해야 사회를 건강(建康)[14]하게 생활할 수 있다. 몸이 건강하면 질환이 치료된다. 인간의 목소리가 최고의 '악기'이듯 인간의 육체가 최고의 '도구'이다. 이 도구가 뇌(腦)를 통하여 잘만 사용하면 쓸모가 있으나, 관리・운영을 잘못하면 희로애락(喜怒愛樂) 중에 한 정감에 치우치게 된다.

탈춤은 예상되는 효과와는 달리 크게 발전되지 못했다. 그 이유는 우리에게 암울한 역사의 영향이기도 하고, 전통 문화에 대한 인식의 부족이 원인이기도 하다. 특히 군사정권시대에 우리의 민족문화는 지하로 숨어버렸다. 왜냐하면 대학생들의 사회 비판 활동과 탈춤이 연계되었고, 기업의 노사분규 때에도 사물놀이 등이 등장했기 때문이다. 탈춤과 사물놀이가 한계에 부딪쳐 있을 때 서양의 뮤지컬은 비교적 고급문화의 이미지를 갖고 한국 문화에 들어오기 시작했다. 이제 우리도 탈춤을 이용한 건강치료를 개발하고, 사물악기개량을 통해 구체적으로 리듬을 조절할 수 있게 현대화해야 한다. 이렇듯 미래를 위해 현대화를 주장하는 학자들도 있었다.[15] 같은 타악기인 피아노는 페달을 이용해 화음이 편성되어 있듯이 앉은반[16] 장구를 치

---

11) 최창주, "탈춤클리닉의 실제와 사례발표." 1999.5.8. 6시 30분-10시, 동숭동 봉산민속극장.

12) 修人事然後에 待天命이요 奉祭祀然後에 接賓客이라 - (봉산탈춤 8목중 대사이다).

13) 이상화, 명지대학원 석사논문. 1997. "풍류권 수련이 안정시 뇌파(腦波)에 미치는 영향." 19쪽. 안진훈. MSC브레인컨설팅대표. 조선일보 2011.8.18. 체육면 기사인용.

14) 정신적・육체적으로 탈이 없고 튼튼함.

15) 인간의 현대생활에 과거의 사건들을 재생시킴으로서 인간 경험을 확충시키는 것이며, 환상은 이를 미래의 영역

며 페달도 밟고 앉아서 연주하다가 양면고(兩面鼓)에 연결된 기타 줄을 이용해 음을 조절하는 악기를 개량하는 것도 생각을 해야 하겠다.

사회에서는 오감(五感)과 오기(五氣)[17]를 통해 스타와 마케팅전문가와 기획(企劃:경제와 학문과 파워의 뜻/ 사전에는 일을 꾀함), 제작, 연출자를 요구한다. 잠깐의 유행이 아닌 지역과 세대를 뛰어 넘어 글로벌 콘텐츠가 필요한 시기에 아무리 좋은 작품이라고 해도 효율적인 창작시스템을 운영할 수 있는 전문 전략가(能力있는 소통・유통업자)를 요구하고 있다.

3. 탈춤과 치유

인간은 건강한 삶을 원하며 그것을 얻기 위해 노력한다. 건강(健康)이란 병이 없다는 것만을 의미하지 않는다. 건강은 삶의 질적 생활문제이다. 건강의 기본조건은 '몸을 피곤하게 하지 않는 것'[18] '영양을 섭취하는 것'[19] '물을 많이 마시는 것'[20]이다. 우리는 '언제', '어디서', '어떻게'(3) 죽을지 모르는 것이 인간이며, '누구나 꼭 죽는다는 것' '혼자' '빈손으로 간다는 것'(3), 그래서 '잠 잘 자고', '그냥 먹고', '운동하기'(3)가 누구에게나 필요하다는 것, 이것이 필자의 "3・3・3논법"[21]이다. 전통과 결합된 운동이 생활습관이 되면 신체의 질병(혈압, 혈당, 류머티즘 관절염, 암 등)은 자연치유로 완화 될 수도 있다. 즉, 몸과 마음이 건강하면 질환이 치료된다.

'탈춤치유'란 무엇인가? 탈춤 치유는 직접 병을 치료하거나 병균을 죽이는 역할은 못하지만, 인간이 걷고 뛰는 데 관계되는 자율신경계(감각신경・말초신경)에 영향력을 행사할 수 있다.

으로 확대시키는 일종의 놀이이다(한국의 연희, 윤광봉 著).

16) 풍물에서 서서하는 놀이를 '선반(立)'이고, 파생된 변형된 사물놀이를 앉아서 한다고 '앉은반'이다.

17) 눈에는 精氣. 얼굴에는 和氣, 가슴에는 覇氣, 생활에는 潤氣. 마음에는 活氣.

18) 피곤이 누적 되면 몸의 저항력이 떨어진다.

19) 잘못 먹어도 끼니를 거르면 안 된다.

20) 물을 충분히 마시면 세포저항력이 강해진다고 알려져 있다. 물의 중요성은 개별 질병 억제보다 더 근본적인 데 있다. 물은 입-목-식도-위-소장-대장을 거쳐 몸에 흡수된다. 그 과정에서 각 장기의 작용을 원활하게 한다. 전신을 돌면서 신진대사의 핵심기능을 수행한다(이금숙, 한희준, 김현정, 헬스조선기자 2012.7.11. 조선일보, 문화면 참조).

21) 건강의 기본조건(基本條件)은 '몸을 피곤하게 하지 않는 것' '영양을 섭취하는 것' '물을 많이 마시는 것'이다. 우리는 '언제' '어디서' '어떻게' 죽을지 모르는 것이 인간이며, '누구나 꼭 죽는다는 것' '혼자' '빈손으로 간다는 것' 그래서 '잠 잘 자고' '그냥 먹고' '운동하기'(3+3+3 논법이다.)
- 양주산대 및 탈춤의 아홉(9)가지 기본동작, 탈춤의 치유사례과정인 <탈춤클리닉>을 1단계부터 8단계(탈춤체조와 기본동작)로 구성하고, 9단계부터(가무악극의 탈춤극본), 용(龍)도 9마리의 동물로 구성 등으로 3舞(健・跳・軟舞)와 3色(활발・묵직・끈적끈적하게)을 통해 환희용약(歡喜踊躍/기뻐 날뜀)으로 우리 몸(肉體)의 작은 우주 전체를 윤활하게 해준다.

느린 춤은 느리게, 경쾌한 춤은 빠르게 생체리듬을 증진시켜준다. 즉, 인간의 연령과 상황에 따라 적절한 운동을 해야 하나, 그냥 춤이 아니라 기능적(藝能的) 목적을 가지고 음악과 함께 동조행위현상(同調行爲現像)[22]을 통해 가무악극(歌舞樂劇)의 종합예술로 몸을 변화 시킬 수 있게 하는 것이 '탈춤치유'[23]이다. 탈춤체조는 예술과 운동이다. 즉 예술행위와 운동의 효과를 적절하고 조화롭게 나타낼 때, 탈춤이 한국인의 체질에 가장 맞는 최고 운동의 효과를 나타낼 수 있는 행위예술이다. 그러나 탈춤을 운동으로 너무나 과격하게 하면 고관절, 요추, 경추, 흉추 등 근육이 다칠 위험성이 있다.[24]

우리의 전통문화로서의 탈춤은 전통문화교육을 통해 범죄 등 사회 문제를 줄이는 데 도움을 줄 수 있다. 즉, 탈춤치료는 어울림[25]의 문화로 학교폭력(왕따 · 인터넷 · 성폭행 · 스마트폰 중독 · 자살 등)을 줄일 수 있는 예 · 체능 · 인성교육의 유일한 전통문화프로그램이다.[26] 그러나 학교의 청소년 문제의 근원적 원인은 인식부족이고 무관심이다. 탈춤을 통하여 배우게 되는 어울림의 문화는 학생들의 불안과 소외감을 줄이는 데 기여할 수 있을 것이다.

앞의 문제를 해결하려면, 학생들에게 자문화(自文化)에 대한 정체성이 형성되게 하여 청소년기의 불안을 줄일 수 있도록 도움을 주어야 한다. 탈춤은 한국의 역사와 전통의 맥락을 정체성 형성에 연결시키고, 땅을 밟고, 자국(自國)의 전통(鄕土)문화교육을 터득하고, 대자연의

---

22) 마음의 근육과 육체가 종합적인 歌舞樂劇으로 조화를 이루는 것(즉, 정신과 육체가 춤 · 소리 · 악기 · 드라마가 하나의 장르가 되는 것).

23) '한국의 조선연극사인 가무악극(歌舞樂劇)을 통해 자연과 어울림의 복합적인 <종합예술방법>으로 <인간의 심리적>인 마음을 열어 신명난 교육과 훈련으로 최선(最先)을 다해 뇌(腦)에게 긍정적인 사고방식을 갖게 하는 것'이다. 그런데 교육(教育: 지식의 기술로 인격을 가르치어 자라게 하다. 길러줌)과 훈련(訓練: 무술이나 기술로 연습시켜 가르치고 익혀, 단련하게 하다)을 구분하지 못하는 시대가 되었다. 그것은 일제잔재에서 벗어나 중심을 잡을 시기에 반체제 성향으로 친북반미, 선전도구, 입시체제, 학교폭력, 인터넷, 스마트 폰 등으로 전락되었지만, 주인의식의 종합적 전통문화교육(융합 · 복합 · 통합 · 협동)정책으로 제도를 전향해야 한다.

24) Harold J. Vanderzwaag, Toward a Philosophy of sport(Reading : Addison-Wesley Publishing Company, 1972), p.68. 스포츠는 그 자체의 직접적인 목적과 재미 · 흥미 · 기쁨을 갖는 일종의 오락(娛樂)이다. 운동경기(athletics)는 그 자체의 최종목표가 승리인 본질적으로 경쟁적인 활동이다. 운동경기의 목표와 목적은 게임 그 자체의 외향적인 것이다. 즉 참여를 목적(目的)으로 하는 것이라기보다는 승리(勝利)하기 위하여 경쟁한다는 것이다. 그러나 탈춤은 승리와 경쟁 · 게임이 아니다. 한국인의 인체에 가장 적합한 예술운동이다.

25) 서양의 문화는 보편적으로 개인의 예술(혼자 벽보고 피아노 친다)이지만 한국의 전통문화는 함께하는 어울림의 문화로 치유가 될 수 있다. 인간은 혼자 있기를 원하지만 국가 · 사회 · 가족 · 부부 · 자녀간은 어울려 살아야 한다. 밥을 먹을 때도 함께 먹어야 밥맛이 있다. 겸손과 배려, 성경적이고 어울리면서 함께하는 것이 '거룩'이다. 교회는 수많은 인종이 몰려 공동 생활하는 공동체이자 진리가 있다. 모이기를 힘쓰라 모여서 기도해야 치유의 응답이 있다. 천국은 함께 사는 것이다.

26) 필자는 그동안 각 대학 및 초 · 중 · 고등학교 특활반, 육군사관학교, 한민족탈춤학교, 기업, 연수원, 홍사단, YMCA 사회단체와 한국예술종합학교, 시민예술학교, 공동교과목, 영재학교 등에서 '탈춤클리닉' 프로그램을 운영 · 진행하고 있다. 설문지를 보면 알겠지만 스트레칭과 유산소운동인 탈춤특강을 통해 '인생의 맛을 느낀다.' 개인프로그램과 단체 어울림의 활동을 통해 스트레스를 해소하고 전통문화를 습득하여 주체의식이 높아짐을 볼 수 있다. 이것을 계기로 '탈춤치유'를 연구하게 되었다.

원리대로 건전한 운동을 통해 스트레스를 해소하여 심리적 안정감을 가져올 수 있다.

탈춤을 단체프로그램으로 개발하면 한국의 얼·멋·맛·흥·정·인물을 통해 사회의 구조적인 갈등(葛藤)[27], 착취와 착취당한 자(者). 상하(上下)관계, 가진 자와 못가진 자 등의 문제에 대하여 흥(興: 탈춤)의 체험을 통한 화해로 이끌어낼 수 있다.

탈춤을 추는 자(者)는 가면을 쓰고 근본(根本)[28]을 수행하지만, 이는 가면을 쓰고 살아가는 현대인의 이중성(분리된 인격)[29]을 비판하는 것으로 재해석하여 다양한 창작 가능성을 모색할 수 있다. 자본주의의 문제점, 방향을 잃어버린 인간들의 문제 등 이중성으로 인해 생겨나는 문제에 접근하고 이해할 가능한 방향(方向)을 제시함으로써 삶에서의 시행착오를 줄여주고 인성(人性)교육에 도움을 줄 수 있다.

탈춤은 일종의 자연과 생활의 운동요법[30]이며 예술이다. 탈춤치유는 검진에서 수술까지 의사가 주사나 약물을 투입하여 병이나 상처를 다스려 낫게 하는 치료(治療)와는 달리, 치유(治癒)란 생활습관의 산물로서 기도·말씀(언어)·자연·예술·생활 등의 분노(忿怒)·염려(念慮)·심리적으로 불안(不安)하지 않고 자국(自國)의 문화와 임상을 반영하고 심신을 단련하여 건강을 예방하는 것이다. 즉, 우리의 땅을 밟고 신토불이 음식을 먹고 비바람이 쳐도 그 환경 속에 살고 있는 제철 음식인 채소를 먹어야 보약이다. 약보다 자연의 음식으로 몸을 보호해야 치유(治癒)의 효과로 나타난다. 현대의학을 하는 의사들도 환자와 궁합이 맞아야 치료의 효과가 나올 수 있다며. 환자와 소통이 잘되는 의사가 되어야 한다고 강조한다. 따라서 의사도 환자가 믿어주어야 효과가 있다고 하면서 심리적작용 등 마음먹기 달렸다고 한다. 탈춤은 엄마 배속부터 흘러나오는 내공의 춤으로서, 춤추는 사람이 스스로가 치유되면 옆에 있는 상대방도 함께 어울림의 치유가 되므로 누구나 치유의 의사가 될 수 있다. 탈춤의 동작들은 신체와 두뇌를 종합적으로 사용하기 때문에 신체동작과 방향감각 증진에 도움을 준다. 여러 생각을 하다가 결국 뇌(腦)의 결정을 통해서 원하는 쪽으로 행동을 옮기게 된다는 것, 그래서 노래와 춤을 추고 대사를 외우는 것만으로도 신체와 두뇌에 모두 좋은 영향을 미칠 수 있다. 여기에서 두뇌라고 하는 것은 마음으로도 얘기할 수 있는데 탈춤을 추는 것은 운동하는 것과 같아서 탈춤을 추게 되면 그 효과로 혈류량이 높아져 뇌가 건강하게 된다.[31]

---

27) 상반(相反)하는 것이 양보하지 않고 대립함. 사람들은 새(新)-미래-국민-변화(개혁), 이런 말을 좋아하기 때문에 정치가들은 이런 단어를 사용한다.

28) 문화재청에 등록된 무형문화재의 원형(原形),

29) 분리된 인격이지만 가면을 자기얼굴처럼 연희를 해야 한다.

30) 운동할 때는 근육이 수축(收縮)되지만, 춤은 연습을 통한 무의식적인 반사행동으로 힘을 빼야 한다.

31) 운동과정에서 근육이 수축과 이완을 반복하면 혈액이 척추주변의 혈관으로 잘 흐른다. 이 때 혈액 속의 산소, 면역세포, 영양분이 협착·유착 등으로 인해 손상된 세포를 빨리 재생하고 쌓여있는 염증 물질을 제거해준다(나누리병원 운동치료센터 제공, 조선일보 2013.5.1(수), A23). 필자가 주장하는 탈춤치유의 개념으로 자연(自然)과

이것은 탈춤이 전하는 이야기가 세대를 거슬러 공감 받을 수 있다는 증거라고 할 수 있다. 시대를 초월한 관객들은 탈춤을 함께 즐기고 공감함으로써 "지금 서있는 이 사회의 모습은 어떠한가?" 라는 탈춤의 질문에 스스로 답해볼 기회를 얻는 것이다. 신명과 감흥을 느낀다는 것은 오감(五感)을 자극하게 되므로 사람이 살아가는데 있어서 좋은 에너지를 생성시킨다.[32]

특히 탈춤(假面劇)의 대사는 리얼리즘 연극처럼 이야기 하듯이 하면 가면을 착용해서 관객에게 전달이 되지 못한다. 그렇기 때문에 운문시조로 큰소리로 지르게 되는데 이때 오장육부의 근육을 모두 사용해야 가능하게 된다. 이는 가슴속에 맺혀있는 응어리진 한(恨)을 뱉어내는 기능(技能)을 할 수도 있을 것이다. 이렇듯 탈춤은 춤사위를 이용한 운동도 가능하게 하고 재담(才談)을 통해 사람의 마음도 다스릴 수 있게 도와주므로 치유의 효과는 반드시 있다 하겠다.

탈춤은 한국의 대표적인 건강한 춤사위다. 우리의 전통문화로서 가무악극(歌舞樂劇)의 종합예술이며, 한국인 체질에 맞는 가장 적합한 운동이다. 그래서 탈춤의 원형을 계승・발전시키고자 함이다.

사회 비판극인 탈춤은 비판의 활동을 통하여 인간의 정신뿐 아니라 신체의 건강에도 기여할 수 있다. 비판을 통한 질문과 교감은 사람들 사이의 상호 작용을 활성화한다.

탈춤의 춤사위는 감돌아들고 풀 돌아 돌기 때문에 막힘과 풀림으로 몸을 뚫어 윤활하게 흙을 밟고 뛰면서 그 기운에서 뿜어내는 열(地 흙, 아지랑이)기둥으로 상승[33]시켜 육체관계[34]를 소통시키는 자연(自然) 치유를 이끌어낸다.[35] 따라서 육체의 지휘부인 뇌(腦)를 이용한 신

운동(運動)과 생활(生活)이 중요하다는 3박자의 이론과 비슷하게 정리가 된다.

32) 우리는 흥(興・蠢)의 민족이기 때문에 탈춤은 추는 사람에게는 신명을, 보는 사람(관객)에게 감흥을 준다. 인간이 살아가면서 느끼는 희(喜), 노(老), 애(哀), 락(樂)이 모두 담겨 있는 탈춤의 내용은 과거의 사회를 묘사하고 있지만, 춤 속의 메시지는 현대에도 적용된다. 탈춤은 사회의 주목 받지 못하는 사람들의 애환과 한(恨)을 춤으로 표현하며 말을 건넨다. 하지만 탈춤은 300여 년 이상의 시간 동안 사람들의 손을 거쳐 지금까지 전해져 내려오고 있다.

33) 사람은 흙에서 태어나 흙으로 돌아간다. 자연적 재앙(천둥, 번개, 안개, 폭풍(태풍・강풍), 폭우(雨), 폭설(雪) 폭염 등)은 과학의 힘으로 자연 현상을 막을 수 없다. 원시시대에는 자연을 경외하고 천지만물을 신(神)으로 삼아 그 어떤 신이 내려와 악귀를 쫓고 모든 것을 해결해준다고 믿어왔다. 이때 신(神)을 즐겁게 해주는 사람이 무격(巫覡)이었다. 지금은 도시 생활로 인해 인간의 뇌(腦)가 쉽게 피곤을 느낌으로 좋은 공기를 먹고 안식과 햇빛이 있는 자연에서 지열(地熱)을 밟고 살면 건강하다. 세면 바닥보다 땅을 밟고 살기를 원하고 있다.

34) 부부간의 갈등만큼 인간의 육체적, 심리적 건강에 중대한 영향을 미치는 것은 없다. 부부의 다툼은 반드시 원인이 있다. 견해차이, 이상의 차이, 취미의 차이 등은 사랑부족, 거친 성품, 공포, 질투심, 반항심, 자기중심, 부도덕함, 불성실, 알코올 중독 등이다. 건강(健康)이란 병이 없다는 것만을 의미하지 않는다. 건강은 삶의 질적 문제이다. 육체적, 정신적, 영적으로 구김살 없는 것을 말한다. 그리고 인간의 힘을 최대한 발휘하는 것이다. 육체의 건강은 나의 영혼의 건강에 달려 있다(폴트루니에, 권달천 옮김, 인간치유, 2011.11. 생명의 말씀사, p.96).

35) 몸도 마음도 힐링-병원, 자연을 수혈 받는가(2012.8.1. 김철중 의학전문기자, 문화면), 열이 있는 곳에 운동이 일어난다. 요즘 병원 인테리어 건축에 그린(Green)과 에코(Eco)바람이 불고 있다. 병원공간자체를 정신적, 신체적 안정을 돕는 치유환경의 '숲 마루'의 아이디어 설계가 혁신적인 투자를 하고 있다. 환자들을 자연 속 치유환경에

명(神明: 밝음, 빛)나는 음악이 나오면 걷고 뛰고 춤추듯이 어울림(단체)의 프로그램을 이용한 자율신경계를 움직이는 영향력을 행사할 수 있어 기의 막힘의 뚫는 효용성이 있다. 운동(運動)의 강도를 볼 때 탈춤은 유산소운동과 스트레칭에서 동시에 얻을 수 있는 효과뿐 아니라 드라마치료가 결합되어 종합적인 운동치유로서 다양한 효과를 나타낸다.

탈춤은 몸짓, 춤사위, 드라마(스토리텔링), 인체의 고른 근육, 뼈 운동과 심박박동 등이 최고의 강도가 있는 운동이므로 이는 스트레스 해소에 도움을 줄 수 있다.

사람들은 탈춤이 진부하고 어려우며 흥미롭지 않다고 말한다. 하지만 탈춤은 그 어떤 문화보다도 현대적이다. 국민들은 단지, 바쁜 삶 속에서 잠시만 시간을 내어보기만 하면 된다. 정말 탈춤이 옛날의 것일 뿐인지, 이해하기 어려운지, 흥겹지 않은지 경험을 통해 알아갔으면 좋겠다.

탈춤이 최고의 건강을 만들어줄 수 있는 운동으로 탈바꿈해서 현대인에게 스트레스를 해소하는 방법을 알려줄 수는 없을까? 우리나라가 요즘 세계 최고의 자살공화국 명예를 안고 있는데 이것을 해결하는 방법은 없을까? 이제는 사회가 책임을 지어야 한다. 그래서 탈춤을 통해 국민의 건강을 어떻게 하면 책임질 수 없을지를 고민해야 한다. 필자는 이와 같은 문제의식에서 출발하여 누구나 쉽게 탈춤을 기초로 해서 건강을 증진할 수 있도록 하는 탈춤체조를 고안하였다. 다음 장에서 탈춤체조의 구성 원리와 동작의 특성에 대하여 논의할 것이다.

4. 탈춤체조 동작의 구성

탈춤체조는 대한민국 국민 불특정다수가 탈춤을 어떻게 하면 쉽게 익히는데 목적을 두고 출발하였다. 우리가 초등학교 때부터 했던 것이 덴마크체조였다. 어떻게 남의나라의 체조가 우리의 국민체조가 될 수 있단 말인가? 그래서 모든 한국탈춤의 전체적인 사위로 16개 동작(13개의 탈춤)으로 구성하였으나 실험해본 결과 어렵다고 판단, 익숙한 탈춤사위를 선택하여 쉽게 8개 동작으로 재편성하였다. 봉산탈춤과 산대놀이로 구성된 도해장면을 참고하기 바란다. 탈춤체조(體操)는 우리의 몸짓으로 심신의 건강을 유지하고 우리의 얼과 민족의 혼(魂)이 담겨져 있기 때문에 공동주체의식을 갖고 일상생활 속에 생활화되어야 하는데, 탈춤을 어느

놓이도록 하는 것이 미래병원의 주요모델이 될 것이라고 하면서 야산과 공원의 숲 산책로를 걸을 수 있게 건강관리 분야에 힐링(healing) 서비스를 제공하는 것이 점점 보편화 되어가고 있다. 선병원 선승훈 의료원장은 "에코환경은 환자들의 심리적 안정감을 유도해 혈압을 떨어뜨리고 맥박을 늦추며, 스트레스를 낮춘다. 앞으로 병원은 의료진과 장비의 우수함, 친절 서비스를 넘어 어떤 치유환경을 갖고 있느냐에 따라 경쟁력이 달라질 것이다."라고 했다.

특정인만 하는 것으로 착각하여 대중화하기가 어려웠지만 '탈춤체조'는 쉽게 접근할 것이다. 탈춤체조를 순서별로 설명하면 다음과 같다. 탈춤체조 도해장면은 탈춤체조 창안 〈논문사례 1번 참고〉

5. 탈춤체조의 구성원리

탈춤체조는 국제규격의 체조의 원리를 이용했다. 그 이유는 탈춤의 기본동작은 너무 과격하기 때문에 인체의 몸을 다칠 우려가 있어 예방작업으로 탈춤의 기본동작을 하기 전에는 누구나 탈춤체조를 하여 기초적인 인체공학에 맞게 체조를 구성하여 이완작업일환으로 실시하였다. 보편적인 체조는

첫째, 손쉬운 운동에서 어려운 운동으로,

둘째, 간편한 운동에서 복잡한 운동으로 전개하였다.

특히 탈춤은 뛰고 움직여 산소를 섭취하여 심폐기능을 강화하는 데는 최고의 기능(技能)을 가지고 있다. 체조역시 탈춤과 같은 비슷한 목적으로 가지고 있기 때문이다. 따라서 스트레칭과 유산소운동이 겸한 탈춤은 한국인 체질에 가장 알맞기 때문에 체조로 구성하였다. 한국인은 신명이 나면 어깨춤이 덩실덩실 거리며 홍겹게 논다. 이때 사연스럽게 이두박근 삼두박근 운동이 되며, 탈춤을 추려면 탈(假面)을 흔들어 줄 때 탈춤 맛이 나지만 목과 고개를 흔들 때 목운동이 된다. 우리민족은 섬에 갈 때 운송수단이 뱃노리이다. 탈춤에서 용트림으로 옆구리 운동이 될 때 전신운동이 된다. 깨끼리는 양반들이 안방 여닫이 창문을 열 때 양 어깨쭉지 운동이 되고, 시골에서 서민들은 보리타작을 할 때 도리깨질하는 것을 이용하여 50견 예방을 방지하고, 학생들의 컴퓨터를 칠 때 키보드증후군을 해결할 수 있다. 한국 춤의 특징은 같은 손, 같은 발이 올라가는 것이 특징이다. 외사위로서 춤새 · 매무새 · 맵씨 · 모양새를 표출하는 우리민족의 특징적 몸짓과 현대적인 종합예술이라고 할 수 있다. 다음과 같이 항목별로 탈춤체조를 나열한다.

0. 준비(흔들기): 어깨넓이 상태인 주춤서기에서 호흡조절하며 힘을 빼고 양손을 흔들어 주면 준비 작업으로 몸의 근육이 경직된 것을 이완시켜 주는 역할을 한다.
1. 어깨춤: 한국의 춤은 어깨춤. 즉 몸짓 춤이다. 일상생활에서 긴장이 되면 어깨가 수축된다. 우 · 좌측으로 올렸다 내렸다 굴신하며 어깨춤을 추면 목의 근육상태와 승모근 부분, 양어깨의 뭉친 근육을 풀어주는 작업으로서 양어깨부위와 가슴이 연결되어 있어 상체운

동이 된다.

2. 목 춤: 생활을 하다보면 목이 경직되기 쉬워 좌우가 비대칭인 것을 인식하지 못해 목을 우・좌로 돌려 반복하고 좌・우 반대 회전하여 한 바퀴를 돌릴 때, 뭉친 쪽 두툼한 곳을 평정하게 목선의 라인 따라 교정해주고, 목을 회전운동 함으로서 경추운동이 된다. 목은 중추신경과 흉추로 내려가는 곳이므로 긴장과 이완의 상태를 활성화시켜준다. (탈춤은 탈을 좌・우로 잘 흔들어줄 때 목운동이 되고 탈춤의 기능적 효과가 있다.)
3. 노젓기: 노를 젓는 식으로 돌리면서 곤봉의 원리이용 할 때, 목과 어깨팔운동으로 이두박근 삼두박근 운동이 경추・흉추・요추운동으로 이어져 허리강화운동이 된다. 근육전체를 자극함으로서 상체근육의 유연성, 머리와 어깨, 늑골, 등줄기가지 이완된다. 이때 '얼쑤' 소리를 크게 외치면 스트레스가 해소된다.
4. 발들기: 옆구리운동으로 들어가 전에 발을 들었다가 내릴 때, 다리운동이 되고, 다시 다리안쪽을 비틀어 누를 때 다리와 허리운동이 된다. 이때 눌러주면 대・내퇴부 내측운동이 되며, 뛰는 반동에 의해 장기와 연결이 되어 내장운동이 되면서 상체의 견갑골 유동이 함께 진행된다.
5. 용트림: 양손을 잡고 엎드렸을 때 배의 근육운동이 되며, 한 바퀴 좌・우로 회전할 때, 요추 허리운동과 온몸운동이 됨과 동시에 옆구리 등과 배의 운동이 된다.
6. 깨끼리: 제자리에서 추는 춤으로 바른편 다리를 「ㄱ자형」으로 들고 외다리로 서서 있을 때, 배와 허리 감각은 몸의 전체 균형을 잡아준다. 외다리로 뛸 때 단전호흡을 통해 무릎과 발목사이 오금질과 종아리와 허벅지운동으로 지구력이 생기며 여닫이를 할 때는 양 팔과 손목과 팔굽운동이 된다. 삼현장단에 의하여 여러 가지 손춤을 출 때 손목운동과 팔굽운동이 된다.
7. 도리깨질: 외사위를 한 다음 앞으로 박수를 치고 뒤로 박수를 칠 때, 혈액순환이 좋아지고, 경갑골 운동이 되며 이두박근 삼두박근 운동이 된다. 고개잡이를 할 때, 경추・흉추・요추운동이 되고 태권도의 기본자세를 취하면서 방어자세를 하는데 상체를 숙인 상태가 경추부터 요추사이가 펴지는 운동이 된다.
8. 외사위: 팔은 어깨와 연결되어 있어 상완삼두박근을 풀어준다. 오른발・왼발 교차로 뛰면서 손을 휘저으면 50견을 예방할 수 있고, 키보드증후군을 해결할 수 있다. 뜀박질운동을 할 때, 단전호흡과 척추와 골반, 고관절과 연결된 부분이 하중이 많아 뼈와 근육이 튼튼해진다. 소화기관과 몸매의 유연성, 신명으로 하체근육이 튼튼해지면서 회전할 때 전신이 원활이 순환된다. 특히 지구력이 생겨 균형 잡힌 몸매를 가질 수 있다.
9. 숨고르기: 양손을 귀두로 넘기면서 한 바퀴를 돌릴 때, 정리운동을 하고, 끝맺음으로 만

세를 부르듯 호흡조절하며 숨고르기 한다.

6. 탈춤에서 나타나는 치유적 효과 사례

현대인은 운동을 하면 막연히 건강해질 것이라고 판단하여 운동을 한다. 헬스는 인위적이고 과학적인데 반해 한국전통문화는 자연적이며 감흥(感興)과 오기(五氣)와 신명(神明)을 통해 심신의 상태를 변화시켜 스트레스[36]를 해소 시킨다. 한국전통적인 의미에서 마음과 몸을 함께 다스림으로서 자연적인 탈춤의 치유적 요소 및 효과 가 있다. 〈사례 논문 5〉[37]에 내용을 제목만 참고하면 다음과 같다.

〈사례 1〉 유치원・초등학교(국민) 학생
〈사례 2〉 초등학생 및 중・고학년
〈사례 3 청소년과 젊은층〉 YMCA, 적십자사, 근로・복지회관(한국청소년 연맹)
〈사례 4 대학생〉 고대, 이대, 성신여대, 계명대 등
〈사례 5 대학〉 전문분야 대학생
〈사례 6〉 육군사관학교
〈사례 7 젊은 여성층〉, YWCA 규수반, 여대생, 직장 여성반
〈사례 8 주부〉 예지원, 국민대 평생교육원 등
〈사례 9〉 한민족탈춤학교, 한국탈문화연구소, 탈춤가족캠프
〈사례 10〉 공무원연수원 강의 및 cap과정 및 시민예술학교
〈사례 11〉 기업 및 농협・일반인・무용・음악교사・연수・문화센터 강의
〈사례 12 노년층〉 65세 이상 여성

위의 사례들은 원형탈춤과 필자가 창안한 탈춤체조・민속체조・민속놀이올림픽 등을 가지고 매년, 함께 진행한 사례들로서 실시방법은 노인들에게는 연무(軟舞)와 대사위주(치매방지) 및 청년들과 학생들에게는 탈춤체조 후에 주로 도무(跳舞)스타일의 뛰는 탈춤교육훈련을 복합적으로 하게 했다. 학습을 통해 노인・주부・일반인・대학 동아리, 한국청소년연맹, 고등

36) 스트레스의 근원은 인간이 동물보다 약한 원시시대에 동물소리를 들으면 어디로 도망갈지 공포감을 느낄 때 생겨난 것이라고 한다.
37) 현장에서 체험한 것을 1999.5.8. 오후 6시-10시. 동숭동 민속극장 사례발표(일부만 소개한다).

학생(창문여고 · 경복여상 등), 초등학교(서울시내 초등학교. 국립민속박물관. 매주 화. 오전) 등에게 설문조사를 실시했다. 이론 후에 준비운동을 시킨 후에 탈춤체조와 탈춤의 기본동작을 매주2시간 · 일주일 · 1달 · 6개월 동안을 각각 수련하게 하고 운문시인 시(詩)를 낭독과 민요, 대사법의 탈춤교육을 통해 청 · 장 · 노년 · 학생들 모두들 좋은 반응이 나왔다.[38] 특히 한국청소년연맹이 탄생 후에는 탈춤체조 메스게임(50-500명)을 운동장 · 여의도 · 한강준치 등에서 실시하였고, 탈춤치유학교, 교사강습(유치원교사 · 초 · 중 · 고)도 매년 방학기간에 잠실체육관 등에서 학습했다. 이제 탈춤치유가 한국인의 삶 속에서 자연적으로 활성화하고 대중화되어야 하겠다.

7. 결론

탈춤은 치료보다 치유와 예방차원이다. 탈춤은 드라마틱한 조선연극사로서 가무악극(歌舞樂劇)의 종합적인 예술로 접근해야 하기 때문에, 춤과 극(劇), 음악과 동조행위현상(同調行爲現像)이다. 탈춤은 병균을 죽일 수는 없지만, 대체의학으로서 자국문화(自國文化)와 인간은 밀접한 관계가 있고 심리적으로 영향을 끼친다. 한국인은 자연의 원리(자연요법 · 정신요법 · 식이요법 등)를 좋아하고 홍(興)의 민족이다. 서양인과 현대인은 기계에 의해 과학의 힘을 주장(의사진단 · 약물요법 등)하고 있지만, 우리 것은 담당 의사들도 측정할 방법이 없다고 피했다. 다만 탈춤은 스트레칭과 유산소운동과 근육운동을 동시에 가지고 있다. 특히 스토리텔링(재담)은 추임새, 불림 등으로 홍 · 멋 · 맛이 있어 즐겁고 재미있다고 했다. 그래서 치료보다 치유와 예방이 필요하다고 하는 것은, 건강할 때부터 올바른 생활습관과 뇌(腦)를 자극하는 운동인 책읽기, 라디오 듣기, 걷고, TV보면서 땀 흘려 뛰기(규칙적인 운동)[39], 규칙적인 식

---

38) 탈춤 · 헬스를 하면 왜 좋은가? 탈춤과 헬스의 구체적인 근육운동의 차이점 증명된 것을 제시할 수 없었다. 여건(전문가, 기계 장비 등)문제로 다음 기회로 연구한다. 다만 기본적인 호흡 숫자 200에서 자기 나이를 뺀 숫자의 맥박이 넘지 않게 하는 연습을 하였다. <학생 · 청소년 · 장년>, 맥박결과의 수치를 정리할 수 있었다. 다만 정성맥박 60-90에서 어른들은 춤을 추다가 맥박 수 130-140이 나오기 전에 휴식하고, 고혈압, 저혈압자는 별도관리했다. 청소년 · 젊은이들은 기본동작을 반복 후 휴식을 취함> 운동을 계속하다가 중간점검을 하는 형식을 취했다. 어른들은 실제로 다니는 병원에서 진단결과, 예전에 병원 수치와 체험 후에 수치를 비교해본 결과 호흡과 몸 전체와 관절이 거짓말처럼 좋아졌다고 했다. 병원담당의사가 무슨 운동을 하기에 이렇게 좋아졌느냐고 궁금해 했다(그러나 전문적인 데이터를 낼 수가 없었으나 심박동수를 사례별로 설문하였다).
그러나 65세 이상의 여성노인이지만 조금 강도를 높여 기본동작으로 진행 했으나 봉산기본 6개 동작은 나름대로 진행이 되었으나 7개 동작부터는 힘겨워 했다(산대놀이도 비교하여 나름대로 진행했다). 따라서 이론(대사)과 실기를 겸하며 우울증 · 치매방지를 위해 대사의 가무악극을 인용했다. 수업(교육) 후에 포크댄스(양산도, 진도아리랑, 외국춤 차차차, 굿나잇 왈츠 등)나 댄스아트마사지로 몸을 다시 원위치로 정리하여 돌려놓고 기분 좋게 귀가하게 하니 몸 상태가 좋아졌다고 설문지에 답했다.

사[40], 생활의 여유(餘裕), 우리체질에 맞는 운동(탈춤체조 등)을 꾸준하게 노력하면 건강할 수 있다.[41]

아울러 이런 경험·체험으로 앞으로 건전한 전통문화 치료와 예방프로그램을 통해 게임중독·왕따·폭력·자살 등을 예방할 것이다. 현재 전면 주5일 '놀토'가 되었는데 학교에서서는 아직 방침이 없어 PC방으로 가는 초등학생들이 게임중독(7.7%)이 되었다고 하는데, 게임하는 것을 보면 인간성이 나온다. 2012.3.5. 조선일보기사를 보면 A목사는 '눈을 뻔히 뜬 채 홍수에 떠내려가는 사람(학생)을 보고만 있는 심정' 이라고 했고, 교과부는 "학기 초라 아직 운영에 미흡한 부분이 있다" 면서 "기존 프로그램들 외에 1287억 원을 들여 토요 특기 적성 프로그램을 새로 마련하기로 하고 수요를 조사하고 있다" 고 밝혔다.

이런 긍정적인 개념(概念)을 가지고 '탈춤사관학교'를 설립[42]하여 전통문화교육[43]을 통해 국가의 장인정신과 혼을 길러야 한다. 아울러 사회와 공감대를 형성하여 국민들이 시간을 내어 운동한다면(탈춤을 한다면) 누구나 건강을 유지할 수 있다고 본다. 그래서 필자의 경험을 바탕으로 탈춤체조를 만들었으며, 위에 제시한 탈춤체조의 동작을 터득하여 자연과 하나되어

---

39) 물을 마시며, 규칙적인 운동을 하면 암·치매·우울증 등 건강을 유지하고 예방할 수 있다(장소·여건을 따지지 말고).

40) 세계 어디서도 볼 수 없는 한국의 시골밥상이 건강에 좋다. 이것이 웰빙이다. 패스트푸드가 아닌 우리음식인 유기농을 먹어야 건강한 음식이고 비만 합병증을 막을 수 있다.

41) 그 결과 필자는 그동안 각 대학 및 초·중·고등학교 특활반, 육군사관학교, 한민족탈춤학교, 기업, 공무원연수원(감사원·법무부·새마을·시공무원연수원), 홍사단, YMCA 사회단체와 한국청소년연맹, 한국예술종합학교, 시민예술학교, 공동교과목, 영재학교 등에서 '봉산탈춤 기본과 산대기본' '탈춤체조'와 '탈춤클리닉' 프로그램을 운영·진행하고 있다. 특히, 스트레칭과 유산소운동인 탈춤체조를 통해 설문지에서 '희로애락' '인생의 맛을 느낀다.' 개인프로그램과 단체 어울림의 활동을 통해 스트레스를 해소하고, 한국전통문화를 습득하여 민족의 주체의식이 높아짐을 볼 수 있었다. 이것을 계기로 '탈춤치유'를 연구하게 되어 논문까지 제출하게 되었다.

42) 우리식의 학교가 설립되어야 한다. 옛부터 우리는 일하며 또 놀며(Wark and Play/뽕도 따고 임도보고) 어깨춤 덩실거리며 춤을 추던 밝은 민족이었다. 전통적이고 흥겨운 우리 가락과 어깨 짓이 어우러지는 우리 춤사위 속에서 한국인의 진정한 멋, 끈질긴 삶의 정신이 들어 있다. 우리의 전통문화는 소리를 지르면 노래요, 몸짓을 하면 춤이요, 악기를 가지고 소리를 합하면 병창이 된다. 또한 흥을 더욱 고조시켜 악기가 추가된 악단과 집단적 무용인 군무를 만들어, 대동놀이로 자연스럽게 나아가면 부지불식간에 집단치료의 효과를 만들어낸다. 이 대동제에서는 참여자 모두가 연출자인 동시에 구성원이 되어 공동체 의식의 함양이 스트레스의 정체를 자연스럽게 치료해주는 것이다. "백짓장도 맞들면 낫다"는 속담이 있듯이 "내가" 아닌 "우리"라는 공동노동의 질서가 있는 것이다. 이스라엘교육이 탈무드교육이라면 우리는 우리식의 교육프로그램이 있다. 인본주의, 인도주의, 신본주의 교육도 중요하다. 인본주의는 목적이 불순한데 불법을 실력·파워·힘으로 정당화시키는 것, 인도주의는 즐거운 마음으로 봉사하는 것, 신본주의는 잘못되었을 때, 기도(祈禱)하는 습관을 길러준다. 이런 복합적인 전통탈춤사관학교를 설립하고 싶다.

43) 1807년 독일은 나폴레옹 군대에 패했다. "독일이 패망한 것은 군대가 약해서가 아니라 독일인 모두가 도덕적으로 타락하고 이기심으로 가득 차 있었기 때문이다. 교육을 통해 국가의 혼을 길러야 한다." 그 후 64년이 지난 1871년, 독일의 영웅 몰트케 원수가 프랑스를 점령하고 돌아오면서 말했다. "독일의 승리는 나와 군인들의 공이 아니다. 아이들을 훌륭하게 길러준 초등학교 교사들의 공이다." 일본·미국은 항상 감사하고 미안마음을 가지고 있으나, 한국인은 모르는 사람에게는 차갑고 싸울 준비가 되어있다. 이것은 전통교육의 부재이다.

욕심을 버리고 몸의 기운을 원활하게 통하도록 함으로써 건강한 삶을 영위하는 데 도움을 받을 수 있다. 그렇게 하여 영원한 숙제인 인간의 건강에 대하여 각각의 개인이 대자연과 생활습관과 전통문화의 도움으로 치유의 단초를 얻게 될 것이라 기대한다.

Abstract

Study on the healing effects of masked dance

This paper discusses the need to revitalize and popularize "masked dance gymnastics" in the daily lives of Korean people by reviewing its healing effects. This paper does not analyze the healing effects of masked dance in a scientific approach. Rather, the study is an empirical investigation that is a part of a process towards a more scientific study of the healing effects of masked dance gymnastics. In modern times, people work out in the belief that it is healthy. Most exercises approach the human body only from the physical perspective. In contrast to modern medicine and health practices, which are artificial and scientific, traditional culture focuses on the natural. Traditional culture transforms the state of the body and mind through the stimulation of the emotional sensation and exhilaration. Such transformation is close to natural healing, one that is realized through a recovery of balance, or a healing through a continuity of the body and mind. The author of this paper presents modern "masked dance gymnastics" combining stretching and aerobic exercises in their basic movements and discuses how masked dance gymnastics can help people pursue fundamental healing. Masked dance should be revitalized and popularized as an alternative medicine that regulates both the body and mind for a holistic natural healing effect.

Key words: Traditional culture, masked dance, masked dance gymnastics, brain, get sick, treat a sickness, masked dance clinic, alternative medicine

<주제발표 12> 통일문화정책포럼(남북 교류협력방안 부분)[1)]

정치는 적을 만들고 예술은 친구를 만든다.
〈문화(文化)는 보이지 않는 핵폭탄이다〉

삼국시대의 고구려, 백제, 신라 중에서 힘이 약한 신라가 삼국통일을 이루었다. 그 힘은 바로 화랑도(花郞徒)정신으로 청소년들의 공동체정신 즉, 한국의 전통문화이다. 지금까지 우리는 '한국 전통문화 교육정책'을 등한시했기 때문에 한국사회가 문화적으로 메마르고 병들어 지금 곪아 터지고 있는 것이다. 지금처럼 가다가는 얼마못가 우리 선조・조상들, 그리고 한민족의 정체성을 완전히 잃어버릴지도 모르겠다.[2)] 지난 한 세기동안 대통령후보들이 사회・정치・경제만을 주장하고, 정책을 내면서 '한국의 전통문화정책'은 외면하고 있다. 물론, 각 당(黨)의 문화전문가 및 참모가 없어서가 아니라 기용가치를 모르고 있다는 것이라고 생각한다. 그래서 이번 대통령이 중요한 시기를 가지고 출범했다. 공약에는(公約)[3)], 한국전통문화에 대한 정책이 보이지 않았다. 전혀 관심조차도 보이지 않는 것으로 판단되기에 국가(國家)의 전망(展望)이 불투명하였다.

그러나 문화예술은 돈과 산업인 동시에 정책과 행정, 그리고 교육이다. 박대통령은 '21세기는 문화가 국력'이라고 했다. 박 대통령은 "지금 한류문화가 세계인의 사랑을 받고 있고, 5천년 문화유산이 바탕이 되었다. 국민에게 문화가 있는 삶을 누리게 하고 문화로서 사회갈등을 치유하며 지역・세대・계층 간 문화 격차를 해소하고 여러 장르의 창작활동을 지원하고 문화의 첨단 기술을 융합한 콘텐츠 산업을 육성하겠다고 했다." 박근혜 새누리당 대선후보가 "향

---

1) 최창주, 한국예술종합학교 교수(2013.7.24(화) 문화체육관광부 제1회의실, 문화관광연구회, 토론회).

2) 예: 국립극장(서양문화예술단체 위주. 오페라, 심포니, 발레단, 극단 등)・US달러(라이선스뮤지컬 수입, 국적불명 뮤지컬 지원). 서양예술과목 위주 학과목 문제점,(서양의 무용, 연극, 음악교사는 있다. 한국 전통문화교사는 없다) 등.

3) 후보들이 가는 곳마다 이것, 저것을 해주겠다고 약속하겠다는데 어떤 신문에서는 금번 대통령이 선거에 나온 후보들이 약속한 것을 다 해주려면 1000조원도 더 있어야 할 것이라고 한다. 우리나라 1년 예산의 3배는 있어야 한다는 말이다(국민의 세금으로?). <**한국전통문화의 정책**>을 공약(空約)이라도 해주었으면 좋겠다.

후 5년 내 문화재정을 2% 수준까지 달성토록 하겠다."며 문화예술계 표심 끌어안기에 나섰다. 이제 당선이 되었다. 지금까지 역대 대통령들은 이런 말을 해본 적이 없다. 기대가 된다. "문화는 보이지 않는 핵폭탄"이라는 것을 알아야 한다. 박대통령에게 기대해본다. 그리고 참모들이 중요한 역할을 해야 한다.

필자는 기획·제작자로서 예그린 악단부터 국립극장·세종문화회관을 거치면서 한국뮤지컬협회를 설립(1991년)하는데 중추적 역할을 하였고, 다수의 서양 뮤지컬을 기획·제작하여 상품화(양반전, 시집가는 날, 지붕위의 바이올린, 인어공주, 이상한 나라의 앨리스 등)하였다. 서양뮤지컬을 할 당시 우리 것인 풍물, 탈춤 등은 단지 그들 스스로가 좋아서 취미로만 하는 줄만 알았다. 그 때는 우리 것에 대해 잘 알지 못했기 때문이었다.

우리민족은 놀면서 일하며(Work and Play/ 뽕도 따고 임도 보는/ 모심기) 공부하고 운동(탈춤)하는 흥(興/ 밥타령·돈타령 등)의 민족이고 어울림의 민족이다. 뉴욕타임지[4]에서도 탈춤을 높이 평가하였다. 이제 서양의 문화예술에 한국전통문화예술이 발목을 잡히기보다 함께 가야 한다. 그나마 우리정부가 늦게나마 학생들의 게임중독, 학교폭력, 따돌림 등의 근절대책을 내놨지만 근본적이고 근원적인 것이 아니었다.[5]

지금 '국·공립 고교, 사립高보다 학교폭력이 3-4배 많다.' 이것은 유대인의 탈무드교육처럼 한국인의 전통문화교육정책을 근본적으로 계획을 세워야 한다.[6] 그동안 한국인(韓國人)이 한국(韓國)것을 외면하고 있지만, 그나마 공연예술·학술연구·조사 및 실기(實技)와 이론(理論)교육 등, Archive Conservatory(체계적인 기록·보존)로 우리 것은 잘 정리되어 있다.

이제라도 "한국전통문화정책"을 제대로 세워, 식민지·사대사상을 떨치고 우리의 모습인 대한민국을 찾아야 하지 않겠는가. 게임중독, 자살, 따돌림 당하는 학교(초, 중, 고, 대)에서 전통문화를 필수과목으로 지정(指定)해야 한다. 이 땅·이곳은 우리 후손들이 대대로 살아가야 할 서양의 것이 아닌, 한국영토의 향토(鄕土)이다. 즉, 이곳은 미국이 아닌 대한민국이다. 놀토(土) 인성교육을 한다고 〈오케스트라학교〉 〈뮤지컬사업단〉 등을 구성하여 전국단위로 순회하고 있다. 어울림의 한국전통문화 프로그램이 부족하여 자살·학교폭력, 세계 1위를 열심히

---

4) 기사내용, "이렇게 좁은 땅덩어리 작은 체구에서 어떻게 그렇게 큰 춤사위가 나올 수 있느냐? 실로 예술의 극치이다."(1977.3-5. 미국 30개 주립대학 순회, 봉산탈춤 공연을 보고, 1977.3.29. 뉴욕타임즈 문화면)

5) "학교폭력 등으로 학업포기 해마다 늘어" "12년째 일진회와의 전쟁(정세영 교사)" "우리나라에 폭력 없는 학교는 없어"(조선일보 2012.4.24(화). 기사내용 요지.) 이것은 한국전통문화의 교육 부재이다.

6) 정부가 학교폭력을 줄이는 방안의 하나로 전(全)학년 예체능 수업을 다음 학기(2012년)부터 중·고등학교 음악·미술·체육수업을 모든 학년에 걸쳐 고루 가르치기로 했다면서 정작 전통문화 프로그램은 빠져 있다, 지도자가 없기 때문인가? 그러므로 예체능 수업의 매력을 교육당국이 지도자 양성교육을 우선해야 하며 교육방법을 뜯어고치고 입시수업에 시달리는 학생들에게 숨통을 터주는 교육이 절실히 필요하다. 그런 교육방법으로서 한국무형문화재의 대표적인 것은 풍물·탈춤·무속·전문예인집단 등의 지도자의 강의 수법과 현대적 수용이다.

지키고 있다. 외유내강(外柔內剛)이라고 했다. 북한교류에 앞서 우리는 민족주체의식인 내실(內實)을 기해야 하겠다.

북한의 내각 기관지 민주조선[7]에서도 '문화유산보호법에 대하여'라는 글에서 "최근 최고인민회의 상임위원회에서는 우리 민족의 귀중한 문화유산을 더 잘 보호관리하기 위해 종전에 채택됐던 문화유물보호법의 효력을 없애고 문화유산보호법을 채택했다"고 밝혔다. 북한이 기존의 법령을 보완해 문화유산보호법을 새로 만든 것은 올해 출범한 김정은 정권의 문화적 관심을 반영한 것으로 풀이된다.[8]

그러나 북한 지도층이 중국처럼 개혁을 못하는 이유 다음과 같다.[9]

북한 권력층이 개혁을 시작하지 않는 이유는 세계 조류를 몰라서도 아니고 판단력 부족 때문도 아니다. 북한을 통치하는 사람들은 중국의 경제성과에 대해서도 잘 알고 있다. 바로 이웃에 경제적으로 잘 살고 정치적으로 자유로운 남한, 즉 "또 하나의 코리아"가 있다는 것이다.

북한이 발표한 통계를 기준으로 해도 남한의 소득은 북한보다 최소 30배 이상 높다. 하지만 실제 소득 격차는 100배가 넘을 것이다. 동독이 무너질 때 서독의 소득은 2-3배에 불과했다. 남한 사람들이 북한 주민들 자신과 비교할 때 얼마나 어마어마하게 잘 살고 있는지를 알고 나면 평양정권을 합법적인 정부로 인정할까? 동독에서는 경우 2-3배의 차이가 동독의 욕망을 제어하지 못했다. 중요한 것은 이러한 경향이 한국 정부의 정책과 아무런 상관이 없다는 것이다. 남한 정부가 아무리 급격한 통일을 피하려고 해도 남한이 있다는 것, 남한의 경제성과 자체가 객관적으로 북한 체제를 파괴시키는 요인이다. 북한 집권계층이 개혁을 하지 않는 것은 자신들 입장에서는 합리적인 생존술인 셈이다.

따라서 안드레란코프 교수는 북한 지식인들의 운명을 다음과 같이 말하고 있다. "북한의 현재 사정을 보면 민주화 및 통일을 이룩할 수 있는 것은 북한 내재적인 운동이다. 북한의 변화는 간부계층 다툼이나 군란부터 시작할 수도 있지만 북한의 운명을 결정할 수 있는 것은 중산층의 운동이다." 제일 중요한 것은 북한에 교육을 지원하는 것이다. 북한 교원이나 교수들의 장래도 문제가 많다. 통일이 되면 새 체제에 적응을 못해 남한은 지금부터 북한 대학들에 다양한 교육지원을 제공하는 것이 큰 도움이 될 것이다. 북한에는 평생동안 컴퓨터 한번 써보지 못한 기술자가 대부분이다. 컴퓨터뿐만 아니라 북한의 기술정보, 다양한 도서, 디지털 자료 등을 제공하고 북한 대학이나 연구소와 교류를 개발하는 것이 중용하다. 일본인 3세로 프

---

7) 2012년 11월 8일. 민주조선.

8) (서울=연합뉴스) 노재현 기자 = 북한이 구전문학을 비롯한 무형의 전통문화를 보호하는 내용을 담은 법률을 제정한 것으로 15일 확인됐다.

9) 시론(조선일보), 일부 인용. 안드레이 란코프(Andrey Rankov, 국민대교수, 한국사).

랜시스 후꾸야마(Francis Fukuyama)이다. 그의 출세작이라 할 책은 역사의 종말과 최후의 인간(The End of History and the Last Man)이란 제목의 책이다.

그 책에서 후꾸야마 박사는 공산주의가 미처 100년이 못되어 실패로 끝난 이유를 설명하였다. 공산주의가 실패할 수밖에 없는 이유를 간단명료하게 지적한다. '공산주의는 인간의 인정받고자 하는 기본 욕구를 억눌렀기에 애초부터 실패할 수밖에 없는 체제였다'고 지적한다. 첫째는 경제적으로 보다 더 잘 살고자 하는 욕구이다. 둘째는 인정받고자 하는 욕구이다.

그런데 공산주의는 두 번째 욕구인 인정 받고자하는 욕구를 무시하고 억누르고 억압하였다. 그래서 공산주의는 망할 수밖에 없었다. 그는 지적하기를 아직도 남아 있는 몇 안 되는 공산주의 국가들도 끝내는 망할 수밖에 없는 나라들이다. 인정받고자 하는 인민들의 욕구를 억압하기 때문이다. 자본주의에도 약점이 있고 공산주의에도 장점이 있다. 그런데 약점이 많은 자본주의가 장점이 많은 공산주의를 이길 수 있었던 것은 자본주의 사회는 서로가 인정하는 사회이다. 여당은 야당을 인정하고 야당은 여당을 인정한다. 경영인은 노동자를 인정하고 노동자는 경영인을 인정한다. 그래서 자본주의는 숱한 문제점을 지닌 제도이면서도 발전하여 왔다.

그러나 공산주의는 당 지도부가 인민을 인정하지 않는다. 소수의 지배층이 권력을 독점하여 인민들의 의사와 결정권, 인권과 자율권을 인정하지 않는다. 인정받지 못하는 대중은 무기력에 빠질 수밖에 없다 그래서 공산주의 체제는 활력을 잃고, 생산성이 떨어지고 창의력이 쇠진되어 정체될 수밖에 없다. 그래서 자본주의와의 체제 경쟁에서 공산주의가 패배할 수밖에 없게 된 것이다.

그런 관점에서 북한을 생각하면 어차피 무너질 수밖에 없는 나라이다. 다만 언제 무너지느냐는 시기문제만 남았을 따름이다. 우리 남한은 당연히 무너질 북한을 대비하여 통일한국시대를 열어 나갈 준비가 되어져야 한다. 유비무환(有備無患)이란 말은 북한에 대하여 꼭 필요한 말이다.[10]

이제 탈(脫) 김정은 북한의 시대가 그리 멀지 않아서 사회, 정치, 경제, 스포츠, 문화교류를 통해 불가피한 변화를 위해 준비할 때가 왔다고 말하고 있다. 그렇다면 북한이 구전문학을 비롯한 무형의 전통문화를 보호하는 내용을 담은 법률을 제정한 것으로 2013.7.15일 확인되었다면, 다행스러운 일이다.

우리는 1962년 문화재보호법을 제정해 50년 간 예능종목과과 기능종목 등 중요무형문화재 129개 종목을 지정해 보호・전승하고 있으나 전승자의 대우부족으로 전승의 위기를 맞고

10) 김진홍 목사의 아침묵상 중에서.

있다.

정부에서는 "국립무형유산원"을 설립하여 무형문화재의 보호와 전승 활성화에 나섰지만 지극히 형식적이다. 전국 각 지역마다 문화회관이라고 해서 프로시니어마치라는 서양무대 위주로 건축되어 운영하고 있지만 전문가인원부족은 물론, 공연 및 관광시스템・관광 상품 개발 등 근본적으로 우리 것을 하려고 건축한 것이 아니다.

지금 정부에서는 복지정책, 경제민주화, 정치민주화만 주장하고 있고 문화정치(文化政治)에 대한 거론은 없는 실정이다. 친구도 적(敵)이 되어 정신적으로 사회생활 하기가 힘들다. 더욱이 학교는 왕따, 학교폭력, 자살의 증가를 인지하고 그 원인을 자체적으로 집중 분석해야 한다.11)

세계 각자의 나라가 통일이 되었는데, 한민족이라고 하면서 38선이 가로막혀 두 민족이 되어 서로 싸우고 있다. 북한은 러시아와 중국문화에 초점을 맞추고 있고, 우리는 자본주의와 민주주의가 이혼중이인데 서양문화에 발목을 잡혀 빠져나오지 못하고 이끌려가고 있다. 이제는 세계가 문화전쟁이다. 〈정치는 적을 만들고 예술은 친구를 만든다. 문화는 보이지 않는 핵폭탄〉이라는 것을 정책입안자가 빨리 깨우쳐주기를 바라고 있다. 따라서 지금부터라도 우리 것을 지하실에서 꺼내어 우리전통문화의 전문가들을 정책적으로 발굴하여 인재를 육성해야 하고, 학교 교육(초・중・고・대)에 필수과목으로 전환해야 한다. 이제 문화융성위원회(18명 위촉)가 발족하여 문화관련 국가전략수립과 제도개선을 한다는데 기대가 되나, 무엇을 개선하고 자문해줄지가 의문이다. 탁상공론에서 벗어나 내실을 튼튼하게 하기 위해 국가의 민족성・정체성을 바로잡는 대통령(大統領)이 되어야 한다고 주문하고 싶다.

- 북한에서 문화유산보호법을 채택하여 무형문화재보호법이 법제화 되는 것은 상당히 충격적이지만, 필자가 1985년 9월 평양방문공연을 마치고 귀국한 후에, 1986년도부터 북한에서도 마스게임 식으로 전국민속경연대회를 열어 탈춤을 소개가 되었다. 당시 우리의 평양방문공연으로 자극을 받아 영향을 주고 돌아왔기 때문이다. 그동안은 민족가극과 인도, 중국, 러시아 등 신무용만 주장하다가 북한에도 우리의전통성을 삽입하기 시작했다.

김일성 이전의 일이니까 단군상, 조선왕조 개발, 한국과 정통성 경쟁을 위해 인민계몽차원의 일환으로 김정일, 김정은 체재로 끌고 가기 위한 수단으로 전통문화정책을 펴서, 민속 문

11) 정부에서는 '폭력예방을 위한 복수(複數)담임제', '학교폭력 은폐교사 중징계' 등을 담은 '학교폭력 근절 종합대책'을 발표했다. 담당 사무총장은 '예방교육은 충분히 들어가지 못한 것 같다'며 '모두 3천억 원이 넘는 예산을 쓴다는데 현장에서 학생들이 체감할 만큼 실효성이 있을지 의문'이라고 말했다. 아울러 게임중독, 폭력발생 자체를 막기 위한 조치 등은 부족했다는 지적이 나오고 있다(조선일보 2012.4.13(금). 기사내용 요지).

화를 분류하여 추석명절과 단오놀이를 허용하고 있다. 인민에게 수령의 혜택으로 인민들의 민족적 긍지와 자부심을 높이고 마음을 다른 곳으로 정책전환하기 위한 수단인 것이다. 탈춤은 사회풍자 사회비판 극(劇)이지만 이제는 북한의 유일사상(唯一思想)과 별개문제로 취급하고 있다.

- 이제 해서탈춤이 어떻게 복원되었는지? 따라서 남한 전승 '북한 무형문화유산' 관련 남북교류협력 방안인 꼭두각시, 은율탈춤, 강령탈춤, 북청사자놀음, 봉산탈춤이라는 것은 사회풍자, 사회비판 극인데 우리의 전통문화가 북한에서 보전 전승이 실행될 수 있고 법률로 제정한다는 것은 남북통일이 발전될 수 있는 계기가 성립되었다.

특히 당시의 탈춤은 연희자들이 월남해서 1967년도 무형문화재(無形文化財)로 지정(指定)되었으나 지금은 한두 명 외에 모두 고인(故人)이 되었고, 북한에서도 문화유산 보호법을 채택하여 무형문화제가 보호대상이라고 한다면 복원, 재연 될 수 있는 부서와 당시의 후계자들이 전승활동과 그 모습을 찾을 수 있는지가 궁금하다.

이제 북한에서 남북문화교류를 또다시 교류해올 때 우리는 무엇을 가지고 어떻게 대처해서 공연할 것인가? 그동안은 버라이티쇼라고 하여 수령에게 보여주기 위한 수단으로 공연해오다가 예그린에서 '살짜기 옵서예'라는 작품을 준비하면서 북한에서도 옴니버스 형태가 아닌 '피바다' '꽃파는 처녀' 등의 대형작품으로 기획, 제작하여 변화되었다. 이제 무형문화재가 법제화 되었다니 원형작품과 창작 작품 등 3가지 분야의 장르로 다양하게 교류하면 되겠다. - 다음 3안을 소개한다.

- 1안)으로서는 북한 무형문화재의 본향인 해서탈춤으로 〈봉산탈춤〉 〈강령탈춤〉 〈은율탈춤〉 〈북청사자놀이와 돈돌날이〉 〈서도소리와 배뱅이굿〉 등의 해주탈춤이 현지에서 어떻게 복원 되었는지?(북한에서 원상태로 보존했다고 하는데. 2012.11.) 상호 전통문화 원형공연을 교류하는 것과 -(가야금 등재뿐만 아니라, 해서탈춤 상호교류 공연을 통해 유네스코 공동등재)

- 2안) 문화유산 공유함에 있어 학술대회 등, 1안의 원형공연과 전승전통문화프로그램 특강과 함께 축제 개최를 통해 탈춤배우기, 탈춤체조, 양산도, 꼭두각시놀음 등, 한국적 포크댄스를 동시에 다함께 즐기는 창작적 어울림의 축제분위기를 연출한다.

- 3)안 창작공연으로서 북한의 민족가극(歌舞이야기)[12]으로 사회주의 현실에 맞게 계승 발전한 〈꽃파는 처녀〉 〈피바다〉 등에 대비한 작품이 있다면 우리의 뮤지컬이 있다. 영어로 하

면 뮤지컬(musical)이지만 우리말로 하면 연희극(演戲劇)이다. 창작연희극을 창작하여 교류하면 된다. 지금까지 우리는 라이선스뮤지컬과 국적불명의 뮤지컬을 하는 실정이다.

그동안 〈대장금〉 〈명성황후〉 등, 일반 연극을 전문하는 극단들이 뮤지컬 컴퍼니라는 타이틀을 갖고 공연해왔고, 예그린악단의 〈살짜기 옵서예〉[13], 후신단체인 가무단(뮤지컬단)이 〈춘향전〉 〈이춘풍전〉 〈상록수〉 〈즐거운 한국인〉 등은 벨칸토 창법으로 해왔다. 이제 한국적 뮤지컬(연희극)로 〈허생전〉[14] 또는 〈양반전〉[15] 작품은 봉건주의(封建主義), 자본주의 모습, 즉 민주사회를 풍자하기 때문에 북한체재에서도 좋아할 작품이다.

비슷한 내용으로 〈시집가는 날(맹진사댁 경사)〉은 1985년도 남북교환방문공연에 합당한 작품이라고 추천했는데, 결국 〈1부는 전통적〉, 〈2부는 현대적〉 작품으로 1985년 9월 22일 평양대극장에서 옴니버스타일로 서울예술단[16]이 공연하였다 그 후에 1989년 2차 남북문화교류 재차준비하면서 1부 솔리스트 앙상블, 2부는 춘향전(무용극)을 준비하다가 무산되었다. 우리는 오랫동안 창작 뮤지컬을 해왔지만 해외수입뮤지컬로 그 틀에서 벗어나지 못하고 국제화만 외치며 새로운 것을 보여주지 못했다. 이제는 가무악극(歌舞樂劇)이 하나의 장르인 종합예술인 연희극(演戲劇)으로 대학생 교류를 통해 해볼만 하다고 사료된다.

이제는 일반기성인 단체의 교류방문공연보다 시대를 앞서가는 대학생들의 교류(交流)가 남북통일을 앞당길 수 있다고 본다. 특히 지성을 겸비한 대학생들은 젊음과 미래가 있어 기대해 볼만 하다.

최초공식 평양방문 예술공연단(1985.9.21-24)은 역사적 교류이었기에 참고가 될 것 같아 기록한다. 1985년 〈서울예술단〉을 창단하여 필자가 총무・간사를 맡으면서 북한과 예술교류(藝術交流)를 위해 1985년 9월 21일 북한을 향해 판문점 중립국감시위원회 건물 안에서 우리는 사진과 얼굴을 비교, 대조하며 입북절차를 마쳤다. 북한에서 내려오는 팀은 옆의 건물에서 통과의례순서를 동시에 마치고 3박 4일의 일정은 판문점 휴전선을 통과해서 남(南)은 북으로

12) 북한에서는 '한자어는 한글고유어로, 외래어는 민족어로 교체・발전시킨다.'는 정책으로 뮤지컬(musical)을 '歌舞이야기'로 버라이트 쇼(Variety Show)를 '노래묶음'이라는 말로 고쳐 쓰고 있다.

13) <배비장전>을 각색하여 남북한의 교류차원에서 제작한 작품이기도 하다.

14) 필자가 77년도 국립극장에서 벨칸토 창법으로, 81년도 MBC 마당놀이로 출연, 2012년도 연희극으로 한국예술종합학교에서 기획, 제작한 작품이다. '이 시대 관객이 요구하는 것이 무엇이냐?' '한국전통문화를 어떻게 현대화 시키느냐?'에 맞게 기획, 각색, 제작했다.

15) 가무단(뮤지컬)에서 1987년도 88올림픽 홍보를 위해 100명의 인원을 인솔하여 미국서부 LA・샌프란시스코 등, 뮤지컬의 본 고장에 한국뮤지컬을 처음으로 소개한 작품이다.

16) 1985년 서울시립가무단이 주축이 되어 국립무용단, 대우무용단, KBS무용단, 현대무용이 합쳐서 평양방문공연을 위해 만든 단체명칭(서울예술단)이다. 그 후에 <88예술단>이 마땅한 이름이 없어 평양방문 후에 단체 <서울예술단>이름을 인계하였다.

북(北)은 남으로 향했다. 북측은 장충동 국립극장, 남측은 평양대극장에서 공연을 하였다(국내여행 최초공식 평양방문 공연부분 자료 참고).

참고사항 1 "최초공식평양방문공연 공연" '여행치료' 부분에 있음

참고사항 2. 북한의 언어 사용법

＊북한의 언어 사용방법[17)]

가. 발음

★ 모음 'ㅓ, ㅡ'의 원순화.

'어' → (ㅗ)에 가깝게 발음. '걱정 없다' (곡쫑옵따)

모음 'ㅚ'의 발음 - 이중모음 (ㅚ)를 단모음 (we)으로 발음.

※ 남북한 모두 'ㅚ'를 단모음으로 규정하고 있는데, 남한에서는 방언적 차이에 따라 이중모음으로 발음되기도 하는데 이를 인정하는 반면에 북한에서는 인정하지 않고 있다.

★ 'ㅣ' 모음 역행 동화, 전설 모음화가 광범위하게 적용됨.

★ 'ㅣ' 모음 역행 동화

건데기(건더기). 구뎅이(구덩이), 지팽이(지팡이), 곰팽이(곰팡이), 실오래기(실오라기), 꼬랭이(꼬랑이), 엉뎅이(엉덩이) 등 ※전설 모음화

수집다(수줍다), 부시다(부수다), 기지떡(기주떡), 마무리다(마무르다), 부스스(부시시), 비슬거리다(비실거리다), 두루뭉실하다(두리뭉실하다) 등

★ 두음법칙 부정 - 1954년 이후 본음대로 표기하고 발음함을 원칙으로 함.

로동신문(노동신문), 로인(노인), 녀자(여자), 념원(염원), 리해(이해), 량심(양심), 료금(요금), 류학(유학), 례의(예의), 롱담(농담), 락원(낙원), 루각(누각), 래일(내일), 유대(유대), 녕변(영변), 뇨도(요도) 등

★ 된소리가 많이 사용 된다. - 현실음에 가깝게 발음하고 적으려는 목적.

원쑤(원수), 뚝(둑), 복쑤(복수), 논뚜렁(논두렁), 손까락(손가락), 손뜽(손등), 그믐딸(그믐달)

17) 박해경 칼럼 중에서 발췌함(남북이 통일이 되었을 때 본고장의 언어도 공부해야함으로 참고함).

등, 억양과 리듬 - 높내림조의 억양 사용하여 전투적이고 선동적인 효과

나. 문법

이미 있던 접사들의 기능을 확대하여 사용하는 조어법

남한어의 피동, 사동 접사는 모든 용언에 다 쓰이지는 않는다.

(맑히다(×), 개우다(×))

그러나 북한 문법에서는 -이-, -히-, -리-, -기-, -우- 등의 사동 및 피동 접사가 널리 사용.

-이- : 맡이다(맡게 하다), 묵이다(묵게 하다), 내놓이다(내놓아 지다), 뭉개이다(뭉개어 지다), 엮이다(엮어 지다),

-히- : 깊히다(깊게 하다), 생각히다(생각하게 하다) 노엽히다(노엽게 하다), 묽히다(묽게 하다), 얇히다(얇게 하다), 잊히다(잊어 지다)

-리- : 분질리다(분질어 지다)

-기- : 헐벗기다(헐벗어 지다)

-우- : 바래우다(바래다), 자래우다(기르다), 찔리우다('찌르다'의 사동형) 베우다(베게 하다), 시달리우다(시달리게 하다), 쉬우다(쉬게 하다) 쥐우다(쥐게 하다)

보조 용언으로 사용되던 것들을 용언 파생을 위한 새로운 접사처럼 사용하는 조어법, 남한어의 보조 용언 중 '하다', '되다', '지다' 등은 특정한 말에 붙어 접미사의 기능을 가지고 있다(일하다, 고조되다, 그늘지다).

북한 문법에서는 이러한 보조 용언의 기능을 더 확대하여 조어법에 활용한다.

-지다 : 차례지다(몫으로 차지되다), 주렁지다(주렁주렁 많이 매달리다)

-나다 : 부러워나다(부러워하다), 좋아나다(좋아하다), 더워나다(더워지다)

-나서다 : 떨쳐나서다(어떤 일에 세차게 나서다), 도와 나서다(돕기 위해 나서다)

-맞다 : 급해 맞다(사정이 매우 급하다), 바빠맞다(몹시 급한 형편이나 상태에 놓여 있다)

※ 애로되다(장애에 가로막히다), 아름차다(힘에 벅차다), 악착하다(모질고 끈기가 있다), 녹아대다('녹다'의 상황을 나타냄), 끓어 번지다(끓어버리다)

복수 개념을 나타내는 '들'을 남한보다 훨씬 많이 사용

"거대한 성과들을 이룩했고" "교과서들에 한자를 넣으면 안 됩니다."

남한에서는 사용되지 않는 특수한 구문들

"조선의 민족적 특성을 옳게 살려나갈 데 대하여"

"수업이 끝난 다음 집에 돌아갈 대신에 학교에 남아서 동무들의 학습을 도와주었다." "도착하자바람으로" (도착하자마자)

조사의 특이한 용례

“이것을 정확히 해명하는 것은 문체론의 기본 임무로 된다.”(기본 임무가 된다)

“문체는 표현적 요구에 기초한 표현 방식의 총체”(표현적 요구를 기초로 한 표현 방식), “위대한 수령님께서와” (위대한 수령님과)

다. 어휘

남한에서 사용하는 말과 형태는 같은데 의미가 다르게 사용되는 단어 (동무, 인민, 아가씨(부정적 의미), 빨치산(혁명적 영웅), 어버이(김일성을 가리킴), 궁전(어린이들이나 근로자들을 위하여 여러 가지 교양 수단들과 체육, 문화, 교양 사업을 하는 크고 훌륭한 건물), 천리마(인민들의 혁명적 기상), 예술(기술과 수련), 교시(김일성 동지가 가르쳐 주신 혁명 건설의 지침이 되는 말씀), 열사(혁명 열사), 문헌(김일성 동지의 노작))

같은 의미를 다른 형태의 단어로 나타내고 있는 경우, 고유어로 다듬은 경우 —

도는 네거리(로터리), 물맞이칸(샤워실), 주름막(커튼), 주머니종(삐삐), 어김 돈(위약금), 쇠관악기(금관 악기), 소리판(레코드), 꽃댕기(리봉), 손님맞이방(응접실), 바다물미역(해수욕), 내굴쏘임(훈연), 젖먹임칸(수유실), 찬물미역(냉수욕), 가락지빵(도넛), 나뉜옷(투피스), 일본새(능력) 이닦이약(치약), 빨래집(세탁소), 노래춤묶음(버라이어쇼), 노래이야기(오페라), 끌신(슬리퍼), 더운물흐름(난류), 푸른차(녹차), 내민대(발코니), 짐승그림(동물화), 서로말(대화), 찬단물(냉차), 얼음보숭이(아이스크림), 모서리뽈(코너킥), 순간 타격(스파이크), 닭알(계란), 돌다리(석교), 구경칸(관람홀), 견줌무게(비중), 균죽이기(살균), 진정제(가라앉힘약), 남새(채소), 큰물(홍수), 달품(월급), 이닦이약(치약), 닭공장(양계장), 들모임(피크닉), 검밝기(명암), 흐름길(회로), 사진종이(인화지), 붙어살이(기생), 엉겨맞히기(응결), 마당질(타작), 차마당(주차장), 물결움직임(파동), 던지기뽈(서어브), 긴연락(롱 패스), 중앙으로꺾어차기(센터링), 못신(스파이크), 따라난병(합병증), 바투보기눈(근시), 열내림약(해열제), 설사멎이약(지사제), 건넘선(횡단선)

※ 이상의 용어들 가운데서는 음절이 길어져 언중들의 공감을 얻기 어려운 어휘들도 많고(중앙으로 꺾어차기), 어휘 내의 음절 전체가 고유어화하지 못하여 한자어와 잡종이 된 어휘(닭공장, 사진종이, 건넘선, 차마당, 열내림약)도 많이 보인다.

중국의 영향 — 유보도(遊步道, 산책길), 군중 가요(群衆歌謠, 대중가요)

기타 — 손벽(손뼉), 기발(깃발), 저가락(젓가락), 혜염(헤엄), 도드라기(두드러기), 호상(상호), 위생실(화장실), 영예 군인(상이 군인), 끌끌하다(깨끗하다), 군중 가요(대중 가요), 상학 시간(수업 시간), 발가지다(폭로하다), 심장히(심장하게), 아름다이(아름답게), 정의로이(정

의롭게)

공산주의 체제하에 등장한 정치, 경제, 사회 분야의 생소한 어휘

군중 로선(인민 대중을 위하여 충실히 일하기 위한 원칙), 로동 교양소(노동을 통하여 인민들을 교육하는 기관), 농촌 테제(농촌 문제에 대한 사회적 입장과 태도)

동의학(한의학), 만가동(전부 가동함), 밥 공장(주부들이 식권을 맡기고 끼니때마다 밥을 사 가는 곳), 속도전(모든 사업을 최단기간에 최상의 성과를 거두기 위한 사업 추진 방식), 인민배우(가장 높은 급수에 속하는 배우), 집체 담화(집단적으로 하는 이야기), 후비대(일정한 조직의 대열을 보충하거나 사업을 계승하고 활동하게 될 준비를 하고 있는 대오나 여기에 속한 사람), 정부 병원(북한 특권층만을 위한 특수 병원), 밭머리 총회(농촌에서 하루의 작업이 끝난 후 농민들을 밭머리에 모아 놓고 진행하는 작업 평가회의), 미장이 처녀 영웅(건설 부문에서 뛰어난 공적을 세운 처녀를 지칭하는 칭호)

※ 남한어에서 이념이나 사회 제도를 반영한 말의 예

- 새마을 운동, 총선, 부가가치세, 수능시험, 데모, 파업, 동아리, 자율 학습, 신세대, 노동조합, 벤처 기업 등 고유어를 사용하여 만들어진 단어들이 많다(남한보다 비교적 많음), 봉건 시대의 청산과 우리말의 주체적 발전을 도모한다는 명목하에 한자어와 외래어를 정리함. 마사버리다(부숴버리다), 우등불(나무를 쌓아 피워놓은 불), 불무시(우등불이나 모닥불을 피워 놓은 무더기), 토스레(섬유를 재생하여 짠 좋지 못한 천), 흔들레판(질척하여 빠지면 나오기 힘든 펄), 평안도, 함경도의 방언 어휘 수용, 망돌(맷돌), 부루(부추), 아츠럽다(애처롭다), 게사니(거위), 인차(곧)
- 러시아 외래어가 많음 (남한이 영어 외래어가 많은 것과 대조/ 꼼무나(공동 집단), 그루빠(그룹), 뜨락또르(트랙터), 쩨마(주제), 깜빠니아(집중 사업), 꼼비나트(종합 공장), 삐오네르(소년단)
- 영어 외래어의 경우에도 남한과 발음상의 차이가 있다(라지오, 텔레비젼, 프로그람).
- 의성어, 의태어/ 왈랑절랑 방울소리, 씨엉씨엉 배를 몰았습니다, 아글타글 애를 쓰면서, 속이 바질바질 탄다, 우줄우줄 춤을 춥니다.

라) 문체

문체를 혁명과 건설의 힘 있는 무기로서 언어의 사회적 기능을 수행하는 중요한 요소로 본다. 간결성, 정확성, 명료성을 보장, 말과 글을 통한 전투성과 호소성을 높이는 것이어야 한다. 주로 짧은 문장과 명령형, 선동형, 감탄형 등의 문체를 사용하여 전투적 성격이 뚜렷하다.

직설적인 욕설과 격렬한 표현 사용 (반면 김일성, 김정일에 대해서는 극존대 사용)

"계급적 민족적 원쑤들을 폭로하며 원쑤들에 대한 인민들의 증오와 적개심에 대하여 쓸 때에는 놈들의 가슴팍을 면바로 찌르는 서리발같이 날카롭고 예리한 문체로 써야 한다."

'원쑤'로 발음하는 의도 원수(怨讐)를 (원쑤)로 발음하는 것은 동음이의어를 없애려는 언어적 의도도 있지만, 강렬한 발음을 통해 적개심을 고취시키려는 의도가 더 큰 것으로 보인다.

원쑤: 원수(怨讐), 해를 입어 원한이 맺힌 대상. 원수: 원수(元帥), 김일성을 높여서 부르는 호칭.

- 남북한 언어 이질화의 원인

언어는 언어 사회의 절대적 지배를 받는 것이므로 언어 이질화 원인은 자연적인 원인보다 인위적인 원인이 더 크게 작용하고 있다. 물론 남한 사회가 급격하게 변해감에 따라 자연적으로 남한의 언어에 변화가 생겼기 때문이기도 하지만, 보다 근본적으로는 북한의 독자적인 언어 정책에서 찾아볼 수 있다. 북한은 언어를 가장 중요한 문화 요소로 보고 여기에서 주체성을 확보하기 위하여 강력한 관 주도의 언어 정책을 펴고 있다.

- 북한의 언어가 남한과 차이가 나는 요인

언어를 혁명과 건설의 힘있는 무기라고 보는 유물론적 언어관에 입각한 북한 언어 정책 이른바 김일성 주체사상에 부합하는 방향으로 언어를 개조하는 정책의 추진 폐쇄적 공산주의 체제에서의 생활 — 당의 통제 하에 철자법 개혁, 한자 폐지, 말다듬기 운동, 문화어 운동 등을 강력히 펼쳤기 때문.

남북한의 언어학자들이 정치적 분단을 극복하지 못하고 그 동안 학술적 교류가 거의 없었고, 남북 통일어를 만들려는 노력이 부족했던 것도 그 한 요인으로 볼 수 있다.

마) 북한 언어와 문화의 관점

- 문화 정책의 기본 방향 - '문화 혁명'이라는 기치 아래 사고와 감정, 행위, 그리고 생활양식을 주체적이고 혁명적으로 개조, 변혁시키는 수단으로서의 역할을 강조하고 있다.

- 북한 언어의 일반적 개념과 사회적 성격

사람들이 서로 교제하며 사상을 표현하며 호상 이해를 달성하는 데 가장 중요한 수단으로 혁명과 건설의 모든 분야에서 대중을 불러일으키는 조직 동원의 무기, 주체사상에 입각하여 민족적 자부심과 계급의식을 높여 주는 사상 교양의 무기, 언어가 혁명과 건설의 무기라는 유물론적 언어관

- 문화어 제정을 지시한 김일성 담화문 (1966년, 발췌 인용)

"우리말을 발전시키기 위하여서는 터를 잘 닦아야 합니다. 우리는 우리 혁명의 참모부가 있

고, 정치, 경제, 문화, 군사의 모든 방면에 걸치는 우리 혁명의 전반적 전략과 전술이 세워지는 혁명의 수도이며 요람지인 평양을 중심지로 하고 평양말을 기준으로 하여 언어의 민족적 특성을 보존하고 발전시켜 나가도록 하여야 하겠습니다. 그런데 '표준어'라는 말은 다른 말로 바꾸어야 하겠습니다. '표준어'라고 하면 마치 서울말을 표준하는 것으로 그릇되게 리해될 수 있으므로 그대로 쓸 필요가 없습니다. 사회주의를 건설하고 있는 우리가 혁명의 수도인 평양말을 기준으로 하여 발전시킨 우리말을 표준어라고 하는 것보다 다른 이름으로 부르는 것이 옳습니다. '문화어'란 말도 그리 좋은 것은 못되지만 그래도 그렇게 고쳐쓰는 것이 낫습니다."

- 남북한 언어의 이질화로 파생되는 문제점

언어 사용의 일차적 목적인 의사소통(표현과 이해)이 원활하게 이루어지지 못한다.

언어는 민족 감정과 직결되므로 언어의 이질화는 민족의 정서적 거리감을 가져온다. 민족을 구별하는 가장 명백하고도 유효한 특성은 언어이므로 언어의 이질화는 곧 동족 의식을 쇠퇴시켜 민족의 분열을 고착화시킨다.

*** 전통문화 발전의 참고자료**

1. 전통문화를 지키는 일[18)]

이대로 가다가는 우리선인들이 어떻게 살았는지, 무슨 생각을 했었는지, 우리의 정체성은 무엇인지 그대로 묻혀 버릴지 모른다. 특히 우리 전통문화(傳統文化)에서 큰 축을 형성해온 국악은 소멸을 걱정해야 할 정도로 위기를 맞고 있다. 처음부터 이 땅에 자리 잡고 있던 우리 문화유산에 대해서도 세심한 보호와 전승이 이뤄져야 정상이다. 하지만 현실은 딴판이다. 전통문화는 낡고 뒤떨어진 것으로 여겨지면서 천덕꾸러기 신세로 전락한지 오래다. 시대가 바뀌고 새로운 문화장르들이 유입되면서 국악의 설자리는 좁아졌다. 그러나 외래문화의 공세가 거셀수록 전통문화의 가치가 더 돋보이는 시대로 접어들고 있다. 일본은 가부키, 스모, 기모노 등 전통문화를 해외에 적극 알리면서 국가 이미지를 높였다. 중국은 최근 공자 사상을 부각시키기 위해 공을 들이고 있다. 한국에서는 외국 며느리가 늘어나면서 다문화를 강조하는 흐름이 두드러지는 반면에 전통문화에 대한 관심은 상대적으로 약화되고 있다. 전통이라는 말을 꺼내는 것 자체가 시대에 맞지 않는 일로 여겨지는 분위기다. 한국이 하나의 국가로서 문화적 정체성을 유지하기 위해서라도 전통문화를 지키는 일에 더욱 힘을 쏟아야 한다.

2. '무형문화재의 21세기 개혁과제와 방향'의 토론 자료[19)]

먼저 이러한 토론회를 개최하고, 토론자로 불러준 국회당국에 감사와 박수를 보낸다. 본 토론자는 2000년부터 4년 동안 문화재위원을 지낸바 있어서 누구보다 이에 관심이 많고, 또 오늘 토론의 주제에 일말의 책임이 있음도 잘 알고 있다. 또 지난 1996년에 광주일보사에서 펴낸 『예향』이라는 잡지에 '문화재지정 이대로 좋은가?'라는 글을 실은 바도 있다.

평소에 전통음악의 창작을 한답시고, 전통문화에 관심이 없을 수 없는 본 토론자는 이제 '21세기 문화재제도의 개혁과정과 방향'에도 관심이 많아서 이 자리에 참석하게 되었다. 한편 발제자들의 두 편의 글에는 현재의 문화재제도에 문제점이 많음이 나타나 있으며, 문화계에

---

18) 홍찬식, 수석논설위원 2011.4.20. 조선일보 칼럼 일부인용.

19) 故 백대웅, 전통예술원장 교수.

종사하고 있다는 사실만으로도 그 일부에 책임을 느껴야하고, 누구 탓으로 돌리기보다는 우리사회 전체의 문제로 보인다.[20)]

우리사회에서 '문화'(음악)는 정치나 경제보다 뒷전이고 오히려 그 영향을 받는다는 사실도 분명하다. 경제논리로 따진다면, 음악문화는 '생산'과 관계없이 '노는 문제'에 더 가까운 개념인데, 그 사실은 우리뿐만 아니고 인류역사가 증명하고 있다. 예를 들면 1984년에 처음 전남대학에 부임했을 때, 호남선은 단선이었고 광주시는 제한급수를 하고 있었다. 그런 상황에서 음악이 뭐고 문화가 다 뭐겠는가?

그러나 21세기의 우리는 19세기나 20세기의 형편과 달라졌다. '86아시안 게임'과 '88올림픽'을 치러 낸 우리네 형편은 이제 우리를 사람취급도 안 하던 일본에 '욘사마' 열풍이 있고, 동남아시아에서 '한류열풍'도 불고 있을 만큼 '국력'이 달라졌다. 다만 '역사의 지속성'을 내세우는 일부 학자와 기득권을 고수하려는 보수주의자들의 외고집이 "모든 것은 때가 있는 법"이라며 시간벌기로 호도하고, '근대화'가 곧 '서구화'라고 착각할 뿐이다. 그것은 19세기까지 '중국중심적 사고'에서 20세기에 '서구 중심적 사고'로 바뀐 사정과 같다.

'직설적 화법'으로 무형문화제도의 문제점을 제기한 주강현 발제자나 문화재제도가 '보호정책'에서 '진흥정책'으로 바뀌어야 한다는 이장열 발제자의 견해에 반론은 있을 수 없다. 모든 것이 사실인데, 무슨 반론이 필요 하다는 말인가? 우리는 누가 무슨 말을 하면, 그 말이 맞는 말인가를 생각해보기 전에 '나에게 이로운 말인가 해로운 말인가'를 먼저 따져보는 속성이 있다.

또 '곰'이기를 거부하고 '왕서방'이 되려는 예술가들의 치기가 문화재제도에 걸림돌임을 잘 아는데, 그건 사람들이 '염불보다 잿밥'에 더 관심이 있기 때문이다. 그것이 인간들의 본능인가? 모든 문제는 '목소리 큰 놈이 최고'인 우리사회의 잘못된 분위기와 '자본주의' 사회에 나타날 수 있는 문제로 보인다.

주강현 발제자의 말대로, '문화재를 위해서 문화재청이 있는지, 문화재청을 위해서 문화재가 있는지' 헷갈릴 정도이다. 물론 국가에서 무형문화재를 관리해야할 만큼 열악한 환경에 문제점이 있었고, 그렇게 만든 문화관련 전문교수들과 언론의 책임도 면할 수 없을 테다. 그러나 잘못 끼워진 첫 단추를 이어가는 '관료적 보수성'에 문제가 가장 많다고 발제자는 진단하고 있다.

덧붙이자면 발제자는 문화원형을 논하면서, 서울의 찬가격인 '진국명산'이라는 단가 노랫말의 뜻도 모른다고 했는데, 배운 일이 없으니 당연하지 않은가? 태극기의 태극(太極)이라는 말

20) 다만 중요성에서 더 시급한 문제에 가려져있다고 생각된다.

의 뜻도 모를 국민이 많을 텐데-. 요즘 쓰는 음악, 미술, 공예 등의 말이나, 장조, 단조 등의 음악용어를 19세기에 쓴 일이 있었는가? 그런 상황에서 '전통'과 무형문화를 말하는 것이 오히려 어색한 일 아니겠는가? 아마도 우리사회에서 '전통'을 옛 것의 답습으로만 여기는 데에 모든 문제가 있는 것으로 보인다. 마치 아파트에 이사 가는 할머니가 부지깽이나 고리짝까지 챙기는 것처럼 말이다.

'중점보호주의'와 '원형보존주의' 그리고 '국가주도의 전수교육제도'의 모순을 지적한 이장열 발제자의 견해도, 무형문화재의 '박제화'를 부추길 뿐이라는 주강현의 견해와 같다. 처음 문화재보호법이 생길 때는 그렇지 않았던 일이 그동안 세월이 흐르면서 변질되고, 왜곡된 채 한번도 '보수공사'가 없었던 것이 원인으로 보인다.

앞에서 문화는 정치와 경제의 영향을 받는다고 했는데, 문화와 관련된 법이나 제도가 군사정권에서 정치적으로 이용당한 예는 학술원이나 예술원의 탄생, 그리고 정초에 열리는 '신년음악회'에서도 볼 수 있고, 또 그런 일이 조선조 이래의 '전통'일 만큼 숙명이었다. 마치 하드웨어는 갖추어졌으나 소프트웨어는 없는 것처럼, 문화재제도를 어떻게 운용하면 좋다는 것을 잘 몰랐고, 문화계에서는 "그래도 없는 것보다 낫다"는 자조감이 팽배했다.

하여튼 문화재청의 '순기능과 역기능'이 모두 밝혀진 오늘날, 우리는 무형문화재에 국민들이 관심을 갖고, 우리민족의 정체성과 자긍심으로 연결되도록 노력해야 함은 분명하다. 무형문화재는 전국의 박물관대학이나 평생대학에서 좋은 교재와 커리큘럼이 될 수 있고, 재미있는 TV 프로그램으로 계발할 수도 있을 터이다.

문화재보호법이 1962년에 제정된 이후 40여년이 흘렀는데, 이 토론회가 제 얼굴이 어떻게 생겼는지 거울에 비춰볼 겨를이 없이, 생존에만 급급했던 우리네 형편에 근본문제가 있었음을 모두 인식하는 계기가 되었으면 좋겠다. 그다음에 현존하는 무형문화재의 존재의미를 새겨 보아도 결코 늦지 않다.

3. "관련법을 개정하겠다."[21)]

중국에서는 얼마 전에 '농악'을 조선족 음악이라고 국가 무형문화유산으로 지정·등재할 때도 우리는 위협적으로 받아들여야 하는데 우리는 방심하고 있었다. 이번엔 우리의 '아리랑'을 국가 무형문화재로 등재(조선일보 2011.6.21)했다(허윤희 기자. 조선일보 2011.6.24).

21) 허윤희 기자, 조선일보 2011.6.24.

아리랑은 해외에서 1976년 폴모리아(Paul Mauriat)악단이 앨범, 아리랑 마이클(Arirang Miracle)을 발매하며 동양의 연가(Oriental love song)라고 표기했다가 교포의 항의로 한국의 국내음반으로 들어올 때는 전통음악(Korea traditional music)으로 변경한 사례가 있다. 아리랑이란 '아름답고 사랑스런 사람' '사무치게 그리운 사람' '별다른 의미 없는 노래의 후렴구' 라고 주장·해석하는 학자들도 있다. 그런데 아리랑을 지정하려니 "누구나 부르기 때문에 문화재로 지정을 못한다는 것이다." 또한 "등재를 신청할 '자격조건'이 안 된다는 것이다." "무형문화재로 지정하려면 기능 보유자도 함께 정해야 한다는 것이다." 그러나 담당자는 "보유자 없는 종목도 지정할 수 있도록 법 개정을 추진하고 있다." 고 하면서 "관련법을 개정하겠다."고 했다 그렇다면 기존종목도 지금까지 건의하고 항의한 것을 다시 보유자(保有者)없는 종목으로 전락(轉落)한다는 말인가?! 중국은 한복, 전통혼례, 씨름 등 한국의 민속을 '조선족 문화'라며 중국에 살고 있는 조선족의 전통 민요라는 이유로 국가무형문화유산으로 지정해 놓고 있다. 민속학자들과 문화재계에서는 "무형문화재의 개념과 대상을 확대해야 한다."고 지적하고 있다. 이제 농악(풍물)과 아리랑이 지정되었고, 탈춤도 유네스코에 지정해주기를 기대한다.

4. 무형문화재 제도 과정

중요무형문화재 제도를 살펴보기로 하자.[22] 문화재란 인류가 자연과 더불어 생활을 영위해 나가는 과정에서 형성된 문화적 소산으로 보존할만한 가치가 있는 문화유산과 함께 자연환경 관상 특별한 가치가 있는 자연유산을 포함한다. 우리나라에서는 지난 1962년 문화재보호법을 제정하면서 문화재와 관련된 하위항목으로 유형문화재·무형문화재·민속자료·기념물 및 전통적 건조물 군으로 분류하였다. 그리고 이러한 문화재중 중요한 것은 국보나 보물 등의 중요문화재·서적·천연기념물 등의 국가지정을 통해서 보호하고 있다. 또한 2000년부터는 근대에 만들어진 건축물을 문화재로 등록하여 보호하는 노력도 함께 진행하고 있다. 무형문화재는 연극, 무용, 놀이와 의식, 무예, 공예기술, 음식 등 무형의 문화적 소산으로 역사적·예술적 또는 학술적 가치가 큰 것을 가리킨다. 여기서 무형(無形)이란 예술적 활동이나 기술같이 물체와 형체로서의 형태를 갖고 있지 않다는 것을 의미한다. 그러나 예술적·기술적 능력을 지닌 사람이나 단체에 의해 구체적으로 실현될 수 있기 때문에 문화재 종목으로 지정하고 동시에 기· 예능을 지닌 사람을 보유자나 보유단체로 인정하는 것이다. 이러한 문화재는 국

22) 문화재청 자료(資料).

가에서 지정하는 중요무형문화재와 시, 도에서 지정한 지방문화재로 나누어진다. 중요무형문화재는 1964년에 31종목이던 것에 비하여 2004년에는 109 종목으로 210여 명에 달하는 3배 이상 보유자가 인정되는 외적인 성장과 함께 우리나라 문화재에 대한 국내외의 관심도 집중되고 있다.

무형문화재 제도는 무형문화재의 안정적인 전승과 체계적인 전승활동을 위해 보유자–전수교육조교–이수자–전수장학생(일반전수생)으로 이어지는 일정한 전승체계를 갖추고 있다. 보유자의 주된 의무는 '전통문화의 확산과 세대 간 전승'으로 기·예능을 전수하기 위해 자질과 뜻이 있는 전수생을 선발하고 3년 이상 교육을 받아 일정한 기량에 이르면 이수자로 인정받게 된다. 따라서 전승자로서 자질을 갖추면 '전수조교'로 선정되어 보유자 추천을 받아 전문가의 평가를 거쳐 '보유자'로 인정받을 수 있다. 현재 인정된 보유자(保有者) 중에서 고령이나 질환으로 기·예능을 정상적으로 전수하기 어려운 경우에는 명예보유자로 인정하고 있다.

(전체종목 131, 단체종목 48, 개인종목 75, 사장되거나 편입종목 8, 전수조교 전체 304명, 단체종목 188명, 개인종목 116명, 전수조교가 없는 종목 21(29), 사장된 8종목. 2010년도 문화재청)

박동석 논문에 의하면 우리나라에서는 1949년 일본 나라지방의 법륭사의 금당벽화 소실사건을 계기로 일본이 마련한 문화재보호법 입안 과정에서 문화재란 용어가 사용되고, 이듬해인 1950년 5월 30일 동법이 제정 공포됨으로서 사용되기 시작했다고 한다. 일본의 문화재 제도를 수용하여 학계나 행정기관에서 조금씩 사용하다가 1961년 10월 2일 각령(閣令) 제181호에 의거한 문화재관리국 직제공포와 1962년 1월 10일 법률 제161호로 문화재 보호법이 제정되면서 일반화된 과정을 정리하였다.

그 후로 문화재 보호법을 개정하여 입법예고(2010.6)하려고 하였으나 보유자·조교·이수·전수자들이 개정반대를 하였다. 따라서 문화재청장이 새롭게 발령받아오면서 무형문화재 제도가 좀 활성화 되려나 했는데, 청장인터뷰(2011.4.8. 4:30. YTN)를 지켜보았다. 제목은 "문화재청 앞으로 50년 무엇을 할 것인가?"에서 1) 문화재 문턱 낮춰 대중화, 2) 궁권에서 국제회의, 3) 경복궁 2차 5,400억 투자 복원, 3) 외규장각·약탈문화재 환수 전담팀 신설, 4) 해외문화재 불법 반출 규명(환수절차 및 분류 해외전시) 등 잠깐 동안의 인터뷰이지만, 무형문화재(無形文化財) 대해서는 거론조차도 하지 않았다.

* 유네스코 기준에 맞춘 새로운 무형문화재 관리체계 도입 - 「무형문화재 보전 및 진흥에 관한 법률」 국회통과 -무형문화재 보전 및 진흥에 관한 법률이 2015년 3월 3일 국회 본회를 통과되었다. 원형유지에서 '전형(典型)유지'로 바뀌었고 요약본은 다음과 같다.

□ 개요 (국회 의결 법률안 주요내용)

○ 경과: 교문위 의결(2.24), 법사위 의결(3.2), 본회의 의결(3.3)

○ 대상: 문화재청 소관 법률 4건

- 제정(1): 무형문화재 보전 및 진흥에 관한 법률안
- 개정(3): 문화재보호법, 고도 보존 및 육성에 관한 특별법, 문화재 수리 등에 관한 법률

□ 주요내용

국회 의결 법률안 주요내용 〈표 12〉

연번	법 안 명 (대표발의)	내 용	비고
1	무형문화재법 (조해진)	- 무형문화재 보전 및 진흥에 관한 법률 (문화재보호법에서 분리입법, 무형문화재 범위 확대, 진흥정책 강화 등)	제정
2	문화재보호법 (조해진, 유승희, 도종환)	- 무형문화재법 분리입법에 따른 자구 등 정리 - 주요공항·항만 등에 문화재감정위원 배치의 법적 근거 명시 * 현재는 훈령에 의해 운용 중(17개소) - 문화재기본계획에 남북한 문화재교류협력 사항 추가	개정
3	고도육성법 (정부, 박인숙)	- 기초조사 수행주체 확대 등 (현재 문체부장관에서 지방자치단체장도 가능토록)	개정
4	문화재수리법 (안민석)	- 문화재수리기술자격증 불법대여 시 벌칙 강화 (징역 1년, 벌금 1천만 원 이하 → 징역 3년, 벌금 3천만 원 이하)	개정

무형문화재 보전 및 진흥에 관한 법률 제정안(요약)

〈표 13〉

<table>
<tr><th colspan="2">주요 변경사항</th><th>문화재보호법</th><th>무형문화재법(제정안)</th><th>비 고</th></tr>
<tr><td colspan="2">단체성격</td><td>보존단체</td><td>사단법인</td><td>문화재청 소관</td></tr>
<tr><td colspan="2">용어</td><td>무형문화재
보유자/보유단체
중요무형문화재
시・도지정문화재</td><td>무형문화재
보유자/보유단체
국가무형문화재
시・도무형문화재/이북5도무형문화재</td><td></td></tr>
<tr><td colspan="2">무형문화재범위</td><td>기능, 예능</td><td>전통적 공연・예술
공예, 미술 등에 관한 전통기술
한의약, 농경・어로 등에 관한 전통지식
구전전통 및 표현
의식주 등 전통적 생활관습
민간신앙 등 사회적 의식(儀式)
전통적 놀이・축제 및 기예・무예</td><td>유네스코 협약의
카테고리 한국적
수용</td></tr>
<tr><td colspan="2">보전원칙</td><td>원형유지</td><td>민족정체성 함양
전통문화의 계승 및 발전
무형문화재의 가치 구현과 향상</td><td>무형≠원형</td></tr>
<tr><td colspan="2">지정제도</td><td>중요무형문화재
지정</td><td>국가무형문화재 지정
긴급보호무형문화재 지정 제도 추가</td><td>아리랑, 김장문화 등</td></tr>
<tr><td colspan="2">이수증 심사
발급 주체</td><td>보유자(보유단체)</td><td>문화재청장이 심사를 거쳐 발급</td><td>기량 강화</td></tr>
<tr><td colspan="2">전수교육제도</td><td>도제식 전수교육</td><td>대학을 통한 전수교육 추가
(전수대학 선정, 재정지원 등)</td><td>시대적
변화 반영</td></tr>
<tr><td rowspan="4">진흥
정책</td><td>전승공예품
인증제</td><td>신설</td><td>전승자가 제작한 전승공예품 국가 인증</td><td>시장신뢰성
증대</td></tr>
<tr><td>전승공예품
은행제</td><td>신설</td><td>전승공예품 은행에서 체계적인 작품 구입, 수요기관 대여, 현지 전시 지원</td><td>공예품 수요증대</td></tr>
<tr><td>창업・제작
・유통
지원</td><td>신설</td><td>무형문화재 전승자 창업 지원
전통공연 브랜드화 사업 지원
전승공예품 유통망 구축 지원 등</td><td>자생력 확대,
관광자원화</td></tr>
<tr><td>국제교류
지원</td><td>신설</td><td>무형문화재 국제교류(공연, 전시 등) 지원
전승공예품 해외판로 개척 및 지원</td><td>해외선양</td></tr>
<tr><td colspan="2">지식재산권</td><td>신설</td><td>무형문화재에 대한 국제특허취득 예방
전래된 기술체계 지식재산권 불인정 및 창조된 영역 지식재산권 인정</td><td>공유확대 창작의욕
고취</td></tr>
<tr><td colspan="2">전승자 권리</td><td>신설</td><td>지정무형문화재의 보유자, 보유단체 외에 제3자의 명칭 사칭 금지</td><td>전승질서 확립</td></tr>
<tr><td colspan="2">무형문화재
진흥사업 지원</td><td>한국문화재재단
일부 기능 수행</td><td>한국문화재재단 내 한국무형문화재
진흥센터 신설</td><td>무형문화재 진흥정책
집행기관</td></tr>
</table>

3부
건강(健康)치료

제7장 일반적인 의학치료[1)]

Ⅰ. 일반적인 놀이치료 및 성인 치료

탈춤을 한다고 해서 무조건 치유행위가 되는 것이 아님을 밝히는 바이다. 먼저 자연과 생활이 중요하고 탈춤은 예방차원으로 건무(健舞, 템포가 빠른 격한 춤), 도무(跳舞, 뛰며 도약의 춤), 연무(軟舞, 느린 템포의 연하고 부드러운 춤)의 춤이 있어 가무악극(歌舞樂劇)의 탈춤을 이용해서 정신적으로 산만한 사람(정신과 치료제의)도 집중적인 훈련을 통하면 안정되게 할 수 있다. 사물놀이하면 보통 노조의 파업운동이 연상되고, 탈춤하면 데모라는 고정관념으로 생각되나 탈춤과 악기를 통해 건강과 함께 치유 쪽으로 엮어 생각한다면 전통문화가 변화, 계승·발전할 수 있다고 생각했다. 더욱 드라마(臺詞)를 함으로써 우울증 및 치매방지 효과가 있으며, 춤사위를 추는 과정에서 자연스럽게 단전과 복식호흡을 하게 되어 내분비기관이 좋아 질 수 있다고 본다. 따라서 내성적인 성격도 외향적로 변화시킬 수 있는 효과가 탈춤 속에 들어 있다.

우리 인체인 내면의 세계(내분비기관)에도 법과 질서가 있어 정신적, 육체적 건전한 생활습관으로 질서와 리듬을 유지할 때 건강을 지킬 수가 있다. 탈춤은 이 시대의 생활 춤[2)]으로 백성과 더불어 웃고 울어 온 어머니의 젖줄과 같은 정서로서 민족의 탈춤운동이 건강운동으로 충분한 효과를 발휘할 수 있다고 생각한다. 전통문화(몸짓, 소리, 춤)이해와 더불어 건강과 문화를 동시에 해결할 수 있는 조상으로부터 물려받은 훌륭한 지혜(치료의 힘)가 생활문화로서 학교와 사회에 자리매김하는데 도움이 되었으면 하는 마음이다.

이제 2부는 탈춤 외에 전문적인 매체(신문기사, 취재, 방송 등)를 이용한 일반적인 자료를 통해 질병 치료를 함께 소개하고자 한다. 단, 이 책자는 책으로서의 참고일 뿐이지 전문 의사

---

1) 주의: 이 책은 책일 뿐이고 참고할 뿐이다. 신문방송 등 지인들의 문헌 등을 발췌, 기록했다. 책을 보고 자가진단을 하지 말고 급하신 분은 병원으로 가서(119 등) 전문의에게 치료를 받아야 한다.

2) 건무(建舞)는 건강한 무용으로 외사위를 함으로서 50견 예방, 키보드증후군을 해할 수 있는 민족의 희로애락을 그린 한풀이 춤이다(살풀이: 1. 걸어온 길이 순탄치 못함, 2. 문화에 모순점에서 온 콤프렉스, 3. 사회생활에서 원한을 품은 부작용, 4. 자연, 학연, 지연, 정신사상 등 민족의 삶에서 기(氣)가 마주치는 행위/ 살을 풀어 분위기를 조성한다는 뜻).

를 찾아가 치료해야 한다.

1. 초등학교 신입생 부적응 증상

집에서 항상 최고라고 칭찬받던 아이가 학교에 가서 받아쓰기나 체육 등에서 자신이 최고가 아니라는 사실을 느끼면서 학교에 흥미를 잃어버리는 경우가 적지 않다.

등교 사흘 만에 학교에 가기를 거부하고, '엄마가 없으면 무섭다.' '학교에 안가면 안 되느냐'고 조르고 있는 아이들, '월요일이면 아침마다 배가 아프다, 선생님이 싫다. 짝궁이 마음에 안 든다'는 이런저런 핑계를 대며 등교를 거부해 심리치료까지 받는 아이들이 있다. 또는 교실마다 집에 가고 싶다고 울음을 터뜨리는 아이들이 나타난다. 매년 3-4월 사이 등교를 거부하는 신입생이 한 반에 1-2명 이상 나온다. 이런 아이들은 학교에 와도 집중력이 떨어지고 산만하다. 등교를 거부하는 아이는 집에서 받들면서 키운 외동아들이나 외동딸이 많다. 또는 상당수 엄마와 떨어지기를 거부하는 분리불안장애가 있다고 한다.

이처럼 산만한 아이들은 교사에게 지적을 받아서 겁을 먹거나 친구를 사귀지 못해 외톨이가 되면서 등교를 더욱 거부하는 악순환에 빠진다. 말수가 적고 아이들이 몰려 있으면 다른 길로 간다든지 집단 따돌림(왕따)을 받을까 걱정을 하게 된다. 유아기에 자기가 원하는 것을 부모가 '즉시 대령하는' 환경에서 자란 아이들은 참을성이 없다. 참을성이 약한 아동은 수업시간 40분 동안 딱딱한 의자에 앉아 있어야 하고, 배가 고파도 점심시간까지 참아야 하는 학교의 규칙을 따르는 것이 고통스러워 등교를 거부한다.

친구와 경쟁도 스트레스 요인이다. 대부분의 아이들은 입학 뒤 2주 안에 학교생활에 적응하므로 "학교는 재미있는 곳"이라고 이야기 해주며 기다려야 한다. 그러나 2주일이 지나도 등교 거부가 계속되면 부모는 학교의 도움을 요청해서 원인을 찾아야 한다. 문제를 해결하려면 부모와 교사가 협력해야 한다. 자녀가 분리불안장애로 등교를 거부하면 부모가 담임에게 양해를 구한 뒤 1주일쯤 아이교실에 함께 들어가는 방법이다. 그 뒤 차츰 복도에서 수업을 받는 모습을 지켜보는 식으로 거리를 둔다. 틱장애가 있는 아동은 지적을 받으면 증상이 악화되는 경우가 있어, 담임이나 친구가 틱장애를 지적하거나 놀리지 않도록 학교에서 다음과 같이 당부해야 한다.[3)]

3) 이준덕 헬스조선 기자, 2010.2.24(유한익 서울아산병원 소아정신과 교수, 유일영 연세대 가족건강관리과 교수). 기사 이용.

초등학교 신입생 부적응 증상 〈표 14〉

분별	주요 증상	치료법
분리불안장애	- 엄마와 떨어지면 불안해하며 아무것도 못한다. - 엄마가 보고 싶다고 울거나 집에 가겠다고 떼를 쓴다.	- 부모가 일정기간 아이의 교실에 들어가 수업을 참관한다. - 아이가 쉬는 시간에 휴대전화로 엄마와 통화하게 해준다.
주의력결핍 과잉행동장애 (ADHD)	- 수업에 집중하지 못하고 팔과 다리를 계속 움직인다. - 허락 없이 자리에서 일어나 돌아다닌다. - 교사가 지적해도 고치지 못한다.	- 약물치료를 하면 좋아진다. - 인지행동 치료, 학습치료, 놀이치료, 사회성 치료도 도움이 된다.
틱장애	- 습관적으로 눈을 깜빡이거나 얼굴을 찡그린다. - 킁킁거리거나 기침을 하는 등 이상한 소리를 낸다. - 남의 말을 그대로 따라한다.	- 지적을 받으면 증상이 악화된다. - 증상이 심하지 않으면 가만히 둬도 자연스레 사라진다. - 증상이 사라지지 않으면 약물치료를 받아야 한다.

교사는 학교가 엄마 없이도 재밌는 곳이라는 인상을 심어줘야 한다. 활동적인 아이를 짝으로 정해 친구를 사귈 수 있도록 돕고, 교사가 아이의 어깨를 짚거나 머리를 자주 쓰다듬어 주는 등 가벼운 스킨십을 하면 아이의 불안한 마음을 진정시킬 수 있다. 꾸중을 하더라도 조용히 타이르거나 보이지 않는 곳에서 해야 한다고 전문가들은 지적한다.

맞벌이를 하는 여성들은 아이를 제대로 돌보지 못한다는 죄책감 때문에 우울증에 걸리는 경우도 있다. 조선미 아주대병원 정신과 교수는 "엄마의 우울증은 자녀의 정서까지 악영향이 이어진다. 어머니가 우울하면 자녀의 요구에 무감각해지는데, 엄마로부터 적절한 반응을 받지 못하는 어린 자녀는 스트레스를 받고 불안감에 시달리게 된다. 심하면 아이가 의사소통에 문제가 생기고 신체적 발달까지 느려질 수 있다"고 말했다. 따라서 등하교 길에 책가방이 무거워 체중의 10%를 넘기면 세 명중 한 명은 허리의 통증을 겪게 된다고 하고 또 가방이 골반 밑으로 내려오는 건 어깨에 무리를 준다고 전문가들은 지적하고 있다. 1) 무게: 아이의 몸무게의 1/10을 넘지 않는가?, 2) 크기 · 어깨 끈 길이: 가방 끈이 골반 뼈 위에 오는가?, 3) 끈 모양: 좁은 아이 어깨에 알맞은 U자 모양인가?, 4) 등판 · 끈 소재 : 폭신폭신하면서도 땀을 잘 흡수하는 재질인가?, 5) 색깔: 등 · 하교 길에 안전하도록 눈에 잘 띄는 색깔인가?, 6) 내부: 저학년이라면 책가방 싸기 쉽도록 칸이 많지 않고 수납이 간단한 형태인가? 척추건강을 고려하여 몸무게와 가방의 착용감과 안정감을 전문가들은 함께 권유한다.

2. 어린이 칫솔질[4)]

칫솔질을 제대로 하지 못해 충치가 생기는 어린이가 많다. 박용덕 경희대치과병원 예방치학과 교수는 "어린이 치주질환의 대부분은 칫솔질을 제대로 하지 않아서 생긴다."며 "어린이에게 맞도록 칫솔질을 제대로 하게 가르쳐 주면 충치를 상당 부분 예방할 수 있다."고 말했다. 어린이 칫솔질은 어른과 방법이 다르다. 어른은 치아를 2-3개 단위로 위에서 아래로 또 아래에서 위로 쓸어내리거나 올리는 방법으로 이를 닦아야 한다. 박 교수는 "하지만 어린이는 손목과 손아귀 힘이 없어 이렇게 이를 닦지 못한다." "초등학교 저학년까지는 치열의 왼쪽과 오른쪽을 여러 개의 작은 원을 그리면서 오가는 칫솔질을 하는 것이 적당하다"고 말했다. 초등하교 고학년이 되면 어른과 같은 방법으로 바꾸도록 가르치기 쉽다. 5세 이하의 어린이는 부모가 직접 칫솔질을 해주는 것이 충치 예방에 도움이 된다. 유치원・초등학교 저학년은 칫솔질을 할 때 보호자가 옆에서 지켜보고 아이가 스스로 칫솔질을 다 끝내고 난 뒤 점검해 주는 것이 필수적이다.

3. 발달지연 의심되면 빨리 치료를[5)]

발달지연 아동의 치료는 조기발견, 치료, 시간과 싸움, 발달지연 전부 자폐는 아니므로 사설기관 먼저 찾지 말고 꼭 소아병원・특수교육 전문가가 있는 기관에 방문하여 치료해야 한다.

- 신생아-6개월/ 젖을 잘 빨지 못하고 우는 힘이 약함, '까쿵'과 같은 소리나 빛 자극에 반응이 없음. 2개월 목을 가누지 못함. 3개월 소리 내어 웃지 않음. 5개월 물건을 잡으려 팔을 뻗지 않음
- 6개월-1년/ 목을 가누지 못함. 앉히면 다리에 힘이 빠져 미끄러지면서 상체가 쓰러짐. 혼자 서거나 걷지 못함.
- 1-3세 말이 늦고 의사소통이 안 됨. 눈을 맞추지 않고 이상한 행동을 함.
- 3-6세 또래와 잘 어울리지 못하거나 주위에 관심이 없음. 또래에 비해 말을 잘 못함.

---

4) 배지영, 헬스조선기자, 2009.10.7.
5) 김맑아, 배지영, 헬스조선기자, 2010.2.17.

4. 성장기 아동과 우유(매일 두 잔 마시면 키 7센치 더 커)[6)]

성장기 어린이에게 가장 필요한 식품은 무엇일까? 연세대 생명과학기술학부 윤성식 교수는 "단연 유유"라고 말했다. 우유 한 잔(200mL)에는 하루에 필요한 칼슘의 3분 1, 단백질의 8분의 1 가량을 공급받을 수 있다. 우유 칼슘은 다른 식품의 칼슘보다 체내 흡수율이 높고, 우유 단백질은 매일 음식을 통해 꼭 섭취해야 하는 8가지 필수아미노산이 모두 포함돼 있다. 우유에는 아동의 뼈, 근육, 신경의 생성에 필요한 성장인자(LGF, TGF)도 함유돼 있다. 우유와 아동 성장의 관계에 대해, 우리나라 청소년과 성장 패턴이 비슷한 중국 청소년을 대상으로 연구한 결과가 있다. 7-17세의 중국 어린이·청소년 1만1691명을 분석해 지난 4월 중국예방의학저널에 발표된 논문에 따르면, 우유를 전혀 안 마시는 그룹의 평균 키는 142.9센치인 반면, 하루에 300mL 이상 마시는 어린이의 키는 149센치였다. 이 밖에, 생후 12개월 이후 우유를 마시지 않는 그룹은 뼈에 함유된 미네랄 수치가 낮아 골절을 입을 가능성이 3배 높은 것으로 나타났다는 연구 결과도 있다. 이런 이유로 보건복지부 어린이 식생활지침은 "3-18세 어린이와 청소년은 하루 두 잔 이상의 우유를 마시라"고 권한다. 윤교수는 "우리나라 식단 특성상 12-18세 청소년은 권장량 대비 칼슘 비율이 50%에 불과하다"며 "고등학교 때까지는 매일 우유를 400mL씩 마시는 것이 좋다" 한편, 저소득층 가정의 어린이는 경제적 어려움 때문에 우유를 충분히 마시지 못하는 경우가 대부분이다. 낙농자조금관리위원회와 초록우산 어린이재단은 저소득층 어린이 95명에게 매일 우유 한 팩씩 무료 제공하는 "밀크프린스 캠페인"을 벌이고 있다. 기초생활 수급권자로 초록우산 어린이재단에 등록돼 있는 18세 이하 결식아동이 우선 지원 대상이다. 성인이 되어서 아침 식사는 하루시작의 에너지원이면서 밤잠을 자는 동안 1도쯤 내려간 체온을 빠르게 정상으로 올려주는 작용을 한다.

5. 청소년 치료

1) 학교와 교사가 만능 아니다("학교폭력·학교도 또 다른 가해자?"라는 신문투고 내용이다).

학부모는 "학생은 죽고 싶다는데 학교는 나몰라라. 무조건 덮기에 급급하고 책임 회피한다."고 했고, 교사입장에서는 "학교·교사도 가슴 아파, 학교에만 책임 지워선 문제해결이 안되고 가정, 사회가 함께 고민하고 해결해야 한다."고 답변했다. 따라서 대부분 교사는 부모 못지않게 소명의식을 가지고 학생들이 행복한 학교생활을 통해 건강한 사회인으로 성장하기를

---

6) 이금숙, 헬스조선 기자(요즘 우유의 문제점도 있다?).

소망하고 노력한다. 그럼에도 막상 폭력사태가 발생하면 대부분의 피해학생 부모들은 가해학생에 대한 생활지도가 올바르지 못했다는 이유로 학교나 담임교사를 원망한다. 물론 학교 폭력의 책임은 일정부분 학교 교육을 담당하는 교사들에게 있다. 그러나 학교 폭력의 모든 책임을 학교 전가하는 것은 근본적인 해결책이 되지 못한다. 학교 폭력은 교사의 생활지도능력뿐만 아니라 학생 개인의 특성, 부모의 자녀 양육태도, 또래 문화 등 다양한 요소들이 원인이기 때문이다. 학교는 문제를 덮으려 하기보다 당사자들이 신뢰하고 공감할 수 있는 방법으로 접근해야 하고 학부모는 올바른 가정교육을 통해 자녀가 학교 폭력에 노출되지 않도록 예방해야 한다. 하루가 다르게 새로운 문제를 일으키는 아이들과 내 아이만은 기죽이고 싶지 않은 학부모들로 선생님들의 어깨는 점점 처져간다. 교사들의 어깨에 힘을 실어줄 때 학교는 제자리를 찾아갈 것이다.[7)]

2) 청소년과 사춘기

사람은 '감정'의 동물이라고 했다. 청소년들은 감정만 잘 소통되면 스트레스도 해결할 수 있다. 부모들은 자녀들의 현재의 감정을 받아주면 된다. 소심학생, 정서적으로 어려움이 있는 학생들은 성격을 잘 파악해야 한다. 그러나 부모들은 '그럴 줄 알았어.' '네가 뭘 안다고' '한심하긴 쯧쯧' 등 사춘기 때에는 부모들이 힘을 주어 이야기하면 갈등(葛藤)이 생기고 어그러진다. 항상 대화하려고 노력하고 질책이 아닌 질문을 유도해야 대화가 그나마 성립이 가능하다. 비아냥 식으로 말하면 청소년들은 말문을 닫아버린다. 청소년들의 5가지 은어들이라고 한다. '에이시' '몰라', '그냥', '됐어', '알았어' 등의 단어로 대화를 단절시킨다. 대화가 안되면 매체를 이용한다. 이메일, 핸드폰의 문자나 편지 등으로 소통해야한다. 청소년들은 항상 부모를 원하고 있다. 양육은 엄마가 한다면 한정되어 있기 때문에 아빠가 넉넉하게 버텨주어야 한다. 매는 몇 시간이 지나면 잊혀 지나, 말(言)은 몇 년이 되어도 상처로 남는다.

3) 폐기능이 살아야 아토피, 비염, 천식이 치료된다.[8)]

우리 몸에는 두개의 호흡기가 있다. 인체 호흡량의 대부분을 차지하는 폐와 나머지 호흡을 담당하는 피부다. 큰 호흡기인 폐의 기능이 활발해지면 자연히 피부의 호흡도 원활해진다. 따라서 폐의 호흡이 완전해야만 피부도 완전한 호흡을 이뤄 노폐물을 배출할 수 있다. 여기서 '숨결이 고와야 살결도 곱다'는 말이 나왔다. 서효석 원장은 "피부 곳곳에 쌓인 독소와 노폐물이 몸 밖으로 빨리 빠져나가야 피부도 건강한데, 빠져나갈 문이 비좁아서 밖으로 나가지 못하

7) 공숙자, 인천 남촌초등학교 교감, 2010.3.2. 조선일보 기사인용.

8) 편강한의원, 서효석 원장, 2011.3.29. 조선일보광고.

고 피부 밑에 쌓이면 열이 나고 열독이 올라 간지럽게 됩니다."라고 설명했다. 따라서 "아토피 같은 피부질환치료의 핵심원리는 털구멍과 땀구멍을 활짝 열어 오랫동안 쌓인 노폐물을 깨끗하게 버리는데 있습니다."라고 말한다. 이때 노폐물이 뿜어져 나가면서 피부의 가려움증을 일으키므로 일시적으로 아토피가 심해지는 모습이 나타나기도 한다.

폐에 쌓인 열을 내려 면역력을 강화하는데 있어서 건강과 연결되지만, 빛이 있으면 그림자가 있듯 건강에도 좋은 것이 있으면 나쁜 것도 있다. 그 중 감기, 흡연, 스트레스는 건강을 위협하는 만병의 근원으로 손꼽힌다. 감기를 방치하면 기관지염, 비염, 기관지천식, 편도선염, 축농증, 폐렴, 인후염, 중이염, 결막염 등 다양한 질병으로 전이될 수 있다.

4) 천식 자가 진단표

건조한 날씨에는 천식환자가 가장 힘든 때이다. 천식환자는 면역 체계이상으로 방어력이 떨어져 있는 상태이기 때문에, 발병가능성이 일반인보다 훨씬 높다. 특히 미세먼지를 조심해야 한다. 황사는 자연발생적이지만 미세먼지는 배기가스・난방 등으로 인위적으로 발생해 화학적 변화를 거쳐 이동하는 것이라고 한다. 변화무쌍한 자연현상을 정확히 예측하는 것은 한계가 있을 것이다. 라고 전문가들은 말하고 있다.

- 천식 자가 진단표(출처: 한국천식알레르기협회)

1) 기침이나 쌕쌕거림이 나타나고 쉽게 없어지지 않는다.
2) 기침・감기가 자주오고 2-3주 이상 지속된다.
3) 감기약・진통소염제 복용 후 숨이 가빠져서 힘든 경험이 있다.
4) 운동할 때나 마친 뒤 숨이 차고 쌕쌕거린다.
5) 추운 날 외출하면 기침이나 쌕쌕거리는 소리가나고 가슴이 답답하다.
6) 밤에 숨이 차거나 심한 기침으로 잠을 깬 적이 있다.
7) 콧물・재채기・코막힘 등 알레르기비염 증상이 있다.
8) 눈이 자주 가려워 비비는 증상 또는 두드러기나 가려움증이 있다.
9) 가족 중 위의 증상이 있는 사람이 있다.
10) 과거 천식으로 진단 받은 적이 있다.

이중 1가지 이상 해당하면 천식 가능성이 있다.

특히 '금연교육과 흡연예방' 청소년들의 금연 정책이 없다. 9년간 담배를 피운 학생(18)이 겪고 있는 증상은 "폐기능이 60대 노인과 다름없다"고 한다. 계단을 오르기 힘들다. 기침을 자주한다. 검거나 짙은 가래가 나온다. 감기에 자주 걸린다. 몹시 피로하다. 머리가 자주 아프다. 아침에 일어나기 힘들다. 자주 졸음이 온다. 기억력이 떨어진다. 등, 천식은 흡입제, 약물을 오전 아닌 저녁에 사용하기, 그 외 밤이 되면 증상, 통증 심해지는 질환 및 증상들은 역류성 식도염은 누웠을 때 상체가 15센치 들리도록 만들기, 오십견은 아픈쪽 어깨가 위로 오도록 모로 누워 잠자기, 편두통은 유발요인 피하고 전용 진통제 먹기 등이 있다.

5) 사춘기가 인생을 결정한다.[9]

부모들은 공부하라는 잔소리, 가출하고 싶은 반항심, 자기정체성의 혼란, 외모에 관심, 불만 생기는 성장관리, 성(性)에 눈뜨는 시기, 스킨십과 성관계, 사춘기의 고민 등 사춘기 인생을 어떻게 보내느냐에 따라 인생의 최대고비인 시기가 180도가 달라진다고 한 책을 소개한다.

다음은 해리 백위드가 말하는 12가지 인간본성[10]

"상대가 돈만 생각한다는 느낌을 주는 순간 사람의 마음은 떠난다."라고 말하면서

1. 놀고 싶다. 2. 놀라움을 갈망한다. 3. 진짜이야기를 원한다. 4. 루저를 사랑한다. 5. 눈에 띄고 싶어 한다. 6. 특별한 것의 일부가 되고 싶어 한다. 7. 익숙한 것을 좋아하고 식상한 것은 싫어한다. 8. 내일의 태양을 믿는다. 9. 눈으로 생각한다. 10. 단순한 것에 사로잡힌다. 11. 다자인 때문에 바뀐다. 12. 기대가 모든 경험을 바꾼다.

6) 자녀의 창의성은 부모가 만든다.[11]

창의성은 교육 아닌 훈련대상이다. 유아기부터 10년 이상 걸려, 아이와 교감(交感)하는 부모가 적임자, 과외교사에 맡겨서는 안 돼, 자녀와 국가의 생존을 위해선 부모부터 가치관 바꿔야 한다. 창의성이란 무엇인가. 존재하지 않는 사물의 필요성을 남보다 먼저 찾아내는 자질이다. 창의성은 왜 필요한가. 살아가며 닥쳐오는 새로운 문제들을 풀어가는 생존의 지혜이기 때문이다. 창의성 교육은 어떻게 하는가. 창의성은 교육의 대상이 아니다. 훈련의 대상이다. 지난 100년은 우리 민족의 창의성이 끊임없이 훼손되어 온 형극의 세월이었다. 1900년부터 해방을 맞기까지 45년은 식민지 시대였다. 이민족이 우리 창의성을 말살시키려 광분했던 시대이다. 그다음 15년은 6·25동란으로 전 국토가 폐허로 변한 시기였다. 창의성을 생각할 틈이 없었다. 1960년 이후 40년간 질주해온 경제성장은 모처럼 자부심을 되찾은 업적이었으나, 이 과정에서도 창의성은 배제됐다. (중략) 이 과정은 부모가 맡아야 한다. 자녀의 눈빛·표정·혈색·호흡·습관·특징을 놓치지 않고 관찰할 수 있는 사람은 부모뿐이기 때문이다. 이

9) 김현정, 팝콘북스.
10) unthinking.
11) 이면우, 울산과기대 석좌교수·인간공학.

제 부모는 자녀와 생존, 국제사회에서의 공헌을 위해 가치관을 바꿔야 한다. 초등학교 부모의 88%가 과외를 시킨다. 관찰이 중요한 시기에 떨어져 지내고, 노출돼야 할 시기에 차폐막을 씌우는 것이다. 이시기를 놓치면 사춘기로 접어들어 평생을 소원한 관계로 지낼 것이다. 자녀 교육을 남에게 의존하는 부모들이 하는 이야기가 있다. 현실을 무시할 수 없다는 것이다. 현재 유망한 분야는 10년 후, 아이가 대학을 졸업할 때쯤이면 모두 쇠퇴기에 접어들 것이다. 하지만 지금부터 창의성을 훈련하면 무엇이 없어지더라도 별걱정이 없을 것이다. 어떤 예상치 못한 환경에 처하게 되더라도 살아남을 것이다. 부모는 자녀를 남에게 위탁하고 품삯을 들먹이며 한탄하던 저간의 잘못부터 반성해야 한다.

II. 일반 클리닉

1. 응급실

사고나 응급질환으로 급히 병원 응급실에 갔는데, 수중에 돈이 없으면 어떻게 해야 할까? '응급의료비대불제도'를 이용하면 해결된다. 이는 촌각을 다투는 응급환자가 당장 돈이 없어서 진료를 받지 못하는 일을 막기 위해 국가가 응급의료비를 대신 내주고 나중에 환자가 국가에 상환하는 제도이다.

- 국가가 먼저 내준 병원비는 12개월 분할 상환하면 된다(대불제도).
- 대불제도를 이용할 수 있는 응급증상들

신경계통(급성의식장애, 급성신경학적 이상), 심혈관계통(심폐소생술이 필요한 증상, 급성호흡곤란, 급성흉통 등), 중독 및 대사 장애(중독, 급성대사장애, 간부전, 신부전, 당뇨병 등), 외과(개복수술이 필요한 급성복통, 광범위한 화상, 다발성 외상 등), 안과(화학물질에 의한 눈의 손상, 급성 시력손실 등), 소아청소년과(소아 경련성 장애), 정신과(자신이나 남을 해칠 우려가 있는 정신장애) 등[12)]

2. 스트레스

스트레스의 최초근원은 인간이 동물보다 약한 원시시대에 동물소리를 들으면 어디로 도망

---

12) 출처: 응급의료에 관한 법률 시행규칙 제2조 제1호. 김태열 헬스조선 기자.

갈지 공포감을 느낄 때 생겨난 것이라고 한다. 이렇게 사람의 신경을 자극하는 놈이 스트레스이다. 내 몸에서 떠나지 않는 놈을 잠간동안 떼어놓는 것이 상책이다. 스트레스의 반대말은 평안이다. 또는 스트렝스(새로운 에너지)이다. 스트레스는 자기가 만든다. 스트레스는 목적이 있다. 당당하게 맞서야 한다. 스트레스를 이기면 성장하고 발전하게 된다. 그러나 사람이 사는 세상에서는 '스트레스' 라는 단어에서 자유로운 사람이 없다. 우리인간에게 가장 고통스러운 것은 죽음인데 스트레스 순위를 살펴보면 ① 배우자 사망, ② 이혼, ③ 별거, ④ 감옥, ⑤ 가족死, ⑥ 은퇴 순이다. 이것은 원인이고 수치(%)가 얼마만큼 받는지 나올 수가 없다. 문제는 죽음이전에 현대인이라면 누구나 만성적인 질병처럼 피할 수 없는 스트레스에서 어떻게 대처하느냐가 관건이다. 그러나 세상이 똑같이 부당하다고 생각하면 화가 들 날 것이다. 스트레스는 여러 가지 부작용을 낳게 한다. 노화가 촉진되는 것은 물론, 사회인들이 활동하는데 사회적 지위에 따른 스트레스의 강도가 차등이 있고, 기억에 필요한 뇌 용량마저 감소시키며 계층별로 차이는 있지만, 조직원으로 구성되었을 때 스트레스를 더 많이 받게 된다. 그러나 자유인처럼 대체로 평화롭고 후리하게 살아가는 방법을 모색하고 터득해야 한다.

2006년 AP통신에 의하면 한국인 스트레스 지수가 세계에서 가장 높다고 전했다. 10개국을 조사했더니 한국인 81%가 일상생활에서 스트레스를 자주 느낀다고 답했다. 직장(33%)과 재정문제(28%)가 가장 큰 원인이었다. "의사는 스트레스가 머릿속에 시커먼 탁구공만한 혹을 만들었다고 했다" "나는 언제나 자신 만만했으므로 세상 깊숙이 칼을 찔러 넣었다. 그러나 그 칼에 피를 흘리는 것은 세상이 아니라 바로 나 자신이었다."고 어느 시인이 답했다고 한다.

어느 대통령의 자서전("나의 인생 나의 분노")을 보면 가난하고 고생하는 집안에서 태어나 성장하여 검사 · 판사가 되면 서민들을 돕겠다고 했는데, 대통령이 되었는데도 불구하고 어릴 때 꿈을 이루지 못해 자살을 했다. 정직한 사람은 자기 자신을 용서 하지 못한다. 자기를 들볶다가 지쳐서 해결이 안 되니 자기 자신과 화해를 못해 자살을 하게 된다. 반대로 만델라 흑인 대통령이 되자마자 자기 나라를 괴롭힌 유럽(백인)을 보복하지 않겠다고 선언을 하여 유명한 대통령이 되었다. 영화 '벤허'의 메시지는 예수님의 십자가를 통해 증오심 · 복수심 등을 없애고 화해하는 것으로 제작을 하였기 때문에 명화(名畵)가 되었듯이 하나님을 믿지 못한 사람들은 화병에 못 이기어 좋은 길이 아닌 자살을 선택하게 되는 것이다. 자살을 방지하려면 자기 성찰(省察)과 모든 사람과 화평하게 하고 자살[13]의 원인을 하나님께 맡기는 3중화해(하나님 · 사람 · 자연)를 하면, 오히려 건강하고 장수하며 형통(亨通)의 복(福)이 올 것이다. 만병의 근원인 스트레스는 뇌(머리)에 붙어 안 떠나는 것이기에 근본적인 청소를 하려면 청소기

13) '자살' 부분 참고.

를 청소해야 청소가 된다.

국내기업 중 처음으로 삼성그룹이 임원 1700명의 정기 건강검진 항목에 스트레스 테스트를 넣기로 했다. 우리는 OECD 회원국 중 10년째 자살 1위 국가다. 스트레스가 쌓이는 것을 내버려두면 우울증으로 발전해 자살의 방아쇠를 당기기 쉽다. '마음의 감기'로 불리는 우울증의 바이러스인 스트레스를 '자살 전염병' 예방 차원에서 사회적으로 다스릴 시대가 됐다.[14] 이런 스트레스를 막으려면 첫째 식사, 둘째 잠, 셋째 운동이다. 이것이 잘 먹고 잘 사는 것으로써 모든 근원의 병은 기본적인 삶이 건전하고 운동을 통해 스트레스를 퇴치해야 한다. Health조선(2011.3.23)의 타이틀에는 "직장상사는 흉보면 풀리지만, 가족은 험담하면 더 쌓인다."

1) 스트레스의 정체

인간은 생로병사(生老病死)이다. 태어나면 늙고, 누구나 환자가 되어 죽는다. 그러므로 긍정적인 생각을 하며 살아가야 하는데 우리는 왜 아플까? 아픈 짓을 했으니 아프지, 어떠한 사건(일)이 일어나서 그 문제(직장일, 대인관계, 기분 나쁜 일, 취업난, 승진, 경기불황, 위험한 일(동물 등)을 만났을 때)를 통해 생각하면 인식하는 순간 식은 땀(오드레난-고티졸이 생산된다)이 난다. 인터넷, -자동반응 조절(자율신경)을 못한다(적개심 · 해결할 수 있는 것이 힘들게 느낀다). 매를 맞으면 몇 시간 만에 잃어버리지만 무심코 던진 말 한마디는 상처가 되어 오래 간다. 자기도 모르는 사이 상대방들의 입에 오르내리는 사건, 매사에 성미가 급하고 불같은 사람, 성취욕이 강하고 항상 경쟁적이며 결과에 늘 초조한 사람은 - 근육이 굳고 피가 올라가 목(골)이 당기고, 멈춘다. - 두려움이 생긴다. 두려움이란? 어려움, 고통, 망각 등을 통해 우리의 믿음을 뿌리 채 뽑힌다. 두려움은 우리의 뇌(腦)를 장학하여 잠 못 들게 한다. 도망치든지 싸우든지 해야 하는데 현대인은 보편적으로 피한다. - 마음을 굳게 먹고 고기 먹고 술도 먹고 하다 보니 살이 찐다(후에 마른다). - 스트레스로 화병을 얻어 병(배살 · 당뇨병 · 암 등)이 생기고, 콤플렉스에 시달린다. - 성호르몬 부족(노화현상 · 성욕감태 · 중독 · 심장병 · 동맥경화 등) 등, 이때 정신적인 것, 신체적(몸)인 것, 영적인 것이 따라주지 못하면 만성 스트레스가 생긴다.

2) 스트레스 조절 법(교감 · 부교감신경 조절)

이제 스트레스의 정체를 알았으니 조절하는 법만 터득하면 되겠다. 마음을 내려놓음(mindlessness)과 닫힌 마음(mindless)이 있다. 디딤돌과 걸림돌이 있듯이 정신이 팔려 넋이 빠지고 무기력

14) 박해현 논설위원(조선일보 2010.10.22).

하여 체념하는 것이 아니라, 냉정하게 판단하여 외부자극에 흔들리지 않고 폭발적인 감정이 있어도 상황을 파악한 후에 현명한 선택으로 돌파력을 강구하여 70번씩 7번을 용서한다는 사고방식을 가지면 된다. 그러나 말처럼 그렇게 쉽게 내려 놀 수만 있다면 얼마나 좋겠는가!? 긍정적인 생각만 하려고 해도 사회생활을 하다보면 사소한 것부터 큰일이 주변에서 볼 수 있다, 안보면 되는데 안볼 수 도 없고, 어쩔 수 없이 만나는 상황들을 해결할 수 있는 방법은 자기의 처세와 감정을 푸는 것은 자기훈련이다. 신체적인 접촉, 감정적인 언사(言事), 영적 등, 만남의 축복이어야 하는데, 육체적인 것과 정신적인 마음의 생각과 소통을 통해 우리 안에 자리 잡는 것이 '스트레스'라는 것을 이제 알았으면 된다.

그래서 얼룩말처럼 평화롭게 놀자(사자가 나타날 때까지 생각 없이 풀을 뜯어 먹는다)- 수면의 질(質)을 높여 피로를 줄여라, 적절한 자극은 능률이 오르지만 마음의 여유를 가져라. (감성의 노화를 막는다)- 쫓기는 자와 쫓는 자는 다 똑같은 스트레스가 있다. '윈윈' 해야 한다. 스트레스는 자동적・무의식적으로 일어나기 때문에 생각을 바꿔 저항력을 키워야 한다. 스트레스는 피로감, 생활의 낙(樂)이 없고, 숨어 있는 것이기 때문에 기분을 띄워라. 이완훈련으로 심호흡조절과 근육이완으로 인식과 자율신경을 만나게 해서 스트레스를 다스려라. 평소 음식을 보충하여 영향상태를 체크한다. 운동을 하고 긍정적인 생각을 가진다. - 좋은 것은 신선한 채소, 과일, 버섯, 콩, 몸을 속임(배부르게 만듬), 수면, 충분한 휴식, 마음을 젊게 하라. - 나쁜 것은 설탕, 술, 과식이다. 선택과 집중(잘 할 수 있는 것 투자)을 통해 삼위일체(영양, 운동(性), 스트레스), 정신과 육체건강도 있지만, 표정관리도 해야 한다. 얼굴근육은 뇌신경과 직접 연결돼 있다고 하면서 볼펜을 입으로 물었을 때는 삐쳤다고 간주하고 치아로 물었을 때 뇌는 '웃는다.' 고 긍정적인 정서로 판단한다는 견해가 있어, 항상 긍정적이고 웃는 얼굴을 하고 있으면 스트레스를 해소할 수 있다.

아래 컨설팅회사에서 제공하는 것을 볼 때, 모든 사람들은 똑같은 권리를 가지고 태어났지만 차등이 있어, 상・하・동료들이 직장생활을 하면서 스트레스가 쌓인다. 상사가 불합리한 지시나 요구를 해오면 전혀 참지 못하고 정색하여 "안 됩니다." 나 "어렵습니다."란 말부터 내뱉는 사람이 있다면 상사와 관계를 악화시킬 뿐이라고 한다. 비즈니스 심리학자 알렌 레드맨(Alan Redmen)은 "상사의 의견에 단도직입적으로 반대하기보다는 일단 상사의 의견 중에서 공감하는 부분을 찾아내어 운을 떼야 한다."고 조언한다. 상사의 유형에 따라 반대는 이렇게 하라고 말하고 있다. 지도자는 여러 형태의 종류가 있다. 귀머거리형, 유아독존형, 과묵형, 잔소리형, 깡패형, 피해망상형, 자아도취형, 탐욕가형 등 지도자를 잘 만나야 스트레스를 덜 받는다.

* 혜안을 가진 '두뇌명석형'- 혼날 때 혼나더라도 단도직입적으로 조목조목 핵심을 말하는

편이 낫다. 단 항의는 가급적으로 면담을 신청해 단둘이 있을 때 조용히 하도록 한다.

* 위험을 감수하지 않는 '겁쟁이형'- 본인은 빙빙 돌려 말하는 스타일이지만, 부하 직원이 에둘러 말하는 건 싫어한다. 말이나 전화보다는 이메일 등 문서를 보내는 것이 효과적이다.

* 좋은 게 좋다는 '인간성 최고형'- 술자리에서 소주 한 잔 기울이며 인간적으로 공략해야만 실패확률이 낮다. '조언을 구하고 싶어요.'라면서 자문 구하는 것처럼 포장하라. * 자기주장이 강한 '독불장군형'- 이런 유형의 상사가 하는 지시나 명령은 가급적 받아들이는 것이 좋다. 정면충돌은 더더욱 피해야 한다. '너무 한다' 거나 '그건 아닌데요'란 말은 최악이다. * 변덕이 죽 끓듯 하는 '갈대형'- 감정적으로 처리하기 쉬운 만큼 '확인해 보겠다.' 등의 말로 일단 한발 물러서는 게 좋다. '잘 알겠습니다.'나 '알아서 할게요.' 등 긍정적으로 받아들이는 모습부터 보여라.[15)]

위의 예를 살펴보면서 상대방과 대화나 상담을 할 때, 자기도 어떤 지도자인가를 생각하며 처세를 해야 스트레스를 주지 않는다.

3. 유산소운동과 삶의 기본운동

심장병, 당뇨병, 암 발생을 줄이려면 성인은 주(週) 2시간 30분 이상 유산소 운동을 해야 한다고 다음과 같이 전한다.[16)]

제약회사 영업맨 임모(46)부장이 올봄에 받은 건강 검진 결과지에는 경고 사인이 덕지덕지 붙었다. 과체중, 고(高)지혈증, 고혈압, 전(前)단계, 내당능장애(당뇨병 발생 직전 단계), 지방간--- 딱히 '환자'라고 할 수는 없으나 이제 곧 여러 질병이 쏟아져 나올 상황이었다. 검진 의사는 약물복용을 권장했으나 임 부장은 일단 운동화부터 샀다. 그러고는 틈만 나면 걷고 뛰었다. 6개월이 지난 지금 그의 건강지표는 모두 정상 범위로 들와왔다. 운동효과가 수치로 입증된 것이다. 운동이 몸이 좋은 것은 다 아는 사실이지만 어느 정도까지 운동해야 심장병 · 당뇨병 등, 만성질환과 암(癌)발생 예방효과를 거둘 수 있을까? 이에 대한 기준이 될 수 있는 '한국인의 신체활동(운동) 가이드라인'이 국내 처음으로 나왔다.

가이드라이인 작성을 주도한 국립중앙의료원은 성인, 어린이, 고령자, 만성질환자, 임신부, 장애인 등 6개 분야의 건강 · 운동 전문가 그룹을 모아 태스크포스(TF)를 만들고, 여기서 최종 확정된 결과를 심포지엄을 통해 발표했다.

15) 인사조직컨설팅업체 '타워스왓슨'

16) 김철중 의학전문기자(조선일보 2010.9.28.).

박재갑 중앙의료원장은 "가이드라인대로 실천하면 최소 암 발생의 10%, 심장·뇌질환의 20-30%를 줄일 수 있다."며 "생활 속 운동을 활성화하기 위해 '운동화 신고 출근하기' 캠페인을 벌이겠다."고 말했다.

성인·고강도 운동을 일주일에 총 2시간 30분(1회 1시간 20분을 넘기지 말아야 한다) 이상 중간강도 또는 고강도(75분) 유산소운동을 해야 한다. 중간 강도는 휴식 때 에너지 소비량(신체 움직임의 세기)의 3-5.9배, 고강도는 6배 이상을 말한다. 유산소운동은 달리기·수영 등 호흡을 하며 지속하는 운동을 말한다.

한편 무리 없이 알맞은 운동을 꾸준히 할 수 있다면 좋은 습관이지만, 너무 운동을 많이 하면 호르몬 분비에 이상이 생기고 과도한 운동으로 체지방이 부족해진 데다, 여성 호르몬이 잘 나오도록 조절하는 뇌하수체 호르몬의 분비가 줄어든다고 한다(폐경 부르기도 한다). 배고픔보다는 비만이 더 심각한 사회 문제가 된 세상인데, 중독이라도 걸려 운동을 계속할 수만 있다면 현대인에겐 차라리 축복이라고 생각하는 사람들이 많다. 가정과 직장을 팽개치고라도 운동을 하지 않으면 불안하고, 꼭 해야 하는 강박에 시달리고 부상도 입고 이렇듯 무리한 운동은 심각한 부상과 면역력이 떨어져 건강에 오히려 도움이 안 되는 경우가 있다(조선, 이지혜 기자).

시대와 상황과 흐름에 주목하여 발맞추어 호흡하고 나가야 한다. 건강은 사람들의 관심을 함께하고 주위의 상황을 예민하게 지켜볼 때, 함께 호흡하고 사람들의 심리를 몰라보면 건강을 찾을 수 없게 된다.

4. 심장마비[17)]

심장박동이 일시적으로 멈추면 우리 몸의 뇌세포와 신체조직은 그 상태에서 살아남기 위해 바싹 움츠러든다. 그러나 심폐소생술로 심장 박동이 돌아오면서 피가 돌면 세포에는 갑자기 엄청난 압력의 혈류가 들어 닥치게 되는 셈이다. 이로 인해 심각한 장기(臟器)손상이 생긴다. 이른바 '심정지 後 증후군'이다. 저체온법은 눈에 파묻혀 동사한 사람이나 찬물에 빠져 익사한 사람이 죽은지 몇 시간이 지난 후에도 몸을 따뜻하게 했더니 다시 살아난 사례들을 보면서 도입했다. 우리나라에서는 가톨릭의대 응급의학 의료진이 처음 들여왔으며, 삼성서울병원·서울대병원·아주대병원 등에서도 속속 도입했다. 이 때문에 심폐소생술로 심장 박동이 다시 돌아와도 사망하는 사례가 절반이 넘는다.

17) 김철중 의학전문기자. 조선일보 2010.12.17.

"병원 밖 심장마비" 환자를 살리는 최선의 방법

(1) 최초 목격자가 119에 즉시 신고

(2) 구급대 올 때까지 목격자가 환자 가슴을 1분 100회 압박하는 심폐소생을 실시

(3) 구급대원이 수생을 이어가고 심장에 전기 충격을 주는 치료 실시

(4) 병원에서 저체온요법 실시 - 섭씨도 식염수 2리터 정맥에 주입, - 얼음주머니를 머리와 양쪽 겨드랑이에 댐, - 전신에 물을 뿌리고 선풍기를 틀음, - 혈액을 차게 만드는 특수 냉각관을 정맥에 사용, - 체온이 한 시간에 0.25도씩 천천히 올리면 환자는 혼수상태에서 의식이 돌아온다.

5. 김밥 클리닉[18)]

어느 날 잠간 자리를 비운 선배 대신 계산대를 맡고 있는데 어떤 아주머니 고객 한 분이 들어오더니 김밥 5인분을 포장으로 주문했다.

친구가 입원한 근처 병원에 병문안 온 길에 들렀다고 한다. 포장을 마치고 계산을 위해 고객이 건넨 신용카드를 긁었더니 '카드미개설 점포' 라는 에러 메시지만 뜨고 결제는 되지 않았다. 선배가 제출한 카드개설 신청서가 카드사에서 아직 처리가 되지 않았던 것 같았다. 그런데 입구에서 사용가능하다고 스티커까지 붙인 카드가 처리 되지 않자 현금이 넉넉지 않았던 이 고객은 당혹한 빛이 역역했다.

이때 내 옆에서 김밥을 말던 김밥업계 5년 경력의 베테랑 아줌마가 "가게 나가서 오른쪽으로 100m만 가면 은행의 현금자동인출금기가 있으니, 가서 현금으로 찾아 오세요"라고 말했다. 순간 나는 고객에게 "아 아닙니다. 카드 결재가 않되 너무 죄송합니다. 김밥은 그냥 가져가시고 나중에 이 근처 들르실 때 돈을 주십시오."라고 말한 뒤 정중하게 고객을 배웅했다.

고객은 놀란 표정을 지었고, 옆에 있던 김밥 아줌마는 어처구니없어 했다. 조금 뒤 돌아온 선배도 황당해 하긴 마찬가지였다. 나는 "그 고객이 다시 돌아오지 않으면 내가 대신 김밥 값을 물어낼 터이니 걱정하지 마시라"고 했다. 김밥집 근처에 살지도 않는 이 아줌마 고객은 과연 돌아 왔을까? 3일이 지난 뒤 학교에서 CRM(고객관계관리)강의 중인 나에게 선배로부터 문자가 날아왔다. 그 아줌마가 친구들까지 데리고 와서 외상 김밥 값을 갚은 것은 물론이고 추가로 10인분이나 더 사갔다고 한다.

18) 김영걸 교수(KAIST 경영대학) 클리닉, 조선일보 2010.10.9. 기사내용.

6. 자포스 십계명

창업 10년 만인 2009년 아마존에 12억 달러에 인수돼 화제가 된 온라인 신발판매회사인 자포스(Zappos)! 아마존은 자포스의 매출이 아니라 기업문화를 보고 인수했다고 한다. 자포스의 10대 핵심가치 중 첫 번째는 "고객 감동 서비스를 실천하자"이고 자포스는 지난 십 년간 변함없이 고객감동을 실천에 옮겼다.

고객이 원하는 신발이 자사 사이트에 없을 경우 자포스는 주저 없이 해당 제품을 판매하는 경쟁사 사이트로 고객을 안내했다. 한번은 온라인 판매 후 구매한 신발을 잘 신고 있는지 해피콜을 했다. 그런데 고객은 "입원 중인 어머니를 위해 신발을 사 드렸는데 어머니가 돌아가셔서 신발을 신어보지도 못했다"고 울먹였다.

자포스의 해피콜 담당자는 무료 반품기간(15일)이 지났지만 즉석에서 해당 고객의 주문에 대해 환불을 약속했다. 다음 날 이 고객은 자포스로부터 간곡한 애도와 뜻이 담긴 카드와 조화까지 받았다. 이 고객이 자신의 개인 블로그에 올린 글은 전 세계 언론과 수많은 블로그 사이트로 퍼지면서 자포스의 고객서비스를 널리 알리는 계기가 되었다. 고객 중심이란 핵심가치를 가지고 있는 것과 제대로 실천하는 것 사이에는 '하늘과 땅' 차이가 있다. 김밥 집이건, 온라인 쇼핑몰이건, 고객중심의 경영을 실천하려면 -

- 첫째, 조금 이상하게 여겨질 일이라도 고객을 위해 선뜻 할 수 있어야 한다. 낯선 고객에게 김밥을 외상으로 판매하고, 자사고객에게 경쟁사 제품을 안내하는 식이다.
- 둘째, 이러한 문화에 적합한 직원을 선발하고 교육해야 한다.
- 셋째, 고객문제를 실시간으로 해결하기 위해선 고객을 대하는 직원에게 자율적 권한을 부여해야 한다. 자포스처럼 말이다.
- 넷째, 고객중심의 직원 성과 평가 제도를 갖춰야 한다.
- 마지막으로 이 모든 것을 지원하고 적극적으로 이끌 '고객중심의 CEO'가 필요할 것이다.

7. 복통 부위별 질병[19)]

가) 급성 위염(상복부 중앙을 아리는 듯한 통증)

상복부 가운데 부분이 아리는 듯한 통증은 급성 위염의 증상이다. 민감한 사람의 경우 점막

19) 박노훈 헬스조선 기자. 기사내용. 2010.11.17. 도움말 주신 분: 정훈용 서울아산병원 소화내과 교수, 이강문 성빈센트병원 소화내과 교수, 손정일 강북삼성병원 소화내과 교수 외. 주의: 책을 보고 자가진단을 하지 말고 급하신 분은 병원으로 가서(119 등) 전문의에게 꼭 치료를 받아야 한다.

에서 생긴 염증으로도 통증을 느끼지만, 일반적으로 염증이 근육 층까지 퍼졌을 때 발생한다. 특히 과음으로 위벽이 허물어져 위출혈이 생기면 속을 파고드는 듯한 통증 때문에 앉아 있기조차 힘들다. 급성 위염이 반복되면 만성위염으로 진행하는데, 이 경우는 오히려 통증이 사라지기도 한다. 위염으로 인한 통증은 아스피린·소염진통제·술 등 원인을 일으키는 물질이 위에 들어온 뒤 15분 정도 지나서 나타난다.

나) 췌장염과 담낭염(상복부 위측을 찌르는 듯한 극심한 통증)

상복부 오른쪽으로 콕콕 찌르는 심한 통증이 생기면 급성 취장염이나 담낭염 가능성이 있다. 급성 취장염은 사람이 견딜 수 있는 가장 심한 통증을 10이라고 가정할 때 7 이상의 통증을 일으킨다. 통증을 참으면서 일상생활을 할 수 없는 수준이다. 배를 부여잡고 반사적으로 웅크리게 되며 통증이 등쪽으로 이어지기도 한다. 주로 술을 마시고 몇 시간쯤 지나서 발생한다. 담낭염은 췌장염보다는 덜하지만 역시 극심한 통증이 뒤따른다. 부기가 심하면 겉에서 만져지기도 한다. 담낭염은 상복부 우측에서만 통증이 오지만 췌장염은 췌장 어느 부분에서 염증이 생겼는지에 따라 상복부 왼쪽이나 가운데에서 나타나기도 한다.

다) 게실염과 충수염(하복부 우측의 찢어질 듯한 통증)

하복부 우측이 아프면 흔히 충수염(맹장염)을 의심한다. 충수염은 배꼽주변이 살살 아프다가 점점 하복부 우측으로 이동하며 칼로 째는 듯한 통증이 생긴다. 똑같은 통증을 일으키는 질병 중 게실염(憩室炎)이 있다. 게실염은 대장바깥벽이 꽈리 모양으로 튀어 나온 것이다. 50대 이상의 30-40%가 가지고 있으며, 이중 2-3%는 게실염을 겪는다. 선천적으로 가지고 태어난 사람도 있고, 대장의 근육이 약해져서 생기는 사람도 있다. 게실 자체는 큰 문제는 아니지만 대변 등 이물질이 들어가면 염증과 통증을 낫는다.

라) 요로결석(파고드는 듯한 옆구리 통증)

좌우 허리 가까이 쑤시는 통증은 요로결석의 통증이다. 결석이 소변이 내려오는 통로를 막으면서 막힌 윗부분이 신장이나 요관이 팽창되기 때문이다. 통증이 점차 고환이 있는 쪽으로 내려오면서 응급실에 가지 않고는 배겨낼 수 없을 정도로 심해진다. 이 밖에 여성의 경우 자궁외 임신을 하면 하복부에 통증이 올 수도 있다. 질 출혈을 동반하기도 한다.

8. 감염 각막염

노년층이 가을에 등산이나 야외활동 등을 하다가 눈에 작은 상처만 입어도 각막에 구멍이 나거나 실명으로 이어질 수 있는 심각한 각막염에 걸릴 위험이 크다는 연구 결과가 나왔다. 이렇게 눈에 난 상처를 통해 세균이나 곰팡이 등이 침투해서 생기는 각막염을 "감염 각막염"이라고 한다. 전체 각막염의 20-30% 정도를 차지하며, 심하면 각막에 구멍이 생기고 실명까지 일으킨다.

전북대 병원과 전남대 병원 공동 연구팀이 2001년부터 2007년까지 감염 각막염 환자 757명을 조사한 결과, 60세 이상은 치료 도중 각막 전공이 생긴 경우가 12.4%로 60세 미만(4.5%)의 3배에 육박했다. 염증이 눈 안으로 번져 안구를 적출한 경우도 60세 이상은 10.6%로 60세 미만(3.5%)보다 3배 많았다. 유인천 전북대 안과 교수는 "나이가 들면 항균 작용을 하는 눈물의 양이 적어지고 미생물 침투에 대한 저항력도 약해져서 감염 각막염에 걸리면 상태가 심하게 나빠진다."며 "또 노년층은 당뇨병 환자나 이미 다른 안과 질환을 가진 사람이 많아 감염 각막염을 치료해도 쉽게 낫지 않는 경우가 흔하다"고 말했다.

이번 연구 결과, 노년층이 감염 각막염에 걸리는 가장 큰 이유는 야외활동을 하다가 나뭇잎이나 나뭇가지 등에 눈이 찔려서 각막에 외상을 입기 때문으로 나타났다. 감염 각막염은 등산, 야유회, 농작물 수확 등 야외활동이 많은 가을에 가장 많이 생긴다. 강수연 고대안암병원 안과 교수는 "식물표면에는 일단 감염되면 약물치료가 잘 듣지 않은 곰팡이 등이 많이 묻어있다."고 말했다.

서경률 세브란스 병원 안과 교수는 "감염 각막염 치료는 우선 균 배양검사를 통해 원인균을 찾은 뒤 항생제나 항진균제를 쓰는 것"이라며 "포도상구균 등이 원인이면 대개 1주일 정도에 낫지만 아메바균 등에 감염되면 몇 달씩 치료해도 좋아지지 않는 사례도 드물지 않다"고 말했다.

각막에 상처가 났을 때 물로 닦으면 물속의 세균까지 상처를 통해 눈에 들어갈 수 있으므로 눈에 물이 묻지 않도록 한다. 약국에서 파는 안약도 스테로이드 성분이 들어 있어 각막염을 약화시킬 수 있으므로 넣으면 안 된다. 눈 주변만 물수건 등으로 깨끗이 닦은 뒤 즉시 안과에 가야 한다.

9. 안구 건조증

날씨가 건조해 지면서 가장 먼저 타격을 입는 신체기관은 눈이다. 눈물은 안구의 표면을 얇게 덮어 눈에 산소와 영양분을 공급한다. 평소에 올바로 눈 관리를 하는 습관을 들이면 안구

건조증을 예방하거나 진행을 늦출 수 있다. 안구 건조증을 막는 생활습관 3가지를 소개한다.[20]

1) 1시간에 한번 10회 눈을 깜박인다./ TV, 컴퓨터, 책을 많이 보기 때문에 눈물샘에서 분비된 눈물이 안구위에 고르게 퍼지도록 하려면 눈을 자주 깜박거려야 한다.

2) 하루 2-4회 눈꺼풀을 세척한다./ 눈꺼풀 안에 지방이 쌓여 산화되면 심해지므로 안구 건조증 초기인 사람은 눈꺼풀 세척을 하면 안구건조증 진행을 막을 수 있다.

3) 하루 5분 식 눈 마사지 찜질을 한다./ 눈알을 상하좌우로 관자놀이부위 마사지한다. 잠자기 전 뜨거운 물에 적셔 5분정도 눈 위에 올려놓는다.

눈을 과도하게 사용하면 눈물 층이 파괴돼 건조증이 생길 수 있다. 또 나이가 들어감에 따라 눈물샘을 자극하는 호르몬이 부족해져 건조증이 생기기도 한다. 이런 안구 건조증은 가을이 되면서 주변 수분함량이 떨어짐에 따라 더욱 악화된다. 이안안과 이찬영 원장은 "건조해진 안구를 그냥 내버려 두면 안구가 눈꺼풀이나 주변 먼지와 마찰을 일으켜 미세한 상처가 나면서 뿌옇게 흐려지게 된다."며 "이것이 시력감퇴로 이어지므로 평소 눈이 뻑뻑한 느낌이 들지 않도록 무(無)방부제 인공눈물을 지속적으로 공급해 주는 것이 좋다"고 말했다.[21]

10. 구강 건조증

구강 건조증의 원인은 생활 습관 때문인 경우가 많다. 밤에 입을 벌리고 자는 습관이 있는 사람이나 평소 코보다 입으로 숨 쉬는 사람은 입안이 잘 마른다. 또한 스트레스를 받거나 긴장감을 느낄 경우 침샘세포가 위축되면서 침 분비가 잘 되지 않는다. 하지만 입안이 말라 침이 부족하면 구강 내 점막이 파괴돼 충치가 생기기 쉽고, 각종 병균이 몸속으로 침입하기 좋은 상태가 된다. 경희대병원 구강내과 전양현 교수는 "입안이 자주 마르면 물을 많이 마시고 신맛이 나는 과일을 먹거나 껌을 씹어 침샘을 자극시켜 주면 좋다" 고 말했다.

껌의 재발견/ 껌을 씹는 것만으로 칫솔질처럼 이를 닦는 효과가 있고, 치아 건강에도 도움을 준다는 연구결과 계속 나오고 있다. 특히, '자일리톨껌' 은 껌을 씹어도 충치 원인균인 뮤탄스균의 에너지원이 되는 당(糖)이 없어 충치 예방에 효과적이다. 껌 씹기는 소화액과 췌장액 등의 분비를 촉진해주는 효과도 있다. 2008년 영국에서 158명의 장 수술 환자들에게 하루 3번씩 5분에서 45분 동안 껌을 씹게 했더니 전체 소화기관의 타액 및 췌장액 분비가 활성화 된다는 연구결과가 나왔다. 실제로 껌을 씹으면 뇌 혈류량이 증가해 뇌기능이 향상된다고 한다.

---

20) 홍유미, 헬스조선 기자(2009.9.23).

21) 10)-12) 배지영 헬스조선 기자. 2007.10.17.

11. 코 건조증

습도가 떨어지면 코는 민감하게 반응해 건조해진다. 건조해진 코 안은 점막 액이나 분비물이 바짝 마르게 돼 딱지가 잘 생기고 막히게 된다. 여기에 코를 자꾸 만지거나 후비면 코의 점막이 헐어 얇아져 코피가 나게 된다. 코 건조증을 예방하려면 물을 많이 마셔 건조해지지 않도록 하고 실내습도는 50-60%로 유지해준다. 건조 증상이 심하면 취침 전 코 점막 안에 바셀린을 살짝 발라주면 좋다.

12. 피부 건조증

가을 건조한 날씨는 피부의 수분을 빼앗아간다. 수분이 빼앗기면 피부막이 무너지면서 각질이 일어나고 가려움증이 생긴다. 이때 긁거나 자극을 주면 염증이 생겨 피부가 딱딱하게 굳거나 색소가 침착된다. 테마피부가 임이석 원장은 "피부건조를 예방하려면 보습크림을 철저하게 발라줘야 한다. 특히 세안이나 샤워 후 물기가 있을 때 3분 내로 보습크림이나 로션을 발라주는 것은 건조증 예방에 큰 도움이 된다."고 말했다.

*** 피부건강 10계명**[22)]

① 과도한 햇빛 노출을 피하라(자외선이 강한 오전 11시-오후 3시엔 가급적 야외활동을 삼가라).

② 피부를 건조하지 않게 하라(탁한 실내공기와 잦은 사우나는 피부건조를 일으킨다).

③ 피부건강을 주기적으로 체크하라(피부는 살아 움직이는 신체 기관이다).

④ 피부에는 언제나 세균이 많으므로 항상 피부를 청결하게 하라.

⑤ 심하게 때를 밀지마라(피부의 기름막이 제거되면 피부세포가 손상된다).

⑥ 흡연은 피부노화의 주범이므로 담배를 끊어라(흡연여성은 비흡연여성에 비해 피부 주름이 세배 많이 생긴다.

⑦ 과음을 삼가라(술을 많이 마시면 간에 부담을 줘 햇빛에 의한 피부손상을 막는 항산화재와 비타민C를 감소시켜 피부 노화가 촉진된다. 과음 후엔 물을 많이 마셔 피부 수분을 보충하는 것이 좋다).

⑧ 과로를 피하고 적당한 수면을 취하라.

---

22) 대한피부과학회(홍세정 헬스기자).

⑨ 고른 영양섭취를 하라(특히 여름철에는 신진대사가 왕성하므로 그 만큼 충분한 영양섭취가 이루어져야 한다).

⑩ 모발과 손・발톱을 깨끗이 하라(두피에 쌓인 노폐물이나 비듬, 피지 등은 모공을 막아 탈모를 촉진시킬 수 있다).

13. 여성호르몬 요법

여성은 폐경 후 골다공증이 급격히 진행되고 혈액 내 콜레스테롤이 증가해서 협심증 동맥경화증 등 심혈관질환 발병 위험도 커진다. 박형무 중앙대용산병원 산부인과 교수는 "여성호르몬은 심장에 유익한 고밀도(HDL)콜레스테롤을 증가시키고 해로운 저밀도(HDL)콜레스테롤은 감소시킨다."며 "폐경이 온 지 10년 이내인 60세 이하 여성이 여성호르몬 요법을 시작하면 심혈관질환 예방에 도움이 된다."고 말했다. 이 밖에 여성호르몬 요법은 대장암 발생율도 낮춰주며, 뼈의 밀도와 근육량을 유지시켜주기 때문에 골다공증이나 비만 등이 없는 건강한 몸을 난들어 준다. 여성호르몬 요법은 치매예방에서도 도움 되는 것으로 알려져 있다.

14. 유방암

유방암은 다른 암에 비해 환자들이 극심한 스트레스나 우울증에 시달리는 심리적 후유증에 훨씬 많다. 백남선 건국대병원 외과 교수는 "여성이 유방을 절제하면 남성이 성기를 잃은 것과 비슷한 수준의 정신적 충격을 받는다."며 박병우 세브란스병원 외과 교수팀이 지난해 유방암 수술을 받은 환자 1,160명에게 '우울증 척도(BDI)' 설문조사를 한 결과 44%가 우울증상 그룹에 속했다. 전홍진 삼성서울병원 암환자정신건강클리닉 교수는 "우울증이 생기면 수면이나 식사 등 치료의 기본이 되는 건강관리도 제대로 하지 않는다."며 "암 치료의 부정적인 생각 때문에 약을 제대로 복용하지 않고 병원에도 잘 가지 않아 결과적으로 암 치료에 악영향을 미치는 경우가 흔하다"고 말했다.

유방암 환자들은 환우회 등 사회적인 활동에 적극적으로 참여하는 것이 좋다. 백남선 교수는 "가족이 출근하거나 등교한 집 안에 환자 혼자 있으면 더욱 우울해진다."고 말했다. 자신의 외모를 아름답게 꾸미는 것도 우울증을 극복하는 데 도움이 된다. 박해린 강남차병원 외과 교수는 "투병 과정에서 머리가 빠지고 피부가 나빠지는 등의 외모 변화는 유방암 환자인 여성들에게 심각한 심리적 고통을 안겨준다"며 "화려하고 아름다운 메이컵이나 헤어스타일 등을 통해 외모를 가꾸면 정신적인 자신감을 되찾는 데 큰 도움이 된다."고 말했다.[23]

15. 비염 · 축농증 · 중이염

비염은 재채기와 농이 있는 콧물이나 누런 콧물, 눈이나 코가 가려운 증상이나 목뒤로 코가 넘어가는 코가래 등에서는 기본적으로 처방하여 치료하게 된다. 축농증은 국내 유수 대학병원의 축농증 수술 후 재발율이 10%대인데 비해, 하나이비인후과병원은 이보다 낮은 한자리 수이다. 이 병원은 이미 지난 2006년 삼성서울병원, 서울아산병원 등을 제치고 축농증 수술을 국내에서 가장 많이 했다(국민건강보험공단 자료). 개원 후 올 1월 말까지 수술을 총 4만 여 건 했는데, 이중 내시경수술이 4분의 1을 차지한다. 이 병원은 수술할 때 환자의 심리 상태를 적극 고려한다. 이 대표원장은 "국소마취만 하고 수술하는 경우 환자는 정신이 또렷하기 때문에 두려움을 느낀다."며 "이런 문제를 해결해 주기 위해 국소마취한 뒤 위내시경 검사하듯 수면마취를 함께 잠을 재워 편안하게 수술을 받도록 한다."고 말했다. 중이염은 만성비염이나 축농증 등 코 질환이 있으면 자주 재발되는데 코 치료와 함께 코 건조증은 건조감이 심해지면은 코 안이 바싹 메말라있고 코딱지도 많이 생기도 코피가 묻어나거나 코 안이 쓰라린 증세도 나타난다. 코 질환은 약 20가지 정도가 있는데 코 속에 직접 삽입하여 약물이 직접 코 점막에 작용함으로써 비염 등을 치료한다고 한다(비염은 통비환(痛痺丸), 안구 건조증에는 해안단(解眼丹), 중이염은 청열해독소종(淸熱解毒消腫) 등을 상림한의원에서는 권유하고 있다). 하나이비인후과병원 정도광 원장은 '한 쪽 코가 75% 이상 막히거나 한 쪽 코가 절반 이상 막힌 상태에서 반대쪽 코도 좁아지면 약물만으로 치료하기 어렵다.' 이렇게 되면 코로 호흡하지 못하고 입 호흡을 해야 하며, 코골이가 심해 수면무호흡증이 생기기도 한다. 비염으로 인한 코막힘은 원인에 따라 수술법이 다르다. 한양대 구리병원 이비인후과 정진혁 교수는 '코 점막의 염증이 심해져 부은 경우 점막의 크기를 줄여야 한다.' 고 말했다. 염증으로 부은 코 점막 또는 연골을 제거하거나 휘어진 뼈를 바로잡아주는 방식이다. 코막힘이 심한 비염은 고주파를 쏘아서 잡아준다.

16. 치질(痔疾)

서울송도병원(중구 신당동)은 다양한 치질 치료법 최초개발, 치질과 치루 등의 치료법을 잇따라 개발해 세계 학계에 발표해 왔다. 지난해 3월에는 '미세 현미경을 이용한 치루 수술법'을 개발해 세계대장항문학회에서 발표했다. 이 방법은 10-15%였던 치루재발률을 5% 이하 수준

23) 이금숙, 헬스조선 기자(2010.10.20).

으로 낮추고 6-8주이던 수술 후 회복 기간을 4주 이하로 단축시키는 방법이다. 대항 병원(서초구 방배3동 김도선 대표원장)은 내시경으로 초기 대장암 수술, 시스템이 좋아 대장내시경 검사 20만 건의 기록을 가지고 있다. 한솔병원(송파구 석촌동)은 국내최초로 대장암수술센터를 설립해 배를 열지 않고 대장암 수술을 하는 기법을 소개하였다. 대학병원을 포함한 많은 의료기관이 한솔병원에서 복강경 대장암수술방법을 배워갔다. 그 외 주요전문병원은 구병원(대구 달서구 감삼동), 양병원(강동구 길동), 기쁨병원(강남구 도곡동), 새항운병원(부산연제구 연산동)[24]

17. 파킨스병

대표적인 노인 질환으로 알려진 파킨스병이 40-50대 중・장년층까지 파고들고 있다. "파킨스병은 중뇌에 위치한 '흑질'이라는 부위가 손상돼 신경전달물질인 도파민 분비가 감소하면 발병한다." 따라서 파킨스병을 진단하는 가장 중요한 기준은 손발 떨림 등의 증상이다. 이 병의 증상은 다른 퇴행성 질환과 유사한 환자가 엉뚱한 질병으로 착각하고 조기 발견의 기회를 놓치는 경우가 대부분이다. 대표적인 증상인 손떨림은 수전증과 헛갈리지만, 구별법이 조기에 한쪽 손만 떨다가 나중에 양손으로 진행되지만 수전증은 처음부터 양손으로 모두 떤다. 또 파킨스병은 가만히 있을 때 떨다가 손을 움직이면 떨지 않는다. 수전증은 무언가를 잡으려고 움직이면 떤다. 확실한 검사지표가 없어서 진단이 매우 까다롭다. 파키스병은 조기 발견과 치료가 중요하지만 뇌 MRI촬영 등에서 이상이 나타나지 않는 경우가 흔하다. 따라서 손떨림 등 의심 증상이 보이면 바로 병원에 가서 검사받는 것이 좋다(박노훈 헬스조선기자).

파킨스병은 대부분 60대 이후에 나타나는 노인성질환이지만, 최근에는 20-40대에서도 유병률이 점차증가하고 있다. 고대구로병원 신경외과 김종현 교수는 "약만으로 증상 조절이 안 되면 뇌심부자극술이라는 수술을 한다." 며 "뇌의 시상하핵 좌우 두 곳에 전극을 심고 가슴에 전기자극기를 삽입해 뇌를 24시간 자극하는 방법"이라고 말했다. 뇌심부자극술은 약물치료와 병행한다. 고성범 교수는 "통증 등의 부작용을 가지고 있는 파킨슨병 환자일수록 우울증 치료를 병행해야 한다."며 "정상적인 직장・사회생활을 하기 어렵게 되므로, 마취통증의학과・정신과 등의 협진을 받아서 증상을 조기에 적극적으로 다스려야 한다."고 말했다.

---

24) 김태열 헬스조선기자. 2011.3.2.

18. 필라테스(Pilates)

일종의 재활운동으로 무리한 운동이나 격렬한 움직임보다 신체특징에 따라 근육을 강화시켜서 스트레스를 풀리게 하는 운동이다. 요가는 물리적 운동의 개념으로 육체적・정신적 건강을 모색하는 식이요법・명상・정신의 조화로 몸 전체를 관장한다.

독일 체육교사 요제프 필라테스(Joseph Pilates, 1880-1967)가 랭커스타 포로수용소 병원에 근무 중에 포로들의 운동부족과 몸을 튼튼하게 하고 척추를 곧게 펴는데 초점을 두고 재활치료, 정신수련을 위해 침대와 매트리스 등, 간단한 기구(리포머, 스프링 등)만으로 근육강화 운동을 고안했다. 동양의 요가・선(禪) 양생법(養生法)을 응용한 것으로 반복되는 동작을 통해 통증 없이 근육을 강화 시키는 운동이다. 필라테스는 제1차세계대전 때 영국 랭커스터 포로수용소에서 인턴이었는데 포로들의 건강을 위한 운동법으로 연구한 결과 창안한 것이다. 주로 병원에 누워있는 환자들을 위해 침대 위에서 스프링을 이용하는 방법으로 전쟁으로 부상당한 사람들을 재활시키는데 운동방식을 활용하였다. 1990년대 말부터 샤론스톤, 캐머런 다이즈, 리브타일러, 드루배리모어 같은 할리우드 여배우들이 즐기면서 세계적으로 명성을 얻었다. 2000년대 초까지는 요가와 필라테스가 거의 구분이 되지 않은 채 전파되었다. 그 후에 필라테스의 대모(代母)로 세계적 명성(名聲)을 쌓은 로마나(Romana Kyrzanowska)에 의해 현재 운동요법으로 많이 알려졌다.[25)]

전쟁이 끝난 후에 독일로 돌아가 함부르크(Hamburg)에서 고안한 선(禪)명상, 호신술, 로마의 운동방식(복부근육단련, 척추근육 유연성, 관절주위근육, 허리근육강화, 스트레칭 동시 조절 80가지 프로그램 가능)과 세계에서 가장 널리 쓰이는 무보법(舞譜法)인 라반무모법(Labanotation)의 창시자 Rudolph Ladan을 만나게 되어 지금으로부터 80년 前 무용계에 필라테스가 소개되는 계기가 되었다.

19. 레오나드 다빈치가 권하는 건강법[26)]

레오나드 다빈치(1452-1519)를 두고 그저 “시대를 앞서간 예술인”이라고 표현하는 것은 적절치 않다고 한다. 과연 한 사람이 그 많은 일을 했을까 의심할 만큼 그의 관심은 깊고도 넓었다. 그는 최초의 웰빙음식 요리사로서 젊은 시절 식당, 술집을 열어 포크, 스파게티, 와인따

25) 고석태기자 취재 기사, 조선일보.

26) 조선일보 기사, 2010.1.6(수).

개, 최후의 만찬 등 혁신적 메뉴를 제공하기도 하였다. 그 후에 수도원에서 그림을 그리게 되었다. 그는 다음과 같은 건강법을 제공하기도 하였다(www.mos.org/leonardo).

1) 배고플 때만 먹고 가벼운 음식으로 만족할 것, 2) 음식은 잘 씹어 먹고 항상 규칙을 지킬 것, 3) 잘 요리된 단순한 것만 먹을 것, 4) 식탁을 떠날 때는 좋은 태도를 유지할 것, 5) 점심 식사 후에 잠을 자지 말 것, 6) 자주 조금씩 포도주를 마실 것, 7) 그러나 식간(食間)이나 저녁 식사를 기다리고 있을 때는 마시지 말 것, 8) 화장실 가는 일을 미루지 말 것.

20. 체질과 음식과 소음인+(태음인)

1) 소음인

가) 체형과 용모/ 비위가 약하고 신. 방광부가 발달되어 상체보다 하체가 부실하나 위와 아래가 균형이 잘 잡혀 있다. 키는 작은 편이 보통이나 혹 큰 자도 있고 용모가 잘 짜여 있어 여자는 미인이 많다.

눈, 코, 입이 크지 않으며 눈에 정기가 없다. 피부는 부드럽고 땀이 적으며 겨울에도 손이 잘 트지 않는다. 몸은 균형이 잡혀 자연스럽게 걷고 얌전하며 말할 때는 눈웃음을 짓고 조용하고 침착하며 조리정연하다. 가끔 한숨을 쉬는 경우가 있다.

나) 심리상태/ 내성적이고 세심하고 과민성이 있으며 늘 마음이 불안정한 경우가 많다. 겉으로는 유순해 보이나 속은 강하다. 머리는 총명한 편이며 판단력이 빠르며 조직적이고 사무적이다. 맡은 일은 빈틈없이 처리하며 윗사람의 비위도 잘 맞추는 편이다. 자기가 한 일에 남이 손대는 것을 싫어하며 남이 잘하는 일에 질투심이 강하다. 기분 나쁜 일이 있으면 잘 풀리지 않으며 이해타산이 빠르다. 여자는 살림을 잘하며 아기 잘 낳고 가정적이다.

다) 이로운 음식

* 어육류/ 닭, 양, 염소, 노루, 꿩, 참새, 개, 명태, 고등어, 미꾸라지, 뱀장어
* 과실류/ 대추, 귤, 복숭아, 토마토, * 채소류/ 시금치, 미나리, 양배추, 홍당무, 쑥갓, 감자, 파, 마늘, 후추, 생강, * 곡물류/ 찹쌀, 조, 엿

라) 잘 걸리는 병/ 소화기질환(위 십이지장염, 궤양), 신경성질환

2) 태음인

가) 체형과 용모/ 허리가 발달되고 목덜미 위가 약하다. 체격은 크며 골격이 굵고 살이 찐 사람이 많다. 손발은 큰 편이며 피부 근육이 견고하고 땀구멍이 성글며 항상 땀기가 있다. 얼

굴 윤곽은 뚜렷하며 눈, 코, 입이 크고 입술이 두텁다. 양반걸음 같이 걸으므로 교만한 인상도 준다. 남자는 범상이 많고 여자는 눈매의 자태는 없으나 시원스럽다. 찬밥을 먹어도 땀을 흘리는 사람이 많고 겨울에 손발이 잘 튼다. 대식가가 많다.

나) 심리상태/ 겉으로는 점잖으나 속마음을 잘 들어 내지 않는다. 뻔히 잘못된 일인 줄 알면서도 무모하게 밀고 나가는 고집과 우둔성이 있어 마치 소에 비유한다. 한번 시작한 것은 끝까지 붙들고 늘어지는 지구력이 있으며 남보다 생각하는 시간이 더디나 한번 발언을 시작하면 무게 있고 폭넓은 내용이 있다.

다) 이로운 음식

* 어육류/ 소고기(우유, 버터, 곰탕, 설렁탕), * 과실류/ 배, 밤, 호두, 은행
* 채소류/ 무, 도라지, 연근, 마, 토란, * 곡물류/ 콩, 밀, 율무, 두부, 콩나물, 콩비지

라) 잘 걸리는 병/ 기관지, 폐, 인후, 코, 간, 대장, 심장병, 고혈압, 피부병

* 알레르기/ 면역체계가 외부 물질에 과민 반응하는 현상, 질병을 일으키는 세균, 바이러스가 아니라, 꽃가루, 단백질처럼 인체에 크게 해롭지 않은 물질에 면역체계가 발동해 염증 반응을 일으킨다. 피부발진, 호흡곤란, 재채기, 콧물 등이 나타난다.

21. 이명(耳鳴) 난청

뇌혈류개선으로 원인치료가 된다. 기본적으로 신장 등 오장육부가 부실할 때 이명이 생기는 것으로 본다. 귀를 주관하는 신장의 기운이 손상되어 정기가 허약해지면 뇌수가 부족하게 되어 머리가 어지럽게 되고, 귀에서 소리가 난다고 보고 있다. 또한 육체적 과로나 스트레스, 불규칙적인 생활습관, 좋지 못한 식습관, 소음 등으로 인해 기나 혈이 막히는 경우 간과 담에 화(火)가 미쳤을 때에도 이명이 생길 수 있다. 귀의 기능적 이상도 이명을 만드는 주요한 요인이다. 고막 과열이나 중이염, 소리전달 경로인 달팽이관이나 림프액, 소리를 대뇌에 전달하여 소리를 인식하게 하는 청각세포나 청신경에 이상이 생기면 이명 난청이 생길 수 있다. 따라서 장부의 불균형을 바로 잡는 동시에 정신적 스트레스해소와 목이나 어깨 주위의 뭉쳐있는 근육을 풀어주는 것도 빼놓을 수 없는 치료과정중 하나이다.[27]

---

27) 맑은 머리 맑은 몸 한의원 제공.

22. 암과 행복하게 동행하는 10가지 방법

암은 나쁜 생활습관을 통해 생긴 것이므로 습관을 개선하면 암을 극복하고 피해갈 수 있다. 이제 암은 바야흐로 암(癌)과 함께 살아가는 시대가 되었다고 한다. 한 해 18만 명이 새로 암에 걸리고, 한국인의 평균 수명이 80세까지 산다면 세 명 중 한 명(34%)은 암에 걸리는 것으로 조사 됐다. 하지만 발병률 이상으로 치료도 높아져 암 환자의 10명 중 6명은 암이 완치된다. 이제 암이 많이 걸리고 많이 낫는 '흔한 질병'이 됐다는 의미라고 자신 있게 의학전문기자들의 취재를 하고 있다. 암환자들의 생활과 마음다짐, 다른 사람들과의 관계에 대한 실천덕목을 소개하였다. 긍정적인 생각과 통증에 대한 민감함, 운동, 수면과 스트레스를 제 때 푸는 것, 분노와 적개심을 버려야, 복식호흡과 근육이완 훈련, 후원자인 가족이나 의료진 믿고 허황된 정보 차단(육신은 의사에 맡기고 종교를 통해 치료), 현대의학 처방, 희망(希望)으로 삶의 의미부여, 혼자 해결한다는 착각 버려야, 고통과 두려움, 초라한 생각을 버리고 이겨내는 당신의 모습을 가족에게 교훈이 돼야 한다.[28)]

ㄱ) '잘 될 거야'라는 긍정적인 생각을 갖자.
ㄴ) 통증을 잊고 몰입할 일을 찾자.
ㄷ) 규칙적인 생활을 하자.
ㄹ) 자신이 언제 스트레스를 받나 알아두자.
ㅁ) 나만의 스트레스 해소법을 만들자.
ㅂ) 말과 글로 감정을 적극적으로 표현하자.
ㅅ) 환자를 위한 교육 모임에 적극 참여하자.
ㅇ) 보람을 느낄 만한 일을 마음에 새기자.
ㅈ) 마음을 보듬어줄 전문가를 찾아가자.
ㅊ) 어려움을 이겨내 남에게 모범이 되자.

1) 소육다채(小肉多菜) 고기보다 채식을 많이 먹어라.
2) 소주다과(小酒多果) 과음을 피하고 과일을 많이 섭취하라.
3) 소차다보((小車多步) 차를 타는 것보다 많이 걸어라.
4) 소욕다시(小慾多施) 과욕심보다 덕을 많이 베풀어라.

---

28) 양모음, 김철중 기자 취재, 조선일보 2010.5.18, 12.29.

5) 소의다욕(小衣多浴) 옷은 얇게 입고 목욕은 자주하라.
6) 소번다안(小煩多眼) 번민을 피하고 잠을 충분히 자라.
7) 소언다행(小言多行) 말은 적게 하고 행동으로 실천하라.
8) 소염다초(小鹽多醋) 짠 음식은 건강에 해롭다.
9) 소식다작(小食多嚼) 작게(과식을 피하고)먹고 잘 씹어 먹어라.
10) 소분다소(小噴多笑) 홍분을 피하고 언제나 명랑한 마음(웃음)을 갖자.

위의 내용은 지인 및 전문가들의 글을 인용한 것이다. 암 극복 생활학교를 개설한 이시형 박사는 '암 스트레스를 극복하는 방법' '암 명의와 상담' '암을 이기는 식사법' '스트레스 대처를 위한 10대 절약'을 소개하면서 강의를 한다. 따라서 '헬스 조선・힐리언스 암 극복 생활학교' 의 제1회 프로그램 강의 내용 일부를 소개한다. 그 내용은 일상을 의도적으로 불편하게 만들어 새소리, 물소리, 바람소리 등 최대한 자연을 느낄 수 있도록 했다.

"깊게 숨을 들이쉬어 신선한 공기가 온 몸 세포 하나하나에 듬뿍 스며들게 하고, 개울 물소리, 지저귀는 새 울음, 나뭇잎이 살랑거리는 소리를 들으며 그 모습도 느껴보세요. 이렇게 오감을 열면 자연 치유의 힘을 받을 수 있습니다."

23. 불통즉통(不通則痛)

통즉불통(通則不通), 불통즉통(不通則痛)은 한의학에서 늘 하는 말이다. 통하면 안 아프고, 안통하면 아프다. 병이 들었다는 것은 기(氣)가 막혀 통하지 않는 상태를 말한다. 기가 원활하게 흐르면 아픈 데가 없다. 흐름이 막히면 제때 뚫어줘야 한다. 그렇지 않으면 옆으로 터지거나 넘쳐흐른다. 며칠 전 큰 비에도 그랬다. 막혀서 안통하면 마비가 온다. 마비상태가 불인(不人)하다고 한다. 막힌 것은 어질지 않은 일이다. 흔히 도인술(導引術)이니 추나요법(推拏療法)이니 하는 것은 막힌 기운을 강제로 끌고 당기고 밀어서라도 통하게 하는 원리이다.

사회의 기는 언로(言路)로 소통한다. 언로가 막히면 기의 흐름이 끊긴다. 달고 기름진 음식만 찾으면 성인병에 걸린다. 듣기 좋은 소리만 들으려도 소통이 단절된다. 힘들어도 운동을 하고 나면 몸이 개운하다. 거슬려도 쓴소리에 귀를 귀울이니 갈등이 사라진다.[29]

29) 정민의 世俗新語(68), 한양대 교수, 고전문학.

24. 온천욕[30]

겨울철의 최고 건강이 목욕법이다. 40도 정도의 탕 속에 들어가 몸을 녹이는 방법이 최고의 스트레칭이 되는 것이다. 몸을 씻는 목욕이 뭐 대수냐 할 수 있겠지만, 요즘처럼 의학이 발달하기 전에는 목욕은 병을 치료하는 하나의 수단이다. 그래서 온천에서 목욕하며 병을 고친다는 "탕치" 라는 말도 생겨났다. 온천이라고 하면 바다건너 일본을 떠 올리지만, 가까운 경기도에도 온기(溫氣)를 충전하고 활력을 불어 넣을 수 있는 각양각색의 "웰빙온천" 소개하여 굳은 마음과 스트레스를 해소하여 차가워진 마음을 녹여 보자.

유황온천- 지하 800-1000m에서 끌어올린 포천(포천시 일동면 수입리 69)의 유황온천수를 쓰는데 관절질환 · 성인병 · 부인병 · 피부질환을 개선하는 데 효과가 있는 것으로 알려졌고, 피부노화방지와 성인병 예방에 좋다는 게르마늄 성분도 포함된 것으로 알려졌다. 또한 화성(화성시 장안면 수촌리 24)의 물에 알칼리 성분이 많아 부드럽고 눈병 · 관절염 등에 효과가 있다. 김포(김포시 대곶면 약암리 450-2)의 약암온천은 조선 25대 왕인 철종이 행차하다가 이곳에서 나오는 물로 눈을 씻고 나서 눈병이 없어졌다는 이야기가 전해졌다. 철분과 무기질이 많아 체질 개선 및 혈액순환에 효과가 있다. 또한 물 좋기로 유명한 양평군(개군면 공세리 389-2. 여주군 강천면 부평리 411-8)의 쉐르빌 유황온천은 불면증 · 고혈압 · 신경통 등이 좋으며, 병 치료 후 회복이 좋은 효과가 있는 것으로 알려졌다.

온천의 효능[31]은 전국 온천 어디를 가든 피부병, 고혈압, 당뇨병, 심장병, 관절염 등의 질환에 특효가 있다는 '안내판'이 붙어있다. 그러나 정말 온천욕이 이 모든 병을 고치는 만병통치약일까? 피부과 · 내과 · 재활의학과 등 전문의와 온천의 지질성분을 분석하는 지질학자 등으로 구성된 대한온천학회가 온천욕의 의학적 효능을 일부 증명하는 연구 결과를 내놓았다. 이해용 원주 기독병원 소아청소년과 교수는 탄산온천욕이 고혈압이나 콜레스테롤약 복용과 비슷한 수준의 혈압 · 콜레스테롤 강하 효과를 낸다는 연구결과를 발표했다. 온천에서 몸에 좋은 고밀도콜레스테롤이 43에서 48로 올랐고, 몸에 나쁜 저밀도 콜레스테롤은 120에서 106으로 내려갔다. 반대로 담수욕은 좋은 콜레스테롤은 낮아졌고 나쁜 콜레스테롤은 높아졌다. 이해용 교수는 "온천욕을 한 사람에게 나타난 변화는 고혈압 · 고콜레스테롤 환자가 매일 치료제를 복용할 때 개선되는 수치와 비슷하다"며 "탄산성분이 진피층에 침투해서 모세혈관을 확장시킨 결과 혈압이 내려가고 혈액과 림프액속 노폐물과 염증 물질이 빠르게 배출돼 콜레스

30) 김상민 기자, 조선일보 2010.11.19.
31) 배지영 헬스조선 기자.

테롤 수치가 낮아지는 것으로 추정된다."고 말했다. 따라서 보통 뜨거운 물(42도 이상)이 좋다고 생각하지만 체온보다 약간 높은 정도(38도 정도)가 피로 회복에 더 좋다. 장태수 CHA의대 바이오스파학과 교수는 "체온과 비슷한 온도의 온천물은 부교감신경을 자극해 말초혈관을 확장시켜 심장의 부담을 적게 하고 혈압을 낮추는 효과가 있다"고 말했다. 입욕시간은 한번에 20분을 넘기지 말고 온천욕을 너무 오래하면 피부조직이 늘어지며, 혈관이 지나치게 팽창돼 혈액에 오히려 장애를 줄 수도 있다. 심혈질환이 있는 사람은 냉온욕을 하면 위험할 수 있다. 심폐기능이 떨어지는 사람, 혈압이 높은 사람은 반신욕이 좋다.

25. 신종플루 고위험군(65세 이상 심혈관, 당뇨, 간 질환자 등)

고위험군은 보통사람들보다 바이러스에 취약하기 때문에 기본적으로 자신의 건강상태에 더 긴장해 면역력을 키워야 하며, 술・담배는 가급적으로 끊고 영양섭취를 골고루 해 바이러스가 침투해도 싸워 이길 수 있도록 체력을 증강시킬 필요가 있다. 하루 20분 동안 햇볕을 쪼이면 면역력을 증가시키는 방법도 있다.

*** 고위험군의 신종플루 대처요령**

- 자신이 신종플루 고위험군에 속하는지 파악하고, 가까운 거점병원이 어디인지 미리 확인해 둔다.
- 발열과 호흡기 증상(기침・인후통・콧물 등)이 나타나면 바 로 병원에 가라.
- 술・담배를 끊고 영양섭취를 골고루 하고, 충분한 휴식을 취한다.
- 평소 앓고 있는 지병의 경과에 대해 세심하게 주의를 기울이고, 변화가 있는 경우, 즉각 주치의와 상담하라.
- 손을 자주 씻고 특히 기침한 후에는 꼭 손을 씻어라.
- 여러 사람이 모이는 곳은 피하고, 병원 문병도 삼가는 것이 좋다.
- 해외여행은 자제하라.
- 해외여행 중 감기 증상이 있으면 즉각 현지 병원을 찾아 진료를 받는다.
- 해외여행에서 돌아온 후 7일간은 건강상태를 지켜보고, 고혈과 기침, 인후통, 호흡곤란 등의 증상이 있으면 즉시 병원에 간다.

26. 휴대전화 암(癌) 유발 가능성

휴대전화 전자파가 뇌종양을 유발할 가능성이 있다고 세계보건기구(WHO)가 지난달(2011. 5.31) 발표하였다. WHO가 휴대전화 사용에 따른 위험 가능성을 인정한 것이다. 전세계 휴대전화 사용자는 약 50억 명에 달한다. WHO 산하 국제암연구소(IARC)는 이날 휴대전화에서 발생하는 전자파를 '암 유발 가능성이 있음'을 뜻하는 '발암 위험평가 기준 2B'로 분류한다고 발표했다.[32)]

- 휴대전화 전자파 피해 줄이는 방법

① 발신 시 휴대전화를 몸에서 멀리 떼라(송신음 날 때 전자파 발생 최대 강도)

② 사용 시 귀에서 1.5센치 이상 간격유지(거리가 멀수록 전자파 흡수가 큰 폭으로 감소)

③ 안테나를 뽑아서 써라(전자파 분산시키는 효과)

④ 안테나가 오른쪽에 있으면 오른손으로 통화(전자파 강한 아테나가 바깥 방향이 됨)

⑤ 5분 이상 통화하지 마라(전자파 피해는 강도보다 노출시간이 중요)

⑥ 전자파 만감 체질이면 더욱 주의(장시간 사용 시 두통이나 통증 유발되는지 확인)

⑦ 가급적 이어폰을 사용하고 문자메시지를 활용하라(달리는 자동차에서 사용하면 더 많은 전자파 나온다).

- 휴대전화 귀에 바싹대는 건 뇌를 전자레인지에 데우는 셈이다.[33)]

휴대전화를 오래 사용하면 두통이나 귀에 통증을 느낀다는 사람들이 있다. 이는 휴대전화에서 나오는 전자파가 뇌와 귀 안쪽 내이(內耳)의 온도를 높여서 나타나는 현상으로 본다. 일부 학자들은 휴대전화를 귀에 바싹 붙이고 사용하는 것은 뇌를 전자레인지에 데우는 것과 같다고도 말한다. 연구에 따르면 휴대전화를 10년 이상 사용한 사람은 그렇지 않는 사람에 비해 종양(암 또는 양성) 발생 위험도가 18% 더 높게 나타났다(하루 30분 10년 넘게 이용하면 뇌종양 발생 확률 40% 증가).

CNN은 "빈번한 휴대전화 사용이 정자의 양과 운동량을 감소시킨다는 연구결과도 있다는 연구결과도 있다"며 "2세 계획이 있는 남성들도 휴대전화를 주의해서 사용하라"고 권한다. 2005년 5월 미국 캘리포니아주의 휴대전화 판매점 직원 프라이스가 제기한 소송에선 법원이 원고의 손을 들어줬다. 2008년 판매점에 "3만 달러의 보상금을 지급하라"며 원고 승소판결을

---

32) 김신영 기자, 조선일보, 2011.6.2.

33) 이송원 기자, 조선일보, 2011.6.2.

내렸다.

27. 누우면 죽고 걸으면 산다.[34)]

아프면 왜 걸어야 하는가. 걷다보면 아무리 죽을병에 걸려도 절반은 산다. 현대인의 불치병, 암과 간 경변 따위를 걸어서 이겨낸 영웅들의 이야기를 책으로 엮어낸 것을 소개한다.

불치병, 난치병을 포함한 대부분의 질병은 습관의 산물이다. 암의 발생 원인도 95퍼센트가 습관이고 5퍼센트가 유전이라고 한다. 절망, 불안, 우울, 짜증, 질병은 걷지 않아 생기는 자연의 현상이다. 일단 걸아라, 증오심을 버리고, 돈, 명예 버리고, 죽을 각오로 산길 걸어 죽을병 고친사람들, 마음을 비우고 습관을 바꿔 시한부 인생을 이겨낸 사람들, 힘들면 힘든 대로 아프면 아픈 대로 걷다 보면 극심한 절망감도 고통스런 질병도 저절로 사라진다.

28. 기면증(무호흡증)

수면이 건강에 미치는 영향은 대단하다. 뇌의 수면장애로 인해 몸 안에 산소부족으로 폐쇄성 무호흡이 되는 현상이다. 보통 수면 무호흡증으로 위험한 코골이 정도로 알고 있다면 오산이다. 인간이 잠자는 동안 숨이 가다가 기도가 열렸다가 다시 좁아지는 상황으로 비만자들이 유산소운동을 못하면 머리가 무겁고 만병을 알리는 심각한 병이다. 신체상태가 잠 부족으로 인해 체중이 감소되었다가 식욕유발로 급격히 상승되는 증상으로 성인병을 유발시키는 원인이다. ① 잠이 부족하면 수면부족상태의 졸음운전상황이며, ② 상황 판단력, ③ 주위 집중력이 없고, ④ 경쟁력이 떨어진다. 따라서 ⑤ 술 취한 사람처럼 상황대처 능력이 저하되고, ⑥ 신호등, 사람을 발견해도 미처 피하지 못하는 상태라고 전문가들은 말하고 있다. 낮에는 에너지 넘치는 생활을 하고 밤에는 필히 5시간정도는 잠을 푹 자야 한다. 수면부족이 만병의 근원으로 뇌졸중, 치매 등에 걸릴 위험이 크다. 현대인들은 잠을 충분히 못 자는 이유는 격무에 시달리고 아내가 임신 중, 논문, 작곡, 원고, 리포트작성, 병(病), 고민 등이 있다. 언제든지 편안하게 잠잘 수 있고, 주변 정리가 되고 건강이 문제가 없어야 충분히 잠을 자게 된다. 그렇게 하려면 운동을 해야 한다.

---

34) 방태산 화타 선생 자연치료법과 건강철학(김영길 지음).

29. 환절기 면역력

1) 10도 이상의 일교차/ 계절 바뀌는 환경에 적응해야 한다. 신체 온도 변화에 적응하느라 스트레스 가중, 2) 황사, 꽃가루/ 면역세포가 항원에 대항하는 과정에서 산화물질 생성(코로 호흡하는 습관). 3) 과도한 운동/ 피로물질 쌓이면 신체 스트레스 가중, 4) 입맛상실/ 봄철엔 기초 대사량 느는 반면, 영양불균형 초래, 5) 춘곤증/ 수면 패턴 깨지면서 호르몬 분비 균형 잃고 신체 스트레스 가중(낮잠 20분만). 사람이 쓰러지면 일단 주변사람들을 부르고 119호출을 하고 심폐소생술을 해야 한다. 막힌 기혈을 풀어주는 지압(指壓)이 가벼운 소화불량이나 두통, 스트레스 등을 완화・예방하는 효과가 있다. 체했을 때 족삼리(무릎아래의 바깥쪽 부분), 감기 기침엔 천돌(가슴골 중앙 움푹 파인부위)을 눌러주세요(김경원 헬스조선기자).

궁합 잘 맞는 음식/ 콩과 미역, 멸치와 풋고추, 된장과 부추, 쇠고기와 깻잎・참기름, 호박과 달걀, 궁합 안 맞는 음식/ 오이와 생당근, 치즈와 콩, 미역과 파, 홍차와 꿀, 뱅어포와 녹차(한희준, 헬스조선기자).

- 잠 못 드는 열대야 - 찬물 샤워는 안 좋아요(김철중 의학전문기자. 조선. 2013.8.20).

열대야 속 수면요령이다. - 초저녁에 가벼운 운동이나 산책, - 미지근한 물로 샤워해 체온 서서히 떨어뜨려야, - TV, 라디오 끄고 침실 어둡게 한 후 잠청해야. - 우유, 멸치, 유제품 꾸준히 먹길 권장, - 저녁에 단 음식, 탄수화물 섭취 자제, - 술과 카페인은 숙면 방해, -과식과 허기, 둘 다 수면에 지장을 줌, - 땀 흡수 잘되는 면류 이부자리 이용해야 한다.

Ⅲ. 류머티즘성 관절염 증상들

인간은 늙어가기 마련이다. 사람들이 세상살이를 하는데 제일 쉽게 얻는 병들이 있는데 생활과 밀접한 관계 때문에 일어나는 성인병, 무릎관절염, 허리디스크, 목 디스크, 오십견 등이 있다. 수술 없이 치료되는 세상을 열겠다고 하면서 홍보를 TV매체나 신문지상에 광고하고 있다.[35)]

이런 병들은 디스크가 퇴행성 변화를 보이며 점점 얇아지고 좁아지며 척추 뼈와 주변에 인대 등이 변성이 일어나 양 다리로 가는 신경을 압박하여 증상이 나타난다. "관절에 적당한 자극을 주는 스트레칭을 하는 게 도움이 된다." "관절염이 있으면 운동을 가려해야 한다." "아픈

35) 대한의사협회 제공.

부위에 자극을 안주는 운동을 하는 게 좋다." 각자 전문의들의 주장이 다 각각이다. 류마티스 관절염이 있으면 턱, 목, 가슴 등 관절이 있는 곳마다 통증이 생길 수 있다. 이때 원인질환을 치료하고 수분섭취를 하면서 증상을 조절해야 한다고 전문의들은 말하고 있다. 또한 손상되고 파열된 어깨주변의 인대와 근육, 신경조직을 활성화하여 연골과 뼈를 강화, 보충시킴으로서 수술없이 관절염을 결합 조직하여 재생・복원 강화시키는 치료를 하여 좋은 효과를 보이어 달라고 한방병원에서 주문하고 있다. 따라서 한약과 금침, 약의 효과를 촉진하고 주변조직의 염증을 제거해야 한다고 한다.

류마티즘(류미티스) 관절염은 생활(금연 등)과 환경적인 요소에서 온다. 일단 시작되면 매우 빠르게 진행된다. 발병 2년 이내에 대부분의 관절염이 손상되고 변형이 시작된다. 진단 받았을 때 이미 관절 손상까지 진행된 환자가 55% 이상이다. 발병 초기에 발견하고, 적극적으로 치료해야 하지만, 인식이 낮아 조기진단이 늦어지고 있다. 결국 경제적인 부담을 견디지 못해 가장 좋은 약을 쓰지 못해 치료를 포기하는 환자가 속출할 것이다. MRI(자기공면영상) 촬영을 통해 관절안쪽의 결절까지 발견해야 조기에 정확한 치료를 시작할 수 있다. 하지만 MRI 촬영은 건강보험 적용을 받지 못한다. 그래서 적절한 치료를 받지 못해 장애 등급까지 받는 환자가 늘어나면 이들을 보살펴야 하는 국가의 재정 부담은 더욱 커질 것이다.[36)]

그러나 필자는 류머티즘(환경)와 퇴행성(노세현상)관절염을 비교하여 설명하고 〈탈춤체조〉를 체험하여 좋아진 것을 소개했다. 또한 아침에는 가볍게 걸으며 산책을 하고 직장에 출근했다가 돌아오면 저녁식사 후 뛰면서 가벼운 걸음으로 몸을 풀고 샤워를 매일같이 가볍게 해야 한다. 그 외 생활습관과 수영, 맑은 공기를 마시며 산책, 근육운동, 간단한 등산 등, 적당한 운동을 통하여 함께 치유해야 하며 다음의 수칙을 참고하기를 권장한다.

＊환자의 생활수칙은 다음과 같다.[37)]

1) 적당히 운동하고 규칙적인 생활을 한다.
2) 딱딱한 침대. 가볍고 따뜻한 이불로 숙면을 취한다(수면부족이 염증악화).
3) 온도. 습도를 조절한다(관절염환자는, 더위. 추위. 습기에 민감).
4) 성생활은 자신에게 편안한 체위로 무리하지 않게 한다. 수면부족으로 발기부전이 될 수 있다. 그래서 숙면해야 성(性) 건강할 수 있다.
5) 무릎 끓은 자세를 피하고 의자를 사용한다.

---

36) 송영욱, 서울대병원 류마티스 내과 교수.
37) 자료/ 대한의사협회 제공.

6) 착용감 좋고 입고 벗기 편한 옷을 고른다.

7) 신발은 굽이 높지 않고 바닥이 두꺼운 것을 신는다.

8) 좌변식 변기를 사용하고 욕실 바닥은 미끄러지지 않도록 카펫을 깐다.

9) 집안일은 되도록 앉은 자세에서 편안하게 한다.

10) 비만예방을 위해 과식하지 않는다.

11) 물을 많이 마시고 섬유질 음식을 늘려 변비를 예방 한다(많은 관절염약이 변비 유발).

1. 무릎 관절염

'아이구! 이놈의 관절 때문에' 한탄하지 말고, '그래 고맙다. 한 평생 함께 가자' '너 때문에 이렇게 잘 다니고 있구나!' '춤도 잘 추고'라고 '이놈이 아닌 내 관절이기에' 관절과 대화(對話)를 하면 관절이 좋아진다는 논문이 나왔다고 한다.

이 세상을 살아가면서 걸을 수 있고 춤출 수 있으니 얼마나 행복한가. 좋다. 여러 사람들과 함께하니 더욱 좋고 건강이 있어 감사함을 느끼면서 살아가니 이 아니 좋은가!? 그러나 늙어지면 조금만 걸어도 무릎이 시큰거리고 아프다. 쪼그리고 앉기 힘들다. 다리에 힘이 없어 자신도 모르게 주저앉기도 한다. 퇴행성관절염은 오랜 시간 무릎관절의 과다한 사용한 결과, 노화로 인해 약화된 무릎주면의 근육이나 인대 신경조직이 무릎관절을 보호하고 지탱하는 역할을 하지 못하는 것이 그 원인이다. 무릎은 사람의 신체 중에 가장 중력을 받는 부분으로 사회생활에 있어서 하루 종일 가장 많이 쓰이는 관절이다. 이렇듯 퇴행성관절염은 우리나라 노인 인구의 상당수가 가지고 있는 대표적인 노인성질환이다. 그러나 최근에는 무리한 직장일과 과도한 운동, 스트레스, 다이어트 비만 하이힐 등의 잘못된 습관으로 인하여 점차 젊은 층까지도 확산되고 있는 추세이다. 루마치스 관절염은 흡연, 음식 등 환경적 자기면역질환(自己免疫疾患)의 현상에서 오는 것이지만, 퇴행성관절염이란 결론적으로 '오래 사용해서 망가지는 것'이다. 계단을 오르내릴 때 갑자기 통증을 느낀다. 걸을 때 아프고 뼈끼리 부딪히는 느낌이 있다. 조금만 걸어도 무릎 주위가 붓거나 물이 찬다. 30분 동안 서 있으면 통증이 온다. 관절의 통증으로 일상생활이 힘들다. 물리치료, 약물치료로 통증이 호전이 더디다. 관절이 심하게 변형되어(O자 변형, X자 변형 등)정상보행이 힘들다. 밤에 무릎이 아파서 숙면을 취하지 못한다. 관절이 뻣뻣함이 주기적으로 느껴진다(이중 2개 이상 증상이 있으면 관절염 의심: 바른본병원 자료제공), 치료방법[38]은 연골손상이 심하게 진행돼 통증 등, 퇴행성관절염 증상이 악화

38) 김태열, 헬스조선기자 기사내용(2010.10.13).

되는 단계에서는 주사나 체외충격파 등 비수술적 방법만이 증상이 크게 좋아지지 않는다. 증상이 심해지고 있지만 아직 인공관절을 시술할 정도의 말기까지 오지 않은 환자는 다양한 수술을 통해 연골 세포를 재생시키거나 손상된 연골을 다듬어서 사용할 수 있다. 그러나 무조건 안 쓰면 더 빨리 퇴화되기 때문에 적당한 운동을 해야 한다. 연골은 70%가 수분이다. 나머지는 콜라겐과 당단백 등으로 구성돼 있다. 연골은 20대 초반부터 자연스럽게 수분이 빠져나가면서 퇴화가 시작된다. 관절문제를 일으키는 질환 시작점(인대손상, 염증 등)은 다를 수 있지만, 영양분을 공급 받아도 결국 연골 손실을 동반한다. 문제는 적당한 운동량과 연골을 과도하게 마모시키는 운동량을 구별하는 것인데, 사람마다 연골이 받는 충격이 천차만별이기 때문에 의학적으로 정확한 경계선을 계산해낼 수는 없다. 일반적으로 40대가 되면 20세보다 연골이 50% 가량 퇴화돼 있다. 뼈와 뼈 사이에는 관절연골과 반월상 연골이 있어서 충격을 흡수한다. 풍물에서 자반뒤짚기(탈춤은 연풍대)를 할 때 전진하면서 앞으로 한 바퀴를 회전할 때 무릎이 뒤틀릴 수 있는 위험이 있다. 점프 후 착지할 때 다리와 상체가 같은 정방향으로 향한 앉은 자세이다. 이때 허벅지근육이 튼튼해서 몸을 조화롭게 이용하는 것이므로 허벅지근육을 강화해야 한다.

연골세포 이식은 55세 이전에 받아야 효과가 좋다. 연골의 일부가 찢어져 통증이 생긴 중기 관절염은 ‘연골성형술’로 치료한다. 무릎에 1-2센치 정도의 구멍을 뚫고 내시경을 통해 찢어지고 손상된 연골을 고르게 다듬은 후 40-70도의 고주파를 쏘아 관절표면을 매끄럽게 해준다. 고주파로 자극받은 조직에서 콜라겐이 형성되면서 손상된 연골이 치료된다. 피부에 생긴 흉터를 레이저로 자극해 새살을 돋게 하는 치료와 같은 원리이다. 조금 더 근본적으로 연골을 재생하는 수술법도 있다. 연골이 손상된 정도의 따라 여러 가지 수술법을 적용한다. 손상된 연골의 면적이 2센치 이하이면 ‘미세천공술’ 로 치료한다. 연골 바로 아래에 있는 뼈에 미세한 구멍을 여러 개 뚫으면 구멍을 통해 피가 나오는데, 이 피에 들어 있는 모세포가 연골로 자란다. 이렇게 해서 재생된 연골은 초자연골이 아닌 섬유 연골로 재생되기 때문에 강도가 정상 연골의 60% 정도에 머문다. 따라서 수술 후 관절을 강화하는 재활치료가 매우 중요하다. 연골손상 부위가 2-4센치인 경우 ‘자기연골 이식술’ 을 시행한다. 고용곤 연세사랑병원 원장은 “건강한 무릎 연골 중 체중 부하를 받지 않는 부분을 무릎 뼈 일부와 함께 떼어내 손상된 부분에 붙인다.”며 “이식하는 연골은 환자의 살아있는 조직이어서 시간이 지날수록 튼튼해지고 거부반응 등 부작용이 없다”고 말했다. 손상 부의가 4센치 이상이면 환자 본인의 연골 세포를 채취해 배양한 뒤 주입하는 ‘자기연골세포 배양이식술’을 한다. 나이가 많을수록 이식한 연골 세포가 살아남는 비율이 떨어지므로 55세 이전에 수술을 받아야 효과가 좋다. 수술 받은 뒤 6주 정도 지나면 목발을 짚고 걸을 수 있고, 8개월 뒤에는 운동을 할 수 있다.

연골 손상초기인 경우는 자기 피를 뽑아서 연골세포에 재생시켜야 하고, 무릎이나 엉덩이의 퇴행성관절염이 심해져 연골이 너덜너덜해진 상태라면 인공관절로 갈아 끼우는 것이 최후의 방법이다. 하지만 연골이 아직 남아있는 상태라면 주사, 초음파, 연골세포의 활성화를 도와서 연골을 재생하고 기능을 정상에 가깝게 만드는 비수술적 요법으로 치료할 수 있다. 따라서 고관절연골 손상은 감암법으로 치료를 받아야 한다. 무릎연골과 함께 손상을 많이 받는 연골이 고관절 연골이다. 고관절 연골은 공과 소켓처럼 맞물려 있는 대퇴골두와 골반뼈 사이에서 쿠션 역할을 한다. 고관절 연골이 닳아 없어지면 골반이나 엉덩이에 통증을 느끼며, 결국은 제대로 걸을 수 없는 대퇴골두 무혈성 괴사로 진행된다. 김종헌 한양대 구리병원 정형외과 교수는 "대퇴골두 무혈성 괴사는 인공관절 이식이 사실상 유일한 치료법으로, 무릎 연골에 적용하는 다양한 수술법을 적용할 수 없다"고 말했다. 다만 괴사가 심하지 않은 초기에는 대퇴골두에 구멍을 내어 압력을 낮춰 혈관이 쉽게 자라 들어갈 수 있게 하는 "감암법"을 쓸 수 있다.

고용곤 연세사랑병원장은 "나이가 많은 퇴행성관절염 환자는 수술해도 회복되지 않을 것이라고 걱정하는 경우가 있는데, 정확한 진단을 받고 수술하면 대부분 일상생활은 물론 스포츠, 여가활동까지 즐길 정도로 회복된다."고 말했다. 퇴행성관절염으로 인공관절 수술을 받은 환자의 90% 이상이 결과에 만족한다는 조사결과가 나왔다. "수술 후 삶의 질이 만족하다"고 응답했다.

- 관절은 소모품이다.[39)]

100세까지 관절을 유지하려면 뛰고 싶어도 참으세요. 자동차 타이어처럼 관절도 쓰면 쓸수록 닳은 소모품이기 때문에 관절의 마모로 인한 인공관절 수술이 최근 급증하면서 마라톤이나 축구, 테니스처럼 관절에 부담을 주는 운동을 즐기는 사람은 '다른 운동을 해야 하나' 하는 걱정을 하게 된다. 그렇다면 언제까지 달려도 괜찮고, 언제부터 걷는 것이 좋을까? 걷고 나면 통증이 나고, 무릎에서 소리가 나며, 계단을 오르내리 때 무릎이 아프고, 일어설 때, 서 있을 때, 무릎이 잘 굽혀지지 않을 때, 다리를 뻗고 앉으면 뒤쪽이 닿지 않고 양 무릎 균형이 맞지 않는다. 이렇게 되면 문제가 있으니 체크하시기 바란다. 관절하나만 놓고 보면 약 25세 이후엔 '원칙적으로' 뛰지 않는 것이 좋다. 20대 초반까지는 관절과 연골은 손상이 되더라도 스스로 재생되지만 약 25세 이후엔 스스로 재생되지 않는다. 조깅이나 테니스처럼 두 발이 동시에 땅에 떨어지는 점프동작이 포함된 운동을 할 때 무릎 관절이 받게 되는 하중은 자기체중의 3-5배, 이렇게 큰 힘이 가해지면 관절이 서로 부딪혀서 마모가 일어나고, 오랜 세월의 마모가 축적돼 퇴행성관절염이 된다. 퇴행성관절염 초기엔 진통제 등으로 버틸 수 있지만 증상

---

39) 배지영, 헬스조선 기자, 기사내용.

이 심해지면 인공관절 수술을 받아야 한다.

그렇다고 모든 운동을 그만두고 얌전하게 걸어만 다녀야 한다는 것은 아니다. 고려대 안암병원 정형외과 정웅 교수는 "가벼운 운동을 하면 관절을 지탱하는 근육과 인대 등이 발달할 뿐 아니라 관절과 연골 생성물질이 분비돼 관절과 연골 자체가 튼튼해지기 때문"이라며 "고령화 시대엔 관절도 아껴 써야 하므로 40대 이후엔 가급적 뛰는 것보다 걷는 것이 좋다"고 말했다. 관절분야는 전문병원끼리의 경쟁이 가장 치열한 분야며, 새로운 관절 전문병원도 속속 등장하고 있다. 고령화로 인해 퇴행성관절염 환자가 크게 증가하면서 '시장'이 계속 커지고 있기 때문이다. 지난 2009년 무릎관절질환 수술 건수는 5만4097건으로, 2005년(2만5144)보다 2배 이상 늘었다.[40]

국내에서 인공관절수술을 소개하고 확산시킨 공로는 경희대병원 정형외과 등 대학병원의 몫이다. 그러나 2009년 5만4097건의 무릎관절 수술 중 54.5%(2만9494건)가 대학병원이 아닌 '병원급'에서 이루어져 이미 '양(量)'적으로 전문병원이 대학병원을 앞섰다. 또 각종 최신 장비 도입과 연구 투자도 전문병원이 더 활발하게 진행하고 있어 관절분야의 전문병원 경쟁력은 더욱 커질 것으로 예상된다.[41]

2. 반월상연골

*몸 굳은 겨울엔 살짝 넘어져도 무릎 다치기 쉬워

반월상연골은 무릎 가운데 위치한 반달 모양의 폭 1.5센치 가량의 물렁뼈로, 허벅지와 종아리 사이에서 완충역할을 한다. 무릎이 접히는 부분 좌우에 있다. 제일정형외과병원 조재현 진료과장은 "과격한 운동을 해서 파열되기도 하고, 나이가 들면서 퇴행성변화에 의해 파열되기도 한다." 통증을 느낄 때는 이미 퇴행성 파열이 어느 정도 진행된 상태이다. 다리를 굽히면 오금이 당기거나 강한 통증이 온다. 퇴행성 반월상연골 파열의 특징 중 하나가 '잠김 현상'이다. 이는 파열된 연골이 무릎을 굽히는 동작을 취하면 관절사이에 들어가는 것으로, 당장 심한 통증은 없지만 무릎부분에 이물감을 느끼게 된다. 잠김 현상 때문에 오금이 저린 증상을 허리디스크나 척추협착증 증상과 혼동하는 환자가 적잖다고 말하며 증상은 광범위하게 생긴다고 했다. 조 과장은 "반월상연골은 하반신 마취를 하고 무릎 중앙 바로 밑에 5미리 가량의 구멍 세 개를 뚫어서 내시경으로 진단한 뒤, 바로 치료한다."며 "출혈이 거의 없고 수술시간은

---

40) 국민건강보험 자료.

41) 박노훈 헬스조선 기자. 2011.3.2. 주요관절병원(세란병원, 연세사랑병원, 이춘택병원, 힘찬병원, 웰튼병원, 서울성심병원, 서울나우병원, 부민병원, 부산센텀병원, 여수백병원 등).

30분, 입원기간은 2-2일 정도"라고 말했다.[42]

관절염을 진단받으면 뼈와 인대파열로 인해 염증으로 물이 고이면 심한통증을 느낀다. 그러므로 근육과 근력이 약해서 무리한 운동을 줄이고, 무릎이 받는 충격을 흡수하는 생활 습관과 치료보다 예방이 중요하다. 평소에 무릎에 부담을 주는 영향을 삼가야 한다. 증상은 별다른 증상이 나타나지 않다가 양반다리를 하거나 무릎을 구부릴 때 통증이 심해진다. 무리하게 일을 한다든지, 밭에서 쪼그리고 앉아서 일, 계단 오르고 내려갈 때, 무거운 것을 들고 일어남, 장시간 등산 금지, 격한 운동, 서(立)있는 것 등이다. 치료는 위의 증상들을 줄이고 의자에 앉고 좌식을 피함, 병원에서 치료는 당연하나 앞뒤로 움직이는 슬개골을 매끄럽게 움직일 수 있는 운동과 무엇보다도 과로를 조심해야 한다. 특히 적당한 운동으로 근육과 인대를 튼튼하게 달련시키는 올바른 생활습관이 중요하다.

3. 퇴행성관절염과 류머티즘 관절염

퇴행성관절염은 뼈가 늙고 낡아서 생긴 염증이다 큰 관절(고관절)로서 저녁에 심하게 통증이 온다. 그러나 류머티즘은 전신관절이 아침에 심하게 통증이 와서 고통스럽다. 약과 함께 치료하면 효과가 있으나 직업병으로 온 몸인 삭신이 쑤시고 아파 와서 통증이 심하면 관절탈골, 우울증으로 번질 수 있다. 증상이 심하면 다른 장기질환으로 발생, 폐렴, 심장, 신장, 신장, 눈, 늑막염, 골다공증 등으로 번져 통증이 심하면 근육약화로 손상이 커서 자가 면역 발생으로 관절을 공격한다. 특히 아침에 손가락, 손목, 발목, 발가락 관절이 뻣뻣하여 좌우대칭이 되고 증상이 심해진다. 치료방법은 의심이 있을 때에 전문의를 찾아가 정확한 진단을 받아야 한다. 류머티즘은 민간요법에 의존하는 것보다 전문의에게 제대로 관리하고 교정수술을 해야 한다. 한양대 병원 류머티즘과를 추천하고 싶다. 누구에게나 찾아올 수 있는 병이므로 적극적인 치료와 운동을 해야 한다. 치료시기를 놓치면 장애, 절망적으로 생각하지 말고 의심이 있을 때에 조기진단 치료를 해야 한다. 증상이 호전되었다고, 조금 있으면 낫겠지 게으름을 피우면 금물이다. 점진적으로 운동을 하여 건강한 관절을 지켜 사전예방을 하는 가볍게 걷기, 수영과 '탈춤클리닉'을 권하고 싶다.

4. 인공관절수술

인공관절수술은 전문의사의 상담에 의해 이루어지겠지만 환자의 선택사항이다.

---

42) 김경훈 기자, 헬스조선, 2011.11.30.

관절을 너무 많이 써서 오는 노환이라고 하나 몸무게에서 올수도 있고, 무릎을 꿇고 그려 앉거나 과격한 운동과 생활습관(무거운 것을 든다든지)에서 오는 관절 병이다. 낮에는 일하기 때문에 통증을 잃어버려 몰라도 밤이 되면 아파온다. 계단을 내려간다든지 등산하고 내려올 때 몸무게의 5배정도가 힘이 들어가기 때문에 주의해야 한다. 요즘은 장수하는 사람들이 많기 때문에 생활의 지장을 받으면 수술을 통해 치료가 된다고 전문의들은 말하고 있다. 근육이 좋은지. 심하고 마모되지 않는 한 유착관계를 따져서 80세까지는 수술을 할 수 있다고, 삶의 질 향상을 위해 권유하고 있다.

5. 척추디스크 및 협착증 및 허리디스크

척추디스크 진단을 받으면 제일 먼저 수술을 해야 하는지 말아야 하는지 고민하게 된다. 한 명의 환자를 두고 의사마다(의료진의 판단에 따라) "수술하라" "할 필요 없다"고 진단이 엇갈리는 사례도 흔하다. 왜 이런 일이 벌어질까? 척추디스크는 암이나 심혈관질처럼 환자 상태에 따른 교과서적 치료 기준을 세우는 것이 어렵기 때문이다. 디스크는 환자마다 상태와 증상이 천양지차이다. 디스크가 많이 튀어나와도 덜 아픈 사람이 있고 조금 튀어나와도 아파 죽겠다는 사람이 있다. 병의 진행이나 치료 후 재발 등도 예측하기 쉽지 않다. 따라서 전문의의 치료 견해가 엇갈릴 수밖에 없다. 하지만 일반적인 가이드라인은 있다. 디스크가 얼마나 많이 탈출했느냐보다 탈출한 디스크가 신경을 어느 정도 누르고 있는지와 그에 따른 환자의 통증이 어느 정도 인지에 따라 수술을 할지, 아니면 보존적 치료를 하면서 상황을 지켜볼지 결정한다.

척추디스크가 발생한 초기부터 환자가 찌르는 듯한 허리 통증과 함께 좌골신경통이나 다리에 뻗치는 통증, 대소변 실금, 다리 마비 등을 동반하면 수술하는 경우가 많다. 이런 복합적인 증상은 디스크가 신경을 심하게 압박할 때 나타나기 때문이다. 전체 디스크환자의 2% 정도에서 이런 증상이 생긴다.

"MRI 검사 결과 증상에서 예측한 것처럼 디스크가 실제로 신경을 많이 누르는 경우, 디스크가 단순히 관절 바깥쪽으로 밀려나온 것이 아니라 완전히 떨어져 나간 경우, 디스크가 망가지면서 뼈가 뒤틀려 척추가 제 위치에서 앞으로 밀려나온 척추전방위증이 있으면 수술이 필요하다"고 말했다.

김기태 경희대동서신의학병원 정형외과 교수는 "척추디스크 환자는 90% 정도는 자연히 좋아지므로 비수술적 치료를 우선 권유하는 편이지만 환자가 통증으로 심한 고통을 호소하면 수술을 권한다."고 말했다. 비수술적 치료를 선택하는 기준도 신경 압박여부와 환자의 통증상태이다. 척추디스크를 처음 발견했을 때 이미 신경 압박이나 통증이 심한상태가 아니면 대부분의 전문의는 우선 비수술적인 치료부터 시작한다. 척추디스크 환자 대부분은 초기에는 가볍고 단순한 허리 통증만 느낀다. 이런 환자는 디스크 외벽이 늘어지거나 살짝 찢어지면서 염증이 생긴 산태이다. 이 단계에서는 MRI 검사도 거의 하지 않는다. 이 단계에서는 MRI를 찍어도 디스크 손상이나 신경 압박이 나타나는 경우가 드물다.

인체에서 제일 중요하고 중심역할을 하는 곳은 허리이다. 이론가나 실기 자(者)들, 즉 무용가, 운동선수들, 서민들, 노동자 등, 특히 풍물과 탈춤 추는 사람들은 인체의 중간인 허리가 아프면 움직일 수 없다. 그것이 바로 척추인데 척추질환을 고치려면 시술 못지않게 운동치료가 중요하다. '척추질환을 근본적으로 치료할 방법은 운동치료뿐' 이라는 주장도 있다. 나누리병원 운동치료센터 문훈기 실장은 "척추질환자 중 시술이 필요한 경우는 30% 정도"라며 "나머지 환자는 운동치료만 꾸준히 받으면 치료가 가능하다"고 말했다. 운동과정에서 근육이 수축과 이완을 반복하면 혈액이 척추주변의 혈관으로 잘 흐른다. 이 때 혈액 속의 산소, 면역세포, 영양분이 협착·유착 등으로 인해 손상된 세포를 빨리 재생하고 쌓여있는 염증 물질을 제거해준다.[43]

"디스크 파열이 신경에 문제를 일으키지 않으면 굳이 수술부터 할 필요가 없다고 한다." "신경이 디스크에 눌렸어도 약물 등으로 염증을 가라앉히면 디스크에 눌린 신경이 적응해서 통증이 누그러지는 경우가 많다." "따라서 수술이 필요한 환자도 급성은 1개월 정도, 만성은 6개월에서 1년까지 비수술적인 치료를 하면서 관찰한 뒤에 수술 여부를 결정한다."고 전문의 교수들은 말했다.

그러나 비수술적 치료를 6주 이상 받아도 증상이 개선되지 않으면 수술을 고려해야 한다. 척추디스크가 만성화되면 영구적인 신경 손상을 가져올 수 있기 때문이다. 약물, 주사, 운동요법 등 비수술 치료를 받는 도중에 50m 이상 걷기 어려울 만큼 환자의 삶의 질이 떨어지거나 새로운 신경 마비 증상 등이 나타나면 수술로 돌리는 것을 고려해야 한다.[44]

대체로 협착은 디스크보다 퇴행이 더욱 진행된 상태로 협착이 오래가면 허리가 앞으로 꾸부러진다. 오랜 시간 우리 몸을 지탱해준 척추 뼈와 그 주변 인대 등이 과다한 사용과 노화 등으로 인해 손상 받으면서 주변조직과 신경에 손상이 가해서 일어나는 병이다. 문동언 서울성모병원 마취통증의학과 교수는 "환자 10명 중 8-9명은 신경성형술로 통증이 완화된다."고 말했다. 하지만 수술을 해야 하는 환자가 신경성형술을 고집하면 상태만 더 나빠질 수 있으므

43) 요통을 줄이는 메디컬 트레이닝(Medical Training): 1) 누워서 무릎당기기, 2) 누워서 한쪽다리 옆으로 넘기기, 3) 누워서 팔 펴고 상체 들기, 4) 엎드려 상체 들면서 다리 들기(조선일보 2013.5.1(수), A23.)

44) 김경원, 김태열, 한희준, 헬스조선 기자(조선일보 2010.10.20. 2011.5.11).

로, 자신의 상태를 정확히 이해하고 치료법을 선택해야 한다.

@ 병원소개[45)]

디스크를 의심할 수 있는 증상들/ ① 통증이 허리, 엉덩이, 다리방향 순으로 옮겨간다. ② 찜질을 하거나 파스를 붙여도 증상이 호전되지 않는다. ③ 허리와 다리의 힘이 빠진다. ④ 다리를 절룩거린다. ⑤ 배에 힘을 주기 힘들어 대소변을 보기 어렵다 등, 따라서 성생활을 할 때 허리를 젖히는 운동과 골반 들기 운동은 허리를 튼튼하게 만들며 허리강화 운동에 도움이 된다고 권유하고 있으나, 허리와 다리에 통증이 있으면 전문의 진단을 받아야 한다.

6. 허리디스크

허리디스크 또는 요통은 인간이 살아가면서 누구나 한번 이상은 아픈 경험을 한다. 허리와 엉치, 다리까지 조금만 걸어도 힘들고 주저앉아 지팡이에 의존할 수밖에 없는 허리가 꾸부정해지면 척추협착증까지 의심하게 된다. 인간의 신체구조상 허리에 무리가 많이 갈 수 밖에 없기 때문에 10분 이상만 걸어도 엉치가 빠지듯이 아프고 허리가 무너지는 것 같고, 허리를 굽히거나 걸음을 멈추고 쪼그리고 앉아서 쉬면 사라졌다가 다시 걸으면 같은 증상이 반복되면서 보행거리가 점차 짧아진다. 골다공증, 척추 뼈 질환이 동반되는 경우와 실질적으로 손상된 디스크는 재생이 되지 않는다고 하며 심하게 닳아 없어진 경우는 인공디스크 치완술, 내시경 절제술 등이 적합하다고 전문가들은 말하고 있다.

이런 증상들은 퇴행성 노화가 아니면, 서 있거나 걸을 때, 운전할 때, 우두둑 소리, 바닥에

---

45) - 1세대 척추전문병원 세란병원/ 우리나라 척추 전문병원으로 척추를 바탕으로 시작해 종합병원으로 발전했다. 1987년 서울 무악동에 76병상의 정형외과 병원으로 개원한 세란병원은 1993년 척추센터를 열고 척추질환을 전문 진료하기 시작했다. 이어 관절로 영역을 넓히고 1995년에는 신경외과, 내과 산부인과, 응급의학과 치과 등 총 12개 진료과와 228병상을 갖춘 종합병원이다.
- 경막외신경성형술 고도일병원/ 국소마취를 한 뒤 꼬리뼈 부위를 0.5센치 가량 절개한 후 1-2미리 굵기의 특수 내시경을 척추신경이 지나가는 통로로 밀어 넣어 시술한다.
- 신경근육재생 특화 여러분병원/ '강한척추'를 목표로 척추신경을 재생시키는 PRP주사치료와 척추 주위 근육을 강화시키는 운동치료를 전문으로 한다. 이런 치료를 통해 척추질환의 재발률을 나출 수 있다.
- 디네시스 연성고정술 척병원/ 척추에 나사를 박아 고정시키는 기존의 방식대신 특수 재질의 지지대로 척추를 받쳐주는 최소침습 수술법의 하나이다.
- 노인 척추질환 전문 제일정형외과/ 수술이 필요하지만 대수술을 견디기 어려운 고령층의 환자를 대상으로 '미세현미경감압술'을 실시하는 등 연로한 사람을 위한 치료법개발에 주력한다.
- 메모리루프 수술 김영수병원/ 온도차에 따라 탄력적으로 움직이는 특수 금속을 이용한 척추 고정술이다. 퇴행성 디스크와 퇴행성 척추관협착증 환자는 결국 좁아진 척추관을 넓게 열어주는 수술을 해야 한다.
- 운동치료전문 나누리병원/ 초고령자 시술 · 재활방문 등, 최신장비 60여대를 구비해 다양한 운동치료요법을 운영하고 있어, 기존환자 추천으로 병원을 찾는 환자가 전체의 60%를 차지한다.

물건을 짚을 때, TV볼 때 문제가 생긴다. 신체의 근본적인 치료는 정형외과 전문의사의 진단을 통해 근본적으로 시술하여 인공디스크, 약물치료, 물리치료, 운동요법 등으로 치료를 받고, 민간요법으로는 스트레칭을 통해 준비운동을 하루의 일정을 잡아 시간을 인위적이고 계획적으로 빠짐없이 탈춤클리닉을 참고하여 운동하고 자기관리를 하면 점차 좋아진다. 그 운동요법은 위의 사례들을 인용하여 무리하지 말고 자기방식대로 터득하고 인용하여 조심성 있게 관리하여야 한다.

7. 목 디스크(경추관 협착)

목과 팔 쪽이 아프고 저리고 통증을 느끼는 목 디스크는 현대인에게 점점 늘어나는 병으로 여러 이상 증상들을 동반한다. 양 손이 차고 시려서 심하면 여름에도 털장갑을 끼기도 하고, 사람에 따라서는 팔꿈치 쪽으로 통증이 집중되기도 하며 항상 피곤하고 멍한 무기력증을 동반하기도 한다. 목 돌리기 운동・우두둑・목 관절 비틀기・지압을 잘못해서 목 디스크가 악화되고 골병든다. 박상혁 연세사랑병원 척추센터 원장은 "목 디스크가 있는 사람이 목 돌리기 운동을 빠르게 하거나 지압 등으로 과도한 자극을 주면 디스크가 악화된다."며 "자신에게 목 디스크가 있는 줄 모르는 사람이 많기 때문에 평소 잘못된 목 운동으로 자신도 모르게 디스크를 악화시키는 사례가 많다"고 말했다. 김돈규 중앙대병원 재활의학과 교수는 "단순 근육통은 스트레칭이나 지압이 별 문제가 안 되지만, 목 디스크와 퇴행성 척추증은 자극을 주면 디스크가 더 튀어나오거나 좁아진 신경관 속 신경이 압박될 수 있다"고 말했다. 성정남 서울나우병원 척추센터 원장은 "목 관절을 심하게 비틀면 일시적으로 시원한 느낌이 들지만 관절 자체에는 매우 나쁘다."고 말했다.

목 디스크가 있는 사람이 통증을 예방하려면 근육과 인대를 늘리는 스트레칭보다 목 근육을 강화시키는 운동을 해야 한다. 1) 손으로 턱을 잡고 몸 쪽으로 밀면서 머리는 움직이지 않고 버티거나, 2) 오른쪽, 왼쪽 뺨을 각각 밀면서 움직이지 않고 버티거나, 3) 엄지손가락을 턱 밑에 대고 고개를 올리면서 움직이지 않고 버티는 방법이 있다. 김돈규 교수는 "동작마다 5-10초 정도 버티고 한번에 5회 정도 반복하며, 매일 5회 이상 하는 것이 좋다" 국민체조 하듯 목을 빨리 돌리면 않되고 5-10초 정도 호흡을 하며 인대와 근육을 늘린다는 느낌으로 천천히 고개를 돌린다. 이런 방법으로 좋아지지 않으면 병원에서 약물치료와 물리치료, 근육통증을 치료하기 위한 주사 치료 등을 받는 것을 고려해야 한다. 목디스크는 약물・물리・운동치료를 3개월 정도 받으면 증상이 완화된다고 한다.[46]

8. 뼈

뼈는 몸의 형태를 유지하고 주요 장기를 보호하며, 몸속 이온 농도를 조절하는 등 여러 기능을 한다. 뼈가 건강해야 삶에 질이 높아지는 이유다. "뼈는 집의 기둥처럼 몸의 형태를 유지하고 심장, 폐 등 주요 장기를 외부 충격으로부터 보호하며, 칼슘·인 등을 저장해뒀다가 몸속의 이온 농도를 조절하는 역할을 한다."[47]고 말했다. 이렇듯 신체 전반에 걸쳐 영향을 끼치고 있기 때문에, 한곳이라도 망가지면 안 되는 것이다. 뼈가 아무리 건강해도 관절에 탈이 나면 아무 소용이 없다. 관절은 뼈와 뼈가 연결되는 부분으로, 뼈의 끝부분, 연골, 윤활액 등을 통칭한다. 어느 부위든 관절이 건강해야 뼈가 무리 없이 움직일 수 있는 것이다. 뼈와 관절은 나이가 들수록 약해진다. "작은 부위인 손가락, 발가락의 뼈, 관절에만 문제가 생겨도 식사·걷기 등 아주 기본적인 활동에 어려움을 겪는다."며 "뼈·관절의 문제는 심하면 사망에도 영향을 끼친다."[48]고 말했다. 노인이 뼈가 약해져서 고관절·척추 골절이 생기면 1-2년 안에 사망하는 비율이 30% 정도로 높다. 골절 때문에 잘 못 움직이면 폐렴 등이 생겨 합병증으로 사망하는 것이다. 따라서 나이가 들어도 뼈와 관절이 제 기능을 잘 할 수 있도록 뼈·관절 건강법을 알아둘 필요가 있다.

9. 오십견(동결견)과 회전근개 파열

50대 전후에 많이 발병한다. 하여 이름 붙여진 오십견은 한마디로 어깨가 굳어 上·下·앞·뒤 90도, 180도 움직이기 힘들고 어깨가 굳으면서 극심한 통증을 수반하는 어깨관절 질환이다. 초기·중기·말기로서 아프다가 굳어진다. 또 회전근개 파열은 자지러지게 아픈 것은 없다. 누가 건드리면 아프며 올렸다가 내릴 때 힘을 쓸 수 없으므로 툭 떨어진다. 후방탈구와 함께 자연치유가 안되며 찢어 졌을 때 통증이 오며 수술로 치유해야 한다. 통증은 낮에 나타나기도 하지만 주로 밤에 나타나는데, 이는 오십견이 혈병(血病), 즉 원인이 어혈이라는 것을 나타나는 증상이다. 이것은 60-70년 쓰니까 자연적인 노환이며 오십견 통증의 양상이 대부분 바늘로 찌르듯이 아픈데 이것 역시 오십견의 원인이 어혈이라는 것을 나타내는 증거가 된다.

현대의학에서는 어깨가 굳어서 움직이기 힘든 병으로 마치 어깨가 얼어붙은 것 같다고 하

---

46) 이금숙, 헬스조선 기자. 2010.2.17. 2013.8.20.

47) 삼성서울병원 내분비대사내과 민용기 교수, 2014.1.8. 조선일보.

48) 경희대병원 정형외과 송상준 교수, 2014.1.8. 조선일보.

여 동결견(frozenshoulder)이라 하며 정확한 병리적인 명칭은 어깨관절을 싸고 있는 관절낭이 오그라들어 문제를 유발한다고 하여 유착성관절낭이라고 칭한다. 통증은 처음에는 어깨가 뻣뻣하고 당기는 듯 하다가 물건을 들어 올리거나 갑자기 뭔가를 집으려고 팔을 뻗었을 때 오십견이 발병한 어깨에 통증이 찾아온다. 오십견이 오면 관절내부가 본드를 바른 것처럼 유착돼 도저히 움직일 수 없지만, 회전근개 파열은 다른 사람의 도움을 받으면 팔을 완전히 들어 올릴 수 있다. 오십견은 저절로 나아지는 경우도 있지만, 회전근개 파열은 저절로 낫지 않으면 수술 외에는 치료방법이 없다. 어깨가 아프다고 무조건 '오십견'은 아니다.[49]

어깨가 무겁고 결리며 쑤시는 통증으로 운동범위가 제한되고 밤낮으로 고통 받게 된다. 특히 한쪽 팔이 굳어지는 느낌이 들고 팔을 올리거나 뒤로 팔을 올리거나 돌리거나 힘들어하며, 심한 경우엔 세수나 양치질도 맘대로 하기가 힘들어진다. 고무줄로 잡아당겨 운동하는 방법도 있다.

〈오십견의 대표적인 증상〉

1. 팔을 앞으로, 또는 옆으로 들어 올릴 수 없고, 뒤로 젖히는 동작이 안 된다.
2. 아래에서 팔을 올리면 팔이 귀에 붙지 않는다.
3. 눕거나 앉은 때에 팔이 편하지 않아 베개로 받혀 주어야 한다.
4. 오십견을 치료한 1-2년 후에 반대쪽 팔에도 같은 증상이 나타난다.
5. 밤에 잠을 잘 수 없을 정도로 어깨 통증이 심하고 옆으로 누워서 잘 수가 없다.
6. 찬 곳에 가면 통증이 심하다.
7. 증상이 심하면 팔을 잘라내고 싶을 정도로 통증이 심하다.
8. 통증으로 인해 식욕이 저하되고 심하면 체중이 줄어드는 경우도 있다.
9. 길을 걷다가 누군가와 부딪히면 자지러지듯이 아프다.

예방은 스트레칭운동으로 풀어줘야 몸 건강에도 좋다. 어깨 힘을 빼고 팔을 상하 · 앞뒤로 들어 올리는 운동과 아픈 팔을 잡고 상 · 하 · 회전한다. 뒤로 젖힘과 팔꿈치를 잡고 몸통 쪽으로 끌어들여 10초 이상 잡고 있다가 내리는 운동을 반복한다. 또한 한의원에서는 한약치료, 침 치료, 약침치료 등으로 구성되어 어깨 힘줄에 쌓이고 굳어진 어혈을 깨뜨려 어깨관절과 어깨 주위 힘줄을 부드럽게 해준다.[50]

---

49) 박노훈, 헬스조선 기자, 2011.6.8. 조선일보.
50) 장덕한의원 제공, www.jangdeuk.com.

10. HIV 감염자

보건복지부 질병관리본부에서 지난해 19-59세 성인 1,200명 대상으로 실시한 에이즈 인식조사 결과(結果), 에이즈 하면 연상되는 '단어'로 공포(33.5%), 성문란, 성병(29.1%), 질병(6.6%), 불결・부도덕함(5.1%) 등이 나왔다. 사회의 인식이 이렇다 보니 HIV보균자는 '죄인취급'을 받으며 정상 생활을 할 수 없게 내몰리는 심정이다. 이 조사에서 '에이즈 감염자를 직장에서 추방시키자.' '나도 걸릴 수 있는 만상질환(질병)으로 여겨야' '콘돔 사용을 꺼리는 성향이 문제' 등, 에이즈 감염이 의심스러울 때 즉시 보건소 익명검사 등을 통해 확인해야 한다.[51]

11. 남성갱년기 증후군(성기능장애, 우울, 무기력 등)

남성갱년기증후군은 일반적인 성기능 장애, 우울증, 만성피로, 무기력 등 다른 질병과 대부분의 증상이 겹치기 때문에 구별하기 어렵다. 또 테스토스테론 부족으로 성적인 관심과 흥분 자체가 사라져서 나타나기 때문에 비아그라 등의 효과를 보기 어려운 것이다. 따라서 발기부전치료제를 먹어도 잘 듣지 않는다면 남성갱년기증후군을 의심해 봐야 한다. 테스토스테론 수치가 기준치 이하로 내려가도 사람에 따라 성기능 등의 영향이 나타나지 않을 수도 있다. 그러나 남성갱년기증후군의 증상은 다른 질병의 증상과 약간의 차이가 있으므로 잘 살펴보면 알 수 있어 전문의사에게 상담하면 된다.[52] (성적흥미 감소, 기력상실, 근력과 지구력 감소, 키가 줄었다. 삶에 대한 불안감, 슬프거나 즐거움 잃었다. 발기의 강도 하락, 민첩성 부족, 저녁식사 후 바로 졸림, 일의 능률 하락 등) 반대로 즐거운 부부관계를 가지면 남성갱년기증후군 해소에 도움이 된다.

12. 등산

등산을 하면 근력이 강화되고, 심폐기능이 향상되며, 정신적 만족감, 체지방 감량효과, 눈건강 등이 좋아지나, 엄청난 체력이 소모되기 때문에 부상 위험이 있어 등산이 가장 위험한 운동 중에 하나이다. 등반을 시작할 때 첫 20분은 평지를 걷던 속도의 반으로 걸어 근육과 관절을 서서히 풀어줘야 한다. 진영수 서울 아산병원 스포츠건강의학센터 교수는 "등산은 마라

---

51) 이현주, 헬스조선 기자(2009.11.25).

52) 박노훈, 헬스조선 기자(2011.3.9).

톤보다 운동시간이 길고 시간당 소모열량도 달리기나 수영보다 높은 '고강도'이다" 며 "게다가 일단 산길에 들어서면 중도 포기가 불가능하고, 사고가 났을 때 즉각적인 의료서비스를 받기도 어려우므로 조심해야 한다." 또한 조깅을 할 때는 "겨울은 다른 계절보다 속도를 낮추고 달리는 시간을 길게 하라" "인체는 몸의 상태를 늘 동일한 상태로 유지하려는 항상성(恒常性)이 있다"고 말했다. 가장 문제가 되는 것은 심장이다. 20세의 심폐지구력을 100으로 봤을 때 60세는 50정도에서, 당연이 심장에 부담가게 된다. 진 교수는 "수영선수 故 조오련 씨처럼 평소 운동을 하는 사람에게도 자기도 모르는 심장질환이 숨어 있는 경우가 많다."며 "50세 이상은 등산을 시작하기 前 운동부하검사, 심장CT검사 등을 받아 보는 것이 좋다"고 말했다. 골절도 조심해야 한다. 50세 이상은 균형 감각이 좋지 않아 관절염 환자도 조심해야 한다. 특히 "하산할 때 무릎 관절에 체중의 3-5배 하중이 실리므로 관절염 증상이 있다면 등산을 하지 말아야 한다."고 말했다. 또한 평소 운동을 안 하는 여성의 근력과 지구력은 이 보다 훨씬 낮아 오래 걷지 못하고 금방 지치게 된다. 등산 체력을 기르는 법은 숨이 헉헉거릴 전도 심폐지구력 운동, 계단 및 평소 발뒷꿈치를 들어 올리는 허벅지 종아리 근육운동, 눈을 감고 한발로 서기, 유연성 등, 장비를 갖추고 균형감각 운동을 해야 한다.[53)]

그래서 준비운동을 하는데, 종아리 근육 펴주기(계단에 서기). 허벅지 앞, 뒤 근육 풀어주기(다리 뒤로 잡고, 앞으로 잡고 댕기기), 다리전체 풀어주기 등 오르기 전 준비운동 필수로 해야 한다. 운동은 처음에는 약하게, 중간에는 강하게, 끝은 다시 약하게 하는 약-강-약의 비율로 하되, 혈관질환이 있으면 회복력이 더디기 때문에 운동전의 몸 상태로 만들기 위해서는 마무리 운동을 길게 하는 것이 좋다.

13. 걷기

두 다리만 튼튼해도 먹고 산다는 말이 있듯이 강하고 튼튼한 허벅지 운동을 해야 한다. 걷기는 수영과 함께 대표적인 유산소 운동이다. 유산소운동은 혈액순환을 촉진해 산소와 혈액이 신체의 말단까지 원활하게 도달하도록 한다. 혈액순환을 개선해 통증과 결림을 완화시킬 수 있고 심장과 혈관을 튼튼하게 하며, 적혈구 수를 증가시킨다. 걷기는 갖고 싶어 하는 몸매를 만들어 주는 효과적인 운동이다. 걷기운동은 전신의 뼈와 근육을 골고루 사용해 골밀도를 높일 뿐 아니라 일상생활에서 최대 30%에 그치는 근육사용량을 80%까지 늘려 탄력 있는 몸매를 만들어준다. 특히 여성의 경우 체중 감량에도 걷기가 달리기보다 2-3배 유리하다. 단위

53) 이금숙, 김주민 헬스조선 기자(2009.9.23).

시간당 칼로리 소비는 당연히 달리기가 두 배 이상 많다. 하지만 운동량이 많아도 지방분해효과가 걷기에 비해 떨어진다. 걷기는 지치지 않고 오랜 시간할 수 있는 데다 어떤 운동이든 15분정도 지나야 지방이 분해되기 때문에 걷기가 체중 감량에 다 효과적이다.

올바른 걸음걸이 보폭은 자신의 키에서 100을 빼면 된다. 속도는 시속 4km가 적당하다. 시속6km 정도의 속보(速步)는 스포츠워킹에 해당하는데 20분 정도(약 2km), 정도 걸으면 100kal 정도를 소비해 운동효과가 뛰어나다. 걸음걸이는 '11자 워킹'에 가깝도록 하는 것이 좋다. 정면에서 봤을 때 발이 바깥쪽으로 5도 이상 벌어지면 팔자걸음, 안쪽으로 향하게 되면 안짱걸음이 된다. 팔자걸음과 안짱걸음이 장기간 지속되면 퇴행성 무릎질환이나 디스크를 유발할 수 있다.[54)]

14. 가족력

겁낼 필요 없는 가족력은 유전자 검사, 조기검진으로 발병 미리 알고 막는다. 6가지 질환(고혈압, 당뇨병, 심혈관 질환, 치매, 조울증, 아토피피부염 등 45가지가 있다.)의 위험도가 있다. 규칙적인 운동과 식이요법, 조기검진, 전문의 상담 등이 있다. 가족력(家族歷)은 의학적으로 '3대에 걸친 직계가족 혹은 사촌 이내에서 같은 질환을 앓은 환자가 2명이상'인 경우를 말한다. 가족력과 유전질환은 다르다. 서울아산병원 가정의학과 신우성 교수는 "혈우병, 다운증후군 등 유전질환은 염색체이나 DNA이상 등 단일한 유전적 원인이 확실하게 알려져 있지만, 가족력은 유전의 영향과 한 가족의 생활습관 등 환경적 요인이 복합돼 있다"고 말했다. 가족력의 유전요인은 명확히 밝혀지지 않는 것이 대부분이다. 유전질환은 비교적 어릴 때 발견되지만, 가족력 질환은 대부분 성인이 돼서 나타난다. 암은 대표적인 가족력 질환이다. 대부분의 암은 유전적 요인(선천적 가족력)과 생활습관 등 환경적 요인(후천적 가족력)이 함께 영향을 준다.[55)]

15. 공항장애

극심한 불안(不安), 공포(恐怖)로 심장이 뛰고 걱정이 되어 가슴이 두근거리는 심리적·생물학적 문제를 안고 있다. 1) 심리적으로는 신체증상으로 과민함과, 2) 생물학적으로 교감신

---

54) 성기홍, 국민체육진흥공단 스포츠사업본부장. 조선일보기사 인용(2011.3.24).

55) 박노훈, 헬스조선 기자.

경계가 안정을 찾지 못하고 있다. 동물들은 불안(不安:마음이 편하지 않음)을 모르고 공포(恐怖:두려움과 무서움)만 느낀다. 사람은 공포와 상상력을 통해 불안까지 느낀다. 불안, 공포를 잊어야지 안 무서워요, 안 두려워요 하면 더 두렵다. 그러면 어떻게 해야 하나? 근본적으로 생각을 달리해야 한다. 두통, 현기증 등으로 남의 도움이 될 수 없는 상황까지 가게 된다. 현재 우리나라에서는 59,000명 정도, 국민의 3%가 공항장애를 앓고 있다고 한다. 치료는 일상생활에서 여유로움을 찾고 느긋함과 몸을 이완시켜줘야 한다.

IV. 성인병 치료

1) 한국인의 정신건강

인간은 가장 강하면서도 나약한 존재이다. 건강하게 살려면 긍정적인 사고방식과 좋은 마음을 먹고 생활요법을 모범적으로 지키면서 생활해야 한다. 일상생활에서 가장 중요한 것은 스트레칭, 체조와 유산소 운동을 매일 한두 시간씩 하는 것이다.

운동은 뇌의 도파민 수용체를 개선시킨다는 실험연구도 있다. 식단은 비타민과 무기질이 풍부한 채소류, 특히 비타민 C와 E가 풍부한 과일(딸기, 귤, 오렌지, 레몬 등)을 많이 섭취 하도록 짜 주고, 근육 위축을 막기 위해 신선한 살코기 위주의 육류도 충분히 섭취해야 한다. 또한 물을 많이 마시도록하고 밤에는 수분 섭취를 줄이는 편이 좋다. 바깥에서 유산소운동이나 산책을 통해 햇빛을 충분히 쬐도록 하고 바람직한 생활을 하기 위해서는 매일 운동해야 한다고 정선주 교수(서울아산병원)는 권장하고 있다.

2008년 국민건강보험공단 자료에 의하면, 한국인의 정신건강에 "빨간불"이 커졌다. 2008년 경제협력개발기구(OECD) 통계에 따르면 우리나라의 자살률은 10년 동안 4위에서 1위로 상승했다. OECD 회원국 중 10년 동안 자살자 수가 급증한 나라는 우리나라가 거의 유일하다. 우울증, 조울증 등으로 진료 받은 환자도 2년 만에 48%가 증가했고, 스트레스로 병원을 찾은 사람도 4년 동안 2배 이상 늘었다. 이홍식 세브란스병원 정신과 교수는 "지금 한국인의 정신 상태는 언제 터질지도 모르는 화약고이다. 우리나라는 단연코 '정신건강 후진국'이다. 4명 중 3명이 폐쇄적 정체성(한국인의 정체성 폐쇄 74.4%, 정체성 혼미 10.6%, 정체성 탐색 2.5%, 정체성 성취 12.5%) 과격한 분노 표출할 가능성이 있다. 2010년 한국사회에서는 "평범한 이웃"들이 정신적인 정신 상태를 일탈해 충격적인 사건을 일으키고 있는 극단행동 부르는 외상후격분장애(外傷後激忿障礙)를 키우는 중이라고 한다. 억울한 감정 욕구불만 울화가 치미는 화병(火病)등, 분노를 과도하게 억눌려생기는 병으로서 응축된 공격성 배출할 방법을 찾아야 한다. 올들어 지난달까지 범죄 전력이 없던 '소시민'이 홧김에 살인이나 폭행 등 크고 작은 사건을 저질러 언론에 보도된 것만 30여건이다. 이홍석 교수는 "실적위주의 끊임없는 경쟁에 경제위기까지 겹치면서 우리사회는 전쟁터가 됐다. 여기에 연일 쏟아지는 사건사고 보도는 자신이 사는 사회를 의심하고 분노하게 만든다. 이런 사회적 압박감과 개인적 스트레스가 복합적으로 작용하면 멀쩡했던 사람의 정신 건강도 나빠질 수밖에 없다"고 말했다. 정신건강 신경쓰면 전신질환자 취급하는 태도가 문제이다. 이것은 사회분위기 탓할 것도 아니다. 한국인은 신체 건강을 꼼꼼히 챙기는 것에 비해 스스로의 전신건강에는 무관심하다. 스트레스는 상담을 하는 것 자체만으로도 개선된다. 현재 대부분의 보건소가 스트레스 상담실을 운영하기 때문에 굳이 정신과를 찾지 않아도 된다. 사회적 시스템이 부족해서 건강을 다스리는 법을 스스로 가상(假想)의 화를 다스려서 정신 건강 유지하는 법을 익혀야 한다.

김정현 분당서울대병원 정신과 전문의는 "비심인성흉통은 심장이 건강한데 통증이 나타나는 질환으로, 대부분 스트레스가 원인"이라고 말했다. 스트레스가 심장통증을 일으키는 것이 정확히 밝혀지지 않았지만 크게 3가지 설이 있다.

첫째, 스트레스를 받으면 교감신경계가 흥분하면서 작은 혈관이 수축된다. 이에 따라 심장으로 가는 혈류량이 줄어들어 통증이 나타난다.

둘째, 스트레스로 마음이 불안하면 숨을 몰아쉬게 되는데 이때 호흡근육이 과도하게 수축과 이완을 반복하면서 근육이 경직된다. 그러면 근육사이로 지나가는 혈관과 신경이 눌려서 흉통이 생긴다.

셋째, 스트레스를 받으면 뇌의 신경세포가 밀집된 영역인 '청반핵'이 과도하게 자극된다. 지나치게 자극된 청반핵은 자율신경계를 흥분시켜서 심장에 무리를 줘 흉통을 일으킨다.[56] 한편, 2010.10월 경북 경주에서는 병원에 가지 않고도 내 집 안방에서 진료・상담・처방하는 'U헬스케어'는 이처럼 의료 기관에 직접가지 않고도 정보통신기술(IT)을 이용해 멀리 떨어진 의사와 연결, 건강관리・진료 등 의료서비스를 받을 수 있도록 주는 제도가 도입되고 있다.

성인병, 건강관리가 재테크이다. "30년 후 당신이 탈 연금은 없다."라는 제목으로 조선일보 기사화 된 내용이다.[57]

100세 쇼크라고 하여 축복인가 재앙인가? 내는 돈 보다 받을 사람이 급증하고 국민연금・건보(健保)재정이 말라가며 국민들은 "왜 내가 노인 부담 떠맡나" 세대간 '복지 딜레마' 풀어

56) 김맑아, 헬스조선 2010.4.7. 기사내용.

57) 조선일보 특별취재팀, 2011.1.4.

야 한다고 우려가 크다. 내용을 살펴보면, 사회보험재정이 2060년도 국민연금 214조원이 적자가 되어 고갈된다고 한다. 복지 확대 기대감은 76.6% 노후 국가가 책임지고, 건강보험 혜택은 76.6%를 늘려야 한다. 부담확대엔 거부감이 52.4%, 건강보험인상 반대는 52%로 조사되었다. 한편 미래에셋퇴직연금연구소에서 노후 자금 2억으로 월 생활비 100만원으로 18년 9개월, 200만원으로 8년 8개월, 3억으로는 100만원으로 30.7년, 200만원 13.7년, 4억으로는 100만원으로 44.9년, 200만원 18.9월, 5억으로는 62.9년, 200만원 24.6년 정도를 버틸 수 있다고 했다(물가상승률 연 3.5% 운용수익률 연5% 가정).

세상에 사는 동안 '현역기간을 최대한 늘려라.'고 주문한다. 여러 일자리를 옮겨 다니면서 최대한 현역에서 일하는 기간을 늘려야 한다. 누가 더 높이 오르느냐도 중요하지만 누가 더 오래 다니느냐가 확실한 경쟁력이다. 한 직장에서 쫓겨나는 것(resignment)과 노동시장에서 은퇴(ritiremet)하는 것은 구별해야 한다. 한 직장에 매달리는 것은 중요하다. 문제는 노인 일자리가 만만찮다는 것인데, 힘들겠지만 체면을 버려라.

당신이 지금처럼 살면 몇 살까지 살까? 술 담배는 아예 입에도 안 대고, 매일 눈만 뜨면 죽어라 운동하고, 고기대신 채소만 먹고 몸에 좋다는 온갖 건강식품은 다 챙겨먹었던 K씨, 그러던 그가 60세도 안 돼는 날 운명을 달리했다. 암에 걸린 것이다. 평소 술 좋아하고 담배까지 피우던 친구들은 아직까지 다 멀쩡한데 말이다. 많은 사람들이 건강을 위해서라면 돈과 시간을 아낌없이 투자하고 온갖 정보들에 두 눈을 크게 뜬다. 그런데 그동안 우리가 알고 믿어왔던 건강에 관한 진실들이 과연 사실일까? 술, 담배, 고기를 마음껏 즐기면서도 100살까지 거뜬히 산 사람도 있고, 평생 조깅이나 헬스클럽 따위는 근처에도 안 가본 사람이 더 건강한 경우도 많다. 왜 똑같은 음식을 먹고 살아도 누구는 건강한데 누구는 늘 아프고 골골거릴까? 건강과 장수의 진자 비결은 무엇일까? 살면서 겪는 다양한 선택의 순간에 무엇을 택해야 하는지. 어떤 태도로 삶을 바라볼 것인지! 더 건강하고 의미 있는 인생이 무엇인지?![58]

"70살쯤 살 줄 알고 있는 돈을 다 써버렸는데, 100살까지 살게 되면 어떡하지?" 미래에셋퇴직연금연구소장 강창희 소장은 "100세 인생의 오래 사는 위험, 장수 리스크 등, 새로운 인생설계(life planning)를 어떻게 관리하느냐에 달려 있다." 자산관리 5계명을 제시하였다. 그러나 고치는 것은 의사이지만, 결국 위에 계시는 하나님께서 모든 것을 주관하시는 것이다.

(1) 부동산 줄이고 금융자산 늘려라

우리는 은퇴하면 대부분 집 한 채가 전 재산이다. 노후 생활이 더 팍팍해지는 이유인데, 부

58) 하워드 S, 프리드먼 외 지음, 최수진 옮김, 나는 몇 살까지 살까. 쎔앤파카스.

동산 비중을 줄이고, 금융자산 비중을 늘려야 한다. 우리나라는 개인자산 중 부동산 비중이 77%인데, 미국은 33%, 일본은 39% 수준이다. 선진국에서 주택가격 급락 사태가 있었다는 점도 주목해야 한다.

(2) 소득의 삼층밥을 지어라.

국민연금은 필수이고 여기에다 퇴직연금과 개인연금을 함께 들어 노후 소득원을 삼중 장치로 해놓으라는 것이다. 노후에 매달 만만찮게 들어가는 생활비를 충당하기 위해서는 연금만 한 게 없다.

(3) 건강관리가 진짜 재테크이다.

노후에 가장 큰 변수는 암 같은 큰 병에 걸리지 않는 것이다. 늘 운동하고 몸 생각을 해야 한다. 하지만 암 같은 병은 가족력 등 다양한 원인이 있을 수 있다. 특수질병보험 하나 정도 가입해 두면 좋다.

(4) 100세 시대 준비는 20대부터

20대부터, 입사 직후부터 자산을 늘리고 건강을 관리하는 준비를 하는 게 제일 좋다. 하지만 40-50대도 주어진 상황에서 가능한 것부터 하나씩 실천하는 것이 중요하다. 100세 인생에 50대는 반환점이다.

2) 한국인의 운동 가이드라인

- 운동 가이드라인

(1) 성인/ - 일주일에 2시간 30분 이상 달리기 · 조깅 · 등 유산소 운동(한 번에 최소 10분 이상) - 일주일에 팔 · 다리 · 엉덩이 등 신체 주요 근육운동 두 번 이상 (한 근육당 8-12회 세트동작 3-3회 반복)

(2) 60세 이상 고령자/ - 걷기, 수영, 자전거 등 중등도 유산소운동 일주일에 3회 이상(한 번에 최소 30분 이상) - 유연성과 균형감 키우는 스트레칭, 맨손체조, 한발 서기 병행

(3) 당뇨병 등 만성질환자 - 일주일에 5시간 이상 중등도 유산소운동, 심혈관 질환 큰 폭 감소(발 손상 주의)

(4) 어린이 · 청소년 - 매일 1시간 이상 유산소운동, 그 중 3일은 고강도 운동

- 주 3회 이상 줄넘기, 농구, 배구, 등 뼈 강화운동
- 주 3회 이상 팔굽혀펴기, 윗몸일으키기, 등 큰 근육운동.

한 번에 최소 10분이상은 해야 효과가 나타난다. 근육운동 병행도 필수다. 팔, 다리, 엉덩이, 복부 등 신체 주요 근육을 역기 등을 이용해 일주일에 두 번이상해야 한다. 한 동작을 8-12회씩 두 세트 반복한다. 근육이 버거울 정도의 강도에서 반복해야 효과가 좋다. 서울대 건강운동과학연구실 송욱 교수는 "정기적인 유산소운동은 최근 급증하는 대장암과 유방암을 예방하는 최적의 수단"이라고 말했다.

60세 이상고령자는 걷기, 자전거 등 중간 강도 유산소운동을 일주일에 3회 이상, 한 번에 30분 이상해야 한다. 이 나이대는 낙상(落傷) 등으로 인한 부상이 생길 수 있기 때문에 한발서기나 맨손체조를 통해 균형간각을 키우는 운동을 해야 한다. 근육강화 운동은 성인과 마찬가지로 일주일에 두 번 이상 할 것을 권장한다.

퇴행성관절염 환자의 경우 신체활동을 많이 하면 관절통과 피로감이 더 심해지는 것으로 생각하지만 규칙적인 운동은 도리어 통증을 줄여주고 삶의 질을 높인다.

운동은 관절에 충격이 적은 수영과 실내 자전거가 추천된다. 중간 정도의 강도로 일주일에 3-5회, 한 번에 30-60분이 좋다.

또 당뇨병 환자가 일주일에 5시간 이상 운동하면 당뇨병 합병증으로 인한 심혈관 질환 발생이 큰 폭으로 준다. 삼성서울병원 스포츠의학과 박상하 교수는 "만성질환자는 자기 능력에 맞는 운동 형태와 빈도를 의료진과 상의해 정하는 것이 좋다."며 "정기적으로 혈당이나 혈압을 모니터링하고 발을 다치지 않게 주의해야 한다."고 말했다. 어린이 뼈 강화운동에 있어서 필수는 발바닥에 충격이 가해지는 운동은 성장기의 뼈를 자라게 하고 강하게 만든다. 줄넘기, 점프하기, 농구, 달리기, 배구, 테니스 등 뼈 강화운동을 일주일에 세 번 이상해야 한다. 청소년은 하루 1시간 이상 유산소운동을 해야 하며, 그 중 3일은 고강도로 해야 한다. 근육이 자라는 이 시기에는 팔굽혀펴기, 윗몸일으키기, 철봉, 평행봉, 암벽타기 등 큰 근육을 쓰는 근육강화운동도 필수다. 어린이의 경우 친구나 가족이 함께 어울리는 운동을 실천률이 높다.

3) 성인병 종류 및 치료[59)]

생애 마지막 11년은 병을 앓는다. 고령화 사회로 접어들면서 '9988234'란 암호 같은 숫자가

59) 헬스조선, 홍유미, 박노훈, 김경원, 이금숙, 한희준, 김태열, 헬스조선 기자(2010.4.18. 4.14. 10.13. 2011.6.8.).

사람들 입에 자주 오르내린다. '99세까지 팔팔(88)하게 살다 2-3일만 아픈 뒤 사망(4)'하고 싶다는 소망이 농담 속에 담겨 있다. 그러나 '9988234'는 그야말로 소망일뿐이다. 한국인은 2-3일이 아닌 평균 11년이나 병을 앓다 사망한다. 평균 수명의 연장을 기뻐만 할 수 없는 이유이다. 그렇다면 한국인은 생애 마지막 11년 동안 주로 어떤 병으로 고통을 받고 있을까? 건강보험공단과 건강보험심사평가원 자료를 종합해서 65세 이상 노인이 입원하게 되는 주요 질환 순위를 10위까지 뽑고, 이 병들에 어떻게 대처해야 하는지 다음과 같이 정리했다. 고혈압, 당뇨병, 치질, 설사 및 위장염은 순위에서 제외했다.

1.백내장(7,503명), 2.10대 암(72,247명), 3.골절(55,922명), 4.뇌졸중(52,439명), 5.심장마비(46,167명), 6.디스크 등 척추질환(32,445명), 7.폐렴(28,378명) 등으로 임호준, 정시욱 헬스조선기자가 조사한 내용(2007.12.19일)이다.

현대인에게는 피로증후군으로서 1)생리적인 피로, 2)병적인 피로, 3)만성적인 피로가 있다. 첫째 생리적인 피로는 문제가 없다. 현대인들은 누구나 일에 시달리다보면 일이 쌓여서 잠을 자고나면 자연이 치유되는 삶의 기본 리듬이다. 그러나 병적인 피로는 충분한 휴식을 취했는데도 불구하고 회복이 되지 않는 병이기 때문에 이것은 근본적인 치료가 필요하다. 따라서 만성적인 피로는 6개월 이상의 세월이 지났는데도 회복되지 않으면 만성적인 병으로 혈액촉진제나 윤기를 회복하는 약을 처방하여 장기간 복용하여 완치시켜야 한다.

건강은 매일 매일 관리하여야 하며 적절한 운동, 취미, 식이요법인 음식, 인삼차, 참깨 등 철분이 있는 영양가 있는 음식을 섭취해서 다음의 성인병을 치료 및 예방하여 합병증을 막아야한다. 기타 수면장애는 인체의 신진대사 균형을 깨뜨려 배뇨 장애, 비만, 대사증후군 등, 여러 질환을 악화시킨다.

중 노년의 삶을 연구하는 미국의 심리학자 프레데렉 M, 허드슨박사는 노화(老化)란 육체는 쇠락해도 정신은 성장하는 것으로 정의했다. 허지만 많은 사람이 나이 듦을 두려워하고 거부한다. 중년이후에도 성취(成就)나 능력(能力)을 중시하는 젊은 시절의 꿈만 좇거나 과거의 추억에 갇힌 바람에 전신적 성장을 멈추는 "심리적 죽음"을 맞는다는 것이다.

1) 고혈압

가) 정의/ 최고혈압치수 160 이상, 최하혈압치수 95 이상

나) 원인/ 체질적 소인, 짠음식, 스트레스, 신장이상, 호르몬 이상(갑상선, 부신--)

* 관리

가) 심신의 스트레스를 피한다. 나) 추위를 피한다. 다) 식이요법을 지킨다(계란, 생선알, 오징어, 새우, 버터, 설탕, 알콜 등), 라) 적절한 운동을 한다(수영, 체조, 걷기 등), 마) 체질에 맞는 약물을 복용한다. 바) 침구요법(鍼灸療法)을 겸용한다.

2) 뇌졸중 (중풍)

뇌졸중은 동맥경화로서 동맥이 막혀 딱딱해지는 과정이다. 정의/ 한방에서 흔히 중풍이라고 말하는 것으로 갑자기 의식, 운동, 감각장애를 가져오는 질병으로 뇌안의 소동맥이 파괴되는 뇌출혈과 뇌동맥이 혈전으로 막히는 뇌경색이 있다.

원인/ 고혈압, 콜레스테롤(250mg/ml), 과대비만, 스트레스, 과로

ㄱ) 응급처치

가) 두디운 담요 위에 눕혀 담요채로 싸서 구급차나 승용차에 태워 되도록 동요가 없게 하여 병원으로 옮긴다.

나) 이송 시 토할 때는 토한 것이 다시 기관으로 들어가지 않도록 고개를 옆으로 돌리고 입안을 깨끗이 해준다.

다) 침구요법, 응급법(삼킬 수 있을 때)을 의논한다.

라) 절대안정을 요한다.

ㄴ) 장기요법

가) 식이요법(알칼리성 식품인 해조류, 신선한 야채, 저염식, 참기름, 들기름, 칼슘, 비타민 A.B.C), 나) 운동요법(장애가 일어난 수주일간은 간호인이 마비된 곳을 움직여 주도록 하고 재발위험이 없어진 단계에 이르면 물리요법도 병행함이 좋다)

다) 침구요법, 한약요법(체질 맞게)

3) 당뇨병

우리나라는 약 400만명이 당뇨병 환자이며 이는 성인 8명 중 1명꼴인 것으로 추산 된다고 한다. 당뇨병은 당(糖)이 소변으로 나오는 것으로서 피 속에 혈당(당분)이 올라(많다)간다는 뜻이다. 혈중에 포도당이 높은 것으로 세포의 기능을 망가뜨리고 소리 없는 살인자라고 한다. 서양에서는 서서히 증가된 반면, 아시아는 뚱뚱하지도 않는데 급격하게 성장되었고, 한국은 짧은 기간에 당뇨병이 쉽게 걸려 30대부터 서양의 4배라고 한다. 금주, 금연과 운동(걷는 것 등)습관, 과식[60]하지 말고 췌장[61]에 부담을 주지 않게 식사를 천천히 하고 한 숟가락을 남기

는 습관이 좋다. 우리나라에선 13세기 '향약구급방'에 첫 '소갈' 기록이 있다. 17세기 한의학자 허준의 동의보감 잡병(雜病)편 소갈(消渴)항에 시와 기록에 나온다. 쉽게 허기지고 갈증 나는 '소갈'은 오늘날 당뇨병을 가리킨다. 기원전 1500년 이집트 파피루스에 '지나치게 소변을 많이 본다.'는 당뇨기록이 나온다. 고대 중국 의학서 황제내경(黃帝內徑)은 '음식을 먹자마자 눈 녹듯 녹아버려 돌아서면 배고프고 입 마르는 병'이라고 썼다. 당뇨의 3대 증상은 다음(多飮), 다식(多食), 다뇨(多尿)로써 옛사람들도 당뇨가 기름진 음식과 운동부족에서 오는 '부자병'이라는 걸 알았다. 1921년 캐나다 외과의사 프레드릭 밴팅이 개의 췌장에서 추출한 물질이 혈당(血糖)을 줄인다는 걸 알아냈다. 그는 이 물질이 '인슐린'이라고 불렀다.[62)]

'스트레스는 혈당을 올리고 이를 조절하는 인슐린 기능을 떨어뜨린다면서 스트레스를 나름으로 조절하는 자기만의 방법을 갖는 것이 당뇨병 예방에 좋다'고 손호영 교수(당뇨병학회 연구위원장)는 말한다.

당뇨병 환자는 혈당을 떨어뜨리고 합병증을 예방하기 위해 칼로리를 줄이고 반드시 운동을 해야 한다. 당뇨병은 생활이다. 평생 관리해야 하고 담배는 만병의 근원이다. 당뇨병 환자는 매일 30분 이상 약간 숨이 찰 정도의 유산소 운동을 하고 이틀에 한 번은 30분 이상 근력운동을 병행하도록 전문의들은 권고하고 있다. 하지만 실제로 당뇨병 환자 3-4명 중 1명은 제대로 운동을 하지 않는다는 조사 결과가 나왔다. 전(全)세계 당료환자 절반 이상이 아시아인이라고 한다.

최은영 단국대병원 가정의학과 교수팀이 충남 천안시 당뇨병 환자 193명의 운동 실태를 조사한 결과 1주일에 4회 이상 규칙적으로 운동하는 사람은 29.6%에 불과했다. 정현경 단국대병원 내분비대사내과 교수팀은 이런 운동부족 실태가 특히 노인에서 심각하다는 연구결과를 지난해 대한당뇨병학회지에서 발표했다. 정 교수팀 연구결과, 65세 이상 당뇨병 환자 중 적절하게 운동을 하지 않는 사람이 64%였다.

당뇨병환자는 운동 후 저혈당 고혈당이나 탈수증상이 생길 수 있으므로 몇 가지 주의사항을 반드시 지켜야 한다. 무엇보다도 운동 전, 운동하는 도중, 운동이 끝난 뒤 전 과정에 걸쳐 물을 마셔야 한다.

더욱 식사 후 과일을 많이 먹는 습관은 질병을 부를 수 있다. "식사 직후에는 높아지는 혈당을 낮추기 위해 췌장에서 인슐린이 분비된다."며 "이때 과일을 많이 먹으면 혈당이 다시 올

60) 당뇨병은 혈당을 조절하는 것이 무엇보다도 중요하다. 복합당분, 단순 당분, 단백질 섭취, 기름진 고기 등, 균형 잡힌 식사가 중요하며 정부의 보험정책과 아시아인이 미국으로 이민했을 때 유전적・환경적으로 고지혈・당뇨병이 2배 이상 걸린다고 고경수 교수 등이 말하고 있다.

61) 인슐린 이상으로 포도당이 세포 속으로 들어가지 못해 혈액이 끈적끈적해짐.

62) 김형기 논설위원, 2011.11.2. 조선일보, 萬物相에서 일부 인용.

라가고 췌장은 인슐린 분비를 과도하게 하면서 지치게 된다."고 말했다. 이 과정이 반복되면 췌장 기능이 저하되거나 망가져 당뇨병이 생길 수 있다.[63] 당뇨병 환자는 일반 사람보다 소변을 2배가량(하루3리터)보는데. 여기에 운동을 해서 흘리면 탈수 증상이 생긴다. 당뇨병 환자에게 탈수가 생기면 고혈당으로 이어진다. 따라서 운동 2시간 전 물 2-3잔을 마시고, 30분 전에 1-2잔, 운동하는 동안에는 15분마다 반잔씩 마신다. 운동 직후에는 체중을 재서 빠진 몸무게만큼 물을 마신다. 양윤준 일산백병원 가정의학과 교수는 "운동 직후 몸무게가 빠진 것은 지방이 아니라 수분이 빠진 것이므로 반드시 물로 채워야 한다. 빠져나간 수분의 양은 사람에게 갈증을 일으키는 양보다 훨씬 많으므로 목이 마르지 않아도 물을 마셔야 한다. 축구 한 경기를 뛰면 체중이 2Kg 정도 빠지므로 물 2리터를, 30분 조깅을 하면 1kg 정도 빠지므로 물 1리터를 마시라"고 말했다.

운동은 저녁시간 1-2시간 뒤에 하는 것이 제일 좋다. 이른 아침에 공복상태에서 운동하면 저혈당이 생기기 쉽다. 저혈당은 전날 야근을 하거나 술을 마셨을 때, 평소보다 더운 날 아침에 운동을 하면 더 잘 생긴다. 또 잠들기 직전에 운동하면 밤새 '야간 저혈당'이 생길 수 있으므로 좋지 않다.

따라서 당뇨병환자가 우울증 땐 병세가 더 악화된다고 하면서 박병우 당뇨학회 이사장은 "우울증이 있으면 자기관리가 제대로 안돼 병이 급속히 나빠진다."고 말했다. "스트레스 호르몬인 코티솔이 체내에 증가하고 코티솔은 복부의 지방축적을 가속화해 당뇨병을 악화시키는 것으로 나타났다. 우울증과 당뇨병을 동시에 앓은 사람의 사망률은 다른 환자보다 1.5배 높았다"고 말했다. 또 "당뇨병환자가 우울증에 걸리는 가장 큰 이유는 완치되지 못하고 상태가 계속 나빠질 것이라는 두려움"이라며 "그러나 당뇨병은 올바른 관리하면 평생 건강을 유지하며 살 수 있으므로, 환자가 사실과 다른 비관적인 생각에 빠지지 않도록 가족과 주변에서 희망을 줘야 한다."고 말했다.

한편 '황혼육아' '노년층 우울증 키운다.'고 하면서 손주 보는 할머니들이 우울증을 치료를 많이 하고 있다고 한다. "아이를 맡고나서 친구도 못 만나고 집안만 있으니까 사는 게 싫어지더라."고 하면서 이은주 서울아산병원 노인내과 교수는 "맞벌이 자녀의 아이를 키우다가 건강에 문제가 생기는 노년층이 많다" 며 "약해진 체력으로 아이를 보다가 신체가 무리가 오는 경우가 흔하고, 대화 상대가 되지 않는 아이와 하루 종일 지내다가 우울증에 걸리기도 한다." 고 말했다. "육아로 몸에 지친 상태에서 잠까지 제대로 자지 못하면 혈압이 갑자기 상승해서 겨울철에는 뇌졸중 등이 생길 수도 있다." 특히 아기가 낮잠을 잘 때 집안일을 하면서 깨어

63) 강북성심병원 내분비내과. 이은정 교수. 조선일보 2014.1.15(식후 먹는 과일은 毒, 혈당지수: 복숭아(56.5), 수박(53.5), 참외(51.2), 귤(50.4), 감(48.1), 포도(48.1), 배(35.7), 사과(33.5), 한국영양학회 자료제공).

있으면 밤에 닥치는 수면장애를 해결할 수 없다고 한다. 따라서 "척추, 관절질환은 육아를 맡은 노년층이 가장 흔하게 겪는 질병이다. 더욱 아이를 보느라고 세 끼를 제때 먹지 못하고 아이와 함께 과자나 초콜릿 등으로 식사를 대신하다가 고혈당, 고지혈증 등이 악화되는 노인이 꽤 있다." "번거로워도 아이와 자신의 반찬을 따로 만들어 놓고 아이의 식사패턴과 상관없이 본인은 규칙적으로 식사를 해야 한다"고 김동빈·임수 교수는 말하고 있다.

따라서 음식을 먹으면 췌장에서 인슐린이 더 나오도록 하는 동시 소장의 운동능력을 떨어뜨려 서서히 흡수하도록 함으로써 포만감을 오래 느끼게 해준다. 한식을 먹으면 양식을 먹을 때보다 당뇨병 위험이 줄고 다이어트 효과도 크다는 연구결과가 나왔다. 강재헌 서울백병원 가정의학과 교수는 "한식을 하면 고지열증, 비만예방, 당뇨관리, 중성지방 등 만성질환의 뿌리가 되는 다른 요인들도 양식을 먹을 때보다 개선될 것으로 기대한다."고 했다.

가) 정의/ 당질의 대사기능 장애로 인해 발생된 질병으로 혈당치 100ml 중에 70mg보다 낮거나 130mg보다 높아진 상태이다. 요즘은 160ml 정도를 기준으로 책정하는 곳도 있다. 나) 원인/ 인슐린 분비이상(과식, 운동부족, 스트레스, 고혈압, 심장병, 동맥경화), 다) 식이요법/ 식사는 규칙적, 1일 3식, 식사량 일정, 식사는 천천히, 반드시 식단을 기록해 둘 것, 병원에서 식이요법을 받아 그대로 실시할 것. 라) 운동요법/ 일주일에 3회 이상 땀나는 운동, 스트레스 관리, 체중유지, 비만형 당료환자는 걷기, 달리기, 수영, 테니스, 체조, 역도 등, 비만이 겹치면 심뇌혈관 등 부작용 위험이 훨씬 커지므로 평소 살이 찌지 않도록 관리해야 한다(비만: 남자 36인치, 여자 34인치), 마) 약물요법/ 약물, 인슐린 등과 한방요법(침구, 한약), 바) 당뇨병[64]을 막기 위해 GI(당화지수) 낮은 음식(채소 등)을 섭취해야 한다.

당료환자의 실명률(당뇨망막변증, 녹내장, 황반변성)은 일반인보다 25배 높은데 원인은 당료망막증 때문이다. 당뇨병 환자의 망막미세혈관은 혈당이 높아서 끈적끈적해진 피 때문에 막히고 터지고 아무는 과정에서 반복된다. 이 과정에서 망막이 흉터가 생겨서 100% 실명에 이르게 된다. 치료는 발명 초기에 적절한 치료를 받고 혈당관리를 철저하게 하여 병의 진행을 막는다. 따라서 망막이 생긴 비정상적인 혈관을 태우는 레이저 치료(망막광응고술)를 초기부터 받으면 병의 진행을 막을 수 있고, 일반인처럼 건강하게 지낼 수 있다. 성인 당뇨병(糖尿病)에 잘 걸리는 경우(비만과체중, 부모, 형제 중 당뇨병 환자가 있는 경우, 고혈압, 고지혈증, 뇌졸중, 심장병 등) 심혈관질환자. 내당능 장애(당뇨병 전단계, 공복혈당100-126mg/de), 임신성 당뇨병 또는 4kg 이상 신생아 출산 여성 등.

64) 8시간 금식 후 측정한 혈당이 126(mg/de) 이상, 공복혈당 장애: 음식으로 섭취된 혈당이 적절히 분해되지 않고 높게 유지되는 상태·당뇨병 임박단계, 공복(空腹)시 혈당이 100-125(mg/de)사이인 경우.

그러나 당뇨병 환자라고 해서 인슐린 주사 요법을 함부로 사용하면 안 된다는 주장이 나왔다. 허갑범 명예 교수(연구팀)는 "인슐린 저항성이 있는 당뇨병 환자의 치료 경과를 분석한 결과, 이들은 인슐린 저항성이 없는 환자보다 인슐린 주사를 맞는 비율이 더 높았지만 혈당조절 효과는 오히려 더 떨어졌다"고 말했다. "당뇨병은 원인이 인슐린 분비량 부족인지 인슐린 저항성인지에 따라 치료 반응 등이 다르기 때문에 혈당이 높다고 해서 무조건 인슐린을 쓰면 안 된다"며 "치료를 시작하기 전 인슐린 저항성 유무를 판단해 인슐린 분비 자체가 잘 안 되는 경우에만 인슐린 투여를 하고, 인슐린저항성이 원인이면 생활습관 개선과 인슐린 감수성을 높이는 약물치료를 해야 한다"고 말했다. 한편, 이번 조사결과 인슐린저항성이 있으면 다른 만성질환을 동반하는 경우가 많았다. 인슐린정항성이 있는 사람은 인슐린저항성이 없는 사람보다 경동맥경화증, 고혈압, 지방간, 대사증후군 등이 4배 정도나 많았다. 인슐린저항성을 가진 당뇨병 환자의 52%는 대사증후군을 앓고 있었다. 따라서 당뇨병 약을 드문드문 복용하면 합병증 발병 위험이 있고, 여러 병원을 전전하면 합병증 위험이 50% 커진다고 했다.[65]

2012년 한국인의 당뇨병 연구서에 따르면 당뇨대란이라 부를 만큼 우리의 상황은 심각하다고 한다. 의사들에게 건강한 장수를 가로막는 대표적인 만성질환을 꼽으라면 다들 당뇨병을 지목한다. 당뇨병이 심장병, 뇌졸중 등 거의 모든 심혈관 질환 발생의 방아쇠 역할을 하기 때문이다. 투석생활을 해야 하는 만성 신부전증(腎不全症)이나 실명(失明)을 유발하는 눈의 망막질환의 최대원인도 당뇨병이다. 현재 30-44세 젊은 환자 절반은 자기가 걸린 줄도 모르고 있다. 당뇨병은 한국뿐만 아니라 아시아에 쓰나미처럼 몰려오고 있다. 유럽은 국가적 관리를 하고 있으며 각국의 당뇨병 관리상황을 보면 다음과 같다.

호주/ 당뇨병 관리 체크리스트를 만들어 1년 동안 지표관리를 잘하면 환자의 관리 의사들에게 인센티브 제공, 덴마크/ 당뇨병관리 교육을 받아야 건강보험에 혜택, 당뇨 합병증 발생 여부를 발견하는 검사는 무료, 멕시코/ 보건복지부에서 당뇨병 전문교육프로그램을 지정해 운영, 일본/ '건강일본21'을 통해 적정체중유지, 합병증 발생자 줄이기 등 10개 정책운영, 미국/ '헬스피플 2010'을 통해 당뇨병 환자의 교육이수율, 당뇨관련 심혈관 질환 사망자 수 등 매년 조사 한다.[66]

당뇨병이 있는 사람이라면 매일 미지근한 물에 발을 깨끗이 씻는 습관을 들여야 한다. 당뇨 때문에 피부가 건조하고 거칠어져서 작은 상처에도 쉽게 염증이 생길 수 있다. 독실한 신앙인답게 성경의 다양한 사례와 건강한 생활습관 식생활을 강조한다.[67]

---

65) 김경원, 헬스조선기자. 2011.5.25.

66) 김동섭, 보건복지부 · 김철중, 의학 전문기자(2012. 11.10. 조선일보).

67) 하나님이 주신 백세건강, 이철, 두란노.

4) 인슐린 저항성

우리 몸의 세포는 혈당(血糖)으로 먹고산다. 이 혈당을 세포 안으로 넣어주는 기능을 하는 것이 췌장에서 분비되는 인슐린이다. 하지만 인슐린 효율성이 떨어지면 인슐린 양이 충분해도 세포는 혈당을 받아먹지 못하는 상태가 되는데 이를 인슐린 저항성이라고 한다. 그렇게 되면 세포는 세포대로 혈당에 굶주리고 뇌(腦)는 인슐린이 부족해서 이런 일이 생긴다고 판단해 인슐린 생산을 더 늘린다. 이렇게 효율성이 감소한 인슐린이 계속 늘어나면 동맥경화와 대사(代謝) 장애를 일으키고 암 발생위험을 높인다. 배후세력은 ① 복부비만, ② 운동부족, ③ 스트레스가 성인병의 근원이다.

- 당(糖)지수 70 이상 높은 음식/ 설탕, 과자, 사탕, 케이크, 구운 감자, 떡, 도넛, 꿀, 팝콘 등, - 당(糖)지수 50-60 사이 음식/ 흰 쌀밥, 빵, 국수 등, - 당(糖)지수 낮은 음식/ 콩, 잡곡, 보리, 요구르트, 토마토, 탈지유 등

5) 협심증

협심증은 심장질환이 한 가닥이라도 50% 정도 막히면 심한 운동 등을 할 때 가슴이 조이는 듯한 통증을 느끼게 한다. 70%가 막히면 계단을 오르내리는 등 약한 운동을 해도 통증이 나타나며, 80% 이상 막히면 가만히 있어도 통증이 생긴다. 두 가닥 혹은 세 가닥이 모두 막히면 각각의 혈관이 이보다 덜 막혔어도 심한 통증을 느낄 수 있다. 그러나 무통성협심증은 심혈관이 아무리 많이 막혀도 통증 등의 증상이 나타나지 않는다. 대부분의 무통성협심증은 건강검진을 받다가 발견되며, 심한 경우 심혈관이 완전히 막혀 심근경색으로 쓰러질 때까지 모르는 경우도 많다.

치료방법은 크게 양물치료와 협착이 심한 혈관을 넓혀주는 시술로 나눈다. 약물치료는 대개 혈관이 70% 이하로 막혔을 경우 아스피린이나 혈관 확장제 등을 사용해 더 이상의 진행을 막아준다. 혈관이 그 이상 막힌 경우는 스텐트 삽입술을 시행한다. 심혈관 조영술로 막힌 부위를 찾아내고 혈관에 가는 관을 집어넣어 작은 풍선과 스텐트라는 철망을 이용해 혈관을 넓혀준다. 이 방법으로 해결할 수 없거나 재발하는 경우 등에는 손목이나 대퇴부의 혈관을 떼어 관상동맥을 새로 만들어 주는 관상동맥우회술을 받아야 한다.

6) 심근 경색증

급성심근 경색증 사망률은 20-30%다. 등과 가슴 명치에 극심한 통증과 심한 어지러움과 식은땀이 난다. 사망자의 절반 이상은 병원 도착 전 사망할 수도 있다. 건강에 별 문제가 없다고 느끼는 사람도 심근 경색증으로 급사(急死)하는 경우가 많다. 평소 금연하고 고혈압, 당료

등의 성인병을 잘 치료하는 것이 최선의 예방법이다. 심근경색 흉통이 발생하면 적어도 1-2시간 이내에 병원에 도착해야 한다. 심근 경색증은 대개 가슴통증에서 시작하고, 통증이 시작되면서 시간 당 사망률이 급속도로 증가한다. 흉통발생 후 3시간 이내에 시술이 시작되면 심장 손상이 크게 줄어 후유증이 매우 적다. 급성심근경색은 시간과의 싸움이며 '초(初)'와 '밀리미터(mm)'를 다투는 질환이다. 얼마나 빠르고 정밀하게 대처하는지에 따라 환자가 걸어 나갈 수도 있고, 숨질 수도 있다. 삼성서울병원은 응급실에 순환기내과 전문의(권현철교수)가 상주해 진료하는 급성흉통센터를 운영한다. 서울아산병원(대동맥판막질환, 심장재활), 강남세브란스 병원(스텐트 그라프트, 심폐동시이식), 아주대병원(맞춤형 협심증 치료), 강북성심병원(손목혈관스텐트, 심근경색 협진), 인천성모병원(스텐트 그라프트) 등이 있다.

7) 심장병

가) 종류/ 허혈성 심장병(관상동맥경화증, 협심증, 심근경색), 심장판막증

나) 원인/ 고혈압, 동맥경화, 당뇨병, 끽연, 과음, 스트레스, 운동부족, 과식

* 유의사항

가) 과식, 짠 음식, 탄산음료, 설탕, 커피, 술 담배는 금하고 과일, 야채, 해조류, 팥, 콩 등을 자주 먹는다. 나) 대변을 1일 1회 정상적으로 보도록 한다. 다) 자기 체력에 적합한 운동(최대심박수의 70%)을 하되 과도한 육체운동이나 부부관계는 조심해야 한다. 라) 자기 체질에 맞는 약물을 복용해야 한다.

8) 간장병

가) 원인/ Virus감염(수혈, 주사, 물잔, 키스), 약물(항생제, 진통해열제), 식품첨가물, 농약, 술

나) 증상/ 피로, 식욕감퇴, 황달, 우협하통, 상복부불쾌감, 구역, 뇨황색

* 유의사항

가) 계속적인 단백질음식(소고기, 콩, 두부), 식물성지방(참기름, 들기름, 콩기름)은 자주 먹고, 자극이 심한 음식과 짠 음식을 금한다.

나) 술, 담배, 과로를 금한다.

다) 화를 내지 말아야 한다.

9) 위 십이지궤양

가) 원인/ 위액의 과잉분비, 담즙의 위로의 역류, 위점액의 감소, 위십이지장의 상피손상(독한 술, 커피, 아스피린, 스테로이드호르몬, 진통제, 항생제), 스트레스, 불안, 초조, 과식, 불규

칙한 식생활, 체질적 소인

나) 증상/ 위부 팽만감, 구토, 식욕부진, 위통, 공복 시는 심하나 무엇을 먹으면 가벼워지며, 천공 시는 갑자기 급격한 통증과 토혈, 하혈, 빈혈이 있다.

* 유의사항

가) 커피 코코아 신과일 튀김식품은 좋지 않다.

나) 자극이 강한 음식, 딱딱하고 질기거나 차가나 뜨거운 음식을 금한다.

다) 죽을 먹거나 잘 씹어서 먹는다.

라) 육류는 피하고 알카리성 식품(해조류, 야채), 식물성 기름이 좋다.

마) 두부크림 연한어육, 야채즙, 과즙, 국수, 계란, 우유, 오트밀 등을 체질에 맞게 골라 먹는다.

10) 치매 (癡呆)

누가 이런 병을 만들어 놓았는가? 질병 중에 가장 무섭고 지랄 같은 질병으로 인생말년을 잡쳐버린다. 짐승보다 못하게 생명을 유지하다가 인생의 막을 내리는 기구한 운명이다. 치매(癡呆)는 어리석게 미치광이가 되어 미련하다의 뜻을 가지고 있다. "환자의 기억이 사라지는 병이 아니라 기억을 꺼내는 회로가 막히는 병" 생활습관이 병으로 이어지기 때문에 대화를 많이 해야 한다. 늙으면 치매와 건망증에 대해 분간이 어렵게 진단한다. 건망증은 정신이 없다고 하면서 같은 실수를 반복하는 것과 기억이 없다며 친구의 이름을 모르겠다고 하는 것이다. 직업병으로서 기억력과 판단력이 이전에 비해 건망증이 심하다. 화장실에서 지퍼를 그대로 나오면 건방증이고 열지도 않고 볼일을 보면 치매라고 한다. 치매의 초기는 같은 길을 반복하여 걷는다. 기억력이 감퇴되고 성격이 변화되며 과거 기억이 살아진다. 뇌기능이 떨어져 집을 찾지 못하고 행동장애가 와서 감정조절이 안 된다. 갑상선저하, 간・신장 기능과 경도인지장애가 와서 인지기능이 떨어져 없어진다. 심하면 체력이 급격하게 저하되면서 폭력적으로 변하여 뇌기능이 떨어지고 패혈증으로 옮아 '알츠하이머'로 가게 된다고 한다.

한국은 치매환자가 54만 명이나 된다고 한다. 여자가 오래살기 때문에 40만명, 남자는 15만 명이다. "이대로 가면 2024년 치매환자가 100만 명을 넘어선다고 한다." 혈관성치매, 복합성 치매로 기억과 인지장애로 서서히 진행된다고 한다. 초기에는 반복질문, 모른다, 사물을 찾아 헤매다가 의심한다, 우울증 등 말 수가 적어지고, 교회도 나가기를 싫어해 일상생활의 변화가 온다.

이런 유전성이 있다고 생각하는 가문(60%)에서는 술, 담배[68]를 끊고 머리(뇌)를 다치지 않게 조심하고 조기예방을 하기위해서는 젊은 시절부터 근육운동과 유산소 운동을 통해 훈련을 하여 건강관리에 힘써야 한다. 따라서 좋은 생활 습관으로 교육(배우고 공부한다. 손과 머리를 쓰는 유복한 환경을 만들어 신경세포[69]를 강화하는 운동을 권장해야 한다.)과 가족의 이해와 관심이 필요하며 진심으로 환자를 보호해야 한다. 항상 환자를 좋은 감정으로 환자 앞에서 표정관리를 해야 한다.

2012년 복지부 조사에서 전국 치매 환자수가 65세 노인은 9.18%인 54만1000명으로 추정됐다. 고령화 추세가 가팔라짐에 따라 치매 환자는 매년 5만7000명씩 늘어 2025년 1000만명, 2043년엔 2000만 명을 넘게 된다.

현재 의술로는 치매로 일단 손상된 뇌세포를 정상으로 되돌릴 방법은 없다. 그러나 경증(輕症)단계에서 조기 진단에 성공하면 꾸준한 약물치료로 진행속도를 떨어트릴 수는 있다. 국립중앙치료센터 조사결과 초기부터 약물치료를 계속한 사람은 90%는 5년 후에도 일상생활에 별 지장이 없었다. 반면, 치료를 포기한 경우 증세가 급격히 악화해 60% 가까이 요양시설 보호를 받을 수밖에 없는 상태가 됐다.

당장 시급한 것은 '치매는 몹쓸병'이라는 인식과 '치매는 고칠 수 없다'는 오해다. 이 때문에 가족들이 초기 지매환자를 방치하는 경우가 많다. 그 결과 환자는 증세가 급격히 악화해 난폭해지고 자기 주변을 위생적으로 관리하지 못해 집안이 만신창이가 되고 가정과 가족 자체가 붕괴되기도 한다. 스웨덴은 치매환자 조기 진단과 초기 치료에 국가가 우선적 관심을 쏟아 '치매 관리 선진국'이라 불리고 있다. 스웨덴 국립치료센터는 매년 7000-1만 명의 일반인에게 치매교육을 한다. 일본은 치매 환자가 300만 명을 넘어섰고, 이들을 돌보기 위해 치매교육을 수료한 '치매 서포터'가 410만 명이다. 우리 경우는 한국치매협회가 연간 3,000만원의 복지부 지원을 받아 치매 환자 가족 200명 정도씩 교육하는 것이 고작이다. (중략)

치매치료센터를 선진국처럼 많이 짓는 것이 꼭 맞는 해법은 아니다. 증세가 심하지 않는 환자는 입원치료보다 낮에는 동료 노인과 교류하며 적절한 치료를 받게 하는 재택(在宅) 치료가 훨씬 효과적일 수 있다. 환자와 가정, 환자와 지역사회의 관계에 중점을 두고 우리식 치매 해법을 찾아야 한다.[70] 치아의 건강은 오이를 먹으며 씹는 건강으로 씹는 건강이 뇌에 영향을 주며 치매에도 좋아진다고 한다. 맨손체조, 물을 마시고 항상 감사, 기쁨의 말을 쓰고 뇌에 영향을 주는 식품섭취, 청국장, 멸치, 음식은 편식을 말고 꼭꼭 씹어 먹고, 고민, 갈등하지 말고, 손을 많이 쓰고(지휘자/ 손빨래), 온몸마찰, 화내지 말고 짜증내지 말며 미워하지 말고 사랑하라! 소리 내어 읽고 뇌에 좋은 자극, 머리 쓰고 적극적으로 활동하고, 스트레스는 빨리

68) 하루의 피로를 담배와 술로 풀지 말고 운동으로 매일 풀어야 한다.

69) 1,000억 개의 신경세포가 하루에 만개씩 망가져 치매가 빨리 온다고 한다.

70) 조선일보 2013.6.18. 치매도 조기진단, 조기치료가 최선대책이다(社說).

풀고 외로움보다 낙천적이고 노래와 춤을 추고 성격을 개조하라! 재능기부하며 봉사하고 잘 먹고 잘 자는 사람이 건강하다. 억지로 참지 말고 박장대소하여 여유 있는 마음을 가져라! 무엇보다도 신앙을 가지면 인간의 삶을 파멸(알츠하이머/치매)시키지 않는다. 이것이 예방이다.

11) 전립선암

걷기운동이 전립선암 진행억제에 효과가 있다는 연구결과가 나왔다. 분석결과 1주일에 3시간이상 빠른 걸음으로 걷기 운동을 했던 사람은 1시간미만으로 운동한 사람보다 전립선암 때문에 세상을 떠난 확률이 61% 낮았다.

부산대병원 비뇨기과 박현준 교수는 "걷기 운동을 하면 혈중 인슐린 저항성과 인슐린양 성장인자 수치가 낮아지고 아디포넥틴이라는 호르몬이 증가해 암 증식을 억제 한다"며 "매일 조금씩 운동하는 것보다 숨이 차고 땀이 날 정도로 걸어야 항암효과가 나타나는 것으로 판단된다."고 말했다. 박 교수는 "하지만 전립선암이 이미 많이 진행돼 수술을 받거나 전이된 사람은 운동을 한 번에 강하게 하기보다 매일 30분씩 평소보다 약간 빨리 걷는 게 낫다"고 말했다.

12) 화병(火病)

감정 응어리를 풀지 않으면(bury the halchet) 호르몬・면역체계에 교란을 일으키게 된다. 분개와 복수심을 품으면 신체가 본능적으로 그 대상과 싸울 준비를 한다. 끊임없이 싸울 대비를 하면서 혈압과 심박동수 증가와 같은 변화로 이어진다. 잠을 이루지 못하고 공항 발작을 겪기도 한다. 화병(억눌린, 분노에 따른 정신적・감정적 장애)에 걸려 죽는다는 말이 과학적으로도 입증된 것이다. 그럼 응어리를 어떻게 풀어야(let go of bitterness) 할까? '잠시 불만을 쏟아내라'(gripe for a while) 분통을 터트리는 시간을 갖고 털어버리는 것이다. 신문을 읽고 방송뉴스를 시청하는 것도 방법이다. 다른 많은 사람들에게 더 심한 불행이 벌어지는 것을 보면서 자신의 경우도 인생의 일부 일뿐이라고 여겨지도록 한다. 울화에서 헤어나지 못해 생기는 신체적 손상을 되새기면서 '스스로 망가질 뿐'임을 명심한다. 상대방은 '그 수준밖에 안 되는 인간'으로 치부해버리면 그만이다. 그리고 범사(凡事)에 감사하는(Give thank in all circum-stances) 마음으로 살아가면 정신적, 육체적 평온을 되찾을 수 있다고 한다.[71] 필자는 여유 있는 시간이 있으면 먼저 운동하고 원고를 쓰고 이메일, 카톡 등을 확인하고 성경을 읽고, 사우나, 중간상대자를 활용하여 운동으로 스트레스를 해소하고 있다.

---

71) 윤희영, 조선일보 디지털부 차장, 2011.12.20.

13) 우울증

우울증에 왜 걸리겠는가? 자신이 처한 상황을 긍정적으로 받아들이지를 못하고 자신을 사랑하지 못하는데서 걸린다. 바로 니이체가 말하는 운명애(運命愛)를 실천하지 못해서 걸린다. "피할 수 없다면 즐기자"는 마음가짐을 갖추지 못하여서이다. 나는 내가 처한 환경을 항상 낙관적으로, 긍정적으로 받아들이는 습성이 있다. 비록 실패하더라도 그 실패를 통하여 무언가 큰 것을 배우고, 그 배움을 통하여 밝은 미래로 나가는 큰 자산을 얻자는 배짱을 가진다. 그래서 비록 중도에서 이런저런 어려움을 겪고 아픔이 있었지만 결국은 Happy End로 마무리 되어 지금 내 일생에서 가장 행복한 나날을 살아가고 있다. 얼마나 감사한 일인가! 그러니 피할 수 없으면 즐기자. 그것이 인생을 흑자로 살아가는 지름길이다.[72)]

'우울증 좋아 하네' '우울증! 걸릴 시간이 어디 있어?' '팔자 좋은 사람들이나 걸리는 병'이라고 점심식사를 하려고 식당에 가니 나이가 지긋하신 식당주인 할머니가 바쁘게 일하면서 TV에 우울증 프로그램이 나오니 야단치듯 말씀을 하셨다. '마음의 감기'라고 해서 누구나 걸릴 수 있지만 심리학적・사회학적인 문제이다. 과거경험과 가족, 사회적 상황으로 뇌에 복잡하게 엉켜있어 조기치료(약물, 상담, 명상, 운동치료)로 극복할 수 있다. 정신건강, 정신질환이므로 초기에 전문가에게 전문적인 진단을 받으면 치료가능하다고 전문가들은 말하고 있다. 그러나 시대가 변화되면서 우울증 370만(1년 사이 130만 명)명으로 10년 새 70% 늘었다(月 200만 원이하 저소득층 3배). 1인당 국민소득 2만 달러 시대에 도달하는 압축성장 과정에서 발생한 빈부격차 확대와 그로 인한 상대적 빈부격차 상대적 박탈감, 과도한 경쟁과 생존, 스트레스, 가족해체, 노후불안 등 공황장애, 불안장애로 복합적인 요인이 작용하여 표출되고 있다는 것이다. 이로 인해 일본은 연간 자살자 수가 3만 명을 넘자 직장 정기검진 항목에 우울증 등 정신질환 검사를 포함하도록 추진하고 있다. 우리도 직장・학교・군대에서 혈압 검사처럼 우울증 검사를 필수로 해야 한다.[73)]

2013년도부터는 전 국민이 정기적으로 우울증 등 정신건강 검진을 받게 될 방침이라고 2012.2.19일 발표했다. 신경전달 물질이 다른 색깔로 변하여 우울해진다. 예전에 정신질환이 미국에서는 육체질환으로 분류하고 있다. 성경(왕상 19:1-8. 엘리야의 우울증 치료방법)에도 우울증을 치료하는데 천사가 어루만져주고 음식물을 잘 먹고 잘 자야하며, 육체가 연약하면 영(靈)과 혼(魂)이 약해진다고 했다.[74)]

72) 김진홍 목사 칼럼 중에서.

73) 조선일보 2012.2.16.

74) 호르몬의 영향으로 나이가 들면서 남성은 여성으로 여성은 남성으로 과감하고 왕성해진다. 필자는 무슨 일이라도 하고 몸을 움직이고 운동을 해야 한다고 권장하고 있다.

우울증보다 위험한 조울증은 기분이 들뜨고 의욕, 자신감이 넘치는 상태(조증)와 우울한 상태(울증)가 번갈아 나타나는 질병이다. 두 가지 양상이 뚜렷한 경우라면 진단이 잘되지만, 조증이 심하지 않고 울증만 눈에 띄는 경우에는 우울증과 헷갈리기 쉽다. 길병원 정신건강의학과 조성진 교수는 "가족은 물론 환자조차 본인에게 조증은 없고, 우울증만 있다고 생각하는 경우가 많다"며 "병원에서도 울증만 호소하므로 우울증으로 오인하기 쉽다"고 말했다. 중대병원 정신건강의학과 민경준 교수는 "연구에 따르면 조울증 중 30-40% 정도가 우울증으로 오진된다."며 "조울증 진단을 받을 때까지 10년 이상이 걸리고 2명 이상의 의사를 거치는 것으로 나와 있다."고 말했다. 조울증은 우울증보다 위험하다. 민경준 교수는 "우울증 환자의 자살률은 15%, 조울증 환자의 자살률은 25% 정도"라고 말했다. 생활하기도 더 힘들다. 우울증 환자의 심리, 신체적 문제에 조증 때에 문제까지 더해지기 때문이다. 아주대 병원 정신건강의학과 노재성 교수는 "조증일 때는 '나는 대단하고, 내가 하는 일이 무조건 옳다.'고 생각하므로 무모한 행동을 많이 하게 된다."며 "음주운전, 도박, 문란한 성생활, 거액의 투자 등 법적, 경제적, 사회적으로 문제 되는 행동을 한다."고 말했다. 조울증은 우울증보다 재발이 잦고 병을 앓은 기간도 길다. 지나치게 흥분해 사람들에게 소리를 지르거나 싸운 적이 있었다. 평소보다 더욱 자신감에 찬 적이 있었다. 등의 조증 증상을 묘사된다.[75]

14) 불안장애[76]

이유 없이 불안·걱정은 성격 탓이 아니라 정신질환이다. 영남대병원 정신의학과 천은진 교수는 "사회가 빠르게 변하고 경쟁이 치열해지면서 스트레스를 많이 받기 때문에, 미래를 걱정하는 불안장애 유병률이 전(全)세계적으로 높아지는 경향을 보인다."고 말했다. 분당차병원 정신건강의학과 이상혁 교수는 "불안장애 환자는 가슴이 뛰거나 땀이 나거나 어지럽거나 소화가 안 되는 등의 증상을 동반한다."

불안장애 종류는 ① 이유 없이 불안하고 걱정을 많이 하는 범불안장애, ② 사람들 앞에 서면 불안해지는 사회공포증, ③ 갑작스러운 불안감 때문에 숨을 쉬기 힘들고 죽을 것 같은 느낌이 드는 공황장애, ④ 손이 지저분할까봐 불안해서 계속 손을 씻는 등의 특정행동을 보이는 강박장애, ⑤ 교통사고를 당한 뒤 자동차만 봐도 불안한 감정을 느끼는 등의 외상 후 스트레스장애 등이 있다.

75) 2013.6.16. 김하윤 헬스조선 기자.
76) 한희준·신지호. 헬스 조선기자. 2012.8.1.

＊나는 지금 얼마나 불안한가?(불안감 측정법/미국정신과 의사 Beck이 고안)

◎ 점수 합산법/ 아래 21개 항목에 대해 점수를 매긴 뒤 합산한다.
(전혀 느끼지 않았다=0점, 조금 느꼈다=1점, 상당히 느꼈다=2점, 심하게 느꼈다=3점)

◎ 측정 항목 〈표 15〉

① 가끔씩 몸이 저리고 쑤시며 감각이 마비된 느낌을 받는다.	⑪ 가끔씩 숨쉬기 곤란할 때가 있다.
	⑫ 가끔씩 숨이 막히고 질식할 것 같다
② 홍분된 느낌을 받는다.	⑬ 손이 자주 떨린다.
③ 가끔씩 다리가 떨린다.	⑭ 안절부절 못 해 한다.
④ 편안하게 쉴 수가 없다.	⑮ 죽을 것 같은 두려움을 느낀다.
⑤ 나쁜 일이 일어날 것 같은 두려움을 느낀다.	⑯ 불안한 상태에 있다.
⑥ 어지러움을 느낀다.	⑰ 소화가 잘 안되고 뱃속이 불편하다.
⑦ 가끔씩 심장이 두근거리고 빨리 뛴다.	⑱ 가끔씩 기절할 것 같다.
⑧ 침착하지 못하다.	⑲ 자주 얼굴이 붉어진다.
⑨ 자주 겁을 먹고 무서움을 느낀다.	⑳ 덥지도 않은데 땀을 많이 흘린다.
⑩ 신경이 과민 되어 있다.	㉑ 미칠 것 같은 두려움이 있다

◎ 합산 결과

0-21점이면 정상, 22-31점이면 중등도의 불안 상태, 32-63점이면 극심한 상태.

기타 불면증(不眠症)은 밤에 잠이 오지 않는 병으로서 잠들기 어려운 것이나 중간 중간 깨는 것이다. 수면이 적당한 시간은 초등학생은 9-10시간, 중·고등학생은 5시간 30분, 일반인 6시간 30분, 성인 7시간 30분 정도로 잡으면 된다고 전문가들은 말하고 있다.

15) 부정맥(不整脈)

심장의 엇박자가 부정맥이다. 나이가 들면 노화현상으로 정상경로 밖에서 이상전기신호가 나와 발생하는 노년건강의 복병으로 심장은 일종의 전자제품이다. 심장 상단에서 전기 스파크가 규칙적으로 일어나면 전기 신호가 심장 근육 속의 전선(電線)을 따라 아래로 퍼지면서 심방과 심실은 일정하게 박동을 한다. 가만히 있을 때 박동 수는 1분에 60-90회 정도가 정상이다. 그러다 전기 스파크를 내는 중앙발전소에 문제가 생겼거나 별도의 지방발전소가 생겨 중구난방이 불규칙으로 '널뛰기'를 하게 되는데 이런 상태가 '부정맥'이다. 부정맥을 고치는 전자기법은 전자충격을 가해 전기쇼크를 준다. 심박동을 헷갈리게 하는 '지방방송'을 레이저 전파 잡음을 없앤다. 인공 박동기를 몸 안에 심는다. 전기쇼크를 발사해, 심박동을 원상태로 되돌린다(김정일의 死인은 동맥경화 뇌경색이 아니면 부정맥상태의 심장쇼크사라고 전문의들은 진단하고 있다).

16) 복부 대동맥류

증상은[77)]

(1) 윗배 또는 명치를 찢는 듯한 통증이 몇 시간 - 며칠 이어짐

(2) 배꼽 위를 손으로 만지면 심장처럼 뛰는 덩어리가 만져짐

(3) 윗배・명치 통증이 점점 심해지면 복부 대동맥류 파열 전조 증상

(4) 파열되면 등을 누르는 듯한 통증이 극심하게 나타나고, 어지럼증이나 실신 등 저혈압 증상을 동반한다.

혈관이 꽈리처럼 부풀어 오르다가 터질 때 까지 증상이 없다. 가장 큰 위험은 흡연이다. 변비, 만성, 기침도 조심해야 한다. 나이와 가족력에 영향을 미친다. 분당 서울대병원 순환기내과 최동주 교수는 복부 대동맥류가 파열된 사람은 25%는 병원에 오기 전 사망하고, 병원에 도착해 수술해도 46%가 사망한다는 통계가 있다고 말했다. 따라서 뇌졸중, 협심증은 해마다 줄고 복부 대동맥류는 늘어간다고 했다.

17) 안 해도 되는 검진 많아요(미국 의사들의 컨슈머 리포트)

똑똑한 선택(대부분 안 해도 되는)이 필요한 주요 의료검사[78)]

(1) 단순한 허리 통증 발생 후 첫 6주 안에 찍는 CT나 MRI는 낭비

(2) 심장병 발생 위험이 낮은 사람에게 매년 심전도 처방은 불필요

(3) 단순 실신이나 두통에서 뇌 CT나 MRI는 촬영 안 해도

(4) 초기 전립선암, 유방암에서 전이 여부를 찾는 CT나 MRI는 검사는 무의미

(5) 증상이 없거나 심장병 발생 우려가 낮은 사람에게 운동부하 검사는 불필요

(6) 외래에서 하는 수술 받을 때 가슴 엑스레이 촬영은 안 해도

(7) 급성 부비동염(축농증)에서 항생제와 CT 촬영 불필요

(8) 신장 투석으로 수명이 제안된 상태에서 암 조기발견 검사 불필요

(9) 만성 두드러기에서 관행적으로 이뤄지는 유발 원인 규명검사는 그만

---

77) 분당 서울대병원 자료.

78) 조선일보 2012.4.6. 9개 의학회. 권고안 발표. 김철중 의학전문기자(뉴욕 김신영 특파원).

(10) 어린이에게서 맹장염을 의심할 때 찍는 CT는 자제
(11) 단순한 난소 물혹의 변화를 보기 위한 추적 검사는 불필요
(12) 21세 이하 여성에게 자궁경부암 검사(pap)는 무의미
(13) 대장암 발생 위엄 없는 사람에게 반복적인 대장내시경은 불필요
(14) 1센치 이하 단순 대장 폴립 1-2개를 제거했으면, 5년 동안 대장내시경 안해도 된다.

18) 건강을 생각하는 음주 법[79)]

가) 첫 잔은 낮은 도수의 술부터 그리고 천천히 나눠 마셔라.
나) 안주를 잘 먹으면서 마셔라. 다) 대화를 안주 삼아 마셔라.
라) 간을 쉬게 하라. 마) 무리하게 술을 권하지 마라.
바) 약과 함께 절대 마시지 마라. 사) 과음, 폭음을 피하라.
아) 체질을 알고 마시라. 자) 음주운전은 살인 기도나 다름없다.

19) 세균이 많은 물건들

가) 식당 메뉴판, 나) 레몬 조각, 다) 양념 통, 라) 화장실문 손잡이 및 각종 출입문, 마) 화장실 비누통, 바) 비행기 화장실, 사) 병원/ 의원, 아) 캔 음료의 겉 부분.

20) 심폐소생술(성인기준)[80)] 처음 본 사람이 "119 올 때까지 '흉부압박'만이라도 하라!" 요령은 비교적 간단하여 초등학생 4학년이면 심폐소생술 할 수 있다.

환자 가슴의 중앙부위를 깊고 빠르게 누르면 되고 중단 없이 하는 것이 핵심이다. 체력, 노하우 필요, 팔을 펴고 체중 실어 90도로 1분당 100회 이상 눌러야 하고 10초 이상 멈추면 안돼, 생사 기르는 시간, 4분, 심장 멈춘 후 4분 이내에 소생술 땐 생존율 50% 이상 첫 발견자 대응이 매우 중요하다. 흉부압박 할 땐 최소한 5센티 이상 깊이, 팔꿈치를 펴고 수직으로 1분에 100-120회 속도로 빠르게, 인공호흡 할 때도 10초 이내로 짧게 중단, 압박 후에 이완 할 때도 충분하게 흉부압박은 빠르게 30회 한 다음 인공호흡을 2번 한다. 이 사이클을 구급대원이 올 때까지 계속 반복한다.

79) 롯데주류 9가지를 제공.
80) 조선일보. 2015.4.25.-26. 기적의 4분.(토일 섹션 Why)

4부
종교치유(宗教治癒) 및 기독교 치유

제8장 종교적 치료(宗敎的 治療)[1]

성경은 정확한 치료책이다. "병을 고치는 주의 능력이 예수와 함께 하더라"(눅 5:17) "Soli Deo Gloria"(오직 하나님께 영광을) 성령의 권능 가운데 복음을 전하는 동시에 치유하는 것이다. 이 책을 기록한 목적은 예수께서 제자들 앞에서 이 책에 기록되지 아니한 다른 표적도 많이 행하셨으나 오직 이것을 기록함은 너희로 예수께서 하나님의 아들 그리스도이심을 믿게 하려함이요. 또 너희로 믿고 그 이름을 힘입어 생명을 얻게 하려 함이니라(요 20:30-31). 성경 기록의 목적(目的): ① 예수는 그리스도요 하나님의 아들이다. ② 믿게 하려 함이다(안 믿는 사람을 믿도록 하는 것과 믿는 사람은 더 확신 있게 잘 믿게 하는 것이다). ③ 생명(Life)이다(믿게 해서 생명을 얻게 하는 것과 죽지 못해 사는 사람을 교양적인 생활문화, 문화생활을 누리도록 영생을 얻게 하는 것이다). 내 힘만 의지할 때는 패할 수밖에 없도다. 힘 있는 장수 나와서 날 대신 싸우네, 이 장수 누군가 주예수 그리스도 만군의 주로다. 당할 자 누구랴 반드시 이기리로다(찬송가 중에서). 그런데 현실은 국민들의 혼(魂)을 일깨워 나갈 종교가 제 역할을 하지 못하고 있다. 이 나라의 종교가 병들어 있다고 이구동성으로 말한다. 자고로 종교가 병이 들면 백성들의 정신이 병들고 정신이 병들면 가정이 병들고 사회가 병들게 된다. 그러기에 어느 시대에나 종교는 자신을 위해서만이 아니라 시대를 지켜 나가는 마지막 보루로 순수하고 건강하여야 한다(김진홍 목사). 성경은 예수님이 하신대로, 가르쳐주신 대로, 전파하고 가르치고 치유한다.

1. 기독교적 치료

기독교의 매력은 용서(容恕)하면 응답을 받는데 있다. 그러기 위해서는 절박하게 기도하고 끈질기게, 그리고 간절히 · 확신 있게 기도해야 한다. 마음속에 심술보가 있어 회개하지 못한 것들, 또 풀어내지 못한 것을 용서해야 한다. 회개하고 용서하지 못한 자는 소극적인 자(者)

1) 각종 종교서적과 성경말씀 및 종교지도자의 말씀을 인용함.

는 원망・미워하고 적극적인 자는 증오(憎惡)한다. 그래서 남을 헤치려는 목적을 갖지 말고, 죄(罪)를 회개하면 아무리 어려운 일이 있어도 기도하면 용서가 되어 해결된다. 그래서 성령의 열매를 맺어 사랑, 희락, 화평, 인내, 자비, 양선, 충성, 온유, 절제하며 성령의 은사를 얻어 지혜, 지식, 믿음, 통역, 방언, 능력, 섬김, 대접받을 수 있게 거듭나서 생활을 경건하게 하고 거룩하게 살아가야 한다. 마귀가 틈타는 단어들 토론, 소요, 군중심리, 욕심, 고집, 분노, 분쟁, 짜증, 불평불만, 자존심, 소곤소곤, 죄책감, 낙심, 절망, 자포자기, 공포, 증오 등 이것이 똥이다. 심리학자들은 "감정의 쓰레기"라고 한다. 똥을 치우면 평강이오고 역사가 일어난다. 위로를 받으라. - 이것이 네가 할 일이다. - 너의 작음 안에서 위로를 받으라, 작은 자여, 그(하나님)는 너에게 어떤 벌도 내리지 않으신다. 받아들이고 기뻐하라, 두려워하지 말라, 너의 어깨가 이 세상을 짊어지지 않을 것이다. 보라! 그것은 너의 머리 바로 밑에 있으며 너를 지탱하고 있노라. - 성경에 이르되 누구든지 저를 믿는 자는 부끄러움을 당하지 아니하리라 하니 유대인이나 헬라인이나 차별이 없음이니라 한 주께서 모든 사람의 주가 되사 저를 부르는 모든 사람에게 부여 하시도다. 다음은 치유의 성경말씀들을 예를 들어본다.

내가 약할 그때에 곧 강함이니라.[2](고후 12:10) 누구든지 주의 이름을 부르는 자는 구원을 얻으리라(롬 10:11-13), 볼 지어다 내가 세상 끝 날까지 너희와 항상 함께 있으리라 하시니라(마 28:20), 예수께서 그 열두 제자를 부르사 더러운 귀신을 쫓아내며 모든 병과 모든 약한 것을 고치는 권능을 주시니라(마 10:1), 구하라 그리하면 너희에게 주실 것이요, 찾으라 그리하면 찾아낼 것이요 문을 두드리라 그리하면 너희에게 열릴 것이니(마 7:7).

그러면 우선 종교에 대한 간단한 상식부터 알고 지나가기로 하자. 종교에 대한 글은 매우 예민하여 함부로 표현할 수가 없지만 기본상식으로만 표출하기로 한다. 성경을 비롯하여 근원적인 문헌(책자)이 있는데 가볍게 한두 줄로 설명한다는 것은 있을 수 없지만 영성의 심리치료효과를 연구하기 위해 간단하게 이해차원에서 삽입하기로 한다. 원시종교로부터 지금까지 여러 종교가 존재해왔다. 그러나 종교는 크게 둘로 나눌 수 있는데, 땅에서 사람들이 만든 종교와 하늘에서 하나님(神)이 보내주신 종교가 있다. 땅에서 사람들이 만든 종교는 어떤 노력과 공을 들이게 한다. 반면 하늘에서 보내는 예수님은 우리에게 "믿으라(복음)"고 한다. 여기에 차이가 있다. 기독교는 내가 무슨 공을 들여서 소원성취나 해보자는 것이 아니라 "은혜"의 종교로서 예수님을 믿고 죄(罪)사함 받아 천국 가는 은혜의 종교이다.

종교를 한 줄로 표현하면 오해소지가 많으나, 유교(儒敎)는 신(神)이 없으나 조상이 죽으면 신격화(神格化) 시키는 것으로써 윤리와 도덕을 배워 살아 있는 동안 어떻게 해야 하나 하고

2) 인간의 힘은 하나님의 힘으로 할 수 있고 강해진다.

연구하는 종교라면, 불교(佛敎)는 철학(哲學/ 당연시 여겨지는 생활의 규격을 다시 묻는 것: 지금 몇 시?, 너의 이름은?, 네가 누구냐?, 너의 존재는?)과 인간의 사색(思索)으로 세상의 것을 깨닫고 배워 공부해서 해탈하는 범신론(汎神論)의 종교이다. 무속(巫俗)은 혹의심을 만족하게 하는 것으로서 삶의 아름다운 것들을 연구하는 미신(美神)의 종교라면, 천주교는 예배문화이다. 기독교(基督敎)는 영혼구원, 절차통과, 하나님의 섭리가 하도 광범위해서 나중에 깨닫고 먼저 믿음으로 순종하는 부활(復活)의 종교이다. 회교는 하나님의 이름은 같으나(알라=엘로힘) 하나님의 본질과 하나님께로 가는 길이 다르다(중보자가 다름).[3)]

먼저 한경직 목사님의 글을 인용하자면, 종교라고 하는 말을 들으면 종교(宗敎)가 무슨 필요가 있는가? 지금은 종교시대는 이미 다 지나가고 과학시대인데, 우리가 과학만 잘 배워서 문화를 발전시키고 우리가 각 방면에 진보하였으면 그만이지, 이제 종교의 필요성이 무슨 소용인가? 세계가 진보되면 인류가 행복스럽고 평화롭게 잘 살게 될 것이고 유토피아가 올 것이라고 생각하던 사람들이 많이 있었다. 그러나 이와 같은 꿈은 20세기 초엽을 지나자마자 깨어지고 말았다. 전 세계를 휩쓴 세계1차 대전 후 얼마나 가지 못해 2차 대전, 냉전 등, 피비린내 나는 세계가 되었다. 또 과학이 극도로 발달된 원자시대, 원자탄이 우리 도시, 머리위에 떨어지지 않을까 전전긍긍하고 불안해하고 있다. 이렇게 썩고 악한 사람의 근성을 바로 잡을 수 있는 세력이 있을까? 여기에는 반드시 종교적인 문제가 들어있다. 사람은 스스로 자기를 바르게 만들 수 없다. 사람은 본래 지으신 조물주 하나님께로 돌아간다. 사람에게는 육신만으로 있는 것이 아니고 다른 무엇을 그리워하며 탐구하고 공허감을 채우기 위해 조건, 영적만족이 없으면 그는 언제든지 텅 빈 느낌, 공허감을 느끼는 것이다. 그래서 여러 가지 종교가 들어오게 된다.[4)]

근대에 들어서면서 종교(宗敎)와 주술(呪術)과 의술(醫術), 이 세 가지가 과학과 만나면서 논쟁의 대상이 되어 정체성을 회복하려고 노력하고 있으며 균형의 조화가 무엇인지 근거를 찾으려 하고 있다. 무속(굿)이란 종교의 한 부분으로 한국적표현이다. 무부(巫覡)를 중심으로 민간인에게 전승되는 민간신앙(民間信仰)이다. 굿을 왜할까? 질서를 파괴 하는 자(者)와 새로운 질서를 확립하는 자(者)들을 위해 굿을 할까? 인간은 신(神)을 믿어 신과 인간의 사이를 오가며 인간의 현실적인 문제를 굿을 통해서 해결해 왔다. 당시 무속의 특성은 오랜 지속성, 만물을 아우르는 조화성 생명을 존중하는 정감이라고 하나 오늘날은 개신교의 등장으로 무속은 전통문화로서 멋과 놀이문화, 공연문화로 표현되고 있다. 고대로부터 현대까지 인간은 신

---

3) 문형장로교회(박해경 목사), 주보(2011.7.24).

4) 한경직 목사, 종교의 필요성 중에서, 영락교회 선교부, 1956.

에 의해 태어나고 살아가며 죽으면 다시 신에게로 돌아간다고 생각하고 있으며 종교는 인간의 숙원과정을 해결해준다고 믿어 왔다. 또 세상만물에는 신이 존재한다고 믿어왔고 인간마다 나름대로 자신의 신을 섬기면서 그 신(神)에게 제(祭)를 올려 신(神)의 존재를 통해 마음의 평안을 누려왔으며 심신의 치료가 될 수 있다고 본다. 예전의 민속은 무속의 기능중 하나로 민중에게 놀이로서 다가가고 있다.

다음의 종교적으로 볼 때 세상에는 유신론자, 무신론자, 불가지론자 등 세 가지 유형의 사람이 있지만 유신론(有神論)안에는 1) 다신론(多神論), 2) 범신론(汎神論), 3) 일신론(一神論), 4) 이신론(理神論), 5) 유일신론(唯一神論), 6) 범재신론(汎在神論), 7) 삼위일체신론(三位一體神論) 등이 있다. 유신론은 하나님이 있다는 것이고, 무신론(無神論)은 없다는 것으로 칼막스의 공산주의 유물론이 대표적이다. 불가지론은 하나님(Theos)을 아는 게 불가하다는 것이다(Kant).

다신론(多神論)은 말 그대로 신(神)이 많다는 믿음이다. 예를 들면 인도는 3억 3천만개, 일본은 8백만 개의 신이 있다고 한다. 범신론(汎神論)은 자연과 나와 하나가 되어 신의 경지에 이를 수 있으며 우주(산·바다 등)에 신이 펴져있다고 한다. 일신론(一神論)은 상대방의 종교를 인정하면서 여러 신중에 하나를 믿는다. 이신론(理神論)은 기독교를 과학적이고 합리적으로 이치에 맞게(반쪽믿음) 믿는 것이다. 유일신론(唯一神論)은 다른 종교를 거부(배척)하면서 오로지 자기가 믿는 신만 인정한다. 범재신론(汎在神論)은 신이 세상을 포함하고 함께 변화되면서 진화론적 과정철학(헤겔)의 요소가 있다.

하나님은 여성으로서 고통의 출산에 비교한 철학인데 20C에 새롭게 생긴 주장으로 신(神) 속에 우주가 조그마하게 있다고 새롭게 주장하고 있다. 삼위일체론은 기독교의 올바른 신앙이다. 현대에 와서는 다양한 종교가 탄생되었고 문화가 발달되면서 처용무, 기악, 가면무, 원형탈춤에서 벗어난 덧뵈기춤 등은 언제부터인가 종교적 약속을 벗어버리고 일종의 탈놀음이 성립하여 민중의 극적요구에 응하였다. 탈춤은 슬픔을 웃음으로 도약시킬 수 있는 힘과 지혜를 가지고 있다. 〈덧보기〉는 본래 종교 의미의 말이지만 그 역어(譯語)인 나례(儺禮)라는 자(字)가 인습적(因習的)으로 신가면(新假面)에도 가용(假用)되었다.[5] 현대사회가 다층적, 다종교적, 복합적인 상황이 함께 전개되어 종무행정은 있는데 종무정책이 없듯이 전통문화 행정은 있는데 전통문화정책이 없는 상황이다.

5) 崔南善, 朝鮮常識問答, 東明社, 1974.

2. 교회와 후계자 치료

작년 10월 미국에서 손꼽히는 대형교회인 LA 수정교회(Crystal Cathedeal)가 법원에 파산신청을 했다. 창립자는 '불가능은 없다.'는 책으로 국내에도 잘 알려진 로버트 슐러 목사, 수정교회는 자동차극장에 교회를 세우고 TV를 통해 예배를 보는 새바람을 일으키며 한때 신자 1만 명에 한 해 헌금 6,000만 달러를 자랑했다. 겉으로는 성탄절, 부활절 같은 때 교회를 내세우는 행사에 너무 많은 돈을 쓴 것이 파산 이유로 꼽는다. 그러나 사람들은 이 교회의 가족세습에 큰 원인이 있을 거라고 봤다. 슐러 목사는 2006년 목회일선에서 물러나며 아들에게 교회를 맡겼다가 다시 딸에게 넘겼다. 파산신청 직전 1년 동안 딸과 아들, 사위 등 가족, 친지 23명이 교회 일을 하면서 180만 달러의 급료를 챙기고 갖가지 탈세를 했던 것으로 밝혀졌다. 미국에도 슐러 목사나 복음전도사 빌리그레엄처럼 개신교 목사, 전도사로 큰 업적을 쌓고 이를 자식에게 물려주는 사례가 없지 않다. 신학대학을 만들어 아들에게 총장 자리를 물려준 오랄 로버츠도 마찬가지다. 그러나 이런 경우는 몇 손가락에 꼽을 정도다. 하나님의 뜻을 펴는 공적(公的)인 일에 사사로운 이해관계를 끌어들여 후임목사를 뽑는 것을 부끄러운 일로 여겨진다. 교회가 새 목사를 모셔오는 과정을 청빙(請聘)이라고 한다. 우리나라에선 후임 목사 결정이 전임 목사가 강력한 힘을 가진 가운데 개별교회 차원에서 이뤄지는 경우가 많다. 그러나 미국에선 교단이 나서 교회가 좋은 목사를 영입할 수 있도록 적극적으로 돕는다. 교회는 후보자의 과거 사목활동 경력이 교회의 전통이나 비전에 맞는지 따져본다. 신도들 뜻을 모으는 민주적 절차를 거쳐 모셔올지 말지 결정한다. 그러나 전임목사가 자기 아들을 내세우거나 '나 떠난 뒤에 나를 잘 모실 사람인지' 헤아릴 틈이 별로 없다.

여의도순복음교회 조용기 원로목사가 이 교회와 관련 재단의 모든 재산을 다루는 순복음교회 이사장에서 물러나기로 했다고 한다. 조 목사는 순복음교회를 조그만 개척교회에서 신도 46만명의 세계최대 교회로 키운 주역이니만큼 애착도 남달랐을 것이다. 조 목사의 은퇴가 아름다운 모습으로 남을 수 있도록 가족과 주변에서 도울 차례다.[6] 같은 날 다른 기사내용을 보면 "통일교의 문선명 총재 후계 놓고 아들들의 갈등(葛藤)표출됐다."라고 2011.5.3일자 조선일보에 기사화 되었다.

역대상 29장 12절에 "부와 귀가 주께로 말미암고 또 주는 만유의 주재가 되사 손에 권세와 능력이 있사오니 모든 자를 크게 하심과 강하게 하심이 주의 손에 있나이다." 또 25절에 보면 "여호와께서 솔로몬으로 이스라엘 무리의 목전에 심히 존대케 하시고 또 왕의 위엄을 주사 그

6) 김태익 논설위원, 2011.5.3. 조선일보.

전 이스라엘 모든 왕보다 뛰어나게 하셨더라."라는 성경구절을 보면 '내려놓음과 추천'의 아름다움이 있다. 그 예로 갈보리교회의 박조준 목사님의 은퇴는 후배목사한테 인수인계를 깨끗이 하고 떠나셨고, '높은 뜻 숭의교회' 김동호 목사님은 미 자립교회를 활성화 시켜놓고, 신도들이 올 수 없는 멀리 떠나 다시 교회를 설립하는 모습은 본받을 만한 훌륭한 목회인도자들이다.

3. 예수와 무함마드 치료

기독교와 이슬람교의 관계는 유라시아 대륙 역사의 흐름에서 가장 중요한 요수 중 하나다. 7세기에 이슬람교가 성립된 이후 십자군전쟁으로부터 최근 9・11사건에 이르기까지 양측은 수많은 유혈충동들을 일으켰다. 그렇다면 두 종교는 근본적으로 다르고 또 적대적일까? 아니다. 두 종교의 교리는 생각보다 훨씬 공통점이 많다.

이슬람교에서 예수는 신앙의 원수이기는커녕 지극히 중요한 성인이다. 예수는 모든 예언자 가운데 유일하게 신의 말씀으로 예고되었고 처녀잉태를 통해 탄생하였다. 쿠(코)란은 또 예수가 죽을 때에도 신이 개입하여 구원하였다고 기록하고 있다. 십자가 처형 현장에 있던 사람들은 예수가 십자가에 매달려 죽었다고 믿었지만 그것은 환상일 뿐이며 실제로는 신이 예수를 직접 하늘나라로 불러올린 것으로 해석한다. 그러므로 예수는 인간 중 유일하게 죽음을 면한 존재이다. 쿠란에 의하면 알라는 인간들에게 마지막 심판의 소식을 전하는 임무를 예수에게 맡겼고, 예수는 무함마드도 하지 못한 여러 가지 기적을 행하며 그 임무를 수행하고자 했다. 그렇다면 예수는 무함마드보다 더 우월한 예언자인가?

여기에서 두 종교간 해석이 갈린다. 기독교의 관점에서 보면 예수의 수난은 인간이 원죄로부터 벗어나도록 만들기 위한 과정이다. 겟세마네 동산에서 겪은 불안, 베드로의 배반, 십자가의 고통 등 모든 절망의 과정을 예수 자신이 통고한 끝에 인간은 원죄 이전의 상태로 되돌아갈 수 있게 되었다. 그런데 무슬림의 입장에서는 신의 사자가 그런 굴욕과 패배를 겪는 다는 것이 이해가 되지 않은 일이었다. 신이 보낸 사자라면 믿을 만한 증인 앞에서 신의 메시지를 정확하게 잘 보존해야 한다. 그런데 베드로를 비롯한 예수의 제자와 증인들은 모두 그를 버리고 떠났으며, 따라서 예수는 움마(신앙공동체)를 모으지도 못했고, 신의 메시지는 결국 상실되었다. 이슬람의 관점에서 보면 예수의 소명은 실패로 끝났다. 예수가 진짜 예언자인 것은 맞지만 그가 받아 온 메시지가 불명확하게 된 이상 무함마드라는 마지막 예언자가 다시 필요하게 된 것이다. 물론 기독교의 관점에서 보면 무함마드는 거짓 예언자이다. 대부분 유사하되 결정적인 지점에서의 차이, 이것은 결코 쉽게 해결할 수 있는 문제는 아닌 것 같다(2011.5. ○○일보. 히스토리아 {109}).

위의 글은 모신문사의 기사내용으로 된 J 교수의 관점은 역사학자로서 될수록 공평한 눈으로 보려했기에 피상적 평가로 기울어져 있다. 두 종교가 대부분 유사하다고 하셨으나 사실은 대부분 다르고 신(神)명칭(기독교=엘로힘, 회교=알라)이 유사하고, 구약 모세 5경을 공유한다는 점이 비슷할 뿐이다(물론 회교도 쪽 내용을 고치기도 했다). 기독교 교리에 대한 이해도 미흡하다. 예수가 죽은 것이 환상이라는 해석은 이단교리임을 지적했어야 한다. 또 구원이 원죄이전으로 돌아가는 것이 아닌데 이 부분도 잘못되었다. 특히 예수를 예언자로 보는 것과 무함마드를 거짓예언자라고 하는 해석도 교정해야 한다. 예수님은 하나님 아들 메시아시고, 무함마드는 거짓예언자라기 보다는 이방종교의 창설자로 보아야 한다.

요한복음에 나오는 유대인들은 대제사장의 지도자급들이다. 빌라도는 '나는 그에게서 죄를 찾지 못하였노라' 하고 예수를 놓으려고 힘을 썼으나 유대인들은 소리 질러 '이 사람을 놓으면 가이사(王)를 반역하는 것이다.' 라고 빌라도를 재촉하게 하여 예수를 십자가에 못을 박히게 하였다(요 19:1-16). 그 죄로 유대인들은 히틀러에게 가진 굴욕과 죽음을 당하였다. 오늘날 2천년이 지났는데도 유대인이 고난을 받고 있는 것은 피 값이다. 적은 항상 내부에 있다.

4. 처용은 '황소의 난' 피해 서라벌 온 무슬림[7]

처용에 대해서 연구논문만도 300편이 넘지만 여전히 논란거리다. 삼국유사에 따르면 처용은 통일신라 후기 879년경 헌강왕 때 뱃길을 따라 개운포(현재 울산항)로 흘러 들어든 이방인, 그 무렵 중국 동부 해안 지대는 황소의 난(874-884)으로 아수라장이었다. 이 난을 진압한 최치원의 격문(檄文)은 칼로 목을 치기는 쉬워도 글로 마음을 꺾기는 어렵다. 그는 통일신라에서 드문 국제통으로 우리역사에 흔치 않은 '세계적 지인'이었다. 말년에 최치원(857-?)은 난세가 꼴 보기 싫어 떠도는 시비(是非)에 귀를 막고 종적을 감췄다.[8] 이 난으로 아랍-페르시아 계통의 무슬림 상인들은 살길을 찾아 이리저리 흩어졌다. 다수는 중국 사회 스며들어 회족의 선조가 됐지만 해상으로 탈출해 신라로 피신한 이들도 있었다. 저자는 처용이 그중 한 명일 가능성이 높다고 말한다. 중국 내 혼란으로 페르시아인들의 안전이 불안해지자 신라로 망명

7) 이희수, 청아출판사, 464쪽, 전병근 기자, 조선일보(2012.4.7).

8) 손철주, 미술평론가.

했다는 내용이다. 세계 최고 수준의 과학, 의학 지식을 보유한 이슬람에서 온 처용의 처방전은 신라에서 환영받았을 것이라는 해석이다. 처용의 사악함을 물리치는 부적과 춤, 민간신앙으로 발전한 배경이다.[9)]

5. 기독교에 대한 오해와 크리소스톰의 생애와 신앙[10)]

1) 종교는 다 같은가?

이 세상에는 종교가 수없이 많은데, 어느 것이 옳은지 알 수 없고, 모든 종교는 결국 선하게 살자는 것 아니냐? 유독 예수만 믿으라고 할 필요가 없는 것 아니냐? 천국으로 가는 길은 여럿이지 오로지 기독교만 믿어야 하느냐? 이런 질문이 가능하다. 문제는 무엇을 기준으로 판단하느냐 하는 것이다. 성경을 기준으로 판단하면 종교는 같은 것이 아니고, 크게 둘로 나누이는데, 땅에서 사람들이 만든 종교와 하늘에서 하나님(神)이 보내주신 종교가 있다.

땅에서 사람들이 만든 종교는 어떤 노력과 공을 들이게 한다. 반면 하늘에서 보내는 예수님은(복음) 우리에게 "믿으라" 고 한다. 여기에 차이가 있다. 기독교는 내가 무슨 공을 들여서 소원성취나 해보자는 것이 아니라 "은혜"(선물, 거저주심)의 종교로서 예수님을 믿고 죄(罪)사함 받아 천국 가는 종교이다.

2) 착한 사람들이 교회를 다니는가?

흔히 착한 사람들이 교회를 다니는 줄로 아는데, 전혀 그렇지 않다. 성경은 모든 사람이 다

9) "우리 문화 속에 밀려든 다른 문화의 요소와 전파과정을 살펴보는 것은 우리 문화의 뿌리를 바로 찾고 그 성격을 바로잡는 차원에서 중요하고 의미가 있다." "사치와 호화를 일삼는 백성들이 진귀한 외래품만 선호하고 토산품을 배척하니 문란하고 풍속이 파괴되기에 이르렀다. 하여 법령으로 이를 시정하고자 하니 어기는 자는 법에 따른 징계를 면치 못하리라" 약 1200년 전 흥덕왕은 참다못해 이런 법령까지 내렸다. 부유층의 외제 사치 풍조는 통일신라시대에도 골칫거리였다. 경주 황남동 미추왕릉 4호묘에서 출토된 구슬 목걸이(보물 제634호)에 새겨진 인물상만 해도 서양식 머리에 하얀 피부, 오똑한 코, 푸르고 깊은 눈동자, 빨간 립스틱까지 이국적 풍모가 물씬하다. 우리가 전통악기나 토착음악이라고 여기는 것 중에도 고대 실크로드를 따라 흘러든 것이 많다. 비파의 연원은 이란의 고대악기 바르바트, 타악기인 박은 서역 악기의 일종, 태평소도 페르시아 악기 사나이가 원조였다. 조선 초기까지만 해도 '오랑캐' 몽골을 통해 숱한 선진학문과 과학 기술이 유입됐다. 이슬람 역법을 빌려 우리식 음력이 창안됐고, 수많은 과학기기의 발명과 정비도 당시 세계 최고 수중의 이슬람 과학의 영향을 입은 것이었다. 그러나 15세기 들어 이슬람 문화의 흔적은 점차 희미해진다. 유교가 국가 이념으로 강화되면서 관심은 중국에 집중됐다. 이슬람을 다시 만난 것은 1970년대 초 오일 위기를 만나면서였다.

10) 박해경 목사, 문형장로교회, 칼럼 · 설교 작성문중에서.

죄인이라고 한다. 죄인이라는 뜻은 날 때부터 죄 가운데 나서 죄악 중에 살다가 죄악 중에 죽는다는 것이다. 그러므로 뉴스에 나오는 죄짓는 종교인들의 이야기는 이상한 나라의 이야기가 아니고 나 자신과 우리들의 이야기이다. 교회는 죄인이 착해지려고 다닌 다기보다는 착해지기 어려워서 늘 회개하고 예수님의 은혜를 받으려고 다니는 것이다. 죄란 순간적으로 짓기 때문에 항상 넘어지기 쉽다. 그렇게 악한 것이 인간이므로 우리가 교회에서 말씀 듣고, 죄를 회개하고, 계속적으로 은혜를 받을 필요가 있다.

* 예수님만이 내가 하나님이라고 주장하셨고, 하늘나라의 존재와 그곳에 가는 길이 되셨다. 그러나 다른 종교 창설자들은 땅에서 바로 사는 법(도덕)을 가르쳤고, 하늘나라에 대해서는 알지 못했다.

* 하나님은 인간을 만드실 때에 목적이 있는데, 그것은 다음과 같다.

첫째, 이 세상에 일단 태어나야 천국에 갈 수 있기 때문에 인간을 만드셨다. 장애인이나 질병을 안고 태어나더라도 일단 세상에 나온 것은 은혜다. 그래야 천국에 갈 기회를 얻기 때문이다. 병약하고, 장애가 있을수록 예수 믿어야 한다. 천국에 가면 모든 장애가 사라지고 온전한 부활이 있다.

둘째, 인간은 어디서 왔느냐? 하나님께로 왔다. 인간은 어디로 가느냐? 하나님의 심판대로 간다. 거기서 의로운 자는 누구인가? 예수님을 믿어서 재판장이신 하나님으로부터 무죄선고를 받는 자이다. 불의한 자는 누구인가? 우리의 죄를 짊어지신 그리스도의 보혈의 공로를 무시하고, 믿지 않는 자이다.

셋째(정리), 우리는 왜 이 세상에 태어났는가?

(1) 천국 갈 기회를 받기 위해서, (2) 예수님을 믿고, 선한 일을 하라고, (3) 이 세상에서 작은 복(돈, 건강, 장수, 권세, 연줄)을 누리다가 장차 큰 복(천국의 기업을 소유)을 누리게 될 것을 바라보도록, (4) 큰 복을 얻었으니 세상에서 작은 복을 양보하라고, (5) 세상적인 것은 힘이나 칼로 다스리려고 하나, 기독교는 기도・복음・말씀으로 정리할 수 있고 기독교는 죄(罪)에서 해방되는 것이다.

3) 크리소스톰의 생애와 신앙

(1) 성경을 다 외운 사람: 교회 역사에서 신구약 성경을 다 외운 사람으로 주후 4세기 중엽의 크리소스톰(Chrysostom, 350-407)이란 위대한 인물이 있었다. 그는 안디옥에서 출생하였고 콘스탄티노플의 주교로 일했으며 금욕적인 생활을 하고 나누어 주기를 좋아하고 무엇보다도 그는 위대한 설교자로 이름이 높았다. 그는 하늘의 기쁨으로 충만하여 적은 양의 음식만으로

살았고 맨바닥에서 아무렇게나 잤다.

(2) 황금 입: 사람들은 그에게 '크리소스톰' 즉 '황금의 입'이란 별명을 지어 주었다.

(3) 에피소드: 그가 어느 날 왕후의 부정을 지적하다가 황제의 미움을 사고 붙들려 심문을 받았다. 황제는 노한 얼굴로 그에게 말했다. "네가 만일 신앙을 버리지 않으면 내가 너를 추방시킬 것이다." 크리소스톰은 태연히 미소를 띠우며 대답했다. "폐하께서는 나를 그리스도에게서 떼어놓을 수 없을 것입니다 왜냐하면 그가 결단코 나를 떠나거나 버리지 않겠다고 말씀하셨기 때문입니다" 황제가 노하여 호통 쳤다. "그래 좋다. 그러면 내가 너의 재산을 모두 몰수하여 버리겠다." 그는 이렇게 대답했다. "폐하, 그것도 쉽게 안 될 것입니다. 나의 보화는 하늘에 쌓아 두었기 때문에 폐하께서 그것에 손도 대지 못할 것입니다" 황제는 노발대발하여 소리쳤다. "내가 네 놈을 죽여 버리겠다." 그는 더욱 태연한 자세로 대답했다. "아 그렇습니까, 나는 지난 40년 동안 죽어 왔습니다. 나는 세상에 대하여 그리스도와 함께 죽었고 나의 생명은 그리스도와 더불어 하나님 안에 감추어져 있기 때문에 폐하께서는 더 더욱 그것을 만나지도 못할 것입니다" 황제는 체념하고 "저 놈을 어떻게 하면 좋단 말인가?" 나중에 크리소스톰은 멀리 유배당하여 순교했다. 세상은 그를 감당치 못한 것이다. 아니 세상은 그에게 아무런 가치가 없었던 것이다. 그는 순교 직전 이런 말을 남겼다. "세상아, 네가 나를 버리느냐, 나도 세상을 버리노라"

(4) 세상을 버림: 그는 수사학을 배워, 변호사가 되어 재물과 명성과 권세를 누리고 향락을 즐기다가 변호사로서 거짓말을 하는 것에 고민하게 되어, 어머니 아투사에게 어릴 적에 배운 성경이 떠올라 영적으로 자유하기 위해 세상을 버리기로 하였다. 금욕훈련을 시작하여 자주 기도, 명상, 성경묵상을 하면서 옷 한 벌만 걸치고 절제와 경건의 삶을 살았다.

(5) 설교: 크리소스톰의 설교는 성경그대로 문자대로 선포하는 것이었다. 책망과 회개를 촉구하는 내용이 많았다. 부귀와 권력과 명예를 단호하게 꾸짖어서 당시의 귀족들과 왕들에게 미움을 받았다. 그는 사회고위층을 통렬하게 비난하고 꾸짖었다. 그는 화려하게 살았던 전임자와 판이하게 달라서 예배당과 관사의 비싼 물건을 팔아서 가난한 이들과 병원에 희사하였다. 그는 간소하게 식사했고, 세속적인 모임이나 일에는 신간도 정력도 소비하지 않았다. 그의 설교는 금같은 믿음만을 선포하였으므로 황금의 입이었다. 그는 어려서 잘못된 습관으로 한쪽 어깨가 기울어진 사람이었으나 칼을 공중에 매달아서 양쪽 어깨가 기울어지지 않도록 연습을 하여 마침내 그 버릇을 고쳤다고 한다.

(6) 순교: 안디옥의 주교로 유명해지자 당국자들이 강제로 납치, 콘스탄티노플의 감독으로 앉혔다. 그러나 화려한 건물과 귀족들의 사치는 그의 설교와 어긋났다. 황후 유독시아는 자기의 은상을 세워 경배하라고 했고, 장광들과 귀부인들은 사치가 심했다. 결국 날조된 죄목으로

지위를 박탈당하고 교회는 예배금지가 되고, 황후의 명령으로 크리소스톰은 유형을 떠나게 되었다. 가장 기후가 나쁜 곳으로 가면서 지쳐서 죽게 만들었다. 60세 노인은 뜨거운 태양빛 아래에서 힘이 다 빠져 탈진상태에서 쓰러지자 호송인들이 바실리쿠스의 무덤위의 교회로 옮겼다. 거기서 그는 흰 세례복을 입고 마지막 성례를 행한 후 "모든 일을 인하여 하나님께 영광을 올리나이다."라고 말한 뒤에 순교하였다. 얼마 후에 새로운 황제와 그 누이는 크리소스톰의 유해를 옮기고 그들의 부모가 저지른 죄를 회개하고 용서를 구했다.

(7) 일제(日帝)시대 때 반 친일파들을 2천명, 교회 2백 개를 불사르고, 목사 50 명을 죽이려고 8.17일 날 계획을 세웠는데 8・15광복을 맞이하게 되었다. 하나님의 기적이다.

4) 나의 힘이신 여호와여(시 18:1-2)

(1) 힘이란 무엇인가?

사전에는 힘이란 근육이나 물체의 운동으로 무엇을 움직이게 하는 작용(作用). 힘과 비슷한 말로 효력, 작용, 도움. 가) 한자에 힘력(力)자를 보면 물건을 들거나 힘을 쓸 때 근육에 생기는 모습에서 따온 글자가 힘력 자. 나) 영어에 파워(power)는 라틴어 potestas에서 왔는데 권리, 효력, 효험, 또는 potentia. 권력, 권세의 힘. 다) 덕(德, virtue)의 힘이 있는데, 라틴어로 virtus-덕의 힘, 품격, 도덕, 덕성, 정결, 순결의 힘. 라) 본의(本意, force)-vis 핵심, 본질, 본질적인 말의 힘.

(2) 힘의 종류에는

가) 육체의 힘(體力)- 근육, 신장력, 신축력, 순발력, 파괴력
나) 정신의 힘(精神力)- 집중력, 분석력, 판단력, 통합력, 논리력
다) 돈의 힘(財力)- 현금, 자산, 부동산, 동산, 주식, 채권, 보험, 적금
라) 권세의 힘(權力)- 정권, 교권, 공권력, 질서권, 서열권
마) 사회적 힘(團結力)- 집단행동, 데모, 길드(guild), 노조, 단체의 힘
바) 지식의 힘(知力)- 원리, 방법, 적용, 지시의 축적, 연구, 정리
사) 지혜의 힘(智力)- 깨닫고 분별하는 능력, 지식의 적용, 전달, 적재적소의 해결과 순발력. 임시응변의 능력
아) 사랑의 힘(感化力)- 사람의 마음을 감동하게 하여 변화시키는 능력
자) 믿음의 힘(靈力)- 말씀대로 믿어 응답받고, 사람과 환경을 변화시키며, 하나님의 뜻을 따라 역사하는 힘

차) 양보(양보하면 결국 풍성해진다) • 배려(다윗과 세종: 반대자를 황희정승으로 위촉발령), 화목, 감사(다니엘은 사자(獅子) 굴에서 죽게 되었는데도 감사기도), 겸손(갈렙은 여호수아를 높여주기 위해 희생)

카) 의와 진리와 거룩해야 한다. 의는 믿음과 의로운 사람, 진리는 사실자체와 거짓 아닌 참된 것, 거룩은 구별로서 소속(예수에 속하면)에 따라 거룩하게 됨.

(3) 모든 힘의 근원은 하나님(남자답게 강건하라(고전 16:13)/ 심지가 견고하고 굳건한 사람은 평강이 온다).

가) 자신이 힘의 근원(시 18:1)- 나의 힘이신 여호와여 내가 주를 사랑하나이다.

나) 하나님을 모시면 힘을 얻음(사 40:31)- 여호와를 앙망하는 자는 새 힘을 얻으리니…

다) 하나님은 어떤 힘이 되시는가?

a. 생명의 힘이 되십니다(여호와-하와)(창 2:7)- 생기를 불어 넣으시니라.

b. 창조의 힘이 되십니다(엘로힘)(창 1:1)- 하나님이 천지를 창조하시니라.

c. 구원의 힘이 되십니다(예수 그리스도)(딤전 1:15)- 죄인을 구원하시려고 임하셨도다.

d. 부흥의 힘이 되십니다(성령)(행 2:1-47) 성령 충만함을 받고… 날마다 더하게 하시니라.

e. 긍정의 힘이 되십니다(아니오가 없습니다)(고후 1:18-20)-예 하고 아니라함이 없노라… 하나님의 약속은 얼마든지 그리스도 안에서 예가 되니 그에게는 예만 되었느니라. 아멘…

5) 생각의 죄(罪)

최종결말을 아는 자는 편안과 여유가 있다. 예수님은 종말을 알기 때문에 불안하지 않았다. '사람들 역시 대충 인생의 결론이 어떠할 것이다.'를 알고 있다. 자기가 앞으로 어떻게 닥쳐올지도 대강은 알고 있다. 마귀는 근본적으로 잡생각을 하게 하여 인간을 수렁으로 안내한다. 마귀가 제일 좋아하는 단어가 '낙심(落心)'이다. 낙심이 지나치게 오면 '우울증'이다. 이런 생각을 뇌에서 정착하게 하지 않게 하는 것이 마귀를 이기는 것이다. 따라서 인간이 삶을 살아가는데 억울한 것이 없어야 한다. 사람이 세상을 살아가는데 왜 억울한 것이 없겠는가? 움직이는 자체가 죄를 짓는 것이라고 했다. 죽어야만 죄가 끝난다고 했다. "생각(生覺)은 죄"이다. 미움, 증오, 낙심, 탐심, 혼탁한 마음, 무관심이다. 그 중에 '무관심'이 본인에게 가장 해롭다. 아무관심이 없는 것, 자녀에 대한 무관심, 사람과 자기가 키우던 개가 죽어나가도 모른다. 집에 쌀이 없어도 가장은 모른다. 무관심의 반대는 사랑이다. 진심(眞心)으로 무엇을 칭찬해야 하고 사랑으로 관심만 가져줘도 자녀와 학생은 성공한다. 다음은 "말로 하는 죄(약 3:2,8)"는 비난, 저주, 폭언, 거짓말, 아전인수(我田引水: 자기 밭에 물을 끌어들임)격인 말, 깎아내리는 말, 인격이하(품위 없는)의 언어, 참견하는 언어(한국인은 참견하기를 좋아한다), 분별력 없는 언어, 따라서 "행동(行動)으로 하는 죄"는 불순종, 폭행, 강도, 도둑질, 올무(함정), 속임, 괴롭힘, 횡령, 사기, 살인, 위장(외식), 무례, 우상숭배, 주일위반, 부도덕, 간음(姦淫), 위증, 이간, 배신(背信) 등 그래서 종교(宗敎)를 가지고 믿음이 있어야 한다. 믿음은 여러 가지이다. ① 미신(迷信Superstitions):애니미즘(물질 속에-생명이 있다), 타부(금기: 시합 날 손톱, 수염을 깎지 않는다), 페티시즘, 샤머니즘(근본적인 것을 해결해야지 돈 없다, 우환 등 보이는 것만 문제를 해결하려고 한다) 등 바위, 나무 밑에 가서 빌고 믿는다. 어리석음, 산신령, 부적 등 ② 맹신(盲信Blind Faith): 이단, 사이비, 분별없는 신앙 등 덮어놓고 믿는다. ③ 광신(狂信 Fanaticism): 열광주의, 신비주의, 은사주의 합일주의 등, 균형 있게 믿어야 하나 지나치게 어느 한 쪽으로 믿는다. ④ 자유주의 신앙(自由主義 Liberalism): 성경비평, 다원주의, 만인구원론 등을 주장하며 누구나 다 천국 간다. 자유주의 신학이 문제이므로 신학대학을 잘 선택해야 한다. 종교다원주의가 많다. ⑤ 참 된 신앙: 복음신앙(福音信仰 Faith in the Gospel) 예수님을 믿음, 성경-하나님-나의 죄-예수-그리스도-영접-중생-성화-복음이다. 우리를 시험하는 3가지와 거짓말 3가지는 용서가 된다고 한다. 시험하는 3가지는 ① 육신의 정욕(먹고사는 문제, 음식, 술, 소유욕, 성욕, 정복욕), ② 안목의 정욕(보는 것, 즐기는 것, 잘 보이고 멋있게 보이는 것), ③ 이생의 정욕(권력, 명예, 칭찬, 인기, 평가. 가문, 소문 등), 거짓말 3가지는 용서할 수 있는 것은 ① 지식: 잘 알지만 잘 모릅니다(겸손: 지식의 과실을 피하기 위해, 지식나무를 붙잡지 말고 생명나무를 붙잡아야 한다), ② 대접: 대접이 부실했으나 '아주 대접을 잘 받았습니다.' ③ 성생활: 대답을 안 해도 된다. 결혼前이야기 등 유명 인사들이 현재 형으로 대답한다. 결코 일이 없었다. 예수님은 거짓말을 안 하면서 답변했다(마 4:1-4). 생각(生覺)은 행동(行動)의 씨앗이다. 사회생활을 할 때 이길 수 있는 힘을 달라고 기도해야 한다.

위에서 "생각(生覺)은 죄" "말로 하는 죄" "행동(行動)으로 하는 죄" 등을 예로 들었다. 세상을 살아갈 때는 심포니(Symphony)가 되어야 한다. 심(Sym)이란 "함께"라는 헬라어에서 왔고, 포니(phony)는 라틴어로 "소리 혹은 목소리"라는 뜻이다. 심포니 즉, 교향곡(交響曲)은 여러 악기가 자기 소리를 내면서 다른 악기의 소리를 방해하지 않고 어울린다는 뜻이다. 우리의 삶도 이렇게 살아가면 좋겠다.

- 성경적 신앙은 어떤 특징이 있나?

1) 낙심, 불평하지 않는다(낙심: 마귀의 선물, 불평: 실패자의 열매) 2) 놀라지 않는다. 3)

원망하지 않는다. 4) 인간의 칭찬을 개의치 않는다. 5) 모든 일에 하나님의 손길을 본다. 6) 소문을 두려워 않는다. 7) 말씀읽기와 기도하기를 즐긴다. 8) 예배를 즐거워한다. 9) 고난과 어려움이 와도 인생을 즐긴다. 10) 참 신앙의 특징은 두 가지가 있는데 행복함(Happiness:영적인 기쁨), 거룩함(Holiness: 도덕적인 성결), 11) 불가능을 가능으로 바꾼다(산을 옮기는 믿음). 또한 교회생활은 교회는 또 하나의 가정이다. 행복한 교회, 교회다운 교회를 세워 나감에 참여한다. 교회생활이 병들면 신앙생활이 병들고 삶 전체가 병들게 된다. 교회생활을 삶의 중심에 둔다.

6) 교만의 종류

(1) 지식적 교만- 학벌, 논리, 전공지식, 기술, 방법
(2) 도덕적 교만- 선행, 양심, 구제, 봉사, 헌신, 충성
(3) 환경적 교만- 돈, 가문, 출신, 국가, 동네, 몸매, 얼굴
(4) 종교적 교만- 정통성, 교단, 교회, 교리, 새벽기도, 헌금, 전도

교만이란 분수를 넘어서는 것으로서 자기 위치를 넘어서거나 자기 능력 이 상으로 자랑하는 일, 자신의 능력과 비교하여 못한 사람을 비난하고 얕보는 행동. 내가 네 행위를 아노니 네가 차지도 아니하고 뜨겁지도 아니하도다. 네가 차든지 뜨겁든지 하기를 원하노라. 네가 이같이 미지근하여 뜨겁지도 아니하고 차지도 아니하니 내 입에서 너를 토하여 버리라(내치리라) 볼지어다. 내가 문밖에 서서 두드리노니 누구든지 내 음성을 듣고 문을 열면 내가 그에게로 들어가 그와 더불어 먹고 그는 나와 더불어 먹으리라. 이기는 그에게는 내가 내 보좌에 함께 앉게 하여 주기를 내가 이기고 아버지 보좌에 함께 앉은 것과 같이 하리라. 귀 있는 자는 성령이 교회들에게 하시는 말씀을 들을지어다(요한계시록 3:15-22).

7) 다음은 3종류의 사람을 예로 들어보기로 한다.

무신론자(신이 없다고 믿는 자), 불가지론자(신이 있는지 없는지 알 수 없다고 믿는 자), 유신론자(하나님이 계신다고 믿는 자), 따라서 무신론자의 종류는(철학적 무신론자=공산주의자), 신학적 무신론자=사신신학(사신신학), 실천적 무신론자=입으로는 믿으나 생활로 부인하는 자) 그러나 인간의 공통점은 모두가 믿는 자이다.

3종류의 사람[11] 〈표 16〉

종류	① 주인 정신	② 노예 정신	③ 청지기 신앙	비고
마음	교만	긴장	겸손	주인과 종
개념	소유	예속	관계	소유자와 관리자
물질	재산	남의 것	주님 것	유(有)와 무(無)
사용	자유	분부	Q 뜻대로	자유와 독재
목적	자기영광	해방	Q 영광	기쁨과 슬픔
문제	실력	없음	기도(祈禱)	생활과 방법
결과	스트레스	무의미	풍성, 평강	의미와 건강

위의 사람들이 있듯이 사람은 인과관계가 좋아야 한다. 관계 속에서 행동과 언어(言語)을 조심하고 마귀가 틈타는 단어들을 사용하면 망한다. 마귀는 1초전과 1초 후의 틀리는 성급한 사람, 분노, 짜증 등을 좋아한다. 토론, 소곤소곤, 군중심리, 소요, 욕심, 고집, 분쟁, 불평불만, 자존심, 죄책감, 가난, 낙심, 절망, 자포자기, 공포, 증오 등, 이것이 곧 마귀이자 똥이다. 똥이 없으면 마귀가 침투하지 못한다. 성질이 나면 똥이 역사하는데, 심리학자들은 똥을 "감정의 쓰레기"라고 한다. 똥을 치우면 '평강'이 온다. 그리고 진리가 너희를 자유롭게 하리라(요 8:32). 그러면 진리가 무엇이냐? 진리(眞理)는 ① 참(true), ② 사실자체(truth), ③ 원리, 원칙, 공리, 법칙, ④ 예수그리스도(요 14:6), ⑤ 하나님의 말씀(요 17:7), ⑥ 성령(聖靈 요 15:7)으로 자유는 책임이다. 아울러 도덕적인 것은 ①의, ② 진실, ③ 거룩, ④ 겸손, ⑤ 온유, ⑥ 친절(신의)과 하나님의 영적인 것은 ① 회개, ③ 믿음, ④ 중생, ⑤ 성화, ⑥ 기도 ⑦ 복음전도 등으로 이세상은 하나님의 뜻대로 움직인다고 했다.

Providence(하나님의 섭리) Richard Hassefras 리챠드 하세프라스(믿음의 시)

When I ask and I pray And it does not go my may I begin to doubt you are near(제가 간구하며 기도할지라도 제 듯-뜻대로 이루어지지 않으면 하나님이 함께하는지 의심하게 되지요.)

So I try to outdo you In the things I pursue(그래서 저는 당신을 앞질러 제가 추구하는 일을 하려고 하지요. 그리곤 혼자서 두려움에 휩싸이지요.)

And I end up alone in my fear God of creation, you like to surprise me with the gifts

11) 문형장로교회 박해경 목사 설교말씀(칼럼) 중에서(2011.6).

you conceal till the day(창조의 하나님. 당신은 선물을 감추어 두셨다가 때가 되면 저를 놀라게 해 주십니다.)

Through no foresight of mine But in your perfect time You grant me my needs in your way(제게는 미리 보여주시지 않으시고 당신의 온전하신 때에 하나님의 방법으로 저의 필요를 채워주시나이다.)

헬라어는 사색적, 관념적, 철학적 언어라면 라틴어는 실용성, 실질적 용어이다.

8) 인간은 믿는 존재이다.[12)]

* 사람은 종교적인 존재이기에 교회를 안다녀도 무엇이든 믿는다. 기독교는 믿음의 종교인데 "보려고 만지려고 하다 보니 우상숭배가 된다." 믿는 것이 깨질 때 정신병자가 아니면 자살한다. 그러나 은혜 받은 사람은 감사할 줄 안다.

1) Homo Sapiens = 생각하는 인간(철학)/ 동물은 생각 없이 살아가나 인간은 생각하는 존재이다. 독창적이어야지 모방적인 것은 안 좋다. 이 세상은 자기가 옳다고 생각한다. 하나님 편에 설려고 하니 편이 없어 불순분자가 큰소리를 치니 Q편이 없어 교수들은 보편적으로 다수결로 결정(나쁜 결정)하는 대로 따라간다. 사람을 말할 수 있게 입(言語)을 주셨다. 말을 정확하게 안하는 것도 거짓말이다. 세상은 사람들의 생활구조를 복잡하게 만들어 주셨다(괜히 바쁘고, 피곤하고, 발명, 컴퓨터, 화장실, 종교, 생(生)과 사(私) 등). 뉴스는 90%가 나쁜 소식으로 남이 잘 안 되는 것만 소개하고 있기 때문에 언론의 책임이 크다. 정답은 성경에 있다. 스포츠는 인생의 축소판이다(야구, 축구 등).

2) Homo Ludens = 놀이하는 인간(유희)/ 인간은 노는 존재이다. 놀이를 보면 그 나라의 수준을 볼 수 있다. 놀 줄 모르면 불행한 사람이다. 잔치 집에 가면 말석에 앉아라! 대한(마한, 진한, 변한)민국이다.

3) Homo Faber = 공작하는 인간(문명)/ 인간은 질서, 계획이 있다(인간은 창의적 존재로써 독창적이어야지 모방적인 것은 안 좋다). 예, 체능의 성공의 비결은 계속하는 것이다. 창세기 3:19절에 네가 흙으로 돌아갈 때까지 얼굴에 땀을 흘려야 먹을 것을 먹으리니 네가 그것에서 취함을 입었음이라 너는 흙이니 흙으로 돌아갈 것이니라 하시니라.

- Homo Orans = 기도하는 인간(믿음)/ 기독교는 믿음의 종교이다. Q와 교통해야 한다. 예수께서 이르시되 할 수 있거든이 무슨 말이냐? 믿는 자에게는 능치 못할 일이 없느니라(영혼

---

12) 박해경 목사 설교 말씀(칼럼) 중에서. 2013.9.22.

의 3가지: 영의 세계, 물질의 세계, 정신세계). 구원(救援)은 죽게 되는 것을 살리는 것이고 영생(永生)은 영원히 복락을 받는 것이다. 저들이 나를 헤코자하오나 나는 기도할 뿐이다. 유일하게 미국대통령은 선서할 때 성경에다 손을 얹고 선서를 한다.

* 잘못된 믿음

- 미신(迷信) - 헤매는 믿음/ 종교적, 과학적으로 망령되다고 생각하는 믿음(점・굿 등), 미신(美神) = 혼자만의 신을 아름답다고 믿는 사물. - 맹신(盲信) - 눈먼 믿음(덮어 놓고 믿음)/ 판단력이 없다. 자기자식이 최고라고 믿는다. - 광신(狂信) - 미친 믿음(무비판적 믿음)/ 집착, 권력, 술, 여자, 마약, 중독(일종의 정신병) - 이단(異端) - 끝이 다른 믿음(옳지 않은 도)/ 비슷하게 나가는데 결론은 실패이다.

기독교는 믿음 성경 희생하며 손해를 보는 종교인데, 요즘 유대인 탈무드는 손해를 보지를 않으려고 한다. 교만하고 거만하여 성경도 잘 읽지 않으려고 하는 정보가 있다. 악은 악으로 욕을 욕으로 갚지 말고 도리어 복을 빌라(베드로전서 3:9) 눈에는 눈, 이에는 이, 율법주의자는 손해를 안 보려고 한다.

9) 족보와 민족 이야기[13)]

일설에 우리나라의 박씨는 스키타이인이고, 김씨는 흉노족이며, 이씨는 여진족이라는 말이 있다. 그리고 환단고기에 의하면 우리나라의 조상은 중국의 반 정도 이상을 차지하고, 러시아 일부까지 가졌으며, 고조선 이전에도 이미 7000년간이나 세계 최강국으로 무사 평안한 에덴동산 같은 나라를 이루고 있었다. 그리하여 우리 조상으로부터 수메르문명과 황하문명, 잉카와 마야 문명, 이집트 문명까지 퍼져나간 것으로 된다. 그렇다면 우리나라의 순서는 이렇게 된다. 환국-배달-조선(대부여)-북부여-마한, 진한, 변한-고구려, 백제, 신라, 가야-발해, 통일신라-고려-조선-대한제국-일제시대-대한민국(남한), 조신민주주의인민공화국(북한)이다.

과거에 어떤 부흥강사는 단군이 성경에 나오는 단지파라고 말하기도 했다. 물론 근거가 없는 이야기라서 곧 철회하였으나 그런 이야기를 들으면 우리나라가 성경에 나오는 선민과 연결되는 기분이 드는 것이 사실이다. 고대 우리나라의 종교 가운데 신교(神敎)라는 것이 있었다고 하는데, 그 종교에 의하면 하나님은 보이지 않는 무형의 신으로서 그 무형의 신이 셋으로 나타나는 것이 곧 하늘과 땅과 인간이라고 한다. 그래서 천일(天一), 지일(地一), 태일(太

13) 2014.4.27. 박해경 목사 설교말씀(칼럼) 중에서, 2014. 9월 <칼럼>, 문형장로교회.

一, 즉 人一)이라는 것이다. 천일, 지일, 태일이 바로 신이라는 뜻이다. 그래서 마치 성경에 있는 삼위일체 비슷한 사상이 나온다. 삼신이 일신인데 그 신이 성육한 것이 상제라고 한다.

또한 우리나라의 관습 가운데 밥을 하고 나면 밥 위에 십자가를 긋는 행위라든지, 하늘을 공경하고, 하늘에다가 천제를 드린다든가, 죄를 지으면 "너 죄받아…"라고 한다든가, "하늘이 무섭지 않으냐?"라고 하는 것도 종교성을 암시한다. 또한 우리나라에는 100만 명의 무당과 역술인이 있고, 년 초에는 항상 점을 치고, 신문에도 무당과 점쟁이들이 나오고, 공영방송에까지 점쟁이가 나와서 관상을 말하는 것도 종교성이 강한 면모를 보여준다. 그렇다면 우리 조상과 우리민족은 아주 특이한 족속이다. 여기에 복음이 들어가기만 하면 될 것이다.

10) 〈칼럼〉 유대인과 독일인의 가정교육

유대인과 독일인은 가정교육에 있어서 유사한 점이 많다. 우선 그들은 자녀에게 억압적으로 가르치지 않는다. 자녀를 인격적으로 대우하고 스스로 깨닫도록 아주 합리적이고 이치적으로 상황을 알려주며, 어떻게 해야 가장 이치적인가를 분별하도록 말해준다. 예를 들면 유대인은 자녀에게 교육을 할 때 막연하게 하지 않고 구체적으로 한다. 단지 관념적으로 도둑질을 하지 말라… 이런 식이 아니고 자녀가 이웃집의 장미꽃을 꺾어 왔을 때 그 기회를 타서 그것이 왜 도둑질인가를 알려준다. 그들은 왜 이웃의 장미를 꺾었느냐고 당장에 화를 내지 않는다. 아버지는 아들이 답을 찾을 때까지 질문을 한다. 왜 장미를 꺾었느냐고 묻고 대답을 기다린다. 그러면 아들은 예뻐서 갖고 왔다고 한다. 아버지는 묻는다. 그것이 누구의 것이냐? 아들은 옆집 주인의 것이라고 말한다. 그러면 꺾으면 되는가? 아니요. 왜? 옆집 주인의 것이니까요… 왜 네 것이 아니면 꺾으면 안되니? 어느 계명을 어겼느냐? 8계명이요.;. 이제 너는 하나님의 뜻을 어겼으니 그 장미를 어떻게 처리해야 하겠니? 그러면 아들은 깨닫고 대답한다. 잘못했다고 사과해야 합니다. 그렇다. 주인을 찾아가서 잘못을 빌고, 돌려준다. 주인이 받지 않을 때는 장미 값을 계산해 주어라… 그 돈은 아버지가 줄게. 그리고 하나님께 용서를 빌고 죄사함을 받아라… 이런 대답으로 가르치고 그 행위를 실천하고 나면 아버지는 아들은 껴안고 기도해준다.

경건한 가정의 독일인들도 대체로 자녀가 늦게까지 자지 않고 TV를 본다거나 게임을 한다거나 놀고 있다면 그 자녀에게 야 빨리 가서 자! 혹은 너는 왜 밤낮 늦게 자냐? 그러니까 늦게 일어나지… 정신차려! 이런 식으로 하지 않고, 아들아… 지금은 자러 갈 시간이 되었다고 생각지 않느냐? 어떻게 판단이 되니? 라고 묻는다. 그러면 아들은 생각해보고 너무 늦었다고 깨닫는다. 아들은 아버지의 질문의 뜻을 알고 예 이제 자러 가겠습니다. 정신이 팔려서 시간

가는 줄 몰랐어요… 라고 한다. 그러면 아버지는 주님의 이름으로 축복하고 평안한 잠을 자도록 기도해 준다. 말틴 루터가 종교개혁을 할 때도 농촌의 한 가정에서 흘러나오는 기도소리를 들은 멜랑톤이 "여보게 루터. 저 가정에서 자네를 위해 기도하는 소리를 방금 내가 들었네… 주님이 반드시 이 복음사역에 축복하실 것일세…"라고 했다. 경건한 독일가정은 루터를 위해서도 기도하는 것을 가르친 것이다.

〈칼럼〉 유대인의 승리와 실패

유대인은 철저한 안식일 성수, 정확한 십일조, 쉐마교육, 공동체적 봉사, 자선사업 등으로 세계 일류민족이 되었다. 이것은 그들이 성경말씀대로 그대로 실천하다보니까 율법에 약속된 대로 복을 받아서 그런 것이다. 그들은 구심적인 선교로서 자손 대대로 유대교 신자로 양육하고, 현실에서 손해안보고 사기당하지 않고, 바보짓을 하지 않으면서도 하나님을 잘 믿는 방법을 터득하였다. 그러나 그들에게 결정적인 실패가 있다. 그것은 예수 그리스도를 인정하지 않는 것이다. 복음을 올바로 깨닫지 못한 것이다. 그래서 그들은 영의 세계가 "창조 질서"에 국한된다. 그들은 구속의 진리를 깊이 알지 못한다. 구약 교수들이나 랍비들의 이야기를 들어보면 대개가 창조의 진리에 탁월한 지혜와 지식이 있다. 그러나 복음이 약하다. 구속의 진리를 제대로 터득하지 못하니까 일방적으로 창조의 진리에만 머무르고 있는 것이다. 또한 유대인들은 지나치게 약아서 장사를 하거나 사업을 할 때 이익을 조금만 남기고 다량으로 판매하는 기술을 가지고 주변의 상권을 마비시킨다. 그래서 미국에 이민 온 민족들 가운데 가장 강하게 살아남는 민족이 이스라엘이라고 한다. 원래 상업적으로 강한 민족이 중국민족이다. 그런데 중국 민족을 이기는 게 유대인이다. 그러다가 한국인들이 미국에 오면서 상황이 달라졌다. 한국인들은 유대인을 이기고 상권을 장악했다. 한국인은 더 부지런하고, 더 악착같기 때문이다. 게다가 한국인들은 거의 다 교회를 다닌다. 한국에서는 그렇게 교회를 가자해도 안 가던 사람들이 일단 미국에 도착하면 교회를 다니게 된다. 그리고 열심히 신앙생활을 한다. 여기서 유대인의 항복을 받아내게 되었다. 즉 한국인들은 악착같은 근성에다가 복음으로 믿음까지 갖추게 되니까 그 누구도 당하지 못하는 유대인을 이기게 되는 것이다. 다만 아쉬운 것은 한국인이 유대인을 이기지 못하는 부분이 바로 안식일에 저들이 행하는 식탁예배이다. 한국인은 가정에서 신앙교육이 안된다. 그러나 유대인은 삼・사대가 모여서 매주 식탁예배를 드린다. 여기서 그들은 탈무드를 가지고 서로 토론하고 소위 삶의 지혜 "슈르드"를 깨우친다. 우리도 가정에서 가정예배를 드려야만 승리를 할 수 있을 것이다. 세계의 석학과 최고 정치가, 경제인, 예술가들이 유대인에게서 나오는 것은 말씀교육과 할아버지, 아버지와 함께하는 토론식 성경공부 덕분이다. 하지만 그들은 복음이 약하다는 것이 문제이다. 그들은 육적 복을 받되 영적 복을 빼기고 있는 것이다.

11) 〈칼럼〉 천재교육?

천재는 일찍 죽는다는 말이 있다. 사실 슈베르트, 모짜르트, 멘델스존, 비제 등 천재들이 모두 30대에 죽었다. 시인이나 문학가 중에도 일찍 죽은 사람들이 많이 있다. 천재가 일찍 죽는 원인에 대해서는 설이 많다. 1) 너무 과로해서… 2) 지나치게 기대감을 많이 받아 그것을 충족시키려니 스트레스가 많아져서… 3) 예술에 집중하다보니 삶에 소홀하여 경제난이 와서… 4) 불규칙한 생활로 제대로 건강관리가 안 되어서… 5) 자아도취증세가 있어 인간관계가 안 좋고, 사회적인 냉대나 따돌림을 받아서… 6) 천재는 너무 앞서 나가니까 다른 사람들이 이해를 안해 주므로 거기서 오는 스트레스 때문에… 7) 너무 탁월하니까 주변의 시기심과 공격을 견디기가 어려워서… 등등이다. 한 마디로 마음이 평안할 날이 없다는 것이다.

그러나 이상의 여러 가지 어려움이 있다 해도 믿음이 있으면 잘 견디고 승리할 수 있다. 실제로 신앙심이 좋은 천재들은 장수한 경우가 많이 있다. 바흐는 65세, 헨델은 74세를 살았다. 그들은 천재이지만 신앙심이 강하여 주님의 영광을 위하여 작곡을 했으므로 주변의 어려움을 잘 극복할 수 있었다. 최근에 이스라엘의 영재 교육에 대해서 쉐마교육이니 탈무드 교육이니 해서 마치 유대교의 교육방식이 천재를 길러내는 길인양 오해하는 사람이 많다. 사실은 이스라엘의 자녀교육이란 것이 영재를 목적으로 하는 것이 아니고 하나님을 경외하고 하나님의 말씀을 보다 더 잘 배울 수 있도록 하는 데에 그 목적을 둔 것이다. 유대인은 어려서부터 합숙훈련으로 말씀교육을 받고, 가정마다 식탁예배, 즉 밥상머리 교육을 통해서 하나님을 경외하는 방법과 이 세상을 지혜롭게 사는 법을 배우고, 토론하고, 함께 기도하여 결과적으로 영재가 되고, 승리자가 되는 것이다. 원래 목적 자체는 영재교육이 아니다.

우리도 먼저 신앙교육을 통해서 하나님을 바로 알고 바로 믿도록 하는 주일학교교육과 가정에서 부모와 함께 하는 식탁예배나 가정예배를 실시하는 것이 아주 필요하다고 본다. 동기가 신본주의라야 한다.

6. 토속적 굿(巫俗)과 재담(演劇) 치료

우리민족은 북방에 연원을 두고 있다. 북방의 제 민족 및 국가들은 고대에서부터 현재에 이르기까지 인종학적, 언어학적, 민속학, 역사학 등, 학문분야에 이르기까지 우리민족과는 매우 밀접한 관계 속에 흥망성쇠를 함께 해왔다.

북방민족은 농업국가가 아니고, 유목생활을 하며 목축을 주업으로 하는 기마민족이 대부분이었다. 청동기와 철기문화를 발전시켜 무기를 확보하게 됨으로써 주변 여러 민족을 흡수 통합하여 여러 국가를 정복하게 되었다.

유럽에서 중국으로 통하는 실크로드의 주변에는 많은 민족 및 국가들이 있어서 그 통로를 통하여 서역 및 유럽의 선진문물을 쉽게 접할 수 있었으며 주변 국가와 중계무역을 통하여 선진문물의 보급자 역할을 수행하기도 하였다.

그동안 우리의 인류학・민속학・역사학 등은 자국 내의 문화현상만을 연구하기도 급급했었고, 북방 여러 민족 속에는 공산권이었기 때문에 우리학자들은 현지조사를 하는 것도 불가능한 상황이었던 것도 사실이다. 북방민족의 다양한 민속전통 속에 문화의 교차로인 몽골을 비롯한 북방문화의 요소(要素)가 곳곳에 남아 있으며 광활한 초원지대를 자신들의 삶의 터전으로 신기술을 습득하여 생존을 도모했던 유목문화의 연구는 인류학적으로 매우 중요한 과제 중의 하나이다. 그래서 언어나 문화 및 혈통적으로 북방민족의 문화를 가장 잘 이해할 수 있는 우리나라에서 북방의 대표적인 철학사상인 샤마니즘에 대한 연구가 위의 여러 조건들에 의해 본격적이고도 심층적으로 이루어지지 못했다.

한민족을 비롯한 동북아시아계 민족은 전통적으로 하늘(Tenggeri)과 땅(Gajar)을 가장 큰 숭배의 대상으로 삼고 있다. 그 다음은 하늘과 땅 사이에 펼쳐져 있는 삼라만상, 즉 자연을 경배하는 습관이 있었다. 학자들은 동북아시아계 민족의 원시신앙을 여타 지구의 신앙과 구분하여 샤마니즘(Shamanism)이라고 부르고 있다. 그러면 샤마니즘이라는 용어는 최초 어디에서 기원한 것일까?

샤마니즘이란 '흥분한 사람'이나 '미친 사람' 즉 '신들린 사람'을 뜻하는 에벤키(Ebenki)족의 언어인 샤만(Shaman)에서 유래된 용어이다. 그 외 양주동은 '두려운 사람'으로 해석하고 있고, 야쿠트인들은 남자무당 칭호, 또 삼한(三韓)의 샤만을 천군(天君)이라고 하여 샤만의 존칭어로 번역, 표현하였으며, 1930년대 조선의 무속을 조사한 바 있는 村山智 등은 한국의 무당 칭호가 시대와 지역에 따라 약 70여 개에 이른다는 것을 열거하고 있고, 무당을 뜻하는 샤만이라는 단어는 〈三朝北盟會編〉의 기록과 삼국유사(三國遺事) 券3, 유사한 단어가 발견되었다.[14)]

위의 사항들이 다시 연희(演劇) 속으로 유입(神=人間을 神格化=스타니슬랍스키의 리얼리즘, 유럽 셰익스피어 등)되어 조선연극사에서 봉산탈춤에 나오는 남강노인은 남극신의 화신으로, 시조에서 여러 곳에서 나타나며 부귀와 강녕을 축수하여 주는 상징적인 인물이다. 이것은

14) 박원길, 북방민족의 샤마니즘과 제사습속(국립민속박물관 학술 총서, 1998).

탈춤의 담당 층이 무당과 결합되면서 일어난 현상으로 탈춤의 이념적 배경을 연구하는데 있어 염두 해야 할 사안이기도 하다.

남극노인은 남반구 하늘에 노인성(老人星)이 그려져 있는데 이것을 남극노인 또는 수성(壽星). 태상로군이 주술을 이용하여 병을 고쳤다는 설과 하강하여 호흡조절이나 곡물을 먹지 않고 불로장생했다는 의술을 지녔다고 남극로인을 등장시켜 탈춤을 마무리한 것으로 추측이 된다. 다시 연극속의 배역 보조로 들어가서 본다면 극적인 효과를 주도하기 위하여 미얄과장의 가슴에 맺힌 한(恨)을 신명으로 풀고 굿을 표면적으로 드러내어 혼백을 위로하고 현재의 삶을 잘 살기 위하여, 민중의 애환을 정화하고자 민중의 문화(文化)가 변하고 있다. 즉, 굿은 귀신을 달래는 것이고, 교회는 귀신을 쫓아내는 것이다. 문화(文: 무늬, 채색, 얼룩, 化: 모양이 바뀌다, 따르다)는 종합예술로서 굿(巫堂)과 연희(演戲)의 예술로 시대에 맞게 변화되고 승화되는 것이다.

＊탈춤공연이 끝난 후에 즉석(卽席)에서 탈, 의상, 등, 제도(諸道)를 불에 살라버리는데 그것이 전소(全燒)할 때 까지 출연자일동은 모여서 충천(衝天)하는 화광(火光)을 向해 數업이 절(祚)을 한다(劇 속에서=끝이 나면=다시 세상의 원위치로 돌아간다).

7. 영성(靈性: Spirituality), 치유(治癒: Healing), 공동체(共同體: Community)[15]

1) 영성, 치유, 공동체

현대교회에서 가장 많이 사용하고 있는 세 가지 용어가 있다. 프로테스탄트, 가톨릭을 막론하고 세계교회 전체가 그러하다. 불교식으로 표현하자면 이들 세 가지 용어가 이 시대의 화두(話頭)이다.

영성(靈性: Spirituality), 치유(治癒: Healing), 공동체(共同體: Community) 세 가지 용어이다. 이들 세 용어가 세계교회의 화두가 된 것은 지구공동체 전체가 병들어 있음에서 비롯된다. 지금 세계는 이 나라 저 나라 할 것 없이 한결같이 병들어 있다.

세계경제가 위기를 맡고 있으니 사람들은 경제만 병들어 있는 것으로 착각을 한다. 경제가 병들게 된 원인 자체가 경제적인 이유에서 비롯된 것이 아니다. 마음이 병든 데서 비롯된 것

15) 김진홍 목사의 대표적인 "아침묵상" "칼럼" 중에서.

이다. 마음이 병들어 만사에 문제가 일어나기 시작하였는데 병든 마음은 그대로 둔 채로 경제 문제에만 매달려서는 아무것도 고쳐지지 못한다. 마음은 왜 병들게 되었는가? 영혼이 병들게 되었기 때문이다. 우리는 병든 영혼의 모습을 종교인들에게서 볼 수 있다. 예수께서 병든 종교인의 모습에 대하여 다음같이 이르셨다. "너희는 세상의 소금이니 소금이 만일 그 맛을 잃으면 무엇으로 짜게 하리요. 후에는 아무 쓸 데 없어 다만 밖에 버려져 사람에게 밟힐 뿐이니라"(마태복음 5장 13절)

이 말씀에서 "맛을 잃은 소금"은 바로 본질을 벗어나 병든 종교인들의 모습이다. 바로 바른 영성의 상실이다. 인류공동체가 올바르고 건강한 영성을 상실케 되면서부터 마음이 병들게 되고 마음이 병들게 되면서 교육도 경제도 정치도 모두가 병들게 되었다. 그러기에 우리들 크리스천들이 감당하여야 할 가장 중요한 시대적 과제는 바른 영성의 회복이다. 회복된 영성으로 공동체의 질병을 치유하여야 한다. 바로〈치유하는 영성공동체〉를 회복하는 것이 교회다운 교회를 이루어 나가는 첫 번째 과제이다.

- 진나라의 재상이었던 여불위가 인재를 뽑을 때에 기준으로 삼았다는 여섯 가지 기준이 있다. 인재발탁의 육험론(六驗論)이라 한다.

첫째가 낙(樂)이다. 즐겁게 해주고서 그가 즐거움에 얼마나 빠져드는가를 살핀다. 둘째가 희(喜)이다. 사람을 기쁘게 하고서 그가 기쁨을 얼마나 자제하는가를 살핀다.

셋째가 고(苦)이다. 사람을 괴롭게 하고서 그가 괴로움을 얼마나 참는지를 살핀다. 넷째가 공(恐)이다. 사람을 두렵게 하고서 얼마나 두려움을 나타내는지를 살핀다. 다섯째가 비(悲)이다. 사람을 슬프게 하고서 얼마나 슬픔을 삭이는지를 살핀다.

여섯째가 노(怒)이다. 사람을 성나게 해놓고서 얼마나 감정을 다스리는지를 살핀다.

자극에 쉽사리 흔들리는 사람은 가벼운 사람이어서 인재가 되지를 못하고, 쉽사리 감정을 드러내지를 않고 자제하는 사람은 맡은 일에 책임을 지는 좋은 인재라 하였다. 이는 됨됨이가 물 끓듯 하지 않고 묵중하여야 쓰임새 있는 사람이라 하였다.

- 우리는 제 각기 자기 나름대로 존경하고 따르는 인물들이 있기 마련이다. 물론 나도 그런 인물들이 있다. 그런 인물들을 한국과 일본 그리고 중국에서 4사람씩을 손꼽는다. 우리 역사의 인물로는 신라시대의 원효(元曉)스님, 임진왜란 때의 이순신 장군, 비운의 석학 다산 정약용(茶山 鄭若鏞), 그리고 도산 안창호(島山 安昌浩) 선생이다.

일본의 인물로는 250년 전에 요네자와 번에서 개혁운동에 성공하였던 정치가, 우에스기 요잔, 1886년 메이지 유신(明治維新)을 성공시킨 장본인 사카모도 료마(坂本龍馬), 일본의 민족정신과 기독교 신앙을 접합시킨 평신도 크리스천, 우찌무라 간조(內村鑑三) 그리고 고베(神戶) 빈민굴의 성자, 가가와 도요히꼬(賀川豊彦)이다.

중국의 인물로는 약소국가 진(秦)나라가 강대국으로 가는 기초를 닦은 정치가 상앙(商怏), 춘추전국시대의 행동하는 사상가 묵자(墨者), 신중국건설의 기초를 놓은 손문(孫文), 그리고 모택동 시대의 문화혁명(文化革命)의 혼란을 극복하고 성장하는 중국의 기초를 닦은 등소평(登少平)이다.

이들 외에 아세아의 인물로는 베트남의 호지명(胡志明), 싱가폴의 이광요(李光曜) 인도의 마하트마 간디, 인도의 바울이라 불리는 전도자 산다싱, 그리고 필리핀의 막사이사이 등을 손꼽는다. 어느 시대에나 그 시대를 살아가는 사람들의 사표(師標)가 될 위인이 필요하다. 그런 위인이 없는 시대나 나라는 불행하다. 그런 위인들이 있기에 젊은이들이 그를 본받아 살기를 다짐하고 뜻이 있는 인사들이 그런 위인을 중심으로 동지들을 모아 새로운 시대를 열어가고, 백성들에게 희망의 불씨를 심어주게 된다.

- 올해(2013년)는 동의보감(東醫寶鑑)이 나온 지 400주년이 되는 해이다. 동의보감의 가치가 어느 정도인가 하면 의학 서적으로는 세계 최초로 유네스코 세계기록유산에 등재된 서적임에서 드러난다. 동의보감은 조선 중기의 의학자이자 어의(御醫)였던 허준이 1610년에 완성하여 1613년에 책으로 출간하였다.

십여 년 전 드라마 '허준'이 방영되어 많은 국민들의 심금을 울렸던 기억이 난다. 유네스코는 "동의보감"을 세계기록유산으로 올리면서 그 이유를 다음같이 밝혔다.

"내용이 독창적이고 귀중하며 오늘날에도 적용할 수 있는 동아시아의 중요한 기록유산이다. 세계 의학지식을 보존한다는 의미가 있다. 현대 서양의학 이전에 동아시아인들의 보건에 보탬이 됐고, 서양의학보다 우수한 것으로 인정되는 분야도 있다."

허준은 〈동의보감〉을 쓰면서 한의학(韓醫學)의 모든 분야를 쉽고 그리고 자세하게 설명하였다. 그래서 동의보감이 출간된 이래로 우리나라에서는 물론이려니와 중국과 일본 등의 동양의 많은 한의사들이 참고하였던 책이다. 지금까지 한의학 분야에서는 교과서로 여겨질 만큼 널리 읽히고 있다.

얼마 전 "신동의보감"이 출간된다는 보도가 있었다. 한국의 한의사들이 동의보감에서 잘못된 부분을 고치고 새로운 정보나 중요한 이론을 추가하여 "신동의보감"으로 출간한다는 계획이다. 허준의 후배들이 원래의 내용을 현대적으로 재해석하고 새로운 치료법을 더하여 새로운 동의보감을 출간한다 하니 참으로 좋은 일이다.

허준 선생이 오늘날에 활약하였더라면 진작 노벨의학상을 타고도 남았을 것이다. 아직 우리나라는 노벨상을 학술분야에서는 받지 못하고 있다. 이웃나라 일본이 16명이나 받았고 몇 해 전 중국도 노벨상을 받았다. 그러나 우리만이 아직 받지 못하고 있다. 올림픽 경기에서 많은 금메달을 받고 있는 일이 장한 일이거니와 이제는 학문에서도 노벨상을 받는 수준에 이르려야 한다. 허준 선생의 후배들이 분발하여 그런 수준에까지 높여 나갈 수 있기를 기대해 본다.

산은 구름을 탓하지 않는다.

거문고 줄을 늘 팽팽한 상태로 조여 놓으면 마침내는 늘어져서 제 소리를 잃게 되듯이 쉼을 거부한 삶도 마침내는 실패로 끝나게 된다.
그것이 살아 있는 모든 것들의 이치요, 섭리이다. 쉼은 너무나 자연스러운 일이다.
쉼은 삶의 정지가 아니라 삶의 일부분이다. 쉼이 없는 삶을 가정해 보라. 그것은 삶이 아니라 고역(苦役)일 뿐이다. 아무리 아름다운 가락이라도 거기서 쉼표를 없애 버린다면 그건 소음에 지나지 않는다. 따라서 쉼은 그 자체가 멜로디의 한 부분이지 별개의 것이 아니다. 저 그릇을 보라. 그릇은 가운데 빈 공간이 있음으로써 그릇이 되는 것이지 그렇지 않다면 단지 덩어리에 불과하다. 사람들의 가장 큰 병은 마음에 쉼을 누리지 못하고, 영혼에 안식을 누리지 못하는 병이다.

성서 한국, 통일시대를 꿈꾸며

우리겨레의 정신세계를 역사적으로 살펴보건대, 삼국시대 이전에는 무속신앙(巫俗信仰, Shamanism)이 중심이었다. 불교가 들어와 중심 종교의 역할을 하게 된 것은 신라시대 이차돈의 순교부터였다. 신라불교는 원효 큰스님이나 원광스님 같은 걸출한 승려들이 배출되어 불교를 융성케 하였다. 특히 신라불교는 대승불교 전통에, 호국불교(護國佛敎) 정신으로 신라가 삼국통일을 이룸에 정신적으로 중심역할을 하였다.
그리하여 신라, 고려 시대는 불교의 가르침이 당대의 정신세계를 이끌었다. 그러나 조선조에 들어오게 되면서 국가를 이끄는 지도부가 유학을 국가지도 이념으로 삼으면서, 억불숭유 정책을 폄에 따라 유학의 시대가 열렸다. 조선조 중반을 넘어서면서 마을마다 서당이 보급되게 되면서, 산골마을까지 서당이 세워져 공자와 맹자의 글을 읽게 되었다. 그 시절 이황 퇴계선생, 이이 율곡선생, 서경덕 화담선생, 정약용 다산 같은 세계적 수준의 유학자들이 배출되었다.

기독교가 한국에 들어와 뿌리를 내리게 된 것은 유학이 제 역할을 하지 못하고, 공리공론에 치우쳐 국가를 바르게 이끄는 지도이념이 상실케 된 뒤였다. 한국가톨릭은 개신교 보다는 100년 앞서 들어왔지만 초기의 박해시대를 거치며 숱한 신도들이 형장으로 끌려갔다.

가톨릭에 비하면 개신교는 좋은 시절에 들어오게 되었다. 1885년 부활절 날에 미국 선교사 언더우드와 아펜 젤러가 제물포 항에 내리게 되면서 한국 개신교 시대가 열리게 되었다. 한국 개신교는 선교 초기의 우여곡절을 잘 극복하여 나가면서 아세아에서 처음으로 성공하는 교회가 되었다. 한국의 현대사는 바로 한국교회사와 맥을 같이 하면서 민족의 영욕을 함께 극복하여 왔다.

특히 일본제국주의의 강점기에는 교회가 길러 낸 인재들이 애국애족과 독립운동에 앞장서서 활약케 되면서 민족의 지도자들이 바로 교회의 지도자들이었다. 서재필 박사를 선두로 하여 도산 안창호, 남강 이승훈장로, 월남 이상재 장로, 조만식 장로, 백범 김구, 우남 이승만, 김규식, 윤치호, 김교신 선생, 남궁억 선생 같은 분들이 그 시대를 빛낸 크리스천들이었다. 그리하여 한국교회와 신도들은 조국의 근대화운동, 항일독립운동 등 해방 후의 극심하였던 좌우대립의 갈등 속에서도 자유민주주의 이념을 수호함에 선두에서 활약하였다. 특히 초대 대통령 이승만 박사는 친일파를 등용한 점이나, 부패정권을 이끌었던 점등의 과오가 있었음에도 불구하고, 자유민주주의 체제를 고집스럽게 주창하여 지금 북한과의 체제 투쟁에서 완전히 승리케 한 점에서는 최고의 공적을 이루었다.
이어서 한국교회는 반공운동, 민주화 운동, 인권운동, 국민계몽운동, 교육운동 등의 분야에서 타의 추종을 불허하며 업적을 이루어 왔다. 한국 개신교가 선배들의 이런 업적을 어떻게 계승 발전시켜 나가며, 통일한국 시대가 성서한국 시대가 될 수 있는 기틀을 닦아 나가느냐라는 문제가 우리들의 앞에 가로놓인 과제이다

2) 바로 살아보세[16)]

세월호의 전복사고로 목숨을 잃은 우리 자녀들의 희생이 무의미한 희생이 되지 않도록 온 나라가 힘을 합하여야 한다. 위로 대통령으로부터 모든 공직자들과 여야를 넘어선 정치인들과 모든 국민들이 마음을 합하고 힘을 합하여 새로운 나라, 새로운 사회, 새로운 질서, 새로운 전통을 세워 나가는 데에 힘을 합하여야 한다.

세월호 사건이 일어난 것은 어느 날 갑작스럽게 일어난 사건이 아니다. 수십 년간 우리가 잘못 생각하고, 잘못 행동하고 잘못 살아온 삶의 결과이다. 세월호 사건은 이기주의와 생명경시, 적당주의와 부패한 관행들이 합하여져 일어난 사건이다. 야당의 일각에서는 대통령에게 사과하라고 다그치고 있지만 그야말로 구태의연한 정치행태이다. 대통령이 10번 20번 사과한

16) 칼럼 중에서.

다고 하여 무엇이 달라질 수 있겠는가? 이제는 그런 식의 사고방식이나 정치행태나 관행에서 벗어나 본질적인 변화가 일어나야 한다. 이 사건에 관계되는 이단 종파 구원파와 그 대표 격인 유병언에 대하여 시간마다 매스컴이 보도하고 있다. 이번에야말로 그런 인사, 그런 세력들이 발본색원 되어 우리 사회에서 뿌리째 뽑히는 기회가 되어야 한다. 그러나 유병언 일파의 규탄에 쏠려 우리 사회의 그릇된 가치관이나 공직자들의 무책임이나 잘못된 시스템에 대한 회개와 개선 또한 가려져서는 안 된다. 더욱이 이런 사건을 통하여 우리들 종교인들이 대오각성 하여야 한다. 문제의 근본 원인이 어디에 있는지를 살펴 그 근본을 바로 잡아 나가는 일이 종교인들이 하여야 할 일이다. 1960년대와 70년대 국민들의 다수가 끼니 걱정을 하며 지나던 시절에 "새마을" 운동이 시작되었다.

그래서 우리가 이만큼이나마 잘 살게 되었다. 잘 살게는 되었는데 문제가 생겼다. '잘' 사느라고 '바로' 사는 길을 잊어버린 것이다. 정치인들이나 경제인들이 "잘 살아 보세"를 말하던 때에 교회는 "바로 살아 보세"를 실천하였어야 한다.

잘 살게는 되었는데 바로 사는 길을 잊어버렸기 때문에 부패하고 부정하게 되었고, 자신만 생각하느라 다른 사람들은 죽든 말든 상관치 않게 되었다. 그래서 어린 생명들 300여 명을 팽개치곤 자기만 살아나오는 이상한 어른들이 된 것이다.

그 귀중한 300명의 아들딸들의 죽음이 그나마 헛된 죽음이 되지 않게 하려면 우리 사회가 근본적으로 변화되어야 한다. 온 나라가 "바로 사는 일"에 새로운 시작이 되어야 한다. 희생당한 아들딸들의 분향소에 모여드는 백성들을 보노라면 그래도 우리에게 희망이 있음을 느끼게 된다.

비를 맞으면서도 두 시간 넘게 줄을 기다려 꽃을 바치는 이들의 모습이, 그 정성이, 그 눈물이 아직 희망이 있음을 일러 준다.

3) "형제가 연합하여 동거함이 어찌 그리 선하고 아름다운고"(시편 133편 1절)

심리학자들이 쥐를 대상으로 실험을 하였다. 같은 환경과 조건 아래 상자 셋을 준비하고 A상자엔 쥐 한 마리를, B상자에는 열 마리를, C상자에도 열 마리를 넣었다. 그리고 난 후 C상자의 쥐들에게만 "쥐들아 내가 너를 사랑한다"하며 날마다 어루만져 주었다. 그리고는 쥐들의 수명을 관찰하였다.

A상자의 쥐는 500일을 살았다. B상자의 쥐들은 평균 750일을 살았다. 그런데 C상자의 쥐들은 평균 수명이 950일에 이르렀다. 결론적으로 혼자 사는 쥐보다 공동체를 이루어 사는 쥐들이 더 오래 살았고, 공동체로 사는 쥐들 중에서도 날마다 사랑을 표현하여 준 쥐들이 두드러

지게 더 오래 살았다.

이런 결과는 사람들에게도 좋은 참고가 된다. 혼자 사는 사람보다는 더불어 같이 사는 사람들이 더 행복하고 오래 산다. 때로는 다투고 미워하면서도 더불어 사는 사람들이 더 행복하고 장수하는 것이다. 그리고 공동체로 사는 사람들 중에서도 하나님의 사랑을 체험하고 누리며 사는 사람들이 훨씬 더 행복하고 장수한다.

그런데 요즘 사람들은 이런 점을 인식하지 못하고 나만 생각하는 이기주의에 젖어 있다. 더불어 살아가는 공동체적 삶의 유익을 모르기 때문이다. 더불어 살아가는 공동체적 삶 중에서도 하나님을 믿고 의지하며 사는 삶이 얼마나 더 복된 삶인지를 모르고 살아간다.

다음은 청교도 운동은 처음에는 개인의 경건운동으로 시작 되었다. 그러한 개인의 경건생활이 가정의 경건으로 이어지고 가정의 경건이 사회개혁과 국가개혁으로까지 발전하였다. 청교도들은 다음의 열 가지 사항을 경건생활의 기초로 삼았다.

1) 하나님께서 제정하신 방법대로 참 예배를 드린다.
2) 날마다 하나님의 말씀을 읽고 묵상한다.
3) 자녀들과 가족들에게 하나님의 말씀을 가르친다.
4) 자신을 날마다 살펴 두려움과 떨림으로 구원을 이룬다.
5) 형제들의 권면에 귀를 기울이고 순종하며, 근거 없이 형제를 의심하거나 나쁘게 말하지 않는다.
6) 서로 간에 불화가 있을 때는 빠른 시간 안에 화해하도록 한다.
7) 문제가 있어 보이는 이익은 피하고, 세상적인 일에 마음을 두지 않는다.
8) 교회에 열심히 봉사하고 복음 전하는 일에 전력을 다한다.
9) 곤경에 빠진 형제나 상처 받은 자녀를 위하여 기도하고 그들이 필요한 물질 을 돕는다.
10) 서로를 격려하고 서로에 대하여 책임을 지며 이 서약을 성실히 지킨다.

8. 왜 살아야 하는가?

여러 해 전 일본의 명문 사학인 게이오대학(慶應義塾大学) 총장이 한국에 와서 남산기슭에 있는 하이야트 호텔에서 특강을 한 적이 있다. 특강 주제가 '선진산업국가에서의 고등교육'이란 제목이었다. 그 선진산업국가들 중에는 한국 역시 포함된 터였다. 강의 서두에서 강사는 선진산업국가들이 고등교육에 실패하고 있는 이유를 세 가지로 들었다.

첫째는 젊은이들에게 삶의 의미를 가르치지 못한 이유이다.

둘째는 젊은이들에게 국가건설(Nation Building)에 대한 사명감(Mission Mind)을 심어주지 못한 이유이다.

셋째는 젊은이들에게 조상 때에 겪은 고난을 몸으로 익히게 하지 못한 이유이다.

세 항목 모두가 깊이 공감이 가는 내용이었다. 첫 번째 항목인 교육이 삶의 의미를 가르치지 못한 점에 대하여 생각해 보자. 인간은 본질적으로 의미를 추구하는 존재이다. 그러기에 최고의 지식과 기술을 가르쳤어도 삶의 의미를 가르치지 못한다면 그 지식과 기술이 자신을 행복하게 하지 못한다. 반면에 아무리 고통스럽고 힘든 나날을 살았어도 삶의 의미를 깨닫게 한다면 그 교육은 그것만으로도 이미 성공한 교육이 된다. 심리학자였던 빅터 프랭클 박사는 유대인으로 히틀러의 나치수용소를 경험한 분이었다.

그가 나치수용소에서의 생활을 생생하게 쓴 수기인 〈죽음의 수용소에서〉란 책은 이미 고전에 해당하는 명저이다. 그 중에서 프랭클 박사는 쓰고 있다. 수용소에 들어온 재소자들 중에 체력이 뛰어나고, 재능이 탁월하며, 수완이 민첩한 사람들을 보며 '다른 사람들은 다 죽어나가도 저 사람들은 마지막까지 살아남겠구나.'하고 생각하였다.

그러나 그런 사람들은 쉽사리 허물어지게 되고 마지막 까지 살아남은 사람들은 다른 부류의 사람이었다. 비록 연약하여 보여도 삶의 의미를 깨달아 산 사람들이 살아남았고, 자신들이 당하는 고난에 깃들인 의미를 깨달아 사는 사람들이 끝까지 견디어 내었다고 하였다.

왜 살아야 하는 지, 왜 고난을 견디어야 하는지, 왜 땀 흘려 수고를 하여야 하는지 그 이유를 바로 가르치고 바로 배우는 것이 참된 교육의 첫 번째가 되어야 한다.

9. 이 책을 권장하고 싶다

- 우리가 살고 있는 이 시대는 너 나 할 것 없이 너무나 바쁘게들 살아가고 있는 시대이다. 그렇게 바쁘게만 살다보면 자기 자신의 정체성(正體性, Identity)을 잃게 되고 급기야는 마음과 몸의 건강마저 잃게 된다.

성경(창세기 3:19)에 네가 흙으로 돌아갈 때까지 얼굴에 땀을 흘려야 먹을 것을 먹나니- 얼굴에 땀을 흘리는 노동이 있어야 한다고 일러준다. 땀 흘리는 노동이 없이 인간은 건강을 유지하고 살아갈 수 없다. 그렇게 사는 것이 창조주 하나님께서 인간에게 부여한 원칙이요 운명이다. 그러니 땀 흘려 노동하지 않고 살면 건강을 유지하고 살 수 없다.

"내가 가는 길을 그가 아시나니 그가 나를 단련하신 후에는 내가 순금 같이 나오리라"(욥기 23장 10절)

- 영적으로나 정신적으로나 어느 수준에 이르지 못한 터에 물질에 너무 고통을 당하게 되면 물질에 져 버리는 경우가 있다. 그래서 물질에 한(恨)이 생겨 인격에 취약점이 생긴다. 어느 지인이 빈민촌으로 들어가 빈민들과 함께 살아보니 가난한 사람들 중 두 가지 형이 있었다.

첫째는 가난에 찌들려 가난에 져 버리는 사람들이다. 물질 앞에 치사하여지고 조그만 이권에도 변하여 버리는 사람들이다. 그래서 강자 앞에서는 비굴하여지고 약자 앞에서는 고자세를 취하는 사람들이다.

두 번째는 가난에 인격이 오히려 승화(昇華)되어 고상하여지고 타인을 배려할 줄 아는 높은 정신세계를 누릴 줄 아는 사람들이다.

- 이런 두 가지 사람들 중에 전자가 훨씬 많다는 데에 문제가 있다. 가난하지만 멋있고, 고생스럽지만 여유가 있고, 쪼들리지만 타인에 대하여 배려를 하며 사는 사람들이 얼마나 아쉬운 때인가. 세계적인 불경기를 맞아 서민들의 삶이 심히 곤궁한 때이다. 이런 때에 오히려 인격의 향기를 발하는 사람들이 얼마나 소중한 사람들이겠는가! 우리 모두 비록 가난하지만 멋있게 살아갈 수 있는 인격의 향기를 발할 수 있도록 자기 수련을 게을리 하지 말아야겠다.

- 또 우리들에게 두 가지 의미를 일러준다. 첫째는 하나님께서 우리를 일꾼으로 세우실 때에 순탄한 환경에서 훈련시키시지를 않고 고난의 세월 속에서 훈련하시어 사용하신다. 개인도 그러하고 민족도 그러하다. 둘째는 하나님께서 일꾼을 뽑으실 때에 나무 중에서 백향목이나 오동나무 같은 잘난 나무 같은 사람을 뽑으셔서 사용하시는 것이 아니라 나무 중에 찔레나무 같은 쓸모없는 사람을 뽑으셔서 하나님의 일꾼으로 사용하신다.

예수님께서 12제자들을 세우실 때에 그러하였다. 베드로나 요한 야고보 같은 제자들이 그러하였다. 당대에 엘리트들 중에서 제자 감을 세우신 것이 아니다. 떨기나무에 불꽃으로 임하셨듯이 사람들 중에 잘나지 못한 후진 사람들 중에서 제자를 뽑으셔서 제자를 삼으셨다.

손자 병법 1,000번 읽으면 神의 경지에 이른다고 한다. 2500년 전에 쓰인 책이 지금까지 우리 삶에 적용된다는 데 충격을 받았다고 하면서 노병천 한국전략리더십연구원장은 1만 번을 읽었다고 한다. 그러나 100번 정도 읽으니 해석이 헷갈렸고, 1,000번쯤 읽은 후에야 확실하게 중심을 갖게 되었다고 한다. 손자병법은 총 6,109자(字)로 이뤄진 두껍지 않은 책인데 "그 어떤 책보다 깊은 철학, 생명력이 있다"고 했다. 그는 "특히 요즈음 화두인 소통, 혁신, 상생 등의 개념을 모두 손자병법에서 찾아 볼 수 있다."고 말했다. 이분에게 성경(聖經)을 권장하고 싶다.

10. 필자의 기도(祇禱)

만복의 근원이 되시고 우리의 대장님 되신 아버지하나님!

우리에게 안식의 날을 주셔서 주님을 예배하게 하심을 감사드립니다. 이 예배의 감동으로 일주일을 살아갈 때에 저희가 새 힘을 얻게 하소서, 이번 주에는 8·15 광복절을 맞이하였습니다. 우리에게 하나님의 백성다운 역사의식을 갖게 하시옵고, 우리가 서 있는 역사의 위치 속에서 우리에게 말씀하고자 하시는 주권자의 음성을 듣게 하시고, 소용돌이 같이 변하는 시대의 흐름 속에서 영원히 불변하는 계시의 진리로 현실을 판단하여 미래를 준비하고 이끌어 갈 수 있는 여호수아의 세대가 되게 하옵소서. 주님의 안목과 통찰로 역사를 바라보는 참다운 역사의식을 소유하게 하시어 우리의 기도를 들으시고 우리 민족이 부르짖음을 주께 상달케 하소서!

아버지 하나님! 지난 한 주간 살아갈 때에 우리에게는 너무도 많은 유혹과 시련이 있었음을 고백합니다. 이런 역사의식 속에 세상의 좋은 것들이 너무나 많아서 때로는 그리스도를 따르는 삶의 모습이 무거운 짐과 답답한 굴레로 느껴지기도 하였음을 회개합니다.

아버지 하나님! 우리가 순간적인 것에 사로잡혀서 영원을 바라보지 못하는 어리석음에 빠지지 말게 하옵시고. 어제의 잘못을 오늘 반복하지 않게 하시고 날마다 끊임없는 성화와 개혁이 우리가운데 일어나게 하옵소서. 우리민족은 일찍부터 주님의 부르심을 받은 저희들입니다. 수많은 외침 속에서도 견디어 왔으며 하나님의 인도와 보호 속에서 이제 안정을 찾아 복음의 민족이 되게 하시옵고 하나님의 부르심에 합당한 생활을 하게 하시고 그리스도의 인격으로 날마다 성장하게 됨을 감사드립니다.

그러나 진리의 삶을 걷기보다는 현실과 타협하고 재리에만 밝았습니다. 그동안 이스라엘에게 광야 40년 생활을 통해 구름 기둥과 불기둥의 인도하심을 좇아 생활하게 하시고 하나님의 축복과 언약, 그 성취의 여러 과정들을 경험시키면서 역사를 확인 시켜주셨습니다. 이제 우리도 이 엄청난 조건 속에 하나님의 놀라운 대한민국이 되게 하셨습니다. 민족의 쇠퇴기에 소망으로 파종하시고 고난의 시기를 통하여 단련하게 하시고, 성장의 시기에 우리민족에게 복음의 씨앗이 뿌려지고 오늘을 맞이하였습니다. 이제 복음의 진리를 왜곡하지 말고 교회의 순수성을 깨달아 역사의 새장을 열어갈 때라고 생각합니다. 그 조건 속에 땅 끝인 나무골에 우리 문형장로교회가 우뚝 서 있습니다. 우리는 이 교회를 하나님의 교회로 성장시켜야 합니다. 1. 하나님을 바로알고 그리스도의 비밀을 깨달아 감사하고, 2.순수한 복음을 선포하고 경청하여 회개와 죄사함과 성화가 일어나는, 3.언행심사 신본주의 신앙으로 실천하여 성령인도와 성령충만을 받아, 4.하나님의 영광이 나타나는 예배로 치유가 일어나고 전도가 되어져, 5.온전한

주일성수와 십일조로 승리하여 베풀고 주며, 6.전생에 달란트로 헌신하고, 7.출석해서 복음전하는 각개각층 지도자가 세워지는 교회로, 8.쉬지 않고 기도하여 성령의 은사와 능력을 받아 성도와 이웃에 봉사하며, 9.믿음, 도덕, 지식, 겸손, 온유, 충성, 물질의 복음적 우선순위를 실천하는 교회가 되기를 - 예수님의 이름으로 기도 드리옵나이다. 아멘.

5부
여행과 공연치료

제9장 여행(旅行)치유[1)]

매년 해외여행을 할 때마다 느끼고 의문점이 있어 때로는 걱정이 된다. 우리나라가 그나마 수출국으로서 자동차・전자제품 등, 상품을 팔아 외화를 벌어들이는데, 과연 우리는 얼마나 수출을 하여 달러($)가 들어올까? 해외여행객들이 외화를 낭비하니 기업에서는 수출을 하여 수입과 지출이 비슷하게 맞아 떨어지겠지? 경제를 모르는 예술가로서 기본적으로 평균이 비슷할 것이라고 생각했었다.

그러나 2011년 4월 25일(월) 조선일보기사에 의하면 30대 그룹에 속한 민간기업의 부채가 MB정부 들어 256조원 늘어난 것으로 나타났다. LH공사 적자(부채) 125조, 하루 이자만 100억 원이 넘는다(20113.2. 조선일보) 등, 공기업을 제외한 민간기업 24개 그룹의 부채가 이 정부가 출범한 2008년 547조원에서 2011년 803조원(삼성58조, 현대차31조, 환화20조, LG19조, 롯데17조, SK16조, 포스코15조, 현대중공업10조, 동부10조 등)으로 256조원(46.8%) 늘어났다고 한다.

그런데 한국인이 해마다 골프, 신혼여행, 유학생, 출장, 선교활동, 졸업여행, 공연 등으로 해외여행을 하면서 외화낭비는 얼마나 하고 있는가? 미국은 지금도 뮤지컬작품을 수출하는 나라이다. 며칠 전(前) 방송을 보니 뮤지컬 '스파이더맨'의 제작비가 7백 70억불이나 된다. 아직 한국에는 수입을 못했지만, 우리는 이런 뮤지컬 나이센스 작품을 수입하여 국민들의 문화충족(文化充足)을 얼마나 하고 있는지? 또 얼마 전(前) 신문(2011.5.10. 조선일보)에 보니 한국에서도 '지킬 앤 하이드'는 100억 원 이상의 수익도 가능하다는 관측이다. 마지막공연(2011년 3월 30일)에는 발매 3분도 안 돼 매진 됐고, 공연 몇 시간 전까지도 인터넷에서는 "마지막공연 티켓(웃돈 주고라도)무조건 삽니다."라는 아우성이 출렁였다고 한다. 대부분 여성관객이라고 한다.

필자도 세종문화회관의 뮤지컬기획자 출신이지만 뮤지컬 창작(創作)은 물론 우리의 전통문화(傳統文化)를 천시하고 홀대당하는 우리문화가 큰일이다. 해외작품 수입으로 공연을 했을 때 저작권료, 인센티브, 문화와 경제 등, 수입과 지출이 맞아 떨어질까? 의문스럽고 해외여행

---

1) 1977년 미국 30개 주립대학, 78년 세계민속예술페스티벌 축제(CIOFF), 프랑스, 독일, 스위스, 벨기에, 덴마크 등, 유럽일주, 러시아, 중국, 일본, 동남아시아(우즈베키스탄, 미얀마, 태국 등) 대표적인 방문 나라만 글로 정리했다.

객이 많아 걱정이 된다. 그 이유는 해외여행을 하다보면 한국 사람들이 가는 곳마다 남대문・동대문시장처럼 식당・쇼핑장・관광지에 우글거린다. 그 중 필자도 한사람이지만 그래도 필자는 현지에서 강의료, 출연료를 받아 지출하고 돌아다니니 천만 다행스러운 일이지만, 걱정이 되는 이유는 무엇일까? 정부에서는 수입과 지출의 대차대조표로 통계가 서로 평균을 유지하지 않으면 앞으로 어떻게 하겠다는 건지 궁금하다. 또한 문화 쪽으로는 나라홍보를 하여 관광수입을 제대로 올리고 있는지?

얼마 전까지만 해도 우리가 밥을 먹지 못했던 시절이 있었고, 지금도 인사법이 '식사하셨습니까?' '진지 드셨습니까?' '밥을 먹었느냐' 하면서 인사하던 때가 엊그제 같아 아침에 일어나면 굶어 죽는 사람들이 태반인 나라였다. 그런데 '먹고살만하면 동창회 나간다.'고 여행을 하는 사람들이 너무 많아 외국의 식당이나 관광지가 한국 사람들 때문에 걸려서 다닐 수가 없으니 참으로 다행스러운 일아 아닌가? 그러면 됐지! 이것이 좋은 현상인가? 쇠고기수입도 세계1위, 이혼율・자살 율도 상위권이라고 하는데, 물론 국제화・세계화시대에 맞게 먹고 여행하고 살아가는 것이 인간의 기본욕구이며 자기의 삶인데 당연한 것이 아닌가? 글로벌시대에 졸장부처럼 왜 이러나 친구여!

그러나 가는 곳마다 한국인으로서 이상한 행동을 하며 외화낭비를 하고 있는 것을 볼 때 희망(希望)인지 염려(念慮)・걱정・분노를 어떻게 해야 하는 것인지, 정책입안자도 마찬가지일 것이다. 필자도 기준이 서지 않을 때가 간혹 있다.

해외여행을 하면 견문이 넓어지고 스트레스가 해소되고 여유로움으로 질병이 퇴치된다면 그만이지, 국제화 시대에 여유롭게 생각을 하며 여행 겸 치료차원으로 생각하면 좋은 일이 아닌가? 민주주의 나라에 자유인데, 자기 돈 가지고 자기가 여행하는데 무슨 상관이냐고?

그러나 현재 우리의 실정을 보자. 2011.5.18, 조선일보 사설(社說)을 보면, 내년에 총선(4월)・대선(12월) 때문에 국가 기능이 사실상 마비되다시피 하는 우리의 실정이란다. 따라서 경제상황은 지금보다 더 어려워지면 어려워졌지 나아지기는 힘들다고 한다. '부산저축은행사건' '청와대 총선 생각하는 사람들은 빨리 청와대를 떠나라' 대통령입장에선 벌써부터 나사가 풀린 공직자들의 모습에 울화가 치밀었을 것이다. 나라 안은 총선・대선으로 몇 번 뒤집히고 휴전선 너머 북한에서는 '강성대국 원년(元年)을 자축(自祝)한다'며 언제 미사일 발사와 원폭실험의 불장난을 언제할지 모르고 한반도 안정의 들보 역할을 하겠다는 주변 나라들은 제 발등의 불을 먼저 꺼야 하는 게 2012년의 총체적 상황인데, 달러를 버려가며 사진(트랜스 젠더걸)처럼 저렇게 해외여행(觀光)을 하고 다니는 필자(공무출장으로 갔지만)역시 깊이 뉘우쳐야겠다.

우리는 세계 유일한 분단국가이고, 지금도 전쟁 중이다. 북한에서 오판하지 않기를 기도(祈

禱)해야 한다. 또한 앞으로 전쟁(戰爭)으로 나라를 빼앗긴 것이 아니라 국가(國家)가 부채로 매매가 되어 방을 빼라고 하며 나라가 없는데? - 어떻게 해야 하나!? 공직자이든, 지인(知人)이든, 서민(庶民)이든 자유(自由)는 책임(責任)이라는 것을 명심해야 한다. 이 시대에 와서 과연, 해외여행의 실(失)과 득(得)이 무엇인가? 걱정을 하면서 글을 옮긴다.

1. 해외여행(海外旅行)

1) 미국 30개 주립대학 순회공연

1977년도 3-5월, 3개월의 기간을 잡고 공연 겸 시범강의로 봉산탈춤멤버들이 출발했다. 하루 1당 출연료가 1인 7$이었다. 출연료를 받아서 쉬는 날엔 뮤지컬공연관람, 청바지, 카메라 등을 쇼핑하였다. 30여 개 주립대학을 옮겨갈 때에 기차·배를 타며 하와이에서 수영과 여행을 즐겼다. 보유자 선생님들과 우리 젊은 사람들이 그룹이 되어 미국 하버드대학부터 시작하여 동부에서 서부로 비행기를 한 주(州)에서 한 주(州)로 날아가는데 보통 한 시간이 걸렸다. 한국에서 일본을 가는 데 비행기로 한 시간이 소요되는데, 미국은 얼마나 큰 땅덩어리를 소유한 국가인가? 축복받은 나라가 분명했다.

필자는 김진옥, 이근성, 김용익, 최경명, 김선봉, 김학실, 양소운, 윤옥, 김학실 등 선생님들이 월남하여 오월 단오날밤 밤늦게까지 공연했다는 전(全)과장을 이수, 전수해주신 춤을 열심히 교육받은바 있어 이런 특권을 누리게 되어 무척 감사함을 느꼈다. 봉산탈춤은 1965년의 이두현 채록본(조사본)이 1967년 무형문화재 17호로 지정되면서 1977년 우리는 미국주립대학 공연 때문에 90분에 맞게 각색하여 공연을 준비하였다. 봉산탈춤이 처음으로 미국에 간다고 했을 때, 촌놈이 출세했다고 좋아했다. 아무튼 우리는 들뜬 기분으로 뭐가 무언지 모르게 그동안 배운 것을 뒤로 하고 90분에 맞게 하는 각색 작업 때문에 모든 춤사위, 대사, 몸짓 등을 초시계를 놓고, 대사와 춤을 줄이는 작업을 김선생은 했다. 완전한 공연준비 때문에 시간이 어떻게 가는 줄도 모르고 진행되었다. 자기가 맡은 배역의 1인 3-4역을 해내었고, 본인들이 본인배역가면을 제작하여 완전하고 완벽하게 준비 했다.

봉산탈춤은 각 주립대학에서 호평을 받았으며 언론에도 좋은 평론이 나왔다. 뉴욕타임즈에서는 봉산탈춤 팔목중 춤사위를 보고 “이렇게 좁은 땅덩어리 작은 체구에서 어떻게 그렇게 큰 춤사위가 나올 수 있느냐 실로 예술의 극치”라고 극찬을 했다. 그 후 1978년도부터는 유럽, 일본, 중국, 동남아공연을 매년 초청받다시피 하였다. 그 후로 국내 대학에서는 탈춤이 없으

미국 UCLA대학 특강 후에(공연 작품 설명)

3국인 합작 공동출연 작품
Bird in DMZ 공연 연습 후에 기념촬영(그리스)

면 축제 때 명분이 없을 정도로 봉산탈춤이 명품작품으로 유행을 가져오게 제작하여 공연되었다. 1984년도에는 LA문화올림픽에 참석하였고 2004년도에는 필자 개인이 UCLA대학의 특강 초청을 받아 강의하였다. 그러나 문제는 그 후 지금까지 미국공연을 모태로 공연을 하고 있기 때문에 언젠가 원형그대로 복원작업을 해야 할 것이다.

2) 유럽 CIOFF초청 유럽축제 참가

(1) 유럽

미국 30개 주립대학을 시범강의와 봉산탈춤을 순회 공연했을 때, 뉴욕 타임즈 언론기사의 평가에 의해 우리는 1978년도 벨지움, 프랑스 네덜란드 등 유럽축제(cioff)를 3개월(3월-5월) 동안 초청을 받아 공연 겸 여행을 하였다.

축제기간 동안 유럽특급 · BUS · 지중해 행단 등 잊을 수 없는 여행을 하며 축제를 즐겼다. 축제기간 동안에는 각 시내 가게(상점)들이 문을 닫고 모두들 축제를 즐기고 있었다. 우리 팀은 축제에 참가하며 길놀이를 하는데 시내 한 복판에서 새납(태평소), 꽹과리, 북, 장고, 피리, 젓대(대금) 소리가 울려 퍼지니까 소련(러시아) 등 참가한 국가들이 연주하다말고 우리악기들을 보고 신비스럽게 생각했었다.

더욱 공연에 참가하여 가무악극(歌舞樂劇)이 포괄적으로 들어있는 종합예술인 한국의 탈춤(가면극)을 선보이니까, 오페라에 젖어 있는 유럽인들은 우리 것을 쉽게 공유하고 호응해 주었다. 모두들 동양의 조그마한 나라 한국을 모르고 있었다가 공연을 통해 코리아(꼬레)를 다시 인식하고 홍보하는 기회가 되었다. 프랑스, 네덜란드, 벨기에, 룩셈부르크, 스위스 등 세계의 축제와 민속춤을 보면서, 각 유럽권의 춤과 나라마다의 포크댄스 등, 자료를 구입하고 배운 것들을 한국에 가지고 와서 교재를 제작하여 교사강습, YMCA, 문화센터 등, 자료제공과 특강을 통하여 지도한바 있다.

(2) 그리스 아그리니오 국제민속훼스티벌 축제 보고서[2)]

참석한 나라는 SLOVAKIA. RUSIA. INDONESIA. FRANCE. CHILE. ITALY.

SERBIA. KOREA. ITALY. CZECH. HELLAS 등, 一部행사 없이 중간에 시장(市長)의 인사말을 하고 피날레를 다 함께 나와 축하하는 공연형식으로 진행되었다. 축제공연행사를 마치고 회원들 공연 평가회와 대화를 하였다.

Bird in DMZ 공연포스터

* 대화(對話 23:00-24:30)시간

* 필자의 사회 진행(연출 및 예술감독): 어려운 여정 동안 다들 수고 많았습니다. 이 지역에 와서 오늘 공연이 없는 날 대화(對話)의 시간을 통해 서로 소통하는 선, 후배, 봉산탈춤의 미래를 위해 대화의 시간을 가져 보자고 제안합니다. 각자 1인당 3분 타임정도로 시간을 가지고 난 다음에 프리토킹 하는 식의 진행을 하겠습니다(사전에 言語준비 요구). 단장부터 대화를 시작하였다(공연평가와 함께).

대화의 요지는 태극기 등 준비를 제대로 못해 퍼레이드 때 국기를 앞세우지 못한 것과 모두가 무사히 아프지 않고 귀국하는 것과 공연을 차질 없이 진행하자. 여행에 서로 불만을 표하기 보다는 칭찬을 해주자. 우리 문화의 우수성을 잘 알고 있지만 외국인들에게 우리의 우수한 전통문화인 봉산탈춤을 해외에 알릴 수 있는 기회가 되어 좋았다. 함께 생활 하는데서 새로운 것을 발견하는 기회가 되었다. 그리스에 한국 문화를 심어주었다. 한국의 뚜렷한 개성과 한국 문화를 알 수 있는 기회였다. 관광에서도 불편한 점 보다는 좋은 점을 발견하도록 노력할 필요가 있다. 생각하기에 따라 즐거운 일이 많다. 이제는 황해도 가락을 주장해야 한다. 경기도 가락에 맞추어서는 안 된다. 현지인들의 길거리관객에게 호기심유발과 분위기를 맞추어 주는 측면에서 연주하였다. 단체는 조직과, 프로화가 필요하다. 모든 일에 공감대가 있어야 한다. 이번 해외공연은 조직화가 덜 되었고 의사소통의 효율적인 진행이 필요하다. 관광지

---

2) 봉산탈춤 초청 공연을 마치고 평가회 겸 대화를 하였다(그리스 연극부분에 참고).

에서 가이드가 없으면 사전에 준비를 했어야 한다. 식사도 선배로서 모범(음식이 맛이 없어도)을 보여야 한다. 문화적인 차이는 접어 두어야 할 필요가 있다. 공연 짐을 옮길 때 선, 후배 함께 해주었으면, 분위기 개선과 후배가 선배에게 속마음을 이야기할 수 있게 계산적인 면보다 서로 신뢰할 수 있게 모범을 보이자. 현지인에게 협조와 통역부탁, 보존회조직화와 현지에서 자기관리가 프로이다. 각자 다른 직장에 있다가 한자리에 모여 이렇게 담소하니 좋았다. 등등.

위의 대화 속에 사회자(예술감독)가 맺는말로 끝맺음을 했다. 더 할 말이 없으면 시간(24:30)이 늦어 끝맺음해야 하겠다. 이 축제기간동안 날씨가 더워 열악한 환경이라 회원들에게 공연과 여행을 즐겁게 하려고 노력했다. 최악의 축제기간이라고 평하는 회원도 있었고, 최고는 아니지만 뜻있고 보람 있는 의의(意義)가 있는 축제공연 방문이라고 생각하는 회원이 있었다.

이제는 국제화・세계화시대에 한국의 대표적인 단체로서 소통하고 긍정적인 생각으로 달라져야 한다. 지도자들이 결정을 잘 못할 경우 단체 조직원이 불평불만이 나올 수 있다. 운영의 묘를 살려, 조직의 체계화를 통해 상호 협조하여 봉산탈춤 하는 것을 긍지를 가지고 잘 해보자고 다짐하는 시간이 되었다. 남은 기간 동안 유종의 미(美)를 잘 거두고 건강하게 귀국할 수 있게 모두 몸조리하길 바란다. 생각하기도 싫은 더위(체감 더위 40도?) 속에서 우리회원들은 인내(忍耐)하며 성공리에 축제에 참석하고 귀국했다.

그리스 문화센터 〈표 17〉

그리스 아그리니오市 문화센터
(Hellenic Republic Agrinio Municipality Cultural Center)
Dagli 2730 100 Agrinio
Tel: +30 26410-55655
Fax: +30 26410-27451

관계제위께,

저희는 오는 8월 24일부터 30일까지 본 시에서 "제12회 국제민속페스티벌 「Gaitanaki에서 Laon까지」"을 12개의 외국팀과 10개 본국 팀이 참가하는 가운데 개최하게 됨을 알려드립니다.

본시에서는 지난 9년에 걸쳐 11건의 국제페스티벌을 개최한 결과 여러 국가에서 140개 팀이 참가한 실적을 갖고 있습니다.

아그리니오(Agrinio)市는 인구 10만으로 그리스 서쪽 내륙 지방으로 해안에서 약 30키로 떨어져 위치하고 있으며 이 지역 상업의 중심지입니다. 아그리니오市에 인접해서 그리스에서 가장 규모가 큰 강인 Aheloos 강이 흐르고 있습니다. 본시의 맞은편에는 아름다운 Trihonida 호수가 위치하고 있습니다.
본 페스티벌 참가 규정은 다음과 같습니다.

1. 팀당 35명을 초과 할 수 없습니다. 2. 평균 나이는 18세이상 40세 이하입니다.
3. 각 팀은 전통춤과 자신의 나라를 대표할 수 있는 공연을 펼치되 전통 음악에 맞춰 전통의상을 갖추고 진행되어야 합니다.
4. 저희 측에서 초청 팀의 숙식을 제공해드립니다.
5. 훼스티벌 기간동안 아그리니오 인근 유적지 답사와 해변 관광을 해 드립니다.
6. 참가팀의 숙소는 학생 호스텔이나 기숙사가 사용됩니다.
7. 귀국 페스티벌에서도 본 규정에 따라 본 市의 팀을 초청하실 수 있는지 알려주시면 감사하겠습니다.
8. 가급적이면 빠른 시간 내 답신을 주시고, 귀 단체 관련 자료를 보내주시기 바랍니다. (공연 사진이나 테이프 등)
9. 페스티벌 기간 동안 본 市 내에서의 교통편을 마련해 드립니다. 아테네 공항 도착 및 출발 관련 비용 부담은 귀 단체의 몫입니다.
10. 귀 단체가 참가국으로 선정되는 즉시 공식 초청장을 보내드리겠습니다.

*본 페스티벌 감독은 Mr. Babis Tsiamis입니다. 이메일 주소: babisdance@yahoo.gr

감사합니다.

아르지노 문화센터장 드림
Konstantina Katsari 부시장

3) 일본 국민문화축제

1977년도부터 우리의 전통문화(傳統文化)를 해외에 소개한 결과, 일본에 초청받아 매년 자주왕래하면서도 가깝고도 먼 나라라고 느껴지는 것은 과거사일 것이다. 1977년도 아시아소사이티의 초청방문으로 미국을 방문하면서 귀국길에 들인 일본이다. 똑같은 예로 1987년도 올림픽 홍보를 위해 "뮤지컬 양반전"을 가지고 미국에 공연을 마치고 일본공연을 하게 되었다. 방문하면서 과거를 잊으려고 노력했고, 문화체육관광부 한일문화교류회의 명분으로 필자는 한. 일 축제한마당, 교토조형예술대학 특강과 일본 국민문화제 제17회부터-2009년 제24회 일본 静岡(시즈오카)축제 인솔교수 및 예술감독(단장) 등으로 참석하여 한일교류에도 많은 노력을 했다고 생각한다. 얼마 전(2009.9.19-21)에 새 시대를 여는 한·일 우호친선교류인 서울. 도쿄가 함께한, 문화전반에 걸친 한일축제한마당(동경 오모테산도, 롯본기힐즈)이 열렸다. 김치축제의 일환이기도 한, 한일축제한마당은 일본의 젊은이들은 김치를 일본 것이라고 생각하는 사람들이 많았다. 동경 한복판 거리(表参道: 오모테산도)에서 50년 만에 한국과 일본 팀이

서연호 교수와 노(能)극장 앞에서
〈공연예술전문단체 "디온" 대표: 최창주〉

일본 국민문화축제 공연(전단지)

UCLA 특강을 마치고

합작이 되어 길놀이(퍼레이드)가 시작되었다.

일본 동경시민은 마침 휴일을 맞이하여 구경나온 관객들로 어린이, 청년은 물론 젊은이들은 이국의 문화예술이라고 신비하게 생각했지만, 우리의 교포들과 일본의 노인들은 이런 광경을 보고 옛날을 생각하며 상상의 나래를 펴고 있는 듯한 표정들이었다. 개막식과 함께 롯본기힐즈(Ropponhi Hills)에서 공연과 저녁에는 호텔(뉴오타니)에서 리셉션(각 대표자 참석)이 진행되었고 한국공연단은 약 240명이 참석했다. 그야말로 역사적인 한일교류 문화행사였다. 해방이후 처음으로 한일축제한마당을 통해 일본 한복판 동경(東京)에서 일본국민이 보는 앞에서 한국의 전통문화를 선보였을 때, 일본국민들은 자기문화의 근원적(根源的)인 뿌리가 어디에서 왔는지? 동경시민(東京市民)들은 이번 축제를 통해 많은 것을 생각하게 하고 느꼈을 것이다.

이 날, 백제인 미마지(味摩之)가 기악(伎樂)을 중국 남조(南朝) 오(吳)나라에서 배워 612년에 일본에 전했다는 가면극의 기원이라 하여 우리문헌에는 없으나 일본문헌인 교훈초(教訓抄)에 소개된 불사(佛寺)의 무곡(舞曲)으로 연출되던 묵극(默劇)이 천리대학(天理大學)에 전수되어 계승되고 있지만, 가면극으로서는 봉산탈춤이 선보였다.

그리고 풍물(農樂)과 김금화의 무속(巫俗), 태평무를 비롯하여 전통춤 등이 선보였다. 길놀이 중간지역에 한국대사, 장관을 비롯하여 일본 실행위원장(成田豊), VIP들인 한일연맹의원들이 길바닥 의자에 앉아 관람하면서 길놀이팀을 위로하였고, 도무(跳舞), 건무(健舞), 연무(軟舞)라고 할 수 있는 봉산탈춤이 한바탕 춤사위를 보고난 다음 최고라고 박수를 보냈다.

이런 결과는 일본 국민문화제에 17회부터 참석한 결과가 아니겠는가? 국민문화제는 출연자들에게 나름대로 숙식문제 등 많은 노력과 계획을 통해 대우해주려고 노력하고 있으나 출연료는 없었다. 그동안 봉산탈춤보존회와 영산예술단 등이 출연하였으나 이번에는 한국예술종합학교 학생들과 함께 일본 시즈오카(静岡: 2009.10.30-11.3)에 공식적인 대학 파견에 한국예술종합학교가 자주 초청되었다. 필자가 예술감독 겸 총연출자로 참석하여 4박5일 동안, 연출된 봉산탈춤(한국가면극)공연을 10분, 15분짜리 2번, 25분하고 돌아왔다.

초청기간동안 일본 현재시국(2009년)을 예술가의 눈으로 볼 때, 자민당에서 민주당으로 정권교체가 된 후 공무원들의 복지부동으로 문화청 공무원이 공식적인 자리에 참석하지 않고 있으며 사회, 정치, 경제, 문화가 하락하는 과도기 단계에 놓여 있다. 현재 문화행사는 前정부의 기획 했던 것을 이번 정부에서 실천할 뿐, 적극적인 지원이 부족한 현실인 것 같아 씁쓸했지만, 담당자들만 열심히 의무를 다하고 있어 위안을 느끼고 돌아왔다. 더욱 일본경제정책은 불안감을 가지고 있고, 일본內閣기대가 61.8%, 不기대 22.9% 시즈오카 신문(2009.11.2)에 전국세론조사(全國世論調査)에 나타나 있지만 불안한 출발을 하고 있는 것 같다. 또한 일본은 3D현상으로 불황을 맞고 있다고 일본 경제일간지 니혼게이자(日本經濟. 24일)신문을 통해 보도된 것을 인용하면, 3D현상이란 만성적인 물가하락인 디플레이션(Deflation), 기업(企業)의 대규모 증자(增資)에 따른 주가하락(Dilution)으로 경제난 타개 정책이 없는 무대책 민주당(Democratic)으로 표현하고 있다.

한국에도 상황은 마찬가지였다. 노무현정부에서 MB정부로 전환되면서 일본하고 분위기가 비슷했다. '정치는 적을 만들고 예술은 친구를 만든다.'라고 했기에 정책이 바뀌고 경제와 나라가 변한다고 해도 문화예술(文化藝術)만은 변하지 말아야 되는데 사회가 그러지 못했다.

그동안 일본은 임진왜란 등 수없이 우리를 침탈(侵奪)하다가 원자폭탄 한방에 폐허가 되어 쓰러져가는 일본을 우리가 6·25란 전쟁(戰爭)을 통해 무기를 팔아 구원해주어 오늘의 경제대국이 되었으나 또다시 일본경제는 지금 낙하(落下)하고 있어 위기에 놓여 있기 때문에 최악의 경우, 경기회복의 일환으로 또다시 남북전쟁(南北戰爭)을 원할 수도 있다고 본다. 그러나 일본은 전쟁을 하면서도 무대(舞臺)를 만들어 군인들을 위로하는 차원에서 공연(公演)을 하여 군인(軍人)들에게 심신을 달래주었기 때문에 오늘날 일본의 전통문화공연의 기반(基盤)

이 성립되었다고 볼 수 있다.

전쟁(戰爭)에 나갈 때에 무사(사무라이)들이 렌가(連歌)를 한다. 렌가(連歌)는 와카(和家)라고 하는데 앞줄(前)에서 선창을 하면 뒷줄(後)에서 화답하듯 받아 무사들이 소리를 내어 시를 읊는다. 이것은 적을 물리치러 가기 전에 용기를 돋구려하기 위한수단이기도 하지만 유서, 또는 위로가 될 수 있는 의식적인 공연행위(公演行爲)를 하였다. 그러나 당시의 조선은 정약용의 목민심서(牧民心書)에도 나와 있듯이 중앙정부에서 공연의 성격을, 먹고 논다는 개념으로 받아들여 윤리적 사고방식의 거부반응으로 직무유기(職務遺棄)라고 생각하여 전문적인 위안공연보다 지나가는 광대패들을 불러다가 한번 놀고 가는 성격(1회성)으로 만족해야 했었다. 그래서 지금까지 우리는 정부행사에 1회성 행사로 지속되어 왔다. 그러나 영화 속에 왕의 남자는 이것(예술행위)을 이용하여 정치를 했다. 우리서민들은 생활의 터전이라고 하는 마당은 있으나 오늘날 한국식 무대(舞臺)가 없고 동경유학생들에 의해 다카라스카에서 배운 국극, 신파, 스타니슬랍스키의 리얼리즘 연극 같은 것으로 만족하다보니 오늘날 우리의 전통문화가 역사적으로 가치는 있으나 국제규격에서 멀어져 홀대받고 있는 상황이 오늘날까지 이어져 오게 된 것이다.

그러나 지금 일본도 〈실버자본주의〉 개념으로 심각한 상황이다. 정년(停年)은 있지만, 영향력 있는 자(者)가 죽을 때까지 사회전체가 인적(人的)으로 누적되어 광범위하게 차지하고 있다. 즉 60대 스승의 대를 잇는 제도로서 강좌제인 교수가 나가야 조교수가 대를 물려받는 제도(藝名)로서 정년제도는 형식적으로 있으나, 정년에 의해 사회가 움직이는 사회가 아니다. 정당정치(자민당)역시 교회조직처럼 장로그룹이 참견하면서 밑에서 치고 올라오는 한국처럼 쉽게 움직이는 사회제도가 아니라는 것을 알아야 했다. 이것은 즉 천황제도의 사회구조에서 온 모순점이기 때문에 노인천국으로 젊은이들이 취업할 수 없는 상황에 놓여 있기 때문에 일본은 지금 사회문제로 큰 이슈로 등장하고 있다.

하지만 지금 일본 국민문화제장에서는 한국예술종합학교 전통예술원 연희과의 학과목에서나 배우는 종목의 탈춤·남사당 등이 여기서는 대중화되어 놀이되고 있다. 우리문헌에는 없지만, 13세기(1233년) 일본문헌인 교훈초(教訓抄)에 소개되어 있는 기악(伎樂)과 남사당의 DAIDOGEI(大道藝)인 죽방울치기, 버나돌리기, 재주 등을 시즈오카縣 상왕궁정(폭격(戰爭)으로 공원조성)인 도쿠가와 이에야스 축제광장에서 어른, 청년, 아이 누구나 할 것 없이 옛것을 소중히 여기며 대중들이 잊지 않고 자연스럽게 즐기고 있는 것이다.

축제 끝 날에는 제24회 시즈오카 국민문화제의 일환으로 미나미 고등학교(靜岡縣立南高等學校) 초청으로 견학과 더불어 고등학생(장애인 포함)을 위한 봉산탈춤공연(목중춤과 사자춤)을 마친 후 질의응답과 선물교환이 있었다.

이렇게 한일국민문화축제를 통해 젊은이들과 교류하였고, 대만, 베트남 등 한국예술종합학교가 세계를 순회하며 전통문화 특강(特講)과 공연을 하면서 느낀 것이지만, 우리의 전통문화는 세계적으로 최고경지(最高境地)의 예술문화이다. 우리 것은 선조들에 의해 이미 연출되어 표출된 차원이 있는 원형의 전통문화이기 때문에 열심히 훈련하여 보존, 계승, 발전시켜야 하겠다.

그러나 우선 우리 것에 대한 인식부족과 제대로 된 연희자와 양성소 부족, 전문극장, 스태프의 전문교육기관 등 체계적 시스템을 갖추고 있지 못한 한계를 가지고 있다. 한국전통공연예술의 미래를 위해서는 관청(官廳)·국민의 관심과 전통적인 양식을 근간으로 하여 우리의 현대적 감각에 맞는 한일문화교류회의가 제대로 활동할 수 있게 예산이 뒷받침 되어야 하겠다. 지금까지 정부가 주도하는 일본 행사를 보면, 예술가들은 보답 없이 우선 참가하게 된 것에 대단한 자부심을 느끼며 참석했지만 예술가들의 자존심을 건드리는 것은 한두 가지가 아니었다.

이제부터라도 일본뿐만 아니라 국제적인 행사는 정부가 적극적으로 지원하여 국위선양을 하는데 최선을 다하여야 하겠다. 2009년 8월 유럽그리스(고린도) 축제 때 현지에 한국정부기관도 없고, 교민도 없는 축제장에 다녀왔을 때도 정부지원이 없어서(통역사도 없기에)단원들이 통역도 하고 공연하고 비행기표를 본인들이 부담하여 다녀온 예가 있다.

정부에서 축제나 문화행사 때 단체파견의 선별을 제대로 해야 하겠고, 정부예산과 공연전문요원 충원 부족으로 상호협조체계가 형식적으로 이루어지고 있어, 축제 때나 공연행위 등 정부행사가 지장을 받고 있었다. 그러나 이번 제24회 일본 국민문화제 교류공연은 고등학교에서 학생들에게 한국전통문화의 강의(講義)와 공연(公演)을 함께 문화교류를 주관한 것이 특색이었다. 앞으로 공연에 참여한 단체가 현지 학생들과 더 많이 어울릴 수 있어 한국의 우수한 전통문화를 체험의 시간과 공연이 이루어져야 할 것이다.

"문화는 보이지 않는 핵폭탄이다." 공연을 통해 이루어지는 힘은 나라의 힘이다. 공연도 공연이지만 서로 일반인·학생들이 만나 친교를 통해 주고 받는 것은 그 나라를 충분한 홍보의 가치가 있을 것이며 영원히 기억에 남을 것이다. 그러나 정책입안자들이 문화는 크게 생각하지 않는다. 그저 자기들(공연자)이 좋아 참석하겠거니 생각한다. 언제까지 예술인들이 자기주머니를 털면서 자원봉사로 출연을 해야 하고 애국해야 되는가? 앞으로 미래를 위해 정책입안자나 정부 측에서는 문화교류를 위해 예산 확보가 우선 뒷받침 되어야 하겠다.

필자가 최근 2013년 1월 10일-15일 전통공연단체 디온 대표로서 일본 동경 기요이홀과 요코하마能樂堂에서 상호공연을 하고 돌아왔다. 전반부는 한국, 후반부는 일본, 3부는 합동연주를 했다. 다음은 한일문화교류회 주관으로 국민문화축제에 한국예술종합학교 연희과에서 다녀왔다.

K' ARTS
Korea National University of Arts

＊日時/ 2009. 10.30～11.3

＊場所/ 静岡(日本国民文化祝祭)

＊引率/ イガンミン. 趙有情(通訳)

＊公演者 名簿. 配役(崔昌柱 教授 : 芸術監督. 構成・ 演出).

- 第二科場 八墨僧の踊り

八名の僧が一人ずつ登場し`興にのって器楽件奏にあわせて踊る°

彼らは僧侶の身分にも関わらず酒を飲み風流事を好む破戒僧だ°

最期に八番目の僧が踊り`先に登場した七人の僧たちを呼んで一斉に舞う°

出演/ 二番-房成爀. 三番-宋東雲. 八番-宋治虎(孫炳萬. 朴美珍)

合同舞/ 金志勳. 朴仁寿. 閔賢基. 金東渙.

- 第四科場 老長の踊り

八人の墨僧たちは仏道に帰依する老長僧をあそびの場に連れ出して`

小巫に妖艶な踊りを躍らせて破戒させようとする°

小巫の姿に見惚れた老長僧は戒律を破りともに踊りを楽しむ°

そこに靴売りと猿が現れ`僧が女人と踊る様子を見て嘲弄する°

続いて酔発が登場し長老僧と対峙して踊り`長老僧を追い出して小巫を奪い`ともに踊る°

小巫は酔発の子供を生む°

出演/ 孫炳萬 - 老僧. 朴美珍 - 小巫(小梅). 宋治虎 - 酔発

- 第五科場 獅子の踊り

八人の墨僧と酔発`老長僧たちがみな僧侶であることを忘れ

戒律を破り世俗を楽しんでいることに怒った釈迦如来が獅子を遣いとして世に送り`

罰を与えるようにする°墨僧たちは驚いて逃げ`そのうちの一人が残り馬方の役割をする°

墨僧たちは愚行を容赦してほしいと懺悔する°獅子はそれを見て赦し`和解の踊りを踊る°

出演/ 馬夫 - 崔昌柱(孫炳萬).

獅子 - 前役/ 朴仁寿. 金東渙.

後役/ 金志勳. 閔賢基.

＊樂士/ 金玲恩(杖鼓). 金聖賢(觱篥). 金泫成(大笒) 宋東雲(錚). 房成爀(鼓)

그리스공연 후에 관광
(김석만 교수와 한국측 출연자들)

일본 국민문화축제 관광
(서연호 교수와 무용단원)

일본 국민문화축제 길놀이 준비 모습
(한국예술종합학교)

* 일본문화교류 자료

(1) 나의 문화콘텐츠 체험 여행, 전통예술의 한일문화교류는 한류의 원동력[3)]

전통예술의 한일문화교류는 이른바 한류의 원동력이다. 1999년 10월에 단행된 한국의 「일본대중문화 개방」은 오늘날 한류 붐의 시발점이다. 뒤늦은 결단이었지만 김대중 정권에서 가장 내세울 만한 문화정책이었다. 중국에서도 한류라는 용어를 사용하고 있지만 일본에서만큼 빈번하지 않다. 지속성, 열정성, 경제성을 지닌 나라는 역시 일본이다. 한류에 대하여, 한국인들은 일류(日流, 和流) 중국류(中國流, 華流)라는 용어를 사용할 수 있다. 일반적으로는 한국

3) 서연호. 고려대학교 명예교수.

대중문화의 유행이라는 의미에서 코리안 웨이브(Korean Wave)로 표현되고 있다. 최근의 냉각된 한일관계로 일본 내에서 한류에 관련된 사업들이 적지 않은 타격을 입고 있다는 사실은 몇 차례 보도되었다.

필자는 2013년 1월 10일부터 15일까지 한국공연단(비영리단체 디온, 최창주 대표)의 실행위원장 자격으로 일본을 다녀왔다. 양국의 대표적인 전통예능인들은 「한국과 일본이 자아내는 전통예술의 향연」(紡ぎ合う日韓の古典藝能)이라는 제목으로 두 차례의 공연을 가졌다. 12일 오후에는 도쿄의 기요이홀, 13일 오후는 요코하마의 노악당에서 각각 공연했다. 한국측의 김선국과 김신아, 일본측의 무토 마코토(武藤誠)와 사토 시즈에(佐藤靜惠)가 실무를 맡았다. 한국에서는 양성옥의 최승희 무용 3편 및 '비나리' 무용, 나영선(피리), 류경화(철현금), 김영길(아쟁), 김해숙(가야금)의 연주, 일본에서는 후카미 사토미(노래, 소), 도키와즈 모지베(샤미센), 하기오카 쇼인(소), 미즈키 유카의 무용 2편, 그리고 마쓰리곡(축제)의 양국 합주 등, 2시간에 걸친 공연이었다. 일본언론들은 이번 공연의 의의를 대서특필해 주면서 양국의 변함없는 우호를 북돋아 주었다. 공연을 후원해 준 문화체육관광부와 일본의 오구라 카즈오(小倉和夫, 전국제교류기금이사장, 현 일본올림픽추진위원장) 실행위원장에게 감사한다.

이번 공연은 일찍이 일본에서 일어난 대지진과 대쓰나미에 희생된 분들을 위로하려는 데서 발단되었다. 필자가 근무했던 동북대학 센다이의 동북지방에서 많은 희생자가 나왔는데, 필자는 그들의 영혼을 조금이라도 위로해 주고 싶었다. 아울러 지난 10여 년간의 한류를 지켜보면서 양국인의 이해가 매우 피상적이라는 데 허전함을 느꼈다. 문화의 양이 서로 폭주하는데 비해, 문화의 질에 대한 이해는 아직 너무 거리가 멀다는 것이다. 필자는 문화의 본질을 이해하는 데 고전과 전통을 능가하는 것이 없다고 생각한다. 특히 대중적인 공연예술이 범람하는 이 시대에 한일 고전예능만큼 문화의 깊이와 독창적인 양식을 일깨우는 것이 없는 것으로 보인다. 국내보다 일본에서 더 유명해진 최승희의 무용을 재공연한 것도 이런 의도였다.

세계 어느 곳이든 이웃나라 사이에는 갈등과 분쟁이 끊일 날이 없었다. 오늘날 한국과 일본, 한국과 중국, 남한과 북한의 관계도 예외가 아니다. 국가외교야말로 이런 문제를 조정, 타협, 해결하는 공식적인 수단이다. 정치지도자에게 국민들이 기대하는 것은 바로 외교능력이 아니던가. 그러나 민간외교 또한 국가외교보다 무력하지 않았다. 경우에 따라서는 민간외교가 국가외교를 능가하는 효과를 거둔 경우도 적지 않았다. 특히 문화외교는 동서고금을 막론하고 가장 첨단적이고 효율적인 역할을 해왔다. 필자는 오랜 세월 외국인들과의 비공식, 공식의 문화교류를 통해 이런 사실을 깊이 깨달았다. 이번 공연에 대하여, 아사히신문에서 '양국의 정치를 초월한 문화교류'라는 표현을 쓴 것을 새삼 음미할 필요가 있을 것이다.

우리의 고전과 전통예술이 장차 한류를 발전시키는 원동력임을 다시 한 번 강조해 두고 싶다. 대중예술은 동시대의 사람들을 위해 즐겁고 유익한 문화임에는 틀림없지만 쉽게 통속화되고 빨리 사라지는 속성을 지녔다. 이런 속성에 훌륭한 가치관과 건전한 인간성을 북돋고 오랜 감동력을 유지시키는 요소가 바로 고전과 전통예술이기 때문이다. 고전과 전통예술이야말로 민족적인 정체성의 표본이다.

(2) 한·일 전통예술명인교류공연 및 포럼[4)]

주　최: 「紡ぎ合う日韓の古典芸能, 실을 자아잇는 한일 전통예술」실행위원회

위원장: 서연호(고려대 명예교수)

　　　　오구라 카즈오(전 한국대사, 현 재팬파운데이션 이사장)

주　관: 한국 - Performing Arts Society DION (공연예술전문단체 디온, 대표: 최창주)

　　　　일본 - 일본측 실행위원회

후원: 문화체육관광부, 주일 한국문화원, 한국예술종합학교

일정: 2013년 1월 10일 (목) 출국, 악기점검-1월 15일 (화) 귀국 〈5박 6일〉

공식 일정

1월 11일(금) 한일 공연단사전 인사 및 교류포럼(미정)-뉴오타니 호텔

1월 12일(토) 도쿄 기오이홀 공연

1월 13일(일) 요코하마 노악당 공연

1월 14일(월) 향후 일정에 대한 양국 실행위원회회의- 뉴오타니 호텔

목적: 한일 전통예술 명인들의 정기적 교류를 통한 우호증진, 양국 전통의 이해기반 제공. 정기적 교류의 기반 마련(매년 한, 일 교차 주최예정)

공연단 구성: 한국공연단: 총 9명

한일 문화교류 실행위원장: 서연호(고려대학교 명예교수)

대표: 최창주 예술감독(한국예술종합학교 전통예술원 연희학과장)

기획: 김선국(Performing Arts Society DION 사무국장)

　　　김신아(Performing Arts Society DION 해외사업국장)

공연: 양성옥(전통무용, 한국예술종합학교 전통예술원 교수)

4) Performing Arts Society DION(공연예술전문단체 디온, 대표: 최창주), 첫 창단공연을 일본에서.

김해숙(가야금, 한국예술종합학교 전통예술원 교수)
김영길(아쟁, 국립국악원 민속악단, 서울대학교 국악과 출강)
유경화(철현금, 타악, 한국예술종합학교 전통예술원 겸임교수)
나영선(대금, 국립국악원 정악단 대금 수석)
그 외 공연기획 및 진행: 김정(한누리 무용단 대표), 이진숙(일본어 번역). 이종찬(영어번역)

일본공연단: 紡ぎ合う日韓の古典芸能일본 준비위원회
실행위원장: 오구라 카즈오(전 한국대사, 현 재팬파운데이션 이사장)
실행위원: 사토 시즈에, 무토 나오코, 나카무라 등
출연진: 동경예술대학 교수진
도키와즈모지베(常磐津文字兵衛), 후카미사토미(深海さとみ),
하기오카쇼인(萩岡松韻) 등총 13명

공연 프로그램
한국 프로그램: 전통음악(아쟁산조와 상령산 등), 전통무용(장구춤, 비나리 등) 외
일본 프로그램: 고토, 샤미센 연주와 노래 등
한일 공동프로그램: 고토・가야금합주곡「MATSURI」외

1부 한국 공연

Opening: 〈상령산 上靈山〉 - 피리독주 나영선 (4分)

1. 에헤라 노아라(최승희 무용(金白峰傳乘, 指導)
무용: 양성옥/ 연주: 피리-나영선, 아쟁-김영길, 장구-유경화
철현금 독주: 류경화, 〈시간을 담는 뿌리〉

2. 세가지 전통리듬(최승희 무용(金白峰傳乘, 指導)
무용: 양성옥 / 연주: 가야금-김해숙/ 아쟁독주: 김영길 〈朴種善류 아쟁산조〉

3. 장구춤(최승희 무용(金白峰傳乘, 指導)
무용: 양성옥 / 연주: 아쟁-김영길, 피리-나영선, 철현금-유경화
가야금독주: 김해숙 〈풍류노정〉(7分 30秒)

4. 비나리 (15分)/ (무용대본: 서연호, 안무 및 무용: 양성옥)
   연주: 아쟁-김영길, 징-류경화

2부 일본 음악공연

1. 소쿄쿠(箏曲) 「水の変態(물의변화)」
   노래・고토연주(本手) : 후카미사토미(深海さとみ)
   고토연주(替手) : 오쿠다우타노이치(奥田雅楽之一)
2. 도키와즈(常磐津) 「미정」 샤미센 : 도키와즈모지베(常磐津文字兵衛)

3부 한일 합동공연

고토・가야금합주곡 「MATSURI」다치가타(立方) : 미즈키유카(水木佑歌)

고토 : 하기오카 쇼인(萩岡松韻), 하기오카 미키(萩岡未貴), 하기오카 시노(萩岡信乃)

가야금 : 김해숙. 타악 : 노경순. 장구 : 유경화

공연단 숙소: 뉴오타니 호텔 ホテルニューオータニ / 03-3265-1111

〒102-8578 東京都千代田区紀尾井町4-1

4부 동남아

(1) 베트남(교수연찬회 및 공연)

일시/ 2005년 7월 10-4일 (3박5일). 장소/ 베트남 하노이(ha noi) 외 하롱베이

일시/ 2013년 5월 8-15일 (6박8일) 베트남 haiphong 축제(최창주 예술감독)

여행의 계절이 왔다. 교수연찬회가 아니면 특강・공연 겸해서 학생 인솔교수로 해외나들이를 자주하는 편이기에 우리와 똑같은 분단국가에서 하나가 된 나라 베트남을 소개한다.

베트남하면 우선 생각나는 것은 전쟁, 베트콩, 호지명(호치민), 꽁까이, 고엽제 등 단어만 생각나게 하는데 전쟁 때문에 고엽제로 신음하고 있는 파병군들이 있다. 그 때 당시 소독차가 지나가면 우리의 실정은 소독약이 없어 상위를 탈의하고 집안에 있다가도 일부러 뛰어나와 소독이 된다고 약품을 다 뒤집어 쓴 기억이 있다. 아울러 우리도 6・25 때 DDT라고 이가 많

아 몸속에 미군이 뿌려주었던 것이 생각나게 한다.

날씨는 평균 35-37도와 더위가 심할 때는 40도가 훨씬 올라가고 습기 때문에 짜증이 더 나는 곳이라 여행이 힘들었다. 없는 자들은 생활화가 되어있으나 있는 자들은 냉방병에 시달리고 있었다. 인구는 8500만에다 한국의 1.5배가 되는 나라이다.

우리의 1970년대와 비슷한 생활수준으로 한국인과 비슷한 분위기로 부지런하고 교육열 때문에 앞으로 10년쯤이면 희망(希望)이 있어 보이는 나라였다. 주식은 농사일로 생활을 하고 있으며 생활은 빈곤하지만 산유국으로서 미래가 있는 나라이다. 비록 키는 작고 외소하게 보이지만 자존심이 강하며 국민들이 근면성실한 나라로서 자원의 매장량(석유산유국 등)이 풍부하였다.

아직은 공산주의 나라이므로 도로변에는 4m의 분배된 넓이의 땅에다가 높이는 자유로 건축할 수 있고 사유지는 어느 정도 인정되고 있었으며 교통은 자동차에 자전거, 오토바이가 함께 달리는 무질서 속에 질서가 있어 오토바이사고로 사망자가 하루에 30여 명이 된다는 지옥 아닌 교통천국이었다. 버스는 70~80%가 한국의 대우, 현대중고차 등을 수입하여 상표를 떼지도 않고 굴러다녔고, 택시는 대우의 마티즈가 도로를 질주하며 달리고 있었다. 위반하면 스티커(벌금 7만원)와 면허증에 한번 위반하면 1회의 구멍을 내고 3번 위반하면 면허증이 취소되어 삼진아웃 된다고 한다. 그러나 건널목 정지선에서는 정확하게 자동차나 오토바이, 자전거가 질서정연하고 분명하게 정지되어 있었다.

한국기업이 900개(LG, 삼성, 현대, 대우 등)가 진출하였다고 한다. 한국교민이 4만 명쯤 되고, 대우와 삼성이 최고의 상품으로 알려졌으며 모회장이 기업가로서 알려져 있었고 대우호텔이 최고급호텔로써 우리도 대우호텔에서 숙박을 하였다. 노무현대통령과 국빈들이 묵어가는 일류호텔이므로 모 회장이 2005년 6월 체포될 때까지 이곳에서 생활을 하였다고 한다.

베트남의 문화는 부모님이 사망하면 자기농토(田)에 3년 동안 묻어두었다가 그 후에 화장을 하여 납골한다고 한다. 전통문화는 국가인형극[水人形劇]이 대표적이며, 민족성은 일본보다 우리민족과 정서가 비슷하였고 천년 동안 중국의 지배를 받아 차(茶)문화가 발달하였다. 그 다음 프랑스를 몰아내고 통일을 이루었지만 월남과 베트남의 전쟁(32만 명/ 5천명사망)이 미국의 간섭으로 우리는 1963년도 파병을 하게 되어 한국이 경제적으로 발전하고 성장하는데 견인차역할을 하게 되었다. 미국, 프랑스 등, 대국의 지배를 받았지만 베트남민족이 이를 극복하여 대국들을 다 내쫓아 몰아내는 자존심을 가지고 북쪽(베트남)이 남쪽(월남)을 통일을 하게 되어 지금의 베트남이 되었다. 박정희 대통령에 의해 파병되었으나 박근혜 대통령(2013년)이 되면서 무역 등 우정의 나라가 되었다.

미군이 제일 무서워하는 땅굴은 불가사이한 일이었다. 호미로 250Km를 수맥을 피해 견고

하게 3중으로 차단하여 아주 튼튼한 땅굴이 조직적이고 과학적인 장비로 해결할 수 없는 군사력보다 게릴라전으로 강대국을 몰아내어 미국이 무릎을 꿇게 되었다. 지금도 수많은 외침을 받아 무조건 외국인을 경계하고 있는 분위기이며 언어는 한자를 영어(4성(四聲)-6성(六聲))로 변화시키므로 점자가 있는 영어를 하고 있었다. 날씨가 춥지 않아 하루 벌어 하루를 살지만 농사로 생활하며 일방 직장인 월급이 보통 7-8만원이며 교수월급은 25만원으로 생활을 하고 있고 여행객은 US달러와 한국의 돈과 수표가 유통되었다. 앞으로 하롱베이를 중심으로 관광개발에 박차를 가하고 있는 모습이 보였으며 내일을 위해 열심히 활동하는 국민들의 모습이 어제의 우리를 보는 것 같았다.

필자는 2013년 5월 8-15일(6박8일) 베트남 haiphong 축제에 참석했다. 공연단 명칭은 "한국예술단"으로 필자는 단장 겸 예술감독이다. 학과장 신분으로 연희과 정기공연(9-10일)을 앞두고 급하게 해외출장의 공무로 발령을 받았다. 재학생들은 정기공연으로 해외를 갈수가 없어 급조한 인원을 재학생이 아닌 졸업생으로 구성하려고 하니 취업을 하고 있기 때문에 인원선정이 문제점이 있었다. 필자는 물론 졸업생들이 해외를 못가서 미치는 것도 아닌데, 해외공연을 가는데 출연료는 못줄지언정 보험도 들어주지 못하면서 국가행사이니 다녀오라고 했다. 행정실장은 출연료는 예산도 없고 보험료는 규정이 없어 못준다고 한다. 예산이 없으면 그만둬야 하는데 국가부속기관의 홍보차원으로 국가행사에 참석하라는 지시였다. 이곳과 자매도시인 인천시가 참석하기로 되어있었으나 예산이 없어 취소한 것을 문화부로 위탁하니 한국예술종합학교로 급조가 된 것이다(인천광역시 국제관계 대사 엄성준, 국제도시팀장 간현수, 김형수 담당을 현장에서 만남).

필자는 문화는 돈이며 정책이다. 라는 개념을 가지고 있었는데, 제자들의 봉사와 협조로 참석하게 되니 꼭 그런 것만은 아니구나! 라는 것을 느꼈다. 제자들(황영권, 박혜미, 송동운, 강미경, 장미나, 이보나, 정재호, 조만희, 현지에서 유학중인 신재성 합류)에게 신세를 지니 고맙기도 하고 37도의 무더위 속에 길놀이(퍼레이드) 메인무대에서 공연하는 모습이 대견스러웠다. 다행이 이번행사가 졸업생들이 자원하여 어렵게 급조가 되어 출발하여 마지막 공연까지 마무리를 잘하였다.

베트남 hanoi공항에서 내려 Hai Phong까지 버스를 타고 3시간을 도착하니 새벽3시이다(현지시간 새벽 1시 2시간이 지연됨), 다행히 숙소는 Nam Cuong Hai Phong Hotel이었다. 축제에 참석한 나라는 중국 윈난성, 인도, 캄보디아. 나오스, 러시아, 일본 등 세계 젊은이들이 참석하여 카니발, 퍼레이드와 시(市)극장 메인무대에서 공연을 하여 박수를 받았다. 6박 8일 동안 행사를 하면서 아침에 새벽기도를 마치고 호텔 옆 공원에 나가보니 체육관 시스템이 잘 되어 있다. 헬스, 테니스, 요가, 운동장에는 부채권, 검권 등 체조를 하는 모습들이 이제 베트남도 먹고 살만해서 외제(BMW, 아우디, 일제, 현대, 대우)차에 주부들이 뚱뚱하면서도 건강에 대해 관심을 가지고 있었다.

(2) 상하이 EXPO 및 홍콩·마카오.

상하이(中國/上海)를 공연과 교수연찬회, Expo 등 몇 차례 다녀왔다. 그 중 여름에 엑스포(2010.7.29-8.2)에 다녀 온 것이 제일 기억이 난다. 날씨가 기본이 38도이다. 한국에 귀국하니 33도라고 한다. 그러고 보니 한국의 날씨는 시원하기가 짝이 없다. 덥다고 하는 것이 사치라고 했다. 상해의 관광은 여행사에 의해 여행코스는 예원, 임시정부, 101층 건물인데 일본사람이 디자인한 칼의 모습을, 상해인들이 세계를 따버리겠다고 해서 병뚜껑으로 디자인을 변경하여 만든 건물(101층) 등이 유명하다.

홍콩은 150여 년간 영국 식민지령에서 중국으로 귀속(1997.6.30)되어 홍콩특별행정구이다. 영어, 중국어(공동어)를 쓰며, 불교, 도교, 기독교 등, 경찰의 공권력이 최고의 나라이다. 홍콩에서 자가용을 가지려면 주차장이 확보되어야 자격이 있다고 하며 차량번호는 8번을 선호하는 나라이다. 결혼식장이 따로 없고, 밤에 호텔에서 결혼식이 치러지는데 남자는 돈 버는 기계이고 여자는 돈쓰는 기계라고 안내원이 소개한다. 땅이 좁아 아파트가 하늘 높은 줄 모르고 치솟아 있다. 아울러 가정의 만족도가 83%라고 하여, 오션파크, 만모사원, 구룡터널, 스탠리 마켓, 아파트 1평에 1억5천원, 비싼 곳은 5억원 하는 아파트도 있다고 한다.

한편, 마카오(macau)는 중국 관동성 남부, 주강 하구 서안(西岸)에 위치, 영어, 중국어(광동어)를 사용하며 불교 기독교 등, 45년 동안 포르투갈의 속국으로 투자이민이 안 되는 나라로서 카지노 수입으로 먹고사는 유일한 나라이며 자유와 안전의 국제도시이다. 개방된 성장의 나라로서 하루 천억, 시장 매출이 100조가 넘었다고 한다. 동·서양의 문화가 제일 조화롭게 어울려 꾸며진 나라이다. 홍콩의 Royal park Hotel 마카오의 Rio Macau 호텔 1108호에 숙식을 했다. 1108숫자는 필자가 군입대날, 결혼기념일, 아들 생일날이 겹친 우리 식구에게는 최대 경사스러운 날이기도 하여 카지노(Casino)에 가서 한번 붙어보고 싶었다.

(3) 태국〈해외여행의 실(失)과 득(得)〉 2011.4. 졸업여행 지도교수

해외를 나갈 때마다 골프, 신혼여행, 유학생, 출장, 선교활동, 졸업여행 등으로 해외여행을 하면서 외화낭비는 얼마나 하고 있는가? 해외여행을 하다보면 한국 사람들이 가는 곳마다 남대문·동대문시장처럼 식당·쇼핑장·관광지에 우글거린다. 그 중 필자도 한사람이지만 그래도 필자는 현지에서 강의료, 출연료를 받아 지출하고 돌아다니니 천만 다행스러운 일이지만, 걱정이 되는 이유는 무엇일까? 정부에서는 수입과 지출의 대차대조표로 통계가 서로 평균을

유지하지 않으면 앞으로 어떻게 하겠다는 건지 궁금하다. 또한 문화 쪽으로는 나라홍보를 하여 관광수입을 제대로 올리고 있는지?

1945년 8월15일은 일본에도, 한국에도 특별한 날이다. 일본은 참혹한 전쟁에서 패했고, 한국은 불행한 일본 통치에서 해방됐다. 그 후 66년(2011년)이 지난 올해 물가를 고려한 구매력 기준에서 한국의 1인당 국내총생산(GDP)은 3만1000달러, 일본의 1인당 GDP는 3만5000달러를 기록한 전망(국제통화기금・IMF)이다. 구매력 기준이 근접했으나 수출주도형 高성장한계오고 연금・의료 등 고령화 사회 대비 미흡하고 대기업은 벤처기업 성장 막아 성장전략 재구축이 시급하다. 일본경제가 계속 정체되고 한국이 일정한 성장을 유지한다면, 소득역전(逆轉)은 시간문제라고 할 수 있다. 하지만 그것은 구(舊)시대가 느끼는 깊은 감회 이상의 큰 의미는 갖지 않을 것이다. 한국이 일본을 앞지른다고 한들, 성장제약 요인이 지금처럼 늘어난다면 그 후의 전망은 보이지 않기 때문이다.[5] 따라서 '현대사 좌파(左派)들의 운동장'이라는 제목의 기사를 보면 대한민국 초대대통령 이승만의 생애와 제1공화국을 재조명한 다큐멘터리는 결국 광복절 날 KBS의 전파를 타지 못했다. 이 프로그램은 '독재자 이승만' 을 미화하는 것이며, 방송을 강행할 경우 김인규 사장 퇴진운동을 벌이겠다는 좌파단체들의 엄포에 KBS가 눈치를 본 것이다. KBS는 대신 광복절 경축식 중계, 가요무대, 100여 년 대한제국 외교관 이범진의 삶을 다룬 다큐멘터리 같은 것들을 '광복절 특별기획'이라고 내보냈다.[6] 이제 먹고살만하고 입에 풀칠을 할 정도가 되니까 진보, 자유 등, 자기주장들을 하고 있는 것이다.

(4) 캄보디아 및 필리핀

동남아시아의 서쪽으로 태국, 동쪽은 베트남, 북쪽은 라오스가 있다. 수도는 프롬펜이며 도시는 씨엠립, 뽀이뻿 등으로 크메르민족이 총인구 95%이다. 열대기후로 섭씨 25도 일정한 기온이다. 11월-2월까지는 건기로 22-31도이나 3월-5월까지는 무더운 날씨이다. 시간은 우리나라보다 2시간 늦다. 인공호수, 신들을 위해 건설된 고대 건축물들, 앙코르 문화의 절정, 화려한 조각상, 영화 '툼 레이더' 의 촬영지, 나무가 휘감은 타프롬 사원, 복원하지 않고 유지・보존만하기로 결정한 정글에 묻힌 신비로운 분위기는 세계 7대 불가사이의 중 하나인 앙코르와트(Angkor Wat) 12세기 수리야바르만 2세가 건립한 것으로 규모와 섬세함과 신비로움으로 가득한 지하도 복원을 못한 세계 최대 규모의 단일사원이다. 유네스코 세계유산의 하나이다.

2013년 1월 캄보디아로 교수연찬회를 갔다. 한국경제가 불황이라고 하지만 태국과 마찬가

5) 후카가와 유키고. 日 와세다대 교수. 2011.8.16. 조선일보 '해외시론' 중에서 일부인용.

6) 김태익 논설위원. 2011.8.16. 조선일보 '태평로' 기사 중에서 일부인용.

지로 한국관광객이 많아 관광지마다 북새통을 이루고 있다. 모계사회이며 종교는 힌두교의 근원을 가지고 있다. 상(喪)을 당하면 웃음을 짓는 나라이고 부모 및 부군이 사망하면 삭발하고, 대변을 보고 넘치면 묻고 다른 곳에 구멍을 파고 용변을 본다. 성관계는 종족번식 수단의 순수한 성문화를 가지고 있다. 꽃을 오른 쪽에 꽂고 있으면 미혼, 왼쪽은 기혼이다. 아직 시골에는 2층집을 건축하고 해먹(침대그네)으로 쉼의 터를 마련하여 여유를 즐기고 있다. 전기가 없고 배터리를 충전해서 사용한다. 기차가없는 나라이다.

필리핀 선교=강남구 삼성동 갈보리교회를 30여 년 출석하다가 이곳 경기도 광주 나무골에 이사를 왔다. 우리 교회(문형장로교회)에서 필리핀 선교를 위해 여름방학기간동안 떠났다. 필리핀 오지에 산을 넘고 물 건너 도착한 곳은 너무나 작은 산골이었다. 숙식도 불편하고 신변도 불안전한 그곳에서 복음전도를 한다고 교회와 시골학교에서 봉산탈춤 공연과 시범을 보여주며 탈춤배우기를 시작했다. 신기한 춤사위를 보면서 어린학생들은 열심히 탈춤을 따라했다. 그러면서 하나님의 복음을 전했다. 일반여행과 달리 목사님하고 문형장로교회에서 전도여행을 다녀오니 힘이 들고 어려웠지만, 마음이 한결 하나님 앞으로 다가온 것 같았다.

2. 국내여행(國內旅行)

1) 최초공식 평양방문 3박4일(1985.9.21-24)

"정치는 적을 만들고 예술은 친구를 만든다." "문화는 보이지 않는 핵폭탄이다."

북한과 문화예술교류를 위해 〈서울예술단〉이 창단되었다. 필자는 총무·간사 보직을 맡으면서 연습에 임하였고, 드디어 우리는 1985년 9월 21일 고향방문단 50명, 예술단 50명, 기자단 및 스태프 50명, 단장 1명, 총 151명이 북한을 향했다. 판문점 중립국감시위원회 건물 안에서 사진과 얼굴을 비교하면서 입북절차를 마쳤고, 북한에서 내려오는 팀은 옆의 건물에서 통과의례순서를 마치면서 3박4일의 일정은 시작되었다. 판문점 휴전선을 동시에 통과해서 남(南)은 북으로, 북(北)은 남으로 각각 향했다. 이렇게 북측은 장충동 국립극장, 남측은 평양대극장에서 공연을 하였다.

한편 남북이산가족의 역사는 그해 8월 제8차 적십자 본회담 3차 실무접촉에서 남북은 광복 40주년을 계기로 이산가족 고향방문과 예술공연단 교환방문을 실시하기로 합의했다. 대한적십자사의 주관으로 고향땅을 밟지 못한 사람들에게 방문의 취지와 목적이 있었는데 일회성

행사가 되어버린 셈이다. 당시에 고향방문단은 생사확인 작업이 사전에 제대로 이루어지지 않아 남측은 50명 중에 35명, 북측은 50명 중 30명(서울 워커힐 호텔 이산가족 상봉)만 가족을 만났다. 상봉시간은 북한에서는 4시간 30분, 남한에서는 7시간 30분이었다. 필자가 세종문화회관에 근무하면서 뮤지컬의 대중화를 위해 〈한국뮤지컬협회〉를 설립하려고 준비하는 시기에 남북문화예술 교류문제가 암암리에 말들이 있었다.7)

우리는 1985년 9월21일 오전 9시 판문점 중립국감시위원회건물 안에서 사진과 실물을 확인대조하고 북한입북절차를 마쳤다. 77년도 미국을 첫 방문할 때와는 완전히 다른 기분이었다. 선택받은 자(者)라고 좋아했지만 두려운 생각과 호기심과 기대와 들뜬 기분으로 40년 만에 남북예술단의 상호교류에 역사적이고 감격적인 공연을 하려고 하니 야릇한 마음이 앞섰다. 〈돌아오지 않는 다리〉의 철제철교를 지났을 때 북한의 대형기가 보였다. 38선에서 버스를 타고 약 30여분 정도 이동을 하여 개성(開城)까지 이르게 되었다. '야! 내가 북한 땅에 왔구나.' '바로 이곳이 북한 땅이구나!' 하며 긴장(緊張)이 되었으나, '봉산이 과연 어디쯤 있을까!?' 생각에 궁금증이 커지기만 했었다. 개성에서 기차(汽車)를 갈아타고 40여 분을 더 가는데 갑자기 고성능 스피커가 울려 퍼지고 배정된 안내원(사진참고)이 필자한테 다정하게 다가오는 찰나에 차창(車窓) 넘어 사리원역이 나왔다. 필자는 '경암산'이 어디냐고 안내원에게 다급히 질문했다. 현재 봉산탈춤 전수조교로 대학교를 다닐 때부터 월남한 어른들에게 탈춤을 배웠기 때문에 필자에게 있어서 봉산 사리원역은 큰 의미가 있는 곳이라 할 수 있다. 그래서 이곳을 지나가는데 '감개무량' 하다는 단어가 아무 때나 쓰는 것이 아니구나를 느끼며, 팔등에는 닭살 같은 소름이 이미 으쓱 끼쳐왔다. 황해도 사리원 봉산 땅이 여기야! 그러면 봉산 사리원 경암산(경암루)이 '저기 쯤 되겠지' '아니야 여기겠지' 산천경계를 보고 상상하며 가다보니 농춘풍경과 황폐된 들판이 나왔다. 산에는 나무가 없었고 묘(산소)자리를 볼 수가 없었다. 집단농장 농부들이 활기찬 모습은 볼 수 없어 손을 흔들어 수고를 표현하였지만 답변은 없었다. 땅은 삭막하여 과연 주인이 있는 땅인지를 살펴보다가 어느덧 평양역에 도착하여 여자 안내원이 우리를 반겼다(사진참고). 그리고 담당안내원(戰術心理戰要員)들은 예술단원들한테는 비교적

7) 당시 필자는 뮤지컬 기획자로서 남북문화교류 공연 기획, 제작 출연 등 뒷일을 도맡아하였다. 북한방문을 목적으로 각 단체(국립무용단, 현대무용단, KBS, 시립가무단, 대우무용단 등)에서 우수한 인재들을 차출하였고, 결국 <서울예술단>이라는 단체를 85년 창단하여 필자를 포함한 구성원들이 초창기 멤버가 되어 연습에 돌입하였다. 처음으로 이루어진 공식적인 남북문화교류이기에 단원들은 마음이 설레임과 동시에 한편으로는 두려움으로 인하여 우리의 가슴을 조여 왔다. 하지만, 들뜬 마음으로 고된 훈련에도 불구하고 연습에 박차를 가하였다. 지금은 모두 고인(故人)이 되어 이 세상에 계시지 않지만 봉산탈춤을 저에게 지도해주신 황해도 봉산탈춤의 보유자(保有者) 윤옥, 김선봉 선생님은 필자가 평양을 방문한다는 소식을 접하고 찾아왔다. 황해도 봉산에서 월남하신 이분들은 '너는 가보는 구나 나는 언제 가누' 하면서 평양을 가는 필자를 붙잡고 눈물을 보이며 또 한편으로는 부러워 설레이는 마음을 어쩔 줄을 몰라 하는 그 때 그 모습이 아련히 떠오른다.

친분 있게 대해주는 것같이 보였지만, 다른 분야에 있는 사람들에게는 식량부족, 미군, 선전선동, 질문, 답변이 제법 날카롭게 대화가 이루어지면서 인물첩보(人物諜報)를 수집하는 것 같이 눈동자들이 쉴 틈 없이 움직이는 것을 예술가의 눈에도 보였다.

분단 40년 만에 처음이루어지는 남북문화교류 예술단은 분명 역사적이고 의미가 있는 공연이다. 이에 우리는 쉴 틈도 없이 고려여관(호텔)에 여장을 풀고 곧바로 평양극장으로 가서 연습에 돌입하였다. 연습이 끝난 후에 옥류관(평양냉면식당)에서 냉면을 먹을 때 이남에서 가위로 잘라먹는 습관 때문에 나도 모르게 "아가씨 이것 좀 잘라 주시오" 하니 아가씨는 나를 바라보며 "선생은 이빨도 없시오? 이빨로 잘라 드시라요" 하고 접대부(종업원)의 퉁명스런 말에 은근히 화가 치밀었지만 귀여웠다. 그러나 북한에서 냉면을 제일 잘하는 곳은 고려호텔 1층 식당이고, 음식이 제일 맛있는 곳은 고려호텔 옥상의 '만장' 식당이다.

다음날 평양극장에 도착하여 공연준비를 끝내고 막상 공연시작을 앞두고 있으니 떨리고 걷잡을 수 없는 심정으로 인하여 나를 정리할 수가 없었다. 필자 외에 몇 명이 북을 치어 막이 오르면 김동건 아나운서가 나와서 "여러분 안녕 하십니까" 하고 공연이 시작되는데- 필자는 국내 무대인 국립극장, 세종문화회관 등에서 공연할 때나 세계무대인 케네디극장 등에서 공연할 때에도 당당하게 무대에 섰지만, 이곳 평양대극장에서는 왜 이렇게 떨리는지 알 수 없었다. 나이도 먹고 단체 리더격인 필자가 걷잡을 수 없이 떨리는데 후배단원들은 어떨까? 생각하니 더 정신이 가물거리고 두렵고 외로웠다. 의지할 곳 없는 나에게는 누구를 믿을 것인지? 인간이 왜 이렇게 나약한 존재인지 원망도 해보았다. 국민학교(초등학교)때 사탕을 주고 먹을 것을 주니 교회에 출석한바 있어 하나님 생각이 났다. 인간은 믿는 자나 믿지 않는 자(者) 누구나 급하면 "아이고 하나님!" 하고 자기도 모르게 하나님을 부르고 외친다(꼭 급할 때만). 그래서 필자도 큰 북을 잡고 나도 모르게 소리를 지르며 기도를 했다. "하나님 힘이 없나이다. 힘을 주시옵소서." 하고 외쳐 부르며 기도를 했다. 기도(祈禱)를 하니 말로서 글로서 형용할 수 없는 힘이 나도 모르게 용솟음쳐 올랐다. 드디어 공연이 시작되었다.

*** 남・북한 예술 공연단 (교환방문) 공연**

(1) 남한공연예술단(서울예술단)

남한예술단은 1985년 "제1차 남북이산가족 고향방문단 및 예술공연단 교환방문"이란 목적으로 평양극장에서 공연을 열었다. 1부 '전통문화', 2부 '2000년대를 향해'라는 주제로 50명이 출연하였다. 1부는 부채춤, 승무, 북춤, 강강술래, 화관무, 봉산탈춤 등 우리의 전통무용위주로 구성하였고, 2부 '2000년대를 향하여'는 현대무용과 가곡, 일제시대부터 해방 후까지 대중들의 애창곡으로 구성하였다. 무용(舞踊) 위주의 각 프로그램 사이에 원로가수(김희갑, 김정구), 젊은 가수(나훈아, 하춘화), 성악가(김정길, 이규도), 코메디언(남보원, 백남봉) 등, 옴니버스(버라이트쇼)형식으로 신파극처럼 막간 사이사이에 나와 그들의 특기를 보여주는 방법으로 진행하여 남한문화예술의 진미를 보여주었다.

그러나 그들은 어떤 감정으로 공연을 받아들였는지는 몰라도 부채춤, 농악, 탈춤 등, 전통예술 공연할 때는 나름대로 박수가 나왔지만, 2부의 전위적인 현대무용과 디스코풍의 무용, 성대묘사, 코미디는 대조적으로 거부반응이 나와 우리가 생각한 이상의 폐쇄된 40년의 세월이 분단의 이질화, 즉 한민족이 아니라 두 민족 같았다. 그러나 전통문화를 북한 주민에게 공연을 통해 보여주는 것으로나마 동질성이 회복되었으면 하는 아쉬움을 남기고 돌아왔다.

이 공연을 보고 북한 측의 노동신문, 민족조선 등에서는 '복고주의적이다.' '종교적 내용을 담고 있다.' '미풍양속을 해쳤다.' '양풍화(미국식)되어 퇴폐적이다.' '일제잔재를 청산하지 못했다.' 등의 비판을 했지만, 우리의 전통문화인 탈춤과 풍물은 비판 없이 권장했다. 북한에서는 주체사상, 선전도구 등에 의해 흥과 멋을 제외시킨 고유의 전통예술이 인위적으로 이질화 되어 차단시켜 사장되었고 원형을 찾기가 힘든 봉산, 강령, 은율, 해주탈춤, 북청사자놀음 등 자취를 감춘 것도 이런 예라고 할 수 있지만, 전통문화(탈춤, 풍물 등)가 전멸되었다. 그나마 개량되고 변질되었어도 조금이나마 민족의 동질성으로 전투적이고 도전적인 마스게임으로 남아 있는 것도 다행한 일이라고 할 수 있겠다.

그러나 이후 남북한 예술단의 공식적인 교환방문이 없는 상태이기에 많은 아쉬움이 남았지만 1985년의 경험과 시행착오가 큰 교훈이 되어 이산 가족상봉이 진행되었다. 당시의 파문으로 북한에서는 지금까지 공식적으로 교환방문을 원하지 않고 있다가 2000년 6・15 정상회담 남북공동선언에 따라 2000년 8월 15일 이산가족 방문단 교환이 이뤄졌고 지금까지 17차례의 대면상봉과 7차례의 화상상봉이 이뤄졌다. 남북 이산가족 상봉은 1971년 최두선 대한적십자사 총재가 북측에 이산가족 상봉을 위한 적십자 회담개최를 제의, 8번째 회담에서 성사가 됐다(조선일보 2010.9.21).

저들이 예술로는 자신 있다고 하는데, 이것은 방문 타이틀만 봐도 짐작이 갈 것이다. 우리는 순수하게 "고향방문단 및 예술 공연단"이라고 제목을 붙였지만, 북한에서는 "예술 공연단 및 고향방문단"이라는 타이틀을 반대로 명명해 내려 온 것이다.

서울예술단은 시립가무단(現 뮤지컬단)이 주축이 되어 단원을 선발했지만 방문공연을 마친 후 결국 해체되어 단원들은 각 소속단체로 복귀하였다(서울예술단은 북한방문을 목적으로 임시로 모인 단체명이다. 이후 문화관광부 소속인 〈88예술단〉은 88년도 올림픽을 위해 설립이 되었으나 88올림픽이 끝난 후 마땅한 단체이름을 찾지 못해 '서울예술단' 이름을 인계하여 인

1985년 남북문화교류(리셉션)

평양 고려호텔(예비 평양시장과 함께)

수받아 현재 활동하고 있다).

(2) 북한공연예술단

북한공연예술단(송석한)은 〈무용극 금강선녀〉, 경기민요 외에 손 북춤, 달맞이, 칼춤 등의 노래와 춤으로 북한 최고의 배우들이 공연을 하였다. 공연을 본 전문가들은 서울에서 활동하던 연극인, 무용가, 음악가들이 월북하여 40년 동안 만들어 놓은 것은 철저한 사회극의 이데올로기 작품이었다고 평하였다. 송석한 부단장은 "무대조건이 낯설고 인원이 제약돼 충분히 기량을 발휘하지 못했다"고 하였다. 그리고 한국의 전문가들은 북한의 공연예술을 보고 다음과 같이 評했다.

㉠ 전통을 완전히 잃어버린 국적 없는 형태가 되어 전통현대화 작업의 실패였다(관중).
㉡ 인도(손놀림), 소련(발동작), 중국(의상)을 모방하여 국적을 상실했다고 평가(송범 국립무용단장)
㉢ 러시아무곡과 중국음악이 혼합되어 기악과 성악 모두 악상이 비슷하다(김정길 교수).
㉣ 저고리 치마라는 기본형은 있으나 전통과는 거리가 멀고 오히려 중국 냄새가 난다(석주선 박사).
㉤ 조명과 음향기술도 우리보다 뒤떨어지며 무대장치, 디자인도 수준이 별로 높지 않았던 것 같다(허규 연출가).
㉥ 계속적인 가짜의 미소가 나를 슬프게 한다(서정주 시인).
㉦ 테크닉만은 딱딱하고 기계적으로 상당한 수준이지만, 홍과 멋을 제외시킨 목적극이다. 한국의 무용은 숨은 내적인 호흡의 춤사위가 깃들어 있으나 북한의 무용은 인위적이고 사실적으로 표출하고 있다(필자).

남한 고향방문단 일행(인민문화궁전 앞 기념촬영)

평양역에 도착(이규도 교수와 안내원)

남・북한의 공연(公演)은 국립극장(남한), 평양대극장(북한)에서 동일한 시간에 시작되어 성공리에 끝이 났다. 북한에서 우리에게 보여준 2.8문화회관(음악 민속무용)공연도 전투적이고 인위적인 변형된 춤사위들이었다. 방문 도중에 우리 팀이나 북한 팀도 여러 가지 문제점이 발생되었으나, 무사히 공연을 마치고 판문점을 거쳐 귀향을 했다. 그 후로 필자는 3박 4일의 평양방문을 마치고 돌아와 하나님이 살아계심을 크게 깨닫고 교회에 열심히 나가 안수집사가 되었으며, 하나님을 믿는 착실한 성도로서 충만한 생활을 하고 있다. 지금은 교수로서, 해외에 나가면 문화사절로서 담대하게 직업관을 가지고 국・내외 무슨 행사를 하든지 하나님께 맡기고 정진하고 있다. "너의 행사를 여호와께 맡기라. 그리하면 너의 경영하는 것이 이루리라"(잠 16:3) "네가 큰일을 하겠고 반드시 승리를 얻으리라"(삼상 26:25)는 말씀을 믿으며, 주님의 영광을 위하여 교회(문형장로교회)에서 열심히 봉사하고 있다.

해방 후 조선무용(朝鮮舞踊)을 민족무용(民族舞踊)으로 현대화하는 데 큰 공을 세운 무용가는 최승희이다. 민간무용, 승무, 무당춤, 군중무용, 기생무 등 민족적 정서가 강하고 우아한 춤가락으로 현대 조선무용 발전의 기초를 마련하였다. 최승희는 조선무용의 우월한 특징인 아름답고 우아한 상체 동작에 하체동작을 유기적으로 결합시킨 과학적인 기초무용동작을 완성하여 후대에 보급하였다. 기본동작은 제1동작 걷는 동작, 제2동작, 팔 끌어올리는 동작, 제3동작 팔메는 동작, 제4동작 팔 뿌리치는 동작, 제5동작 팔 활개 치는 동작, 제6동작 팔 뻗치는 동작, 제7동작 손목동작, 제8동작 잔발동작, 제9동작 곱디뎌 달려가는 동작, 제10동작 뛰는 동작, 제11동작 도는 동작, 제12동작 굽혀 앉는 동작 순(順)으로 나열되어 있다.[8)]

이러한 춤사위에 바탕을 둔 무용작품에는 인민들이 일심 단결하여 일제의 억압에도 굴하지 말자는 내용을 담은 〈단심줄〉, 아름다운 조국을 사랑하는 마음을 잃지 않도록 격려하고 고무

---

8) 조선무용 기본동작, 조선대학교 출판부, 2000.

시키는 〈13도 사랑〉 등의 작품이 있다. 특히 인민들의 생활 속에서 창조된 4대 명작으로 손꼽히는 〈눈이 내린다〉 〈사과풍년〉 〈키춤〉 〈조국의 진달래〉는 예술성을 높이 평가 받고 있다고 금강산 가극단 강수내 무용부장이 말했다. 이것은 북한이 일제와 싸우는 속에서도 가극 〈피바다〉, 연극 〈성황당〉 등 다양한 예술 장르를 창조하면서 역사와 시대 앞에서 당당히 한몫으로 제 역할을 다하겠다고 다짐한 결과라고 한다.

북한의 무용은 전래의 전통 율동에 러시아의 집체무용이 가미된 양상을 보여주고 있고, 배경 음악은 중국풍에 가까운 음조를 띠고 있었으나, 성악은 벨칸토 창법식 발성을 하고 있다. 80년대에 들어 북한의 무용계는 자모결합식(子母結合式) 무용표기법을 체계화하여 동작을 일원화 하였을 뿐 아니라 표기법을 통해 대공연의 집체 예술을 완성시켰다. 아울러 영상이 아닌 무용보 형태로 기록, 북한에서의 무용은 연극과 마찬가지로 피바다, 꽃 파는 처녀와 같은 가극(오페레타)에 밀려 독자적으로 발전하지 못했다. 이는 가극의 아류로 취급되었지만 무용이 갖고 있는 언어행위적인 표현과 선전선동에 활용되는 그 역동성으로 인해 무용분야는 관심을 받고 있다. 무용표기법(무용보)은 당 차원의 지시로 제작되며 계속 보완되고 있다.

북한에서 개발한 자모식 무용기법은 1987년에 완성되었다고 하는데 사람의 몸동작을 4가지 형태와 11가지의 동작으로 구분하여 이를 모음적 기능으로 설정하고 12개의 자리부호, 7개의 방향부호를 자음적 기능으로 한 후, 이들 기본부호를 임의의 형태로 결합시켜 각종 무용동작을 표기하였다.[9)]

현재 무용계의 흐름에 비추어 볼 때 북한의 무용은 다음과 같은 특징을 지닌다. 첫째, 힘, 규모, 조직력을 과시한다. 신체미, 율동미, 시적인 표현보다는 전투적이고 선동적인 동작을 중시한다. 둘째, 보조기구로 노동자의 생산도구, 군인들의 총기류가 등장할 정도로 투쟁성과 노동성을 인식시킨다. 셋째, 순수무용보다는 혁명 무용이 높게 평가 받는다. 대표적인 5대 무용이 모두 〈눈이 내린다〉 〈조국의 진달래〉 등의 혁명 무용이다. 넷째, 집단체조인 마스게임을 대 집단체로 예술 공연 형식으로 만들어 화려함과 집체성을 자랑한다. 다섯째, 민족적 바탕에 기초하여 전통무용과 맥락을 유지시키고 있다.

북한의 무용이 독자적으로 발전하지 못한 취약점은 있으나 공연예술을 선전선동에 활용하는 북한체제의 의도에서 북한의 무용계는 타 분야보다 대우를 받아왔다. 따라서 남북한 무용비교 및 교류 시에는 나름대로의 특징을 보여 주는바 남북한 예술교류와 상호공감대 형성에 기여할 여지가 매우 크다. 시종일관 다양한 동작의 유연성이 중심이 되는 한국의 무용과 제한적 절도를 중시하는 북한의 무용은 향후 남북관계 발전에 따라 문화의 접합(接合), 합류적(合

9) 한국에서는 서도소리의 故 김정연에 의해 이미 1971년에 '한글 이용 무용표기법'을 발표하여 책자에 수록함－통일원 자료.

38선 회의장소

교수연찬회 백두산 두만강 강가에서

流的) 발전이 기대되고 있다.

2) 백두산(교수연찬회)

일시/ 2004년 여름. 장소/ 중국 연변과 백수산 등정. 내용(교수연찬회)

민족의 영산(靈山)이라고 하는 백두산천지, 하늘에서 인간 세상에 떨어진 옥거울과 같은 천지정상, 대자연의 불과 물의 위력으로 하나님께서 창조하신 두 갈래의 천지와 지수가 합류한 천지수라 하여 송화강, 두만강, 압록강의 세 갈래의 발원지를 이뤄 관동대지를 적신, 한 폭의 산수화로 절묘한 조화를 이루었다.

백번 올라가면 백두산 천지정상을 두 번 정도 본다고 해서 백두산이라고 한다. 필자는 백번 속에 두 번의 기회라는 인생의 삶의 교훈이 될 수 있는 기회를 얻었으며, 중국의 본래이름은 지나(支那)인데 세계의 가운데 있다고 중국(中國)이라고 명칭을 개명했다. 영어로 차이나(chira)는 정상이 비정상이고, 비정상이 정상이라고 하여 중국은 그 '어떤 것', '무엇이', 차이가 난다고 '차이나'라고 한다. 백두산은 하루에도 12번이나 변덕을 부린다고 하는 성산으로서, 정녕 영산(靈山)에 하나님은 계셨다.

필자는 정상에 올라가서, 한민족이라는 우리민족이 두 민족이 되어 세계 유일하게 통일이 않된 민족으로서, 강대국 속에 고통을 받고 있어야 할 이유가 뭐냐고 기도했다. 강제징용으로 끌려가 북간도에서 정착된 우리민족은 1930년대의 삶을 유지하면서 활기차게 살아가고 있었다. 그곳은 56개 소수민족이 살고 있는 중국 땅이지만 우리조선족은 우리 땅이라고 점령하여 논밭을 개간하여 주인정신을 가지고 열심히 살아가고 있는 모습을 보았으며 필자는 그곳 북간도에 옮겨서도 기도했다. 비록 한족과 어울려 고통을 받고 있지만 하나님을 알고 의지하며

백두산 정상에서

김석만 교수와 필자

열심히 살아가라고 기도했다. 소련의 침몰로 공산주의가 약화되면서 중국에도 자본주의 물결이 소용돌이치면서, 동족의 힘찬 맥박의 숨소리를 들었다. 지금은 우리의 화폐와 언어와 TV 등, 매스미디아가 동시에 생활권이 소통이 되는 북간도 연변, 연길은 분명코 우리 땅이었다.

일송정 푸른 솔은 늙어 늙어 갔어도 한줄기 해란강은 천년 두고 유유히 흐르고 있었고, 광개토대왕이 그곳까지 나라를 세우고 그곳에서 웅비의 날개를 펴고 개척한 곳, 북간도, …

한민족은 고추농사를 지면서 한국 식당을 운영하고 한국 학교를 세우고 교회를 건설하고 힘차게 옛 모습, 그대로 살면서 삶의 터전을 이루고 있었다.

시내 상가간판, 교통표지판, 방송, 모두 우리 글씨가 위에 있고 중국 글 한문은, 밑에 토를 달듯, 쓰여져 있는 것을 볼 때에 분명코 우리가 주인이었다. 그곳이 어찌 우리 땅이 아니라고 어느 누가 부인할 수 있겠습니까? 그곳은 민족의 정기인 백두산도 장엄하게 우뚝 서 있었다. 주은래, 등소평 주석도 몇 번 올라갔으나 정상을 보지 못하고 내려 왔다고 안내자에게 들었다. 필자는 그곳 천지정상을 볼 수 있게 해달라고 새벽기도를 평소하듯 무릎 꿇고 화장실기도를 했다. 하나님은 저의 기도를 들어주셨고 우리일행은 최집사의 기도 때문에 천지정상을 보았다고 기뻐했다. 그곳은 해발 2,700m로서 깊이가 378m가 되며 넓이는 4.38Km라고 했고 천지에는 물고기가 살고 있어, 일명 김일성 고기인 산천어가 살고 있다고 했다. 그곳 정상에서도 관광객들이 기도하는 성도들의 모습을 보았으며 연변에는 종교에 자유가 있어 50% 이상 기독교 신자가 있었고, 연변교회, 북대교회 등 교회가 있어 기독교인들이 기도하는 모습이 아름다워 보였다.

필자도 기도했다. 한국에 있는 우리교회! 우리교회는 전원교회로서 미래를 내다보며 오직 주님만을 바라보는 성령의 은사의 교회가 되어, 문형장로교회만 바라보아도 성령이 함께 하는 놀라운 전원교회로 성장, 번창하게 하여 주시옵소서, 라고 기도하며 복음을 전하고 온 것을 감사하게 생각하였다.

6부
참고자료

■ 참고자료(參考資料) ■

<참고자료 1>

봉산탈춤 공연을 보고(이두현본 공연비교)[1)]

2011. 5. 5. 오후 5시. "한국예술종합학교 전통예술원 연희과" 공연 2011. 5. 28. 오후 4시. "봉산탈춤 보존회 정기공연"을 관람을 보고 --

가) 봉산탈춤, 그 유래와 시사점, 그리고 한예종과 봉산탈춤보존회 공연의 차이

1. 서론

한국 국민 대다수는 봉산탈춤이라는 단어를 듣거나 실제로 그 탈춤을 직접 본 경험이 있을 것이다. 그러나 국내 전통문화의 매우 재미난 군무이자 역사적으로 보존 가치가 높은 이 탈춤을 간접적으로 경험했을 뿐, 학생공연과 전문집단 공연을 직접 체험한 사람들은 드물다. 이게 국내 전통문화의 현 상황이다. 대중은 전통문화의 가치를 소중히 지키고자 노력해야 한다고 주장한다. 이런 주장을 하는 사람들 가운데 실제로 체험하고 그 속에서 새로운 전통적 의미를 재창출한 사람은 과연 얼마나 될까.

필자는 한국예술종합학교 전통예술원의 '전통무용실습'을 한 학기 동안 배우면서 조금이나마 봉산탈춤의 몇 가지 군무를 소화해고자 노력했다. 최창주 교수 아래 다양한 움직임을 배우면서 탈춤이 제공하는 여러 재미와 해학에 놀라움을 금치 못했다. 약 200년 전에 만들어졌던 봉산탈춤의 대사와 움직임은 21세기 국내 사회상과 그다지 다르지 않으며 기득권 풍자, 서민의 가정생활 등 우리가 한 번쯤은 곱씹어볼 만한 의미를 추가적으로 선사해준다.

특히 이번 학기에서 전통예술원 학생들이 보여준 '춘풍화기' 봉산탈춤과 5월 말 서울 중요무형문화재전수회관에서 열린 봉산탈춤보존회의 봉산탈춤을 미약한 시각에서 비교점을 서술할까 한다. '한국예술종합학교' 학생들과 '봉산탈춤보존회'의 회원들 간의 실력 차이, 혹은 여운 등이 다를 수는 있지만, 그들이 전통을 지키고 앞으로 수호하겠다는 의지는 다르지 않으리라.

---

1) 연극원 연극학과 김영기(2011125003)의 글이다. 한국예술종합학교 전통예술원 연희과, 음악과, 무용과, 예술학과, 연극원 등 6개원 공통교과목 선택수업을 받는 학생 중 공연을 보고 대표 Report이다.

이 리포트를 작성하면서 여러 이론적 도움을 얻었다. 특히 공연에서 나눠준 팜플렛에서 실린 봉산탈춤 관련 여러 글귀들이 조금이나마 봉산탈춤의 현대적 재해석과 역사적 보존에 관한 경계선을 말끔히 지우는 역할을 소화한다. 더불어 봉산탈춤을 좀 더 쉽게 이해하는 데 남다른 역할을 수행한다. 공연을 볼 때 우리는 팜플렛의 가치를 소홀히 하는 경향이 있는데, 몇 페이지 안 되는 이 소책자는 당신이 직접 봤던 경험의 의의를 한 단계 높게 발전시킬 수 있다.

2. 본론

일단 봉산탈춤에 관한 리포트이니 봉산탈춤의 역사적 배경을 거슬러 올라가야 할 것이다. 이 탈춤이 생성됐을 때의 당시 상황이나 지금까지 꾸준히 소수자에 의해 유지된 이유도 설명할 것이다. 가장 중요한 것은 봉산탈춤의 유래와 구성일 것이다. 팜플렛과 도서 등을 통해 봉산탈춤을 설명할 것이다. 덧붙여 '한국예술종합학교' 공연과 '봉산탈춤보존회' 공연의 차이점이라 할 수 있는 이두현본과 오청본의 비교도 시도해보고자 한다.

A. 봉산탈춤

봉산탈춤은 오래 전부터 황해도의 여러 고장에서 추어오던 탈춤의 하나로서 해서탈춤의 대표격이 되는 탈춤이다. 이것은 원래 봉산구읍 경수대에서 연희되었으나 1915년경 군청 기타 행정기관이 사리원으로 옮기고 그 주변 교통 환경도 발달 돼 그 후 사리원 경암산 아래서 놀아왔다. 남한의 경우, 해방 후 월남한 몇 분의 연희자들에 의해 1958년 이래 계승됐다. 그 후로 국가 단위의 대규모 경연대회에서 수차례 수상되고, 봉산탈춤이라는 단어가 언론매체를 통해 널리 알려지자 당시 많은 사람들이 이 탈춤에 관심을 가지고 흥미를 보였다.

자료에 의하면 봉산탈춤의 중흥자로는 약 200여 년 전의 봉산의 이속이던 '안초목'으로 전해진다. 그 이후 …(생략)…

봉산탈춤의 특징은 무엇일까. 팜플렛 자료에 따르면 극본과 춤, 가면, 의상 및 반주음악에 있어 한국가면극의 해서형의 특징을 잘 지니고 있으며, 기타 가면극과 마찬가지로 춤이 주가 되고 이에 몸짓 동작 재담과 노래가 따르는 형식이다. 또한 춤사위가 활발하며 경쾌하게 휘뿌리는 장삼 소매와 한삼의 움직임이 화려하게 펼쳐져 하나의 움직이는 그림을 보여준다.

특히 '탈춤'이라는 음운에 주의하자. 그렇다면 탈춤의 탈, 혹은 가면은 봉산탈춤에 있어 어떤 의미를 가져다주는가. 최창주의 얘기를 직접 인용한다. 따라서 춤사위는 어떤 의미이고,

어떻게 움직여지는가? 역시 최창주 교수의 설명으로 대신한다.

그의 얘기를 종합하자면 봉산탈춤은 기승전결이 뚜렷한 이야기로 가면의 역사적 조화가 잘 이뤄진 하나의 '마스터피스'(Masterpiece)이다. 봉산탈춤은 서민들의 애환이 담겨 있다. 세속에서 그들이 느낀 삶의 애환을 가면과 춤사위의 민간신앙적인 요소로 버무려 하나의 맛깔스러운 정찬을 내놓은 것과 다름없다. …(생략)…

봉산탈춤의 구성은 7과장으로 나누어 있으며 내용은 산대도감계통극으로서 다른 가면극과 거의 동일한 주제를 가진다. 구분하자면 벽사진경의식무-파계승에 대한 풍자-양반에 대한 모욕-일부대처첩의 삼각관계로 이야기가 진행된다. 그밖에도 서민(평민)이 일상생활에서 체험한 소소한 이야기들이 다양한 등장인물들로 인해 풀어진다. 하인, 무당, 파계승, 몰락한 양반 등 당대의 사회적 현실을 풍자하기 위해 도덕적인 의무보다는 세속적인 행태를 파악하며, 이를 고발 및 비판한다. 어느 시대나 서민들은 자신들의 애환을 재미있게 푸는 경향이 있는데, 봉산탈춤은 이 경향을 완벽하게 현실로 말끔히 실현됐다. 끝으로 봉산탈춤은 신앙적, 종교적 의미는 희박하나 민중의 오락적 요소가 훨씬 우세하다는 평가를 내린다.

B. '한국예술종합학교'와 '봉산탈춤보존회'

봉산탈춤 보존회에서는 정기공연으로 2시간이 조금 넘었고, 한국예술종합학교 연희과 공연은 3시간 45분 공연을 했다.

올해 5월 5일 어린이날을 맞아 한국예술종합학교 전통예술원 연희과에서는 학교 야외무대에서 봉산탈춤을 학생들과 지역 주민들에게 선사해줬다. 특히 이 공연이 의미가 있는 점은 1967년 중요주형문화재로 지정된 이두현본과 1987년 발견된 1936년도 오청본을 그대로 복원・재현한 것도 관람한 바 있어 공부를 많이 했다. 그렇기 때문에 일반 봉산탈춤의 대본 및 공연 시간은 그만큼 길다. 최창주에 따르면 봉산탈춤이 문화재로 지정된 이후 월남하신 분들에 의해 밤새도록 추웠던 춤을 3시간으로 정리됐다고 한다. 하지만 공연 관람객들의 편의를 위해 3시간의 장시간 공연을 미국공연을 위해 90분으로 줄였고, 이윽고 60분짜리 봉산탈춤 공연이 나오기도 했다고 한다.

한국예술종합학교의 봉산탈춤 공연은 이 3시간 45분짜리 봉산탈춤 공연을 현대 젊은이들이 재해석하는 동시에 완전하게 재현하는 것으로 의미를 둔다. 그 중에서 제2과장 1인 2개의 목중춤, 제3과장 앞산・뒷산・경발림 재연, 제2경 법고치기 재연, 제4과장 염불놀이 악기사용, 신장수・원숭이 성관계와 치료차 퇴장, 제3경 취발이 임신장면, 제7과장 덜머리 첩의 대사와 미얄을 사망하게 하는 장면들이 나온다. 원형으로 지정 된 이두현본을 극본 그대로 발굴, 재연한 봉산탈춤의 새로운 서사적 장면들이 늘어난 셈이다. 2010. 9월의 오청본은 '요즘 유행하는 전통 이야기에 리얼리즘의 스토리텔링을 가미하여 새로운 극으로 나아가 뮤지컬형식으로 만들어 보겠다.'는 게 바로 오청본의 특징이라고 하니 한국예술종합학교의 봉산탈춤 공연은 조선 연극의 현대화된 뮤지컬이나 다름없을 것이라는 희망이 있다.

이론과 경험이 부족한 필자가 보기에 한국예술종합학교의 공연은 대단히도 길었다. 하지만 전통문화에 어느 정도 감각이 있는 사람이라면 한 편의 장대한 서사시처럼 보였을 것이다. 필자는 이두현, 오청본 두 공연을 다행이도 관람할 기회가 되었다. 봉산탈춤 공연에서는 몇 가지 특징이 보인다.

학교탈춤에 있어서 먼저 제2과장 팔목중춤에서 연희자들은 등장과 동시에 대사를 한 번 하고 춤을 춘다. 그리고 대사를 덧붙인다. 대사하고 춤을 다시 추는 게 제2과장의 초기 형식이라 할 수 있다. 제3과장 사당춤에서 이두현본은 과장에 진입하기 전 악기를 치며 논다고 나와 있다. 이 공연에서 대본에 충실히 따른 까닭으로 탈을 쓰고 사물악기 연주에 발맞춰 홍겹게 움직이는 모습이 포착됐다. 사당춤에서 놀량가, 앞산타령, 뒷산타력, 경발림 등 몇 가지 춤사위는 일반 봉산탈춤 공연보다 원형을 보여준 것 같다. 축소했다고는 하지만 제3과장의 여러 춤사위를 보여주려고 하니 그 시간이 엄청 걸렸다. 제7과장 미얄・영감춤에서는 첩인 덜머리가 대사를 하면서 미얄을 사망하는 장면이 나온다. 이것은 봉산탈춤보존회와 차이점이 있었다.

5월 28일에 있었던 봉산탈춤보존회의 공연은 대중적 성격이 강하다. 이두현본의 대본으로 진행된 것 같다. 일단 한국예술종합학교 공연 장소가 야외무대였기 때문에 집중하기가 어려웠던 반면, 이 공연은 딱 알맞은 실내 장소에서 열렸기 때문에 몰입이 그만큼 잘됐다. 더욱이 공연 관람객들이 적절하게 연희자들의 대사 사이에 연희과・무용과 학생들이 관객으로 참석하여 추임새를 넣었기 때문에 매우 재미난 이야기 공연이 됐다. 약 2시간 가까이 이뤄졌던 공연은 보존회 멤버들의 프로의식이 빛을 났던 것으로 기억한다. 예능보유자인 김애선 보존회 회장을 비롯해 전수교육조교, 이수자, 전수자 등이 총출동해 보다 재미나고 간편한 봉산탈춤을 보여줬다. (특히 제4과장 노장춤에서 나왔던, 원숭이 역할을 맡았던 초등학생 김서휘의 연희는 대단히도 귀여웠다.)

일단 봉산탈춤의 본 공연이 시작되기 전 놀이와 고사가 무대에서 행해진다. 한국예술종합학교 공연처럼 돼지머리가 등장하고 사람들이 그 앞에서 절을 올린다. 한 관람객은 자신의 경제력을 자랑하듯이 십만원의 현금을 돼지 머리 입에다 꽂는다. 그리고 제1과장 사상좌춤이 시작된다. 제3과장 사당춤에서 특이점이 발견되는데 한국예술종합학교에서는 놀량가, 앞산타령, 뒷산타령, 경발림 등, 이 부분에 있어 모든 것을 보여줬지만, 봉산탈춤보존회에서는 놀량가 부분만 보여주었다. 관람객들의 호응이 가장 좋았던 부분은 8목중과장으로서 8명이 나와 탈춤을 추는 것이었다. 한 사람씩 나올 때마다, 그리고 그가 대사를 칠 때마다 관람객들은 추임새를 외치는 것 더불어 흥미난 표정을 지었다. 제5과장 사자춤에서는 인연이 있는 최창주의 무대가 눈에 익었다. 그의 대사 한 마디, 한 마디가 절도 있게 울러 퍼졌다.

C. 이두현본 봉산탈춤 구성 및 연희 과정

봉산탈춤은 총 7과장으로 구성된다. 여기에서는 봉산탈춤보존회의 팜플렛을 인용해 봉산탈춤의 각각 과정을 프로그램 설명으로 대신한다.

D. 느낀 점

한국예술종합학교의 봉산탈춤 공연은 20대 대학생 연희자들로 이뤄졌기 때문에 패기가 넘쳤다. 매우 경쾌하면서도 즐거운 분위기에 취해 나도 모르게 그들의 대사를 따라하거나 무의식적으로 흥얼거렸다. 3시간이 넘게 봉산탈춤을 보여주면서 많은 대사와 움직임, 춤사위를 암기해야만 했던 또래 친구들의 열정에 감탄할 수밖에 없다. 원형인 이두현본을 원형그대로 해야 했으니 그들에게 적잖은 부담이 있었을 게다. 하지만 그들은 이러한 부담감을 떨쳐내고 지역주민에게 한국전통문화의 새로운 한 단면을 성공적으로 선보였다. 공연의 왼쪽 좌석에 있었던 필자는 물 흐르듯이 흘러가는 공연을 보면서 필기는커녕 나도 모르게 즐거운 표정으로 공연을 후반 말미까지 본 기억이 있다.

봉산탈춤보존회 공연은 프로들의 여유 있는 공연이었다. 우리는 흔히 나이가 많은 사람들에게 '노련함이 있다'라고 한다. 수없이 많은 공연과 오랜 기간 동안의 연구, 그리고 프로페셔널함으로 무장된 이들은 봉산탈춤을 하면서 국내전통문화가 그리 호락하지 않다는 점을 증명했다. 전문 공연장에서 열린 까닭이었을까. 무대와 조명, 그리고 음향은 완벽했다. 다만 흠이라는 게, 고령의 연희자들이 많았는지 춤과 대사 톤에서 대학생들의 경쾌함은 보이지 않았다. 열정보다는 전통문화 수호자들의 여유로움이 있었다. 공연 도중 사자춤을 보여준 연희자들은 상대적으로 나이가 적었던 것으로 아는데, 그들의 사자 공연은 대단히 멋있었다. 마치 마부와 사자가 조화가 되어 사자 한 마리가 무대에 서 있는 것 같았다.

3. 결론

나이가 많든 적든, 한국예술종합학교 전통예술원 연희과 학생들과 봉산탈춤보존회 회원들의 실력 차이는 거의 없다고 감히 얘기하고자 한다. 학교 학생들은 20대 청년의 패기로 무장된 신홍 춤놀이패라고 한다면, 보존회 회원들은 삶의 희노애락을 직접 보여주면서 그들의 노련미를 첨가해 좀 더 쉬운 공연을 선사해 준 광대들이었다. 이들의 노고에 정말 감사함을 느낀다. 봉산탈춤은 조선시대 서민들의 인생과 애환, 그리고 희로애락이 고스란히 담겨져 있다. 탈춤을 잠시 미학적으로 풀어보자.

원형이 된 이두현본의 대사를 훑어보면 당시 서민들이 바라봤던 시대상, 사회적 가치관, 야사로 느껴질 만한 통속적이고 해학적인 이야기가 가득하다. 벽사의 의식무, 파계승에 대한 풍자, 양반계급에 대한 모욕, 일부 대 처첩의 삼각관계와 서민 생활의 곤궁상 등을 보여주며, 파계승 · 몰락한 양반과 하인, 무당, 사당과 거사 및 기타 서민들이 등장한다. 또한 무속과 불교 신앙에서 비롯된 종교적 시사점, 권선징악의 테두리 안에서 호색과 현실 폭로의 익살 및 웃음을 통하여 이상의 주제들을 극으로써 표현하고 있다고 해도 과언이 아니다.

이러한 요소들은 작금의 상황에서도 딱 들어맞는다. 벽사의 의식무는 지금까지도 살아있다. 파계승에 대한 풍자에서는 '파계승'이라는 단어를 종교계의 철없는 몇몇 지도자들로 바꾸면 활용이 가능하다. 양반계급에 대한 모욕을 현 지도층에 대한 모욕으로 바꾸자. 일부 대 처첩의 삼각관계는 요즘에 많이 뉴스거리로 등장하는 치정에 관련된 극단적 폭력사건으로 해석 가능할 것이다.

그만큼 봉산탈춤은 현재 우리가 살아가고 있는 국내 사회의 여러 단면들을 보여주면서, 그 원형은 아직도 유효하다. 그래서 우리가 왜 봉산탈춤을 아끼고 보존해야 하는지에 대한 이유가 바로 여기에 있다.

<참고자료 2>

봉산탈춤공연 비교 연구[2)]

2011년 5월 5일 오후 5시 "한국종합예술학교 전통예술원 연희과 발표회"
2011년 5월 28일 오후 4시 제64회 "봉산탈춤 보존회 정기공연"을 보고

2011년 5월 5일 어린이날, 한국예술종학교 전통예술원 연희과 발표회를 관람하기 위해 석관동 캠퍼스에 도착했다. '탈춤'은 우리나라의 전통예술이라고만 막연하게 알고 있던 나에게 이번 발표회는 탈춤의 다양한 종류와 안무 소재로서의 가능성을 발견하는 값진 기회였다. 무엇보다 '학생들의 봉산탈춤' 공연과 봉산탈춤 '보존회의' 공연을 보고 비교 할 수 있는 기회로서 더욱 의미가 있었다.

일반 연극이나 무용이 실내에서 공연되는 것과 달리 탈춤은 야외에서 공연된다.

연희과의 봉산탈춤도 한국예술종합학교 옥상 야외무대에서 공연되었고 석관동 캠퍼스 입구에서 길놀이부터 시작되었다. 봉산탈춤 보존회의 공연은 보존회가 상주하는 무형문화재 전속극장인 풍류에서 공연되었고 길놀이는 극장입구에서 간략하게 진행되었다. 연희과의 길놀이는 원래 길놀이의 목적대로 탈춤공연의 홍보로 잘 사용이 되어졌다. 공연자들뿐만 아니라 스텝들과도 함께 어우러진 흥겨운 길놀이는 보는 이들로 하여금 본 공연을 기대하게 만들었다.

반면 강남 한복판이라는 장소적 제약으로 인해 극장 입구에서 시작된 보존회의 길놀이는 의례적으로 보이기도 했다.

연희과의 봉산탈춤은 넓은 장소에서 이루어졌다. 라는 장점으로 인해 관객들의 소통이 더욱 자유로웠지만 3시간이 넘은 공연시간에 따른 일교차와 넓은 무대로 인해 관객의 극에 대한 집중도가 약해지기도 하였다.

봉산탈춤보존회의 공연이 이루어진 풍류극장은 소극장 규모로 관객이 집중할 수 있는 좋은 구도이기도 하였으나, 야외무대에 비해 좁고 딱딱한 분위기였다.

관객들의 자유로운 참여를 제한하는 구조였다. 전통연희과 발표에서 보여진 관객과 연희자의 관계는 대립구도라기 보다는 관객도 연희에 참여할 수 있는 공간이 형성되었는데 풍류극장에서 이루어진 봉산탈춤보존회의 공연은 그 제한된 공간으로 인해 연희자가 관람객에게 일

2) 정인애, 미시건 대학원 재학, 안무전공.

방적으로 보여주는 구도로 펼쳐질 수밖에 없었다.

우리의 전통공연예술은 서양의 극장문화와는 다른 열린 공간에서 이루어지는 참여 예술이라는 생각을 가지고 있던 터라 무형문화재의 하나밖에 없는 공연장이 서양적인 구도로 만들어진 극장이라는 것이 참 아이러니 했다.

우리의 내용을 서양의 그릇에 담는 느낌이랄까. 이러한 점에서 볼 때 연희과 학생들의 무대는 내용과 그것을 담아내는 그릇까지 전통에 재연하기 위해 참으로 애썼다는 생각이 들었다.

더운 날씨에 붉어지는 얼굴색에도 아랑곳하지 않는 연희자들의 태도도 눈여겨보았다. 봉산탈춤보존회의 공연은 인간문화재선생님을 필두로 전수자와 이수자 즉, 나라에서 인정한 봉산탈춤 전문가들로 구성되어졌다. 연주자들도 매우 유명하신 분들이었다. 하지만 연주하는 도중 선생님들의 표정이 매우 지쳐보였다. 신나게 놀아 보세라는 말이 무색할 정도로 얼굴표정은 굳어 있었고 몇몇 연희자들의 움직임도 상투적으로 비칠 때도 있었다.

봉산탈춤보존회의 봉산탈춤이 연륜을 느낄 수 있는 공연이었다면, 연희과의 봉산탈춤은 처음으로 봉산탈춤 전공연을 하는 학생들의 열정과 기대감이 가득한 무대였고 그로 인해 제대로 된 흥을 느낄 수가 있었다. 정확성이 강조된 봉산탈춤보존회의 공연과 보존회 보다는 서툴지만 관객들이 재미나게 즐기고 놀았던 연희과의 공연 중 무엇이 더 제대로 된 재연일까? 토시 하나 안틀리고 그대로 재현하는 것과 원형의 멋과 맛을 잘 살리는 것, 이 둘 중에 무엇이 더 중요한 것인가? 탈춤은 연희극이지만 관객참여가 허락되는 놀이 즉, 갈등 해소의 장이라고 생각한다. 관객이 함께 울고 웃을 수 있는, 허물없이 즐기고 놀 수 있는 탈춤공연이 좀 더 바른 재연이 아닐까? 동일한 봉산탈춤을 다른 두 단체의 공연을 통해 바라보면서 전통예술의 진정한 '발굴' '재연'과 '보존'이 과연 무엇인지에 대한 고찰의 필요성을 느꼈다.

<참고자료 3>

7일 간의 봉산탈춤특강 공연(특강 후 소감문. 2014)

담당교수: 최창주. 학과: 연희과. 2014164016 최민우

2014년 6월 30일부터 7월 4일까지(일주일) 이번 여름방학 특강중 하나인 봉산탈춤 특강을 하게 됐다. 나는 은율탈춤 전공자로 평소에도 다른 탈춤에도 관심이 많았다. 특히 봉산탈춤은 내가 전공을 하기 전 은율탈춤을 하고 있을 때도 궁금해왔던 탈춤이었는데 이번에 특강에 배울 수 있게 되서 아주 좋았다.

난 이번에 봉산특강을 하면서 많을 걸 생각할 수 있게 됐다. 일단 탈춤 전공으로써 1주일 만에 봉산탈춤 전(全)과장을 끝낸다는 건 이해할 수 없었고, 또 믿을 수 없었다. 그런데 7월 2일 3일 만에 정말 전과장을 런(마스트)을 뛸 수 있게 되었다(매년 연희과 전통이라고 함). 난 내가 전(全)과장을 하고 있으면서도 신기해하고 있었다. 왜냐하면 난 은율탈춤 전(全)과장을 아는데 2년 정도가 걸렸기 때문이었다. 이면에서는 최창주 교수님의 지도력과 선배님들에게 대단함과 감사함을 느꼈다.

그리고 봉산탈춤을 배우면서 나는 은율탈춤과 다른 점, 비슷한 점을 비교하면서 연습을 했다. 일단 비슷한 점은 똑같은 해서탈춤이라는 점이다. 봉산탈춤과 은율탈춤은 황해도 지방에 해서탈춤으로 거친 춤사위와 방방 뛴다는 점에서 많이 비슷했다. 하지만 그런 춤사위에서도 차이점이 있었다. 좌우새에 차이였는데. 봉산은 외사위를 칠 때 좌우새를 멋지게 넣어야 하지만 은율탈춤은 좌우새 없이 정면을 보고 해야 한다는 점이 비교 점이었다. 이런 춤사위에 차이점 말고도, 과장구성에서도 큰 차이점을 보였다. 일단 과장 계수부터가 달랐다. 봉산은 7과장 은율은 6과장으로 달랐다. 그리고 과장구성도 차이가 있었다. 봉산은 1과장이 상좌4명이 나와 추는 사상좌춤이었고, 은율은 다리가 여섯 달린 백사자가 마부와 나와 춤을 추는 사자춤이 1과장 이다. 2과장은 봉산은 8목중춤이 2과장 이었고, 은율은 상좌가 홀로 나와 춤을 추는 상좌춤이 2과장이다. 3과장은 봉산은 사당이 나와 '놀량가'라는 노래를 부르는 사당과장이 3과장이었고, 은율은 8목중춤이 3과장 이다. 4과장은 봉산은 노장과장이고, 은율은 양반과장이 4과장이다. 5과장은 봉산은 사자춤이고, 은율은 노승과장이 5과장이다. 6과장은 봉산은 양반춤이고, 은율은 마지막과장으로써 미얄과장이 6과장이다. 그리고 봉산은 마지막 7과장이 미얄

과장으로 이렇게 같은 해서탈춤인데도 차이가 있다는 걸 배우게 되서 좋았다. 내가봤을 때는 봉산은 스토리텔링 식으로 스토리가 연결되는 것이고 은율은 잘 모르겠지만 스토리텔링이 봉산처럼 부드럽게 되는 느낌이 없는 것 같은 옴니버스식 스토리텔링이라고 나는 생각했다.

결과적으로 이번 봉산특강을 하면서 탈춤전공자로 많은 것을 배웠고, 앞으로도 더 많이 공부해야겠다는 걸 느꼈다.

<참고자료 4>

『이런 친구, 허생!』을 보고

한예종, 미술원, 디자인과 이수진

수요일 저녁 7시 30분에 시작하는 첫 공연을 보았다. 나는 이날 아침부터 수업이 있어서 근처에 있었는데, 전날에 비가 많이 와서 비에 젖은 공연포스터를 새로 붙이는 학생들의 모습이 좋아보였다. 전공 수업이 막 끝나서 지쳤었던 차에 허겁지겁 공연을 보러 들어갔다.

공연을 보고 느꼈던 전체적인 감상을 말해보자면, 우선 이걸 진짜 학생들이 만든 건가 싶을 정도로 굉장히 잘 만들어졌다고 느꼈다. 연기, 노래, 음악, 무용, 전부 좋았다. 의상 또한 매우 아름답고, 반짝반짝 하고, 또한 소박할 때는 소박하게 잘 연출했다고 생각한다. 그저 북을 치고, 상모를 돌리고 하는 장면일 뿐인데 그렇게 흥겨울 수가 없었다. 계속 흥이 나서 실실 웃게 되는 장면도 있었다. 반면에 대사가 무슨 말인지 잘 알아들을 수 없었던 점은 좀 아쉽다. 그건 내가 2층에서 공연을 봤기 때문인 탓도 있겠고, 대사가 평소 듣는 말이랑은 많이 다른 사극 톤이기 때문이기도 할 것이다. 그렇다고 대사를 전부 현대식으로 바꾸면 공연을 맛깔나게 살리기가 어려울 것이고, 이 간극을 고민해봐야 할 문제라고 생각한다.

무대 디자인 같은 부분에서는 학생 작품의 한계가 느껴졌다. 프로젝터로 무대 배경에 영상을 쏘았는데 사이즈도 어딘가 어색하게 안 맞아 보였다. 또한, '현재 진행되고 있는 극의 배경이 어떤 내용인지'는 알려주지만 너무 설명적인 느낌이어서 아쉬웠다. 전체적인 무대와의 조화를 좀 더 고려했으면 좋았을 것 같다.

반대로 학생다워서 좋았던 부분을 꼽자면, 각설이 타령하는 장면에서 각설이들이 비보이 힙합 같은 춤을 춘다거나 'DJ DOC' 노래를 부른다거나 해서 관객들과 좀 더 공감하고 소통하는 재치가 엿보여서 좋았다.

배우들이 봉산탈춤을 추는 부분에서는 봉산탈춤 수업 때 배웠던 외사위, 겹사위 등이 새록새록 생각나면서 더 즐겁게 집중해서 감상했다. 수업 때는 나를 포함하여 비전공자들이 많아서 다들 어설프고 웃음 나는 춤을 추었지만, 그렇게 우습게 보였던 봉산탈춤을 공연에서 전공 배우들이 추니까 움직임이 매우 아름다워 보여서, 나도 또한 어깨가 들썩이는 흥겨움을 맛볼 수 있었다.

가장 인상 깊었던 장면은 공연 후반부에 매화가 허생원을 떠나보내는 장면이었는데, 매화와 백성들이 입을 모아 부르는 노래가 정말 굉장했다. 가능하다면 개인 소장을 해서 반복해 듣고 싶은 마음이다. 노래뿐만 아니라 몸의 움직임, 표정연기가 슬픔이 확 느껴지는 게 감동적이었다.

수업시간에 최창주교수님께서 서양에는 뮤지컬이 있다면, 우리나라에는 연기와 노래, 무용을 모두 합한 종합 예술인 연희극이 있다고 설명해 주셨던 게 기억이 난다. 평소에 뮤지컬이나 연극을 즐겨 보곤 했었는데 이런 연희극은 처음이었다. 여태 봤던 뮤지컬이나 연극 그 어떤 것들 못지않게 흥겹고, 즐겁고, 오감을 만족시키면서 슬프고 애틋한 감정, 한을 잃지 않는 좋은 공연이었다. 더 많은 곳에서 공연해서 더 많은 사람들이 이 공연을 보았으면 좋겠고, 또한 이러한 창작 연희극이 더 다양하게 발전해서 우리나라도 우리나라 고유의 흥겨운 한국적 공연문화를 지속적으로 또한 자발적으로 이끌어 나갔으면 좋겠다. 이런 친구 허생, 또 보고 싶다. (기획, 제작/ 최창주, 연출/ 이태훈, 작곡/ 이고운, 안무/ 이창숙)

<참고자료 5>

음악극 공무도하(公無渡河)

음악극 공무도하(公無渡河) 국립국악원에서 제공하는 종합극이다.

공무도하(公無渡河/公竟渡河)는 〈삼국유사〉 가락국기에 나오는 〈구지가〉와 함께 기록으로 남은 최고의 시가이다. 2세기 후반 중국의 채옹(蔡邕)이 편찬한 〈금조(琴操)〉에 가사가 전하고, 3세기 말 최표(崔豹)가 편찬한 〈고금주〉에는 금조와 조금 다른 내용의 설화가 전한다. 성악곡의 유래담에는 차이가 있지만 금(琴)으로는 남자가 불렀고, 공후(箜篌/하프와 비슷한 동양의 옛 현악기)로는 여자가 부른 노래였다는 점에서 동일하다.

강을 건너다 물에 빠져 죽은 백수광부(白首狂夫)[3]를 향한 아내의 노래 공무도하가(公無渡河歌)는 우리 문학사에 황조가와 함께 현전하는 우리나라 최고의 서정시로 알려졌다. 이른바 백수광부의 행위는 일반 사람들로서는 할 수 없는 일이다. 우리의 삶과 죽음을 인식하는 태도에 큰 차이를 보이고 신비스러운 느낌마저 들게 한다. 그의 죽음은 죽음을 초월한 신화적 죽음이라 할 수 있다. 그에 비해 그 아내의 자살은 지극히 인간적이고 현실적이다. 이렇게 대립하는 두 세계관이 이 노래의 바탕을 이루고 있었다. 이런 점에서 〈구지가〉의 바탕이 된 주술적, 신화적 세계와 상통하는 것으로 해석되고 있다. 〈공무도하가〉의 현대적 해석 또한 이런 점에서 깊은 고찰이 필요하다고 서연호 교수는 말하고 있다.

공연에는 대표브랜드로 전국 4개 국립국악원단체가 참석했다. 작곡, 지휘 유형선, 극본, 연출 이윤택, 작창 안숙선 민속악단 예술감독, 안무 한명옥 무용단장, 9살 어린이로부터 65세 담운들이 총출연하여 다양한 한국의 전통소리를 했다. 서도소리, 민요, 정가, 구음, 범패 등 가무악극(歌舞樂劇)이 하나의 장르로 표현했다.

그러나 타이틀을 음악극이라고 붙였다. 오페라를 한국말로 무엇이라고 표현해야 하나? 음악극이라고 전문가들은 표현했다.

---

3) 미친 광부.

<참고자료 6>

전통연희의 전승내용[4] 〈표 18〉

곡예, 묘기, 환술, 가면희, 동물 재주, 인형극, 골계희, 가무희, 기악

구분	이름	내용
가면희	공작희	공작의 가면을 쓰고 춤추기
가면희	귀희	귀신으로 분장한 인물
가면희	대면	(통일신라) 황금색 가면을 쓰고 귀신을 쫓아내는 춤
가면희	만연	용놀이. 길이가 긴 동물이 등장하여 점차 황룡으로 변해감
가면희	사자무	사자 형상 속에 두 사람이 들어가서 연희
가면희	산예	(통일신라) 사자 가면을 쓰고 추는 춤
가면희	속독	(통일신라) 흐트러진 긴 머리에 남색 가면을 착용한 사람들이 떼를 지어 나와 추는 난새춤
가면희	신귀변무	신령한 거북이가 손바닥을 치면서 기뻐하는 춤
가면희	어룡	용놀이. 황금을 토하는 함리라는 동물이 물고기로 변했다가 황룡으로 변하는 춤
가면희	처용무	오방처용무. 통일신라시대부터 전승되어 처용의 탈을 쓰고 추는 춤
가면희	총회선창	산대에서 신선이나 맹수(표범, 큰곰, 호랑이, 용) 등으로 분장한 연희자들이 관객 앞에서 행하는 연희
가면희	표희	표범의 가면을 쓰고 춤추기
가면희	황창무	가면을 쓰고 춤추는 검무. 신라의 소년이 검무를 빙자해 백제 왕을 죽이고 백제인에게 피살된 것을 슬퍼해 그의 춤을 모방
가무희	건고무	북을 세워 북의 양족에서 춤을 추며 북을 침
가무희	건무	공막무. 두 손에 비단천을 들고 추는 춤
가무희	반고무	북을 땅에 두고 한명 혹은 여러 명이 북 주위를 돌거나 북을 두드리며 추는 춤
가무희	칠반무	일곱 개의 접시를 엎어 놓고 그 위를 옮겨 다니며 추는 춤
곡예와 묘기	각저희	씨름
곡예와 묘기	간희	솟대타기
곡예와 묘기	강정	무거운 솥을 들어올리기 (하육강정, 오획강정이라고도 함)
곡예와 묘기	고환	줄타기
곡예와 묘기	공중제비	
곡예와 묘기	근두	물구나무서기
곡예와 묘기	금환	(통일신라) 죽방울받기
곡예와 묘기	기행	외다리로 가기
곡예와 묘기	나무다리걷기	긴 나무막대를 다리에 덧대어 막대로만 딛고 걸어다님

4) 대한민국 연희축제 담당자: 이선민 정리(2010).

곡예와 묘기	농검	칼 던졌다 받기
곡예와 묘기	농옥	열한 개의 방울을 양손과 입을 사용해서 공중에 던져 올렸다가 받기
곡예와 묘기	농주지희	(백제) 공받기. 방울받기. 농환
곡예와 묘기	농창	창놀리기
곡예와 묘기	농침	목침(나무베개) 여러 개를 가지고 줄을 맞춰 하나의 기둥처럼 만들고 그 중 사람들이 요구하는 목침을 하나 빼거나 여러 개 쌓아 모양을 만들기
곡예와 묘기	농환	방울받기
곡예와 묘기	누워서 발로 항아리 돌리기	
곡예와 묘기	도검	칼 던졌다 받기
곡예와 묘기	도령	방울받기
곡예와 묘기	도로심장	솟대타기. 사람의 머리나 어깨에 장대를 세우고 그 위에 아이들이 여럿 올라가서 재주를 부리기
곡예와 묘기	도립	물구나무서기
곡예와 묘기	도환	방울받기
곡예와 묘기	도환	여러 개의 방울을 던졌다 받기
곡예와 묘기	마상재	말타기 재주
곡예와 묘기	무륜	수레바퀴쳐서 올리기
곡예와 묘기	버나돌리기	접시돌리기. 무반. 전반. 농반. 완주기 등으로도 불림
곡예와 묘기	솟대타기	배 위에서 솟대타기
곡예와 묘기	수박희	격투의 일종. 고려시대 무술로 훗날 태껸으로 발전
곡예와 묘기	수인농사	뱀을 놀리는 재주
곡예와 묘기	수추천	연희자가 두 척의 배에 설치된 그네를 타다가 물 속으로 뛰어듦
곡예와 묘기	안식오안	여러 개의 탁자를 쌓아놓고 물구나무 서기
곡예와 묘기	연간	솟대타기
곡예와 묘기	연탁	공중제비하여 물 담은 쟁반 위를 건너 뛰었다가 다시 돌아와 앉음. 뛰어넘을 때 발로 물을 쳐서 마치 제비가 물 위를 날면서 물에 꼬리를 스치는 듯한 모습
곡예와 묘기	요요기	몸을 뒤로 젖혀서 손을 땅에 대고 입으로 그릇을 물고 다시 일어서기
곡예와 묘기	유술	마치 뼈가 없는 사람처럼 몸을 자유자래로 구부리는 등 하요, 요요기 포함
곡예와 묘기	이화	맨발로 불을 밟고 걷기
곡예와 묘기	입마	말 안장 위로 기어 올라가 말의 진행방향과 반대로 등을 말 위에서 돌려 앉는 것과 말의 좌우로 뛰어넘기
곡예와 묘기	작두타기	
곡예와 묘기	장간희	솟대타기
곡예와 묘기	장신	말의 좌우 등자에 붙어서 몸 감추기
곡예와 묘기	절요	두 발을 벌린 채 윗몸을 뒤로 젖혀서 머리가 양 다리 사이로 나오게 하기
곡예와 묘기	돈술. 황돈	살아졌다 나오는 것
곡예와 묘기	정간희	머리나 이마에 장대를 세우고 그 위에 사람들이 올라가서 솟대타기
곡예와 묘기	주삭	줄타기

곡예와 묘기	척검	칼 던졌다 받기=도검
곡예와 묘기	충협	굴렁쇠 같은 원형의 테나 칼 또는 창이 꽂혀있는 원형 장애물 통과
곡예와 묘기	칼 사다리 밟고 올라가기	
곡예와 묘기	칼 위에 배를 대고 엎드리기	
곡예와 묘기	칼 재주 부리기	
곡예와 묘기	칼날 밟고 걷기	
곡예와 묘기	칼날에 혀를 대고 긋기	
곡예와 묘기	투제	칼이 꽂혀있는 좁고 긴 상자를 빠져나가기=충협
곡예와 묘기	파희	솟대타기
곡예와 묘기	하요	두 발을 벌린 채 윗몸을 뒤로 젖혀서 머리가 양 다리 사이로 나오게 하기
곡예와 묘기	화협	풀로 엮은 원형의 테에 불을 붙인 후 통과하기
곡예와 묘기	회와	말 위에서 가로 눕기
곡예와 묘기	희승	줄타기=주삭
골계희	령	악곡을 연주하는 사람
골계희	배우	골계와 조소를 전문으로 하는 직업 예인
골계희	시사희	시사풍자적인 내용을 다룬 골계희
골계희	우령	가무, 음악, 백희, 골계를 직업으로 하는 예인의 총칭(배우와 악사)
골계희	우희	골계희의 다른 말=배우희(연산군이 조정대신을 다스리기 위해?)=풍자
골계희	월전	(통일신라) 연희자가 난쟁이의 흉내를 내며 선비로 분장하고 나와서 다 떨어진 옷과 찢어진 갓을 쓰고 꾸며낸 이야기와 억지 웃음으로 추태를 연출하는 내용
골계희	참군희	두 명의 연기자가 출연하는 우희
골계희	창우	가무를 위주로 하는 전문예인
괴뢰희(인형극)	수괴뢰	물 위에서 인형극을 연출
괴뢰희(인형극)	수괴뢰	인형극 무대가 설치된 배를 띄워 인형들이 연희함 낚시를 하는 흰 옷 입은 인형, 삿대로 배를 움직이는 어린아이 인형, 공 쌓아놓고 춤추는 나무인형 등
괴뢰희(인형극)	약법괴뢰	(내용 모름)
괴뢰희(인형극)	영희	그림자 인형극
괴뢰희(인형극)	육괴뢰	아동이나 청년이 나무인형의 형태를 흉내 내서 연희
괴뢰희(인형극)	장두괴뢰	막대 끝에 나무인형을 달고 대나무로 나무인형의 두 손을 받치며 조종자가 아래에서 막대와 대나무로 조종
괴뢰희(인형극)	피영희	그림자 인형극인데 채색한 가죽으로 만든 인형으로 함
괴뢰희(인형극)	현사괴뢰	나무인형의 머리와 팔다리에 줄을 연결하여 조종자가 위에서 줄을 잡고 인형을 놀리기
놀이	격구	마희 중 하나. 막대기로 공을 쳐서 문 안에 넣는 무예적 경기. 타구, 격봉, 농장

		희, 포구, 봉희, 격국 으로 불림
놀이	쌍륙	(백제) 악삭. 주사위 놀이
놀이	위기	(백제) 바둑
놀이	장치기	격구의 우리말. 공치기, 얼레공이라고도 함. 고려태고 원년(918)에 격구장 존재
놀이	저포	(백제) 윷놀이의 일종
놀이	투호	(백제) 병 속에 화살 넣기
동물 재주부리기	금수어충희	동물을 훈련시켜 재주를 부리게 하기
동물 재주부리기	동물희	동물을 훈련시켜 재주를 부리게 하기
환술	거상 행유	흰 코끼리가 새끼를 낳아 젖을 주는 내용
환술	계수백설	나무에 흰 눈이 내리게 하는 환술
환술	끓는 기름에 집어넣은 물고기가 헤엄치게 하기	
환술	도인	사람을 칼로 자른 후 다시 원상태로 복원하여 살아나게 하기
환술	발내생연	바리때 안에 맑은 물을 부으면 연꽃이 피어나는 환술
환술	살마박려	말을 칼로 잘라 가죽을 벗겼다가 다시 살아나게 하기
환술	식과	오이씨를 심어 곧바로 열매 맺게 하기
환술	식침	숟가락으로 바늘 먹는 환술
환술	역우마두	소와 말의 머리를 바꿈
환술	입마복무	어린이가 말의 항문으로 들어갔다가 입으로 나오기
환술	입호무	둔술. 조금 떨어진 두개의 탁자 위에 항아리를 하나씩 두고, 그 중 한 항아리로 연희자가 들어갔다가 다른 편의 항아리 밖으로 나오는 것
환술	자박자해	스스로 자기 몸을 끈으로 묶은 후 스스로 풀기
환술	자장위	칼로 창자 찌르기
환술	자지해	스스로 팔과 다리를 자름
환술	절마	말을 칼로 자른 후 다시 원상태로 복원하여 살아나게 하기
환술	절설	칼로 혀를 잘랐다가 다시 잇기
환술	종수	나무를 심어 쑥쑥 자라게 하기
환술	추장속단	칼로 배를 갈라 창자를 꺼내 끊었다가 다시 잇기
환술	칼 감추기	
환술	탄도	칼을 삼키기
환술	토화	불 머금었다가 내뿜기
환술	획지성천	땅을 긋기만 하면 냇물이 되어 물이 흐르는 환술
환술	흉돌 섬봉	기공. 가슴과 배에 예리한 칼을 넣되 몸 속에 기를 모아 칼이 들어가지 않도록 함

<참고자료 7> 필자 소개

필자 활동

비송(飛松) 최창주는 최치원의 30대 손으로 뮤지컬(musical)을 평생직업이라고 생각하면서 살아왔다. 뮤지컬 기획자로 일하면서 탈꾼이라는 숙명적 역할도 병행하였다. 이러한 과정에서 봉산탈춤을 월남하신 어른들에게 직접 사사받았다.

그간 예그린 악단에 입단하여 국립극장, 세종문화회관에서 뮤지컬을 출연, 기획, 제작함과 동시에 1970년부터 탈춤을 활성화 및 대중화 시켰으며, 한국예술종합학교 전통예술원 연희학과장으로 발령받아 오면서 봉산탈춤의 원형의 보존과 전승의 문제를 교육적 차원으로 접근하는 계기가 되었고, 학생들에게는 "한국전통문화를 어떻게 현대적으로 수용할 것인가?" "이 시대 관객(국민)이 요구하는 것이 무엇이냐?"를 늘 고민하는 교수로서 학생들과 질의응답을 통해 옛날과 오늘의 관계를 이해하였고, 현장실습 및 해외공연과 특강(特講)을 통해 국・내외에 봉산탈춤을 소개하고 지금도 내일의 현장과 우리 얼을 강조하고 있다. 특히 한국뮤지컬, 한국전통연희극과 마케팅, 조선연극사(朝鮮演劇史 : 假面劇・人形劇・舊劇・新劇)를 강의하면서 풍물[農樂], 굿[巫俗], 전문예인집단[男寺堂] 등의 역사와 영재교육과 한국전통문화의 현장을 공부하며, 봉산탈춤 전수교육조교로서 활동을 계속해오고 있다. 이런 활동과 직업이 있었기 때문에 행복한 공연활동과 교육(敎育)이 가능했다.

1. 뮤지컬분야

- **한국뮤지컬단체의 역사**/ 예그린 악단에서 국립극장, 세종문화회관으로 이어졌다. 30여년을 필자의 직업은 한국뮤지컬의 본향인 예그린악단→국립예그린예술단→국립가무단→시립가무단(뮤지컬단)으로 족보와 뮤지컬역사가 이어지면서 이합집산(離合集散)끝에 희로애락(喜怒哀樂)을 함께 하며 근무해왔다. 1977년도 미국 30개 주립대학을 순회하며 뮤지컬의 본고장 브로드웨이에서 '시카고'를 보고 서양뮤지컬의 맛을 알았다. 이를 계기로 1978년 CIOFF(국제민속예술축제)의 초청으로 오페라의 본고장 유럽을 일주하였고, 일본・중국・러시아・아시아 등 세계 각국을 순회하면서 일찍이 해외문화(오페라, musical, 세익스피어, 能, 京劇 등)를 체험한 것이 나의 중요한 자산(資産)이 되었다.

서울예술대학교, 동국대학 문화예술대학원에서 〈공연예술전공〉으로 연극에 입문하였고, 예그린뮤지컬(1971년도 동양방송TV 주말연속극 출연) 흑백 TV시절에 극중 주・조연을 맡았다. 컬러 TV시대가 열리면 진정한 뮤지컬시대가 온다고 좋아했다. 1981년 제1회 MBC마당놀이 합작을 시작으로, IMF 시절 어린이 뮤지컬(인어공주・이상한 엘리스・머털도사 등)을 MBC와 공동기획, 제작한바 있다. 85년 평양방문을 위해 〈서울예술단〉을 창단하면서 총무(간사)로서 최초공식평양방문공연을 하기 위해 시립가무단원을 주축으로 추천된 국립무용단원, KBS무용단원, 대우무용단원, 현대무용가 등을 통해 명칭이 작명되었다. 후에 〈88예술단〉이 88올림픽이 끝난 후에 마땅한 명칭을 작명하지 못해 평양방문을 하고 돌아온 '서울예술단' 명칭을 인계하게 되었다. 서울 88올림픽홍보를 위해 1987년도 뮤지컬의 본고장 미국에 "창작뮤지컬 양반전"을 소개했다(최창주 한국뮤지컬. 앰애드 참고).

오페라단・오케스트라・발레단이 있듯이 가무단(歌舞團)이 뮤지컬을 하였기에 총무・기획자로서 필자가 〈뮤지컬단〉이라고 명칭을 공문으로 상신을 했었다. 세종문화회관에서는 겉으로는 가무단이라는 명칭으로 사용했으니 예산 등 결재서류 내부에는 "뮤지컬단"으로 인쇄되어 나왔으나 공개적인 〈가무단〉 명칭은 임의적으로 사용할 수가 없었다. 여론 때문에 시간이 흐르다가 필자가 한국예술종합학교로 옮긴 후에 뮤지컬단이 되었다.

- **국립, 시립단체・제작・예산**/ 국립극장(國立劇場)가무단에서 시립 가무단(市立 歌舞團)으로 단체가 이관되었다. 시민회관이 화재로 인해 세종문화회관으로 재 건립된 곳으로 우리는 국립에서 시립으로 이관(移管)되지 않으려고 노력하였으나 끝내 옮길 수밖에 없었다(1977.11). 시립단체는 시민의 세금으로 운영되었으며 공연제작에 있어 보상비, 운영비 분야를 정해놓고 항목변경을 못하게 했다. 그 까닭은 입찰과 수의계약이 있었기 때문이었다. 공무원에 의해 예산이 집행되었지만, 무대장치, 의상, 소품 등, 제작비가 부족하여 구걸하다시피 이곳저곳에 협찬을 요구하니 "돈 많은 서울시에서 무슨 소리를 하는 것이냐" 하며 시립단체의 속(상황)도 몰라주어 협찬받기가 어려웠다. 정기공연을 할 때에는 진행비가 없었고 월급은 받지만 몇 개월동안 집에다 갖다 주지 못했다. 종합예술을 기획, 제작하는데 진행비가 없다? 아마 이해가 안 될 것이다. 일반단체에서는 뮤지컬공연작품을 제작하려면 제작비의 반이 홍보비가 되어야 한다. 요즘 연극단체가 뮤지컬단체가 되어 몇 억(백억?)을 제작비로 사용하고 있다고 한다. 당시에 기획자로서 서울시내 각 구청에 공문을 보내 육교를 확보하여 회사에 협찬으로 홍보를 했다. 세금을 받고 있는 조직이므로 문화 환원의 일환으로 초대권을 각 구청 동단위로 3배수를 배포해도 창작뮤지컬이 무엇인지 관객이 오지를 않는다. 또한 제작비가 부족하여 매년 똑같은 레퍼토리시스템의 일환으로 지붕위의 바이올린을 - 크리스마스 때 하려고

무대장치를 세종문화회관 창고에 보관하였다. 그러나 세종사업의 레스토랑이 확장되면서 무대장치, 대·소도구 보관 장소를 옮겨야하는데 창고가 없어 폐기처분하는 안타까움이 있었다. 기획·제작자들은 관공서의 이런 제도적 모순점 때문에 초창기 뮤지컬기획, 제작은 결코 순탄하지 않았다.

- **뮤지컬공연**/ 1987년도, 88올림픽 홍보를 위해 뮤지컬 '양반전'을 가지고 뮤지컬의 본고장 미국에서(서부지역)공연한 후에 귀국하면서 일본공연에서도 했다. 창작뮤지컬을 기획, 제작하기가 힘들었지만 열심히 했다. 제1회 MBC마당놀이(허생전)와 한국의 히트소설 '상록수'(고향의 민들레), '양반전', '춘향전', '이춘풍전', '서울사람들', '춤추는 도시' 등, 어린이 뮤지컬(MBC합작) '인어공주', '미녀와 야수', '이상한나라 엘리스', '머털도사' 서양뮤지컬 '지붕위의 바이올린' 등을 비롯하여 출연자가 500명 이상이 나오는 창작뮤지컬 공연을 국, 시립가무단(뮤지컬단)에서 기획, 제작하여 공연할 수 있었던 것은 전속단체가 있었기 때문에 가능했다. 요즘은 노조가 있어 이렇게 기획, 제작하기가 어려울 것이다. 제작 홍보비가 부족하여 힘겹게 진행되었지만 그래도 단장들의 노고에 의해 해낼 수 있었다. 지금은 연극단체들이 연극은 수입이 없어 단체 명칭을 뮤지컬컴퍼니라고 변경하여 라이선스뮤지컬, 국적불명의 뮤지컬공연을 기획, 제작하고 있다. 또 1년에 150여 개의 창작뮤지컬이 공연된다고는 하나 연극에다 춤과 음악이 조금 가미되었을 것이다. 한국의 창작뮤지컬이라고 하면, 전문예인집단들이 하는(서양식은/민스트렐·보오드빌·벌레스크·레뷰 등) 다양한 작품을 삽입, 예그린창법에 가무악극(歌舞樂劇)이 하나의 장르로 작곡된 음악편수가 24곡 이상이 되고 춤과 음악이 함께 어우러지는 앙상블이 되어야 뮤지컬이라고 할 수 있다. 한국예술종합학교(연희과)에서는 한국적뮤지컬을 기획, 제작하고 있다. 영어로 하면 뮤지컬(musical), 한국말로 하면 연희극(演戱劇)이다.

- **제작, 홍보**/ 일반단체는 예산의 절반을 홍보비로 사용한다. 요즘 듣기로는 50억, 100억의 제작비가 들었다고 자랑 아닌 자랑을 한다. 관변단체에서는 공연을 기획, 제작해 놓았으나 국립극장 및 세종문화회관에서는 홍보비가 부족했다. 당시 홍보문제는 예산이 없어 생각조차 못했다. 그래서 초창기에 생각해낸 것이 각 구청에 공문을 보낸 다음 육교를 확보하고 협찬처를 찾았다. 다행히 갈○○교회에 함께 출석했던 기업체 간부('로제 화장품': 장○균 회장 등)들을 만나 필자가 기획, 제작의도의 말을 전하니 좋은 아이디어라고 하면서 승낙을 해주셨다. 각 구청에 공문을 보내어 육교의 좋은 자리인 육교현판을 통해 나름대로 최고의 홍보를 하였다. 그런데 이런 사례도 있었다. 창작뮤지컬 "나 어딨소?"라는 제목을 육교현판에 걸었다, 어떤 지도자가 지나가다가 '나 어딨소? 가 뭐야' 했다는 것이다. 그래서 제목을 '교차로'로 다시

변경하여 현수막을 붙여서 공연한 바도 있다(1982). 기획, 제작자는 제목이 중요하다고 생각한다. 제목 때문에 밤잠을 설친다. 예를 들어 작품내용이 부동산 비리 내용이라면서 작가가 제목을 나름대로 붙여온다. 필자는 이것을 창작뮤지컬 '춤추는 도시'라고 제목을 붙여 공연했다. 도시가 어떻게 춤을 추나?(부동산으로 인해 도시가 흔들린다는 뜻) 이런 아이디어로 겨우 창작뮤지컬을 제작해나갔다. 지금은 창작(創作)은 물론, 서양의 라이선스뮤지컬이 많이 공연되고 있다.

- **저작권료**/ 당시 저작권료 같은 것은 제도가 없었다. 저작권료와 관계없었던 오래된 작품인 '지붕위의 바이올린', '돈키호테', '환타스틱' 등을 히트작품으로 기획, 제작할 뿐이었다. 당시 극단들이 연극이 안 되어 외국뮤지컬 작품을 저작료를 지불하지 않고 공연하였으나, 후에 라이선스 뮤지컬이 상품화 되어 도입되었다. 그러나 우리는 관변단체이기 때문에 정식 계약으로 저작권료를 지불하고 해외뮤지컬을 공연해보려고 '오클라오마'를 선택했는데, 저작권료(소건)를 감당할 수 없이 포기 할 수밖에 없었다.

- **뮤지컬 연기자**/ 당시 최고의 연희자는 뮤지컬 연기자이다. 외부가수출신인 패티킴, 김하정, 김성원 등이 초청받아 활동했고, 예그린 출신인 라영수, 황철, 송운길, 김창섭 강대진 등이 활동했다. 국립극장과 세종문화회관으로 오면서 단원이 아닌 외부 인기 탤런트, 배우 출신인 강부자, 박영규, 이덕화 등, 전속단원 외에 공연홍보를 위해 외부출연자를 초청, 영입하여 공연한바 있다(지금은 단원출신들 중 유명한 배우들이 많다). 최창주 교수는 1971년 동양방송(TBC-TV) 주말연속극 "예그린 뮤지컬" 흑백(TV)시대에 출연(꽃섬, 별라 등)하면서, 컬러 TV가 나오면 뮤지컬시대가 올 것이라고 기대가 되었지만, 현재까지도 뮤지컬을 제작하는 방송국이 없다. 이제 서양식 연기자도 중요하지만 한국적뮤지컬을 하는 연희자(演戲者) 교육도 중요하다. 이번 재) 예술경영지원센터에서 2014 뮤지컬시장규모 문헌조사 및 설문조사에 의하면 국내뮤지컬 제작 실태조사 및 관람객 조사에 의하면 좋은 조건으로 성장되어 가고 있다고 한다.

그러나 공연예술분야의 뜨거운 감자인 뮤지컬분야에 쏟아지는 관심에 비해 국내뮤지컬에 대한 조사연구가 제대로 진행되지 않고 있다. 뮤지컬이 지속적인 성장을 할 수 있는 기반을 구축하기 위해 정책적 지원 방향을 마련하기 위해 2015년 뮤지컬 실태조사를 실시하였고, 뮤지컬육성위원회에서도 〈콘텐츠 산업 발전전략〉을 통해 OSMU와 한류시장 개척의 주요 콘텐츠로 뮤지컬을 주목하였고 뮤지컬을 위해 담론까지 펼쳐졌다고 하지만, 한국예술종합학교 연희과에서 실시하는 창작연희극인 한국적 뮤지컬의 대안이 아니면 탁상공론뿐일 것이다.

- **담당 직원 및 단원**/ 위생과, 수도과 등 공무원들이 발령받아 온다. 그러나 순환보직이라 1-2년 함께 생활하고 공연업무 협조를 하다가 어느 날 갑자기 종이 한 장에 다른 부서로 발령받아 이동하니 배신당한 기분이었다. 그래서 전문담당직원이 있어야 하는 것이다. 다람쥐 쳇바퀴 돌 듯 발전할 수가 없었다. 또한 단원관리는 예그린시절 오디션을 6개월, 또는 1년마다 해서 단원들이 스트레스를 받았다. 필자가 세종문화회관 뮤지컬기획담당(실장) 보직을 맡으면서 10년 이상 된 단원은 평생직장으로 정리하여 함께 가자고 했다.

- **한국뮤지컬협회 설립**/ 세종문화회관 로비에서 한국뮤지컬 30주년 전시를 계기로 명색이 필자가 가무단(뮤지컬단)기획실장이라고 하여 협회 창립을 위해 무던히 애를 썼다. 언론사의 스포츠조선(박○재 기자) 등 관계자들이 수고해주었다. 당시 필자는 타이프를 칠 줄 알아 준비모임 과정을 하나하나를 준비, 정리하며 1991년 11월 4일 마침 한국문화예술진흥원 2층 강당에서 최창권 선생을 초대회장으로 모시고 '한국뮤지컬협회'가 창립이 되었다(85년도 설립하려고 준비하였으나 평양공연준비로 보류되었다). 그러나 지금은 연극전공자들이 뮤지컬분야를 점령하여 활동하고 있다. 더욱 국·시립단체에서도 서양문화예술에 밀려 한국적 뮤지컬이 대중화가 못되고 있다. 한국의 무형문화재인 전통문화의 원형(原形)도 홀대당하고 있는데, 전통문화 현대적 수용을 통해 언젠가는 창작연희극(한국적 뮤지컬)이 국가와 민족의 정체성으로 창작뮤지컬과 동반회복하게 될 것이다.

- **연희극(演戲劇) 및 뮤지컬(musical)**/ 필자는 서양용어의 "뮤지컬"을 한국단어로는 "연희극(演戲劇)"이라고 논문 발표 및 교재를 출판하였다. 지인들은 뮤지컬의 용어를 다음과 같이 표현하였다. 이해랑은 새로운 장르에 속하는 연극의 형식변화, 이근삼과 김창구(국립극장장)는 미국문화의 특산물, 이두현은 미국에서 발달한 대표적인 대중예술. 기타 예술인들은 무대에서 배우들이 노래를 불러야 하기 때문에 생소한 분야라고 지적하였고, 한국에 뮤지컬 도입을 적극적으로 주창한 인물인 동랑 유치진(1905-1974)은 연극연출가 겸 드라마센터(Drama center. 470석: 록펠러재단 후원)를 건립한 분으로써 "한국의 연극인들은 1960년대 초반까지 뮤지컬이 무엇인지도 몰랐고, 또 구경한 바도 없었다."고 말했다. 그래서 한국의 연극학자들도 '한국적 뮤지컬'이란 단어(單語)를 산발적으로 주장하면서 다음과 같이 이해하려고 노력하였다. 유치진은 악극(가극)단의 경희극(輕喜劇) 비슷한 것, 여석기는 (음악극, 음악희극, 뮤지칼)로 번역했고, 이원경은 교성무극(交聲舞劇), 이근삼은 서구적(西歐的)인 산물(産物), 서연호는 가무악극(歌舞樂劇), 필자는 오늘날 연희극(演戲劇)이라고 논문으로 제안하며 주장하고 있다. 김지일(김청일)은 MBC마당놀이와 함께 '모듬놀이'로 제안했으며, 북한에서는 '한자어는 한글고유

어로, 외래어는 민족어로 교체. 발전시킨다.'는 정책을 실시함에 있어 뮤지컬(musical)을 '歌舞 이야기'로 버라이어티 쑈(variety show)를 '노래묶음'이라는 말로 고쳐 쓰고 있다고 한다. 서울 예술단이 창단, 활동하면서 〈새불〉 〈1990백두산 신곡〉을 제작하여 〈총체극〉이라고 하였고, 민예총 공연단체들은 〈1994금강〉을 음악극, '민족가극'의 호칭을 사용하였다.

- **창작연희극(한국적뮤지컬)**/ 한국의 뮤지컬 직장에 종사하면서 근무경험(예그린악단・국립극장・세종문화화관)으로 한국적뮤지컬(연희극)을 기획・제작・마케팅 등을 강의를 하였다. 한국적 색채를 가진 연희극(演戱劇)은 아직 낯선 공연양식(公演樣式)에 불과하다.

문헌에만 기록되어 있는 규식지희(規式之戲)・소학지희(笑謔之戲)・남성관희자(南城觀戲者), 최치원의 향악잡영(鄕樂雜詠)의 오기(五伎)도 더 개발해야하고, 유득공(柳得恭)의 산희(山戲)와 야희(野戲)는 물론, 문희연(聞喜宴/사대부가 축하잔치)・은영연(恩榮宴)・영친의(榮親儀)・삼일유가(三日遊街)・홍패고사(紅牌告祀)・골계희(滑稽戲: 웃으게 놀이)・나례(儺禮)・백수무(百獸舞)・산대(山臺)・예인집단・조선연극사 등의 우리들이 발굴해야할 연희가 아직도 많다. 반면 연희극도 서양양식을 도입(導入)하여 스스로 자생력을 갖추어야 한다. 그 작업이 어려운 여건이었으나 그동안 한국예술종합학교 연희과(학과장)에서 연희극 프로젝트(Projector)의 일환으로 창작연희극 〈다시래기〉 〈광대놀이〉 〈맹진사댁 경사〉 〈천하제일 탈〉 〈배뱅이극〉 〈한국말뚝이〉 〈고추못말려〉 〈이런 친구 허생!〉 등을 기획・제작하여 실험적인 공연을 무대에 올렸다.

한국예술종합학교 전통예술원 연희과 학생들이 우리의 전통문화인 원형(原形)을 학습 및 공연을 할 때 얼마나 대견스러운지 눈물이 나올 정도이다. 또 한편으로는 서양뮤지컬인 라이선스뮤지컬・국적불명의 뮤지컬보다 한국창작 연희극(한국판뮤지컬)을 기획・제작하여 해내는 모습 또한 자랑스럽고 정체성을 회복하고 있다고 생각한다. 대표적인 작품은 2012년 창작연희극(뮤지컬) "이런 친구! 허생" 2015년 "지저스-슈퍼스타"를 기획・제작하여 한국뮤지컬의 발전을 위해 노력하고 있다. 졸업생들의 취업을 위해 '한국연희단'을 창단하여 공연하였다.

* 뮤지컬 기획, 제작

- 창작 뮤지컬 이춘풍전, 허생전, 춘향전, 상록수, 서울사람들, 지붕위의 바이올린, 창작뮤지컬 양반전(미국, 일본 초청 공연) 외 다수 작품.
- MBC 어린이뮤지컬(인어공주, 이상한나라 엘리스, 머털도사 등) 외 다수 작품.
- 학교 활동으로 한국적뮤지컬(창작 연희극 : 허생전. 다시래기, 광대놀이, 영원한사랑 춘향이, 고추말리기, K-뮤지컬 등)

- 한국뮤지컬 30주년 기념 작품 및 사진전시회
- 한국뮤지컬협회 설립과 뮤지컬 해외소개와 대학에서 뮤지컬 강의 등, MBC마당놀이 및 어린이뮤지컬, 서울예술단, 한국연희단 창단 등, 뮤지컬의 활성화 및 대중화를 위해 선구자적 역할을 했다.

2. 탈춤분야

- **봉산탈춤보존회**/ 봉산탈춤보존회 총무(1970년)와 부회장을 역임하며 북한에서 월남하신 어른들(保有者)에게 직접 사사(師事)를 받은 결과, 1977년도 미국 30개 주립대학 순회공연, 78년도 3개월씩 유럽순회공연을 보존회에와 함께 하였다. 필자는 일본 및 동남아 공연과 1985년도 최초공식 평양방문공연에서 본고장의 봉산탈춤을 평양대극장에서 출연하여 선보였다. 다음해에 1986년도부터 북한에서도 전국민속경연대회가 개최되어 마스게임식으로 탈춤을 소개가 되었다. 당시 평양방문공연으로 자극을 받아 영향을 주고 돌아왔기 때문이다. 현재 전수조교이다. 이것을 계기로 북한에서 지금 문화유산보호법을 채택하여 무형문화재보호법이 법제화 되고 있다.

한국탈문화연구소

(現/ 경기도 광주시 목동길 13번길 18호, 02)562-2090, 031)797-1854(FAX~5)

한국탈문화연구소는 한국전통문화의 원형을 보존·계승·발전시키고, 전통문화 현대적 수용의 일환으로 연구하여 범국민적 건강과 문화욕구를 충족시키고자 1978년도 '탈춤체조운동본부'로 출발하였다. 더욱 노인문제와 청소년들의 건전한 놀이문화·전통문화 계승발전과 활성화·대중화를 위해 '한국탈문화연구소'로 명칭을 변경·설립하여 국내는 물론 세계에 한국의 전통문화를 다음과 같이 소개하고 활동하였다.

초·중·고교 학생과 유치원·중등교사 및 무용교사, 주제발표 및 논문(탈춤의 미학적 움직임. 1978.10. 등)과 교재(봉산탈춤비교연구 등)를 출판하여 제자 양성을 하고 있으며, 대학 탈춤반을 조직하여 지도 실시(1970년 서울대·이화여대·고려대·계명대·육사·미국하버드대학·UCL대학·일본조형예술대학·대만대학 등)하였고, 국민의 건강과 지도자를 위해 탈춤치유·탈춤체조·민속체조·민속놀이올림픽 등을 창안발표·강습하여 국민건강과 한국의 전통문화 활성화와 대중화를 위해 연구·노력하고 있다.

특히, CIOFF(유럽세계민속축제 1978년 참가), 일본국민문화축제(17-24회 참석), 그리스・haiphong 축제 등, 출연・연출・예술감독, 특강(일본조형예술대학・대만대학・UCL대학 등) 및 해외공연을 기획・제작・구성을 통해 한국전통문화의 우수성을 소개하고 있다.

1. 대학 탈춤반 조직 지도 실시(서울대, 이화여대, 계명대, 육군사관학교, 미국 하버드 대학, UCL대학 등)하였다.
2. 초・중・고교 학생과 유치원 교사 및 무용교사, 지도자를 위해 탈춤을 강습하여 전통문화 활성화와 대중화를 위해 노력하였다.
3. 주제발표 및 논문(탈춤의 미학적 움직임.1978.10. 등)과 교재(봉산탈춤비교연구 등)를 출판하여 제자 양성을 하고 있다.
4. 탈춤체조 발표(탈춤체조 A・B형), 민속체조, 태권체조 발표를 하였다(KBS 체조보급회 理事). 덴마크 방문 후 탈춤체조운동본부 설립(여의도광장, 선정릉 등), 사회단체인 YMCA, YWCA, 걸스카웃, 보이스카웃 등 지도자 및 학생・일반인, 문화센터, 예지원, 흥사단, 교사, 공무원연수원, 새마을본부, 농협・은행, 기업체, 대한적십자사 등에서 탈춤의 활성화, 대중화를 위해 사회적 기업으로 파고들어가 탈춤치유 등을 통해 불평 없는 세상을 만들어 보려고 무던히도 애쓰고 있다.
5. 한국의 민속춤(양산도, 진도아리랑, 꼭두각시, 한국식 포크댄스 안무 발표)안무하여 건전한 청소년놀이로 〈민속놀이 올림픽〉을 창안하여 활동을 하였다.
6. 민속탈춤가족캠프기획(남이섬, 대성리 유스호스텔: 1978-1987)을 하여 탈춤활성화에 노력하였으며 탈춤동호인회 발족(81화목회. 82탈벗회. 83탈무리회. 97봉탈이회. 97산봉회. 98 교사민속 연구회 등)하여 활동하였다.
7. 세계청소년캠프축제 개폐회식 기획 지도(민정당 연수원), 델픽문화올림픽, 한국연희축 제 심의위원 및 한국민속축제 추진위원장 등을 맡아 탈춤활성화에 노력하였다.
8. 일본국민문화축제(17-24회 참석), 해외공연 출연・연출・예술감독, 특강(일본조형예술 대학, 대만대학 등) 공연을 통해 전통문화의 우수성을 소개하고 있다.
9. 봉산탈춤의 원형 발굴・재연의 일환으로 1936년도 오청(吳晴)원본과 1967년도(1965년 조사본) 무형문화재 지정본인 이두현(李杜鉉)본 비교・차이점을 주제발표(11.1.28) 했다.

   따라서 오청채록(1936년도)원본 복원은 한국예술종합학교 예술극장에서(2010.9.9. 오후 3시) 하여 재연, 발표되었고, 무형문화재로 지정된 이두현본(1967년)은 마당극장(2011년 5월 5일 오후 4시)에서 전(全)과장을 3시간 45분 동안 시대별(년대별)로 발표하였다.

전수활동 경력 및 봉사활동

원형인 전수교육(전수·이수자)과 학생들에게도 원형을 통해 창의적 체험활동과 체계적으로 정리하여 경연활동, 수련활동, 진로활동, 자율활동, 동아리, 봉사 및 재능기부 활동을 하였다.

1. 공연 출연 및 전수교육

1970년 봉산탈춤보존회 총무→현재 국내, 외 정기공연 및 기획, 초청공연 출연 및 전수교육(무형문화재 17호 봉산탈춤보존회)

2. 학교분야 탈춤 전수교육 지도

가) 대학교 전수교육 (1970년~현재)

- 1970년 대학 탈춤반 지도 실시(고대, 서울대, 이화여대, 육사, 미국 하버드, UCL, 대만 대학 등)

1) 건국대학교 탈춤반 조직 지도
2) 경기공전 탈춤반 조직 지도
3) 고려대학교 동아리회 및 국어교육과 탈춤지도
4) 계명대학교 탈춤반 조직 지도
5) 강남대학교 탈춤반 조직지도
6) 동아방송대교 연극영화과 탈춤과목 지도강의
7) 성심여자대학교 탈춤반 조직지도 강의
8) 이화여자대학교, 명지대, 외국어대 등 탈춤반 지도
9) 육군사관학교 지도강의(1978-98)
10) 광주대학교 탈춤반(광주지역 지방대 합동 강습회) 특강
11) 청주대학 무용과 강의
12) 전국대학 합동 탈춤반(연탈) 지도와 특강(대성리 유스호스텔)
13) 전국대학 동아리 탈춤반 지도(주관/ 한국청소년 연맹)
14) 전국탈춤경연대회(동아방송대학 연극과 탈춤강의) 참가 지도(송파 놀이마당)

15) 국민대학교 평생교육원 탈춤 수업강의 개원
16) 한국예술종합학교 영재교육원 (전통가면극) 수업개원
17) 한국예술종합학교 무용원 수업(강의) 개원.
18) 한국예술종합학교 전통예술원 연희과 가면극(탈춤) 전공필수과목으로 채택

나) 중·고등학교(1970~1980)

1) 숙명여고 탈춤반. 2) 경복여상 탈춤반. 3) 창문여고 탈춤반(특별활동반) 지도 등. 4) 서울시내 초. 중. 고 순회 탈춤반 지도(한국청소년 연맹), 5) YMCA, YWCA. 걸스카웃, 보이스카웃, RCY, 탈춤반 지도와 전통문화 특강, 6) 경기도 초, 중, 고등학생 탈춤연수(주최: 양평청소년 수련원, 1980-90년), 7) 천주교 복사, 학생, 교사 탈춤 연수교육(천주교 명동성당/ 1985년~2000년)

다) 초등학교 탈춤지도(1980~2002)

1) 서울시내 각 초등학교 초청, 봉산탈춤 지도(중앙민속박물관/ 휴관일)
2) 찾아가는 문화운동 (교도소, 철원초등학교 외)
3) 대한적십자사 초, 중, 고학생 '전통문화와 탈춤' 강의(연수원.1980-2000)
4) 광남 초등학교 여름방학 봉산탈춤사위 및 가면제작 교육(2010년)

라) 전국 중등교사 무용(탈춤) 연수회 지도 (주최: 한국청소년 연맹)
마) 전국 중등 음악교사 연수회 탈춤지도 (주최: 국립국악원)
바) 서울시내 초, 등, 고, 교사연수회(봉산탈춤)
(서울시 교육연수원(교사)/ 무용교사연구회/ 학생체육관)
사) 전국 유치원, 초, 중, 고교 교사 합동강습회(잠실 운동장 및 학생체육관)

3. 사회단체 탈춤 전수 보급(재능기부 및 유료강습회 실시)

1975~1978 전국 순회 탈춤강습회/ YMCA 강당. 초·중·고 강당(YWCA)
1978~1990 YMCA. YWCA 교사 봉산탈춤 첫 유료 강습회 실시 지도자 및 일반인 강습회 실시(탈춤체조 A형 발표. 78.10.)
1979~1984 YMCA/ 어린이 민속탈춤 캠프 실시 (남이섬)
1979.10~ 여의도 광장 '탈춤체조' 발표 실험 실시(KBS 체조보급회 理事)

1979~ 일산 홀트 아동복지회 위문 공연(탈춤체조운동본부)
1980~1990 홍사단/ 봉산탈춤 유료 강습회 (목요반) 개설 실시 운영(홍사단 청소년 지도위원 겸 사업부장)
1980~00년 토요봉산탈춤 강습회(중앙문화센터 101호 강당, 초급 중급반 개설)
1980~ 새마을 본부: 직장 및 4-H 지도자 탈춤 및 전통문화 강의(근로청소년 및 근로자 연수)
1980~1984 여름방학 특별 민속캠프 개최 (남이섬)
1980~1990 한국레크리에이션협회 지도자 강의(협회 전문위원)
1980~1987 한국청소년 연맹 전통문화 프로그램 기획 및 강의(연맹 전문위원 위촉)
1981~1984 탈춤동호인회 발족 활동(81화목회, 82탈벗회, 84탈무리회)
1981~ 새마을본부 및 기업연수원 전통문화부분 강의시작
1985~ 농협대학 및 전국 농협주부대학/ 탈춤강습 및 전통문화 이해 특강.
1980~ 예지원(社)/ 규수 및 평생회원(주부)탈춤 및 전통문화 특강
1980~ ○○년 지도자 탈춤 및 전통문화 강의(한국레크리에이션 협회 주관)
1980~ 탤런트, 코미디언 '전통문화 따라잡기' 이론(理論)강의와 탈춤(한국방송개발원 주관)
1983. 8. 여름방학 특별 민속탈춤캠프 (대성리 유스호스텔)
1983. 7. 탈춤체조 운동본부에서 '한국탈문화연구소' 소장(崔昌柱) 단체 명칭변경
1984.10. "탈춤의 美學的 움직임II" 탈춤체조 B형(중앙문화센터 강당 101호/ LA올림픽 참석 후) 한국의 민속춤(양산도, 진도아리랑, 꼭두각시, 한국식 포크댄스 안무 발표)
1985.10 민속체조 발표(홍사단 강당/ 85. 10. 평양방문 후)
1985~1990 민족대산신제 마당프로그램 기획(우리를 생각하는 모임. 탈춤공연)
1985~ 여름방학 전국 유치원·초·중·고 교사, 한국 전통문화이해 강좌(봉산탈춤·탈춤체조 등 서울시 교육위원회/ 학생체육관)
1985~02년 한민족탈춤학교 개설/ 민요, 장고, 봉산탈춤강습회(봉산민속극장)
(146기. 계간 운영) 실직자를 위한 탈춤학교 함께 운영(한국탈문화연구소).
1985~1986 걸스카웃, 보이스카웃, RCY 지도자 및 학생강습 (걸. 보이스카웃 회관 강당)
1987.8~ 민속캠프에서 민속탈춤가족캠프로 명칭변경(한국탈문화연구소)
명칭 변경(25회 〈년1회〉 운영)=대성리 및 남이섬
1988. 88 올림픽 한강축제(한강), 세계청소년캠프축제 개폐회식 기획 지도(민정당 연수원)

1989~1999 민속탈춤가족캠프(한국탈문화연구소 주최. 한국문화예술진흥원 후원)

1990~2002 서울시 교사 연수원, 내무부연수원, 각 기업체 등 '한국전통문화 이해' 강의

1990~2000 KBS, MBC 全직원 교육(연수원)/ 전통문화 따라잡기(탈춤과 한국전통문화 이해, 특강)

1990~1998 서울시민대학 교육/ 봉산탈춤 및 전통문화 이해 특강(서울시)

1991~2003 해외학생 탈춤강의 (민주평화통일자문위원회)

1992. 10 태권체조 발표회(잠실운동장. 태권도협회)

1994. 05 KBS-TV 국악한마당 탈극(창작가면극) 특별출연 (국악의 해)

1994. 09 KBS. MBC. SBS-TV 코미디언 전통문화와 탈춤 강의(교육문화회관)

1995. 09 서울시민대학 및 감사원, 서울시 등, 공무원연수 확대 강의(봉산탈춤 외)

1997. 08 군부대위문공연 '찾아 가는 한민족탈춤학교'(8750부대장 곽해룡)

1996~2000 구민회관 및 사회복지과(도봉, 강동, 강남구민회관 외), 세종문화회관 분수대

1998~2002 전국문화 예술담당자/ 봉산탈춤 및 전통문화이해(문예진흥원)

2002. 08 전국유치원교사 합동강습회(회당2~3천명 5회/ 잠실 실내 학생체육관)

2004. 05 제주도립예술단원 봉산탈춤 전(全)과장 특별 강습지도 공연(제주도립예술단)

2000~ 정부기관 공무원 연수교육(전통문화이해와 탈춤)

2010~ 11년 시민문화예술학교 탈춤 특강(한국예술종합학교)

2013. 광주시민아카데미 특강(제목: 탈춤 및 전통문화 따라잡기)

2015. 3 국립문화재연구소 직원, 봉산탈춤과 전통문화 따라잡기 특강

4. 사회단체 조직(창립)과 탈춤동아리 지도

1981 화목회(YWCA 회원위주/ 81년 창립, 회장 신선)

1982 탈벗회(흥사단 단우 위주 및 일반인/ 82년 창립, 회장 김민식)

1983 탈무리회(중앙문화센터 회원/ 83년 창립, 회장 이성주)

1997 교사민속 연구회(시청교육 연수자 위주 창립, 회장 최덕심)

1997~1999 산봉회(전수회관 강습회원 위주 창립 65세 이상. 회장 유정수)

1998 봉탈이회(봉산민속극장/ 직장인 위주 창립, 회장 최윤창)

2013. 6월 K-탈춤연구회 발족(회장 손병만)

5. 연수원 탈춤강의 및 전수교육(1980~현재)

* 서울시내 초등학교생 초청(민속박물관 및 도서관/ 봉산탈춤 배우기/ 국립국악원)
* 서울시 교육(교사) 연수원(각 교육청교사 초청 교육/ 국립국악원)
* 유치원교사 여름방학 강습회(잠실 학생체육관)
* 한국문예진흥원 연수원 및 서울시 공무원 연수원 정기초청 강의
* 법원(법무) 연수원 및 농업연수원, 농촌사랑연수원 정기초청 강의
* 감사원 연수원, 지하철 공사, 수자원공사, 경찰청. 등
* 각 그룹(삼성, 대우, 현대, 포스코 등) 연수원에서 탈춤보급 및 전통문화 이해, 초청 강의.
* 새마을 본부(새마을 지도자교육 특강) 및 광주시 아카데미 특강
* 한민족 탈춤학교(1980-2002년까지, 매년실시, 후원: 한국문예진흥원)
* 중앙대학교 평생교육대학원 탈춤 특강(2011.4)
* 경기도 광주시 교사 여름방학특강. 광주 광지원 전수회관(2013-2014)

6. 자원봉사(1980년~2000년) 재능기부

* 송파복지회관/ 탈춤, 장고, 민요, 강의: 노인대학(관장: 최성균)
* 시립 남부노인대학/ 탈속에 서린 민족의 삶: 경로잔치
* 여의도광장 아침체조 보급회, 선정릉/ 탈춤체조(1979년~85년: 새벽5시)
* 홀트 아동복지회/ 장애인 위안 무료공연(1980-85년 말 방문)
* 선정릉 노인대학/ 태극기공 및 탈춤체조(1985년~95년. 새벽5시)
* 교도소 방문/ 해 뜨는 마을(탈춤공연 및 전통문화 특강)
* 군부대 위문/ 1997년 찾아가는 한민족 학교(8750부대장 곽해룡 등)
* 소망의 집(2004년 5월~2005년 충북 영동군 황간면 소재)
* 충암 유치원(2004년 9월, 전통문화프로그램 활성화: 봉산탈춤, 탈춤체조, 민속놀이 올림픽)
* 은평구 평생 학습관(2014년 4월-6월 10회) 재능기부

7. 국내 활동 워크숍 및 창안 발표

1) 봉산탈춤 원형보존 활성화와 교사 및 창작, 예술감독 활동 작업

* 1978년 10월 탈춤의 美學的 움직임I. 탈춤체조A형. 민속놀이 올림픽(YMCA. 홍사단)

* 탈춤마스게임 발표(한국청소년 연맹: 경복고)
* 1984년 10월 탈춤의 美學的 움직임II. 탈춤체조 B형(중앙문화센터 강당)
* 한국의 민속춤(양산도, 진도아리랑, 꼭두각시, 한국식 포크댄스 안무 발표)
* 1985년 10월 민속체조 발표(중앙문화센터 강당: 평양방문 후)
* 민속놀이 올림픽 B형 발표(민속놀이로 게임)
* 86-88년 86.88 올림픽 문화예술축전 행사 합동참여 기획 및 세계대학생 캠프 워크숍
탈춤과 탈춤체조 시범 마스게임 구성.
* 1992. 태권체조 발표(잠실체육관, 92년도 태권도 한마당 잔치: 태권도 협회)
* 1999. 탈춤클리닉 워크숍(1차 봉산민속극장, 사례논문으로)
창작탈춤 경연대회 기획구성(공연예술원)
* 2004.9. 해설이 있는 홍겨운 우리무대(최창주교수의 해설로 보는 탈춤이야기)
문화재보호재단(문화재청) 후원
* 02-08. 한국예술종합학교 교수발표회(노장과장. 사자과장 등)
* 2010.9.9. 1936년 오청채록(吳晴)원본 발굴, 봉산탈춤 재연(한예종 예술극장)
* 2011.5.5. 1967년 무형문화재 17호 이두현 지정(指定)본 발표(한예종 마당극장. 3시간 45분)
* 2011.9.21. 한・중・일 문화포럼 참가(경주) 봉산탈춤 공연 연출
* 2011.10.6. 대한민국 국악제(대국민 대국악) 명인전 봉산탈춤 '취발이' 출연(예악당)
* 2011.10.25-26. 청주시립무용단 봉산탈춤구성 지도(청주 문화회관)
* 2013.9.6. 한국예술종합학교. 예술극장. 7시 교수발표회 연출 및 출연(사자마부)
* 2013.9.21. 구미 연희축제 봉산탈춤 전(全)과장 공연 사자마부 출연(예술감독 및 연출)
* 2013.10.4. 한국민속예술축제 개막식 '명무전' 출연(봉산사자 및 마부)

2) 논문, 사례발표

① 탈춤의 미학적 움직임(탈춤체조 주제논문 발표. YMCA강당. 1978.10)
② 봉산탈춤사자춤 기원(獅子舞起源)재검토(한국예술종합학교 논문집. 2004.5.7집)
③ 봉산가면극본 비교연구(계문사. 2004.10)
④ 봉산탈춤 변이과정 연구 주제발표(부산대. 민족문화연구소. 2006.4)
⑤ 한국전통연희극의 개념과 의의의 일고찰(고대. 연극과인간. 2006.8),
⑥ 국회문화정책포럼(국립전통연희원 설립과 국, 시립 연희단 창단 제안 발제. 2006.8)

⑦ 대학생 마당놀이 학술제(시대적 고찰과 나아갈 방향. 2009.8. 廳. 한국문화재보호재단)
⑧ 1936년 오청원본과 이두현본 비교, 차이점 주제발표회(2010.1.28. 한예종)
⑨ 탈춤의 치유 효과에 관한 연구논문(한국예술연구. 2013.6. 제7호 논문)
⑩ 노원구 탈춤축제 주제논문 발표(2013.6)
⑪ 통일문화정책포럼(주제토론: 남북 교류협력방안 부분. 2013.7.24. 문광부 제1회의실)

3) 저서(출판)

- 한국가면극과 뮤지컬(앰애드, 1997)
- 공연기획과 예술행정(한일사, 1978)
- 봉산탈춤 교본(2000, 한국전통연희의 이해와 실제III)
- 봉산탈춤 극본연구(앰애드, 2006.10)
- 한국연희극과 마케팅(월인・연극과인간, 2007)
- 한국가면극(戱 분야) 고등학교 교재(국정교과서, 2009.10)
- 한국뮤지컬(앰애드, 2010.6.24) 등

4) 봉산탈춤 발굴, 재연

봉산탈춤의 원형 발굴, 재연의 일환으로 1936년도 오청(吳晴)채록원본과 1965년도 이두현(李杜鉉)본 비교・차이점을 Work Shop 및 주제발표(2010.1.28) 했다. 따라서 오청채록(1936년도)원본은 한국예술종합학교 예술극장에서(2010.9.9. 오후3시) 발표되었고, 무형문화재 17호로 지정 된 이두현본(1965조사본. 67지정)은 한예종 마당극장(2011.5.5. 오후4시)에서 앞산타령, 뒷산타령, 경발림 등, 원형의 전(全)과장을 3시간 45분(길놀이 포함) 동안 두 종류를 시대별(년대별)로 발표하였다. 한국예술종합학교 전통예술원 연희과 전통, 봉산탈춤 〈전공필수 과목〉으로 매년 전(7과장)과장을 발표함.

8. 해외공연 및 워크숍 특강

1977년	미국 30여 주립대학(하버드 대학 등) 봉산탈춤 순회공연 및 시범과 지도
1978～1999	유럽 C.I.O.F.F 초청 6개국 순회 및 시범공연(봉산탈춤보존회)
1979～1999	아시아(일본, 대만, 홍콩, 중국 등) 유럽, 순회 및 시범공연
1984～1986	LA문화올림픽, 캐나다 EXPO, 순회공연 및 시범공연
1985.	최초 공식 평양방문(9월) 예술단 평양대극장 공연(봉산탈춤 구성 및 출연)

1987~1991 뮤지컬 양반전 순회공연(미국. 일본)
1990~1993 일본 일본전통무용연구회 초청강의(봉산탈춤 및 탈춤체조)
1990~1999 봉산탈춤 워크숍 및 강습회 (일본 YMCA 최창주 초청. 8월 일주일간)
2002년 특별초청공연, 일본 能 劇場에서 노장과장(노장 출연)=한일교류협회
2002~2003 대만. 월남 한국어과 한국전통문화이해와 봉산탈춤 특강(한국예술종합학교)
2004~2005 제 17-23회 일본 국민문화축제 사자춤 공연(한일문화교류협회)
미국 UCL대학 초청 특강
2000~2005 해외 발표 중국, 일본 한국예술종합학교 교수발표회(첫목중춤)
러시아 빼쩨르브르크 초청 공연 (한누리예술단장)
2009. 그리스 축제 봉산탈춤보존회 공연 연출 및 예술감독(8월)
2009. 한일축제 한마당(9.19-21. 봉산탈춤보존회 출연)
2009. 일본 조형예술대학 사자춤 연구 주제발표와 사자춤공연 설명(대만대학) 등
2010. 제24회 일본국민문화축제 연출 및 예술감독(한국예술종합학교)
2012. 전통공연단체 '디온' 창립 대표. 일본 공연 대표 참석
2013. Hai Ping 국제축제에 연출 겸 예술감독으로 출장

*** 제3회 TEDxSinchon 행사 공연 및 강연 확인서**

성명 : 최창주(Choi, Chang joo) / 소속 : 한국예술종합대학 전통예술원

위 사람은 2011년 7월 30일 개최된 3회 TEDxSinchon 행사에 연사로 초청되어 청중을 대상으로 강연 및 봉산탈춤 공연을 한 사실을 증명합니다.

3rd TEDxSinchon Licensee / Director
Name (Signed)
Name (Printed) 문 주 용(Moon, Jooyong)
3rd TEDxSinchon Operation Manager
Name (Signed)
Name (Printed) 박 성 우(Park, Sungwoo)
Date September 6th, 2011

9. 기타 봉산탈춤 외 활동

1) 연극출연, 무용안무, 연출 및 예술감독

연극 자아비판(1969). 원술랑(1970). 김대건 신부(1971). 쉴러의 떼도적(국립극단 2005. 구성・안무). Bird in DMZ(출연 및 안무. 2006. 미국, 그리스 등). 연희극 '광대놀이'(안무.2006). 청주시립무용단(안무, 봉산탈춤 부분. 안무. 2011), 세종문화회관 설날맞이 봉산탈춤 공연(1995), 한, 중, 일 3국 협력사무국 설립 연출, 감독(2012), 일본국민문화축제 및 한일문화교류, 歌舞技, 노(能) 초청 공연섭외 등

세종문화회관 설날맞이, 동국대학 문화예술제, 대학로마당축제, 聞喜宴, 三日遊街, 告由禮, 일본국민문화축제, 그리스축제, 미얀마, 태국, 러시아축제 등 연출 및 예술 감독, 구성・각색・기획제작(광대놀이・영원한 사랑 춘향이・천하제일 탈・이런 친구! 허생전) 등

2) 심사(審査) 및 자문(諮問)

문화체육관광부 한국민속예술축제 50주년 추진위원장(2090) 및 청소년 심사위원장. 대한민국 연희축제 자문 및 추진위원(2010). 2009 델픽(Delphic)문화올림픽 심의위원. 한・일축제한마당 심사위원장. 백제문화제 심사위원장, 한일축제한마당 심사위원장. 서울드럼페스티벌 심사위원장. 관광외국인작품 심의위원장, 충북민속예술축제(16-17회)심사위원장. 올해의 예술상 심의위원. 서울뮤지컬 페스티벌 조직위원. 서울市 文化分科審議委員. 학점 은행제 심의위원. 조선시대 과거제 재현행사 평가심사위원. 京畿文化財團 舞臺公演評價 審議委員, 世界四物겨루기 한마당 審査委員, 世界 民俗劇 祝祭評價委員, 百濟文化祭, 漢城文化祭, 南道文化祭 審議委員. 한국문화재보호재단. 전남광주문화재단 심사위원장. 강원문화재단 심사위원장. 강릉단오제(四物)심사위원장, 한옥마을 공연심의심사위원장. 대한적십자사 노인건강체조 심사위원장, 국가행사 및 평가단장 등

■ 참고문헌 ■

김진홍 아침묵상 〈칼럼〉 중에서 (목사)

박해경, 챠트로 본 조직신학, 아가페문화사, 1999.

문형장로교회 주보, 〈칼럼〉 중에서 (목사)

이두현, 한국가면극, 서울대출판부, 1977.

윤광봉(尹光鳳), ≪韓國의 演戲≫, 반도출판사, 1992.

서연호, 한국전승연희의 현장연구, 집문당, 1997.

_____, 한국근대 희곡사, 고려대출판부, 1996.

전경욱, 한국가면극 그 역사와 원리, 열화당, 1998.

_____, 한국가면극과 그 주변 문화, 도서출판 월인, 2007.

전경수, 백살의 문화인류학, 민속원, 2008.

최창주, 봉산탈춤극본연구, 앰애드, 2009.

_____, 한국연희극과 마케팅, 도서출판 월인, 2008.

_____, 한국뮤지컬, 앰애드, 2010.

기타 단행본

- 대한의사협회, 대한의사협회 제공.
- Health(헬스섹션) 조선일보, 고석태, 신은진, 양모음, 김철중, 장일현 기자 기사인용 외
- 헬스조선, 홍유미, 박노훈, 김경원, 이금숙, 한희준, 김태열, 김하윤, 김맑아, 이해나, 강경훈, 고석태, 배지영, 이현주 기자 외의 기사내용 인용.

탈춤클리닉

초판 1쇄 인쇄 · 2015년 5월 15일
초판 1쇄 발행 · 2015년 5월 22일

저 자 · 최창주
발행인 · 박성복
발행처 · 도서출판 월인
서울특별시 강북구 노해로25길 61(수유2동 252-9)
등 록 · 제6-0364호
등록일 · 1998년 5월 4일
전 화 · (02) 912-5000
팩 스 · (02) 900-5036
www.worin.net

ISBN 978-89-8477-596-1 93380

값 45,000원